中国社会科学院创新工程学术出版资助项目

中国社会科学院文献计量与科学评价研究中心

中国人文社会科学核心期刊要览
（2013年版）

A GUIDE TO THE HUMANITIES & SOCIAL SCIENCE CORE JOURNALS IN CHINA
(2013 EDITION)

主　编　姜晓辉

副主编　郝若扬　任全娥

王力力　尹国其

社会科学文献出版社

SOCIAL SCIENCES ACADEMIC PRESS (CHINA)

A Guide to the Humanities & Social Science Core Journals in China

This book is a result achieved by the Research Center for Bibliometrics& Scientific Evaluation under the Chinese Academy of Social Sciences (CASSBE) on the basis of Bibliometric studies in academic periodicals in China's humanities and social sciences for several years. By the peer review and bibliometric methods, 484 kinds of journals were identified as the core journals in the book based on the statistical data from some large databases including *Chinese Humanities and Social* Sciences Citation Database （CHSSCD）, one of the largest citation databases in contemporary China. All these journals cover 24 disciplines in the humanities and social sciences, including many important branches of learning such as philosophy, politics, law, economics, literature and history. They mainly represent the excellent journals with high academic level and high rate of utilization in the fields of humanities and social sciences in China. The core journals in the book are selected by the following methods:

A. More than 3000 learned journals and their articles were classified according to China Book Classification (The fifth edition), then 733 high quality academic journals with demanding standards. Total Cites were selected as the source journals for being finally chosen as the core ones.

B. Analysing comprehensively statistics of various indicators of journals including the total number of articles published in these journals from 2007 to 2011, Total Cites of each journal, 5-year Impact Factor, Discipline Impact Factors, the Journal Other-Cited Rate and citing rate or cited rate per article. According to the identified indicators and the weighted values and citation analysis, the journals were chosen after a comprehensive assessment.

C. Making expert appraisal and peer review according to the statistics. The book includes some core journal lists and citation journal lists, and in appendixes there are data sheets related to the statistics of core journals and source journals.

中国人文社会科学核心期刊要览
（2013年版）

编辑委员会

咨 询 专 家

李培林　中国社会科学院副院长，学部委员，研究员

武　寅　中国社会科学院原副院长，研究员

高　翔　中国社会科学院秘书长，研究员

沈家煊　中国社会科学院学部委员，研究员

汪同三　中国社会科学院学部委员，研究员

杨　义　中国社会科学院学部委员，研究员

余永定　中国社会科学院学部委员，研究员

卓新平　中国社会科学院学部委员，宗教研究所所长，研究员

蔡　昉　中国社会科学院学部委员，人口与劳动经济研究所所长，研究员

王利民　中国社会科学杂志社副总编辑，编审

王　巍　中国社会科学院学部委员，考古研究所所长，研究员

陈高华　中国社会科学院学部委员，研究员

耿云志　中国社会科学院学部委员，研究员

黄长著　中国社会科学院学部委员，研究员

景天魁　中国社会科学院学部委员，研究员

李崇富　中国社会科学院学部委员，研究员

李景源　中国社会科学院学部委员，研究员

梁彗星　中国社会科学院学部委员，研究员

裘元伦　中国社会科学院学部委员，研究员

杨圣明　中国社会科学院学部委员，研究员

张海鹏　中国社会科学院学部委员，研究员

张卓元　中国社会科学院学部委员，研究员

陈筠泉　中国社会科学院荣誉学部委员，研究员

黄心川　中国社会科学院荣誉学部委员，研究员

金宜久　中国社会科学院荣誉学部委员，研究员

目　　录

图表目录 ………………………………………………………………………（1）

编辑说明 ………………………………………………………………………（1）

《中国人文社会科学核心期刊要览（2013年版）》研制报告 ……………………（1）

核心期刊表 ……………………………………………………………………（1）

核心期刊分学科研制报告 …………………………………………………（31）

　第一编　马克思主义、哲学、心理学、宗教 …………………………（33）

　第二编　语言、文学、艺术 ……………………………………………（55）

　第三编　历史、考古、人文地理 ………………………………………（71）

　第四编　政治、法律 ……………………………………………………（89）

　第五编　经济 …………………………………………………………（110）

　第六编　社会学、人口学、民族学 ……………………………………（160）

　第七编　管理学、统计学 ………………………………………………（174）

　第八编　图书馆、情报与档案学 ………………………………………（182）

　第九编　新闻与传播、教育、体育 ……………………………………（186）

　第十编　环境科学 ……………………………………………………（204）

　第十一编　综合性人文社会科学 ………………………………………（210）

综合性学术期刊学科引证分布表 ………………………………………（223）

核心期刊简介 ……………………………………………………………（419）

来源期刊简介 ……………………………………………………………（649）

附　录 ·· (767)

附表 1　综合性学报 2011 年影响因子排序表 ······························· (769)

附表 2　综合性学报 2007～2011 年总转摘量排序表 ····················· (773)

附表 3　师范院校学报 2011 年影响因子排序表 ··························· (778)

附表 4　师范院校学报 2007～2011 年总转摘量排序表 ·················· (780)

附表 5　研究机构学刊 2011 年影响因子排序表 ··························· (783)

附表 6　研究机构学刊 2007～2011 年总转摘量排序表 ·················· (790)

附表 7　党校学报 2011 年影响因子排序表 ································· (797)

附表 8　党校学报 2007～2011 年总转摘量排序表 ······················ (798)

附表 9　各省（直辖市、自治区）学术期刊影响因子与转摘量排序表 ··· (799)

附表 10　中国人文社会科学核心期刊（2008 年版）一览表 ············· (883)

刊名索引 ·· (898)

图 表 目 录

图 2 - 1　期刊的学术使用率统计组成 …………………………………（ 3 ）

图 2 - 2　教育学专业期刊的分布情况 ………………………………（ 11 ）

图 2 - 3　语言学专业期刊的分布情况 ………………………………（ 12 ）

图 2 - 4　《2013 年版核心期刊》各学科专业核心期刊的数量分布 ……（ 14 ）

图 2 - 5　各类机构的核心期刊数量与比例 …………………………（ 15 ）

图 2 - 6　《2013 年版核心期刊》的地区数量分布 …………………（ 15 ）

表 2 - 1　2007 ~ 2011 年度载文量与参考文献数量 ………………（ 4 ）

表 2 - 2　文摘刊物权重分配比例 ……………………………………（ 8 ）

表 2 - 3　文摘类别比例权重 …………………………………………（ 9 ）

表 4 - 1　马克思主义学科类期刊引证表 ……………………………（ 33 ）

表 4 - 2　马克思主义学科专业核心期刊表 …………………………（ 38 ）

表 4 - 3　哲学类期刊引证表 …………………………………………（ 39 ）

表 4 - 4　哲学专业核心期刊表 ………………………………………（ 45 ）

表 4 - 5　心理学类期刊引证表 ………………………………………（ 46 ）

表 4 - 6　心理学专业核心期刊表 ……………………………………（ 48 ）

表 4 - 7　宗教学类期刊引证表 ………………………………………（ 49 ）

表 4 - 8　宗教学专业核心期刊表 ……………………………………（ 54 ）

表 4 - 9　语言学类期刊引证表 ………………………………………（ 55 ）

表 4 - 10　语言学专业核心期刊表 ……………………………………（ 58 ）

表 4 - 11　文学类期刊引证表 …………………………………………（ 60 ）

表 4 - 12　文学专业核心期刊表 ………………………………………（ 64 ）

表 4 - 13　艺术学类期刊引证表 ……………………………………（ 66 ）

表 4 - 14　艺术学专业核心期刊表 …………………………………（ 70 ）

表 4 - 15　历史学类期刊引证表 ……………………………………（ 71 ）

表 4 - 16　历史学专业核心期刊表 …………………………………（ 79 ）

表 4 - 17　考古学类期刊引证表 ……………………………………（ 81 ）

表 4 - 18　考古学专业核心期刊表 …………………………………（ 83 ）

表 4 - 19　人文地理学类期刊引证表 ………………………………（ 84 ）

表 4 - 20　人文地理学专业核心期刊表 ……………………………（ 87 ）

表 4 - 21　政治学类期刊引证表 ……………………………………（ 89 ）

表 4 - 22　中国政治专业核心期刊表 ………………………………（ 99 ）

表 4 - 23　国际政治专业核心期刊表 ………………………………（100）

表 4 - 24　法学类期刊引证表 ………………………………………（102）

表 4 - 25　法学专业核心期刊表 ……………………………………（108）

表 4 - 26　经济学理论类期刊引证表 ………………………………（110）

表 4 - 27　经济学理论专业核心期刊表 ……………………………（115）

表 4 - 28　世界各国经济（含各国经济史、经济地理）类期刊引证表 ……（117）

表 4 - 29　世界各国经济（含各国经济史、经济地理）专业核心期刊表 …（120）

表 4 - 30　中国经济类期刊引证表 …………………………………（121）

表 4 - 31　中国经济专业核心期刊表 ………………………………（130）

表 4 - 32　经济计划与管理类期刊引证表 …………………………（131）

表 4 - 33　经济计划与管理专业核心期刊表 ………………………（138）

表 4 - 34　农业经济类期刊引证表 …………………………………（140）

表 4 - 35　农业经济专业核心期刊表 ………………………………（145）

表 4 - 36　贸易经济类期刊引证表 …………………………………（146）

表 4 - 37　贸易经济专业核心期刊表 ………………………………（151）

表 4 - 38　财政、金融类期刊引证表 ………………………………（153）

表 4 - 39　财政专业核心期刊表 ……………………………………（158）

表 4 - 40　金融专业核心期刊表 ……………………………………（158）

表 4 - 41　社会学类期刊引证表 ……………………………………（160）

表4－42　社会学专业核心期刊表 ……………………………………………（165）

表4－43　人口学类期刊引证表 ………………………………………………（166）

表4－44　人口学专业核心期刊表 ……………………………………………（168）

表4－45　民族学类期刊引证表 ………………………………………………（169）

表4－46　民族学专业核心期刊表 ……………………………………………（172）

表4－47　管理学（含科学学、人才学）类期刊引证表 ……………………（174）

表4－48　管理学（含科学学、人才学）专业核心期刊表 …………………（178）

表4－49　统计学类期刊引证表 ………………………………………………（180）

表4－50　统计学专业核心期刊表 ……………………………………………（181）

表4－51　图书馆、情报与档案学类期刊引证表 …………………………（182）

表4－52　图书馆学与情报学专业核心期刊表 ……………………………（184）

表4－53　档案学专业核心期刊表 ……………………………………………（184）

表4－54　新闻学与传播学类期刊引证表 …………………………………（186）

表4－55　新闻学与传播学专业核心期刊表 ………………………………（192）

表4－56　教育学类期刊引证表 ………………………………………………（193）

表4－57　教育学专业核心期刊表 ……………………………………………（200）

表4－58　体育学类期刊引证表 ………………………………………………（201）

表4－59　体育学专业核心期刊表 ……………………………………………（203）

表4－60　环境科学类期刊引证表 ……………………………………………（204）

表4－61　环境科学专业核心期刊表 ………………………………………（209）

表4－62　综合性人文社会科学期刊引证表 ………………………………（210）

表4－63　综合性人文社会科学核心期刊表 ………………………………（217）

编 辑 说 明

一、本书正文内容包括以下几个部分：

1. "《中国人文社会科学核心期刊要览（2013 年版）》研制报告"主要介绍统计筛选核心期刊的主旨、原则和方法，以及研制的过程和特点。

2. "核心期刊表"和"核心期刊分学科研制报告"是本书的主体部分，前者是核心期刊的评选结果，后者简明扼要地介绍了统计过程，列出了分学科引证期刊表。由于本书是从人文社会科学学科角度筛选核心期刊的，所以参照《中国图书馆分类法》第五版类目系列，两个表各分为 11 编 24 个分学科和综合学科逐一介绍，如"核心期刊分学科研制报告"的类目为：

第一编　马克思主义、哲学、心理学、宗教
第二编　语言、文学、艺术
第三编　历史、考古、人文地理
第四编　政治、法律
第五编　经济
第六编　社会学、人口学、民族学
第七编　管理学、统计学
第八编　图书馆、情报与档案学
第九编　新闻与传播、教育、体育
第十编　环境科学
第十一编　综合性人文社会科学

其中第四编政治类下列 2 个二级学科；第五编经济类下列 7 个二级学科。

3. "综合性核心期刊学科引用分布表"介绍各综合性核心期刊所包括的各学科指标情况。

4. "核心期刊简介"和"来源期刊简介"是本书统计中使用过的优秀期刊介绍（见文后著录示例）。

二、附录部分

　　附录部分含有五个影响因子与转摘量排序表：1. 综合性学报影响因子与转摘量排序表；2. 师范院校学报影响因子与转摘量排序表；3. 研究机构学刊影响因子与转摘量排序表；4. 党校学报影响因子与转摘量排序表；5. 各省（直辖市、自治区）学术期刊影响因子与转摘量排序表。每个表分两部分并附有排序说明。附录中的"2008 年版中国人文社会科学核心期刊表"是本书第二版的评选结果。"刊名索引"按汉语拼音顺序排列。

中国社会科学院文献计量与科学评价研究中心
　　咨询电话：010 – 85195244
　　　　　　　010 – 85195245
　　E-mail：jiangxh@ cass. org. cn
　　　　　　haory@ cass. org. cn

期刊简介著录示例

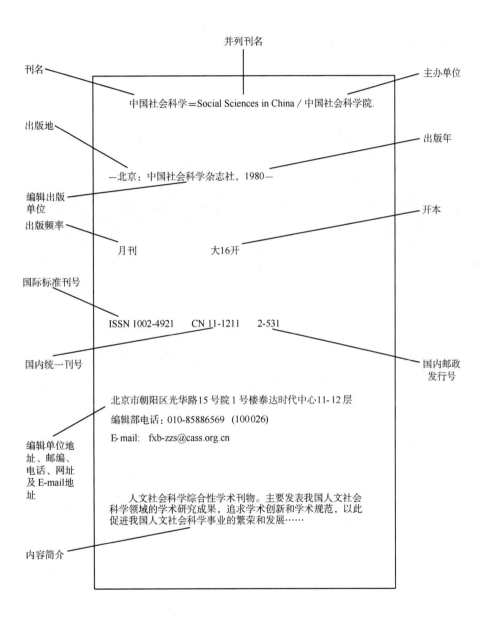

并列刊名

刊名 —— 主办单位

中国社会科学＝Social Sciences in China／中国社会科学院.

出版地 —— 出版年

—北京：中国社会科学杂志社，1980—

编辑出版
单位 —— 开本

出版频率

月刊 　　　　　大16开

国际标准刊号

ISSN 1002-4921 　　CN 11-1211 　　2-531

国内统一刊号 —— 国内邮政
发行号

北京市朝阳区光华路15号院1号楼泰达时代中心11-12层
编辑部电话：010-85886569 （100026）
E-mail：fxb-zzs@cass.org.cn

编辑单位地
址、邮编、
电话、网址
及E-mail地
址

人文社会科学综合性学术刊物。主要发表我国人文社会
科学领域的学术研究成果，追求学术创新和学术规范，以此
促进我国人文社会科学事业的繁荣和发展……

内容简介

《中国人文社会科学核心期刊要览（2013 年版）》 研制报告

　　《中国人文社会科学核心期刊要览》是中国社会科学院文献信息中心长期研制项目的成果。研制人员在文献计量学研究基础上，通过对学术期刊发展规律和增长趋势的量化分析，筛选出人文社会科学期刊发展和应用的核心部分，每 4 年以要览的形式出版，力求在较宽的研究跨度上客观反映核心期刊理论与实践的进展，以及学术期刊发展与进步的程度。这项研究成果的直接目的，是**为了便利和优化学术期刊的使用，以及优化文献资源的利用**。2004 年首次出版《中国人文社会科学核心期刊要览（2004 年版）》，2009 年在"中国社会科学院文献计量与科学评价研究中心"的研究平台上出版了第二版，即《中国人文社会科学核心期刊要览（2008 年版）》。第二版在研究方法和指标上做了一些改进，出版后得到了读者特别是众多学术期刊编辑部的关心、支持和很多宝贵意见。第三版，即《中国人文社会科学核心期刊要览（2013 年版）》（下简称《2013 年版核心期刊》）延续了上一版的主要研制原则，并根据实践的发展和需求，在核心区范围上做了重要的调整，增加了学术期刊的评价功能。

一、核心期刊的定义与统计

（一）核心期刊的由来

　　核心期刊研究是文献计量学的重要应用领域。早在 20 世纪 30 年代，英国著名文献学家布拉德福（B. C. Bradford）通过统计应用地球物理学论文和润滑领域论文在专业期刊上的分布规律，首次提出了涉及核心期刊效应问题的"布拉德福文献分散定律"（Bradford's law of scattering），指出刊载某一学科大量论文的期刊，是该学科载文量聚散分布中的核心期刊；认为把专业期刊上的专业论文数量，按降序排列，可以划分出对该专业最有贡献的核心区和论文数量与之相等的几个相继区域，这时核心区与相继各区域的期刊数量成 $1:a:a^2\cdots\cdots$ 的关系。第一区载文密度最大，称为核心区域（nucleus）。进入核心区域的期刊被视为该专业领域的核心期刊。20 世纪 60 年代美国文献计量学家加菲尔德（E. Garfield）用类似方法从引文角度证实了核心期刊的存在。之后，众多学者对以上经验定律提出各种修正方案，从多方面发展了相关的文献计量学理论与模型，形成了诸多公认的定律和数学模型，并以大数据量的统计分析证实了核心期刊的客观实在性。我国的核心期刊研究自上世纪末广泛开展以来，已经取得许多重要成果，发表了大量的论文，研制出版了多种核心期刊成果和索引工具书。这些研究都从不同的需求和不同方面展示了学术期刊研究的各种特点和作用，有力地推动了核心期刊的研究与使用。

（二）核心期刊的定义及统计方法

"中国人文社会科学核心期刊"的定义表述为：**某学科（或某领域）的核心期刊，是指那些发表该学科（或该领域）论文较多、使用率（含被引率、转摘率和流通率）较高、学术影响较大的期刊。**

根据上述定义中"发表学科论文较多"和"使用率较高"的概念，统计和筛选"中国人文社会科学核心期刊"的基本着眼点，是通过统计期刊论文的各项量化指标来测定期刊的"学科论文产出率"和"学术影响力"。期刊论文是基本的统计单位。从统计结果看，"发表学科论文较多"的期刊一般是专业期刊，而"使用率较高"的期刊，在各学科的统计中也是专业期刊占主导地位，综合性学术期刊占辅助地位。因而，"学科论文产出率"较高的期刊，一般是通过专业期刊体现出来的，专业期刊自然成为各学科"学科论文产出"的主体，所以"学科论文产出率"的统计不是本项目统计的重点；而"学术影响力"统计，特别是期刊在学科中的影响力统计，是我们研制工作的重点和贯穿始终的主线。这条主线体现在：它使用以引用指标为主的综合统计方法来反映期刊的"学术影响力"，其主要特点是从期刊的被利用情况来筛选和评价期刊。这种综合方法力求突出重点，以期刊引证报告的评价指标作为主体评价指标，同时注意指标的完整性和系统性，以及与其他参考指标的有机结合。在核心期刊的数量界定方面，主要依靠"被引频次"指标来统一度量；在生成分学科引证报告的"综合评价值"方面，主要是以加大"被引量"和"影响因子"指标的权重来突出重点。核心期刊的筛选过程可以简单描述为：**找出作者在撰写某学科或某研究领域的论文时，（作为学科论文的集合）使用了哪些期刊，再从这些期刊中按使用率找出那些最为常用的期刊，并划定核心区范围。**

在综合性学术期刊的评选中，增加了与各学科的关联度统计，以反映核心期刊学科性的一致原则。

二、统计样本的数据来源

(一)引文统计数据

期刊的学术使用率统计主要来自三个组成部分(见图 2 - 1)。

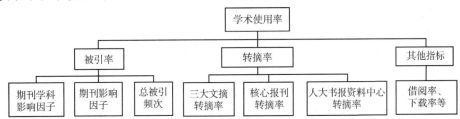

图 2 - 1　期刊的学术使用率统计组成

由于图 2 - 1 中的"被引率"和"转摘率"的来源数据样本覆盖率和可比性比较好,故被继续用作《2013 年版核心期刊》统计的基本数据,其他的指标数据则作为辅助参考。由于来源数据的可靠性、代表性和系统性非常重要,《2013 年版核心期刊》首选大型规范数据库进行数据统计和分析。统计数据主要来自三部分:

1. "中国人文社会科学引文数据库(CHSSCD)"

该库是中国社会科学院文献信息中心建立的年度收文量较大的引文数据库,其来源期刊是经过严格筛选的主流期刊,数据质量较为可靠,具有较好的代表性;现已收录 1999 年至 2011 年度 733 种来源期刊中的数据 1000 余万条,为多项大型研究项目提供了重要的数据支持。该库的代表性主要体现在来源期刊的选择上。来源期刊的学科构成、数量和质量情况是影响统计结果的前提条件。我国符合统计要求的学术期刊大约有 3000 多种。参照我国近期的学科论文数量比例和学科期刊数量比例,引证数据的合理选刊范围确定在 700 种左右,占 3000 种的 23%。其选刊数量的界定依据是,**如果各学科选取的期刊数占与该学科相关的期刊总数的 20% 左右,而其学科载文和被引频次的累积百分比能够达到各自总数的 80% 左右,那么由这些期刊统计出的数据和指标就有较好的代表性和说服力。**根据文献计量学的集中分散理念,该库收录的来源期刊囊括了学术领域的权威期刊和优秀期刊,具有较高的学术质量,其包括的论文能较完整地反映出学科发展的主流趋向。

《2013 年版核心期刊》选择该库近 5 年(2007 ~ 2011 年)的数据为主要的统计样本(部分指标用到 2006 年的数据)。涉及来源刊 733 种、被引用刊 36013 种,被引总频次 2032035 次。样本载文量 668982 篇,参考文献数量为 6583579 条,见

表 2 – 1。

表 2 – 1　2007～2011 年度载文量与参考文献数量

年　度	载文量	参考文献数量
2007	133475	1164668
2008	134710	1250241
2009	134481	1337918
2010	133445	1383805
2011	132871	1446947

统计样本的来源期刊为各学科的主流期刊和具有重要影响的综合性学术期刊，其整体影响力达到学科期刊整体使用率的 80% 左右，基本能反映期刊的整体发展水平。

2. "中国人文社会科学文摘率统计数据库"

该库是中国社会科学院文献信息中心建立的统计量较大的转摘率统计数据库。现收录 2002～2012 年文摘刊物和附有文摘的重要学术刊物 44 种，数据量 60 万条。收录的文摘刊物有三种类型：①《中国社会科学文摘》、《新华文摘》和《高等学校文科学术文摘》；②重要报纸理论版和核心期刊中转摘的文章；③中国人民大学书报资料中心《复印报刊资料》。

《2013 年版核心期刊》选用了其中 2007～2011 年的转摘数据作为统计数据，统计源文摘 24 种，涉及被摘期刊和报纸 4607 种，转摘 131921 次。

3. 其他统计源

其他统计源只作为统计分析的参考部分，主要来自 2007～2011 年公开发表的各种期刊统计数据，包括其他评价系统公布的核心期刊、引文数据库来源期刊、期刊引证报告中的各类统计数据。

（二）样本数据的学科分类

期刊论文的学科分类以《中国图书馆分类法（第五版）》的学科分类为基础。由于我国人文社会科学论文涉及题材广泛，综合性和跨学科趋势明显，学科分得过细会出现论文归类不准确现象，因而《2013 年版核心期刊》的学科归为 24 个大类目和综合类，24 个大类目分别是法学、管理学（含科学学、人才学）、环境科学、教育学、经济学、考古学、历史学、马克思主义、民族学、人口学、人文地理学、社会学、体育科学、统计学、图书馆学与情报学、档案学、文学、心理学、新闻学与传播学、艺术学、语言学、哲学、政治学、宗教学。其中经济学下列 7 个二级学科，政治学下列 2 个二级学科。

期刊的具体归类主要根据期刊的原始分类或根据其载文和被使用情况分别确定。

三、测定核心期刊的主要步骤、方法和指标

(一) 确定各学科的期刊引证表

确定各学科的期刊引证表是测定核心期刊范围的前提条件。在核心期刊的统计分析中，期刊的引用与被引用状态，可以称为期刊的引证现象，这里的引证期刊主要是指被引用的期刊。这些引证期刊按期刊的分类可以分为该学科的专业期刊、其他专业期刊和综合性学术期刊。它们的集合形成学科引证（被引）期刊表。

(二) 期刊评价指标的选用

统计过程中的期刊评价指标主要包括：

1. 期刊总被引

指给定时间内，某期刊的全部学术论文被来源期刊论文所引用的总次数；"期刊学科总被引"则指某期刊的全部学术论文被来源期刊中某学科论文所引用的总次数。

该指标可以显示期刊被使用和受重视的程度，以及在学术交流中的作用和地位。

2. 期刊影响因子

期刊影响因子 = 某统计年引用该刊前两年论文的总次数/前两年该刊发表的论文总数。

期刊学科影响因子 = 某统计年某学科论文引用该刊前两年论文的总次数/前两年该刊发表论文的总数。

五年期刊影响因子 = 某统计年引用该刊前五年论文的总次数/前五年该刊发表的论文总数。

期刊影响因子可以消除由于载文量不同而造成的不可比因素，有利于期刊质量情况的比较。通常影响因子越大，它的篇均学术影响力也越大。

3. 转摘量与转摘率

转摘量指在给定时间内，某期刊所登载的学术论文被重要文摘刊物转摘的篇数，转摘率是其与该刊载文总篇数的比值，它们表示论文在更大范围的学术传播和受社会重视的程度，以及篇均转摘次数所表示的可比性的质量指标。

加权转摘量和加权转摘率，是指对各学科刊物赋予一定的权重，用以增加区

别统计的准确度。

4. 基金论文比

基金论文比指在给定时间内,某期刊所登载的基金论文数与发表论文总数之比。通常基金论文比越高,学术期刊的载文质量越好。

5. 综合刊学科核心指数

综合刊学科核心指数,指在给定时间内,某综合期刊所登载的全部学术论文在各学科核心区的影响力程度总值,即该刊在各学科核心区被引累积百分位值(一般小于 0.7 或 0.8)的补数之和。综合刊学科核心指数的作用,是在影响因子之外强调综合刊在分学科的影响力,突出优势学科特色。

其他的评价指标还有:"他引量"、"学科载文量"、"引文率"、"即年影响因子"、"下载率"等等。其中"他引量"表示期刊的交流程度,《2013 年版核心期刊》把"他引量"用作质量指标时,"他引量"还需附加上期刊自引中的非作者自引部分;"学科载文量"表示期刊的学科论文产出量;"引文率"(参考文献量/载文量)表示期刊的施引程度,在一定范围中反映期刊规范程度和学术含量;"即年影响因子"表示期刊受重视的速度;"下载率"表示期刊的被关注程度。

在进行分学科统计中,期刊的学科评价指标是最为重要的,但考虑到学科的交融性和学科分类的误差,期刊的整体评价指标(如期刊总被引,期刊影响因子)也被用作学科统计的重要指标。其他评价指标则被作为参考指标,根据重要程度的不同,分别赋予这些评价指标和评价要素相应的权重系数。

(三)确定分学科与综合性学术期刊的测度指标及其权重

测度指标有两大部分,即分学科统计指标和综合性学术期刊的统计指标。两部分的各评价指标对评价对象的作用一般说来不是同等重要的,因此要对不同的评价指标赋予不同的权重系数。权重系数是反映评价指标重要程度的量化系数,权重系数大意味着重要程度高。

1. 分学科的统计指标及其权重

①学科总被引

以 2011 年为统计年度,确定分学科某期刊的总被引频次,权重值为 0.6;

②2011 年总被引

以 2011 年为统计年度,确定某期刊的总被引频次,权重值为 0.05;

③5 年分学科期刊影响因子

以 2011 年为统计年度,统计"分学科某期刊前 5 年总被引频次/同期 5 年的载文量"的值,权重值为 0.2;

④5 年影响因子

以 2011 年为统计年度,统计"某期刊前 5 年总被引频次/同期 5 年的载文量"的值,权重值为 0.05;

⑤加权转摘率

以 2007～2011 年为统计年度,统计"某期刊在文摘等刊物上 5 年的总转摘量/同期该期刊 5 年的载文量"的值,权重值为 0.08;

⑥基金论文比

以 2007～2011 年为统计年度,统计"某期刊的 5 年基金论文总量/同期该期刊 5 年的载文量"的值,权重值为 0.02。

以上分学科统计 6 项指标权重,主要是根据筛选期刊的需要设定的。权重分配的指导思想是:在分学科统计中,加大学科总被引的权重,以体现期刊在分学科领域中期刊利用率(影响力或贡献率)的程度,它也是确定进入核心区的主要依据之一。而(整本)期刊的总被引,表示分学科统计中含有跨学科成分,宜作为分学科的辅助指标。影响因子指标是以期刊篇均影响力为基点的质量指标,上述影响因子指标以 5 年峰值期为跨度,是考虑到人文社会科学成果应用的延展宽度,其权重值的分配依然强调分学科的重点。"加权转摘率"根据统计来源的转摘数量比例赋予权重,它与"基金论文比"指标一并作为辅助性的质量指标,权重分配从减。

2. 综合性学术期刊的统计指标及其权重

①总被引

以 2011 年为统计年度,确定某期刊的总被引频次,权重值为 0.4;

②5 年影响因子

以 2011 年为统计年度,统计"某期刊前 5 年总被引频次/同期 5 年的载文量"的值,权重值为 0.25;

③加权转摘率

以 2007～2011 年为统计年度,统计"某期刊在文摘等刊物上 5 年加权后的总转摘量/同期该期刊 5 年的载文量"的值,权重值为 0.2;

④综合刊学科核心指数

以 2011 年为统计年度,确定某期刊学科核心区的影响力程度总值,即该刊在各学科核心区被引累积百分比值(小于 0.7)的补数之和,权重值为 0.1;

⑤基金论文比

以 2007～2011 年为统计年度,统计"某期刊的 5 年基金论文总量/同期该期刊 5 年的载文量"的值,权重值为 0.05。

　　以上综合性学术期刊统计的 5 项指标权重，是考虑到综合性学术期刊的特点确定的。综合性学术期刊与专业期刊的不同在于它的多学科性、跨学科性、研究领域的拓展与创新性。它在全部论文的产出量中，占有重要比重。期刊的整体影响力是综合性学术期刊最主要的统计指标，在权重分配上占较大份额。同时，综合性学术期刊也有它的优势领域与特色。"综合刊学科核心指数"体现综合刊在各学科核心区中呈现的深度和广度的存在。

　　"加权转摘量"和"加权转摘率"中的加权含义，是指在指标形成过程中进行过加权处理。具体的分类权重数据如下（见表 2 – 2、表 2 – 3）。

表 2 – 2　文摘刊物权重分配比例

来源出处	数　量	分　类	权　重
北京大学学报.哲学社会科学版	344	3	0.15
北京档案	168	5	0.05
北京社会科学	348	5	0.05
当代中国史研究	160	5	0.05
当代作家评论	85	5	0.05
档案管理	194	5	0.05
高等学校文科学术文摘	6461	2	0.38
光明日报	549	3	0.15
红旗文稿	709	3	0.15
经济研究参考	1935	5	0.05
理论视野	233	5	0.05
人大复印报刊资料	92985	4	0.10
社会科学报	78	3	0.15
图书馆理论与实践	1818	5	0.05
文摘报	763	3	0.15
武汉科技大学学报.社会科学版	85	5	0.05
新华文摘	11701	1	0.30
学术界	734	5	0.05
中国青年研究	879	5	0.05
中国社会科学报	1492	3	0.15
中国社会科学文摘	5092	2	0.38
中国西藏	133	5	0.05
中国学术期刊文摘	4765	6	0.02
中国宗教	237	5	0.05

表 2 - 3　文摘类别比例权重

总　计	比　例	分　类	权　重
11701	8.87%	1	0.30
11553	8.76%	2	0.38
3935	2.98%	3	0.15
92985	70.47%	4	0.10
7009	5.31%	5	0.05
4765	3.61%	6	0.02

以上的表 2 - 2 表示，24 种转摘刊物分为 6 个类别，根据 5 年的转摘量的规模赋予权重；表 2 - 3 表示类别的权重和比例。经过加权后的转摘指标，能够从一个方面比较准确地反映被转摘期刊的影响力。

（四）综合值的生成步骤

利用模糊数学中的多层次综合评判原理，能够建立起相对科学、切实可行的综合评判模型。模糊综合评判法是一种利用集合论和模糊数学理论进行定量评价的方法，是一种模糊综合决策常用的数学工具。综合值的统计步骤如下：

1. 确定因素集合

因素集合：$U = (U_1, U_2, \cdots, U_n)$

比如：$U = \{$学科影响因子，学科总被引频次，期刊总被引频次$\}$

2. 按期刊初选值构建矩阵

$$V = \begin{bmatrix} v_{11} & v_{12} & \cdots & v_{1j} & \cdots & v_{1J} \\ v_{21} & v_{22} & \cdots & v_{2j} & \cdots & v_{2J} \\ \cdots & \cdots & \cdots & \cdots & \cdots & \cdots \\ v_{i1} & v_{i2} & \cdots & v_{ij} & \cdots & v_{iJ} \\ \cdots & \cdots & \cdots & \cdots & \cdots & \cdots \\ V_{I1} & V_{I2} & \cdots & V_{Ij} & \cdots & V_{IJ} \end{bmatrix}$$

式中 I 为期刊编号；J 为评价指标编号；V_{ij} 表示第 i 个刊对第 j 个评价指标的统计量。

3. 确立隶属度函数，构成评价集合

隶属度是表示方案中某项因素对评价指标的从属程度，是一个 0 ~ 1 之间的数值，数值越接近 1，表明隶属度越高。

第 i 个刊对第 j 个评价指标的隶属函数为：

$$c_{ij} = \frac{v_{ij}}{\bigvee\limits_{i=1}^{I}(v_{ij})}$$

将初选矩阵的统计值 $V_{ij}=$（$i=1\cdots I,\ j=1\cdots J$）经隶属函数换算成 c_{ij}，构成指标评价矩阵 C：

$$C = \begin{bmatrix} C_{11} & C_{12} & \cdots & C_{1j} & \cdots & C_{1J} \\ C_{21} & C_{22} & \cdots & C_{2j} & \cdots & C_{2J} \\ \cdots & \cdots & \cdots & \cdots & \cdots & \cdots \\ C_{i1} & C_{i2} & \cdots & C_{ij} & \cdots & C_{iJ} \\ \cdots & \cdots & \cdots & \cdots & \cdots & \cdots \\ C_{I1} & C_{I2} & \cdots & C_{Ij} & \cdots & C_{IJ} \end{bmatrix}$$

4. 引入权重向量 $A = (a_1,\ a_2,\ \cdots,\ a_j,\ \cdots,\ a_J)$

$a_1,\ a_2,\ \cdots,\ a_j,\ \cdots,\ a_J$ 为各评判因素的权数，该权数满足条件：

$$\sum_{j=1}^{J} a_j = 1$$

5. 对指标评价矩阵做加权平均，算出综合值

$$B = A * C^{T} = (a_1,\ a_2,\ \cdots,\ a_j,\ \cdots,\ a_J) \begin{bmatrix} c_{11} & c_{12} & \cdots & c_{1j} & \cdots & c_{1J} \\ c_{21} & c_{22} & \cdots & c_{2j} & \cdots & c_{2J} \\ \cdots & \cdots & \cdots & \cdots & \cdots & \cdots \\ c_{i1} & c_{i2} & \cdots & c_{ij} & \cdots & c_{iJ} \\ \cdots & \cdots & \cdots & \cdots & \cdots & \cdots \\ c_{I1} & c_{I2} & \cdots & c_{Ij} & \cdots & c_{IJ} \end{bmatrix}^{T}$$

$$= (b_1,\ b_2,\ \cdots,\ b_i,\ \cdots,\ b_I)$$

其中 $b_i = \sum_{j=1}^{J} a_j \cdot c_{ij}$

b_i 为第 i 个期刊的综合评价值，把期刊按 b 值大小递减排序，作为期刊引证表中的"综合值"。

（五）确定分学科的核心期刊预选范围

核心期刊的数量界定有多种方法。《2013 年版核心期刊》的界定方法是，当引证表中的评价指标"学科被引累积百分比"累积达到 70% ~ 80% 时，其相对应的期刊数量成为核心期刊的预选范围。由于各学科的载文、被引和期刊数量有所

不同，这个范围也有相应的波动。因而，各学科的核心期刊选择范围会依据学科特点做小范围的调整。"学科被引累积百分比"指标，是表示一定数量的期刊在某学科论文（集合）的施引中，各期刊被引用频次由高到低的累积率（或称为"学术贡献率"和"学术影响力"）的累积程度。以下用两个学科核心区的界定表加以说明：

例1：教育学专业期刊核心区分析

在分学科的被引期刊统计中，被教育学论文引用的各类期刊有 3750 种，在前 980 种中含有专业期刊 34 种，见下图（图 2－2）教育学专业期刊的分布情况。

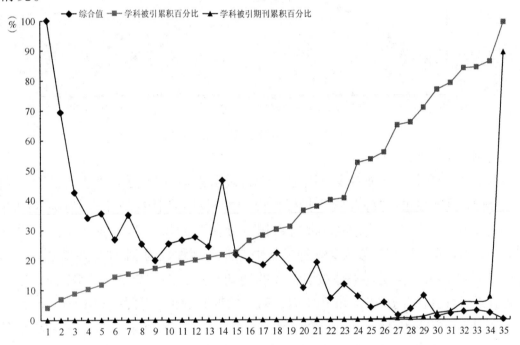

图 2－2 教育学专业期刊的分布情况

例2：语言学专业期刊核心区分析

在分学科的被引期刊统计中，被语言学论文引用的各类期刊有 2096 种，在前 74 种中含有专业期刊 31 种，见下图（图 2－3）语言学专业期刊的分布情况。

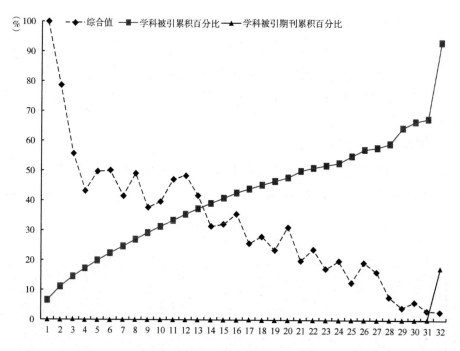

图 2 - 3　语言学专业期刊的分布情况

图例分析：

以上两例图中，三条曲线分别是"学科被引累积百分比"、"学科被引期刊累积百分比"和数据的"综合值"指标，以"学科被引累积百分比"为基准做图。

从图中可以看出，当"学科被引累积百分比"的累积率达到 80% 时，教育学（图 2 - 2）对应的期刊种数为 980 种，其中专业期刊种数为 34 种。如果把教育学被引期刊 3750 种去掉长尾（去掉被引 1 次的期刊）后，期刊总数为 1984 种，当"学科被引累积百分比"达 80% 和 70% 时，对应的期刊数据分别为 649 种和 345 种，分别占总刊数的 32% 和 17%。语言学（图 2 - 3）"学科被引累积百分比"的累积量达到 80% 时，对应的期刊种数为 235 种，其中专业期刊为 31 种。用同样方法去掉长尾后，语言学被引期刊总数为 1090 种。当语言学期刊"学科被引累积百分比"的累积值取 80% 和 70% 时，期刊数分别为 235 种和 92 种，分别占总刊数的 21% 和 8%。

上述两条曲线主要用于核心区范围的确定。从分析中可以看出：这两个学科的被引用期刊的离散分布基本符合二八定律，专业期刊的核心效应非常明显，核心区内的期刊基本上是高质量的专业期刊。由于学科发展特点不同，核心区的大小也相应有所区别，例如上述例子中，教育学的"学科被引累积百分比"达 70%，语言学的达 80% 时，取对应的期刊数量比较合理。

在以上两例图中，"综合值"曲线为多种数据指标的加权综合值，是期刊的质量指标，在最后的分析中，它还需要用专家论证指标进行加权复合，然后用于期刊排序位次的调整。

（六）专家构成和专家论证

把核心期刊的备选表送专家评审。专家参考数据综合值的情况，主要从定性角度，即从期刊的学术水平和影响、期刊对推动学科发展的作用等方面进行评估，同时也参考期刊的其他指标进行分析，如期刊的获奖情况、编辑水平、作者构成情况。

评审专家的构成主要来自三部分：①上一版核心期刊和来源期刊的主编、副主编；②各学科的权威专家；③文摘编辑部的评刊专家。

专家根据定量分析形成的排序表对备选期刊进行定性评价打分，定性评价指标为五项：

A. 期刊学术性（期刊内容的学术含量及比重）

B. 论文的学理性与创新性

C. 编辑质量（编校差错率及选题策划能力）

D. 学术规范性（论文的写作规范和著录规范）

E. 刊物公信度（学术水平与学风的社会认同度）

上述五项评价因素（A、B、C、D、E）要求专家分别打分；每项满分为 5 分（表示优、良、中、差、劣的等级程度），并分别给予五项评价因素权重值（A = 3、B = 2.5、C = 2、D = 1.5、E = 1），然后统计出专家评价值。

（七）确定综合评价值

把专家的对各期刊的评价值作隶属度处理，之后将专家评价值加权 0.3，再将学科引证表中的"综合值"（数据综合值）加权 0.7，算出"综合评价值"，之后按数值大小递减顺序排列。这样的权重的分配，旨在体现量化统计为主，定量分析与定性分析相结合的评审原则。

（八）专业期刊与综合性学术期刊分别列入核心期刊表

《2013 年版核心期刊》在生成分学科引证报告中，进行了不分专业期刊和综合性学术期刊类别的混合统计，旨在反映期刊的实际应用情况。在后期的分学科统计过程中，专业期刊单独列表统计，综合性学术期刊按特定指标另行列表统计，其他专业的期刊各自归所属学科进行列表统计。这样，最后公布的各学科核心期刊表只列出专业核心期刊表和综合性学术期刊表，目的在于适应期刊使用者的习惯。如果使用者需要了解某学科的使用率比较高的全部期刊，可以参考分学科的期刊引证表。

四、《2013 年版核心期刊》评选结果分析与说明

（一）核心期刊的数量变化与分布

《2013 年版核心期刊》评选出 484 种核心期刊，相比 2008 年版核心期刊的数

量，总量增加了 98 种，其中蝉联上一版核心期刊的数量为 370 种，占上一版的 95.8%，淘汰率为 4.2%。2013 年版核心期刊的数量有较大的增加，原因在于近年来学术期刊的质量有较大的提高，合理扩大核心区的选刊范围有利于容纳不同类型的优秀期刊，更为重要的原因是，社会评选优秀期刊的强烈需求，要求增加核心期刊的评价功能。

各学科的核心期刊数量分布（图 2-4）：

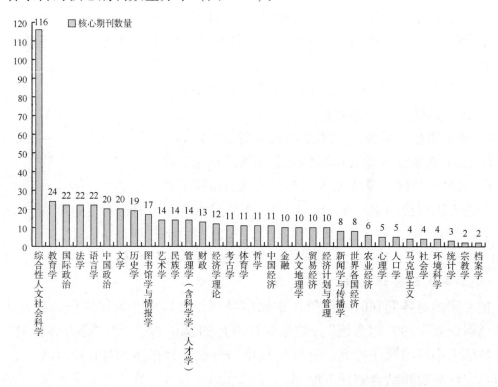

图 2-4　《2013 年版核心期刊》各学科专业核心期刊的数量分布

从学科分布看，含 6 种以下期刊的学科是小学科，其中"马克思主义"学科也可以并入"政治学"（中国政治和国际政治）中分析；有些大学科，如"教育学"，由于没有做二级学科拆分，因而学科所含期刊种类和数量比较多。"综合性人文社会科学"期刊是多学科的综合刊，以学报类期刊为主。上述 116 种综合性学术期刊中，高校学报类核心期刊为 79 种（其中含有师范类 27 种，党校类 5 种），占 68%，是综合刊的主导力量。

我国学术期刊大多数隶属于各种类型的机构团体，这种隶属关系在不同程度上影响着期刊的发展和定位。图 2-5 为各类机构的核心期刊数量分布。

从图 2-5 可以看出，高校和研究机构的核心期刊数量比例分别为 37% 和 30%，占

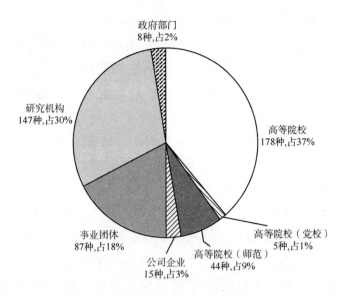

图 2 – 5   各类机构的核心期刊数量与比例

总数的 67%，是学术期刊的主导力量，但从机构的整体数量（包括核心和非核心期刊的机构）上看，高校的数量远多于研究机构的数量，从产出率上比较，其核心期刊的产出率不如研究机构的高。研究机构的特点之一在于专业期刊比较多。

从核心期刊的产出地区看，一地独大的局面依然如故。

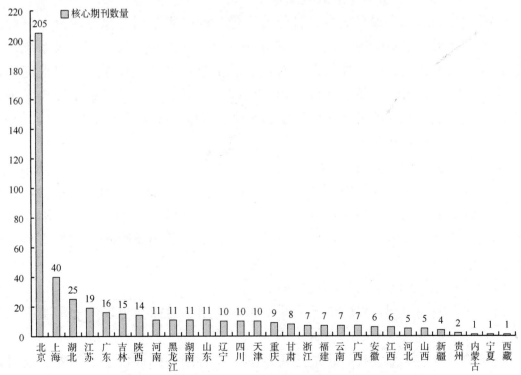

图 2 – 6   《2013 年版核心期刊》的地区数量分布

（二）坚持核心期刊的科学研制方针，兼顾学术评价功能

《2013年版核心期刊》的统计与评选，继续保持了一贯的主导思想和统计原则，即始终围绕着以引用分析为主导，以多项使用率指标的有机结合为统计原则，注重学科发展的不同特点，不断优化评选方法。在此基础上，做了以下一些改进。

1. 学科类目上做了小的调整，参考了专家的指导意见

对一些较大的学科进行拆分，如"政治学"分为"中国政治"和"国际政治"，"财政"与"金融"分列类目。有些大学科虽然没有细分二级学科，但在最后的统计分析中，由专家按分学科的重要性和特殊研究领域、显学领域等要素进行小范围的调整。在统计分析过程中，根据需要对学科进行整合和跨类目分析也是必要的，部分原因是考虑到期刊论文的分类误差，以及分类体系自身的局限性。

2. 改进综合期刊的统计指标，增加转摘指标的内部权重

上一版的综合期刊指标注意到综合期刊与各分学科的内在联系，这一版在此基础上做了深度量值和广度范围上的改进，其目的是在综合刊的评选上，贯彻核心期刊以学科统计为主导原则的一致性，同时平衡由于学科不同带来的不可比性。上一版的转摘指标是以数量累加为基础的，这一版根据转摘来源的特点和数量，增加了权重分析。

3. 定性分析中，增加专家的类别权重

专家成分的构成直接影响专家打分的质量。这一版采用专家分级分类打分的原则。我们还重点邀请中国人民大学书报资料中心的期刊研究专家，成系统地为各学科期刊做了评估。由于他们已建有优秀的学术论文评价体系，所以他们的评价结果被赋予了较大的权重。在综合学术期刊评选方面，我们邀请了高校学报理事会的专家，他们有评价名刊名栏的成功经验，所以同样被赋予较大的权重。

（三）优化栏目结构

上一版设有"专家推荐期刊及简介"，这一版略去。"专家推荐期刊及简介"的本意是应社会需求，介绍和推荐一批没有入选核心期刊的有特色的优秀期刊，为读者提供更多的选择，但这容易被误解为核心期刊的扩展刊。此外，推荐期刊与核心期刊评选也没有直接的关系，因而"专家推荐期刊及简介"应作为另一项目推出。

（四）正确理解和科学使用核心期刊

由于核心期刊得到业界的广泛关注，实际应用中时而会出现误解和滥用的现象。有必要再重复一些重要的说明。

任何的评价系统都会有一定的适用范围，核心期刊的评选也不例外。根据以引用指标为主的期刊使用率高低来判断期刊的影响力，进而推断期刊的学术质量，

是有一定的单一目的性的。尽管有专家论证的定性评价作补充,并包涵了对权威期刊和优秀期刊的测度,但它还算不上是对期刊的全面综合评价。它的直接使用价值,可以说是为读者、作者和馆藏部门提供各学科使用率很高的少数学术期刊。利用这些期刊可以快速便捷地了解各个学科或各研究领域的动态发展;作者在这些期刊登稿也可以获得较大的传播范围。一般来说,核心期刊的评选活动与期刊的评优、评奖活动有所不同:前者重视期刊的学术影响力和期刊的优化使用,注意按学科和研究领域评选和使用期刊;后者注重鼓励和提高期刊的整体水平,推动期刊质量的全面提高,它可以分级或分类按地区、按部门展开评选。两者的形成机理与目的性有很大不同,

由于核心期刊的界定要服从集中分散定律,因而即使某些学科的优秀期刊很多,也不可能都进入核心区范围;有些小研究领域的优秀期刊,如果放在大学科中评选会因其使用率相对不高而排不上队,如果按小学科或小专业领域分析则会由于无法确定期刊核心区的存在而落选。结果是核心期刊不一定包括全部的优秀期刊。此外,核心区与非核心区没有绝对的界线,处于界线边缘区域的期刊水平一般相差不多。因而,在使用核心期刊的评价功能时应注意其局限性,并注意与具体的评价体系相结合。

《2013 年版核心期刊》的研制工作得到各级领导和各学科专家的大力支持。许多同行专家、评审专家和期刊编辑部专家都提出了很多很好的建议,给予我们很大的帮助。特别是中国人民大学书报资料中心和高校学报理事会的专家给了我们大力支持,这里一并表示感谢。我们的工作必定存在着不少的问题和不妥之处,衷心希望读者提出宝贵意见,促进我们今后的工作。

项目负责人　姜晓辉

2013 年 9 月 1 日

核心期刊表

一　马克思主义、哲学、心理学、宗教

马克思主义学科专业核心期刊

序号	刊　名	主办单位
1	马克思主义研究	中国社会科学院马克思主义研究院，马克思主义研究学部
2	教学与研究	中国人民大学
3	马克思主义与现实	中共中央编译局马克思主义研究部
4	毛泽东邓小平理论研究	上海市社会科学院，上海市中国特色社会主义理论体系研究中心

哲学专业核心期刊

序号	刊　名	主办单位
1	哲学研究	中国社会科学院哲学研究所
2	哲学动态	中国社会科学院哲学研究所
3	世界哲学	中国社会科学院哲学研究所
4	中国哲学史	中国哲学史学会
5	道德与文明	中国伦理学会，天津社会科学院
6	现代哲学	广东哲学学会
7	自然辩证法研究	中国自然辩证法研究会
8	周易研究	山东大学，中国周易学会

9	伦理学研究	湖南师范大学
10	孔子研究	中国孔子基金会
11	科学技术哲学研究	山西大学，山西省自然辩证法研究会

心理学专业核心期刊

序号	刊　名	主　办　单　位
1	心理学报	中国心理学会，中国科学院心理研究所
2	心理科学	中国心理学会
3	心理科学进展	中国科学院心理研究所
4	心理发展与教育	北京师范大学
5	中国心理卫生杂志	中国心理卫生协会

宗教学专业核心期刊

序号	刊　名	主　办　单　位
1	世界宗教研究	中国社会科学院世界宗教研究所
2	宗教学研究	四川大学道教与宗教文化研究所

二　语言、文学、艺术

语言学专业核心期刊

序号	刊　名	主　办　单　位
1	中国语文	中国社会科学院语言研究所

2	外语教学与研究	北京外国语大学
3	中国翻译	中国外文局对外传播研究中心，中国翻译协会
4	外国语（上海外国语大学学报）	上海外国语大学
5	世界汉语教学	北京语言大学
6	外语界	上海外国语大学
7	外语教学	西安外国语大学
8	现代外语	广东外语外贸大学
9	当代语言学	中国社会科学院语言研究所
10	外语与外语教学（大连外国语学院学报）	大连外国语学院
11	外语学刊	黑龙江大学
12	语言教学与研究	北京语言大学
13	汉语学习	延边大学
14	方言	中国社会科学院语言研究所
15	语言科学	江苏师范大学语言研究所
16	语言研究	华中科技大学中国语言研究所
17	解放军外国语学院学报	解放军外国语学院
18	民族语文	中国社会科学院民族学与人类学研究所
19	外国语文	四川外国语大学
20	辞书研究	上海世纪出版股份有限公司辞书出版社
21	语言与翻译	新疆民族语言文字工作委员会
22	当代修辞学	复旦大学

文学专业核心期刊

序号	刊　　名	主　办　单　位
1	文学评论	中国社会科学院文学研究所
2	文艺研究	中国艺术研究院
3	文学遗产	中国社会科学院文学研究所
4	文艺争鸣	吉林省文学艺术界联合会
5	当代作家评论	辽宁省作家协会
6	外国文学评论	中国社会科学院外国文学研究所
7	中国现代文学研究丛刊	中国现代文学馆
8	外国文学研究	华中师范大学
9	文艺理论研究	中国文艺理论学会，华东师范大学
10	红楼梦学刊	中国艺术研究院
11	外国文学	北京外国语大学
12	鲁迅研究月刊	北京鲁迅博物馆
13	中国比较文学	上海外国语大学，中国比较文学学会
14	民族文学研究	中国社会科学院民族文学研究所
15	国外文学	北京大学
16	当代文坛	四川省作家协会
17	文艺理论与批评	中国艺术研究院
18	小说评论	陕西省作家协会
19	明清小说研究	江苏省社会科学院文学研究所明清小说研究中心
20	俄罗斯文艺	北京师范大学

艺术学专业核心期刊

序号	刊　　名	主　办　单　位
1	音乐研究	人民音乐出版社
2	当代电影	中国电影艺术研究中心，中国传媒大学
3	电影艺术	中国电影家协会
4	中国音乐	中国音乐学院
5	中央音乐学院学报	中央音乐学院
6	中国音乐学	中国艺术研究院音乐研究所
7	人民音乐	中国音乐家协会
8	音乐艺术（上海音乐学院学报）	上海音乐学院
9	黄钟（中国·武汉音乐学院学报）	中国·武汉音乐学院
10	艺术百家	江苏省文化艺术研究院
11	民族艺术	广西民族文化艺术研究院
12	美术研究	中央美术学院
13	北京电影学院学报	北京电影学院
14	戏剧（中央戏剧学院学报）	中央戏剧学院

三　历史、考古、人文地理

历史学专业核心期刊

序号	刊　　名	主　办　单　位
1	历史研究	中国社会科学院

2	近代史研究	中国社会科学院近代史研究所
3	史学月刊	河南大学，河南省历史学会
4	世界历史	中国社会科学院世界历史研究所
5	中国史研究	中国社会科学院历史研究所
6	史学集刊	吉林大学
7	史学理论研究	中国社会科学院世界历史研究所
8	史林	上海社会科学院历史研究所
9	清史研究	中国人民大学清史研究所
10	中国边疆史地研究	中国社会科学院中国边疆史地研究中心
11	抗日战争研究	中国社会科学院近代史研究所，中国抗日战争史学会
12	中国农史	中国农业历史学会，中国农业科学院，南京农业大学中国农业遗产研究室，中国农业博物馆
13	安徽史学	安徽省社会科学院
14	史学史研究	北京师范大学
15	民国档案	中国第二历史档案馆
16	当代中国史研究	中国社会科学院当代中国研究所
17	历史档案	中国第一历史档案馆
18	西域研究	新疆社会科学院
19	中国地方志	中国地方志指导小组办公室

考古学专业核心期刊

序号	刊　名	主　办　单　位
1	文物	文物出版社

2	考古	中国社会科学院考古研究所
3	考古学报	中国社会科学院考古研究所
4	考古与文物	陕西省考古研究院
5	中原文物	河南省博物院
6	华夏考古	河南省文物考古研究所，河南省文物考古学会
7	江汉考古	湖北省文物考古研究所
8	敦煌研究	敦煌研究院
9	东南文化	南京博物院
10	敦煌学辑刊	兰州大学
11	农业考古	江西省社会科学院

人文地理学专业核心期刊

序号	刊　名	主　办　单　位
1	旅游学刊	北京联合大学旅游学院
2	旅游科学	上海师范大学旅游学院（上海旅游高等专科学校）
3	人文地理	中国地理学会，西安外国语大学人文地理研究所
4	中国历史地理论丛	陕西师范大学
5	经济地理	中国地理学会，湖南省经济地理研究所
6	城市问题	北京市社会科学院
7	地域研究与开发	河南省科学院地理研究所
8	城市发展研究	中国城市科学研究会
9	城市规划学刊	同济大学

| 10 | 城市规划 | 中国城市规划学会 |

四　政治、法律

中国政治学专业核心期刊

序号	刊　名	主办单位
1	政治学研究	中国社会科学院政治学研究所
2	中国行政管理	中国行政管理学会
3	求是	中国共产党中央委员会
4	社会主义研究	华中师范大学
5	科学社会主义	中国科学社会主义学会
6	国家行政学院学报	国家行政学院
7	中共中央党校学报	中共中央党校
8	中共党史研究	中共中央党史研究室
9	江苏行政学院学报	江苏行政学院
10	上海行政学院学报	上海行政学院
11	理论探讨	中共黑龙江省委党校
12	中国特色社会主义研究	北京市社会科学界联合会，北京市中国特色社会主义理论体系研究中心，北京市科学社会主义学会
13	北京行政学院学报	北京行政学院
14	探索	中共重庆市委党校

15	新视野	中共北京市委党校，北京行政学院
16	中国青年研究	中国青少年研究中心，中国青少年研究会
17	党的文献	中共中央文献研究室，中央档案馆
18	求实	中共江西省委党校，江西行政学院
19	中国青年政治学院学报	中国青年政治学院
20	台湾研究	中国社会科学院台湾研究所

国际政治学专业核心期刊

序号	刊名	主办单位
1	世界经济与政治	中国社会科学院世界经济与政治研究所
2	现代国际关系	中国现代国际关系研究院
3	外交评论	外交学院
4	当代世界与社会主义	中共中央编译局马克思主义研究部，中国国际共运史学会
5	国际政治研究	北京大学
6	当代亚太	中国社会科学院亚太与全球战略研究院，中国亚洲太平洋学会
7	欧洲研究	中国社会科学院欧洲研究所
8	国际观察	上海外国语大学
9	东北亚论坛	吉林大学
10	西亚非洲	中国社会科学院西亚非洲研究所
11	国际论坛	北京外国语大学
12	国际问题研究	中国国际问题研究所

13	当代世界社会主义问题	山东大学当代社会主义研究所
14	美国研究	中国社会科学院美国研究所，中华美国学会
15	国外理论动态	中共中央编译局
16	南亚研究	中国社会科学院亚太与全球战略研究院，中国南亚学会
17	日本学刊	中国社会科学院日本研究所，中华日本学会
18	东南亚研究	暨南大学东南亚研究所
19	太平洋学报	中国太平洋学会
20	俄罗斯研究	华东师范大学
21	俄罗斯中亚东欧研究	中国社会科学院俄罗斯东欧中亚研究所
22	拉丁美洲研究	中国社会科学院拉丁美洲研究所

法学专业核心期刊

序号	刊名	主办单位
1	中国法学	中国法学会
2	法学研究	中国社会科学院法学研究所
3	中外法学	北京大学
4	法学	华东政法大学
5	法商研究	中南财经政法大学
6	政法论坛	中国政法大学
7	现代法学	西南政法大学
8	法律科学（西北政法大学学报）	西北政法大学

9	法学家	中国人民大学
10	法制与社会发展	吉林大学
11	法学评论	武汉大学
12	政治与法律	上海市社会科学院法学研究所
13	比较法研究	中国政法大学比较法研究所
14	河北法学	河北政法职业学院，河北省法学会
15	环球法律评论	中国社会科学院法学研究所
16	法学杂志	北京市法学会
17	当代法学	吉林大学
18	法学论坛	山东省法学会
19	中国刑事法杂志	最高人民检察院检察理论研究所
20	华东政法大学学报	华东政法大学
21	行政法学研究	中国政法大学
22	知识产权	中国知识产权研究会

五　经济

经济学理论专业核心期刊

序号	刊名	主办单位
1	经济研究	中国社会科学院经济研究所
2	经济学动态	中国社会科学院经济研究所

3	经济学家	西南财经大学，四川社会科学学术基金会（新知研究院）
4	经济学（季刊）	北京大学出版社
5	经济评论	武汉大学
6	经济理论与经济管理	中国人民大学
7	南开经济研究	南开大学经济学院
8	经济科学	北京大学
9	当代经济科学	西安交通大学
10	经济问题探索	云南省发展和改革委员会
11	经济经纬	河南财经政法大学
12	经济纵横	吉林省社会科学院（社科联）

世界各国经济（含各国经济史、经济地理）专业核心期刊

序号	刊　名	主　办　单　位
1	世界经济	中国世界经济学会，中国社会科学院世界经济与政治研究所
2	国际经济评论	中国社会科学院世界经济与政治研究所
3	现代日本经济	吉林大学，全国日本经济学会
4	外国经济与管理	上海财经大学
5	经济社会体制比较	中共中央编译局世界发展战略研究部
6	世界经济研究	上海市社会科学院世界经济研究所
7	世界经济与政治论坛	江苏省社会科学院世界经济研究所
8	亚太经济	福建省社会科学院亚太经济研究所

中国经济专业核心期刊

序号	刊　名	主　办　单　位
1	中国工业经济	中国社会科学院工业经济研究所
2	改革	重庆社会科学院
3	上海经济研究	上海社会科学院经济研究所
4	中国经济问题	厦门大学经济研究所
5	中国经济史研究	中国社会科学院经济研究所
6	改革与战略	广西壮族自治区社会科学界联合会
7	开发研究	甘肃省社会科学院
8	西部论坛	重庆工商大学
9	中国社会经济史研究	厦门大学历史研究所
10	企业经济	江西省社会科学院
11	经济与管理评论	山东财经大学

经济计划与管理专业核心期刊

序号	刊　名	主　办　单　位
1	管理世界	国务院发展研究中心
2	数量经济技术经济研究	中国社会科学院数量经济与技术经济研究所
3	南开管理评论	南开大学商学院
4	审计研究	中国审计学会
5	经济管理	中国社会科学院工业经济研究所
6	经济与管理研究	首都经济贸易大学
7	宏观经济研究	国家发展和改革委员会宏观经济研究院

8	经济体制改革	四川省社会科学院
9	消费经济	湘潭大学，湖南商学院，湖南师范大学
10	河北经贸大学学报	河北经贸大学

农业经济专业核心期刊

序号	刊 名	主 办 单 位
1	中国农村经济	中国社会科学院农村发展研究所
2	农业经济问题	中国农业经济学会，中国农业科学院农业经济与发展研究所
3	中国土地科学	中国土地学会，中国土地勘测规划院
4	中国农村观察	中国社会科学院农村发展研究所
5	农业技术经济	中国农业技术经济研究会，中国农业科学院农业经济与发展研究所
6	生态经济	云南教育出版社有限责任公司

贸易经济专业核心期刊

序号	刊 名	主 办 单 位
1	国际贸易问题	对外经济贸易大学
2	商业经济与管理	浙江工商大学
3	国际经贸探索	广东外语外贸大学
4	商业研究	哈尔滨商业大学，中国商业经济学会
5	国际商务（对外经济贸易大学学报）	对外经济贸易大学
6	广东商学院学报	广东商学院

7	中国流通经济	北京物资学院
8	北京工商大学学报. 社会科学版	北京工商大学
9	国际经济合作	商务部国际贸易经济合作研究院
10	首都经济贸易大学学报	首都经济贸易大学

财政专业核心期刊

序号	刊　名	主　办　单　位
1	财贸经济	中国社会科学院财经战略研究院
2	财经研究	上海财经大学
3	税务研究	中国税务杂志社
4	会计研究	中国会计学会
5	当代财经	江西财经大学
6	财政研究	中国财政学会
7	财经科学	西南财经大学
8	财经问题研究	东北财经大学
9	上海财经大学学报	上海财经大学
10	中央财经大学学报	中央财经大学
11	财经理论与实践	湖南大学
12	地方财政研究	辽宁省财政科学研究所，东北财经大学财税学院
13	西安财经学院学报	西安财经学院

金融专业核心期刊

序号	刊　名	主　办　单　位
1	金融研究	中国金融学会

2	国际金融研究	中国国际金融学会
3	中国金融	中国金融出版社
4	保险研究	中国保险学会
5	金融论坛	中国城市金融学会，城市金融研究所
6	上海金融	上海市金融学会
7	证券市场导报	深圳证券交易所综合研究所
8	金融经济学研究	广东金融学院
9	新金融	交通银行股份有限公司
10	投资研究	中国建设银行股份有限公司，中国投资学会

六　社会学、人口学、民族学

社会学专业核心期刊

序号	刊　名	主　办　单　位
1	社会学研究	中国社会科学院社会学研究所
2	社会	上海大学
3	青年研究	中国社会科学院社会学研究所
4	妇女研究论丛	全国妇联妇女研究所，中国妇女研究会

人口学专业核心期刊

序号	刊　名	主　办　单　位
1	人口研究	中国人民大学

2	中国人口科学	中国社会科学院人口与劳动经济研究所
3	人口学刊	吉林大学
4	人口与发展	北京大学
5	人口与经济	首都经济贸易大学

民族学专业核心期刊

序号	刊　名	主　办　单　位
1	民族研究	中国社会科学院民族学与人类学研究所
2	广西民族研究	广西壮族自治区民族研究中心
3	世界民族	中国社会科学院民族学与人类学研究所
4	广西民族大学学报.哲学社会科学版	广西民族大学
5	黑龙江民族丛刊	黑龙江省民族研究所
6	中南民族大学学报.人文社会科学版	中南民族大学
7	中国藏学	中国藏学研究中心
8	西南民族大学学报.人文社会科学版	西南民族大学
9	贵州民族研究	贵州省民族研究院
10	西藏研究	西藏社会科学院
11	西北民族研究	西北民族大学
12	中央民族大学学报.哲学社会科学版	中央民族大学
13	云南民族大学学报.哲学社会科学版	云南民族大学
14	回族研究	宁夏社会科学院

七　管理学、统计学

管理学（含科学学、人才学）专业核心期刊

序号	刊　名	主　办　单　位
1	科学学研究	中国科学学与科技政策研究会
2	管理学报	华中科技大学
3	科研管理	中国科学院科技政策与管理科学研究所，中国科学学与科技政策研究会，清华大学技术创新研究中心
4	科学学与科学技术管理	中国科学学与科技政策研究会，天津市科学学研究所
5	中国软科学	中国软科学研究会
6	管理科学学报	国家自然科学基金委员会管理科学部
7	中国科技论坛	中国科学技术发展战略研究院
8	科技进步与对策	湖北省科技信息研究院
9	中国管理科学	中国优选法统筹法与经济数学研究会，中国科学院科技政策与管理科学研究所
10	研究与发展管理	复旦大学
11	管理工程学报	浙江大学
12	软科学	四川省科技促进发展研究中心
13	科学管理研究	内蒙古自治区软科学研究会
14	预测	合肥工业大学预测与发展研究所

统计学专业核心期刊

序号	刊　名	主办单位
1	统计研究	中国统计学会，国家统计局统计科学研究所
2	统计与信息论坛	西安财经学院，中国统计教育学会高教分会
3	数理统计与管理	中国现场统计研究会

八　图书馆、情报与档案学

图书馆学与情报学专业核心期刊

序号	刊　名	主办单位
1	中国图书馆学报	中国图书馆学会，国家图书馆
2	大学图书馆学报	北京大学，国家教育部高等学校图书情报工作指导委员会
3	图书情报工作	中国科学院文献情报中心
4	情报学报	中国科学技术情报学会，中国科学技术信息研究所
5	图书馆杂志	上海市图书馆学会，上海市图书馆
6	图书馆	湖南省图书馆，湖南省图书馆学会
7	图书情报知识	武汉大学
8	图书馆建设	黑龙江省图书馆
9	情报资料工作	中国人民大学
10	图书馆论坛	广东省立中山图书馆

11	情报科学	中国科学技术情报学会，吉林大学
12	情报理论与实践	中国国防科学技术信息学会，中国兵器工业集团第 210 研究所
13	现代图书情报技术	中国科学院文献情报中心
14	图书馆工作与研究	天津市图书馆学会，天津市图书馆，天津市少年儿童图书馆
15	图书馆学研究	吉林省图书馆
16	图书与情报	甘肃省图书馆，甘肃省科技情报研究所，甘肃省图书馆学会，甘肃省科技情报学会
17	国家图书馆学刊	国家图书馆

档案学专业核心期刊

序号	刊　名	主　办　单　位
1	档案学通讯	中国人民大学
2	档案学研究	中国档案学会

九　新闻与传播、教育、体育

新闻学与传播学专业核心期刊

序号	刊　名	主　办　单　位
1.	编辑学报	中国科学技术期刊编辑学会
2.	中国科技期刊研究	中国科学院自然科学期刊编辑研究会，中国科学院文献情报中心

3.	新闻与传播研究	中国社会科学院新闻与传播研究所
4.	国际新闻界	中国人民大学
5.	现代传播（中国传媒大学学报）	中国传媒大学
6.	编辑之友	山西出版集团
7.	出版发行研究	中国新闻出版研究院
8.	中国出版	中国新闻出版传媒集团

教育学专业核心期刊

序号	刊　名	主　办　单　位
1	教育研究	中央教育科学研究所
2	高等教育研究	华中科技大学，中国高等教育学研究会
3	北京大学教育评论	北京大学
4	教育发展研究	上海市教育科学研究院，上海市高等教育学会
5	清华大学教育研究	清华大学
6	比较教育研究	北京师范大学
7	中国高教研究	中国高等教育学会
8	课程·教材·教法	人民教育出版社有限公司
9	江苏高教	江苏教育报刊总社
10	学位与研究生教育	国务院学位委员会
11	外国教育研究	东北师范大学
12	中国特殊教育	中央教育科学研究所
13	全球教育展望	华东师范大学
14	教育与经济	华中师范大学，中国教育经济学会研究会

15	中国教育学刊	中国教育学会
16	教育学报	北京师范大学
17	高等工程教育研究	华中科技大学，中国工程院教育委员会，中国高等工程教育研究会，全国重点理工大学教学改革协作组
18	教育理论与实践	山西省教育科学研究院，山西省教育学会
19	教育研究与实验	华中师范大学
20	国家教育行政学院学报	国家教育行政学院
21	教育科学	辽宁师范大学
22	民族教育研究	中央民族大学
23	教育学术月刊	江西省教育科学研究所，江西省教育学会
24	思想政治教育研究	哈尔滨理工大学

体育学专业核心期刊

序号	刊 名	主 办 单 位
1	体育科学	中国体育科学学会
2	北京体育大学学报	北京体育大学
3	天津体育学院学报	天津体育学院
4	上海体育学院学报	上海体育学院
5	体育学刊	华南理工大学，华南师范大学
6	武汉体育学院学报	武汉体育学院
7	中国体育科技	国家体育总局体育科学研究所
8	体育文化导刊	国家体育总局体育文化发展中心
9	西安体育学院学报	西安体育学院
10	体育与科学	江苏省体育科学研究所

| 11 | 沈阳体育学院学报 | 沈阳体育学院 |

十　环境科学

环境科学专业核心期刊

序号	刊　名	主　办　单　位
1	中国人口·资源与环境	中国可持续发展研究会，山东省可持续发展研究中心，中国 21 世纪议程管理中心，山东师范大学
2	资源科学	中国科学院地理科学与资源研究所，中国自然资源学会
3	自然资源学报	中国自然资源学会
4	长江流域资源与环境	中国科学院资源环境科学与技术局，中国科学院武汉文献情报中心

十一　综合性人文社会科学

综合性人文社会科学核心期刊

序号	刊　名	主　办　单　位
1	中国社会科学	中国社会科学院

2	北京大学学报. 哲学社会科学版	北京大学
3	南京大学学报. 哲学·人文科学·社会科学	南京大学
4	华中师范大学学报. 人文社会科学版	华中师范大学
5	清华大学学报. 哲学社会科学版	清华大学
6	中国人民大学学报	中国人民大学
7	学术月刊	上海市社会科学界联合会
8	北京师范大学学报. 社会科学版	北京师范大学
9	复旦学报. 社会科学版	复旦大学
10	文史哲	山东大学
11	江海学刊	江苏省社会科学院
12	社会科学	上海社会科学院
13	中山大学学报. 社会科学版	中山大学
14	厦门大学学报. 哲学社会科学版	厦门大学
15	学术研究	广东省社会科学界联合会
16	吉林大学社会科学学报	吉林大学
17	开放时代	广州市社会科学院
18	南开学报. 哲学社会科学版	南开大学
19	江苏社会科学	江苏社会科学杂志社
20	社会科学战线	吉林省社会科学院
21	上海师范大学学报. 哲学社会科学版	上海师范大学
22	浙江社会科学	浙江省社会科学界联合会
23	社会科学研究	四川省社会科学院
24	陕西师范大学学报. 哲学社会科学版	陕西师范大学

25	天津社会科学	天津社会科学院
26	华东师范大学学报.哲学社会科学版	华东师范大学
27	学习与探索	黑龙江省社会科学院
28	浙江大学学报.人文社会科学版	浙江大学
29	江西社会科学	江西省社会科学院
30	求是学刊	黑龙江大学
31	浙江学刊	浙江省社会科学院
32	河北学刊	河北省社会科学院
33	湖南师范大学社会科学学报	湖南师范大学
34	南京社会科学	南京市社会科学界联合会，南京市社会科学院
35	南京师大学报.社会科学版	南京师范大学
36	天津师范大学学报.社会科学版	天津师范大学
37	国外社会科学	中国社会科学院信息情报研究院
38	思想战线	云南大学
39	人文杂志	陕西省社会科学院
40	求索	湖南省社会科学院
41	上海大学学报.社会科学版	上海大学
42	江汉论坛	湖北省社会科学院
43	河南大学学报.社会科学版	河南大学
44	西安交通大学学报.社会科学版	西安交通大学
45	云南师范大学学报.哲学社会科学版	云南师范大学
46	中州学刊	河南省社会科学院
47	甘肃社会科学	甘肃省社会科学院

48	广东社会科学	广东省社会科学院
49	学海	江苏省社会科学院
50	东北师大学报.哲学社会科学版	东北师范大学
51	探索与争鸣	上海市社会科学界联合会
52	四川大学学报.哲学社会科学版	四川大学
53	贵州社会科学	贵州省社会科学院
54	东岳论丛	山东省社会科学院
55	西北师大学报.社会科学版	西北师范大学
56	东南学术	福建省社会科学界联合会
57	学术界	安徽省社会科学界联合会
58	山东社会科学	山东省社会科学界联合会
59	深圳大学学报.人文社会科学版	深圳大学
60	河南社会科学	河南省社会科学界联合会
61	云南社会科学	云南省社会科学院
62	学术论坛	广西社会科学院
63	重庆大学学报.社会科学版	重庆大学
64	社会科学辑刊	辽宁省社会科学院
65	山东大学学报.哲学社会科学版	山东大学
66	郑州大学学报.哲学社会科学版	郑州大学
67	中国社会科学院研究生院学报	中国社会科学院研究生院
68	上海交通大学学报.哲学社会科学版	上海交通大学
69	西南大学学报.社会科学版	西南大学
70	学术交流	黑龙江省社会科学界联合会
71	云南大学学报.社会科学版	云南大学
72	中国农业大学学报.社会科学版	中国农业大学

73	浙江师范大学学报.社会科学版	浙江师范大学
74	首都师范大学学报.社会科学版	首都师范大学
75	东南大学学报.哲学社会科学版	东南大学
76	北京社会科学	北京市社会科学院
77	西北大学学报.哲学社会科学版	西北大学
78	北方论丛	哈尔滨师范大学
79	河南师范大学学报.哲学社会科学版	河南师范大学
80	江苏师范大学学报.哲学社会科学版	江苏师范大学
81	华中科技大学学报.社会科学版	华中科技大学
82	兰州大学学报.社会科学版	兰州大学
83	湘潭大学学报.哲学社会科学版	湘潭大学
84	苏州大学学报.哲学社会科学版	苏州大学
85	河北大学学报.哲学社会科学版	河北大学
86	华南师范大学学报.社会科学版	华南师范大学
87	中国地质大学学报.社会科学版	中国地质大学
88	福建师范大学学报.哲学社会科学版	福建师范大学
89	齐鲁学刊	曲阜师范大学
90	湖南大学学报.社会科学版	湖南大学
91	安徽大学学报.哲学社会科学版	安徽大学
92	同济大学学报.社会科学版	同济大学
93	四川师范大学学报.社会科学版	四川师范大学
94	湖北大学学报.哲学社会科学版	湖北大学
95	社会科学家	桂林市社会科学界联合会，《社会科学家》编辑委员会
96	重庆邮电大学学报.社会科学版	重庆邮电大学

97	湖北社会科学	湖北省社会科学界联合会，湖北省社会科学院
98	广西师范大学学报.哲学社会科学版	广西师范大学
99	暨南学报.哲学社会科学版	暨南大学
100	武汉大学学报.哲学社会科学版	武汉大学
101	山西大学学报.哲学社会科学版	山西大学
102	重庆理工大学学报.社会科学版	重庆理工大学
103	新疆师范大学学报.哲学社会科学版	新疆师范大学
104	湖南社会科学	湖南省社会科学界联合会
105	安徽师范大学学报.人文社会科学版	安徽师范大学
106	福建论坛.人文社会科学版	福建省社会科学院
107	河北师范大学学报.哲学社会科学版	河北师范大学
108	江淮论坛	安徽省社会科学院
109	山西师大学报.社会科学版	山西师范大学
110	东北大学学报.社会科学版	东北大学
111	辽宁大学学报.哲学社会科学版	辽宁大学
112	杭州师范大学学报.社会科学版	杭州师范大学
113	湖南科技大学学报.社会科学版	湖南科技大学
114	哈尔滨工业大学学报.社会科学版	哈尔滨工业大学
115	新疆社会科学	新疆社会科学院
116	沈阳师范大学学报.社会科学版	沈阳师范大学

核心期刊分学科
研制报告

第一编 马克思主义、哲学、心理学、宗教

马克思主义学科核心期刊研制报告

一、马克思主义学科类期刊引证表的生成过程

1. 根据对样本中的 6111 篇马克思主义类论文统计，其施引文献量为 2146 篇，总施引频次为 6478 次，被施引文献引用过的期刊共有 466 种（其中来源期刊 218 种）；把上述被引期刊的 2011 年分学科被引频次递减排列，取其居前的 127 种来源期刊生成高被引频次的期刊引证表。

2. 根据马克思主义学科类期刊引证表中的评价指标分别作系数加权，作隶属度运算后生成数据综合值（即表中的"综合值"），作为质量指标。

3. 取含有 127 种期刊的引证表，按分学科被引位次排列生成有多项指标的马克思主义类期刊引证表，即马克思主义专业核心期刊的备选表。见表 4－1。

表 4－1 马克思主义学科类期刊引证表

序号	分学科被引位次	刊　　名	综合值	分学科总被引	五年影响因子	总转摘量	加权转摘率	核心刊 2013
1	1	马克思主义研究	0.343147	96	0.3421	343	3.8369	★
2	2	哲学研究	0.432928	63	0.4143	600	7.6966	★
3	3	中国社会科学	1	30	2.8709	478	18.9791	★
4	4	马克思主义与现实	0.209552	29	0.2347	231	3.1531	★
5	5	学术月刊	0.132901	25	0.4081	848	0.0077	★
6	7	毛泽东思想研究	0.086182	22	0.0530	63	0.6319	
7	9	国外理论动态	0.139302	20	0.2051	186	2.6651	★
8	9	教学与研究	0.26731	20	0.2752	354	5.4046	★
9	9	哲学动态	0.235554	20	0.1836	367	4.8045	★
10	12	当代世界与社会主义	0.191593	18	0.2367	254	3.0991	★
11	12	高校理论战线	0.110392	18	0.1137	125	1.7567	

（续表 4 - 1）

序号	分 学 科 被引位次	刊　　名	综合值	分学科 总被引	五年影 响因子	总转 摘量	加权 转摘率	核心刊 2013
12	14	探索	0.134908	17	0.1912	131	1.1734	★
13	14	毛泽东邓小平理论研究	0.163003	17	0.2150	186	2.5939	★
14	16	江汉论坛	0.177306	16	0.1350	314	3.2510	★
15	17	党的文献	0.085405	15	0.1292	66	1.8035	★
16	18	河北学刊	0.267225	14	0.1395	572	5.9770	★
17	18	世界哲学	0.170211	14	0.2041	144	3.9027	★
18	20	湖南科技大学学报.社会科学版	0.219131	13	0.1854	127	3.1613	★
19	20	理论探讨	0.162787	13	0.1668	157	2.0509	★
20	23	求是	0.117308	12	0.2399	255	1.8035	★
21	23	现代哲学	0.188389	12	0.1477	156	3.8877	★
22	23	学术研究	0.281605	12	0.2495	492	5.6582	★
23	26	北京大学学报.哲学社会科学版	0.507111	11	0.4666	449	14.0962	★
24	26	科学社会主义	0.108161	11	0.1589	143	1.4905	★
25	28	云南社会科学	0.197482	10	0.2014	147	3.3206	★
26	28	社会主义研究	0.173092	10	0.2140	133	1.9499	★
27	31	理论学刊	0.102926	9	0.0813	181	1.3590	
28	31	江西社会科学	0.161875	9	0.1671	328	2.0553	★
29	34	求实	0.094468	8	0.1020	56	0.4558	★
30	34	理论月刊	0.074398	8	0.0701	82	0.3397	
31	34	社会科学	0.274015	8	0.3729	461	5.2003	★
32	34	南京大学学报.哲学·人文科学·社会科学版	0.600709	8	0.4968	352	17.9789	★
33	34	南京政治学院学报	0.120979	8	0.0538	120	2.9794	
34	34	政治学研究	0.262651	8	0.6202	139	4.7437	★
35	42	江苏社会科学	0.258234	7	0.2730	339	4.8635	★
36	42	江苏行政学院学报	0.209908	7	0.2184	182	4.3951	★
37	42	中共党史研究	0.142889	7	0.1839	168	2.9078	★
38	42	学习与探索	0.229601	7	0.2238	355	4.0954	★
39	42	学术界	0.12539	7	0.1454	169	1.7253	★
40	42	中国特色社会主义研究	0.123447	7	0.1935	119	2.2829	★

（续表 4-1）

序号	分学科被引位次	刊　　名	综合值	分学科总被引	五年影响因子	总转摘量	加权转摘率	核心刊2013
41	42	社会科学战线	0.194805	7	0.1514	511	3.2710	★
42	42	人文杂志	0.227966	7	0.1773	252	4.9252	★
43	50	山东社会科学	0.136297	6	0.1229	291	2.2492	★
44	50	求是学刊	0.355754	6	0.1614	250	8.8607	★
45	50	南京社会科学	0.186466	6	0.2116	322	3.3799	★
46	50	西南大学学报.社会科学版	0.038914	6	0.1985	183	0.1002	★
47	50	学术探索	0.110154	6	0.1458	75	1.4426	
48	50	当代经济研究	0.144264	6	0.2574	130	1.8466	
49	50	国外社会科学	0.164201	6	0.1983	130	2.9507	★
50	50	北京师范大学学报.社会科学版	0.526679	6	0.3704	415	15.6758	★
51	50	理论导刊	0.079163	6	0.0850	42	0.2037	
52	50	河北大学学报.哲学社会科学版	0.080418	6	0.1899	100	1.7252	★
53	50	河南大学学报.社会科学版	0.235388	6	0.1353	251	6.9224	★
54	50	湖北社会科学	0.092905	6	0.0755	149	0.7036	★
55	66	中国法学	0.364596	5	1.8242	95	4.8683	★
56	66	近代史研究	0.338604	5	0.6000	178	7.9596	★
57	66	江海学刊	0.358738	5	0.2886	527	8.8768	★
58	66	中共中央党校学报	0.168982	5	0.2727	141	3.7179	★
59	66	自然辩证法研究	0.182124	5	0.2245	227	2.7843	★
60	66	中国人民大学学报	0.501085	5	0.5622	429	12.4230	★
61	66	长白学刊	0.090648	5	0.1023	78	1.0000	
62	66	北京行政学院学报	0.176483	5	0.1574	168	3.6518	★
63	66	东岳论丛	0.140162	5	0.1401	227	2.2677	★
64	66	学术论坛	0.107532	5	0.1246	154	0.7321	★
65	66	湘潭大学学报.哲学社会科学版	0.09481	5	0.1620	123	2.2910	★
66	84	河南社会科学	0.143123	4	0.1659	221	2.5149	★
67	84	河南师范大学学报.哲学社会科学版	0.06459	4	0.1197	167	1.3087	★
68	84	东北师大学报.哲学社会科学版	0.104667	4	0.2952	129	2.0831	★
69	84	甘肃社会科学	0.148771	4	0.1658	233	2.1347	★

（续表 4 - 1）

序号	分学科被引位次	刊　　名	综合值	分学科总被引	五年影响因子	总转摘量	加权转摘率	核心刊2013
70	84	文史哲	0.517565	4	0.3069	373	14.3351	★
71	84	齐鲁学刊	0.124057	4	0.1150	108	2.1742	★
72	84	世界经济与政治	0.360712	4	0.7341	276	8.0053	★
73	84	上海师范大学学报.哲学社会科学版	0.442531	4	0.3370	282	13.4459	★
74	84	深圳大学学报.人文社会科学版	0.189657	4	0.1442	222	5.5912	★
75	84	中共山西省委党校学报	0.033877	4	0.0424	14	0.1573	
76	84	重庆邮电大学学报.社会科学版	0.097678	4	0.2146	46	0.9224	★
77	84	浙江社会科学	0.239778	4	0.2935	303	4.6804	★
78	84	新视野	0.132574	4	0.1107	159	2.6313	★
79	84	学海	0.207248	4	0.2493	249	3.8512	★
80	84	南京师大学报.社会科学版	0.213916	4	0.2160	216	6.0297	★
81	84	华中师范大学学报.人文社会科学版	0.497099	4	0.6144	348	14.1502	★
82	106	经济学家	0.244682	3	0.7149	154	3.0831	★
83	106	湖南社会科学	0.096382	3	0.0954	102	1.0249	★
84	106	中国行政管理	0.170117	3	0.4031	205	1.6136	★
85	106	吉林大学社会科学学报	0.452731	3	0.3363	301	10.5627	★
86	106	吉首大学学报.社会科学版	0.065985	3	0.1054	81	1.6463	
87	106	晋阳学刊	0.09692	3	0.0981	76	1.3588	
88	106	社会科学辑刊	0.148796	3	0.1209	190	2.3506	★
89	106	社会科学论坛	0.049873	3	0.0670	69	0.3707	
90	106	史学月刊	0.208465	3	0.1758	342	4.5876	★
91	106	甘肃理论学刊	0.065891	3	0.0849	42	0.6203	
92	106	南开学报.哲学社会科学版	0.371924	3	0.2412	288	11.2828	★
93	106	当代世界社会主义问题	0.177856	3	0.2093	49	3.3395	★
94	106	内蒙古大学学报.哲学社会科学版	0.064501	3	0.1149	53	1.5305	
95	106	求索	0.113454	3	0.1305	145	0.5287	★
96	106	文艺理论与批评	0.069178	3	0.1123	56	0.9101	★
97	106	武汉大学学报.哲学社会科学版	0.172227	3	0.1094	128	2.9425	★
98	106	现代国际关系	0.156299	3	0.2986	197	3.2554	★

（续表 4－1）

序号	分学科被引位次	刊　　名	综合值	分学科总被引	五年影响因子	总转摘量	加权转摘率	核心刊2013
99	106	历史研究	0.444627	3	0.6402	279	10.5192	★
100	106	广东社会科学	0.243184	3	0.1746	268	5.6085	★
101	106	广西师范大学学报.哲学社会科学版	0.045596	3	0.1669	60	0.7192	★
102	106	贵州大学学报.社会科学版	0.024147	3	0.0751	22	0.4156	
103	134	历史教学	0.057684	2	0.0606	46	0.4853	
104	134	历史教学问题	0.060525	2	0.0430	61	0.8410	
105	134	青海社会科学	0.064244	2	0.0776	44	0.5064	
106	134	青海师范大学学报.哲学社会科学版	0.011639	2	0.0530	7	0.0620	
107	134	贵州社会科学	0.143835	2	0.1939	187	2.2907	★
108	134	环境保护	0.044963	2	0.0946	61	0.2342	
109	134	江淮论坛	0.109823	2	0.1224	82	1.2271	★
110	134	湖北大学学报.哲学社会科学版	0.099121	2	0.1056	123	2.7437	★
111	134	沈阳师范大学学报.社会科学版	0.020307	2	0.0507	36	0.3287	★
112	134	天府新论	0.106867	2	0.0999	85	1.4000	
113	134	史学理论研究	0.192379	2	0.2082	106	5.0480	★
114	134	探索与争鸣	0.146238	2	0.2244	287	3.0399	★
115	134	世界历史	0.185401	2	0.2651	153	4.0803	★
116	134	世界宗教研究	0.100556	2	0.1281	67	1.6099	★
117	134	思想战线	0.221001	2	0.2248	164	4.3978	★
118	134	苏州大学学报.哲学社会科学版	0.107261	2	0.0909	127	3.0357	★
119	134	史学集刊	0.238465	2	0.2133	156	5.4742	★
120	134	北方论丛	0.192307	2	0.0947	161	4.2259	★
121	134	复旦学报.社会科学版	0.480867	2	0.3684	341	14.4083	★
122	134	中国科技论坛	0.184871	2	0.3109	132	1.2375	★
123	134	延安大学学报.社会科学版	0.020089	2	0.0306	27	0.4461	
124	134	延边大学学报.社会科学版	0.051567	2	0.1097	42	1.2636	
125	134	中国井冈山干部学院学报	0.069605	2	0.0410	65	1.5919	
126	134	中州学刊	0.162492	2	0.1464	316	2.9031	★
127	134	重庆社会科学	0.012857	2	0.0750	83	0.7246	

二、马克思主义学科专业核心期刊表测定步骤

1. 从上述核心期刊的备选表中挑出政治类专业期刊 32 种（其中马克思主义 4 种，中国政治 23 种，国际政治 5 种）送专家评审；

2. 将专家评审结果作隶属度处理后与数据"综合值"作加权运算，加权系数分别为 0.3 和 0.7；

3. 其运算结果再根据其他评价指标的运算结果作调整；

4. 经综合分析后，选出马克思主义专业核心期刊 4 种。见表 4-2。

表 4-2　马克思主义学科专业核心期刊表

位次	刊　　名	主 办 单 位	综合评价值	
1	马克思主义研究	中国社会科学院马克思主义研究院，马克思主义研究学部	0.478848	
2	教学与研究	中国人民大学	0.373022	
3	马克思主义与现实	中共中央编译局马克思主义研究部	0.292423	
4	毛泽东邓小平理论研究	上海市社会科学院，上海市中国特色社会主义理论体系研究中心	0.227464	

三、结果分析

在 466 种马克思主义类专业期刊的引证表中，被引频次累积量达 80% 时，期刊累积数为 127 种，占被引用期刊总数的 14.7%；由于被引用的马克思主义类期刊中，马克思主义学科的专业期刊比较少，被引用期刊的数量比较分散。最后马克思主义学科专业核心期刊只选定 4 种。

哲学专业核心期刊研制报告

一、哲学类期刊引证表的生成过程

1. 根据对样本中的 24798 篇哲学论文统计，其施引文献量为 10529 篇，总施引频次为 30626 次，被施引文献引用过的期刊共有 1274 种（其中来源期刊 444 种）；把上述被引期刊的 2011 年分学科被引频次递减排列，取其居前的 172 种期刊生成高被引频次的期刊引证表。

2. 根据哲学类期刊引证表中的评价指标分别作系数加权，作隶属度运算后生成数据"综合值"，作为质量指标。

3. 取含有172种期刊的引证表，按分学科被引位次排列生成有多项指标的哲学类期刊引证表，即哲学专业核心期刊的备选表。见下表4-3。

表 4-3　哲学类期刊引证表

序号	分学科被引位次	刊　　名	综合值	分学科总被引	五年影响因子	总转摘量	加权转摘率	核心刊2013
1	1	哲学研究	1.227515	391	0.4143	600	7.6966	★
2	2	哲学动态	0.587143	153	0.1836	367	4.8045	★
3	3	学术月刊	0.904253	152	0.4081	848	11.0971	★
4	5	中国社会科学	1.679993	150	2.8709	478	18.9791	★
5	6	世界哲学	0.516353	132	0.2041	144	3.9027	★
6	7	道德与文明	0.403154	92	0.1861	150	2.2479	★
7	8	马克思主义与现实	0.354378	79	0.2347	231	3.1531	★
8	9	中国哲学史	0.423267	75	0.1459	102	3.8043	★
9	10	自然辩证法研究	0.381174	74	0.2245	227	2.7843	★
10	11	社会科学战线	0.38131	72	0.1514	511	3.2710	★
11	11	孔子研究	0.265957	72	0.0887	59	1.6559	★
12	13	北京大学学报.哲学社会科学版	0.82766	69	0.4666	449	14.0962	★
13	13	周易研究	0.346611	69	0.1023	80	2.5616	★
14	15	马克思主义研究	0.412118	61	0.3421	343	3.8369	★
15	15	文艺争鸣	0.207037	61	0.1893	75	0.7053	★
16	17	伦理学研究	0.343869	60	0.1190	128	2.7452	★
17	18	天津社会科学	0.50089	58	0.2403	287	6.5472	★
18	18	现代哲学	0.384665	58	0.1477	156	3.8877	★
19	20	学术研究	0.477398	55	0.2495	492	5.6582	★
20	21	江苏社会科学	0.445829	53	0.2730	339	4.8635	★
21	21	齐鲁学刊	0.270943	53	0.1150	108	2.1742	★
22	23	文艺研究	0.35811	52	0.2282	464	4.2026	★
23	24	中州学刊	0.310436	51	0.1464	316	2.9031	★
24	25	江海学刊	0.58595	49	0.2886	527	8.8768	★

（续表 4－3）

序号	分学科被引位次	刊　　名	综合值	分学科总被引	五年影响因子	总转摘量	加权转摘率	核心刊2013
25	25	人文杂志	0.405036	49	0.1773	252	4.9252	★
26	27	复旦学报.社会科学版	0.736998	46	0.3684	341	14.4083	★
27	28	河北学刊	0.424688	43	0.1395	572	5.9770	★
28	29	文史哲	0.806926	42	0.3069	373	14.3351	★
29	30	求是学刊	0.547417	40	0.1614	250	8.8607	★
30	30	求索	0.216922	40	0.1305	145	0.5287	★
31	32	湖南师范大学社会科学学报	0.519086	39	0.2017	272	7.2978	★
32	33	学习与探索	0.375141	37	0.2238	355	4.0954	★
33	35	中山大学学报.社会科学版	0.536538	34	0.3619	336	9.4756	★
34	36	中国人民大学学报	0.763373	33	0.5622	429	12.4230	★
35	36	文物	0.248044	33	0.5414	8	0.1363	★
36	38	社会科学	0.434983	32	0.3729	461	5.2003	★
37	38	文学评论	0.42584	32	0.2901	360	6.2440	★
38	40	国外社会科学	0.266618	31	0.1983	130	2.9507	★
39	40	贵州社会科学	0.259856	31	0.1939	187	2.2907	★
40	43	陕西师范大学学报.哲学社会科学版	0.565087	30	0.2194	247	10.8574	★
41	43	教学与研究	0.388014	30	0.2752	354	5.4046	★
42	43	浙江学刊	0.365197	30	0.1783	268	4.9431	★
43	46	外语学刊	0.265259	29	0.4011	25	0.6972	★
44	47	吉林大学社会科学学报	0.66925	28	0.3363	301	10.5627	★
45	47	教育研究	0.518645	28	0.6626	427	6.1491	★
46	49	南京大学学报.哲学·人文科学·社会科学版	0.89462	27	0.4968	352	17.9789	★
47	49	郑州大学学报.哲学社会科学版	0.224225	27	0.1220	243	3.7195	★
48	51	东岳论丛	0.227075	26	0.1401	227	2.2677	★
49	51	安徽师范大学学报.人文社会科学版	0.159164	26	0.1288	73	1.7083	★
50	51	船山学刊	0.097414	26	0.0324	11	0.1404	
51	54	开放时代	0.376929	24	0.7391	139	4.7640	★
52	54	探索与争鸣	0.237054	24	0.2244	287	3.0399	★
53	54	自然辩证法通讯	0.218147	24	0.1766	103	1.9723	

（续表 4 - 3）

序号	分 学 科 被引位次	刊　　名	综合值	分学科 总被引	五年影 响因子	总转 摘量	加权 转摘率	核心刊 2013
54	54	学术界	0.200465	24	0.1454	169	1.7253	★
55	58	北方论丛	0.312629	23	0.0947	161	4.2259	★
56	58	江汉论坛	0.257919	23	0.1350	314	3.2510	★
57	60	中国史研究	0.335961	22	0.2543	107	5.0831	★
58	60	晋阳学刊	0.163734	22	0.0981	76	1.3588	
59	60	河南师范大学学报.哲学社会科学版	0.124906	22	0.1197	167	1.3087	★
60	60	管子学刊	0.076283	22	0.0577	13	0.2527	
61	65	学海	0.327099	21	0.2493	249	3.8512	★
62	65	社会科学辑刊	0.234625	21	0.1209	190	2.3506	★
63	65	毛泽东邓小平理论研究	0.233461	21	0.2150	186	2.5939	★
64	65	西南民族大学学报.人文社会科学版	0.131223	21	0.1570	191	0.9015	★
65	69	华东师范大学学报.哲学社会科学版	0.384101	20	0.2543	191	7.4227	★
66	69	理论探讨	0.237658	20	0.1668	157	2.0509	★
67	69	学术论坛	0.172546	20	0.1246	154	0.7321	★
68	72	云南大学学报.社会科学版	0.317309	19	0.1420	95	5.9554	★
69	72	江西社会科学	0.244381	19	0.1671	328	2.0553	★
70	72	湖北大学学报.哲学社会科学版	0.163807	19	0.1056	123	2.7437	★
71	75	上海师范大学学报.哲学社会科学版	0.638525	18	0.3370	282	13.4459	★
72	75	南开学报.哲学社会科学版	0.541494	18	0.2412	288	11.2828	★
73	75	社会科学研究	0.409026	18	0.2860	353	6.0471	
74	75	南京社会科学	0.282865	18	0.2116	322	3.3799	★
75	75	文艺理论研究	0.235806	18	0.1630	113	2.5912	★
76	75	西南大学学报.社会科学版	0.201599	18	0.1985	183	3.1678	★
77	75	安徽大学学报.哲学社会科学版	0.161457	18	0.1469	113	2.5975	★
78	75	杭州师范大学学报.社会科学版	0.140217	18	0.1053	84	1.9091	★
79	86	清华大学学报.哲学社会科学版	0.935243	17	0.5560	403	18.4067	★
80	86	重庆理工大学学报.社会科学版	0.112911	17	0.1066	52	0.0956	★
81	89	北京师范大学学报.社会科学版	0.76587	16	0.3704	415	15.6758	★
82	89	华中师范大学学报.人文社会科学版	0.711674	16	0.6144	348	14.1502	★

（续表 4 - 3）

序号	分学科被引位次	刊　名	综合值	分学科总被引	五年影响因子	总转摘量	加权转摘率	核心刊2013
83	89	上海大学学报.社会科学版	0.367313	16	0.2409	198	7.3848	★
84	89	浙江社会科学	0.352592	16	0.2935	303	4.6804	★
85	89	学术交流	0.195282	16	0.0941	223	1.4270	★
86	89	求是	0.166895	16	0.2399	255	1.8035	★
87	89	湘潭大学学报.哲学社会科学版	0.154649	16	0.1620	123	2.2910	★
88	89	湖南大学学报.社会科学版	0.142442	16	0.1646	116	2.1888	★
89	89	河北大学学报.哲学社会科学版	0.127213	16	0.1899	100	1.7252	★
90	98	历史研究	0.638452	15	0.6402	279	10.5192	★
91	98	河南大学学报.社会科学版	0.341969	15	0.1353	251	6.9224	★
92	98	甘肃社会科学	0.228346	15	0.1658	233	2.1347	★
93	98	国外理论动态	0.186894	15	0.2051	186	2.6651	★
94	98	东南大学学报.哲学社会科学版	0.18248	15	0.1876	98	3.1259	★
95	98	中国文化研究	0.159291	15	0.0994	64	1.8133	
96	98	高校理论战线	0.132924	15	0.1137	125	1.7567	
97	98	西北大学学报.哲学社会科学版	0.124401	15	0.1489	121	1.7252	★
98	98	社会科学论坛	0.087586	15	0.0670	69	0.3707	
99	108	思想战线	0.32639	14	0.2248	164	4.3978	★
100	108	江苏行政学院学报	0.303414	14	0.2184	182	4.3951	★
101	108	中国社会科学院研究生院学报	0.263078	14	0.1549	143	4.2714	★
102	108	山东社会科学	0.202191	14	0.1229	291	2.2492	★
103	108	广西社会科学	0.137057	14	0.0667	54	0.2946	
104	114	社会学研究	0.904918	13	2.7486	158	10.3942	★
105	114	浙江大学学报.人文社会科学版	0.565071	13	0.5146	346	11.1547	★
106	114	吉首大学学报.社会科学版	0.107072	13	0.1054	81	1.6463	
107	120	心理学报	0.402626	12	0.9564	83	1.4264	★
108	120	广东社会科学	0.352847	12	0.1746	268	5.6085	★
109	120	重庆邮电大学学报.社会科学版	0.1483	12	0.2146	46	0.9224	★
110	125	厦门大学学报.哲学社会科学版	0.563603	11	0.2924	244	11.8975	★
111	125	北京行政学院学报	0.255271	11	0.1574	168	3.6518	★

（续表 4 - 3）

序号	分学科被引位次	刊　名	综合值	分学科总被引	五年影响因子	总转摘量	加权转摘率	核心刊2013
112	125	探索	0.16947	11	0.1912	131	1.1734	★
113	125	南昌大学学报.人文社会科学版	0.084313	11	0.1257	50	1.1240	
114	129	西北师大学报.社会科学版	0.243297	10	0.2181	172	4.5521	★
115	129	河南社会科学	0.208718	10	0.1659	221	2.5149	★
116	129	江淮论坛	0.165248	10	0.1224	82	1.2271	★
117	129	华南师范大学学报.社会科学版	0.145022	10	0.1522	115	2.4498	★
118	129	湖南社会科学	0.144992	10	0.0954	102	1.0249	★
119	129	理论学刊	0.141377	10	0.0813	181	1.3590	
120	129	求实	0.134825	10	0.1020	56	0.4558	★
121	129	古籍整理研究学刊	0.089122	10	0.0864	21	0.3246	
122	139	经济研究	1.493332	9	5.6514	368	8.3086	★
123	139	近代史研究	0.478506	9	0.6000	178	7.9596	★
124	139	云南师范大学学报.哲学社会科学版	0.331625	9	0.2247	187	6.5694	★
125	139	武汉大学学报.人文科学版	0.270148	9	0.0599	138	4.3523	
126	139	首都师范大学学报.社会科学版	0.186566	9	0.1267	157	3.5580	★
127	139	福建论坛.人文社会科学版	0.175608	9	0.0737	235	2.0700	★
128	139	南京政治学院学报	0.170321	9	0.0538	120	2.9794	
129	139	辽宁大学学报.哲学社会科学版	0.093324	9	0.0929	70	1.4670	★
130	139	中华文化论坛	0.091335	9	0.0678	22	0.4378	
131	139	江西师范大学学报.哲学社会科学版	0.082477	9	0.1741	53	1.0083	
132	139	山东师范大学学报.人文社会科学版	0.07196	9	0.0960	62	0.9525	
133	153	史学集刊	0.341765	8	0.2133	156	5.4742	★
134	153	史学月刊	0.298402	8	0.1758	342	4.5876	★
135	153	深圳大学学报.人文社会科学版	0.270656	8	0.1442	222	5.5912	★
136	153	四川大学学报.哲学社会科学版	0.256828	8	0.1907	150	5.0497	★
137	153	外国文学评论	0.231273	8	0.2020	107	3.4380	★
138	153	山东大学学报.哲学社会科学版	0.206665	8	0.2425	143	3.7354	★
139	153	华中科技大学学报.社会科学版	0.200255	8	0.2142	109	2.1684	★
140	153	天府新论	0.158125	8	0.0999	85	1.4000	

（续表 4 - 3）

序号	分学科被引位次	刊　　名	综合值	分学科总被引	五年影响因子	总转摘量	加权转摘率	核心刊2013
141	153	东北师大学报.哲学社会科学版	0.152056	8	0.2952	129	2.0831	★
142	153	社会科学家	0.143342	8	0.1178	69	0.3729	★
143	153	长白学刊	0.130994	8	0.1023	78	1.0000	
144	153	理论导刊	0.113467	8	0.0850	42	0.2037	
145	153	文艺理论与批评	0.104032	8	0.1123	56	0.9101	★
146	153	理论月刊	0.10382	8	0.0701	82	0.3397	
147	173	政法论坛	0.422283	7	0.6976	266	5.9086	★
148	173	政治学研究	0.36502	7	0.6202	139	4.7437	★
149	173	南京师大学报.社会科学版	0.30301	7	0.2160	216	6.0297	★
150	173	东南学术	0.27731	7	0.2545	156	3.5389	★
151	173	云南社会科学	0.26528	7	0.2014	147	3.3206	★
152	173	心理科学	0.258502	7	0.2852	87	0.4512	★
153	173	中共中央党校学报	0.238807	7	0.2727	141	3.7179	★
154	173	世界宗教研究	0.147818	7	0.1281	67	1.6099	★
155	173	广西民族大学学报.哲学社会科学版	0.103783	7	0.1942	73	1.2713	★
156	173	唐都学刊	0.098897	7	0.0508	32	0.5246	
157	173	宗教学研究	0.098828	7	0.0703	31	0.3973	★
158	173	扬州大学学报.人文社会科学版	0.06599	7	0.0938	41	0.9680	
159	173	广西大学学报.哲学社会科学版	0.038769	7	0.0887	26	0.2958	
160	191	考古	0.232862	6	0.5373	13	0.2224	★
161	191	江苏师范大学学报.哲学社会科学版	0.22589	6	0.1143	151	4.7002	★
162	191	河北法学	0.19537	6	0.2638	149	1.2246	★
163	191	科学技术哲学研究	0.178425	6	0.0449	125	1.5371	★
164	191	学术探索	0.153716	6	0.1458	75	1.4426	
165	191	南通大学学报.社会科学版	0.15351	6	0.1364	99	3.0071	
166	191	内蒙古社会科学	0.137282	6	0.1095	42	0.5413	
167	191	四川师范大学学报.社会科学版	0.135407	6	0.1386	90	2.3961	★
168	191	江苏大学学报.社会科学版	0.126634	6	0.1015	68	2.4654	
169	191	兰州大学学报.社会科学版	0.116853	6	0.2062	84	1.7758	★

（续表 4 - 3）

序号	分学科被引位次	刊　　名	综合值	分学科总被引	五年影响因子	总转摘量	加权转摘率	核心刊2013
170	191	福建师范大学学报.哲学社会科学版	0.114175	6	0.1332	84	1.9254	★
171	191	青海社会科学	0.095647	6	0.0776	44	0.5064	
172	191	内蒙古大学学报.哲学社会科学版	0.094507	6	0.1149	53	1.5305	

二、哲学专业核心期刊表测定步骤

1. 从上述核心期刊的备选表中选取哲学类专业期刊 14 种及析出的该专业核心期刊备选表送专家评审；

2. 将专家评审结果作隶属度处理后与数据"综合值"作加权运算，加权系数分别为 0.3 和 0.7；

3. 其运算结果再根据其他评价指标的运算结果作调整；

4. 经综合分析后，选出哲学专业核心期刊 11 种。见表 4 - 4。

表 4 - 4　哲学专业核心期刊表

位次	刊　　名	主　办　单　位	综合评价值	
1	哲学研究	中国社会科学院哲学研究所	1.000000	
2	哲学动态	中国社会科学院哲学研究所	0.617409	
3	世界哲学	中国社会科学院哲学研究所	0.581421	
4	中国哲学史	中国哲学史学会	0.522157	
5	道德与文明	中国伦理学会，天津社会科学院	0.487045	
6	现代哲学	广东哲学学会	0.484406	
7	自然辩证法研究	中国自然辩证法研究会	0.479479	
8	周易研究	山东大学，中国周易学会	0.455258	
9	伦理学研究	湖南师范大学	0.445054	
10	孔子研究	中国孔子基金会	0.402287	
11	科学技术哲学研究	山西大学，山西省自然辩证法研究会	0.382522	

三、结果分析

在 1274 种哲学类期刊引证表中，当被引频次累积量达 80.03% 时，期刊累积数为 294 种（其中哲学专业期刊 14 种），占被引用期刊总数的 23.08%；在被引频次累积量达 70.04% 时，期刊累积数为 162 种（其中哲学专业期刊 13 种），占被引用期刊总数的 12.71%；显然，哲学类被引用期刊的被引聚散效应明显，其中哲学专业期刊被引用率相对较高。最后选定的 11 种哲学专业核心期刊均有较高的学术影响力。

心理学专业核心期刊研制报告

一、心理学类期刊引证表的生成过程

1. 根据对样本中的 7068 篇心理学论文统计，其施引文献量为 5365 篇，总施引频次为 25453 次，被施引文献引用过的期刊共有 1084 种（其中来源期刊 303 种）；把上述被引期刊的 2011 年分学科被引频次递减排列，取其居前的 36 种来源期刊生成高被引频次的期刊引证表。

2. 根据心理学类期刊引证表中的评价指标分别作系数加权，作隶属度运算后生成数据"综合值"，作为质量指标。

3. 取含有 36 种期刊的引证表，按分学科被引位次排列生成有多项指标的心理学类期刊引证表，即心理学专业核心期刊的备选表。见表 4 – 5。

表 4 – 5　心理学类期刊引证表

序号	分学科被引位次	刊　　名	综合值	分学科总被引	五年影响因子	总转摘量	加权转摘率	核心刊 2013
1	1	心理学报	1.980438	717	0.9564	'83	1.4264	★
2	2	心理科学	1.458106	704	0.2852	87	0.4512	★
3	3	心理科学进展	1.251447	416	0.6341	128	1.4086	★
4	4	中国心理卫生杂志	0.750667	325	0.2058	102	0.3760	★
5	5	心理发展与教育	1.019131	268	0.4818	87	1.9749	★
6	7	中国特殊教育	0.423128	128	0.2953	5	0.0742	★
7	8	心理学探新	0.486579	115	0.2143	37	0.7377	
8	11	应用心理学	0.395122	67	0.1929	22	0.8059	
9	12	西南大学学报.社会科学版	0.296148	66	0.1985	183	3.1678	★
10	15	北京师范大学学报.社会科学版	0.797929	48	0.3704	415	15.6758	★

（续表 4 – 5）

序号	分学科被引位次	刊　名	综合值	分学科总被引	五年影响因子	总转摘量	加权转摘率	核心刊2013
11	18	南京师大学报.社会科学版	0.364835	36	0.2160	216	6.0297	★
12	20	教育研究	0.533112	31	0.6626	427	6.1491	★
13	21	华南师范大学学报.社会科学版	0.20232	30	0.1522	115	2.4498	★
14	24	社会学研究	0.944222	23	2.7486	158	10.3942	★
15	26	东北师大学报.哲学社会科学版	0.170047	20	0.2952	129	2.0831	★
16	34	哲学研究	0.507988	16	0.4143	600	7.6966	★
17	36	青年研究	0.257392	15	0.4637	67	3.1566	★
18	36	西北师大学报.社会科学版	0.250793	15	0.2181	172	4.5521	★
19	38	陕西师范大学学报.哲学社会科学版	0.514177	14	0.2194	247	10.8574	★
20	38	中国青年研究	0.142008	14	0.1928	93	0.6769	★
21	38	社会	0.57386	14	0.9435	132	9.4899	★
22	45	数理统计与管理	0.213281	12	0.2973	48	0.6404	★
23	45	当代青年研究	0.094953	12	0.0975	73	0.8567	
24	45	山东师范大学学报.人文社会科学版	0.076458	12	0.0960	62	0.9525	
25	51	人口研究	0.471277	11	1.3923	106	4.8488	★
26	55	自然辩证法研究	0.261643	10	0.2245	227	2.7843	★
27	55	比较教育研究	0.198931	10	0.2135	153	1.5264	★
28	55	江西师范大学学报.哲学社会科学版	0.083977	10	0.1741	53	1.0083	
29	55	教育研究与实验	0.201841	10	0.2194	83	1.5158	★
30	55	华中师范大学学报.人文社会科学版	0.702678	10	0.6144	348	14.1502	★
31	62	江苏师范大学学报.哲学社会科学版	0.230388	9	0.1143	151	4.7002	★
32	62	中国教育学刊	0.148297	9	0.1276	191	1.5796	★
33	62	自然辩证法通讯	0.195658	9	0.1766	103	1.9723	
34	62	河南大学学报.社会科学版	0.332973	9	0.1353	251	6.9224	★
35	62	中国社会科学	1.336855	9	2.8709	478	18.9791	★
36	62	教育理论与实践	0.115437	9	0.0593	195	0.5564	★

二、心理学专业核心期刊表测定步骤

1. 从上述核心期刊的备选表中挑出心理学类专业期刊 7 种及析出的该专业核

心期刊备选表送专家评审；

2. 将专家评审结果作隶属度处理后与数据"综合值"作加权运算，加权系数分别为0.3和0.7；

3. 其运算结果再根据其他评价指标的运算结果作调整；

4. 经综合分析后，选出心理学专业核心期刊5种。见表4-6。

表4-6　心理学专业核心期刊表

位次	刊　　名	主 办 单 位	综合评价值	
1	心理学报	中国心理学会，中国科学院心理研究所	1.000000	
2	心理科学	中国心理学会	0.802878	
3	心理科学进展	中国科学院心理研究所	0.742333	
4	心理发展与教育	北京师范大学	0.647719	
5	中国心理卫生杂志	中国心理卫生协会	0.527829	

三、结果分析

在1084种心理学类期刊引证表中，被引频次累积量达80.59%时，期刊累积数为188种（其中心理学专业期刊7种），占被引用期刊总数的17.34%，且前5名全部为心理学专业期刊；在心理学专业期刊累积数为5种时，被引频次累积量达40.17%，显然，心理学专业期刊的被引聚散效应十分明显。最后选定的5种心理学专业核心期刊有突出的学术影响力。

宗教学专业核心期刊研制报告

一、宗教学类期刊引证表的生成过程

1. 根据对样本中的5172篇宗教学类论文统计，其施引文献量为2696篇，总施引频次为9770次，被施引文献引用过的期刊共有776种（其中来源期刊284种）；把上述被引期刊的2011年分学科被引频次递减排列，取其居前的129种来源期刊生成高被引频次的期刊引证表。

2. 根据宗教学类期刊引证表中的评价指标分别作系数加权，作隶属度运算后生成数据综合值（即表中的"综合值"），作为质量指标。

3. 取含有 129 种期刊的引证表，按分学科被引位次排列生成有多项指标的宗教学类期刊引证表，即宗教学专业核心期刊的备选表。见表 4-7。

表 4-7 宗教学类期刊引证表

序号	分学科被引位次	刊 名	综合值	分学科总被引	五年影响因子	总转摘量	加权转摘率	核心刊2013
1	1	世界宗教研究	0.379606	116	0.1281	67	1.6099	★
2	2	宗教学研究	0.203726	56	0.0703	31	0.3973	★
3	3	文物	0.267535	46	0.5414	8	0.1363	★
4	4	敦煌研究	0.206624	41	0.1450	21	0.5111	★
5	7	西藏研究	0.173934	24	0.1736	34	1.1392	★
6	8	西北民族研究	0.141877	23	0.1426	31	0.8015	★
7	9	民俗研究	0.158146	22	0.1942	43	1.3515	
8	11	青海社会科学	0.118136	21	0.0776	44	0.5064	
9	13	回族研究	0.102231	20	0.0746	31	0.8488	★
10	14	民族文学研究	0.124745	19	0.1332	25	0.5269	★
11	14	西南民族大学学报.人文社会科学版	0.124597	19	0.1570	191	0.9015	★
12	14	学术月刊	0.184082	19	0.4081	848	0.0077	★
13	18	西域研究	0.120991	18	0.1405	24	0.7459	★
14	18	哲学研究	0.510986	18	0.4143	600	7.6966	★
15	21	敦煌学辑刊	0.11292	15	0.1572	10	0.2506	★
16	21	考古	0.246355	15	0.5373	13	0.2224	★
17	21	中国藏学	0.178697	15	0.2060	62	1.9239	★
18	21	文史哲	0.738734	15	0.3069	373	14.3351	★
19	21	西北民族大学学报.哲学社会科学版	0.07774	15	0.1323	35	0.4896	
20	26	思想战线	0.32639	14	0.2248	164	4.3978	★
21	26	中国社会科学	1.344352	14	2.8709	478	18.9791	★
22	26	考古学报	0.241713	14	0.5313	7	1.0417	★
23	26	历史研究	0.636952	14	0.6402	279	10.5192	★
24	31	四川大学学报.哲学社会科学版	0.264324	13	0.1907	150	5.0497	★
25	35	新疆社会科学	0.121583	12	0.1045	31	0.5248	★
26	35	青海民族研究	0.114113	12	0.1349	20	0.3428	

（续表 4－7）

序号	分学科被引位次	刊　名	综合值	分学科总被引	五年影响因子	总转摘量	加权转摘率	核心刊2013
27	35	复旦学报．社会科学版	0.686024	12	0.3684	341	14.4083	★
28	35	中南民族大学学报．人文社会科学版	0.117171	12	0.1748	99	1.5069	★
29	41	兰州大学学报．社会科学版	0.137837	11	0.2062	84	1.7758	★
30	42	文献	0.071084	10	0.0983	12	0.2527	
31	42	史学月刊	0.3014	10	0.1758	342	4.5876	★
32	42	社会科学战线	0.276341	10	0.1514	511	3.2710	★
33	42	广西民族研究	0.155375	10	0.2089	40	0.7504	★
34	42	民族艺术	0.139665	10	0.1490	23	0.8000	★
35	48	四川文物	0.050114	9	0.0862	4	0.0860	
36	48	南亚研究	0.16278	9	0.1963	32	1.7826	★
37	48	南京大学学报．哲学·人文科学·社会科学版	0.839767	9	0.4968	352	17.9789	★
38	48	贵州民族研究	0.129884	9	0.1672	26	0.2637	★
39	48	中央民族大学学报．哲学社会科学版	0.090603	9	0.1276	67	1.3094	★
40	48	宁夏社会科学	0.125932	9	0.0922	49	0.6148	
41	54	自然科学史研究	0.199639	8	0.1457	36	1.9802	
42	54	民族研究	0.295196	8	0.5850	99	3.2391	★
43	54	中国文化研究	0.148796	8	0.0994	64	1.8133	
44	54	西北师大学报．社会科学版	0.240298	8	0.2181	172	4.5521	★
45	54	社会学研究	0.897422	8	2.7486	158	10.3942	★
46	54	求索	0.165816	8	0.1305	145	0.5287	★
47	54	广西民族大学学报．哲学社会科学版	0.105282	8	0.1942	73	1.2713	★
48	63	中国史研究	0.313472	7	0.2543	107	5.0831	★
49	63	文学遗产	0.299181	7	0.2589	172	4.9012	★
50	63	四川师范大学学报．社会科学版	0.136906	7	0.1386	90	2.3961	★
51	63	云南社会科学	0.26528	7	0.2014	147	3.3206	★
52	63	浙江学刊	0.330714	7	0.1783	268	4.9431	★
53	63	南开学报．哲学社会科学版	0.525003	7	0.2412	288	11.2828	★
54	63	中华文化论坛	0.088337	7	0.0678	22	0.4378	
55	63	中国哲学史	0.226485	7	0.1459	102	3.8043	★

（续表 4 - 7）

序号	分学科被引位次	刊　　名	综合值	分学科总被引	五年影响因子	总转摘量	加权转摘率	核心刊2013
56	63	北京大学学报.哲学社会科学版	0.701658	7	0.4666	449	14.0962	★
57	63	陕西师范大学学报.哲学社会科学版	0.503682	7	0.2194	247	10.8574	★
58	63	东北师大学报.哲学社会科学版	0.150557	7	0.2952	129	2.0831	★
59	63	青海民族大学学报.社会科学版	0.043074	7	0.0878	16	0.4117	
60	76	北京师范大学学报.社会科学版	0.734961	6	0.3704	415	15.6758	★
61	76	历史教学	0.086493	6	0.0606	46	0.4853	
62	76	浙江大学学报.人文社会科学版	0.086162	6	0.5146	346	0.0420	★
63	76	西亚非洲	0.154169	6	0.2328	86	1.4096	★
64	76	浙江社会科学	0.337599	6	0.2935	303	4.6804	★
65	76	黑龙江民族丛刊	0.133264	6	0.1333	69	0.7103	★
66	76	天津社会科学	0.39895	6	0.2403	287	6.5472	★
67	76	社会科学辑刊	0.212136	6	0.1209	190	2.3506	★
68	76	考古与文物	0.110697	6	0.2106	14	0.2846	★
69	76	重庆理工大学学报.社会科学版	0.09642	6	0.1066	52	0.0956	★
70	76	西藏民族学院学报.哲学社会科学版	0.041257	6	0.0545	32	0.5326	
71	76	求是学刊	0.496442	6	0.1614	250	8.8607	★
72	76	中国人民大学学报	0.700745	6	0.5622	429	12.4230	★
73	98	甘肃社会科学	0.209104	5	0.1658	233	2.1347	★
74	98	东南文化	0.078213	5	0.1041	16	0.3606	★
75	98	唐都学刊	0.095898	5	0.0508	32	0.5246	
76	98	史林	0.257353	5	0.1910	194	4.0098	★
77	98	中国社会科学院研究生院学报	0.249584	5	0.1549	143	4.2714	★
78	98	新疆师范大学学报.哲学社会科学版	0.148828	5	0.1450	61	2.8825	★
79	98	中国比较文学	0.145844	5	0.1734	45	2.1359	★
80	98	贵州大学学报.社会科学版	0.036694	5	0.0751	22	0.4156	
81	98	国外社会科学	0.227638	5	0.1983	130	2.9507	★
82	98	青海师范大学学报.哲学社会科学版	0.020739	5	0.0530	7	0.0620	
83	98	宁夏大学学报.人文社会科学版	0.052248	5	0.0698	39	0.7179	
84	98	上海师范大学学报.哲学社会科学版	0.619034	5	0.3370	282	13.4459	★

（续表 4 - 7）

序号	分学科被引位次	刊　名	综合值	分学科总被引	五年影响因子	总转摘量	加权转摘率	核心刊2013
85	124	上海交通大学学报. 哲学社会科学版	0.361009	4	0.1505	257	4.1721	★
86	124	故宫博物院院刊	0.101701	4	0.1392	25	1.0094	
87	124	福建师范大学学报. 哲学社会科学版	0.111176	4	0.1332	84	1.9254	★
88	124	厦门大学学报. 哲学社会科学版	0.553109	4	0.2924	244	11.8975	★
89	124	史学集刊	0.335768	4	0.2133	156	5.4742	★
90	124	华东师范大学学报. 哲学社会科学版	0.360113	4	0.2543	191	7.4227	★
91	124	体育文化导刊	0.127374	4	0.2147	40	0.2091	★
92	124	世界哲学	0.222531	4	0.2041	144	3.9027	★
93	124	日本学刊	0.185226	4	0.2392	88	3.1545	★
94	124	文艺研究	0.27227	4	0.2282	464	4.2026	★
95	124	商丘师范学院学报	0.076543	4	0.0250	15	0.0910	
96	124	中山大学学报. 社会科学版	0.465026	4	0.3619	336	9.4756	★
97	124	江苏社会科学	0.355858	4	0.2730	339	4.8635	★
98	124	开放时代	0.346944	4	0.7391	139	4.7640	★
99	124	哲学动态	0.304719	4	0.1836	367	4.8045	★
100	124	史学理论研究	0.271456	4	0.2082	106	5.0480	★
101	124	中国农业大学学报. 社会科学版	0.16493	4	0.3640	57	1.2180	★
102	154	中原文物	0.076718	3	0.1511	14	0.3640	★
103	154	世界经济与政治	0.50186	3	0.7341	276	8.0053	★
104	154	中国历史地理论丛	0.211865	3	0.2974	48	1.7935	★
105	154	河北师范大学学报. 哲学社会科学版	0.09079	3	0.0996	74	1.6386	★
106	154	湖北民族学院学报. 哲学社会科学版	0.034497	3	0.0871	23	0.3174	
107	154	周易研究	0.172903	3	0.1023	80	2.5616	★
108	154	自然辩证法通讯	0.186662	3	0.1766	103	1.9723	
109	154	中国翻译	0.141641	3	0.5299	12	0.2447	★
110	154	新疆大学学报. 哲学人文社会科学版	0.029301	3	0.0667	19	0.2345	
111	154	湖南师范大学社会科学学报	0.443924	3	0.2017	272	7.2978	★
112	154	内蒙古师范大学学报. 哲学社会科学（汉文）版	0.039115	3	0.0788	31	0.4766	

（续表 4 - 7）

序号	分学科被引位次	刊　名	综合值	分学科总被引	五年影响因子	总转摘量	加权转摘率	核心刊 2013
113	154	杭州师范大学学报.社会科学版	0.102089	3	0.1053	84	1.9091	★
114	154	国际问题研究	0.192905	3	0.2579	90	3.4861	★
115	154	河南师范大学学报.哲学社会科学版	0.088633	3	0.1197	167	1.3087	★
116	154	史学史研究	0.188085	3	0.0796	95	3.0430	★
117	154	世界民族	0.165551	3	0.2258	56	1.8942	★
118	154	社会	0.557368	3	0.9435	132	9.4899	★
119	154	上海大学学报.社会科学版	0.347823	3	0.2409	198	7.3848	★
120	154	人文杂志	0.312122	3	0.1773	252	4.9252	★
121	154	民族教育研究	0.134487	3	0.1315	26	0.3716	★
122	154	学海	0.287708	3	0.2493	249	3.8512	★
123	154	现代哲学	0.249397	3	0.1477	156	3.8877	★
124	154	文学评论	0.372371	3	0.2901	360	6.2440	★
125	154	学术研究	0.379476	3	0.2495	492	5.6582	★
126	154	东岳论丛	0.192593	3	0.1401	227	2.2677	★
127	154	古籍整理研究学刊	0.078627	3	0.0864	21	0.3246	
128	154	河北学刊	0.3507	3	0.1395	572	5.9770	★
129	154	内蒙古社会科学	0.132785	3	0.1095	42	0.5413	

二、宗教学专业核心期刊表测定步骤

1. 把上述核心期刊的备选表挑出宗教类专业期刊 2 种及析出的该专业核心期刊备选表送专家评审；

2. 将专家评审结果作隶属度处理后与数据"综合值"作加权运算，加权系数分别为 0.3 和 0.7；

3. 其运算结果再根据其他评价指标的运算结果作调整；

4. 经综合分析后，选出宗教学专业核心期刊 2 种。见表 4 - 8。

表 4 - 8　宗教学专业核心期刊表

位次	刊　　名	主 办 单 位	综合评价值	
1	世界宗教研究	中国社会科学院世界宗教研究所	0.565724	
2	宗教学研究	四川大学道教与宗教文化研究所	0.418118	

三、结果分析

　　在 776 种宗教学类期刊引证表中,当被引频次累积量达 70.04% 时,期刊累积数为 200 种(其中宗教学专业期刊 2 种),占被引用期刊总数的 25.77%;其中两种宗教学专业期刊位居前两名,被引频次累积量为 7.19% ,具有比较高的影响力。由于宗教学专业期刊比较少,排除非学术性的宗教刊物后,2 种宗教学专业期刊全部入选。

第二编 语言、文学、艺术

语言学专业核心期刊研制报告

一、语言学类期刊引证表的生成过程

1. 根据对样本中的 27532 篇语言学类论文统计，其施引文献量为 19763 篇，总施引频次为 93210 次，被施引文献引用过的期刊共有 2096 种（其中来源期刊 460 种）；把上述被引期刊的 2011 年分学科被引频次递减排列，取其居前的 71 种来源期刊生成高被引频次的期刊引证表。

2. 根据语言学类期刊引证表中的评价指标分别作系数加权，作隶属度运算后生成数据综合值（即表中的"综合值"），作为质量指标。

3. 取含有 71 种期刊的引证表，按分学科被引位次排列生成有多项指标的语言学类期刊引证表，即语言学专业核心期刊的备选表。见表 4 - 9。

表 4 - 9 语言学类期刊引证表

序号	分学科被引位次	刊　　名	综合值	分学科总被引	五年影响因子	总转摘量	加权转摘率	核心刊2013
1	1	中国语文	3.076614	1424	0.7011	71	2.1545	★
2	2	外语教学与研究	2.418235	984	0.7969	27	1.0302	★
3	3	中国翻译	1.711489	737	0.5299	12	0.2447	★
4	4	外语与外语教学（大连外国语学院学报）	1.332515	594	0.3326	11	0.1321	★
5	5	外语教学	1.529487	591	0.5279	13	0.4215	★
6	6	外国语（上海外国语大学学报）	1.53725	534	0.6152	59	3.0429	★
7	7	外语学刊	1.278612	507	0.4011	25	0.6972	★
8	8	外语界	1.509739	494	0.6942	5	0.1235	★
9	9	汉语学习	1.156347	483	0.2830	35	0.8824	★
10	10	语言教学与研究	1.217589	465	0.3545	42	1.2005	★

（续表 4 - 9）

序号	分学科被引位次	刊　名	综合值	分学科总被引	五年影响因子	总转摘量	加权转摘率	核心刊2013
11	11	现代外语	1.448528	445	0.6273	18	0.6642	★
12	11	世界汉语教学	1.49102	445	0.6232	60	2.3745	★
13	13	当代语言学	1.282816	407	0.4409	48	2.8539	★
14	14	语言研究	0.963846	398	0.2257	27	0.7230	★
15	15	解放军外国语学院学报	0.98772	393	0.2877	40	0.7786	★
16	16	方言	1.094772	390	0.3712	20	0.8811	★
17	17	外语研究	0.788208	294	0.2783	0	0.0000	
18	18	语言文字应用	0.863327	290	0.3239	42	1.1021	
19	19	民族语文	0.720432	276	0.1787	42	1.3816	★
20	20	语言科学	0.961284	258	0.4080	56	2.3167	★
21	21	外国语文	0.611091	244	0.2146	14	0.0786	★
22	23	语文研究	0.732012	222	0.2008	36	2.4718	
23	24	古汉语研究	0.528276	181	0.1405	33	1.3521	
24	25	西安外国语大学学报	0.610263	176	0.2822	6	0.1380	
25	28	辞书研究	0.386454	167	0.1064	5	0.0696	★
26	31	上海翻译	0.595298	151	0.3077	0	0.0000	
27	32	中国科技翻译	0.495527	137	0.2305	0	0.0000	
28	34	心理学报	0.568473	89	0.9564	83	1.4264	★
29	35	语言与翻译	0.237829	88	0.0608	10	0.2540	★
30	38	北京大学学报.哲学社会科学版	0.800609	73	0.4666	449	14.0962	★
31	43	心理科学	0.338282	54	0.2852	87	0.4512	★
32	44	西南民族大学学报.人文社会科学版	0.183383	53	0.1570	191	0.9015	★
33	47	中国社会科学	1.399824	51	2.8709	478	18.9791	★
34	48	浙江大学学报.人文社会科学版	0.656377	50	0.5146	346	11.1547	★
35	50	东北师大学报.哲学社会科学版	0.24294	48	0.2952	129	2.0831	★
36	50	重庆理工大学学报.社会科学版	0.162984	48	0.1066	52	0.1810	★
37	54	云南师范大学学报.哲学社会科学版	0.411175	43	0.2247	187	6.5694	★
38	54	汉字文化	0.127967	43	0.0380	0	0.0000	
39	57	南京师大学报.社会科学版	0.368938	42	0.2160	216	6.0297	★

（续表 4-9）

序号	分学科被引位次	刊　　名	综合值	分学科总被引	五年影响因子	总转摘量	加权转摘率	核心刊 2013
40	58	新疆大学学报.哲学人文社会科学版	0.096331	41	0.0667	19	0.2345	
41	58	宁夏大学学报.人文社会科学版	0.106221	41	0.0698	39	0.7179	
42	61	北京师范大学学报.社会科学版	0.785935	40	0.3704	415	15.6758	★
43	63	暨南学报.哲学社会科学版	0.175047	39	0.1776	77	1.4261	★
44	64	广西师范大学学报.哲学社会科学版	0.131655	38	0.1669	60	0.7192	★
45	66	华东师范大学学报.哲学社会科学版	0.424856	33	0.2543	191	7.4227	★
46	68	福建师范大学学报.哲学社会科学版	0.17595	32	0.1332	84	1.9254	★
47	68	北京第二外国语学院学报	0.188988	32	0.1112	46	0.5830	
48	68	哲学研究	0.547225	32	0.4143	600	7.6966	★
49	71	中央民族大学学报.哲学社会科学版	0.132766	31	0.1276	67	1.3094	★
50	71	上海师范大学学报.哲学社会科学版	0.687132	31	0.3370	282	13.4459	★
51	74	当代修辞学	0.097697	29	0.0580	14	0.1515	★
52	76	广西民族大学学报.哲学社会科学版	0.135267	28	0.1942	73	1.2713	★
53	76	民族教育研究	0.171969	28	0.1315	26	0.3716	★
54	76	求索	0.198931	28	0.1305	145	0.5287	★
55	79	文物	0.239049	27	0.5414	8	0.1363	★
56	79	华中师范大学学报.人文社会科学版	0.728165	27	0.6144	348	14.1502	★
57	81	南京大学学报.哲学·人文科学·社会科学版	0.865254	26	0.4968	352	17.9789	★
58	81	安徽大学学报.哲学社会科学版	0.173451	26	0.1469	113	2.5975	★
59	81	江苏师范大学学报.哲学社会科学版	0.255875	26	0.1143	151	4.7002	★
60	81	安徽师范大学学报.人文社会科学版	0.132863	26	0.1288	73	1.7083	★
61	85	红楼梦学刊	0.12144	25	0.1638	17	0.3965	★
62	85	华南师范大学学报.社会科学版	0.16751	25	0.1522	115	2.4498	★
63	85	中国比较文学	0.208027	25	0.1734	45	2.1359	★
64	85	学术研究	0.418508	25	0.2495	492	5.6582	★
65	89	山西大学学报.哲学社会科学版	0.129875	24	0.1302	84	1.6914	★
66	90	教育研究	0.506164	23	0.6626	427	6.1491	★
67	90	河北大学学报.哲学社会科学版	0.151771	23	0.1899	100	1.7252	★
68	90	清华大学学报.哲学社会科学版	0.944239	23	0.5560	403	18.4067	★

（续表 4 - 9）

序号	分学科被引位次	刊　名	综合值	分学科总被引	五年影响因子	总转摘量	加权转摘率	核心刊2013
69	90	湖北大学学报. 哲学社会科学版	0.169804	23	0.1056	123	2.7437	★
70	90	宁波大学学报. 人文科学版	0.120412	23	0.0777	65	1.7452	
71	98	湖南大学学报. 社会科学版	0.149938	21	0.1646	116	2.1888	★

二、语言学专业核心期刊表测定步骤

1. 从上述核心期刊的备选表中挑出语言学专业期刊 31 种及析出的该专业核心期刊备选表送专家评审；

2. 将专家评审结果作隶属度处理后与数据"综合值"作加权运算，加权系数分别为 0.3 和 0.7；

3. 其运算结果再根据其他评价指标的运算结果作调整；

4. 经综合分析后，选出语言学专业核心期刊 22 种。见表 4 - 10。

表 4 - 10　语言学专业核心期刊表

位次	刊　名	主办单位	综合评价值	
1	中国语文	中国社会科学院语言研究所	1.000000	
2	外语教学与研究	北京外国语大学	0.844081	
3	中国翻译	中国外文局对外传播研究中心，中国翻译协会	0.658791	
4	外国语（上海外国语大学学报）	上海外国语大学	0.631392	
5	世界汉语教学	北京语言大学	0.620874	
6	外语界	上海外国语大学	0.619010	
7	外语教学	西安外国语大学	0.617381	
8	现代外语	广东外语外贸大学	0.617328	
9	当代语言学	中国社会科学院语言研究所	0.579625	
10	外语与外语教学（大连外国语学院学报）	大连外国语学院	0.578688	
11	外语学刊	黑龙江大学	0.548056	
12	语言教学与研究	北京语言大学	0.546417	

（续表 4 – 10）

位次	刊　名	主办单位	综合评价值	
13	汉语学习	延边大学	0.544728	
14	方言	中国社会科学院语言研究所	0.530718	
15	语言科学	江苏师范大学语言研究所	0.506469	
16	语言研究	华中科技大学中国语言研究所	0.500930	
17	解放军外国语学院学报	解放军外国语学院	0.475749	
18	民族语文	中国社会科学院民族学与人类学研究所	0.445547	
19	外国语文	四川外国语大学	0.396180	
20	辞书研究	上海世纪出版股份有限公司辞书出版社	0.345070	
21	语言与翻译	新疆民族语言文字工作委员会	0.311255	
22	当代修辞学	复旦大学	0.291616	

三、结果分析

在 2096 种语言学类期刊引证表中，被引频次累积量达 80.02% 时，期刊累积数为 235 种（其中语言学专业期刊 31 种），占被引用期刊总数的 11.21%；当被引频次累积量达 70.27% 时，期刊累积数为 92 种（其中语言学专业期刊 31 种），占被引用期刊总数的 4.42%，显然，语言学类被引用期刊的聚散效应非常明显，其中语言学专业期刊的数量较多，形成了高被引用率的聚集区。经综合评价，最后选定的 22 种语言学专业核心期刊有很强的集合影响力。

文学专业核心期刊研制报告

一、文学类期刊引证表的生成过程

1. 根据对样本中的 49696 篇文学类论文统计，其施引文献量为 25744 篇，总施引频次为 91386 次，被施引文献引用过的期刊共有 2695 种（其中来源期刊 450 种）；把上述被引期刊的 2011 年分学科被引频次递减排列，取其居前的 125 种来源期刊生成高被引频次的期刊引证表。

2. 根据文学类期刊引证表中的评价指标分别作系数加权，作隶属度运算后生成数据综合值（即表中的"综合值"），作为质量指标。

3. 取含有 125 种期刊的引证表，按分学科被引位次排列生成有多项指标的文学类期刊引证表，即文学专业核心期刊的备选表。见表4-11。

表4-11　文学类期刊引证表

序号	分学科被引位次	刊　　名	综合值	分学科总被引	五年影响因子	总转摘量	加权转摘率	核心刊2013
1	1	文学评论	1.79946	801	0.2901	360	6.2440	★
2	2	文艺争鸣	0.987321	492	0.1893	75	0.7053	★
3	3	文学遗产	1.058772	376	0.2589	172	4.9012	★
4	4	当代作家评论	0.876183	359	0.1928	124	2.5712	★
5	5	文艺研究	0.878588	339	0.2282	464	4.2026	★
6	7	中国现代文学研究丛刊	0.634447	230	0.1536	147	2.6719	★
7	7	外国文学研究	0.616814	230	0.1407	87	1.4077	★
8	9	红楼梦学刊	0.509064	215	0.1638	17	0.3965	★
9	10	鲁迅研究月刊	0.486479	214	0.1052	63	0.9046	★
10	11	外国文学评论	0.673303	191	0.2020	107	3.4380	★
11	14	文艺理论研究	0.572632	172	0.1630	113	2.5912	★
12	16	中国社会科学	1.65799	156	2.8709	478	18.9791	★
13	17	外国文学	0.490603	152	0.1469	87	1.7666	★
14	19	小说评论	0.322227	144	0.0587	47	0.7591	★
15	21	北京大学学报.哲学社会科学版	0.959471	132	0.4666	449	14.0962	★
16	22	当代文坛	0.349322	130	0.0797	77	0.8452	★
17	24	文史哲	0.974138	122	0.3069	373	14.3351	★
18	25	民族文学研究	0.372915	114	0.1332	25	0.5269	★
19	26	学术月刊	0.808502	108	0.4081	848	11.0971	★
20	29	明清小说研究	0.277981	101	0.0676	28	0.6431	★
21	31	社会科学战线	0.418575	98	0.1514	511	3.2710	★
22	32	国外文学	0.354841	96	0.0767	56	1.7376	★
23	32	文艺理论与批评	0.305086	96	0.1123	56	0.9101	★
24	35	中国比较文学	0.38758	94	0.1734	45	2.1359	★
25	35	江西社会科学	0.374627	94	0.1671	328	2.0553	★
26	37	求索	0.295536	88	0.1305	145	0.5287	★
27	38	学术研究	0.526005	85	0.2495	492	5.6582	★

（续表 4 – 11）

序号	分学科被引位次	刊　名	综合值	分学科总被引	五年影响因子	总转摘量	加权转摘率	核心刊 2013
28	39	外国语文	0.26718	83	0.2146	14	0.0786	★
29	42	西南民族大学学报. 人文社会科学版	0.215879	73	0.1570	191	0.9015	★
30	43	西南大学学报. 社会科学版	0.164507	66	0.1985	183	0.1002	★
31	43	西北师大学报. 社会科学版	0.357072	66	0.2181	172	4.5521	★
32	43	东北师大学报. 哲学社会科学版	0.269927	66	0.2952	129	2.0831	★
33	47	江海学刊	0.590561	65	0.2886	527	8.8768	★
34	47	上海师范大学学报. 哲学社会科学版	0.775788	65	0.3370	282	13.4459	★
35	49	贵州社会科学	0.307591	64	0.1939	187	2.2907	★
36	50	文艺评论	0.174332	62	0.0415	26	0.3760	
37	50	社会科学辑刊	0.309071	62	0.1209	190	2.3506	★
38	52	苏州大学学报. 哲学社会科学版	0.257024	61	0.0909	127	3.0357	★
39	53	中国文学研究	0.214174	60	0.0514	32	0.6451	
40	53	中山大学学报. 社会科学版	0.592277	60	0.3619	336	9.4756	★
41	55	江汉论坛	0.327536	59	0.1350	314	3.2510	★
42	56	复旦学报. 社会科学版	0.790006	58	0.3684	341	14.4083	★
43	57	齐鲁学刊	0.26832	55	0.1150	108	2.1742	★
44	57	古籍整理研究学刊	0.203861	55	0.0864	21	0.3246	
45	59	甘肃社会科学	0.294845	54	0.1658	233	2.1347	★
46	60	外语教学	0.326584	53	0.5279	13	0.4215	★
47	60	四川师范大学学报. 社会科学版	0.23128	·53	0.1386	90	2.3961	★
48	60	文献	0.135552	53	0.0983	12	0.2527	
49	65	中国文化研究	0.247097	51	0.0994	64	1.8133	
50	65	江苏社会科学	0.426323	51	0.2730	339	4.8635	★
51	67	北京师范大学学报. 社会科学版	0.800928	50	0.3704	415	15.6758	★
52	67	社会科学研究	0.471233	50	0.2860	353	6.0471	★
53	70	南京大学学报. 哲学·人文科学·社会科学版	0.947507	49	0.4968	352	17.9789	★
54	71	中州学刊	0.305938	48	0.1464	316	2.9031	★
55	71	中国韵文学刊	0.216376	48	0.0702	29	0.8987	
56	71	江苏师范大学学报. 哲学社会科学版	0.314411	48	0.1143	151	4.7002	★

(续表 4 – 11)

序号	分学科被引位次	刊　　名	综合值	分学科总被引	五年影响因子	总转摘量	加权转摘率	核心刊 2013
57	75	河南师范大学学报.哲学社会科学版	0.1546	47	0.1197	167	1.3087	★
58	75	河北学刊	0.429128	47	0.1395	572	5.9770	★
59	75	海南师范大学学报.社会科学版	0.102673	47	0.0300	63	0.1835	
60	81	人文杂志	0.37509	45	0.1773	252	4.9252	★
61	84	天津社会科学	0.47305	44	0.2403	287	6.5472	★
62	84	陕西师范大学学报.哲学社会科学版	0.590828	44	0.2194	247	10.8574	★
63	84	河南大学学报.社会科学版	0.385447	44	0.1353	251	6.9224	★
64	88	学习与探索	0.374373	43	0.2238	355	4.0954	★
65	90	南京师大学报.社会科学版	0.381169	42	0.2160	216	6.0297	★
66	93	北方论丛	0.344731	41	0.0947	161	4.2259	★
67	93	华中师范大学学报.人文社会科学版	0.749155	41	0.6144	348	14.1502	★
68	93	文物	0.260038	41	0.5414	8	0.1363	★
69	93	南开学报.哲学社会科学版	0.604274	41	0.2412	288	11.2828	★
70	93	兰州大学学报.社会科学版	0.169325	41	0.2062	84	1.7758	★
71	98	探索与争鸣	0.281858	40	0.2244	287	3.0399	★
72	100	广西师范大学学报.哲学社会科学版	0.1176	39	0.1669	60	0.7192	★
73	100	华东师范大学学报.哲学社会科学版	0.437123	39	0.2543	191	7.4227	★
74	103	四川大学学报.哲学社会科学版	0.301806	38	0.1907	150	5.0497	★
75	105	蒲松龄研究	0.118831	37	0.0507	2	0.0557	
76	105	社会科学	0.438324	37	0.3729	461	5.2003	★
77	105	解放军外国语学院学报	0.240626	37	0.2877	40	0.7786	★
78	105	天津师范大学学报.社会科学版	0.573803	37	0.1462	181	11.1583	★
79	105	浙江师范大学学报.社会科学版	0.275735	37	0.1560	113	4.0083	★
80	113	山东师范大学学报.人文社会科学版	0.110941	35	0.0960	62	0.9525	
81	113	郑州大学学报.哲学社会科学版	0.245145	35	0.1220	243	3.7195	★
82	113	学术交流	0.227435	35	0.0941	223	1.4270	★
83	121	湘潭大学学报.哲学社会科学版	0.193344	34	0.1620	123	2.2910	★
84	121	杜甫研究学刊	0.080641	34	0.0222	1	0.0361	
85	121	厦门大学学报.哲学社会科学版	0.598086	34	0.2924	244	11.8975	★

（续表 4 - 11）

序号	分学科被引位次	刊　名	综合值	分学科总被引	五年影响因子	总转摘量	加权转摘率	核心刊2013
86	124	晋阳学刊	0.196085	33	0.0981	76	1.3588	
87	124	上海大学学报.社会科学版	0.421089	33	0.2409	198	7.3848	★
88	124	清华大学学报.哲学社会科学版	1.001953	33	0.5560	403	18.4067	★
89	124	求是学刊	0.551149	33	0.1614	250	8.8607	★
90	124	艺术百家	0.177968	33	0.0684	104	0.6961	★
91	132	外国语（上海外国语大学学报）	0.260329	32	0.6152	59	3.0429	★
92	132	浙江大学学报.人文社会科学版	0.593557	32	0.5146	346	11.1547	★
93	132	暨南学报.哲学社会科学版	0.136948	32	0.1776	77	1.4261	★
94	136	民俗研究	0.199074	31	0.1942	43	1.3515	
95	136	历史研究	0.66244	31	0.6402	279	10.5192	★
96	136	东岳论丛	0.244068	31	0.1401	227	2.2677	★
97	136	福建师范大学学报.哲学社会科学版	0.151656	31	0.1332	84	1.9254	★
98	136	山西大学学报.哲学社会科学版	0.14037	31	0.1302	84	1.6914	★
99	136	扬州大学学报.人文社会科学版	0.101972	31	0.0938	41	0.9680	
100	143	中国翻译	0.182121	30	0.5299	12	0.2447	★
101	143	河北大学学报.哲学社会科学版	0.148203	30	0.1899	100	1.7252	★
102	147	浙江学刊	0.37072	29	0.1783	268	4.9431	★
103	147	外语与外语教学（大连外国语学院学报）	0.220628	29	0.3326	11	0.1321	★
104	147	首都师范大学学报.社会科学版	0.233115	29	0.1267	157	3.5580	★
105	153	云梦学刊	0.184732	28	0.0583	102	1.5738	
106	153	安徽师范大学学报.人文社会科学版	0.135861	28	0.1288	73	1.7083	★
107	158	广东社会科学	0.38858	27	0.1746	268	5.6085	★
108	158	浙江社会科学	0.379076	27	0.2935	303	4.6804	★
109	158	西北大学学报.哲学社会科学版	0.142392	27	0.1489	121	1.7252	★
110	158	内蒙古大学学报.哲学社会科学版	0.142227	27	0.1149	53	1.5305	
111	158	安徽大学学报.哲学社会科学版	0.19148	27	0.1469	113	2.5975	★
112	158	杭州师范大学学报.社会科学版	0.086055	27	0.1053	84	0.4052	★
113	158	山东大学学报.哲学社会科学版	0.23515	27	0.2425	143	3.7354	★
114	167	辽宁大学学报.哲学社会科学版	0.118811	26	0.0929	70	1.4670	★

（续表 4 –11）

序号	分学科被引位次	刊　名	综合值	分学科总被引	五年影响因子	总转摘量	加权转摘率	核心刊2013
115	167	吉林大学社会科学学报	0.68306	26	0.3363	301	10.5627	★
116	167	湖北大学学报.哲学社会科学版	0.182986	26	0.1056	123	2.7437	★
117	172	湖南师范大学社会科学学报	0.476907	25	0.2017	272	7.2978	★
118	172	中国典籍与文化	0.11905	25	0.0713	23	0.5021	
119	172	西安外国语大学学报	0.182414	25	0.2822	6	0.1380	
120	177	哲学研究	0.519982	24	0.4143	600	7.6966	★
121	177	思想战线	0.358303	24	0.2248	164	4.3978	★
122	177	学术界	0.2082	24	0.1454	169	1.7253	★
123	177	江淮论坛	0.186238	24	0.1224	82	1.2271	★
124	177	船山学刊	0.094415	24	0.0324	11	0.1404	
125	177	俄罗斯文艺	0.137882	24	0.0412	25	0.8398	★

二、文学专业核心期刊表测定步骤

1. 从上述核心期刊的备选表中挑出文学类专业期刊 24 种及析出的该专业核心期刊备选表送专家评审；

2. 将专家评审结果作隶属度处理后与数据"综合值"作加权运算，加权系数分别为 0.3 和 0.7；

3. 其运算结果再根据其他评价指标的运算结果作调整；

4. 经综合分析后，选出文学专业核心期刊 20 种。见表 4 – 12。

表 4 – 12　文学专业核心期刊表

位次	刊　名	主办单位	综合评价值	
1	文学评论	中国社会科学院文学研究所	0.999991	
2	文艺研究	中国艺术研究院	0.878588	
3	文学遗产	中国社会科学院文学研究所	0.705537	
4	文艺争鸣	吉林省文学艺术界联合会	0.658170	
5	当代作家评论	辽宁省作家协会	0.608192	
6	外国文学评论	中国社会科学院外国文学研究所	0.547469	

（续表 4 - 12）

位次	刊　名	主办单位	综合评价值	
7	中国现代文学研究丛刊	中国现代文学馆	0.523714	
8	外国文学研究	华中师范大学	0.516197	
9	文艺理论研究	中国文艺理论学会，华东师范大学	0.498529	
10	红楼梦学刊	中国艺术研究院	0.469287	
11	外国文学	北京外国语大学	0.461216	
12	鲁迅研究月刊	北京鲁迅博物馆	0.455103	
13	中国比较文学	上海外国语大学，中国比较文学学会	0.416726	
14	民族文学研究	中国社会科学院民族文学研究所	0.415164	
15	国外文学	北京大学	0.405491	
16	当代文坛	四川省作家协会	0.384961	
17	文艺理论与批评	中国艺术研究院	0.374217	
18	小说评论	陕西省作家协会	0.372577	
19	明清小说研究	江苏省社会科学院文学研究所明清小说研究中心	0.363330	
20	俄罗斯文艺	北京师范大学	0.288573	

三、结果分析

在 2695 种文学类期刊引证表中，被引频次累积量达 80.02% 时，期刊累积数为 480 种，占被引用期刊总数的 17.81%；被引频次累积量达 70.09% 时，期刊累积数为 169 种（其中文学专业期刊 24 种），占被引用期刊总数的 10.13%，排名居前 11 位的期刊均为文学专业期刊，被引频次累积量达 20.19%。可以看出，文学专业期刊在核心区的集合影响力比较高，优秀的文学专业核心期刊排位居前，居后的综合性学术期刊数量较多。最后选定的 20 种文学专业核心期刊为综合指标评选结果。

艺术学专业核心期刊研制报告

一、艺术学类期刊引证表的生成过程

1. 根据对样本中的 20618 篇艺术学类论文统计，其施引文献量为 8976 篇，总施引频次为 32511 次，被施引文献引用过的期刊共有 1868 种（其中来源期刊 407 种）；把上述被引期刊的 2011 年分学科被引频次递减排列，取其居前的 105 种来源期刊生成高被引频次的期刊引证表。

2. 根据艺术学类期刊引证表中的评价指标分别作系数加权，作隶属度运算后生成数据综合值（即表中的"综合值"），作为质量指标。

3. 取含有 105 种期刊的引证表，按分学科被引位次排列生成有多项指标的艺术学类期刊引证表，即艺术学专业核心期刊的备选表。见表 4 – 13。

表 4 – 13　艺术学类期刊引证表

序号	分学科被引位次	刊　　名	综合值	分学科总被引	五年影响因子	总转摘量	加权转摘率	核心刊 2013
1	1	当代电影	0.675348	317	0.1308	140	0.9220	★
2	2	中国音乐	0.599827	294	0.1146	12	0.1146	★
3	3	音乐研究	0.688347	281	0.2079	22	0.6009	★
4	4	人民音乐	0.483677	269	0.0498	17	0.1151	★
5	5	电影艺术	0.636138	247	0.1973	109	1.5032	★
6	6	中国音乐学	0.502774	227	0.1183	15	0.3448	★
7	7	中央音乐学院学报	0.559496	214	0.1918	19	0.5843	★
8	8	文艺研究	0.577435	168	0.2282	464	4.2026	★
9	9	黄钟（中国·武汉音乐学院学报）	0.390645	167	0.1223	11	0.2709	★
10	10	音乐艺术（上海音乐学院学报）	0.392849	144	0.1558	12	0.4717	★
11	11	艺术百家	0.306231	94	0.0684	104	0.6961	★
12	14	现代传播（中国传媒大学学报）	0.244403	85	0.1718	132	1.0227	★
13	16	乐府新声（沈阳音乐学院学报）	0.154238	70	0.0459	3	0.0451	
14	18	北京电影学院学报	0.160041	63	0.0566	50	0.9706	★
15	20	美术研究	0.161631	60	0.0399	19	0.4612	★
16	22	文物	0.285526	58	0.5414	8	0.1363	★
17	26	中国广播电视学刊	0.093026	48	0.0398	16	0.0886	
18	31	文艺争鸣	0.174054	39	0.1893	75	0.7053	★
19	38	民族艺术	0.19674	30	0.1490	23	0.8000	★
20	42	戏剧（中央戏剧学院学报）	0.085743	27	0.0582	17	0.9051	★
21	44	广西民族大学学报.哲学社会科学版	0.132268	26	0.1942	73	1.2713	★

（续表 4－13）

序号	分学科被引位次	刊　　名	综合值	分学科总被引	五年影响因子	总转摘量	加权转摘率	核心刊2013
22	45	西南民族大学学报.人文社会科学版	0.137499	25	0.1570	191	0.9015	★
23	51	考古学报	0.253707	22	0.5313	7	1.0417	★
24	51	文学评论	0.400857	22	0.2901	360	6.2440	★
25	54	广西民族研究	0.171867	21	0.2089	40	0.7504	★
26	54	考古	0.25535	21	0.5373	13	0.2224	★
27	54	上海大学学报.社会科学版	0.374809	21	0.2409	198	7.3848	★
28	60	贵州民族研究	0.146375	20	0.1672	26	0.2637	★
29	63	文艺理论与批评	0.132867	19	0.1123	56	0.9101	★
30	63	江西社会科学	0.245652	19	0.1671	328	2.0553	★
31	71	中南民族大学学报.人文社会科学版	0.131115	17	0.1748	99	1.5069	★
32	71	学术月刊	0.173464	17	0.4081	848	0.0077	★
33	76	民族研究	0.30719	16	0.5850	99	3.2391	★
34	76	故宫博物院院刊	0.119692	16	0.1392	25	1.0094	
35	83	东南大学学报.哲学社会科学版	0.18248	15	0.1876	98	3.1259	★
36	86	中国社会科学	1.344352	14	2.8709	478	18.9791	★
37	91	敦煌研究	0.150296	13	0.1450	21	0.5111	★
38	91	北京大学学报.哲学社会科学版	0.710654	13	0.4666	449	14.0962	★
39	91	西藏研究	0.157442	13	0.1736	34	1.1392	★
40	91	杭州师范大学学报.社会科学版	0.066487	13	0.1053	84	0.4052	★
41	91	民俗研究	0.144653	13	0.1942	43	1.3515	
42	98	中国藏学	0.159997	12	0.2060	62	1.9239	★
43	107	湖北民族学院学报.哲学社会科学版	0.046491	11	0.0871	23	0.3174	
44	107	江汉论坛	0.239928	11	0.1350	314	3.2510	★
45	107	四川文物	0.053112	11	0.0862	4	0.0860	
46	115	民族文学研究	0.111252	10	0.1332	25	0.5269	★
47	115	浙江师范大学学报.社会科学版	0.216346	10	0.1560	113	4.0083	★
48	115	当代文坛	0.109642	10	0.0797	77	0.8452	★
49	115	中国现代文学研究丛刊	0.185522	10	0.1536	147	2.6719	★
50	115	社会科学战线	0.276341	10	0.1514	511	3.2710	★

(续表4－13)

序号	分学科被引位次	刊　　名	综合值	分学科总被引	五年影响因子	总转摘量	加权转摘率	核心刊2013
51	115	学术研究	0.38997	10	0.2495	492	5.6582	★
52	115	自然辩证法研究	0.261643	10	0.2245	227	2.7843	★
53	133	文学遗产	0.302179	9	0.2589	172	4.9012	★
54	133	文艺理论研究	0.222312	9	0.1630	113	2.5912	★
55	133	管子学刊	0.056793	9	0.0577	13	0.2527	
56	133	国际新闻界	0.167549	9	0.2294	128	1.4358	★
57	133	哲学研究	0.497493	9	0.4143	600	7.6966	★
58	133	福建师范大学学报.哲学社会科学版	0.118672	9	0.1332	84	1.9254	★
59	148	江苏社会科学	0.361855	8	0.2730	339	4.8635	★
60	148	中央民族大学学报.哲学社会科学版	0.089104	8	0.1276	67	1.3094	★
61	148	文艺评论	0.06676	8	0.0415	26	0.3760	
62	148	河北学刊	0.358196	8	0.1395	572	5.9770	★
63	148	天津社会科学	0.401949	8	0.2403	287	6.5472	★
64	148	苏州大学学报.哲学社会科学版	0.158674	8	0.0909	127	3.0357	★
65	148	东南文化	0.082711	8	0.1041	16	0.3606	★
66	148	求索	0.165816	8	0.1305	145	0.5287	★
67	148	复旦学报.社会科学版	0.680027	8	0.3684	341	14.4083	★
68	148	社会科学	0.382378	8	0.3729	461	5.2003	★
69	148	世界民族	0.173047	8	0.2258	56	1.8942	★
70	178	考古与文物	0.112197	7	0.2106	14	0.2846	★
71	178	上海师范大学学报.哲学社会科学版	0.622033	7	0.3370	282	13.4459	★
72	178	西南大学学报.社会科学版	0.055802	7	0.1985	183	0.1002	★
73	178	贵州社会科学	0.208213	7	0.1939	187	2.2907	★
74	178	学术交流	0.178122	7	0.0941	223	1.4270	★
75	178	人文地理	0.305785	7	0.5968	70	0.8453	★
76	178	浙江大学学报.人文社会科学版	0.556076	7	0.5146	346	11.1547	★
77	178	海南师范大学学报.社会科学版	0.024965	7	0.0300	63	0.1835	
78	178	重庆邮电大学学报.社会科学版	0.140804	7	0.2146	46	0.9224	★
79	178	外国文学评论	0.229774	7	0.2020	107	3.4380	★

（续表 4 – 13）

序号	分学科被引位次	刊　名	综合值	分学科总被引	五年影响因子	总转摘量	加权转摘率	核心刊2013
80	178	中山大学学报.社会科学版	0.469524	7	0.3619	336	9.4756	★
81	178	郑州大学学报.哲学社会科学版	0.19424	7	0.1220	243	3.7195	★
82	178	文史哲	0.72674	7	0.3069	373	14.3351	★
83	178	广西师范大学学报.哲学社会科学版	0.069624	7	0.1669	60	0.7192	★
84	206	南开学报.哲学社会科学版	0.523503	6	0.2412	288	11.2828	★
85	206	青海师范大学学报.哲学社会科学版	0.022238	6	0.0530	7	0.0620	
86	206	青海民族大学学报.社会科学版	0.041574	6	0.0878	16	0.4117	
87	206	农业考古	0.075163	6	0.0661	7	0.0500	★
88	206	中国比较文学	0.147343	6	0.1734	45	2.1359	★
89	206	南京大学学报.哲学·人文科学·社会科学版	0.835269	6	0.4968	352	17.9789	★
90	206	社会科学论坛	0.075797	6	0.0670	69	0.3707	
91	206	文史杂志	0.017118	6	0.0074	2	0.0400	
92	206	人文杂志	0.316619	6	0.1773	252	4.9252	★
93	206	暨南学报.哲学社会科学版	0.097968	6	0.1776	77	1.4261	★
94	206	江海学刊	0.502105	6	0.2886	527	8.8768	★
95	206	湖南社会科学	0.138995	6	0.0954	102	1.0249	★
96	206	高等教育研究	0.306173	6	0.4705	230	3.0927	★
97	206	国外社会科学	0.229137	6	0.1983	130	2.9507	★
98	206	黑龙江民族丛刊	0.133264	6	0.1333	69	0.7103	★
99	206	求是	0.151903	6	0.2399	255	1.8035	★
100	239	兰州大学学报.社会科学版	0.115352	5	0.2062	84	1.7758	★
101	239	外语与外语教学（大连外国语学院学报）	0.166027	5	0.3326	11	0.1321	★
102	239	甘肃社会科学	0.209104	5	0.1658	233	2.1347	★
103	239	历史研究	0.623459	5	0.6402	279	10.5192	★
104	239	山西师大学报.社会科学版	0.125695	5	0.0752	114	2.4253	★
105	239	辽宁大学学报.哲学社会科学版	0.087327	5	0.0929	70	1.4670	★

二、艺术学专业核心期刊表测定步骤

1. 从上述核心期刊的备选表中挑出艺术类专业期刊 15 种及析出的该专业核心期刊备选表送专家评审；

2. 将专家评审结果作隶属度处理后与数据"综合值"作加权运算，加权系数分别为 0.3 和 0.7；

3. 其运算结果再根据其他评价指标的运算结果作调整；

4. 经综合分析后，选出艺术学专业核心期刊 14 种。见表 4 – 14。

表 4 – 14　艺术学专业核心期刊表

位次	刊　名	主办单位	综合评价值	
1	音乐研究	人民音乐出版社	1.000000	
2	当代电影	中国电影艺术研究中心，中国传媒大学	0.986781	
3	电影艺术	中国电影家协会	0.940785	
4	中国音乐	中国音乐学院	0.909981	
5	中央音乐学院学报	中央音乐学院	0.862845	
6	中国音乐学	中国艺术研究院音乐研究所	0.805163	
7	人民音乐	中国音乐家协会	0.779620	
8	音乐艺术（上海音乐学院学报）	上海音乐学院	0.687254	
9	黄钟（中国·武汉音乐学院学报）	中国·武汉音乐学院	0.685013	
10	艺术百家	江苏省文化艺术研究院	0.586925	
11	民族艺术	广西民族文化艺术研究院	0.475581	
12	美术研究	中央美术学院	0.439877	
13	北京电影学院学报	北京电影学院	0.438261	
14	戏剧（中央戏剧学院学报）	中央戏剧学院	0.362705	

三、结果分析

在 1868 种艺术学专业期刊引证表中，被引频次累积量达 80.01% 时，期刊累积数为 474 种（其中艺术专业期刊 15 种），占被引用期刊总数的 25.37%；被引频次累积量达 70.00% 时，期刊累积数为 241 种（其中艺术专业期刊 15 种），占被引用期刊总数的 12.90%；并且艺术学专业期刊位居前 7 位。统计结果表明，艺术学类被引用期刊的被引聚散效应较为明显，最后选定的 14 种艺术学专业核心期刊均有较高的学术影响力。

第三编　历史、考古、人文地理

历史学专业核心期刊研制报告

一、历史学类期刊引证表的生成过程

1. 根据对样本中的 32259 篇历史学类论文统计，其施引文献量为 17644 篇，总施引频次为 83393 次，被施引文献引用过的期刊共有 3466 种（其中来源期刊 544 种）；把上述被引期刊的 2011 年分学科被引频次递减排列，取其居前的 219 种来源期刊生成高被引频次的期刊引证表。

2. 根据历史学类期刊引证表中的评价指标分别作系数加权，作隶属度运算后生成数据综合值（即表中的"综合值"），作为质量指标。

3. 取含有 219 种期刊的引证表，按分学科被引位次排列生成有多项指标的历史学类期刊引证表，即历史学专业核心期刊的备选表。见表 4 – 15。

表 4 – 15　历史学类期刊引证表

序号	分学科被引位次	刊　　　名	综合值	分学科总被引	五年影响因子	总转摘量	加权转摘率	核心刊2013
1	1	历史研究	1.885077	593	0.6402	279	10.5192	★
2	2	近代史研究	1.542182	441	0.6000	178	7.9596	★
3	3	史学月刊	0.875922	326	0.1758	342	4.5876	★
4	5	文物	0.581244	233	0.5414	8	0.1363	★
5	6	世界历史	0.777157	221	0.2651	153	4.0803	★
6	7	中国史研究	0.713567	209	0.2543	107	5.0831	★
7	8	中国经济史研究	0.653946	182	0.3634	87	2.5000	★
8	9	考古	0.451752	152	0.5373	13	0.2224	★
9	10	文史哲	0.974782	142	0.3069	373	14.3351	★
10	11	史林	0.568189	139	0.1910	194	4.0098	★

（续表 4 - 15）

序号	分 学 科 被引位次	刊　　　名	综合值	分学科 总被引	五年影 响因子	总转 摘量	加权 转摘率	核心刊 2013
11	12	民族研究	0.570462	138	0.5850	99	3.2391	★
12	13	历史教学	0.317913	133	0.0606	46	0.4853	
13	14	史学理论研究	0.579818	127	0.2082	106	5.0480	★
14	15	清史研究	0.566632	126	0.2211	108	4.7192	★
15	15	史学集刊	0.647869	126	0.2133	156	5.4742	★
16	17	中国社会科学	1.588265	125	2.8709	478	18.9791	★
17	17	安徽史学	0.495795	125	0.1664	121	2.8743	★
18	19	中国社会经济史研究	0.446882	123	0.2199	37	1.3333	★
19	20	历史档案	0.304319	121	0.0934	29	0.7808	★
20	21	中国农史	0.499996	117	0.3003	35	1.1574	★
21	22	学术月刊	0.34914	112	0.4081	848	0.0077	★
22	24	社会科学战线	0.439781	111	0.1514	511	3.2710	★
23	25	抗日战争研究	0.479819	105	0.2008	62	3.1168	★
24	26	中国边疆史地研究	0.49421	104	0.1994	71	3.1387	★
25	27	中国历史地理论丛	0.495356	102	0.2974	48	1.7935	★
26	29	中国藏学	0.338685	96	0.2060	62	1.9239	★
27	30	民国档案	0.354807	94	0.1365	41	1.3650	★
28	32	西亚非洲	0.314727	81	0.2328	86	1.4096	★
29	33	中国地方志	0.19488	79	0.0755	7	0.1901	★
30	33	河北学刊	0.464643	79	0.1395	572	5.9770	★
31	33	北京大学学报.哲学社会科学版	0.809604	79	0.4666	449	14.0962	★
32	36	农业考古	0.180111	76	0.0661	7	0.0500	★
33	37	史学史研究	0.333577	74	0.0796	95	3.0430	★
34	38	北方文物	0.190975	71	0.1311	5	0.1208	
35	39	考古学报	0.322673	68	0.5313	7	1.0417	★
36	40	西藏研究	0.271194	66	0.1736	34	1.1392	★
37	40	学术研究	0.49268	66	0.2495	492	5.6582	★
38	42	东北师大学报.哲学社会科学版	0.258341	64	0.2952	129	2.0831	★
39	43	社会科学辑刊	0.310307	62	0.1209	190	2.3506	★

（续表 4 –15）

序号	分学科被引位次	刊　名	综合值	分学科总被引	五年影响因子	总转摘量	加权转摘率	核心刊2013
40	43	社会科学研究	0.492782	62	0.2860	353	6.0471	★
41	43	人文杂志	0.423485	62	0.1773	252	4.9252	★
42	43	江汉论坛	0.326656	62	0.1350	314	3.2510	★
43	43	复旦学报.社会科学版	0.788631	62	0.3684	341	14.4083	★
44	49	江海学刊	0.604057	60	0.2886	527	8.8768	★
45	51	中共党史研究	0.277358	59	0.1839	168	2.9078	★
46	52	内蒙古大学学报.哲学社会科学版	0.187455	58	0.1149	53	1.5305	
47	53	社会科学	0.478698	57	0.3729	461	5.2003	★
48	54	中山大学学报.社会科学版	0.565332	56	0.3619	336	9.4756	★
49	55	厦门大学学报.哲学社会科学版	0.62957	55	0.2924	244	11.8975	★
50	55	历史教学问题	0.18608	55	0.0430	61	0.8410	
51	57	江西社会科学	0.300987	54	0.1671	328	2.0553	★
52	57	中州学刊	0.304712	54	0.1464	316	2.9031	★
53	59	西南民族大学学报.人文社会科学版	0.181988	53	0.1570	191	0.9015	★
54	59	浙江学刊	0.412847	53	0.1783	268	4.9431	★
55	59	内蒙古社会科学	0.219254	53	0.1095	42	0.5413	
56	59	当代中国史研究	0.306668	53	0.1644	143	3.2987	★
57	63	北京师范大学学报.社会科学版	0.823027	52	0.3704	415	15.6758	★
58	64	南开学报.哲学社会科学版	0.59097	51	0.2412	288	11.2828	★
59	64	考古与文物	0.178164	51	0.2106	14	0.2846	★
60	66	西域研究	0.215849	50	0.1405	24	0.7459	★
61	66	四川大学学报.哲学社会科学版	0.332989	50	0.1907	150	5.0497	★
62	66	求索	0.235044	50	0.1305	145	0.5287	★
63	69	陕西师范大学学报.哲学社会科学版	0.585739	48	0.2194	247	10.8574	★
64	70	首都师范大学学报.社会科学版	0.27007	46	0.1267	157	3.5580	★
65	71	北方论丛	0.348171	45	0.0947	161	4.2259	★
66	71	西南大学学报.社会科学版	0.254539	45	0.1985	183	3.1678	★
67	75	思想战线	0.371367	44	0.2248	164	4.3978	★
68	75	清华大学学报.哲学社会科学版	1.042592	44	0.5560	403	18.4067	★

（续表 4－15）

序号	分学科 被引位次	刊　名	综合值	分学科 总被引	五年影 响因子	总转 摘量	加权 转摘率	核心刊 2013
69	79	华中师范大学学报.人文社会科学版	0.769534	42	0.6144	348	14.1502	★
70	79	贵州民族研究	0.193904	42	0.1672	26	0.2637	★
71	81	西北民族研究	0.168864	41	0.1426	31	0.8015	★
72	81	江苏社会科学	0.420334	41	0.2730	339	4.8635	★
73	85	晋阳学刊	0.19072	40	0.0981	76	1.3588	
74	85	西北大学学报.哲学社会科学版	0.173681	40	0.1489	121	1.7252	★
75	88	四川师范大学学报.社会科学版	0.184882	39	0.1386	90	2.3961	★
76	88	华东师范大学学报.哲学社会科学版	0.43058	39	0.2543	191	7.4227	★
77	91	浙江社会科学	0.385575	38	0.2935	303	4.6804	★
78	92	广西师范大学学报.哲学社会科学版	0.124601	37	0.1669	60	0.7192	★
79	92	贵州社会科学	0.264791	37	0.1939	187	2.2907	★
80	92	南京大学学报.哲学·人文科学·社会科学版	0.907622	37	0.4968	352	17.9789	★
81	92	中南民族大学学报.人文社会科学版	0.16513	37	0.1748	99	1.5069	★
82	96	中国史研究动态	0.120348	36	0.0401	34	0.7870	
83	96	西北民族大学学报.哲学社会科学版	0.111439	36	0.1323	35	0.4896	
84	96	故宫博物院院刊	0.149677	36	0.1392	25	1.0094	
85	96	北京社会科学	0.244532	36	0.2543	53	1.6210	★
86	96	军事历史研究	0.108014	36	0.0699	6	0.1184	
87	103	社会学研究	0.978421	35	2.7486	158	10.3942	★
88	103	党的文献	0.149165	35	0.1292	66	1.8035	★
89	106	新疆大学学报.哲学人文社会科学版	0.083093	34	0.0667	19	0.2345	
90	106	西北师大学报.社会科学版	0.300399	34	0.2181	172	4.5521	★
91	106	宁夏社会科学	0.163413	34	0.0922	49	0.6148	
92	109	青海民族研究	0.171937	33	0.1349	20	0.3428	
93	109	黑龙江民族丛刊	0.185794	33	0.1333	69	0.7103	★
94	109	甘肃社会科学	0.255805	33	0.1658	233	2.1347	★
95	109	文献	0.105567	33	0.0983	12	0.2527	
96	109	天津师范大学学报.社会科学版	0.541766	33	0.1462	181	11.1583	★
97	115	云南社会科学	0.302762	32	0.2014	147	3.3206	★

（续表 4 – 15）

序号	分学科被引位次	刊　　名	综合值	分学科总被引	五年影响因子	总转摘量	加权转摘率	核心刊2013
98	115	齐鲁学刊	0.215097	32	0.1150	108	2.1742	★
99	115	探索与争鸣	0.265835	32	0.2244	287	3.0399	★
100	119	拉丁美洲研究	0.14322	31	0.1505	48	1.4545	★
101	120	敦煌学辑刊	0.135409	30	0.1572	10	0.2506	★
102	120	河北大学学报.哲学社会科学版	0.164429	30	0.1899	100	1.7252	★
103	120	学习与探索	0.354883	30	0.2238	355	4.0954	★
104	120	中国文化研究	0.18178	30	0.0994	64	1.8133	
105	120	青海民族大学学报.社会科学版	0.097999	30	0.0878	16	0.4117	
106	120	中原文物	0.117197	30	0.1511	14	0.3640	★
107	120	贵州文史丛刊	0.070877	30	0.0350	3	0.0612	
108	128	上海师范大学学报.哲学社会科学版	0.67557	29	0.3370	282	13.4459	★
109	131	敦煌研究	0.183945	28	0.1450	21	0.5111	★
110	131	文学遗产	0.330665	28	0.2589	172	4.9012	★
111	131	民俗研究	0.190356	28	0.1942	43	1.3515	
112	131	东岳论丛	0.230074	28	0.1401	227	2.2677	★
113	131	世界宗教研究	0.179302	28	0.1281	67	1.6099	★
114	131	天津社会科学	0.441069	28	0.2403	287	6.5472	★
115	131	郑州大学学报.哲学社会科学版	0.225725	28	0.1220	243	3.7195	★
116	140	回族研究	0.112725	27	0.0746	31	0.8488	★
117	140	广东社会科学	0.375336	27	0.1746	268	5.6085	★
118	140	安徽大学学报.哲学社会科学版	0.174951	27	0.1469	113	2.5975	★
119	140	内蒙古师范大学学报.哲学社会科学（汉文）版	0.075097	27	0.0788	31	0.4766	
120	140	中央民族大学学报.哲学社会科学版	0.11759	27	0.1276	67	1.3094	★
121	147	古今农业	0.121811	26	0.1847	10	0.4055	
122	147	山西大学学报.哲学社会科学版	0.132873	26	0.1302	84	1.6914	★
123	147	山西师大学报.社会科学版	0.15718	26	0.0752	114	2.4253	★
124	147	河南大学学报.社会科学版	0.35846	26	0.1353	251	6.9224	★
125	147	辽宁大学学报.哲学社会科学版	0.118811	26	0.0929	70	1.4670	★
126	147	广西民族大学学报.哲学社会科学版	0.132268	26	0.1942	73	1.2713	★

序号	分学科被引位次	刊　名	综合值	分学科总被引	五年影响因子	总转摘量	加权转摘率	核心刊2013
127	147	安徽师范大学学报.人文社会科学版	0.149474	26	0.1288	73	1.7083	★
128	157	中国国家博物馆馆刊	0.075681	25	0.1176	0	0.0000	
129	157	学术论坛	0.180042	25	0.1246	154	0.7321	★
130	157	东南文化	0.108198	25	0.1041	16	0.3606	★
131	157	国外社会科学	0.257623	25	0.1983	130	2.9507	★
132	157	美国研究	0.271583	25	0.3120	53	3.6955	★
133	157	中华文化论坛	0.129891	25	0.0678	22	0.4378	
134	157	青海社会科学	0.124133	25	0.0776	44	0.5064	
135	165	中国社会科学院研究生院学报	0.289631	24	0.1549	143	4.2714	★
136	165	中国人民大学学报	0.727731	24	0.5622	429	12.4230	★
137	165	求是学刊	0.533776	24	0.1614	250	8.8607	★
138	168	华南师范大学学报.社会科学版	0.164512	23	0.1522	115	2.4498	★
139	168	福建师范大学学报.哲学社会科学版	0.139662	23	0.1332	84	1.9254	★
140	168	政法论坛	0.446271	23	0.6976	266	5.9086	★
141	168	管子学刊	0.077783	23	0.0577	13	0.2527	
142	168	暨南学报.哲学社会科学版	0.123455	23	0.1776	77	1.4261	★
143	175	世界民族	0.216911	22	0.2258	56	1.8942	★
144	175	开放时代	0.373931	22	0.7391	139	4.7640	★
145	175	山东大学学报.哲学社会科学版	0.227654	22	0.2425	143	3.7354	★
146	175	学术界	0.197466	22	0.1454	169	1.7253	★
147	175	江汉考古	0.138297	22	0.1711	2	0.0313	★
148	175	古籍整理研究学刊	0.107113	22	0.0864	21	0.3246	
149	181	江淮论坛	0.18174	21	0.1224	82	1.2271	★
150	181	兰州大学学报.社会科学版	0.13934	21	0.2062	84	1.7758	★
151	181	南都学坛	0.268661	21	0.0548	151	4.1498	
152	181	华夏考古	0.137605	21	0.1846	5	0.1484	★
153	189	南京社会科学	0.281196	20	0.2116	322	3.3799	★
154	189	山东师范大学学报.人文社会科学版	0.088452	20	0.0960	62	0.9525	
155	189	世界经济与政治	0.527348	20	0.7341	276	8.0053	★

（续表 4－15）

序号	分学科被引位次	刊　名	综合值	分学科总被引	五年影响因子	总转摘量	加权转摘率	核心刊2013
156	189	河北师范大学学报.哲学社会科学版	0.127532	20	0.0996	74	1.6386	★
157	189	社会科学论坛	0.099059	20	0.0670	69	0.3707	
158	189	文学评论	0.397858	20	0.2901	360	6.2440	★
159	189	西藏民族学院学报.哲学社会科学版	0.062246	20	0.0545	32	0.5326	
160	197	云南民族大学学报.哲学社会科学版	0.129588	19	0.1226	84	1.6647	★
161	197	四川文物	0.065106	19	0.0862	4	0.0860	
162	197	哲学研究	0.512485	19	0.4143	600	7.6966	★
163	197	南京师大学报.社会科学版	0.321001	19	0.2160	216	6.0297	★
164	197	青海师范大学学报.哲学社会科学版	0.041728	19	0.0530	7	0.0620	
165	197	吉林大学社会科学学报	0.655757	19	0.3363	301	10.5627	★
166	197	文史杂志	0.036609	19	0.0074	2	0.0400	
167	208	浙江大学学报.人文社会科学版	0.572568	18	0.5146	346	11.1547	★
168	208	贵州师范大学学报.社会科学版	0.071084	18	0.0624	41	0.7658	
169	213	广西民族研究	0.16587	17	0.2089	40	0.7504	★
170	213	外交评论	0.265718	17	0.4298	147	4.4649	★
171	213	江西师范大学学报.哲学社会科学版	0.094471	17	0.1741	53	1.0083	
172	213	云南师范大学学报.哲学社会科学版	0.334923	17	0.2247	187	6.5694	★
173	213	苏州大学学报.哲学社会科学版	0.172167	17	0.0909	127	3.0357	★
174	213	广西社会科学	0.141555	17	0.0667	54	0.2946	
175	222	教学与研究	0.367025	16	0.2752	354	5.4046	★
176	222	山东社会科学	0.208757	16	0.1229	291	2.2492	★
177	222	满族研究	0.085498	16	0.0596	22	0.5565	
178	222	江苏师范大学学报.哲学社会科学版	0.240882	16	0.1143	151	4.7002	★
179	222	文物春秋	0.051019	16	0.0669	1	0.0212	
180	222	河南师范大学学报.哲学社会科学版	0.108123	16	0.1197	167	1.3087	★
181	222	日本学刊	0.203217	16	0.2392	88	3.1545	★
182	222	湖北大学学报.哲学社会科学版	0.159309	16	0.1056	123	2.7437	★
183	233	杭州师范大学学报.社会科学版	0.12008	15	0.1053	84	1.9091	★
184	233	学海	0.305699	15	0.2493	249	3.8512	★

（续表 4－15）

序号	分学科被引位次	刊　　名	综合值	分学科总被引	五年影响因子	总转摘量	加权转摘率	核心刊2013
185	233	唐都学刊	0.110891	15	0.0508	32	0.5246	
186	233	孔子研究	0.139563	15	0.0887	59	1.6559	★
187	244	殷都学刊	0.095799	14	0.0466	20	0.6870	
188	244	社会科学家	0.152337	14	0.1178	69	0.3729	★
189	244	上海大学学报.社会科学版	0.364314	14	0.2409	198	7.3848	★
190	244	中国典籍与文化	0.08472	14	0.0713	23	0.5021	
191	244	吉林师范大学学报.人文社会科学版	0.035204	14	0.0488	13	0.1320	
192	244	文艺研究	0.287263	14	0.2282	464	4.2026	★
193	244	湘潭大学学报.哲学社会科学版	0.145797	14	0.1620	123	2.2910	★
194	244	俄罗斯中亚东欧研究	0.085659	14	0.1816	60	1.9778	★
195	244	理论月刊	0.112815	14	0.0701	82	0.3397	
196	244	重庆师范大学学报.哲学社会科学版	0.066016	14	0.0668	28	0.5882	
197	258	俄罗斯研究	0.179478	13	0.1821	42	1.5842	★
198	258	东南学术	0.286305	13	0.2545	156	3.5389	★
199	258	武汉大学学报.人文科学版	0.276145	13	0.0599	138	4.3523	
200	258	成都大学学报.社会科学版	0.035532	13	0.0536	11	0.1474	
201	258	新闻与传播研究	0.267665	13	0.4473	55	2.3995	★
202	258	妇女研究论丛	0.200504	13	0.2147	71	2.2992	★
203	258	东北亚论坛	0.387345	13	0.3318	85	3.6568	★
204	258	吉首大学学报.社会科学版	0.107072	13	0.1054	81	1.6463	
205	277	江汉大学学报.社会科学版	0.101107	12	0.1181	25	0.4762	
206	277	湖南师范大学社会科学学报	0.457417	12	0.2017	272	7.2978	★
207	277	汕头大学学报.人文社会科学版	0.0777	12	0.0646	34	1.1733	
208	277	湖北民族学院学报.哲学社会科学版	0.053419	12	0.0871	23	0.3174	
209	277	南昌大学学报.人文社会科学版	0.085812	12	0.1257	50	1.1240	
210	277	华侨华人历史研究	0.097751	12	0.1557	10	0.5314	
211	277	湖南大学学报.社会科学版	0.136445	12	0.1646	116	2.1888	★
212	277	东方论坛	0.113297	12	0.0611	34	0.9209	
213	277	宗教学研究	0.106324	12	0.0703	31	0.3973	★

（续表 4 – 15）

序号	分学科被引位次	刊　名	综合值	分学科总被引	五年影响因子	总转摘量	加权转摘率	核心刊2013
214	277	贵州大学学报. 社会科学版	0.047189	12	0.0751	22	0.4156	
215	277	海南大学学报. 人文社会科学版	0.072742	12	0.1372	37	0.8711	
216	277	新疆社会科学	0.121583	12	0.1045	31	0.5248	★
217	277	马克思主义研究	0.300386	12	0.3421	343	3.8369	★
218	277	新疆师范大学学报. 哲学社会科学版	0.159322	12	0.1450	61	2.8825	★
219	277	台湾研究集刊	0.206419	12	0.2252	36	1.7086	

二、历史学专业核心期刊表测定步骤

1. 从上述核心期刊的备选表中挑出历史学类专业期刊 28 种及析出的该专业核心期刊备选表送专家评审；

2. 将专家评审结果作隶属度处理后与数据"综合值"作加权运算，加权系数分别为 0.3 和 0.7；

3. 其运算结果再根据其他评价指标的运算结果作调整；

4. 经综合分析后，选出历史学专业核心期刊 19 种。见表 4 – 16。

表 4 – 16　历史学专业核心期刊表

位次	刊　名	主办单位	综合评价值	
1	历史研究	中国社会科学院	0.999993	
2	近代史研究	中国社会科学院近代史研究所	0.869872	
3	史学月刊	河南大学，河南省历史学会	0.599861	
4	世界历史	中国社会科学院世界历史研究所	0.572401	
5	中国史研究	中国社会科学院历史研究所	0.558196	
6	史学集刊	吉林大学	0.496607	
7	史学理论研究	中国社会科学院世界历史研究所	0.490178	
8	史林	上海社会科学院历史研究所	0.471041	
9	清史研究	中国人民大学清史研究所	0.468179	
10	中国边疆史地研究	中国社会科学院中国边疆史地研究中心	0.443746	

（续表 4－16）

位次	刊　名	主办单位	综合评价值	
11	抗日战争研究	中国社会科学院近代史研究所，中国抗日战争史学会	0.442998	
12	中国农史	中国农业历史学会，中国农业科学院，南京农业大学中国农业遗产研究室，中国农业博物馆	0.440391	
13	安徽史学	安徽省社会科学院	0.427004	
14	史学史研究	北京师范大学	0.384781	
15	民国档案	中国第二历史档案馆	0.377001	
16	当代中国史研究	中国社会科学院当代中国研究所	0.368758	
17	历史档案	中国第一历史档案馆	0.361556	
18	西域研究	新疆社会科学院	0.326547	
19	中国地方志	中国地方志指导小组办公室	0.310842	

三、结果分析

在 3466 种历史学类期刊的引证表中，当被引频次累积量达 80.01％ 时，期刊累积数为 767 种（其中历史学专业期刊 28 种），占被引用期刊总数的 22.13％；在被引频次累积量达 70.16％ 时，期刊累积数为 402 种（其中历史学专业期刊 28 种），占被引用期刊总数的 11.6％；虽然该领域内被引用的期刊数量众多，但史学专业期刊的被引用率相对较高。最后根据综合指标评定的 19 种历史学专业核心期刊均有较高的学术影响力。

考古学专业核心期刊研制报告

一、考古学类期刊引证表的生成过程

1. 根据对样本中的 10315 篇考古学类论文统计，其施引文献量为 7096 篇，总施引频次为 51533 次，被施引文献引用过的期刊共有 1156 种（其中来源期刊 282 种）；把上述被引期刊的 2011 年分学科被引频次递减排列，取其居前的 61 种来源期刊生成高被引频次的期刊引证表。

2. 根据考古学类期刊引证表中的评价指标分别作系数加权，作隶属度运算后生成数据综合值（即表中的"综合值"），作为质量指标。

3. 取含有 61 种期刊的引证表，按分学科被引位次排列生成有多项指标的考古学类期刊引证表，即考古学专业核心期刊的备选表。见表 4 - 17。

表 4 - 17　考古学类期刊引证表

序号	分学科被引位次	刊　　名	综合值	分学科总被引	五年影响因子	总转摘量	加权转摘率	核心刊2013
1	1	文物	3.461028	1888	0.5414	8	0.1363	★
2	2	考古	3.394626	1809	0.5373	13	0.2224	★
3	3	考古学报	1.631155	678	0.5313	7	1.0417	★
4	4	考古与文物	0.929107	450	0.2106	14	0.2846	★
5	5	中原文物	0.603825	275	0.1511	14	0.3640	★
6	6	江汉考古	0.565682	233	0.1711	2	0.0313	★
7	7	华夏考古	0.587587	228	0.1846	5	0.1484	★
8	8	东南文化	0.441263	203	0.1041	16	0.3606	★
9	9	敦煌研究	0.501378	194	0.1450	21	0.5111	★
10	10	人类学学报	0.593781	160	0.2760	1	0.1754	
11	11	四川文物	0.328633	154	0.0862	4	0.0860	
12	12	北方文物	0.343502	136	0.1311	5	0.1208	
13	13	中国国家博物馆馆刊	0.287011	112	0.1176	0	0.0000	
14	14	文物春秋	0.217229	100	0.0669	1	0.0212	
15	15	敦煌学辑刊	0.318811	95	0.1572	10	0.2506	★
16	17	故宫博物院院刊	0.298012	88	0.1392	25	1.0094	
17	19	南方文物	0.227909	83	0.0900	14	0.2662	
18	20	中国钱币	0.123281	73	0.0711	0	0.0000	
19	22	历史研究	0.740914	63	0.6402	279	10.5192	★
20	23	民俗研究	0.266378	59	0.1942	43	1.3515	
21	24	中国史研究	0.443068	52	0.2543	107	5.0831	★
22	25	农业考古	0.14263	51	0.0661	7	0.0500	★
23	29	中国藏学	0.203475	41	0.2060	62	1.9239	★
24	33	西域研究	0.189574	29	0.1405	24	0.7459	★
25	33	殷都学刊	0.118288	29	0.0466	20	0.6870	

（续表 4 - 17）

序号	分学科被引位次	刊　名	综合值	分学科总被引	五年影响因子	总转摘量	加权转摘率	核心刊2013
26	35	北京大学学报.哲学社会科学版	0.731643	27	0.4666	449	14.0962	★
27	35	史学月刊	0.326887	27	0.1758	342	4.5876	★
28	40	中华文化论坛	0.110826	22	0.0678	22	0.4378	
29	40	民族研究	0.316185	22	0.5850	99	3.2391	★
30	43	文物世界	0.04374	21	0.0244	1	0.0164	
31	44	民族艺术	0.153158	19	0.1490	23	0.8000	★
32	46	郑州大学学报.哲学社会科学版	0.210732	18	0.1220	243	3.7195	★
33	46	美术研究	0.073506	18	0.0399	19	0.4612	★
34	50	北京师范大学学报.社会科学版	0.751453	17	0.3704	415	15.6758	★
35	52	人文杂志	0.331612	16	0.1773	252	4.9252	★
36	52	广西民族大学学报.哲学社会科学版	0.117276	16	0.1942	73	1.2713	★
37	57	西藏研究	0.160441	15	0.1736	34	1.1392	★
38	57	中国社会科学	1.345851	15	2.8709	478	18.9791	★
39	57	文史哲	0.738734	15	0.3069	373	14.3351	★
40	57	文献	0.078581	15	0.0983	12	0.2527	
41	61	西北师大学报.社会科学版	0.249294	14	0.2181	172	4.5521	★
42	61	西北民族研究	0.128384	14	0.1426	31	0.8015	★
43	61	史学集刊	0.35076	14	0.2133	156	5.4742	★
44	61	求索	0.174812	14	0.1305	145	0.5287	★
45	68	四川大学学报.哲学社会科学版	0.264324	13	0.1907	150	5.0497	★
46	68	江汉论坛	0.242927	13	0.1350	314	3.2510	★
47	68	贵州民族研究	0.135881	13	0.1672	26	0.2637	★
48	68	安徽大学学报.哲学社会科学版	0.153961	13	0.1469	113	2.5975	★
49	68	中国历史地理论丛	0.226858	13	0.2974	48	1.7935	★
50	68	旅游学刊	0.27487	13	0.6353	107	1.0484	★
51	68	管子学刊	0.06279	13	0.0577	13	0.2527	
52	68	古籍整理研究学刊	0.093619	13	0.0864	21	0.3246	
53	78	社会科学战线	0.27934	12	0.1514	511	3.2710	★
54	78	思想战线	0.323391	12	0.2248	164	4.3978	★

（续表 4 - 17）

序号	分学科被引位次	刊　　名	综合值	分学科总被引	五年影响因子	总转摘量	加权转摘率	核心刊2013
55	84	兰州大学学报．社会科学版	0.124348	11	0.2062	84	1.7758	★
56	84	世界宗教研究	0.153815	11	0.1281	67	1.6099	★
57	84	西北大学学报．哲学社会科学版	0.118404	11	0.1489	121	1.7252	★
58	84	青海民族大学学报．社会科学版	0.049071	11	0.0878	16	0.4117	
59	84	清华大学学报．哲学社会科学版	0.926248	11	0.5560	403	18.4067	★
60	94	吉林大学社会科学学报	0.642264	10	0.3363	301	10.5627	★
61	94	河南社会科学	0.208718	10	0.1659	221	2.5149	★

二、考古学专业核心期刊表测定步骤

1. 从上述核心期刊的备选表中挑出考古学类专业期刊 18 种及析出的该专业核心期刊备选表送专家评审；

2. 将专家评审结果作隶属度处理后与数据"综合值"作加权运算，加权系数分别为 0.3 和 0.7；

3. 其运算结果再根据其他评价指标的运算结果作调整；

4. 经综合分析后，选出考古学专业核心期刊 11 种。见表 4 - 18。

表 4 - 18　考古学专业核心期刊表

位次	刊　　名	主　办　单　位	综合评价值	
1	文物	文物出版社	0.996751	▭
2	考古	中国社会科学院考古研究所	0.986539	▭
3	考古学报	中国社会科学院考古研究所	0.627822	▭
4	考古与文物	陕西省考古研究院	0.461478	▭
5	中原文物	河南省博物院	0.390275	▭
6	华夏考古	河南省文物考古研究所，河南省文物考古学会	0.388474	▭
7	江汉考古	湖北省文物考古研究所	0.374864	▭
8	敦煌研究	敦煌研究院	0.364803	▭
9	东南文化	南京博物院	0.348903	▭
10	敦煌学辑刊	兰州大学	0.310836	▭
11	农业考古	江西省社会科学院	0.262075	▭

三、结果分析

在 1156 种考古学类专业期刊的引证表中，当被引频次累积量达 80.04% 时，期刊累积数为 96 种（其中考古学专业期刊 18 种），占被引用期刊总数的 8.30%；当被引频次累积量达 68.23% 时，期刊累积数为 25 种（其中考古学专业期刊 17 种），占被引用期刊总数的 2.16%，且前 9 位均为本学科专业期刊。显然，考古学专业期刊具有被引率和被引集中度高的特点。经综合评价，最后选定的 11 种考古学专业核心期刊均有较高的学术影响力。

人文地理学专业核心期刊研制报告

一、人文地理学类期刊引证表的生成过程

1. 根据对样本中的 787 篇人文地理学类论文统计，其施引文献量为 501 篇，总施引频次为 4291 次，被施引文献引用过的期刊共有 353 种（其中来源期刊 168 种）；把上述被引期刊的 2011 年分学科被引频次递减排列，取其居前的 73 种来源期刊生成高被引频次的期刊引证表。

2. 根据人文地理学类期刊引证表中的评价指标分别作系数加权，作隶属度运算后生成数据综合值（即表中的"综合值"），作为质量指标。

3. 取含有 73 种期刊的引证表，按分学科被引位次排列生成有多项指标的人文地理学类期刊引证表，即人文地理学科专业核心期刊的备选表。见表 4 – 19。

表 4 – 19   人文地理学类期刊引证表

序号	分学科被引位次	刊　　名	综合值	分学科总被引	五年影响因子	总转摘量	加权转摘率	核心刊 2013
1	1	旅游学刊	2.415240	1115	0.6353	107	1.0484	★
2	2	旅游科学	0.906231	228	0.5172	50	1.6	★
3	3	中国历史地理论丛	0.371262	56	0.2974	48	1.7935	★
4	5	人文地理	0.369883	39	0.5968	70	0.8453	★
5	6	地理研究	0.481046	37	1.1240	53	0.5809	
6	7	经济地理	0.397632	27	0.7388	351	0.7980	★

（续表 4 - 19）

序号	分学科被引位次	刊　名	综合值	分学科总被引	五年影响因子	总转摘量	加权转摘率	核心刊2013
7	7	历史研究	0.656443	27	0.6402	279	10.5192	★
8	10	文物	0.228554	20	0.5414	8	0.1363	★
9	11	世界历史	0.276712	14	0.2651	153	4.0803	★
10	13	陕西师范大学学报.哲学社会科学版	0.511178	12	0.2194	247	10.8574	★
11	13	城市规划	0.17798	12	0.5338	24	0.2741	★
12	15	北京大学学报.哲学社会科学版	0.707655	11	0.4666	449	14.0962	★
13	16	东北师大学报.哲学社会科学版	0.153555	9	0.2952	129	2.0831	★
14	18	中国史研究	0.314971	8	0.2543	107	5.0831	★
15	18	城市规划学刊	0.169168	8	0.6200	10	0.1949	★
16	18	城市问题	0.215437	8	0.3250	49	0.4902	★
17	21	史学月刊	0.296902	7	0.1758	342	4.5876	★
18	21	史学理论研究	0.275954	7	0.2082	106	5.0480	★
19	21	考古	0.234361	7	0.5373	13	0.2224	★
20	21	复旦学报.社会科学版	0.678528	7	0.3684	341	14.4083	★
21	26	长江流域资源与环境	0.256676	6	0.5143	16	0.1730	★
22	26	社会科学	0.37938	6	0.3729	461	5.2003	★
23	26	考古与文物	0.110697	6	0.2106	14	0.2846	★
24	26	安徽史学	0.215217	6	0.1664	121	2.8743	★
25	26	地域研究与开发	0.223663	6	0.3639	22	0.2492	★
26	31	江汉考古	0.11281	5	0.1711	2	0.0313	★
27	31	美国研究	0.241598	5	0.3120	53	3.6955	★
28	31	民族研究	0.290698	5	0.5850	99	3.2391	★
29	31	自然科学史研究	0.195141	5	0.1457	36	1.9802	
30	38	江汉论坛	0.229433	4	0.1350	314	3.2510	★
31	38	资源科学	0.324626	4	0.5886	51	0.4096	★
32	38	中国社会科学	1.329359	4	2.8709	478	18.9791	★
33	38	考古学报	0.226721	4	0.5313	7	1.0417	★
34	38	清史研究	0.277567	4	0.2211	108	4.7192	★
35	38	中国边疆史地研究	0.206655	4	0.1994	71	3.1387	★

（续表 4 - 19）

序号	分学科被引位次	刊　　名	综合值	分学科总被引	五年影响因子	总转摘量	加权转摘率	核心刊2013
36	38	西亚非洲	0.15117	4	0.2328	86	1.4096	★
37	38	社会科学战线	0.267346	4	0.1514	511	3.2710	★
38	38	史学集刊	0.335768	4	0.2133	156	5.4742	★
39	38	安徽大学学报.哲学社会科学版	0.140468	4	0.1469	113	2.5975	★
40	38	华东师范大学学报.哲学社会科学版	0.360113	4	0.2543	191	7.4227	★
41	38	古今农业	0.088828	4	0.1847	10	0.4055	
42	38	四川大学学报.哲学社会科学版	0.250831	4	0.1907	150	5.0497	★
43	55	现代城市研究	0.119019	3	0.1827	19	0.2326	
44	55	广西民族研究	0.144881	3	0.2089	40	0.7504	★
45	55	贵州民族研究	0.120888	3	0.1672	26	0.2637	★
46	55	厦门大学学报.哲学社会科学版	0.551609	3	0.2924	244	11.8975	★
47	55	学习与探索	0.314403	3	0.2238	355	4.0954	★
48	55	学术月刊	0.619912	3	0.4081	848	11.0971	★
49	55	学术研究	0.379476	3	0.2495	492	5.6582	★
50	55	求是学刊	0.491944	3	0.1614	250	8.8607	★
51	55	天津社会科学	0.394452	3	0.2403	287	6.5472	★
52	55	敦煌研究	0.135303	3	0.1450	21	0.5111	★
53	55	经济研究	1.484336	3	5.6514	368	8.3086	★
54	55	开发研究	0.128506	3	0.1178	68	0.3285	★
55	55	中国农史	0.181443	3	0.3003	35	1.1574	★
56	55	城市发展研究	0.19291	3	0.4151	55	0.6299	★
57	77	地理与地理信息科学	0.222927	2	0.2720	20	0.2577	
58	77	中国人口·资源与环境	0.343977	2	0.8778	89	0.8142	★
59	77	中山大学学报.社会科学版	0.462028	2	0.3619	336	9.4756	★
60	77	浙江学刊	0.323218	2	0.1783	268	4.9431	★
61	77	中国地方志	0.022578	2	0.0755	7	0.1901	★
62	77	中国典籍与文化	0.066729	2	0.0713	23	0.5021	
63	77	自然资源学报	0.293793	2	0.5230	158	0.0022	★
64	77	重庆邮电大学学报.社会科学版	0.133307	2	0.2146	46	0.9224	★

（续表 4－19）

序号	分学科被引位次	刊　　名	综合值	分学科总被引	五年影响因子	总转摘量	加权转摘率	核心刊2013
65	77	满族研究	0.064508	2	0.0596	22	0.5565	
66	77	内蒙古社会科学	0.131285	2	0.1095	42	0.5413	
67	77	武汉大学学报.哲学社会科学版	0.238838	2	0.1094	128	2.9425	★
68	77	农业现代化研究	0.23036	2	0.3182	3	0.0582	
69	77	管子学刊	0.046298	2	0.0577	13	0.2527	
70	77	贵州社会科学	0.200717	2	0.1939	187	2.2907	★
71	77	贵州师范学院学报	0.007019	2	0.0077	8	0.0636	
72	77	中国社会经济史研究	0.125766	2	0.2199	37	1.3333	★
73	77	宁夏大学学报.人文社会科学版	0.04775	2	0.0698	39	0.7179	

二、人文地理学专业核心期刊表测定步骤

1. 从上述核心期刊的备选表中挑出人文地理学类专业期刊 13 种及析出的该专业核心期刊备选表送专家评审；

2. 将专家评审结果作隶属度处理后与数据"综合值"作加权运算，加权系数分别为 0.3 和 0.7；

3. 其运算结果再根据其他评价指标的运算结果作调整；

4. 经综合分析后，选出人文地理学专业核心期刊 10 种。见表 4－20。

表 4－20　人文地理学专业核心期刊表

位次	刊　　名	主办单位	综合评价值	
1	旅游学刊	北京联合大学旅游学院	0.990138	
2	旅游科学	上海师范大学旅游学院（上海旅游高等专科学校）	0.543263	
3	人文地理	中国地理学会，西安外国语大学人文地理研究所	0.391756	
4	中国历史地理论丛	陕西师范大学	0.390634	
5	经济地理	中国地理学会，湖南省经济地理研究所	0.390302	
6	城市问题	北京市社会科学院	0.314194	
7	地域研究与开发	河南省科学院地理研究所	0.313699	

（续表 4 - 20）

位次	刊　名	主 办 单 位	综合评价值	
8	城市发展研究	中国城市科学研究会	0.303461	
9	城市规划学刊	同济大学	0.298861	
10	城市规划	中国城市规划学会	0.298262	

三、结果分析

在 353 种人文地理学类专业期刊的引证表中，被引频次累积量达 80.08% 时，期刊累积数为 161 种，占被引用期刊总数的 45.61%；在被引频次累积量达 70.18% 时，期刊累积数为 100 种（其中人文地理学专业期刊为 13 种），占被引用期刊总数的 28.33%，且 13 种本学科专业期刊的被引用率排位居前。由于人文地理学类期刊具有较强的跨学科特点，使得个别自然科学类期刊的被引很高，从人文社会科学评选角度看，应排除这些期刊，因此最后选出 10 种人文地理学专业核心期刊。

第四编　政治、法律

政治学专业核心期刊研制报告

一、政治学类期刊引证表的生成过程

1. 根据对样本中的 60468 篇政治学类论文统计，其施引文献量为 32964 篇，总施引频次为 136173 次，被施引文献引用过的期刊共有 3549 种（其中来源期刊 615 种）；把上述被引期刊的 2011 年分学科被引频次递减排列，取其居前的 286 种来源期刊生成高被引频次的期刊引证表。

2. 根据政治学类期刊引证表中的评价指标分别作系数加权，作隶属度运算后生成数据综合值（即表中的"综合值"），作为质量指标。

3. 取含有 286 种期刊的引证表，按分学科被引位次排列生成有多项指标的政治学类期刊引证表，即政治学专业核心期刊的备选表。见表 4 – 21。

表 4 – 21　政治学类期刊引证表

序号	分学科被引位次	刊　　名	综合值	分学科总被引	五年影响因子	总转摘量	加权转摘率	核心刊2013
1	1	中国行政管理	1.444452	670	0.4031	205	1.6136	★
2	2	社会学研究	2.640332	639	2.7486	158	10.3942	★
3	3	中国社会科学	2.467733	479	2.8709	478	18.9791	★
4	4	世界经济与政治	1.551963	444	0.7341	276	8.0053	★
5	5	政治学研究	1.347503	394	0.6202	139	4.7437	★
6	6	求是	0.734515	336	0.2399	255	1.8035	★
7	7	现代国际关系	0.76683	251	0.2986	197	3.2554	★
8	8	当代世界与社会主义	0.753167	249	0.2367	254	3.0991	★
9	9	经济研究	1.967906	234	5.6514	368	8.3086	★
10	10	马克思主义与现实	0.669249	231	0.2347	231	3.1531	★
11	12	开放时代	0.882891	186	0.7391	139	4.7640	★

（续表 4－21）

序号	分学科被引位次	刊　　名	综合值	分学科总被引	五年影响因子	总转摘量	加权转摘率	核心刊2013
12	13	马克思主义研究	0.673062	184	0.3421	343	3.8369	★
13	14	社会	1.126032	181	0.9435	132	9.4899	★
14	15	科学社会主义	0.497102	176	0.1589	143	1.4905	★
15	16	社会科学	0.703867	173	0.3729	461	5.2003	★
16	17	外交评论	0.764067	171	0.4298	147	4.4649	★
17	19	中国人民大学学报	1.06267	168	0.5622	429	12.4230	★
18	20	西亚非洲	0.481875	162	0.2328	86	1.4096	★
19	21	江苏社会科学	0.636272	154	0.2730	339	4.8635	★
20	22	社会主义研究	0.544857	153	0.2140	133	1.9499	★
21	23	理论与改革	0.429034	152	0.1406	85	0.7170	
22	23	社会科学研究	0.681969	152	0.2860	353	6.0471	★
23	25	华中师范大学学报.人文社会科学版	1.0259	151	0.6144	348	14.1502	★
24	26	经济社会体制比较	0.635458	146	0.4329	200	3.8700	★
25	27	学习与探索	0.580997	145	0.2238	355	4.0954	★
26	28	探索	0.445712	144	0.1912	131	1.1734	★
27	28	学海	0.585052	144	0.2493	249	3.8512	★
28	30	江海学刊	0.765058	141	0.2886	527	8.8768	★
29	31	理论探讨	0.486438	138	0.1668	157	2.0509	★
30	32	求实	0.365542	136	0.1020	56	0.4558	★
31	33	教学与研究	0.624669	135	0.2752	354	5.4046	★
32	34	北京大学学报.哲学社会科学版	0.932233	133	0.4666	449	14.0962	★
33	35	探索与争鸣	0.456252	129	0.2244	287	3.0399	★
34	36	国家行政学院学报	0.500108	127	0.2626	136	2.8234	★
35	37	哲学研究	0.721061	126	0.4143	600	7.6966	★
36	37	民族研究	0.628107	126	0.5850	99	3.2391	★
37	39	浙江社会科学	0.564512	123	0.2935	303	4.6804	★
38	40	中共党史研究	0.449348	122	0.1839	168	2.9078	★
39	41	管理世界	0.862851	121	1.8270	335	3.2678	★
40	42	云南行政学院学报	0.319882	120	0.1058	44	0.3657	

（续表 4 – 21）

序号	分学科被引位次	刊　名	综合值	分学科总被引	五年影响因子	总转摘量	加权转摘率	核心刊2013
41	44	毛泽东邓小平理论研究	0.474175	118	0.2150	186	2.5939	★
42	45	天津社会科学	0.630453	117	0.2403	287	6.5472	★
43	46	人口研究	0.815246	115	1.3923	106	4.8488	★
44	47	学术月刊	0.365763	112	0.4081	848	0.0077	★
45	49	当代亚太	0.573119	109	0.4453	96	3.7066	★
46	50	中共中央党校学报	0.487454	108	0.2727	141	3.7179	★
47	51	国际论坛	0.504824	107	0.2616	74	2.1663	★
48	52	国外理论动态	0.384409	106	0.2051	186	2.6651	★
49	53	中国农村观察	0.701114	105	0.9607	57	2.7899	★
50	54	江汉论坛	0.411623	104	0.1350	314	3.2510	★
51	54	南京社会科学	0.445138	104	0.2116	322	3.3799	★
52	56	中国特色社会主义研究	0.427975	102	0.1935	119	2.2829	★
53	59	学术论坛	0.317258	97	0.1246	154	0.7321	★
54	60	新视野	0.378636	95	0.1107	159	2.6313	★
55	61	江西社会科学	0.370176	94	0.1671	328	2.0553	★
56	62	国际政治研究	0.576708	92	0.2899	88	4.8624	★
57	63	中国青年研究	0.298368	91	0.1928	93	0.6769	★
58	63	求索	0.30062	91	0.1305	145	0.5287	★
59	65	浙江学刊	0.482365	90	0.1783	268	4.9431	★
60	65	行政论坛	0.388898	90	0.1313	89	2.3257	
61	67	复旦学报.社会科学版	0.851227	89	0.3684	341	14.4083	★
62	67	理论导刊	0.262989	89	0.0850	42	0.2037	
63	69	东南学术	0.484221	88	0.2545	156	3.5389	★
64	70	中州学刊	0.382993	87	0.1464	316	2.9031	★
65	70	国际问题研究	0.443244	87	0.2579	90	3.4861	★
66	70	云南社会科学	0.443224	87	0.2014	147	3.3206	★
67	73	国外社会科学	0.349077	86	0.1983	130	2.9507	★
68	73	党的文献	0.289725	86	0.1292	66	1.8035	★
69	73	社会科学战线	0.405733	86	0.1514	511	3.2710	★

（续表 4－21）

序号	分学科被引位次	刊　名	综合值	分学科总被引	五年影响因子	总转摘量	加权转摘率	核心刊2013
70	77	国际观察	0.564412	85	0.2957	95	4.1362	★
71	78	学术研究	0.529345	84	0.2495	492	5.6582	★
72	78	学术界	0.32374	84	0.1454	169	1.7253	★
73	81	北京行政学院学报	0.415706	82	0.1574	168	3.6518	★
74	81	东南亚研究	0.333784	82	0.1726	35	0.9041	★
75	81	理论学刊	0.27371	82	0.0813	181	1.3590	
76	84	湖北社会科学	0.261189	81	0.0755	149	0.7036	★
77	87	中国人口科学	0.753241	79	1.1017	140	7.7275	★
78	90	西南民族大学学报.人文社会科学版	0.224562	76	0.1570	191	0.9015	★
79	90	中山大学学报.社会科学版	0.63023	76	0.3619	336	9.4756	★
80	92	世界民族	0.350786	74	0.2258	56	1.8942	★
81	92	欧洲研究	0.553312	74	0.3067	101	4.8963	★
82	92	美国研究	0.442016	74	0.3120	53	3.6955	★
83	96	青年研究	0.444704	73	0.4637	67	3.1566	★
84	96	甘肃社会科学	0.337027	73	0.1658	233	2.1347	★
85	98	江苏行政学院学报	0.462988	72	0.2184	182	4.3951	★
86	100	山东社会科学	0.309848	71	0.1229	291	2.2492	★
87	102	长白学刊	0.269867	70	0.1023	78	1.0000	
88	104	太平洋学报	0.317415	69	0.1840	83	1.5559	★
89	107	中共福建省委党校学报	0.231239	68	0.0898	68	0.6571	
90	109	河北学刊	0.469555	66	0.1395	572	5.9770	★
91	109	理论月刊	0.204792	66	0.0701	82	0.3397	
92	111	贵州社会科学	0.325332	65	0.1939	187	2.2907	★
93	111	中南民族大学学报.人文社会科学版	0.228066	65	0.1748	99	1.5069	★
94	113	吉林大学社会科学学报	0.775048	64	0.3363	301	10.5627	★
95	113	东北亚论坛	0.530388	64	0.3318	85	3.6568	★
96	118	历史研究	0.710416	63	0.6402	279	10.5192	★
97	118	当代世界社会主义问题	0.496455	63	0.2093	49	3.3395	★
98	120	湖南师范大学社会科学学报	0.573259	61	0.2017	272	7.2978	★

（续表 4 – 21）

序号	分学科被引位次	刊名	综合值	分学科总被引	五年影响因子	总转摘量	加权转摘率	核心刊2013
99	124	东岳论丛	0.297655	59	0.1401	227	2.2677	★
100	129	中国人民公安大学学报.社会科学版	0.16907	56	0.1450	34	0.6443	
101	129	中共浙江省委党校学报	0.303469	56	0.1511	87	1.9066	
102	129	上海行政学院学报	0.46939	56	0.1930	94	5.1062	★
103	133	江西师范大学学报.哲学社会科学版	0.204459	55	0.1741	53	1.0083	
104	133	人文杂志	0.390083	55	0.1773	252	4.9252	★
105	133	东北师范大学报.哲学社会科学版	0.257729	55	0.2952	129	2.0831	★
106	136	近代史研究	0.580639	54	0.6000	178	7.9596	★
107	136	广东行政学院学报	0.242964	54	0.1272	37	0.6864	
108	136	俄罗斯中亚东欧研究	0.234589	54	0.1816	60	1.9778	★
109	136	日本学刊	0.332361	54	0.2392	88	3.1545	★
110	136	河南师范大学学报.哲学社会科学版	0.182043	54	0.1197	167	1.3087	★
111	141	世界经济与政治论坛	0.338789	53	0.2513	102	2.4758	★
112	141	当代中国史研究	0.306668	53	0.1644	143	3.2987	★
113	141	中国农村经济	0.531244	53	1.0807	120	2.5347	★
114	144	毛泽东思想研究	0.189041	52	0.0530	63	0.6319	
115	144	南京大学学报.哲学·人文科学·社会科学版	0.904235	52	0.4968	352	17.9789	★
116	146	文史哲	0.8302	51	0.3069	373	14.3351	★
117	146	学术探索	0.26139	51	0.1458	75	1.4426	
118	146	道德与文明	0.322266	51	0.1861	150	2.2479	★
119	150	兰州大学学报.社会科学版	0.225738	50	0.2062	84	1.7758	★
120	152	清华大学学报.哲学社会科学版	1.038944	49	0.5560	403	18.4067	★
121	152	黑龙江民族丛刊	0.230174	49	0.1333	69	0.7103	★
122	152	人口与经济	0.308724	49	0.3747	46	0.9674	★
123	152	政法论坛	0.539551	49	0.6976	266	5.9086	★
124	157	华东师范大学学报.哲学社会科学版	0.457295	47	0.2543	191	7.4227	★
125	157	广西社会科学	0.197164	47	0.0667	54	0.2946	
126	157	中共天津市委党校学报	0.27896	47	0.1278	81	2.6000	
127	160	南亚研究	0.339133	46	0.1963	32	1.7826	★

（续表 4 - 21）

序号	分学科被引位次	刊　　名	综合值	分学科总被引	五年影响因子	总转摘量	加权转摘率	核心刊2013
128	160	华侨华人历史研究	0.237919	46	0.1557	10	0.5314	
129	160	岭南学刊	0.183453	46	0.1102	73	1.1777	
130	160	甘肃理论学刊	0.191998	46	0.0849	42	0.6203	
131	166	学术交流	0.245177	45	0.0941	223	1.4270	★
132	166	高校理论战线	0.177901	45	0.1137	125	1.7567	
133	166	中国农业大学学报.社会科学版	0.288601	45	0.3640	57	1.2180	★
134	170	河南社会科学	0.276576	44	0.1659	221	2.5149	★
135	170	教育研究	0.55011	44	0.6626	427	6.1491	★
136	170	南开学报.哲学社会科学版	0.627082	44	0.2412	288	11.2828	★
137	170	北京师范大学学报.社会科学版	0.823766	44	0.3704	415	15.6758	★
138	170	经济研究参考	0.150427	44	0.1297	148	0.3858	
139	170	理论与现代化	0.210284	44	0.1147	44	0.8079	
140	170	湖南社会科学	0.21048	44	0.0954	102	1.0249	★
141	179	情报杂志	0.337031	43	0.4088	132	0.3168	
142	180	南亚研究季刊	0.251963	42	0.1421	20	0.5618	
143	180	南京师大学报.社会科学版	0.384838	42	0.2160	216	6.0297	★
144	180	史学月刊	0.356093	42	0.1758	342	4.5876	★
145	180	思想政治教育研究	0.120312	42	0.0703	56	0.4613	★
146	180	广西民族大学学报.哲学社会科学版	0.173261	42	0.1942	73	1.2713	★
147	180	浙江大学学报.人文社会科学版	0.63887	42	0.5146	346	11.1547	★
148	189	思想战线	0.391193	41	0.2248	164	4.3978	★
149	189	贵州民族研究	0.200163	41	0.1672	26	0.2637	★
150	189	湘潭大学学报.哲学社会科学版	0.211645	41	0.1620	123	2.2910	★
151	193	人口学刊	0.561289	40	0.6943	65	4.3439	★
152	193	南方人口	0.356134	40	0.6537	5	0.2326	
153	198	俄罗斯研究	0.297247	39	0.1821	42	1.5842	★
154	198	行政与法	0.149827	39	0.0518	37	0.3108	
155	198	社会科学论坛	0.131237	39	0.0670	69	0.3707	
156	198	世界历史	0.336063	39	0.2651	153	4.0803	★

（续表 4 - 21）

序号	分学科被引位次	刊　名	综合值	分学科总被引	五年影响因子	总转摘量	加权转摘率	核心刊2013
157	202	郑州大学学报.哲学社会科学版	0.240717	38	0.1220	243	3.7195	★
158	202	中国软科学	0.47289	38	0.8303	207	2.1873	★
159	202	图书情报工作	0.393131	38	0.7251	370	0.8771	★
160	207	厦门大学学报.哲学社会科学版	0.602584	37	0.2924	244	11.8975	★
161	207	中国法学	0.58377	37	1.8242	95	4.8683	★
162	207	深圳大学学报.人文社会科学版	0.337603	37	0.1442	222	5.5912	★
163	207	情报科学	0.300488	37	0.4929	204	0.7203	★
164	207	人口与发展	0.241674	37	0.3507	40	0.8065	★
165	213	经济学（季刊）	0.374843	36	1.9323	6	0.4557	★
166	213	华中科技大学学报.社会科学版	0.281125	36	0.2142	109	2.1684	★
167	213	重庆邮电大学学报.社会科学版	0.213912	36	0.2146	46	0.9224	★
168	220	生产力研究	0.147434	35	0.0750	58	0.0727	
169	220	湖北行政学院学报	0.176936	35	0.0770	32	0.7432	
170	224	改革	0.281958	34	0.2842	275	2.8871	★
171	224	南京政治学院学报	0.229059	34	0.0538	120	2.9794	
172	224	农业经济问题	0.359537	34	0.6928	133	1.3001	★
173	224	河南大学学报.社会科学版	0.386082	34	0.1353	251	6.9224	★
174	224	妇女研究论丛	0.231989	34	0.2147	71	2.2992	★
175	224	社会科学家	0.193635	34	0.1178	69	0.3729	★
176	224	广东社会科学	0.405188	34	0.1746	268	5.6085	★
177	224	法学研究	0.426369	34	1.0852	53	3.3592	★
178	224	社科纵横	0.116392	34	0.0378	25	0.0790	
179	237	黑龙江社会科学	0.185663	33	0.0690	88	1.0124	
180	237	天府新论	0.221368	33	0.0999	85	1.4000	
181	237	内蒙古社会科学	0.192145	33	0.1095	42	0.5413	
182	237	国际新闻界	0.223179	33	0.2294	128	1.4358	★
183	242	西北民族大学学报.哲学社会科学版	0.092156	32	0.1323	35	0.4896	
184	242	财政研究	0.203404	32	0.2793	90	0.6699	★
185	242	和平与发展	0.192114	32	0.1091	40	1.1441	

（续表 4 - 21）

序号	分学科 被引位次	刊 名	综合值	分学科 总被引	五年影 响因子	总转 摘量	加权 转摘率	核心刊 2013
186	242	哲学动态	0.365201	32	0.1836	367	4.8045	★
187	242	中共宁波市委党校学报	0.156303	32	0.0785	66	1.2085	
188	250	上海师范大学学报.哲学社会科学版	0.658015	31	0.3370	282	13.4459	★
189	250	武汉大学学报.哲学社会科学版	0.305292	31	0.1094	128	2.9425	★
190	250	重庆社会科学	0.06142	31	0.0750	83	0.7246	
191	255	西北师大学报.社会科学版	0.273282	30	0.2181	172	4.5521	★
192	255	心理科学	0.292985	30	0.2852	87	0.4512	★
193	255	台湾研究集刊	0.233405	30	0.2252	36	1.7086	
194	255	经济体制改革	0.219003	30	0.2160	78	0.7084	★
195	255	拉丁美洲研究	0.178437	30	0.1505	48	1.4545	★
196	255	经济学家	0.40797	30	0.7149	154	3.0831	★
197	265	北京社会科学	0.197883	29	0.2543	53	1.6210	★
198	265	河北法学	0.22985	29	0.2638	149	1.2246	★
199	265	天津行政学院学报	0.256323	29	0.1490	42	1.1415	
200	265	晋阳学刊	0.191308	29	0.0981	76	1.3588	
201	265	广西民族研究	0.205632	29	0.2089	40	0.7504	★
202	272	西北民族研究	0.173379	28	0.1426	31	0.8015	★
203	272	中共云南省委党校学报	0.094919	28	0.0279	39	0.2968	
204	272	城市问题	0.258589	28	0.3250	49	0.4902	★
205	272	社会科学辑刊	0.253771	28	0.1209	190	2.3506	★
206	272	西北人口	0.208409	28	0.2021	20	0.2451	
207	272	山东大学学报.哲学社会科学版	0.256077	28	0.2425	143	3.7354	★
208	279	宁夏社会科学	0.152919	27	0.0922	49	0.6148	
209	279	云南民族大学学报.哲学社会科学版	0.131621	27	0.1226	84	1.6647	★
210	279	青年探索	0.141172	27	0.1136	43	0.6626	
211	279	江淮论坛	0.190735	27	0.1224	82	1.2271	★
212	279	当代青年研究	0.136904	27	0.0975	73	0.8567	
213	285	现代哲学	0.311136	26	0.1477	156	3.8877	★
214	285	西北大学学报.哲学社会科学版	0.140893	26	0.1489	121	1.7252	★

（续表 4-21）

序号	分学科被引位次	刊　名	综合值	分学科总被引	五年影响因子	总转摘量	加权转摘率	核心刊2013
215	285	现代传播（中国传媒大学学报）	0.123074	26	0.1718	132	1.0227	★
216	285	中央民族大学学报. 哲学社会科学版	0.11609	26	0.1276	67	1.3094	★
217	285	国际经济评论	0.395347	26	0.5839	116	6.1559	★
218	285	财贸经济	0.427529	26	0.7431	292	3.0579	★
219	293	中国青年政治学院学报	0.244421	25	0.0738	173	3.3490	★
220	293	政治与法律	0.287964	25	0.3503	243	2.8488	★
221	293	法学	0.370738	25	0.4631	303	4.1620	★
222	293	西南大学学报. 社会科学版	0.097586	25	0.1985	183	0.1002	★
223	293	齐鲁学刊	0.216783	25	0.1150	108	2.1742	★
224	305	云南师范大学学报. 哲学社会科学版	0.373992	24	0.2247	187	6.5694	★
225	305	暨南学报. 哲学社会科学版	0.124954	24	0.1776	77	1.4261	★
226	305	重庆理工大学学报. 社会科学版	0.123406	24	0.1066	52	0.0956	★
227	305	四川大学学报. 哲学社会科学版	0.280816	24	0.1907	150	5.0497	★
228	305	福建师范大学学报. 哲学社会科学版	0.141161	24	0.1332	84	1.9254	★
229	305	国际安全研究	0.109672	24	0.0627	37	0.7030	
230	305	中国劳动关系学院学报	0.150871	24	0.0977	77	0.9909	
231	305	湖南科技大学学报. 社会科学版	0.204866	24	0.1854	127	0.0722	★
232	305	求是学刊	0.542829	24	0.1614	250	8.8607	★
233	305	南昌大学学报. 人文社会科学版	0.121731	24	0.1257	50	1.1240	
234	305	城市发展研究	0.244362	24	0.4151	55	0.6299	★
235	305	伦理学研究	0.268469	24	0.1190	128	2.7452	★
236	323	史学集刊	0.364254	23	0.2133	156	5.4742	★
237	323	统计研究	0.297344	23	0.7084	63	0.6142	★
238	323	中华女子学院学报	0.160623	23	0.2813	55	0.8294	
239	323	内蒙古大学学报. 哲学社会科学版	0.133733	23	0.1149	53	1.5305	
240	323	北京工业大学学报. 社会科学版	0.18209	23	0.1638	37	1.3455	
241	334	经济问题探索	0.228071	22	0.2383	135	0.5640	★
242	334	法学评论	0.313077	22	0.3488	148	3.6182	★
243	334	中国社会科学院研究生院学报	0.293056	22	0.1549	143	4.2714	★

序号	分学科被引位次	刊　名	综合值	分学科总被引	五年影响因子	总转摘量	加权转摘率	核心刊 2013
244	334	中国人力资源开发	0.118601	22	0.0975	103	0.6736	
245	334	青海社会科学	0.119635	22	0.0776	44	0.5064	
246	334	新疆社会科学	0.155818	22	0.1045	31	0.5248	★
247	334	延边大学学报.社会科学版	0.101945	22	0.1097	42	1.2636	
248	344	中共山西省委党校学报	0.072762	21	0.0424	14	0.1573	
249	344	当代财经	0.35493	21	0.4548	253	2.8982	★
250	344	青海民族研究	0.148401	21	0.1349	20	0.3428	
251	344	新疆师范大学学报.哲学社会科学版	0.172816	21	0.1450	61	2.8825	★
252	344	中国藏学	0.17349	21	0.2060	62	1.9239	★
253	344	吉首大学学报.社会科学版	0.133047	21	0.1054	81	1.6463	
254	344	世界经济	0.6828	21	2.1499	151	4.8163	★
255	355	西安交通大学学报.社会科学版	0.449921	20	0.2962	126	6.6570	★
256	355	西藏研究	0.19488	20	0.1736	34	1.1392	★
257	355	法商研究	0.576407	20	0.6981	251	7.6893	★
258	355	中国边疆史地研究	0.230643	20	0.1994	71	3.1387	★
259	355	现代法学	0.392516	20	0.6076	171	4.4717	★
260	366	山西大学学报.哲学社会科学版	0.122379	19	0.1302	84	1.6914	★
261	366	财经研究	0.474476	19	0.9402	146	3.6853	★
262	366	人文地理	0.336444	19	0.5968	70	0.8453	★
263	366	上海交通大学学报.哲学社会科学版	0.3931	19	0.1505	257	4.1721	★
264	366	史学理论研究	0.293945	19	0.2082	106	5.0480	★
265	366	攀登	0.062538	19	0.0421	23	0.2162	
266	366	情报理论与实践	0.304696	19	0.5791	199	0.9924	★
267	366	上海大学学报.社会科学版	0.395633	19	0.2409	198	7.3848	★
268	366	当代经济研究	0.234767	19	0.2574	130	1.8466	
269	366	中国人口·资源与环境	0.369464	19	0.8778	89	0.8142	★
270	380	台湾研究	0.137846	18	0.0912	35	1.0845	★
271	380	世界经济研究	0.283844	18	0.6542	118	1.6623	★
272	380	浙江师范大学学报.社会科学版	0.219515	18	0.1560	113	4.0083	★

（续表 4 – 21）

序号	分学科被引位次	刊　　名	综合值	分学科总被引	五年影响因子	总转摘量	加权转摘率	核心刊2013
273	380	经济地理	0.375134	18	0.7388	351	0.7980	★
274	380	新闻与传播研究	0.250919	18	0.4473	55	2.3995	★
275	380	心理科学进展	0.325088	18	0.6341	128	1.4086	★
276	380	行政法学研究	0.233394	18	0.2703	65	2.5990	★
277	380	首都师范大学学报.社会科学版	0.211527	18	0.1267	157	3.5580	★
278	380	河北师范大学学报.哲学社会科学版	0.113279	18	0.0996	74	1.6386	★
279	380	山西师大学报.社会科学版	0.152372	18	0.0752	114	2.4253	★
280	380	陕西师范大学学报.哲学社会科学版	0.520174	18	0.2194	247	10.8574	★
281	380	辽宁大学学报.哲学社会科学版	0.106817	18	0.0929	70	1.4670	★
282	380	法学论坛	0.243744	18	0.3671	92	2.0467	★
283	380	图书情报知识	0.30668	18	0.6821	170	2.0793	★
284	380	东北大学学报.社会科学版	0.206052	18	0.1848	55	1.7656	★
285	403	江西财经大学学报	0.269991	17	0.3365	71	2.3585	
286	403	中国井冈山干部学院学报	0.11962	17	0.0410	65	1.5919	

二、政治学专业核心期刊表测定步骤

1. 从上述核心期刊的备选表中挑出政治学专业期刊70种（其中中国政治45种，国际政治25种）及析出的该专业核心期刊备选表送专家评审；

2. 将专家评审结果作隶属度处理后与数据"综合值"作加权运算，加权系数分别为0.3和0.7；

3. 其运算结果再根据其他评价指标的运算结果作调整；

4. 经综合分析后，选出中国政治类专业核心期刊20种，国际政治类专业核心期刊22种。见表4 – 22、表4 – 23。

表 4 – 22　中国政治专业核心期刊表

位次	刊　　名	主办单位	综合评价值	
1	政治学研究	中国社会科学院政治学研究所	0.8987519	
2	中国行政管理	中国行政管理学会	0.7675062	

（续表 4 – 22）

位次	刊　名	主办单位	综合评价值	
3	求是	中国共产党中央委员会	0.5420662	
4	社会主义研究	华中师范大学	0.4927006	
5	科学社会主义	中国科学社会主义学会	0.4710762	
6	国家行政学院学报	国家行政学院	0.4667506	
7	中共中央党校学报	中共中央党校	0.4625876	
8	中共党史研究	中共中央党史研究室	0.4574968	
9	江苏行政学院学报	江苏行政学院	0.4546473	
10	上海行政学院学报	上海行政学院	0.4540806	
11	理论探讨	中共黑龙江省委党校	0.4540116	
12	中国特色社会主义研究	北京市社会科学界联合会，北京市中国特色社会主义理论体系研究中心，北京市科学社会主义学会	0.423163	
13	北京行政学院学报	北京行政学院	0.4214952	
14	探索	中共重庆市委党校	0.4201652	
15	新视野	中共北京市委党校，北京行政学院	0.3949827	
16	中国青年研究	中国青少年研究中心，中国青少年研究会	0.3757248	
17	党的文献	中共中央文献研究室，中央档案馆	0.3673757	
18	求实	中共江西省委党校，江西行政学院	0.3630524	
19	中国青年政治学院学报	中国青年政治学院	0.3380468	
20	台湾研究	中国社会科学院台湾研究所	0.2891143	

表 4 – 23　国际政治专业核心期刊表

位次	刊　名	主办单位	综合评价值	
1	世界经济与政治	中国社会科学院世界经济与政治研究所	0.9999998	
2	现代国际关系	中国现代国际关系研究院	0.6367545	
3	外交评论	外交学院	0.6299688	
4	当代世界与社会主义	中共中央编译局马克思主义研究部，中国国际共运史学会	0.6206902	
5	国际政治研究	北京大学	0.5435568	
6	当代亚太	中国社会科学院亚太与全球战略研究院，中国亚洲太平洋学会	0.5408056	

（续表 4 – 23）

位次	刊　名	主　办　单　位	综合评价值	
7	欧洲研究	中国社会科学院欧洲研究所	0.5221613	
8	国际观察	上海外国语大学	0.5194533	
9	东北亚论坛	吉林大学	0.4878995	
10	西亚非洲	中国社会科学院西亚非洲研究所	0.4746183	
11	国际论坛	北京外国语大学	0.4729621	
12	国际问题研究	中国国际问题研究所	0.4623511	
13	当代世界社会主义问题	山东大学当代社会主义研究所	0.4606616	
14	美国研究	中国社会科学院美国研究所，中华美国学会	0.4508289	
15	国外理论动态	中共中央编译局	0.4146684	
16	南亚研究	中国社会科学院亚太与全球战略研究院，中国南亚学会	0.3960837	
17	日本学刊	中国社会科学院日本研究所，中华日本学会	0.3926857	
18	东南亚研究	暨南大学东南亚研究所	0.3843555	
19	太平洋学报	中国太平洋学会	0.3713648	
20	俄罗斯研究	华东师范大学	0.3678717	
21	俄罗斯中亚东欧研究	中国社会科学院俄罗斯东欧中亚研究所	0.3293375	
22	拉丁美洲研究	中国社会科学院拉丁美洲研究所	0.3119192	

三、结果分析

在 3549 种政治类专业期刊的引证表中，被引频次累积量达 80.01% 时，期刊累积数为 603 种，占被引用期刊总数的 17%；当被引频次累积量达 71.77% 时，期刊累积数为 392 种（其中政治学专业期刊 42 种，包括中国政治 20 种，国际政治 22 种），不难发现，政治类被引用期刊的被引聚散效应比较明显，政治类被引期刊种类较多，涉及的学科较广，表明了该学科具有较强的交叉性，排除其他学科专业期刊，经综合评价，最后选定的 42 种政治学专业期刊（其中中国政治 20 种，国际政治 22 种）均在各自的研究领域有较高的使用率。

法学类专业核心期刊研制报告

一、法学类期刊引证表的生成过程

1. 根据对样本中的 50752 篇法学类论文统计,其施引文献量为 37044 篇,总施引频次为 157909 次,被施引文献引用过的期刊共有 3544 种(其中来源期刊 638 种);把上述被引期刊的 2011 年分学科被引频次递减排列,取其居前的 154 种来源期刊生成高被引频次的期刊引证表。

2. 根据法学类期刊引证表中的评价指标分别作系数加权,作隶属度运算后生成数据综合值(即表中的"综合值"),作为质量指标。

3. 取含有 154 种期刊的引证表,按分学科被引位次排列生成有多项指标的法学类期刊引证表,即法学专业核心期刊的备选表。见表 4 - 24。

表 4 - 24　法学类期刊引证表

序号	分学科被引位次	刊　　名	综合值	分学科总被引	五年影响因子	总转摘量	加权转摘率	核心刊 2013
1	1	中国法学	4.448769	1563	1.8242	95	4.8683	★
2	2	法学研究	3.407498	1372	1.0852	53	3.3592	★
3	3	法学	2.307031	1057	0.4631	303	4.1620	★
4	4	现代法学	1.941367	719	0.6076	171	4.4717	★
5	5	政法论坛	1.967725	698	0.6976	266	5.9086	★
6	6	河北法学	1.42992	690	0.2638	149	1.2246	★
7	7	法商研究	2.118489	687	0.6981	251	7.6893	★
8	8	法律科学(西北政法大学学报)	1.746676	621	0.6039	176	5.1733	★
9	9	中外法学	2.309744	598	1.1028	121	6.6722	★
10	10	中国社会科学	2.525422	564	2.8709	478	18.9791	★
11	11	法学杂志	1.195917	542	0.2702	115	1.0453	★
12	12	法学家	1.692547	536	0.6296	188	4.6920	★
13	13	法律适用	1.157209	535	0.2724	116	1.0808	
14	14	政治与法律	1.29164	510	0.3503	243	2.8488	★
15	15	法学评论	1.300695	494	0.3488	148	3.6182	★

（续表 4 – 24）

序号	分学科被引位次	刊　　名	综合值	分学科总被引	五年影响因子	总转摘量	加权转摘率	核心刊2013
16	17	法制与社会发展	1.368768	410	0.4570	134	5.2892	★
17	18	比较法研究	1.24645	400	0.3759	126	4.7951	★
18	19	中国刑事法杂志	0.947845	356	0.3019	86	1.3341	★
19	20	法学论坛	1.042082	355	0.3671	92	2.0467	★
20	21	当代法学	1.012808	342	0.3130	108	2.6892	★
21	22	环球法律评论	1.073358	326	0.3594	121	4.1352	★
22	24	华东政法大学学报	0.863775	259	0.2724	131	3.4910	★
23	26	国家检察官学院学报	0.732634	258	0.2316	83	1.7221	
24	28	行政法学研究	0.706592	225	0.2703	65	2.5990	★
25	29	知识产权	0.725651	212	0.4008	29	0.5052	★
26	30	河南财经政法大学学报	0.519292	175	0.1153	110	1.9806	
27	31	甘肃政法学院学报	0.608878	166	0.1799	129	2.9945	
28	32	清华法学	0.251592	162	–	106	–	
29	33	中国人民大学学报	0.990697	144	0.5622	429	12.4230	★
30	35	政法论丛	0.522631	136	0.2072	38	0.9690	
31	37	吉林大学社会科学学报	0.895917	125	0.3363	301	10.5627	★
32	38	河南社会科学	0.42483	120	0.1659	221	2.5149	★
33	39	求索	0.342861	115	0.1305	145	0.5287	★
34	40	浙江社会科学	0.548827	111	0.2935	303	4.6804	★
35	41	中国人民公安大学学报. 社会科学版	0.302775	110	0.1450	34	0.6443	
36	42	西南民族大学学报. 人文社会科学版	0.272887	106	0.1570	191	0.9015	★
37	45	行政与法	0.24833	94	0.0518	37	0.3108	
38	45	社会学研究	1.134409	94	2.7486	158	10.3942	★
39	49	山东大学学报. 哲学社会科学版	0.415287	91	0.2425	143	3.7354	★
40	51	北京大学学报. 哲学社会科学版	0.858832	85	0.4666	449	14.0962	★
41	52	浙江学刊	0.485038	83	0.1783	268	4.9431	★
42	53	江苏社会科学	0.498312	82	0.2730	339	4.8635	★
43	55	社会科学	0.522992	81	0.3729	461	5.2003	★
44	57	求是	0.275601	78	0.2399	255	1.8035	★

（续表 4 – 24）

序号	分学科被引位次	刊　　名	综合值	分学科总被引	五年影响因子	总转摘量	加权转摘率	核心刊2013
45	58	江西社会科学	0.343826	76	0.1671	328	2.0553	★
46	61	学习与探索	0.441176	72	0.2238	355	4.0954	★
47	62	南京大学学报.哲学·人文科学·社会科学版	0.996414	71	0.4968	352	17.9789	★
48	64	中国行政管理	0.358496	70	0.4031	205	1.6136	★
49	65	浙江大学学报.人文社会科学版	0.694268	67	0.5146	346	11.1547	★
50	67	甘肃社会科学	0.328421	66	0.1658	233	2.1347	★
51	68	开放时代	0.53911	65	0.7391	139	4.7640	★
52	69	马克思主义与现实	0.331889	64	0.2347	231	3.1531	★
53	69	环境保护	0.173457	64	0.0946	61	0.2342	
54	71	社会科学战线	0.366787	63	0.1514	511	3.2710	★
55	74	经济研究	1.598272	61	5.6514	368	8.3086	★
56	74	江海学刊	0.612015	61	0.2886	527	8.8768	★
57	77	社会科学研究	0.498677	60	0.2860	353	6.0471	★
58	77	青少年犯罪问题	0.271523	60	0.1144	45	1.2882	
59	79	中国监狱学刊	0.151964	59	0.0378	25	0.3215	
60	80	国家行政学院学报	0.335176	58	0.2626	136	2.8234	★
61	83	中州学刊	0.323866	55	0.1464	316	2.9031	★
62	87	学术论坛	0.233922	52	0.1246	154	0.7321	★
63	87	山东社会科学	0.273433	52	0.1229	291	2.2492	★
64	93	暨南学报.哲学社会科学版	0.207991	51	0.1776	77	1.4261	★
65	93	河南师范大学学报.哲学社会科学版	0.178004	51	0.1197	167	1.3087	★
66	95	图书情报工作	0.42383	50	0.7251	370	0.8771	★
67	95	图书馆建设	0.297195	50	0.6687	165	0.7091	★
68	98	中华女子学院学报	0.198104	48	0.2813	55	0.8294	
69	98	税务研究	0.206664	48	0.2733	127	0.6358	★
70	100	太平洋学报	0.283083	47	0.1840	83	1.5559	★
71	103	学术界	0.247705	44	0.1454	169	1.7253	★
72	103	经济社会体制比较	0.377612	44	0.4329	200	3.8700	★
73	106	重庆理工大学学报.社会科学版	0.153989	42	0.1066	52	0.1810	★

（续表 4 – 24）

序号	分学科被引位次	刊　名	综合值	分学科总被引	五年影响因子	总转摘量	加权转摘率	核心刊2013
74	110	学海	0.344679	41	0.2493	249	3.8512	★
75	112	民族研究	0.392808	40	0.5850	99	3.2391	★
76	112	哲学研究	0.551996	40	0.4143	600	7.6966	★
77	112	学术交流	0.236459	40	0.0941	223	1.4270	★
78	112	江苏警官学院学报	0.117356	40	0.0289	14	0.1754	
79	112	社会科学家	0.206111	40	0.1178	69	0.3729	★
80	112	复旦学报.社会科学版	0.751962	40	0.3684	341	14.4083	★
81	121	学术研究	0.448571	39	0.2495	492	5.6582	★
82	121	中南民族大学学报.人文社会科学版	0.177801	39	0.1748	99	1.5069	★
83	123	湖北社会科学	0.186048	38	0.0755	149	0.7036	★
84	126	上海财经大学学报	0.475513	37	0.4275	85	4.8338	★
85	126	湘潭大学学报.哲学社会科学版	0.205648	37	0.1620	123	2.2910	★
86	126	南京社会科学	0.319352	37	0.2116	322	3.3799	★
87	126	云南大学学报.社会科学版	0.384285	37	0.1420	95	5.9554	★
88	126	郑州大学学报.哲学社会科学版	0.249517	37	0.1220	243	3.7195	★
89	133	贵州社会科学	0.268513	36	0.1939	187	2.2907	★
90	133	河北学刊	0.415232	36	0.1395	572	5.9770	★
91	133	烟台大学学报.哲学社会科学版	0.284851	36	0.0756	76	4.1425	
92	133	广西社会科学	0.178839	36	0.0667	54	0.2946	
93	140	管理世界	0.699839	35	1.8270	335	3.2678	★
94	140	中国版权	0.126495	35	0.0586	17	0.3244	
95	144	厦门大学学报.哲学社会科学版	0.625731	34	0.2924	244	11.8975	★
96	144	中国金融	0.09999	34	0.1201	180	0.0012	★
97	144	湖南社会科学	0.191859	34	0.0954	102	1.0249	★
98	144	重庆邮电大学学报.社会科学版	0.208219	34	0.2146	46	0.9224	★
99	144	中山大学学报.社会科学版	0.510004	34	0.3619	336	9.4756	★
100	144	宁夏社会科学	0.177819	34	0.0922	49	0.6148	
101	152	山西大学学报.哲学社会科学版	0.160151	33	0.1302	84	1.6914	★
102	152	四川大学学报.哲学社会科学版	0.325092	33	0.1907	150	5.0497	★

（续表 4 - 24）

序号	分学科被引位次	刊　名	综合值	分学科总被引	五年影响因子	总转摘量	加权转摘率	核心刊2013
103	157	上海交通大学学报. 哲学社会科学版	0.424812	32	0.1505	257	4.1721	★
104	157	社科纵横	0.112739	32	0.0378	25	0.0790	
105	157	华中师范大学学报. 人文社会科学版	0.761803	32	0.6144	348	14.1502	★
106	161	江苏行政学院学报	0.363074	31	0.2184	182	4.3951	★
107	161	苏州大学学报. 哲学社会科学版	0.209213	31	0.0909	127	3.0357	★
108	161	理论月刊	0.144142	31	0.0701	82	0.3397	
109	161	天津体育学院学报	0.291736	31	0.5487	32	0.4469	★
110	165	妇女研究论丛	0.261819	30	0.2147	71	2.2992	★
111	165	求是学刊	0.547945	30	0.1614	250	8.8607	★
112	165	历史研究	0.679709	30	0.6402	279	10.5192	★
113	165	中国人口·资源与环境	0.385956	30	0.8778	89	0.8142	★
114	171	文史哲	0.776025	29	0.3069	373	14.3351	★
115	175	中国劳动关系学院学报	0.168284	28	0.0977	77	0.9909	
116	175	学术探索	0.207377	28	0.1458	75	1.4426	
117	175	华中科技大学学报. 社会科学版	0.23024	28	0.2142	109	2.1684	★
118	175	文物	0.240548	28	0.5414	8	0.1363	★
119	175	中国图书馆学报	0.566419	28	1.6464	295	4.0926	★
120	180	南京师大学报. 社会科学版	0.350119	27	0.2160	216	6.0297	★
121	180	保险研究	0.159271	27	0.1769	95	0.7536	★
122	180	东岳论丛	0.241237	27	0.1401	227	2.2677	★
123	180	西北大学学报. 哲学社会科学版	0.156551	27	0.1489	121	1.7252	★
124	180	安徽大学学报. 哲学社会科学版	0.199193	27	0.1469	113	2.5975	★
125	180	探索与争鸣	0.252967	27	0.2244	287	3.0399	★
126	180	重庆大学学报. 社会科学版	0.192844	27	0.2500	101	2.2903	★
127	191	国外社会科学	0.274857	26	0.1983	130	2.9507	★
128	191	中南财经政法大学学报	0.29884	26	0.2806	121	2.8173	
129	201	学术月刊	0.194463	25	0.4081	848	0.0077	★
130	201	美国研究	0.311987	25	0.3120	53	3.6955	★
131	201	世界经济与政治	0.534844	25	0.7341	276	8.0053	★

（续表 4 – 24）

序号	分学科被引位次	刊　　名	综合值	分学科总被引	五年影响因子	总转摘量	加权转摘率	核心刊2013
132	201	中国社会科学院研究生院学报	0.279569	25	0.1549	143	4.2714	★
133	208	西南大学学报.社会科学版	0.092971	24	0.1985	183	0.1002	★
134	208	河北大学学报.哲学社会科学版	0.139207	24	0.1899	100	1.7252	★
135	208	证券市场导报	0.227582	24	0.3156	85	1.1956	★
136	217	南昌大学学报.人文社会科学版	0.120231	23	0.1257	50	1.1240	
137	217	清华大学学报.哲学社会科学版	0.944239	23	0.5560	403	18.4067	★
138	217	辽宁大学学报.哲学社会科学版	0.128955	23	0.0929	70	1.4670	★
139	217	图书馆论坛	0.226504	23	0.5525	76	0.3383	★
140	217	社会科学论坛	0.104125	23	0.0670	69	0.3707	
141	217	海南大学学报.人文社会科学版	0.119058	23	0.1372	37	0.8711	
142	217	政治学研究	0.389008	23	0.6202	139	4.7437	★
143	217	河南大学学报.社会科学版	0.353963	23	0.1353	251	6.9224	★
144	228	图书情报知识	0.316776	22	0.6821	170	2.0793	★
145	228	贵州民族研究	0.163919	22	0.1672	26	0.2637	★
146	228	上海金融	0.081193	22	0.1512	62	0.3746	★
147	228	上海师范大学学报.哲学社会科学版	0.644522	22	0.3370	282	13.4459	★
148	228	兰州大学学报.社会科学版	0.154328	22	0.2062	84	1.7758	★
149	228	东南学术	0.315578	22	0.2545	156	3.5389	★
150	228	云南行政学院学报	0.132665	22	0.1058	44	0.3657	
151	228	德国研究	0.222213	22	0.1931	30	1.2931	
152	228	武汉大学学报.哲学社会科学版	0.268823	22	0.1094	128	2.9425	★
153	228	国家图书馆学刊	0.251748	22	0.7419	61	1.0668	★
154	228	金融研究	0.475898	22	1.6284	77	1.0766	★

注：《清华法学》于 2007 年创刊，缺少历史数据，无法计算五年影响因子和加权转摘率两项指标，本次只作为来源期刊收录。

二、法学专业核心期刊表测定步骤

1. 从上述核心期刊的备选表中挑出法学专业期刊 32 种及析出的该专业核心期刊备选表送专家评审；

2. 将专家评审结果作隶属度处理后与数据"综合值"作加权运算，加权系数分别为 0.3 和 0.7；

3. 其运算结果再根据其他评价指标的运算结果作调整；

4. 经综合分析后，选出法学专业核心期刊 22 种。见表 4－25。

表 4－25　法学专业核心期刊表

位次	刊　　名	主 办 单 位	综合评价值	
1	中国法学	中国法学会	0.992918	
2	法学研究	中国社会科学院法学研究所	0.833652	
3	中外法学	北京大学	0.654526	
4	法学	华东政法大学	0.643057	
5	法商研究	中南财经政法大学	0.619635	
6	政法论坛	中国政法大学	0.583723	
7	现代法学	西南政法大学	0.581974	
8	法律科学（西北政法大学学报）	西北政法大学	0.552877	
9	法学家	中国人民大学	0.546918	
10	法制与社会发展	吉林大学	0.482478	
11	法学评论	武汉大学	0.472017	
12	政治与法律	上海市社会科学院法学研究所	0.467523	
13	比较法研究	中国政法大学比较法研究所	0.457619	
14	河北法学	河北政法职业学院，河北省法学会	0.454531	
15	环球法律评论	中国社会科学院法学研究所	0.440705	
16	法学杂志	北京市法学会	0.420523	
17	当代法学	吉林大学	0.415638	
18	法学论坛	山东省法学会	0.410860	
19	中国刑事法杂志	最高人民检察院检察理论研究所	0.400117	
20	华东政法大学学报	华东政法大学	0.389189	
21	行政法学研究	中国政法大学	0.362120	
22	知识产权	中国知识产权研究会	0.360959	

三、结果分析

在含有 3544 种法学类期刊引证表中，当被引频次累积量达 80% 时，期刊累积数为 484 种，占被引用期刊总数的 13.66%；当被引频次累积量达 47.03% 时，期刊累积数为 40 种（其中法学专业期刊为 29 种）。显然，法学类被引用期刊的被引聚散效应非常明显，其中法学专业期刊被引用率较高。最后选定的 22 种法学专业核心期刊均有较高的学术影响力。

第五编 经济

经济学论文的产出量较大，根据对样本中186036篇经济学论文的统计，其施引文献量达133062篇，总施引频次为669755次，被施引文献引用过的期刊共有8815种；经济学所含的下位类学科也比较多。因而，按经济学科中10个二级学科进行样本分类统计，最后归为8个学科进行筛选。统计后未被列出的学科有：邮电经济、交通运输经济、旅游经济、工业经济，前两个学科由于核心区不明显而弃选，后两个学科分别合入人文地理学和中国经济学一并统计。以下是经济学的7个分学科研制报告（其中财政、金融纳入一个学科做统计分析）。

经济学理论专业核心期刊研制报告

一、经济学理论类期刊引证表的生成过程

1. 根据对样本中的9347篇经济学理论类论文统计，其施引文献量为5715篇，总施引频次为25523次，被施引文献引用过的期刊共有881种（其中来源期刊392种）；把上述被引期刊的2011年分学科被引频次递减排列，取其居前的132种来源期刊生成高被引频次的期刊引证表。

2. 根据经济学理论类期刊引证表中的评价指标分别作系数加权，作隶属度运算后生成数据综合值（即表中的"综合值"），作为质量指标。

3. 取含有132种期刊的引证表，按分学科被引位次排列生成有多项指标的经济学理论类期刊引证表，即经济学理论类专业核心期刊的备选表。见表4-26。

表4-26 经济学理论类期刊引证表

序号	分学科被引位次	刊　　名	综合值	分学科总被引	五年影响因子	总转摘量	加权转摘率	核心刊2013
1	1	经济研究	1.557584	272	5.6514	368	8.3086	★
2	2	中国社会科学	1.563654	106	2.8709	478	18.9791	★

（续表 4 – 26）

序号	分学科被引位次	刊　　名	综合值	分学科总被引	五年影响因子	总转摘量	加权转摘率	核心刊2013
3	3	经济学动态	0.457709	101	0.3140	384	3.2809	★
4	4	当代经济研究	0.389112	98	0.2574	130	1.8466	
5	5	社会科学论坛	0.191035	84	0.0670	69	0.3707	
6	6	经济学家	0.470982	59	0.7149	154	3.0831	★
7	7	学术月刊	0.693376	52	0.4081	848	11.0972	★
8	7	经济评论	0.372222	52	0.5058	94	1.9188	★
9	10	马克思主义研究	0.376870	48	0.3421	343	3.8369	★
10	11	经济学（季刊）	0.392297	46	1.9323	6	0.4557	★
11	12	数量经济技术经济研究	0.523733	45	1.7053	56	0.9464	★
12	13	管理世界	0.716170	43	1.8270	335	3.2678	★
13	14	中国工业经济	0.745063	42	1.6832	317	5.6926	★
14	15	教学与研究	0.425492	40	0.2752	354	5.4046	★
15	16	经济社会体制比较	0.367117	37	0.4329	200	3.8700	★
16	17	哲学研究	0.554130	35	0.4143	600	7.6966	★
17	18	世界经济	0.713644	32	2.1499	151	4.8163	★
18	18	当代财经	0.376413	32	0.4548	253	2.8982	★
19	20	财经研究	0.491210	31	0.9402	146	3.6853	★
20	20	国外理论动态	0.232129	31	0.2051	186	2.6651	★
21	23	改革与战略	0.165505	27	0.1315	68	0.2520	★
22	23	社会学研究	0.963726	27	2.7486	158	10.3942	★
23	25	南开经济研究	0.351902	26	0.7754	35	1.1944	★
24	25	社会科学战线	0.305479	26	0.1514	511	3.2710	★
25	27	马克思主义与现实	0.285613	25	0.2347	231	3.1531	★
26	27	经济地理	0.385629	25	0.7388	351	0.7980	★
27	29	中国软科学	0.440188	22	0.8303	207	2.1873	★
28	30	江苏社会科学	0.381345	21	0.2730	339	4.8635	★
29	30	当代经济科学	0.333376	21	0.5311	66	2.1412	★
30	32	中国人民大学学报	0.720235	19	0.5622	429	12.4230	★
31	32	中国经济问题	0.240543	19	0.1530	67	2.4783	★

(续表 4 - 26)

序号	分学科 被引位次	刊　　名	综合值	分学科 总被引	五年影 响因子	总转 摘量	加权 转摘率	核心刊 2013
32	34	财经问题研究	0.282562	18	0.3833	158	1.9144	★
33	34	经济纵横	0.181410	18	0.1972	117	0.7727	★
34	34	消费经济	0.165120	18	0.2366	19	0.3197	★
35	34	江汉论坛	0.250423	18	0.1350	314	3.2510	★
36	38	财政研究	0.163948	17	0.2793	90	0.6699	★
37	38	经济科学	0.336356	17	1.1731	55	2.2277	★
38	38	北京大学学报.哲学社会科学版	0.716651	17	0.4666	449	14.0962	★
39	42	世界经济与政治	0.521351	16	0.7341	276	8.0053	★
40	43	上海经济研究	0.206267	15	0.3654	93	1.2956	★
41	43	高校理论战线	0.140682	15	0.1137	125	1.7567	
42	43	经济问题	0.158122	15	0.1507	106	0.5179	
43	46	科技进步与对策	0.254406	14	0.2288	119	0.4348	★
44	46	改革	0.245206	14	0.2842	275	2.8871	★
45	46	中国行政管理	0.258531	14	0.4031	205	1.6136	★
46	46	经济体制改革	0.177293	14	0.2160	78	0.7084	★
47	46	学术研究	0.395968	14	0.2495	492	5.6582	★
48	51	社会科学	0.389874	13	0.3729	461	5.2003	★
49	51	学习与探索	0.329395	13	0.2238	355	4.0954	★
50	51	自然辩证法研究	0.266141	13	0.2245	227	2.7843	★
51	51	求索	0.173313	13	0.1305	145	0.5287	★
52	51	城市发展研究	0.207902	13	0.4151	55	0.6299	★
53	51	统计研究	0.282352	13	0.7084	63	0.6142	★
54	51	科学学与科学技术管理	0.339450	13	0.4626	196	1.1409	★
55	51	经济经纬	0.195447	13	0.2087	67	0.9708	★
56	51	财经科学	0.271804	13	0.3742	197	2.5273	★
57	51	经济理论与经济管理	0.345911	13	0.5577	178	2.9039	★
58	61	宏观经济研究	0.198846	12	0.3233	117	1.6571	★
59	61	天津社会科学	0.407946	12	0.2403	287	6.5472	★
60	61	人文地理	0.325949	12	0.5968	70	0.8453	★

（续表 4 – 26）

序号	分 学 科 被引位次	刊　　名	综合值	分学科 总被引	五年影 响因子	总转 摘量	加权 转摘率	核心刊 2013
61	65	中国人口·资源与环境	0.357470	11	0.8778	89	0.8142	★
62	65	国外社会科学	0.236633	11	0.1983	130	2.9507	★
63	65	南开学报.哲学社会科学版	0.531000	11	0.2412	288	11.2829	★
64	65	生产力研究	0.109328	11	0.0750	58	0.0727	
65	65	地理研究	0.414033	11	1.1240	53	0.5809	
66	65	社会科学研究	0.398531	11	0.2860	353	6.0471	★
67	65	财贸经济	0.389717	11	0.7431	292	3.0579	★
68	74	商业研究	0.221255	10	0.1089	89	0.2991	★
69	74	山西财经大学学报	0.245226	10	0.3378	97	1.0851	
70	74	毛泽东邓小平理论研究	0.216970	10	0.2150	186	2.5939	★
71	74	中南财经政法大学学报	0.284910	10	0.2806	121	2.8173	
72	74	税务与经济	0.209884	10	0.1879	76	2.3244	
73	81	浙江大学学报.人文社会科学版	0.090660	9	0.5146	346	0.0420	★
74	81	中国科技论坛	0.268476	9	0.3109	132	1.2375	★
75	81	自然资源学报	0.304288	9	0.5230	158	0.0022	★
76	81	江海学刊	0.506603	9	0.2886	527	8.8768	★
77	81	求是	0.156401	9	0.2399	255	1.8035	★
78	81	南京师大学报.社会科学版	0.306009	9	0.2160	216	6.0297	★
79	81	金融研究	0.443930	9	1.6284	77	1.0766	★
80	81	经济研究参考	0.090756	9	0.1297	148	0.3858	
81	81	科学学研究	0.391517	9	0.8300	146	1.6762	★
82	81	当代世界与社会主义	0.253867	9	0.2367	254	3.0991	★
83	94	自然辩证法通讯	0.194159	8	0.1766	103	1.9723	
84	94	哲学动态	0.310716	8	0.1836	367	4.8045	★
85	94	科研管理	0.395624	8	0.8821	356	1.7106	★
86	94	浙江社会科学	0.340598	8	0.2935	303	4.6804	★
87	94	社会科学辑刊	0.215135	8	0.1209	190	2.3506	★
88	94	北京师范大学学报.社会科学版	0.737959	8	0.3704	415	15.6758	★
89	94	河北经贸大学学报	0.165080	8	0.1800	34	0.9469	★

（续表 4－26）

序号	分学科被引位次	刊　名	综合值	分学科总被引	五年影响因子	总转摘量	加权转摘率	核心刊2013
90	94	中州学刊	0.235747	8	0.1464	316	2.9031	★
91	94	山东大学学报.哲学社会科学版	0.206665	8	0.2425	143	3.7354	★
92	94	探索	0.164972	8	0.1912	131	1.1734	★
93	112	华中师范大学学报.人文社会科学版	0.698180	7	0.6144	348	14.1502	★
94	112	社会	0.563365	7	0.9435	132	9.4899	★
95	112	广东商学院学报	0.288660	7	0.1759	95	4.2560	★
96	112	深圳大学学报.人文社会科学版	0.269157	7	0.1442	222	5.5912	★
97	112	中国农村经济	0.409842	7	1.0807	120	2.5347	★
98	112	软科学	0.248561	7	0.3043	75	0.5030	★
99	112	人文杂志	0.318119	7	0.1773	252	4.9252	★
100	112	经济与管理研究	0.223403	7	0.2652	122	1.7242	★
101	112	技术经济与管理研究	0.135755	7	0.1714	15	0.1060	
102	112	理论月刊	0.102321	7	0.0701	82	0.3397	
103	112	东南学术	0.277310	7	0.2545	156	3.5389	★
104	112	道德与文明	0.210179	7	0.1861	150	2.2479	★
105	112	管理科学学报	0.389144	7	0.9978	139	1.3500	★
106	112	经济问题探索	0.205582	7	0.2383	135	0.5640	★
107	112	贵州财经学院学报	0.244070	7	0.1894	93	3.1362	
108	112	南京社会科学	0.261706	7	0.2116	322	3.3799	★
109	112	江西社会科学	0.222893	7	0.1671	328	2.0553	★
110	135	厦门大学学报.哲学社会科学版	0.556107	6	0.2924	244	11.8975	★
111	135	中共天津市委党校学报	0.167511	6	0.1278	81	2.6000	
112	135	湖南师范大学社会科学学报	0.448421	6	0.2017	272	7.2978	★
113	135	复旦学报.社会科学版	0.677029	6	0.3684	341	14.4083	★
114	135	社会主义研究	0.229196	6	0.2140	133	1.9499	★
115	135	科学社会主义	0.143439	6	0.1589	143	1.4905	★
116	135	政治学研究	0.363521	6	0.6202	139	4.7437	★
117	135	福建论坛.人文社会科学版	0.171111	6	0.0737	235	2.0700	★
118	135	理论学刊	0.135380	6	0.0813	181	1.3590	

（续表 4 - 26）

序号	分学科被引位次	刊　　名	综合值	分学科总被引	五年影响因子	总转摘量	加权转摘率	核心刊2013
119	135	城市规划	0.168985	6	0.5338	24	0.2741	★
120	135	河南社会科学	0.202721	6	0.1659	221	2.5149	★
121	135	学术界	0.173478	6	0.1454	169	1.7253	★
122	151	西部论坛	0.161956	5	0.0926	33	1.2021	★
123	151	外国经济与管理	0.390585	5	0.6104	140	3.5781	★
124	151	福建师范大学学报.哲学社会科学版	0.112675	5	0.1332	84	1.9254	★
125	151	国家行政学院学报	0.219754	5	0.2626	136	2.8234	★
126	151	管理学报	0.239846	5	0.5848	121	1.2833	★
127	151	河南师范大学学报.哲学社会科学版	0.091632	5	0.1197	167	1.3087	★
128	151	城市规划学刊	0.164671	5	0.6200	10	0.1949	★
129	151	吉林大学社会科学学报	0.634768	5	0.3363	301	10.5627	★
130	151	岭南学刊	0.121984	5	0.1102	73	1.1777	
131	151	河北学刊	0.353699	5	0.1395	572	5.9770	★
132	151	贵州社会科学	0.205215	5	0.1939	187	2.2907	★

二、经济学理论专业核心期刊表测定步骤

1. 从上述核心期刊的备选表中挑出经济学理论专业期刊16种及析出的该专业核心期刊备选表送专家评审；

2. 将专家评审结果作隶属度处理后与数据"综合值"作加权运算，加权系数分别为0.3和0.7；

3. 其运算结果再根据其他评价指标的运算结果作调整；

4. 经综合分析后，选出经济学理论专业核心期刊12种。见表4 -27。

表 4 -27　经济学理论专业核心期刊表

位次	刊　　名	主办单位	综合评价值	
1	经济研究	中国社会科学院经济研究所	0.999997	
2	经济学动态	中国社会科学院经济研究所	0.476843	
3	经济学家	西南财经大学，四川社会科学学术基金会（新知研究院）	0.464485	

（续表 4 – 27）

位次	刊　名	主办单位	综合评价值	
4	经济学（季刊）	北京大学出版社	0.457210	
5	经济评论	武汉大学	0.426818	
6	经济理论与经济管理	中国人民大学	0.423055	
7	南开经济研究	南开大学经济学院	0.411014	
8	经济科学	北京大学	0.401707	
9	当代经济科学	西安交通大学	0.318748	
10	经济问题探索	云南省发展和改革委员会	0.310048	
11	经济经纬	河南财经政法大学	0.305528	
12	经济纵横	吉林省社会科学院（社科联）	0.302021	

三、结果分析

在 881 种经济学理论类期刊引证表中，被引频次累积量达 70.10% 时，期刊累积数为 159 种，占被引用期刊总数的 18.05%，涵盖了 47 种经济学期刊（其中经济学理论类期刊 16 种，财政、金融类期刊 11 种，经济计划与管理类期刊 7 种，中国经济类期刊 6 种，世界各国经济类期刊 3 种，贸易经济类期刊 2 种和农业经济类期刊 2 种）；当被引频次累积量达 63.84% 时，期刊累积数为 102 种，其中包括了经济学理论专业期刊 12 种。经综合评价，最后选定的 12 种经济学理论专业期刊均有较高的学术影响力，特别是《经济研究》占有突出的地位。

世界各国经济（含各国经济史、经济地理）
专业核心期刊研制报告

一、世界各国经济类期刊引证表的生成过程

1. 根据对样本中的 3481 篇世界各国经济类论文统计，其施引文献量为 1905 篇，总施引频次为 7915 次，被施引文献引用过的期刊共有 640 种（其中来源期刊 283 种）；把上述被引期刊的 2011 年分学科被引频次递减排列，取其居前的 80 种来源期刊生成高被引频次的期刊引证表。

2. 根据世界各国经济类期刊引证表中的评价指标分别作系数加权，作隶属度

运算后生成数据综合值（即表中的"综合值"），作为质量指标。

3. 取含有 80 种期刊的引证表，按分学科被引位次排列生成有多项指标的世界各国经济类期刊引证表，即世界各国经济类专业核心期刊的备选表。见表 4 – 28。

表 4 – 28　世界各国经济（含各国经济史、经济地理）类期刊引证表

序号	分学科被引位次	刊　　名	综合值	分学科总被引	五年影响因子	总转摘量	加权转摘率	核心刊2013
1	1	世界经济与政治	0.683869	78	0.7341	276	8.0053	★
2	2	经济研究	1.610197	58	5.6514	368	8.3086	★
3	3	当代亚太	0.381531	47	0.4453	96	3.7066	★
4	4	世界经济	0.735813	42	2.1499	151	4.8163	★
5	4	国际经济评论	0.474950	42	0.5839	116	6.1559	★
6	6	东北亚论坛	0.464834	41	0.3318	85	3.6568	★
7	7	世界经济研究	0.339547	36	0.6542	118	1.6623	★
8	8	现代国际关系	0.290361	34	0.2986	197	3.2554	★
9	9	外交评论	0.331748	32	0.4298	147	4.4649	★
10	10	现代日本经济	0.391091	28	0.4417	49	2.2552	★
11	11	亚太经济	0.190883	26	0.1924	36	0.5348	★
12	12	经济地理	0.390779	22	0.7388	351	0.7980	★
13	13	西亚非洲	0.197106	21	0.2328	86	1.4096	★
14	13	中国工业经济	0.685625	21	1.6832	317	5.6926	★
15	15	中国社会科学	1.353347	20	2.8709	478	18.9791	★
16	15	国际金融研究	0.298127	20	0.7062	128	1.9012	★
17	15	经济学动态	0.309388	20	0.3140	384	3.2809	★
18	15	国际贸易问题	0.357025	20	0.6678	121	1.1301	★
19	20	欧洲研究	0.356248	18	0.3067	101	4.8963	★
20	21	俄罗斯中亚东欧研究	0.090157	17	0.1816	60	1.9778	★
21	22	中国金融	0.086844	16	0.1201	180	0.4766	★
22	22	经济学（季刊）	0.280843	16	1.9323	6	0.4557	★
23	24	外国经济与管理	0.384588	15	0.6104	140	3.5781	★
24	25	财贸经济	0.404908	15	0.7431	292	3.0579	★
25	25	管理世界	0.659322	15	1.8270	335	3.2678	★

（续表 4-28）

序号	分学科被引位次	刊　　名	综合值	分学科总被引	五年影响因子	总转摘量	加权转摘率	核心刊2013
26	27	国际经济合作	0.094583	13	0.1511	44	0.4382	★
27	27	东南亚研究	0.152709	13	0.1726	35	0.9041	★
28	29	经济研究参考	0.097824	12	0.1297	148	0.3858	
29	29	经济社会体制比较	0.329636	12	0.4329	200	3.8700	★
30	29	金融研究	0.448428	12	1.6284	77	1.0766	★
31	29	国际问题研究	0.206398	12	0.2579	90	3.4861	★
32	34	俄罗斯中亚东欧市场	0.159080	11	0.0953	25	0.4521	
33	34	拉丁美洲研究	0.113235	11	0.1505	48	1.4545	★
34	34	国外理论动态	0.180898	11	0.2051	186	2.6651	★
35	37	南亚研究季刊	0.138084	10	0.1421	20	0.5618	
36	39	日本研究	0.097373	9	0.0713	26	0.6019	
37	39	生产力研究	0.105400	9	0.0750	58	0.0727	
38	39	地理研究	0.411035	9	1.1240	53	0.5809	
39	39	国际观察	0.286167	9	0.2957	95	4.1362	★
40	44	日本问题研究	0.105636	8	0.1603	11	0.4508	
41	44	统计研究	0.265611	8	0.7084	63	0.6142	★
42	44	中国软科学	0.411937	8	0.8303	207	2.1873	★
43	44	教学与研究	0.355031	8	0.2752	354	5.4046	★
44	44	经济学家	0.348941	8	0.7149	154	3.0831	★
45	44	国际论坛	0.192272	8	0.2616	74	2.1663	★
46	51	世界经济与政治论坛	0.205919	7	0.2513	102	2.4758	★
47	51	经济问题探索	0.205582	7	0.2383	135	0.5640	★
48	51	宏观经济研究	0.191350	7	0.3233	117	1.6571	★
49	51	社会科学战线	0.271844	7	0.1514	511	3.2710	★
50	51	人文地理	0.305785	7	0.5968	70	0.8453	★
51	51	马克思主义与现实	0.246432	7	0.2347	231	3.1531	★
52	51	经济理论与经济管理	0.328527	7	0.5577	178	2.9039	★
53	51	俄罗斯研究	0.170483	7	0.1821	42	1.5842	★
54	51	财经研究	0.441398	7	0.9402	146	3.6853	★

（续表 4－28）

序号	分学科被引位次	刊　　名	综合值	分学科总被引	五年影响因子	总转摘量	加权转摘率	核心刊2013
55	51	求是	0.153402	7	0.2399	255	1.8035	★
56	51	南开学报.哲学社会科学版	0.525003	7	0.2412	288	11.2829	★
57	64	和平与发展	0.080621	6	0.1091	40	1.1441	
58	64	经济问题	0.144628	6	0.1507	106	0.5179	
59	64	江西社会科学	0.221393	6	0.1671	328	2.0553	★
60	64	湖北社会科学	0.129645	6	0.0755	149	0.7036	★
61	64	经济与管理研究	0.221904	6	0.2652	122	1.7242	★
62	64	国外社会科学	0.229137	6	0.1983	130	2.9507	★
63	64	经济经纬	0.177303	6	0.2087	67	0.9708	★
64	64	南开经济研究	0.272463	6	0.7754	35	1.1944	★
65	64	政治学研究	0.363521	6	0.6202	139	4.7437	★
66	64	东北师大学报.哲学社会科学版	0.149058	6	0.2952	129	2.0831	★
67	64	经济评论	0.258039	6	0.5058	94	1.9188	★
68	83	云南财经大学学报	0.136391	5	0.1889	63	0.9744	
69	83	江海学刊	0.500606	5	0.2886	527	8.8768	★
70	83	太平洋学报	0.159422	5	0.1840	83	1.5559	★
71	83	美国研究	0.241598	5	0.3120	53	3.6955	★
72	83	南亚研究	0.156783	5	0.1963	32	1.7826	★
73	83	学术研究	0.382474	5	0.2495	492	5.6582	★
74	83	科学学研究	0.385520	5	0.8300	146	1.6762	★
75	83	世界历史	0.263218	5	0.2651	153	4.0803	★
76	83	国际经贸探索	0.210992	5	0.2067	70	1.0533	★
77	83	数量经济技术经济研究	0.433646	5	1.7053	56	0.9464	★
78	83	国际政治研究	0.276892	5	0.2899	88	4.8624	★
79	83	国际商务（对外经济贸易大学学报）	0.073752	5	0.3722	27	0.5480	★
80	83	财经科学	0.259810	5	0.3742	197	2.5273	★

二、世界各国经济专业核心期刊表测定步骤

1. 从上述核心期刊的备选表中挑出世界各国经济类专业期刊 9 种及析出的该专业核心期刊备选表送专家评审；

2. 将专家评审结果作隶属度处理后与数据"综合值"作加权运算，加权系数分别为 0.3 和 0.7；

3. 其运算结果再根据其他评价指标的运算结果作调整；

4. 经综合分析后，选出世界各国经济类专业核心期刊 8 种。见表 4 - 29。

表 4 - 29　世界各国经济（含各国经济史、经济地理）专业核心期刊表

位次	刊　名	主 办 单 位	综合评价值	
1	世界经济	中国世界经济学会，中国社会科学院世界经济与政治研究所	0.999996	
2	国际经济评论	中国社会科学院世界经济与政治研究所	0.730129	
3	现代日本经济	吉林大学，全国日本经济学会	0.621421	
4	外国经济与管理	上海财经大学	0.615726	
5	经济社会体制比较	中共中央编译局世界发展战略研究部	0.579728	
6	世界经济研究	上海市社会科学院世界经济研究所	0.574810	
7	世界经济与政治论坛	江苏省社会科学院世界经济研究所	0.428927	
8	亚太经济	福建省社会科学院亚太经济研究所	0.409362	

三、结果分析

在 640 种世界各国经济类期刊引证表中，被引频次累积量达 80.04% 时，期刊累积数为 243 种，占被引用期刊总数的 37.96%；被引频次累积量达 50.63% 时，期刊累积数为 59 种，涵盖了 25 种经济学期刊（其中世界各国经济类期刊 9 种，财政、金融类期刊 4 种，经济计划与管理类期刊 2 种，中国经济类期刊 1 种，经济学理论类期刊 7 种和贸易经济类期刊 2 种），占被引用期刊总数的 9.22%。统计结果显示，世界各国经济专业期刊在统计结果中的位次居前，但由于被引用的期刊中，世界各国经济类专业期刊数量较少且期刊的被引频次不高，最后选定 8 种世界各国经济专业期刊为核心期刊。

中国经济专业核心期刊研制报告

一、中国经济类期刊引证表的生成过程

1. 根据对样本中的 20084 篇中国经济类论文统计，其施引文献量为 13542 篇，总施引频次为 74768 次，被施引文献引用过的期刊共有 2243 种（其中来源期刊 530 种）；把上述被引期刊的 2011 年分学科被引频次递减排列，取其居前的 254 种来源期刊生成高被引频次的期刊引证表。

2. 根据中国经济类期刊引证表中的评价指标分别作系数加权，作隶属度运算后生成数据综合值（即表中的"综合值"），作为质量指标。

3. 取含有 254 种期刊的引证表，按分学科被引位次排列生成有多项指标的中国经济类期刊引证表，即中国经济类专业核心期刊的备选表。见表 4-30。

表 4-30　中国经济类期刊引证表

序号	分学科被引位次	刊　名	综合值	分学科总被引	五年影响因子	总转摘量	加权转摘率	核心刊 2013
1	1	经济研究	4.25567	1357	5.6514	368	8.3086	★
2	2	经济地理	1.043724	370	0.7388	351	0.7980	★
3	3	管理世界	1.257419	335	1.8270	335	3.2678	★
4	4	中国工业经济	1.340573	326	1.6832	317	5.6926	★
5	5	中国社会科学	2.051871	305	2.8709	478	18.9791	★
6	6	数量经济技术经济研究	1.010671	255	1.7053	56	0.9464	★
7	8	地理研究	0.864467	229	1.1240	53	0.5809	
8	9	世界经济	1.139001	214	2.1499	151	4.8163	★
9	10	中国软科学	0.80614	207	0.8303	207	2.1873	★
10	11	经济学（季刊）	0.797346	193	1.9323	6	0.4557	★
11	12	中国人口·资源与环境	0.728366	183	0.8778	89	0.8142	★
12	13	经济学动态	0.615754	182	0.3140	384	3.2809	★
13	14	统计研究	0.59889	172	0.7084	63	0.6142	★
14	15	财贸经济	0.695184	157	0.7431	292	3.0579	★
15	16	改革	0.500727	142	0.2842	275	2.8871	★
16	18	经济学家	0.647752	130	0.7149	154	3.0831	★

（续表 4－30）

序号	分学科 被引位次	刊　名	综合值	分学科 总被引	五年影 响因子	总转 摘量	加权 转摘率	核心刊 2013
17	19	经济研究参考	0.28352	123	0.1297	148	0.3858	
18	20	地域研究与开发	0.473767	122	0.3639	22	0.2492	★
19	21	经济问题探索	0.392991	106	0.2383	135	0.5640	★
20	22	经济理论与经济管理	0.547351	105	0.5577	178	2.9039	★
21	22	科技进步与对策	0.408036	105	0.2288	119	0.4348	★
22	24	财经研究	0.669852	99	0.9402	146	3.6853	★
23	24	人文地理	0.502447	99	0.5968	70	0.8453	★
24	26	宏观经济研究	0.397326	94	0.3233	117	1.6571	★
25	27	资源科学	0.502171	93	0.5886	51	0.4096	★
26	27	上海经济研究	0.390099	93	0.3654	93	1.2956	★
27	29	国际贸易问题	0.50696	91	0.6678	121	1.1301	★
28	31	当代财经	0.490464	90	0.4548	253	2.8982	★
29	32	世界经济研究	0.453167	86	0.6542	118	1.6623	★
30	33	科学学研究	0.532733	76	0.8300	146	1.6762	★
31	33	科学学与科学技术管理	0.455747	76	0.4626	196	1.1409	★
32	35	经济科学	0.554459	74	1.1731	55	2.2277	★
33	36	生产力研究	0.207154	72	0.0750	58	0.0727	
34	37	金融研究	0.581037	71	1.6284	77	1.0766	★
35	37	城市规划	0.301203	71	0.5338	24	0.2741	★
36	39	经济社会体制比较	0.442765	69	0.4329	200	3.8700	★
37	39	财政研究	0.277202	69	0.2793	90	0.6699	★
38	41	求是	0.265859	68	0.2399	255	1.8035	★
39	42	经济评论	0.411025	66	0.5058	94	1.9188	★
40	42	中国科技论坛	0.383966	66	0.3109	132	1.2375	★
41	42	经济纵横	0.274504	66	0.1972	117	0.7727	★
42	48	财经问题研究	0.380327	60	0.3833	158	1.9144	★
43	50	经济问题	0.242731	59	0.1507	106	0.5179	
44	50	改革与战略	0.229141	59	0.1315	68	0.2520	★
45	52	当代经济研究	0.319168	58	0.2574	130	1.8466	

（续表 4 – 30）

序号	分学科被引位次	刊　名	综合值	分学科总被引	五年影响因子	总转摘量	加权转摘率	核心刊 2013
46	54	学术月刊	0.724422	57	0.4081	848	11.0971	★
47	54	财经科学	0.369159	57	0.3742	197	2.5273	★
48	57	中国农村经济	0.529476	55	1.0807	120	2.5347	★
49	57	南开经济研究	0.444835	55	0.7754	35	1.1944	★
50	57	经济经纬	0.280599	55	0.2087	67	0.9708	★
51	60	社会学研究	1.044725	54	2.7486	158	10.3942	★
52	60	生态经济	0.282391	54	0.1609	62	0.2592	★
53	62	国际经济评论	0.520279	53	0.5839	116	6.1559	★
54	63	科研管理	0.500834	51	0.8821	356	1.7106	★
55	64	当代经济科学	0.408904	50	0.5311	66	2.1412	★
56	64	长江流域资源与环境	0.362519	50	0.5143	16	0.1730	★
57	67	中国人口科学	0.684226	49	1.1017	140	7.7275	★
58	69	中国人民大学学报	0.803857	48	0.5622	429	12.4230	★
59	69	经济与管理研究	0.318825	48	0.2652	122	1.7242	★
60	71	世界经济与政治	0.610515	47	0.7341	276	8.0053	★
61	71	马克思主义研究	0.381373	47	0.3421	343	3.8369	★
62	74	消费经济	0.245591	46	0.2366	19	0.3197	★
63	76	学术研究	0.460591	45	0.2495	492	5.6582	★
64	76	自然资源学报	0.409252	45	0.5230	158	0.5416	★
65	76	城市发展研究	0.284529	45	0.4151	55	0.6299	★
66	76	求索	0.227352	45	0.1305	145	0.5287	★
67	81	软科学	0.323964	44	0.3043	75	0.5030	★
68	84	山西财经大学学报	0.326458	43	0.3378	97	1.0851	
69	84	经济体制改革	0.244658	43	0.2160	78	0.7084	★
70	84	开发研究	0.208276	43	0.1178	68	0.3285	★
71	87	地理与地理信息科学	0.309763	42	0.2720	20	0.2577	
72	87	西南民族大学学报. 人文社会科学版	0.167171	42	0.1570	191	0.9015	★
73	89	中央财经大学学报	0.273286	41	0.2630	150	1.6056	★
74	89	商业研究	0.272352	41	0.1089	89	0.2991	★

（续表 4 – 30）

序号	分学科被引位次	刊　　名	综合值	分学科总被引	五年影响因子	总转摘量	加权转摘率	核心刊2013
75	93	中国金融	0.109258	39	0.1201	180	0.0012	★
76	96	中国行政管理	0.288366	37	0.4031	205	1.6136	★
77	96	江西社会科学	0.276771	37	0.1671	328	2.0553	★
78	98	东北亚论坛	0.469174	36	0.3318	85	3.6568	★
79	102	农业经济问题	0.357003	35	0.6928	133	1.3001	★
80	102	中南财经政法大学学报	0.346279	35	0.2806	121	2.8173	
81	102	社会科学战线	0.321719	35	0.1514	511	3.2710	★
82	105	探索	0.22354	34	0.1912	131	1.1734	★
83	109	浙江社会科学	0.391953	32	0.2935	303	4.6804	★
84	109	城市问题	0.251419	32	0.3250	49	0.4902	★
85	114	北京大学学报.哲学社会科学版	0.76063	31	0.4666	449	14.0962	★
86	114	经济管理	0.301441	31	0.2375	254	1.8295	★
87	114	中州学刊	0.280451	31	0.1464	316	2.9031	★
88	114	税务研究	0.163432	31	0.2733	127	0.6358	★
89	118	城市规划学刊	0.245704	30	0.6200	10	0.1949	★
90	118	亚太经济	0.202638	30	0.1924	36	0.5348	★
91	120	社会科学	0.4291	29	0.3729	461	5.2003	★
92	120	江苏社会科学	0.407596	29	0.2730	339	4.8635	★
93	120	学习与探索	0.363689	29	0.2238	355	4.0954	★
94	125	江汉论坛	0.263916	27	0.1350	314	3.2510	★
95	125	山东社会科学	0.230799	27	0.1229	291	2.2492	★
96	130	统计与信息论坛	0.254085	26	0.1825	64	1.2121	★
97	130	数理统计与管理	0.252403	26	0.2973	48	0.6404	★
98	130	中国经济史研究	0.231749	26	0.3634	87	2.5000	★
99	136	天津社会科学	0.446847	25	0.2403	287	6.5472	★
100	136	科学管理研究	0.244626	25	0.2718	37	0.7044	★
101	138	复旦学报.社会科学版	0.704015	24	0.3684	341	14.4083	★
102	138	贵州财经学院学报	0.29892	24	0.1894	93	3.1362	
103	138	江西财经大学学报	0.261006	24	0.3365	71	2.3585	

（续表 4 - 30）

序号	分学科被引位次	刊 名	综合值	分学科总被引	五年影响因子	总转摘量	加权转摘率	核心刊2013
104	138	企业经济	0.136465	24	0.0635	62	0.1976	★
105	138	农业考古	0.10215	24	0.0661	7	0.0500	★
106	147	南京大学学报.哲学·人文科学·社会科学版	0.890613	23	0.4968	352	17.9789	★
107	147	浙江大学学报.人文社会科学版	0.580064	23	0.5146	346	11.1547	★
108	147	社会科学研究	0.427195	23	0.2860	353	6.0471	★
109	147	财经理论与实践	0.324628	23	0.3179	87	2.0785	★
110	147	国家行政学院学报	0.272262	23	0.2626	136	2.8234	★
111	147	中共中央党校学报	0.262795	23	0.2727	141	3.7179	★
112	147	甘肃社会科学	0.23609	23	0.1658	233	2.1347	★
113	157	历史研究	0.648946	22	0.6402	279	10.5192	★
114	157	中国农村观察	0.397715	22	0.9607	57	2.7899	★
115	157	农业技术经济	0.313494	22	0.6354	60	0.9142	★
116	157	世界经济与政治论坛	0.257902	22	0.2513	102	2.4758	★
117	157	河北经贸大学学报	0.186069	22	0.1800	34	0.9469	★
118	162	人口研究	0.48627	21	1.3923	106	4.8488	★
119	162	南京社会科学	0.291363	21	0.2116	322	3.3799	★
120	164	农业现代化研究	0.27272	20	0.3182	3	0.0582	
121	164	税务与经济	0.243572	20	0.1879	76	2.3244	
122	164	云南财经大学学报	0.178972	20	0.1889	63	0.9744	
123	171	哲学研究	0.512485	19	0.4143	600	7.6966	★
124	171	中山大学学报.社会科学版	0.507066	19	0.3619	336	9.4756	★
125	171	政治学研究	0.383011	19	0.6202	139	4.7437	★
126	171	广东社会科学	0.363342	19	0.1746	268	5.6085	★
127	171	中国管理科学	0.347037	19	0.5433	49	0.8121	★
128	171	广东商学院学报	0.334664	19	0.1759	95	4.2560	★
129	171	现代日本经济	0.322446	19	0.4417	49	2.2552	★
130	171	中国经济问题	0.240543	19	0.1530	67	2.4783	★
131	171	现代财经	0.203497	19	0.1420	120	1.4404	
132	171	经济与管理评论	0.082599	19	0.0943	31	0.7284	★

序号	分学科 被引位次	刊　　名	综合值	分学科 总被引	五年影 响因子	总转 摘量	加权 转摘率	核心刊 2013
133	171	中国统计	0.041204	19	0.0430	7	0.0385	
134	184	北京师范大学学报.社会科学版	0.752952	18	0.3704	415	15.6758	★
135	184	南开学报.哲学社会科学版	0.541494	18	0.2412	288	11.2828	★
136	184	江海学刊	0.520096	18	0.2886	527	8.8768	★
137	184	外国经济与管理	0.410076	18	0.6104	140	3.5781	★
138	184	毛泽东邓小平理论研究	0.244845	18	0.2150	186	2.5939	★
139	184	国际经贸探索	0.230482	18	0.2067	70	1.0533	★
140	184	社会科学辑刊	0.230127	18	0.1209	190	2.3506	★
141	184	贵州社会科学	0.224705	18	0.1939	187	2.2907	★
142	184	东岳论丛	0.215081	18	0.1401	227	2.2677	★
143	184	人口与经济	0.213311	18	0.3747	46	0.9674	★
144	184	社会科学家	0.158334	18	0.1178	69	0.3729	★
145	184	湖北社会科学	0.147636	18	0.0755	149	0.7036	★
146	198	求是学刊	0.512934	17	0.1614	250	8.8607	★
147	198	教学与研究	0.368524	17	0.2752	354	5.4046	★
148	198	云南社会科学	0.280273	17	0.2014	147	3.3206	★
149	198	当代亚太	0.271598	17	0.4453	96	3.7066	★
150	198	西部论坛	0.199241	17	0.0926	33	1.2021	★
151	198	福建论坛.人文社会科学版	0.187602	17	0.0737	235	2.0700	★
152	198	西北人口	0.182182	17	0.2021	20	0.2451	
153	198	重庆大学学报.社会科学版	0.170796	17	0.2500	101	2.2903	★
154	198	理论学刊	0.157969	17	0.0813	181	1.3590	
155	198	求实	0.15044	17	0.1020	56	0.4558	★
156	198	西北大学学报.哲学社会科学版	0.1274	17	0.1489	121	1.7252	★
157	198	国际经济合作	0.10058	17	0.1511	44	0.4382	★
158	212	清华大学学报.哲学社会科学版	0.956034	16	0.5560	403	18.4067	★
159	212	上海财经大学学报	0.39994	16	0.4275	85	4.8338	★
160	212	国际金融研究	0.289325	16	0.7062	128	1.9012	★
161	212	北京社会科学	0.19647	16	0.2543	53	1.6210	★

（续表 4 - 30）

序号	分 学 科 被引位次	刊 名	综合值	分学科 总被引	五年影 响因子	总转 摘量	加权 转摘率	核心刊 2013
162	212	理论与改革	0.15476	16	0.1406	85	0.7170	
163	212	环境保护	0.083733	16	0.0946	61	0.2342	
164	222	商业经济与管理	0.318601	15	0.3181	151	2.3613	★
165	222	研究与发展管理	0.278677	15	0.6017	31	0.5219	★
166	222	中国社会科学院研究生院学报	0.264577	15	0.1549	143	4.2714	★
167	222	当代世界与社会主义	0.262863	15	0.2367	254	3.0991	★
168	222	山东大学学报.哲学社会科学版	0.217159	15	0.2425	143	3.7354	★
169	222	国外理论动态	0.186894	15	0.2051	186	2.6651	★
170	222	太平洋学报	0.183855	15	0.1840	83	1.5559	★
171	222	技术经济与管理研究	0.147749	15	0.1714	15	0.1060	
172	222	地方财政研究	0.126086	15	0.1493	182	1.2037	★
173	238	华中师范大学学报.人文社会科学版	0.708675	14	0.6144	348	14.1502	★
174	238	厦门大学学报.哲学社会科学版	0.568101	14	0.2924	244	11.8975	★
175	238	河北学刊	0.367192	14	0.1395	572	5.9770	★
176	238	思想战线	0.32639	14	0.2248	164	4.3978	★
177	238	中国史研究	0.323967	14	0.2543	107	5.0831	★
178	238	学海	0.304199	14	0.2493	249	3.8512	★
179	238	北京行政学院学报	0.259769	14	0.1574	168	3.6518	★
180	238	学术交流	0.191061	14	0.0941	223	1.4270	★
181	238	首都经济贸易大学学报	0.182456	14	0.1531	61	1.1408	★
182	238	中国流通经济	0.177841	14	0.1885	113	1.1413	★
183	238	学术论坛	0.16355	14	0.1246	154	0.7321	★
184	238	湖南社会科学	0.156691	14	0.0954	102	1.0249	★
185	238	重庆邮电大学学报.社会科学版	0.151298	14	0.2146	46	0.9224	★
186	238	现代城市研究	0.135511	14	0.1827	19	0.2326	
187	238	兰州大学学报.社会科学版	0.128846	14	0.2062	84	1.7758	★
188	238	重庆工商大学学报.社会科学版	0.124897	14	0.1158	29	0.5609	
189	238	国际商务（对外经济贸易大学学报）	0.087245	14	0.3722	27	0.5480	★
190	259	中国农史	0.196435	13	0.3003	35	1.1574	★

（续表 4 - 30）

序号	分学科被引位次	刊 名	综合值	分学科总被引	五年影响因子	总转摘量	加权转摘率	核心刊2013
191	259	中共浙江省委党校学报	0.180094	13	0.1511	87	1.9066	
192	259	东北师大学报.哲学社会科学版	0.159552	13	0.2952	129	2.0831	★
193	259	北京工商大学学报.社会科学版	0.150454	13	0.1896	97	2.1106	★
194	259	当代经济管理	0.063802	13	0.1319	61	0.5772	
195	271	国际观察	0.316608	12	0.2957	95	4.1362	★
196	271	财经论丛	0.306706	12	0.2848	83	3.4021	
197	271	四川大学学报.哲学社会科学版	0.262825	12	0.1907	150	5.0497	★
198	271	现代国际关系	0.243318	12	0.2986	197	3.2554	★
199	271	社会主义研究	0.238191	12	0.2140	133	1.9499	★
200	271	理论探讨	0.225664	12	0.1668	157	2.0509	★
201	271	河南社会科学	0.211717	12	0.1659	221	2.5149	★
202	271	郑州大学学报.哲学社会科学版	0.201737	12	0.1220	243	3.7195	★
203	271	西安财经学院学报	0.183356	12	0.1348	47	1.5533	★
204	271	学术界	0.182474	12	0.1454	169	1.7253	★
205	271	南通大学学报.社会科学版	0.162505	12	0.1364	99	3.0071	
206	271	俄罗斯中亚东欧市场	0.160579	12	0.0953	25	0.4521	
207	271	湖北大学学报.哲学社会科学版	0.153312	12	0.1056	123	2.7437	★
208	271	台湾研究	0.093833	12	0.0912	35	1.0845	★
209	291	社会	0.569362	11	0.9435	132	9.4899	★
210	291	人口学刊	0.442174	11	0.6943	65	4.3439	★
211	291	上海行政学院学报	0.316619	11	0.1930	94	5.1062	★
212	291	外交评论	0.277457	11	0.4298	147	4.4649	★
213	291	深圳大学学报.人文社会科学版	0.275154	11	0.1442	222	5.5912	★
214	291	旅游学刊	0.264326	11	0.6353	107	1.0484	★
215	291	马克思主义与现实	0.252429	11	0.2347	231	3.1531	★
216	291	管理学报	0.248842	11	0.5848	121	1.2833	★
217	291	科学社会主义	0.150935	11	0.1589	143	1.4905	★
218	291	广西社会科学	0.132559	11	0.0667	54	0.2946	
219	291	广东行政学院学报	0.120611	11	0.1272	37	0.6864	

（续表 4 – 30）

序号	分学科 被引位次	刊　名	综合值	分学科 总被引	五年影 响因子	总转 摘量	加权 转摘率	核心刊 2013
220	291	党的文献	0.113183	11	0.1292	66	1.8035	★
221	291	理论月刊	0.108318	11	0.0701	82	0.3397	
222	291	金融与经济	0.075013	11	0.0783	80	0.4530	
223	291	重庆社会科学	0.031435	11	0.0750	83	0.7246	
224	317	吉林大学社会科学学报	0.642264	10	0.3363	301	10.5627	★
225	317	湖南师范大学社会科学学报	0.454418	10	0.2017	272	7.2978	★
226	317	西安交通大学学报.社会科学版	0.434929	10	0.2962	126	6.6570	★
227	317	管理科学学报	0.393641	10	0.9978	139	1.3500	★
228	317	中国土地科学	0.285049	10	0.6837	486	1.3560	★
229	317	东南学术	0.281808	10	0.2545	156	3.5389	★
230	317	国外社会科学	0.235134	10	0.1983	130	2.9507	★
231	317	台湾研究集刊	0.20342	10	0.2252	36	1.7086	
232	317	南方人口	0.182021	10	0.6537	5	0.2326	
233	317	天津行政学院学报	0.170537	10	0.1490	42	1.1415	
234	317	广西民族研究	0.155375	10	0.2089	40	0.7504	★
235	317	未来与发展	0.13936	10	0.0697	47	0.5617	
236	317	哈尔滨工业大学学报.社会科学版	0.136215	10	0.1148	26	0.5873	★
237	317	青海社会科学	0.101644	10	0.0776	44	0.5064	
238	342	浙江学刊	0.333712	9	0.1783	268	4.9431	★
239	342	南京师大学报.社会科学版	0.306009	9	0.2160	216	6.0297	★
240	342	史学月刊	0.299901	9	0.1758	342	4.5876	★
241	342	西北师大学报.社会科学版	0.241797	9	0.2181	172	4.5521	★
242	342	探索与争鸣	0.220608	9	0.2244	287	3.0399	★
243	342	西南大学学报.社会科学版	0.188106	9	0.1985	183	3.1678	★
244	342	中国社会经济史研究	0.136261	9	0.2199	37	1.3333	★
245	342	人口与发展	0.135357	9	0.3507	40	0.1877	★
246	342	长白学刊	0.132493	9	0.1023	78	1.0000	
247	342	理论导刊	0.114966	9	0.0850	42	0.2037	
248	342	重庆理工大学学报.社会科学版	0.104514	9	0.1066	52	0.1810	★
249	342	云南行政学院学报	0.101365	9	0.1058	44	0.3657	

（续表 4 - 30）

序号	分学科被引位次	刊　名	综合值	分学科总被引	五年影响因子	总转摘量	加权转摘率	核心刊2013
250	342	辽宁大学学报.哲学社会科学版	0.093324	9	0.0929	70	1.4670	★
251	342	中国发展	0.082256	9	0.0998	15	0.3429	
252	342	南昌大学学报.人文社会科学版	0.081314	9	0.1257	50	1.1240	
253	342	上海金融	0.061703	9	0.1512	62	0.3746	★
254	342	西北民族大学学报.哲学社会科学版	0.057674	9	0.1323	35	0.4896	

二、中国经济专业核心期刊表测定步骤

1. 从上述核心期刊的备选表中挑出中国经济专业期刊 12 种及析出的该专业核心期刊备选表送专家评审；

2. 将专家评审结果作隶属度处理后与数据"综合值"作加权运算，加权系数分别为0.3 和0.7；

3. 其运算结果再根据其他评价指标的运算结果作调整；

4. 经综合分析后，选出中国经济专业核心期刊11 种。见表 4 - 31。

表 4 - 31　中国经济专业核心期刊表

位次	刊　名	主办单位	综合评价值	
1	中国工业经济	中国社会科学院工业经济研究所	1.000000	
2	改革	重庆社会科学院	0.534760	
3	上海经济研究	上海社会科学院经济研究所	0.461355	
4	中国经济问题	厦门大学经济研究所	0.387799	
5	中国经济史研究	中国社会科学院经济研究所	0.369728	
6	改革与战略	广西壮族自治区社会科学界联合会	0.340701	
7	开发研究	甘肃省社会科学院	0.329321	
8	西部论坛	重庆工商大学	0.319745	
9	中国社会经济史研究	厦门大学历史研究所	0.301772	
10	企业经济	江西省社会科学院	0.284467	
11	经济与管理评论	山东财经大学	0.253625	

三、结果分析

在 2243 种中国经济学类期刊引证表中，被引频次累积量达 80% 时，期刊累积数为 410 种，占被引用期刊总数的 18.28%，涵盖了 89 种经济学期刊（其中中国经济学类期刊 12 种，财政、金融类期刊 25 种，经济计划与管理类期刊 9 种，世界各国经济类期刊 9 种，农业经济 8 种，经济学理论类期刊 16 种和贸易经济类期刊 10 种）；被引频次累积量达 60.29% 时，期刊累积数为 102 种（其中中国经济学类期刊 7 种），占被引用期刊总数的 4.55%。统计结果显示，中国经济类期刊的被引频次分布集中度不高，考虑到中国经济学引用期刊涵盖多学科领域和交叉性较强的特点，最后中国经济专业核心期刊选定为 11 种。

经济计划与管理专业核心期刊研制报告

一、经济计划与管理类期刊引证表的生成过程

1. 根据对样本中的 62468 篇经济计划与管理类论文统计，其施引文献量为 48110 篇，总施引频次为 237707 次，被施引文献引用过的期刊共有 3884 种（其中来源期刊 581 种）；把上述被引期刊的 2011 年分学科被引频次递减排列，取其居前的 193 种来源期刊生成高被引频次的期刊引证表。

2. 根据经济计划与管理类期刊引证表中的评价指标分别作系数加权，作隶属度运算后生成数据综合值（即表中的"综合值"），作为质量指标。

3. 取含有 193 种期刊的引证表，按分学科被引位次排列生成有多项指标的经济计划与管理类期刊引证表，即经济计划与管理类专业核心期刊的备选表。见表 4-32。

表 4-32　经济计划与管理类期刊引证表

序号	分学科被引位次	刊　　名	综合值	分学科总被引	五年影响因子	总转摘量	加权转摘率	核心刊 2013
1	1	经济研究	9.479838	4002	5.6514	368	8.3086	★
2	2	管理世界	4.724253	2149	1.8270	335	3.2678	★
3	3	会计研究	3.711546	1535	1.3500	77	0.9871	★
4	4	中国工业经济	3.299915	1234	1.6832	317	5.6926	★

（续表 4 – 32）

序号	分学科被引位次	刊　　名	综合值	分学科总被引	五年影响因子	总转摘量	加权转摘率	核心刊2013
5	5	数量经济技术经济研究	2.550426	952	1.7053	56	0.9464	★
6	6	金融研究	2.227443	842	1.6284	77	1.0766	★
7	7	科学学与科学技术管理	1.724607	774	0.4626	196	1.1409	★
8	8	中国软科学	1.849488	761	0.8303	207	2.1873	★
9	9	科学学研究	1.902927	752	0.8300	146	1.6762	★
10	10	科研管理	1.967283	727	0.8821	356	1.7106	★
11	11	世界经济	2.269962	668	2.1499	151	4.8163	★
12	12	南开管理评论	1.991101	594	1.0234	95	2.5261	★
13	13	科技进步与对策	1.171862	559	0.2288	119	0.4348	★
14	14	中国社会科学	2.515619	551	2.8709	478	18.9791	★
15	15	审计研究	1.595679	494	0.7652	108	0.8049	★
16	16	统计研究	1.180495	468	0.7084	63	0.6142	★
17	17	管理科学学报	1.64423	459	0.9978	139	1.3500	★
18	18	中国管理科学	1.282826	452	0.5433	49	0.8121	★
19	20	财经研究	1.443089	442	0.9402	146	3.6853	★
20	21	经济学（季刊）	1.565562	441	1.9323	6	0.4557	★
21	22	经济地理	1.154699	423	0.7388	351	0.7980	★
22	24	外国经济与管理	1.297514	363	0.6104	140	3.5781	★
23	26	经济管理	0.872999	338	0.2375	254	1.8295	★
24	27	经济科学	1.25921	337	1.1731	55	2.2277	★
25	28	当代财经	0.94994	318	0.4548	253	2.8982	★
26	30	管理工程学报	1.013186	309	0.4574	9	0.1452	★
27	31	中国人口·资源与环境	0.980877	303	0.8778	89	0.8142	★
28	32	财贸经济	0.98313	300	0.7431	292	3.0579	★
29	33	研究与发展管理	1.002772	299	0.6017	31	0.5219	★
30	34	管理学报	0.884607	286	0.5848	121	1.2833	★
31	35	软科学	0.786898	278	0.3043	75	0.5030	★
32	37	城市规划	0.681758	259	0.5338	24	0.2741	★
33	38	城市发展研究	0.759274	258	0.4151	55	0.6299	★

（续表 4 - 32）

序号	分学科被引位次	刊 名	综合值	分学科总被引	五年影响因子	总转摘量	加权转摘率	核心刊 2013
34	39	地理研究	0.979075	257	1.1240	53	0.5809	
35	40	中国科技论坛	0.742418	250	0.3109	132	1.2375	★
36	41	情报杂志	0.691589	245	0.4088	132	0.3168	
37	42	商业研究	0.595786	240	0.1089	89	0.2991	★
38	43	社会学研究	1.490174	234	2.7486	158	10.3942	★
39	44	经济理论与经济管理	0.828815	224	0.5577	178	2.9039	★
40	45	城市问题	0.65819	219	0.3250	49	0.4902	★
41	46	财经问题研究	0.691386	212	0.3833	158	1.9144	★
42	47	科学管理研究	0.634414	210	0.2718	37	0.7044	★
43	47	生产力研究	0.427857	210	0.0750	58	0.0727	
44	51	经济问题探索	0.554698	197	0.2383	135	0.5640	★
45	52	经济学家	0.799111	191	0.7149	154	3.0831	★
46	53	心理学报	0.793296	187	0.9564	83	1.4264	★
47	55	经济学动态	0.608102	183	0.3140	384	3.2809	★
48	56	当代经济科学	0.719073	169	0.5311	66	2.1412	★
49	57	南开经济研究	0.800432	168	0.7754	35	1.1944	★
50	57	山西财经大学学报	0.610951	168	0.3378	97	1.0851	
51	57	人文地理	0.662323	168	0.5968	70	0.8453	★
52	61	中国人口科学	0.994865	160	1.1017	140	7.7275	★
53	62	上海经济研究	0.514008	159	0.3654	93	1.2956	★
54	62	证券市场导报	0.530726	159	0.3156	85	1.1956	★
55	62	经济评论	0.632668	159	0.5058	94	1.9188	★
56	65	中国人力资源开发	0.378907	155	0.0975	103	0.6736	
57	66	改革	0.514657	154	0.2842	275	2.8871	★
58	67	国际贸易问题	0.634765	151	0.6678	121	1.1301	★
59	68	企业经济	0.347114	150	0.0635	62	0.1976	★
60	69	商业经济与管理	0.662098	149	0.3181	151	2.3613	★
61	70	建筑经济	0.360063	148	0.1072	1	0.0054	
62	72	中国农村经济	0.743769	146	1.0807	120	2.5347	★

（续表 4 – 32）

序号	分学科被引位次	刊　名	综合值	分学科总被引	五年影响因子	总转摘量	加权转摘率	核心刊2013
63	74	预测	0.619954	144	0.2749	46	1.1031	★
64	75	技术经济与管理研究	0.412632	142	0.1714	15	0.1060	
65	76	世界经济研究	0.58233	139	0.6542	118	1.6623	★
66	76	财经理论与实践	0.592234	139	0.3179	87	2.0785	★
67	80	经济纵横	0.401153	135	0.1972	117	0.7727	★
68	84	情报科学	0.461954	127	0.4929	204	0.7203	★
69	84	资源科学	0.578877	127	0.5886	51	0.4096	★
70	87	财经科学	0.52397	126	0.3742	197	2.5273	★
71	87	经济与管理研究	0.495837	126	0.2652	122	1.7242	★
72	89	人口研究	0.844409	124	1.3923	106	4.8488	★
73	90	农业经济问题	0.528807	120	0.6928	133	1.3001	★
74	92	求索	0.349445	119	0.1305	145	0.5287	★
75	94	中国土地科学	0.561773	116	0.6837	486	1.3560	★
76	94	经济体制改革	0.386466	116	0.2160	78	0.7084	★
77	96	图书情报工作	0.540025	115	0.7251	370	0.8771	★
78	97	中国流通经济	0.393202	113	0.1885	113	1.1413	★
79	97	改革与战略	0.325107	113	0.1315	68	0.2520	★
80	101	经济问题	0.341722	112	0.1507	106	0.5179	
81	103	经济研究参考	0.259446	109	0.1297	148	0.3858	
82	104	浙江大学学报.人文社会科学版	0.338196	107	0.5146	346	0.0420	★
83	107	经济社会体制比较	0.536286	106	0.4329	200	3.8700	★
84	107	城市规划学刊	0.493935	106	0.6200	10	0.1949	★
85	109	中央财经大学学报	0.412637	104	0.2630	150	1.6056	★
86	111	心理科学进展	0.528683	103	0.6341	128	1.4086	★
87	113	情报理论与实践	0.478129	101	0.5791	199	0.9924	★
88	114	数理统计与管理	0.430695	100	0.2973	48	0.6404	★
89	114	经济经纬	0.374838	100	0.2087	67	0.9708	★
90	117	生态经济	0.361	98	0.1609	62	0.2592	★
91	117	地域研究与开发	0.430858	98	0.3639	22	0.2492	★

（续表 4 - 32）

序号	分学科被引位次	刊　名	综合值	分学科总被引	五年影响因子	总转摘量	加权转摘率	核心刊2013
92	119	宏观经济研究	0.406545	97	0.3233	117	1.6571	★
93	123	农业技术经济	0.485202	93	0.6354	60	0.9142	★
94	124	心理科学	0.410157	92	0.2852	87	0.4512	★
95	128	自然资源学报	0.477211	89	0.5230	158	0.0022	★
96	130	中南财经政法大学学报	0.47453	87	0.2806	121	2.8173	
97	131	浙江社会科学	0.496741	86	0.2935	303	4.6804	★
98	132	江西财经大学学报	0.427785	85	0.3365	71	2.3585	
99	133	统计与信息论坛	0.373451	83	0.1825	64	1.2121	★
100	134	重庆大学学报.社会科学版	0.307053	82	0.2500	101	2.2903	★
101	137	财政研究	0.289196	77	0.2793	90	0.6699	★
102	137	中国行政管理	0.37622	77	0.4031	205	1.6136	★
103	140	当代经济研究	0.351142	76	0.2574	130	1.8466	
104	140	中山大学学报.社会科学版	0.627437	76	0.3619	336	9.4756	★
105	140	南京社会科学	0.394491	76	0.2116	322	3.3799	★
106	144	情报学报	0.599537	75	0.9593	765	3.5124	★
107	146	国际金融研究	0.430989	74	0.7062	128	1.9012	★
108	146	现代城市研究	0.28266	74	0.1827	19	0.2326	
109	146	长江流域资源与环境	0.421655	74	0.5143	16	0.1730	★
110	149	财经论丛	0.487079	72	0.2848	83	3.4021	
111	149	上海金融	0.179806	72	0.1512	62	0.3746	★
112	152	中国人民大学学报	0.853452	70	0.5622	429	12.4230	★
113	152	中国金融	0.180424	70	0.1201	180	0.4766	★
114	152	现代财经	0.314787	70	0.1420	120	1.4404	
115	157	人口与经济	0.361158	67	0.3747	46	0.9674	★
116	157	江西社会科学	0.330332	67	0.1671	328	2.0553	★
117	160	中国农村观察	0.568357	66	0.9607	57	2.7899	★
118	161	环境保护	0.171197	64	0.0946	61	0.2342	
119	162	自然辩证法研究	0.370007	63	0.2245	227	2.7843	★
120	164	国际经济评论	0.529653	62	0.5839	116	6.1559	★

（续表 4 – 32）

序号	分学科被引位次	刊　　名	综合值	分学科总被引	五年影响因子	总转摘量	加权转摘率	核心刊2013
121	164	学术研究	0.488498	62	0.2495	492	5.6582	★
122	168	知识产权	0.293395	59	0.4008	29	0.5052	★
123	168	当代经济管理	0.17767	59	0.1319	61	0.5772	
124	171	求是	0.245616	58	0.2399	255	1.8035	★
125	171	上海交通大学学报.哲学社会科学版	0.441968	58	0.1505	257	4.1721	★
126	171	学术月刊	0.731462	58	0.4081	848	11.0971	★
127	175	消费经济	0.258178	56	0.2366	19	0.3197	★
128	175	江海学刊	0.596445	56	0.2886	527	8.8768	★
129	175	人口学刊	0.606887	56	0.6943	65	4.3439	★
130	179	社会科学	0.477085	55	0.3729	461	5.2003	★
131	181	上海财经大学学报	0.488753	54	0.4275	85	4.8338	★
132	183	北京工商大学学报.社会科学版	0.239157	53	0.1896	97	2.1106	★
133	183	管理现代化	0.271382	53	0.0988	25	0.4283	
134	187	国际经济合作	0.177147	52	0.1511	44	0.4382	★
135	189	北京大学学报.哲学社会科学版	0.790615	51	0.4666	449	14.0962	★
136	192	清华大学学报.哲学社会科学版	1.031514	49	0.5560	403	18.4067	★
137	192	学习与探索	0.401811	49	0.2238	355	4.0954	★
138	196	社会科学家	0.21941	48	0.1178	69	0.3729	★
139	198	云南财经大学学报	0.237312	47	0.1889	63	0.9744	
140	200	税务研究	0.203666	46	0.2733	127	0.6358	★
141	200	重庆理工大学学报.社会科学版	0.159986	46	0.1066	52	0.1810	★
142	200	甘肃社会科学	0.270573	46	0.1658	233	2.1347	★
143	204	厦门大学学报.哲学社会科学版	0.666182	45	0.2924	244	11.8975	★
144	207	山东社会科学	0.260647	44	0.1229	291	2.2492	★
145	207	开发研究	0.213076	44	0.1178	68	0.3285	★
146	207	社会科学研究	0.464906	44	0.2860	353	6.0471	★
147	207	华中师范大学学报.人文社会科学版	0.800127	44	0.6144	348	14.1502	★
148	212	金融论坛	0.232728	43	0.2722	89	1.1058	★
149	212	西安交通大学学报.社会科学版	0.527635	43	0.2962	126	6.6570	★

（续表 4 – 32）

序号	分学科 被引位次	刊　　名	综合值	分学科 总被引	五年影 响因子	总转 摘量	加权 转摘率	核心刊 2013
150	212	社会科学战线	0.337489	43	0.1514	511	3.2710	★
151	222	江苏社会科学	0.430841	40	0.2730	339	4.8635	★
152	222	西南民族大学学报.人文社会科学版	0.161382	40	0.1570	191	0.9015	★
153	228	现代情报	0.206405	39	0.2234	58	0.1240	
154	229	社会	0.679282	38	0.9435	132	9.4899	★
155	229	经济与管理评论	0.136974	38	0.0943	31	0.7284	★
156	235	学术论坛	0.206496	37	0.1246	154	0.7321	★
157	235	学术交流	0.231961	37	0.0941	223	1.4270	★
158	235	首都经济贸易大学学报	0.236143	37	0.1531	61	1.1408	★
159	235	天津大学学报.社会科学版	0.123692	37	0.1136	32	0.5984	
160	241	东南大学学报.哲学社会科学版	0.240759	36	0.1876	98	3.1259	★
161	241	吉林大学社会科学学报	0.716261	36	0.3363	301	10.5627	★
162	246	金融与经济	0.124326	35	0.0783	80	0.4530	
163	246	复旦学报.社会科学版	0.738937	35	0.3684	341	14.4083	★
164	246	求实	0.183826	35	0.1020	56	0.4558	★
165	246	学海	0.352519	35	0.2493	249	3.8512	★
166	246	社会科学辑刊	0.271681	35	0.1209	190	2.3506	★
167	246	东北大学学报.社会科学版	0.269987	35	0.1848	55	1.7656	★
168	255	山东大学学报.哲学社会科学版	0.274138	34	0.2425	143	3.7354	★
169	255	哈尔滨工业大学学报.社会科学版	0.172197	34	0.1148	26	0.5873	★
170	258	广东社会科学	0.407764	33	0.1746	268	5.6085	★
171	258	金融理论与实践	0.15692	33	0.1179	95	0.5374	
172	258	湖北社会科学	0.177147	33	0.0755	149	0.7036	★
173	262	西安财经学院学报	0.231548	32	0.1348	47	1.5533	★
174	262	中州学刊	0.282415	32	0.1464	316	2.9031	★
175	262	亚太经济	0.206788	32	0.1924	36	0.5348	★
176	262	北京交通大学学报.社会科学版	0.328532	32	0.1419	52	1.8364	
177	262	理论月刊	0.147102	32	0.0701	82	0.3397	
178	271	国际经贸探索	0.276921	31	0.2067	70	1.0533	★

（续表 4 – 32）

序号	分学科被引位次	刊　名	综合值	分学科总被引	五年影响因子	总转摘量	加权转摘率	核心刊2013
179	271	东岳论丛	0.234572	31	0.1401	227	2.2677	★
180	271	国际商务（对外经济贸易大学学报）	0.165997	31	0.3722	27	0.5480	★
181	271	暨南学报.哲学社会科学版	0.155002	31	0.1776	77	1.4261	★
182	271	江汉论坛	0.277735	31	0.1350	314	3.2510	★
183	271	中国资产评估	0.070823	31	0.0351		0.0000	
184	271	西北大学学报.哲学社会科学版	0.164907	31	0.1489	121	1.7252	★
185	271	中国劳动关系学院学报	0.169668	31	0.0977	77	0.9909	
186	282	广东商学院学报	0.35991	30	0.1759	95	4.2560	★
187	282	贵州财经学院学报	0.310851	30	0.1894	93	3.1362	
188	282	湖南大学学报.社会科学版	0.180839	30	0.1646	116	2.1888	★
189	282	河北经贸大学学报	0.233991	30	0.1800	34	0.9469	★
190	282	税务与经济	0.239869	30	0.1879	76	2.3244	
191	282	南开学报.哲学社会科学版	0.559485	30	0.2412	288	11.2828	★
192	282	现代日本经济	0.388836	30	0.4417	49	2.2552	★
193	282	地理与地理信息科学	0.286655	30	0.2720	20	0.2577	

二、经济计划与管理专业核心期刊表测定步骤

1. 从上述核心期刊的备选表中挑出经济计划与管理类专业期刊 12 种及析出的该专业核心期刊备选表送专家评审；

2. 将专家评审结果作隶属度处理后与数据"综合值"作加权运算，加权系数分别为 0.3 和 0.7；

3. 其运算结果再根据其他评价指标的运算结果作调整；

4. 经综合分析后，选出经济计划与管理类专业核心期刊 10 种。见表 4 – 33。

表 4 – 33　经济计划与管理专业核心期刊表

位次	刊　名	主办单位	综合评价值	
1	管理世界	国务院发展研究中心	0.999997	▬▬▬
2	数量经济技术经济研究	中国社会科学院数量经济与技术经济研究所	0.669608	▬▬

（续表 4 – 33）

位次	刊　名	主办单位	综合评价值	
3	南开管理评论	南开大学商学院	0.580791	
4	审计研究	中国审计学会	0.510392	
5	经济管理	中国社会科学院工业经济研究所	0.394834	
6	经济与管理研究	首都经济贸易大学	0.322719	
7	宏观经济研究	国家发展和改革委员会宏观经济研究院	0.301604	
8	经济体制改革	四川省社会科学院	0.300171	
9	消费经济	湘潭大学，湖南商学院，湖南师范大学	0.265798	
10	河北经贸大学学报	河北经贸大学	0.261016	

三、结果分析

在 3884 种经济计划与管理类期刊引证表中，被引频次累积量达 80.02% 时，期刊累积数为 375 种，占被引用期刊总数的 9.65%；被引频次累积量达 70.04% 时，期刊累积数为 189 种（其中经济计划与管理类期刊 10 种，财政、金融类期刊 20 种，中国经济学类期刊 6 种，世界各国经济类期刊 5 种，农业经济 6 种，经济学理论类期刊 16 种和贸易经济类期刊 6 种），占被引用期刊总数的 4.87%。统计结果显示，经济计划与管理类期刊的被引聚散效应不明显，其被引频次的集合量在学科被引频次总量中所占比例较小，本学科专业期刊的被引用率相对不高，最后选定 10 种经济计划与管理专业核心期刊。

农业经济专业核心期刊研制报告

一、农业经济类期刊引证表的生成过程

1. 根据对样本中的 17210 篇农业经济类论文统计，其施引文献量为 13642 篇，总施引频次为 79680 次，被施引文献引用过的期刊共有 2380 种（其中来源期刊 501 种）；把上述被引期刊的 2011 年分学科被引频次递减排列，取其居前的 143 种来源期刊生成高被引频次的期刊引证表。

2. 根据农业经济类期刊引证表中的评价指标分别作系数加权，作隶属度运算后生成数据综合值（即表中的"综合值"），作为质量指标。

3. 取含有 143 种期刊的引证表，按分学科被引位次排列生成有多项指标的农

业经济类期刊引证表，即农业经济类专业核心期刊的备选表。见表4－34。

表4－34　农业经济类期刊引证表

序号	分 学 科被引位次	刊　　　名	综合值	分学科总被引	五年影响因子	总转摘量	加权转摘率	核心刊2013
1	1	农业经济问题	1.693839	684	0.6928	133	1.3001	★
2	2	中国农村经济	1.925459	683	1.0807	120	2.5347	★
3	3	经济研究	2.281569	426	5.6514	368	8.3086	★
4	4	中国土地科学	1.357399	417	0.6837	486	1.3560	★
5	5	管理世界	1.289002	354	1.8270	335	3.2678	★
6	6	农业技术经济	1.104327	343	0.6354	60	0.9142	★
7	8	资源科学	0.88772	282	0.5886	51	0.4096	★
8	9	中国农村观察	1.15522	266	0.9607	57	2.7899	★
9	10	农业现代化研究	0.787751	250	0.3182	3	0.0582	
10	11	自然资源学报	0.749109	212	0.5230	158	0.5416	★
11	14	中国社会科学	1.700223	179	2.8709	478	18.9791	★
12	16	经济地理	0.660701	163	0.7388	351	0.7980	★
13	17	中国人口·资源与环境	0.659012	156	0.8778	89	0.8142	★
14	20	中国软科学	0.656171	137	0.8303	207	2.1873	★
15	21	地理研究	0.668446	128	1.1240	53	0.5809	
16	22	社会学研究	1.206102	122	2.7486	158	10.3942	★
17	24	经济学（季刊）	0.513297	107	1.9323	6	0.4557	★
18	28	经济学家	0.545321	86	0.7149	154	3.0831	★
19	29	生态经济	0.329033	80	0.1609	62	0.2592	★
20	31	长江流域资源与环境	0.439016	77	0.5143	16	0.1730	★
21	31	经济问题探索	0.335376	77	0.2383	135	0.5640	★
22	33	改革	0.374028	76	0.2842	275	2.8871	★
23	33	经济研究参考	0.203544	76	0.1297	148	0.3858	
24	35	经济问题	0.270714	75	0.1507	106	0.5179	
25	37	经济纵横	0.292042	73	0.1972	117	0.7727	★
26	39	数量经济技术经济研究	0.570047	68	1.7053	56	0.9464	★
27	39	中国人口科学	0.731407	68	1.1017	140	7.7275	★

（续表 4 - 34）

序号	分 学 科 被引位次	刊 名	综合值	分学科 总被引	五年影 响因子	总转 摘量	加权 转摘率	核心刊 2013
28	42	中国经济史研究	0.293218	67	0.3634	87	2.5000	★
29	43	林业经济问题	0.32497	66	0.1510	3	0.0500	
30	44	经济体制改革	0.277122	59	0.2160	78	0.7084	★
31	46	华中师范大学学报.人文社会科学版	0.83414	57	0.6144	348	14.1502	★
32	48	生产力研究	0.178177	54	0.0750	58	0.0727	
33	49	经济社会体制比较	0.428001	53	0.4329	200	3.8700	★
34	50	财贸经济	0.478002	52	0.7431	292	3.0579	★
35	51	财经研究	0.542569	51	0.9402	146	3.6853	★
36	51	统计研究	0.355291	51	0.7084	63	0.6142	★
37	51	国土资源科技管理	0.169536	51	0.0833	4	0.0499	
38	57	地域研究与开发	0.319765	47	0.3639	22	0.2492	★
39	57	商业研究	0.281568	47	0.1089	89	0.2991	★
40	59	地理与地理信息科学	0.322157	46	0.2720	20	0.2577	
41	60	经济科学	0.46997	44	1.1731	55	2.2277	★
42	60	中国流通经济	0.246246	44	0.1885	113	1.1413	★
43	63	人口研究	0.589771	43	1.3923	106	4.8488	★
44	63	中国农业大学学报.社会科学版	0.287675	43	0.3640	57	1.2180	★
45	65	消费经济	0.240797	42	0.2366	19	0.3197	★
46	65	求索	0.223832	42	0.1305	145	0.5287	★
47	67	城市规划	0.246132	41	0.5338	24	0.2741	
48	67	财经科学	0.347074	41	0.3742	197	2.5273	★
49	69	国际贸易问题	0.403117	40	0.6678	121	1.1301	★
50	70	人文地理	0.375641	39	0.5968	70	0.8453	
51	72	浙江大学学报.人文社会科学版	0.636887	37	0.5146	346	11.1547	★
52	72	财经问题研究	0.333963	37	0.3833	158	1.9144	★
53	72	金融研究	0.508945	37	1.6284	77	1.0766	★
54	77	求是	0.205981	36	0.2399	255	1.8035	★
55	77	中国农史	0.230918	36	0.3003	35	1.1574	★
56	77	改革与战略	0.19009	36	0.1315	68	0.2520	★

（续表 4 – 34）

序号	分学科被引位次	刊　名	综合值	分学科总被引	五年影响因子	总转摘量	加权转摘率	核心刊2013
57	82	中国工业经济	0.724585	35	1.6832	317	5.6926	★
58	82	江汉论坛	0.284221	35	0.1350	314	3.2510	★
59	82	城市发展研究	0.266932	35	0.4151	55	0.6299	★
60	86	经济理论与经济管理	0.396568	34	0.5577	178	2.9039	★
61	86	贵州社会科学	0.248693	34	0.1939	187	2.2907	★
62	86	社会科学	0.44006	34	0.3729	461	5.2003	★
63	86	江苏社会科学	0.406838	34	0.2730	339	4.8635	★
64	86	科技进步与对策	0.289574	34	0.2288	119	0.4348	★
65	92	当代经济研究	0.263736	33	0.2574	130	1.8466	
66	94	财政研究	0.186436	32	0.2793	90	0.6699	★
67	98	江西社会科学	0.266504	31	0.1671	328	2.0553	★
68	102	甘肃社会科学	0.257919	30	0.1658	233	2.1347	★
69	102	学术研究	0.433868	30	0.2495	492	5.6582	★
70	106	经济与管理研究	0.273798	29	0.2652	122	1.7242	★
71	106	宏观经济研究	0.243219	29	0.3233	117	1.6571	★
72	110	西北农林科技大学学报.社会科学版	0.047771	28	0	25	0	
73	110	农业考古	0.112837	28	0.0661	7	0.0500	★
74	110	经济学动态	0.31223	28	0.3140	384	3.2809	★
75	110	学术月刊	0.189956	28	0.4081	848	0.0077	★
76	116	当代财经	0.368917	27	0.4548	253	2.8982	★
77	116	理论月刊	0.137561	27	0.0701	82	0.3397	
78	116	经济评论	0.314188	27	0.5058	94	1.9188	★
79	116	经济经纬	0.224851	27	0.2087	67	0.9708	★
80	116	江海学刊	0.547315	27	0.2886	527	8.8768	★
81	124	社会科学研究	0.42102	26	0.2860	353	6.0471	★
82	124	江西财经大学学报	0.288679	26	0.3365	71	2.3585	
83	124	人口与经济	0.250752	26	0.3747	46	0.9674	★
84	131	西南民族大学学报.人文社会科学版	0.13973	25	0.1570	191	0.9015	★
85	131	软科学	0.287381	25	0.3043	75	0.5030	★

（续表 4 - 34）

序号	分学科被引位次	刊　名	综合值	分学科总被引	五年影响因子	总转摘量	加权转摘率	核心刊2013
86	136	开发研究	0.17154	24	0.1178	68	0.3285	★
87	136	中州学刊	0.267168	24	0.1464	316	2.9031	★
88	140	南京社会科学	0.285694	23	0.2116	322	3.3799	★
89	140	世界经济	0.666064	23	2.1499	151	4.8163	★
90	140	贵州财经学院学报	0.295952	23	0.1894	93	3.1362	
91	140	河南社会科学	0.228209	23	0.1659	221	2.5149	★
92	140	北京大学学报.哲学社会科学版	0.740015	23	0.4666	449	14.0962	★
93	140	人口学刊	0.497983	23	0.6943	65	4.3439	★
94	149	学海	0.316193	22	0.2493	249	3.8512	★
95	149	开放时代	0.404761	22	0.7391	139	4.7640	★
96	149	中国行政管理	0.274139	22	0.4031	205	1.6136	★
97	149	当代经济科学	0.334875	22	0.5311	66	2.1412	★
98	153	学习与探索	0.351695	21	0.2238	355	4.0954	★
99	153	重庆社会科学	0.046428	21	0.0750	83	0.7246	
100	153	中国科技论坛	0.296285	21	0.3109	132	1.2375	★
101	153	浙江社会科学	0.360088	21	0.2935	303	4.6804	★
102	161	中央财经大学学报	0.216762	20	0.2630	150	1.6056	★
103	161	西北人口	0.168428	20	0.2021	20	0.2451	
104	161	城市问题	0.233428	20	0.3250	49	0.4902	★
105	170	国家行政学院学报	0.240744	19	0.2626	136	2.8234	★
106	170	理论导刊	0.135809	19	0.0850	42	0.2037	
107	170	教学与研究	0.387583	19	0.2752	354	5.4046	★
108	170	中国金融	0.071302	19	0.1201	180	0.0012	★
109	170	理论探讨	0.236159	19	0.1668	157	2.0509	★
110	183	北京林业大学学报.社会科学版	0.121711	18	0.0643	7	0.1270	
111	183	重庆大学学报.社会科学版	0.161711	18	0.2500	101	2.2903	★
112	183	学术论坛	0.173426	18	0.1246	154	0.7321	★
113	183	学术交流	0.194614	18	0.0941	223	1.4270	★
114	183	中国社会经济史研究	0.149754	18	0.2199	37	1.3333	★

（续表 4 - 34）

序号	分学科被引位次	刊 名	综合值	分学科总被引	五年影响因子	总转摘量	加权转摘率	核心刊2013
115	183	南开经济研究	0.290454	18	0.7754	35	1.1944	★
116	193	上海经济研究	0.209265	17	0.3654	93	1.2956	★
117	193	中国人民大学学报	0.717236	17	0.5622	429	12.4230	★
118	193	东南学术	0.314657	17	0.2545	156	3.5389	★
119	193	四川大学学报.哲学社会科学版	0.270321	17	0.1907	150	5.0497	★
120	193	吉林大学社会科学学报	0.652758	17	0.3363	301	10.5627	★
121	206	历史研究	0.639951	16	0.6402	279	10.5192	★
122	206	人文杂志	0.347231	16	0.1773	252	4.9252	★
123	206	探索与争鸣	0.22506	16	0.2244	287	3.0399	★
124	206	山西财经大学学报	0.254221	16	0.3378	97	1.0851	
125	206	湖北社会科学	0.144638	16	0.0755	149	0.7036	★
126	206	环境保护	0.087931	16	0.0946	61	0.2342	
127	218	山东社会科学	0.207258	15	0.1229	291	2.2492	★
128	218	社会主义研究	0.251762	15	0.2140	133	1.9499	★
129	218	福建论坛.人文社会科学版	0.184604	15	0.0737	235	2.0700	★
130	218	理论学刊	0.148873	15	0.0813	181	1.3590	
131	218	浙江学刊	0.342708	15	0.1783	268	4.9431	★
132	218	科学学与科学技术管理	0.346817	15	0.4626	196	1.1409	★
133	235	社会科学战线	0.282338	14	0.1514	511	3.2710	★
134	235	古今农业	0.10382	14	0.1847	10	0.4055	
135	235	内蒙古社会科学	0.149276	14	0.1095	42	0.5413	
136	235	云南财经大学学报	0.162163	14	0.1889	63	0.9744	
137	235	中共福建省委党校学报	0.116623	14	0.0898	68	0.6571	
138	235	中南财经政法大学学报	0.280849	14	0.2806	121	2.8173	
139	235	东岳论丛	0.209084	14	0.1401	227	2.2677	★
140	235	求实	0.140822	14	0.1020	56	0.4558	★
141	250	福建师范大学学报.哲学社会科学版	0.124669	13	0.1332	84	1.9254	★
142	250	史学月刊	0.305898	13	0.1758	342	4.5876	★
143	250	西北大学学报.哲学社会科学版	0.130055	13	0.1489	121	1.7252	★

注：《西北农林科技大学学报.社会科学版》近期才入选 CHSSCD 数据库，缺少历史数据，无法计算五年影响因子和加权摘转率两项指标，本次只作为来源期刊收录。

二、农业经济专业核心期刊表测定步骤

1. 从上述核心期刊的备选表中挑出农业经济类专业期刊 10 种及析出的该专业核心期刊备选表送专家评审；

2. 将专家评审结果作隶属度处理后与数据"综合值"作加权运算，加权系数分别为 0.3 和 0.7；

3. 其运算结果再根据其他评价指标的运算结果作调整；

4. 经综合分析后，选出农业经济类专业核心期刊 6 种。见表 4 - 35。

表 4 - 35　农业经济专业核心期刊表

位次	刊　名	主 办 单 位	综合评价值	
1	中国农村经济	中国社会科学院农村发展研究所	0.999996	
2	农业经济问题	中国农业经济学会，中国农业科学院农业经济与发展研究所	0.900652	
3	中国土地科学	中国土地学会，中国土地勘测规划院	0.751639	
4	中国农村观察	中国社会科学院农村发展研究所	0.697394	
5	农业技术经济	中国农业技术经济研究会，中国农业科学院农业经济与发展研究所	0.673335	
6	生态经济	云南教育出版社有限责任公司	0.348260	

三、结果分析

在 2380 种农业经济类期刊引证表中，被引频次累积量达 80% 时，期刊累积数为 450 种，占被引用期刊总数的 18.90%；被引频次累积量达 70.10% 时，期刊累积数为 254 种（其中农业经济专业期刊 10 种，财政、金融类期刊 14 种，经济计划与管理类期刊 7 种，中国经济学类期刊 7 种，世界各国经济类期刊 2 种，经济学理论类期刊 16 种和贸易经济类期刊 3 种）占被引用期刊总数的 10.67%。统计结果显示，农业经济类被引用期刊的种类较多，虽然专业期刊在统计结果中的位次居前，但被引频次总量不大，最后选定的 6 种农业经济专业核心期刊有比较突出的影响力。

贸易经济专业核心期刊研制报告

一、贸易经济类期刊引证表的生成过程

1. 根据对样本中的 13529 篇贸易经济类论文统计，其施引文献量为 9908 篇，总施引频次为 45550 次，被施引文献引用过的期刊共有 1737 种（其中来源期刊 485 种）；把上述被引期刊的 2011 年分学科被引频次递减排列，取其居前的 146 种来源期刊生成高被引频次的期刊引证表。

2. 根据贸易经济类期刊引证表中的评价指标分别作系数加权，作隶属度运算后生成数据综合值（即表中的"综合值"），作为质量指标。

3. 取含有 146 种期刊的引证表，按分学科被引位次排列生成有多项指标的贸易经济类期刊引证表，即贸易经济学科专业核心期刊的备选表。见表 4 - 36。

表 4 - 36   贸易经济类期刊引证表

序号	分学科被引位次	刊　　名	综合值	分学科总被引	五年影响因子	总转摘量	加权转摘率	核心刊2013
1	1	国际贸易问题	1.316911	476	0.6678	121	1.1301	★
2	2	经济研究	2.489923	457	5.6514	368	8.3086	★
3	3	世界经济	1.38715	279	2.1499	151	4.8163	★
4	4	财贸经济	0.893378	257	0.7431	292	3.0579	★
5	5	管理世界	1.074955	229	1.8270	335	3.2678	★
6	6	世界经济研究	0.763728	218	0.6542	118	1.6623	★
7	7	中国工业经济	1.115242	209	1.6832	317	5.6926	★
8	8	数量经济技术经济研究	0.762509	144	1.7053	56	0.9464	★
9	10	国际经贸探索	0.454115	105	0.2067	70	1.0533	★
10	11	商业研究	0.367931	98	0.1089	89	0.2991	★
11	12	国际商务（对外经济贸易大学学报）	0.347377	86	0.3722	27	0.5480	★
12	13	商业经济与管理	0.483163	84	0.3181	151	2.3613	★
13	14	经济学（季刊）	0.504398	83	1.9323	6	0.4557	★
14	15	中国软科学	0.543564	74	0.8303	207	2.1873	★
15	16	中国社会科学	1.493743	71	2.8709	478	18.9791	★

（续表 4-36）

序号	分学科被引位次	刊　　名	综合值	分学科总被引	五年影响因子	总转摘量	加权转摘率	核心刊2013
16	17	统计研究	0.395542	70	0.7084	63	0.6142	★
17	18	经济地理	0.476679	69	0.7388	351	0.7980	★
18	20	中国流通经济	0.279089	62	0.1885	113	1.1413	★
19	21	当代财经	0.434078	60	0.4548	253	2.8982	★
20	22	旅游学刊	0.364209	59	0.6353	107	1.0484	★
21	23	北京工商大学学报.社会科学版	0.256231	58	0.1896	97	2.1106	★
22	24	上海经济研究	0.308171	57	0.3654	93	1.2956	★
23	25	国际经济合作	0.189609	52	0.1511	44	0.4382	★
24	26	经济学家	0.466802	51	0.7149	154	3.0831	★
25	28	南开经济研究	0.40243	50	0.7754	35	1.1944	★
26	29	亚太经济	0.253004	49	0.1924	36	0.5348	★
27	29	经济问题探索	0.283972	49	0.2383	135	0.5640	★
28	33	国际经济评论	0.484128	44	0.5839	116	6.1559	★
29	34	经济理论与经济管理	0.423242	43	0.5577	178	2.9039	★
30	34	财经问题研究	0.349748	43	0.3833	158	1.9144	★
31	36	中国农村经济	0.495685	42	1.0807	120	2.5347	★
32	36	经济纵横	0.229407	42	0.1972	117	0.7727	★
33	38	农业经济问题	0.372452	41	0.6928	133	1.3001	★
34	39	金融研究	0.523042	40	1.6284	77	1.0766	★
35	40	财经研究	0.520806	39	0.9402	146	3.6853	★
36	41	情报杂志	0.317086	38	0.4088	132	0.3168	
37	42	生产力研究	0.151627	37	0.0750	58	0.0727	
38	42	外国经济与管理	0.469411	37	0.6104	140	3.5781	★
39	46	南开管理评论	0.493787	35	1.0234	95	2.5261	★
40	47	中国人口·资源与环境	0.391953	34	0.8778	89	0.8142	★
41	48	求索	0.203298	33	0.1305	145	0.5287	★
42	49	管理科学学报	0.477388	32	0.9978	139	1.3500	★
43	49	科学学与科学技术管理	0.379732	32	0.4626	196	1.1409	★
44	49	人文地理	0.343266	32	0.5968	70	0.8453	★

序号	分学科被引位次	刊　　名	综合值	分学科总被引	五年影响因子	总转摘量	加权转摘率	核心刊2013
45	49	财经科学	0.322166	32	0.3742	197	2.5273	★
46	53	现代日本经济	0.406093	31	0.4417	49	2.2552	★
47	53	改革与战略	0.180963	31	0.1315	68	0.2520	★
48	53	经济管理	0.300944	31	0.2375	254	1.8295	★
49	57	软科学	0.283044	30	0.3043	75	0.5030	★
50	57	科研管理	0.447781	30	0.8821	356	1.7106	★
51	62	东北亚论坛	0.409834	28	0.3318	85	3.6568	★
52	64	山西财经大学学报	0.291582	27	0.3378	97	1.0851	
53	66	世界经济与政治	0.563221	26	0.7341	276	8.0053	★
54	66	世界经济与政治论坛	0.234405	26	0.2513	102	2.4758	★
55	66	科学学研究	0.431899	26	0.8300	146	1.6762	★
56	74	当代经济科学	0.339373	25	0.5311	66	2.1412	★
57	74	经济学动态	0.307733	25	0.3140	384	3.2809	★
58	76	情报科学	0.274946	24	0.4929	204	0.7203	★
59	78	中国经济史研究	0.227251	23	0.3634	87	2.5000	★
60	78	经济经纬	0.215794	23	0.2087	67	0.9708	★
61	78	管理学报	0.280203	23	0.5848	121	1.2833	★
62	78	科技进步与对策	0.27214	23	0.2288	119	0.4348	★
63	85	经济与管理研究	0.258951	22	0.2652	122	1.7242	★
64	85	国际金融研究	0.29832	22	0.7062	128	1.9012	★
65	90	当代亚太	0.318493	21	0.4453	96	3.7066	★
66	90	经济评论	0.280528	21	0.5058	94	1.9188	★
67	94	现代财经	0.207545	20	0.1420	120	1.4404	
68	94	心理学报	0.428367	20	0.9564	83	1.4264	★
69	94	地理研究	0.427526	20	1.1240	53	0.5809	
70	94	经济研究参考	0.107248	20	0.1297	148	0.3858	
71	94	学术交流	0.197612	20	0.0941	223	1.4270	★
72	99	国际商务研究（上海对外贸易学院学报）	0.055003	19	0.0964	13	0.3562	
73	99	消费经济	0.18346	19	0.2366	19	0.3197	★

（续表 4 - 36）

序号	分学科被引位次	刊　名	综合值	分学科总被引	五年影响因子	总转摘量	加权转摘率	核心刊2013
74	99	管理工程学报	0.296317	19	0.4574	9	0.1452	★
75	99	城市问题	0.24334	19	0.3250	49	0.4902	★
76	99	经济体制改革	0.192494	19	0.2160	78	0.7084	★
77	106	求是	0.169894	18	0.2399	255	1.8035	★
78	106	研究与发展管理	0.265244	18	0.6017	31	0.5219	★
79	106	企业经济	0.124064	18	0.0635	62	0.1976	★
80	106	中央财经大学学报	0.224125	18	0.2630	150	1.6056	★
81	106	俄罗斯中亚东欧市场	0.169574	18	0.0953	25	0.4521	
82	113	江西财经大学学报	0.250511	17	0.3365	71	2.3585	
83	113	中国管理科学	0.344038	17	0.5433	49	0.8121	★
84	113	经济科学	0.364579	17	1.1731	55	2.2277	★
85	113	改革	0.253087	17	0.2842	275	2.8871	★
86	121	宏观经济研究	0.220187	16	0.3233	117	1.6571	★
87	127	学术月刊	0.637903	15	0.4081	848	11.0971	★
88	127	中国科技论坛	0.283247	15	0.3109	132	1.2375	★
89	127	地域研究与开发	0.237156	15	0.3639	22	0.2492	★
90	127	南京社会科学	0.279701	15	0.2116	322	3.3799	★
91	127	旅游科学	0.195669	15	0.5172	50	1.6000	★
92	127	图书情报工作	0.358648	15	0.7251	370	0.8771	★
93	127	近代史研究	0.487502	15	0.6000	178	7.9596	★
94	127	财经理论与实践	0.299249	15	0.3179	87	2.0785	★
95	138	拉丁美洲研究	0.117732	14	0.1505	48	1.4545	★
96	138	经济问题	0.156622	14	0.1507	106	0.5179	
97	138	历史研究	0.636952	14	0.6402	279	10.5192	★
98	138	中国金融	0.083845	14	0.1201	180	0.4766	★
99	138	农业技术经济	0.273053	14	0.6354	60	0.9142	★
100	138	税务研究	0.137945	14	0.2733	127	0.6358	★
101	147	中南财经政法大学学报	0.27935	13	0.2806	121	2.8173	
102	147	广东社会科学	0.354346	13	0.1746	268	5.6085	★

（续表 4 - 36）

序号	分 学 科 被引位次	刊　　名	综合值	分学科 总被引	五年影 响因子	总转 摘量	加权 转摘率	核心刊 2013
103	147	南京大学学报.哲学・人文科学・社会科学版	0.845764	13	0.4968	352	17.9789	★
104	147	南开学报.哲学社会科学版	0.533998	13	0.2412	288	11.2828	★
105	147	当代经济管理	0.063802	13	0.1319	61	0.5772	
106	147	城市规划	0.179479	13	0.5338	24	0.2741	★
107	147	社会科学家	0.150838	13	0.1178	69	0.3729	★
108	147	复旦学报.社会科学版	0.687523	13	0.3684	341	14.4083	★
109	147	技术经济与管理研究	0.14475	13	0.1714	15	0.1060	
110	147	经济社会体制比较	0.339206	13	0.4329	200	3.8700	★
111	147	社会科学战线	0.280839	13	0.1514	511	3.2710	★
112	147	社会学研究	0.904918	13	2.7486	158	10.3942	★
113	147	浙江社会科学	0.348094	13	0.2935	303	4.6804	★
114	147	南亚研究季刊	0.142582	13	0.1421	20	0.5618	
115	167	预测	0.265224	12	0.2749	46	1.1031	★
116	167	生态经济	0.20295	12	0.1609	62	0.2592	★
117	167	学习与探索	0.327896	12	0.2238	355	4.0954	★
118	167	学术研究	0.392969	12	0.2495	492	5.6582	★
119	167	浙江大学学报.人文社会科学版	0.095158	12	0.5146	346	0.0420	★
120	167	史学月刊	0.304399	12	0.1758	342	4.5876	★
121	167	情报学报	0.46664	12	0.9593	765	3.5124	★
122	167	西伯利亚研究	0.078224	12	0.0571	11	0.2327	
123	167	中国社会经济史研究	0.140758	12	0.2199	37	1.3333	★
124	181	中山大学学报.社会科学版	0.475521	11	0.3619	336	9.4756	★
125	181	首都经济贸易大学学报	0.170572	11	0.1531	61	1.1408	★
126	181	统计与信息论坛	0.209656	11	0.1825	64	1.2121	★
127	181	日本学刊	0.195721	11	0.2392	88	3.1545	★
128	181	广东商学院学报	0.306913	11	0.1759	95	4.2560	★
129	181	中国经济问题	0.228549	11	0.1530	67	2.4783	★
130	181	会计研究	0.38184	11	1.3500	77	0.9871	★
131	181	财经论丛	0.305207	11	0.2848	83	3.4021	

（续表 4-36）

序号	分学科被引位次	刊　名	综合值	分学科总被引	五年影响因子	总转摘量	加权转摘率	核心刊2013
132	195	贵州社会科学	0.212711	10	0.1939	187	2.2907	★
133	195	上海财经大学学报	0.356653	10	0.4275	85	4.8338	★
134	195	中国社会科学院研究生院学报	0.257081	10	0.1549	143	4.2714	★
135	195	心理科学	0.263	10	0.2852	87	0.4512	★
136	195	资源科学	0.333621	10	0.5886	51	0.4096	★
137	195	国际新闻界	0.169049	10	0.2294	128	1.4358	★
138	195	数理统计与管理	0.210283	10	0.2973	48	0.6404	★
139	195	江西社会科学	0.22739	10	0.1671	328	2.0553	★
140	195	西藏研究	0.152945	10	0.1736	34	1.1392	★
141	195	社会科学	0.390918	10	0.3729	461	5.2003	★
142	207	云南财经大学学报	0.142388	9	0.1889	63	0.9744	
143	207	重庆理工大学学报.社会科学版	0.100917	9	0.1066	52	0.0956	★
144	207	环境保护	0.073239	9	0.0946	61	0.2342	
145	207	回族研究	0.085739	9	0.0746	31	0.8488	★
146	207	湖南师范大学社会科学学报	0.452919	9	0.2017	272	7.2978	★

二、贸易经济专业核心期刊表测定步骤

1. 从上述核心期刊的备选表中挑出贸易经济类专业期刊 11 种及析出的该专业核心期刊备选表送专家评审；

2. 将专家评审结果作隶属度处理后与数据"综合值"作加权运算，加权系数分别为 0.3 和 0.7；

3. 其运算结果再根据其他评价指标的运算结果作调整；

4. 经综合分析后，选出贸易经济类专业核心期刊 10 种。见表 4-37。

表 4-37　贸易经济专业核心期刊表

位次	刊　名	主办单位	综合评价值	
1	国际贸易问题	对外经济贸易大学	1.000000	
2	商业经济与管理	浙江工商大学	0.526167	

（续表 4 – 37）

位次	刊　名	主　办　单　位	综合评价值	
3	国际经贸探索	广东外语外贸大学	0.506949	
4	商业研究	哈尔滨商业大学，中国商业经济学会	0.435290	
5	国际商务（对外经济贸易大学学报）	对外经济贸易大学	0.433521	
6	广东商学院学报	广东商学院	0.409828	
7	中国流通经济	北京物资学院	0.381561	
8	北京工商大学学报.社会科学版	北京工商大学	0.372769	
9	国际经济合作	商务部国际贸易经济合作研究院	0.322865	
10	首都经济贸易大学学报	首都经济贸易大学	0.314047	

三、结果分析

在 1737 种贸易经济类期刊引证表中，被引频次累积量达 80.67% 时，期刊累积数为 394 种（其中贸易经济类专业期刊 13 种），占被引用期刊总数的 22.68%；被引频次累积量达 70.01% 时，期刊累积数为 211 种（其中有贸易经济类期刊 11 种，财政、金融类期刊 19 种，农业经济类期刊 4 种，经济计划与管理类期刊 9 种，中国经济学类期刊 8 种，世界各国经济类期刊 9 种和经济学理论类期刊 15 种），占被引用期刊总数的 12.15%。统计结果显示，贸易经济类专业期刊在统计结果中的排名居前，而且被引频次总量比较大，专业刊的聚散效果显著，最后选定 10 种贸易经济专业期刊为核心期刊。

财政、金融专业核心期刊研制报告

一、财政、金融类期刊引证表的生成过程

1. 根据对样本中的 40222 篇财政、金融类论文统计，其施引文献量为 25702 篇，总施引频次为 119179 次，被施引文献引用过的期刊共有 2101 种（其中来源期刊 346 种）；把上述被引期刊的 2011 年分学科被引频次递减排列，取其居前的 128 种来源期刊生成高被引频次的期刊引证表。

2. 根据财政、金融类期刊引证表中的评价指标分别作系数加权，作隶属度运

算后生成数据综合值（即表中的"综合值"），作为质量指标。

3. 取含有 128 种期刊的引证表，按分学科被引位次排列生成有多项指标的财政、金融类期刊引证表，即财政、金融类专业核心期刊的备选表。见表 4 – 38。

表 4 – 38　财政、金融类期刊引证表

序号	分学科被引位次	刊　　名	综合值	分学科总被引	五年影响因子	总转摘量	加权转摘率	核心刊2013
1	1	经济研究	5.800181	2111	5.6514	368	8.3086	★
2	2	金融研究	3.557505	1523	1.6284	77	1.0766	★
3	3	管理世界	1.982867	723	1.8270	335	3.2678	★
4	4	世界经济	1.989586	548	2.1499	151	4.8163	★
5	5	国际金融研究	1.523092	518	0.7062	128	1.9012	★
6	6	税务研究	1.009421	471	0.2733	127	0.6358	★
7	7	数量经济技术经济研究	1.343053	415	1.7053	56	0.9464	★
8	8	财贸经济	1.164699	393	0.7431	292	3.0579	★
9	9	中国金融	0.67933	377	0.1201	180	0.0012	★
10	11	财经研究	1.159842	321	0.9402	146	3.6853	★
11	12	财政研究	0.651255	261	0.2793	90	0.6699	★
12	13	统计研究	0.758806	254	0.7084	63	0.6142	★
13	13	保险研究	0.614327	254	0.1769	95	0.7536	★
14	15	上海金融	0.512586	247	0.1512	62	0.3746	★
15	16	会计研究	0.902362	245	1.3500	77	0.9871	★
16	17	经济学（季刊）	0.912019	235	1.9323	6	0.4557	★
17	19	当代财经	0.735898	209	0.4548	253	2.8982	★
18	20	世界经济研究	0.707629	199	0.6542	118	1.6623	★
19	21	经济学动态	0.626743	192	0.3140	384	3.2809	★
20	22	财经科学	0.666384	188	0.3742	197	2.5273	★
21	22	经济科学	0.860842	188	1.1731	55	2.2277	★
22	24	经济研究参考	0.394896	187	0.1297	148	0.3858	
23	25	金融理论与实践	0.447197	185	0.1179	95	0.5374	
24	26	金融论坛	0.579642	181	0.2722	89	1.1058	★
25	27	中国农村经济	0.772946	175	1.0807	120	2.5347	★

（续表 4 –38）

序号	分学科被引位次	刊　名	综合值	分学科总被引	五年影响因子	总转摘量	加权转摘率	核心刊2013
26	28	财经问题研究	0.599506	166	0.3833	158	1.9144	★
27	29	农业经济问题	0.616784	162	0.6928	133	1.3001	★
28	30	证券市场导报	0.541058	159	0.3156	85	1.1956	★
29	31	中央财经大学学报	0.510048	154	0.2630	150	1.6056	★
30	32	国际经济评论	0.774316	151	0.5839	116	6.1559	★
31	34	国际贸易问题	0.614495	145	0.6678	121	1.1301	★
32	35	经济理论与经济管理	0.631276	137	0.5577	178	2.9039	★
33	35	中国软科学	0.660528	137	0.8303	207	2.1873	★
34	38	经济评论	0.519856	113	0.5058	94	1.9188	★
35	39	中国工业经济	0.888439	107	1.6832	317	5.6926	★
36	41	金融与经济	0.256921	105	0.0783	80	0.4530	
37	41	经济纵横	0.348304	105	0.1972	117	0.7727	★
38	43	财经理论与实践	0.501193	101	0.3179	87	2.0785	★
39	44	新金融	0.284514	98	0.0960	71	0.8669	★
40	45	经济学家	0.568324	97	0.7149	154	3.0831	★
41	46	南开经济研究	0.538304	96	0.7754	35	1.1944	★
42	47	经济社会体制比较	0.518641	95	0.4329	200	3.8700	★
43	49	当代经济科学	0.513949	88	0.5311	66	2.1412	★
44	50	生产力研究	0.229167	85	0.0750	58	0.0727	
45	51	管理科学学报	0.594036	83	0.9978	139	1.3500	★
46	53	山西财经大学学报	0.415187	81	0.3378	97	1.0851	
47	53	税务与经济	0.389777	81	0.1879	76	2.3244	
48	55	财经论丛	0.499073	80	0.2848	83	3.4021	
49	55	中国管理科学	0.491843	80	0.5433	49	0.8121	★
50	55	地方财政研究	0.275055	80	0.1493	182	1.2037	★
51	58	改革	0.369582	78	0.2842	275	2.8871	★
52	58	经济问题	0.277431	78	0.1507	106	0.5179	
53	58	南开管理评论	0.613653	78	1.0234	95	2.5261	★
54	62	经济问题探索	0.333234	75	0.2383	135	0.5640	★

（续表 4 - 38）

序号	分学科被引位次	刊 名	综合值	分学科总被引	五年影响因子	总转摘量	加权转摘率	核心刊2013
55	63	江西财经大学学报	0.409994	74	0.3365	71	2.3585	
56	65	金融经济学研究	0.475568	73	0.2469	57	2.3970	★
57	66	商业研究	0.321689	72	0.1089	89	0.2991	★
58	67	经济经纬	0.318386	70	0.2087	67	0.9708	★
59	68	经济管理	0.370327	68	0.2375	254	1.8295	★
60	69	上海财经大学学报	0.540085	67	0.4275	85	4.8338	★
61	69	上海经济研究	0.284228	67	0.3654	93	1.2956	★
62	73	现代日本经济	0.503968	63	0.4417	49	2.2552	★
63	78	中国农村观察	0.44869	56	0.9607	57	2.7899	★
64	78	现代财经	0.287851	56	0.1420	120	1.4404	
65	78	中国人口科学	0.710745	56	1.1017	140	7.7275	★
66	86	中南财经政法大学学报	0.394881	54	0.2806	121	2.8173	
67	88	经济体制改革	0.266585	53	0.2160	78	0.7084	★
68	89	亚太经济	0.255198	52	0.1924	36	0.5348	★
69	93	经济与管理研究	0.327918	50	0.2652	122	1.7242	★
70	94	数理统计与管理	0.317969	49	0.2973	48	0.6404	★
71	95	宏观经济研究	0.297672	48	0.3233	117	1.6571	★
72	100	当代经济研究	0.299183	46	0.2574	130	1.8466	
73	100	改革与战略	0.193991	46	0.1315	68	0.2520	★
74	107	审计研究	0.334319	44	0.7652	108	0.8049	★
75	107	云南财经大学学报	0.236163	44	0.1889	63	0.9744	
76	112	中国行政管理	0.313935	42	0.4031	205	1.6136	★
77	112	中国经济史研究	0.292623	42	0.3634	87	2.5000	★
78	116	世界经济与政治	0.558832	41	0.7341	276	8.0053	★
79	119	社会学研究	0.943898	39	2.7486	158	10.3942	★
80	120	国际经济合作	0.155327	38	0.1511	44	0.4382	★
81	124	管理学报	0.314562	37	0.5848	121	1.2833	★
82	126	预测	0.301206	36	0.2749	46	1.1031	★
83	126	人口与经济	0.283362	36	0.3747	46	0.9674	★

（续表 4 −38）

序号	分学科被引位次	刊　　名	综合值	分学科总被引	五年影响因子	总转摘量	加权转摘率	核心刊2013
84	131	人口研究	0.507259	35	1.3923	106	4.8488	★
85	131	中国卫生经济	0.191404	35	0.2120	21	0.0989	
86	137	投资研究	0.125114	34	0.0474	38	0.4626	★
87	137	贵州财经学院学报	0.327125	34	0.1894	93	3.1362	
88	142	企业经济	0.152578	33	0.0635	62	0.1976	★
89	143	当代亚太	0.347013	32	0.4453	96	3.7066	★
90	143	统计与信息论坛	0.24114	32	0.1825	64	1.2121	★
91	143	农业技术经济	0.338527	32	0.6354	60	0.9142	★
92	143	国际商务（对外经济贸易大学学报）	0.171301	32	0.3722	27	0.5480	★
93	143	国际经贸探索	0.251472	32	0.2067	70	1.0533	★
94	143	科技进步与对策	0.287047	32	0.2288	119	0.4348	★
95	151	中国人口·资源与环境	0.40808	31	0.8778	89	0.8142	★
96	151	经济地理	0.404915	31	0.7388	351	0.7980	★
97	151	管理工程学报	0.326707	31	0.4574	9	0.1452	★
98	161	北京工商大学学报.社会科学版	0.188124	29	0.1896	97	2.1106	★
99	165	技术经济与管理研究	0.167239	28	0.1714	15	0.1060	
100	172	当代经济管理	0.10558	27	0.1319	61	0.5772	
101	175	东北亚论坛	0.431988	26	0.3318	85	3.6568	★
102	175	生态经济	0.231218	26	0.1609	62	0.2592	★
103	175	商业经济与管理	0.356662	26	0.3181	151	2.3613	★
104	185	国外理论动态	0.219863	24	0.2051	186	2.6651	★
105	185	中共中央党校学报	0.293884	24	0.2727	141	3.7179	★
106	190	软科学	0.272549	23	0.3043	75	0.5030	★
107	190	近代史研究	0.499496	23	0.6000	178	7.9596	★
108	190	求是	0.184041	23	0.2399	255	1.8035	★
109	198	世界经济与政治论坛	0.251348	22	0.2513	102	2.4758	★
110	198	科研管理	0.43339	22	0.8821	356	1.7106	★
111	207	西南民族大学学报.人文社会科学版	0.127596	21	0.1570	191	0.9015	★
112	207	外国经济与管理	0.414573	21	0.6104	140	3.5781	★

（续表 4 – 38）

序号	分学科被引位次	刊　　名	综合值	分学科总被引	五年影响因子	总转摘量	加权转摘率	核心刊2013
113	217	经济与管理评论	0.100399	20	0.0943	31	0.7284	★
114	217	首都经济贸易大学学报	0.194406	20	0.1531	61	1.1408	★
115	229	国家行政学院学报	0.240744	19	0.2626	136	2.8234	★
116	229	广东商学院学报	0.332914	19	0.1759	95	4.2560	★
117	229	科学学研究	0.418269	19	0.8300	146	1.6762	★
118	229	现代国际关系	0.242097	19	0.2986	197	3.2554	★
119	237	科学管理研究	0.216999	18	0.2718	37	0.7044	★
120	237	日本学刊	0.232679	18	0.2392	88	3.1545	★
121	237	中国流通经济	0.183838	18	0.1885	113	1.1413	★
122	237	中国法学	0.528271	18	1.8242	95	4.8683	★
123	237	法学	0.367554	18	0.4631	303	4.1620	★
124	252	河北经贸大学学报	0.178573	17	0.1800	34	0.9469	★
125	260	消费经济	0.175353	16	0.2366	19	0.3197	★
126	269	西安财经学院学报	0.172248	15	0.1348	47	1.5533	★
127	269	开发研究	0.146497	15	0.1178	68	0.3285	★
128	283	中国经济问题	0.233047	14	0.1530	67	2.4783	★

二、财政、金融专业核心期刊表测定步骤

1. 从上述核心期刊的备选表中挑出财政、金融类专业期刊 33 种（其中财政类 13 种，金融类 20 种）及析出的该专业核心期刊备选表送专家评审；

2. 将专家评审结果作隶属度处理后与数据"综合值"作加权运算，加权系数分别为 0.3 和 0.7；

3. 其运算结果再根据其他评价指标的运算结果作调整；

4. 经综合分析后，选出财政类专业核心期刊 13 种，金融类专业核心期刊 10 种。见表 4 – 39、表 4 – 40。

表 4 - 39　财政专业核心期刊表

位次	刊　名	主 办 单 位	综合评价值	
1	财贸经济	中国社会科学院财经战略研究院	0.515112	
2	财经研究	上海财经大学	0.497152	
3	税务研究	中国税务杂志社	0.460139	
4	会计研究	中国会计学会	0.44808	
5	当代财经	江西财经大学	0.402565	
6	财政研究	中国财政学会	0.382199	
7	财经科学	西南财经大学	0.370006	
8	财经问题研究	东北财经大学	0.360788	
9	上海财经大学学报	上海财经大学	0.360087	
10	中央财经大学学报	中央财经大学	0.349986	
11	财经理论与实践	湖南大学	0.334525	
12	地方财政研究	辽宁省财政科学研究所，东北财经大学财税学院	0.273017	
13	西安财经学院学报	西安财经学院	0.238311	

表 4 - 40　金融专业核心期刊表

位次	刊　名	主 办 单 位	综合评价值	
1	金融研究	中国金融学会	0.999973	
2	国际金融研究	中国国际金融学会	0.582876	
3	中国金融	中国金融出版社	0.370274	
4	保险研究	中国保险学会	0.369245	
5	金融论坛	中国城市金融学会，城市金融研究所	0.367386	
6	上海金融	上海市金融学会	0.346075	
7	证券市场导报	深圳证券交易所综合研究所	0.34336	
8	金融经济学研究	广东金融学院	0.333071	
9	新金融	交通银行股份有限公司	0.27611	
10	投资研究	中国建设银行股份有限公司，中国投资学会	0.249604	

三、结果分析

在 2101 种财政、金融类期刊引证表中，被引频次累积量达 80.40% 时，期刊累积数为 247 种（其中有财政、金融类专业期刊共 34 种，贸易经济类专业期刊 10 种，农业经济专业期刊 6 种，经济计划与管理类期刊 11 种，中国经济学类期刊 10 种，世界各国经济类期刊 8 种和经济学理论类期刊 16 种），占被引用期刊总数的 11.76%；被引频次累积量达 68% 时，期刊累积数为 123 种（其中财政、金融专业期刊共 32 种）。财政、金融类期刊的被引聚散效应明显，其中财政、金融专业期刊的被引用率相对较高。考虑到财政、金融类所包括的下位类学科和研究领域的特点，经综合分析后，选出财政类专业核心期刊 13 种，金融类专业核心期刊 10 种。

第六编 社会学、人口学、民族学

社会学专业核心期刊研制报告

一、社会学类期刊引证表的生成过程

1. 根据对样本中的 10357 篇社会学类论文统计，其施引文献量为 7116 篇，总施引频次为 35191 次，被施引文献引用过的期刊共有 1801 种（其中来源期刊 530 种）；把上述被引期刊的 2011 年分学科被引频次递减排列，取其居前的 135 种来源期刊生成高被引频次的期刊引证表。

2. 根据社会学类期刊引证表中的评价指标分别作系数加权，作隶属度运算后生成数据综合值（即表中的"综合值"），作为质量指标。

3. 取含有 135 种期刊的引证表，按分学科被引位次排列生成有多项指标的社会学类期刊引证表，即社会学专业核心期刊的备选表。见表 4 – 41。

表 4 – 41 社会学类期刊引证表

序号	分学科被引位次	刊　名	综合值	分学科总被引	五年影响因子	总转摘量	加权转摘率	核心刊 2013
1	1	社会学研究	2.427293	596	2.7486	158	10.3942	★
2	2	中国社会科学	1.78351	210	2.8709	478	18.9791	★
3	3	社会	1.094172	174	0.9435	132	9.4899	★
4	4	人口研究	0.898769	162	1.3923	106	4.8488	★
5	5	中华女子学院学报	0.488075	159	0.2813	55	0.8294	
6	6	青年研究	0.643941	146	0.4637	67	3.1566	★
7	7	中国人口科学	0.741665	98	1.1017	140	7.7275	★
8	7	开放时代	0.611194	98	0.7391	139	4.7640	★
9	9	中国青年研究	0.311704	97	0.1928	93	0.6769	★
10	10	妇女研究论丛	0.372635	84	0.2147	71	2.2992	★
11	11	人口学刊	0.634779	71	0.6943	65	4.3439	★

（续表 4 –41）

序号	分学科被引位次	刊 名	综合值	分学科总被引	五年影响因子	总转摘量	加权转摘率	核心刊 2013
12	12	社会科学	0.502809	68	0.3729	461	5.2003	★
13	13	江苏社会科学	0.447312	65	0.2730	339	4.8635	★
14	14	人口与经济	0.325341	64	0.3747	46	0.9674	★
15	15	北京大学学报.哲学社会科学版	0.782618	61	0.4666	449	14.0962	★
16	16	华中师范大学学报.人文社会科学版	0.837186	60	0.6144	348	14.1502	★
17	17	社会科学研究	0.503404	59	0.2860	353	6.0471	★
18	18	浙江学刊	0.416211	57	0.1783	268	4.9431	★
19	19	广西民族大学学报.哲学社会科学版	0.192102	54	0.1942	73	1.2713	★
20	19	南方人口	0.363288	54	0.6537	5	0.2326	
21	21	江海学刊	0.594369	53	0.2886	527	8.8768	★
22	22	中国行政管理	0.321848	49	0.4031	205	1.6136	★
23	23	中国人民大学学报	0.791169	46	0.5622	429	12.4230	★
24	24	人口与发展	0.257311	45	0.3507	40	0.8065	★
25	26	青年探索	0.191655	43	0.1136	43	0.6626	
26	27	学海	0.346179	42	0.2493	249	3.8512	★
27	28	国外社会科学	0.280111	40	0.1983	130	2.9507	★
28	30	学习与探索	0.383564	39	0.2238	355	4.0954	★
29	31	心理科学	0.311397	37	0.2852	87	0.4512	★
30	32	社会主义研究	0.300486	36	0.2140	133	1.9499	★
31	34	马克思主义与现实	0.29654	35	0.2347	231	3.1531	★
32	34	思想战线	0.374795	35	0.2248	164	4.3978	★
33	34	心理学报	0.437109	35	0.9564	83	1.4264	★
34	34	西北人口	0.21647	35	0.2021	20	0.2451	
35	38	当代青年研究	0.146374	34	0.0975	73	0.8567	
36	39	中国心理卫生杂志	0.227421	33	0.2058	102	0.3760	★
37	40	管理世界	0.684809	32	1.8270	335	3.2678	★
38	40	民族研究	0.368996	32	0.5850	99	3.2391	★
39	40	广西民族研究	0.207019	32	0.2089	40	0.7504	★
40	40	天津社会科学	0.437931	32	0.2403	287	6.5472	★

（续表 4－41）

序号	分学科被引位次	刊　名	综合值	分学科总被引	五年影响因子	总转摘量	加权转摘率	核心刊2013
41	40	城市问题	0.265464	32	0.3250	49	0.4902	★
42	45	自然辩证法研究	0.302255	31	0.2245	227	2.7843	★
43	46	南京社会科学	0.307524	30	0.2116	322	3.3799	★
44	46	社会科学战线	0.312506	30	0.1514	511	3.2710	★
45	48	中国农村观察	0.40821	29	0.9607	57	2.7899	★
46	50	人文地理	0.355695	28	0.5968	70	0.8453	★
47	50	心理科学进展	0.36728	28	0.6341	128	1.4086	★
48	52	经济研究	1.532048	27	5.6514	368	8.3086	★
49	55	浙江社会科学	0.382957	26	0.2935	303	4.6804	★
50	55	中国农业大学学报.社会科学版	0.197914	26	0.3640	57	1.2180	★
51	57	中南民族大学学报.人文社会科学版	0.148751	25	0.1748	99	1.5069	★
52	57	中国青年政治学院学报	0.253278	25	0.0738	173	3.3490	★
53	57	哲学研究	0.529507	25	0.4143	600	7.6966	★
54	62	探索与争鸣	0.244799	22	0.2244	287	3.0399	★
55	62	城市规划	0.192973	22	0.5338	24	0.2741	★
56	62	人文杂志	0.340607	22	0.1773	252	4.9252	★
57	66	学术研究	0.413116	21	0.2495	492	5.6582	★
58	66	中山大学学报.社会科学版	0.504479	21	0.3619	336	9.4756	★
59	66	河北学刊	0.385474	21	0.1395	572	5.9770	★
60	66	城市发展研究	0.219896	21	0.4151	55	0.6299	★
61	66	江西社会科学	0.243882	21	0.1671	328	2.0553	★
62	72	华中科技大学学报.社会科学版	0.218246	20	0.2142	109	2.1684	★
63	72	西南民族大学学报.人文社会科学版	0.126097	20	0.1570	191	0.9015	★
64	72	地理研究	0.427526	20	1.1240	53	0.5809	
65	72	青少年犯罪问题	0.170528	20	0.1144	45	1.2882	
66	77	中共福建省委党校学报	0.124119	19	0.0898	68	0.6571	
67	77	西安交通大学学报.社会科学版	0.469098	19	0.2962	126	6.6570	★
68	80	求索	0.180809	18	0.1305	145	0.5287	★
69	80	甘肃社会科学	0.228594	18	0.1658	233	2.1347	★

（续表 4－41）

序号	分学科被引位次	刊　名	综合值	分学科总被引	五年影响因子	总转摘量	加权转摘率	核心刊2013
70	84	中州学刊	0.24924	17	0.1464	316	2.9031	★
71	84	湖北社会科学	0.149507	17	0.0755	149	0.7036	★
72	84	求是	0.168395	17	0.2399	255	1.8035	★
73	84	学术月刊	0.640902	17	0.4081	848	11.0971	★
74	84	湖南师范大学社会科学学报	0.464913	17	0.2017	272	7.2978	★
75	84	江汉论坛	0.248924	17	0.1350	314	3.2510	★
76	84	学术论坛	0.171222	17	0.1246	154	0.7321	★
77	94	理论月刊	0.118442	16	0.0701	82	0.3397	
78	94	心理发展与教育	0.355535	16	0.4818	87	1.9749	★
79	100	社会科学辑刊	0.22563	15	0.1209	190	2.3506	★
80	100	理论探讨	0.236442	15	0.1668	157	2.0509	★
81	100	首都师范大学学报.社会科学版	0.195561	15	0.1267	157	3.5580	★
82	100	山西师大学报.社会科学版	0.140688	15	0.0752	114	2.4253	★
83	100	政治学研究	0.377014	15	0.6202	139	4.7437	★
84	100	华东师范大学学报.哲学社会科学版	0.376604	15	0.2543	191	7.4227	★
85	100	北京师范大学学报.社会科学版	0.748454	15	0.3704	415	15.6758	★
86	100	浙江大学学报.人文社会科学版	0.099656	15	0.5146	346	0.0420	★
87	100	教育研究	0.49417	15	0.6626	427	6.1491	★
88	111	北京社会科学	0.189856	14	0.2543	53	1.6210	★
89	111	吉林大学社会科学学报	0.648261	14	0.3363	301	10.5627	★
90	111	广东社会科学	0.365015	14	0.1746	268	5.6085	★
91	111	城市规划学刊	0.178164	14	0.6200	10	0.1949	★
92	111	云南行政学院学报	0.108861	14	0.1058	44	0.3657	
93	117	西北民族研究	0.126885	13	0.1426	31	0.8015	★
94	117	学术探索	0.16421	13	0.1458	75	1.4426	
95	117	南京大学学报.哲学·人文科学·社会科学版	0.845764	13	0.4968	352	17.9789	★
96	117	学术交流	0.187117	13	0.0941	223	1.4270	★
97	117	中国农村经济	0.418837	13	1.0807	120	2.5347	★
98	117	东南学术	0.286305	13	0.2545	156	3.5389	★

（续表 4 - 41）

序号	分学科被引位次	刊　名	综合值	分学科总被引	五年影响因子	总转摘量	加权转摘率	核心刊2013
99	117	江西师范大学学报.哲学社会科学版	0.100624	13	0.1741	53	1.0083	
100	117	清华大学学报.哲学社会科学版	0.929246	13	0.5560	403	18.4067	★
101	126	厦门大学学报.哲学社会科学版	0.565103	12	0.2924	244	11.8975	★
102	126	当代世界与社会主义	0.258365	12	0.2367	254	3.0991	★
103	126	国外理论动态	0.182397	12	0.2051	186	2.6651	★
104	126	南京师大学报.社会科学版	0.310507	12	0.2160	216	6.0297	★
105	126	宁夏社会科学	0.13043	12	0.0922	49	0.6148	
106	126	教学与研究	0.361028	12	0.2752	354	5.4046	★
107	126	学术界	0.187234	12	0.1454	169	1.7253	★
108	126	云南社会科学	0.28051	12	0.2014	147	3.3206	★
109	139	法学研究	0.391886	11	1.0852	53	3.3592	★
110	139	社会科学论坛	0.081589	11	0.0670	69	0.3707	
111	139	中共中央党校学报	0.244804	11	0.2727	141	3.7179	★
112	139	哲学动态	0.315213	11	0.1836	367	4.8045	★
113	139	北京行政学院学报	0.255271	11	0.1574	168	3.6518	★
114	139	民俗研究	0.141654	11	0.1942	43	1.3515	
115	139	理论与改革	0.147264	11	0.1406	85	0.7170	
116	139	现代传播（中国传媒大学学报）	0.100585	11	0.1718	132	1.0227	★
117	139	山东社会科学	0.197693	11	0.1229	291	2.2492	★
118	139	统计研究	0.270109	11	0.7084	63	0.6142	★
119	139	理论导刊	0.117965	11	0.0850	42	0.2037	
120	139	东岳论丛	0.204587	11	0.1401	227	2.2677	★
121	139	深圳大学学报.人文社会科学版	0.275154	11	0.1442	222	5.5912	★
122	139	文史哲	0.732737	11	0.3069	373	14.3351	★
123	139	国家行政学院学报	0.22875	11	0.2626	136	2.8234	★
124	157	中国软科学	0.414935	10	0.8303	207	2.1873	★
125	157	经济地理	0.36314	10	0.7388	351	0.7980	★
126	157	求是学刊	0.502439	10	0.1614	250	8.8607	★
127	157	新闻与传播研究	0.238925	10	0.4473	55	2.3995	★

（续表 4 – 41）

序号	分学科 被引位次	刊　　　名	综合值	分学科 总被引	五年影 响因子	总转 摘量	加权 转摘率	核心刊 2013
128	157	经济社会体制比较	0.326637	10	0.4329	200	3.8700	★
129	157	农业经济问题	0.303387	10	0.6928	133	1.3001	★
130	157	天府新论	0.161123	10	0.0999	85	1.4000	
131	157	东北师大学报. 哲学社会科学版	0.155055	10	0.2952	129	2.0831	★
132	157	消费经济	0.153126	10	0.2366	19	0.3197	★
133	157	中国刑事法杂志	0.157537	10	0.3019	86	1.3341	★
134	157	江淮论坛	0.165248	10	0.1224	82	1.2271	★
135	157	江苏行政学院学报	0.297417	10	0.2184	182	4.3951	★

二、社会学专业核心期刊表测定步骤

1. 从上述核心期刊的备选表中挑出社会学类专业期刊 8 种及析出的该专业核心期刊备选表送专家评审；

2. 将专家评审结果作隶属度处理后与数据"综合值"作加权运算，加权系数分别为 0.3 和 0.7；

3. 其运算结果再根据其他评价指标的运算结果作调整；

4. 经综合分析后，选出社会学专业核心期刊 4 种。见表 4 – 42。

表 4 – 42　社会学专业核心期刊表

位次	刊　　　名	主 办 单 位	综合评价值	
1	社会学研究	中国社会科学院社会学研究所	1.000007	
2	社会	上海大学	0.597762	
3	青年研究	中国社会科学院社会学研究所	0.453217	
4	妇女研究论丛	全国妇联妇女研究所，中国妇女研究会	0.350608	

三、结果分析

在 1801 种社会学类期刊引证表中，被引频次累积量达 80% 时，期刊累积数为 503 种（其中有社会学专业期刊 8 种），占被引用期刊总数的 27.92%；被引频次累积量达 45.67% 时，期刊累积数为 74 种（其中有社会学专业期刊 8 种）。统计结果显示，社会学专业期刊虽然数量较少但被引用率很高，结合社会学研究扩散性特点，经过综合分析，最后选定4种社会学专业期刊为核心期刊，其中《社会学研究》的影响力遥遥领先。

人口学专业核心期刊研制报告

一、人口学类期刊引证表的生成过程

1. 根据对样本中的2217篇人口学类论文统计，其施引文献量为1652篇，总施引频次为10948次，被施引文献引用过的期刊共有555种（其中来源期刊231种）；把上述被引期刊的2011年分学科被引频次递减排列，取其居前的49种来源期刊生成高被引频次的期刊引证表。

2. 根据人口学类期刊引证表中的评价指标分别作系数加权，作隶属度运算后生成数据综合值（即表中的"综合值"），作为质量指标。

3. 取含有49种期刊的引证表，按分学科被引位次排列生成有多项指标的人口学类期刊引证表，即人口学专业核心期刊的备选表。见表4-43。

表4-43　人口学类期刊引证表

序号	分学科被引位次	刊　　名	综合值	分学科总被引	五年影响因子	总转摘量	加权转摘率	核心刊2013
1	1	人口研究	1.456118	370	1.3923	106	4.8488	★
2	2	中国人口科学	0.99416	172	1.1017	140	7.7275	★
3	3	人口学刊	0.801004	108	0.6943	65	4.3439	★
4	4	人口与经济	0.342247	104	0.3747	46	0.9674	★
5	5	人口与发展	0.430854	100	0.3507	40	0.8065	★
6	7	南方人口	0.5389	85	0.6537	5	0.2326	
7	8	经济研究	1.580607	50	5.6514	368	8.3086	★
8	9	西北人口	0.252995	48	0.2021	20	0.2451	
9	10	社会学研究	0.991022	38	2.7486	158	10.3942	★
10	13	中国社会科学	1.362343	26	2.8709	478	18.9791	★
11	14	地理研究	0.430525	22	1.1240	53	0.5809	
12	16	经济地理	0.378133	20	0.7388	351	0.7980	★

（续表 4 - 43）

序号	分学科 被引位次	刊　名	综合值	分学科 总被引	五年影 响因子	总转 摘量	加权 转摘率	核心刊 2013
13	17	中国人口·资源与环境	0. 381014	19	0. 8778	89	0. 8142	★
14	18	社会科学	0. 391373	14	0. 3729	461	5. 2003	★
15	18	江苏社会科学	0. 37085	14	0. 2730	339	4. 8635	★
16	21	学海	0. 3027	13	0. 2493	249	3. 8512	★
17	23	青年研究	0. 251395	11	0. 4637	67	3. 1566	★
18	25	人文地理	0. 310283	10	0. 5968	70	0. 8453	★
19	25	城市问题	0. 218435	10	0. 3250	49	0. 4902	★
20	27	长江流域资源与环境	0. 261173	9	0. 5143	16	0. 1730	★
21	28	城市规划	0. 171983	8	0. 5338	24	0. 2741	★
22	28	中国青年研究	0. 133012	8	0. 1928	93	0. 6769	★
23	28	北京社会科学	0. 166398	8	0. 2543	53	1. 6210	★
24	28	经济科学	0. 322863	8	1. 1731	55	2. 2277	★
25	28	江海学刊	0. 505104	8	0. 2886	527	8. 8768	★
26	28	西安交通大学学报. 社会科学版	0. 43193	8	0. 2962	126	6. 6570	★
27	28	社会科学研究	0. 394034	8	0. 2860	353	6. 0471	★
28	28	青年探索	0. 112686	8	0. 1136	43	0. 6626	
29	36	浙江大学学报. 人文社会科学版	0. 087662	7	0. 5146	346	0. 0420	★
30	36	妇女研究论丛	0. 191509	7	0. 2147	71	2. 2992	★
31	36	经济学（季刊）	0. 267349	7	1. 9323	6	0. 4557	★
32	41	中国农村经济	0. 408343	6	1. 0807	120	2. 5347	★
33	41	中国农业大学学报. 社会科学版	0. 167929	6	0. 3640	57	1. 2180	★
34	41	数量经济技术经济研究	0. 435145	6	1. 7053	56	0. 9464	★
35	41	东北亚论坛	0. 37685	6	0. 3318	85	3. 6568	★
36	41	华中师范大学学报. 人文社会科学版	0. 696681	6	0. 6144	348	14. 1502	★
37	41	经济学家	0. 345942	6	0. 7149	154	3. 0831	★
38	41	中山大学学报. 社会科学版	0. 468025	6	0. 3619	336	9. 4756	★
39	50	财经研究	0. 4384	5	0. 9402	146	3. 6853	★
40	50	社会	0. 560367	5	0. 9435	132	9. 4899	★
41	50	甘肃社会科学	0. 209104	5	0. 1658	233	2. 1347	★

（续表 4 - 43）

序号	分学科被引位次	刊　　名	综合值	分学科总被引	五年影响因子	总转摘量	加权转摘率	核心刊2013
42	50	改革	0.226298	5	0.2842	275	2.8871	★
43	50	河北大学学报. 哲学社会科学版	0.110721	5	0.1899	100	1.7252	★
44	50	地理与地理信息科学	0.227424	5	0.2720	20	0.2577	
45	50	北京大学学报. 哲学社会科学版	0.69866	5	0.4666	449	14.0962	★
46	50	中国统计	0.020215	5	0.0430	7	0.0385	
47	50	统计研究	0.261113	5	0.7084	63	0.6142	★
48	60	复旦学报. 社会科学版	0.67403	4	0.3684	341	14.4083	★
49	60	浙江社会科学	0.334601	4	0.2935	303	4.6804	★

二、人口学专业核心期刊表测定步骤

1. 从上述核心期刊的备选表中挑出人口学专业期刊 7 种及析出的该专业核心期刊备选表送专家评审；

2. 将专家评审结果作隶属度处理后与数据"综合值"作加权运算，加权系数分别为 0.3 和 0.7；

3. 其运算结果再根据其他评价指标的运算结果作调整；

4. 经综合分析后，选出人口学专业核心期刊 5 种。见表 4 - 44。

表 4 - 44　人口学专业核心期刊表

位次	刊　　名	主　办　单　位	综合评价值	
1	人口研究	中国人民大学	1.000000	
2	中国人口科学	中国社会科学院人口与劳动经济研究所	0.765156	
3	人口学刊	吉林大学	0.659535	
4	人口与发展	北京大学	0.449678	
5	人口与经济	首都经济贸易大学	0.419847	

三、结果分析

在 555 种人口学类期刊引证表中，被引频次累积量达 80.07% 时，期刊累积数为 145 种（其中有人口学专业期刊 7 种），占被引用期刊总数的 26.13%；被引频次累积量达50.17%时，期刊累积数为10种（其中有人口学专业期刊7种）；显而易见，人口学类期刊的聚散效应较为明显，并以引用本学科专业期刊为主，说明人口学的学科交叉性较少。考虑到人口学的专业期刊较少，最后选定的5种人口学专业核心期刊均有较高的学术影响力。

民族学专业核心期刊研制报告

一、民族学类期刊引证表的生成过程

1. 根据对样本中的1668篇民族学类论文统计，其施引文献量为1135篇，总施引频次为5595次，被施引文献引用过的期刊共有420种（其中来源期刊196种）；把上述被引期刊的2011年分学科被引频次递减排列，取其居前的75种来源期刊生成高被引频次的期刊引证表。

2. 根据民族学类期刊引证表中的评价指标分别作系数加权，作隶属度运算后生成数据综合值（即表中的"综合值"），作为质量指标。

3. 取含有75种期刊的引证表，按分学科被引位次排列生成有多项指标的民族学类期刊引证表，即民族学专业核心期刊的备选表。见表4-45。

表4-45　民族学类期刊引证表

序号	分学科被引位次	刊　　名	综合值	分学科总被引	五年影响因子	总转摘量	加权转摘率	核心刊 2013
1	1	民族研究	0.519717	101	0.5850	99	3.2391	★
2	2	广西民族研究	0.263328	54	0.2089	40	0.7504	★
3	3	广西民族大学学报. 哲学社会科学版	0.177557	46	0.1942	73	1.2713	★
4	4	中南民族大学学报. 人文社会科学版	0.150154	34	0.1748	99	1.5069	★
5	5	思想战线	0.353376	32	0.2248	164	4.3978	★
6	5	北京大学学报. 哲学社会科学版	0.739139	32	0.4666	449	14.0962	★
7	7	西南民族大学学报. 人文社会科学版	0.140114	26	0.1570	191	0.9015	★
8	7	世界民族	0.200034	26	0.2258	56	1.8942	★
9	9	西北民族大学学报. 哲学社会科学版	0.080162	24	0.1323	35	0.4896	
10	10	黑龙江民族丛刊	0.170229	22	0.1333	69	0.7103	★
11	11	云南社会科学	0.283271	19	0.2014	147	3.3206	★

（续表 4 – 45）

序号	分学科 被引位次	刊　　名	综合值	分学科 总被引	五年影 响因子	总转 摘量	加权 转摘率	核心刊 2013
12	11	中国社会科学	1.351848	19	2.8709	478	18.9791	★
13	13	贵州民族研究	0.149635	17	0.1672	26	0.2637	★
14	13	中央民族大学学报.哲学社会科学版	0.102597	17	0.1276	67	1.3094	★
15	15	湖北民族学院学报.哲学社会科学版	0.061536	15	0.0871	23	0.3174	
16	17	青海民族研究	0.115613	13	0.1349	20	0.3428	
17	18	西北民族研究	0.125385	12	0.1426	31	0.8015	★
18	19	云南民族大学学报.哲学社会科学版	0.107633	11	0.1226	84	1.6647	★
19	19	心理科学进展	0.314593	11	0.6341	128	1.4086	★
20	21	回族研究	0.087238	10	0.0746	31	0.8488	★
21	21	中山大学学报.社会科学版	0.474022	10	0.3619	336	9.4756	★
22	21	新疆社会科学	0.118584	10	0.1045	31	0.5248	★
23	21	云南师范大学学报.哲学社会科学版	0.324428	10	0.2247	187	6.5694	★
24	25	青海民族大学学报.社会科学版	0.044573	8	0.0878	16	0.4117	
25	26	新疆师范大学学报.哲学社会科学版	0.151826	7	0.1450	61	2.8825	★
26	26	世界宗教研究	0.147818	7	0.1281	67	1.6099	★
27	26	中国边疆史地研究	0.211153	7	0.1994	71	3.1387	★
28	29	贵州社会科学	0.206714	6	0.1939	187	2.2907	★
29	29	西北师大学报.社会科学版	0.2373	6	0.2181	172	4.5521	★
30	29	中国藏学	0.151001	6	0.2060	62	1.9239	★
31	29	学术探索	0.153716	6	0.1458	75	1.4426	
32	35	人口研究	0.462282	5	1.3923	106	4.8488	★
33	35	内蒙古社会科学	0.135783	5	0.1095	42	0.5413	
34	35	社会学研究	0.892924	5	2.7486	158	10.3942	★
35	35	广西师范大学学报.哲学社会科学版	0.066626	5	0.1669	60	0.7192	★
36	42	浙江社会科学	0.334601	4	0.2935	303	4.6804	★
37	42	学术论坛	0.148558	4	0.1246	154	0.7321	★
38	42	史学月刊	0.292405	4	0.1758	342	4.5876	★
39	42	延边大学学报.社会科学版	0.074958	4	0.1097	42	1.2636	
40	42	西藏民族学院学报.哲学社会科学版	0.038258	4	0.0545	32	0.5326	

（续表 4 – 45）

序号	分学科被引位次	刊　　名	综合值	分学科总被引	五年影响因子	总转摘量	加权转摘率	核心刊2013
41	42	文物	0.204566	4	0.5414	8	0.1363	★
42	42	考古	0.229863	4	0.5373	13	0.2224	★
43	42	东疆学刊	0.271384	4	0.0924	57	4.2871	
44	42	广西大学学报.哲学社会科学版	0.034271	4	0.0887	26	0.2958	
45	42	吉首大学学报.社会科学版	0.093579	4	0.1054	81	1.6463	
46	42	青海社会科学	0.092649	4	0.0776	44	0.5064	
47	42	民族艺术	0.13067	4	0.1490	23	0.8000	★
48	56	人文地理	0.299788	3	0.5968	70	0.8453	★
49	56	民族语文	0.151936	3	0.1787	42	1.3816	★
50	56	西藏研究	0.14245	3	0.1736	34	1.1392	★
51	56	历史研究	0.620461	3	0.6402	279	10.5192	★
52	56	中华文化论坛	0.08234	3	0.0678	22	0.4378	
53	56	民族教育研究	0.134487	3	0.1315	26	0.3716	★
54	56	人口与发展	0.152444	3	0.3507	40	0.8065	★
55	56	社会科学战线	0.265847	3	0.1514	511	3.2710	★
56	56	政治学研究	0.359023	3	0.6202	139	4.7437	★
57	56	西北人口	0.142941	3	0.2021	20	0.2451	
58	56	华侨华人历史研究	0.084258	3	0.1557	10	0.5314	
59	56	广西社会科学	0.120565	3	0.0667	54	0.2946	
60	56	贵州民族大学学报.哲学社会科学版	0.004498	3	0.0018	13	0.2249	
61	56	首都师范大学学报.社会科学版	0.17757	3	0.1267	157	3.5580	★
62	56	国外社会科学	0.224639	3	0.1983	130	2.9507	★
63	56	新疆大学学报.哲学人文社会科学版	0.029301	3	0.0667	19	0.2345	
64	56	北京师范大学学报.社会科学版	0.730463	3	0.3704	415	15.6758	★
65	84	现代传播（中国传媒大学学报）	0.087092	2	0.1718	132	1.0227	★
66	84	宗教学研究	0.091332	2	0.0703	31	0.3973	★
67	84	中国人口科学	0.536309	2	1.1017	140	7.7275	★
68	84	黑龙江社会科学	0.123947	2	0.0690	88	1.0124	
69	84	长白学刊	0.121998	2	0.1023	78	1.0000	

（续表 4 - 45）

序号	分 学 科 被引位次	刊　　名	综合值	分学科 总被引	五年影 响因子	总转 摘量	加权 转摘率	核心刊 2013
70	84	青海师范大学学报.哲学社会科学版	0.016241	2	0.0530	7	0.0620	
71	84	人口学刊	0.428681	2	0.6943	65	4.3439	★
72	84	求索	0.156821	2	0.1305	145	0.5287	★
73	84	清华大学学报.哲学社会科学版	0.912755	2	0.5560	403	18.4067	★
74	84	重庆社会科学	0.017942	2	0.0750	83	0.7246	
75	84	求实	0.122831	2	0.1020	56	0.4558	★

二、民族学专业核心期刊表测定步骤

1. 从上述核心期刊的备选表中挑出民族学专业期刊 20 种及析出的该专业核心期刊备选表送专家评审；

2. 将专家评审结果作隶属度处理后与数据"综合值"作加权运算，加权系数分别为 0.3 和 0.7；

3. 其运算结果再根据其他评价指标的运算结果作调整；

4. 经综合分析后，选出民族学专业核心期刊 14 种。见表 4 - 46。

表 4 - 46　民族学专业核心期刊表

位次	刊　　名	主 办 单 位	综合评价值	
1	民族研究	中国社会科学院民族学与人类学研究所	1.000000	▭
2	广西民族研究	广西壮族自治区民族研究中心	0.621732	▭
3	世界民族	中国社会科学院民族学与人类学研究所	0.533304	▭
4	广西民族大学学报.哲学社会科学版	广西民族大学	0.490157	▭
5	黑龙江民族丛刊	黑龙江省民族研究所	0.466242	▭
6	中南民族大学学报.人文社会科学版	中南民族大学	0.449781	▭
7	中国藏学	中国藏学研究中心	0.443658	▭

（续表 4 – 46）

位次	刊　名	主办单位	综合评价值	
8	西南民族大学学报.人文社会科学版	西南民族大学	0.430046	
9	贵州民族研究	贵州省民族研究院	0.422770	
10	西藏研究	西藏社会科学院	0.408830	
11	西北民族研究	西北民族大学	0.405554	
12	中央民族大学学报.哲学社会科学版	中央民族大学	0.366406	
13	云南民族大学学报.哲学社会科学版	云南民族大学	0.348476	
14	回族研究	宁夏社会科学院	0.331945	

三、结果分析

　　在 420 种民族学类期刊引证表中，被引频次累积量达 80.05% 时，期刊累积数为 177 种（其中民族学专业期刊 21 种），占被引用期刊总数的 42.14%；被引频次累积量达 62.11% 时，期刊累积数为 63 种（其中民族学专业期刊 19 种），7 种民族学专业期刊位居前十名之列。显然，民族学类期刊的被引聚散效应不十分明显，但本专业期刊的被引用率相对较高。经过综合分析，最后选定 14 种民族学专业期刊为核心期刊。

第七编　管理学、统计学

管理学类专业核心期刊研制报告

一、管理学类期刊引证表的生成过程

1. 根据对样本中的 6809 篇管理学类论文统计，其施引文献量为 4792 篇，总施引频次为 22953 次，被施引文献引用过的期刊共有 1232 种（其中来源期刊 384种）；把上述被引期刊的 2011 年分学科被引频次递减排列，取其居前的 112 种来源期刊生成高被引频次的期刊引证表。

2. 根据管理学类期刊引证表中的评价指标分别作系数加权，作隶属度运算后生成数据综合值（即表中的"综合值"），作为质量指标。

3. 取含有 112 种期刊的引证表，按分学科被引位次排列生成有多项指标的管理学类期刊引证表，即管理学专业核心期刊的备选表。见表 4 – 47。

表 4 – 47　管理学（含科学学、人才学）类期刊引证表

序号	分学科被引位次	刊　　名	综合值	分学科总被引	五年影响因子	总转摘量	加权转摘率	核心刊2013
1	1	科学学研究	0.856016	243	0.8300	146	1.6762	★
2	2	管理学报	0.768168	237	0.5848	121	1.2833	★
3	3	科学学与科学技术管理	0.671235	197	0.4626	196	1.1409	★
4	4	科研管理	0.727166	162	0.8821	356	1.7106	★
5	6	科技进步与对策	0.461816	136	0.2288	119	0.4348	★
6	7	中国科技论坛	0.485717	120	0.3109	132	1.2375	★
7	8	中国软科学	0.62628	119	0.8303	207	2.1873	★
8	9	管理世界	0.799064	83	1.8270	335	3.2678	★
9	10	情报杂志	0.403578	81	0.4088	132	0.3168	
10	11	图书情报工作	0.457945	70	0.7251	370	0.8771	★
11	12	研究与发展管理	0.392762	65	0.6017	31	0.5219	★

（续表 4 - 47）

序号	分学科被引位次	刊　　名	综合值	分学科总被引	五年影响因子	总转摘量	加权转摘率	核心刊2013
12	13	情报学报	0.592937	63	0.9593	765	3.5124	★
13	14	管理科学学报	0.535056	62	0.9978	139	1.3500	★
14	14	情报科学	0.344952	62	0.4929	204	0.7203	★
15	16	自然辩证法研究	0.352579	60	0.2245	227	2.7843	★
16	18	科学管理研究	0.299239	50	0.2718	37	0.7044	★
17	20	情报理论与实践	0.371428	48	0.5791	199	0.9924	★
18	22	中国管理科学	0.401371	42	0.5433	49	0.8121	★
19	23	心理学报	0.47521	38	0.9564	83	1.4264	★
20	24	南开管理评论	0.49898	36	1.0234	95	2.5261	★
21	25	心理科学	0.300481	35	0.2852	87	0.4512	★
22	26	心理科学进展	0.370424	33	0.6341	128	1.4086	★
23	26	管理工程学报	0.321956	33	0.4574	9	0.1452	★
24	26	经济研究	1.551601	33	5.6514	368	8.3086	★
25	30	软科学	0.299122	32	0.3043	75	0.5030	★
26	31	自然辩证法通讯	0.225643	29	0.1766	103	1.9723	
27	32	外国经济与管理	0.459863	27	0.6104	140	3.5781	★
28	33	社会科学管理与评论	0.16144	26	0.1636	45	2.0215	
29	33	中国图书馆学报	0.53854	26	1.6464	295	4.0926	★
30	35	中国社会科学	1.360843	25	2.8709	478	18.9791	★
31	35	现代图书情报技术	0.280512	25	0.4702	195	1.3788	★
32	35	中国工业经济	0.705599	25	1.6832	317	5.6926	★
33	38	中国行政管理	0.276622	24	0.4031	205	1.6136	★
34	40	商业研究	0.239906	22	0.1089	89	0.2991	★
35	41	经济管理	0.274524	21	0.2375	254	1.8295	★
36	41	现代情报	0.175195	21	0.2234	58	0.1240	
37	45	哲学研究	0.518906	19	0.4143	600	7.6966	★
38	45	中国人力资源开发	0.114104	19	0.0975	103	0.6736	
39	49	编辑学报	0.200715	17	0.6532	175	0.4474	★
40	49	数量经济技术经济研究	0.451637	17	1.7053	56	0.9464	★

（续表4-47）

序号	分学科被引位次	刊　　名	综合值	分学科总被引	五年影响因子	总转摘量	加权转摘率	核心刊2013
41	49	知识产权	0.163441	17	0.4008	29	0.5052	★
42	53	学术界	0.188471	16	0.1454	169	1.7253	★
43	54	求是	0.165396	15	0.2399	255	1.8035	★
44	58	社会学研究	0.906417	14	2.7486	158	10.3942	★
45	58	图书情报知识	0.297951	14	0.6821	170	2.0793	★
46	63	西安交通大学学报.社会科学版	0.439426	13	0.2962	126	6.6570	★
47	64	世界经济	0.662131	12	2.1499	151	4.8163	★
48	64	东北大学学报.社会科学版	0.197057	12	0.1848	55	1.7656	★
49	64	社会科学论坛	0.083089	12	0.0670	69	0.3707	
50	69	求索	0.170314	11	0.1305	145	0.5287	★
51	69	高等教育研究	0.313669	11	0.4705	230	3.0927	★
52	76	学术交流	0.18262	10	0.0941	223	1.4270	★
53	76	学术月刊	0.630407	10	0.4081	848	11.0971	★
54	76	企业经济	0.113903	10	0.0635	62	0.1976	★
55	76	生产力研究	0.1069	10	0.0750	58	0.0727	
56	84	南京社会科学	0.264705	9	0.2116	322	3.3799	★
57	84	统计研究	0.26711	9	0.7084	63	0.6142	★
58	84	中国人民大学学报	0.705242	9	0.5622	429	12.4230	★
59	84	图书馆学研究	0.169165	9	0.4586	66	0.0091	★
60	84	情报资料工作	0.59931	9	0.5524	839	10.3475	★
61	84	国外社会科学	0.233635	9	0.1983	130	2.9507	★
62	84	西南大学学报.社会科学版	0.188106	9	0.1985	183	3.1678	★
63	84	学位与研究生教育	0.177985	9	0.2335	559	1.5239	★
64	84	技术经济与管理研究	0.138753	9	0.1714	15	0.1060	
65	84	中国科技期刊研究	0.148664	9	0.3935	40	0.2886	★
66	100	北京大学学报.哲学社会科学版	0.703157	8	0.4666	449	14.0962	★
67	100	江海学刊	0.505104	8	0.2886	527	8.8768	★
68	100	江西社会科学	0.224392	8	0.1671	328	2.0553	★
69	100	清华大学学报.哲学社会科学版	0.934752	8	0.5560	403	18.4067	★

（续表 4 – 47）

序号	分学科被引位次	刊　　名	综合值	分学科总被引	五年影响因子	总转摘量	加权转摘率	核心刊2013
70	100	山东社会科学	0.193195	8	0.1229	291	2.2492	★
71	100	中国高教研究	0.168183	8	0.1956	109	0.8194	★
72	100	经济问题	0.147627	8	0.1507	106	0.5179	
73	115	金融研究	0.440931	7	1.6284	77	1.0766	★
74	115	浙江大学学报.人文社会科学版	0.087662	7	0.5146	346	0.0420	★
75	115	东南大学学报.哲学社会科学版	0.170486	7	0.1876	98	3.1259	★
76	115	天津大学学报.社会科学版	0.052622	7	0.1136	32	0.5984	
77	115	经济纵横	0.164918	7	0.1972	117	0.7727	★
78	115	应用心理学	0.210622	7	0.1929	22	0.8059	
79	115	中国青年研究	0.131513	7	0.1928	93	0.6769	★
80	115	世界经济研究	0.267352	7	0.6542	118	1.6623	★
81	133	华中科技大学学报.社会科学版	0.197257	6	0.2142	109	2.1684	★
82	133	现代传播（中国传媒大学学报）	0.093089	6	0.1718	132	1.0227	★
83	133	图书馆建设	0.208488	6	0.6687	165	0.7091	★
84	133	图书馆论坛	0.192544	6	0.5525	76	0.3383	★
85	133	图书与情报	0.206655	6	0.6398	134	1.0000	★
86	133	经济社会体制比较	0.32064	6	0.4329	200	3.8700	★
87	133	社会科学战线	0.270344	6	0.1514	511	3.2710	★
88	133	经济问题探索	0.204083	6	0.2383	135	0.5640	★
89	133	经济学（季刊）	0.26585	6	1.9323	6	0.4557	★
90	133	当代经济管理	0.053307	6	0.1319	61	0.5772	
91	133	南京大学学报.哲学·人文科学·社会科学版	0.835269	6	0.4968	352	17.9789	★
92	133	哲学动态	0.307717	6	0.1836	367	4.8045	★
93	133	上海经济研究	0.192773	6	0.3654	93	1.2956	★
94	133	社会科学	0.37938	6	0.3729	461	5.2003	★
95	133	财经科学	0.261309	6	0.3742	197	2.5273	★
96	133	预测	0.256228	6	0.2749	46	1.1031	★
97	133	商业经济与管理	0.305108	6	0.3181	151	2.3613	★
98	162	中国地质大学学报.社会科学版	0.296327	5	0.1731	122	3.5394	★

（续表 4－47）

序号	分学科被引位次	刊　　名	综合值	分学科总被引	五年影响因子	总转摘量	加权转摘率	核心刊2013
99	162	经济科学	0.318365	5	1.1731	55	2.2277	★
100	162	清华大学教育研究	0.272062	5	0.3764	129	3.2102	★
101	162	理论探讨	0.215169	5	0.1668	157	2.0509	★
102	162	国际贸易问题	0.324067	5	0.6678	121	1.1301	★
103	162	经济地理	0.355644	5	0.7388	351	0.7980	★
104	162	湖南社会科学	0.137496	5	0.0954	102	1.0249	★
105	162	武汉理工大学学报.社会科学版	0.160411	5	0.0484	81	1.2582	
106	162	山西财经大学学报	0.23773	5	0.3378	97	1.0851	
107	162	心理学探新	0.166132	5	0.2143	37	0.7377	
108	162	全球教育展望	0.178555	5	0.1506	165	1.6744	★
109	162	心理发展与教育	0.315407	5	0.4818	87	1.9749	★
110	162	未来与发展	0.131863	5	0.0697	47	0.5617	
111	162	大学图书馆学报	0.269258	5	1.1783	118	1.2260	★
112	162	新视野	0.186501	5	0.1107	159	2.6313	★

二、管理学专业核心期刊表测定步骤

1. 从上述核心期刊的备选表中挑出管理学类专业期刊18种及析出的该专业核心期刊备选表送专家评审；

2. 将专家评审结果作隶属度处理后与数据"综合值"作加权运算，加权系数分别为0.3和0.7；

3. 其运算结果再根据其他评价指标的运算结果作调整；

4. 经综合分析后，选出管理学学科专业核心期刊14种。见表4－48。

表4－48　管理学（含科学学、人才学）专业核心期刊表

位次	刊　　名	主办单位	综合评价值	
1	科学学研究	中国科学学与科技政策研究会	1.000000	
2	管理学报	华中科技大学	0.916495	

（续表 4 – 48）

位次	刊　名	主办单位	综合评价值	
3	科研管理	中国科学院科技政策与管理科学研究所，中国科学学与科技政策研究会，清华大学技术创新研究中心	0.886052	
4	科学学与科学技术管理	中国科学学与科技政策研究会，天津市科学学研究所	0.828647	
5	中国软科学	中国软科学研究会	0.806004	
6	管理科学学报	国家自然科学基金委员会管理科学部	0.731070	
7	中国科技论坛	中国科学技术发展战略研究院	0.682828	
8	科技进步与对策	湖北省科技信息研究院	0.664295	
9	中国管理科学	中国优选法统筹法与经济数学研究会，中国科学院科技政策与管理科学研究所	0.606854	
10	研究与发展管理	复旦大学	0.588535	
11	管理工程学报	浙江大学	0.520341	
12	软科学	四川省科技促进发展研究中心	0.502863	
13	科学管理研究	内蒙古自治区软科学研究会	0.494505	
14	预测	合肥工业大学预测与发展研究所	0.461953	

三、结果分析

在 1232 种管理学（含科学学、人才学）类期刊引证表中，被引频次累积量达 80.02% 时，期刊累积数为 344 种（其中管理学专业期刊 18 种），占被引用期刊总数的 27.92%；被引频次累积量达 66.3% 时，期刊累积数为 140 种（其中管理学类 17 种）。管理学（含科学学、人才学）类期刊的被引聚散效应较为明显，其中本专业期刊的被引用率相对较高，图书馆、情报与档案学类的个别专业期刊被引用率也比较高。根据管理学所包括的下位类学科较多的特点，经过综合分析，最后选定 14 种管理学专业期刊为核心期刊。

统计学专业核心期刊研制报告

一、统计学类期刊引证表的生成过程

1. 根据对样本中的 925 篇统计学科类论文统计，其施引文献量为 238 篇，总施引频次为 1084 次，被施引文献引用过的期刊共有 89 种（其中来源期刊 43 种）；把上述被引期刊的 2011 年分学科被引频次递减排列，取其居前的 12 种来源期刊生成高被引频次的期刊引证表。

2. 根据统计学类期刊引证表中的评价指标分别作系数加权，作隶属度运算后生成数据综合值（即表中的"综合值"），作为质量指标。

3. 取含有 12 种期刊的引证表，按分学科被引位次排列生成有多项指标的统计学类期刊引证表，即统计学专业核心期刊的备选表。见表 4 – 49。

表 4 – 49　统计学类期刊引证表

序号	分学科被引位次	刊　　名	综合值	分学科总被引	五年影响因子	总转摘量	加权转摘率	核心刊2013
1	1	统计研究	0.41233	84	0.7084	63	0.6142	★
2	2	中国统计	0.039705	18	0.0430	7	0.0385	
3	3	统计与信息论坛	0.209656	11	0.1825	64	1.2121	★
4	4	经济研究	1.493332	9	5.6514	368	8.3086	★
5	6	数量经济技术经济研究	0.435145	6	1.7053	56	0.9464	★
6	6	经济学（季刊）	0.26585	6	1.9323	6	0.4557	★
7	10	山西财经大学学报	0.23623	4	0.3378	97	1.0851	
8	12	商业经济与管理	0.30061	3	0.3181	151	2.3613	★
9	12	数理统计与管理	0.199788	3	0.2973	48	0.6404	★
10	12	图书情报工作	0.340657	3	0.7251	370	0.8771	★
11	17	中国软科学	0.402941	2	0.8303	207	2.1873	★
12	17	金融研究	0.433435	2	1.6284	77	1.0766	★

二、统计学专业核心期刊表测定步骤

1. 从上述核心期刊的备选表中挑出统计学类专业期刊 4 种及析出的该专业核心期刊备选表送专家评审；

2. 将专家评审结果作隶属度处理后与数据"综合值"作加权运算，加权系数分别为 0.3 和 0.7；

3. 其运算结果再根据其他评价指标的运算结果作调整；

4. 经综合分析后，选出统计学专业核心期刊 3 种。见表 4 – 50。

表 4 - 50　　统计学专业核心期刊表

位次	刊　　名	主 办 单 位	综合评价值	
1	统计研究	中国统计学会，国家统计局统计科学研究所	1.000000	
2	统计与信息论坛	西安财经学院，中国统计教育学会高教分会	0.607089	
3	数理统计与管理	中国现场统计研究会	0.604291	

三、结果分析

在 89 种统计学类期刊引证表中，被引频次累积量达 80% 时，期刊累积数为 37 种（其中统计学专业期刊 4 种），占被引用期刊总数的 41.57%；被引频次累积量达 50.38% 时，期刊累积数为 5 种（其中统计学专业期刊 3 种）。由统计数据可明显看出，统计学类期刊的数量较少，被引率普遍较低，且此类期刊之间被引用率相差较大。经过综合分析，最后选定 3 种统计学专业期刊为核心期刊，其中《统计研究》的影响力较为突出。

第八编 图书馆、情报与档案学

图书馆、情报与档案学专业核心期刊研制报告

一、图书馆、情报与档案学类期刊引证表的生成过程

1. 根据对样本中的34917篇图书馆、情报与档案学类论文统计，其施引文献量为29253篇，总施引频次为150800次，被施引文献引用过的期刊共有2968种（其中来源期刊535种）；把上述被引期刊的2011年分学科被引频次递减排列，取其居前的33种来源期刊生成高被引频次的期刊引证表。

2. 根据图书馆、情报与档案学类期刊引证表中的评价指标分别作系数加权，作隶属度运算后生成数据综合值（即表中的"综合值"），作为质量指标。

3. 取含有33种期刊的引证表，按分学科被引位次排列生成有多项指标的图书馆、情报与档案学类期刊引证表，即图书馆、情报与档案学专业核心期刊的备选表。见表4－51。

表4－51　图书馆、情报与档案学类期刊引证表

序号	分学科被引位次	刊　　名	综合值	分学科总被引	五年影响因子	总转摘量	加权转摘率	核心刊2013
1	1	图书情报工作	4.085112	2156	0.7251	370	0.8771	★
2	2	中国图书馆学报	3.990138	1430	1.6464	295	4.0926	★
3	3	图书馆论坛	2.713995	1372	0.5525	76	0.3383	★
4	4	图书馆建设	2.767754	1327	0.6687	165	0.7091	★
5	5	大学图书馆学报	3.013118	1153	1.1783	118	1.2260	★
6	6	图书馆	2.215273	1074	0.5078	96	0.4515	★
7	7	图书馆杂志	2.317215	1060	0.6317	190	1.0411	★
8	8	图书馆学研究	2.043365	1012	0.4586	66	0.0091	★
9	10	图书馆工作与研究	2.07742	986	0.5217	77	0.2745	★
10	11	现代情报	1.765046	968	0.2234	58	0.1240	

（续表 4 - 51）

序号	分学科被引位次	刊　　名	综合值	分学科总被引	五年影响因子	总转摘量	加权转摘率	核心刊2013
11	12	情报科学	1.798679	859	0.4929	204	0.7203	★
12	13	情报杂志	1.722773	847	0.4088	132	0.3168	
13	14	图书馆理论与实践	1.62658	778	0.3669	190	0.6480	
14	15	图书与情报	1.819306	747	0.6398	134	1.0000	★
15	16	情报理论与实践	1.656884	698	0.5791	199	0.9924	★
16	17	图书馆学刊	1.254906	637	0.2414	12	0.0412	
17	18	图书情报知识	1.689187	623	0.6821	170	2.0793	★
18	20	情报学报	1.804049	565	0.9593	765	3.5124	★
19	21	情报资料工作	1.790771	516	0.5524	839	10.3475	★
20	22	现代图书情报技术	1.214823	469	0.4702	195	1.3788	★
21	25	国家图书馆学刊	1.356999	368	0.7419	61	1.0668	★
22	26	高校图书馆工作	0.806414	321	0.2731	15	0.1233	
23	27	新世纪图书馆	0.713468	284	0.2459	24	0.1656	
24	28	河南图书馆学刊	0.560327	265	0.1452	5	0.0253	
25	29	江西图书馆学刊	0.616167	257	0.1891	7	0.0450	
26	30	档案学通讯	0.693656	252	0.2114	108	1.5617	★
27	32	四川图书馆学报	0.598873	225	0.2205	14	0.1369	
28	33	中国科技期刊研究	0.511342	194	0.3935	40	0.2886	★
29	35	晋图学刊	0.403369	151	0.1448	2	0.0207	
30	36	档案学研究	0.541287	142	0.2426	145	1.8724	★
31	37	图书馆界	0.37993	129	0.1509	2	0.0206	
32	37	编辑学报	0.420675	129	0.6532	175	0.4474	★
33	42	科学学研究	0.596525	106	0.8300	146	1.6762	★

二、图书馆、情报与档案学专业核心期刊表测定步骤

1. 从上述核心期刊的备选表中挑出图书馆、情报与档案学类专业期刊30种（其中图书馆学与情报学28种，档案学2种）及析出的该专业核心期刊备选表送专家评审；

2. 将专家评审结果作隶属度处理后与数据"综合值"作加权运算，加权系

数分别为 0.3 和 0.7;

　　3. 其运算结果再根据其他评价指标的运算结果作调整;

　　4. 经综合分析后,选出图书馆学与情报学专业核心期刊 17 种、档案学专业核心期刊 2 种。见表 4-52、表 4-53。

表 4-52　图书馆学与情报学专业核心期刊表

位次	刊　　名	主 办 单 位	综合评价值	
1	中国图书馆学报	中国图书馆学会,国家图书馆	0.983726	
2	大学图书馆学报	北京大学,国家教育部高等学校图书情报工作指导委员会	0.816310	
3	图书情报工作	中国科学院文献情报中心	0.805000	
4	情报学报	中国科学技术情报学会,中国科学技术信息研究所	0.609131	
5	图书馆杂志	上海市图书馆学会,上海市图书馆	0.547064	
6	图书馆	湖南省图书馆,湖南省图书馆学会	0.529596	
7	图书情报知识	武汉大学	0.514449	
8	图书馆建设	黑龙江省图书馆	0.504266	
9	情报资料工作	中国人民大学	0.492856	
10	图书馆论坛	广东省立中山图书馆	0.489054	
11	情报科学	中国科学技术情报学会,吉林大学	0.458211	
12	情报理论与实践	中国国防科学技术信息学会,中国兵器工业集团第 210 研究所	0.448914	
13	现代图书情报技术	中国科学院文献情报中心	0.427165	
14	图书馆工作与研究	天津市图书馆学会,天津市图书馆,天津市少年儿童图书馆	0.385974	
15	图书馆学研究	吉林省图书馆	0.380139	
16	图书与情报	甘肃省图书馆,甘肃省科技情报研究所,甘肃省图书馆学会,甘肃省科技情报学会	0.371745	
17	国家图书馆学刊	国家图书馆	0.352527	

表 4-53　档案学专业核心期刊表

位次	刊　　名	主 办 单 位	综合评价值	
1	档案学通讯	中国人民大学	0.3621210	
2	档案学研究	中国档案学会	0.3210045	

三、结果分析

在 2968 种图书馆、情报与档案学类期刊引证表中，被引频次累积量达 80% 时，期刊累积数为 129 种（其中图书馆学与情报学专业期刊 29 种，档案学专业期刊 2 种），占被引用期刊总数的 4.35%；被引频次累积量达 69.42% 时，期刊累计数为 37 种（其中图书馆学与情报学专业期刊 28 种，档案学专业期刊 2 种）。显然，图书馆、情报与档案学类期刊的被引聚散效应非常明显，其中图书馆、情报与档案学专业期刊的被引用率非常高。考虑到图书馆、情报与档案学所包括的下位类学科和研究领域的特点，因而在综合统计中提高了专家评选因素的权重，经过综合分析，最后选定 17 种图书馆学与情报学专业核心期刊和 2 种档案学专业核心期刊。

第九编 新闻与传播、教育、体育

新闻学与传播学专业核心期刊研制报告

一、新闻学与传播学类期刊引证表的生成过程

1. 根据对样本中的 20270 篇新闻学与传播学类论文统计，其施引文献量为 11942 篇，总施引频次为 55721 次，被施引文献引用过的期刊共有 2391 种（其中来源期刊 550 种）；把上述被引期刊的 2011 年分学科被引频次递减排列，取其居前的 156 种期刊生成高被引频次的期刊引证表。

2. 根据新闻学与传播学类期刊引证表中的评价指标分别作系数加权，作隶属度运算后生成数据综合值（即表中的"综合值"），作为质量指标。

3. 取含有 156 种期刊的引证表，按分学科被引位次排列生成有多项指标的新闻学与传播学类期刊引证表，即新闻学与传播学专业核心期刊的备选表。见表4-54。

表4-54 新闻学与传播学类期刊引证表

序号	分学科被引位次	刊 名	综合值	分学科总被引	五年影响因子	总转摘量	加权转摘率	核心刊2013
1	1	编辑学报	2.095105	945	0.6532	175	0.4474	★
2	2	中国科技期刊研究	1.367425	645	0.3935	40	0.2886	★
3	3	现代传播（中国传媒大学学报）	0.583803	278	0.1718	132	1.0227	★
4	4	国际新闻界	0.705615	262	0.2294	128	1.4358	★
5	5	中国出版	0.556209	240	0.1471	131	0.9127	★
6	5	编辑之友	0.587942	240	0.1707	93	0.8533	★
7	7	出版发行研究	0.540287	216	0.1414	171	1.6034	★
8	8	新闻与传播研究	0.782648	193	0.4473	55	2.3995	★
9	9	图书情报工作	0.670081	192	0.7251	370	0.8771	★
10	12	新闻大学	0.483701	142	0.2173	38	0.7917	
11	13	情报科学	0.484806	141	0.4929	204	0.7203	★

（续表 4－54）

序号	分 学 科 被引位次	刊　　名	综合值	分学科 总被引	五年影 响因子	总转 摘量	加权 转摘率	核心刊 2013
12	14	情报杂志	0.488339	132	0.4088	132	0.3168	
13	17	情报理论与实践	0.495438	109	0.5791	199	0.9924	★
14	18	编辑学刊	0.278353	94	0.1050	27	0.6024	
15	21	中国图书馆学报	0.69064	87	1.6464	295	4.0926	★
16	24	中国广播电视学刊	0.160006	80	0.0398	16	0.0886	
17	29	情报学报	0.596162	68	0.9593	765	3.5124	★
18	32	现代情报	0.251108	66	0.2234	58	0.1240	
19	34	西南民族大学学报. 人文社会科学版	0.194402	57	0.1570	191	0.9015	★
20	37	清华大学学报. 哲学社会科学版	1.06459	50	0.5560	403	18.4067	★
21	38	现代图书情报技术	0.32626	48	0.4702	195	1.3788	★
22	38	情报资料工作	0.690422	48	0.5524	839	10.3475	★
23	40	图书馆学研究	0.239634	45	0.4586	66	0.0091	★
24	42	图书与情报	0.294417	44	0.6398	134	1.0000	★
25	47	图书情报知识	0.357558	41	0.6821	170	2.0793	★
26	48	大学图书馆学报	0.355448	40	1.1783	118	1.2260	★
27	52	河南大学学报. 社会科学版	0.396371	35	0.1353	251	6.9224	★
28	56	图书馆工作与研究	0.19861	31	0.5217	77	0.2745	★
29	58	图书馆论坛	0.236995	29	0.5525	76	0.3383	★
30	59	中国人民大学学报	0.733728	28	0.5622	429	12.4230	★
31	62	北京大学学报. 哲学社会科学版	0.730144	26	0.4666	449	14.0962	★
32	62	南京大学学报. 哲学·人文科学·社 会科学版	0.865254	26	0.4968	352	17.9789	★
33	65	科学学研究	0.425696	25	0.8300	146	1.6762	★
34	68	浙江大学学报. 人文社会科学版	0.132444	24	0.5146	346	0.0420	★
35	71	中国社会科学	1.357845	23	2.8709	478	18.9791	★
36	71	图书馆杂志	0.235543	23	0.6317	190	1.0411	★
37	74	求索	0.185307	21	0.1305	145	0.5287	★
38	74	中国行政管理	0.270575	21	0.4031	205	1.6136	★
39	74	图书馆	0.197839	21	0.5078	96	0.4515	★
40	74	开放时代	0.397096	21	0.7391	139	4.7640	★

（续表 4 – 54）

序号	分学科被引位次	刊　　名	综合值	分学科总被引	五年影响因子	总转摘量	加权转摘率	核心刊 2013
41	81	学术界	0.194468	20	0.1454	169	1.7253	★
42	81	图书馆学刊	0.128611	20	0.2414	12	0.0412	
43	81	图书馆理论与实践	0.190593	20	0.3669	190	0.6480	
44	86	重庆大学学报.社会科学版	0.163211	19	0.2500	101	2.2903	★
45	87	社会学研究	0.942128	18	2.7486	158	10.3942	★
46	87	图书馆建设	0.226479	18	0.6687	165	0.7091	★
47	87	南京社会科学	0.278198	18	0.2116	322	3.3799	★
48	87	中国软科学	0.426929	18	0.8303	207	2.1873	★
49	94	河北大学学报.哲学社会科学版	0.142775	17	0.1899	100	1.7252	★
50	94	华中师范大学学报.人文社会科学版	0.713173	17	0.6144	348	14.1502	★
51	97	科学学与科学技术管理	0.343947	16	0.4626	196	1.1409	★
52	97	经济地理	0.380497	16	0.7388	351	0.7980	★
53	97	学术月刊	0.648407	16	0.4081	848	11.0971	★
54	97	自然辩证法研究	0.270638	16	0.2245	227	2.7843	★
55	104	求是	0.165396	15	0.2399	255	1.8035	★
56	104	社会科学	0.392873	15	0.3729	461	5.2003	★
57	110	广西社会科学	0.137057	14	0.0667	54	0.2946	
58	110	科研管理	0.40462	14	0.8821	356	1.7106	★
59	110	中国青年研究	0.142008	14	0.1928	93	0.6769	★
60	110	科技进步与对策	0.254406	14	0.2288	119	0.4348	★
61	110	学术论坛	0.16355	14	0.1246	154	0.7321	★
62	115	湘潭大学学报.哲学社会科学版	0.144297	13	0.1620	123	2.2910	★
63	115	国外社会科学	0.239632	13	0.1983	130	2.9507	★
64	115	湖南师范大学社会科学学报	0.458916	13	0.2017	272	7.2978	★
65	115	重庆邮电大学学报.社会科学版	0.149799	13	0.2146	46	0.9224	★
66	115	经济研究	1.499329	13	5.6514	368	8.3086	★
67	115	浙江学刊	0.339709	13	0.1783	268	4.9431	★
68	115	上海师范大学学报.哲学社会科学版	0.648156	13	0.3370	282	13.4459	★
69	125	甘肃社会科学	0.223849	12	0.1658	233	2.1347	★

（续表 4 - 54）

序号	分学科被引位次	刊　　名	综合值	分学科总被引	五年影响因子	总转摘量	加权转摘率	核心刊2013
70	125	社会科学战线	0.27934	12	0.1514	511	3.2710	★
71	125	四川理工学院学报.社会科学版	0.081809	12	0.0824	19	0.4079	
72	125	浙江师范大学学报.社会科学版	0.21052	12	0.1560	113	4.0083	★
73	125	哲学研究	0.501991	12	0.4143	600	7.6966	★
74	125	云梦学刊	0.147151	12	0.0583	102	1.5738	
75	125	东岳论丛	0.206086	12	0.1401	227	2.2677	★
76	125	学海	0.301201	12	0.2493	249	3.8512	★
77	125	山西大学学报.哲学社会科学版	0.121954	12	0.1302	84	1.6914	★
78	142	社会科学论坛	0.081589	11	0.0670	69	0.3707	
79	142	学习与探索	0.326397	11	0.2238	355	4.0954	★
80	142	江西社会科学	0.22889	11	0.1671	328	2.0553	★
81	142	理论月刊	0.108318	11	0.0701	82	0.3397	
82	142	河南社会科学	0.210218	11	0.1659	221	2.5149	★
83	142	天津社会科学	0.406446	11	0.2403	287	6.5472	★
84	142	文艺争鸣	0.132075	11	0.1893	75	0.7053	★
85	142	高等教育研究	0.313669	11	0.4705	230	3.0927	★
86	142	心理科学进展	0.314593	11	0.6341	128	1.4086	★
87	142	管理学报	0.248842	11	0.5848	121	1.2833	★
88	142	广西民族大学学报.哲学社会科学版	0.10978	11	0.1942	73	1.2713	★
89	142	江汉大学学报.社会科学版	0.099608	11	0.1181	25	0.4762	
90	142	中州学刊	0.244426	11	0.1464	316	2.9031	★
91	142	云南师范大学学报.哲学社会科学版	0.325927	11	0.2247	187	6.5694	★
92	163	政治学研究	0.369518	10	0.6202	139	4.7437	★
93	163	河南师范大学学报.哲学社会科学版	0.099128	10	0.1197	167	1.3087	★
94	163	中国青年政治学院学报	0.221932	10	0.0738	173	3.3490	★
95	163	管理科学学报	0.393641	10	0.9978	139	1.3500	★
96	163	复旦学报.社会科学版	0.683025	10	0.3684	341	14.4083	★
97	163	文艺研究	0.281266	10	0.2282	464	4.2026	★
98	163	学术交流	0.18262	10	0.0941	223	1.4270	★

(续表 4－54)

序号	分学科被引位次	刊　　名	综合值	分学科总被引	五年影响因子	总转摘量	加权转摘率	核心刊2013
99	163	厦门大学学报. 哲学社会科学版	0.562104	10	0.2924	244	11.8975	★
100	163	南京师大学报. 社会科学版	0.307508	10	0.2160	216	6.0297	★
101	163	理论与现代化	0.123584	10	0.1147	44	0.8079	
102	163	新疆师范大学学报. 哲学社会科学版	0.156324	10	0.1450	61	2.8825	★
103	163	电影艺术	0.125398	10	0.1973	109	1.5032	★
104	163	陕西师范大学学报. 哲学社会科学版	0.50818	10	0.2194	247	10.8574	★
105	163	江海学刊	0.508102	10	0.2886	527	8.8768	★
106	182	探索	0.166471	9	0.1912	131	1.1734	★
107	182	东南大学学报. 哲学社会科学版	0.173485	9	0.1876	98	3.1259	★
108	182	预测	0.260726	9	0.2749	46	1.1031	★
109	182	西北大学学报. 哲学社会科学版	0.115406	9	0.1489	121	1.7252	★
110	182	武汉体育学院学报	0.245872	9	0.3154	61	0.5072	★
111	182	社科纵横	0.074984	9	0.0378	25	0.0790	
112	182	中国工业经济	0.667634	9	1.6832	317	5.6926	★
113	182	吉林大学社会科学学报	0.640764	9	0.3363	301	10.5627	★
114	182	江苏社会科学	0.363354	9	0.2730	339	4.8635	★
115	182	云南社会科学	0.268279	9	0.2014	147	3.3206	★
116	182	江苏师范大学学报. 哲学社会科学版	0.230388	9	0.1143	151	4.7002	★
117	182	农业考古	0.079661	9	0.0661	7	0.0500	★
118	182	研究与发展管理	0.251751	9	0.6017	31	0.5219	★
119	182	辽宁师范大学学报. 社会科学版	0.044431	9	0.0553	26	0.4625	
120	202	社会	0.564865	8	0.9435	132	9.4899	★
121	202	史林	0.261851	8	0.1910	194	4.0098	★
122	202	国家图书馆学刊	0.190876	8	0.7419	61	1.0668	★
123	202	郑州大学学报. 哲学社会科学版	0.19574	8	0.1220	243	3.7195	★
124	202	中国管理科学	0.316896	8	0.5433	49	0.8121	★
125	202	自然辩证法通讯	0.194159	8	0.1766	103	1.9723	
126	202	档案学通讯	0.168157	8	0.2114	108	1.5617	★
127	202	重庆理工大学学报. 社会科学版	0.099418	8	0.1066	52	0.0956	★

（续表 4 – 54）

序号	分学科 被引位次	刊 名	综合值	分学科 总被引	五年影 响因子	总转 摘量	加权 转摘率	核心刊 2013
128	202	国际论坛	0.192272	8	0.2616	74	2.1663	★
129	202	杭州师范大学学报. 社会科学版	0.046196	8	0.1053	84	0.4052	★
130	202	外国经济与管理	0.395083	8	0.6104	140	3.5781	★
131	202	中山大学学报. 社会科学版	0.471023	8	0.3619	336	9.4756	★
132	202	文献	0.068086	8	0.0983	12	0.2527	
133	202	人文杂志	0.319618	8	0.1773	252	4.9252	★
134	202	贵州社会科学	0.209713	8	0.1939	187	2.2907	★
135	202	心理学报	0.396629	8	0.9564	83	1.4264	★
136	202	四川大学学报. 哲学社会科学版	0.256828	8	0.1907	150	5.0497	★
137	237	深圳大学学报. 人文社会科学版	0.269157	7	0.1442	222	5.5912	★
138	237	管理世界	0.647328	7	1.8270	335	3.2678	★
139	237	心理科学	0.258502	7	0.2852	87	0.4512	★
140	237	黑龙江社会科学	0.131443	7	0.0690	88	1.0124	
141	237	成都大学学报. 社会科学版	0.026537	7	0.0536	11	0.1474	
142	237	山东社会科学	0.191696	7	0.1229	291	2.2492	★
143	237	河北学刊	0.356697	7	0.1395	572	5.9770	★
144	237	理论导刊	0.111968	7	0.0850	42	0.2037	
145	237	青年研究	0.245398	7	0.4637	67	3.1566	★
146	237	浙江社会科学	0.339098	7	0.2935	303	4.6804	★
147	237	苏州大学学报. 哲学社会科学版	0.157175	7	0.0909	127	3.0357	★
148	237	道德与文明	0.210179	7	0.1861	150	2.2479	★
149	237	广西师范大学学报. 哲学社会科学版	0.069624	7	0.1669	60	0.7192	★
150	237	上海交通大学学报. 哲学社会科学版	0.365506	7	0.1505	257	4.1721	★
151	237	湖南大学学报. 社会科学版	0.128949	7	0.1646	116	2.1888	★
152	237	体育科学	0.290412	7	0.6596	72	0.9334	★
153	237	暨南学报. 哲学社会科学版	0.099467	7	0.1776	77	1.4261	★
154	237	东北大学学报. 社会科学版	0.189561	7	0.1848	55	1.7656	★
155	237	世界经济与政治	0.507857	7	0.7341	276	8.0053	★
156	237	北京社会科学	0.164899	7	0.2543	53	1.6210	★

二、新闻学与传播学专业核心期刊表测定步骤

1. 从上述核心期刊的备选表中挑出新闻学与传播学类专业期刊 11 种及析出的该专业核心期刊备选表送专家评审；

2. 将专家评审结果作隶属度处理后与数据"综合值"作加权运算，加权系数分别为 0.3 和 0.7；

3. 其运算结果再根据其他评价指标的运算结果作调整；

4. 经综合分析后，选出新闻学与传播学专业核心期刊 8 种。见表 4 - 55。

表 4 - 55　新闻学与传播学专业核心期刊表

位次	刊　　名	主 办 单 位	综合评价值	
1	编辑学报	中国科学技术期刊编辑学会	0.997551	
2	中国科技期刊研究	中国科学院自然科学期刊编辑研究会，中国科学院文献情报中心	0.740139	
3	新闻与传播研究	中国社会科学院新闻与传播研究所	0.546635	
4	国际新闻界	中国人民大学	0.518285	
5	现代传播（中国传媒大学学报）	中国传媒大学	0.472280	
6	编辑之友	山西出版集团	0.462643	
7	出版发行研究	中国新闻出版研究院	0.459945	
8	中国出版	中国新闻出版传媒集团	0.454489	

三、结果分析

在 2391 种新闻学与传播学类期刊引证表中，被引频次累积量达 80.02% 时，期刊累积数为 542 种（其中新闻学与传播学专业期刊 11 种），占被引用期刊总数的 22.67%；被引频次累积量达 37.55% 时，期刊累积数为 24 种（其中新闻学与传播学 11 种）。统计数据表明，新闻学与传播学类被引用期刊的被引聚散效应明显，新闻学与传播学专业期刊以及情报学专业期刊的被引用率相对较高，其中本学科专业期刊占据了前八位。经过综合评价，最后选定 8 种新闻学与传播学专业期刊为核心期刊。

教育学专业核心期刊研制报告

一、教育学类期刊引证表的生成过程

1. 根据对样本中的 47855 篇教育学类论文统计，其施引文献量为 32147 篇，总施引频次为 127586 次，被施引文献引用过的期刊共有 3590 种（其中来源期刊 618 种）；把上述被引期刊的 2011 年分学科被引频次递减排列，取其居前的 183 种来源期刊生成高被引频次的期刊引证表。

2. 根据教育学类期刊引证表中的评价指标分别作系数加权，作隶属度运算后生成数据综合值（即表中的"综合值"），作为质量指标。

3. 取含有 183 种期刊的引证表，按分学科被引位次排列生成有多项指标的教育学类期刊引证表，即教育学专业核心期刊的备选表。见表 4－56。

表 4－56　教育学类期刊引证表

序号	分学科被引位次	刊　　名	综合值	分学科总被引	五年影响因子	总转摘量	加权转摘率	核心刊2013
1	1	教育研究	2.890932	1254	0.6626	427	6.1491	★
2	2	高等教育研究	2.006293	882	0.4705	230	3.0927	★
3	3	教育发展研究	1.228502	585	0.1953	326	1.9308	★
4	4	中国高教研究	0.987842	449	0.1956	109	0.8194	★
5	5	比较教育研究	1.027141	448	0.2135	153	1.5264	★
6	7	江苏高教	0.769628	356	0.1458	69	0.4852	★
7	8	清华大学教育研究	1.013639	303	0.3764	129	3.2102	★
8	9	中国特殊教育	0.734089	289	0.2953	5	0.0742	★
9	10	教育理论与实践	0.575848	287	0.0593	195	0.5564	★
10	11	外国教育研究	0.736226	286	0.1766	108	1.0955	★
11	12	学位与研究生教育	0.771822	285	0.2335	559	1.5239	★
12	13	课程·教材·教法	0.798756	283	0.1598	355	3.4329	★
13	14	全球教育展望	0.705933	274	0.1506	165	1.6744	★
14	15	北京大学教育评论	1.3469	262	0.5096	151	9.4346	★
15	16	中国教育学刊	0.626883	258	0.1276	191	1.5796	★

(续表 4－56)

序号	分学科被引位次	刊　名	综合值	分学科总被引	五年影响因子	总转摘量	加权转摘率	核心刊2013
16	19	心理科学	0.593749	207	0.2852	87	0.4512	★
17	20	国家教育行政学院学报	0.511303	192	0.1452	81	0.9465	★
18	21	北京师范大学学报.社会科学版	1.108562	183	0.3704	415	15.6758	★
19	22	高等工程教育研究	0.57358	181	0.2337	56	1.0757	★
20	25	教育研究与实验	0.524721	167	0.2194	83	0.2226	★
21	28	教育与经济	0.647763	146	0.2800	35	1.5369	★
22	31	教育科学	0.49632	137	0.1519	67	1.3654	★
23	35	中国社会科学	1.603073	131	2.8709	478	18.9791	★
24	37	心理学报	0.637607	129	0.9564	83	1.4264	★
25	39	经济研究	1.71436	122	5.6514	368	8.3086	★
26	41	东北师大学报.哲学社会科学版	0.387811	120	0.2952	129	2.0831	★
27	44	教育评论	0.302286	116	0.0547	30	0.2040	
28	47	教育学报	0.548421	99	0.2123	120	3.1072	★
29	51	心理发展与教育	0.537789	96	0.4818	87	1.9749	★
30	54	中国青年研究	0.307826	94	0.1928	93	0.6769	★
31	55	教育学术月刊	0.206842	93	0.0510	144	0.5461	★
32	57	民族教育研究	0.341147	90	0.1315	26	0.3716	★
33	60	西南大学学报.社会科学版	0.210788	87	0.1985	183	0.1002	★
34	63	科学学与科学技术管理	0.460622	81	0.4626	196	1.1409	★
35	70	社会学研究	1.085812	76	2.7486	158	10.3942	★
36	75	科技进步与对策	0.34873	70	0.2288	119	0.4348	★
37	78	华中师范大学学报.人文社会科学版	0.844869	69	0.6144	348	14.1502	★
38	80	科学学研究	0.502914	65	0.8300	146	1.6762	★
39	89	青年研究	0.381817	61	0.4637	67	3.1566	★
40	90	中国心理卫生杂志	0.267165	59	0.2058	102	0.3760	★
41	91	西北师大学报.社会科学版	0.355017	58	0.2181	172	4.5521	★
42	92	西南民族大学学报.人文社会科学版	0.188543	57	0.1570	191	0.9015	★
43	92	思想政治教育研究	0.152805	57	0.0703	56	0.4613	★
44	94	求是	0.238417	56	0.2399	255	1.8035	★

（续表 4 – 56）

序号	分学科 被引位次	刊　　名	综合值	分学科 总被引	五年影 响因子	总转 摘量	加权 转摘率	核心刊 2013
45	95	心理科学进展	0.417551	55	0.6341	128	1.4086	★
46	98	重庆邮电大学学报.社会科学版	0.25556	53	0.2146	46	0.9224	★
47	99	南京师大学报.社会科学版	0.392216	51	0.2160	216	6.0297	★
48	99	河南师范大学学报.哲学社会科学版	0.177088	51	0.1197	167	1.3087	★
49	101	研究与发展管理	0.363753	50	0.6017	31	0.5219	★
50	101	哲学研究	0.575014	50	0.4143	600	7.6966	★
51	104	科研管理	0.484353	48	0.8821	356	1.7106	★
52	108	华东师范大学学报.哲学社会科学版	0.444346	46	0.2543	191	7.4227	★
53	108	北京大学学报.哲学社会科学版	0.760129	46	0.4666	449	14.0962	★
54	108	图书情报工作	0.416562	46	0.7251	370	0.8771	★
55	108	华南师范大学学报.社会科学版	0.224207	46	0.1522	115	2.4498	★
56	108	社会科学战线	0.340957	46	0.1514	511	3.2710	★
57	108	中华女子学院学报	0.24211	46	0.2813	55	0.8294	
58	114	高教发展与评估	0.226465	45	0.0775	37	1.3322	
59	116	管理世界	0.719528	44	1.8270	335	3.2678	★
60	117	自然辩证法研究	0.324809	43	0.2245	227	2.7843	★
61	117	中国人口科学	0.667218	43	1.1017	140	7.7275	★
62	122	中国行政管理	0.302208	39	0.4031	205	1.6136	★
63	122	继续教育	0.113676	39	0.0385	39	0.3333	
64	122	外语界	0.294429	39	0.6942	5	0.1235	★
65	126	湖北社会科学	0.185486	38	0.0755	149	0.7036	★
66	132	广西师范大学学报.哲学社会科学版	0.141988	36	0.1669	60	0.7192	★
67	135	中国软科学	0.452416	35	0.8303	207	2.1873	★
68	140	探索与争鸣	0.266663	33	0.2244	287	3.0399	★
69	140	外语教学与研究	0.348372	33	0.7969	27	1.0302	★
70	143	高校教育管理	0.165794	32	0.0624	26	0.7793	
71	143	陕西师范大学学报.哲学社会科学版	0.568086	32	0.2194	247	10.8574	★
72	146	中国科技论坛	0.301459	31	0.3109	132	1.2375	★
73	146	学术界	0.219885	31	0.1454	169	1.7253	★

（续表 4 - 56）

序号	分学科被引位次	刊　名	综合值	分学科总被引	五年影响因子	总转摘量	加权转摘率	核心刊2013
74	146	河北师范大学学报.哲学社会科学版	0.157326	31	0.0996	74	1.6386	★
75	146	社会科学论坛	0.111574	31	0.0670	69	0.3707	
76	153	学术论坛	0.195296	30	0.1246	154	0.7321	★
77	153	江西社会科学	0.261508	30	0.1671	328	2.0553	★
78	153	山东师范大学学报.人文社会科学版	0.103444	30	0.0960	62	0.9525	
79	157	重庆大学学报.社会科学版	0.206426	29	0.2500	101	2.2903	★
80	157	国外社会科学	0.272799	29	0.1983	130	2.9507	★
81	157	河北大学学报.哲学社会科学版	0.166175	29	0.1899	100	1.7252	★
82	165	中国人民大学学报	0.733728	28	0.5622	429	12.4230	★
83	165	当代青年研究	0.118941	28	0.0975	73	0.8567	
84	165	软科学	0.293748	28	0.3043	75	0.5030	★
85	165	首都师范大学学报.社会科学版	0.229068	28	0.1267	157	3.5580	★
86	170	学术研究	0.415458	27	0.2495	492	5.6582	★
87	170	重庆理工大学学报.社会科学版	0.127904	27	0.1066	52	0.0956	
88	170	现代情报	0.185524	27	0.2234	58	0.1240	
89	170	江海学刊	0.543278	27	0.2886	527	8.8768	★
90	170	情报杂志	0.308255	27	0.4088	132	0.3168	
91	181	社会科学家	0.178595	26	0.1178	69	0.3729	★
92	181	浙江师范大学学报.社会科学版	0.087088	26	0.1560	113	0.0138	★
93	181	求索	0.196323	26	0.1305	145	0.5287	★
94	181	沈阳师范大学学报.社会科学版	0.06432	26	0.0507	36	0.3287	★
95	181	浙江大学学报.人文社会科学版	0.134064	26	0.5146	346	0.0420	★
96	191	江苏社会科学	0.387342	25	0.2730	339	4.8635	★
97	191	中国青年政治学院学报	0.262134	25	0.0738	173	3.3490	★
98	191	四川师范大学学报.社会科学版	0.17994	25	0.1386	90	2.3961	★
99	191	理论月刊	0.133687	25	0.0701	82	0.3397	
100	191	情报科学	0.268531	25	0.4929	204	0.7203	★
101	198	人口研究	0.527332	24	1.3923	106	4.8488	★
102	198	道德与文明	0.253872	24	0.1861	150	2.2479	★

（续表 4 – 56）

序号	分学科被引位次	刊 名	综合值	分学科总被引	五年影响因子	总转摘量	加权转摘率	核心刊2013
103	198	黑龙江民族丛刊	0.176935	24	0.1333	69	0.7103	★
104	198	情报理论与实践	0.323487	24	0.5791	199	0.9924	★
105	198	中南民族大学学报.人文社会科学版	0.135162	24	0.1748	99	1.5069	★
106	198	河南社会科学	0.240056	24	0.1659	221	2.5149	★
107	207	江西师范大学学报.哲学社会科学版	0.122243	23	0.1741	53	1.0083	
108	207	社科纵横	0.098373	23	0.0378	25	0.0790	
109	207	清华大学学报.哲学社会科学版	0.944239	23	0.5560	403	18.4067	★
110	207	社会科学	0.404867	23	0.3729	461	5.2003	★
111	207	高校理论战线	0.164869	23	0.1137	125	1.7567	
112	207	内蒙古师范大学学报.哲学社会科学（汉文）版	0.084437	23	0.0788	31	0.4766	
113	207	浙江社会科学	0.363086	23	0.2935	303	4.6804	★
114	207	哲学动态	0.333204	23	0.1836	367	4.8045	★
115	207	厦门大学学报.哲学社会科学版	0.581594	23	0.2924	244	11.8975	★
116	207	经济社会体制比较	0.364576	23	0.4329	200	3.8700	★
117	224	学术月刊	0.189272	22	0.4081	848	0.0077	★
118	224	中国地质大学学报.社会科学版	0.346656	22	0.1731	122	3.5394	★
119	224	湖南社会科学	0.171795	22	0.0954	102	1.0249	★
120	224	贵州民族研究	0.16101	22	0.1672	26	0.2637	★
121	224	社会	0.620574	22	0.9435	132	9.4899	★
122	224	图书情报知识	0.31541	22	0.6821	170	2.0793	★
123	235	郑州大学学报.哲学社会科学版	0.21523	21	0.1220	243	3.7195	★
124	235	云南师范大学学报.哲学社会科学版	0.34092	21	0.2247	187	6.5694	★
125	235	探索	0.184462	21	0.1912	131	1.1734	★
126	241	西安交通大学学报.社会科学版	0.470597	20	0.2962	126	6.6570	★
127	241	应用心理学	0.230112	20	0.1929	22	0.8059	
128	241	广西民族大学学报.哲学社会科学版	0.123273	20	0.1942	73	1.2713	★
129	241	图书馆论坛	0.221508	20	0.5525	76	0.3383	★
130	241	湖南科技大学学报.社会科学版	0.195031	20	0.1854	127	0.0722	★
131	241	广西社会科学	0.146053	20	0.0667	54	0.2946	

（续表 4－56）

序号	分学科被引位次	刊　名	综合值	分学科总被引	五年影响因子	总转摘量	加权转摘率	核心刊 2013
132	241	北京体育大学学报	0.210211	20	0.2524	55	0.2365	★
133	241	求实	0.154511	20	0.1020	56	0.4558	★
134	241	辽宁师范大学学报.社会科学版	0.071379	20	0.0553	26	0.4625	
135	256	江苏教育学院学报.社会科学版	0.038298	19	0.0148	17	0.1419	
136	256	社会科学研究	0.420309	19	0.2860	353	6.0471	★
137	256	教学与研究	0.371522	19	0.2752	354	5.4046	★
138	256	天津师范大学学报.社会科学版	0.520777	19	0.1462	181	11.1583	★
139	256	湖北大学学报.哲学社会科学版	0.177918	19	0.1056	123	2.7437	★
140	269	改革与战略	0.152012	18	0.1315	68	0.2520	★
141	269	青年探索	0.145807	18	0.1136	43	0.6626	
142	269	历史教学	0.104484	18	0.0606	46	0.4853	
143	269	甘肃社会科学	0.234261	18	0.1658	233	2.1347	★
144	269	福建师范大学学报.哲学社会科学版	0.132166	18	0.1332	84	1.9254	★
145	269	大学图书馆学报	0.305606	18	1.1783	118	1.2260	★
146	269	自然辩证法通讯	0.209151	18	0.1766	103	1.9723	
147	269	南京社会科学	0.278198	18	0.2116	322	3.3799	★
148	284	浙江树人大学学报	0.093976	17	0.0660	21	0.4162	
149	284	理论导刊	0.12696	17	0.0850	42	0.2037	
150	284	山西师大学报.社会科学版	0.154067	17	0.0752	114	2.4253	★
151	284	外国经济与管理	0.423094	17	0.6104	140	3.5781	★
152	284	马克思主义与现实	0.261425	17	0.2347	231	3.1531	★
153	284	民族研究	0.308689	17	0.5850	99	3.2391	★
154	284	图书馆理论与实践	0.18502	17	0.3669	190	0.6480	
155	284	体育科学	0.31709	17	0.6596	72	0.9334	★
156	284	浙江学刊	0.345706	17	0.1783	268	4.9431	★
157	284	河南大学学报.社会科学版	0.350827	17	0.1353	251	6.9224	★
158	301	贵州社会科学	0.228087	16	0.1939	187	2.2907	★
159	301	武汉大学学报.哲学社会科学版	0.259827	16	0.1094	128	2.9425	★
160	301	四川理工学院学报.社会科学版	0.087806	16	0.0824	19	0.4079	

（续表 4 – 56）

序号	分学科被引位次	刊　名	综合值	分学科总被引	五年影响因子	总转摘量	加权转摘率	核心刊2013
161	301	外语与外语教学（大连外国语学院学报）	0.182519	16	0.3326	11	0.1321	★
162	301	学术交流	0.191615	16	0.0941	223	1.4270	★
163	301	天津社会科学	0.413943	16	0.2403	287	6.5472	★
164	301	上海体育学院学报	0.284291	16	0.5459	34	0.5239	★
165	315	情报学报	0.454051	15	0.9593	765	3.5124	★
166	315	社会主义研究	0.25267	15	0.2140	133	1.9499	★
167	315	河北学刊	0.368691	15	0.1395	572	5.9770	★
168	315	安徽师范大学学报.人文社会科学版	0.116371	15	0.1288	73	1.7083	★
169	315	东南学术	0.289304	15	0.2545	156	3.5389	★
170	315	生产力研究	0.115856	15	0.0750	58	0.0727	
171	315	人口学刊	0.448171	15	0.6943	65	4.3439	★
172	315	广西大学学报.哲学社会科学版	0.057145	15	0.0887	26	0.2958	
173	315	湖南师范大学社会科学学报	0.461915	15	0.2017	272	7.2978	★
174	315	西北民族大学学报.哲学社会科学版	0.066669	15	0.1323	35	0.4896	
175	315	学术探索	0.167209	15	0.1458	75	1.4426	
176	315	现代传播（中国传媒大学学报）	0.106582	15	0.1718	132	1.0227	★
177	315	科学管理研究	0.212502	15	0.2718	37	0.7044	★
178	336	经济学（季刊）	0.277844	14	1.9323	6	0.4557	★
179	336	学习与探索	0.330895	14	0.2238	355	4.0954	★
180	336	东岳论丛	0.209084	14	0.1401	227	2.2677	★
181	336	江苏师范大学学报.哲学社会科学版	0.237884	14	0.1143	151	4.7002	★
182	336	世界经济	0.670511	14	2.1499	151	4.8163	★
183	336	历史研究	0.636952	14	0.6402	279	10.5192	★

二、教育学专业核心期刊表测定步骤

1. 从上述核心期刊的备选表中挑出教育学类专业期刊 30 种及析出的该专业核心期刊备选表送专家评审；

2. 将专家评审结果作隶属度处理后与数据"综合值"作加权运算，加权系

数分别为 0.3 和 0.7;

　3. 其运算结果再根据其他评价指标的运算结果作调整;

　4. 经综合分析后,选出教育学专业核心期刊 24 种。见表 4 - 57。

表 4 - 57　教育学专业核心期刊表

位次	刊　名	主 办 单 位	综合评价值	
1	教育研究	中央教育科学研究所	0.999981	
2	高等教育研究	华中科技大学,中国高等教育学研究会	0.775990	
3	北京大学教育评论	北京大学	0.610392	
4	教育发展研究	上海市教育科学研究院,上海市高等教育学会	0.559096	
5	清华大学教育研究	清华大学	0.515326	
6	比较教育研究	北京师范大学	0.508076	
7	中国高教研究	中国高等教育学会	0.489563	
8	课程·教材·教法	人民教育出版社有限公司	0.434445	
9	江苏高教	江苏教育报刊总社	0.430300	
10	学位与研究生教育	国务院学位委员会	0.425183	
11	外国教育研究	东北师范大学	0.421079	
12	中国特殊教育	中央教育科学研究所	0.409860	
13	全球教育展望	华东师范大学	0.405656	
14	教育与经济	华中师范大学,中国教育经济学会研究会	0.392260	
15	中国教育学刊	中国教育学会	0.378583	
16	教育学报	北京师范大学	0.365449	
17	高等工程教育研究	华中科技大学,中国工程院教育委员会,中国高等工程教育研究会,全国重点理工大学教学改革协作组	0.362834	
18	教育理论与实践	山西省教育科学研究院,山西省教育学会	0.358523	
19	教育研究与实验	华中师范大学	0.349579	
20	国家教育行政学院学报	国家教育行政学院	0.337209	
21	教育科学	辽宁师范大学	0.330764	
22	民族教育研究	中央民族大学	0.291958	
23	教育学术月刊	江西省教育科学研究所,江西省教育学会	0.247774	
24	思想政治教育研究	哈尔滨理工大学	0.242159	

三、结果分析

在 3750 种教育学类期刊引证表中，被引频次累积量达 80% 时，期刊累积数为 980 种（其中教育学专业期刊 34 种），占被引用期刊总数的 26.13%；被引频次累积量达 40.55% 时，期刊累积数为 55 种（其中教育学 24 种）。统计数据显示，教育学类期刊的被引聚散效应较为明显，大部分教育学专业期刊居核心区前列并且被引用率较高。经过综合评价，最后选出 24 种教育学专业期刊为核心期刊，其中《教育研究》和《高等教育研究》占有明显的优势。

体育学专业核心期刊研制报告

一、体育学类期刊引证表的生成过程

1. 根据对样本中的 17421 篇体育学类论文统计，其施引文献量为 15234 篇，总施引频次为 81006 次，被施引文献引用过的期刊共有 2251 种（其中来源期刊 483 种）；把上述被引期刊的 2011 年分学科被引频次递减排列，取其居前的 28 种来源期刊生成高被引频次的期刊引证表。

2. 根据体育学类期刊引证表中的评价指标分别作系数加权，作隶属度运算后生成数据综合值（即表中的"综合值"），作为质量指标。

3. 取含有 28 种期刊的引证表，按分学科被引位次排列生成有多项指标的体育学类期刊引证表，即体育学专业核心期刊的备选表。见表 4－58。

表 4－58　体育学类期刊引证表

序号	分学科被引位次	刊　　名	综合值	分学科总被引	五年影响因子	总转摘量	加权转摘率	核心刊2013
1	1	北京体育大学学报	2.098594	1136	0.2524	55	0.2365	★
2	2	体育科学	2.255535	967	0.6596	72	0.9334	★
3	3	体育学刊	1.494381	703	0.3395	31	0.2169	★
4	4	体育文化导刊	1.286596	660	0.2147	40	0.2091	★
5	5	天津体育学院学报	1.645227	650	0.5487	32	0.4469	★
6	6	武汉体育学院学报	1.401584	608	0.3154	61	0.5072	★
7	7	中国体育科技	1.308149	571	0.3453	18	0.2278	★

（续表 4 - 58）

序号	分学科被引位次	刊　名	综合值	分学科总被引	五年影响因子	总转摘量	加权转摘率	核心刊2013
8	8	上海体育学院学报	1.498613	528	0.5459	34	0.5239	★
9	9	西安体育学院学报	1.215699	498	0.3470	32	0.3844	★
10	10	成都体育学院学报	0.906705	426	0.1854	35	0.2511	
11	11	体育与科学	0.99164	401	0.3365	35	0.5163	★
12	12	广州体育学院学报	0.731259	311	0.1986	14	0.1546	
13	13	山东体育学院学报	0.712977	304	0.1686	35	0.2950	
14	14	沈阳体育学院学报	0.602181	255	0.1533	14	0.1511	★
15	36	心理科学	0.309477	41	0.2852	87	0.4512	★
16	40	心理学报	0.458521	34	0.9564	83	1.4264	★
17	48	教育研究	0.509162	25	0.6626	427	6.1491	★
18	54	高等教育研究	0.324164	18	0.4705	230	3.0927	★
19	55	心理科学进展	0.335556	17	0.6341	128	1.4086	★
20	57	西南民族大学学报.人文社会科学版	0.1201	16	0.1570	191	0.9015	★
21	62	中国人民大学学报	0.714238	15	0.5622	429	12.4230	★
22	62	社会学研究	0.907916	15	2.7486	158	10.3942	★
23	66	贵州民族研究	0.13738	14	0.1672	26	0.2637	★
24	66	旅游学刊	0.268824	14	0.6353	107	1.0484	★
25	71	数理统计与管理	0.214781	13	0.2973	48	0.6404	★
26	71	教育发展研究	0.211611	13	0.1953	326	1.9308	★
27	71	中国工业经济	0.673631	13	1.6832	317	5.6926	★
28	71	课程·教材·教法	0.259015	13	0.1598	355	3.4329	★

二、体育学专业核心期刊表测定步骤

1. 从上述核心期刊的备选表中挑出体育学类专业期刊 14 种及析出的该专业核心期刊备选表送专家评审；

2. 将专家评审结果作隶属度处理后与数据"综合值"作加权运算，加权系数分别为 0.3 和 0.7；

3. 其运算结果再根据其他评价指标的运算结果作调整；

4. 经综合分析后，选出体育学专业核心期刊 11 种。见表 4 - 59。

表 4-59 体育学专业核心期刊表

位次	刊 名	主 办 单 位	综合评价值	
1	体育科学	中国体育科学学会	1.000000	
2	北京体育大学学报	北京体育大学	0.943948	
3	天津体育学院学报	天津体育学院	0.797574	
4	上海体育学院学报	上海体育学院	0.749654	
5	体育学刊	华南理工大学，华南师范大学	0.741932	
6	武汉体育学院学报	武汉体育学院	0.708168	
7	中国体育科技	国家体育总局体育科学研究所	0.681439	
8	体育文化导刊	国家体育总局体育文化发展中心	0.653448	
9	西安体育学院学报	西安体育学院	0.636474	
10	体育与科学	江苏省体育科学研究所	0.583697	
11	沈阳体育学院学报	沈阳体育学院	0.452652	

三、结果分析

在 2251 种体育学类期刊引证表中，被引频次累积量达 80.02% 时，期刊累积数为 292 种（其中体育学专业期刊 14 种），占被引用期刊总数的 12.97%；被引频次累积量达 51.67% 时，期刊累积数为 14 种，全部为体育学专业期刊。统计数据表明，体育学类被引用期刊的数量相对较多，但高被引用率期刊主要集中为本学科专业期刊。经综合评价，最后选定 11 种体育学专业期刊为核心期刊。

第十编 环境科学

环境科学专业核心期刊研制报告

一、环境科学类期刊引证表的生成过程

1. 根据对样本中的 8000 篇环境科学类论文统计，其施引文献量为 4679 篇，总施引频次为 27925 次，被施引文献引用过的期刊共有 1667 种（其中来源期刊 434 种）；把上述被引期刊的 2011 年分学科被引频次递减排列，取其居前的 124 种来源期刊生成高被引频次的期刊引证表。

2. 根据环境科学类期刊引证表中的评价指标分别作系数加权，作隶属度运算后生成数据综合值（即表中的"综合值"），作为质量指标。

3. 取含有 124 种期刊的引证表，按分学科被引位次排列生成有多项指标的环境科学类期刊引证表，即环境科学专业核心期刊的备选表。见表 4 – 60。

表 4 – 60　环境科学类期刊引证表

序号	分学科被引位次	刊　　名	综合值	分学科总被引	五年影响因子	总转摘量	加权转摘率	核心刊 2013
1	3	经济研究	1.987577	208	5.6514	368	8.3086	★
2	4	自然资源学报	0.614592	161	0.5230	158	0.0022	★
3	7	长江流域资源与环境	0.591558	147	0.5143	16	0.1730	★
4	7	资源科学	0.617684	147	0.5886	51	0.4096	★
5	9	地理研究	0.69393	128	1.1240	53	0.5809	
6	10	环境保护	0.271184	121	0.0946	61	0.2342	
7	12	生态经济	0.352638	96	0.1609	62	0.2592	★
8	13	中国工业经济	0.862949	88	1.6832	317	5.6926	★
9	16	管理世界	0.750431	58	1.8270	335	3.2678	★
10	17	中国软科学	0.512994	57	0.8303	207	2.1873	★
11	19	数量经济技术经济研究	0.538301	54	1.7053	56	0.9464	★

（续表 4 – 60）

序号	分学科被引位次	刊 名	综合值	分学科总被引	五年影响因子	总转摘量	加权转摘率	核心刊 2013
12	26	统计研究	0.343297	43	0.7084	63	0.6142	★
13	27	社会学研究	0.948396	42	2.7486	158	10.3942	★
14	29	国际贸易问题	0.398508	38	0.6678	121	1.1301	★
15	30	中国社会科学	1.417583	37	2.8709	478	18.9791	★
16	33	经济地理	0.4167	35	0.7388	351	0.7980	★
17	41	世界经济	0.711235	28	2.1499	151	4.8163	★
18	42	中国行政管理	0.27962	26	0.4031	205	1.6136	★
19	46	世界经济与政治	0.534844	25	0.7341	276	8.0053	★
20	46	世界经济研究	0.319742	25	0.6542	118	1.6623	★
21	50	自然辩证法研究	0.281133	23	0.2245	227	2.7843	★
22	50	经济学（季刊）	0.34058	23	1.9323	6	0.4557	★
23	53	农业现代化研究	0.280111	22	0.3182	3	0.0582	
24	57	城市发展研究	0.218397	20	0.4151	55	0.6299	★
25	60	地域研究与开发	0.254698	19	0.3639	22	0.2492	★
26	60	城市问题	0.231928	19	0.3250	49	0.4902	★
27	60	经济学家	0.365432	19	0.7149	154	3.0831	★
28	60	财经研究	0.459389	19	0.9402	146	3.6853	★
29	64	经济理论与经济管理	0.345019	18	0.5577	178	2.9039	★
30	64	中国科技论坛	0.281969	18	0.3109	132	1.2375	★
31	64	地理与地理信息科学	0.264826	18	0.2720	20	0.2577	
32	72	财贸经济	0.411737	17	0.7431	292	3.0579	★
33	72	上海经济研究	0.209265	17	0.3654	93	1.2956	★
34	72	经济研究参考	0.10275	17	0.1297	148	0.3858	
35	72	马克思主义与现实	0.269554	17	0.2347	231	3.1531	★
36	72	农业经济问题	0.313882	17	0.6928	133	1.3001	★
37	72	求是	0.173645	17	0.2399	255	1.8035	★
38	72	软科学	0.273519	17	0.3043	75	0.5030	★
39	82	中国地质大学学报.社会科学版	0.331815	16	0.1731	122	3.5394	★
40	82	城市规划	0.183977	16	0.5338	24	0.2741	★

（续表 4 - 60）

序号	分学科被引位次	刊　　名	综合值	分学科总被引	五年影响因子	总转摘量	加权转摘率	核心刊2013
41	82	中国农村经济	0.439225	16	1.0807	120	2.5347	★
42	91	经济纵横	0.176912	15	0.1972	117	0.7727	★
43	91	清华大学学报.哲学社会科学版	0.932245	15	0.5560	403	18.4067	★
44	96	中国管理科学	0.337059	14	0.5433	49	0.8121	★
45	96	西南民族大学学报.人文社会科学版	0.117101	14	0.1570	191	0.9015	★
46	96	中国土地科学	0.291046	14	0.6837	486	1.3560	★
47	96	财经问题研究	0.287598	14	0.3833	158	1.9144	★
48	96	农业技术经济	0.273053	14	0.6354	60	0.9142	★
49	105	国外社会科学	0.246188	13	0.1983	130	2.9507	★
50	105	江苏社会科学	0.369351	13	0.2730	339	4.8635	★
51	105	教学与研究	0.362527	13	0.2752	354	5.4046	★
52	105	科技进步与对策	0.252906	13	0.2288	119	0.4348	★
53	105	经济评论	0.268534	13	0.5058	94	1.9188	★
54	105	北京大学学报.哲学社会科学版	0.710654	13	0.4666	449	14.0962	★
55	118	社会科学	0.388375	12	0.3729	461	5.2003	★
56	118	求索	0.171813	12	0.1305	145	0.5287	★
57	118	科研管理	0.401621	12	0.8821	356	1.7106	★
58	126	会计研究	0.38184	11	1.3500	77	0.9871	★
59	126	经济问题探索	0.211579	11	0.2383	135	0.5640	★
60	126	经济管理	0.259532	11	0.2375	254	1.8295	★
61	126	当代财经	0.329242	11	0.4548	253	2.8982	★
62	126	华中科技大学学报.社会科学版	0.204753	11	0.2142	109	2.1684	★
63	126	社会	0.569362	11	0.9435	132	9.4899	★
64	126	人文地理	0.311782	11	0.5968	70	0.8453	★
65	126	科学学研究	0.394515	11	0.8300	146	1.6762	★
66	141	财政研究	0.153453	10	0.2793	90	0.6699	★
67	141	南开经济研究	0.27846	10	0.7754	35	1.1944	★
68	141	华中师范大学学报.人文社会科学版	0.702678	10	0.6144	348	14.1502	★
69	141	马克思主义研究	0.297388	10	0.3421	343	3.8369	★

（续表 4 - 60）

序号	分学科被引位次	刊　名	综合值	分学科总被引	五年影响因子	总转摘量	加权转摘率	核心刊2013
70	141	学术交流	0.18262	10	0.0941	223	1.4270	★
71	141	科学与社会	0.029396	10	0.0365	17	0.6227	
72	141	管理科学学报	0.393641	10	0.9978	139	1.3500	★
73	156	生产力研究	0.1054	9	0.0750	58	0.0727	
74	156	复旦学报.社会科学版	0.681526	9	0.3684	341	14.4083	★
75	156	人口研究	0.468279	9	1.3923	106	4.8488	★
76	156	江西社会科学	0.225891	9	0.1671	328	2.0553	★
77	156	国外理论动态	0.177899	9	0.2051	186	2.6651	★
78	156	国际金融研究	0.260594	9	0.7062	128	1.9012	★
79	156	厦门大学学报.哲学社会科学版	0.560605	9	0.2924	244	11.8975	★
80	156	消费经济	0.151627	9	0.2366	19	0.3197	★
81	156	中南财经政法大学学报	0.273353	9	0.2806	121	2.8173	
82	156	经济体制改革	0.169796	9	0.2160	78	0.7084	★
83	177	中国发展	0.080757	8	0.0998	15	0.3429	
84	177	理论导刊	0.113467	8	0.0850	42	0.2037	
85	177	城市规划学刊	0.169168	8	0.6200	10	0.1949	★
86	177	财经论丛	0.300709	8	0.2848	83	3.4021	
87	177	中国金融	0.05481	8	0.1201	180	0.0012	★
88	177	学海	0.295204	8	0.2493	249	3.8512	★
89	177	税务研究	0.12895	8	0.2733	127	0.6358	★
90	177	学术研究	0.386972	8	0.2495	492	5.6582	★
91	177	经济问题	0.147627	8	0.1507	106	0.5179	
92	177	法商研究	0.539283	8	0.6981	251	7.6893	★
93	177	重庆理工大学学报.社会科学版	0.099418	8	0.1066	52	0.0956	★
94	177	改革	0.230796	8	0.2842	275	2.8871	★
95	202	预测	0.257727	7	0.2749	46	1.1031	★
96	202	青海社会科学	0.097147	7	0.0776	44	0.5064	
97	202	东北亚论坛	0.378349	7	0.3318	85	3.6568	★
98	202	现代城市研究	0.125016	7	0.1827	19	0.2326	

(续表 4 - 60)

序号	分学科被引位次	刊　　名	综合值	分学科总被引	五年影响因子	总转摘量	加权转摘率	核心刊2013
99	202	经济学动态	0.280746	7	0.3140	384	3.2809	★
100	202	开发研究	0.134503	7	0.1178	68	0.3285	★
101	202	云南师范大学学报.哲学社会科学版	0.31993	7	0.2247	187	6.5694	★
102	202	当代经济管理	0.054807	7	0.1319	61	0.5772	
103	202	探索	0.163473	7	0.1912	131	1.1734	★
104	202	科学管理研究	0.200508	7	0.2718	37	0.7044	★
105	202	浙江学刊	0.330714	7	0.1783	268	4.9431	★
106	202	现代日本经济	0.304455	7	0.4417	49	2.2552	★
107	202	法学评论	0.290588	7	0.3488	148	3.6182	★
108	202	南京社会科学	0.261706	7	0.2116	322	3.3799	★
109	202	湖南社会科学	0.140494	7	0.0954	102	1.0249	★
110	202	社会科学辑刊	0.213636	7	0.1209	190	2.3506	★
111	202	经济社会体制比较	0.32214	7	0.4329	200	3.8700	★
112	202	哲学研究	0.49931	7	0.4143	600	7.6966	★
113	234	科学学与科学技术管理	0.328955	6	0.4626	196	1.1409	★
114	234	道德与文明	0.20868	6	0.1861	150	2.2479	★
115	234	北京师范大学学报.社会科学版	0.734961	6	0.3704	415	15.6758	★
116	234	民族研究	0.292197	6	0.5850	99	3.2391	★
117	234	南京大学学报.哲学·人文科学·社会科学版	0.835269	6	0.4968	352	17.9789	★
118	234	财经科学	0.261309	6	0.3742	197	2.5273	★
119	234	旅游学刊	0.25683	6	0.6353	107	1.0484	★
120	234	河南大学学报.社会科学版	0.328475	6	0.1353	251	6.9224	★
121	234	商业研究	0.214598	6	0.1089	89	0.2991	★
122	234	国际经济合作	0.084088	6	0.1511	44	0.4382	★
123	234	浙江社会科学	0.337599	6	0.2935	303	4.6804	★
124	1	中国人口·资源与环境	1.103761	358	0.8778	89	0.8142	★

二、环境科学专业核心期刊表测定步骤

1. 从上述核心期刊的备选表中挑出环境科学类专业期刊5种及析出的该专业核心期刊备选表送专家评审；

2. 将专家评审结果作隶属度处理后与数据"综合值"作加权运算，加权系数分别为0.3和0.7；

3. 其运算结果再根据其他评价指标的运算结果作调整；

4. 经综合分析后，选出环境科学专业核心期刊4种。见表4-61。

表4-61　环境科学专业核心期刊表

位次	刊　名	主　办　单　位	综合评价值	
1	中国人口·资源与环境	中国可持续发展研究会，山东省可持续发展研究中心，中国21世纪议程管理中心，山东师范大学	0.717684	
2	资源科学	中国科学院地理科学与资源研究所，中国自然资源学会	0.617684	
3	自然资源学报	中国自然资源学会	0.614592	
4	长江流域资源与环境	中国科学院资源环境科学与技术局，中国科学院武汉文献情报中心	0.591558	

三、结果分析

在1667种环境科学类期刊引证表中，被引频次累积量达80%时，期刊累积数为457种（其中环境科学5种），占被引用期刊总数的27.41%；被引频次累积量达30.09%时，期刊累积数为19种（其中环境科学5种）。统计数据显示，环境科学类被引用期刊的被引聚散效应比较明显，环境科学类专业期刊在核心区内居前，考虑到在环境科学被引用期刊中，本专业期刊数量较少，非人文社会科学类期刊占有一定比例，因而在综合统计中排除了科技类期刊，最后选定4种环境科学专业期刊为核心期刊。

第十一编 综合性人文社会科学

综合性人文社会科学核心期刊研制报告

一、综合性人文社会科学期刊引证表的生成过程

1. 根据各分学科期刊引证报告的统计结果，汇集各分学科核心期刊备选表中的综合性人文社会科学期刊共186种，生成综合性人文社会科学期刊引证表。综合性人文社会科学期刊引证表所含5项指标，其中的"五年影响因子"、"总转摘量"和"加权转摘率"与各分学科报告中的数值一致；"核心指数"即"综合性期刊学科核心指数"，指该刊在各学科核心区影响程度的总值；"核心扩展度"即"综合性期刊学科核心扩展度"，指该综合性期刊进入各学科核心区的总数。"核心指数"和"核心扩展度"体现了综合刊在各学科核心区中呈现的深度和广度的存在。

2. 根据综合性人文社会科学期刊引证表中的评价指标分别作系数加权，作隶属度运算后，生成有多项指标的综合性人文社会科学期刊引证表，即综合性人文社会科学核心期刊的备选表。见表4-62。

表4-62 综合性人文社会科学期刊引证表

位次	刊 名	五年影响因子	总转摘量	加权转摘率	核心指数	核心扩展度	核心刊 2013
1	中国社会科学	2.8709	478	18.9791	20.95	30	★
2	北京大学学报.哲学社会科学版	0.4666	449	14.0962	14.48	27	★
3	南京大学学报.哲学·人文科学·社会科学版	0.4968	352	17.9789	8.94	20	★
4	华中师范大学学报.人文社会科学版	0.6144	348	14.1502	9.22	19	★
5	清华大学学报.哲学社会科学版	0.5560	403	18.4068	6.88	16	★
6	中国人民大学学报	0.5622	429	12.4230	11.26	23	★
7	学术月刊	0.4081	848	0.0077	13.27	23	★

（续表 4 - 62）

位次	刊　　　名	五年影响因子	总转摘量	加权转摘率	核心指数	核心扩展度	核心刊 2013
8	北京师范大学学报.社会科学版	0.3704	415	15.6758	8.05	17	★
9	复旦学报.社会科学版	0.3684	341	14.4083	9.35	20	★
10	文史哲	0.3069	373	14.3351	5.85	11	★
11	江海学刊	0.2886	527	8.8768	9.35	20	★
12	社会科学	0.3729	461	5.2003	12.05	24	★
13	中山大学学报.社会科学版	0.3619	336	9.4756	8.54	19	★
14	上海师范大学学报.哲学社会科学版	0.3370	282	13.4459	4.85	11	★
15	厦门大学学报.哲学社会科学版	0.2924	244	11.8975	6.04	14	★
16	学术研究	0.2495	492	5.6582	11.67	24	★
17	开放时代	0.7391	139	4.7640	5.60	11	★
18	吉林大学社会科学学报	0.3363	301	10.5627	4.27	10	★
19	南开学报.哲学社会科学版	0.2412	288	11.2829	5.33	12	★
20	江苏社会科学	0.2730	339	4.8635	9.04	17	★
21	社会科学战线	0.1514	511	3.2710	12.33	23	★
22	陕西师范大学学报.哲学社会科学版	0.2194	247	10.8574	5.39	11	★
23	社会科学研究	0.2860	353	6.0471	7.64	16	★
24	浙江社会科学	0.2935	303	4.6804	9.50	21	★
25	求索	0.1305	145	0.5287	12.99	26	★
26	天津社会科学	0.2403	287	6.5472	7.77	16	★
27	学习与探索	0.2238	355	4.0954	8.85	19	★
28	江西社会科学	0.1671	328	2.0553	10.86	22	★
29	华东师范大学学报.哲学社会科学版	0.2543	191	7.4227	5.08	11	★
30	求是学刊	0.1614	250	8.8607	5.32	12	★
31	浙江大学学报.人文社会科学版	0.5146	346	11.1547	9.83	23	★
32	浙江学刊	0.1783	268	4.9431	6.95	15	★
33	天津师范大学学报.社会科学版	0.1462	181	11.1583	1.37	3	★
34	河北学刊	0.1395	572	5.9770	6.93	15	★
35	湖南师范大学社会科学学报	0.2017	272	7.2978	4.86	12	★
36	南京师大学报.社会科学版	0.2160	216	6.0297	4.61	11	★

（续表 4 - 62）

位次	刊　　名	五年影响因子	总转摘量	加权转摘率	核心指数	核心扩展度	核心刊2013
37	南京社会科学	0.2116	322	3.3799	7.43	17	★
38	思想战线	0.2248	164	4.3978	6.32	11	★
39	国外社会科学	0.1983	130	2.9507	9.45	20	★
40	西安交通大学学报.社会科学版	0.2962	126	6.6570	3.41	8	★
41	河南大学学报.社会科学版	0.1353	251	6.9224	4.58	11	★
42	上海大学学报.社会科学版	0.2409	198	7.3848	3.34	8	★
43	云南师范大学学报.哲学社会科学版	0.2247	187	6.5694	4.40	11	★
44	江汉论坛	0.1350	314	3.2510	7.37	13	★
45	人文杂志	0.1773	252	4.9252	5.79	12	★
46	东北师大学报.哲学社会科学版	0.2952	129	2.0831	6.40	13	★
47	学海	0.2493	249	3.8512	5.17	11	★
48	中州学刊	0.1464	316	2.9031	6.46	13	★
49	甘肃社会科学	0.1658	233	2.1347	7.34	17	★
50	贵州社会科学	0.1939	187	2.2907	7.69	18	★
51	西北师大学报.社会科学版	0.2181	172	4.5521	4.32	9	★
52	广东社会科学	0.1746	268	5.6085	4.08	10	★
53	四川大学学报.哲学社会科学版	0.1907	150	5.0497	3.68	8	★
54	探索与争鸣	0.2244	287	3.0399	4.61	9	★
55	云南社会科学	0.2014	147	3.3206	5.21	10	★
56	山东大学学报.哲学社会科学版	0.2425	143	3.7354	3.50	9	★
57	东岳论丛	0.1401	227	2.2677	7.23	16	★
58	东南学术	0.2545	156	3.5389	3.79	9	★
59	深圳大学学报.人文社会科学版	0.1442	222	5.5912	3.42	9	★
60	山东社会科学	0.1229	291	2.2492	6.29	15	★
61	学术论坛	0.1246	154	0.7321	7.34	16	★
62	河南社会科学	0.1659	221	2.5149	4.65	11	★
63	学术界	0.1454	169	1.7253	6.33	13	★
64	上海交通大学学报.哲学社会科学版	0.1505	257	4.1721	3.59	10	★
65	郑州大学学报.哲学社会科学版	0.1220	243	3.7195	3.70	9	★

（续表 4 – 62）

位次	刊　　　名	五年影响因子	总转摘量	加权转摘率	核心指数	核心扩展度	核心刊2013
66	学术交流	0.0941	223	1.4270	7.38	17	★
67	重庆大学学报.社会科学版	0.2500	101	2.2903	4.00	10	★
68	社会科学辑刊	0.1209	190	2.3506	5.34	11	★
69	中国社会科学院研究生院学报	0.1549	143	4.2714	3.64	10	★
70	西南大学学报.社会科学版	0.1985	183	3.1678	5.94	14	★
71	云南大学学报.社会科学版	0.1420	95	5.9554	1.18	3	★
72	中国农业大学学报.社会科学版	0.3640	57	1.2180	3.57	8	★
73	浙江师范大学学报.社会科学版	0.1560	113	0.0138	2.66	6	★
74	江苏师范大学学报.哲学社会科学版	0.1143	151	4.7002	2.26	6	★
75	河南师范大学学报.哲学社会科学版	0.1197	167	1.3087	5.10	12	★
76	湘潭大学学报.哲学社会科学版	0.1620	123	2.2910	3.89	9	★
77	首都师范大学学报.社会科学版	0.1267	157	3.5580	2.64	6	★
78	兰州大学学报.社会科学版	0.2062	84	1.7758	3.53	8	★
79	西北大学学报.哲学社会科学版	0.1489	121	1.7252	4.29	11	★
80	河北大学学报.哲学社会科学版	0.1899	100	1.7252	4.43	11	★
81	东南大学学报.哲学社会科学版	0.1876	98	3.1259	2.30	6	★
82	北方论丛	0.0947	161	4.2259	2.13	4	★
83	北京社会科学	0.2543	53	1.6210	3.18	7	★
84	华中科技大学学报.社会科学版	0.2142	109	2.1684	2.88	7	★
85	社会科学家	0.1178	69	0.3729	5.05	12	★
86	安徽大学学报.哲学社会科学版	0.1469	113	2.5975	2.75	7	★
87	同济大学学报.社会科学版	0.1388	137	4.2364	1.37	3	★
88	四川师范大学学报.社会科学版	0.1386	90	2.3961	2.68	5	★
89	重庆邮电大学学报.社会科学版	0.2146	46	0.9224	4.27	10	★
90	中国地质大学学报.社会科学版	0.1731	122	3.5394	1.91	5	★
91	华南师范大学学报.社会科学版	0.1522	115	2.4498	1.99	5	★
92	福建师范大学学报.哲学社会科学版	0.1332	84	1.9254	3.78	10	★
93	苏州大学学报.哲学社会科学版	0.0909	127	3.0357	2.83	7	★
94	齐鲁学刊	0.1150	108	2.1742	3.21	6	★

(续表 4 – 62)

位次	刊　　名	五年影响因子	总转摘量	加权转摘率	核心指数	核心扩展度	核心刊2013
95	湖南大学学报.社会科学版	0.1646	116	2.1888	2.37	6	★
96	广西师范大学学报.哲学社会科学版	0.1669	60	0.7192	4.32	10	★
97	湖北大学学报.哲学社会科学版	0.1056	123	2.7437	2.75	7	★
98	暨南学报.哲学社会科学版	0.1776	77	1.4261	2.63	7	★
99	社会科学论坛	0.0670	69	0.3707	5.89	13	
100	重庆理工大学学报.社会科学版	0.1066	52	0.1810	5.07	13	★
101	湖北社会科学	0.0755	149	0.7036	4.34	9	★
102	新疆师范大学学报.哲学社会科学版	0.1450	61	2.8825	2.30	6	★
103	理论月刊	0.0701	82	0.3397	5.35	12	
104	湖南社会科学	0.0954	102	1.0249	4.42	12	★
105	安徽师范大学学报.人文社会科学版	0.1288	73	1.7083	3.35	8	★
106	山西大学学报.哲学社会科学版	0.1302	84	1.6914	3.08	8	★
107	武汉大学学报.哲学社会科学版	0.1094	128	2.9425	1.98	6	★
108	学术探索	0.1458	75	1.4426	3.56	8	
109	江西师范大学学报.哲学社会科学版	0.1741	53	1.0083	3.09	8	
110	东疆学刊	0.0924	57	4.2871	0.44	1	
111	福建论坛.人文社会科学版	0.0737	235	2.0700	2.97	8	★
112	南都学坛	0.0548	151	4.1498	0.79	2	
113	吉首大学学报.社会科学版	0.1054	81	1.6463	3.55	9	
114	武汉大学学报.人文科学版	0.0599	138	4.3523	0.71	2	
115	山西师大学报.社会科学版	0.0752	114	2.4253	1.96	5	★
116	烟台大学学报.哲学社会科学版	0.0756	76	4.1425	0.38	1	
117	东北大学学报.社会科学版	0.1848	55	1.7656	1.18	3	★
118	江淮论坛	0.1224	82	1.2271	2.81	7	★
119	广西社会科学	0.0667	54	0.2946	4.09	10	
120	南通大学学报.社会科学版	0.1364	99	3.0071	0.54	1	
121	内蒙古大学学报.哲学社会科学版	0.1149	53	1.5305	1.70	4	
122	内蒙古社会科学	0.1095	42	0.5413	2.63	6	
123	河北师范大学学报.哲学社会科学版	0.0996	74	1.6386	1.95	5	★

（续表 4 – 62）

位次	刊　　　名	五年影响因子	总转摘量	加权转摘率	核心指数	核心扩展度	核心刊2013
124	宁夏社会科学	0.0922	49	0.6148	3.07	7	
125	辽宁大学学报.哲学社会科学版	0.0929	70	1.4670	1.84	5	★
126	天府新论	0.0999	85	1.4000	2.28	6	
127	晋阳学刊	0.0981	76	1.3588	2.22	5	
128	南昌大学学报.人文社会科学版	0.1257	50	1.1240	1.73	5	
129	青海社会科学	0.0776	44	0.5064	3.35	7	
130	山东师范大学学报.人文社会科学版	0.0960	62	0.9525	2.01	5	
131	江苏大学学报.社会科学版	0.1015	68	2.4654	0.72	2	
132	北京工业大学学报.社会科学版	0.1638	37	1.3455	0.99	3	
133	湖南科技大学学报.社会科学版	0.1854	127	3.1613	1.36	3	★
134	海南大学学报.人文社会科学版	0.1372	37	0.8711	1.91	5	
135	北京交通大学学报.社会科学版	0.1419	52	1.8364	0.38	1	
136	杭州师范大学学报.社会科学版	0.1053	84	1.9091	2.34	6	★
137	延边大学学报.社会科学版	0.1097	42	1.2636	1.04	3	
138	云梦学刊	0.0583	102	1.5738	1.53	3	
139	宁夏大学学报.人文社会科学版	0.0698	39	0.7179	1.96	5	
140	北京联合大学学报.人文社会科学版	0.0965	60	2.1275	0.39	1	
141	社科纵横	0.0378	25	0.0790	2.66	7	
142	黑龙江社会科学	0.0690	88	1.0124	1.39	4	
143	宁波大学学报.人文科学版	0.0777	65	1.7452	0.30	1	
144	哈尔滨工业大学学报.社会科学版	0.1148	26	0.5873	0.81	2	★
145	重庆工商大学学报.社会科学版	0.1158	29	0.5609	1.03	3	
146	内蒙古师范大学学报.哲学社会科学（汉文）版	0.0788	31	0.4766	1.95	5	
147	新疆社会科学	0.1045	31	0.5248	1.84	4	★
148	新疆大学学报.哲学人文社会科学版	0.0667	19	0.2345	1.94	5	
149	信阳师范学院学报.哲学社会科学版	0.0534	55	1.7343	0.81	2	
150	天津大学学报.社会科学版	0.1136	32	0.5984	0.97	2	
151	扬州大学学报.人文社会科学版	0.0938	41	0.9680	0.78	2	
152	江汉大学学报.社会科学版	0.1181	25	0.4762	1.12	3	

（续表 4－62）

位次	刊 名	五年影响因子	总转摘量	加权转摘率	核心指数	核心扩展度	核心刊 2013
153	贵州师范大学学报.社会科学版	0.0624	41	0.7658	1.25	3	
154	广西大学学报.哲学社会科学版	0.0887	26	0.2958	0.74	2	
155	沈阳师范大学学报.社会科学版	0.0507	36	0.3287	1.68	4	★
156	辽宁师范大学学报.社会科学版	0.0553	26	0.4625	1.35	4	
157	南阳师范学院学报	0.0353	76	1.4321	0.70	2	
158	汕头大学学报.人文社会科学版	0.0646	34	1.1733	0.36	1	
159	四川理工学院学报.社会科学版	0.0824	19	0.4079	1.08	3	
160	东方论坛	0.0611	34	0.9209	0.68	2	
161	武汉理工大学学报.社会科学版	0.0484	81	1.2582	0.32	1	
162	重庆师范大学学报.哲学社会科学版	0.0668	28	0.5882	1.18	3	
163	华侨大学学报.哲学社会科学版	0.0947	22	0.8170	0.37	1	
164	青海师范大学学报.哲学社会科学版	0.0530	7	0.0620	1.80	5	
165	重庆社会科学	0.0750	83	0.7246	0.30	1	
166	贵州大学学报.社会科学版	0.0751	22	0.4156	0.78	2	
167	华南理工大学学报.社会科学版	0.0837	31	0.7931	0.30	1	
168	河北科技大学学报.社会科学版	0.1104	11	0.3669	0.30	1	
169	福州大学学报.哲学社会科学版	0.0714	27	0.6328	0.30	1	
170	唐都学刊	0.0508	32	0.5246	0.86	2	
171	成都大学学报.社会科学版	0.0536	11	0.1474	1.17	3	
172	江汉学术	0.0174	58	1.6691	0.30	1	
173	科学·经济·社会	0.0840	21	0.3093	0.46	1	
174	殷都学刊	0.0466	20	1.0000	0.38	1	
175	浙江树人大学学报	0.0660	21	0.4162	0.33	1	
176	商丘师范学院学报	0.0250	15	0.0910	1.23	3	
177	海南师范大学学报.社会科学版	0.0300	63	0.1835	0.88	2	
178	吉林师范大学学报.人文社会科学版	0.0488	13	0.1320	0.38	1	
179	浙江工商大学学报	0.0933	55	0.1903	0.30	1	
180	延安大学学报.社会科学版	0.0306	27	0.4461	0.30	1	
181	北京林业大学学报.社会科学版	0.0643	7	0.1270	0.36	1	

（续表 4 – 62）

位次	刊　名	五年影响因子	总转摘量	加权转摘率	核心指数	核心扩展度	核心刊2013
182	湖北师范学院学报.哲学社会科学版	0.0365	15	0.2036	0.30	1	
183	西华师范大学学报.哲学社会科学版	0.0453	10	0.2242	0.30	1	
184	南华大学学报.社会科学版	0.0396	12	0.1394	0.30	1	
185	阅江学刊	0.0562	50	0.2636	0.30	1	
186	西安文理学院学报.社会科学版	0.0328	3	0.0652	0.34	1	

二、综合性人文社会科学核心期刊表测定步骤

1. 把上述核心期刊的备选表送专家评审；

2. 将专家评审结果作隶属度处理后与数据"综合值"作系数加权运算，系数分别为 0.3 和 0.7；

3. 其运算结果参照其他评价因素的运算结果作调整；

4. 经综合分析后，选出综合性人文社会科学核心期刊 116 种。见表 4 – 63。

表 4 – 63　综合性人文社会科学核心期刊表

位次	刊　名	主办单位	综合评价值	
1	中国社会科学	中国社会科学院	0.999999	▨
2	北京大学学报.哲学社会科学版	北京大学	0.549896	▨
3	南京大学学报.哲学·人文科学·社会科学版	南京大学	0.521272	▨
4	华中师范大学学报.人文社会科学版	华中师范大学	0.516782	▨
5	清华大学学报.哲学社会科学版	清华大学	0.516652	▨
6	中国人民大学学报	中国人民大学	0.514464	▨
7	学术月刊	上海市社会科学界联合会	0.512721	▨
8	北京师范大学学报.社会科学版	北京师范大学	0.498991	▨
9	复旦学报.社会科学版	复旦大学	0.484823	▨
10	文史哲	山东大学	0.455279	▨
11	江海学刊	江苏省社会科学院	0.432658	▨
12	社会科学	上海社会科学院	0.428203	▨

（续表 4 – 63）

位次	刊　　名	主 办 单 位	综合评价值	
13	中山大学学报.社会科学版	中山大学	0.426274	
14	厦门大学学报.哲学社会科学版	厦门大学	0.414871	
15	学术研究	广东省社会科学界联合会	0.411823	
16	吉林大学社会科学学报	吉林大学	0.403848	
17	开放时代	广州市社会科学院	0.401704	
18	南开学报.哲学社会科学版	南开大学	0.396564	
19	江苏社会科学	江苏社会科学杂志社	0.391808	
20	社会科学战线	吉林省社会科学院	0.389225	
21	上海师范大学学报.哲学社会科学版	上海师范大学	0.384480	
22	浙江社会科学	浙江省社会科学界联合会	0.384164	
23	社会科学研究	四川省社会科学院	0.383467	
24	陕西师范大学学报.哲学社会科学版	陕西师范大学	0.380962	
25	天津社会科学	天津社会科学院	0.374099	
26	华东师范大学学报.哲学社会科学版	华东师范大学	0.361457	
27	学习与探索	黑龙江省社会科学院	0.361272	
28	浙江大学学报.人文社会科学版	浙江大学	0.359322	
29	江西社会科学	江西省社会科学院	0.357153	
30	求是学刊	黑龙江大学	0.355467	
31	浙江学刊	浙江省社会科学院	0.355266	
32	河北学刊	河北省社会科学院	0.353434	
33	湖南师范大学社会科学学报	湖南师范大学	0.345743	
34	南京社会科学	南京市社会科学界联合会，南京市社会科学院	0.344662	
35	南京师大学报.社会科学版	南京师范大学	0.341744	
36	天津师范大学学报.社会科学版	天津师范大学	0.341148	
37	国外社会科学	中国社会科学院信息情报研究院	0.337896	
38	思想战线	云南大学	0.337348	
39	人文杂志	陕西省社会科学院	0.335189	
40	求索	湖南省社会科学院	0.333718	
41	上海大学学报.社会科学版	上海大学	0.333541	

（续表 4 - 63）

位次	刊　名	主办单位	综合评价值	
42	江汉论坛	湖北省社会科学院	0.333394	
43	河南大学学报.社会科学版	河南大学	0.330210	
44	西安交通大学学报.社会科学版	西安交通大学	0.327781	
45	云南师范大学学报.哲学社会科学版	云南师范大学	0.326064	
46	中州学刊	河南省社会科学院	0.323836	
47	甘肃社会科学	甘肃省社会科学院	0.321586	
48	广东社会科学	广东省社会科学院	0.321499	
49	学海	江苏省社会科学院	0.319018	
50	东北大学报.哲学社会科学版	东北师范大学	0.317199	
51	探索与争鸣	上海市社会科学界联合会	0.317034	
52	四川大学学报.哲学社会科学版	四川大学	0.316781	
53	贵州社会科学	贵州省社会科学院	0.316171	
54	东岳论丛	山东省社会科学院	0.309066	
55	西北师大学报.社会科学版	西北师范大学	0.308143	
56	东南学术	福建省社会科学界联合会	0.307510	
57	学术界	安徽省社会科学界联合会	0.304226	
58	山东社会科学	山东省社会科学界联合会	0.303306	
59	深圳大学学报.人文社会科学版	深圳大学	0.300233	
60	河南社会科学	河南省社会科学界联合会	0.299568	
61	云南社会科学	云南省社会科学院	0.298720	
62	学术论坛	广西社会科学院	0.297767	
63	重庆大学学报.社会科学版	重庆大学	0.297063	
64	社会科学辑刊	辽宁省社会科学院	0.297038	
65	山东大学学报.哲学社会科学版	山东大学	0.296627	
66	郑州大学学报.哲学社会科学版	郑州大学	0.296494	
67	中国社会科学院研究生院学报	中国社会科学院研究生院	0.296357	
68	上海交通大学学报.哲学社会科学版	上海交通大学	0.293714	
69	西南大学学报.社会科学版	西南大学	0.290997	
70	学术交流	黑龙江省社会科学界联合会	0.287613	
71	云南大学学报.社会科学版	云南大学	0.284659	

（续表 4 –63）

位次	刊　　名	主 办 单 位	综合评价值	
72	中国农业大学学报.社会科学版	中国农业大学	0.284197	
73	浙江师范大学学报.社会科学版	浙江师范大学	0.282657	
74	首都师范大学学报.社会科学版	首都师范大学	0.278886	
75	东南大学学报.哲学社会科学版	东南大学	0.277501	
76	北京社会科学	北京市社会科学院	0.276849	
77	西北大学学报.哲学社会科学版	西北大学	0.276393	
78	北方论丛	哈尔滨师范大学	0.274594	
79	河南师范大学学报.哲学社会科学版	河南师范大学	0.274544	
80	江苏师范大学学报.哲学社会科学版	江苏师范大学	0.272916	
81	华中科技大学学报.社会科学版	华中科技大学	0.272654	
82	兰州大学学报.社会科学版	兰州大学	0.272281	
83	湘潭大学学报.哲学社会科学版	湘潭大学	0.271858	
84	苏州大学学报.哲学社会科学版	苏州大学	0.269001	
85	河北大学学报.哲学社会科学版	河北大学	0.268115	
86	华南师范大学学报.社会科学版	华南师范大学	0.267885	
87	中国地质大学学报.社会科学版	中国地质大学	0.267823	
88	福建师范大学学报.哲学社会科学版	福建师范大学	0.265956	
89	齐鲁学刊	曲阜师范大学	0.265512	
90	湖南大学学报.社会科学版	湖南大学	0.264598	
91	安徽大学学报.哲学社会科学版	安徽大学	0.264150	
92	同济大学学报.社会科学版	同济大学	0.263322	
93	四川师范大学学报.社会科学版	四川师范大学	0.262876	
94	湖北大学学报.哲学社会科学版	湖北大学	0.262029	
95	社会科学家	桂林市社会科学界联合会，《社会科学家》编辑委员会	0.261320	
96	重庆邮电大学学报.社会科学版	重庆邮电大学	0.259876	
97	湖北社会科学	湖北省社会科学界联合会，湖北省社会科学院	0.259304	
98	广西师范大学学报.哲学社会科学版	广西师范大学	0.253265	
99	暨南学报.哲学社会科学版	暨南大学	0.253163	
100	武汉大学学报.哲学社会科学版	武汉大学	0.252476	

（续表 4 - 63）

位次	刊　　名	主 办 单 位	综合评价值	
101	山西大学学报. 哲学社会科学版	山西大学	0.237898	▢
102	重庆理工大学学报. 社会科学版	重庆理工大学	0.223679	▢
103	新疆师范大学学报. 哲学社会科学版	新疆师范大学	0.216446	▢
104	湖南社会科学	湖南省社会科学界联合会	0.215169	▢
105	安徽师范大学学报. 人文社会科学版	安徽师范大学	0.215019	▢
106	福建论坛. 人文社会科学版	福建省社会科学院	0.214219	▢
107	河北师范大学学报. 哲学社会科学版	河北师范大学	0.174297	▢
108	江淮论坛	安徽省社会科学院	0.163824	▢
109	山西师大学报. 社会科学版	山西师范大学	0.160273	▢
110	东北大学学报. 社会科学版	东北大学	0.158787	▢
111	辽宁大学学报. 哲学社会科学版	辽宁大学	0.148240	▢
112	杭州师范大学学报. 社会科学版	杭州师范大学	0.134845	▢
113	湖南科技大学学报. 社会科学版	湖南科技大学	0.129941	▢
114	哈尔滨工业大学学报. 社会科学版	哈尔滨工业大学	0.127315	▢
115	新疆社会科学	新疆社会科学院	0.123128	▢
116	沈阳师范大学学报. 社会科学版	沈阳师范大学	0.116045	▢

三、结果分析

　　综合性人文社会科学期刊引证表脱胎于各分学科的核心期刊引证表，其核心区的影响力存在于各分学科的统计之中。综合性人文社会科学期刊引证表及核心期刊表的设立主要是考虑其多学科和跨学科的特点，从期刊的整体影响力着眼，选出综合性人文社会科学核心期刊。在综合评选中，也考虑到部分期刊的特色研究领域，最后评出 116 种综合性人文社会科学期刊为核心期刊。

综合性学术期刊学科引证分布表

说明： 1. 下例各综合性学术期刊列出了所含引证学科的 5 项指标，其中的"综合值"、"分学科总被引"、"学科被引累积百分比"，与分学科报告中的数值一致。"综合值位次"表示该刊的学科综合值在分学科各刊综合值排序中的位次；"学科被引位次"表示该刊的分学科总被引在分学科各刊总被引排序中的位次。"学科被引累计百分比"指该刊在分学科各刊被引频次降序排序中被引累计量的百分比指数，其数值越小，表示该刊的被引位次越高，一般 70%～80% 以内是分学科核心期刊的预选范围。在表后注释中，"综合性期刊学科核心指数"指该刊在各学科核心区影响程度总值；"综合性期刊学科核心扩展度"指该综合性期刊进入各学科核心区的总数，"核心指数位次"和"核心扩展度位次"分别表示上述两种对应指标的位次。

2. 以下刊名表按综合性学术期刊的汉语拼音顺序列出。

1. 安徽大学学报. 哲学社会科学版

学 科 分 类	综合值	综合值位 次	分学科总被引	学科被引累积百分比	学科被引位次
法学	0.199193	302	27	0.6605	180
文学	0.191480	204	27	0.5867	158
历史学	0.174951	271	27	0.5070	140
语言学	0.173451	232	26	0.6853	81
经济计划与管理	0.162379	404	12	0.8613	581
哲学	0.161457	238	18	0.552	75
政治学	0.155460	415	14	0.7535	471
考古学	0.153961	160	13	0.7714	68
农业经济	0.149463	325	10	0.7429	306
其他学科（科技）	0.147964	370	9	0.6855	469
图书馆、情报与档案学	0.146465	327	8	0.8460	259
新闻学与传播学	0.144966	337	7	0.7049	237
财政、金融	0.144966	351	7	0.8755	463
社会学	0.141967	343	5	0.7224	319
人文地理学	0.140468	107	4	0.5759	36
交通运输经济、旅游经济	0.138969	294	3	0.8198	439

（续表）

学 科 分 类	综合值	综合值位 次	分学科总被引	学科被引累积百分比	学科被引位次
中国经济	0.138969	358	3	0.9063	713
教育学	0.138969	433	3	0.9119	1172
艺术学	0.137469	251	2	0.8575	520
管理学（含科学学、人才学）	0.137469	275	2	0.8553	363
体育学	0.137469	323	2	0.9077	614
贸易经济	0.137469	329	2	0.8917	590
文化学	0.137469	330	2	0.7845	464
马克思主义	0.13597	145	1	0.9029	197
世界各国经济（含各国经济史、经济地理）	0.13597	210	1	0.9433	264
经济学理论	0.13597	276	1	0.9354	423
环境科学	0.13597	306	1	0.972	823
工业经济	0.13597	325	1	0.9119	1022

注：该刊"五年影响因子"为 0.1469；"总转摘量"为 113；"综合性期刊学科核心指数"为 2.75；"综合性期刊学科核心扩展度"为 7；"核心指数位次"为 100；"核心扩展度位次"为 21。

2. 安徽师范大学学报. 人文社会科学版

学 科 分 类	综合值	综合值位 次	分学科总被引	学科被引累积百分比	学科被引位次
哲学	0.159164	244	26	0.4617	51
历史学	0.149474	330	26	0.5179	147
文学	0.135861	289	28	0.5724	153
语言学	0.132863	305	26	0.6877	81
政治学	0.119369	504	17	0.7238	403
教育学	0.116371	490	15	0.6868	315
经济计划与管理	0.108875	511	10	0.8738	657
交通运输经济、旅游经济	0.104377	354	7	0.6644	177
其他学科（科技）	0.104377	475	7	0.7275	594
体育学	0.101378	388	5	0.7886	233
文化学	0.101378	407	5	0.5355	185
法学	0.101378	528	5	0.8823	808

（续表）

学 科 分 类	综合值	综合值位次	分学科总被引	学科被引累积百分比	学科被引位次
艺术学	0.099879	307	4	0.7426	300
贸易经济	0.09838	399	3	0.8522	458
社会学	0.09838	431	3	0.8206	468
图书馆、情报与档案学	0.09838	432	3	0.9175	698
中国经济	0.09838	434	3	0.8984	713
军事学	0.096881	113	2	0.5236	55
人文地理学	0.096881	134	2	0.743	75
宗教学	0.096881	213	2	0.7635	224
农业经济	0.096881	420	2	0.9172	932
其他学科（人文社科）	0.095381	83	1	0.8511	46
马克思主义	0.095381	180	1	0.8958	197
心理学	0.095381	245	1	0.9911	442
经济学理论	0.095381	328	1	0.9043	423
管理学（含科学学、人才学）	0.095381	332	1	0.89	583
财政、金融	0.095381	445	1	0.994	1250
新闻学与传播学	0.095381	453	1	0.9565	1115

注：该刊"五年影响因子"为0.1288；"总转摘量"为73；"综合性期刊学科核心指数"为3.35；"综合性期刊学科核心扩展度"为8；"核心指数位次"为88；"核心扩展度位次"为20。

3. 北方论丛

学 科 分 类	综合值	综合值位次	分学科总被引	学科被引累积百分比	学科被引位次
历史学	0.348171	94	45	0.3904	71
文学	0.344731	76	41	0.4753	93
哲学	0.312629	90	23	0.4862	58
语言学	0.302164	99	20	0.7133	109
政治学	0.287848	206	15	0.7413	442
法学	0.287848	164	15	0.7514	350
经济计划与管理	0.277353	221	8	0.8911	754
文化学	0.272855	111	5	0.5178	185

（续表）

学 科 分 类	综合值	综合值位次	分学科总被引	学科被引累积百分比	学科被引位次
其他学科（科技）	0.271356	164	4	0.7942	926
教育学	0.271356	176	4	0.8786	980
中国经济	0.269857	184	3	0.9074	713
新闻学与传播学	0.269857	145	3	0.8041	524
财政、金融	0.268357	186	2	0.9434	914
管理学（含科学学、人才学）	0.268357	124	2	0.8616	363
马克思主义	0.268357	66	2	0.7446	134
工业经济	0.268357	141	2	0.8675	658
社会学	0.268357	150	2	0.8667	621
图书馆、情报与档案学	0.268357	154	2	0.9563	956
艺术学	0.268357	94	2	0.8578	520
贸易经济	0.268357	157	2	0.8806	590
考古学	0.266858	81	1	0.9434	508
经济学理论	0.266858	125	1	0.903	423
宗教学	0.266858	71	1	0.8805	331
体育学	0.266858	137	1	0.9955	1006
环境科学	0.266858	141	1	0.968	823
心理学	0.266858	87	1	0.9909	442

注：该刊"五年影响因子"为 0.0947；"总转摘量"为 161；"综合性期刊学科核心指数"为 2.13；"综合性期刊学科核心扩展度"为 4；"核心指数位次"为 114；"核心扩展度位次"为 24。

4. 北京大学学报. 哲学社会科学版

学 科 分 类	综合值	综合值位次	分学科总被引	学科被引累积百分比	学科被引位次
文学	0.959471	7	132	0.2509	21
政治学	0.932233	11	133	0.2278	34
法学	0.858832	29	85	0.4962	51
哲学	0.827660	8	69	0.2479	13
历史学	0.809604	11	79	0.278	33
语言学	0.800609	24	73	0.6031	38

（续表）

学 科 分 类	综合值	综合值位次	分学科总被引	学科被引累积百分比	学科被引位次
经济计划与管理	0.790615	43	51	0.6971	189
社会学	0.782618	10	61	0.2381	15
财政、金融	0.763691	21	34	0.6795	137
中国经济	0.760630	15	31	0.5699	114
教育学	0.760129	18	46	0.5209	108
文化学	0.754132	6	42	0.019	2
其他学科（科技）	0.742889	12	23	0.5129	187
农业经济	0.740015	16	23	0.5967	140
民族学	0.739139	5	32	0.2415	5
考古学	0.731643	12	27	0.7161	35
新闻学与传播学	0.730144	11	26	0.5118	62
图书馆、情报与档案学	0.721148	31	20	0.7969	119
经济学理论	0.716651	10	17	0.4162	38
艺术学	0.710654	7	13	0.5586	91
环境科学	0.710654	12	13	0.5549	105
马克思主义	0.707655	7	11	0.3824	26
人文地理学	0.707655	8	11	0.3591	13
交通运输经济、旅游经济	0.704657	13	9	0.6012	129
管理学（含科学学、人才学）	0.703157	13	8	0.6244	100
宗教学	0.701658	7	7	0.4772	63
贸易经济	0.701658	15	7	0.7302	250
人口学	0.698660	9	5	0.6835	50
心理学	0.69866	12	5	0.7606	104
工业经济	0.69866	13	5	0.6826	316
世界各国经济（含各国经济史、经济地理）	0.695661	9	3	0.7139	128
其他学科（人文社科）	0.694162	7	2	0.4885	21
体育学	0.694162	23	2	0.912	614
军事学	0.692663	6	1	0.826	108

注：该刊"五年影响因子"为 0.4666；"总转摘量"为 449；"综合性期刊学科核心指数"为 14.48；"综合性期刊学科核心扩展度"为 27；"核心指数位次"为 2；"核心扩展度位次"为 2。

5. 北京工业大学学报. 社会科学版

学 科 分 类	综合值	综合值位次	分学科总被引	学科被引累积百分比	学科被引位次
经济计划与管理	0.219248	297	23	0.7926	360
政治学	0.18209	368	23	0.6782	323
其他学科（科技）	0.174051	315	8	0.6899	521
社会学	0.158102	318	7	0.6453	218
教育学	0.158102	395	7	0.7943	637
文学	0.152105	262	3	0.8885	789
中国经济	0.152105	335	3	0.9064	713
财政、金融	0.152105	338	3	0.9272	746
法学	0.152105	409	3	0.913	1124
艺术学	0.150606	223	2	0.8609	520
交通运输经济、旅游经济	0.150606	273	2	0.8982	580
环境科学	0.150606	282	2	0.8556	561
工业经济	0.150606	300	2	0.8738	658
贸易经济	0.150606	306	2	0.8738	590
农业经济	0.150606	321	2	0.9047	932
新闻学与传播学	0.150606	328	2	0.8575	730
民族学	0.149107	115	1	0.8078	152
马克思主义	0.149107	138	1	0.8984	197
管理学（含科学学、人才学）	0.149107	261	1	0.9628	583
语言学	0.149107	275	1	0.9548	1105
文化学	0.149107	302	1	0.915	721
图书馆、情报与档案学	0.149107	322	1	0.9705	1460

　　注：该刊"五年影响因子"为 0.1638；"总转摘量"为 37；"综合性期刊学科核心指数"为 0.99；"综合性期刊学科核心扩展度"为 3；"核心指数位次"为 147；"核心扩展度位次"为 25。

6. 北京交通大学学报. 社会科学版

学 科 分 类	综合值	综合值位次	分学科总被引	学科被引累积百分比	学科被引位次
经济计划与管理	0.328532	181	32	0.7508	262
交通运输经济、旅游经济	0.236882	159	9	0.6198	129

（续表）

学 科 分 类	综合值	综合值位次	分学科总被引	学科被引累积百分比	学科被引位次
贸易经济	0.230885	190	5	0.7805	315
政治学	0.230885	282	5	0.8689	909
其他学科（科技）	0.229386	218	4	0.798	926
经济学理论	0.227887	169	3	0.8063	222
图书馆、情报与档案学	0.227887	194	3	0.9169	698
财政、金融	0.227887	233	3	0.9253	746
中国经济	0.227887	234	3	0.9076	713
教育学	0.227887	244	3	0.9139	1172
语言学	0.226388	170	2	0.9484	769
工业经济	0.226388	189	2	0.8665	658
农业经济	0.226388	222	2	0.9041	932
法学	0.226388	255	2	0.9327	1400
人口学	0.224888	108	1	0.993	215
管理学（含科学学、人才学）	0.224888	166	1	0.8865	583
文学	0.224888	168	1	0.9464	1393
历史学	0.224888	199	1	0.9418	1651

注：该刊"五年影响因子"为 0.1419；"总转摘量"为 52；"综合性期刊学科核心指数"为 0.38；"综合性期刊学科核心扩展度"为 1；"核心指数位次"为 167；"核心扩展度位次"为 27。

7. 北京联合大学学报·人文社会科学版

学 科 分 类	综合值	综合值位次	分学科总被引	学科被引累积百分比	学科被引位次
法学	0.130717	457	9	0.8175	530
政治学	0.118184	506	11	0.7896	544
历史学	0.112187	410	7	0.715	429
其他学科（科技）	0.109189	461	5	0.7849	792
经济计划与管理	0.109189	510	5	0.9212	998
文化学	0.10769	389	4	0.6094	238
新闻学与传播学	0.10769	426	4	0.7753	411
哲学	0.10619	337	3	0.8111	314

（续表）

学 科 分 类	综合值	综合值位次	分学科总被引	学科被引累积百分比	学科被引位次
图书馆、情报与档案学	0.10619	418	3	0.918	698
教育学	0.10619	514	3	0.9141	1172
考古学	0.104691	212	2	0.9226	336
文学	0.104691	342	2	0.9255	994
语言学	0.104691	352	2	0.9469	769
交通运输经济、旅游经济	0.104691	352	2	0.8987	580
宗教学	0.103192	206	1	0.8946	331
经济学理论	0.103192	321	1	0.9099	423
体育学	0.103192	386	1	0.9972	1006
贸易经济	0.103192	389	1	0.9961	839
中国经济	0.103192	419	1	0.9903	1214
社会学	0.103192	422	1	0.9219	906
财政、金融	0.103192	427	1	0.993	1250

注：该刊"五年影响因子"为0.0965；"总转摘量"为60；"综合性期刊学科核心指数"为0.39；"综合性期刊学科核心扩展度"为1；"核心指数位次"为164；"核心扩展度位次"为27。

8. 北京林业大学学报.社会科学版

学 科 分 类	综合值	综合值位次	分学科总被引	学科被引累积百分比	学科被引位次
农业经济	0.121711	383	18	0.6401	183
其他学科（科技）	0.10372	477	6	0.7504	685
环境科学	0.10222	355	5	0.7412	273
交通运输经济、旅游经济	0.100721	355	4	0.7807	329
图书馆、情报与档案学	0.100721	428	4	0.898	528
工业经济	0.099222	378	3	0.7468	484
贸易经济	0.099222	396	3	0.8625	458
历史学	0.099222	434	3	0.8204	821
文化学	0.097723	421	2	0.8168	464
社会学	0.097723	435	2	0.8658	621
考古学	0.096223	222	1	0.9431	508

（续表）

学 科 分 类	综合值	综合值位次	分学科总被引	学科被引累积百分比	学科被引位次
心理学	0.096223	243	1	0.9709	442
艺术学	0.096223	317	1	0.93	812
新闻学与传播学	0.096223	451	1	0.9965	1115
经济计划与管理	0.096223	535	1	0.9998	2172
政治学	0.096223	554	1	0.9517	1917

　　注：该刊"五年影响因子"为 0.0643；"总转摘量"为 7；"综合性期刊学科核心指数"为 0.36；"综合性期刊学科核心扩展度"为 1；"核心指数位次"为 171；"核心扩展度位次"为 27。

9. 北京社会科学

学 科 分 类	综合值	综合值位次	分学科总被引	学科被引累积百分比	学科被引位次
历史学	0.244532	182	36	0.4462	96
经济计划与管理	0.203392	325	17	0.8281	460
政治学	0.197883	336	29	0.6289	265
中国经济	0.19647	269	16	0.6858	212
教育学	0.191972	309	13	0.7056	361
社会学	0.189856	262	14	0.5217	111
文学	0.175394	228	14	0.7104	292
交通运输经济、旅游经济	0.173895	237	13	0.5538	89
语言学	0.172395	235	12	0.7809	202
文化学	0.167898	257	9	0.345	86
人口学	0.166398	144	8	0.6363	28
新闻学与传播学	0.164899	299	7	0.7006	237
法学	0.1634	382	6	0.8574	715
艺术学	0.160401	207	4	0.744	300
贸易经济	0.160401	285	4	0.7976	368
财政、金融	0.160401	323	4	0.9086	653
经济学理论	0.158902	252	3	0.8078	222
体育学	0.158902	277	3	0.8488	399
农业经济	0.158902	310	3	0.8738	737

（续表）

学 科 分 类	综合值	综合值位次	分学科总被引	学科被引累积百分比	学科被引位次
其他学科（科技）	0.158902	346	3	0.8283	1170
人文地理学	0.157403	95	2	0.7637	75
宗教学	0.157403	140	2	0.7884	224
哲学	0.157403	247	2	0.9001	409
管理学（含科学学、人才学）	0.157403	252	2	0.8619	363
环境科学	0.157403	271	2	0.8522	561
工业经济	0.157403	289	2	0.8729	658
民族学	0.155904	104	1	0.8199	152
考古学	0.155904	155	1	0.9455	508
心理学	0.155904	183	1	0.9711	442
图书馆、情报与档案学	0.155904	312	1	0.9717	1460

注：该刊"五年影响因子"为 0.2543；"总转摘量"为 53；"综合性期刊学科核心指数"为 3.18；"综合性期刊学科核心扩展度"为 7；"核心指数位次"为 91；"核心扩展度位次"为 21。

10. 北京师范大学学报．社会科学版

学 科 分 类	综合值	综合值位次	分学科总被引	学科被引累积百分比	学科被引位次
教育学	1.108562	7	183	0.2593	21
政治学	0.823766	17	44	0.5264	170
历史学	0.823027	10	52	0.3637	63
文学	0.800928	13	50	0.4236	67
心理学	0.797929	8	48	0.5535	15
语言学	0.785935	26	40	0.6552	61
经济计划与管理	0.766445	45	27	0.7721	310
哲学	0.76587	10	16	0.5811	89
法学	0.754451	32	19	0.7221	279
中国经济	0.752952	16	18	0.6635	184
考古学	0.751453	9	17	0.7471	50
社会学	0.748454	11	15	0.5037	100
其他学科（科技）	0.746955	11	14	0.5941	301

（续表）

学 科 分 类	综合值	综合值位次	分学科总被引	学科被引累积百分比	学科被引位次
图书馆、情报与档案学	0.745456	29	13	0.8149	158
经济学理论	0.737959	7	8	0.6	94
文化学	0.737959	7	8	0.3813	103
财政、金融	0.737959	25	8	0.8604	430
体育学	0.73646	17	7	0.7474	151
马克思主义	0.734961	5	6	0.5322	50
宗教学	0.734961	6	6	0.4871	76
环境科学	0.734961	9	6	0.6848	234
贸易经济	0.734961	13	6	0.7676	280
艺术学	0.733462	5	5	0.7177	239
交通运输经济、旅游经济	0.733462	11	5	0.734	262
新闻学与传播学	0.731962	10	4	0.7756	411
农业经济	0.731962	17	4	0.8708	601
民族学	0.730463	6	3	0.609	56
管理学（含科学学、人才学）	0.730463	9	3	0.7875	252
工业经济	0.730463	10	3	0.7612	484
军事学	0.728964	4	2	0.5324	55
人文地理学	0.728964	6	2	0.7699	75
世界各国经济（含各国经济史、经济地理）	0.728964	6	2	0.7942	167

注：该刊"五年影响因子"为0.3704；"总转摘量"为415；"综合性期刊学科核心指数"为8.05；"综合性期刊学科核心扩展度"为17；"核心指数位次"为20；"核心扩展度位次"为11。

11. 成都大学学报．社会科学版

学 科 分 类	综合值	综合值位次	分学科总被引	学科被引累积百分比	学科被引位次
图书馆、情报与档案学	0.047345	543	17	0.8035	134
历史学	0.035532	567	13	0.6287	258
语言学	0.028036	495	8	0.8373	297
新闻学与传播学	0.026537	601	7	0.6872	237
教育学	0.026537	781	7	0.8032	637

（续表）

学 科 分 类	综合值	综合值位次	分学科总被引	学科被引累积百分比	学科被引位次
政治学	0.025038	779	6	0.8593	829
文化学	0.023538	541	5	0.5145	185
体育学	0.023538	547	5	0.7899	233
文学	0.023538	567	5	0.8318	584
经济计划与管理	0.023538	835	5	0.9211	998
法学	0.022039	815	4	0.8854	940
交通运输经济、旅游经济	0.02054	515	3	0.7901	439
农业经济	0.02054	648	3	0.8833	737
心理学	0.019041	346	2	0.8639	253
艺术学	0.019041	483	2	0.8732	520
其他学科（科技）	0.019041	855	2	0.9219	1512
宗教学	0.017541	301	1	0.905	331
考古学	0.017541	326	1	0.9847	508
经济学理论	0.017541	438	1	0.9013	423
哲学	0.017541	471	1	0.9828	604
环境科学	0.017541	551	1	0.9157	823
社会学	0.017541	602	1	0.9872	906
财政、金融	0.017541	706	1	0.9923	1250

　　注：该刊"五年影响因子"为 0.0536；"总转摘量"为 11；"综合性期刊学科核心指数"为 1.17；"综合性期刊学科核心扩展度"为 3；"核心指数位次"为 142；"核心扩展度位次"为 25。

12. 东北大学学报. 社会科学版

学 科 分 类	综合值	综合值位次	分学科总被引	学科被引累积百分比	学科被引位次
经济计划与管理	0.269987	234	35	0.7373	246
其他学科（科技）	0.218782	234	16	0.5757	266
政治学	0.206052	323	18	0.7118	380
管理学（含科学学、人才学）	0.197057	197	12	0.5491	64
教育学	0.197057	302	12	0.7276	398
财政、金融	0.195558	269	11	0.8285	346

（续表）

学　科　分　类	综合值	综合值位　次	分学科总被引	学科被引累积百分比	学科被引位次
语言学	0.192559	207	9	0.8229	262
图书馆、情报与档案学	0.192559	243	9	0.8424	231
中国经济	0.19106	276	8	0.7962	377
新闻学与传播学	0.189561	259	7	0.6953	237
法学	0.189561	328	7	0.8427	655
哲学	0.186562	208	5	0.7664	214
体育学	0.185063	240	4	0.8258	304
工业经济	0.183564	246	3	0.7661	484
历史学	0.183564	254	3	0.8114	821
社会学	0.183564	273	3	0.8053	468
农业经济	0.183564	279	3	0.8786	737
艺术学	0.182064	168	2	0.8344	520
文学	0.182064	220	2	0.9068	994
交通运输经济、旅游经济	0.182064	223	2	0.8427	580
心理学	0.180565	154	1	0.9749	442
经济学理论	0.180565	220	1	0.9937	423
环境科学	0.180565	233	1	0.9205	823
贸易经济	0.180565	259	1	0.971	839

注：该刊"五年影响因子"为0.1848；"总转摘量"为55；"综合性期刊学科核心指数"为1.18；"综合性期刊学科核心扩展度"为3；"核心指数位次"为139；"核心扩展度位次"为25。

13. 东北师大学报. 哲学社会科学版

学　科　分　类	综合值	综合值位　次	分学科总被引	学科被引累积百分比	学科被引位次
教育学	0.387811	87	120	0.3529	41
文学	0.269927	120	66	0.362	43
历史学	0.258341	166	64	0.3026	42
政治学	0.257729	244	55	0.4723	133
语言学	0.24294	142	48	0.6356	50
经济计划与管理	0.174545	374	23	0.7942	360

（续表）

学 科 分 类	综合值	综合值位 次	分学科总被引	学科被引累积百分比	学科被引位次
心理学	0.170047	161	20	0.6155	26
中国经济	0.159552	322	13	0.7202	259
社会学	0.155055	324	10	0.5988	157
人文地理学	0.153555	98	9	0.3777	14
法学	0.153555	407	9	0.8217	530
哲学	0.152056	258	8	0.6936	153
宗教学	0.150557	149	7	0.4714	63
贸易经济	0.150557	307	7	0.7422	250
财政、金融	0.150557	341	7	0.8763	463
其他学科（科技）	0.150557	364	7	0.7267	594
世界各国经济（含各国经济史、经济地理）	0.149058	197	6	0.5615	64
体育学	0.149058	296	6	0.7641	181
文化学	0.147558	307	5	0.5079	185
马克思主义	0.146059	139	4	0.6521	84
经济学理论	0.146059	265	4	0.7476	181
交通运输经济、旅游经济	0.146059	279	4	0.766	329
环境科学	0.146059	288	4	0.7524	331
农业经济	0.146059	331	4	0.8661	601
艺术学	0.14456	236	3	0.8063	375
图书馆、情报与档案学	0.143061	334	2	0.9565	956
军事学	0.141561	98	1	0.7389	108
民族学	0.141561	122	1	0.9523	152
工业经济	0.141561	315	1	0.8938	1022
新闻学与传播学	0.141561	346	1	0.9064	1115

注：该刊"五年影响因子"为 0.2952；"总转摘量"为 129；"综合性期刊学科核心指数"为 6.4；"综合性期刊学科核心扩展度"为 13；"核心指数位次"为 34；"核心扩展度位次"为 15。

14. 东方论坛

学 科 分 类	综合值	综合值位 次	分学科总被引	学科被引累积百分比	学科被引位次
文学	0.131679	295	16	0.6793	256

（续表）

学 科 分 类	综合值	综合值位次	分学科总被引	学科被引累积百分比	学科被引位次
历史学	0.113297	406	12	0.6414	277
政治学	0.108799	523	9	0.8044	623
法学	0.104301	520	6	0.8572	715
哲学	0.102802	345	5	0.7679	214
语言学	0.102802	359	5	0.8711	429
考古学	0.099803	217	3	0.901	261
体育学	0.099803	391	3	0.8573	399
社会学	0.099803	426	3	0.805	468
宗教学	0.098304	211	2	0.7502	224
经济学理论	0.098304	326	2	0.8114	288
环境科学	0.098304	360	2	0.863	561
文化学	0.098304	417	2	0.7464	464
图书馆、情报与档案学	0.098304	433	2	0.9572	956
中国经济	0.098304	435	2	0.9294	894
其他学科（科技）	0.098304	487	2	0.9206	1512
经济计划与管理	0.098304	532	2	0.9653	1595
教育学	0.098304	539	2	0.9474	1486
其他学科（人文社科）	0.096805	82	1	0.7863	46
军事学	0.096805	114	1	0.8437	108
马克思主义	0.096805	178	1	0.9896	197
艺术学	0.096805	315	1	0.9206	812
工业经济	0.096805	383	1	0.8858	1022
农业经济	0.096805	421	1	0.9438	1275
财政、金融	0.096805	444	1	0.9711	1250
新闻学与传播学	0.096805	449	1	0.951	1115

注：该刊"五年影响因子"为0.0611；"总转摘量"为34；"综合性期刊学科核心指数"为0.68；"综合性期刊学科核心扩展度"为2；"核心指数位次"为160；"核心扩展度位次"为26。

15. 东疆学刊

学 科 分 类	综合值	综合值位 次	分学科总被引	学科被引累积百分比	学科被引位次
文学	0.281879	112	11	0.7516	359
政治学	0.28038	214	10	0.7945	586
语言学	0.278881	111	9	0.8213	262
历史学	0.277381	143	8	0.704	376
经济计划与管理	0.272884	229	5	0.9182	998
民族学	0.271384	54	4	0.5638	42
心理学	0.269885	82	3	0.7932	175
艺术学	0.269885	93	3	0.7903	375
中国经济	0.269885	183	3	0.9077	713
世界各国经济（含各国经济史、经济地理）	0.268386	98	2	0.8	167
新闻学与传播学	0.268386	149	2	0.8878	730
交通运输经济、旅游经济	0.268386	118	2	0.8422	580
工业经济	0.268386	140	2	0.8019	658
哲学	0.268386	117	2	0.8952	409
法学	0.268386	201	2	0.9277	1400
教育学	0.266887	185	1	0.9553	2005
贸易经济	0.266887	158	1	0.9769	839
农业经济	0.266887	170	1	0.9443	1275
文化学	0.266887	117	1	0.8849	721
宗教学	0.266887	70	1	0.8992	331
人口学	0.266887	82	1	0.9805	215

注：该刊"五年影响因子"为 0.0924；"总转摘量"为 57；"综合性期刊学科核心指数"为 0.44；"综合性期刊学科核心扩展度"为 1；"核心指数位次"为 163；"核心扩展度位次"为 27。

16. 东南大学学报.哲学社会科学版

学 科 分 类	综合值	综合值位 次	分学科总被引	学科被引累积百分比	学科被引位次
经济计划与管理	0.240759	267	36	0.7343	241
文学	0.194474	200	23	0.6161	187
艺术学	0.18248	166	15	0.5446	83

（续表）

学 科 分 类	综合值	综合值位次	分学科总被引	学科被引累积百分比	学科被引位次
哲学	0.18248	213	15	0.5967	98
语言学	0.180981	223	14	0.7563	165
教育学	0.180981	340	14	0.7026	336
政治学	0.179482	371	13	0.7663	495
财政、金融	0.177982	293	12	0.8232	322
图书馆、情报与档案学	0.173485	274	9	0.8407	231
新闻学与传播学	0.173485	285	9	0.6495	182
贸易经济	0.171985	265	8	0.7274	229
法学	0.171985	359	8	0.8268	589
管理学（含科学学、人才学）	0.170486	228	7	0.6321	115
历史学	0.170486	281	7	0.7224	429
其他学科（科技）	0.170486	319	7	0.7272	594
工业经济	0.168987	259	6	0.6627	273
交通运输经济、旅游经济	0.167488	243	5	0.7313	262
农业经济	0.167488	297	5	0.8409	522
中国经济	0.165988	308	4	0.8769	600
考古学	0.164489	148	3	0.9013	261
环境科学	0.16299	259	2	0.8628	561
体育学	0.16299	268	2	0.8709	614
社会学	0.16299	308	2	0.8911	621
马克思主义	0.161491	124	1	0.9629	197
心理学	0.161491	176	1	0.9702	442
世界各国经济（含各国经济史、经济地理）	0.161491	182	1	0.9438	264
经济学理论	0.161491	247	1	0.9762	423
文化学	0.161491	275	1	0.8871	721

注：该刊"五年影响因子"为0.1876；"总转摘量"为98；"综合性期刊学科核心指数"为2.3；"综合性期刊学科核心扩展度"为6；"核心指数位次"为110；"核心扩展度位次"为22。

17. 东南学术

学 科 分 类	综合值	综合值位次	分学科总被引	学科被引累积百分比	学科被引位次
政治学	0.484221	76	88	0.3382	69
文学	0.319707	85	23	0.6194	187
法学	0.315578	139	22	0.6977	228
农业经济	0.314657	117	17	0.6496	193
经济计划与管理	0.302797	199	24	0.7887	343
教育学	0.289304	160	15	0.6839	315
财政、金融	0.287805	169	14	0.7983	283
社会学	0.286305	131	13	0.5394	117
历史学	0.286305	136	13	0.6253	258
中国经济	0.281808	161	10	0.7599	317
哲学	0.27731	108	7	0.716	173
经济学理论	0.27731	117	7	0.618	112
体育学	0.27731	127	7	0.7546	151
文化学	0.275811	106	6	0.4379	151
其他学科（科技）	0.275811	159	6	0.7451	685
民族学	0.269814	55	2	0.7044	84
宗教学	0.269814	68	2	0.7394	224
心理学	0.269814	83	2	0.8679	253
交通运输经济、旅游经济	0.269814	115	2	0.8455	580
贸易经济	0.269814	155	2	0.9048	590
人文地理学	0.268314	53	1	0.8039	136
马克思主义	0.268314	67	1	0.9635	197
考古学	0.268314	79	1	0.9786	508
世界各国经济（含各国经济史、经济地理）	0.268314	99	1	0.9582	264
语言学	0.268314	122	1	0.9805	1105
环境科学	0.268314	139	1	0.9901	823
工业经济	0.268314	142	1	0.8952	1022
新闻学与传播学	0.268314	150	1	0.9699	1115
图书馆、情报与档案学	0.268314	155	1	0.9631	1460

注：该刊"五年影响因子"为 0.2545；"总转摘量"为 156；"综合性期刊学科核心指数"为 3.79；"综合性期刊学科核心扩展度"为 9；"核心指数位次"为 74；"核心扩展度位次"为 19。

18. 东岳论丛

学 科 分 类	综合值	综合值位 次	分学科总被引	学科被引累积百分比	学科被引位次
政治学	0.297655	192	59	0.4573	124
文学	0.244068	146	31	0.5571	136
法学	0.241237	238	27	0.6568	180
经济计划与管理	0.234572	278	31	0.7555	271
历史学	0.230074	195	28	0.4929	131
哲学	0.227075	166	26	0.4654	51
文化学	0.215081	184	18	0.154	26
中国经济	0.215081	248	18	0.6615	184
图书馆、情报与档案学	0.213582	214	17	0.8044	134
农业经济	0.209084	241	14	0.6933	235
教育学	0.209084	279	14	0.7012	336
财政、金融	0.207585	255	13	0.8068	301
新闻学与传播学	0.206086	230	12	0.6103	125
语言学	0.204587	188	11	0.7901	218
社会学	0.204587	241	11	0.58	139
其他学科（科技）	0.200089	262	8	0.6988	521
工业经济	0.19709	228	6	0.6421	273
马克思主义	0.195591	107	5	0.5739	66
考古学	0.194092	127	4	0.8729	202
管理学（含科学学、人才学）	0.194092	203	4	0.7088	191
交通运输经济、旅游经济	0.194092	207	4	0.7651	329
体育学	0.194092	227	4	0.8266	304
贸易经济	0.194092	241	4	0.8056	368
军事学	0.192593	73	3	0.3496	31
宗教学	0.192593	114	3	0.6867	154
艺术学	0.192593	157	3	0.7933	375
经济学理论	0.192593	206	3	0.7881	222
邮电经济	0.191093	55	2	0.4883	36

（续表）

学 科 分 类	综合值	综合值位 次	分学科总被引	学科被引累积百分比	学科被引位次
环境科学	0.191093	218	2	0.864	561
人文地理学	0.189594	82	1	0.7926	136
人口学	0.189594	133	1	0.9801	215

注：该刊"五年影响因子"为 0.1401；"总转摘量"为 227；"综合性期刊学科核心指数"为 7.23；"综合性期刊学科核心扩展度"为 16；"核心指数位次"为 29；"核心扩展度位次"为 12。

19. 福建论坛·人文社会科学版

学 科 分 类	综合值	综合值位 次	分学科总被引	学科被引累积百分比	学科被引位次
经济计划与管理	0.205494	320	23	0.7946	360
文学	0.193039	203	17	0.6705	245
政治学	0.191029	352	15	0.7453	442
中国经济	0.187602	283	17	0.6754	198
农业经济	0.184604	276	15	0.6812	218
文化学	0.177108	245	10	0.3014	76
法学	0.177108	347	10	0.7992	485
哲学	0.175608	219	9	0.6692	139
历史学	0.175608	270	9	0.6755	347
财政、金融	0.175608	296	9	0.8515	403
贸易经济	0.17261	264	7	0.7442	250
教育学	0.17261	361	7	0.8009	637
经济学理论	0.171111	231	6	0.6661	135
环境科学	0.169611	247	5	0.7263	273
工业经济	0.169611	258	5	0.6885	316
社会学	0.169611	295	5	0.7329	319
交通运输经济、旅游经济	0.168112	242	4	0.7746	329
图书馆、情报与档案学	0.168112	283	4	0.8998	528
新闻学与传播学	0.168112	292	4	0.7728	411
心理学	0.165114	173	2	0.863	253
艺术学	0.165114	195	2	0.8444	520

（续表）

学 科 分 类	综合值	综合值位次	分学科总被引	学科被引累积百分比	学科被引位次
语言学	0.165114	248	2	0.9459	769
其他学科（科技）	0.165114	329	2	0.88	1512
人文地理学	0.163614	94	1	0.9329	136
马克思主义	0.163614	123	1	0.8749	197
管理学（含科学学、人才学）	0.163614	240	1	0.9739	583

　　注：该刊"五年影响因子"为 0.0737；"总转摘量"为 235；"综合性期刊学科核心指数"为 2.97；"综合性期刊学科核心扩展度"为 8；"核心指数位次"为 95；"核心扩展度位次"为 20。

20. 福建师范大学学报. 哲学社会科学版

学 科 分 类	综合值	综合值位次	分学科总被引	学科被引累积百分比	学科被引位次
语言学	0.17595	228	32	0.6682	68
文学	0.151656	264	31	0.5527	136
政治学	0.141161	447	24	0.6714	305
历史学	0.139662	344	23	0.5479	168
教育学	0.132166	450	18	0.6566	269
法学	0.130355	459	11	0.7873	446
农业经济	0.124669	374	13	0.7011	250
财政、金融	0.120172	397	10	0.84	371
艺术学	0.118672	285	9	0.6205	133
图书馆、情报与档案学	0.117173	397	8	0.8433	259
经济计划与管理	0.117173	495	8	0.887	754
哲学	0.114175	329	6	0.7282	191
经济学理论	0.112675	309	5	0.6965	151
工业经济	0.112675	359	5	0.6901	316
中国经济	0.112675	408	5	0.8491	518
宗教学	0.111176	198	4	0.6041	124
社会学	0.111176	409	4	0.7845	378
新闻学与传播学	0.111176	419	4	0.771	411
考古学	0.109677	208	3	0.9002	261

（续表）

学 科 分 类	综合值	综合值位次	分学科总被引	学科被引累积百分比	学科被引位次
交通运输经济、旅游经济	0.109677	339	3	0.796	439
文化学	0.109677	385	3	0.7072	335
其他学科（科技）	0.109677	459	3	0.8657	1170
军事学	0.108178	109	2	0.5147	55
心理学	0.108178	228	2	0.8626	253
体育学	0.108178	375	2	0.8769	614
贸易经济	0.108178	377	2	0.9031	590
民族学	0.106678	146	1	0.9806	152
马克思主义	0.106678	171	1	0.8697	197
人口学	0.106678	186	1	0.978	215

注：该刊"五年影响因子"为 0.1332；"总转摘量"为 84；"综合性期刊学科核心指数"为 3.78；"综合性期刊学科核心扩展度"为 10；"核心指数位次"为 75；"核心扩展度位次"为 18。

21. 福州大学学报. 哲学社会科学版

学 科 分 类	综合值	综合值位次	分学科总被引	学科被引累积百分比	学科被引位次
文学	0.058262	431	14	0.705	292
经济计划与管理	0.053764	636	11	0.8699	611
语言学	0.050766	450	9	0.82	262
教育学	0.049266	663	8	0.7806	574
法学	0.047767	677	7	0.8406	655
社会学	0.046268	510	6	0.711	266
中国经济	0.044769	548	5	0.8513	518
政治学	0.044769	671	5	0.8818	909
工业经济	0.04177	462	3	0.7522	484
人口学	0.040271	233	2	0.8148	120
艺术学	0.040271	410	2	0.8392	520
贸易经济	0.040271	499	2	0.9033	590
图书馆、情报与档案学	0.040271	564	2	0.9573	956
新闻学与传播学	0.040271	564	2	0.8884	730

（续表）

学 科 分 类	综合值	综合值位次	分学科总被引	学科被引累积百分比	学科被引位次
考古学	0.038772	283	1	0.9401	508
经济学理论	0.038772	387	1	0.9982	423
管理学（含科学学、人才学）	0.038772	389	1	0.9793	583
交通运输经济、旅游经济	0.038772	458	1	0.9686	887
农业经济	0.038772	545	1	0.9648	1275
历史学	0.038772	558	1	0.9787	1651
财政、金融	0.038772	578	1	0.9686	1250

注：该刊"五年影响因子"为 0.0714；"总转摘量"为 27；"综合性期刊学科核心指数"为 0.3；"综合性期刊学科核心扩展度"为 1；"核心指数位次"为 176；"核心扩展度位次"为 27。

22. 复旦学报 · 社会科学版

学 科 分 类	综合值	综合值位次	分学科总被引	学科被引累积百分比	学科被引位次
政治学	0.851227	15	89	0.3356	67
文学	0.790006	14	58	0.3913	56
历史学	0.788631	12	62	0.3152	43
财政、金融	0.754024	23	34	0.6808	137
法学	0.751962	33	40	0.5972	112
经济计划与管理	0.738937	49	35	0.7397	246
哲学	0.736998	12	46	0.3489	27
中国经济	0.704015	21	24	0.6017	138
语言学	0.695019	32	18	0.7258	123
贸易经济	0.687523	18	13	0.6413	147
农业经济	0.687523	22	13	0.7059	250
宗教学	0.686024	10	12	0.3427	35
文化学	0.686024	11	12	0.2489	56
新闻学与传播学	0.683025	17	10	0.6346	163
环境科学	0.681526	16	9	0.6078	156
交通运输经济、旅游经济	0.681526	16	9	0.6061	129
艺术学	0.680027	11	8	0.6407	148

（续表）

学 科 分 类	综合值	综合值位次	分学科总被引	学科被引累积百分比	学科被引位次
其他学科（科技）	0.680027	17	8	0.7001	521
人文地理学	0.678528	9	7	0.4169	19
教育学	0.678528	26	7	0.8027	637
考古学	0.677028	14	6	0.8388	145
工业经济	0.677028	15	6	0.6498	273
经济学理论	0.677028	15	6	0.6706	135
人口学	0.67403	12	4	0.6972	60
社会学	0.67403	15	4	0.7801	378
图书馆、情报与档案学	0.67403	36	4	0.9032	528
世界各国经济（含各国经济史、经济地理）	0.672531	12	3	0.6938	128
管理学（含科学学、人才学）	0.672531	15	3	0.777	252
军事学	0.671031	8	2	0.5295	55
马克思主义	0.671031	10	2	0.798	134
体育学	0.671031	25	2	0.8834	614
其他学科（人文社科）	0.669532	9	1	0.813	46
心理学	0.669532	13	1	0.8944	442

　　注：该刊"五年影响因子"为 0.3684；"总转摘量"为 341；"综合性期刊学科核心指数"为 9.35；"综合性期刊学科核心扩展度"为 20；"核心指数位次"为 14；"核心扩展度位次"为 8。

23. 甘肃社会科学

学 科 分 类	综合值	综合值位次	分学科总被引	学科被引累积百分比	学科被引位次
其他学科（科技）	0.215101	238	9	0.6686	469
财政、金融	0.227319	234	14	0.8039	283
教育学	0.234261	233	18	0.6595	269
经济计划与管理	0.270573	233	46	0.7084	200
中国经济	0.23609	225	23	0.6193	147
图书馆、情报与档案学	0.212102	218	7	0.8632	301
贸易经济	0.212102	215	7	0.7455	250
社会学	0.228594	209	18	0.471	80

（续表）

学 科 分 类	综合值	综合值位次	分学科总被引	学科被引累积百分比	学科被引位次
工业经济	0.213601	203	8	0.5963	197
环境科学	0.207604	202	4	0.7758	331
新闻学与传播学	0.223849	201	12	0.601	125
体育学	0.213601	200	8	0.7409	131
文化学	0.207604	197	4	0.5864	238
经济学理论	0.207604	187	4	0.7304	181
农业经济	0.257919	180	30	0.5406	102
交通运输经济、旅游经济	0.2166	178	10	0.5927	114
语言学	0.222597	172	14	0.7621	165
历史学	0.255805	168	33	0.4584	109
哲学	0.228346	164	15	0.5924	98
政治学	0.337027	154	73	0.4027	96
世界各国经济（含各国经济史、经济地理）	0.203107	150	1	0.9837	264
艺术学	0.209104	136	5	0.7001	239
心理学	0.207604	132	4	0.779	134
法学	0.328421	129	66	0.5287	67
人口学	0.209104	116	5	0.6918	50
考古学	0.210603	115	6	0.8415	145
文学	0.294845	104	54	0.3991	59
宗教学	0.209104	102	5	0.5797	98
马克思主义	0.207604	98	4	0.6704	84
军事学	0.203107	69	1	0.8053	108

注：该刊"五年影响因子"为0.1658；"总转摘量"为233；"综合性期刊学科核心指数"为7.34；"综合性期刊学科核心扩展度"为17；"核心指数位次"为27；"核心扩展度位次"为11。

24. 广东社会科学

学 科 分 类	综合值	综合值位次	分学科总被引	学科被引累积百分比	学科被引位次
经济计划与管理	0.407764	140	33	0.7454	258
政治学	0.405188	108	34	0.5953	224

（续表）

学 科 分 类	综合值	综合值位次	分学科总被引	学科被引累积百分比	学科被引位次
文学	0.38858	54	27	0.5829	158
历史学	0.375336	78	27	0.5084	140
社会学	0.365015	80	14	0.5233	111
中国经济	0.363342	105	19	0.6468	171
法学	0.360343	108	17	0.7432	308
贸易经济	0.354346	88	13	0.629	147
哲学	0.352847	71	12	0.6418	120
财政、金融	0.352847	115	12	0.8153	322
农业经济	0.345351	102	7	0.8	424
教育学	0.345351	118	7	0.8096	637
环境科学	0.343851	82	6	0.7035	234
其他学科（科技）	0.342352	104	5	0.7737	792
世界各国经济（含各国经济史、经济地理）	0.340853	59	4	0.6457	100
图书馆、情报与档案学	0.340853	103	4	0.8985	528
马克思主义	0.339354	41	3	0.7049	106
人口学	0.339354	50	3	0.7365	82
心理学	0.339354	56	3	0.7922	175
文化学	0.339354	70	3	0.6993	335
工业经济	0.339354	84	3	0.7439	484
体育学	0.339354	89	3	0.8558	399
邮电经济	0.337854	22	2	0.4465	36
宗教学	0.337854	40	2	0.7593	224
艺术学	0.337854	65	2	0.8314	520
语言学	0.337854	84	2	0.9471	769
民族学	0.336355	38	1	0.9192	152
人文地理学	0.336355	39	1	0.9422	136
考古学	0.336355	53	1	0.9411	508
交通运输经济、旅游经济	0.336355	76	1	0.9632	887
管理学（含科学学、人才学）	0.336355	84	1	0.9788	583

（续表）

学 科 分 类	综合值	综合值位次	分学科总被引	学科被引累积百分比	学科被引位次
经济学理论	0.336355	85	1	0.9949	423
新闻学与传播学	0.336355	95	1	0.9721	1115

注：该刊"五年影响因子"为0.1746；"总转摘量"为268；"综合性期刊学科核心指数"为4.08；"综合性期刊学科核心扩展度"为10；"核心指数位次"为71；"核心扩展度位次"为18。

25. 广西大学学报.哲学社会科学版

学 科 分 类	综合值	综合值位次	分学科总被引	学科被引累积百分比	学科被引位次
法学	0.071611	610	21	0.703	248
经济计划与管理	0.069524	595	19	0.8198	416
政治学	0.065938	612	16	0.7317	425
教育学	0.057145	640	15	0.6912	315
文学	0.044766	470	11	0.7469	359
语言学	0.040268	468	8	0.8266	297
哲学	0.038769	427	7	0.71	173
新闻学与传播学	0.038769	568	7	0.7033	237
贸易经济	0.03727	502	6	0.759	280
中国经济	0.03727	562	6	0.8341	464
历史学	0.03727	564	6	0.745	473
农业经济	0.03577	555	5	0.8371	522
图书馆、情报与档案学	0.03577	587	5	0.8839	419
财政、金融	0.03577	588	5	0.9004	584
民族学	0.034271	189	4	0.567	42
交通运输经济、旅游经济	0.034271	466	4	0.7872	329
社会学	0.032772	536	3	0.8004	468
心理学	0.031273	312	2	0.8547	253
经济学理论	0.031273	400	2	0.8372	288
艺术学	0.031273	432	2	0.8326	520
宗教学	0.029773	276	1	0.8564	331
工业经济	0.029773	490	1	0.9708	1022

（续表）

学 科 分 类	综合值	综合值位 次	分学科总被引	学科被引累积百分比	学科被引位次
体育学	0.029773	526	1	0.9332	1006
其他学科（科技）	0.029773	727	1	0.9349	2183

注：该刊"五年影响因子"为 0.0887；"总转摘量"为 26；"综合性期刊学科核心指数"为 0.74；"综合性期刊学科核心扩展度"为 2；"核心指数位次"为 156；"核心扩展度位次"为 26。

26. 广西社会科学

学 科 分 类	综合值	综合值位 次	分学科总被引	学科被引累积百分比	学科被引位次
政治学	0.197164	337	47	0.5116	157
法学	0.178839	340	36	0.6198	133
文学	0.150085	266	20	0.6463	209
语言学	0.146053	283	20	0.7142	109
教育学	0.146053	418	20	0.6428	241
经济计划与管理	0.144088	442	16	0.8379	488
历史学	0.141555	340	17	0.5894	213
哲学	0.137057	290	14	0.6177	108
新闻学与传播学	0.137057	361	14	0.5873	110
图书馆、情报与档案学	0.134059	358	12	0.8178	172
农业经济	0.132559	358	11	0.7299	291
中国经济	0.132559	372	11	0.7442	291
文化学	0.128062	350	8	0.3848	103
财政、金融	0.126562	379	7	0.8765	463
社会学	0.126562	381	7	0.6592	218
其他学科（科技）	0.125063	428	6	0.7381	685
交通运输经济、旅游经济	0.123564	326	5	0.7075	262
体育学	0.122065	352	4	0.8034	304
民族学	0.120565	140	3	0.6527	56
心理学	0.120565	222	3	0.8076	175
艺术学	0.120565	278	3	0.7991	375
工业经济	0.120565	349	3	0.7532	484

（续表）

学 科 分 类	综合值	综合值位　次	分学科总被引	学科被引累积百分比	学科被引位次
贸易经济	0.120565	360	3	0.8591	458
管理学（含科学学、人才学）	0.119066	307	2	0.8746	363
人文地理学	0.117567	124	1	0.9309	136
马克思主义	0.117567	164	1	0.9739	197
宗教学	0.117567	194	1	0.9519	331
经济学理论	0.117567	305	1	0.977	423

注：该刊"五年影响因子"为 0.0667；"总转摘量"为 54；"综合性期刊学科核心指数"为 4.09；"综合性期刊学科核心扩展度"为 10；"核心指数位次"为 70；"核心扩展度位次"为 18。

27. 广西师范大学学报. 哲学社会科学版

学 科 分 类	综合值	综合值位　次	分学科总被引	学科被引累积百分比	学科被引位次
教育学	0.141988	427	36	0.5479	132
语言学	0.131655	309	38	0.6606	64
历史学	0.124601	382	37	0.4297	92
文学	0.1176	318	39	0.4906	100
经济计划与管理	0.07862	579	13	0.851	554
政治学	0.07712	585	12	0.7697	517
法学	0.075621	601	11	0.7894	446
文化学	0.071123	460	8	0.3866	103
社会学	0.071123	478	8	0.6274	196
艺术学	0.069624	364	7	0.6553	178
交通运输经济、旅游经济	0.069624	408	7	0.6598	177
新闻学与传播学	0.069624	510	7	0.6904	237
心理学	0.068125	276	6	0.7264	91
农业经济	0.068125	479	6	0.812	470
其他学科（科技）	0.068125	576	6	0.7424	685
民族学	0.066626	173	5	0.5339	35
哲学	0.066626	400	5	0.7578	214
体育学	0.066626	454	5	0.7841	233

（续表）

学 科 分 类	综合值	综合值位 次	分学科总被引	学科被引累积百分比	学科被引位次
图书馆、情报与档案学	0.066626	505	5	0.886	419
中国经济	0.065126	505	4	0.8737	600
马克思主义	0.063627	199	3	0.7107	106
考古学	0.062128	258	2	0.9136	336
经济学理论	0.062128	368	2	0.8159	288
环境科学	0.062128	416	2	0.857	561
贸易经济	0.062128	460	2	0.904	590
宗教学	0.060629	250	1	0.9515	331
管理学（含科学学、人才学）	0.060629	368	1	0.9593	583
工业经济	0.060629	428	1	0.9707	1022

注：该刊"五年影响因子"为 0.1669；"总转摘量"为 60；"综合性期刊学科核心指数"为 4.32；"综合性期刊学科核心扩展度"为 10；"核心指数位次"为 66；"核心扩展度位次"为 18。

28. 贵州大学学报. 社会科学版

学 科 分 类	综合值	综合值位 次	分学科总被引	学科被引累积百分比	学科被引位次
法学	0.066418	618	16	0.7466	332
历史学	0.047189	541	12	0.6487	277
政治学	0.045690	664	11	0.7834	544
语言学	0.039693	470	7	0.8430	341
文学	0.039693	483	7	0.7969	470
宗教学	0.036694	269	5	0.5734	98
农业经济	0.036694	552	5	0.8350	522
社会学	0.035195	530	4	0.7655	378
中国经济	0.035195	568	4	0.8733	600
经济计划与管理	0.035195	734	4	0.9321	1115
马克思主义	0.033696	210	3	0.7068	106
哲学	0.033696	435	3	0.8197	314
考古学	0.032197	292	2	0.9143	336
经济学理论	0.032197	397	2	0.8165	288
新闻学与传播学	0.032197	585	2	0.8824	730
财政、金融	0.032197	601	2	0.9415	914

（续表）

学 科 分 类	综合值	综合值位次	分学科总被引	学科被引累积百分比	学科被引位次
民族学	0.030697	191	1	0.9225	152
人口学	0.030697	239	1	0.9660	215
心理学	0.030697	313	1	0.9926	442
管理学（含科学学、人才学）	0.030697	402	1	0.9609	583
艺术学	0.030697	433	1	0.8814	812
交通运输经济、旅游经济	0.030697	475	1	0.9645	887
工业经济	0.030697	487	1	0.9752	1022
贸易经济	0.030697	526	1	0.9648	839
文化学	0.030697	527	1	0.8816	721
图书馆、情报与档案学	0.030697	616	1	0.9822	1460
教育学	0.030697	746	1	0.9937	2005

注：该刊"五年影响因子"为0.0751；"总转摘量"为22；"综合性期刊学科核心指数"为0.78；"综合性期刊学科核心扩展度"为2；"核心指数位次"为155；"核心扩展度位次"为26。

29. 贵州社会科学

学 科 分 类	综合值	综合值位次	分学科总被引	学科被引累积百分比	学科被引位次
政治学	0.325332	162	65	0.4333	111
文学	0.307591	96	64	0.3713	49
法学	0.268513	199	36	0.6188	133
历史学	0.264791	160	37	0.4278	92
哲学	0.259856	127	31	0.4252	40
农业经济	0.248693	194	34	0.5151	86
经济计划与管理	0.24564	263	25	0.7821	330
教育学	0.228087	242	16	0.6804	301
财政、金融	0.225088	238	14	0.7963	283
中国经济	0.224705	240	18	0.6606	184
文化学	0.21571	182	12	0.2622	56
贸易经济	0.212711	214	10	0.6829	195
新闻学与传播学	0.209713	226	8	0.6703	202
社会学	0.209713	235	8	0.6265	196
艺术学	0.208213	138	7	0.6608	178

（续表）

学 科 分 类	综合值	综合值位次	分学科总被引	学科被引累积百分比	学科被引位次
语言学	0.208213	180	7	0.8439	341
民族学	0.206714	78	6	0.521	29
图书馆、情报与档案学	0.206714	225	6	0.8657	359
其他学科（科技）	0.206714	254	6	0.7417	685
交通运输经济、旅游经济	0.205215	190	5	0.7297	262
经济学理论	0.205215	193	5	0.6927	151
工业经济	0.203716	215	4	0.6955	368
世界各国经济（含各国经济史、经济地理）	0.202216	151	3	0.6981	128
环境科学	0.202216	205	3	0.7878	415
体育学	0.202216	217	3	0.8535	399
人文地理学	0.200717	77	2	0.6667	75
马克思主义	0.200717	101	2	0.7889	134
宗教学	0.199218	109	1	0.9237	331
人口学	0.199218	122	1	0.9644	215
心理学	0.199218	142	1	0.9656	442
管理学（含科学学、人才学）	0.199218	192	1	0.9611	583

注：该刊"五年影响因子"为 0.1939；"总转摘量"为 187；"综合性期刊学科核心指数"为 7.69；"综合性期刊学科核心扩展度"为 18；"核心指数位次"为 22；"核心扩展度位次"为 10。

30. 贵州师范大学学报. 社会科学版

学 科 分 类	综合值	综合值位次	分学科总被引	学科被引累积百分比	学科被引位次
历史学	0.071084	493	18	0.5867	208
文学	0.068086	410	16	0.693	256
政治学	0.065087	614	14	0.7597	471
语言学	0.063588	430	13	0.7751	185
教育学	0.062089	622	12	0.7319	398
法学	0.05909	635	10	0.7987	485
文化学	0.053093	486	6	0.4685	151
社会学	0.053093	501	6	0.7043	266

（续表）

学 科 分 类	综合值	综合值位次	分学科总被引	学科被引累积百分比	学科被引位次
哲学	0.050095	414	4	0.8049	252
农业经济	0.050095	512	4	0.8547	601
其他学科（科技）	0.050095	625	4	0.7926	926
艺术学	0.048595	400	3	0.7988	375
交通运输经济、旅游经济	0.047096	444	2	0.8485	580
体育学	0.047096	482	2	0.8749	614
图书馆、情报与档案学	0.047096	546	2	0.9389	956
新闻学与传播学	0.047096	551	2	0.8738	730
民族学	0.045597	183	1	0.9184	152
马克思主义	0.045597	207	1	0.9726	197
世界各国经济（含各国经济史、经济地理）	0.045597	281	1	0.9957	264
工业经济	0.045597	453	1	0.9972	1022
中国经济	0.045597	547	1	0.9815	1214
财政、金融	0.045597	554	1	0.997	1250
经济计划与管理	0.045597	665	1	0.9878	2172

注：该刊"五年影响因子"为0.0624；"总转摘量"为41；"综合性期刊学科核心指数"为1.25；"综合性期刊学科核心扩展度"为3；"核心指数位次"为137；"核心扩展度位次"为25。

31. 国外社会科学

学 科 分 类	综合值	综合值位次	分学科总被引	学科被引累积百分比	学科被引位次
政治学	0.349077	147	86	0.3484	73
社会学	0.280111	139	40	0.3097	28
法学	0.274857	182	26	0.6705	191
教育学	0.272799	174	29	0.5783	157
哲学	0.266618	118	31	0.4208	40
经济计划与管理	0.259122	248	26	0.7743	318
历史学	0.257623	167	25	0.5296	157
文学	0.247128	142	18	0.6587	228
环境科学	0.246188	161	13	0.544	105

（续表）

学 科 分 类	综合值	综合值位次	分学科总被引	学科被引累积百分比	学科被引位次
文化学	0.245629	147	17	0.1693	29
新闻学与传播学	0.239632	187	13	0.5963	115
其他学科（科技）	0.238132	209	12	0.6205	351
经济学理论	0.236633	159	11	0.5268	65
图书馆、情报与档案学	0.236633	186	11	0.8281	193
中国经济	0.235134	227	10	0.7625	317
管理学（含科学学、人才学）	0.233635	158	9	0.5951	84
语言学	0.233635	162	9	0.8172	262
财政、金融	0.233635	227	9	0.8479	403
马克思主义	0.229137	89	6	0.5127	50
心理学	0.229137	115	6	0.7343	91
艺术学	0.229137	121	6	0.6856	206
世界各国经济（含各国经济史、经济地理）	0.229137	127	6	0.5644	64
工业经济	0.229137	186	6	0.662	273
农业经济	0.229137	219	6	0.8113	470
宗教学	0.227638	90	5	0.5672	98
其他学科（人文社科）	0.226138	53	4	0.3473	12
贸易经济	0.226138	200	4	0.8208	368
民族学	0.224639	71	3	0.643	56
考古学	0.224639	108	3	0.8982	261
体育学	0.224639	186	3	0.839	399
交通运输经济、旅游经济	0.22314	169	2	0.8904	580
人口学	0.221641	109	1	0.9461	215

注：该刊"五年影响因子"为 0.1983；"总转摘量"为 130；"综合性期刊学科核心指数"为 9.45；"综合性期刊学科核心扩展度"为 20；"核心指数位次"为 12；"核心扩展度位次"为 8。

32. 哈尔滨工业大学学报.社会科学版

学 科 分 类	综合值	综合值位次	分学科总被引	学科被引累积百分比	学科被引位次
经济计划与管理	0.172197	380	34	0.7426	255

（续表）

学 科 分 类	综合值	综合值位 次	分学科总被引	学科被引累积百分比	学科被引位次
其他学科（科技）	0.14671	374	17	0.5605	248
财政、金融	0.139213	360	12	0.8214	322
中国经济	0.136215	364	10	0.7636	317
政治学	0.134716	461	9	0.8079	623
文学	0.131717	294	7	0.8069	470
工业经济	0.131717	331	7	0.6296	232
法学	0.131717	454	7	0.8448	655
教育学	0.130218	453	6	0.8207	719
图书馆、情报与档案学	0.128719	370	5	0.8826	419
历史学	0.128719	371	5	0.755	548
新闻学与传播学	0.128719	383	5	0.7359	338
环境科学	0.127219	322	4	0.7548	331
贸易经济	0.127219	344	4	0.8204	368
农业经济	0.127219	370	4	0.8573	601
艺术学	0.12572	272	3	0.7998	375
经济学理论	0.12572	295	3	0.7995	222
管理学（含科学学、人才学）	0.124221	293	2	0.8668	363
哲学	0.124221	316	2	0.8761	409
语言学	0.124221	320	2	0.9371	769
交通运输经济、旅游经济	0.124221	324	2	0.89	580
文化学	0.124221	358	2	0.7437	464
军事学	0.122722	106	1	0.8422	108
马克思主义	0.122722	157	1	0.9368	197
宗教学	0.122722	183	1	0.9191	331
考古学	0.122722	196	1	0.9823	508
社会学	0.122722	393	1	0.9577	906

注：该刊"五年影响因子"为0.1148；"总转摘量"为26；"综合性期刊学科核心指数"为0.81；"综合性期刊学科核心扩展度"为2；"核心指数位次"为152；"核心扩展度位次"为26。

33. 海南大学学报. 人文社会科学版

学 科 分 类	综合值	综合值位次	分学科总被引	学科被引累积百分比	学科被引位次
法学	0.119058	491	23	0.6843	217
文学	0.105621	338	21	0.6339	204
经济计划与管理	0.089145	552	12	0.8573	581
历史学	0.072742	489	12	0.6468	277
交通运输经济、旅游经济	0.068244	409	9	0.61	129
中国经济	0.066745	500	8	0.7851	377
语言学	0.062247	432	5	0.8718	429
政治学	0.062247	617	5	0.8766	909
贸易经济	0.059248	467	3	0.8457	458
农业经济	0.059248	490	3	0.8891	737
教育学	0.059248	630	3	0.9098	1172
军事学	0.057749	125	2	0.5118	55
哲学	0.057749	409	2	0.8735	409
新闻学与传播学	0.057749	529	2	0.8813	730
考古学	0.05625	264	1	0.9802	508
经济学理论	0.05625	373	1	0.98	423
环境科学	0.05625	426	1	0.9965	823
工业经济	0.05625	441	1	0.9933	1022
体育学	0.05625	468	1	0.9281	1006
社会学	0.05625	497	1	0.958	906
财政、金融	0.05625	531	1	0.9972	1250

注：该刊"五年影响因子"为 0.1372；"总转摘量"为 37；"综合性期刊学科核心指数"为 1.91；"综合性期刊学科核心扩展度"为 5；"核心指数位次"为 123；"核心扩展度位次"为 23。

34. 海南师范大学学报. 社会科学版

学 科 分 类	综合值	综合值位次	分学科总被引	学科被引累积百分比	学科被引位次
文学	0.102673	344	47	0.4485	75
语言学	0.042605	462	2	0.9373	769
中国经济	0.042605	551	2	0.9141	894

（续表）

学 科 分 类	综合值	综合值位次	分学科总被引	学科被引累积百分比	学科被引位次
财政、金融	0.042605	564	2	0.9448	914
法学	0.041105	700	1	0.9615	1930
教育学	0.026464	782	8	0.7842	574
艺术学	0.024965	452	7	0.668	178
历史学	0.018968	638	3	0.8325	821
新闻学与传播学	0.017468	655	2	0.8815	730
经济计划与管理	0.017468	941	2	0.9527	1595
管理学（含科学学、人才学）	0.015969	451	1	0.9458	583
交通运输经济、旅游经济	0.015969	553	1	0.9918	887
工业经济	0.015969	561	1	0.9931	1022
文化学	0.015969	580	1	0.9164	721
农业经济	0.015969	704	1	0.9581	1275

注：该刊"五年影响因子"为0.03；"总转摘量"为63；"综合性期刊学科核心指数"为0.88；"综合性期刊学科核心扩展度"为2；"核心指数位次"为149；"核心扩展度位次"为26。

35. 杭州师范大学学报. 社会科学版

学 科 分 类	综合值	综合值位次	分学科总被引	学科被引累积百分比	学科被引位次
哲学	0.140217	283	18	0.5469	75
历史学	0.12008	395	15	0.6105	233
教育学	0.112584	498	10	0.7535	477
政治学	0.108086	525	7	0.8334	744
交通运输经济、旅游经济	0.105088	349	5	0.7102	262
宗教学	0.102089	208	3	0.678	154
中国经济	0.102089	424	3	0.9008	713
文化学	0.10059	410	2	0.761	464
财政、金融	0.10059	431	2	0.9446	914
人文地理学	0.099091	131	1	0.7771	136
农业经济	0.099091	414	1	0.9697	1275
文学	0.086055	374	27	0.5855	158

（续表）

学 科 分 类	综合值	综合值位次	分学科总被引	学科被引累积百分比	学科被引位次
艺术学	0.066487	369	13	0.5616	91
语言学	0.053692	442	13	0.7709	185
新闻学与传播学	0.046196	553	8	0.6789	202
体育学	0.043197	494	6	0.7688	181
法学	0.043197	694	6	0.8643	715
图书馆、情报与档案学	0.041698	561	5	0.8865	419
经济计划与管理	0.040199	701	4	0.9355	1115
其他学科（科技）	0.0372	682	2	0.9165	1512
其他学科（人文社科）	0.035701	92	1	0.8015	46
考古学	0.035701	289	1	0.9812	508
心理学	0.035701	306	1	0.9631	442
贸易经济	0.035701	506	1	0.9586	839

注：该刊"五年影响因子"为 0.1053；"总转摘量"为 84；"综合性期刊学科核心指数"为 2.34；"综合性期刊学科核心扩展度"为 6；"核心指数位次"为 108；"核心扩展度位次"为 22。

36. 河北大学学报. 哲学社会科学版

学 科 分 类	综合值	综合值位次	分学科总被引	学科被引累积百分比	学科被引位次
教育学	0.166175	372	29	0.5746	157
历史学	0.164429	300	30	0.481	120
语言学	0.151771	268	23	0.6987	90
文学	0.148203	270	30	0.56	143
经济计划与管理	0.144274	441	18	0.8249	442
新闻学与传播学	0.142775	340	17	0.5638	94
法学	0.139207	440	24	0.6806	208
哲学	0.127213	308	16	0.5719	89
财政、金融	0.119717	399	11	0.8313	346
图书馆、情报与档案学	0.116718	398	9	0.8364	231
社会学	0.115219	404	8	0.6389	196
中国经济	0.11372	405	7	0.8111	421

（续表）

学 科 分 类	综合值	综合值位次	分学科总被引	学科被引累积百分比	学科被引位次
政治学	0.11372	516	7	0.8374	744
马克思主义	0.112221	167	6	0.5283	50
农业经济	0.112221	392	6	0.8168	470
人口学	0.110721	184	5	0.6939	50
艺术学	0.110721	297	5	0.7267	239
管理学（含科学学、人才学）	0.109222	315	4	0.7432	191
文化学	0.109222	386	4	0.5802	238
环境科学	0.106224	347	2	0.8714	561
交通运输经济、旅游经济	0.106224	347	2	0.8633	580
工业经济	0.106224	367	2	0.8092	658
贸易经济	0.106224	382	2	0.9065	590
其他学科（人文社科）	0.104724	78	1	0.7977	46
考古学	0.104724	211	1	0.9839	508
经济学理论	0.104724	319	1	0.9724	423
体育学	0.104724	381	1	0.9887	1006
其他学科（科技）	0.104724	473	1	0.9964	2183

注：该刊"五年影响因子"为0.1899；"总转摘量"为100；"综合性期刊学科核心指数"为4.43；"综合性期刊学科核心扩展度"为11；"核心指数位次"为61；"核心扩展度位次"为17。

37. 河北科技大学学报. 社会科学版

学 科 分 类	综合值	综合值位次	分学科总被引	学科被引累积百分比	学科被引位次
教育学	0.094181	556	11	0.7458	432
经济计划与管理	0.081628	571	12	0.8603	581
文学	0.075631	399	8	0.7841	427
农业经济	0.074132	466	7	0.8004	424
法学	0.074132	604	7	0.8497	655
财政、金融	0.071134	497	5	0.8965	584
工业经济	0.069634	421	4	0.7011	368
贸易经济	0.069634	451	4	0.7991	368

（续表）

学 科 分 类	综合值	综合值位　次	分学科总被引	学科被引累积百分比	学科被引位次
心理学	0.066636	279	2	0.8362	253
交通运输经济、旅游经济	0.066636	414	2	0.8843	580
语言学	0.066636	426	2	0.9374	769
社会学	0.066636	482	2	0.8366	621
新闻学与传播学	0.066636	515	2	0.8803	730
政治学	0.066636	606	2	0.9455	1424
人文地理学	0.065137	151	1	0.7822	136
经济学理论	0.065137	365	1	0.9739	423
文化学	0.065137	472	1	0.9183	721
中国经济	0.065137	504	1	0.9798	1214
历史学	0.065137	505	1	0.9977	1651

注：该刊"五年影响因子"为 0.1104；"总转摘量"为 11；"综合性期刊学科核心指数"为 0.3；"综合性期刊学科核心扩展度"为 1；"核心指数位次"为 176；"核心扩展度位次"为 27。

38. 河北师范大学学报. 哲学社会科学版

学 科 分 类	综合值	综合值位　次	分学科总被引	学科被引累积百分比	学科被引位次
教育学	0.157326	399	31	0.5649	146
历史学	0.127532	374	20	0.5654	189
法学	0.118537	492	14	0.7604	370
政治学	0.113279	518	18	0.714	380
文学	0.111779	324	17	0.6689	245
语言学	0.108781	344	15	0.7481	146
艺术学	0.093788	320	5	0.7262	239
交通运输经济、旅游经济	0.093788	369	5	0.7118	262
哲学	0.092289	365	4	0.7969	252
文化学	0.092289	427	4	0.574	238
宗教学	0.09079	219	3	0.6768	154
心理学	0.09079	253	3	0.7986	175
农业经济	0.09079	435	3	0.8879	737

（续表）

学科分类	综合值	综合值位次	分学科总被引	学科被引累积百分比	学科被引位次
图书馆、情报与档案学	0.09079	449	3	0.9188	698
新闻学与传播学	0.09079	468	3	0.8391	524
其他学科（科技）	0.09079	509	3	0.8411	1170
经济学理论	0.089291	345	2	0.8281	288
体育学	0.089291	416	2	0.8761	614
贸易经济	0.089291	420	2	0.9073	590
中国经济	0.089291	456	2	0.9146	894
财政、金融	0.089291	462	2	0.9457	914
经济计划与管理	0.089291	551	2	0.9673	1595
人文地理学	0.087791	141	1	0.7946	136
马克思主义	0.087791	189	1	0.9355	197
人口学	0.087791	199	1	0.9598	215
社会学	0.087791	458	1	0.9716	906

注：该刊"五年影响因子"为0.0996；"总转摘量"为74；"综合性期刊学科核心指数"为1.95；"综合性期刊学科核心扩展度"为5；"核心指数位次"为121；"核心扩展度位次"为23。

39. 河北学刊

学科分类	综合值	综合值位次	分学科总被引	学科被引累积百分比	学科被引位次
政治学	0.469555	82	66	0.4294	109
历史学	0.464643	53	79	0.274	33
文学	0.429128	48	47	0.4373	75
哲学	0.424688	43	43	0.3551	28
法学	0.415232	88	36	0.6159	133
社会学	0.385474	65	21	0.4433	66
经济计划与管理	0.373364	158	15	0.8445	508
马克思主义	0.372903	35	14	0.3173	18
教育学	0.368691	99	15	0.6819	315
中国经济	0.367192	102	14	0.71	238
农业经济	0.361195	91	10	0.7408	306

（续表）

学 科 分 类	综合值	综合值位 次	分学科总被引	学科被引累积百分比	学科被引位次
财政、金融	0.361195	111	10	0.8364	371
艺术学	0.358196	59	8	0.6307	148
新闻学与传播学	0.356697	86	7	0.6834	237
其他学科（科技）	0.355198	96	6	0.7403	685
经济学理论	0.353699	75	5	0.6863	151
语言学	0.353699	77	5	0.8691	429
图书馆、情报与档案学	0.353699	95	5	0.884	419
文化学	0.352199	61	4	0.5784	238
工业经济	0.352199	78	4	0.6968	368
宗教学	0.3507	37	3	0.6631	154
心理学	0.3507	53	3	0.7927	175
交通运输经济、旅游经济	0.3507	67	3	0.8035	439
管理学（含科学学、人才学）	0.3507	76	3	0.7939	252
其他学科（人文社科）	0.349201	30	2	0.5725	21
体育学	0.349201	82	2	0.8786	614
军事学	0.347702	27	1	0.7699	108
民族学	0.347702	34	1	0.8166	152
考古学	0.347702	48	1	0.9822	508
世界各国经济（含各国经济史、经济地理）	0.347702	54	1	0.8394	264
环境科学	0.347702	76	1	0.9858	823
贸易经济	0.347702	93	1	0.9623	839

　　注：该刊"五年影响因子"为 0.1395；"总转摘量"为 572；"综合性期刊学科核心指数"为 6.93；"综合性期刊学科核心扩展度"为 15；"核心指数位次"为 31；"核心扩展度位次"为 13。

40. 河南大学学报. 社会科学版

学 科 分 类	综合值	综合值位 次	分学科总被引	学科被引累积百分比	学科被引位次
新闻学与传播学	0.396371	67	35	0.4915	52
政治学	0.386082	123	34	0.6013	224
文学	0.385447	56	44	0.4612	84

（续表）

学科分类	综合值	综合值位次	分学科总被引	学科被引累积百分比	学科被引位次
历史学	0.35846	89	26	0.5192	147
法学	0.353963	112	23	0.685	217
教育学	0.350827	108	17	0.6714	284
语言学	0.346466	80	18	0.7283	123
哲学	0.341969	76	15	0.5945	98
心理学	0.332973	58	9	0.695	62
经济计划与管理	0.331474	178	8	0.8917	754
交通运输经济、旅游经济	0.329975	80	7	0.6538	177
农业经济	0.329975	109	7	0.8015	424
马克思主义	0.328475	45	6	0.5205	50
环境科学	0.328475	93	6	0.7028	234
图书馆、情报与档案学	0.328475	109	6	0.8684	359
其他学科（科技）	0.328475	111	6	0.7398	685
文化学	0.326976	76	5	0.5233	185
社会学	0.326976	97	5	0.7406	319
中国经济	0.326976	119	5	0.8462	518
考古学	0.325477	59	4	0.8699	202
经济学理论	0.325477	90	4	0.7223	181
贸易经济	0.325477	106	4	0.7968	368
艺术学	0.323978	68	3	0.7964	375
管理学（含科学学、人才学）	0.323978	89	3	0.7965	252
体育学	0.323978	96	3	0.8434	399
财政、金融	0.323978	133	3	0.9214	746
工业经济	0.322478	92	2	0.8077	658
军事学	0.320979	36	1	0.7891	108
民族学	0.320979	42	1	0.8174	152
人文地理学	0.320979	43	1	0.7843	136
宗教学	0.320979	45	1	0.9444	331

注：该刊"五年影响因子"为0.1353；"总转摘量"为251；"综合性期刊学科核心指数"为4.58；"综合性期刊学科核心扩展度"为11；"核心指数位次"为60；"核心扩展度位次"为17。

41. 河南社会科学

学 科 分 类	综合值	综合值位次	分学科总被引	学科被引累积百分比	学科被引位次
法学	0.42483	82	120	0.4611	38
政治学	0.276576	217	44	0.5329	170
教育学	0.240056	225	24	0.6105	198
经济计划与管理	0.238966	271	24	0.7899	343
农业经济	0.228209	220	23	0.6016	140
文学	0.226709	165	22	0.6288	193
文化学	0.214715	185	14	0.2231	44
财政、金融	0.213216	248	13	0.8106	301
中国经济	0.211717	253	12	0.7288	271
新闻学与传播学	0.210218	222	11	0.6189	142
考古学	0.208718	116	10	0.8023	94
哲学	0.208718	182	10	0.6584	129
历史学	0.208718	221	10	0.6741	319
经济学理论	0.202721	196	6	0.6813	135
马克思主义	0.199723	102	4	0.6573	84
语言学	0.199723	195	4	0.8997	494
交通运输经济、旅游经济	0.199723	198	4	0.7716	329
图书馆、情报与档案学	0.199723	235	4	0.8926	528
其他学科（科技）	0.199723	263	4	0.8027	926
管理学（含科学学、人才学）	0.198224	195	3	0.7944	252
环境科学	0.198224	212	3	0.7839	415
社会学	0.198224	249	3	0.8299	468
心理学	0.196724	144	2	0.8335	253
工业经济	0.196724	229	2	0.807	658
军事学	0.195225	71	1	0.9867	108
人口学	0.195225	127	1	0.9631	215
艺术学	0.195225	153	1	0.9929	812
世界各国经济（含各国经济史、经济地理）	0.195225	156	1	0.8346	264
贸易经济	0.195225	239	1	0.9985	839

　　注：该刊"五年影响因子"为 0.1659；"总转摘量"为 221；"综合性期刊学科核心指数"为 4.65；"综合性期刊学科核心扩展度"为 11；"核心指数位次"为 57；"核心扩展度位次"为 17。

42. 河南师范大学学报. 哲学社会科学版

学　科　分　类	综合值	综合值位　次	分学科总被引	学科被引累积百分比	学科被引位次
政治学	0.182043	369	54	0.4787	136
法学	0.178004	342	51	0.5709	93
教育学	0.177088	352	51	0.5009	99
文学	0.1546	258	47	0.4462	75
哲学	0.124906	313	22	0.4958	60
语言学	0.109831	343	15	0.7433	146
历史学	0.108123	415	16	0.5971	222
财政、金融	0.108123	417	16	0.787	260
新闻学与传播学	0.099128	443	10	0.6377	163
体育学	0.096129	400	8	0.7394	131
农业经济	0.096129	423	8	0.7851	383
图书馆、情报与档案学	0.09463	442	7	0.8526	301
贸易经济	0.093131	411	6	0.7516	280
文化学	0.093131	426	6	0.4618	151
社会学	0.093131	444	6	0.6984	266
其他学科（科技）	0.093131	505	6	0.7393	685
经济计划与管理	0.093131	546	6	0.9064	899
艺术学	0.091632	327	5	0.7245	239
经济学理论	0.091632	337	5	0.6876	151
马克思主义	0.090132	185	4	0.6678	84
宗教学	0.088633	224	3	0.6544	154
环境科学	0.088633	383	3	0.7846	415
世界各国经济（含各国经济史、经济地理）	0.087134	252	2	0.8077	167
工业经济	0.087134	403	2	0.8137	658
中国经济	0.087134	463	2	0.9149	894
其他学科（人文社科）	0.085635	85	1	0.7939	46
军事学	0.085635	119	1	0.9882	108
管理学（含科学学、人才学）	0.085635	346	1	0.9711	583
交通运输经济、旅游经济	0.085635	386	1	0.9915	887

注：该刊"五年影响因子"为0.1197；"总转摘量"为167；"综合性期刊学科核心指数"为5.1；"综合性期刊学科核心扩展度"为12；"核心指数位次"为51；"核心扩展度位次"为16。

43. 黑龙江社会科学

学 科 分 类	综合值	综合值位 次	分学科总被引	学科被引累积百分比	学科被引位次
政治学	0.185663	365	33	0.6023	237
法学	0.153751	406	17	0.7404	308
文学	0.147935	272	18	0.657	228
经济计划与管理	0.147935	431	18	0.8234	442
新闻学与传播学	0.131443	375	7	0.6813	237
历史学	0.129944	367	6	0.7392	473
哲学	0.128445	305	5	0.765	214
社会学	0.128445	374	5	0.7401	319
工业经济	0.126945	339	4	0.7277	368
中国经济	0.126945	381	4	0.8799	600
语言学	0.125446	319	3	0.9084	601
体育学	0.125446	346	3	0.827	399
财政、金融	0.125446	386	3	0.9264	746
民族学	0.123947	137	2	0.6704	84
管理学（含科学学、人才学）	0.123947	294	2	0.8682	363
文化学	0.123947	359	2	0.7411	464
农业经济	0.123947	378	2	0.914	932
图书馆、情报与档案学	0.123947	383	2	0.9532	956
马克思主义	0.122448	159	1	0.9401	197
人口学	0.122448	173	1	0.9586	215
宗教学	0.122448	184	1	0.9577	331
心理学	0.122448	218	1	0.9621	442
经济学理论	0.122448	299	1	0.9747	423
环境科学	0.122448	333	1	0.9825	823
贸易经济	0.122448	355	1	0.9483	839

　　注：该刊"五年影响因子"为 0.069；"总转摘量"为 88；"综合性期刊学科核心指数"为 1.39；"综合性期刊学科核心扩展度"为 4；"核心指数位次"为 132；"核心扩展度位次"为 24。

44. 湖北大学学报．哲学社会科学版

学 科 分 类	综合值	综合值位次	分学科总被引	学科被引累积百分比	学科被引位次
文学	0.182986	216	26	0.5942	167
教育学	0.177918	349	19	0.6511	256
语言学	0.169804	239	23	0.6966	90
哲学	0.163807	232	19	0.534	72
历史学	0.159309	313	16	0.6036	222
政治学	0.156311	409	14	0.7589	471
中国经济	0.153312	333	12	0.732	271
考古学	0.150314	167	10	0.8032	94
其他学科（科技）	0.147315	373	8	0.7088	521
交通运输经济、旅游经济	0.145816	281	7	0.6477	177
经济计划与管理	0.145816	437	7	0.9017	818
文化学	0.142818	317	5	0.5189	185
法学	0.142818	428	5	0.8738	808
艺术学	0.141318	239	4	0.7422	300
体育学	0.141318	313	4	0.8116	304
图书馆、情报与档案学	0.141318	337	4	0.8904	528
财政、金融	0.141318	357	4	0.9114	653
贸易经济	0.139819	323	3	0.8445	458
农业经济	0.139819	345	3	0.8899	737
马克思主义	0.13832	143	2	0.7811	134
宗教学	0.13832	162	2	0.7295	224
心理学	0.13832	202	2	0.8458	253
新闻学与传播学	0.13832	356	2	0.8747	730
军事学	0.136821	101	1	0.9926	108
世界各国经济（含各国经济史、经济地理）	0.136821	208	1	0.8322	264
工业经济	0.136821	322	1	0.899	1022
社会学	0.136821	358	1	0.962	906

注：该刊"五年影响因子"为0.1056；"总转摘量"为123；"综合性期刊学科核心指数"为2.75；"综合性期刊学科核心扩展度"为7；"核心指数位次"为99；"核心扩展度位次"为21。

45. 湖北社会科学

学 科 分 类	综合值	综合值位 次	分学科总被引	学科被引累积百分比	学科被引位次
政治学	0.261189	240	81	0.378	84
法学	0.186048	334	38	0.6068	123
教育学	0.185486	329	38	0.5408	126
经济计划与管理	0.177147	368	33	0.7443	258
社会学	0.149507	330	17	0.486	84
中国经济	0.147636	346	18	0.6596	184
农业经济	0.144638	334	16	0.6656	206
文化学	0.137141	331	11	0.2897	65
财政、金融	0.137141	365	11	0.8321	346
语言学	0.134143	301	9	0.8225	262
贸易经济	0.132644	335	8	0.7175	229
马克思主义	0.129645	154	6	0.5166	50
世界各国经济（含各国经济史、经济地理）	0.129645	215	6	0.5212	64
文学	0.129645	299	6	0.8272	520
新闻学与传播学	0.129645	377	6	0.7074	284
哲学	0.128146	306	5	0.7607	214
历史学	0.128146	373	5	0.751	548
交通运输经济、旅游经济	0.126647	317	4	0.7729	329
环境科学	0.126647	325	4	0.7423	331
其他学科（科技）	0.126647	425	4	0.7969	926
艺术学	0.125147	275	3	0.7937	375
体育学	0.125147	347	3	0.8422	399
考古学	0.123648	193	2	0.9116	336
管理学（含科学学、人才学）	0.123648	295	2	0.8254	363
工业经济	0.123648	342	2	0.8023	658
人文地理学	0.122149	120	1	0.7905	136
人口学	0.122149	174	1	0.9565	215
宗教学	0.122149	185	1	0.9527	331
心理学	0.122149	219	1	0.974	442
图书馆、情报与档案学	0.122149	387	1	0.9971	1460

注：该刊"五年影响因子"为 0.0755；"总转摘量"为 149；"综合性期刊学科核心指数"为 4.34；"综合性期刊学科核心扩展度"为 9；"核心指数位次"为 64；"核心扩展度位次"为 19。

46. 湖北师范学院学报. 哲学社会科学版

学 科 分 类	综合值	综合值位 次	分学科总被引	学科被引累积百分比	学科被引位次
文学	0.028824	525	9	0.7663	400
语言学	0.027325	499	8	0.8347	297
教育学	0.025826	788	7	0.798	637
图书馆、情报与档案学	0.024327	637	6	0.8675	359
历史学	0.022827	614	5	0.7489	548
哲学	0.021328	461	4	0.7923	252
体育学	0.021328	557	4	0.8152	304
艺术学	0.019829	477	3	0.7906	375
新闻学与传播学	0.019829	634	3	0.8283	524
其他学科（科技）	0.019829	841	3	0.8288	1170
经济计划与管理	0.019829	889	3	0.9435	1306
经济学理论	0.01833	435	2	0.8337	288
文化学	0.01833	564	2	0.7526	464
政治学	0.01833	859	2	0.9292	1424
法学	0.01833	869	2	0.945	1400
宗教学	0.01683	303	1	0.9568	331
心理学	0.01683	357	1	0.9919	442
交通运输经济、旅游经济	0.01683	547	1	0.9884	887
工业经济	0.01683	556	1	0.8987	1022
社会学	0.01683	612	1	0.9933	906
中国经济	0.01683	667	1	0.9966	1214
财政、金融	0.01683	713	1	0.9838	1250

　　注：该刊"五年影响因子"为0.0365；"总转摘量"为15；"综合性期刊学科核心指数"为0.3；"综合性期刊学科核心扩展度"为1；"核心指数位次"为176；"核心扩展度位次"为27。

47. 湖南大学学报. 社会科学版

学 科 分 类	综合值	综合值位 次	分学科总被引	学科被引累积百分比	学科被引位次
经济计划与管理	0.180839	358	30	0.7616	282

（续表）

学 科 分 类	综合值	综合值 位 次	分学科 总被引	学科被引 累积百分比	学科被 引位次
语言学	0.149938	273	21	0.7027	98
财政、金融	0.149235	342	14	0.8004	283
文学	0.147059	274	14	0.7044	292
哲学	0.142442	276	16	0.5742	89
政治学	0.140943	448	15	0.7462	442
法学	0.139443	438	14	0.7615	370
其他学科（科技）	0.137944	393	13	0.6161	324
教育学	0.137944	437	13	0.7089	361
历史学	0.136445	352	12	0.6432	277
图书馆、情报与档案学	0.131947	366	9	0.8412	231
考古学	0.128949	185	7	0.8288	129
工业经济	0.128949	335	7	0.6199	232
新闻学与传播学	0.128949	380	7	0.6969	237
文化学	0.127449	353	6	0.4751	151
艺术学	0.12595	270	5	0.7075	239
中国经济	0.12595	383	5	0.8529	518
交通运输经济、旅游经济	0.124451	322	4	0.7707	329
经济学理论	0.122952	298	3	0.8071	222
贸易经济	0.122952	352	3	0.8451	458
农业经济	0.122952	381	3	0.8895	737
管理学（含科学学、人才学）	0.121452	297	2	0.8149	363
环境科学	0.121452	334	2	0.8934	561
社会学	0.121452	396	2	0.8393	621
其他学科（人文社科）	0.119953	76	1	0.8206	46
马克思主义	0.119953	161	1	0.9349	197
世界各国经济（含各国经济史、经济地理）	0.119953	224	1	0.8317	264
体育学	0.119953	357	1	0.9897	1006

注：该刊"五年影响因子"为 0.1646；"总转摘量"为 116；"综合性期刊学科核心指数"为 2.37；"综合性期刊学科核心扩展度"为 6；"核心指数位次"为 107；"核心扩展度位次"为 22。

48. 湖南科技大学学报. 社会科学版

学 科 分 类	综合值	综合值位次	分学科总被引	学科被引累积百分比	学科被引位次
马克思主义	0.305789	53	13	0.3349	20
农业经济	0.291056	138	10	0.7466	306
文学	0.288058	108	8	0.7826	427
历史学	0.286559	135	7	0.7196	429
新闻学与传播学	0.285059	126	6	0.7097	284
法学	0.283560	167	5	0.8776	808
其他学科（科技）	0.282061	151	4	0.8036	926
体育学	0.282061	125	4	0.8183	304
考古学	0.280562	74	3	0.9043	261
交通运输经济、旅游经济	0.280562	107	3	0.8054	439
社会学	0.280562	137	3	0.8246	468
中国经济	0.279062	166	2	0.9271	894
贸易经济	0.279062	148	2	0.8985	590
世界各国经济（含各国经济史、经济地理）	0.277563	92	1	0.8327	264
政治学	0.204866	325	24	0.6594	305
语言学	0.199089	196	21	0.7124	98
教育学	0.195031	307	20	0.6435	241
经济计划与管理	0.163847	399	12	0.8619	581
图书馆、情报与档案学	0.157850	308	8	0.8489	259
财政、金融	0.153352	333	5	0.9038	584
哲学	0.153352	257	5	0.7621	214
艺术学	0.150353	224	3	0.7913	375
环境科学	0.150353	283	3	0.7946	415
管理学（含科学学、人才学）	0.150353	260	3	0.7949	252
文化学	0.147355	309	1	0.8250	721

　　注：该刊"五年影响因子"为0.1854；"总转摘量"为127；"综合性期刊学科核心指数"为1.36；"综合性期刊学科核心扩展度"为3；"核心指数位次"为135；"核心扩展度位次"为25。

49. 湖南社会科学

学 科 分 类	综合值	综合值位 次	分学科总被引	学科被引累积百分比	学科被引位次
政治学	0.21048	314	44	0.5355	170
法学	0.191859	320	34	0.632	144
教育学	0.171795	362	22	0.6342	224
文学	0.159689	249	16	0.6823	256
中国经济	0.156691	328	14	0.7138	238
经济计划与管理	0.152488	428	15	0.8392	508
哲学	0.144992	270	10	0.6641	129
语言学	0.143493	286	9	0.8163	262
农业经济	0.143493	336	9	0.7677	341
文化学	0.141993	321	8	0.3884	103
财政、金融	0.141993	356	8	0.8642	430
环境科学	0.140494	298	7	0.669	202
体育学	0.140494	316	7	0.7591	151
贸易经济	0.140494	322	7	0.7395	250
社会学	0.140494	349	7	0.6623	218
艺术学	0.138995	247	6	0.6876	206
交通运输经济、旅游经济	0.138995	293	6	0.6764	206
管理学（含科学学、人才学）	0.137496	274	5	0.6825	162
工业经济	0.137496	320	5	0.6687	316
新闻学与传播学	0.137496	358	5	0.7521	338
图书馆、情报与档案学	0.135996	352	4	0.8932	528
马克思主义	0.134497	147	3	0.7205	106
人口学	0.134497	161	3	0.7502	82
历史学	0.134497	356	3	0.8442	821
其他学科（科技）	0.134497	401	3	0.8371	1170
考古学	0.131499	182	1	0.9816	508
世界各国经济（含各国经济史、经济地理）	0.131499	213	1	0.8332	264
经济学理论	0.131499	287	1	0.9848	423

注：该刊"五年影响因子"为 0.0954；"总转摘量"为 102；"综合性期刊学科核心指数"为 4.42；"综合性期刊学科核心扩展度"为 12；"核心指数位次"为 62；"核心扩展度位次"为 16。

50. 湖南师范大学社会科学学报

学 科 分 类	综合值	综合值位次	分学科总被引	学科被引累积百分比	学科被引位次
政治学	0.573259	52	61	0.452	120
哲学	0.519086	28	39	0.3781	32
经济计划与管理	0.49357	110	24	0.7862	343
文学	0.476907	41	25	0.599	172
法学	0.469411	73	20	0.7152	260
语言学	0.467912	58	19	0.725	117
社会学	0.464913	45	17	0.4785	84
教育学	0.461915	64	15	0.6878	315
新闻学与传播学	0.458916	51	13	0.5933	115
历史学	0.457417	55	12	0.6371	277
财政、金融	0.455918	76	11	0.8349	346
中国经济	0.454418	65	10	0.7647	317
贸易经济	0.452919	53	9	0.6976	207
农业经济	0.45142	58	8	0.7722	383
图书馆、情报与档案学	0.45142	68	8	0.8494	259
交通运输经济、旅游经济	0.449921	36	7	0.65	177
经济学理论	0.448421	40	6	0.6737	135
其他学科（科技）	0.446922	58	5	0.7699	792
环境科学	0.445423	42	4	0.7739	331
工业经济	0.445423	46	4	0.7032	368
宗教学	0.443924	25	3	0.6581	154
心理学	0.443924	31	3	0.7917	175
文化学	0.443924	33	3	0.6316	335
体育学	0.443924	50	3	0.8372	399
人口学	0.442424	25	2	0.8016	120
人文地理学	0.440925	22	1	0.9205	136
民族学	0.440925	23	1	0.7876	152
马克思主义	0.440925	26	1	0.9238	197
艺术学	0.440925	42	1	0.9585	812
管理学（含科学学、人才学）	0.440925	51	1	0.9425	583

　　注：该刊"五年影响因子"为0.2017；"总转摘量"为272；"综合性期刊学科核心指数"为4.86；"综合性期刊学科核心扩展度"为12；"核心指数位次"为55；"核心扩展度位次"为16。

51. 华东师范大学学报. 哲学社会科学版

学 科 分 类	综合值	综合值位　次	分学科总被引	学科被引累积百分比	学科被引位次
政治学	0.457295	85	47	0.5103	157
教育学	0.444346	70	46	0.5194	108
文学	0.437123	46	39	0.4924	100
历史学	0.43058	63	39	0.422	88
语言学	0.424856	60	33	0.6653	66
经济计划与管理	0.420904	134	26	0.7752	318
哲学	0.384101	56	20	0.5201	69
社会学	0.376604	70	15	0.5137	100
其他学科（科技）	0.375105	84	14	0.6009	301
财政、金融	0.375105	104	14	0.7988	283
农业经济	0.370607	87	11	0.7288	291
法学	0.36611	105	8	0.8371	589
环境科学	0.363111	70	6	0.7064	234
中国经济	0.361612	107	5	0.8494	518
人文地理学	0.360113	33	4	0.5181	36
宗教学	0.360113	35	4	0.5892	124
考古学	0.360113	43	4	0.8791	202
人口学	0.360113	43	4	0.7303	60
文化学	0.360113	57	4	0.5678	238
交通运输经济、旅游经济	0.360113	64	4	0.7751	329
管理学（含科学学、人才学）	0.360113	72	4	0.7361	191
新闻学与传播学	0.360113	84	4	0.7645	411
艺术学	0.358613	58	3	0.7896	375
经济学理论	0.358613	73	3	0.7987	222
世界各国经济（含各国经济史、经济地理）	0.357114	48	2	0.8019	167
心理学	0.357114	51	2	0.8468	253
体育学	0.357114	79	2	0.8995	614
贸易经济	0.357114	84	2	0.901	590

（续表）

学　科　分　类	综合值	综合值位次	分学科总被引	学科被引累积百分比	学科被引位次
图书馆、情报与档案学	0.357114	92	2	0.9524	956
工业经济	0.355615	76	1	0.9044	1022

注：该刊"五年影响因子"为0.2543；"总转摘量"为191；"综合性期刊学科核心指数"为5.08；"综合性期刊学科核心扩展度"为11；"核心指数位次"为52；"核心扩展度位次"为17。

52. 华南理工大学学报. 社会科学版

学　科　分　类	综合值	综合值位次	分学科总被引	学科被引累积百分比	学科被引位次
经济计划与管理	0.178838	363	15	0.8415	508
财政、金融	0.147065	347	7	0.8719	463
法学	0.147065	418	7	0.8453	655
其他学科（科技）	0.145566	375	6	0.7581	685
教育学	0.145566	420	6	0.8147	719
语言学	0.144066	284	5	0.8707	429
管理学（含科学学、人才学）	0.141068	269	3	0.8002	252
体育学	0.141068	315	3	0.8306	399
工业经济	0.139569	318	2	0.8094	658
新闻学与传播学	0.139569	352	2	0.8946	730
军事学	0.138069	100	1	0.9307	108
艺术学	0.138069	249	1	0.9528	812
哲学	0.138069	287	1	0.9966	604
交通运输经济、旅游经济	0.138069	296	1	0.9931	887
贸易经济	0.138069	326	1	0.9575	839
图书馆、情报与档案学	0.138069	349	1	0.9847	1460
历史学	0.138069	349	1	0.9243	1651
社会学	0.138069	354	1	0.9917	906
中国经济	0.138069	359	1	0.9861	1214
政治学	0.138069	454	1	0.9684	1917

注：该刊"五年影响因子"为0.0837；"总转摘量"为31；"综合性期刊学科核心指数"为0.3；"综合性期刊学科核心扩展度"为1；"核心指数位次"为176；"核心扩展度位次"为27。

53. 华南师范大学学报.社会科学版

学 科 分 类	综合值	综合值位次	分学科总被引	学科被引累积百分比	学科被引位次
教育学	0.224207	248	46	0.5165	108
心理学	0.20232	136	30	0.594	21
经济计划与管理	0.187021	347	24	0.7866	343
语言学	0.16751	245	25	0.6923	85
历史学	0.164512	298	23	0.5421	168
政治学	0.155516	414	17	0.7248	403
文学	0.149519	268	13	0.7249	309
体育学	0.146521	298	11	0.7148	93
哲学	0.145022	268	10	0.6612	129
法学	0.143522	426	9	0.8143	530
其他学科（科技）	0.142023	385	8	0.7065	521
中国经济	0.140524	352	7	0.8152	421
交通运输经济、旅游经济	0.137525	298	5	0.7129	262
贸易经济	0.136026	330	4	0.8273	368
社会学	0.136026	359	4	0.7598	378
新闻学与传播学	0.136026	362	4	0.7648	411
财政、金融	0.136026	368	4	0.9138	653
经济学理论	0.134527	281	3	0.7957	222
环境科学	0.134527	309	3	0.8223	415
图书馆、情报与档案学	0.134527	357	3	0.9267	698
人口学	0.133028	162	2	0.8032	120
宗教学	0.133028	168	2	0.7278	224
管理学（含科学学、人才学）	0.133028	280	2	0.8202	363
农业经济	0.133028	357	2	0.9334	932
考古学	0.131528	181	1	0.9831	508
工业经济	0.131528	332	1	0.9042	1022
文化学	0.131528	346	1	0.9832	721

　　注：该刊"五年影响因子"为 0.1522；"总转摘量"为 115；"综合性期刊学科核心指数"为 1.99；"综合性期刊学科核心扩展度"为 5；"核心指数位次"为 116；"核心扩展度位次"为 23。

54. 华侨大学学报. 哲学社会科学版

学 科 分 类	综合值	综合值位次	分学科总被引	学科被引累积百分比	学科被引位次
经济计划与管理	0.081241	572	10	0.8735	657
交通运输经济、旅游经济	0.058338	426	8	0.6264	154
法学	0.056839	644	7	0.8451	655
历史学	0.053841	524	5	0.7586	548
其他学科（科技）	0.053841	618	5	0.7741	792
政治学	0.053841	636	5	0.8816	909
语言学	0.052341	445	4	0.8959	494
文学	0.052341	448	4	0.8553	659
贸易经济	0.050842	477	3	0.8602	458
中国经济	0.050842	536	3	0.8955	713
经济学理论	0.049343	377	2	0.8291	288
环境科学	0.049343	438	2	0.8937	561
农业经济	0.049343	514	2	0.9329	932
新闻学与传播学	0.049343	545	2	0.8953	730
宗教学	0.047844	257	1	0.9402	331
管理学（含科学学、人才学）	0.047844	377	1	0.9221	583
哲学	0.047844	417	1	0.9963	604
工业经济	0.047844	452	1	0.9041	1022
文化学	0.047844	494	1	0.9993	721
社会学	0.047844	507	1	0.9908	906
图书馆、情报与档案学	0.047844	542	1	0.9846	1460
财政、金融	0.047844	547	1	0.9982	1250

　　注：该刊"五年影响因子"为0.0947；"总转摘量"为22；"综合性期刊学科核心指数"为0.37；"综合性期刊学科核心扩展度"为1；"核心指数位次"为169；"核心扩展度位次"为27。

55. 华中科技大学学报. 社会科学版

学 科 分 类	综合值	综合值位次	分学科总被引	学科被引累积百分比	学科被引位次
政治学	0.281125	212	36	0.5809	213
经济计划与管理	0.251697	255	28	0.767	301

（续表）

学 科 分 类	综合值	综合值位　次	分学科总被引	学科被引累积百分比	学科被引位次
法学	0.23024	250	28	0.6538	175
社会学	0.218246	221	20	0.4478	72
财政、金融	0.215481	246	11	0.8337	346
农业经济	0.206252	247	12	0.7101	271
环境科学	0.204753	203	11	0.5693	126
哲学	0.200255	190	8	0.6833	153
文学	0.200255	194	8	0.7792	427
语言学	0.198756	198	7	0.8401	341
其他学科（科技）	0.198756	267	7	0.7354	594
中国经济	0.198756	267	7	0.8171	421
管理学（含科学学、人才学）	0.197257	196	6	0.6546	133
新闻学与传播学	0.197257	240	6	0.7166	284
文化学	0.195757	214	5	0.5344	185
历史学	0.195757	235	5	0.7591	548
体育学	0.194258	226	4	0.8253	304
教育学	0.194258	308	4	0.8645	980
宗教学	0.19126	115	2	0.7328	224
人口学	0.19126	131	2	0.8041	120
世界各国经济（含各国经济史、经济地理）	0.19126	161	2	0.7904	167
工业经济	0.19126	232	2	0.8113	658
人文地理学	0.18976	81	1	0.8535	136
民族学	0.18976	86	1	0.7835	152
马克思主义	0.18976	110	1	0.9844	197
经济学理论	0.18976	212	1	0.9116	423
交通运输经济、旅游经济	0.18976	214	1	0.9922	887
图书馆、情报与档案学	0.18976	247	1	0.9867	1460
贸易经济	0.18976	249	1	0.9493	839

注：该刊"五年影响因子"为 0.2142；"总转摘量"为 109；"综合性期刊学科核心指数"为 2.88；"综合性期刊学科核心扩展度"为 7；"核心指数位次"为 96；"核心扩展度位次"为 21。

56. 华中师范大学学报. 人文社会科学版

学 科 分 类	综合值	综合值位次	分学科总被引	学科被引累积百分比	学科被引位次
政治学	1.0259	10	151	0.1905	25
教育学	0.844869	13	69	0.4606	78
社会学	0.837186	8	60	0.2448	16
农业经济	0.83414	12	57	0.4189	46
经济计划与管理	0.800127	40	44	0.7144	207
历史学	0.769534	14	42	0.4015	79
法学	0.761803	31	32	0.6374	157
文学	0.749155	16	41	0.4772	93
财政、金融	0.740908	24	20	0.7606	217
语言学	0.728165	29	27	0.6817	79
其他学科（科技）	0.720669	14	22	0.5228	198
新闻学与传播学	0.713173	13	17	0.5651	94
文化学	0.711674	10	16	0.187	32
哲学	0.711674	13	16	0.5834	89
中国经济	0.708675	20	14	0.713	238
交通运输经济、旅游经济	0.707176	12	13	0.5566	89
体育学	0.707176	22	13	0.7034	71
图书馆、情报与档案学	0.706894	33	7	0.8565	301
心理学	0.702678	10	10	0.6793	55
环境科学	0.702678	13	10	0.5961	141
贸易经济	0.701179	16	9	0.7019	207
考古学	0.69968	13	8	0.8197	116
经济学理论	0.69818	13	7	0.6304	112
人口学	0.696681	10	6	0.6533	41
工业经济	0.696681	14	6	0.6549	273
艺术学	0.693683	9	4	0.7453	300
马克思主义	0.693683	9	4	0.6391	84
管理学（含科学学、人才学）	0.693683	14	4	0.7389	191
军事学	0.689185	7	1	0.9336	108

（续表）

学科分类	综合值	综合值位次	分学科总被引	学科被引累积百分比	学科被引位次
其他学科（人文社科）	0.689185	8	1	0.7786	46
宗教学	0.689185	9	1	0.929	331

注：该刊"五年影响因子"为0.6144；"总转摘量"为348；"综合性期刊学科核心指数"为9.22；"综合性期刊学科核心扩展度"为19；"核心指数位次"为15；"核心扩展度位次"为9。

57. 吉林大学社会科学学报

学科分类	综合值	综合值位次	分学科总被引	学科被引累积百分比	学科被引位次
法学	0.895917	27	125	0.4578	37
政治学	0.775048	19	64	0.4428	113
经济计划与管理	0.716261	54	36	0.7355	241
文学	0.68306	18	26	0.593	167
财政、金融	0.675465	30	20	0.7591	217
哲学	0.66925	14	28	0.4503	47
历史学	0.655757	19	19	0.5744	197
农业经济	0.652758	28	17	0.6596	193
社会学	0.648261	17	14	0.5279	111
教育学	0.647669	31	8	0.7931	574
考古学	0.642264	15	10	0.7986	94
中国经济	0.642264	27	10	0.7609	317
贸易经济	0.640764	19	9	0.7045	207
新闻学与传播学	0.640764	23	9	0.6592	182
语言学	0.640764	35	9	0.8155	262
心理学	0.637766	16	7	0.7185	79
其他学科（科技）	0.636267	22	6	0.7557	685
经济学理论	0.634767	16	5	0.6825	151
工业经济	0.634767	18	5	0.6853	316
环境科学	0.633268	17	4	0.7567	331
马克思主义	0.631769	12	3	0.7186	106
世界各国经济（含各国经济史、经济地理）	0.63027	14	2	0.7702	167

（续表）

学 科 分 类	综合值	综合值位次	分学科总被引	学科被引累积百分比	学科被引位次
艺术学	0.63027	15	2	0.8752	520
文化学	0.63027	16	2	0.7632	464
体育学	0.63027	27	2	0.8988	614
其他学科（人文社科）	0.62877	10	1	0.7748	46
人文地理学	0.62877	12	1	0.8545	136
人口学	0.62877	16	1	0.9515	215

　　注：该刊"五年影响因子"为0.3363；"总转摘量"为301；"综合性期刊学科核心指数"为4.27；"综合性期刊学科核心扩展度"为10；"核心指数位次"为69；"核心扩展度位次"为18。

58. 吉林师范大学学报. 人文社会科学版

学 科 分 类	综合值	综合值位次	分学科总被引	学科被引累积百分比	学科被引位次
语言学	0.041782	463	12	0.7804	202
历史学	0.035204	570	14	0.6163	244
文学	0.033705	505	13	0.7206	309
教育学	0.027708	769	9	0.7760	522
政治学	0.020211	835	4	0.9002	1029
考古学	0.020211	317	4	0.8810	202
法学	0.020211	846	4	0.8840	940
管理学（含科学学、人才学）	0.018712	434	3	0.7702	252
经济计划与管理	0.018712	908	3	0.9390	1306
其他学科（科技）	0.017213	886	2	0.8995	1512
宗教学	0.017213	302	2	0.7436	224
图书馆、情报与档案学	0.017213	695	2	0.9534	956
社会学	0.017213	605	2	0.8871	621
心理学	0.017213	356	2	0.8487	253
哲学	0.017213	473	2	0.8949	409
环境科学	0.015714	566	1	0.9984	823
交通运输经济、旅游经济	0.015714	558	1	0.9553	887
经济学理论	0.015714	446	1	0.9195	423

（续表）

学 科 分 类	综合值	综合值位 次	分学科总被引	学科被引累积百分比	学科被引位次
体育学	0.015714	601	1	0.9381	1006
文化学	0.015714	585	1	0.9998	721
新闻学与传播学	0.015714	680	1	0.9439	1115
中国经济	0.015714	686	1	0.9997	1214
人文地理学	0.015714	183	1	0.8555	136

注：该刊"五年影响因子"为 0.0488；"总转摘量"为 13；"综合性期刊学科核心指数"为 0.38；"综合性期刊学科核心扩展度"为 1；"核心指数位次"为 165；"核心扩展度位次"为 27。

59. 吉首大学学报.社会科学版

学 科 分 类	综合值	综合值位 次	分学科总被引	学科被引累积百分比	学科被引位次
政治学	0.133047	465	21	0.6891	344
文学	0.114568	321	18	0.6664	228
哲学	0.107072	334	13	0.6312	114
历史学	0.107072	418	13	0.6267	258
法学	0.107072	514	13	0.772	395
语言学	0.105573	349	12	0.7793	202
文化学	0.105573	401	12	0.2543	56
社会学	0.104193	421	7	0.66	218
其他学科（科技）	0.101075	480	9	0.683	469
经济计划与管理	0.098077	534	7	0.8958	818
交通运输经济、旅游经济	0.096577	362	6	0.6719	206
图书馆、情报与档案学	0.096577	438	6	0.868	359
体育学	0.095078	402	5	0.7863	233
民族学	0.093579	152	4	0.5703	42
经济学理论	0.093579	331	4	0.7284	181
马克思主义	0.09208	182	3	0.7127	106
考古学	0.09208	228	3	0.8875	261
环境科学	0.09208	377	3	0.8324	415
贸易经济	0.09208	413	3	0.8482	458

（续表）

学 科 分 类	综合值	综合值位次	分学科总被引	学科被引累积百分比	学科被引位次
农业经济	0.09208	430	3	0.8947	737
中国经济	0.09208	449	3	0.896	713
教育学	0.09208	562	3	0.8863	1172
新闻学与传播学	0.09058	469	2	0.895	730
人口学	0.089081	197	1	0.9499	215
宗教学	0.089081	222	1	0.9307	331
财政、金融	0.089081	463	1	0.9912	1250

注：该刊"五年影响因子"为0.1054；"总转摘量"为81；"综合性期刊学科核心指数"为3.55；"综合性期刊学科核心扩展度"为9；"核心指数位次"为82；"核心扩展度位次"为19。

60. 暨南学报. 哲学社会科学版

学 科 分 类	综合值	综合值位次	分学科总被引	学科被引累积百分比	学科被引位次
法学	0.207991	290	51	0.5695	93
语言学	0.175047	229	39	0.6588	63
经济计划与管理	0.155002	422	31	0.7566	271
文学	0.136948	288	32	0.5423	132
政治学	0.124954	487	24	0.6643	305
历史学	0.123455	387	23	0.5433	168
新闻学与传播学	0.099467	441	7	0.6958	237
艺术学	0.097968	311	6	0.6937	206
中国经济	0.097968	436	6	0.8296	464
财政、金融	0.097968	440	6	0.8784	511
教育学	0.097968	541	6	0.834	719
图书馆、情报与档案学	0.094969	441	4	0.893	528
哲学	0.09347	359	3	0.8175	314
工业经济	0.09347	392	3	0.7583	484
贸易经济	0.09347	408	3	0.8471	458
统计学	0.091971	41	2	0.7615	17
经济学理论	0.091971	334	2	0.8433	288

（续表）

学 科 分 类	综合值	综合值位次	分学科总被引	学科被引累积百分比	学科被引位次
体育学	0.091971	410	2	0.8992	614
社会学	0.091971	447	2	0.8466	621
其他学科（科技）	0.091971	507	2	0.8962	1512
民族学	0.090471	159	1	0.8029	152
考古学	0.090471	229	1	0.9595	508
世界各国经济（含各国经济史、经济地理）	0.090471	246	1	0.824	264
管理学（含科学学、人才学）	0.090471	339	1	0.9339	583
环境科学	0.090471	379	1	0.9941	823
文化学	0.090471	433	1	0.9272	721
农业经济	0.090471	436	1	0.9784	1275

注：该刊"五年影响因子"为 0.1776；"总转摘量"为 77；"综合性期刊学科核心指数"为 2.63；"综合性期刊学科核心扩展度"为 7；"核心指数位次"为 105；"核心扩展度位次"为 21。

61. 江海学刊

学 科 分 类	综合值	综合值位次	分学科总被引	学科被引累积百分比	学科被引位次
政治学	0.765058	21	141	0.2118	30
法学	0.612015	45	61	0.5441	74
历史学	0.604057	25	60	0.3245	49
经济计划与管理	0.596445	76	56	0.6873	175
社会学	0.594369	25	53	0.2754	21
文学	0.590561	28	65	0.3651	47
哲学	0.58595	19	49	0.3424	25
农业经济	0.547315	36	27	0.5632	116
教育学	0.543278	45	27	0.5855	170
中国经济	0.520096	45	18	0.6654	184
新闻学与传播学	0.508102	37	10	0.6454	163
财政、金融	0.508102	61	10	0.836	371
经济学理论	0.506603	27	9	0.5615	81
其他学科（科技）	0.506603	43	9	0.6841	469

（续表）

学科分类	综合值	综合值位次	分学科总被引	学科被引累积百分比	学科被引位次
人口学	0.505104	22	8	0.633	28
文化学	0.505104	25	8	0.3972	103
管理学（含科学学、人才学）	0.505104	33	8	0.6104	100
艺术学	0.502105	30	6	0.6917	206
工业经济	0.502105	31	6	0.6363	273
马克思主义	0.500606	19	5	0.6163	66
世界各国经济（含各国经济史、经济地理）	0.500606	21	5	0.6062	83
体育学	0.500606	41	5	0.7815	233
图书馆、情报与档案学	0.500606	57	5	0.8861	419
语言学	0.499107	53	4	0.8841	494
心理学	0.497607	28	3	0.7947	175
民族学	0.496108	18	2	0.7754	84
交通运输经济、旅游经济	0.496108	28	2	0.8772	580
考古学	0.496108	29	2	0.9327	336
环境科学	0.496108	34	2	0.875	561
贸易经济	0.496108	36	2	0.8979	590
其他学科（人文社科）	0.494609	17	1	0.7214	46
宗教学	0.494609	21	1	0.9689	331

注：该刊"五年影响因子"为0.2886；"总转摘量"为527；"综合性期刊学科核心指数"为9.35；"综合性期刊学科核心扩展度"为20；"核心指数位次"为13；"核心扩展度位次"为8。

62. 江汉大学学报. 社会科学版

学科分类	综合值	综合值位次	分学科总被引	学科被引累积百分比	学科被引位次
文学	0.138531	284	23	0.6183	187
语言学	0.104106	355	14	0.7673	165
历史学	0.101107	429	12	0.6365	277
新闻学与传播学	0.099608	439	11	0.6249	142
法学	0.099608	534	11	0.793	446
政治学	0.096609	553	9	0.8042	623

（续表）

学 科 分 类	综合值	综合值位次	分学科总被引	学科被引累积百分比	学科被引位次
经济计划与管理	0.092112	547	6	0.9062	899
教育学	0.090612	566	5	0.8586	828
哲学	0.087614	373	3	0.8179	314
图书馆、情报与档案学	0.087614	454	3	0.9112	698
艺术学	0.086115	341	2	0.8743	520
交通运输经济、旅游经济	0.086115	384	2	0.8828	580
贸易经济	0.086115	427	2	0.8995	590
世界各国经济（含各国经济史、经济地理）	0.084615	256	1	0.8154	264
管理学（含科学学、人才学）	0.084615	348	1	0.9368	583
经济学理论	0.084615	350	1	0.9359	423
环境科学	0.084615	388	1	0.9892	823
文化学	0.084615	442	1	0.919	721
农业经济	0.084615	448	1	0.9739	1275
社会学	0.084615	461	1	0.9551	906
中国经济	0.084615	467	1	0.9871	1214
其他学科（科技）	0.084615	535	1	0.9678	2183

注：该刊"五年影响因子"为0.1181；"总转摘量"为25；"综合性期刊学科核心指数"为1.12；"综合性期刊学科核心扩展度"为3；"核心指数位次"为143；"核心扩展度位次"为25。

63. 江汉论坛

学 科 分 类	综合值	综合值位次	分学科总被引	学科被引累积百分比	学科被引位次
政治学	0.411623	105	104	0.2964	54
文学	0.327536	81	59	0.3886	55
历史学	0.326656	105	62	0.3089	43
农业经济	0.284221	150	35	0.5059	82
经济计划与管理	0.277735	219	31	0.7539	271
中国经济	0.263916	189	27	0.5852	125
哲学	0.257919	130	23	0.4895	58
文化学	0.251824	138	16	0.1799	32

（续表）

学 科 分 类	综合值	综合值位次	分学科总被引	学科被引累积百分比	学科被引位次
经济学理论	0.250423	144	18	0.4119	34
法学	0.250423	226	18	0.7281	293
社会学	0.248924	179	17	0.4728	84
马克思主义	0.247424	79	16	0.2984	16
教育学	0.245338	220	12	0.7206	398
其他学科（科技）	0.244426	202	14	0.5919	301
考古学	0.242927	95	13	0.775	68
财政、金融	0.241427	216	12	0.817	322
艺术学	0.239928	113	11	0.5793	107
体育学	0.232432	177	6	0.768	181
新闻学与传播学	0.232432	193	6	0.7148	284
语言学	0.230933	167	5	0.8739	429
人文地理学	0.229433	65	4	0.5222	36
贸易经济	0.229433	192	4	0.8246	368
图书馆、情报与档案学	0.229433	192	4	0.8987	528
世界各国经济（含各国经济史、经济地理）	0.227934	129	3	0.7125	128
交通运输经济、旅游经济	0.227934	166	3	0.8094	439
心理学	0.226435	117	2	0.8587	253
环境科学	0.226435	179	2	0.8769	561
军事学	0.224936	62	1	0.9292	108
宗教学	0.224936	93	1	0.9282	331
管理学（含科学学、人才学）	0.224936	165	1	0.9375	583
工业经济	0.224936	191	1	0.9822	1022

注：该刊"五年影响因子"为0.135；"总转摘量"为314；"综合性期刊学科核心指数"为7.37；"综合性期刊学科核心扩展度"为13；"核心指数位次"为26；"核心扩展度位次"为15。

64. 江汉学术

学 科 分 类	综合值	综合值位次	分学科总被引	学科被引累积百分比	学科被引位次
文学	0.118582	317	6	0.8275	520

（续表）

学 科 分 类	综合值	综合值位次	分学科总被引	学科被引累积百分比	学科被引位次
语言学	0.117083	331	5	0.8771	429
文化学	0.112585	381	2	0.7473	464
历史学	0.112585	409	2	0.9028	1093
新闻学与传播学	0.112585	417	2	0.8764	730
教育学	0.112585	497	2	0.9182	1486
法学	0.112585	504	2	0.9404	1400
宗教学	0.111086	199	1	0.9892	331
农业经济	0.111086	398	1	0.975	1275
图书馆、情报与档案学	0.111086	408	1	0.9809	1460
经济计划与管理	0.111086	507	1	0.9925	2172

注：该刊"五年影响因子"为0.0174；"总转摘量"为58；"综合性期刊学科核心指数"为0.3；"综合性期刊学科核心扩展度"为1；"核心指数位次"为176；"核心扩展度位次"为27。

65. 江淮论坛

学 科 分 类	综合值	综合值位次	分学科总被引	学科被引累积百分比	学科被引位次
法学	0.197106	307	21	0.7007	248
政治学	0.190735	353	27	0.6397	279
文学	0.186238	212	24	0.606	177
历史学	0.18174	261	21	0.5643	181
经济计划与管理	0.178741	364	19	0.8131	416
哲学	0.165248	228	10	0.6512	129
社会学	0.165248	301	10	0.59	157
财政、金融	0.163749	319	9	0.8482	403
工业经济	0.16225	273	8	0.5954	197
中国经济	0.16225	316	8	0.7936	377
农业经济	0.16075	309	7	0.7899	424
教育学	0.159251	393	6	0.8299	719
环境科学	0.157752	268	5	0.7227	273
贸易经济	0.157752	291	5	0.7753	315

（续表）

学 科 分 类	综合值	综合值位次	分学科总被引	学科被引累积百分比	学科被引位次
文化学	0.156253	291	4	0.5413	238
新闻学与传播学	0.156253	323	4	0.7882	411
其他学科（科技）	0.156253	354	4	0.8001	926
艺术学	0.154753	216	3	0.7944	375
经济学理论	0.154753	257	3	0.7866	222
体育学	0.154753	287	3	0.8397	399
马克思主义	0.153254	132	2	0.785	134
交通运输经济、旅游经济	0.153254	270	2	0.8826	580
人文地理学	0.151755	99	1	0.8596	136
宗教学	0.151755	148	1	0.9884	331
管理学（含科学学、人才学）	0.151755	257	1	0.9319	583
语言学	0.151755	269	1	0.9572	1105
图书馆、情报与档案学	0.151755	316	1	0.9837	1460

注：该刊"五年影响因子"为0.1224；"总转摘量"为82；"综合性期刊学科核心指数"为2.81；"综合性期刊学科核心扩展度"为7；"核心指数位次"为98；"核心扩展度位次"为21。

66. 江苏大学学报. 社会科学版

学 科 分 类	综合值	综合值位次	分学科总被引	学科被引累积百分比	学科被引位次
语言学	0.147121	280	10	0.8039	234
文学	0.13563	290	12	0.7356	335
历史学	0.134131	358	11	0.6515	300
法学	0.129633	463	8	0.8373	589
政治学	0.129633	478	8	0.8207	676
哲学	0.126634	311	6	0.7377	191
经济计划与管理	0.126634	475	6	0.9121	899
中国经济	0.123636	388	4	0.8696	600
文化学	0.122137	362	3	0.6249	335
财政、金融	0.122137	393	3	0.9312	746
社会学	0.122137	394	3	0.8355	468

（续表）

学 科 分 类	综合值	综合值位 次	分学科总被引	学科被引累积百分比	学科被引位次
其他学科（科技）	0.122137	434	3	0.8526	1170
教育学	0.122137	477	3	0.8868	1172
宗教学	0.120637	188	2	0.7419	224
艺术学	0.120637	277	2	0.8727	520
管理学（含科学学、人才学）	0.120637	301	2	0.8728	363
体育学	0.120637	355	2	0.8948	614
图书馆、情报与档案学	0.120637	389	2	0.9501	956
世界各国经济（含各国经济史、经济地理）	0.119138	226	1	0.8543	264
经济学理论	0.119138	303	1	0.9208	423
农业经济	0.119138	384	1	0.9955	1275
新闻学与传播学	0.119138	406	1	0.9455	1115

注：该刊"五年影响因子"为 0.1015；"总转摘量"为 68；"综合性期刊学科核心指数"为 0.72；"综合性期刊学科核心扩展度"为 2；"核心指数位次"为 157；"核心扩展度位次"为 26。

67. 江苏社会科学

学 科 分 类	综合值	综合值位 次	分学科总被引	学科被引累积百分比	学科被引位次
政治学	0.636272	37	154	0.1726	21
法学	0.498312	65	82	0.5029	53
社会学	0.447312	46	65	0.2243	13
哲学	0.445829	38	53	0.3136	21
经济计划与管理	0.430841	128	40	0.7255	222
文学	0.426323	49	51	0.4165	65
历史学	0.420334	67	41	0.4099	81
中国经济	0.407596	83	29	0.5747	120
农业经济	0.406838	68	34	0.5096	86
教育学	0.387342	88	25	0.6034	191
经济学理论	0.381345	62	21	0.3787	30
人口学	0.37085	41	14	0.5667	18
环境科学	0.369351	68	13	0.5409	105

（续表）

学 科 分 类	综合值	综合值位次	分学科总被引	学科被引累积百分比	学科被引位次
体育学	0.369351	75	13	0.7043	71
财政、金融	0.367852	108	12	0.8192	322
语言学	0.364853	75	10	0.808	234
新闻学与传播学	0.363354	83	9	0.6523	182
文化学	0.361855	56	8	0.3671	103
艺术学	0.361855	57	8	0.6252	148
马克思主义	0.360356	38	7	0.4775	42
贸易经济	0.358856	82	6	0.7545	280
其他学科（科技）	0.358856	94	6	0.7458	685
心理学	0.357357	50	5	0.7391	104
宗教学	0.355858	36	4	0.629	124
工业经济	0.355858	75	4	0.7092	368
考古学	0.354359	46	3	0.8886	261
世界各国经济（含各国经济史、经济地理）	0.354359	52	3	0.7067	128
图书馆、情报与档案学	0.352859	96	2	0.9444	956
民族学	0.35136	33	1	0.7884	152
人文地理学	0.35136	34	1	0.8256	136
交通运输经济、旅游经济	0.35136	66	1	0.9615	887
管理学（含科学学、人才学）	0.35136	75	1	0.9312	583

注：该刊"五年影响因子"为0.273；"总转摘量"为339；"综合性期刊学科核心指数"为9.04；"综合性期刊学科核心扩展度"为17；"核心指数位次"为16；"核心扩展度位次"为11。

68. 江苏师范大学学报. 哲学社会科学版

学 科 分 类	综合值	综合值位次	分学科总被引	学科被引累积百分比	学科被引位次
文学	0.314411	87	48	0.4282	71
语言学	0.255875	132	26	0.6865	81
历史学	0.240882	183	16	0.5995	222
教育学	0.237884	229	14	0.6926	336
心理学	0.230388	114	9	0.6920	62

（续表）

学 科 分 类	综合值	综合值位次	分学科总被引	学科被引累积百分比	学科被引位次
新闻学与传播学	0.230388	197	9	0.6461	182
政治学	0.228888	287	8	0.8226	676
考古学	0.225890	107	6	0.8487	145
哲学	0.225890	170	6	0.7351	191
图书馆、情报与档案学	0.224391	199	5	0.8877	419
法学	0.224391	259	5	0.8664	808
艺术学	0.221392	126	3	0.7658	375
中国经济	0.221392	244	3	0.8965	713
管理学（含科学学、人才学）	0.219893	172	2	0.8735	363
文化学	0.219893	178	2	0.7535	464
贸易经济	0.219893	207	2	0.8956	590
其他学科（科技）	0.219893	232	2	0.9007	1512
交通运输经济、旅游经济	0.218394	175	1	0.9571	887
经济学理论	0.218394	176	1	0.9415	423
体育学	0.218394	194	1	0.9403	1006
工业经济	0.218394	195	1	0.9023	1022
社会学	0.218394	220	1	0.9604	906
经济计划与管理	0.218394	299	1	0.9909	2172

注：该刊"五年影响因子"为 0.1143；"总转摘量"为 151 次；"综合性期刊学科核心指数"为 2.26；"综合性期刊学科核心扩展度"为 6；"核心指数位次"为 112；"核心扩展度位次"为 22。

69. 江西社会科学

学 科 分 类	综合值	综合值位次	分学科总被引	学科被引累积百分比	学科被引位次
文学	0.374627	61	94	0.3219	35
政治学	0.370176	133	94	0.3169	61
法学	0.343826	117	76	0.5115	58
经济计划与管理	0.330332	180	67	0.6682	157
历史学	0.300987	125	54	0.3476	57
文化学	0.283314	102	42	0.0283	2

（续表）

学 科 分 类	综合值	综合值位次	分学科总被引	学科被引累积百分比	学科被引位次
中国经济	0.276771	171	37	0.5341	96
农业经济	0.266504	171	31	0.5324	98
教育学	0.261508	191	30	0.5688	153
艺术学	0.245652	109	19	0.5084	63
哲学	0.244381	145	19	0.5286	72
社会学	0.243882	188	21	0.4456	66
财政、金融	0.243882	214	21	0.7495	207
语言学	0.242881	143	18	0.7274	123
交通运输经济、旅游经济	0.236386	161	16	0.5201	68
工业经济	0.234887	180	15	0.4722	103
新闻学与传播学	0.22889	198	11	0.6291	142
贸易经济	0.22739	196	10	0.6905	195
马克思主义	0.225891	93	9	0.4267	31
考古学	0.225891	106	9	0.8093	103
环境科学	0.225891	181	9	0.6121	156
图书馆、情报与档案学	0.225891	196	9	0.8409	231
管理学（含科学学、人才学）	0.224392	167	8	0.6118	100
体育学	0.224392	187	8	0.742	131
其他学科（科技）	0.224392	229	8	0.6947	521
心理学	0.222893	119	7	0.7254	79
经济学理论	0.222893	171	7	0.6322	112
世界各国经济（含各国经济史、经济地理）	0.221393	135	6	0.5356	64
宗教学	0.216896	95	3	0.7066	154
人文地理学	0.215396	73	2	0.7554	75
其他学科（人文社科）	0.213897	56	1	0.9695	46
民族学	0.213897	75	1	0.7932	152

注：该刊"五年影响因子"为0.1671；"总转摘量"为328；"综合性期刊学科核心指数"为10.86；"综合性期刊学科核心扩展度"为22；"核心指数位次"为9；"核心扩展度位次"为6。

70. 江西师范大学学报. 哲学社会科学版

学 科 分 类	综合值	综合值位　次	分学科总被引	学科被引累积百分比	学科被引位次
政治学	0.204459	328	55	0.4756	133
教育学	0.122243	476	23	0.6263	207
文学	0.111119	327	20	0.6378	209
社会学	0.100624	424	13	0.5366	117
历史学	0.094471	445	17	0.5885	213
语言学	0.085476	392	11	0.7911	218
心理学	0.083977	264	10	0.6776	55
哲学	0.082477	381	9	0.6744	139
农业经济	0.080978	452	8	0.7825	383
其他学科（科技）	0.080978	547	8	0.6924	521
中国经济	0.079479	477	7	0.8167	421
体育学	0.07798	437	6	0.7684	181
法学	0.07798	595	6	0.8549	715
经济计划与管理	0.07648	583	5	0.9147	998
艺术学	0.073482	360	3	0.775	375
新闻学与传播学	0.073482	504	3	0.8297	524
人文地理学	0.071983	146	2	0.7678	75
管理学（含科学学、人才学）	0.071983	362	2	0.8163	363
交通运输经济、旅游经济	0.071983	404	2	0.867	580
文化学	0.071983	459	2	0.7504	464
马克思主义	0.070483	196	1	0.9322	197
人口学	0.070483	211	1	0.9528	215
世界各国经济（含各国经济史、经济地理）	0.070483	267	1	0.8288	264
经济学理论	0.070483	361	1	0.941	423
环境科学	0.070483	409	1	0.9202	823
贸易经济	0.070483	450	1	0.9217	839
图书馆、情报与档案学	0.070483	491	1	0.9816	1460
财政、金融	0.070483	499	1	0.9977	1250

　　注：该刊"五年影响因子"为0.1741；"总转摘量"为53；"综合性期刊学科核心指数"为3.09；"综合性期刊学科核心扩展度"为8；"核心指数位次"为92；"核心扩展度位次"为20。

71. 晋阳学刊

学 科 分 类	综合值	综合值位次	分学科总被引	学科被引累积百分比	学科被引位次
文学	0.196085	198	33	0.5392	124
政治学	0.191308	350	29	0.6297	265
历史学	0.19072	244	40	0.416	85
哲学	0.163734	233	22	0.4989	60
法学	0.139746	437	6	0.8523	715
农业经济	0.138247	349	5	0.8304	522
语言学	0.136747	296	4	0.8983	494
其他学科（科技）	0.136747	398	4	0.7953	926
马克思主义	0.135248	146	3	0.7225	106
考古学	0.135248	177	3	0.888	261
文化学	0.135248	338	3	0.6986	335
中国经济	0.135248	367	3	0.9007	713
教育学	0.135248	443	3	0.8842	1172
经济学理论	0.133749	283	2	0.8296	288
体育学	0.133749	329	2	0.9004	614
贸易经济	0.133749	333	2	0.897	590
新闻学与传播学	0.133749	369	2	0.8778	730
人口学	0.13225	166	1	0.9432	215
宗教学	0.13225	170	1	0.9199	331
艺术学	0.13225	260	1	0.9505	812
交通运输经济、旅游经济	0.13225	306	1	0.9389	887
环境科学	0.13225	312	1	0.909	823
图书馆、情报与档案学	0.13225	365	1	0.9872	1460
经济计划与管理	0.13225	461	1	0.9895	2172

注：该刊"五年影响因子"为0.0981；"总转摘量"为76；"综合性期刊学科核心指数"为2.22；"综合性期刊学科核心扩展度"为5；"核心指数位次"为113；"核心扩展度位次"为23。

72. 开放时代

学 科 分 类	综合值	综合值位次	分学科总被引	学科被引累积百分比	学科被引位次
政治学	0.882891	13	186	0.1272	12

（续表）

学 科 分 类	综合值	综合值位 次	分学科总被引	学科被引累积百分比	学科被引位次
社会学	0.611194	24	98	0.1817	7
法学	0.53911	55	65	0.5305	68
经济计划与管理	0.405148	142	25	0.7838	330
农业经济	0.404761	70	22	0.604	149
新闻学与传播学	0.397096	65	21	0.5356	74
哲学	0.376929	62	24	0.4726	54
历史学	0.373931	80	22	0.5558	175
教育学	0.358938	105	12	0.7214	398
文学	0.357439	68	11	0.7458	359
其他学科（科技）	0.35594	95	10	0.6522	421
工业经济	0.352941	77	8	0.5937	197
中国经济	0.352941	110	8	0.7992	377
文化学	0.348444	65	5	0.5322	185
语言学	0.348444	78	5	0.8796	429
宗教学	0.346944	39	4	0.6124	124
考古学	0.346944	49	4	0.8802	202
经济学理论	0.346944	78	4	0.7314	181
管理学（含科学学、人才学）	0.346944	79	4	0.734	191
人口学	0.345445	46	3	0.7428	82
艺术学	0.345445	63	3	0.7668	375
环境科学	0.345445	80	3	0.7986	415
贸易经济	0.345445	96	3	0.8439	458
图书馆、情报与档案学	0.345445	101	3	0.9179	698
财政、金融	0.345445	120	3	0.9292	746
世界各国经济（含各国经济史、经济地理）	0.343946	57	2	0.799	167
交通运输经济、旅游经济	0.343946	72	2	0.8776	580
体育学	0.343946	86	2	0.9014	614
其他学科（人文社科）	0.342447	32	1	0.7252	46
人文地理学	0.342447	37	1	0.9288	136

注：该刊"五年影响因子"为 0.7391；"总转摘量"为 139；"综合性期刊学科核心指数"为 5.6；"综合性期刊学科核心扩展度"为 11；"核心指数位次"为 43；"核心扩展度位次"为 17。

73. 科学·经济·社会

学 科 分 类	综合值	综合值 位　次	分学科 总被引	学科被引 累积百分比	学科被 引位次
经济计划与管理	0.152788	427	9	0.886	700
法学	0.151288	412	8	0.8283	589
农业经济	0.149789	322	7	0.7933	424
中国经济	0.149789	342	7	0.8103	421
政治学	0.149789	430	7	0.8419	744
教育学	0.146791	417	5	0.844	828
工业经济	0.145291	310	4	0.7066	368
文化学	0.145291	312	4	0.543	238
新闻学与传播学	0.145291	336	4	0.7762	411
财政、金融	0.145291	349	4	0.909	653
其他学科（科技）	0.145291	376	4	0.8084	926
体育学	0.143792	305	3	0.8591	399
艺术学	0.142293	237	2	0.8589	520
哲学	0.142293	277	2	0.8832	409
交通运输经济、旅游经济	0.142293	287	2	0.8757	580
语言学	0.142293	290	2	0.9468	769
贸易经济	0.142293	319	2	0.9105	590
社会学	0.142293	342	2	0.8641	621
军事学	0.140794	99	1	0.7625	108
马克思主义	0.140794	141	1	0.9107	197
经济学理论	0.140794	272	1	0.9172	423
环境科学	0.140794	297	1	0.9095	823
图书馆、情报与档案学	0.140794	340	1	0.965	1460
历史学	0.140794	342	1	0.9844	1651

　　注：该刊"五年影响因子"为0.084；"总转摘量"为21；"综合性期刊学科核心指数"为0.46；"综合性期刊学科核心扩展度"为1；"核心指数位次"为162；"核心扩展度位次"为27。

74. 兰州大学学报. 社会科学版

学 科 分 类	综合值	综合值位 次	分学科总被引	学科被引累积百分比	学科被引位次
政治学	0.225738	291	50	0.5003	150
文学	0.169325	235	41	0.4831	93
法学	0.154328	403	22	0.6971	228
经济计划与管理	0.147786	432	16	0.8352	488
历史学	0.13934	346	21	0.5633	181
宗教学	0.137837	163	11	0.3622	41
语言学	0.131844	308	16	0.7382	135
中国经济	0.128846	378	14	0.7123	238
考古学	0.124348	191	11	0.7947	84
教育学	0.122849	475	10	0.7502	477
其他学科（科技）	0.11985	438	8	0.695	521
农业经济	0.118351	386	7	0.7936	424
财政、金融	0.118351	402	7	0.8714	463
哲学	0.116852	326	6	0.7394	191
文化学	0.116852	376	6	0.4698	151
新闻学与传播学	0.116852	412	6	0.724	284
艺术学	0.115352	290	5	0.6984	239
图书馆、情报与档案学	0.115352	400	5	0.885	419
管理学（含科学学、人才学）	0.113853	313	4	0.7207	191
交通运输经济、旅游经济	0.113853	335	4	0.7547	329
工业经济	0.113853	356	4	0.7161	368
体育学	0.113853	369	4	0.8173	304
经济学理论	0.112354	310	3	0.8094	222
环境科学	0.112354	342	3	0.8058	415
社会学	0.112354	406	3	0.7927	468
人口学	0.110855	183	2	0.8107	120
邮电经济	0.109355	78	1	0.7781	69
民族学	0.109355	144	1	0.9798	152
马克思主义	0.109355	170	1	0.8938	197
贸易经济	0.109355	375	1	0.941	839

注：该刊"五年影响因子"为0.2062；"总转摘量"为84；"综合性期刊学科核心指数"为3.53；"综合性期刊学科核心扩展度"为8；"核心指数位次"为83；"核心扩展度位次"为20。

75. 理论月刊

学 科 分 类	综合值	综合值位次	分学科总被引	学科被引累积百分比	学科被引位次
政治学	0.204792	326	66	0.4314	109
经济计划与管理	0.147102	434	32	0.7476	262
法学	0.144142	425	31	0.6417	161
农业经济	0.137561	350	27	0.5588	116
教育学	0.133687	447	25	0.6066	191
社会学	0.118442	400	16	0.4915	94
历史学	0.112815	407	14	0.6213	244
中国经济	0.108318	414	11	0.7506	291
新闻学与传播学	0.108318	423	11	0.6215	142
文化学	0.106818	392	10	0.3147	76
马克思主义	0.10382	173	8	0.4319	34
哲学	0.10382	342	8	0.6878	153
图书馆、情报与档案学	0.10382	424	8	0.8464	259
经济学理论	0.102321	322	7	0.6233	112
文学	0.102321	345	7	0.8015	470
语言学	0.102321	361	7	0.8481	341
体育学	0.102321	387	7	0.7587	151
贸易经济	0.099322	395	5	0.7729	315
财政、金融	0.097823	441	4	0.9159	653
其他学科（科技）	0.097823	492	4	0.8219	926
环境科学	0.096324	368	3	0.7892	415
人口学	0.094824	194	2	0.809	120
管理学（含科学学、人才学）	0.094824	335	2	0.8837	363
工业经济	0.094824	388	2	0.8066	658
其他学科（人文社科）	0.093325	84	1	0.6183	46
民族学	0.093325	154	1	0.7908	152
考古学	0.093325	226	1	0.9469	508
世界各国经济（含各国经济史、经济地理）	0.093325	244	1	0.874	264
心理学	0.093325	250	1	0.9117	442

注：该刊"五年影响因子"为 0.0701；"总转摘量"为 82；"综合性期刊学科核心指数"为 5.35；"综合性期刊学科核心扩展度"为 12；"核心指数位次"为 45；"核心扩展度位次"为 16。

76. 辽宁大学学报. 哲学社会科学版

学 科 分 类	综合值	综合值位次	分学科总被引	学科被引累积百分比	学科被引位次
法学	0.128955	467	23	0.6869	217
文学	0.118811	315	26	0.5918	167
历史学	0.118811	399	26	0.5152	147
经济计划与管理	0.117275	494	18	0.8255	442
政治学	0.106817	527	18	0.7161	380
财政、金融	0.099321	435	13	0.8059	301
哲学	0.093324	363	9	0.6705	139
中国经济	0.093324	446	9	0.7739	342
语言学	0.091824	380	8	0.8299	297
艺术学	0.087327	339	5	0.6961	239
社会学	0.087327	459	5	0.7146	319
考古学	0.085827	232	4	0.8769	202
图书馆、情报与档案学	0.085827	460	4	0.8941	528
农业经济	0.084328	450	3	0.9001	737
新闻学与传播学	0.084328	484	3	0.8313	524
教育学	0.084328	580	3	0.8966	1172
民族学	0.082829	165	2	0.7399	84
世界各国经济（含各国经济史、经济地理）	0.082829	258	2	0.724	167
经济学理论	0.082829	353	2	0.8646	288
工业经济	0.082829	408	2	0.8437	658
其他学科（科技）	0.082829	541	2	0.8861	1512
统计学	0.08133	42	1	0.7692	28
邮电经济	0.08133	84	1	0.7441	69
人文地理学	0.08133	143	1	0.8442	136
交通运输经济、旅游经济	0.08133	391	1	0.9508	887
环境科学	0.08133	395	1	0.9171	823
体育学	0.08133	428	1	0.9764	1006
贸易经济	0.08133	434	1	0.988	839

注：该刊"五年影响因子"为 0.0929；"总转摘量"为 70；"综合性期刊学科核心指数"为 1.84；"综合性期刊学科核心扩展度"为 5；"核心指数位次"为 126；"核心扩展度位次"为 23。

77. 辽宁师范大学学报. 社会科学版

学 科 分 类	综合值	综合值位次	分学科总被引	学科被引累积百分比	学科被引位次
教育学	0.071379	608	20	0.6402	241
文学	0.057924	432	18	0.6613	228
语言学	0.051927	447	14	0.757	165
新闻学与传播学	0.044431	556	9	0.6544	182
政治学	0.044431	672	9	0.8108	623
法学	0.044431	691	9	0.8212	530
历史学	0.042931	549	8	0.6983	376
心理学	0.041432	302	7	0.7127	79
经济计划与管理	0.039933	705	6	0.912	899
哲学	0.038434	428	5	0.7492	214
体育学	0.036934	507	4	0.8098	304
财政、金融	0.036934	586	4	0.9067	653
图书馆、情报与档案学	0.035435	591	3	0.9085	698
交通运输经济、旅游经济	0.033936	467	2	0.8641	580
中国经济	0.033936	574	2	0.9328	894
其他学科（科技）	0.033936	697	2	0.8727	1512
军事学	0.032437	130	1	0.7655	108
宗教学	0.032437	274	1	0.834	331
考古学	0.032437	291	1	0.9477	508
艺术学	0.032437	427	1	0.998	812
工业经济	0.032437	483	1	0.9673	1022
贸易经济	0.032437	521	1	0.9879	839
社会学	0.032437	538	1	0.9757	906
农业经济	0.032437	573	1	0.9734	1275

注：该刊"五年影响因子"为0.0553；"总转摘量"为26；"综合性期刊学科核心指数"为1.35；"综合性期刊学科核心扩展度"为4；"核心指数位次"为136；"核心扩展度位次"为24。

78. 内蒙古大学学报. 哲学社会科学版

学 科 分 类	综合值	综合值位次	分学科总被引	学科被引累积百分比	学科被引位次
历史学	0.187455	248	58	0.3335	52

（续表）

学 科 分 类	综合值	综合值位 次	分学科总被引	学科被引累积百分比	学科被引位次
文学	0.142227	281	27	0.5893	158
政治学	0.133733	462	23	0.6769	323
语言学	0.108000	345	15	0.7543	146
法学	0.103502	525	12	0.7861	419
经济计划与管理	0.099005	529	9	0.8798	700
考古学	0.097505	220	8	0.8211	116
新闻学与传播学	0.096006	452	7	0.7028	237
哲学	0.094507	357	6	0.7274	191
贸易经济	0.093008	412	5	0.7786	315
交通运输经济、旅游经济	0.091508	377	4	0.7442	329
中国经济	0.091508	451	4	0.872	600
教育学	0.091508	564	4	0.8815	980
马克思主义	0.090009	186	3	0.6971	106
艺术学	0.090009	335	3	0.8107	375
管理学（含科学学、人才学）	0.090009	343	3	0.757	252
环境科学	0.090009	380	3	0.8079	415
工业经济	0.090009	401	3	0.7435	484
社会学	0.090009	450	3	0.7957	468
财政、金融	0.090009	458	3	0.9308	746
经济学理论	0.08851	346	2	0.8691	288
农业经济	0.08851	440	2	0.9175	932
其他学科（科技）	0.08851	517	2	0.9099	1512
人口学	0.087011	203	1	0.9337	215
宗教学	0.087011	226	1	0.8257	331
世界各国经济（含各国经济史、经济地理）	0.087011	253	1	0.863	264
心理学	0.087011	260	1	0.9167	442
体育学	0.087011	422	1	0.9242	1006
文化学	0.087011	438	1	0.9978	721

注：该刊"五年影响因子"为0.1149；"总转摘量"为53；"综合性期刊学科核心指数"为1.7；"综合性期刊学科核心扩展度"为4；"核心指数位次"为129；"核心扩展度位次"为24。

79. 内蒙古社会科学

学 科 分 类	综合值	综合值位　次	分学科总被引	学科被引累积百分比	学科被引位次
历史学	0.219254	206	53	0.3584	59
政治学	0.192145	347	33	0.6052	237
法学	0.171278	361	21	0.7036	248
农业经济	0.149276	326	14	0.6873	235
经济计划与管理	0.146278	436	12	0.8615	581
文学	0.143279	278	10	0.7603	375
考古学	0.14178	173	9	0.8134	103
中国经济	0.140281	354	8	0.7971	377
其他学科（科技）	0.140281	390	8	0.7014	521
图书馆、情报与档案学	0.138782	345	7	0.8598	301
哲学	0.137282	288	6	0.7342	191
语言学	0.137282	295	6	0.8616	380
社会学	0.137282	356	6	0.701	266
教育学	0.137282	438	6	0.8223	719
民族学	0.135783	126	5	0.542	35
文化学	0.135783	335	5	0.5245	185
新闻学与传播学	0.135783	363	5	0.7436	338
管理学（含科学学、人才学）	0.134284	278	4	0.7102	191
环境科学	0.134284	311	4	0.7725	331
财政、金融	0.134284	371	4	0.9071	653
宗教学	0.132785	169	3	0.6506	154
体育学	0.132785	332	3	0.8523	399
人文地理学	0.131285	114	2	0.7018	75
人口学	0.131285	168	2	0.8505	120
艺术学	0.131285	261	2	0.826	520
经济学理论	0.131285	288	2	0.8757	288
交通运输经济、旅游经济	0.131285	308	2	0.8713	580
工业经济	0.131285	333	2	0.8281	658
马克思主义	0.129786	153	1	0.9186	197

（续表）

学 科 分 类	综合值	综合值位次	分学科总被引	学科被引累积百分比	学科被引位次
心理学	0.129786	209	1	0.916	442
世界各国经济（含各国经济史、经济地理）	0.129786	214	1	0.8572	264
贸易经济	0.129786	339	1	0.9554	839

注：该刊"五年影响因子"为 0.1095；"总转摘量"为 42；"综合性期刊学科核心指数"为 2.63；"综合性期刊学科核心扩展度"为 6；"核心指数位次"为 106；"核心扩展度位次"为 22。

80. 内蒙古师范大学学报. 哲学社会科学（汉文）版

学 科 分 类	综合值	综合值位次	分学科总被引	学科被引累积百分比	学科被引位次
教育学	0.084437	579	23	0.6159	207
历史学	0.075097	486	27	0.5057	140
文学	0.063103	421	19	0.6482	221
语言学	0.054107	441	13	0.7757	185
政治学	0.045112	668	7	0.8481	744
体育学	0.043612	493	6	0.773	181
哲学	0.042113	425	5	0.7535	214
图书馆、情报与档案学	0.042113	560	5	0.8774	419
心理学	0.040614	303	4	0.775	134
社会学	0.040614	520	4	0.746	378
中国经济	0.040614	555	4	0.8735	600
经济计划与管理	0.040614	696	4	0.9301	1115
宗教学	0.039115	268	3	0.6531	154
文化学	0.039115	510	3	0.6256	335
农业经济	0.039115	542	3	0.8976	737
法学	0.039115	708	3	0.912	1124
人口学	0.037615	234	2	0.848	120
艺术学	0.037615	417	2	0.8149	520
交通运输经济、旅游经济	0.037615	460	2	0.872	580
新闻学与传播学	0.037615	570	2	0.8829	730
财政、金融	0.037615	583	2	0.9549	914

（续表）

学 科 分 类	综合值	综合值位次	分学科总被引	学科被引累积百分比	学科被引位次
民族学	0.036116	188	1	0.8667	152
考古学	0.036116	286	1	0.9557	508
经济学理论	0.036116	392	1	0.8959	423
管理学（含科学学、人才学）	0.036116	394	1	0.9053	583
环境科学	0.036116	460	1	0.9225	823
工业经济	0.036116	473	1	0.9743	1022
其他学科（科技）	0.036116	689	1	0.9785	2183

注：该刊"五年影响因子"为0.0788；"总转摘量"为31；"综合性期刊学科核心指数"为1.95；"综合性期刊学科核心扩展度"为5；"核心指数位次"为120；"核心扩展度位次"为23。

81. 南昌大学学报.人文社会科学版

学 科 分 类	综合值	综合值位次	分学科总被引	学科被引累积百分比	学科被引位次
政治学	0.121731	497	24	0.6686	305
法学	0.120231	487	23	0.6856	217
经济计划与管理	0.10352	521	15	0.8404	508
语言学	0.096307	375	19	0.7206	117
文学	0.085812	375	12	0.7373	335
历史学	0.085812	464	12	0.6395	277
哲学	0.084313	378	11	0.6498	125
教育学	0.084313	581	11	0.7472	432
中国经济	0.081314	475	9	0.7758	342
农业经济	0.078316	461	7	0.7963	424
社会学	0.076816	472	6	0.7017	266
财政、金融	0.076816	488	6	0.8873	511
体育学	0.075317	444	5	0.7795	233
艺术学	0.073818	358	4	0.7599	300
交通运输经济、旅游经济	0.073818	401	4	0.7781	329
贸易经济	0.072319	447	3	0.8619	458
新闻学与传播学	0.072319	505	3	0.811	524

（续表）

学　科　分　类	综合值	综合值位　次	分学科总被引	学科被引累积百分比	学科被引位次
其他学科（科技）	0.072319	568	3	0.842	1170
其他学科（人文社科）	0.06932	87	1	0.6298	46
人文地理学	0.06932	147	1	0.8318	136
考古学	0.06932	250	1	0.9542	508
心理学	0.06932	275	1	0.9173	442
经济学理论	0.06932	363	1	0.8891	423
管理学（含科学学、人才学）	0.06932	365	1	0.9056	583
文化学	0.06932	462	1	0.9987	721
图书馆、情报与档案学	0.06932	498	1	0.9666	1460

注：该刊"五年影响因子"为 0.1257；"总转摘量"为 50；"综合性期刊学科核心指数"为 1.73；"综合性期刊学科核心扩展度"为 5；"核心指数位次"为 128；"核心扩展度位次"为 23。

82. 南都学坛

学　科　分　类	综合值	综合值位　次	分学科总被引	学科被引累积百分比	学科被引位次
历史学	0.268661	155	21	0.5601	181
法学	0.265345	208	20	0.7141	260
文学	0.253855	135	19	0.65	221
政治学	0.234365	275	6	0.8527	829
考古学	0.232866	99	5	0.8632	175
语言学	0.232866	163	5	0.8663	429
新闻学与传播学	0.231367	195	4	0.7774	411
艺术学	0.229867	119	3	0.7811	375
农业经济	0.229867	218	3	0.8969	737
经济计划与管理	0.229867	285	3	0.9387	1306
文化学	0.228368	168	2	0.7707	464
教育学	0.228368	241	2	0.9177	1486
人文地理学	0.226869	67	1	0.8277	136
交通运输经济、旅游经济	0.226869	167	1	0.9103	887
哲学	0.226869	168	1	0.9352	604

（续表）

学 科 分 类	综合值	综合值位次	分学科总被引	学科被引累积百分比	学科被引位次
环境科学	0.226869	178	1	0.9223	823
体育学	0.226869	185	1	0.9205	1006
工业经济	0.226869	187	1	0.9768	1022
社会学	0.226869	212	1	0.9979	906
其他学科（科技）	0.226869	224	1	0.9787	2183
财政、金融	0.226869	235	1	0.9793	1250
中国经济	0.226869	236	1	0.9956	1214

注：该刊"五年影响因子"为0.0548；"总转摘量"为151；"综合性期刊学科核心指数"为0.79；"综合性期刊学科核心扩展度"为2；"核心指数位次"为153；"核心扩展度位次"为26。

83. 南华大学学报. 社会科学版

学 科 分 类	综合值	综合值位次	分学科总被引	学科被引累积百分比	学科被引位次
法学	0.026348	783	9	0.8126	530
语言学	0.024849	507	8	0.8259	297
经济计划与管理	0.024849	823	8	0.8886	754
政治学	0.02335	796	7	0.8473	744
新闻学与传播学	0.02185	625	6	0.7162	284
文学	0.020351	594	5	0.8309	584
工业经济	0.018852	538	4	0.6963	368
图书馆、情报与档案学	0.018852	680	4	0.8973	528
历史学	0.017353	653	3	0.8233	821
教育学	0.017353	907	3	0.9097	1172
哲学	0.015853	478	2	0.8758	409
交通运输经济、旅游经济	0.015853	556	2	0.8941	580
社会学	0.015853	623	2	0.8661	621
艺术学	0.014354	525	1	0.891	812
环境科学	0.014354	581	1	0.9197	823
文化学	0.014354	592	1	0.9892	721
体育学	0.014354	623	1	0.9187	1006

（续表）

学 科 分 类	综合值	综合值位次	分学科总被引	学科被引累积百分比	学科被引位次
财政、金融	0.014354	747	1	0.9809	1250
其他学科（科技）	0.014354	968	1	0.9723	2183

　　注：该刊"五年影响因子"为 0.0396；"总转摘量"为 12；"综合性期刊学科核心指数"为 0.3；"综合性期刊学科核心扩展度"为 1；"核心指数位次"为 176；"核心扩展度位次"为 27。

84. 南京大学学报. 哲学·人文科学·社会科学版

学 科 分 类	综合值	综合值位次	分学科总被引	学科被引累积百分比	学科被引位次
法学	0.996414	23	71	0.5213	62
文学	0.947507	8	49	0.426	70
历史学	0.907622	8	37	0.4315	92
政治学	0.904235	12	52	0.4913	144
经济计划与管理	0.8986	33	27	0.7735	310
哲学	0.89462	7	27	0.458	49
中国经济	0.890613	10	23	0.6181	147
新闻学与传播学	0.865254	7	26	0.5138	62
语言学	0.865254	22	26	0.6841	81
财政、金融	0.847263	17	14	0.7968	283
社会学	0.845764	7	13	0.5294	117
贸易经济	0.845764	10	13	0.6302	147
其他学科（科技）	0.844265	8	12	0.6195	351
文化学	0.842766	5	11	0.2921	65
教育学	0.842766	14	11	0.7455	432
图书馆、情报与档案学	0.841266	27	10	0.8345	214
宗教学	0.839767	4	9	0.3983	48
马克思主义	0.838268	4	8	0.4684	34
艺术学	0.835269	4	6	0.6808	206
管理学（含科学学、人才学）	0.835269	6	6	0.6756	133
环境科学	0.835269	7	6	0.6827	234
经济学理论	0.83377	5	5	0.718	151

（续表）

学 科 分 类	综合值	综合值位 次	分学科总被引	学科被引累积百分比	学科被引位次
工业经济	0.83377	8	5	0.6746	316
农业经济	0.832271	13	4	0.856	601
体育学	0.832271	16	4	0.8088	304
世界各国经济（含各国经济史、经济地理）	0.830772	4	3	0.6678	128
民族学	0.829272	4	2	0.7464	84
其他学科（人文社科）	0.829272	4	2	0.5954	21
交通运输经济、旅游经济	0.829272	10	2	0.8717	580
人文地理学	0.827773	5	1	0.8916	136
考古学	0.827773	8	1	0.9596	508

注：该刊"五年影响因子"为0.4968；"总转摘量"为352；"综合性期刊学科核心指数"为8.94；"综合性期刊学科核心扩展度"为20；"核心指数位次"为17；"核心扩展度位次"为8。

85. 南京社会科学

学 科 分 类	综合值	综合值位 次	分学科总被引	学科被引累积百分比	学科被引位次
政治学	0.445138	92	104	0.2995	54
经济计划与管理	0.394491	146	76	0.6452	140
法学	0.319352	136	37	0.6119	126
社会学	0.307524	114	30	0.3812	46
财政、金融	0.292531	163	20	0.7569	217
中国经济	0.291363	151	21	0.63	162
农业经济	0.285694	148	23	0.5979	140
哲学	0.282865	104	18	0.5443	75
语言学	0.282696	109	21	0.7076	98
历史学	0.281196	141	20	0.5674	189
贸易经济	0.279701	145	15	0.6045	127
新闻学与传播学	0.278198	134	18	0.5598	87
教育学	0.278198	169	18	0.6584	269
文化学	0.272205	112	10	0.3125	76
文学	0.267703	122	11	0.7526	359

（续表）

学 科 分 类	综合值	综合值位次	分学科总被引	学科被引累积百分比	学科被引位次
管理学（含科学学、人才学）	0.264705	129	9	0.603	84
其他学科（科技）	0.263205	176	8	0.6912	521
经济学理论	0.261706	129	7	0.6516	112
环境科学	0.261706	145	7	0.6707	202
马克思主义	0.260207	71	6	0.5362	50
体育学	0.258708	147	5	0.7834	233
图书馆、情报与档案学	0.258708	168	5	0.8793	419
人口学	0.257208	90	4	0.722	60
心理学	0.257208	95	4	0.7763	134
考古学	0.255709	90	3	0.8908	261
艺术学	0.255709	102	3	0.8056	375
工业经济	0.255709	153	3	0.777	484
宗教学	0.25421	78	2	0.7477	224
世界各国经济（含各国经济史、经济地理）	0.25421	109	2	0.7635	167
交通运输经济、旅游经济	0.25421	140	2	0.8937	580
人文地理学	0.252711	57	1	0.8927	136

　　注：该刊"五年影响因子"为 0.2116；"总转摘量"为 322；"综合性期刊学科核心指数"为 7.43；"综合性期刊学科核心扩展度"为 17；"核心指数位次"为 24；"核心扩展度位次"为 11。

86. 南京师大学报. 社会科学版

学 科 分 类	综合值	综合值位次	分学科总被引	学科被引累积百分比	学科被引位次
教育学	0.392216	85	51	0.4993	99
政治学	0.384838	124	42	0.543	180
文学	0.381169	57	42	0.4733	90
语言学	0.368938	73	42	0.6477	57
心理学	0.364835	49	36	0.5736	18
法学	0.350119	114	27	0.6598	180
经济计划与管理	0.337454	175	21	0.8064	390
历史学	0.321001	108	19	0.5734	197

（续表）

学 科 分 类	综合值	综合值位次	分学科总被引	学科被引累积百分比	学科被引位次
社会学	0.310507	112	12	0.5581	126
新闻学与传播学	0.307508	112	10	0.6392	163
经济学理论	0.306009	97	9	0.5752	81
中国经济	0.306009	140	9	0.7753	342
哲学	0.30301	98	7	0.708	173
其他学科（科技）	0.30301	131	7	0.7323	594
农业经济	0.301511	128	6	0.8052	470
交通运输经济、旅游经济	0.300012	96	5	0.7058	262
图书馆、情报与档案学	0.300012	127	5	0.8797	419
马克思主义	0.298513	56	4	0.6469	84
考古学	0.298513	71	4	0.8692	202
艺术学	0.298513	82	4	0.7608	300
贸易经济	0.298513	126	4	0.801	368
财政、金融	0.298513	157	4	0.9082	653
管理学（含科学学、人才学）	0.295514	109	2	0.883	363
环境科学	0.295514	112	2	0.8388	561
工业经济	0.295514	114	2	0.8574	658
体育学	0.295514	116	2	0.9094	614
人文地理学	0.294015	47	1	0.8937	136
宗教学	0.294015	58	1	0.8344	331
人口学	0.294015	72	1	0.9321	215
世界各国经济（含各国经济史、经济地理）	0.294015	81	1	0.8481	264

注：该刊"五年影响因子"为0.216；"总转摘量"为216；"综合性期刊学科核心指数"为4.61；"综合性期刊学科核心扩展度"为11；"核心指数位次"为59；"核心扩展度位次"为17。

87. 南开学报. 哲学社会科学版

学 科 分 类	综合值	综合值位次	分学科总被引	学科被引累积百分比	学科被引位次
政治学	0.627082	42	44	0.5277	170
文学	0.604274	23	41	0.4811	93

（续表）

学 科 分 类	综合值	综合值位次	分学科总被引	学科被引累积百分比	学科被引位次
历史学	0.59097	26	51	0.3689	64
经济计划与管理	0.559485	84	30	0.7581	282
财政、金融	0.555814	49	22	0.74	198
法学	0.544151	54	12	0.7815	419
哲学	0.541494	25	18	0.5623	75
中国经济	0.541494	39	18	0.6528	184
贸易经济	0.533998	29	13	0.6314	147
经济学理论	0.531	23	11	0.5324	65
其他学科（科技）	0.5295	36	10	0.6666	421
社会学	0.528001	30	9	0.6212	178
教育学	0.528001	48	9	0.7652	522
宗教学	0.525003	16	7	0.4598	63
世界各国经济（含各国经济史、经济地理）	0.525003	19	7	0.4817	51
农业经济	0.525003	40	7	0.7996	424
语言学	0.525003	47	7	0.8494	341
艺术学	0.523503	27	6	0.6815	206
考古学	0.522004	24	5	0.8618	175
马克思主义	0.519006	16	3	0.7147	106
文化学	0.517506	22	2	0.7119	464
交通运输经济、旅游经济	0.517506	25	2	0.893	580
工业经济	0.517506	28	2	0.8697	658
环境科学	0.517506	30	2	0.8398	561
管理学（含科学学、人才学）	0.517506	32	2	0.8823	363
新闻学与传播学	0.517506	35	2	0.8564	730
体育学	0.517506	36	2	0.9185	614
人文地理学	0.516007	15	1	0.9071	136
民族学	0.516007	15	1	0.8627	152
人口学	0.516007	21	1	0.9275	215
心理学	0.516007	23	1	0.9154	442
图书馆、情报与档案学	0.516007	53	1	0.9674	1460

　　注：该刊"五年影响因子"为 0.2412；"总转摘量"为 288；"综合性期刊学科核心指数"为 5.33；"综合性期刊学科核心扩展度"为 12；"核心指数位次"为 47；"核心扩展度位次"为 16。

88. 南通大学学报．社会科学版

学 科 分 类	综合值	综合值位 次	分学科总被引	学科被引累积百分比	学科被引位次
经济计划与管理	0.18656	348	16	0.8346	488
文学	0.176693	226	12	0.7431	335
教育学	0.162748	385	7	0.7948	637
中国经济	0.162505	314	12	0.7326	271
法学	0.156508	399	8	0.8301	589
政治学	0.156508	408	8	0.8332	676
哲学	0.15351	256	6	0.7265	191
体育学	0.15351	290	6	0.7727	181
文化学	0.15351	296	6	0.4578	151
社会学	0.15201	328	5	0.7235	319
工业经济	0.150511	302	4	0.7174	368
历史学	0.150511	328	4	0.8009	665
语言学	0.149012	276	3	0.9032	601
农业经济	0.149012	327	3	0.8966	737
新闻学与传播学	0.149012	330	3	0.8311	524
心理学	0.147513	192	2	0.8418	253
图书馆、情报与档案学	0.147513	325	2	0.9449	956
财政、金融	0.147513	346	2	0.9608	914
邮电经济	0.146013	68	1	0.7598	69
宗教学	0.146013	155	1	0.8133	331
艺术学	0.146013	233	1	0.8795	812
交通运输经济、旅游经济	0.146013	280	1	0.9081	887

注：该刊"五年影响因子"为0.1364；"总转摘量"为99；"综合性期刊学科核心指数"为0.54；"综合性期刊学科核心扩展度"为1；"核心指数位次"为161；"核心扩展度位次"为27。

89. 南阳师范学院学报

学 科 分 类	综合值	综合值位 次	分学科总被引	学科被引累积百分比	学科被引位次
文学	0.19077	205	20	0.6444	209
教育学	0.177909	350	9	0.7778	522

（续表）

学 科 分 类	综合值	综合值位　次	分学科总被引	学科被引累积百分比	学科被引位次
其他学科（科技）	0.175777	309	10	0.6558	421
语言学	0.16978	240	6	0.8621	380
法学	0.16978	369	6	0.8508	715
艺术学	0.166782	190	4	0.7581	300
交通运输经济、旅游经济	0.166782	247	4	0.7525	329
图书馆、情报与档案学	0.166782	286	4	0.9057	528
体育学	0.165282	264	3	0.8366	399
新闻学与传播学	0.165282	298	3	0.8306	524
历史学	0.163783	301	2	0.8741	1093
经济计划与管理	0.163783	400	2	0.9532	1595
宗教学	0.162284	135	1	0.8149	331
考古学	0.162284	150	1	0.9589	508
环境科学	0.162284	261	1	0.9133	823
文化学	0.162284	271	1	0.8245	721
农业经济	0.162284	304	1	0.9949	1275
社会学	0.162284	310	1	0.9996	906
中国经济	0.162284	315	1	0.9564	1214
财政、金融	0.162284	320	1	0.9761	1250

　　注：该刊"五年影响因子"为0.0353；"总转摘量"为76；"综合性期刊学科核心指数"为0.7；"综合性期刊学科核心扩展度"为2；"核心指数位次"为159；"核心扩展度位次"为26。

90. 宁波大学学报. 人文科学版

学 科 分 类	综合值	综合值位　次	分学科总被引	学科被引累积百分比	学科被引位次
语言学	0.120412	323	23	0.6955	90
法学	0.106354	515	8	0.8388	589
文学	0.100922	350	10	0.7564	375
经济计划与管理	0.099422	528	9	0.883	700
教育学	0.099422	533	9	0.774	522
新闻学与传播学	0.094925	455	6	0.7157	284

（续表）

学 科 分 类	综合值	综合值位次	分学科总被引	学科被引累积百分比	学科被引位次
历史学	0.093425	448	5	0.75	548
艺术学	0.091926	325	4	0.7549	300
体育学	0.091926	411	4	0.8075	304
农业经济	0.091926	431	4	0.8635	601
财政、金融	0.091926	450	4	0.9099	653
哲学	0.090427	368	3	0.8338	314
贸易经济	0.090427	416	3	0.8525	458
政治学	0.090427	567	3	0.9132	1185
社会学	0.088928	454	2	0.8552	621
中国经济	0.088928	457	2	0.9423	894
其他学科（科技）	0.088928	514	2	0.8945	1512
人文地理学	0.087428	142	1	0.8968	136
人口学	0.087428	202	1	0.93	215
考古学	0.087428	231	1	0.9554	508
世界各国经济（含各国经济史、经济地理）	0.087428	251	1	0.8625	264
心理学	0.087428	258	1	0.9342	442
交通运输经济、旅游经济	0.087428	383	1	0.9097	887
文化学	0.087428	437	1	0.8252	721
图书馆、情报与档案学	0.087428	455	1	0.9913	1460

注：该刊"五年影响因子"为 0.0777；"总转摘量"为 65；"综合性期刊学科核心指数"为 0.3；"综合性期刊学科核心扩展度"为 1；"核心指数位次"为 175；"核心扩展度位次"为 27。

91. 宁夏大学学报. 人文社会科学版

学 科 分 类	综合值	综合值位次	分学科总被引	学科被引累积百分比	学科被引位次
语言学	0.106221	348	41	0.6496	58
文学	0.061243	426	11	0.7531	359
历史学	0.061243	514	11	0.6588	300
教育学	0.061243	625	11	0.7469	432
法学	0.061243	633	11	0.7969	446

（续表）

学 科 分 类	综合值	综合值位 次	分学科总被引	学科被引累积百分比	学科被引位次
政治学	0.058245	624	9	0.8166	623
考古学	0.053747	265	6	0.8404	145
农业经济	0.053747	502	6	0.8055	470
图书馆、情报与档案学	0.053747	526	6	0.867	359
财政、金融	0.053747	539	6	0.8782	511
宗教学	0.052248	253	5	0.5693	98
艺术学	0.052248	394	5	0.716	239
哲学	0.052248	413	5	0.745	214
文化学	0.052248	488	5	0.4979	185
中国经济	0.050749	537	4	0.8634	600
其他学科（科技）	0.050749	624	4	0.8158	926
体育学	0.049249	475	3	0.8357	399
经济计划与管理	0.049249	647	3	0.949	1306
人文地理学	0.04775	158	2	0.6646	75
人口学	0.04775	224	2	0.819	120
贸易经济	0.04775	485	2	0.8915	590
新闻学与传播学	0.04775	550	2	0.8604	730
民族学	0.046251	182	1	0.8586	152
心理学	0.046251	296	1	0.9378	442
环境科学	0.046251	445	1	0.9637	823
交通运输经济、旅游经济	0.046251	447	1	0.9092	887
社会学	0.046251	511	1	0.9986	906

　　注：该刊"五年影响因子"为 0.0698；"总转摘量"为 39；"综合性期刊学科核心指数"为 1.96；"综合性期刊学科核心扩展度"为 5；"核心指数位次"为 119；"核心扩展度位次"为 23。

92. 宁夏社会科学

学 科 分 类	综合值	综合值位 次	分学科总被引	学科被引累积百分比	学科被引位次
法学	0.177819	345	34	0.6265	144
历史学	0.163413	303	34	0.455	106

（续表）

学 科 分 类	综合值	综合值位次	分学科总被引	学科被引累积百分比	学科被引位次
政治学	0.152919	420	27	0.6437	279
农业经济	0.131239	362	9	0.7672	341
社会学	0.13043	367	12	0.5541	126
文学	0.128931	300	11	0.7489	359
经济计划与管理	0.128931	469	11	0.863	611
宗教学	0.125932	178	9	0.4095	48
考古学	0.125932	189	9	0.8142	103
财政、金融	0.125932	383	9	0.8538	403
中国经济	0.122934	391	7	0.8081	421
教育学	0.122934	473	7	0.7993	637
交通运输经济、旅游经济	0.121434	330	6	0.6895	206
语言学	0.119935	326	5	0.867	429
文化学	0.118436	372	4	0.5475	238
图书馆、情报与档案学	0.118436	393	4	0.9039	528
心理学	0.116937	225	3	0.8021	175
艺术学	0.116937	288	3	0.7716	375
哲学	0.116937	325	3	0.8411	314
体育学	0.116937	364	3	0.8355	399
贸易经济	0.116937	367	3	0.8651	458
其他学科（科技）	0.116937	445	3	0.8612	1170
经济学理论	0.115437	307	2	0.8752	288
新闻学与传播学	0.115437	413	2	0.8606	730
马克思主义	0.113938	166	1	0.8573	197
人口学	0.113938	180	1	0.9234	215
管理学（含科学学、人才学）	0.113938	311	1	0.8935	583
环境科学	0.113938	340	1	0.9684	823

注：该刊"五年影响因子"为0.0922；"总转摘量"为49；"综合性期刊学科核心指数"为3.07；"综合性期刊学科核心扩展度"为7；"核心指数位次"为94；"核心扩展度位次"为21。

93. 齐鲁学刊

学 科 分 类	综合值	综合值位次	分学科总被引	学科被引累积百分比	学科被引位次
哲学	0.270943	111	53	0.306	21
文学	0.26832	121	55	0.3939	57
政治学	0.216783	301	25	0.6587	293
历史学	0.215097	212	32	0.4717	115
法学	0.191109	325	16	0.7462	332
教育学	0.186611	327	13	0.7035	361
文化学	0.183612	237	11	0.2824	65
中国经济	0.177615	300	7	0.8051	421
马克思主义	0.173118	118	4	0.6782	84
语言学	0.173118	233	4	0.8847	494
经济计划与管理	0.173118	377	4	0.9353	1115
考古学	0.171618	142	3	0.9049	261
经济学理论	0.171618	230	3	0.801	222
宗教学	0.170119	128	2	0.7469	224
艺术学	0.170119	184	2	0.8178	520
管理学（含科学学、人才学）	0.170119	230	2	0.8711	363
体育学	0.170119	256	2	0.9183	614
图书馆、情报与档案学	0.170119	278	2	0.9452	956
新闻学与传播学	0.170119	290	2	0.8626	730
农业经济	0.170119	291	2	0.9075	932
社会学	0.170119	292	2	0.8588	621
财政、金融	0.170119	304	2	0.9482	914
人文地理学	0.16862	91	1	0.9009	136
心理学	0.16862	165	1	0.9413	442
环境科学	0.16862	249	1	0.9667	823

注：该刊"五年影响因子"为 0.115；"总转摘量"为 108；"综合性期刊学科核心指数"为 3.21；"综合性期刊学科核心扩展度"为 6；"核心指数位次"为 90；"核心扩展度位次"为 22。

94. 青海社会科学

学 科 分 类	综合值	综合值位次	分学科总被引	学科被引累积百分比	学科被引位次
法学	0.125923	475	21	0.7013	248
历史学	0.124133	385	25	0.5373	157
政治学	0.119635	502	22	0.6802	334
宗教学	0.118136	191	21	0.1751	11
经济计划与管理	0.106187	514	10	0.8755	657
文学	0.101644	347	10	0.7541	375
中国经济	0.101644	425	10	0.7566	317
文化学	0.100145	411	9	0.341	86
考古学	0.097147	221	7	0.8346	129
环境科学	0.097147	366	7	0.6531	202
教育学	0.097147	546	7	0.8105	637
哲学	0.095647	354	6	0.7256	191
社会学	0.095647	438	6	0.6851	266
图书馆、情报与档案学	0.095647	440	6	0.8696	359
农业经济	0.094148	428	5	0.8224	522
民族学	0.092649	155	4	0.5735	42
心理学	0.092649	251	4	0.7876	134
交通运输经济、旅游经济	0.092649	373	4	0.7399	329
体育学	0.092649	407	4	0.8055	304
艺术学	0.09115	330	3	0.7681	375
新闻学与传播学	0.09115	466	3	0.8396	524
马克思主义	0.08965	187	2	0.7798	134
世界各国经济（含各国经济史、经济地理）	0.08965	249	2	0.7269	167
工业经济	0.08965	402	2	0.8238	658
财政、金融	0.08965	460	2	0.9494	914
其他学科（科技）	0.08965	512	2	0.9045	1512
人文地理学	0.088151	140	1	0.903	136
人口学	0.088151	198	1	0.9238	215
管理学（含科学学、人才学）	0.088151	344	1	0.8942	583

（续表）

学 科 分 类	综合值	综合值位 次	分学科总被引	学科被引累积百分比	学科被引位次
经济学理论	0.088151	347	1	0.8952	423
语言学	0.088151	386	1	0.978	1105
贸易经济	0.088151	425	1	0.9332	839

注：该刊"五年影响因子"为 0.0776；"总转摘量"为 44；"综合性期刊学科核心指数"为 3.35；"综合性期刊学科核心扩展度"为 7；"核心指数位次"为 87；"核心扩展度位次"为 21。

95. 青海师范大学学报. 哲学社会科学版

学 科 分 类	综合值	综合值位 次	分学科总被引	学科被引累积百分比	学科被引位次
历史学	0.041728	553	19	0.5821	197
语言学	0.035731	477	15	0.7467	146
文学	0.031234	510	12	0.7413	335
教育学	0.023737	804	7	0.8102	637
艺术学	0.022238	467	6	0.676	206
宗教学	0.020739	292	5	0.5651	98
交通运输经济、旅游经济	0.020739	511	5	0.7091	262
图书馆、情报与档案学	0.020739	663	5	0.8772	419
政治学	0.020739	826	5	0.8697	909
法学	0.020739	837	5	0.8674	808
哲学	0.01924	467	4	0.7872	252
体育学	0.01924	571	4	0.808	304
农业经济	0.01924	658	4	0.8622	601
文化学	0.01774	567	3	0.6979	335
民族学	0.016241	204	2	0.6769	84
马克思主义	0.016241	233	2	0.7902	134
环境科学	0.016241	563	2	0.8891	561
社会学	0.016241	616	2	0.8654	621
新闻学与传播学	0.016241	675	2	0.8572	730
经济计划与管理	0.016241	963	2	0.9626	1595
人口学	0.014742	268	1	0.9167	215

（续表）

学 科 分 类	综合值	综合值位次	分学科总被引	学科被引累积百分比	学科被引位次
世界各国经济（含各国经济史、经济地理）	0.014742	324	1	0.8635	264
心理学	0.014742	363	1	0.9327	442
经济学理论	0.014742	450	1	0.8914	423
管理学（含科学学、人才学）	0.014742	460	1	0.9177	583
中国经济	0.014742	701	1	0.9652	1214
其他学科（科技）	0.014742	952	1	0.9708	2183

注：该刊"五年影响因子"为0.053；"总转摘量"为7；"综合性期刊学科核心指数"为1.8；"综合性期刊学科核心扩展度"为5；"核心指数位次"为127；"核心扩展度位次"为23。

96. 清华大学学报. 哲学社会科学版

学 科 分 类	综合值	综合值位次	分学科总被引	学科被引累积百分比	学科被引位次
新闻学与传播学	1.06459	5	50	0.4402	37
历史学	1.042592	5	44	0.3972	75
政治学	1.038944	9	49	0.5017	152
经济计划与管理	1.031514	25	49	0.7021	192
文学	1.001953	4	33	0.5407	124
中国经济	0.956034	9	16	0.6798	212
教育学	0.944239	12	23	0.6181	207
语言学	0.944239	20	23	0.6976	90
法学	0.944239	26	23	0.6875	217
财政、金融	0.939741	12	20	0.7613	217
哲学	0.935243	4	17	0.5696	86
管理学（含科学学、人才学）	0.934752	3	8	0.6075	100
环境科学	0.932245	5	15	0.5211	91
社会学	0.929246	5	13	0.538	117
图书馆、情报与档案学	0.929246	25	13	0.8127	158
工业经济	0.927747	5	12	0.5036	124
考古学	0.926248	6	11	0.7906	84
其他学科（科技）	0.920251	7	7	0.7152	594

（续表）

学 科 分 类	综合值	综合值位次	分学科总被引	学科被引累积百分比	学科被引位次
文化学	0.917252	3	5	0.4802	185
农业经济	0.917252	10	5	0.8227	522
艺术学	0.915753	2	4	0.7567	300
体育学	0.915753	13	4	0.806	304
交通运输经济、旅游经济	0.914254	5	3	0.8041	439
人口学	0.914254	6	3	0.7626	82
贸易经济	0.914254	7	3	0.8519	458
民族学	0.912755	2	2	0.6898	84
经济学理论	0.912755	4	2	0.8767	288
马克思主义	0.911255	2	1	0.8489	197
宗教学	0.911255	2	1	0.9427	331
统计学	0.911255	2	1	0.9269	28
其他学科（人文社科）	0.911255	2	1	0.645	46
人文地理学	0.911255	3	1	0.904	136

注：该刊"五年影响因子"为 0.556；"总转摘量"为 403；"综合性期刊学科核心指数"为 6.88；"综合性期刊学科核心扩展度"为 16；"核心指数位次"为 32；"核心扩展度位次"为 12。

97. 求是学刊

学 科 分 类	综合值	综合值位次	分学科总被引	学科被引累积百分比	学科被引位次
文学	0.551149	32	33	0.5329	124
法学	0.547945	53	30	0.6467	165
哲学	0.547417	24	40	0.3668	30
政治学	0.542829	60	24	0.6672	305
历史学	0.533776	38	24	0.5397	165
中国经济	0.512934	46	17	0.6736	198
教育学	0.506937	56	13	0.7174	361
语言学	0.503938	51	11	0.7921	218
文化学	0.502439	26	10	0.3036	76
社会学	0.502439	37	10	0.5911	157

（续表）

学 科 分 类	综合值	综合值位次	分学科总被引	学科被引累积百分比	学科被引位次
财政、金融	0.502439	64	10	0.8429	371
经济计划与管理	0.50094	104	9	0.8853	700
其他学科（科技）	0.499441	45	8	0.6963	521
农业经济	0.499441	47	8	0.7761	383
宗教学	0.496442	20	6	0.4797	76
马克思主义	0.496442	20	6	0.5401	50
管理学（含科学学、人才学）	0.493444	38	4	0.72	191
新闻学与传播学	0.493444	43	4	0.762	411
人文地理学	0.491944	18	3	0.6378	53
考古学	0.491944	31	3	0.9027	261
经济学理论	0.491944	31	3	0.7851	222
艺术学	0.491944	36	3	0.7671	375
图书馆、情报与档案学	0.491944	62	3	0.9194	698
环境科学	0.490445	36	2	0.8841	561
贸易经济	0.490445	39	2	0.8903	590
体育学	0.490445	44	2	0.9175	614
民族学	0.488946	19	1	0.8934	152
其他学科（人文社科）	0.488946	19	1	0.9198	46

注：该刊"五年影响因子"为0.1614；"总转摘量"为250；"综合性期刊学科核心指数"为5.32；"综合性期刊学科核心扩展度"为12；"核心指数位次"为48；"核心扩展度位次"为16。

98. 求索

学 科 分 类	综合值	综合值位次	分学科总被引	学科被引累积百分比	学科被引位次
经济计划与管理	0.349445	168	119	0.5661	92
法学	0.342861	119	115	0.4642	39
政治学	0.300620	188	91	0.3250	63
文学	0.295536	102	88	0.3305	37
财政、金融	0.261118	194	64	0.5688	72
历史学	0.235044	192	50	0.3740	66

（续表）

学科分类	综合值	综合值位次	分学科总被引	学科被引累积百分比	学科被引位次
中国经济	0.227352	235	45	0.4871	76
农业经济	0.223832	226	42	0.4701	65
哲学	0.216922	173	40	0.3725	30
贸易经济	0.203298	229	33	0.4309	48
语言学	0.198931	197	28	0.6805	76
文化学	0.196324	213	26	0.0686	9
教育学	0.196324	305	26	0.5934	181
新闻学与传播学	0.185307	266	21	0.5372	74
工业经济	0.184655	245	19	0.4213	79
社会学	0.180809	279	18	0.4670	80
其他学科（科技）	0.179310	302	17	0.5591	248
交通运输经济、旅游经济	0.176311	234	15	0.5433	74
考古学	0.174812	141	14	0.7664	61
经济学理论	0.173313	228	13	0.4787	51
环境科学	0.171814	243	12	0.5680	118
管理学（含科学学、人才学）	0.170314	229	11	0.5611	69
宗教学	0.165817	130	8	0.4328	54
艺术学	0.165817	194	8	0.6497	148
马克思主义	0.158320	126	3	0.6893	106
心理学	0.158320	180	3	0.8140	175
世界各国经济（含各国经济史、经济地理）	0.158320	190	3	0.6837	128
图书馆、情报与档案学	0.158320	306	3	0.9233	698
民族学	0.156821	102	2	0.6834	84
体育学	0.156821	282	2	0.9173	614
军事学	0.155322	90	1	0.9661	108
人文地理学	0.155322	96	1	0.8338	136

注：该刊"五年影响因子"为 0.1305；"总转摘量"为 145；"综合性期刊学科核心指数"为 12.99；"综合性期刊学科核心扩展度"为 26；"核心指数位次"为 4；"核心扩展度位次"为 3。

99. 人文杂志

学 科 分 类	综合值	综合值位次	分学科总被引	学科被引累积百分比	学科被引位次
历史学	0.423485	65	62	0.305766	43
哲学	0.405036	49	49	0.335337	25
政治学	0.390083	120	55	0.473934	133
文学	0.37509	60	45	0.452749	81
农业经济	0.347231	99	16	0.663918	206
社会学	0.340607	93	22	0.426833	62
经济计划与管理	0.333111	177	17	0.830689	460
考古学	0.331612	55	16	0.75301	52
财政、金融	0.324366	132	7	0.87321	463
教育学	0.324116	132	11	0.7401	432
法学	0.324116	133	11	0.787627	446
文化学	0.319618	82	8	0.402523	103
新闻学与传播学	0.319618	101	8	0.675198	202
马克思主义	0.318119	48	7	0.486645	42
语言学	0.318119	92	7	0.841034	341
经济学理论	0.318119	93	7	0.65519	112
艺术学	0.316619	71	6	0.674682	206
其他学科（科技）	0.316619	120	6	0.759031	685
体育学	0.31512	101	5	0.781157	233
交通运输经济、旅游经济	0.313621	88	4	0.740343	329
中国经济	0.313621	133	4	0.868145	600
宗教学	0.312122	49	3	0.655602	154
心理学	0.310622	65	2	0.843115	253
工业经济	0.310622	102	2	0.826558	658
军事学	0.309123	37	1	0.752212	108
民族学	0.309123	47	1	0.852989	152
人口学	0.309123	63	1	0.935377	215
管理学（含科学学、人才学）	0.309123	99	1	0.892281	583
贸易经济	0.309123	115	1	0.920689	839
图书馆、情报与档案学	0.309123	123	1	0.997538	1460

注：该刊"五年影响因子"为0.1773；"总转摘量"为252；"综合性期刊学科核心指数"为5.79；"综合性期刊学科核心扩展度"为12；"核心指数位次"为42；"核心扩展度位次"为16。

100. 山东大学学报.哲学社会科学版

学 科 分 类	综合值	综合值位次	分学科总被引	学科被引累积百分比	学科被引位次
法学	0.415287	87	91	0.4914	49
经济计划与管理	0.274138	226	34	0.7438	255
政治学	0.256077	247	28	0.6356	272
文学	0.235150	156	27	0.5803	158
历史学	0.227654	196	22	0.5536	175
中国经济	0.217159	247	15	0.6883	222
农业经济	0.215935	234	9	0.7658	341
贸易经济	0.215731	210	8	0.7236	229
财政、金融	0.211162	250	11	0.8301	346
语言学	0.208164	181	9	0.8130	262
哲学	0.206665	184	8	0.7050	153
经济学理论	0.206665	189	8	0.5959	94
社会学	0.205165	240	7	0.6693	218
工业经济	0.202167	217	5	0.6842	316
新闻学与传播学	0.200668	232	4	0.7925	411
图书馆、情报与档案学	0.200668	234	4	0.9053	528
管理学（含科学学、人才学）	0.199168	193	3	0.7565	252
体育学	0.199168	219	3	0.8438	399
其他学科（科技）	0.199168	265	3	0.8326	1170
教育学	0.199168	297	3	0.8908	1172
邮电经济	0.197669	50	2	0.5979	36
考古学	0.197669	125	2	0.9219	336
文化学	0.197669	211	2	0.7681	464
环境科学	0.197669	213	2	0.8479	561
马克思主义	0.196170	106	1	0.8769	197
人口学	0.196170	125	1	0.9155	215
世界各国经济（含各国经济史、经济地理）	0.196170	155	1	0.9125	264

注：该刊"五年影响因子"为 0.2425；"总转摘量"为 143；"综合性期刊学科核心指数"为 3.50；"综合性期刊学科核心扩展度"为 9；"核心指数位次"为 84；"核心扩展度位次"为 19。

101. 山东社会科学

学 科 分 类	综合值	综合值位 次	分学科总被引	学科被引累积百分比	学科被引位次
政治学	0.309848	177	71	0.4132	100
法学	0.273433	186	52	0.5610	87
经济计划与管理	0.260647	245	44	0.7137	207
财政、金融	0.238173	222	38	0.6561	120
中国经济	0.230799	229	27	0.5823	125
历史学	0.208757	220	16	0.6019	222
文学	0.208188	180	18	0.6647	228
农业经济	0.207258	246	15	0.6731	218
教育学	0.203157	290	12	0.7229	398
哲学	0.202191	186	14	0.6237	108
文化学	0.202191	203	14	0.2200	44
社会学	0.197693	251	11	0.5739	139
管理学（含科学学、人才学）	0.193195	204	8	0.6216	100
交通运输经济、旅游经济	0.193195	208	8	0.6377	154
贸易经济	0.193195	243	8	0.7221	229
新闻学与传播学	0.191696	252	7	0.6877	237
马克思主义	0.190197	109	6	0.5596	50
语言学	0.190197	210	6	0.8627	380
其他学科（科技）	0.190197	282	6	0.7617	685
艺术学	0.187198	161	4	0.7594	300
工业经济	0.187198	240	4	0.7071	368
环境科学	0.185699	226	3	0.8137	415
世界各国经济（含各国经济史、经济地理）	0.184200	168	2	0.7288	167
经济学理论	0.184200	216	2	0.8327	288
统计学	0.182701	33	1	0.9923	28
其他学科（人文社科）	0.182701	65	1	0.6336	46
民族学	0.182701	89	1	0.8401	152
宗教学	0.182701	122	1	0.8141	331
体育学	0.182701	244	1	0.9696	1006
图书馆、情报与档案学	0.182701	257	1	0.9945	1460

注：该刊"五年影响因子"为0.1229；"总转摘量"为291；"综合性期刊学科核心指数"为6.29；"综合性期刊学科核心扩展度"为15；"核心指数位次"为37；"核心扩展度位次"为13。

102. 山东师范大学学报．人文社会科学版

学 科 分 类	综合值	综合值位 次	分学科总被引	学科被引累积百分比	学科被引位次
文学	0.110941	328	35	0.5134	113
教育学	0.103444	520	30	0.5679	153
法学	0.097809	539	19	0.7231	279
历史学	0.088452	461	20	0.5704	189
心理学	0.076458	270	12	0.6628	45
语言学	0.073459	413	10	0.8016	234
政治学	0.073459	595	10	0.7942	586
哲学	0.071960	395	9	0.6731	139
经济计划与管理	0.068962	598	7	0.9021	818
体育学	0.067462	453	6	0.7746	181
社会学	0.065963	483	5	0.7412	319
新闻学与传播学	0.065963	519	5	0.7467	338
图书馆、情报与档案学	0.064464	507	4	0.9036	528
经济学理论	0.062965	366	3	0.7668	222
艺术学	0.062965	377	3	0.7746	375
农业经济	0.062965	486	3	0.8846	737
中国经济	0.062965	513	3	0.8891	713
交通运输经济、旅游经济	0.061465	421	2	0.8687	580
财政、金融	0.061465	517	2	0.9519	914
人口学	0.059966	218	1	0.9176	215
考古学	0.059966	260	1	0.9606	508
管理学（含科学学、人才学）	0.059966	369	1	0.8921	583
环境科学	0.059966	421	1	0.9519	823
工业经济	0.059966	430	1	0.9912	1022
文化学	0.059966	478	1	0.9504	721
其他学科（科技）	0.059966	602	1	0.9659	2183

　　注：该刊"五年影响因子"为 0.0960；"总转摘量"为 62；"综合性期刊学科核心指数"为 2.01；"综合性期刊学科核心扩展度"为 5；"核心指数位次"为 115；"核心扩展度位次"为 23。

103. 山西大学学报.哲学社会科学版

学 科 分 类	综合值	综合值位次	分学科总被引	学科被引累积百分比	学科被引位次
法学	0.160151	390	33	0.6365	152
文学	0.140370	283	31	0.5557	136
历史学	0.132873	361	26	0.5245	147
语言学	0.129875	310	24	0.6934	89
政治学	0.122379	495	19	0.7004	366
新闻学与传播学	0.121954	400	12	0.6093	125
其他学科（科技）	0.111884	453	12	0.6243	351
教育学	0.108885	508	10	0.7525	477
社会学	0.104388	420	7	0.6461	218
财政、金融	0.102888	428	6	0.8847	511
经济计划与管理	0.102888	525	6	0.9128	899
管理学（含科学学、人才学）	0.099890	325	4	0.7081	191
图书馆、情报与档案学	0.099890	430	4	0.9063	528
交通运输经济、旅游经济	0.098391	358	3	0.8318	439
农业经济	0.098391	417	3	0.8749	737
中国经济	0.098391	433	3	0.8888	713
宗教学	0.096891	212	2	0.7685	224
世界各国经济（含各国经济史、经济地理）	0.096891	240	2	0.7298	167
艺术学	0.096891	314	2	0.8210	520
哲学	0.096891	352	2	0.8712	409
工业经济	0.096891	382	2	0.8313	658
体育学	0.096891	398	2	0.9158	614
贸易经济	0.096891	402	2	0.9063	590
军事学	0.095392	115	1	0.6342	108
人文地理学	0.095392	136	1	0.8328	136
民族学	0.095392	150	1	0.8393	152

注：该刊"五年影响因子"为0.1302；"总转摘量"为84；"综合性期刊学科核心指数"为3.08；"综合性期刊学科核心扩展度"为8；"核心指数位次"为93；"核心扩展度位次"为20。

104. 山西师大学报.社会科学版

学 科 分 类	综合值	综合值位次	分学科总被引	学科被引累积百分比	学科被引位次
文学	0.159168	250	22	0.6309	117
历史学	0.157180	318	26	0.5231	118
教育学	0.154067	404	17	0.6698	118
政治学	0.152372	423	18	0.7182	118
语言学	0.140688	291	15	0.7529	115
社会学	0.140688	348	15	0.5186	116
法学	0.131692	455	9	0.8106	118
经济计划与管理	0.128694	470	7	0.8953	118
新闻学与传播学	0.127195	387	6	0.7152	118
艺术学	0.125695	273	5	0.6956	110
心理学	0.124196	217	4	0.7710	87
哲学	0.124196	317	4	0.7820	117
农业经济	0.124196	375	4	0.8650	116
其他学科（科技）	0.124196	430	4	0.7897	114
交通运输经济、旅游经济	0.122697	329	3	0.8325	109
工业经济	0.122697	344	3	0.7921	105
贸易经济	0.122697	353	3	0.8314	114
财政、金融	0.122697	390	3	0.9302	112
中国经济	0.122697	392	3	0.8846	118
世界各国经济（含各国经济史、经济地理）	0.121198	223	2	0.7221	78
经济学理论	0.121198	301	2	0.8666	111
环境科学	0.121198	335	2	0.8496	106
体育学	0.121198	353	2	0.9160	114
文化学	0.121198	365	2	0.7274	115
人文地理学	0.119698	122	1	0.8246	62
人口学	0.119698	177	1	0.9130	68
考古学	0.119698	198	1	0.9601	94
图书馆、情报与档案学	0.119698	391	1	0.9930	114

　　注：该刊"五年影响因子"为 0.0752；"总转摘量"为 114；"综合性期刊学科核心指数"为 1.96；"综合性期刊学科核心扩展度"为 5；"核心指数位次"为 118；"核心扩展度位次"为 23。

105. 陕西师范大学学报.哲学社会科学版

学 科 分 类	综合值	综合值位 次	分学科总被引	学科被引累积百分比	学科被引位次
文学	0.590828	27	44	0.4570	84
历史学	0.585739	27	48	0.3790	69
教育学	0.568086	43	32	0.5578	143
哲学	0.565087	20	30	0.4295	43
语言学	0.523172	48	20	0.7170	109
政治学	0.520174	67	18	0.7172	380
其他学科（科技）	0.518674	42	17	0.5666	248
心理学	0.514177	24	14	0.6500	38
人文地理学	0.511178	16	12	0.3354	11
新闻学与传播学	0.508180	36	10	0.6400	163
体育学	0.505181	38	8	0.7451	131
宗教学	0.503682	18	7	0.4685	63
考古学	0.503682	25	7	0.8308	129
经济计划与管理	0.503682	103	7	0.8950	818
交通运输经济、旅游经济	0.500683	27	5	0.7199	262
文化学	0.500683	27	5	0.4968	185
农业经济	0.500683	46	5	0.8275	522
中国经济	0.500683	56	5	0.8548	518
财政、金融	0.500683	66	5	0.8958	584
法学	0.499184	63	4	0.8964	940
经济学理论	0.497685	30	3	0.7661	222
社会学	0.497685	38	3	0.8037	468
民族学	0.496186	17	2	0.7512	84
马克思主义	0.496186	21	2	0.8111	134
图书馆、情报与档案学	0.496186	60	2	0.9502	956
军事学	0.494686	14	1	0.6313	108
世界各国经济（含各国经济史、经济地理）	0.494686	22	1	0.8649	264
艺术学	0.494686	34	1	0.8846	812
工业经济	0.494686	35	1	0.9863	1022
管理学（含科学学、人才学）	0.494686	36	1	0.8974	583

注：该刊"五年影响因子"为0.2194；"总转摘量"为247；"综合性期刊学科核心指数"为5.39；"综合性期刊学科核心扩展度"为11；"核心指数位次"为44；"核心扩展度位次"为17。

106. 汕头大学学报.人文社会科学版

学 科 分 类	综合值	综合值位 次	分学科总被引	学科被引累积百分比	学科被引位次
语言学	0.080699	400	14	0.7634	165
文学	0.079199	391	13	0.7286	309
历史学	0.077700	481	12	0.6383	277
法学	0.074702	603	10	0.8030	485
经济计划与管理	0.071703	591	8	0.8876	754
艺术学	0.067205	367	5	0.7097	239
图书馆、情报与档案学	0.067205	503	5	0.8802	419
政治学	0.067205	605	5	0.8671	909
贸易经济	0.065706	455	4	0.8006	368
新闻学与传播学	0.065706	520	4	0.7879	411
哲学	0.062708	405	2	0.8678	409
财政、金融	0.062708	516	2	0.9515	914
其他学科（科技）	0.062708	593	2	0.9027	1512
环境科学	0.061208	418	1	0.9525	823
文化学	0.061208	475	1	0.9256	721
社会学	0.061208	488	1	0.9065	906
教育学	0.061208	626	1	0.9504	2005

　　注：该刊"五年影响因子"为 0.0646；"总转摘量"为 34；"综合性期刊学科核心指数"为 0.36；"综合性期刊学科核心扩展度"为 1；"核心指数位次"为 170；"核心扩展度位次"为 27。

107. 商丘师范学院学报

学 科 分 类	综合值	综合值位 次	分学科总被引	学科被引累积百分比	学科被引位次
其他学科（科技）	0.096034	494	17	0.5564	248
文学	0.084040	380	9	0.7748	400
历史学	0.082540	474	8	0.7016	376
法学	0.081041	585	7	0.8442	655
语言学	0.079542	403	6	0.8618	380
宗教学	0.076543	238	4	0.6091	124

（续表）

学 科 分 类	综合值	综合值位次	分学科总被引	学科被引累积百分比	学科被引位次
文化学	0.076543	454	4	0.6050	238
教育学	0.076543	594	4	0.8806	980
哲学	0.075044	389	3	0.8291	314
体育学	0.075044	445	3	0.8612	399
图书馆、情报与档案学	0.075044	485	3	0.9104	698
新闻学与传播学	0.075044	500	3	0.8343	524
农业经济	0.073545	467	2	0.9076	932
社会学	0.073545	474	2	0.8862	621
政治学	0.073545	594	2	0.9440	1424
邮电经济	0.072046	85	1	0.9138	69
考古学	0.072046	247	1	0.9712	508
经济学理论	0.072046	360	1	0.9294	423
交通运输经济、旅游经济	0.072046	403	1	0.9464	887
经济计划与管理	0.072046	589	1	0.9960	2172

注：该刊"五年影响因子"为0.0250；"总转摘量"为15；"综合性期刊学科核心指数"为1.23；"综合性期刊学科核心扩展度"为3；"核心指数位次"为138；"核心扩展度位次"为25。

108. 上海大学学报.社会科学版

学 科 分 类	综合值	综合值位次	分学科总被引	学科被引累积百分比	学科被引位次
文学	0.421089	50	33	0.5345	124
政治学	0.395633	111	19	0.7043	366
艺术学	0.374809	55	21	0.4927	54
经济计划与管理	0.374727	156	13	0.8558	554
哲学	0.367313	64	16	0.5788	89
历史学	0.364315	85	14	0.6220	244
语言学	0.358318	76	10	0.8057	234
法学	0.356818	111	9	0.8111	530
社会学	0.353820	87	7	0.6763	218
图书馆、情报与档案学	0.353820	94	7	0.8575	301

（续表）

学 科 分 类	综合值	综合值位次	分学科总被引	学科被引累积百分比	学科被引位次
中国经济	0.353820	109	7	0.8021	421
文化学	0.352321	60	6	0.4565	151
贸易经济	0.352321	89	6	0.7487	280
体育学	0.350821	81	5	0.7850	233
教育学	0.350821	109	5	0.8432	828
财政、金融	0.350821	116	5	0.9029	584
新闻学与传播学	0.349322	88	4	0.7654	411
农业经济	0.349322	98	4	0.8601	601
宗教学	0.347823	38	3	0.6568	154
管理学（含科学学、人才学）	0.347823	77	3	0.7633	252
其他学科（科技）	0.347823	102	3	0.8357	1170
交通运输经济、旅游经济	0.346324	70	2	0.8735	580
经济学理论	0.346324	79	2	0.8180	288
环境科学	0.346324	79	2	0.8836	561
军事学	0.344824	28	1	0.6416	108
人文地理学	0.344824	35	1	0.8349	136
民族学	0.344824	36	1	0.8441	152
马克思主义	0.344824	39	1	0.8788	197
考古学	0.344824	51	1	0.9599	508
心理学	0.344824	54	1	0.9496	442
工业经济	0.344824	82	1	0.9892	1022

　　注：该刊"五年影响因子"为 0.2409；"总转摘量"为 198；"综合性期刊学科核心指数"为 3.34；"综合性期刊学科核心扩展度"为 8；"核心指数位次"为 89；"核心扩展度位次"为 20。

109. 上海交通大学学报. 哲学社会科学版

学 科 分 类	综合值	综合值位次	分学科总被引	学科被引累积百分比	学科被引位次
经济计划与管理	0.441968	124	58	0.6825	171
法学	0.424813	83	32	0.6400	157
图书馆、情报与档案学	0.399724	81	24	0.7824	96

（续表）

学 科 分 类	综合值	综合值位次	分学科总被引	学科被引累积百分比	学科被引位次
政治学	0.393100	116	19	0.7009	366
其他学科（科技）	0.392474	73	18	0.5463	233
财政、金融	0.379000	103	16	0.7859	260
中国经济	0.372244	98	8	0.7855	377
社会学	0.370744	73	7	0.6685	218
语言学	0.368505	74	9	0.8118	262
教育学	0.368505	101	9	0.7655	522
工业经济	0.367006	72	8	0.5800	197
新闻学与传播学	0.365506	81	7	0.6990	237
环境科学	0.362508	72	5	0.7334	273
历史学	0.362508	87	5	0.7525	548
宗教学	0.361009	34	4	0.5959	124
交通运输经济、旅游经济	0.361009	63	4	0.7573	329
管理学（含科学学、人才学）	0.361009	71	4	0.7067	191
世界各国经济（含各国经济史、经济地理）	0.359509	47	3	0.6822	128
文化学	0.359509	58	3	0.6946	335
文学	0.359509	66	3	0.8774	789
哲学	0.359509	68	3	0.8295	314
农业经济	0.359509	94	3	0.8761	737
人口学	0.358010	44	2	0.8521	120
军事学	0.356511	26	1	0.6195	108
考古学	0.356511	44	1	0.9626	508
心理学	0.356511	52	1	0.9497	442
艺术学	0.356511	60	1	0.9651	812
体育学	0.356511	80	1	0.9950	1006
贸易经济	0.356511	86	1	0.9349	839

注：该刊"五年影响因子"为 0.1505；"总转摘量"为 257；"综合性期刊学科核心指数"为 3.59；"综合性期刊学科核心扩展度"为 10；"核心指数位次"为 79；"核心扩展度位次"为 18。

110. 上海师范大学学报. 哲学社会科学版

学 科 分 类	综合值	综合值位 次	分学科总被引	学科被引累积百分比	学科被引位次
文学	0.775788	15	65	0.3682	47
语言学	0.687132	33	31	0.6711	71
历史学	0.675570	17	29	0.4885	128
政治学	0.658015	35	31	0.6165	250
新闻学与传播学	0.648156	21	13	0.5903	115
法学	0.644522	43	22	0.6941	228
哲学	0.638525	16	18	0.5391	75
文化学	0.628030	17	11	0.2872	65
教育学	0.628030	34	11	0.7480	432
经济计划与管理	0.625031	68	9	0.8780	700
艺术学	0.622033	17	7	0.6521	178
图书馆、情报与档案学	0.622033	41	7	0.8528	301
宗教学	0.619034	12	5	0.5631	98
社会学	0.619034	23	5	0.7163	319
马克思主义	0.617535	14	4	0.6834	84
其他学科（科技）	0.617535	27	4	0.7930	926
贸易经济	0.616036	22	3	0.8511	458
中国经济	0.616036	28	3	0.8897	713
体育学	0.616036	29	3	0.8618	399
财政、金融	0.616036	39	3	0.9362	746
人口学	0.614537	17	2	0.8471	120
经济学理论	0.614537	18	2	0.8235	288
工业经济	0.614537	19	2	0.8197	658
管理学（含科学学、人才学）	0.614537	21	2	0.8258	363
世界各国经济（含各国经济史、经济地理）	0.613037	17	1	0.8769	264
心理学	0.613037	17	1	0.9516	442
交通运输经济、旅游经济	0.613037	21	1	0.9469	887
环境科学	0.613037	22	1	0.9509	823
农业经济	0.613037	31	1	0.9532	1275

注：该刊"五年影响因子"为 0.3370；"总转摘量"为 282；"综合性期刊学科核心指数"为 4.85；"综合性期刊学科核心扩展度"为 11；"核心指数位次"为 56；"核心扩展度位次"为 17。

111. 社会科学

学科分类	综合值	综合值位次	分学科总被引	学科被引累积百分比	学科被引位次
政治学	0.703867	28	173	0.1483	16
法学	0.522992	57	81	0.5051	55
社会学	0.502809	35	68	0.2171	12
历史学	0.478698	52	57	0.3364	53
经济计划与管理	0.477085	119	55	0.6882	179
农业经济	0.440060	59	34	0.5114	86
文学	0.438324	45	37	0.5048	105
哲学	0.434983	40	32	0.4073	38
中国经济	0.429100	74	29	0.5778	120
其他学科（科技）	0.412363	66	28	0.4765	154
教育学	0.404867	82	23	0.6166	207
文化学	0.403368	44	22	0.1104	16
财政、金融	0.398870	94	19	0.7655	229
工业经济	0.393110	62	11	0.5263	134
新闻学与传播学	0.392873	70	15	0.5820	104
人口学	0.391374	35	14	0.5725	18
贸易经济	0.390918	70	10	0.6867	195
经济学理论	0.389874	57	13	0.4820	51
图书馆、情报与档案学	0.389874	84	13	0.8160	158
环境科学	0.388375	58	12	0.5636	118
交通运输经济、旅游经济	0.385377	56	10	0.5905	114
体育学	0.385377	66	10	0.7266	101
马克思主义	0.382378	32	8	0.4528	34
艺术学	0.382378	53	8	0.6388	148
人文地理学	0.379380	29	6	0.4572	24
管理学（含科学学、人才学）	0.379380	63	6	0.6661	133
语言学	0.379380	71	6	0.8643	380
世界各国经济（含各国经济史、经济地理）	0.376381	44	4	0.6341	100
心理学	0.374882	46	3	0.8190	175
民族学	0.373383	29	2	0.7658	84
宗教学	0.373383	32	2	0.7776	224

　　注：该刊"五年影响因子"为0.3729；"总转摘量"为461；"综合性期刊学科核心指数"为12.05；"综合性期刊学科核心扩展度"为24；"核心指数位次"为6；"核心扩展度位次"为4。

112. 社会科学辑刊

学 科 分 类	综合值	综合值位次	分学科总被引	学科被引累积百分比	学科被引位次
历史学	0.310307	114	62	0.3121	43
文学	0.309071	93	62	0.3772	50
经济计划与管理	0.271681	230	35	0.7385	246
政治学	0.253771	248	28	0.6364	272
财政、金融	0.237624	223	23	0.7326	190
法学	0.236044	243	17	0.7348	308
哲学	0.234625	157	21	0.5142	65
中国经济	0.230128	231	18	0.6567	184
社会学	0.225630	213	15	0.5087	100
农业经济	0.221132	227	12	0.7197	271
文化学	0.219633	180	11	0.2726	65
经济学理论	0.215135	181	8	0.6041	94
贸易经济	0.215135	211	8	0.7251	229
环境科学	0.213636	191	7	0.6682	202
宗教学	0.212136	99	6	0.4921	76
考古学	0.210637	114	5	0.8536	175
交通运输经济、旅游经济	0.210637	182	5	0.7265	262
其他学科（科技）	0.210637	245	5	0.7689	792
教育学	0.210637	272	5	0.8450	828
图书馆、情报与档案学	0.209138	222	4	0.9006	528
新闻学与传播学	0.209138	229	4	0.7869	411
马克思主义	0.207639	97	3	0.7303	106
工业经济	0.207639	208	3	0.7789	484
人文地理学	0.206139	76	2	0.7203	75
民族学	0.206139	79	2	0.7771	84
艺术学	0.206139	139	2	0.8219	520
语言学	0.206139	185	2	0.9504	769
体育学	0.206139	210	2	0.9126	614
军事学	0.204640	68	1	0.6180	108
世界各国经济（含各国经济史、经济地理）	0.204640	148	1	0.8659	264

　　注：该刊"五年影响因子"为 0.1209；"总转摘量"为 190；"综合性期刊学科核心指数"为 5.34；"综合性期刊学科核心扩展度"为 11；"核心指数位次"为 46；"核心扩展度位次"为 17。

113. 社会科学家

学 科 分 类	综合值	综合值位次	分学科总被引	学科被引累积百分比	学科被引位次
交通运输经济、旅游经济	0.222802	170	61	0.3492	15
经济计划与管理	0.219410	295	48	0.7029	196
法学	0.206111	294	40	0.5929	112
政治学	0.193635	345	34	0.5893	224
教育学	0.178595	345	26	0.5950	181
财政、金融	0.167665	310	19	0.7627	229
中国经济	0.158334	324	18	0.6548	184
文学	0.156835	256	17	0.6746	245
农业经济	0.152820	315	12	0.7184	271
历史学	0.152337	325	14	0.6206	244
贸易经济	0.150838	303	13	0.6488	147
文化学	0.149339	301	12	0.2569	56
哲学	0.143342	275	8	0.6982	153
图书馆、情报与档案学	0.143342	333	8	0.8485	259
新闻学与传播学	0.141843	344	7	0.7039	237
社会学	0.141843	344	7	0.6538	218
其他学科（科技）	0.141843	386	7	0.7230	594
语言学	0.138844	293	5	0.8773	429
体育学	0.138844	321	5	0.7876	233
艺术学	0.137345	252	4	0.7630	300
环境科学	0.137345	304	4	0.7615	331
工业经济	0.137345	321	4	0.7054	368
管理学（含科学学、人才学）	0.135846	276	3	0.7539	252
马克思主义	0.134346	148	2	0.8059	134
宗教学	0.134346	166	2	0.7701	224
军事学	0.132847	102	1	0.6165	108
考古学	0.132847	179	1	0.9620	508
经济学理论	0.132847	285	1	0.8944	423

注：该刊"五年影响因子"为0.1178；"总转摘量"为69；"综合性期刊学科核心指数"为5.05；"综合性期刊学科核心扩展度"为12；"核心指数位次"为54；"核心扩展度位次"为16。

114. 社会科学论坛

学 科 分 类	综合值	综合值位次	分学科总被引	学科被引累积百分比	学科被引位次
经济学理论	0.191035	210	84	0.1494	5
政治学	0.131237	472	39	0.5611	198
教育学	0.111574	505	31	0.5609	146
法学	0.104125	522	23	0.6837	217
历史学	0.099059	435	20	0.5684	189
文学	0.095083	359	20	0.6406	209
哲学	0.087586	374	15	0.6053	98
管理学（含科学学、人才学）	0.083089	350	12	0.5449	64
社会学	0.081589	464	11	0.5691	139
新闻学与传播学	0.081589	490	11	0.6232	142
农业经济	0.078591	459	9	0.7537	341
经济计划与管理	0.077092	581	8	0.8914	754
艺术学	0.075797	355	6	0.6740	206
体育学	0.075592	443	7	0.7505	151
中国经济	0.074093	490	6	0.8177	464
其他学科（人文社科）	0.071095	86	4	0.3168	12
图书馆、情报与档案学	0.071095	490	4	0.8914	528
马克思主义	0.069595	197	3	0.7322	106
人口学	0.068096	214	2	0.8546	120
语言学	0.068096	422	2	0.9515	769
其他学科（科技）	0.068096	577	2	0.9030	1512
军事学	0.066597	123	1	0.6150	108
民族学	0.066597	174	1	0.8425	152
考古学	0.066597	252	1	0.9630	508
环境科学	0.066597	412	1	0.9608	823
工业经济	0.066597	425	1	0.9893	1022
贸易经济	0.066597	454	1	0.9354	839
文化学	0.066597	468	1	0.9478	721

注：该刊"五年影响因子"为 0.0670；"总转摘量"为 69；"综合性期刊学科核心指数"为 5.89；"综合性期刊学科核心扩展度"为 13；"核心指数位次"为 40；"核心扩展度位次"为 15。

115. 社会科学研究

学　科　分　类	综合值	综合值位　次	分学科总被引	学科被引累积百分比	学科被引位次
政治学	0.681969	31	152	0.1861	23
社会学	0.503404	34	59	0.2513	17
法学	0.498677	64	60	0.5457	77
历史学	0.492782	47	62	0.3184	43
文学	0.471233	43	50	0.4189	67
经济计划与管理	0.464906	121	44	0.7114	207
中国经济	0.427195	75	23	0.6132	147
农业经济	0.421020	65	26	0.5717	124
教育学	0.420309	74	19	0.6523	256
哲学	0.409026	48	18	0.5598	75
财政、金融	0.403029	92	14	0.7999	283
经济学理论	0.398531	51	11	0.5185	65
人口学	0.394034	34	8	0.6164	28
其他学科（科技）	0.394034	72	8	0.6937	521
新闻学与传播学	0.392534	71	7	0.7044	237
心理学	0.389536	43	5	0.7466	104
语言学	0.389536	67	5	0.8801	429
贸易经济	0.389536	71	5	0.7834	315
文化学	0.388037	45	4	0.6156	238
环境科学	0.388037	59	4	0.7610	331
图书馆、情报与档案学	0.388037	85	4	0.8916	528
世界各国经济（含各国经济史、经济地理）	0.386537	37	3	0.6707	128
交通运输经济、旅游经济	0.386537	55	3	0.8224	439
管理学（含科学学、人才学）	0.386537	61	3	0.7581	252
其他学科（人文社科）	0.385038	25	2	0.5115	21
宗教学	0.385038	27	2	0.8017	224
工业经济	0.385038	65	2	0.8506	658
体育学	0.385038	68	2	0.8962	614
军事学	0.383539	23	1	0.6136	108
人文地理学	0.383539	27	1	0.8710	136
民族学	0.383539	28	1	0.8417	152
艺术学	0.383539	52	1	0.9380	812

　　注：该刊"五年影响因子"为 0.2860；"总转摘量"为 353；"综合性期刊学科核心指数"为 7.64；"综合性期刊学科核心扩展度"为 16；"核心指数位次"为 23；"核心扩展度位次"为 12。

116. 社会科学战线

学 科 分 类	综合值	综合值位次	分学科总被引	学科被引累积百分比	学科被引位次
历史学	0.439781	60	111	0.2270	24
文学	0.418575	51	98	0.3037	31
政治学	0.405733	107	86	0.3560	73
哲学	0.381311	58	72	0.2281	11
法学	0.366787	104	63	0.5374	71
教育学	0.340957	121	46	0.5150	108
经济计划与管理	0.337489	174	43	0.7166	212
中国经济	0.321719	126	35	0.5456	102
社会学	0.312506	108	30	0.3778	46
经济学理论	0.305479	98	26	0.3552	25
财政、金融	0.303328	146	28	0.7110	165
其他学科（科技）	0.296140	136	20	0.5349	208
文化学	0.291334	97	20	0.1332	20
语言学	0.291334	103	20	0.7197	109
农业经济	0.282338	151	14	0.6941	235
贸易经济	0.280839	142	13	0.6401	147
考古学	0.279340	75	12	0.7832	78
新闻学与传播学	0.279340	132	12	0.6130	125
图书馆、情报与档案学	0.279340	143	12	0.8211	172
工业经济	0.277841	127	11	0.5204	134
宗教学	0.276341	62	10	0.3830	42
艺术学	0.276341	90	10	0.6049	115
马克思主义	0.271844	63	7	0.4821	42
世界各国经济（含各国经济史、经济地理）	0.271844	95	7	0.4918	51
体育学	0.271844	129	7	0.7555	151
管理学（含科学学、人才学）	0.270344	121	6	0.6682	133
心理学	0.268845	84	5	0.7408	104
环境科学	0.268845	137	5	0.7185	273

（续表）

学科分类	综合值	综合值位次	分学科总被引	学科被引累积百分比	学科被引位次
其他学科（人文社科）	0.267346	45	4	0.3015	12
人文地理学	0.267346	54	4	0.5304	36
民族学	0.265847	56	3	0.6236	56
交通运输经济、旅游经济	0.265847	123	3	0.8243	439
人口学	0.264347	84	2	0.8554	120

注：该刊"五年影响因子"为0.1514；"总转摘量"为511；"综合性期刊学科核心指数"为12.33；"综合性期刊学科核心扩展度"为23；"核心指数位次"为5；"核心扩展度位次"为5。

117. 社科纵横

学科分类	综合值	综合值位次	分学科总被引	学科被引累积百分比	学科被引位次
政治学	0.116392	509	34	0.5973	224
法学	0.112739	503	32	0.6392	157
教育学	0.098373	538	23	0.6151	207
文学	0.080517	387	14	0.7110	292
经济计划与管理	0.080517	577	14	0.8499	530
语言学	0.076019	409	11	0.7880	218
新闻学与传播学	0.074984	501	9	0.6516	182
历史学	0.073021	488	9	0.6823	347
社会学	0.070022	480	7	0.6732	218
图书馆、情报与档案学	0.070022	494	7	0.8569	301
中国经济	0.070022	497	7	0.8084	421
农业经济	0.068523	476	6	0.8210	470
文化学	0.067024	467	5	0.4846	185
财政、金融	0.067024	508	5	0.9058	584
艺术学	0.065524	371	4	0.7617	300
交通运输经济、旅游经济	0.065524	415	4	0.7538	329
体育学	0.065524	458	4	0.8031	304
心理学	0.064025	283	3	0.8150	175
哲学	0.064025	403	3	0.8321	314

（续表）

学 科 分 类	综合值	综合值位次	分学科总被引	学科被引累积百分比	学科被引位次
贸易经济	0.064025	456	3	0.8645	458
其他学科（科技）	0.064025	585	3	0.8367	1170
考古学	0.062526	256	2	0.9169	336
宗教学	0.061027	249	1	0.9357	331
世界各国经济（含各国经济史、经济地理）	0.061027	271	1	0.8808	264
经济学理论	0.061027	369	1	0.8937	423
环境科学	0.061027	420	1	0.9619	823

注：该刊"五年影响因子"为 0.0378；"总转摘量"为 25；"综合性期刊学科核心指数"为 2.66；"综合性期刊学科核心扩展度"为 7；"核心指数位次"为 103；"核心扩展度位次"为 21。

118. 深圳大学学报. 人文社会科学版

学 科 分 类	综合值	综合值位次	分学科总被引	学科被引累积百分比	学科被引位次
政治学	0.337603	152	37	0.5712	207
文学	0.287148	109	19	0.6491	221
经济计划与管理	0.284095	212	11	0.8647	611
语言学	0.281151	110	15	0.7557	146
法学	0.278153	175	13	0.7705	395
社会学	0.275154	141	11	0.5642	139
中国经济	0.275154	172	11	0.7406	291
教育学	0.273655	172	10	0.7564	477
历史学	0.272156	148	9	0.6819	347
哲学	0.270656	113	8	0.6993	153
文化学	0.269157	116	7	0.4231	133
经济学理论	0.269157	122	7	0.6339	112
新闻学与传播学	0.269157	147	7	0.6920	237
体育学	0.266159	138	5	0.7908	233
马克思主义	0.264659	69	4	0.6625	84
财政、金融	0.264659	189	4	0.9170	653
交通运输经济、旅游经济	0.263160	126	3	0.8328	439

（续表）

学 科 分 类	综合值	综合值位次	分学科总被引	学科被引累积百分比	学科被引位次
管理学（含科学学、人才学）	0.263160	131	3	0.7765	252
图书馆、情报与档案学	0.263160	160	3	0.9270	698
心理学	0.261661	90	2	0.8801	253
艺术学	0.261661	98	2	0.8206	520
环境科学	0.261661	146	2	0.8498	561
工业经济	0.261661	148	2	0.8508	658
贸易经济	0.261661	166	2	0.8797	590
农业经济	0.261661	177	2	0.9302	932
民族学	0.260162	59	1	0.8336	152
宗教学	0.260162	74	1	0.8614	331
人口学	0.260162	89	1	0.9056	215
其他学科（科技）	0.260162	179	1	0.9550	2183

注：该刊"五年影响因子"为0.1442；"总转摘量"为222；"综合性期刊学科核心指数"为3.42；"综合性期刊学科核心扩展度"为9；"核心指数位次"为85；"核心扩展度位次"为19。

119. 沈阳师范大学学报. 社会科学版

学 科 分 类	综合值	综合值位次	分学科总被引	学科被引累积百分比	学科被引位次
教育学	0.064320	616	26	0.5942	181
文学	0.063924	419	21	0.6319	204
语言学	0.052837	444	14	0.7608	165
政治学	0.040332	685	10	0.7948	586
历史学	0.035834	566	7	0.7182	429
图书馆、情报与档案学	0.035834	586	7	0.8557	301
经济计划与管理	0.035834	727	7	0.9019	818
法学	0.034335	731	6	0.8507	715
文化学	0.032836	519	5	0.4857	185
新闻学与传播学	0.032836	582	5	0.7459	338
艺术学	0.031337	431	4	0.7562	300
体育学	0.031337	520	4	0.8158	304

（续表）

学 科 分 类	综合值	综合值位次	分学科总被引	学科被引累积百分比	学科被引位次
中国经济	0.031337	586	4	0.8613	600
交通运输经济、旅游经济	0.029837	477	3	0.8331	439
社会学	0.029837	545	3	0.8120	468
其他学科（科技）	0.029837	725	3	0.8362	1170
马克思主义	0.028338	214	2	0.8020	134
工业经济	0.028338	495	2	0.8493	658
财政、金融	0.028338	621	2	0.9478	914
军事学	0.026839	136	1	0.6121	108
心理学	0.026839	321	1	0.9504	442
贸易经济	0.026839	537	1	0.9281	839
农业经济	0.026839	602	1	0.9533	1275

注：该刊"五年影响因子"为 0.0507；"总转摘量"为 36；"综合性期刊学科核心指数"为 1.68；"综合性期刊学科核心扩展度"为 4；"核心指数位次"为 130；"核心扩展度位次"为 24。

120. 首都师范大学学报. 社会科学版

学 科 分 类	综合值	综合值位次	分学科总被引	学科被引累积百分比	学科被引位次
历史学	0.270070	153	46	0.3813	70
文学	0.233115	159	29	0.5656	147
教育学	0.229068	238	28	0.5829	165
政治学	0.211527	310	18	0.7076	380
法学	0.201558	299	19	0.7195	279
语言学	0.195561	200	15	0.7509	146
社会学	0.195561	253	15	0.5020	100
哲学	0.186566	207	9	0.6783	139
经济计划与管理	0.185066	350	8	0.8946	754
财政、金融	0.182068	289	6	0.8845	511
考古学	0.180569	136	5	0.8600	175
新闻学与传播学	0.180569	275	5	0.7474	338
心理学	0.179070	156	4	0.7638	134

（续表）

学 科 分 类	综合值	综合值位次	分学科总被引	学科被引累积百分比	学科被引位次
其他学科（科技）	0.179070	303	4	0.7959	926
民族学	0.177570	91	3	0.6478	56
艺术学	0.177570	174	3	0.7978	375
体育学	0.177570	252	3	0.8341	399
宗教学	0.176071	124	2	0.7768	224
交通运输经济、旅游经济	0.176071	235	2	0.8513	580
环境科学	0.176071	237	2	0.8405	561
文化学	0.176071	246	2	0.7362	464
图书馆、情报与档案学	0.176071	269	2	0.9367	956
农业经济	0.176071	285	2	0.9079	932
中国经济	0.176071	301	2	0.9351	894
经济学理论	0.174572	226	1	0.9552	423
贸易经济	0.174572	263	1	0.9211	839

　　注：该刊"五年影响因子"为0.1267；"总转摘量"为157；"综合性期刊学科核心指数"为2.64；"综合性期刊学科核心扩展度"为6；"核心指数位次"为104；"核心扩展度位次"为22。

121. 思想战线

学 科 分 类	综合值	综合值位次	分学科总被引	学科被引累积百分比	学科被引位次
交通运输经济、旅游经济	0.411393	46	58	0.3555	16
政治学	0.391193	119	41	0.5528	189
社会学	0.374795	71	35	0.3382	34
历史学	0.371367	82	44	0.3949	75
文化学	0.368798	53	31	0.0505	6
文学	0.358303	67	24	0.6026	177
民族学	0.353376	32	32	0.2157	5
法学	0.348518	115	21	0.7059	248
宗教学	0.326390	44	14	0.2830	26
哲学	0.326390	84	14	0.6197	108
中国经济	0.326390	121	14	0.7003	238

（续表）

学 科 分 类	综合值	综合值位 次	分学科总被引	学科被引累积百分比	学科被引位次
其他学科（科技）	0.324891	113	13	0.6135	324
经济计划与管理	0.324891	183	13	0.8552	554
考古学	0.323391	60	12	0.7821	78
教育学	0.318894	134	9	0.7640	522
财政、金融	0.317394	138	8	0.8581	430
工业经济	0.314396	97	6	0.6575	273
新闻学与传播学	0.314396	107	6	0.7079	284
经济学理论	0.312897	94	5	0.7192	151
语言学	0.312897	96	5	0.8672	429
体育学	0.312897	104	5	0.7950	233
农业经济	0.312897	121	5	0.8243	522
艺术学	0.309898	74	3	0.7984	375
管理学（含科学学、人才学）	0.309898	98	3	0.7549	252
贸易经济	0.309898	114	3	0.8419	458
图书馆、情报与档案学	0.309898	121	3	0.9197	698
马克思主义	0.308399	52	2	0.7498	134
世界各国经济（含各国经济史、经济地理）	0.308399	74	2	0.7500	167
环境科学	0.308399	103	2	0.8762	561
人口学	0.306900	65	1	0.9035	215

　　注：该刊"五年影响因子"为 0.2248；"总转摘量"为 164；"综合性期刊学科核心指数"为 6.32；"综合性期刊学科核心扩展度"为 11；"核心指数位次"为 36；"核心扩展度位次"为 17。

122. 四川大学学报．哲学社会科学版

学 科 分 类	综合值	综合值位 次	分学科总被引	学科被引累积百分比	学科被引位次
历史学	0.332989	103	50	0.3765	66
法学	0.325092	131	33	0.6356	152
文学	0.301806	100	38	0.4960	103
政治学	0.280816	213	24	0.6608	305
语言学	0.276318	116	21	0.7056	98

（续表）

学 科 分 类	综合值	综合值位 次	分学科总被引	学科被引累积百分比	学科被引位次
经济计划与管理	0.274819	225	20	0.8091	402
农业经济	0.270321	165	17	0.6505	193
宗教学	0.264324	73	13	0.3170	31
考古学	0.264324	84	13	0.7798	68
中国经济	0.262825	191	12	0.7301	271
财政、金融	0.259827	196	10	0.8440	371
哲学	0.256828	132	8	0.7016	153
新闻学与传播学	0.256828	161	8	0.6690	202
其他学科（科技）	0.255329	184	7	0.7118	594
人文地理学	0.250831	58	4	0.5098	36
贸易经济	0.250831	175	4	0.8014	368
图书馆、情报与档案学	0.249332	174	3	0.9185	698
社会学	0.249332	176	3	0.8345	468
交通运输经济、旅游经济	0.247833	147	2	0.8652	580
工业经济	0.247833	161	2	0.8364	658
教育学	0.247833	218	2	0.9220	1486
心理学	0.246333	104	1	0.9352	442
管理学（含科学学、人才学）	0.246333	145	1	0.9237	583
文化学	0.246333	146	1	0.8652	721
经济学理论	0.246333	148	1	0.9562	423
环境科学	0.246333	160	1	0.9541	823
体育学	0.246333	161	1	0.9646	1006

注：该刊"五年影响因子"为0.1907；"总转摘量"为150；"综合性期刊学科核心指数"为3.68；"综合性期刊学科核心扩展度"为8；"核心指数位次"为77；"核心扩展度位次"为20。

123. 四川理工学院学报. 社会科学版

学 科 分 类	综合值	综合值位 次	分学科总被引	学科被引累积百分比	学科被引位次
教育学	0.087806	573	16	0.6752	301
法学	0.083963	575	9	0.8222	530

（续表）

学 科 分 类	综合值	综合值位次	分学科总被引	学科被引累积百分比	学科被引位次
新闻学与传播学	0.081809	488	12	0.6038	125
政治学	0.081809	578	12	0.7701	517
语言学	0.080310	402	11	0.7906	218
交通运输经济、旅游经济	0.075812	398	8	0.6420	154
图书馆、情报与档案学	0.069815	495	4	0.8928	528
历史学	0.069815	500	4	0.7903	665
环境科学	0.068316	410	3	0.7928	415
农业经济	0.068316	477	3	0.8981	737
社会学	0.068316	481	3	0.8329	468
经济计划与管理	0.068316	601	3	0.9433	1306
文学	0.066816	414	2	0.9183	994
工业经济	0.066816	423	2	0.8512	658
其他学科（科技）	0.066816	581	2	0.9100	1512
人文地理学	0.065317	150	1	0.9825	136
心理学	0.065317	282	1	0.9357	442
艺术学	0.065317	372	1	0.8949	812
体育学	0.065317	459	1	0.9655	1006
中国经济	0.065317	503	1	0.9511	1214
财政、金融	0.065317	510	1	0.9703	1250

注：该刊"五年影响因子"为 0.0824；"总转摘量"为 19；"综合性期刊学科核心指数"为 1.08；"综合性期刊学科核心扩展度"为 3；"核心指数位次"为 144；"核心扩展度位次"为 25。

124. 四川师范大学学报.社会科学版

学 科 分 类	综合值	综合值位次	分学科总被引	学科被引累积百分比	学科被引位次
文学	0.231280	161	53	0.4067	60
历史学	0.184882	252	39	0.4200	88
教育学	0.179940	341	25	0.6050	191
交通运输经济、旅游经济	0.166891	245	27	0.4435	35
法学	0.164096	378	18	0.7296	293

（续表）

学 科 分 类	综合值	综合值位次	分学科总被引	学科被引累积百分比	学科被引位次
语言学	0.148900	277	15	0.7474	146
政治学	0.148900	433	15	0.7427	442
财政、金融	0.138405	361	8	0.8557	430
宗教学	0.136906	164	7	0.4481	63
中国经济	0.136906	360	7	0.8047	421
哲学	0.135407	293	6	0.7239	191
图书馆、情报与档案学	0.135407	353	6	0.8638	359
经济计划与管理	0.133907	459	5	0.9191	998
艺术学	0.132408	258	4	0.7331	300
贸易经济	0.132408	336	4	0.8075	368
其他学科（科技）	0.132408	409	4	0.8071	926
社会学	0.130909	366	3	0.8163	468
考古学	0.129410	184	2	0.9276	336
经济学理论	0.129410	289	2	0.8261	288
工业经济	0.129410	334	2	0.8461	658
文化学	0.129410	349	2	0.7247	464
新闻学与传播学	0.129410	378	2	0.8415	730
人文地理学	0.127910	117	1	0.9835	136
心理学	0.127910	212	1	0.9266	442
环境科学	0.127910	320	1	0.9533	823
体育学	0.127910	342	1	0.9641	1006
农业经济	0.127910	369	1	0.9505	1275

注：该刊"五年影响因子"为0.1386；"总转摘量"为90；"综合性期刊学科核心指数"为2.68；"综合性期刊学科核心扩展度"为5；"核心指数位次"为101；"核心扩展度位次"为23。

125. 苏州大学学报. 哲学社会科学版

学 科 分 类	综合值	综合值位次	分学科总被引	学科被引累积百分比	学科被引位次
文学	0.257024	133	61	0.3801	52
法学	0.209213	287	31	0.6409	161

（续表）

学 科 分 类	综合值	综合值位 次	分学科总被引	学科被引累积百分比	学科被引位次
历史学	0.172167	278	17	0.5946	213
政治学	0.169169	386	15	0.7498	442
语言学	0.166170	247	13	0.7698	185
教育学	0.163172	382	11	0.7355	432
经济计划与管理	0.161672	406	10	0.8768	657
艺术学	0.158674	212	8	0.6270	148
新闻学与传播学	0.157175	319	7	0.6942	237
体育学	0.155675	286	6	0.7769	181
社会学	0.155675	322	6	0.6844	266
农业经济	0.152677	316	4	0.8618	601
财政、金融	0.151178	340	3	0.9265	746
其他学科（科技）	0.151178	363	3	0.8602	1170
其他学科（人文社科）	0.149678	69	2	0.5496	21
马克思主义	0.149678	136	2	0.7485	134
哲学	0.149678	261	2	0.8695	409
经济学理论	0.149678	261	2	0.8266	288
贸易经济	0.149678	308	2	0.8829	590
图书馆、情报与档案学	0.149678	321	2	0.9368	956
中国经济	0.149678	343	2	0.9380	894
考古学	0.148179	168	1	0.9661	508
交通运输经济、旅游经济	0.148179	276	1	0.9820	887
工业经济	0.148179	307	1	0.9256	1022

注：该刊"五年影响因子"为 0.0909；"总转摘量"为 127；"综合性期刊学科核心指数"为 2.83；"综合性期刊学科核心扩展度"为 7；"核心指数位次"为 97；"核心扩展度位次"为 21。

126. 探索与争鸣

学 科 分 类	综合值	综合值位 次	分学科总被引	学科被引累积百分比	学科被引位次
政治学	0.456252	86	129	0.2316	35
文学	0.281858	113	40	0.4869	98

（续表）

学 科 分 类	综合值	综合值位次	分学科总被引	学科被引累积百分比	学科被引位次
教育学	0.266663	186	33	0.5557	140
历史学	0.265835	157	32	0.4684	115
法学	0.252967	221	27	0.6620	180
社会学	0.244799	186	22	0.4317	62
哲学	0.237054	154	24	0.4795	54
经济计划与管理	0.234461	279	16	0.8387	488
农业经济	0.225060	224	16	0.6665	206
中国经济	0.220608	245	9	0.7715	342
文化学	0.213066	190	8	0.4043	103
体育学	0.210067	205	6	0.7761	181
新闻学与传播学	0.210067	224	6	0.7102	284
财政、金融	0.210067	252	6	0.8932	511
环境科学	0.208568	200	5	0.7293	273
经济学理论	0.207069	188	4	0.7395	181
贸易经济	0.207069	224	4	0.7980	368
其他学科（科技）	0.207069	253	4	0.8004	926
心理学	0.205569	133	3	0.8006	175
艺术学	0.205569	141	3	0.7940	375
管理学（含科学学、人才学）	0.205569	187	3	0.8049	252
交通运输经济、旅游经济	0.205569	189	3	0.8253	439
马克思主义	0.204070	99	2	0.7577	134
人口学	0.204070	120	2	0.8273	120
世界各国经济（含各国经济史、经济地理）	0.204070	149	2	0.7510	167
语言学	0.204070	189	2	0.9531	769
其他学科（人文社科）	0.202571	58	1	0.7137	46
宗教学	0.202571	106	1	0.9705	331
考古学	0.202571	122	1	0.9691	508
工业经济	0.202571	216	1	0.9205	1022
图书馆、情报与档案学	0.202571	230	1	0.9902	1460

注：该刊"五年影响因子"为0.2244；"总转摘量"为287；"综合性期刊学科核心指数"为4.61；"综合性期刊学科核心扩展度"为9；"核心指数位次"为58；"核心扩展度位次"为19。

127. 唐都学刊

学 科 分 类	综合值	综合值位次	分学科总被引	学科被引累积百分比	学科被引位次
历史学	0.110891	413	15	0.6074	233
文学	0.106393	336	12	0.7328	335
政治学	0.100396	543	8	0.8273	676
哲学	0.098897	348	7	0.7110	173
语言学	0.098897	366	7	0.8446	341
法学	0.097398	540	6	0.8513	715
宗教学	0.095898	215	5	0.5340	98
经济计划与管理	0.094399	540	4	0.9322	1115
考古学	0.092900	227	3	0.8911	261
艺术学	0.092900	323	3	0.7971	375
交通运输经济、旅游经济	0.092900	372	3	0.8220	439
新闻学与传播学	0.092900	462	3	0.8361	524
教育学	0.092900	561	3	0.8939	1172
环境科学	0.091401	378	2	0.8697	561
图书馆、情报与档案学	0.091401	447	2	0.9396	956
中国经济	0.091401	452	2	0.9354	894
人文地理学	0.089901	138	1	0.9432	136
经济学理论	0.089901	344	1	0.9435	423
农业经济	0.089901	438	1	0.9412	1275
社会学	0.089901	451	1	0.9288	906
财政、金融	0.089901	459	1	0.9698	1250

注：该刊"五年影响因子"为 0.0508；"总转摘量"为 32；"综合性期刊学科核心指数"为 0.86；"综合性期刊学科核心扩展度"为 2；"核心指数位次"为 150；"核心扩展度位次"为 26。

128. 天府新论

学 科 分 类	综合值	综合值位次	分学科总被引	学科被引累积百分比	学科被引位次
政治学	0.221368	297	33	0.6042	237
经济计划与管理	0.164122	396	12	0.8611	581

（续表）

学 科 分 类	综合值	综合值位次	分学科总被引	学科被引累积百分比	学科被引位次
历史学	0.162623	305	11	0.6565	300
社会学	0.161123	314	10	0.6010	157
法学	0.159624	392	9	0.8180	530
哲学	0.158125	246	8	0.6913	153
文学	0.158125	253	8	0.7868	427
农业经济	0.158125	311	8	0.7714	383
中国经济	0.156626	329	7	0.8032	421
财政、金融	0.156626	329	7	0.8663	463
其他学科（科技）	0.155126	358	6	0.7492	685
环境科学	0.153627	275	5	0.7322	273
文化学	0.153627	295	5	0.5311	185
教育学	0.153627	405	5	0.8369	828
经济学理论	0.152128	258	4	0.7294	181
艺术学	0.150629	222	3	0.7926	375
管理学（含科学学、人才学）	0.150629	259	3	0.8054	252
交通运输经济、旅游经济	0.150629	272	3	0.8273	439
语言学	0.150629	272	3	0.9094	601
贸易经济	0.150629	305	3	0.8434	458
马克思主义	0.149129	137	2	0.7720	134
宗教学	0.149129	150	2	0.7917	224
世界各国经济（含各国经济史、经济地理）	0.149129	196	2	0.7519	167
体育学	0.149129	295	2	0.9140	614
邮电经济	0.147630	67	1	0.6397	69
民族学	0.147630	118	1	0.9984	152
工业经济	0.147630	308	1	0.9219	1022
图书馆、情报与档案学	0.147630	324	1	0.9981	1460
新闻学与传播学	0.147630	332	1	0.9127	1115

　　注：该刊"五年影响因子"为0.0999；"总转摘量"为85；"综合性期刊学科核心指数"为2.28；"综合性期刊学科核心扩展度"为6；"核心指数位次"为111；"核心扩展度位次"为22。

129. 天津大学学报. 社会科学版

学 科 分 类	综合值	综合值位次	分学科总被引	学科被引累积百分比	学科被引位次
经济计划与管理	0.123692	483	37	0.7312	235
教育学	0.058619	635	11	0.7362	432
财政、金融	0.057120	527	10	0.8437	371
文化学	0.054121	484	8	0.3937	103
其他学科（科技）	0.054121	615	8	0.7094	521
管理学（含科学学、人才学）	0.052622	373	7	0.6395	115
文学	0.052622	447	7	0.8089	470
政治学	0.051123	644	6	0.8621	829
环境科学	0.049624	437	5	0.7394	273
交通运输经济、旅游经济	0.048124	442	4	0.7473	329
工业经济	0.048124	451	4	0.7135	368
新闻学与传播学	0.048124	548	4	0.7928	411
哲学	0.046625	421	3	0.8205	314
农业经济	0.046625	524	3	0.9027	737
中国经济	0.046625	544	3	0.8925	713
艺术学	0.045126	404	2	0.8700	520
社会学	0.045126	513	2	0.8780	621
历史学	0.045126	546	2	0.8732	1093
图书馆、情报与档案学	0.045126	551	2	0.9379	956
法学	0.045126	687	2	0.9552	1400
马克思主义	0.043627	208	1	0.8352	197
宗教学	0.043627	259	1	0.9701	331
考古学	0.043627	275	1	0.9688	508
语言学	0.043627	459	1	0.9851	1105
贸易经济	0.043627	491	1	0.9203	839
体育学	0.043627	492	1	0.9640	1006

注：该刊"五年影响因子"为 0.1136；"总转摘量"为 32；"综合性期刊学科核心指数"为 0.97；"综合性期刊学科核心扩展度"为 2；"核心指数位次"为 148；"核心扩展度位次"为 26。

130. 天津社会科学

学 科 分 类	综合值	综合值位次	分学科总被引	学科被引累积百分比	学科被引位次
政治学	0.630453	39	117	0.2676	45
哲学	0.500890	33	58	0.2822	18
文学	0.473050	42	44	0.4632	84
中国经济	0.446848	68	25	0.5978	136
历史学	0.441069	59	28	0.4943	131
社会学	0.437931	48	32	0.3605	40
法学	0.415442	86	17	0.7385	308
经济计划与管理	0.415442	135	17	0.8264	460
教育学	0.413943	79	16	0.6809	301
经济学理论	0.407946	50	12	0.5013	61
新闻学与传播学	0.406447	61	11	0.6164	142
农业经济	0.406447	69	11	0.7276	291
文化学	0.403448	43	9	0.3271	86
艺术学	0.401949	45	8	0.6352	148
贸易经济	0.400450	66	7	0.7435	250
宗教学	0.398950	26	6	0.4896	76
财政、金融	0.398950	93	6	0.8898	511
心理学	0.397451	39	5	0.7441	104
工业经济	0.397451	61	5	0.6660	316
考古学	0.395952	37	4	0.8868	202
图书馆、情报与档案学	0.395952	82	4	0.8989	528
人文地理学	0.394453	26	3	0.6347	53
交通运输经济、旅游经济	0.394453	52	3	0.8240	439
环境科学	0.394453	55	3	0.8029	415
体育学	0.394453	62	3	0.8274	399
语言学	0.394453	65	3	0.9095	601
其他学科（科技）	0.394453	71	3	0.8353	1170
其他学科（人文社科）	0.392953	24	2	0.5649	21
管理学（含科学学、人才学）	0.392953	59	2	0.8318	363
邮电经济	0.391454	13	1	0.6475	69
民族学	0.391454	26	1	0.9588	152
马克思主义	0.391454	30	1	0.9290	197

　　注：该刊"五年影响因子"为0.2403；"总转摘量"为287；"综合性期刊学科核心指数"为7.77；"综合性期刊学科核心扩展度"为16；"核心指数位次"为21；"核心扩展度位次"为12。

131. 天津师范大学学报.社会科学版

学 科 分 类	综合值	综合值位次	分学科总被引	学科被引累积百分比	学科被引位次
文学	0.573803	29	37	0.5083	105
历史学	0.541766	37	33	0.4668	109
教育学	0.520777	51	19	0.6548	256
政治学	0.517778	68	17	0.7218	403
语言学	0.510282	49	12	0.7848	202
法学	0.505784	62	9	0.8231	530
经济计划与管理	0.504285	102	8	0.8934	754
中国经济	0.501287	53	6	0.8222	464
心理学	0.499787	27	5	0.7416	104
贸易经济	0.499787	35	5	0.7877	315
哲学	0.498288	34	4	0.7843	252
新闻学与传播学	0.498288	41	4	0.7934	411
考古学	0.496789	28	3	0.8916	261
体育学	0.496789	42	3	0.8276	399
农业经济	0.496789	49	3	0.9021	737
图书馆、情报与档案学	0.496789	59	3	0.9088	698
社会学	0.495290	39	2	0.8778	621
马克思主义	0.493790	22	1	0.9485	197
文化学	0.493790	28	1	0.8674	721
环境科学	0.493790	35	1	0.9703	823
艺术学	0.493790	35	1	0.9170	812
管理学（含科学学、人才学）	0.493790	37	1	0.9274	583
财政、金融	0.493790	69	1	0.9635	1250

注：该刊"五年影响因子"为 0.1462；"总转摘量"为 181；"综合性期刊学科核心指数"为 1.37；"综合性期刊学科核心扩展度"为 3；"核心指数位次"为 133；"核心扩展度位次"为 25。

132. 同济大学学报.社会科学版

学 科 分 类	综合值	综合值位次	分学科总被引	学科被引累积百分比	学科被引位次
经济计划与管理	0.261172	243	28	0.7665	301
政治学	0.215898	304	12	0.7722	517

（续表）

学 科 分 类	综合值	综合值位次	分学科总被引	学科被引累积百分比	学科被引位次
文化学	0.214399	187	11	0.2775	65
语言学	0.212900	176	10	0.8020	234
教育学	0.208402	281	7	0.7982	637
文学	0.206903	181	6	0.8212	520
交通运输经济、旅游经济	0.206903	187	6	0.6875	206
图书馆、情报与档案学	0.206903	224	6	0.8694	359
体育学	0.205404	211	5	0.7989	233
社会学	0.205404	239	5	0.7168	319
法学	0.205404	296	5	0.8694	808
哲学	0.203904	185	4	0.7746	252
环境科学	0.203904	204	4	0.7768	331
心理学	0.202405	135	3	0.8274	175
经济学理论	0.202405	197	3	0.7820	222
农业经济	0.202405	254	3	0.9022	737
其他学科（科技）	0.202405	258	3	0.8620	1170
财政、金融	0.202405	261	3	0.9260	746
中国经济	0.202405	263	3	0.8945	713
艺术学	0.200906	147	2	0.8677	520
世界各国经济（含各国经济史、经济地理）	0.200906	152	2	0.7625	167
工业经济	0.200906	221	2	0.8416	658
历史学	0.200906	230	2	0.8740	1093
贸易经济	0.200906	234	2	0.8783	590
其他学科（人文社科）	0.199407	60	1	0.6679	46
马克思主义	0.199407	103	1	0.9498	197
考古学	0.199407	124	1	0.9695	508

注：该刊"五年影响因子"为0.1388；"总转摘量"为137；"综合性期刊学科核心指数"为1.37；"综合性期刊学科核心扩展度"为3；"核心指数位次"为134；"核心扩展度位次"为25。

133. 文史哲

学 科 分 类	综合值	综合值位　次	分学科总被引	学科被引累积百分比	学科被引位次
历史学	0.974782	7	142	0.1388	10
文学	0.974138	6	122	0.2688	24
政治学	0.830200	16	51	0.4973	146
哲学	0.806926	9	42	0.3611	29
法学	0.776025	30	29	0.6515	171
宗教学	0.738734	5	15	0.2585	21
考古学	0.738734	11	15	0.7572	57
社会学	0.732737	13	11	0.5654	139
教育学	0.732737	22	11	0.7383	432
图书馆、情报与档案学	0.731238	30	10	0.8320	214
文化学	0.728240	8	8	0.3777	103
语言学	0.728240	28	8	0.8332	297
艺术学	0.726740	6	7	0.6632	178
经济计划与管理	0.726740	51	7	0.9029	818
新闻学与传播学	0.725241	12	6	0.7212	284
中国经济	0.725241	18	6	0.8241	464
体育学	0.723742	19	5	0.7973	233
马克思主义	0.722243	6	4	0.6756	84
经济学理论	0.722243	8	4	0.7587	181
世界各国经济（含各国经济史、经济地理）	0.720743	7	3	0.6952	128
农业经济	0.720743	20	3	0.9008	737
民族学	0.719244	7	2	0.7593	84
人文地理学	0.719244	7	2	0.7327	75
环境科学	0.719244	10	2	0.8731	561
工业经济	0.719244	11	2	0.8472	658
其他学科（人文社科）	0.717745	5	1	0.9046	46
人口学	0.717745	8	1	0.9002	215
贸易经济	0.717745	14	1	0.9832	839

　　注：该刊"五年影响因子"为 0.3069；"总转摘量"为 373；"综合性期刊学科核心指数"为 5.85；"综合性期刊学科核心扩展度"为 11；"核心指数位次"为 41；"核心扩展度位次"为 17。

134. 武汉大学学报.人文科学版

学 科 分 类	综合值	综合值位 次	分学科总被引	学科被引累积百分比	学科被引位次
历史学	0.276145	145	13	0.6273	258
哲学	0.270148	115	9	0.6654	139
政治学	0.270148	229	9	0.8071	623
文学	0.267149	124	7	0.7942	470
图书馆、情报与档案学	0.265650	158	6	0.8674	359
新闻学与传播学	0.264151	154	5	0.7328	338
艺术学	0.262652	96	4	0.7467	300
法学	0.262652	212	4	0.8862	940
经济计划与管理	0.261152	244	3	0.9421	1306
马克思主义	0.259653	72	2	0.8189	134
考古学	0.259653	87	2	0.9289	336
语言学	0.259653	129	2	0.9298	769
教育学	0.259653	196	2	0.9160	1486
文化学	0.258154	131	1	0.8582	721
交通运输经济、旅游经济	0.258154	134	1	0.9834	887
管理学（含科学学、人才学）	0.258154	138	1	0.9004	583
贸易经济	0.258154	169	1	0.9923	839
农业经济	0.258154	179	1	0.9459	1275
财政、金融	0.258154	198	1	0.9783	1250

注：该刊"五年影响因子"为0.0599；"总转摘量"为138；"综合性期刊学科核心指数"为0.71；"综合性期刊学科核心扩展度"为2；"核心指数位次"为158；"核心扩展度位次"为26。

135. 武汉大学学报.哲学社会科学版

学 科 分 类	综合值	综合值位 次	分学科总被引	学科被引累积百分比	学科被引位次
政治学	0.305292	183	31	0.6183	250
法学	0.268823	198	22	0.6893	228
经济计划与管理	0.268823	235	22	0.7991	374
财政、金融	0.264169	190	12	0.8148	322
教育学	0.259827	195	16	0.6763	301

（续表）

学 科 分 类	综合值	综合值位次	分学科总被引	学科被引累积百分比	学科被引位次
体育学	0.243336	164	5	0.7963	233
中国经济	0.243336	217	5	0.8400	518
图书馆、情报与档案学	0.241836	181	4	0.9011	528
社会学	0.241836	189	4	0.7465	378
马克思主义	0.240337	83	3	0.6951	106
世界各国经济（含各国经济史、经济地理）	0.240337	122	3	0.7096	128
文化学	0.240337	153	3	0.6574	335
工业经济	0.240337	168	3	0.7551	484
环境科学	0.240337	168	3	0.8094	415
贸易经济	0.240337	182	3	0.8574	458
历史学	0.240337	184	3	0.8387	821
农业经济	0.240337	209	3	0.8998	737
人文地理学	0.238838	62	2	0.6811	75
艺术学	0.238838	114	2	0.8172	520
经济学理论	0.238838	158	2	0.8473	288
民族学	0.237339	66	1	0.9863	152
考古学	0.237339	97	1	0.9701	508
心理学	0.237339	110	1	0.9833	442
哲学	0.237339	152	1	0.9761	604
管理学（含科学学、人才学）	0.237339	154	1	0.9370	583
交通运输经济、旅游经济	0.237339	158	1	0.9835	887
新闻学与传播学	0.237339	188	1	0.9579	1115
其他学科（科技）	0.237339	210	1	0.9407	2183

注：该刊"五年影响因子"为 0.1094；"总转摘量"为 128；"综合性期刊学科核心指数"为 1.98；"综合性期刊学科核心扩展度"为 6；"核心指数位次"为 117；"核心扩展度位次"为 22。

136. 武汉理工大学学报. 社会科学版

学 科 分 类	综合值	综合值位次	分学科总被引	学科被引累积百分比	学科被引位次
经济计划与管理	0.167907	387	10	0.8728	657
政治学	0.166408	390	9	0.8089	623

（续表）

学 科 分 类	综合值	综合值位次	分学科总被引	学科被引累积百分比	学科被引位次
法学	0.164909	376	8	0.8318	589
教育学	0.163410	381	7	0.7957	637
文学	0.161910	244	6	0.8263	520
管理学（含科学学、人才学）	0.160411	248	5	0.6816	162
其他学科（科技）	0.158912	345	4	0.8030	926
语言学	0.157413	258	3	0.9176	601
农业经济	0.157413	313	3	0.9006	737
中国经济	0.157413	326	3	0.8859	713
心理学	0.155913	182	2	0.8471	253
哲学	0.155913	250	2	0.8629	409
环境科学	0.155913	273	2	0.8707	561
体育学	0.155913	285	2	0.8897	614
文化学	0.155913	293	2	0.8022	464
新闻学与传播学	0.155913	324	2	0.8554	730
人文地理学	0.154414	97	1	0.9866	136
民族学	0.154414	106	1	0.9855	152
马克思主义	0.154414	129	1	0.9518	197
艺术学	0.154414	217	1	0.9191	812
工业经济	0.154414	294	1	0.9301	1022
贸易经济	0.154414	299	1	0.9305	839

注：该刊"五年影响因子"为0.0484；"总转摘量"为81；"综合性期刊学科核心指数"为0.32；"综合性期刊学科核心扩展度"为1；"核心指数位次"为174；"核心扩展度位次"为27。

137. 西安交通大学学报. 社会科学版

学 科 分 类	综合值	综合值位次	分学科总被引	学科被引累积百分比	学科被引位次
经济计划与管理	0.527636	97	43	0.7151	212
教育学	0.470597	63	20	0.6474	241
社会学	0.469098	44	19	0.4609	77
工业经济	0.453345	42	11	0.5145	134

（续表）

学 科 分 类	综合值	综合值位 次	分学科总被引	学科被引累积百分比	学科被引位次
政治学	0.449921	87	20	0.6957	355
财政、金融	0.446923	80	18	0.7689	237
管理学（含科学学、人才学）	0.439426	52	13	0.5428	63
图书馆、情报与档案学	0.438330	70	6	0.8677	359
法学	0.437927	77	12	0.7789	419
文学	0.434929	47	10	0.7645	375
其他学科（科技）	0.434929	62	10	0.6530	421
中国经济	0.434929	72	10	0.7556	317
农业经济	0.433429	62	9	0.7691	341
人口学	0.431930	29	8	0.6197	28
文化学	0.428932	37	6	0.4592	151
哲学	0.424434	44	3	0.8154	314
新闻学与传播学	0.424434	58	3	0.8119	524
交通运输经济、旅游经济	0.422935	44	2	0.8351	580
经济学理论	0.422935	45	2	0.8200	288
体育学	0.422935	56	2	0.8890	614
历史学	0.422935	66	2	0.8933	1093
世界各国经济（含各国经济史、经济地理）	0.421435	30	1	0.9010	264
艺术学	0.421435	43	1	0.9166	812
环境科学	0.421435	46	1	0.9380	823
贸易经济	0.421435	61	1	0.9860	839
语言学	0.421435	61	1	0.9981	1105

注：该刊"五年影响因子"为 0.2962；"总转摘量"为 126；"综合性期刊学科核心指数"为 3.41；"综合性期刊学科核心扩展度"为 8；"核心指数位次"为 86；"核心扩展度位次"为 20。

138. 西安文理学院学报. 社会科学版

学 科 分 类	综合值	综合值位 次	分学科总被引	学科被引累积百分比	学科被引位次
新闻学与传播学	0.054224	540	6	0.7231	284
教育学	0.054224	653	6	0.8260	719

学 科 分 类	综合值	综合值位次	分学科总被引	学科被引累积百分比	学科被引位次
历史学	0.051225	529	4	0.7840	665
文化学	0.049726	492	3	0.6594	335
语言学	0.048227	453	2	0.9255	769
中国经济	0.048227	541	2	0.9197	894
其他学科（人文社科）	0.046727	90	1	0.9847	46
经济学理论	0.046727	379	1	0.9906	423
文学	0.046727	463	1	0.9944	1393
体育学	0.046727	483	1	0.9700	1006
农业经济	0.046727	522	1	0.9461	1275
图书馆、情报与档案学	0.046727	547	1	0.9675	1460
经济计划与管理	0.046727	659	1	0.9772	2172
政治学	0.046727	661	1	0.9607	1917
法学	0.046727	681	1	0.9986	1930

注：该刊"五年影响因子"为0.0328；"总转摘量"为3；"综合性期刊学科核心指数"为0.34；"综合性期刊学科核心扩展度"为1；"核心指数位次"为172；"核心扩展度位次"为27。

139. 西北大学学报. 哲学社会科学版

学 科 分 类	综合值	综合值位次	分学科总被引	学科被引累积百分比	学科被引位次
历史学	0.173681	273	40	0.4180	85
经济计划与管理	0.164907	395	31	0.7529	271
法学	0.156551	397	27	0.6627	180
文学	0.142393	280	27	0.5816	158
政治学	0.140893	449	26	0.6452	285
其他学科（科技）	0.133054	407	15	0.5830	281
农业经济	0.130055	363	13	0.6997	250
中国经济	0.127400	380	17	0.6718	198
哲学	0.124402	314	15	0.6074	98
交通运输经济、旅游经济	0.124402	323	15	0.5286	74
教育学	0.121403	478	13	0.7140	361

（续表）

学 科 分 类	综合值	综合值位　次	分学科总被引	学科被引累积百分比	学科被引位次
财政、金融	0.119904	398	12	0.8236	322
考古学	0.118405	200	11	0.7926	84
新闻学与传播学	0.115406	414	9	0.6502	182
语言学	0.113907	336	8	0.8329	297
贸易经济	0.110908	373	6	0.7619	280
经济学理论	0.107910	312	4	0.7597	181
工业经济	0.107910	364	4	0.7367	368
管理学（含科学学、人才学）	0.106411	318	3	0.8023	252
文化学	0.106411	397	3	0.6588	335
图书馆、情报与档案学	0.106411	417	3	0.9176	698
人口学	0.104911	188	2	0.8306	120
宗教学	0.104911	205	2	0.7983	224
世界各国经济（含各国经济史、经济地理）	0.104911	234	2	0.7558	167
心理学	0.104911	235	2	0.8484	253
艺术学	0.104911	301	2	0.8181	520
体育学	0.104911	380	2	0.8893	614
社会学	0.104911	417	2	0.8926	621
马克思主义	0.103412	174	1	0.9433	197
环境科学	0.103412	353	1	0.9382	823

注：该刊"五年影响因子"为 0.1489；"总转摘量"为 121；"综合性期刊学科核心指数"为 4.29；"综合性期刊学科核心扩展度"为 11；"核心指数位次"为 67；"核心扩展度位次"为 17。

140. 西北师大学报. 社会科学版

学 科 分 类	综合值	综合值位　次	分学科总被引	学科被引累积百分比	学科被引位次
文学	0.357072	69	66	0.3526	43
教育学	0.355017	107	58	0.4850	91
历史学	0.300399	127	34	0.4533	106
政治学	0.273282	225	30	0.6245	255

（续表）

学 科 分 类	综合值	综合值位 次	分学科总被引	学科被引累积百分比	学科被引位次
语言学	0.253791	134	17	0.7345	127
心理学	0.250793	98	15	0.6408	36
考古学	0.249294	91	14	0.7690	61
经济计划与管理	0.247794	259	13	0.8523	554
法学	0.246295	233	12	0.7822	419
哲学	0.243297	147	10	0.6526	129
中国经济	0.241797	220	9	0.7806	342
宗教学	0.240298	87	8	0.4295	54
民族学	0.237300	67	6	0.5113	29
艺术学	0.235800	117	5	0.7216	239
文化学	0.235800	159	5	0.5278	185
交通运输经济、旅游经济	0.235800	162	5	0.7254	262
新闻学与传播学	0.235800	191	5	0.7344	338
社会学	0.235800	198	5	0.7334	319
其他学科（科技）	0.235800	214	5	0.7809	792
体育学	0.232802	176	3	0.8310	399
财政、金融	0.232802	229	3	0.9209	746
马克思主义	0.231303	88	2	0.8124	134
管理学（含科学学、人才学）	0.231303	160	2	0.8370	363
图书馆、情报与档案学	0.231303	188	2	0.9293	956
农业经济	0.231303	216	2	0.9081	932
邮电经济	0.229803	44	1	0.8721	69
世界各国经济（含各国经济史、经济地理）	0.229803	126	1	0.8966	264
经济学理论	0.229803	166	1	0.9873	423
工业经济	0.229803	184	1	0.9287	1022

注：该刊"五年影响因子"为 0.2181；"总转摘量"为 172 次；"综合性期刊学科核心指数"为 4.32；"综合性期刊学科核心扩展度"为 9；"核心指数位次"为 65；"核心扩展度位次"为 19。

141. 西华师范大学学报. 哲学社会科学版

学 科 分 类	综合值	综合值位次	分学科总被引	学科被引累积百分比	学科被引位次
教育学	0.032772	733	11	0.7415	432
语言学	0.029774	488	9	0.8109	262
文学	0.029774	518	9	0.7654	400
历史学	0.025276	604	6	0.7459	473
法学	0.023777	795	5	0.8786	808
哲学	0.019279	466	2	0.8603	409
文化学	0.019279	557	2	0.7229	464
新闻学与传播学	0.019279	639	2	0.8552	730
财政、金融	0.019279	683	2	0.9524	914
人文地理学	0.01778	178	1	0.9598	136
交通运输经济、旅游经济	0.01778	535	1	0.9959	887
贸易经济	0.01778	573	1	0.9883	839
中国经济	0.01778	652	1	0.9678	1214
农业经济	0.01778	676	1	0.9513	1275
图书馆、情报与档案学	0.01778	690	1	0.9679	1460
政治学	0.01778	874	1	0.9913	1917
经济计划与管理	0.01778	931	1	0.9766	2172

注：该刊"五年影响因子"为0.0453；"总转摘量"为10；"综合性期刊学科核心指数"为0.3；"综合性期刊学科核心扩展度"为1；"核心指数位次"为176；"核心扩展度位次"为27。

142. 西南大学学报. 社会科学版

学 科 分 类	综合值	综合值位次	分学科总被引	学科被引累积百分比	学科被引位次
心理学	0.296148	71	66	0.5242	12
历史学	0.254539	170	45	0.3859	71
教育学	0.210788	270	87	0.4169	60
哲学	0.201599	188	18	0.5572	75
语言学	0.200100	193	17	0.7291	127
管理学（含科学学、人才学）	0.188106	215	9	0.5935	84
农业经济	0.188106	270	9	0.7648	341

（续表）

学　科　分　类	综合值	综合值位　次	分学科总被引	学科被引累积百分比	学科被引位次
中国经济	0.188106	281	9	0.7700	342
其他学科（科技）	0.188106	287	9	0.6762	469
社会学	0.183608	272	6	0.6970	266
新闻学与传播学	0.182109	272	5	0.7332	338
财政、金融	0.182109	288	5	0.9051	584
考古学	0.179110	138	3	0.8960	261
经济学理论	0.179110	221	3	0.7699	222
文化学	0.179110	242	3	0.6296	335
人文地理学	0.177611	89	2	0.7286	75
世界各国经济（含各国经济史、经济地理）	0.177611	172	2	0.7577	167
工业经济	0.177611	250	2	0.8379	658
民族学	0.176112	94	1	0.9919	152
文学	0.164507	240	66	0.3558	43
政治学	0.097586	549	25	0.6520	293
法学	0.092971	556	24	0.6766	208
经济计划与管理	0.069296	596	16	0.8368	488
体育学	0.060300	463	10	0.7246	101
艺术学	0.055802	391	7	0.6505	178
马克思主义	0.054303	202	6	0.5479	50
交通运输经济、旅游经济	0.054303	434	6	0.6947	206
环境科学	0.048306	441	2	0.8953	561
贸易经济	0.048306	483	2	0.8873	590
其他学科（人文社科）	0.046807	89	1	0.9466	46
军事学	0.046807	127	1	0.8658	108

　　注：该刊"五年影响因子"为0.1985；"总转摘量"为183；"综合性期刊学科核心指数"为5.94；"综合性期刊学科核心扩展度"为14；"核心指数位次"为39；"核心扩展度位次"为14。

143. 厦门大学学报. 哲学社会科学版

学　科　分　类	综合值	综合值位　次	分学科总被引	学科被引累积百分比	学科被引位次
经济计划与管理	0.666182	59	45	0.7099	204
历史学	0.629570	24	55	0.3420	55

（续表）

学 科 分 类	综合值	综合值位次	分学科总被引	学科被引累积百分比	学科被引位次
法学	0.625731	44	34	0.6302	144
财政、金融	0.618235	37	29	0.7069	161
政治学	0.602584	45	37	0.5723	207
文学	0.598086	24	34	0.5266	121
教育学	0.581594	39	23	0.6248	207
语言学	0.571100	41	16	0.7367	135
中国经济	0.568101	36	14	0.7033	238
社会学	0.565103	27	12	0.5528	126
文化学	0.563603	19	11	0.2751	65
哲学	0.563603	22	11	0.6451	125
新闻学与传播学	0.562104	30	10	0.6323	163
环境科学	0.560605	25	9	0.6262	156
经济学理论	0.556107	20	6	0.6691	135
工业经济	0.556107	23	6	0.6633	273
考古学	0.554608	21	5	0.8549	175
宗教学	0.553109	14	4	0.6025	124
交通运输经济、旅游经济	0.553109	24	4	0.7534	329
其他学科（科技）	0.553109	34	4	0.8261	926
图书馆、情报与档案学	0.553109	49	4	0.8933	528
人文地理学	0.551609	14	3	0.5975	53
人口学	0.551609	19	3	0.7614	82
艺术学	0.550110	24	2	0.8559	520
贸易经济	0.550110	25	2	0.8795	590
管理学（含科学学、人才学）	0.550110	25	2	0.8321	363
体育学	0.550110	32	2	0.8921	614
农业经济	0.550110	35	2	0.9180	932
邮电经济	0.548611	6	1	0.8773	69
军事学	0.548611	11	1	0.8717	108
其他学科（人文社科）	0.548611	13	1	0.9771	46

注：该刊"五年影响因子"为0.2924；"总转摘量"为244；"综合性期刊学科核心指数"为6.04；"综合性期刊学科核心扩展度"为14；"核心指数位次"为38；"核心扩展度位次"为14。

144. 湘潭大学学报. 哲学社会科学版

学 科 分 类	综合值	综合值位次	分学科总被引	学科被引累积百分比	学科被引位次
政治学	0.211645	309	41	0.5504	189
法学	0.205648	295	37	0.6099	126
文学	0.193344	202	34	0.5282	121
经济计划与管理	0.172426	378	22	0.7980	374
哲学	0.154649	253	16	0.5902	89
财政、金融	0.148795	345	16	0.7853	260
历史学	0.145797	336	14	0.6149	244
新闻学与传播学	0.144297	338	13	0.5893	115
语言学	0.138300	294	9	0.8089	262
交通运输经济、旅游经济	0.136801	301	8	0.6403	154
文化学	0.135302	337	7	0.4123	133
教育学	0.135302	442	7	0.8057	637
中国经济	0.133803	370	6	0.8248	464
马克思主义	0.132303	149	5	0.5772	66
经济学理论	0.132303	286	5	0.7167	151
农业经济	0.132303	361	5	0.8253	522
图书馆、情报与档案学	0.132303	363	5	0.8762	419
艺术学	0.130804	264	4	0.7585	300
管理学（含科学学、人才学）	0.130804	286	4	0.7312	191
贸易经济	0.130804	337	4	0.8113	368
体育学	0.130804	338	4	0.8111	304
民族学	0.127806	133	2	0.7480	84
宗教学	0.127806	174	2	0.7427	224
世界各国经济（含各国经济史、经济地理）	0.127806	219	2	0.7615	167
社会学	0.127806	375	2	0.8975	621
环境科学	0.126306	326	1	0.9486	823
工业经济	0.126306	340	1	0.9363	1022

注：该刊"五年影响因子"为0.1620；"总转摘量"为123；"综合性期刊学科核心指数"为3.89；"综合性期刊学科核心扩展度"为9；"核心指数位次"为73；"核心扩展度位次"为19。

145. 新疆大学学报. 哲学人文社会科学版

学 科 分 类	综合值	综合值位 次	分学科总被引	学科被引累积百分比	学科被引位次
语言学	0.096331	374	41	0.6515	58
历史学	0.083093	472	34	0.4567	106
文学	0.054789	442	20	0.6425	209
政治学	0.050291	646	17	0.7243	403
法学	0.039796	707	10	0.8082	485
农业经济	0.035298	557	7	0.7966	424
教育学	0.035298	719	7	0.8071	637
考古学	0.030801	296	4	0.8773	202
体育学	0.030801	522	4	0.8024	304
社会学	0.030801	543	4	0.7752	378
新闻学与传播学	0.030801	591	4	0.7611	411
民族学	0.029301	192	3	0.6672	56
宗教学	0.029301	277	3	0.6382	154
贸易经济	0.029301	529	3	0.8322	458
财政、金融	0.029301	614	3	0.9339	746
经济学理论	0.027802	409	2	0.8468	288
交通运输经济、旅游经济	0.027802	483	2	0.8613	580
文化学	0.027802	533	2	0.7145	464
中国经济	0.027802	598	2	0.9414	894
经济计划与管理	0.027802	801	2	0.9565	1595
人口学	0.026303	244	1	0.8977	215
管理学（含科学学、人才学）	0.026303	417	1	0.9781	583
艺术学	0.026303	447	1	0.9053	812
哲学	0.026303	451	1	0.9682	604
其他学科（科技）	0.026303	759	1	0.9229	2183

注：该刊"五年影响因子"为 0.0667；"总转摘量"为 19；"综合性期刊学科核心指数"为 1.94；"综合性期刊学科核心扩展度"为 5；"核心指数位次"为 122；"核心扩展度位次"为 23。

146. 新疆社会科学

学 科 分 类	综合值	综合值位次	分学科总被引	学科被引累积百分比	学科被引位次
政治学	0.155818	411	22	0.6821	334
宗教学	0.121583	186	12	0.3577	35
历史学	0.121583	392	12	0.6462	277
法学	0.121583	483	12	0.7802	419
民族学	0.118584	142	10	0.4733	21
语言学	0.114086	335	7	0.8468	341
经济计划与管理	0.114086	503	7	0.9014	818
中国经济	0.112587	409	6	0.8257	464
社会学	0.111088	410	5	0.7213	319
考古学	0.109589	209	4	0.8718	202
农业经济	0.109589	401	4	0.8494	601
艺术学	0.108089	300	3	0.7855	375
文学	0.108089	332	3	0.8944	789
贸易经济	0.106590	381	2	0.8856	590
文化学	0.106590	395	2	0.7150	464
新闻学与传播学	0.106590	429	2	0.8689	730
教育学	0.106590	511	2	0.9305	1486
邮电经济	0.105091	79	1	0.8982	69
世界各国经济（含各国经济史、经济地理）	0.105091	233	1	0.9173	264
经济学理论	0.105091	318	1	0.9504	423
管理学（含科学学、人才学）	0.105091	320	1	0.9761	583
交通运输经济、旅游经济	0.105091	348	1	0.9773	887
工业经济	0.105091	370	1	0.9398	1022
体育学	0.105091	379	1	0.9224	1006

注：该刊"五年影响因子"为0.1045；"总转摘量"为31；"综合性期刊学科核心指数"为1.84；"综合性期刊学科核心扩展度"为4；"核心指数位次"为125；"核心扩展度位次"为24。

147. 新疆师范大学学报.哲学社会科学版

学 科 分 类	综合值	综合值位次	分学科总被引	学科被引累积百分比	学科被引位次
语言学	0.192401	208	21	0.7037	98
政治学	0.172816	382	21	0.6910	344

（续表）

学 科 分 类	综合值	综合值位　　次	分学科总被引	学科被引累积百分比	学科被引位次
历史学	0.159322	312	12	0.6444	277
教育学	0.159322	392	12	0.7260	398
新闻学与传播学	0.156324	322	10	0.6438	163
考古学	0.153325	162	8	0.8263	116
民族学	0.151826	110	7	0.4911	26
文学	0.151826	263	7	0.7985	470
宗教学	0.148828	151	5	0.5817	98
艺术学	0.148828	227	5	0.7069	239
法学	0.147328	417	4	0.8863	940
文化学	0.145829	310	3	0.6495	335
中国经济	0.145829	347	3	0.8937	713
人文地理学	0.144330	103	2	0.7224	75
心理学	0.144330	196	2	0.8563	253
哲学	0.144330	272	2	0.8658	409
交通运输经济、旅游经济	0.144330	284	2	0.8615	580
环境科学	0.144330	293	2	0.8815	561
体育学	0.144330	302	2	0.8886	614
社会学	0.144330	337	2	0.8990	621
世界各国经济（含各国经济史、经济地理）	0.142831	203	1	0.9072	264
经济学理论	0.142831	268	1	0.9537	423
管理学（含科学学、人才学）	0.142831	268	1	0.9777	583
贸易经济	0.142831	316	1	0.9531	839
农业经济	0.142831	337	1	0.9525	1275
其他学科（科技）	0.142831	383	1	0.9229	2183
经济计划与管理	0.142831	446	1	0.9749	2172

注：该刊"五年影响因子"为 0.1450；"总转摘量"为 61；"综合性期刊学科核心指数"为 2.30；"综合性期刊学科核心扩展度"为 6；"核心指数位次"为 109；"核心扩展度位次"为 22。

148. 信阳师范学院学报. 哲学社会科学版

学 科 分 类	综合值	综合值位次	分学科总被引	学科被引累积百分比	学科被引位次
文学	0.109605	331	18	0.6638	228
教育学	0.106327	513	11	0.7437	432
政治学	0.102108	538	13	0.7671	495
语言学	0.097610	370	10	0.7961	234
历史学	0.090114	457	5	0.7736	548
经济计划与管理	0.090114	549	5	0.9202	998
社会学	0.088615	456	4	0.7660	378
心理学	0.087116	259	3	0.8244	175
财政、金融	0.087116	470	3	0.9232	746
邮电经济	0.085616	83	2	0.5248	36
艺术学	0.085616	343	2	0.8521	520
经济学理论	0.085616	349	2	0.8478	288
体育学	0.085616	423	2	0.8738	614
文化学	0.085616	440	2	0.7101	464
图书馆、情报与档案学	0.085616	461	2	0.9350	956
中国经济	0.085616	465	2	0.9119	894
新闻学与传播学	0.085616	477	2	0.8678	730
其他学科（科技）	0.085616	532	2	0.8719	1512
法学	0.085616	572	2	0.9407	1400
人口学	0.084117	205	1	0.8853	215
哲学	0.084117	379	1	0.9707	604
交通运输经济、旅游经济	0.084117	389	1	0.9811	887

　　注：该刊"五年影响因子"为 0.0534；"总转摘量"为 55；"综合性期刊学科核心指数"为 0.81；"综合性期刊学科核心扩展度"为 2；"核心指数位次"为 151；"核心扩展度位次"为 26。

149. 学海

学 科 分 类	综合值	综合值位次	分学科总被引	学科被引累积百分比	学科被引位次
政治学	0.585052	46	144	0.2076	28
经济计划与管理	0.352519	166	35	0.7414	246

(续表)

学 科 分 类	综合值	综合值位次	分学科总被引	学科被引累积百分比	学科被引位次
社会学	0.346179	91	42	0.3053	27
法学	0.344679	116	41	0.5918	110
哲学	0.327100	83	21	0.5172	65
农业经济	0.316194	116	22	0.6028	149
历史学	0.305699	119	15	0.6051	233
中国经济	0.304200	141	14	0.7085	238
人口学	0.302700	67	13	0.5837	21
新闻学与传播学	0.301201	116	12	0.6001	125
教育学	0.298203	155	10	0.7590	477
环境科学	0.295204	113	8	0.6465	177
文学	0.292206	106	6	0.8252	520
其他学科（科技）	0.292206	139	6	0.7537	685
财政、金融	0.292206	164	6	0.8852	511
文化学	0.290706	98	5	0.5289	185
图书馆、情报与档案学	0.290706	134	5	0.8832	419
马克思主义	0.289207	61	4	0.6365	84
经济学理论	0.289207	109	4	0.7527	181
宗教学	0.287708	60	3	0.7017	154
体育学	0.287708	119	3	0.8513	399
世界各国经济（含各国经济史、经济地理）	0.286209	85	2	0.7933	167
艺术学	0.286209	85	2	0.8525	520
管理学（含科学学、人才学）	0.286209	112	2	0.8146	363
工业经济	0.286209	121	2	0.7972	658
其他学科（人文社科）	0.284709	42	1	1.0000	46
军事学	0.284709	44	1	0.9174	108
民族学	0.284709	51	1	0.9790	152
心理学	0.284709	76	1	0.9785	442
交通运输经济、旅游经济	0.284709	101	1	0.9807	887
贸易经济	0.284709	135	1	0.9446	839

注：该刊"五年影响因子"为0.2493；"总转摘量"为249；"综合性期刊学科核心指数"为5.17；"综合性期刊学科核心扩展度"为11；"核心指数位次"为50；"核心扩展度位次"为17。

150. 学术交流

学　科　分　类	综合值	综合值位　次	分学科总被引	学科被引累积百分比	学科被引位次
政治学	0.245178	259	45	0.5211	166
法学	0.236459	242	40	0.6016	112
经济计划与管理	0.231961	283	37	0.7337	235
文学	0.227435	164	35	0.5150	113
财政、金融	0.206111	257	22	0.7449	198
贸易经济	0.197612	236	20	0.5520	94
哲学	0.195282	195	16	0.5765	89
农业经济	0.194614	261	18	0.6420	183
语言学	0.192561	206	15	0.7536	146
教育学	0.191615	310	16	0.6778	301
中国经济	0.191061	275	14	0.7070	238
工业经济	0.190784	233	13	0.4946	119
社会学	0.187118	268	13	0.5308	117
文化学	0.185618	232	12	0.2702	56
管理学（含科学学、人才学）	0.182620	219	10	0.5791	76
环境科学	0.182620	229	10	0.6021	141
新闻学与传播学	0.182620	270	10	0.6362	163
历史学	0.181121	263	9	0.6787	347
图书馆、情报与档案学	0.181121	264	9	0.8396	231
交通运输经济、旅游经济	0.179621	227	8	0.6438	154
艺术学	0.178122	173	7	0.6529	178
体育学	0.178122	251	7	0.7560	151
经济学理论	0.175124	224	5	0.7129	151
宗教学	0.172125	127	3	0.7216	154
心理学	0.172125	160	3	0.8205	175
其他学科（科技）	0.172125	318	3	0.8426	1170
军事学	0.170626	79	2	0.4499	55
马克思主义	0.170626	120	2	0.8137	134

（续表）

学 科 分 类	综合值	综合值位 次	分学科总被引	学科被引累积百分比	学科被引位次
邮电经济	0.169127	60	1	0.9269	69
民族学	0.169127	97	1	0.8926	152
人口学	0.169127	141	1	0.8882	215
考古学	0.169127	144	1	0.9981	508
世界各国经济（含各国经济史、经济地理）	0.169127	177	1	0.9096	264

注：该刊"五年影响因子"为0.0941；"总转摘量"为223；"综合性期刊学科核心指数"为7.38；"综合性期刊学科核心扩展度"为17；"核心指数位次"为25；"核心扩展度位次"为11。

151. 学术界

学 科 分 类	综合值	综合值位 次	分学科总被引	学科被引累积百分比	学科被引位次
政治学	0.323740	165	84	0.3635	78
法学	0.247705	229	44	0.5838	103
教育学	0.219885	254	31	0.5639	146
文学	0.208200	179	24	0.6037	177
哲学	0.200465	189	24	0.4760	54
历史学	0.197466	233	22	0.5525	175
新闻学与传播学	0.194468	245	20	0.5468	81
管理学（含科学学、人才学）	0.188471	212	16	0.5177	53
社会学	0.187234	266	12	0.5555	126
图书馆、情报与档案学	0.185472	255	14	0.8112	152
体育学	0.183640	242	10	0.7201	101
中国经济	0.182474	290	12	0.7281	271
经济计划与管理	0.180975	357	11	0.8636	611
农业经济	0.179475	280	10	0.7365	306
语言学	0.177976	225	9	0.8097	262
马克思主义	0.174978	117	7	0.4912	42
经济学理论	0.173478	227	6	0.6797	135
其他学科（科技）	0.173478	316	6	0.7564	685
其他学科（人文社科）	0.171979	67	5	0.2481	7

学 科 分 类	综合值	综合值位次	分学科总被引	学科被引累积百分比	学科被引位次
文化学	0.171979	251	5	0.4902	185
艺术学	0.170480	183	4	0.7395	300
环境科学	0.170480	245	4	0.7581	331
财政、金融	0.170480	303	4	0.9108	653
心理学	0.168981	164	3	0.8101	175
交通运输经济、旅游经济	0.168981	240	3	0.8152	439
工业经济	0.168981	260	3	0.7426	484
贸易经济	0.168981	273	3	0.8334	458
考古学	0.167481	146	2	0.9357	336
军事学	0.165982	82	1	0.9027	108
民族学	0.165982	98	1	0.9031	152
世界各国经济（含各国经济史、经济地理）	0.165982	179	1	0.9091	264

注：该刊"五年影响因子"为 0.1454；"总转摘量"为 169；"综合性期刊学科核心指数"为 6.33；"综合性期刊学科核心扩展度"为 13；"核心指数位次"为 35；"核心扩展度位次"为 15。

152. 学术论坛

学 科 分 类	综合值	综合值位次	分学科总被引	学科被引累积百分比	学科被引位次
政治学	0.317258	172	97	0.3113	59
法学	0.233922	244	52	0.5624	87
经济计划与管理	0.206496	318	37	0.7331	235
教育学	0.195296	306	30	0.5698	153
文化学	0.186654	231	24	0.0905	13
历史学	0.180042	265	25	0.5284	157
文学	0.174837	229	18	0.6621	228
财政、金融	0.174484	298	18	0.7741	237
农业经济	0.173426	288	18	0.6411	183
哲学	0.172546	222	20	0.5258	69
社会学	0.171222	288	17	0.4766	84
新闻学与传播学	0.163550	303	14	0.5830	110

（续表）

学 科 分 类	综合值	综合值位次	分学科总被引	学科被引累积百分比	学科被引位次
中国经济	0.163550	311	14	0.7010	238
体育学	0.163020	267	12	0.7112	84
其他学科（科技）	0.160552	343	12	0.6296	351
语言学	0.156054	261	9	0.8101	262
交通运输经济、旅游经济	0.156054	266	9	0.6169	129
贸易经济	0.155524	297	7	0.7355	250
工业经济	0.153055	295	7	0.6131	232
考古学	0.151556	165	6	0.8476	145
马克思主义	0.150057	135	5	0.5870	66
图书馆、情报与档案学	0.150057	320	5	0.8879	419
民族学	0.148558	116	4	0.5929	42
经济学理论	0.148558	263	4	0.7496	181
艺术学	0.147058	230	3	0.7763	375
管理学（含科学学、人才学）	0.147058	265	3	0.7960	252
心理学	0.145559	193	2	0.8636	253
环境科学	0.145559	289	2	0.8793	561
军事学	0.144060	97	1	0.6726	108
人文地理学	0.144060	104	1	0.9948	136
宗教学	0.144060	158	1	0.9851	331
世界各国经济（含各国经济史、经济地理）	0.144060	202	1	0.9087	264

注：该刊"五年影响因子"为0.1246；"总转摘量"为154；"综合性期刊学科核心指数"为7.34；"综合性期刊学科核心扩展度"为16；"核心指数位次"为28；"核心扩展度位次"为12。

153. 学术探索

学 科 分 类	综合值	综合值位次	分学科总被引	学科被引累积百分比	学科被引位次
政治学	0.261390	239	51	0.4958	146
法学	0.207377	291	28	0.6530	175
教育学	0.167209	367	15	0.6873	315
社会学	0.164210	303	13	0.5351	117

（续表）

学 科 分 类	综合值	综合值位次	分学科总被引	学科被引累积百分比	学科被引位次
历史学	0.161212	307	11	0.6599	300
文化学	0.156714	288	8	0.3565	103
中国经济	0.156714	327	8	0.7902	377
经济计划与管理	0.155215	421	7	0.9023	818
民族学	0.153716	107	6	0.5016	29
马克思主义	0.153716	131	6	0.5557	50
哲学	0.153716	254	6	0.7325	191
图书馆、情报与档案学	0.153716	313	6	0.8672	359
文学	0.150717	265	4	0.8555	659
交通运输经济、旅游经济	0.150717	271	4	0.7590	329
体育学	0.149218	294	3	0.8500	399
财政、金融	0.149218	343	3	0.9256	746
宗教学	0.147719	153	2	0.7909	224
考古学	0.147719	169	2	0.9369	336
经济学理论	0.147719	264	2	0.8484	288
农业经济	0.147719	330	2	0.9224	932
新闻学与传播学	0.147719	331	2	0.8681	730
人口学	0.146219	153	1	0.8840	215
世界各国经济（含各国经济史、经济地理）	0.146219	199	1	0.9077	264
艺术学	0.146219	232	1	0.9013	812
贸易经济	0.146219	311	1	0.9444	839

注：该刊"五年影响因子"为0.1458；"总转摘量"为75；"综合性期刊学科核心指数"为3.56；"综合性期刊学科核心扩展度"为8；"核心指数位次"为81；"核心扩展度位次"为20。

154. 学术研究

学 科 分 类	综合值	综合值位次	分学科总被引	学科被引累积百分比	学科被引位次
政治学	0.529345	64	84	0.3610	78
文学	0.526005	34	85	0.3346	38
历史学	0.492680	48	66	0.2960	40

（续表）

学 科 分 类	综合值	综合值位　次	分学科总被引	学科被引累积百分比	学科被引位次
经济计划与管理	0.488498	112	62	0.6746	164
哲学	0.477398	37	55	0.2984	20
中国经济	0.460591	63	45	0.4967	76
财政、金融	0.451254	77	42	0.6475	112
法学	0.448571	74	39	0.6027	121
农业经济	0.433868	61	30	0.5422	102
语言学	0.418508	62	25	0.6900	85
教育学	0.415458	78	27	0.5837	170
社会学	0.413116	57	21	0.4340	66
文化学	0.404963	41	20	0.1244	20
经济学理论	0.395968	52	14	0.4481	46
马克思主义	0.392969	29	12	0.3752	23
贸易经济	0.392969	68	12	0.6558	167
艺术学	0.389971	49	10	0.6061	115
图书馆、情报与档案学	0.389971	83	10	0.8314	214
交通运输经济、旅游经济	0.388471	53	9	0.6247	129
环境科学	0.386972	61	8	0.6446	177
工业经济	0.386972	64	8	0.5980	197
体育学	0.386972	65	8	0.7435	131
考古学	0.383974	38	6	0.8493	145
新闻学与传播学	0.383974	72	6	0.7263	284
世界各国经济（含各国经济史、经济地理）	0.382474	41	5	0.5846	83
心理学	0.382474	45	5	0.7614	104
其他学科（科技）	0.382474	79	5	0.7687	792
管理学（含科学学、人才学）	0.380975	62	4	0.7144	191
人文地理学	0.379476	28	3	0.5820	53
宗教学	0.379476	29	3	0.6855	154
其他学科（人文社科）	0.377977	27	2	0.4351	21
人口学	0.377977	38	2	0.8248	120

注：该刊"五年影响因子"为0.2495；"总转摘量"为492；"综合性期刊学科核心指数"为11.67；"综合性期刊学科核心扩展度"为24；"核心指数位次"为7；"核心扩展度位次"为4。

155. 学术月刊

学 科 分 类	综合值	综合值位次	分学科总被引	学科被引累积百分比	学科被引位次
哲学	0.904253	6	152	0.0996	3
文学	0.808503	12	108	0.2794	26
经济计划与管理	0.731462	50	58	0.6806	171
中国经济	0.724422	19	57	0.4305	54
经济学理论	0.693376	14	52	0.1906	7
文化学	0.666398	13	28	0.0628	7
新闻学与传播学	0.648407	20	16	0.5677	97
社会学	0.640902	19	17	0.4804	84
贸易经济	0.637903	20	15	0.6074	127
其他学科（科技）	0.633406	24	12	0.6282	351
管理学（含科学学、人才学）	0.630407	18	10	0.5774	76
考古学	0.624410	16	6	0.8498	145
环境科学	0.622911	18	5	0.7143	273
交通运输经济、旅游经济	0.622911	19	5	0.7303	262
人文地理学	0.619912	13	3	0.5851	53
世界各国经济（含各国经济史、经济地理）	0.618413	16	2	0.7327	167
邮电经济	0.616914	4	1	0.6319	69
政治学	0.365763	136	112	0.2776	47
历史学	0.349140	93	112	0.2213	22
法学	0.194463	316	25	0.6726	201
财政、金融	0.194349	272	24	0.7309	185
农业经济	0.189956	267	28	0.5574	110
教育学	0.189272	319	22	0.6335	224
马克思主义	0.185459	113	25	0.1746	5
宗教学	0.184082	121	19	0.2079	14
艺术学	0.173465	179	17	0.5227	71
工业经济	0.165968	264	12	0.5010	124
图书馆、情报与档案学	0.165968	291	12	0.8218	172
其他学科（人文社科）	0.159971	68	8	0.1374	3

（续表）

学 科 分 类	综合值	综合值位　次	分学科总被引	学科被引累积百分比	学科被引位次
体育学	0.159971	274	8	0.7415	131
语言学	0.158472	256	7	0.8465	341
心理学	0.150976	187	2	0.8871	253
军事学	0.149477	94	1	0.9263	108
人口学	0.149477	151	1	0.8906	215

注：该刊"五年影响因子"为 0.4081；"总转摘量"为 848；"综合性期刊学科核心指数"为 13.27；"综合性期刊学科核心扩展度"为 23；"核心指数位次"为 3；"核心扩展度位次"为 5。

156. 学习与探索

学 科 分 类	综合值	综合值位　次	分学科总被引	学科被引累积百分比	学科被引位次
政治学	0.580997	48	145	0.1991	27
法学	0.441176	76	72	0.5175	61
经济计划与管理	0.401811	143	49	0.6997	192
社会学	0.383564	66	39	0.3184	30
哲学	0.375141	63	37	0.3834	33
文学	0.374373	62	43	0.4673	88
中国经济	0.363690	104	29	0.5794	120
历史学	0.354883	91	30	0.4855	120
财政、金融	0.353383	114	29	0.7058	161
农业经济	0.351696	97	21	0.6142	153
教育学	0.330895	127	14	0.6971	336
经济学理论	0.329395	87	13	0.4754	51
贸易经济	0.327896	105	12	0.6547	167
新闻学与传播学	0.326397	98	11	0.6181	142
文化学	0.323398	79	9	0.3330	86
其他学科（科技）	0.321899	115	8	0.6966	521
马克思主义	0.320400	47	7	0.4958	42
工业经济	0.318901	93	6	0.6556	273
体育学	0.318901	100	6	0.7665	181

（续表）

学 科 分 类	综合值	综合值位次	分学科总被引	学科被引累积百分比	学科被引位次
艺术学	0.315902	72	4	0.7299	300
交通运输经济、旅游经济	0.315902	87	4	0.7599	329
环境科学	0.315902	98	4	0.7773	331
人文地理学	0.314403	45	3	0.5913	53
世界各国经济（含各国经济史、经济地理）	0.314403	71	3	0.6721	128
管理学（含科学学、人才学）	0.314403	96	3	0.7660	252
民族学	0.312904	44	2	0.7690	84
宗教学	0.312904	48	2	0.7934	224
人口学	0.312904	59	2	0.8231	120
考古学	0.312904	64	2	0.9393	336
心理学	0.312904	64	2	0.8649	253
语言学	0.312904	95	2	0.9248	769
图书馆、情报与档案学	0.312904	118	2	0.9420	956
其他学科（人文社科）	0.311404	36	1	0.9580	46

注：该刊"五年影响因子"为0.2238；"总转摘量"为355；"综合性期刊学科核心指数"为8.85；"综合性期刊学科核心扩展度"为19；"核心指数位次"为18；"核心扩展度位次"为9。

157. 烟台大学学报. 哲学社会科学版

学 科 分 类	综合值	综合值位次	分学科总被引	学科被引累积百分比	学科被引位次
法学	0.284851	165	36	0.6208	133
文学	0.205120	182	13	0.7311	309
语言学	0.197624	199	8	0.8369	297
历史学	0.196125	234	7	0.7128	429
哲学	0.193126	197	5	0.7564	214
教育学	0.190128	314	3	0.9020	1172
考古学	0.188628	130	2	0.9371	336
中国经济	0.188628	280	2	0.9166	894
其他学科（科技）	0.188628	286	2	0.8760	1512
人文地理学	0.187129	84	1	0.9928	136

（续表）

学 科 分 类	综合值	综合值位次	分学科总被引	学科被引累积百分比	学科被引位次
世界各国经济（含各国经济史、经济地理）	0.187129	166	1	0.8913	264
环境科学	0.187129	222	1	0.9074	823
文化学	0.187129	230	1	0.8440	721
体育学	0.187129	235	1	0.9530	1006
社会学	0.187129	267	1	0.9410	906
农业经济	0.187129	271	1	0.9973	1275
政治学	0.187129	362	1	0.9540	1917

注：该刊"五年影响因子"为 0.0756；"总转摘量"为 76；"综合性期刊学科核心指数"为 0.38；"综合性期刊学科核心扩展度"为 1；"核心指数位次"为 168；"核心扩展度位次"为 27。

158. 延安大学学报. 社会科学版

学 科 分 类	综合值	综合值位次	分学科总被引	学科被引累积百分比	学科被引位次
文学	0.043026	476	12	0.7316	335
政治学	0.037029	697	8	0.8202	676
语言学	0.032531	483	5	0.8734	429
中国经济	0.032531	579	5	0.8440	518
新闻学与传播学	0.032531	583	5	0.7494	338
历史学	0.031032	584	4	0.8003	665
图书馆、情报与档案学	0.031032	614	4	0.8963	528
教育学	0.031032	744	4	0.8751	980
哲学	0.029533	445	3	0.8270	314
工业经济	0.029533	492	3	0.7677	484
农业经济	0.029533	586	3	0.8928	737
马克思主义	0.028033	216	2	0.7772	134
艺术学	0.028033	441	2	0.8471	520
社会学	0.028033	551	2	0.8807	621
其他学科（科技）	0.028033	743	2	0.8901	1512
经济计划与管理	0.028033	797	2	0.9571	1595
考古学	0.026534	303	1	0.9988	508

（续表）

学 科 分 类	综合值	综合值位次	分学科总被引	学科被引累积百分比	学科被引位次
心理学	0.026534	323	1	0.9264	442
文化学	0.026534	537	1	0.8433	721
财政、金融	0.026534	635	1	0.9654	1250

注：该刊"五年影响因子"为0.0306；"总转摘量"为27；"综合性期刊学科核心指数"为0.30；"综合性期刊学科核心扩展度"为1；"核心指数位次"为175；"核心扩展度位次"为27。

159. 延边大学学报.社会科学版

学 科 分 类	综合值	综合值位次	分学科总被引	学科被引累积百分比	学科被引位次
语言学	0.113743	337	21	0.7066	98
政治学	0.101945	539	22	0.6834	334
经济计划与管理	0.088451	555	13	0.8506	554
文学	0.079456	390	7	0.8082	470
教育学	0.079456	587	7	0.8034	637
法学	0.079456	590	7	0.8480	655
中国经济	0.077957	482	6	0.8206	464
新闻学与传播学	0.076457	496	5	0.7463	338
民族学	0.074958	168	4	0.5897	42
哲学	0.073459	392	3	0.8274	314
文化学	0.073459	458	3	0.6820	335
农业经济	0.073459	468	3	0.8952	737
历史学	0.073459	487	3	0.8261	821
图书馆、情报与档案学	0.073459	488	3	0.9248	698
马克思主义	0.071960	195	2	0.7759	134
宗教学	0.071960	243	2	0.8000	224
财政、金融	0.071960	494	2	0.9484	914
人口学	0.070460	212	1	0.9635	215
心理学	0.070460	274	1	0.9271	442
经济学理论	0.070460	362	1	0.9506	423
工业经济	0.070460	417	1	0.9403	1022
社会学	0.070460	479	1	0.9407	906
其他学科（科技）	0.070460	570	1	0.9272	2183

注：该刊"五年影响因子"为0.1097；"总转摘量"为42；"综合性期刊学科核心指数"为1.04；"综合性期刊学科核心扩展度"为3；"核心指数位次"为145；"核心扩展度位次"为25。

160. 扬州大学学报.人文社会科学版

学 科 分 类	综合值	综合值位 次	分学科总被引	学科被引累积百分比	学科被引位次
文学	0.101972	346	31	0.5512	136
语言学	0.074985	410	13	0.7727	185
政治学	0.071987	601	11	0.7818	544
教育学	0.071987	605	11	0.7405	432
历史学	0.070487	497	10	0.6640	319
法学	0.067489	614	8	0.8329	589
哲学	0.065990	402	7	0.7170	173
新闻学与传播学	0.064490	522	6	0.7120	284
农业经济	0.062991	485	5	0.8229	522
其他学科（科技）	0.061492	598	4	0.8099	926
心理学	0.059993	287	3	0.8120	175
经济计划与管理	0.059993	620	3	0.9462	1306
中国经济	0.058493	521	2	0.9121	894
考古学	0.058493	262	2	0.9254	336
艺术学	0.058493	386	2	0.8582	520
交通运输经济、旅游经济	0.058493	425	2	0.8598	580
贸易经济	0.058493	468	2	0.8734	590
人口学	0.056994	220	1	0.8836	215
体育学	0.056994	466	1	0.9468	1006
管理学（含科学学、人才学）	0.056994	371	1	0.9553	583
工业经济	0.056994	440	1	0.8824	1022
财政、金融	0.056994	528	1	0.9648	1250

注：该刊"五年影响因子"为0.0938；"总转摘量"为41；"综合性期刊学科核心指数"为0.78；"综合性期刊学科核心扩展度"为2；"核心指数位次"为154；"核心扩展度位次"为26。

161. 殷都学刊

学 科 分 类	综合值	综合值位 次	分学科总被引	学科被引累积百分比	学科被引位次
考古学	0.118288	201	29	0.7136	33
语言学	0.095799	377	14	0.7641	165

（续表）

学 科 分 类	综合值	综合值位次	分学科总被引	学科被引累积百分比	学科被引位次
历史学	0.095799	442	14	0.6184	244
文学	0.088303	371	9	0.7684	400
哲学	0.082306	382	5	0.7507	214
中国经济	0.079307	478	3	0.8838	713
图书馆、情报与档案学	0.077808	479	2	0.9427	956
教育学	0.077808	590	2	0.9282	1486
宗教学	0.076309	239	1	0.9938	331
经济学理论	0.076309	357	1	0.9630	423
体育学	0.076309	441	1	0.9483	1006
贸易经济	0.076309	441	1	0.9477	839

注：该刊"五年影响因子"为0.0466；"总转摘量"为20；"综合性期刊学科核心指数"为0.38；"综合性期刊学科核心扩展度"为1；"核心指数位次"为166；"核心扩展度位次"为27。

162. 阅江学刊

学 科 分 类	综合值	综合值位次	分学科总被引	学科被引累积百分比	学科被引位次
教育学	0.103533	519	9	0.7713	522
文学	0.097536	357	5	0.8425	584
政治学	0.097536	550	5	0.8728	909
其他学科（科技）	0.096037	493	4	0.8264	926
工业经济	0.094538	391	3	0.7725	484
经济计划与管理	0.094538	538	3	0.9472	1306
环境科学	0.093039	374	2	0.8362	561
艺术学	0.091539	328	1	0.9822	812
语言学	0.091539	382	1	0.9951	1105
农业经济	0.091539	434	1	0.9871	1275
财政、金融	0.091539	452	1	0.9875	1250
新闻学与传播学	0.091539	465	1	0.9334	1115
法学	0.091539	558	1	0.9868	1930

注：该刊"五年影响因子"为0.0562；"总转摘量"为50；"综合性期刊学科核心指数"为0.30；"综合性期刊学科核心扩展度"为1；"核心指数位次"为176；"核心扩展度位次"为27。

163. 云梦学刊

学 科 分 类	综合值	综合值位 次	分学科总被引	学科被引累积百分比	学科被引位次
文学	0.184732	215	28	0.5764	153
语言学	0.151649	270	15	0.7495	146
教育学	0.148651	413	13	0.7136	361
新闻学与传播学	0.147151	334	12	0.6084	125
图书馆、情报与档案学	0.141154	338	8	0.8496	259
法学	0.138156	443	6	0.8630	715
其他学科（人文社科）	0.136657	72	5	0.2863	7
政治学	0.136657	457	5	0.8720	909
管理学（含科学学、人才学）	0.135157	277	4	0.7375	191
哲学	0.133658	295	3	0.8278	314
体育学	0.133658	330	3	0.8596	399
历史学	0.133658	360	3	0.8172	821
社会学	0.133658	362	3	0.8239	468
心理学	0.132159	207	2	0.8712	253
交通运输经济、旅游经济	0.132159	307	2	0.8546	580
宗教学	0.130660	172	1	0.9950	331
环境科学	0.130660	314	1	0.9117	823
中国经济	0.130660	376	1	0.9694	1214
经济计划与管理	0.130660	465	1	0.9796	2172

注：该刊"五年影响因子"为 0.0583；"总转摘量"为 102；"综合性期刊学科核心指数"为 1.53；"综合性期刊学科核心扩展度"为 3；"核心指数位次"为 131；"核心扩展度位次"为 25。

164. 云南大学学报. 社会科学版

学 科 分 类	综合值	综合值位 次	分学科总被引	学科被引累积百分比	学科被引位次
法学	0.384285	98	37	0.6129	126
哲学	0.317309	87	19	0.5313	72
其他学科（科技）	0.276325	157	5	0.7807	792
中国经济	0.274826	173	4	0.8647	600

（续表）

学 科 分 类	综合值	综合值位次	分学科总被引	学科被引累积百分比	学科被引位次
政治学	0.274826	221	4	0.8829	1029
宗教学	0.273327	65	3	0.7104	154
文化学	0.273327	108	3	0.6780	335
历史学	0.273327	147	3	0.8171	821
教育学	0.273327	173	3	0.8993	1172
经济计划与管理	0.273327	227	3	0.9447	1306
文学	0.271827	118	2	0.9109	994
语言学	0.271827	119	2	0.9351	769
社会学	0.271827	146	2	0.8826	621
图书馆、情报与档案学	0.271827	151	2	0.9378	956
农业经济	0.271827	162	2	0.9220	932
财政、金融	0.271827	183	2	0.9475	914
心理学	0.270328	81	1	0.9130	442
世界各国经济（含各国经济史、经济地理）	0.270328	97	1	0.8918	264
交通运输经济、旅游经济	0.270328	114	1	0.9225	887
经济学理论	0.270328	121	1	0.9625	423
管理学（含科学学、人才学）	0.270328	122	1	0.9532	583
体育学	0.270328	132	1	0.9476	1006
工业经济	0.270328	136	1	0.8757	1022
新闻学与传播学	0.270328	144	1	0.9340	1115

　　注：该刊"五年影响因子"为0.1420；"总转摘量"为95；"综合性期刊学科核心指数"为1.18；"综合性期刊学科核心扩展度"为3；"核心指数位次"为140；"核心扩展度位次"为25。

165. 云南社会科学

学 科 分 类	综合值	综合值位次	分学科总被引	学科被引累积百分比	学科被引位次
政治学	0.443224	95	87	0.3407	70
历史学	0.302762	124	32	0.4701	115
经济计划与管理	0.296273	202	18	0.8228	442
文学	0.285008	111	15	0.7009	278

（续表）

学 科 分 类	综合值	综合值位 次	分学科总被引	学科被引累积百分比	学科被引位次
民族学	0.283271	52	19	0.3360	11
社会学	0.280511	138	12	0.5422	126
中国经济	0.280273	165	17	0.6672	198
法学	0.280273	173	17	0.7376	308
马克思主义	0.275579	62	10	0.4091	28
文化学	0.271277	114	11	0.2799	65
农业经济	0.271277	163	11	0.7240	291
新闻学与传播学	0.268279	151	9	0.6530	182
交通运输经济、旅游经济	0.266780	120	8	0.6386	154
其他学科（科技）	0.266780	170	8	0.7037	521
宗教学	0.265280	72	7	0.4510	63
哲学	0.265280	121	7	0.7231	173
贸易经济	0.265280	159	7	0.7308	250
教育学	0.263781	189	6	0.8235	719
图书馆、情报与档案学	0.262282	162	5	0.8836	419
艺术学	0.260783	101	4	0.7544	300
管理学（含科学学、人才学）	0.260783	134	4	0.7396	191
环境科学	0.260783	148	4	0.7543	331
工业经济	0.260783	149	4	0.7131	368
语言学	0.259283	130	3	0.9092	601
财政、金融	0.259283	197	3	0.9197	746
考古学	0.257784	88	2	0.9237	336
经济学理论	0.257784	133	2	0.8509	288
心理学	0.256285	96	1	0.9144	442
世界各国经济（含各国经济史、经济地理）	0.256285	108	1	0.9139	264
体育学	0.256285	151	1	0.9495	1006

注：该刊"五年影响因子"为0.2014；"总转摘量"为147；"综合性期刊学科核心指数"为5.21；"综合性期刊学科核心扩展度"为10；"核心指数位次"为49；"核心扩展度位次"为18。

166. 云南师范大学学报. 哲学社会科学版

学 科 分 类	综合值	综合值位次	分学科总被引	学科被引累积百分比	学科被引位次
语言学	0.411175	63	43	0.6418	54
政治学	0.373992	131	24	0.6615	305
教育学	0.340920	122	21	0.6369	235
历史学	0.334923	101	17	0.5954	213
交通运输经济、旅游经济	0.331924	79	15	0.5417	74
哲学	0.331625	82	9	0.6718	139
文学	0.330425	80	14	0.7137	292
文化学	0.328627	74	7	0.4247	133
法学	0.327426	130	12	0.7799	419
新闻学与传播学	0.325927	100	11	0.6198	142
民族学	0.324428	40	10	0.4491	21
体育学	0.324428	94	10	0.7188	101
经济计划与管理	0.321429	186	8	0.8937	754
环境科学	0.319930	95	7	0.6632	202
农业经济	0.319930	114	7	0.7955	424
心理学	0.318431	62	6	0.7314	91
社会学	0.318431	103	6	0.6944	266
其他学科（科技）	0.316932	119	5	0.7795	792
中国经济	0.316932	130	5	0.8438	518
宗教学	0.313933	46	3	0.7166	154
艺术学	0.313933	73	3	0.7784	375
贸易经济	0.312434	112	2	0.8840	590
马克思主义	0.310935	51	1	0.9590	197
人口学	0.310935	60	1	0.8608	215
考古学	0.310935	66	1	0.9879	508
世界各国经济（含各国经济史、经济地理）	0.310935	72	1	0.9202	264
工业经济	0.310935	100	1	0.8769	1022
财政、金融	0.310935	142	1	0.9879	1250

注：该刊"五年影响因子"为 0.2247；"总转摘量"为 187；"综合性期刊学科核心指数"为 4.40；"综合性期刊学科核心扩展度"为 11；"核心指数位次"为 63；"核心扩展度位次"为 17。

167. 浙江大学学报. 人文社会科学版

学 科 分 类	综合值	综合值位 次	分学科总被引	学科被引累积百分比	学科被引位次
法学	0.694269	39	67	0.5269	65
语言学	0.656377	34	50	0.6289	48
政治学	0.638870	36	42	0.5455	180
农业经济	0.636887	30	37	0.4827	72
文学	0.593557	25	32	0.5453	132
中国经济	0.580064	34	23	0.6169	147
历史学	0.572568	30	18	0.5849	208
其他学科（科技）	0.568070	31	15	0.5836	281
哲学	0.565072	21	13	0.6349	114
工业经济	0.559075	22	9	0.5632	175
图书馆、情报与档案学	0.557575	47	8	0.8502	259
艺术学	0.556076	23	7	0.6696	178
心理学	0.553078	19	5	0.7590	104
其他学科（人文社科）	0.548580	14	2	0.4504	21
民族学	0.547081	12	1	0.8958	152
考古学	0.547081	23	1	0.9892	508
经济计划与管理	0.338196	173	107	0.5890	104
财政、金融	0.145090	350	26	0.7190	175
教育学	0.134064	446	26	0.5967	181
新闻学与传播学	0.132444	371	24	0.5271	68
社会学	0.099656	427	15	0.5170	100
交通运输经济、旅游经济	0.095158	365	12	0.5715	98
贸易经济	0.095158	404	12	0.6581	167
经济学理论	0.090660	340	9	0.5797	81
人口学	0.087662	200	7	0.6421	36
管理学（含科学学、人才学）	0.087662	345	7	0.6284	115
宗教学	0.086162	228	6	0.5220	76
文化学	0.084663	441	5	0.5045	185
体育学	0.083164	425	4	0.8145	304
世界各国经济（含各国经济史、经济地理）	0.080165	262	2	0.7385	167
环境科学	0.078666	400	1	0.9404	823

　　注：该刊"五年影响因子"为 0.5146；"总转摘量"为 346；"综合性期刊学科核心指数"为 9.83；"综合性期刊学科核心扩展度"为 23；"核心指数位次"为 10；"核心扩展度位次"为 5。

168. 浙江工商大学学报

学 科 分 类	综合值	综合值位次	分学科总被引	学科被引累积百分比	学科被引位次
法学	0.036558	717	17	0.7343	308
经济计划与管理	0.023065	843	8	0.8874	754
政治学	0.020067	836	6	0.8602	829
文学	0.018567	613	5	0.8320	584
社会学	0.015569	625	3	0.8339	468
交通运输经济、旅游经济	0.014070	586	2	0.8362	580
体育学	0.014070	628	2	0.8898	614
农业经济	0.014070	740	2	0.9248	932
教育学	0.014070	966	2	0.9265	1486
民族学	0.012570	206	1	0.8950	152
经济学理论	0.012570	464	1	0.9623	423
哲学	0.012570	503	1	0.9598	604
文化学	0.012570	612	1	0.8360	721
语言学	0.012570	633	1	0.9986	1105
贸易经济	0.012570	633	1	0.9507	839
中国经济	0.012570	733	1	0.9589	1214
历史学	0.012570	761	1	0.9219	1651
财政、金融	0.012570	781	1	0.9813	1250

　　注：该刊"五年影响因子"为0.0933；"总转摘量"为55；"综合性期刊学科核心指数"为0.30；"综合性期刊学科核心扩展度"为1；"核心指数位次"为176；"核心扩展度位次"为27。

169. 浙江社会科学

学 科 分 类	综合值	综合值位次	分学科总被引	学科被引累积百分比	学科被引位次
政治学	0.564512	54	123	0.2464	39
法学	0.548827	52	111	0.4673	40
经济计划与管理	0.496741	105	86	0.6332	131
中国经济	0.391953	89	32	0.5633	109
财政、金融	0.385956	100	28	0.7120	165

（续表）

学 科 分 类	综合值	综合值位 次	分学科总被引	学科被引累积百分比	学科被引位次
历史学	0.385575	75	38	0.4259	91
社会学	0.382957	67	26	0.4056	55
文学	0.379076	58	27	0.5842	158
教育学	0.363086	104	23	0.6233	207
农业经济	0.360088	93	21	0.6097	153
哲学	0.352592	72	16	0.5879	89
工业经济	0.352013	79	11	0.5181	134
贸易经济	0.348094	92	13	0.6512	147
文化学	0.343596	68	10	0.3080	76
经济学理论	0.340598	81	8	0.5858	94
新闻学与传播学	0.339098	94	7	0.6883	237
图书馆、情报与档案学	0.339098	106	7	0.8624	301
宗教学	0.337599	41	6	0.5295	76
环境科学	0.337599	86	6	0.6855	234
体育学	0.337599	91	6	0.7607	181
其他学科（科技）	0.337599	106	6	0.7420	685
管理学（含科学学、人才学）	0.336100	85	5	0.7035	162
民族学	0.334601	39	4	0.5832	42
马克思主义	0.334601	42	4	0.6313	84
人口学	0.334601	51	4	0.7038	60
考古学	0.334601	54	4	0.8766	202
艺术学	0.334601	66	4	0.7308	300
世界各国经济（含各国经济史、经济地理）	0.333101	61	3	0.6779	128
交通运输经济、旅游经济	0.333101	77	3	0.8067	439
其他学科（人文社科）	0.331602	34	2	0.4962	21
心理学	0.331602	59	2	0.8732	253
统计学	0.330103	14	1	0.8692	28
语言学	0.330103	88	1	0.9988	1105

注：该刊"五年影响因子"为 0.2935；"总转摘量"为 303；"综合性期刊学科核心指数"为 9.50；"综合性期刊学科核心扩展度"为 21；"核心指数位次"为 11；"核心扩展度位次"为 7。

170. 浙江师范大学学报. 社会科学版

学 科 分 类	综合值	综合值位 次	分学科总被引	学科被引累积百分比	学科被引位次
文学	0.275735	117	37	0.4995	105
政治学	0.219516	299	18	0.7129	380
艺术学	0.216346	128	10	0.6072	115
新闻学与传播学	0.210520	220	12	0.6066	125
法学	0.201525	300	6	0.8557	715
经济计划与管理	0.200025	329	5	0.9156	998
哲学	0.198526	192	4	0.7952	252
社会学	0.198526	246	4	0.7726	378
考古学	0.197027	126	3	0.9018	261
交通运输经济、旅游经济	0.195528	205	2	0.8646	580
民族学	0.194028	84	1	0.8691	152
教育学	0.087088	574	26	0.5984	181
语言学	0.046644	456	15	0.7516	146
历史学	0.040647	556	11	0.6582	300
图书馆、情报与档案学	0.040647	562	11	0.8288	193
文化学	0.036150	516	8	0.3653	103
体育学	0.031652	517	5	0.8011	233
贸易经济	0.028653	531	3	0.8468	458
宗教学	0.027154	284	2	0.8100	224
环境科学	0.027154	494	2	0.8580	561
农业经济	0.027154	598	2	0.9275	932
中国经济	0.027154	600	2	0.9256	894
马克思主义	0.025655	219	1	0.8319	197
心理学	0.025655	326	1	0.9193	442
工业经济	0.025655	504	1	0.8810	1022
财政、金融	0.025655	639	1	0.9820	1250
其他学科（科技）	0.025655	768	1	0.9498	2183

注：该刊"五年影响因子"为0.1560；"总转摘量"为113；"综合性期刊学科核心指数"为2.66；"综合性期刊学科核心扩展度"为6；"核心指数位次"为102；"核心扩展度位次"为22。

171. 浙江树人大学学报

学 科 分 类	综合值	综合值位 次	分学科总被引	学科被引累积百分比	学科被引位次
教育学	0.093976	557	17	0.6725	284
经济计划与管理	0.064348	611	9	0.8810	700
贸易经济	0.059850	466	6	0.7493	280
语言学	0.058351	438	5	0.8677	429
中国经济	0.056852	523	4	0.8662	600
文学	0.055353	439	3	0.8988	789
图书馆、情报与档案学	0.055353	524	3	0.9105	698
财政、金融	0.055353	534	3	0.9196	746
新闻学与传播学	0.055353	538	3	0.7962	524
农业经济	0.053853	500	2	0.9278	932
其他学科（科技）	0.053853	617	2	0.8775	1512
法学	0.053853	660	2	0.9509	1400
环境科学	0.052354	433	1	0.9434	823
交通运输经济、旅游经济	0.052354	435	1	0.9206	887
社会学	0.052354	502	1	0.9443	906
历史学	0.052354	528	1	0.9181	1651

　　注：该刊"五年影响因子"为 0.0660；"总转摘量"为 21；"综合性期刊学科核心指数"为 0.33；"综合性期刊学科核心扩展度"为 1；"核心指数位次"为 173；"核心扩展度位次"为 27。

172. 浙江学刊

学 科 分 类	综合值	综合值位 次	分学科总被引	学科被引累积百分比	学科被引位次
法学	0.485038	68	83	0.4984	52
政治学	0.482365	77	90	0.3277	65
社会学	0.416211	55	57	0.2576	18
历史学	0.412847	68	53	0.3557	59
文学	0.370720	65	29	0.5697	147
经济计划与管理	0.367357	160	25	0.7796	330
哲学	0.365197	66	30	0.4381	43
教育学	0.345706	117	17	0.6687	284

学 科 分 类	综合值	综合值位次	分学科总被引	学科被引累积百分比	学科被引位次
财政、金融	0.345706	119	17	0.7799	252
农业经济	0.342708	104	15	0.6828	218
新闻学与传播学	0.339709	93	13	0.5913	115
中国经济	0.333712	118	9	0.7676	342
贸易经济	0.332213	103	8	0.7244	229
宗教学	0.330714	43	7	0.4568	63
环境科学	0.330714	90	7	0.6749	202
语言学	0.329215	89	6	0.8563	380
其他学科（科技）	0.329215	110	6	0.7388	685
考古学	0.327715	57	5	0.8554	175
文化学	0.327715	75	5	0.5090	185
经济学理论	0.327715	88	5	0.7154	151
工业经济	0.327715	90	5	0.6655	316
图书馆、情报与档案学	0.327715	110	5	0.8864	419
艺术学	0.324717	67	3	0.7824	375
管理学（含科学学、人才学）	0.324717	86	3	0.7654	252
民族学	0.323218	41	2	0.7544	84
人文地理学	0.323218	42	2	0.6914	75
人口学	0.323218	53	2	0.8380	120
交通运输经济、旅游经济	0.323218	85	2	0.8581	580
体育学	0.323218	97	2	0.8725	614
军事学	0.321718	35	1	0.6608	108
马克思主义	0.321718	46	1	0.8345	197
心理学	0.321718	61	1	0.9292	442
世界各国经济（含各国经济史、经济地理）	0.321718	67	1	0.9207	264

注：该刊"五年影响因子"为0.1783；"总转摘量"为268；"综合性期刊学科核心指数"为6.95；"综合性期刊学科核心扩展度"为15；"核心指数位次"为30；"核心扩展度位次"为13。

173. 郑州大学学报. 哲学社会科学版

学 科 分 类	综合值	综合值位 次	分学科总被引	学科被引累积百分比	学科被引位次
法学	0.249517	227	37	0.6139	126
文学	0.245145	144	35	0.5234	113
政治学	0.240717	268	38	0.5657	202
历史学	0.225725	198	28	0.4958	131
哲学	0.224225	171	27	0.4541	49
教育学	0.215230	260	21	0.6376	235
考古学	0.210732	113	18	0.7390	46
语言学	0.204735	186	14	0.7653	165
图书馆、情报与档案学	0.201737	232	12	0.8228	172
中国经济	0.201737	264	12	0.7249	271
经济计划与管理	0.198738	331	10	0.8711	657
财政、金融	0.197239	267	9	0.8476	403
新闻学与传播学	0.195740	243	8	0.6604	202
艺术学	0.194240	155	7	0.6720	178
经济学理论	0.191242	209	5	0.7041	151
体育学	0.191242	231	5	0.8005	233
社会学	0.191242	260	5	0.7428	319
贸易经济	0.189743	250	4	0.8227	368
农业经济	0.189743	268	4	0.8541	601
宗教学	0.188243	116	3	0.7178	154
管理学（含科学学、人才学）	0.188243	214	3	0.7670	252
交通运输经济、旅游经济	0.188243	216	3	0.8064	439
环境科学	0.188243	220	3	0.8288	415
文化学	0.188243	227	3	0.6747	335
心理学	0.186744	151	2	0.8739	253
其他学科（科技）	0.186744	290	2	0.8781	1512
其他学科（人文社科）	0.185245	64	1	0.8740	46
马克思主义	0.185245	115	1	0.8417	197
工业经济	0.185245	241	1	0.8774	1022

　　注：该刊"五年影响因子"为 0.1220；"总转摘量"为 243；"综合性期刊学科核心指数"为 3.70；"综合性期刊学科核心扩展度"为 9；"核心指数位次"为 76；"核心扩展度位次"为 19。

174. 中国地质大学学报.社会科学版

学 科 分 类	综合值	综合值 位 次	分学科 总被引	学科被引 累积百分比	学科被 引位次
教育学	0.346656	116	22	0.6278	224
经济计划与管理	0.334852	176	19	0.8159	416
环境科学	0.331815	89	16	0.5083	82
法学	0.330316	128	15	0.7547	350
工业经济	0.302324	107	9	0.5729	175
贸易经济	0.300824	124	8	0.7160	229
农业经济	0.300824	130	8	0.7812	383
中国经济	0.300824	146	8	0.7868	377
政治学	0.299325	190	7	0.8460	744
管理学（含科学学、人才学）	0.296327	108	5	0.6974	162
财政、金融	0.296327	159	5	0.8940	584
图书馆、情报与档案学	0.294827	131	4	0.9069	528
人口学	0.293328	73	3	0.7601	82
文化学	0.293328	95	3	0.6827	335
交通运输经济、旅游经济	0.293328	98	3	0.8077	439
其他学科（科技）	0.293328	138	3	0.8654	1170
新闻学与传播学	0.291829	119	2	0.8666	730
其他学科（人文社科）	0.290330	39	1	0.8817	46
文学	0.290330	107	1	0.9591	1393
社会学	0.290330	127	1	0.9396	906

注：该刊"五年影响因子"为0.1731；"总转摘量"为122；"综合性期刊学科核心指数"为1.91；"综合性期刊学科核心扩展度"为5；"核心指数位次"为124；"核心扩展度位次"为23。

175. 中国农业大学学报.社会科学版

学 科 分 类	综合值	综合值 位 次	分学科 总被引	学科被引 累积百分比	学科被 引位次
政治学	0.288601	203	45	0.5251	166
农业经济	0.287675	145	43	0.4656	63
经济计划与管理	0.227515	286	25	0.7800	330

（续表）

学 科 分 类	综合值	综合值位次	分学科总被引	学科被引累积百分比	学科被引位次
法学	0.199157	303	13	0.7723	395
社会学	0.197914	250	26	0.4085	55
其他学科（科技）	0.196415	271	25	0.4997	175
财政、金融	0.169428	306	7	0.8701	463
人口学	0.167929	143	6	0.6582	41
环境科学	0.167929	251	6	0.7071	234
心理学	0.166430	169	5	0.7482	104
历史学	0.166430	291	5	0.7652	548
教育学	0.166430	371	5	0.8481	828
宗教学	0.164930	133	4	0.6174	124
文化学	0.164930	264	4	0.5979	238
贸易经济	0.164930	276	4	0.8201	368
中国经济	0.164930	310	4	0.8587	600
体育学	0.163431	265	3	0.8395	399
民族学	0.161932	100	2	0.7141	84
艺术学	0.161932	201	2	0.8500	520
经济学理论	0.161932	246	2	0.8539	288
军事学	0.160433	85	1	0.6563	108
考古学	0.160433	153	1	0.9958	508
文学	0.160433	247	1	0.9568	1393
语言学	0.160433	251	1	0.9707	1105
交通运输经济、旅游经济	0.160433	257	1	0.9194	887
图书馆、情报与档案学	0.160433	300	1	0.9635	1460
新闻学与传播学	0.160433	313	1	0.9502	1115

注：该刊"五年影响因子"为0.3640；"总转摘量"为57；"综合性期刊学科核心指数"为3.57；"综合性期刊学科核心扩展度"为8；"核心指数位次"为80；"核心扩展度位次"为20。

176. 中国人民大学学报

学 科 分 类	综合值	综合值位次	分学科总被引	学科被引累积百分比	学科被引位次
政治学	1.062670	8	168	0.1633	19
法学	0.990697	24	144	0.4434	33

（续表）

学 科 分 类	综合值	综合值位次	分学科总被引	学科被引累积百分比	学科被引位次
经济计划与管理	0.853452	36	70	0.6637	152
中国经济	0.803857	13	48	0.4722	69
财政、金融	0.803512	18	45	0.6269	102
社会学	0.791169	9	46	0.2859	23
哲学	0.763373	11	33	0.4027	36
新闻学与传播学	0.733728	9	28	0.5056	59
教育学	0.733728	21	28	0.5792	165
历史学	0.727731	15	24	0.5385	165
文化学	0.721734	9	20	0.1288	20
经济学理论	0.720235	9	19	0.3937	32
农业经济	0.717236	21	17	0.6487	193
文学	0.715737	17	16	0.6922	256
体育学	0.714238	20	15	0.6889	62
其他学科（科技）	0.711239	16	13	0.6166	324
语言学	0.708241	31	11	0.7895	218
管理学（含科学学、人才学）	0.705242	12	9	0.5998	84
工业经济	0.702244	12	7	0.6086	232
宗教学	0.700745	8	6	0.4996	76
环境科学	0.700745	14	6	0.7049	234
其他学科（人文社科）	0.699245	6	5	0.2099	7
马克思主义	0.699245	8	5	0.6065	66
心理学	0.699245	11	5	0.7581	104
图书馆、情报与档案学	0.699245	34	5	0.8744	419
艺术学	0.697746	8	4	0.7313	300
交通运输经济、旅游经济	0.697746	15	4	0.7859	329
贸易经济	0.697746	17	4	0.8254	368
世界各国经济（含各国经济史、经济地理）	0.696247	8	3	0.6923	128
人口学	0.696247	11	3	0.7738	82
军事学	0.693248	5	1	0.6681	108
民族学	0.693248	8	1	0.8910	152

注：该刊"五年影响因子"为 0.5622；"总转摘量"为 429；"综合性期刊学科核心指数"为 11.26；"综合性期刊学科核心扩展度"为 23；"核心指数位次"为 8；"核心扩展度位次"为 5。

177. 中国社会科学

学 科 分 类	综合值	综合值位 次	分学科总被引	学科被引累积百分比	学科被引位次
法学	2.525422	3	564	0.2339	10
经济计划与管理	2.515619	6	551	0.2709	14
政治学	2.467733	2	479	0.0528	3
中国经济	2.051871	2	305	0.1442	5
财政、金融	1.827817	5	215	0.3457	18
社会学	1.783510	2	210	0.0891	2
农业经济	1.700223	3	179	0.2567	14
哲学	1.679993	1	150	0.1428	5
文学	1.657990	2	156	0.2170	16
教育学	1.603073	4	131	0.3285	35
历史学	1.588265	2	125	0.1916	17
经济学理论	1.563654	1	106	0.0777	2
贸易经济	1.493743	2	71	0.2865	16
其他学科（科技）	1.486247	2	66	0.2997	54
工业经济	1.455755	2	56	0.2304	20
环境科学	1.417583	2	37	0.3588	30
语言学	1.399824	10	51	0.6266	47
马克思主义	1.395463	1	30	0.1231	3
人口学	1.362343	3	26	0.5269	13
文化学	1.360843	2	25	0.0797	10
管理学（含科学学、人才学）	1.360843	2	25	0.4546	35
新闻学与传播学	1.357845	4	23	0.5289	71
世界各国经济（含各国经济史、经济地理）	1.353347	2	20	0.2635	15
民族学	1.351848	1	19	0.3514	11
图书馆、情报与档案学	1.350349	21	18	0.8011	131
考古学	1.345851	4	15	0.7600	57
宗教学	1.344352	1	14	0.2946	26
艺术学	1.344352	1	14	0.5510	86

（续表）

学 科 分 类	综合值	综合值位次	分学科总被引	学科被引累积百分比	学科被引位次
心理学	1.336855	4	9	0.7009	62
交通运输经济、旅游经济	1.335356	3	8	0.6281	154
体育学	1.333857	8	7	0.7496	151
其他学科（人文社科）	1.330858	1	5	0.2290	7
人文地理学	1.329359	2	4	0.5552	36
军事学	1.329359	2	4	0.3083	18

　　注：该刊"五年影响因子"为2.8709；"总转摘量"为478；"综合性期刊学科核心指数"为20.95；"综合性期刊学科核心扩展度"为30；"核心指数位次"为1；"核心扩展度位次"为1。

178. 中国社会科学院研究生院学报

学 科 分 类	综合值	综合值位次	分学科总被引	学科被引累积百分比	学科被引位次
政治学	0.293056	198	22	0.6815	334
历史学	0.289631	133	24	0.5409	165
法学	0.279569	174	25	0.6753	201
经济计划与管理	0.273140	228	13	0.8528	554
中国经济	0.264577	187	15	0.6907	222
哲学	0.263078	125	14	0.6157	108
文学	0.263078	129	14	0.7070	292
财政、金融	0.261578	193	13	0.8120	301
语言学	0.257081	131	10	0.7965	234
贸易经济	0.257081	170	10	0.6838	195
教育学	0.255581	206	9	0.7769	522
农业经济	0.254082	184	8	0.7748	383
宗教学	0.249584	79	5	0.5382	98
社会学	0.249584	175	5	0.7379	319
考古学	0.248085	94	4	0.8666	202
文化学	0.248085	141	4	0.5829	238
经济学理论	0.248085	147	4	0.7334	181
环境科学	0.248085	158	4	0.7653	331

（续表）

学 科 分 类	综合值	综合值位 次	分学科总被引	学科被引累积百分比	学科被引位次
工业经济	0.248085	159	4	0.7075	368
图书馆、情报与档案学	0.248085	175	4	0.9055	528
其他学科（科技）	0.248085	195	4	0.7916	926
世界各国经济（含各国经济史、经济地理）	0.246586	116	3	0.6894	128
交通运输经济、旅游经济	0.246586	148	3	0.7996	439
心理学	0.245087	106	2	0.8864	253
艺术学	0.245087	110	2	0.8777	520
新闻学与传播学	0.245087	179	2	0.8443	730
军事学	0.243587	55	1	0.6652	108
人文地理学	0.243587	60	1	0.8700	136
马克思主义	0.243587	81	1	0.8274	197
人口学	0.243587	97	1	0.9619	215
体育学	0.243587	163	1	0.9560	1006

注：该刊"五年影响因子"为 0.1549；"总转摘量"为 143；"综合性期刊学科核心指数"为 3.64；"综合性期刊学科核心扩展度"为 10；"核心指数位次"为 78；"核心扩展度位次"为 18。

179. 中山大学学报.社会科学版

学 科 分 类	综合值	综合值位 次	分学科总被引	学科被引累积百分比	学科被引位次
政治学	0.630230	40	76	0.3918	90
经济计划与管理	0.627437	67	76	0.6465	140
文学	0.592277	26	60	0.3858	53
历史学	0.565332	34	56	0.3392	54
哲学	0.536538	26	34	0.3933	35
法学	0.510004	61	34	0.6274	144
中国经济	0.507067	49	19	0.6519	171
社会学	0.504479	33	21	0.4387	66
其他学科（科技）	0.489014	48	20	0.5341	208
语言学	0.489014	55	20	0.7151	109
贸易经济	0.475521	47	11	0.6777	181

（续表）

学 科 分 类	综合值	综合值位次	分学科总被引	学科被引累积百分比	学科被引位次
财政、金融	0.475521	74	11	0.8265	346
民族学	0.474022	20	10	0.4653	21
农业经济	0.474022	54	10	0.7322	306
教育学	0.474022	62	10	0.7577	477
交通运输经济、旅游经济	0.472523	30	9	0.6237	129
考古学	0.472523	32	9	0.8109	103
文化学	0.471023	30	8	0.3830	103
工业经济	0.471023	40	8	0.5817	197
新闻学与传播学	0.471023	50	8	0.6770	202
艺术学	0.469524	40	7	0.6640	178
图书馆、情报与档案学	0.469524	63	7	0.8534	301
人口学	0.468025	24	6	0.6558	41
宗教学	0.465026	24	4	0.6324	124
经济学理论	0.465026	37	4	0.7365	181
管理学（含科学学、人才学）	0.463527	44	3	0.7791	252
人文地理学	0.462028	20	2	0.6873	75
世界各国经济（含各国经济史、经济地理）	0.462028	25	2	0.7923	167
环境科学	0.462028	40	2	0.8494	561
体育学	0.460529	48	1	0.9632	1006

　　注：该刊"五年影响因子"为0.3619；"总转摘量"为336；"综合性期刊学科核心指数"为8.54；"综合性期刊学科核心扩展度"为19；"核心指数位次"为19；"核心扩展度位次"为9。

180. 中州学刊

学 科 分 类	综合值	综合值位次	分学科总被引	学科被引累积百分比	学科被引位次
政治学	0.382993	126	87	0.3433	70
法学	0.323866	134	55	0.5552	83
哲学	0.310436	93	51	0.3283	24
文学	0.305938	97	48	0.4328	71
历史学	0.304712	120	54	0.3503	57

（续表）

学 科 分 类	综合值	综合值位 次	分学科总被引	学科被引累积百分比	学科被引位次
经济计划与管理	0.282415	215	32	0.7503	262
中国经济	0.280451	164	31	0.5650	114
农业经济	0.267169	168	24	0.5867	136
社会学	0.249240	177	17	0.4747	84
新闻学与传播学	0.244426	182	11	0.6223	142
财政、金融	0.238745	220	10	0.8458	371
文化学	0.235747	160	8	0.3583	103
经济学理论	0.235747	160	8	0.6122	94
交通运输经济、旅游经济	0.235747	163	8	0.6255	154
教育学	0.235747	231	8	0.7868	574
考古学	0.232748	100	6	0.8399	145
体育学	0.231249	178	5	0.7918	233
工业经济	0.231249	183	5	0.6858	316
图书馆、情报与档案学	0.231249	189	5	0.8742	419
贸易经济	0.229750	191	4	0.8048	368
人口学	0.228251	105	3	0.7564	82
心理学	0.228251	116	3	0.8239	175
语言学	0.228251	168	3	0.9019	601
环境科学	0.228251	177	3	0.8148	415
其他学科（科技）	0.228251	221	3	0.8345	1170
宗教学	0.226751	91	2	0.7734	224
马克思主义	0.226751	92	2	0.7629	134
艺术学	0.226751	123	2	0.8426	520
人文地理学	0.225252	69	1	0.8813	136
民族学	0.225252	70	1	0.9103	152
世界各国经济（含各国经济史、经济地理）	0.225252	131	1	0.9760	264
管理学（含科学学、人才学）	0.225252	164	1	0.9498	583

　　注：该刊"五年影响因子"为 0.1464；"总转摘量"为 316；"综合性期刊学科核心指数"为 6.46；"综合性期刊学科核心扩展度"为 13；"核心指数位次"为 33；"核心扩展度位次"为 15。

181. 重庆大学学报. 社会科学版

学 科 分 类	综合值	综合值位次	分学科总被引	学科被引累积百分比	学科被引位次
经济计划与管理	0.307053	196	82	0.6374	134
教育学	0.206426	284	29	0.5764	157
法学	0.192844	319	27	0.6634	180
图书馆、情报与档案学	0.189728	248	21	0.7906	111
财政、金融	0.175823	295	18	0.7774	237
中国经济	0.170796	303	17	0.6699	198
新闻学与传播学	0.163211	306	19	0.5528	86
农业经济	0.161711	307	18	0.6439	183
语言学	0.158713	255	16	0.7411	135
工业经济	0.148218	306	9	0.5603	175
政治学	0.148218	436	9	0.8034	623
贸易经济	0.146719	310	8	0.7198	229
其他学科（科技）	0.14372	379	6	0.7614	685
交通运输经济、旅游经济	0.142221	289	5	0.7216	262
环境科学	0.142221	294	5	0.7346	273
其他学科（人文社科）	0.140722	71	4	0.3321	12
管理学（含科学学、人才学）	0.140722	270	4	0.7474	191
文学	0.140722	282	4	0.8589	659
社会学	0.140722	347	4	0.7775	378
心理学	0.139223	200	3	0.8234	175
艺术学	0.139223	246	3	0.7647	375
文化学	0.139223	327	3	0.686	335
邮电经济	0.136224	71	1	0.6762	69
人口学	0.136224	159	1	0.8683	215
经济学理论	0.136224	275	1	0.9861	423
哲学	0.136224	292	1	0.9065	604
历史学	0.136224	354	1	0.9521	1651

注：该刊"五年影响因子"为0.25；"总转摘量"为101；"综合性期刊学科核心指数"为4；"综合性期刊学科核心扩展度"为10；"核心指数位次"为72；"核心扩展度位次"为18。

182. 重庆工商大学学报. 社会科学版

学 科 分 类	综合值	综合值位次	分学科总被引	学科被引累积百分比	学科被引位次
经济计划与管理	0.133892	460	20	0.8114	402
财政、金融	0.126396	381	15	0.7942	269
中国经济	0.124897	386	14	0.7055	238
法学	0.124897	477	14	0.7607	370
政治学	0.123398	491	13	0.7675	495
贸易经济	0.12142	358	8	0.7228	229
语言学	0.115901	333	8	0.8391	297
交通运输经济、旅游经济	0.115901	334	8	0.6342	154
农业经济	0.115901	389	8	0.7787	383
教育学	0.115901	491	8	0.7863	574
工业经济	0.112903	358	6	0.6537	273
新闻学与传播学	0.109904	420	4	0.7596	411
管理学（含科学学、人才学）	0.108405	316	3	0.7786	252
环境科学	0.108405	346	3	0.8345	415
文化学	0.108405	388	3	0.6867	335
经济学理论	0.106906	314	2	0.8529	288
历史学	0.106906	419	2	0.852	1093
其他学科（科技）	0.106906	464	2	0.8933	1512
统计学	0.105407	38	1	0.8962	28
马克思主义	0.105407	172	1	0.83	197
心理学	0.105407	233	1	0.9028	442
文学	0.105407	341	1	0.9586	1393
体育学	0.105407	377	1	0.96	1006
图书馆、情报与档案学	0.105407	421	1	0.9705	1460

注：该刊"五年影响因子"为 0.1158；"总转摘量"为 29；"综合性期刊学科核心指数"为 1.03；"综合性期刊学科核心扩展度"为 3；"核心指数位次"为 146；"核心扩展度位次"为 25。

183. 重庆理工大学学报. 社会科学版

学 科 分 类	综合值	综合值位次	分学科总被引	学科被引累积百分比	学科被引位次
语言学	0.162984	249	48	0.6378	50
经济计划与管理	0.159986	413	46	0.7061	200

（续表）

学 科 分 类	综合值	综合值位次	分学科总被引	学科被引累积百分比	学科被引位次
法学	0.153989	404	42	0.5895	106
教育学	0.127904	461	27	0.5916	170
政治学	0.123406	490	24	0.6651	305
财政、金融	0.113509	408	15	0.7936	269
哲学	0.112911	332	17	0.5672	86
文学	0.105415	340	12	0.7345	335
其他学科（科技）	0.105415	469	12	0.6339	351
交通运输经济、旅游经济	0.104514	353	9	0.6032	129
中国经济	0.104514	418	9	0.7691	342
图书馆、情报与档案学	0.101515	427	7	0.8551	301
贸易经济	0.100917	394	9	0.7002	207
体育学	0.100016	390	6	0.7699	181
环境科学	0.099418	358	8	0.6331	177
工业经济	0.099418	377	8	0.5791	197
新闻学与传播学	0.099418	442	8	0.6654	202
农业经济	0.098517	416	5	0.8272	522
管理学（含科学学、人才学）	0.097017	329	4	0.7467	191
宗教学	0.09642	214	6	0.5071	76
社会学	0.09642	436	6	0.6811	266
文化学	0.093421	425	4	0.5758	238
民族学	0.09252	156	1	0.8748	152
历史学	0.09252	452	1	0.9523	1651
经济学理论	0.091922	336	3	0.7759	222
心理学	0.088923	255	1	0.9021	442

注：该刊"五年影响因子"为0.1066；"总转摘量"为52；"综合性期刊学科核心指数"为5.07；"综合性期刊学科核心扩展度"为13；"核心指数位次"为53；"核心扩展度位次"为15。

184. 重庆社会科学

学 科 分 类	综合值	综合值位次	分学科总被引	学科被引累积百分比	学科被引位次
政治学	0.06142	619	31	0.6146	250
农业经济	0.046428	525	21	0.6086	153

（续表）

学 科 分 类	综合值	综合值位 次	分学科总被引	学科被引累积百分比	学科被引位次
法学	0.035933	722	14	0.763	370
经济计划与管理	0.035933	726	14	0.8497	530
中国经济	0.031435	584	11	0.7394	291
文学	0.028437	526	9	0.7667	400
历史学	0.028437	590	9	0.6851	347
社会学	0.026937	559	8	0.6229	196
财政、金融	0.026937	630	8	0.8566	430
文化学	0.02244	545	5	0.4879	185
环境科学	0.02094	526	4	0.7801	331
其他学科（科技）	0.02094	819	4	0.8152	926
哲学	0.019441	465	3	0.8386	314
艺术学	0.019441	478	3	0.812	375
体育学	0.019441	570	3	0.8419	399
新闻学与传播学	0.019441	637	3	0.8085	524
教育学	0.019441	859	3	0.9122	1172
民族学	0.017942	202	2	0.6995	84
马克思主义	0.017942	232	2	0.7616	134
其他学科（人文社科）	0.016443	98	1	0.9084	46
人文地理学	0.016443	181	1	0.8658	136
人口学	0.016443	263	1	0.8757	215
世界各国经济（含各国经济史、经济地理）	0.016443	319	1	0.9659	264
心理学	0.016443	358	1	0.902	442
管理学（含科学学、人才学）	0.016443	446	1	0.9681	583
贸易经济	0.016443	584	1	0.9773	839
图书馆、情报与档案学	0.016443	700	1	0.9773	1460

　　注：该刊"五年影响因子"为 0.075；"总转摘量"为 83；"综合性期刊学科核心指数"为 0.3；"综合性期刊学科核心扩展度"为 1；"核心指数位次"为 176；"核心扩展度位次"为 27。

185. 重庆师范大学学报. 哲学社会科学版

学 科 分 类	综合值	综合值位次	分学科总被引	学科被引累积百分比	学科被引位次
历史学	0.066016	504	14	0.6199	244
文学	0.064969	418	20	0.6368	209
语言学	0.051475	449	11	0.7946	218
教育学	0.042480	685	5	0.8468	828
文化学	0.040981	507	4	0.5661	238
交通运输经济、旅游经济	0.039481	456	3	0.7970	439
中国经济	0.039481	558	3	0.8942	713
财政、金融	0.039481	574	3	0.9221	746
其他学科（科技）	0.039481	669	3	0.8285	1170
经济计划与管理	0.039481	707	3	0.9467	1306
人文地理学	0.037982	164	2	0.7079	75
艺术学	0.037982	414	2	0.8428	520
体育学	0.037982	506	2	0.8907	614
宗教学	0.036483	270	1	0.9643	331
考古学	0.036483	285	1	0.9964	508
经济学理论	0.036483	391	1	0.9962	423
工业经济	0.036483	472	1	0.9608	1022
贸易经济	0.036483	503	1	0.9772	839
社会学	0.036483	524	1	0.9700	906
农业经济	0.036483	553	1	0.9601	1275
图书馆、情报与档案学	0.036483	580	1	0.9766	1460
政治学	0.036483	702	1	0.9724	1917
法学	0.036483	718	1	0.9985	1930

注：该刊"五年影响因子"为0.0668；"总转摘量"为28；"综合性期刊学科核心指数"为1.18；"综合性期刊学科核心扩展度"为3；"核心指数位次"为141；"核心扩展度位次"为25。

186. 重庆邮电大学学报. 社会科学版

学 科 分 类	综合值	综合值位次	分学科总被引	学科被引累积百分比	学科被引位次
教育学	0.25556	207	53	0.4976	98
政治学	0.213912	306	36	0.5799	213

（续表）

学 科 分 类	综合值	综合值位 次	分学科总被引	学科被引累积百分比	学科被引位次
法学	0.208219	289	34	0.6283	144
语言学	0.152798	266	15	0.7454	146
中国经济	0.151298	337	14	0.7025	238
新闻学与传播学	0.149799	329	13	0.5973	115
哲学	0.1483	264	12	0.6435	120
经济计划与管理	0.143802	444	9	0.8835	700
艺术学	0.140804	241	7	0.6656	178
邮电经济	0.137805	69	5	0.2219	6
文学	0.137805	287	5	0.8306	584
马克思主义	0.136306	144	4	0.6287	84
交通运输经济、旅游经济	0.136306	302	4	0.7646	329
环境科学	0.136306	305	4	0.7806	331
文化学	0.136306	334	4	0.5625	238
农业经济	0.136306	351	4	0.853	601
历史学	0.136306	353	4	0.8007	665
其他学科（科技）	0.136306	399	4	0.7937	926
心理学	0.134807	205	3	0.8229	175
工业经济	0.134807	326	3	0.7558	484
贸易经济	0.134807	332	3	0.8414	458
图书馆、情报与档案学	0.134807	356	3	0.9142	698
社会学	0.134807	361	3	0.811	468
人文地理学	0.133307	113	2	0.6997	75
经济学理论	0.133307	284	2	0.8686	288
财政、金融	0.133307	372	2	0.9458	914
宗教学	0.131808	171	1	0.9693	331
世界各国经济（含各国经济史、经济地理）	0.131808	212	1	0.9788	264
管理学（含科学学、人才学）	0.131808	283	1	0.966	583

　　注：该刊"五年影响因子"为 0.2146；"总转摘量"为 46；"综合性期刊学科核心指数"为 4.27；"综合性期刊学科核心扩展度"为 10；"核心指数位次"为 68；"核心扩展度位次"为 18。

核心期刊简介

安徽大学学报. 哲学社会科学版 = Journal of Anhui University. Philosophy and Social Sciences/安徽大学 . – 合肥：《安徽大学学报》编辑部，1960 –

双月刊　　　　　　　大 16 开

ISSN 1001 – 5019　　　CN 34 – 1040　　　26 – 42

安徽省合肥市肥西路 3 号（230039）

编辑部电话：0551 – 5107145

E-mail：journal@ mars. ahu. edu. cn

人文社会科学综合性学术刊物。曾用名《安徽大学学报. 社会科学版》（1975 ~ 1979）。办刊宗旨：坚持正确的舆论导向，立足安徽，面向全国，以学术为本位，以质量为生命，刊发有较高学术水平的论文。除刊载人文社会科学各学科领域的理论研究成果外，还根据学科设置和实际情况，刊发有一定深度的学术论文和调查研究报告。常设栏目有：西方哲学、中国哲学、美学、语言学、法学、政治学、宗教学、社会学、历史学、经济学、管理学、新闻学、教育学、外国文学等。读者对象为社会科学工作者和高校文科专业师生。有英文目次和中英文文摘。

安徽师范大学学报. 人文社会科学版 = Journal of Anhui Normal University. Hu – manities & Social Sciences/安徽师范大学 . – 芜湖：《安徽师范大学学报》编辑部，1957 –

双月刊　　　　　　　大 16 开

ISSN 1001 – 2435　　　CN 34 – 1041　　　26 – 38

安徽省芜湖市北京东路 1 号（241000）

编辑部电话：0553 – 3869260

E-mail：ahsd@ chinajournal. net. cn

人文社会科学综合性学术刊物。以繁荣人文社会科学，鼓励理论创新，发现和培养人才，弘扬民族优秀传统文化，开展国际学术交流，促进教学科研与学科建设，推动物质文明、政治文明和精神文明建设为宗旨，力求形成文史见长，严谨求实的风格，体现师范特色、地方特色和时代特色。主要栏目有：中国古代文化、哲学问题研究、诠释学研究、中国诗学研究、历史研究、社会主义核心价值体系研究、美学研究、教育学和心理学研究、社会学研究、马克思主义中国化研究等。其中"马克思主义中国化研究"、"社会主义核心价值体系研究"、"中国诗学研究"、"哲学问题研究"、"教育学和心理学研究"成为在学术界有一定影响的特色研究栏目。

安徽史学 = Anhui Historiography/安徽省社会科学院 . – 合肥：《安徽史学》编辑部，1957 –

季刊	大 16 开
ISSN 1005 – 605X	CN 34 – 1008　　26 – 9

安徽省合肥市卫岗安徽省社会科学院内 （230053）
编辑部电话：0551 – 3438361
E-mail：ahshixue@ tom. com

　　史学研究类学术刊物。原名《安徽史学通讯》。以历史研究为主，注重专业性、学术性，是中国创办比较早的史学刊物之一。办刊宗旨：反映国内外史学界的最新史学研究成果和研究动态；注重发挥既有全国影响，又有特色的选题优势；努力办成既有较高学术质量，又有鲜明特色，兼具"虚"、"实"，容纳古今中外的综合性史学刊物。主要栏目有：专题研究、徽学研究、江淮流域史研究、读史札记、学术综述、学术评价等。读者对象为国内外各大专院校、社会科学研究机构的教学、研究人员，中学历史教师，以及史学爱好者。有英文目次。

保险研究 = Insurance Studies/中国保险学会 . – 北京：《保险研究》编辑部，1980 –

月刊	大 16 开
ISSN 1004 – 3306	CN 11 – 1632

北京市西城区金融大街 15 号鑫茂大厦北楼 7 层 （100033）
编辑部电话：010 – 66553510
E-mail：bxyjbjb@ 163. com

　　保险研究专业刊物。中国保险学会会刊。以科学发展观为办刊指导，坚持理论联系实际的原则，根据国家经济社会发展战略和经济体制改革的要求，结合实际工作需要，研究探讨社会主义市场经济体制下的保险理论和实务问题，保持"繁荣学术研究，创新保险理论，促进事业发展，服务小康社会"的办刊特色，引导和推动保险事业持续、快速、协调、健康地发展。只设两个专题栏目：商业保险、社会保险。载文内容涉及农业保险、灾害保险、上市保险公司、养老保险、企业信用保险等问题。读者对象为从事保险理论研究和保险业务工作的人员，以及相关专业的高校师生。有英文目次。

北方论丛 = The Northen Forum/哈尔滨师范大学．－哈尔滨：《北方论丛》编辑部，1959 –

双月刊　　　　　　　　大 16 开

ISSN 1000 – 3541　　　　CN 23 – 1073　　　14 – 60

黑龙江省哈尔滨市南岗区和兴路 50 号（150080）

编辑部电话：0451 – 88060078

E-mail：bflc@ vip. 163. com

　　人文社会科学综合性学术刊物。其前身为《哈尔滨师范学院学报. 哲学社会科学版》，1979 年改为现刊名。以求真、论是、图新、致用为宗旨，坚持探索、开放、创新、超越的办刊理念；以为教学和科研服务、为繁荣学术服务、为社会主义精神文明建设服务为目的，开展不同学术观点的争鸣，重视黑龙江省历史和现状的理论研究，以文学、历史、教育研究为重点。主要栏目有：古代诗学、戏曲与小说、媒介文化批评、中国古代知识分子研究、马克思主义与现代性问题、科学技术哲学思想空间、经学研究、冷战史研究、移民与移民文化、关注消费社会、史学博士论坛等。读者对象为人文社会科学研究人员及大专院校师生。

北京大学教育评论 = Peking University Education Review/北京大学．－北京：《北京大学教育评论》编辑部，1986 –

季刊　　　　　　　　　16 开

ISSN 1671 – 9468　　　　CN 11 – 4848　　　82 – 388

北京市海淀区颐和园路 5 号（100871）

编辑部电话：010 – 62754971

E-mail：jypl@ pku. edu. cn

　　教育类学术刊物。其前身为《高等教育论坛》，2003 年改为现刊名。办刊宗旨：贯彻"双百"方针，繁荣教育科学研究，为教育学学科建设及教育改革和发展服务；坚持立足中国教育现实、着眼国际学术前沿、理论联系实际、众多学科参与的栏目特色。主要栏目有：专题研究、理论研究、教育史研究、教育经济与管理、课程与教学研究、教育时论、著述评价等。读者对象为教育科研人员、教育行政管理人员、高等院校师生。有英文目次、中文论文提要。

北京大学学报. 哲学社会科学版 = Journal of Peking University. Philosophy and Social Sciences/北京大学．－北京：《北京大学学报》编辑部，1955 –

双月刊   大 16 开
ISSN 1000 – 5919   CN 11 – 1561   2 – 88
北京市海淀区颐和园路 5 号 （100871）
编辑部电话：010 – 62751216
E-mail：journal@ pku. edu. cn

人文社会科学综合性学术刊物。办刊宗旨：坚持正确的人文导向，贯彻"双百"方针，继承北京大学优良学术传统，注重理论和实践问题的探索，走理论联系实际、学术结合时代之路，追踪社会思潮、理论前沿和学术热点。重点刊载北京大学师生的最新研究成果，体现北京大学在学术探索和学术创新上的水平。内容涉及哲学、文学、史学、经济学、政治学、法学、教育学等领域。主要栏目有：哲学研究、宗教学研究、文学研究、史学研究、语言学研究、人口学研究、法学研究、新闻传播学研究、治学之道、书评等。读者对象为社会科学工作者及大专院校文科师生。

北京电影学院学报 = Journal of Beijing Film Academy/北京电影学院．– 北京：《北京电影学院学报》编辑部，1984 –

双月刊   大 16 开
ISSN 1002 – 6142   CN 11 – 1677   82 – 172
北京市海淀区西土城路 4 号《北京电影学院学报》编辑部 （100088）
编辑部电话：010 – 82283412
E-mail：xuebaobfa@ bfa. edu. cn

电影电视艺术类期刊。办刊宗旨：始终保持浓厚的时代气息，注意反映学院教师的教学及学术研究成果，追踪反映国内外影视最新创作动态及研究动态，报道中外电影艺术发展动态。发表有关电影理论与教学研究、电影创作等方面的论文。栏目设置有：特别策划、新媒体影像研究、纪录片、港台电影、电影史、热点探析、学术探讨、3D 技术与艺术、电影创作、锐影评、学术信息等。读者对象为电影院校师生、电影专业人员及广大电影爱好者。

北京工商大学学报．社会科学版 = Journal of Beijing Technology and Business University. Social Science/北京工商大学．– 北京：《北京工商大学学报》编辑部，1981 –

双月刊   大 16 开
ISSN 1009 – 6116   CN 11 – 4509   82 – 360

北京市海淀区阜成路 33 号（100037）

编辑部电话：010 – 68984614

E-mail：xuebao@ btbu. edu. cn

以贸易经济类为主的综合性学术期刊。曾用名《北京商学院学报》。力求及时、真实地反映国内外贸易经济领域内的最新学术成果和理论研究动态，特别是在市场经济条件下，及时反映大商业、大市场、大流通理论研究与实践中的创新科研成果和前沿动态。主要栏目有：商贸流通研究、管理理论研究、市场营销、财务会计与审计、财政金融保险、消费经济研究、经济热点探讨、经济史学研究、旅游管理研究、商业法制研究等。读者对象为高校师生、科研机构和政府政策研究部门的研究人员以及企业经营管理人士等。有中文论文摘要。

北京社会科学 = Social Science of Beijing/北京市社会科学院. – 北京：《北京社会科学》编辑部，1986 –

双月刊　　　　　　　　大 16 开

ISSN 1002 – 3054　　　CN 11 – 1105　　　80 – 290

北京市朝阳区北四环中路 33 号（100101）

编辑部电话：010 – 64870591

E-mail：bjshkx@ sina. com

人文社会科学综合性学术刊物。以倡导学术理论创新和实事求是的学风，促进各学科的学术交流为办刊宗旨。注重对中国，特别是对北京在改革发展中遇到的现实问题和热点问题的研究，力求全面反映有关北京市的社会经济、人文历史等方面的学术研究成果。载文内容涉及哲学、文学、语言学、史学、经济、政治、社会学等。主要栏目有：文化发展论坛、经济与管理、政治与法律、社会与人口、文学与艺术等。读者对象为社会科学工作者、高等院校文科师生、党政机关工作人员。

北京师范大学学报. 社会科学版 = Journal of Beijing Normal University. Social Science/北京师范大学. – 北京：《北京师范大学学报. 社会科学版》编辑部，1956 –

双月刊　　　　　　　　大 16 开

ISSN 1002 – 0209　　　CN 11 – 1514　　　2 – 98

北京市西城区新街口外大街 19 号（100875）

编辑部电话：010 – 58807848

E-mail：wkxb@ bnu. edu. cn

　　人文社会科学综合性学术刊物。以推崇科学、发展成果、促进交流、繁荣文化为办刊宗旨，以时代性、实用性、学术性、创新性为办刊特色，突出哲学社会科学研究的前沿问题。以反映北京师范大学师生的科研成果为主，刊载教育学、教育思想、传统文化及中外人文社会科学各学科领域的学术文章。主要栏目有：教育研究、心理研究、伦理研究、经济研究、文学研究、历史研究、语言研究、中国传统学术思想研究、西方学术前沿、数理逻辑研究、可持续发展战略研究、管理研究等。读者对象为社会科学工作者、教育工作者、大专院校文科师生。

北京体育大学学报 = Journal of Beijing Sport University/北京体育大学 . – 北京：《北京体育大学学报》编辑部，1966 –

月刊　　　　　　　　大 16 开
ISSN 1007 – 3612　　　CN 11 – 3785　　80 – 325
北京市海淀区信息路 48 号 （100084）
编辑部电话：010 – 62989268
E-mail：BJTD@ chinajournal. net. cn

　　体育类学术期刊。原名《北京体育学院学报》，1993 年变更为现刊名。主要刊登体育教师、教练员、研究人员、研究生等在体育科学及其边缘学科等领域的研究成果及综述性文章，其中包括体育基础理论研究与应用、体育教学与训练改革、体育及竞赛项目技术分析、体育科研动态、体育社会学、运动医学、群众体育及国外体育科研成果与体育信息交流等。栏目设置有：体育人文社会学、运动人体科学与运动心理学、体育教育学、运动训练学、专题论坛等。读者对象为国内外体育科技工作者与管理者、体育教师、教练员以及体育院校在校生等。有英文目次和文摘。

北京行政学院学报 = Journal of Beijing Administrative College/北京行政学院 . – 北京：《北京行政学院学报》编辑部，1999 –

双月刊　　　　　　　大 16 开
ISSN 1008 – 7621　　　CN 11 – 4054　　2 – 385
北京市西城区车公庄大街 6 号 （100044）
编辑部电话：010 – 68007412
E-mail：bacjournal@ vip. 163. com

　　政治研究类学术刊物。办刊宗旨：致力于贴近中国现代化建设事业、中国学术事业和读者的需要，强化对马克思主义中国化最新成果的研究和探索，注重学术积累与学术创新，注重对重大现实问题的理论探索，注重推动学科发展。主要刊载涉及政治学、公共管理学、马克思主义、经济学、社会学、法学、哲学、历史学等学科的研究成果，以及首都研究和国外（海外）政治行政研究成果译介、学术研究综述和调查报告等。主要栏目有：分类推进事业单位改革研究专题、地方政府与治理、政治·行政、马克思主义与当代、经济·管理、法律·社会、哲学·人文首都研究、风险规制与食品安全等。读者对象为人文社会科学工作者、大专院校师生以及部分机关干部、社会人士。有英文目次和中英文论文摘要。

比较法研究 = Journal or Comparative Law/中国政法大学比较法研究所. – 北京：《比较法研究》编辑部，1987 –

双月刊　　　　　　　16 开
ISSN 1004 – 8561　　　CN 11 – 3171　　2 – 306
北京市海淀区西土城路 25 号（100088）
编辑部电话：010 – 58908258
E-mail：bijiaofa@ hotmail. com

　　比较法学专业理论刊物。旨在促进我国比较法学基本理论、方法的探讨和发展，及时深入地反映国内外法学理论和法律制度发展的最新动态及较高水平的研究成果，倡导对各国法律制度与思想进行深入的比较研究，增进中外法学界之间的思想沟通和学术对话，为中国法律制度的发展与完善提供具有启发性和可行性的借鉴和思路。文章注重学理性，刊发有深度、有独立见解、反映最新学术水平和直接涉及社会现实问题的制度性研究文章。栏目设置有：论文、主题研讨、法政时评、人物与思想、人文对话、法学译介、学术信息等。读者对象为法学教师或大专院校法律系学生、科研工作者、司法工作者、律师以及有兴趣于法学研究的读者。有英文目次。

比较教育研究 = Comparative Education Review/北京师范大学. – 北京：北京师范大学国际比较教育研究院，1965 –

月刊　　　　　　　　大 16 开
ISSN 1003 – 7667　　　CN 11 – 2878　　2 – 466
北京市西城区新街口外大街 19 号（100875）

编辑部电话：010 – 58808310

E-mail：bjb@ 263. net. cn

　　教育学专业刊物。原名《外国教育动态》，1992 年改为现刊名。办刊宗旨：向教育工作者介绍世界各国的教育情况，对外国教育进行比较研究，贯彻"洋为中用"的原则，学习外国教育中的有益经验，以便促进中国教育事业的发展。主要刊登国内外教育思想研究、教学理论研究、教学管理经验、中外教育观比较等方面的文章，及时报道国内外教育动态。主要栏目有：基础教育、教师教育研究、教育政策研究、教育思想与理论、教育改革、教育国际化等。读者对象为高等院校师生、教育学研究人员等。有英文目次和中英文论文提要。

编辑学报 = Acta Editologica/中国科学技术期刊编辑学会 . – 北京：《编辑学报》编辑部，1989 –

双月刊　　　　　　　　大 16 开

ISSN 1001 – 4314　　　CN 11 – 2493　　82 – 638

北京市西城区白广路 18 号报刊总社 8 号信箱 （100053）

编辑部电话：010 – 63577685

E-mail：bjxb_ bj@ 163. com

　　编辑出版类专业学术刊物。办刊宗旨为执行"百花齐放、百家争鸣"的理论与实践相结合的方针，重点反映国内外有关科技书刊，特别是科技期刊编辑出版理论与实践研究的成果，促进科技编辑学、科技期刊学研究，为推动社会主义文化大发展大繁荣和建设文化强国服务。辟有理论研究、编辑工程与标准化、改革探索、经营管理、新技术应用、人才培养 、办刊之道、期刊现代化、期刊评价、编辑感悟、学术争鸣、标准修订讨论、有问必答、名刊采风等栏目。读者对象为科技期刊编辑人员及图书编辑出版研究者、管理者、作者和读者及高校编辑专业的师生。有英文目次、中英文论文提要。

编辑之友 = Editorial Friend/山西出版集团 . – 太原：《编辑之友》编辑部，1985 –

月刊　　　　　　　　大 16 开

ISSN 1003 – 6687　　　CN 14 – 1066　　22 – 64

山西省太原市建设南路 21 号出版大厦 （030012）

编辑部电话：0351 – 4956011

E-mail：bianjizhiyou@ 126. com

编辑出版类专业学术性刊物。以"探索出版规律，引领出版潮流"为宗旨，以前瞻、深刻、务实、形象为特色，力争反映编辑出版的最新研究成果。以编辑理论研究为中心，主要刊登编辑出版理论研究方面的论文，兼及编辑工作的其他方面，努力在保持学术性的同时兼具实用性，介绍编辑出版工作经验。辟有沙龙、书业、刊界、营销、传媒、数字、学研、实务、荐书、版权、装帧、个案、史料、域外等栏目。读者对象为编辑工作者及高校相关专业师生。

财经科学 = Finance & Economics/西南财经大学. – 成都：《财经科学》编辑部，1957 –
月刊　　　　　　　　16 开
ISSN 1000 – 8306　　　CN 51 – 1104　　62 – 5
四川省成都市外西光华村西南财经大学光华楼 1301 室（610074）
编辑部电话：028 – 87352248
E-mail：cjkx@ swvfe. edu. cn

　　财经类综合性刊物。以"求是为本，创新为先"为办刊理念，力求理论联系实际，对经济体制改革中的重大理论和实践问题给予极大关注，同时注意反映西部地区的经济问题，使经济理论研究为社会主义市场经济体制创新和改革开放服务。载文内容以研究金融理论与理论经济学为主，兼顾研究宏观经济学、产业经济学、管理学、社会经济学等多个学科领域的重要问题。栏目设置有：金融论坛、产业经济、企业经济、宏观经济、经济经纬、区域经济、生态环境、学术时空、城乡统筹、公共管理等。读者对象为经济理论工作者、企业和经济管理部门的工作人员、高等院校相关专业师生。有英文目次和中英文文摘。

财经理论与实践 = The Theory and Practice of Finance and Economics/湖南大学. – 长沙：《财经理论与实践》编辑部，1980 –
双月刊　　　　　　　大 16 开
ISSN 1003 – 7217　　　CN 43 – 1057　　42 – 56
湖南省长沙市岳麓区（410082）
编辑部电话：0731 – 8821883
E-mail：cjllysj@ hnu. edu. cn

　　研究财经理论的综合性学术刊物。曾用刊名《湖南财经学院学报》。办刊宗旨：坚持与时俱进，开拓创新，注重基础理论与实践应用相结合，着重研究中国改革开放和现代化建设的重大理论和实际问题，积极探索中国特色社会主义经济的发展规律。载文内容以探讨社会主义市场经济理论和实践问题为主，介绍相关理论的最新研究成果和财政金融方面的市场动态，以及经济学专业知识、国内外证券与投资市场变动、财政与税务的关联、经济与管理的分析等方面内容。主要栏目有：理论探讨、金融与保险、证券与投资、财务与会计、财政与税务、经济管理、经济法、统计与信息等。读者对象为财经部门工作人员及相关专业的高校师生。有英文目次和中文摘要。

财经问题研究 = Research on Financial and Economic Issues/东北财经大学 . – 大连：东北财经大学杂志社，1979 –
月刊　　　　　　　　大 16 开
ISSN 1000 – 176X　　　CN 21 – 1096　　　8 – 117
辽宁省大连市沙河口区尖山街 217 号东北财经大学 （116025）
编辑部电话：0411 – 84710514
E-mail：rfei@ dufe. edu. cn

经济管理类学术刊物。办刊宗旨：探索财经管理改革，报道财经研究动态，传播前沿财经观点，推展财经学术成就，提升财经研究水准，并以学术性、时代性、创新性、前瞻性为办刊风格，着重反映国家经济管理部门、研究部门、经济管理类院校的专家学者探讨中国改革与发展过程中的热点与难点问题的研究成果。内容既包含对中国宏观层面经济管理的讨论，又包含对微观层面企业经营管理的研究，也包含对中国公共管理问题的探讨。特色栏目为理论研究，其他栏目设置有：产业组织、金融与投资、财政与税收、企业经济、区域经济、国际经济、公共管理等。读者对象为从事企业管理、行业管理、实际经济业务、理论研究、教学、经济决策、政策研究等工作的人员和高等院校师生。有英文目次、中文论文提要。

财经研究 = Journal of Finance and Economics/上海财经大学 . – 上海：《财经研究》编辑部，1956 –
月刊　　　　　　　　16 开
ISSN 1001 – 9952　　　CN 31 – 1012　　　4 – 331
上海市武东路 321 号乙 （200434）
编辑部电话：021 – 65904345

E-mail：cjyj@ mail. shufe. edu. cn

综合性经济理论刊物。注重理论联系实际，着重研究和阐述中国改革开放和现代化经济建设的重大理论和实际问题，积极探索具有中国特色社会主义经济的发展规律。集学术性、现实性于一体，既提倡学术原创性，保证每年有相当一部分研究理论前沿问题、具有领先水平的学术研究成果发表；又注重现实性，对经济建设出现的热点、难点和焦点进行跟踪研究，并将其中的学术成果及时予以发表。栏目设置有：经济史·经济思想史研究、国际经济研究、区域经济研究、产业经济研究、金融研究、公共经济与管理、财务与会计研究等。读者对象为经济理论工作者、大专院校师生、经济部门的实际工作者和企业管理人员。有英文目次和中英文文摘。

财贸经济 = Finance and Trade Economics/中国社会科学院财经战略研究院 . - 北京：《财贸经济》编辑部，1980 –
月刊　　　　　　　　大 16 开
ISSN 1002 – 8102　　　CN 11 – 1166　　2 – 845
北京市西城区月坛北小街 2 号（100836）
编辑部电话：010 – 68034659
E-mail：cmjj2008@ yahoo. com. cn

财政经济理论刊物。坚持基础理论研究与对策研究的紧密结合，增强理论性、可读性、实践性的办刊特点。发表有关研究财政、金融、内外贸易、旅游经济、城市经济、生态环境、成本价格、服务、第三产业、审计、会计等问题的优秀科研成果和改革经验总结，探讨在经济改革和经济建设中出现的新情况、新问题，提出解决问题的新观点和新思路，为理论研究和部门管理服务。主要读者对象为经济理论研究人员、实际工作部门中从事政策研究和理论宣传的干部及经济决策者、各高等院校财经类专业师生、一切关心中国改革开放事业及有志于研究财经理论的各界人士。有英文目录与部分论文中英文提要。

财政研究 = Public Finance Research/中国财政学会 . - 北京：中国财政学会秘书处，《财政研究》编辑部，1980 –
月刊　　　　　　　　大 16 开
ISSN 1003 – 2878　　　CN 11 – 1077
北京市西城区复兴门外三里河财政部科研所（100820）

编辑部电话：010 - 88191233

E-mail：czyj1225@ vip. 163. com

财经类理论学术刊物。坚持改革开放、理论联系实际的原则，注重对财经实际工作中的重大理论和政策问题进行实证分析和理论探讨；贯彻百家争鸣方针，反映各方观点，报道财经理论和实践方面的新成果、新动向、新经验和新知识。内容贴近现实、贴近理论前沿、贴近基层，全方位探讨中国财经运行中的热点问题，为财经界、理论界、教学界服务，及时为广大财经工作人员和纳税人提供参考资料、信息和启示。栏目设置有：本刊特稿、政策研究、税收论坛、专题讨论、理论探讨、改革探索、经济分析、宏观经济、工作研究、财经分析、财务会计、争鸣等。读者对象为国内财经部门和企事业工作人员、财经理论研究工作者和财经院校师生。有英文目次。

长江流域资源与环境 = Resources and Environment in the Yangtze Basin/中国科学院资源环境科学与技术局，中国科学院武汉文献情报中心 . - 武汉：《长江流域资源与环境》编辑部，1992 -

月刊　　　　　　　　　　大 16 开

ISSN 1004 - 8227　　　　CN 42 - 1320　　　38 - 311

湖北省武汉市武昌小洪山西区 25 号 （430071）

编辑部电话：027 - 87198181

E-mail：bjb@ mail. whlib. ac. cn

研究长江流域人口、资源、环境问题的综合性学术刊物。立足于长江流域，面向国内外，围绕长江流域的资源开发与利用保护、生态环境、社会经济可持续发展、河流流域综合管理、湖泊富营养化、湿地恢复与保护、自然灾害等重大问题，报道原创性的研究成果。辟有区域可持续发展、自然资源、农业发展、生态环境、自然灾害栏目。主要读者对象为从事资源与环境研究相关工作的科研人员、决策管理人员、高等院校相关专业师生等。

城市发展研究 = Urban Studies/中国城市科学研究会 . - 北京：《城市发展研究》编辑部，1994 -

月刊　　　　　　　　　　大 16 开

ISSN 1006 - 3862　　　　CN 11 - 3504　　　82 - 74

北京市西城区百万庄建设部内 （100835）

编辑部电话：010 - 58933972

E-mail：ebuds@263. net；sunyuwen05@sina. com

研究城市发展问题的专业学术期刊。旨在研究国家经济社会发展战略，立足专家学者，面向城市决策者，架起专家学者与决策者之间的桥梁。主要刊载国内外城市科学研究成果，研究城市发展理论和城市发展趋势，就城市规划建设、管理以及城市总体发展方面的热点问题进行综述或展开讨论，报道学术动态和城市发展的成功实践，为促进中国城市的协调健康发展，进一步推动改革开放和科学技术的进步服务。主要栏目有：城镇化、区域与城市、城市规划、低碳生态城市、土地利用、住房保障、城市经济、城市减灾、历史文化名城保护、城市社会与文化等。读者对象为城市党政决策者，城市规划、建设、管理有关职能部门负责人及城市有关部门、教学单位专业研究人员。

城市规划 = City Planning Review/中国城市规划学会 . - 北京：《城市规划》编辑部，1977 -

月刊　　　　　　　　大 16 开

ISSN 1002 - 1329　　　CN 11 - 2378　　　82 - 72

北京市海淀区三里河路 9 号建设部北配楼 111 室（100037）

编辑部电话：010 - 58323857

E-mail：cityplan@china. com；bjb@planning. gov. cn

城市规划管理专业学术性刊物。刊发文章分为研究、综述、评价、实例和信息五大类。内容涉及城市研究、城市规划、城市建设、城市交通、城市管理、城市地理、城市经济、城市环境等。主要栏目有：本刊特稿、住房规划、规划研究、研究综述、规划教育、城镇体系规划、规划历史研究、城市空间研究、城市保护与更新、住房规划建设、生态规划管理、土地利用、海外快递、遗珠拾粹等。读者对象为城市规划建设和管理部门的技术人员、城市政府部门的行政管理人员、经济界人士、大专院校相关专业的师生等。有英文目次和中英文文摘。

城市规划学刊 = Urban Planning Forum/同济大学 . - 上海：《城市规划学刊》编辑部，1957 -

双月刊　　　　　　　　大 16 开

ISSN 1000 - 3363　　　CN 31 - 1938　　　4 - 465

上海市四平路 1239 号同济大学建筑与城市规划学院 C 楼 702 室（200092）

编辑部电话：021 – 65983507

E-mail：upforum@ shtel. net. cn； upforum@ 126. com

城市规划管理专业学术刊物。原名《城市规划汇刊》。报道在改革开放和向市场经济转轨的新形势下，中国城市规划学科的发展动态及科研成果。刊登国内外有关城市规划、城市设计、道路交通、生活居住、村镇、园林风景和环境保护方面的论述。以创新性、前瞻性、学术性为办刊特色，致力于推进中国城市规划学科的发展。主要栏目有：城乡规划研究、城乡规划编制与管理、城市交通与基础设施、规划历史、城乡文化遗产和保护、区域与城乡空间发展、城乡交通规划等。读者对象为城市规划及建筑设计方面的工程技术与管理人员、大专院校相关专业师生。

城市问题 = Urban Problems/北京市社会科学院 . – 北京：《城市问题》编辑部，1982 –

月刊　　　　　　　　大 16 开

ISSN 1002 – 2031　　　CN 11 – 1119

北京市朝阳区北四环中路 33 号 （100101）

编辑部电话：010 – 64870894

E-mail：cswt2001@ sohu. com

城市研究类专业学术期刊。注重城市科学基础理论研究，致力于中国城市科学学科的建设和发展，倡导多学科交叉研究城市现存的诸多问题，力求全面反映中国城市科学理论研究的最新进展，反映中外城市发展以及在推进社会公平方面的成功经验和现存问题。刊载城市科学、城市学、城市经济学、区域经济学、城市社会学、城市环境学、城市生态学、城市规划学、城市地理学等学科及城市建设、文化、人口、交通、社区、社会保障等方面的研究成果。设有城市科学、城市建设与发展、经济与社会、城市管理、外国城市、城市瞭望等栏目。读者对象为人文社会科学研究机构研究人员，高等院校相关院系师生，各级城市政府研究室研究人员，城市建设、管理、规划、设计等领域的科研和工程人员。有英文目录和中文论文摘要。

出版发行研究 = Publishing Research/中国新闻出版研究院 . – 北京：出版发行研究杂志社，1985 –

月刊　　　　　　　　大 16 开

ISSN 1001 – 9316　　　CN 11 – 1537

北京市丰台区三路居路 97 号（100073）

编辑部电话：010 – 52257108

E-mail：cbfx001@ sohu. com

出版专业学术刊物。其前身为《出版与发行》，1988 年改为现刊名。刊物注重理论与实际的结合，以探索出版热点、研究出版理论为主，刊载反映出版研究前沿观点、出版科研重大成果的理论文章以及专题报告等，力求全方位服务于图书、期刊、音像制品及电子出版物出版发行的各个领域，内容涵盖出版生产、出版管理、出版研究、出版教育等多个层面。主要栏目有：本期关注、理论探索、专题讨论、产业论坛、期刊研究、编辑理论与实践、书市营销、数字出版、出版法苑、版权贸易、新媒体观察、装帧研究等。

辞书研究 = Lexicographical Studies/上海世纪出版股份公司辞书出版社．– 上海：《辞书研究》编辑部，1979 –

双月刊　　　　　　16 开

ISSN 1000 – 6125　　CN 31 – 1077

上海市陕西北路 457 号（200040）

编辑部电话：021 – 62473676

E-mail：cishuyanjiu@ sina. com

辞书编纂与理论研究专业刊物。主要探讨辞书理论，总结字典词典、百科全书及其他工具书编纂的经验，介绍、评论中外工具书，开发辞书功能，指导辞书使用，讨论疑难字、词和新词语的确切释义，研究中外辞书编纂史及著名辞书编纂家生平等。主要刊登有关辞书编纂的理论研究和各种工具书编纂法研究的文章、评论。除论文专栏外，还设置通论、辞书评论、释义探讨、辞书教学与用户研究、辞书史与辞书学史、杂谈等栏目。读者对象为辞书编纂研究人员、语言研究人员、社会科学工作者、文科院校师生。

大学图书馆学报 = Journal of Academic Libraries/北京大学，国家教育部高等学校图书情报工作指导委员会．– 北京：《大学图书馆学报》编辑部，1986 –

双月刊　　　　　　大 16 开

ISSN 1002 – 1027　　CN 11 – 2952　　82 – 692

北京市海淀区北京大学图书馆 302 室（100871）

编辑部电话：010 – 62759056

E-mail：jal@ lib. pku. edu. cn

　　图书馆学情报学期刊。原名《大学图书馆通讯》，1991 年改为现刊名。办刊宗旨：注重理论联系实际，密切关注和报道管理新理念、服务新手段、信息新技术在图书情报事业中的应用。主要栏目有：专稿、新视野、图书馆与图书馆事业、数字图书馆、文献资源建设、信息组织、学科服务、用户研究与服务推广、自动化数字化网络化、文献学、图书馆史、图苑传真等。读者对象为图书馆从业人员、图书馆学和情报学院系的师生。有英文目次和中英文提要。

当代财经 = Contemporary Finance & Economics/江西财经大学．－南昌：当代财经杂志社，1980 –

月刊　　　　　　　　　大 16 开
ISSN 1005 – 0892　　　　CN 36 – 1030　　　44 – 61
江西省南昌市庐山南大道（330013）
编辑部电话：0791 – 83816904
E-mail：cfe@ jxufe. edu. cn

　　财经学术理论刊物。原刊名为《江西财经学院学报》，1988 年改为现刊名。办刊宗旨：求实、创新、争鸣、服务；办刊原则：竭诚为广大作者提供更好地展示才干的空间，为广大读者提供最新的学术文章；刊物特点：突出理论联系实际，突出当代财经的热点、难点、焦点，突出前瞻性和时代震撼力。栏目设置有：理论经济、财贸经济、公共经济与管理、现代金融、工商管理、产业经济与区域经济、国际贸易、国际经贸、现代会计等，其中理论经济为该刊特色栏目。读者对象为财经理论研究工作者和财经类大专院校师生。有英文目次和中文摘要。

当代电影 = Contemporary Cinema/中国电影艺术研究中心，中国传媒大学．－北京：当代电影杂志社，1985 –

月刊　　　　　　　　　大 16 开
ISSN 1002 – 4646　　　　CN 11 – 1447　　　2 – 760
北京市海淀区小西天文慧园路 3 号（100082）
编辑部电话：010 – 82296102
E-mail：dddy@ chinajournal. net. cn

　　电影艺术专业刊物。办刊宗旨为介绍、探讨、研究和交流当前世界上各种电影理论、流派和倾向，推动中国电影创作的发展。侧重对电影理论的研究和探索，尤其是对中国电影精品和国外电影经典作品的分析，并注重对当代电影作品的研究。主要栏目有：本期焦点、电影产业、学术视野、电视电影、艺术与技术、重写电影史、新作评议、封面人物、学苑论坛等。读者对象为电视艺术工作者、高校相关专业师生及电视艺术爱好者。有英文目次。

当代法学 = Contemporary Law Review/吉林大学 . - 长春：《当代法学》编辑部，1987 –

双月刊　　　　　　　　大 16 开
ISSN 1003 – 4781　　　CN 22 – 1051　　　12 – 342
吉林省长春市前进大街 2699 号（130012）
编辑部电话：0431 – 85166050

　　法学研究专业刊物。旨在推动法学界开展多学科、多层次、多侧面的法学研究，努力探索中国社会主义法律建设的道路及其发展的客观规律，研究和回答在改革和"四化"建设中提出的重大法学理论问题和实际问题。栏目设置以专题性为主，如刑事辩护与刑诉法修改、国际环境法前沿、公共利益专题、股东权专题、测谎与诉讼专题、能动司法专题、著作权法修改专题等。读者对象为法学研究及法律工作者、政法院校师生等。

当代经济科学 = Modern Economic Science/西安交通大学 . - 西安：《当代经济科学》编辑部，1979 –

双月刊　　　　　　　　大 16 开
ISSN 1002 – 2848　　　CN 61 – 1400　　　52 – 4
陕西省西安市雁塔西路 76 号西安交通大学医学校区 169 信箱（710061）
编辑部电话：029 – 82657048
E-mail：ddjjkxbjb@163.com

　　综合性经济学刊物。其前身是《陕西财经学院学报》，1988 年启用现刊名。坚持理论与实践的统一，积极研究改革开放的新情况，深入研究探索社会主义市场经济的新进展，及时报道国内外经济理论研究的新动态、社会主义市场经济的新进展，紧扣中国改革开放的主题，及时反映中国经济体制改革中的热点问题与难点问题，为促进中国经济发展、振兴西部经济献计献策。主要栏目有：产业经济研究、金融研究、宏观经济研究、工商企业管理、财政与税收研究、经济体制改革、财政研究、城市经济研究等。读者对象为广大经济理论工作者、实际工作者和文科高等院校师生。有英文目次、中文论文提要。

当代世界社会主义问题 = Issues of Contemporary World Socialism/山东大学当代社会主义研究所 . – 济南：《当代世界社会主义问题》编辑部，1984 –

季刊　　　　　　　　　16 开
ISSN 1001 – 5574　　　CN 37 – 1065　　24 – 170
山东省济南市洪家楼 5 号（250100）
编辑部电话：0531 – 88375471
E-mail：csoc@ sdu. edu. cn

　　政治类学术刊物。原名为《当代国外社会主义问题》，1986 年改用现刊名。以建设有中国特色社会主义的理论为指导思想，探讨社会主义建设的理论与实践问题，研究当代世界社会主义运动的重大课题，鼓励不同学术观点和流派的讨论商榷。主要栏目有：社会主义的历史与理论、苏联 – 俄罗斯、东欧研究、中国社会主义的理论与实践、国外社会主义纵横、当代世界政治经济等。读者对象为社会主义理论研究人员、国际问题研究人员、党政有关部门领导干部和工作人员。

当代世界与社会主义 = Contemporary World & Socialism/中共中央编译局马克思主义研究部，中国国际共运史学会 . – 北京：《当代世界与社会主义》编辑部，1980 –

双月刊　　　　　　　　大 16 开
ISSN 1005 – 6505　　　CN 11 – 3404　　82 – 75
北京市西城区西单西斜街 36 号（100032）
编辑部电话：010 – 66509501
E-mail：ddsj@ vip. sina. com

　　政治研究类学术刊物。曾用刊名《国际共运史研究》（1987）。办刊宗旨是追踪国内外最新理论动态，探讨世界社会主义现实命运，分析当代资本主义发展趋势，报道中国改革开放新理论、新政策、新成果。主要研究当代世界政治、经济、社会和文化的现状与发展，研究国际共运和工运的历史与现状、理论与实践，重点研究当代世界社会主义的热点问题。设有本期焦点、马克思主义、世界社会主义与国际共运、中国特色社会主义、当代资本主义、世界政党研究、国际政治经济与国际关系、政治学研究、探索与争鸣、社会学研究、旧史新论等栏目。读者对象为国际共运、国际工运理论研究人员，党政机关及高等院校的科研人员等。

当代文坛 = Modern Literary Magazine/四川省作家协会 . – 成都：《当代文坛》编辑部，1982 –

双月刊　　　　　　　大 16 开
ISSN 1006 – 0820　　CN 51 – 1076　　62 – 173
四川省成都市锦江区红星路二段 85 号 （610012）
编辑部电话：028 – 86740070
E-mail：dangdaiwentan@ sina. com

专业文学评论期刊。办刊宗旨：繁荣中国社会主义文学事业，丰富人民群众的文化生活，力求在内容上继续保持高品位，形式上更生动活泼，具有可读性，富于人生的机趣。主要栏目有：名家视域、自由评论、理论探索、符号学研究专辑、创作研究、诗歌理论与批评、文化与传媒、批评与阐释、影视画外音等。主要面向各大专院校中文系师生、各中小学校语文教研室教师、社会科学院文学所研究人员、专业作家、评论家和文学爱好者。

当代修辞学 = Contemporary Rhetoric/复旦大学 . – 上海：《当代修辞学》编辑部，1982 –

双月刊　　　　　　　16 开
ISSN 1674 – 8026　　CN 31 – 2043　　4 – 458
上海市复旦大学光华西主楼 1116 室 （200433）
编辑部电话：021 – 65643814
E-mail：xiuci@ fudan. edu. cn

汉语修辞学专业刊物。原名《修辞学习》，2010 年起改用现刊名。探讨汉语语言的使用规律，研究使用语言的环境、语体、风格、文风、话语篇章、修辞方式、社会信息传递效果，使用语言的修养，语言美等课题，普及修辞知识。刊登有关修辞理论研究的论文及应用研究的学术文章。主要栏目有：专论、话语篇章专题研究、互文理论名篇选译、互文与修辞专题研究、流行语专题研究、修辞随谈等。读者对象为语言学专业研究人员、语言文字工作者、语言文字教学人员。

当代亚太 = Journal of Contemporary Asia – Pacific Studies/中国社会科学院亚太与全球战略研究院，中国亚洲太平洋学会 . – 北京：当代亚太杂志社，1992 –

双月刊　　　　　　　　16 开
ISSN 1007 – 161X　　　CN 11 – 3706　　　2 – 554
北京市东城区张自忠路 3 号东院（100007）
编辑部电话：010 – 64063921
E-mail：bjb – yts@ cass. org. cn

　　政治研究类学术刊物。坚持推动亚太问题研究、服务中国改革开放实践的办刊宗旨，主要刊登中国亚太研究者关于亚太国家和地区诸学科的研究成果，及时报道和分析重大问题和热点问题，提供各种信息。内容包括亚太地区国际政治、经济、外交、安全及文化等方面，既注重文章的理论探讨性，又强调研究的实践意义。读者对象为大专院校师生，国际问题研究人员，新闻单位、对外经贸部门、外事部门、涉外企事业单位工作人员等。

当代语言学 = Contemporary Linguistics/中国社会科学院语言研究所 . – 北京：《当代语言学》编辑部，1980 –
季刊　　　　　　　　　16 开
ISSN 1007 – 8274　　　CN 11 – 3879　　　2 – 527
北京市建国门内大街 5 号（100732）
编辑部电话：010 – 85195392
E-mail：dangdaiyuyanxue@ vip. 163. com

　　语言学专业刊物。其前身分别为《国外语言学》、《语言学资料》和《语言学动态》。办刊方针：一方面刊载国外语言学研究的论文和译述，介绍国外语言学著作、刊物、研究机构和人物，以便国内学人及时了解其发展动态，拓宽视野；另一方面为那些"洋为中用、推陈出新"、致力于在理论和方法上做出新的探索的研究者提供一个交流切磋的论坛。设有专题研究、国外语言学最新动态综述、书刊介绍等栏目。还不定期开设专题讨论与争鸣、术语译评等栏目。读者对象为语言学工作者。有英文目次和英文文摘。

当代中国史研究 = Contemporary China History Studies/中国社会科学院当代中国研究所 . – 北京：《当代中国史研究》编辑部，1994 –
双月刊　　　　　　　　大 16 开
ISSN 1005 – 4952　　　CN 11 – 3200　　　82 – 647
北京市西城区地安门西大街旌勇里 8 号（100009）

编辑部电话：010 – 66572318

E-mail：ddzgs@ iccs. cn

　　历史研究专业学术刊物。以"研史通变，资政育人"为办刊方针，主要刊载中华人民共和国国史研究领域有价值的研究文献。相对固定的栏目主要包括：国史讲座、政治史、经济史、社会史、文化史、外交史、军事史、地方史研究、人物研究、国史札记、论点摘编、海外观察、国史研究篇目索引等。随机设置的栏目有：本刊特稿、国史编年、调查与研究、重要文献、重大事件回顾、参考与借鉴、图书评介（或图书评议）、学术动态、地方史志研究等。读者对象为当代中国史研究者、大专院校相关专业师生、当代中国史爱好者等。

当代作家评论 = Contemporary Writers Review/辽宁省作家协会 . – 沈阳：当代作家评论杂志社，1984 –

双月刊　　　　　　　16 开

ISSN 1002 – 1809　　　CN 21 – 1046　　8 – 183

辽宁省沈阳市大东区小北关街 31 号（110041）

编辑部电话：024 – 88501513

　　文学评论专业刊物。以研究当代作家的创作经验，介绍当代作家的文学作品，关注当代文学的重大论争为宗旨。对当代作家、作品进行学术点评，开展思想争论。常设栏目有：文学史写作与研究、文学批评论坛、批评家讲坛、作家与作品、当代外国文学、辽宁文学评论、现代汉诗研究、批评史研究等。读者对象为文学研究人员、作家、文学评论家、大专院校中文专业师生及文学爱好者。有英文目次。

党的文献 = Literature of Chinese Communist Party/中共中央文献研究室，中央档案馆 . – 北京：党的文献杂志社，1988 –

双月刊　　　　　　　大 16 开

ISSN 1005 – 1597　　　CN 11 – 1359　　82 – 872

北京市 1740 信箱（100017）

编辑部电话：010 – 83087309

E-mail：ddwx1386@ vip. sina. com

　　党史文献研究专业刊物。以公布中国共产党、中华人民共和国及其领导人的重要历史文献，刊发中共领袖人物的生平思想研究以及毛泽东思想、中国特色社会主义理论体系研究文章为主要特色，同时也发表党史国史专题研究、作者亲历、访问记录、学术争鸣、研究综述、历史随笔、文摘信息等方面的文论。主要栏目有：重要文献、本刊特稿、党和国家领导人生平思想研究、党史国史专题研究、当代理论与实践、回忆与研究、考订与探讨、当代文献中的人和事、文摘等。读者对象为各级党政领导干部、政治思想工作者、党务工作者、政党研究及党史研究人员。

档案学通讯 = Archives Science Bulletin/中国人民大学 . – 北京：档案学通讯杂志社，1980 –

双月刊　　　　　　　　大 16 开
ISSN 1001 – 201X　　　CN 11 – 1450　　　82 – 21
北京市东城区张自忠路 3 号 （100007）
编辑部电话：010 – 64035109
E-mail：daxtx@ 263. net

　　档案专业学术性刊物。主要发表档案学研究与档案学专业教育成果，旨在研究档案学、文书学的基本理论和应用理论，普及档案管理知识，交流工作经验，使社会各界人士了解档案学发展动态。设有本刊专稿、每期话题、公文研究、档案管理现代化、档案资源开发利用、理论纵横、实践经纬、教与学、档案史志、博士文库、档案管理现代化等栏目。读者对象为档案学研究人员、档案工作者、相关大专院校师生等。有重要论文英文目次、中文论文提要。

档案学研究 = Archives Science Study/中国档案学会 . – 北京：《档案学研究》编辑部，1987 –

双月刊　　　　　　　　大 16 开
ISSN 1002 – 1620　　　CN 11 – 1226　　　82 – 817
北京市西城区永安路 106 号 （100050）
编辑部电话：010 – 63019329

　　档案专业学术性刊物。办刊宗旨为结合中国档案事业的实际，开展档案学研究，提高档案科学技术水平，组织和协调群众性档案学术研究活动，培养和提高广大会员和档案工作者的研究能力和学术水平，进行国际档案学术交流。主要栏目有：基础理论研究、档案法规标准、档案资源建设、档案资源开发、档案信息

化、境外学术交流、档案史料研究等。读者对象为广大档案人员、文秘人员、史
志编纂人员等。有英文目次。

道德与文明 = Morality and Civilization/中国伦理学会，天津社会科学院．－天津：
《道德与文明》编辑部，1982 –
双月刊   大 16 开
ISSN 1007 – 1539   CN 12 – 1029   6 – 60
天津市南开区迎水道 7 号（300191）
编辑部电话：022 – 23075325
E-mail：daodeyu@ 126. com

　　伦理学专业理论刊物。原名为《伦理学与精神文明》，1985 年改称现名。办
刊宗旨：宣传普及和研究马克思主义伦理学，对伦理道德和精神文明建设中的理
论问题，以及构建和谐社会、树立社会主义荣辱观和公民道德建设等重大社会现
实问题进行广泛深入的探讨，为三个文明建设服务。设有基础理论研究、中国传
统伦理思想、外国伦理思想、社会主义核心价值体系、道德教育、公民道德建设、
应用伦理学前沿、社会热点探析、博士后暨博士生论坛、探索与争鸣、学术动态
与综述等多个栏目。读者对象为哲学伦理学研究者和爱好者、高校思想政治教育
工作者、各系统理论宣传教育工作者。

地方财政研究 = Sub National Fiscal Research/辽宁省财政科学研究所，东北财经大
学财税学院．－沈阳：《地方财政研究》编辑部，2004 –
月刊   16 开
ISSN 1672 – 9544   CN 21 – 1520   8 – 166
辽宁省沈阳市和平区南京北街 103 号（110002）
编辑部电话：024 – 22706630
E-mail：dfczyj@ vip. 163. com

　　财政研究类学术刊物。以促进地方财政理论研究、交流地方财政改革实践经
验为办刊宗旨，坚持地方性、研究性、工作性、资料性的办刊理念，突出主题策
划和特色栏目设计。以地方财经问题为重点，构架理论研究与工作探讨的桥梁，
藉此传播理财经验、强化财政管理、推进财政改革，加快地方公共财政建设步伐。
栏目设有专家视野、资讯速递、政策前沿、体制改革、特别关注、税收天地、农
村水利、理论综述、海外传真、国资预算、财政管理、财经资料等。

地域研究与开发 = Areal Research and Development/河南省科学院地理研究所 . - 郑州:《地域研究与开发》编辑部，1982 -

双月刊　　　　　　　　大 16 开

ISSN 1003 - 2363　　　CN 41 - 1085　　36 - 109

河南省郑州市陇海中路 64 号 （450052）

编辑部电话：0371 - 67939201

E-mail：yjkf@ vip. sohu. com

　　地理学综合性学术刊物。曾用刊名《中原地理研究》。办刊宗旨：贯彻"百花齐放、百家争鸣"的方针，促进学术交流，发展本学科；突出地理学综合性、区域性特色，服务于国民经济建设。主要刊载地域研究与开发方面的理论、方法与实践性的最新研究成果。主要栏目有：地理研究、土地研究、环境生态研究、资源研究、中原经济区研究、河南城镇化研究、区域研究、区域创新与发展、城市研究等。读者对象主要是从事地理学研究、可持续发展研究、区域研究等方面的科研工作者及大中专院校相关专业的师生。

电影艺术 = Film Art/中国电影家协会 . - 北京:《电影艺术》编辑部，1956 -

双月刊　　　　　　　　大 16 开

ISSN 0257 - 0181　　　CN 11 - 1528　　2 - 280

北京市朝阳区北三环东路 22 号 （100013）

编辑部电话：010 - 64296226

E-mail：filmart1956@ yahoo. com. cn

　　电影评论、电影理论研究的学术期刊。原名《中国电影》，1957 年改为现刊名。以研究中国电影为本，密切关注中国电影当前的发展动向，全面、专业地描述当代中国电影的创作及理论轨迹，并及时展现中国电影的最新成就及创作经验，研究中国电影各个历史阶段的史料，深入挖掘世界电影背后的思想、文化。内容涉及影视编导、文学、摄影、美术、表演以及纪录片、动画片、国内外电影美学、文化研究等领域。常设栏目有：特稿、长短辑、访谈录、表演研究专题、动画电影专题、理论研究、影史探问、人物、视与听、书城随笔、世界咨讯等。读者对象为电影艺术研究人员、电影工作者、广大电影文艺爱好者。有英文目次。

东北大学学报. 社会科学版 = Journal of Northeastern University. Social Science/东北大学. – 沈阳:《东北大学学报》编辑部，1999 –

双月刊　　　　　　　大 16 开

ISSN 1008 – 3758　　　CN 21 – 1413　　8 – 123

辽宁省沈阳市和平区文化路 3 号巷 11 号（110819）

编辑部电话：024 – 83687253

E-mail：xbsk@ mail. neu. edu. cn

人文社会科学综合性学术刊物。办刊宗旨：坚持正确的办刊方向，致力于交流和传播哲学社会科学领域的优秀成果，促进东北大学哲学社会科学学术水平的提高，促进哲学社会科学与自然科学、工程技术的结合，加速学科建设的综合化与人才素质的完善化。主要栏目有：科技哲学研究、经济与管理研究、政治与公共管理研究、法学研究、马克思主义理论研究、张学良研究、教育研究、语言文学研究等。读者对象为从事社会科学研究的工作人员、大专院校师生等。有英文目录。

东北师大学报. 哲学社会科学版 = Journal of Northeast Normal University. Philosophy and Social Sciences/东北师范大学. – 长春：东北师范大学学术期刊社，1951 –

双月刊　　　　　　　大 16 开

ISSN 1001 – 6201　　　CN 22 – 1062　　12 – 21

吉林省长春市人民大街 5268 号（130024）

编辑部电话：0431 – 85099325

E-mail：dswkxb@ nenu. edu. cn

人文社会科学综合性学术刊物。其前身为《吉林师大学报. 社会科学版》，1980 年改为现刊名。办刊宗旨：坚持理论联系实际，鼓励、引导和支持对全局性、前瞻性、战略性重大理论和实际问题的研究，提倡理论创新和知识创新。力争形成鲜明的学术特色、师范特色和地方特色。除刊载涉及马克思主义研究、哲学、政治、经济、法学、社会学、文学、历史学等领域的专题论文外，还设有学术精论、日本文学研究、小学教育、教师教育等专栏。读者对象为人文社会科学工作者、大专院校师生和部分机关干部、社会人士。有中英文目次、论文摘要。

东北亚论坛 = Northeast Asia Forum/吉林大学. – 长春：《东北亚论坛》编辑部，1992 –

双月刊　　　　　　　大 16 开

ISSN 1003 – 7411　　　CN 22 – 1180　　　12 – 123
吉林省长春市前进大街 2699 号（130012）
编辑部电话：0431 – 85168728
E-mail：dbyltl@ gmail. com

　　政治类学术刊物。办刊宗旨：为研究东北亚区域合作与交流搭建平台，为研究东北亚各国及亚太地区经济、政治、文化及历史问题的专家学者开辟学术研究的新园地，为促进东北亚地区的国际合作与交流、经贸发展和友好往来服务。刊载有关东北亚地区政治、经济、国际关系方面的论文。主要栏目有：东北亚区域合作、东北亚政治、东北经济振兴、日本问题、韩国问题、俄罗斯问题、环渤海地区开发、东北亚历史与文化。读者对象为东北亚区域研究人员、外事工作者、高等院校有关专业师生。

东南大学学报. 哲学社会科学版 = Journal of Southeast University. Philosophy and Social Science/东南大学 . – 南京：《东南大学学报. 哲学社会科学版》编辑部，1999 –

双月刊　　　　　　　大 16 开
ISSN 1671 – 511X　　　CN 32 – 1517　　　28 – 269
江苏省南京市四牌楼 2 号（210096）
编辑部电话：025 – 83791190
E-mail：skxbzf@ 163. com

　　人文社会科学综合性学术刊物。侧重报道该校最新科研成果，同时关注传统学科、基础理论研究，特别注重应用学科、边缘学科、新兴学科、学术史以及各学科之间的交叉渗透和综合研究，以推进学术研究与中国改革开放、现代化建设实际的结合。主要栏目有：社会主义与当代中国、伦理学与科技哲学、经济决策与企业管理、艺术学研究、社会与法制、文学与中国文化、戏曲研究、外国语言与教学、高等教育研究等。其中，"艺术学研究"2011 年年底入选教育部第二批高校哲学社会科学名栏工程。读者对象主要为高等院校有关师生、哲学社会科学专门研究机构和学术团体的理论工作者。

东南文化 = Southeast Culture/南京博物院 . – 南京：南京博物院《东南文化》编辑部，1985 –

双月刊　　　　　　　大 16 开

ISSN 1001 – 179X　　　　CN 32 – 1096　　　28 – 236
江苏省南京市中山东路 321 号（210016）
编辑部电话：025 – 84806201
E-mail：dnwh@ chinajournal. net. cn

　　集历史研究、考古研究、民俗研究、艺术研究于一体的综合性学术期刊。办刊方向：报道有关中国大陆东南地区及港、澳、台地区乃至日、韩等东亚诸国文化遗产的探索、研究、保护、利用等研究成果，关注有关文化遗产的保护、研究、管理、继承等诸领域的理论创新与成功实践，推动中国文化遗产研究与保护事业的发展。主要读者对象为历史学、考古学、文化艺术、博物馆学等方面的研究者和爱好者及收藏爱好者。主要板块栏目：清溪新语、东南论坛、遗产保护理论、考古探索、地域文明、博物馆新论、专题研究、域外广角等。

东南学术 = Southeast Academic Research/福建省社会科学界联合会 . – 福州：东南学术杂志社，1978 –
双月刊　　　　　　　　16 开
ISSN 1003 – 370X　　　CN 35 – 1197　　　34 – 82
福建省福州市柳河路 18 号（350001）
编辑部电话：0591 – 83739507
E-mail：dnxsh@ 126. com

　　人文社会科学综合性学术刊物。前身为《福建学刊》，1998 年更改为现刊名。办刊宗旨：坚持正确的舆论导向和严谨的办刊风格，立足福建，面向全国，勇于探索改革开放中的重大理论和实践问题，反映人文社会科学研究的最新成果，在保持学术品位的同时具有现实敏锐性，以实现学术文化与社会实践的双重价值。不设固定栏目，载文范围涉及马克思主义研究、哲学、经济、政治、法律、文学、文化、教育、体育等学科内容。设置的两个专题研讨栏目是："新农村建设理论与实践"和"公共管理与公共政策"。读者对象为高等院校、科研机构的人文社会科学工作者和党政机关、文化宣传部门的理论工作者。有英文目次。

东南亚研究 = Southeast Asian Studies/暨南大学东南亚研究所 . – 广州：东南亚研究杂志社，1959 –
双月刊　　　　　　　　大 16 开

ISSN 1008 – 6099　　　　CN 44 – 1124　　　　46 – 320
广东省广州市暨南大学第二文科楼四楼 （510630）
编辑部电话：020 – 85226122
E-mail：odnybj@ jnu. edu. cn

　　国际问题类学术刊物。原名《东南亚经济资料汇编》，1960 年更名为《东南亚研究资料》，1987 年起使用现刊名。办刊宗旨：坚持突出东南亚特色，坚持学术性。注重反映中国东南亚现状研究的成果，为发展和繁荣中国的东南亚研究发挥积极的作用。每期文章兼顾现状研究与理论研究，内容以东南亚研究为主，并适当扩展到港澳台、亚太地区和全球事务研究。辟有东南亚问题评论、亚太政经观察、华侨华人研究、东南亚社会、历史与文化等栏目，并根据需要不定期设立一些其他栏目。读者对象为人文社会科学工作者、高校师生、外事部门工作人员等。有中英文目次、论文提要。

东岳论丛 = DongYue Tribune／山东省社会科学院 . – 济南：《东岳论丛》编辑部，1980 –
月刊　　　　　　　　　大 16 开
ISSN 1003 – 8353　　　　CN 37 – 1062　　　24 – 36
山东省济南市舜耕路 56 号 （250002）
编辑部电话：0531 – 82704571
E-mail：dongyueluncong@ sohu. net

　　人文社会科学综合性学术刊物。主要刊发研究中国经济社会发展的理论与实践问题的学术论文和反映社会科学各学科领域的最新研究成果。辟有专题研究、哲学研究、历史研究、法学研究、政治学研究、经济研究、管理研究、社会学研究、文学研究、文化产业研究、语言学研究等多个栏目。读者对象为社会科学工作者、大专院校文科师生等。有英文目次、中文论文提要。

敦煌学辑刊 = Journal of Dunhuang Studies／兰州大学 . – 兰州：《敦煌学辑刊》编辑部，1983 –
季刊　　　　　　　　　16 开
ISSN 1001 – 6252　　　　CN 62 – 1027
甘肃省兰州市兰州大学一分部衡山堂五楼 （730020）
编辑部电话：0931 – 8913310

E-mail：dhxyjs@lzu.edu.cn

敦煌学研究学术期刊。主要发表敦煌吐鲁番学的学术研究论文及河西史地、中西交通与部分魏晋隋唐史方面的论文，促进敦煌学的研究，弘扬敦煌文化，继承祖国古代优秀文化遗产。辟有敦煌文献、佛教艺术、吐鲁番研究、敦煌语言文学、敦煌学史、河西史地等栏目。读者对象为文物、考古、博物馆工作者及文物爱好者。

敦煌研究 = Dunhuang Research/敦煌研究院．- 兰州：《敦煌研究》编辑部，1983 -

双月刊　　　　　　　大 16 开

ISSN 1000 - 4106　　　CN 62 - 1007　　54 - 62

甘肃省兰州市滨河东路 522 号（730030）

编辑部电话：0931 - 8866013

E-mail：dhyjbjb@tom.com

敦煌学专业学术刊物。以促进敦煌学研究，弘扬敦煌文化，继承祖国优秀文化遗产，推进社会主义精神文明建设为办刊宗旨。主要刊发敦煌学研究的最新学术成果和敦煌学的新资料，全面具体地介绍敦煌文化、石窟究奇、壁画之谜、远古神话的起源、近代文明的辉煌。主要栏目有：石窟考古、石窟艺术、敦煌文献研究、丝绸之路文化研究、敦煌建筑、敦煌民俗、敦煌佛教、石窟及文物保护等。读者对象为敦煌学专业研究人员和中外所有敦煌学业余爱好者。有英文目次。

俄罗斯文艺 = РУССКАЯ ЛИТЕРАТУРА И ИСКУССТВО/北京师范大学．- 北京：《俄罗斯文艺》编辑部，1980 -

季刊　　　　　　　16 开

ISSN 1005 - 7684　　　CN 11 - 5702　　2 - 541

北京市海淀区新街口外大街 19 号（100875）

编辑部电话：010 - 58805352

E-mail：eluosiwenyi@163.com

俄罗斯文学研究专业刊物。原名《苏联文学》，1991 年改为现刊名。办刊宗旨：向广大读者介绍俄罗斯文学与文化思想，为俄苏文学与外国文学研究、教学工作者提供科研平台。刊载有关俄罗斯文学研究的论文、俄罗斯文学作品赏析等。

主要栏目有：学术前沿、俄罗斯后现代主义文学、中国作家与俄罗斯文学、我的俄罗斯记忆、作品欣赏、符号学、斯拉夫学、域外论坛、评论、新书架、特讯等。读者对象为俄罗斯文学研究人员、俄罗斯文学爱好者、高等院校文学专业师生。

俄罗斯研究 = Russian Studies/华东师范大学 . – 上海：《俄罗斯研究》编辑部，1982 –

双月刊　　　　　　　16 开
ISSN 1009 – 721X　　　CN 31 – 1843
上海市中山北路 3663 号 （200062）
编辑部电话：021 –62233816
E-mail：russiastudies@ 163. net

　　俄罗斯研究专业刊物。以研究和介绍俄罗斯现实问题与信息为重点。反映国内外研究的最新成果，兼及历史、文化等领域和相关的东欧中亚研究。主要栏目有：俄罗斯与大国关系、非传统安全与俄罗斯外交、政治、社会、经济、斯拉夫欧亚、苏联时期·苏共、历史·文化、书评和学术动态等栏目。读者对象为从事俄罗斯、东欧问题研究的专家学者和外事工作者。

俄罗斯中亚东欧研究 = Russian, Central Asian & East European Studies/中国社会科学院俄罗斯东欧中亚研究所 . – 北京：东欧中亚研究杂志社，1981 –

双月刊　　　　　　　大 16 开
ISSN 1671 – 8461　　　CN 11 –4809　　　2 –474
北京市东城区张自忠路 3 号东院 （100007）
编辑部电话：010 –64039120
E-mail：Oyyj – oys@ cass. org. cn

　　国际政治研究类学术刊物。原名《苏联东欧问题》、《东欧中亚研究》。坚持高品位、高学术性，以反映俄罗斯、东欧、中亚国家政治、经济、外交、历史、文化、军事、民族等各个领域的最新研究成果为主要任务。载文具有理论性、应用性和独创性，刊登的资料具有原生性。辟有政治、经济、外交、历史、综述、书刊评介等栏目。读者对象为从事俄罗斯、东欧、中亚问题研究的专家和学者，各级决策部门、大中型公司和企业的领导人，外事工作者，大专院校师生等。有英文目次和重要论文英文提要。

法律科学（西北政法大学学报） = Science of Law/西北政法大学 . – 西安：《法律科学》编辑部，1983 –

双月刊　　　　　　　　大 16 开
ISSN 1674 – 5205　　　　CN 61 – 1470　　　52 – 85
陕西省西安市长安南路 300 号西北政法学院（710063）
编辑部电话：029 – 5385160
E-mail：xbbjb@ nwupl. edu. cn

　　法学研究专业刊物。前身是《西北政法学院学报》，1989 年改为现刊名。以探索中国社会主义法制现代化理论为宗旨，努力反映法学研究的新成果，注重学术性、专业性、知识性。主要发表有深度、有独立见解、反映最新学术水平的学理性文章，同时也关注直接涉及社会现实问题的制度性研究文章。栏目设置有：法律文化与法律价值、法律思维与法律方法、部门法理、法律制度探微、立法研究、法律实践、长安法史、民事诉讼法修改专题、法学译苑等。读者对象为法学研究人员、司法工作者、高等院校法学专业师生。有英文目次和中英文文摘。

法商研究 = Studies in Law and Business/中南财经政法大学 . – 武汉：《法商研究》编辑部，1957 –

双月刊　　　　　　　　大 16 开
ISSN 1672 – 0393　　　　CN 42 – 1664　　　38 – 43
湖北省武汉市洪山区政院路 1 号（430073）
编辑部电话：027 – 88386912
E-mail：fashangyanjiu@ 21cn. com； FSYJ@ chinajournal. net. cn

　　法学研究专业刊物。曾用名《中南政法学院学报》、《法商研究（中南政法学院学报)》、《法商研究——中南财经政法大学学报. 法学版》，2002 年正式启用现刊名。以服务于依法治国、社会主义市场经济法制建设和促进法制进步为办刊宗旨，以市场经济体制下的法律问题为探讨和研究重点，侧重反映法学研究的新成果。辟有热点问题、法学争鸣、法学论坛、外国法制借鉴、学科发展前瞻、司法实践、新视野、评论·综述等栏目。读者对象为法律工作者、法学研究人员、高校师生等。

法学 = Legal Science/华东政法大学 . – 上海：《法学》月刊社，1956 –

月刊　　　　　　　　　16 开
ISSN 1000 – 4238　　　　CN 31 – 1050　　　4 – 342

上海市万航渡路 1575 号（200042）

编辑部电话：021 - 62071924

E-mail：hzfaxue@ sina. com

　　法学理论刊物。以关注社会，面向实际，理论创新，推进法治为宗旨。注重刊载理论联系实际，有针对性地探讨法制建设中的现实问题和社会关注的热点、难点问题的论文，并强调文章要有观念新、思想性强、干预现实生活、切合法律发展、冲击法学前沿、文字清新活泼的特点。栏目板块有：专论（专题评论、时事评论）、论文、笔谈、专题研究、争鸣、国家社科基金项目成果专栏、法律实务（含案例评析、疑案探析等）、检察理论与实践等。读者对象为法学理论工作者。

法学家 = Jurists Review/中国人民大学 . - 北京：法学家杂志社，1989 -

双月刊　　　　　　　大 16 开

ISSN 1005 - 0221　　　CN 11 - 3212　　　82 - 568

北京市海淀区中关村大街 59 号（100872）

编辑部电话：010 - 82509250

E-mail：faxuejia@ vip. 163. com

　　法学学术理论刊物。曾用刊名《法律学习与研究》。秉承"尚理明德，情系社稷，笃信法意，挥洒正义"的宗旨，以严谨、求实、开放、公正的姿态刊载具有原创思想、关注现实的作品；重视有关重大主题、具有重大价值或可能产生重大影响的研究；推崇厚积薄发的研究力作，力求反映中国法学研究的学科前沿问题，推动法学繁荣发展。栏目设置有：法学前沿、法学专论、立法研究、法学争鸣、青年法苑、法学教育、法制教育、法制改革、律师实务、国际法与区域、港澳台法律问题、外国法述评。读者对象为法学研究和教学人员、司法工作者以及政法院校师生等。有英文目次。

法学论坛 = Legal Forum/山东省法学会 . - 济南：《法学论坛》编辑部，1986 -

双月刊　　　　　　　大 16 开

ISSN 1009 - 8003　　　CN 37 - 1343　　　24 - 219

山东省济南市经十路 9 号（250014）

编辑部电话：0531 - 2923347

E-mail：luntan@ vip. sina. com

法学学术理论刊物。曾用刊名《山东法学》。办刊宗旨：贯彻理论联系实际的原则，遵循"传播新思想，探讨新问题，交流新成果，宣传新法律，介绍新知识"的思路，紧紧围绕党和国家的中心工作，积极开展法学研究、法学交流和法制宣传。主要栏目有：学术视点、探索争鸣、实务观察、热点聚焦、依法治国论坛、立法研究与建议、宪法行政法专论、民商法专论、经济法专论、刑法专论、法理学法史学专论、国外法制专论、司法制度与实务、比较法学、会议综述、新书评介等。主要读者对象为法学教学、科研部门的专家、学者和研究人员。

法学评论 = Law Review/武汉大学 . − 武汉：《法学评论》编辑部，1980 −
双月刊　　　　　　　大 16 开
ISSN 1004 − 1303　　　CN 42 − 1086　　38 − 107
湖北省武汉市珞珈山武汉大学（430072）
编辑部电话：027 − 7882712
E-mail：faxuepl@ 126. com

法学专业刊物。办刊宗旨：深入开展法学理论研究和应用法学研究，重点反映中国在改革开放、搞活以及现代化建设中和司法实践中出现的各种理论和实践问题，积极推荐中国法学研究的新成果，发挥法学为社会主义市场经济服务的功能。登载有关法学研究、法学评论的学术论文。主要栏目板块有：欧盟法论坛、评论·专论·争鸣、立法研究、民商法园地、可持续发展与环境法治、国际法与区际法专栏、司法改革纵横谈、法律实务、法史研究、法学随笔等。读者对象为法学研究人员、高等院校法学专业师生。有英文目次。

法学研究 = Chinese Journal of Law/中国社会科学院法学研究所 . − 北京：法学研究杂志社，1953 −
双月刊　　　　　　　16 开
ISSN 1002 − 896X　　　CN 11 − 1162　　2 − 528
北京市东城区沙滩北街 15 号（100720）
编辑部电话：010 − 64035471
E-mail：fxyjbjb_ law@ cass. org. cn

法学学术理论刊物。前身是《政法研究》。办刊宗旨：坚持学术性、理论性的原则，坚持基础理论的研究，坚持高水平的用稿标准以展现中国法学理论最新和最高水平的研究成果。结合中国法制建设和依法治国、建设社会主义法治国家

的实际情况，围绕以下几方面内容刊载学术研究成果：1. 研究中国法治建设重大
理论与实践问题；2. 研究中国现行法律之规定；3. 研究中国司法解释和重大疑难
案件的判决；4. 对学术著作的评论。读者对象为法学教学和理论研究工作者、立
法和司法工作者、法学专业的本科生和研究生、律师、行政执法人员和法学理论
爱好者。有英文目次和中文摘要。

法学杂志 = Law Science Magazine/北京市法学会 . – 北京：法学杂志社，1980 –
双月刊   大 16 开
ISSN 1001 – 618X   CN 11 – 1648   2 – 205
北京市丰台区成寿寺四方景园 1 区 6 号楼 （100164）
编辑部电话：010 – 67640120
E-mail：faxuezazhi@ 126. com

　　法学学术理论刊物。办刊宗旨：研讨法学理论，推动法制建设，积极推介中
国法学研究的新成果，及时报道司法改革的新进展，为中国的依法治国提供充分
的理论依据和司法实践的成功经验。刊登法学学术性论文、司法实践方面的文章。
辟有刑法学研究专题、各科专论、热点聚焦、青年法苑、司法实践与改革、法官
检察官论坛、法治文化专题研究、法学人物、北京法治、单位推介、观点集萃、
律师园地、评述、书序等栏目。读者对象为法学专业研究人员、法律工作者、高
等院校相关专业的师生。有中文论文摘要。

法制与社会发展 = Law and Social Development/吉林大学 . – 长春：法制与社会发展
杂志社，1995 –
双月刊   大 16 开
ISSN 1006 – 6128   CN 22 – 1243   12 – 165
吉林省长春市前进大街 2699 号 （130012）
编辑部电话：0431 – 85168640
E-mail：lasd1995@ vip. sina. com

　　法学理论专业期刊。旨在探究法律精义，鼓动百家思潮、推动法制建设，促
进社会发展。主要刊登法学领域中具有重要价值和普遍影响，尤其是具有原创性
的学术研究论文。主要栏目有：本刊特稿、中国特色社会主义法学理论体系研究、
司法研究、权利研究、司法文明、理论纵横、部门法哲学、学术书评等。读者对
象为法学专业研究人员、司法部门工作人员、高等院校法律专业师生等。有英文

目次和中英文论文提要。

方言 = Dialect/中国社会科学院语言研究所．－北京：《方言》编辑部，1979 –

季刊　　　　　　　　　16 开

ISSN 0257 – 0203　　　CN 11 – 1052　　2 – 526

北京市建国门内大街 5 号（100732）

编辑部电话：010 – 85195390

E-mail：fy – yys@ cass. org. cn

　　汉语方言研究专业刊物。追求重语言事实又重理论、唯实求是的办刊风格，侧重探讨汉语各种方言中的规律、特点及内部差异。主要刊载有关汉语方言研究及相关学科的各种文章，包括专题论文、调查报告、调查表格以及书评书目、资料介绍、情况报道等。读者对象为专业的和业余的方言工作者，一般语文工作者，高等院校的图书馆和中文系、汉语系师生。有英文目次和中英文提要。

福建论坛. 人文社会科学版 = Fujian Tribune. The Humanities & Social Sciences Monthly/福建省社会科学院．－福州：福建论坛杂志社，1981 –

月刊　　　　　　　　　大 16 开

ISSN 1671 – 8402　　　CN 35 – 1248　　34 – 33

福建省福州市柳河路 18 号（350001）

编辑部电话：0591 – 83791487

E-mail：fjltzzs@ 163. com；fjltwsz@ 163. com

　　人文社会科学综合性学术刊物。曾用刊名《福建论坛. 文史哲版》。办刊宗旨：立足福建，面向全国，强调学术理论品位，注重当代重大社会实践和理论的探讨，突出理论研究的思想性、前瞻性。发文内容注重对有中国特色社会主义理论的研究，探讨改革开放中的重大经济问题、社会问题、海峡两岸经贸发展问题、特区发展问题及华侨问题等。辟有经济研究、哲学研究、历史研究、文学研究、区域问题研究、闽台历史文化研究、社会探讨、书评等栏目，并开设"行为经济学与主流经济学"、"西方马克思主义意识形态理论研究"等专栏。读者对象为经济界人士及大专院校师生等。有英文目次。

福建师范大学学报. 哲学社会科学版 = Journal of Fujian Normal University. Philosophy and Social Scienecs Edition/福建师范大学．－福州：《福建师范大学学报》编辑部，

1956 –

双月刊　　　　　　　　大 16 开

ISSN 1000 – 5285　　　CN 35 – 1016　　　34 – 42

福建省福州市闽侯福建师大旗山校区（350108）

编辑部电话：0591 – 83465255

E-mail：ychen@ fjnu. edu. cn

　　人文社会科学综合性学术刊物。办刊方针：立足福建，辐射全国，走向世界，注重发表研究现实重大理论问题、有创见、有新意的文章。刊物利用沿海开放和与台湾地区毗邻的特殊人文地理环境的优势及该校理论经济学、中国文学、艺术学、专门史等优势学科的学术资源，设有哲学、经济学、文学艺术研究、语言文字学、修辞学大视野、历史学、教育学与心理学、传播学等专栏。其中"修辞学大视野"为特色栏目，入选教育部第二批哲学社会科学名栏工程。读者对象为从事社会科学研究的工作人员、大专院校师生等。

妇女研究论丛 = Collection of Women's Studies/全国妇联妇女研究所，中国妇女研究会 . – 北京：《妇女研究论丛》编辑部，1992 –

双月刊　　　　　　　　大 16 开

ISSN 1004 – 2563　　　CN 11 – 2876　　　2 – 375

北京市东城区灯市口大街 50 号（100730）

编辑部电话：010 – 65103472

E-mail：17656@ 263. net；Luncong@ wsic. ac. cn

　　妇女学理论刊物。办刊宗旨：坚持以马克思主义妇女观为指导，立足于中国国情，运用多学科的知识和方法，多层次、多角度地探讨在建设有中国特色社会主义过程中妇女解放和发展面临的重大理论问题和现实问题，推动妇女研究的繁荣与发展。主要栏目有：领导讲话、理论研究、实证研究、法律与政策研究、妇运观察与历史研究、文学·文化·传播、国外妇女/性别研究、青年论坛、研究动态与信息、图书评介等。读者对象为各级妇女工作者、妇女问题专家及关心妇女问题的各界人士。有英文目次。

复旦学报. 社会科学版 = Fudan Journal. Social Sciences Edition/复旦大学 . – 上海：《复旦学报. 社会科学版》编辑部，1978 –

双月刊　　　　　　　　大 16 开

ISSN 0257 – 0289　　　　CN 31 – 1142　　　4 – 246

上海市邯郸路 220 号（200433）

编辑部电话：021 – 65642669

E-mail：fdwkxb@ fudan. edu. cn

　　人文社会科学综合性学术刊物。办刊宗旨：立足本校，面向国内外，鼓励研究新情况，探讨新问题，发表具有鲜明见解、材料、方法的学术论文；注意评述社会科学的新发展，介绍社会科学各学科的新成就。主要反映复旦师生在社会科学各领域的研究成果。主要栏目有：中国哲学研究、中国古代文学研究、中国现代文学研究、政治学研究、学术争鸣、西方哲学研究、史学理论与史学史研究、经济增长与社会发展研究、近代史研究、管理学研究、传播学研究、世界史研究等。读者对象为社会科学工作者、大专院校文科师生。

改革 ＝ Reform/重庆社会科学院．– 重庆：改革杂志社，1988 –

月刊　　　　　　　　　大 16 开

ISSN 1003 – 7543　　　　CN 50 – 1012　　　78 – 82

重庆市江北区桥北村 270 号（400020）

编辑部电话：023 – 86856499

E-mail：Reform@ vip. 163. com

　　经济理论刊物。原名《体制改革探索》。办刊宗旨：探索改革理论，传播改革信息，振奋改革精神，推动改革实践，根据中国改革实践分析并探讨改革中出现的各种问题，反映中国改革的动态，比较研究改革的经验与教训，为决策者提供借鉴。围绕中国经济改革的实践，发表论文、评著、调查报告等。主要栏目有：宏观经济、区域经济、产业经济、资本市场、"三农"新解、全球化与中国、企业发展、公共管理、财政金融、探索与争鸣、改革动态、改革社评。读者对象为经济工作者、大专院校经济专业师生及各级领导干部。有英文目次。

改革与战略 ＝ Reformation & Strategy/广西壮族自治区社会科学界联合会．– 南宁：《改革与战略》杂志社，1985 –

月刊　　　　　　　　　大 16 开

ISSN 1002 – 736X　　　　CN 45 – 1006　　　48 – 47

广西壮族自治区南宁市思贤路绿塘里 1 号（530022）

编辑部电话：0771 – 5859720

E-mail：ggyzl@ yahoo. cn

　　经济综合类期刊。主要刊发学习、宣传、研究马克思主义的经济理论文章，特别是在改革与经济社会发展战略方面有独到见解的研究文章，以及与之有关的旅游、医院等行业经济管理和经济改革方面的文章。辟有经济与制度研究、战略与管理、金融财税研究、区域发展、农业与农村发展、产业对策研究、企业发展论坛、发展经济学研究、就业与保障研究、理论探讨等栏目。主要读者群为党政机关干部、大中专院校师生、经济管理人员、工商企业界人士和科研人员。

甘肃社会科学 = Gansu Scial Sciences/甘肃省社会科学院 . – 兰州：《甘肃社会科学》编辑部，1979 –

双月刊　　　　　　　　大 16 开
ISSN 1003 – 3637　　　　CN 62 – 1093　　　54 – 2
甘肃省兰州市安宁区健宁路 143 号　（730070）
编辑部电话：0931 – 7763141
E-mail：gssk143@ 126. com

　　人文社会科学综合性学术刊物。曾用刊名《社会科学》。办刊宗旨：理论联系实际，坚持"双百"方针，重视对现实问题的研究。在竞争中求发展，在发展中创特色。栏目主要涉及文学、历史、哲学、文化、经济、社会、法学、政治、教育、新闻传媒、出版（书评、编辑）等学科领域。特色栏目有：西路军研究、敦煌学研究、学者访谈、陇上学人、学术争鸣。并适时开设以问题为导向的跨学科专题研究栏目。此外，为了重视对青年的培养，还设有青年论坛专栏。读者对象为社会科学工作者及高校师生。有英文要目。

高等工程教育研究 = Research in Higher Education of Engineering/华中科技大学，中国工程院教育委员会，中国高等工程教育研究会，全国重点理工大学教学改革协作组 . – 武汉：《高等工程教育研究》编辑部，1983 –

双月刊　　　　　　　　大 16 开
ISSN 1001 – 4233　　　　CN 42 – 1026　　　38 – 106
湖北省武汉市武昌喻家山华中科技大学教科院　（430074）
编辑部电话：027 – 87542950；027 – 87557574
E-mail：gangong@ mail. hust. edu. cn

工程教育研究学术期刊。坚持探讨教育规律、开展学术讨论、反映研究成果、交流教育信息、推动教育改革、促进国际交流的办刊宗旨，以突出工程应用性、学术前沿性为办刊特色。主要栏目有：工程教育前沿、专题研究、高等教育管理、高等职业教育研究、外国高等教育研究、研究生教育、教学与实践等。此外，还根据需要定期开设国家级优秀教学成果等专栏。读者对象为高校师生、高教研究人员、高教管理的各级领导。

高等教育研究 = Journal of Higher Education/华中科技大学，中国高等教育学研究会. - 武汉：高等教育研究杂志社，1980 -
月刊　　　　　　　　　大 16 开
ISSN 1000 - 4203　　　CN 42 - 1024　　38 - 73
湖北省武汉市武昌喻家山华中科技大学内（430074）
编辑部电话：027 - 87543893
E-mail：gjbjb@ mail. hust. edu. cn

教育学专业期刊。以繁荣高等教育科学，促进高教改革发展为办刊宗旨。注重学术性、前瞻性和时代性。发表有关高等教育改革与发展的理论性论文，具有指导意义的调查报告和经验总结。提倡不同学术观点的争鸣，注意反映高等教育研究前沿的学术动态。栏目设置有：中国高校巡礼、学术动态、学生工作与学生事务、课程理论与教学改革、民办与职业高等教育、学位与研究生教育、教育学学科建设、教育体制与结构、教育基本理论、教师教育与教师发展、国际与比较高等教育、高等教育史、高等教育学科博士学位论文提要、探索与争鸣等。读者对象为教育工作者和研究人员。有英文目次。

管理工程学报 = Journal of Industrial Engineering and Engineering Management/浙江大学. - 杭州：《管理工程学报》编辑委员会，1987 -
季刊　　　　　　　　　大 16 开
ISSN 1004 - 6062　　　CN 33 - 1136
浙江省杭州市古墩路浙江大学紫金港校区行政管理大楼 1005 - 10（310058）
编辑部电话：0571 - 88206832
E-mail：lxn@ zju. edu. cn

管理科学类专业学术刊物。原名《管理研究》。旨在服务于国家经济建设，交流管理科学与工程学科理论研究成果，提高管理学科的教学科研水平，推动中国管理理论的创立，促进管理工程学科的繁荣与发展。栏目设置分为研究论文和研究简报两大板块，重点刊登管理工程及其相关的经济、财政、金融等领域的研究成果，强调科学性、创造性与实用性。内容覆盖管理工程理论涉及的广大学科领域：管理系统设计理论、模型预测分析以及与国内经济系统的调整、金融、投资、信用、成本核算、企业、农业、工业、城市发展、区域可持续发展等相关的管理问题。读者对象为管理工程、经济、科技类院校与科研机构的教学、研究人员和学生。

管理科学学报 = Journal of Management Sciences in China/国家自然科学基金委员会管理科学部 . – 天津：《管理科学学报》编辑部，1992 –
双月刊　　　　　　　大 16 开
ISSN 1007 – 9807　　CN 12 – 1275　　6 – 89
天津市南开区卫津路 92 号天津大学《管理科学学报》编辑部 （300072）
编辑部电话：022 – 27403197
E-mail：jmstju@ 263. net

　　管理科学类专业学术刊物。曾用名《决策与决策系统》。办刊宗旨：为管理科学研究成果开辟高水平的学术园地，积极反映、宣传和交流管理科学领域的优秀研究成果和科学基金项目；力求推动中国管理科学研究与实践水平的提高，促进管理与决策的科学化与现代化；重点刊载有关管理科学的基础理论、方法与应用等学术性研究成果，以及已取得社会或经济效益的应用性研究成果；加强管理科学研究的国际合作。主要发表有关管理科学应用和实证研究方面的论文综述和学术动态。读者对象为管理科学工作者、研究人员、企业管理人员、管理科学与经济管理院校师生。有英文目次。

管理世界 = Management World/国务院发展研究中心 . – 北京：《管理世界》编辑部，1985 –
月刊　　　　　　　大 16 开
ISSN 1002 – 5502　　CN 11 – 1235　　82 – 203
北京市海淀区大钟寺 8 号东楼 3 层 （100098）
编辑部电话：010 – 62111169；010 – 62112235

　　经济管理理论刊物。旨在多角度、多层次、多领域和多学科地综合反映有关中国经济、社会管理问题的研究成果，着重对中国经济改革和经济发展的热点、难点问题进行理论性、实证性、超前性的分析研究。内容主要涉及宏观经济形势分析、宏观经济管理研究、产业与区域发展研究、企业改革与管理研究、金融与财政研究、对外经济关系研究、公共管理研究、农村经济研究、国有企业改革研究、企业工商管理研究、国外经济管理研究与借鉴等。主要栏目有：本刊专稿、中国宏观经济论坛、中国金融·财政论坛、中国对外经济关系论坛、工商管理理论论坛、中国上市公司研究、中国农村发展论坛、理论述评、会议综述、短论等。读者对象为党政领导干部、企业管理人员、经济管理理论及经济政策研究人员、高等院校师生，以及其他热衷于探讨和了解经济管理理论及实践的各界人士。有英文目次。

管理学报 = Chinese Journal of Management/华中科技大学． - 武汉：《管理学报》编辑部，2004 -

月刊　　　　　　　　　大 16 开

ISSN 1672 - 884X　　　CN 42 - 1725　　　38 - 312

湖北省武汉市洪山区珞喻路 1037 号（430074）

编辑部电话：027 - 87542154

E-mail：glxb@ hust. edu. cn

　　管理研究类学术刊物。以"促进管理学科学术交流，介绍国际先进管理理念，力助中国管理学派成长，推动管理学科不断发展"为办刊宗旨，主要刊登管理学科的优秀论文，介绍国际先进管理理念，努力为管理学科搭建一个高水平的学术交流平台。主要栏目有：学术信息、信息与知识管理、物流与运作管理、述评、人力资源管理、环境与社会、管理学在中国、创新与创业、组织与战略、营销与服务等。有英文目次、中英文摘要。

广东商学院学报 = Journal of Guangdong University of Business Studies/广东商学院． - 广州：《广东商学院学报》编辑部，1986 -

双月刊　　　　　　　　大 16 开

ISSN 1008 - 2506　　　CN 44 - 1446　　　46 - 295

广东省广州市赤沙路 21 号（510320）

编辑部电话：020 - 84096712

E-mail：gdsxyxb@ 126. com

　　以研究经济理论、经济管理为主的综合性理论学术期刊。曾用刊名《商学论坛》。主要刊登经济领域及相关学科有创新性或具有较高应用价值的学术论文、调查报告以及反映国内外学术研究新动向、新理论的综述文章；尤其重视发表具有广东地域特色、对该地区经济建设有一定指导意义的原创性研究成果。设有经济理论、消费经济、企业管理、流通经济、农村经济、财政研究、金融研究、商贸研究、会计研究、粤商研究、法和经济学等栏目。粤商研究为其特色栏目，意在全面研究粤商的历史与现状，推动粤商研究向纵深发展，为当代粤商的发展提供思路与对策。读者对象为人文社会科学工作者、高校师生等。

广东社会科学 = Social Sciences in Guangdong/广东省社会科学院 . – 广州：广东社会科学杂志社，1984 –

双月刊　　　　　　　　大 16 开
ISSN 1000 – 114X　　　CN 44 – 1067　　　46 – 134
广东省广州市天河北路 369 号（510610）
编辑部电话：020 – 38801447
E-mail：gdshhkx_ zonghe@ 126. com

　　人文社会科学综合性学术刊物。办刊宗旨：立足广东，面向海内外，坚持正确的舆论导向，坚持理论联系实际，坚持学术性、理论性、实践性、前沿性、创新性的统一，努力探究中国改革开放和现代化建设热点问题，为社会主义现化代建设服务。主要刊登人文社会科学研究的最新研究成果和有关改革开放的理论与实践的学术论文。栏目设置有：本刊专稿、学人新论、新书评介、孙中山研究、港澳台研究、哲学、经济学、法学、文学、社会学、历史学等。读者对象为社会科学工作者、高校文科师生。有英文目次。

广西民族大学学报. 哲学社会科学版 = Journal of Guangxi University for Nationalities. Philosophy and Social Sciences Edition/广西民族大学 . – 南宁：《广西民族大学学报》编辑部，1978 –

双月刊　　　　　　　　大 16 开
ISSN 1673 – 8179　　　CN 45 – 1349　　　48 – 89
广西壮族自治区南宁市大学东路 188 号（530006）
编辑部电话：0771 – 3260122
E-mail：xb3260122@ gxun. cn

　　民族学类综合性学术刊物。曾用刊名《广西民族学院学报. 哲学社会科学版》。主要刊发处于学术前沿的人类学、民族学、民俗学等学科领域的研究论文。先后辟有人类学、壮学研究、瑶学研究、族群问题争鸣、民俗学、社会学、经济学、文学、文艺学、语言学、编辑学、法学、教育学、高教研究、德育研究、中国－东盟、研究生园地等十多个栏目。读者对象为大专院校文科师生、民族教育工作者、社会科学工作者、国家机关公务员等。有英文目次和中英文文摘。

广西民族研究 = Study of Ethnics Guangxi/广西壮族自治区民族研究中心 . －南宁：《广西民族研究》编辑部，1985 －
季刊　　　　　　　　大 16 开
ISSN 1004 － 454X　　　CN 45 － 1041　　　48 － 85
广西壮族自治区南宁市云景路 1 号（530028）
编辑部电话：0771 － 5589053
E-mail：gxmzyjs@ 163. com

　　民族学类综合性学术刊物。以壮学、瑶学等民族学研究为办刊特色。主要发表民族历史、民族经济、民族文化、民族美学、民族语言与文字、民族法学、民族考古等方面的理论性文章。先后辟有民族理论政策研究、民族学人类学研究、壮学研究、瑶学研究、毛南族研究、民族语言文字研究、民族历史与文化研究、民族经济研究、民族美学研究、岭南考古研究、港澳台文化研究、侬智高研究、盘古神话来源研究、非物质文化遗产保护研究、民族文化旅游研究等栏目。读者对象为民族学研究人员、政府部门民族事务工作人员、民族院校师生等。有英文目次和中文文摘。

广西师范大学学报. 哲学社会科学版 = Journal of Guangxi Normal University. Philosophy and Social Sciences Edition/广西师范大学 . －桂林：《广西师范大学学报》编辑部，1957 －
双月刊　　　　　　　大 16 开
ISSN 1001 － 6597　　　CN 45 － 1066
广西壮族自治区桂林市育才路 15 号（541004）
编辑部电话：0773 － 5802521
E-mail：gxss@ chinajournal. net. cn

　　人文社会科学综合性学术刊物。办刊宗旨：结合社会主义建设实际，开展哲学社会科学的学术理论研究。主要刊登哲学社会科学各专业领域里的学术研究论文和高校哲学社会科学研究成果。突出学术性、师范性和地方性特色。内容涉及哲学、经济学、法学、语言学、文学、教育学、历史学等方面。栏目主要有：马克思主义与当代社会研究、宗教学研究、法学研究、文艺理论研究、桂学研究、教育研究、历史研究等。读者对象为从事社会科学研究的工作人员、大专院校师生等。

贵州民族研究 = Guizhou Ethnic Studies/贵州省民族研究院. － 贵阳：《贵州民族研究》编辑部，1979 －

双月刊　　　　　　　大 16 开
ISSN 1002 － 6959　　　CN 52 － 1001　　　66 － 35
贵州省贵阳市北路扁井巷 27 号（550004）
编辑部电话：0851 － 6615623

　　民族学类综合性学术刊物。坚持地区性与民族性相结合的办刊方针，主要刊载具有较高学术价值的学术论文。内容包括民族工作、民族学、民族语言以及民族经济研究等。辟有民族理论与民族法学研究、民族学与民族文化研究、民族经济研究、民族教育、民族历史、民族风俗、民族语言文字、民族民间文学、民族问题、民族宗教研究、民族学调查、国外民族学研究介绍等栏目。读者对象为民族学研究人员、政府部门民族事务工作人员、民族院校师生等。有英文目次和中英文文摘。

贵州社会科学 = Guizhou Social Sciences/贵州省社会科学院. － 贵阳：《贵州社会科学》编辑委员会，1980 －

月刊　　　　　　　　大 16 开
ISSN 1002 － 6924　　　CN 52 － 1005　　　66 － 13
贵州省贵阳市棱石巷 19 号（550002）
编辑部电话：0851 － 5928568

　　人文社会科学综合性学术刊物。主要刊载文学、史学、哲学、经济学、社会学、民族学、法学等学科的研究成果。内容涉及文、史、哲、法、政治、党建、和谐社会与"三个代表"、思想政治工作、经济与管理、图书情报、教育与教学等。主要栏目有：文化遗产研究、文学研究、历史研究、哲学·政治研究、反贫困研究、经济研究、社会研究、政治研究、中国近代史研究、民族学·人类学研究、民族法学与法律人类学研究、管理研究、民族·文化研究等。主要读者对象为哲学社会科学研究人员、大专院校师生、宣传理论工作干部以及广大哲学社会科学爱好者。

国际观察 = International Review/上海外国语大学 . – 上海：《国际观察》编辑部，1993 –
双月刊　　　　　　　大 16 开
ISSN 1005 – 4812　　　CN 31 – 1642　　4 – 574
上海市大连西路 550 号科研楼 711 室（200083）
编辑部电话：021 – 35372901
E-mail：gjgc2008@126.com

国际问题研究学术刊物。曾用刊名《苏联问题参考资料》、《苏联研究》。办刊宗旨：通过对世界主要国家和地区的政治、经济、社会等诸方面情况和国际格局的变化趋势的报道，使读者了解世界局势，了解国外成功的经验和方法，了解它们的挫折和教训，以进一步搞好中国的改革开放。主要栏目有：专稿、主题文章、国际战略研究、国际关系、世界经济、学术动态等。读者对象为社会科学研究人员、高等院校国际问题专业的师生以及党政决策机关干部及广大国际问题关注者。

国际金融研究 = Studies of International Finance/中国国际金融学会 . – 北京：《国际金融研究》编辑部，1984 –
月刊　　　　　　　　大 16 开
ISSN 1006 – 1029　　　CN 11 – 1132　　82 – 961
北京市西城区复兴门内大街 1 号（100818）
编辑部电话：010 – 66596863
E-mail：guojijinrongyanjiu@163.com

金融专业学术性刊物。汇集国内外专家学者，整合国内外研究力量，对国际金融经济的理论、战略、政策进行系统研究，同时开展一些金融专项课题研究活动，强化理论前沿研究，向政府部门提供金融领域的信息和建议，为制定有关决策提供依据。主要板块栏目有：国际金融时评、理论园地、环球金融、银行业研究、金融市场、金融科技。读者对象为金融工作者及相关专业的高校师生。有英文目次和中文文摘。

国际经济合作 = International Economic Cooperation/商务部国际贸易经济合作研究院. －北京：国际经济合作杂志社，1985 －

月刊　　　　　　　　　大 16 开

ISSN 1002 － 1515　　　CN 11 － 1583　　　82 － 788

北京市东城区安定门外东后巷 28 号（100710）

编辑部电话：010 － 64249223

E-mail：ieciec@ 263. net

　　国际经济贸易实务和理论综合性刊物。办刊宗旨：致力于为中国各级政府部门制定对外经贸政策提供参考，发布对外经济合作领域的权威性新闻，研究国际经济贸易的实务和理论，为国内外企业、经济研究部门和关心中国对外经济技术合作的人士提供服务。主要栏目有：专稿、世界经济与贸易、研究与探讨、跨国经营、观察家札记、经贸实务、利用外资、发展与援助、国际市场、双多边合作、特别报道、地方商务等。适合于所有从事和关心国际经济合作事业的人士阅读。

国际经济评论 = International Economic Review/中国社会科学院世界经济与政治研究所. －北京：《国际经济评论》编辑部，1996 －

月刊　　　　　　　　　大 16 开

ISSN 1007 － 0974　　　CN 11 － 3799　　　82 － 814

北京市建国门内大街 5 号（100732）

编辑部电话：010 － 85195773

E-mail：ier@ cass. org. cn

　　国际经济问题评论学术刊物。办刊特色为：在经济全球化和中国改革开放的背景下，紧扣现实主题，将国际问题与中国问题结合起来研究。辟有专稿、时评、政治焦点问题、政治热点问题、中国经济、地区·国别、工商、专访、人物与思想、学术动态、专题和现场等栏目。读者对象为各级经济管理人员、研究人员、经济理论工作者及经济院校师生。

国际经贸探索 = International Economics and Trade Research/广东外语外贸大学. －广州：《国际经贸探索》编辑部，1985 －

月刊　　　　　　　　　大 16 开

ISSN 1002 － 0594　　　CN 44 － 1302　　　46 － 289

广东省广州市白云区白云大道北 2 号（510420）

编辑部电话：020 – 36207076

E-mail：gpietr@ mail. gdufs. edu. cn

国际经贸理论与实务研究专业刊物。原名《广州对外贸易学院学报》，1991年起改用现刊名。办刊宗旨是坚持理论联系实际，适应经济全球化新形势，着重研究和阐述国际经贸理论；联系粤港澳台实际，大胆探索国内外经贸热点问题。刊物突出学术性、专业性、前沿性、规范性。主要栏目有：国际贸易、经贸论坛、粤港澳台经济合作、国际区域经济合作、国际经贸法规研究、国际金融与投资、跨国投资与经营等。读者对象为从事外经贸理论与实务工作者、大专院校师生、企业管理者和政府管理部门的各界人士。有英文目次和英文摘要。

国际论坛 = International Forum/北京外国语大学 . – 北京：北京外国语大学国际问题研究所，1988 –

双月刊　　　　　　大 16 开

ISSN 1008 – 1755　　　CN 11 – 3959　　　82 – 998

北京市海淀区西三环北路 2 号北京外国语大学 167 信箱（100089）

编辑部电话：010 – 88814778；010 – 88815017

E-mail：gjlt@ bfsu. edu. cn；bwgjs@ bfsu. edu. cn

研究国际问题的综合类学术性刊物。原名《国际地平线》（不定期内部刊物），后更名为《东欧》、《亚非》，1999 年改为现刊名。主要刊登有关国际政治、世界经济、中国外交方面的学术论文。设有国际时事评述、国际政治、国际关系、中外关系、理论探讨、世界经济、国别与地区等栏目。主要读者对象为外事部门科研机构高等院校的干部、专家、学者及关注国际问题的一般读者。

国际贸易问题 = Journal of International Trade/对外经济贸易大学 . – 北京：国际贸易问题杂志社，1975 –

月刊　　　　　　大 16 开

ISSN 1002 – 4670　　　CN 11 – 1692　　　2 – 847

北京市朝阳区惠新里东街 10 号对外经济贸易大学 129 信箱（100029）

编辑部电话：010 – 64492403；64492401

国际经济贸易类刊物。主旨是宣传中国对外贸易的方针、政策，研究和分析国际经贸问题、国际经贸动态，介绍最新的国际贸易理论。主要栏目有：经贸论坛、区域国别市场、东亚经济合作、国际商务研究、世界市场透视、国际投资与跨国经营、国际金融、环境与贸易、贸易与增长、地方贸易等。读者对象为对外经贸机关、企业的决策者和业务人员，外商投资企业的中高级管理人员，高等院校师生及国际经贸研究人员。有英文目次与英文摘要。

国际商务（对外经济贸易大学学报） = International Business/对外经济贸易大学 . – 北京：《对外经济贸易大学学报》编辑部，1987 –

双月刊　　　　　　　　大 16 开
ISSN 1002 – 4034　　　CN 11 – 3645
北京市朝阳区惠新东街 12 号 （100029）
编辑部电话：010 – 64492403

　　综合性经济理论刊物。以国际经济贸易为主要内容，注重对国内外重大理论的探究，全面展示国内外学者在国际贸易、经济学、金融、法律等领域的最新研究动态和科研成果。栏目设置有：专稿、国际贸易、经济学研究、金融科学、管理学、国际投资、法学研究、商务文化、产经视角等。读者对象为从事经济贸易研究的专家学者、大专院校经济贸易系的师生、企业家和关注国内外经济贸易的人士。

国际问题研究 = International Studies/中国国际问题研究所 . – 北京：《国际问题研究》编辑部，1959 –

双月刊　　　　　　　　大 16 开
ISSN 0452 – 8832　　　CN 11 – 1504　　　82 – 1
北京市东城区台基厂头条 3 号 （100005）
编辑部电话：010 – 85119558；010 – 85119653
E-mail：gyzz@ ciis. org. cn

　　国际关系研究专业刊物。主要刊登有关国际问题、世界形势和国际关系方面的论文。主要栏目有：专题研讨、专题研究、中亚形势、特稿、中国与世界、世界经济、美国研究、国际政治、中美关系、新兴大国研究、美国对外战略、国际政治专论等。读者对象为国际关系、国际问题专业研究人员，外事工作人员，高等院校相关专业师生和对国际问题感兴趣的读者。有英文目次和中文提要。

国际新闻界 = Chinese Journal of Journalism & Communication/中国人民大学．－北京：国际新闻界杂志社，1961 –

月刊　　　　　　　　大 16 开

ISSN 1002 – 5685　　　CN 11 – 1523　　　82 – 849

北京市海淀区中关村大街 59 号中国人民大学明德新闻楼（100872）

编辑部电话：010 – 82509362

E-mail：gjxwj0@126. com

　　新闻学、传播学学术性刊物。原名《国际新闻界简报》，1978 年改为现刊名。报道中国和外国的整个新闻学、传播学领域研究；探讨大众传播业界、广播影视、编辑出版、广告、公共关系和传媒经济的各种理论与实践问题；探讨网络信息传播、传播科技的各种现象和问题，以及与传播相关的跨学科领域的研究。主要栏目有：本期话题、本期特稿、传播学研究、新闻学研究、广播电视传播研究、传媒研究、公共关系研究、新闻史研究、新闻教育研究、消息、网络传播研究、百草园等。读者对象为新闻理论研究者、新闻工作者、大专院校师生。有英文目次。

国际政治研究 = International Politics Quarterly/北京大学．－北京：北京大学国际关系学院，全国高校国际政治研究会，1980 –

季刊　　　　　　　　16 开

ISSN 1671 – 4709　　　CN 11 – 4782　　　82 – 236

北京市海淀区颐和园路 5 号北京大学国际关系学院（100871）

编辑部电话：010 – 62755560

E-mail：gjzzyj@ gmail. com

　　国际政治类学术刊物。原名《世界政治资料》，曾更名为《政治研究》，1989 年改为现刊名。以推动学科建设、促进学术交流为己任，刊发国内外高水平、高质量的国际政治和国际关系领域的学术论文。内容涵盖国际政治、国际关系、国际组织与国际法、世界经济、中国外交、国际战略、国别和地区研究、世界社会主义运动、比较政治、港澳台研究、口述外交等方面。主要栏目有：主题讨论、中国政治外交、国际政治理论、世界政治、地区与国别政治和动态与评论等。读者对象为国际政治和国际关系研究人员、大专院校师生。

国家教育行政学院学报 = Journal of National Academy of Education Administration/国家教育行政学院．－北京：《国家教育行政学院学报》编辑部，1987 –

月刊　　　　　　　　大 16 开
ISSN 1672 – 4038　　　CN 11 – 5047　　　82 – 484
北京市大兴区清源北路（102617）
编辑部电话：010 – 69248888 – 3120/3122
E-mail：xuebao@ naea. edu. cn；xuebao2011@ 163. com

　　教育管理研究类学术刊物。该刊以"突出高教管理，服务教育改革与发展事业"为宗旨，载文注重学术性、理论性、政策性、现实性，充分利用国家教育行政学院办学资源优势，荟萃国内外知名学者和有关政府官员来院讲学的精彩报告和最新研究成果，广泛交流教育管理改革的新经验、新认识及有关社科方面的新成果，关注教育管理、改革的热点和难点，引领教育管理研究的前行方向。主要栏目有：专题研究、外国教育、书记校长文萃、考察调研报告、教育学人、教育经济与管理、教育基本理论等。读者对象为高校管理人员，教育学研究人员，关注教育管理、改革的各界人士。有英文目次。

国家图书馆学刊 = Journal of The National Library of China/国家图书馆．– 北京：《国家图书馆学刊》编辑部，1979 –
双月刊　　　　　　　　16 开
ISSN 1009 – 3125　　　CN 11 – 4099　　　2 – 997
北京市海淀区中关村南大街 33 号（100081）
编辑部电话：010 – 88545737
E-mail：gtxk@ nlc. gov. cn

　　图书馆和情报学专业学术期刊。曾用名《北京图书馆馆刊》。以促进图书馆学研究、推动图书馆事业发展为宗旨，关注国内外图书馆事业及相关学术动态，贴近工作实践和理论前沿，突出重点和热点问题的研讨，推介图书馆新型管理模式，展示最新学术成果和发展动态。主要栏目有：前沿论坛、公共文化服务、国家图书馆论坛、信息组织、数字图书馆、研究与实践、交流与借鉴、实证研究、图书馆史研究、书林史话等。读者对象为图书馆、资料室工作人员和研究人员，大专院校图书情报专业师生，从事图书情报专业研究的工作者。

国家行政学院学报 = Journal of Chinese Academy of Governance/国家行政学院．– 北京：《国家行政学院学报》编辑部，1999 –
双月刊　　　　　　　　大 16 开

ISSN 1008 - 9314　　　　CN 11 - 4079　　2 - 364
北京市海淀区长春桥路 6 号国家行政学院 （100089）
编辑部电话：010 - 68929341；010 - 68929976
E-mail：xuebao@ nsa. gov. cn ； xuebao@ 163bj. com

政治研究类学术刊物。办刊主旨：突出政府管理、政府决策和公务员队伍建设的鲜明主题；反映党和国家关于政府工作的重大方针政策和举措；反映当前经济体制改革、政治体制改革和行政管理改革等方面的新鲜经验；反映新形势下政府管理和政权建设等方面的前沿性研究成果；力求刊物在学术性、指导性、可读性和丰富的信息量方面的有机结合。主要栏目有：特稿、决策咨询、公共管理与行政改革、干部教育培训研究、法治政府建设、调查与思考 、比较与借鉴、国际学苑、本期关注等。读者对象是各级政府公务员、从事政府管理理论教学的研究人员。

国外理论动态 = Foreign Theoretical Trends/中共中央编译局 . - 北京：国外理论动态杂志社，1991 -
月刊　　　　　　　　　　16 开
ISSN 1674 - 1277　　　　CN 11 - 4507　　82 - 808
北京市西城区西斜街 36 号 （100032）
编辑部电话：010 - 66509302，66509322
E-mail：lldongtai@ cctb. net

政治类学术刊物。主要介绍有关马克思主义、社会主义研究的新动向、新观点；反映国外当代世界政治、经济、文化等领域的新学派、新思潮。主要栏目有：专家访谈、理论视野、全球问题研究、中国研究、当代资本主义研究、政治与政党、俄罗斯研究、拉美研究、中东研究、国际学术期刊聚焦、新书速递等。读者对象为各级领导、社会科学研究人员、教育工作者、企业管理者、理论研究人员。

国外社会科学 = Social Sciences Abroad/中国社会科学院信息情报研究院 . - 北京：
《国外社会科学》编辑部，1980 -
双月刊　　　　　　　　大 16 开
ISSN 1000 - 4777　　　　CN 11 - 1163　　82 - 632
北京市建国门内大街 5 号 （100732）
编辑部电话：010 - 65137749

E-mail：ssaj@ cass. org. cn

社会科学综合性学术刊物。注重跨学科研究及介绍国内外社会科学最新的学术理论、研究方法和发展趋势，尤其是新思潮、新流派、新理论、新论著和新成果，突出刊物的学术性、理论性、综合性及前沿性。主要栏目有：学术动态、学科流派、书评、教育研究、简讯、海外中国研究、国外学术前沿、国际关系研究、成果快讯等。读者对象为广大社会科学工作者及高等院校文科师生。

国外文学 = Foreign Literatures/北京大学 . – 北京：《国外文学》编辑部，1981 –
双月刊　　　　　　　16 开
ISSN 1002 – 5014　　　CN 11 – 1562　　　18 – 44
北京市海淀区北京大学外文楼（100871）
编辑部电话：010 – 62751589

以外国文学评论为主的学术性刊物。主要发表外国文学研究方面的论文、评论、述评等，同时介绍外国文学史上的各种流派及有影响的作家作品。固定栏目有：综论与评述、文学理论探讨、文本分析与阐释、作品翻译与评介等。同时还设有各种专题性质的栏目。读者对象为国内外文学研究、教学工作者及广大外国文学爱好者。有英文目次和中文提要。

哈尔滨工业大学学报. **社会科学版** = Journal of Harbin Institute of Technology. Social Sciences Edition/哈尔滨工业大学 . – 哈尔滨：《哈尔滨工业大学学报. 社会科学版》编辑部，1999 –
双月刊　　　　　　　大 16 开
ISSN 1009 – 1971　　　CN 23 – 1448　　　14 – 307
黑龙江省哈尔滨市南岗区西大直街 92 号（150001）
编辑部电话：0451 – 86402017
E-mail：shekeban@ hit. edu. cn

人文社会科学综合性学术刊物。办刊宗旨为坚持四项基本原则，展示当代人文社会科学方面的最新学术成果，为促进人文社会科学领域的学术交流和理论研究提供阵地，为繁荣中国社会主义初级阶段的理论研究服务，为提高高校师生和人文社会科学界研究人员的理论研究水平服务。主要栏目有：学术热点、社会理论与社会建设、哲学研究、政治文明与法律发展、文学与文化研究、经济理论与经济建设、生态文明建设等。读者对象为从事社会科学研究的工作人员、大专院校师生等。

汉语学习 = Chinese Language Learning/延边大学 . – 延吉：《汉语学习》编辑部，1980 –

双月刊　　　　　　　16 开
ISSN 1003 – 7365　　　CN 22 – 1026　　12 – 36
吉林省延吉市公园路 977 号 （133002）
编辑部电话：0433 – 2732219
E-mail：hyxx@ ybu. edu. cn

　　语言研究、汉语教学专业刊物。以介绍国内外现代汉语和第二语言汉语教学的新成果，提供学术讨论和争鸣的园地，反映学术研究活动的新动态，展示国内外汉语研究的新视野为办刊宗旨。主要刊登有关语言研究、汉语教学研究和少数民族汉语教育及语言比较研究方面的论文。辟有栏目：争鸣、消息、语言发展与规范、语言学与现代汉语研究、语言·文化·社会、第二语言汉语教学、现代汉语研究述评、研究生论坛、书评等。读者对象为国内外广大语言工作者、语言学研究人员、汉语教学人员等。有英文目次和中英文文摘。

杭州师范大学学报. 社会科学版 = Journal of Hangzhou Normal University. Social Sciences Edition/杭州师范大学 . – 杭州：《杭州师范大学学报. 社会科学版》编辑部，1979 –

双月刊　　　　　　　大 16 开
ISSN 1674 – 2338　　　CN 33 – 1347
浙江省杭州市下沙高教园区学林街 16 号 （310036）
编辑部电话：0571 – 28865870
E-mail：hsyxuebao@ hznu. edu. cn

　　人文社会科学综合性学术刊物。曾用名《杭州师范学院学报》。以提倡人文精神，促进人文社会科学研究为宗旨。主要为本校师生的人文社会科学研究成果提供发表园地，同时适量采用外稿。先后设立文艺新论、专题讨论、学术专访、文学研究、21 世纪儒学研究、长江三角洲研究、杭州研究、经济研究、语言文字及其应用研究、法学研究、城市学研究、中国休闲论坛、影视艺术研究、教育与教学研究、学术讲堂专栏。读者对象为从事社会科学研究的工作人员、大专院校师生等。

河北大学学报. 哲学社会科学版 = Journal of Hebei University. Philosophy and Social Science/河北大学 . – 保定:《河北大学学报. 哲学社会科学版》编辑部,1960 –

双月刊　　　　　　　　大 16 开

ISSN 1005 – 6378　　　　CN 13 – 1027　　　18 – 52

河北省保定市五四东路 180 号 (071002)

编辑部电话:0312 – 5079412

E-mail:xbs@ hbu. edu. vn

　　人文社会科学综合性学术刊物。主要刊登语言文学、历史、哲学、法学、教育学等文科方面的观点新颖的学术文章。常设栏目有:文学研究、中国古代经济史研究、宋史研究、哲学研究、经济学研究、河北地方经济研究、中国特色社会主义理论研究、法学研究、教育学研究、心理学研究、管理学研究、语言学研究、哲学研究、新媒体研究、旅游文化研究等。其中"宋史研究"入选教育部高校哲学社会科学名栏。读者对象为从事社会科学研究的工作人员、大专院校师生等。

河北法学 = Hebei Law Science/河北政法职业学院,河北省法学会 . – 石家庄:《河北法学》编辑部,1983 –

月刊　　　　　　　　大 16 开

ISSN 1002 – 3933　　　　CN 13 – 1023　　　18 – 68

河北省石家庄市友谊北大街 569 号 (050061)

编辑部电话:0311 – 87115528

　　法学研究专业刊物。侧重刊登理论与实践相结合、具有学术前瞻性的论文。内容涉及中国社会主义民主与法制建设中亟须解决的重大理论与实际问题。辟有专论、专题、名家论坛、青年法学家、法学理论研究、热点问题透视、域外法学、司法实践、博士生园地等栏目。读者对象为法学研究人员、政法院校师生及立法、司法工作者。

河北经贸大学学报 = Journal of Hebei University of Economics and Trade/河北经贸大学 . – 石家庄:《河北经贸大学学报》编辑部,1980 –

双月刊　　　　　　　　大 16 开

ISSN 1007 – 2101　　　　CN 13 – 1207　　　18 – 287

河北省石家庄市府学路 47 号 （050061）

编辑部电话：0311 - 87655653

E-mail：jmxb7665829@163. com

　　经济类学术期刊。主要发表下列领域有创见的学术研究成果：理论经济学、宏观经济、中国经济问题、西方经济学、经济思想史、财政与金融、产业经济、工商管理、会计统计。栏目设置有：理论经济学、专稿、经济学批判、中国经济问题研究、理论经济学、财政·金融研究、企业经济研究、宏观经济、区域经济研究、国民经济管理、世界经济、经济思想史·经济史研究、金融投资研究、产业经济研究、文化产业、经济时评等。读者对象为从事经济理论研究的学者及相关专业的大专院校师生。

河北师范大学学报. 哲学社会科学版 = Journal of Hebei Normal University. Philosophy and Social Sciences Edition/河北师范大学 . - 石家庄：《河北师范大学学报》编辑部，1956 -

双月刊　　　　　　　　大 16 开

ISSN 1000 - 5587　　　CN 13 - 1029　　　18 - 11

河北省石家庄市二环东路 20 号 （050024）

编辑部电话：0311 - 80786363

E-mail：shekeb@ mail. hebtu. edu. cn

　　人文社会科学综合性学术刊物。前身为河北师范学院于 1956 年创办的《河北师范学院学报（人文科学号)》和原河北师范大学于 1957 年创办的《教学与研究》。办刊宗旨：坚持人文社会科学的正确导向，倡导实事求是、开拓创新、理论与实践相统一的学风和文风，内容兼顾理论、历史、现状三个方面，突出思想性、学术性和现实性。主要栏目有：经济与管理、法学、哲学、文学、语言学、中国古代史研究、晚清史研究、燕赵文化研究、传播学研究等。有英文目次和中英文文摘。

河北学刊 = Hebei Academic Journal/河北省社会科学院 . - 石家庄：《河北学刊》编辑部，1981 -

双月刊　　　　　　　　大 16 开

ISSN 1003 - 7071　　　CN 13 - 1020　　　18 - 25

河北省石家庄市裕华西路 67 号 （050051）

编辑部电话：0311 – 83032440

E-mail：hbxk282@ 163. com

人文社会科学综合性学术刊物。以传承学术文化，繁荣社会科学研究，推出探索性、前沿性、原创性科研精品为办刊宗旨，主要反映河北人文社会科学的研究成果。主要栏目有：中国特色社会主义理论研究、特别关注、哲学天地、学术信息、学人论坛、史学纵横、史学理论与史学史、文学评论、社会学透视、经济学观察、法学经纬、文化学研究、教育学研究、河北经济社会文化发展研究、学人论坛、名家访谈、书评园地等。读者对象为社会科学工作者、大专院校文科师生。

河南大学学报. 社会科学版 = Journal of Henan University. Social Science/河南大学 . – 开封：《河南大学学报》编辑部，1934 –

双月刊   大 16 开

ISSN 1000 – 5242   CN 41 – 1028   36 – 26

河南省开封市明伦街 85 号（475001）

编辑部电话：0378 – 2860394

E-mail：xbskb@ henu. edu. cn

人文社会科学综合性学术刊物。曾用刊名《开封师院学报. 社会科学版》、《河南师大学报. 哲学社会科学版》。坚持为教学科研和社会主义现代化建设服务的方针，着重探讨和研究人文社会科学的有关学术问题和现实理论问题。主要栏目有：哲学研究、历史学研究、政治学研究、社会学研究、法学研究、经济学研究、文学研究、文化与传播学研究、教育学研究、学术书讯等，特色栏目为编辑学研究和宋代文化研究。读者对象为大专院校文科师生和广大社会科学研究爱好者。

河南社会科学 = Henan Social Sciences/河南省社会科学界联合会 . – 郑州：河南社会科学杂志社，1993 –

月刊   大 16 开

ISSN 1007 – 905X   CN 41 – 1213

河南省郑州市丰产路 23 号（450002）

编辑部电话：0371 – 63933724

E-mail：sheke@ public. zz. ha. cn

人文社会科学综合性学术刊物。办刊宗旨：立足学术前沿，兼顾社会科学的应用理论和基础理论研究，密切关注社会科学方面的前沿性、应用性成果，注重学术的原创性、互动性和应用性，积极开展学术讨论和学术交流。载文内容包括经济学、社会学、政治学、法学、哲学、文学、历史学、教育学、文化学等学科的研究成果。设有博导、博士论坛、专家访谈、笔谈、社会科学研究、学术综述、法学研究、经济学研究、文学研究、出版编辑研究等栏目。读者对象为国内外专家、学者和广大社会科学工作者。

河南师范大学学报. 哲学社会科学版 = Journal of Henan Normal University. Philosophy and Social Sciences Edition/河南师范大学 . – 新乡：《河南师范大学学报》编辑部，1960 –

双月刊　　　　　　　　大 16 开
ISSN 1000 – 2359　　　CN 41 – 1011　　36 – 54
河南省新乡市建设东路 46 号（453007）
编辑部电话：0373 – 3326281
E-mail：hnsdwkxb@ 126. com

人文社会科学综合性学术期刊。曾用刊名《新乡师范学院学报》。办刊宗旨：鼓励学术争鸣，促进学术交流，广泛吸收国内外高质量的来稿，强调学术性、创新性和实践性，注重对现实问题的敏锐把握和富有启示性的理论探讨。刊登校内外学者在哲学、经济学、政治学、法学、历史学、语言文学、教育学等人文社会科学领域的创新性研究成果。无栏目设置，刊文范围包括马克思主义研究、哲学、心理学、政治学、经济学、历史学、法学、语言学、文化学、文学等学科内容。有英文目次和中英文文摘。

黑龙江民族丛刊 = Heilongjiang National Series/黑龙江省民族研究所 . – 哈尔滨：黑龙江民族丛刊杂志社，1985 –

双月刊　　　　　　　　大 16 开
ISSN 1004 – 4922　　　CN 23 – 1021　　14 – 51
黑龙江省哈尔滨市南岗区文昌街 41 号（150008）
编辑部电话：0451 – 82605044
E-mail：nationalityy@ yahoo. com. cn

民族研究专业学术期刊。以交流民族工作经济，促进民族学研究为办刊宗旨。

发表有关民族工作、民族理论、民族经济、民族教育、民族历史、民族学、民族风俗等方面的论文和信息，开展民族文学、民族语言等方面的研究。主要栏目有：民族工作研究、民族理论、民族经济、民族教育、民族学、民族文化研究等。读者对象为民族学研究的专家、学者和民族工作者。

红楼梦学刊 = Studies on ＂A Dream of Red Mansions＂ /中国艺术研究院 . –北京：《红楼梦学刊》编辑委员会，1979 –
双月刊　　　　　　　　大 32 开
ISSN 1001 – 7917　　　　CN 11 – 1676　　　18 – 102
北京市朝阳区惠新北里甲 1 号 （100029）
编辑部电话：010 – 64813287
E-mail：hongloumeng1979@ 163. com

　　红学研究专业刊物。坚持"双百"方针，面向全国古典文学研究者和广大红学爱好者。主要发表研究《红楼梦》思想、艺术、版本、作者生平家事、脂砚斋评语、文物资料的考证等方面的学术论文。开辟知识性、趣味性较强的红楼文化、红注集锦、红楼一角、红学书窗、红楼佳话等栏目。另外还有研究生论坛、新人新作、红学动态等栏目，推出红学新人，报道国内外红学大事和最新研究成果。读者对象为中国古典文学研究人员、红学研究人员及红学爱好者。有英文目次。

宏观经济研究 = Macro Economics/国家发展和改革委员会宏观经济研究院 . –北京：宏观经济研究杂志社，1979 –
月刊　　　　　　　　大 16 开
ISSN 1008 – 2069　　　　CN 11 – 3952　　　82 – 791
北京市西城区木樨地北里甲 11 号国宏大厦 B 座 1308 室 （100038）
编辑部电话：010 – 63908357
E-mail：hongguanjingji@ 163. com

　　以宏观经济理论与政策研究为主的综合性经济理论刊物。曾用刊名《计划经济研究》、《经济改革与发展》。主要以应用研究为主体，强调理论与实践相联系，宏观与微观相结合，政策研究与学术探讨相统一，围绕中国经济运行中的重点、难点和热点问题，从战略全局角度进行实证性和前瞻性分析、判断，提供可操作的政策建议，为国家宏观经济决策和各级政府、各类企业及社会各界服务。主要刊登有关企业发展、产业发展、政策建设、区域经济、世界经济、经济指标等方面的论文综述。读者对象为各级党政领导机关人员、经济管理部门人员、大专院校师生。

湖北大学学报. 哲学社会科学版 = Journal of Hubei University. Philosophy and Social Science/湖北大学 . – 武汉：《湖北大学学报》编辑部，1974 –
双月刊　　　　　　　大 16 开
ISSN 1001 – 4799　　　CN 42 – 1020　　38 – 46
湖北省武汉市武昌区友谊大道 368 号（430062）
编辑部电话：027 – 88663900

　　人文社会科学综合性学术刊物。曾用刊名《武汉师院学报. 哲学社会科学版》，1985 年启用现刊名。主要刊登哲学、科学社会主义、经济学、法学、行政管理、社会学、文学、语言学、历史学、文化教育、心理学等学科领域的理论与应用研究论文。主要栏目有：价值论与伦理学研究、中部崛起论坛、中国近代史研究、文化学研究、湖北历史文化研究、明清小说研究、辞赋研究、书评等。读者对象为高等院校师生和社会科学工作者。有英文目次和中文文摘。

湖北社会科学 = Hubei Social Sciences/湖北省社会科学界联合会，湖北省社会科学院 . – 武汉：湖北社会科学杂志社，1987 –
月刊　　　　　　　　大 16 开
ISSN 1003 – 8477　　　CN 42 – 1112　　38 – 211
湖北省武汉市东湖路 165 号湖北省社会科学院 5 楼《湖北社会科学》编辑部（430077）
编辑部电话：027 – 867883852
E-mail：hbsk@263. net

　　人文社会科学综合性学术刊物。以立足于中国特色社会主义建设的实践，坚持理论与实际、工作指导与理论研究相结合为方针；以大胆探索改革开放和现代化建设中出现的新情况、新问题，求真务实，融现实性与理论性为一体，荟萃科研成果、反映理论动态、服务指导实践为主旨。发文主要涉及马克思主义、哲学、经济学、法学、社会学、教育学、文学、历史学、新闻传播学等学科领域。主要栏目有中部崛起与湖北发展、政治文明研究、思想政治工作研究、社会建设研究、人文视野、马克思主义与马克思主义中国化、经济论丛、教育论丛、法律园地、荆楚文化、法律园地、传媒研究等。读者对象主要为高校社会科学及各类社会科学研究机构工作者、政府决策及政策研究部门有关人员。有英文目次。

湖南大学学报. 社会科学版 = Journal of Hunan University. Social Sciences/湖南大学. –
长沙:《湖南大学学报. 社会科学版》编辑部，1987 –
双月刊　　　　　　　　大 16 开
ISSN 1008 – 1763　　　　CN 43 – 1286　　　41 – 181
湖南省长沙市岳麓区湖南大学期刊社 （410079）
编辑部电话：0731 – 88822900
E-mail:hdwkxb@ 163. com

　　人文社会科学综合性学术刊物。坚持弘扬学术，追求真知，促进学科发展，坚持导向性、学术性、科学性、创新性的原则。主要反映湖南大学人文社会科学研究领域的学术成果，亦发表国内外同行专家学者的优秀学术论文。主要栏目有：岳麓书院与传统文化、管理科学、中国语言文学研究、外国语言文学研究、哲学与史学研究、新闻与传播、法学研究等。其中"岳麓书院与传统文化"曾入选教育部首批 16 家"名栏工程"。读者对象为从事社会科学研究的工作人员、大专院校师生等。

湖南科技大学学报. 社会科学版 = Journal of Hunan University of Science & Technology. Social Science Edition/湖南科技大学．– 湘潭：湖南科技大学学报期刊社，1999 –
双月刊　　　　　　　　大 16 开
ISSN 1672 – 7835　　　　CN 43 – 1436　　　42 – 184
湖南省湘潭市湖南科技大学期刊社 （411201）
编辑部电话：0731 – 58290354
E-mail:xuebao@ hnust. edu. cn

　　人文社会科学综合性学术刊物。原名《湘潭工学院学报. 社会科学版》。以坚持四项基本原则和"双百"方针，积极开展社会科学各领域的探索研究和学术交流，关注改革开放和现代化建设中的难点问题，倡导学术自由，鼓励开拓创新为办刊宗旨，坚持"以特色求知名，以创新求发展"的办刊理念。辟有毛泽东研究、逻辑今探、哲学研究、经济透视、政法论苑、历史研究、教育纵横、文学研究等栏目。其中"毛泽东研究"是该刊特色专栏。读者对象为社会科学工作者和大专院校文科专业师生。

湖南社会科学 = Hunan Social Sciences/湖南省社会科学界联合会 . – 长沙：湖南社会科学杂志社，1988 –

双月刊　　　　　　　大 16 开

ISSN 1009 – 5675　　　CN 43 – 1161　　42 – 229

湖南省长沙市德雅路浏河村 37 号 （410003）

编辑部电话：0731 – 89716022

E-mail：hnsheke01@ 163. com

　　人文社会科学综合性学术刊物。坚持走学者办刊、学术立刊之路，秉承以人扬刊、以刊助人的办刊理念，注重哲学社会科学的基础理论研究，并结合中国经济社会发展的理论与实践问题，反映哲学社会科学的最新研究成果。内容包括哲学、政治学、法学、社会学、经济学、文学、教育学、历史学、新闻学、新兴学科的研究论文以及典型调查报告等。主要栏目有：哲学科学、政法社会、经济管理、文教历史、读书传媒等。读者对象为人文社会科学工作者、大专院校师生、科研院所的研究人员和部分机关干部、社会人士。

湖南师范大学社会科学学报 = Journal of Social Science of Hunan Normal University/湖南师范大学 . – 长沙：《湖南师范大学社会科学学报》编辑部，1956 –

双月刊　　　　　　　大 16 开

ISSN 1000 – 2529　　　CN 43 – 1165　　42 – 97

湖南省长沙市岳麓山湖南师范大学 （410081）

编辑部电话：0731 – 8872209

E-mail：scasci@ 126. com

　　人文社会科学综合性学术刊物。原名《湖南师范大学学报. 社会科学版》。办刊宗旨：面向社会主义现代化建设，发表高校文科学者的研究成果，为发展和繁荣社会主义教学理论和高等师范教育做出贡献。主要栏目有：湖湘文化与湖南科学发展、哲学·伦理学、党史·党建、政治·法律、社会·经济、文学·语言、新闻与传播等。读者对象为大专院校师生、社会科学工作者。有英文目次和中英文论文提要。

华东师范大学学报. 哲学社会科学版 = Journal of East China Normal University. Philosophy and Social Science/华东师范大学 . – 上海：《华东师范大学学报》编辑部，1955 –

双月刊　　　　　　　大 16 开

ISSN 1000 – 5579　　　CN 31 – 1010　　4 – 105
上海市中山北路 3663 号（200062）
编辑部电话：021 – 62233702
E-mail：xbzs@ xb. ecnu. edu. cn

　　人文社会科学综合性学术刊物。坚持"追求真理、繁荣学术"和"求实创新、开拓进取"的办刊方针，刊登该校文科专业师生及院外作者的研究成果及学术论文，内容涉及哲学、政治、经济、金融、文学、语言和历史等方面。主要栏目有：历史、哲学研究、史外文学叙事研究、国际经济问题探讨、宗教学研究、政治学研究、语言学研究、文学研究、伦理学研究、金融问题研究、法学研究等。读者对象为社会科学研究人员、大专院校文科师生。有英文目次和中英文摘要。

华东政法大学学报 = Journal of the East China University of Political Science and Law/华东政法大学 . – 上海：《华东政法大学学报》编辑部，1998 –

双月刊　　　　　　　16 开
ISSN 1008 – 4622　　　CN 31 – 2005　　4 – 618
上海市万航渡路 1575 号（200042）
编辑部电话：021 – 62071670
E-mail：journal@ ecupl. edu. cn

　　以法学研究为主、其他学科为辅的法学理论刊物。原名《华东政法学院学报》。主要发表法学各领域的学术研究成果，包括对法学基础理论的研究，对中国法制建设、社会治安以及经济建设和改革中的法律问题的阐述，政法工作实践经验的总结研究、热点时评，国内外法学动态，同时兼顾政治学、社会学等学科的研究成果。主要栏目有：法学论坛、域外法苑、司法时评、热点笔谈、学思论说、社科探索、学术综述等。主要服务对象为法学教师、法学院系学生、科研工作者、司法工作者、人文社科类学者等。

华南师范大学学报. 社会科学版 = Journal of South China Normal University. Social Science Edition/华南师范大学 . – 广州：《华南师范大学学报》编辑部，1956 –

双月刊　　　　　　　大 16 开
ISSN 1000 – 5455　　　CN 44 – 1139　　46 – 72
广东省广州市石牌华南师范大学（510631）
编辑部电话：020 – 85211440

E-mail：tougaozh@ scnu. edu. cn

　　人文社会科学综合性学术刊物。原名《华南师范学院学报》。坚持正确的办刊方向，贯彻"双百"方针，突出学术性、地方性和师范性，注意应用性，力求在哲学、经济学、中国古代近代文学、教育学、心理学、人文体育学等学科形成优势和特色。常设栏目有：哲学、政治学、经济学、语言学、文学、美学、文艺学、教育学、心理学、历史学、图书馆学、信息学、体育学、艺术学等。不定期栏目有：澳门研究、学术短论、书评、学术动态等。文学栏目版块以研究近代文学为重点，注重评介广东近代文学史上的重要人物及其著作。

华夏考古 = Huaxia Archaeology/河南省文物考古研究所，河南省文物考古学会 . –
郑州：《华夏考古》编辑部，1987 –
季刊　　　　　　　　　16 开
ISSN 1001 – 9928　　　CN 41 – 1014
河南省郑州市陇海北三街 9 号（450000）
编辑部电话：0371 – 66319695
E-mail：hxkg@ chinajournal. net. cn

　　文物考古类专业刊物。办刊方向：立足河南，面向全国，走向世界。主要发表全国各地田野考古发掘报告和简报；根据文物、考古发掘资料撰写的学术论文、译文和探讨考古理论与方法的文章；涉及文物科学技术保护方面的论文和资料。辟有田野考古报告、考古学理论与方法、考古文物研究、古文字研究、考古技术与文物保护、学者与学术史、译文园地、文物赏鉴、书评等栏目。读者对象为考古、文物研究人员，文物工作者及文物爱好者。有英文目次和中英文文摘。

华中科技大学学报. 社会科学版 = Journal of Huazhong University of Science and Technology. Social Science Edition/华中科技大学 . – 武汉：《华中科技大学学报. 社会科学版》编辑部，1980 –
双月刊　　　　　　　　大 16 开
ISSN 1671 – 7023　　　CN 42 – 1673　　　38 – 322
湖北省武汉市珞瑜路 1037 号（430074）
编辑部电话：027 – 87543816
E-mail：jsshust@ mail. hust. edu. cn

　　人文社会科学综合性学术刊物。曾用名《华中工学院学报. 哲学社会科学版》、《华中理工大学学报. 社会科学版》。办刊宗旨为：在四项基本原则及"双百"方针指导下，立足于国情，坚持问题意识，坚持理论探索与实证分析研究并进的学术定位，以良好的学术规范、品质和求真务实的学术追求推动哲学社会科学的繁荣与发展。常设栏目有：民族精神与文化空间、科技社会与人文视野、经济理论与管理研讨、哲学之维与思辨之道、法学经纬与政治纵横、社会发展与转型透视等。读者对象为人文社会科学工作者、大专院校师生和广大爱好人文社会科学的社会人士。

华中师范大学学报. 人文社会科学版 = Journal of Huazhong Normal University. Humanities and Social Sciences/华中师范大学 . – 武汉：《华中师范大学学报》编辑部，1955 –
双月刊　　　　　　　　大 16 开
ISSN 1000 – 2456　　　CN 42 – 1040　　　38 – 38
湖北省武汉市桂子山华中师范大学 （430079）
编辑部电话：027 – 87673249
E-mail：inbox@ ccnu. edu. cn

　　人文社会科学综合性学术刊物。办刊宗旨为坚持理论联系实际，关注重大现实问题，坚持刊物的学术性和理论性，致力于学术研究的历史积累和理论创新，传播有创造性的、高学术水平的最新科研成果。主要刊登该校师生的最新哲学社会科学研究论文。内容涉及政治学、法学、文化学、文学、语言学、历史学、教育学与心理学等。主要栏目有：中国农村研究、中国近现代史研究、语言学研究、文学研究、思想史研究、历史学研究、社会学研究、马克思主义理论研究、经济学研究、社会风险与危机管理、妇女研究、法学研究、教育学研究、心理学研究等。读者对象为社会科学工作者、大专院校文科师生。

环球法律评论 = Global Law Review/中国社会科学院法学研究所 . – 北京：法学研究杂志社，1962 –
双月刊　　　　　　　　大 16 开
ISSN 1009 – 6728　　　CN 11 – 4560　　　2 – 529
北京市东城区沙滩北街 15 号 （100720）
编辑部电话：010 – 64022194

E-mail：glawreview@ cass. org. cn

　　法学专业学术期刊。创刊名为《法学研究资料》，曾一度停刊，1979 年复刊，易名《法学译丛》，1993 年再度更名为《外国法译评》，2000 年定为现刊名。办刊宗旨：比较研究中国法与外国法以及各国法之间的利弊得失，倡导宏观的、体系的、基础理论的比较研究，注重微观的、个别的、具体的法律制度，法律技巧，法律设计诸方面的比较研究；追踪外国法的发展，翻译介绍外国最新的重要立法、最新法学理论及相关文献。辟有主题研讨、理论前沿、介绍与评论、国际法问题研究等栏目。读者对象为法学专业研究人员、立法和司法部门的专业人员，法律工作者、高等院校法律专业师生等。有英文目次、中文内容提要。

黄钟（中国·武汉音乐学院学报） = HUANGZHONG（Journal of Wuhan Conservatory of Music，China）/中国·武汉音乐学院 . – 武汉：《黄钟》编辑部，1987 –

季刊　　　　　　　　　大 16 开
ISSN 1003 – 7721　　　　CN 42 – 1062　　　38 – 409
湖北省武汉市武昌解放路 255 号（430060）
编辑部电话：027 – 88068303
E-mail：wyhz@ whcm. edu. cn

　　学术性音乐理论刊物。办刊方针：密切关注音乐理论中的新学科、新观点与新动向，注重学科交叉的研究方法和前沿课题的研究，重视音乐基础理论研究，探索音乐实践与理论规律，大力扶植音乐研究队伍中的新生力量。主要刊登音乐史理论方面的研究成果、译文和有特色的音乐作品，报道国内外音乐理论研究信息。主要栏目有：作曲技术理论研究、音乐基础理论研究、音乐形态学研究、音乐作品研究、计算机与音乐、音乐史学研究、音乐美学研究、音乐民族学研究、宗教音乐学研究、楚音乐文化研究、音乐考古学研究、音乐传播学研究、音乐文献学研究、音乐编辑学研究、音乐社会学研究、音乐心理学研究、音乐教育理论研究、音乐表演理论研究、音乐学术译文等。读者对象为专业音乐工作者、高等音乐院校师生及音乐爱好者。有英文目次。

回族研究 = Researches on the Hui/宁夏社会科学院 . – 银川：《回族研究》编辑部，1991 –

季刊　　　　　　　　　大 16 开
ISSN 1002 – 0586　　　　CN 64 – 1016　　　74 – 20

宁夏银川市西夏区（750021）

编辑部电话：0951 – 2074543

E-mail：ychzyj@ 163. com

　　民族学类综合性学术刊物。办刊宗旨：繁荣回族研究，弘扬回族文化。坚持集知识性、学术性与资料性于一体的办刊特色。主要栏目有：回族历史研究、回族经济人口研究、回族文学研究、回族伊斯兰教研究、回族教育研究、回商研究、域外伊斯兰文化、回族人物等。读者对象为从事民族宗教研究的人文社会科学工作者、大专院校师生和民族地区机关干部、社会人士。有中英义目次、论文摘要。

会计研究 = Accounting Research/中国会计学会 . – 北京：《会计研究》编辑部，1980 –

月刊　　　　　　　　　大 16 开

ISSN 1003 – 2886　　　CN 11 – 1078　　　2 – 844

北京市西城区月坛南街 14 号月新大厦六层（100045）

编辑部电话：010 – 68528922

E-mail：68528922@ asc. org. cn

　　财会理论刊物。以紧密联系中国经济建设实际，强化会计基础理论研究，丰富会计理论，促进财会改革和企业内部会计管理水平的提高，建设具有中国特色的会计理论方法体系为办刊宗旨。突出政策指导性、学术探索性和现实针对性，及时、集中地反映中国会计学科的研究状况。主要刊登理论探讨、会计管理、经济与会计、改革探索、国企改革及证券市场中的财务会计问题、成本问题、国际会计准则、国外财会理论研究动态等方面的文章。读者对象为财会理论研究人员、广大财会工作者以及大专院校师生。有英文目次、中文论文提要。

吉林大学社会科学学报 = Jilin University Journal Social Sciences Edition/吉林大学 . – 长春：《吉林大学社会科学学报》编辑部，1955 –

双月刊　　　　　　　　大 16 开

ISSN 0257 – 2834　　　CN 22 – 1063　　　12 – 18

吉林省长春市前进大街 2699 号（130012）

编辑部电话：0431 – 85166970

　　人文社会科学综合性学术刊物。办刊宗旨：坚持社会主义的办刊方向，使学报成为宣传马列主义、毛泽东思想的阵地，社会科学教学和研究人员发表科研成果的园地，发现和培养社会科学人才的基地，展示高校学术水平的窗口。主要刊载吉林大学文科师生的最新研究成果。设有马克思主义基础理论研究、东北亚区域经济与社会发展、边疆考古与华夏文明、数量经济理论及应用等特色栏目和探索当代中国哲学的道路、法律全球化研究、政治文明与政府治理等专题栏目。读者对象为社会科学工作者、教育工作者、大专院校文科师生。

暨南学报. 哲学社会科学版 = Jinan Journal. Philosophy & Social Science Edition／暨南大学 . – 广州：《暨南大学学报》编辑部，1936 –
月刊　　　　　　　　大 16 开
ISSN 1000 – 5072　　　CN 44 – 1285　　46 – 75
广东省广州市黄埔大道西 601 号（510632）
编辑部电话：020 – 85224092

人文社会科学综合性学术刊物。主要发表文学、史学、经济学、法学和哲学等方面的学术论文，并着重发表有关华侨、华裔、世界各地中外关系的现状与历史方面的科研成果，促进国内外学术交流，为四个现代化建设和人类社会进步事业服务。主要栏目有：华人华侨研究、海外及台港澳华文文学研究、中外关系史研究、产业经济研究、区域经济研究、国际法、民商法等。读者对象为社会科学工作者和高校文科专业师生。有英文目次和中英文文摘。

江海学刊 = Jianghai Academic Journal／江苏省社会科学院 . – 南京：江海学刊杂志社，1958 –
双月刊　　　　　　　　大 16 开
ISSN 1000 – 856X　　　CN 32 – 1013　　28 – 27
江苏省南京市虎踞北路 12 号（210013）
编辑部电话：025 – 83715429
E-mail：jhxk@ jlonline. com

人文社会科学综合性学术刊物。注重人文社会科学的基础理论研究，探讨中国经济社会发展的理论与实践问题，反映哲学社会科学的最新研究成果，内容包括中国改革开放、经济理论、城市、乡村、就业研究、台湾问题、法律、文学艺术、行政管理、国际政治、马克思主义研究等。主要栏目有：原创学术空间、名家专论、海外学术之窗、教育问题研究、土地问题研究、组织管理问题研究、社会工作理论建设及其反思等。读者对象为社会科学工作者、大专院校师生、社会各界人士。

江汉考古 = Jianghan Archaeology/湖北省文物考古研究所 . – 武汉：《江汉考古》编辑部，1980 –

季刊　　　　　　　　　16 开

ISSN 1001 – 0327　　　CN 42 – 1077　　38 – 72

湖北省武汉市东湖路天鹅村湖北省文物考古研究所 （430077）

编辑部电话：027 – 86793389

E-mail：jhkg2728@ sina. com. cn

文物考古类学术期刊。坚持"百花齐放、百家争鸣"的办刊方针，立足长江、汉水流域，在长江中游史学研究、楚文化及简牍研究方面独具特色，积极报道长江中游及南方地区文物考古新发现、文物考古研究成果。主要栏目有：考古发现、考古研究、古文字研究、科技考古、遗址保护、信息交流等。主要读者对象为海内外文博专业工作者、史学工作者和爱好者。

江汉论坛 = Jianghan Tribune/湖北省社会科学院 . – 武汉：江汉论坛杂志社，1958 –

月刊　　　　　　　　　大 16 开

ISSN 1003 – 854X　　　CN 42 – 1018　　38 – 226

湖北省武汉市武昌东湖路 165 号 （430077）

编辑部电话：027 – 86789435

E-mail：jhlt@ pubic. wh. hb. cn

人文社会科学综合性学术刊物。办刊宗旨：注重理论与实际相结合，认真贯彻党的"双百"方针，积极探讨现代化建设和改革开放中出现的新情况、新问题，致力于推出治学态度严谨、具有原始创新价值的研究成果，为党和政府的决策服务、为两个文明建设服务、为社会主义理论事业的发展做出贡献。发文内容涵盖经济、哲学、历史、文学及法学、政治学、伦理学、社会学等诸多学科。主要栏目有：经济、哲学、历史、政治、法律、古典主义、社会学、教育、文学、文化、书评等。读者对象为社会科学工作者及大专院校文科师生。

江淮论坛 = Jianghuai Tribune/安徽省社会科学院 . - 合肥：江淮论坛杂志社，1958 -

双月刊　　　　　　　　大 16 开
ISSN 1001 - 862X　　　CN 34 - 1003　　26 - 14
安徽省合肥市徽州大道 1009 号（230053）
编辑部电话：0551 - 63438337

　　人文社会科学综合性学术刊物。办刊宗旨：立足安徽，面向全国和世界，发表多学科的理论研究文章，为两个文明建设服务，为繁荣学术、理论创新服务。着重研究社会主义建设中的理论问题和实践问题，注意开拓具有地方特色的研究课题。文章涵盖哲学、经济、政治、法学、文学等社会科学各主要学科。文章形式以论文为主，也发表调研报告、综述、书评等，以研究现当代问题为重点，兼及学术史研究，同时发表少量虽属冷僻但确有学术价值的文章（包括资料性的研究文章）。读者对象为从事社会科学研究的工作人员、大专院校师生等。

江苏高教 = Jiangsu Higher Education/江苏教育报刊总社 . - 南京：《江苏高教》编辑部，1985 -

双月刊　　　　　　　　大 16 开
ISSN 1003 - 8418　　　CN 32 - 1048　　28 - 264
江苏南京市草场门大街 133 号 A 楼（210036）
编辑部电话：025 - 86275630
E-mail：jsgj1985@126. com

　　高等教育专业理论刊物。旨在从理论和实践两个方面研究高等教育的基本规律和高等教育改革发展中的各种重点、难点、热点问题，注重理论与实践的有机结合。设有理论探讨、高教管理、教学研究、高校科研、德育天地、学生工作、学位与研究生教育、师资队伍建设、高职教育、比较高等教育等栏目。读者对象为高等教育管理人员、研究人员和大专院校师生。有英文目次、中文论文摘要。

江苏社会科学 = Jiangsu Social Sciences/江苏社会科学杂志社 . - 南京：江苏社会科学杂志社，1990 -

双月刊　　　　　　　　大 16 开
ISSN 1003 - 8671　　　CN 32 - 1312　　28 - 148
江苏省南京市白下区建邺路 168 号新北楼（210004）

编辑部电话：025 – 83321531

E-mail：s83321531@ 163. com

　　人文社会科学综合性学术刊物。刊登人文社会科学领域的最新研究成果，重视基础理论与应用理论的研究。发文注重学术性、理论性、探索性。主要栏目有：邓小平理论研究、精神文明建设研究、经济研究、法学研究、哲学研究、历史研究、文学研究、社会学研究、教育研究、江苏发展研究、书评等。读者对象为人文社会科学工作者、高等院校师生、党政干部。

江苏师范大学学报. 哲学社会科学版 = Journal of Jiangsu Normal University. Philosophy and Social Sciences Edition/江苏师范大学 . – 徐州：《江苏师范大学学报》编辑部，1975 –

双月刊　　　　　　　　大 16 开

ISSN 1007 – 6425　　　　CN 32 – 1883　　　28 – 46

江苏省徐州市和平路 57 号（221009）

编辑部电话：0516 – 83867156

E-mail：xuebao@ xznu. edu. cn

　　人文社会科学综合性学术刊物。原名《徐州师范学院学报. 哲学社会科学版》，2013 年改用现刊名。辟有留学生与近代中国研究、文学研究、历史学研究、语言文字学研究、马克思主义与当代中国研究、经济学研究、法学研究、教育学研究、心理学研究等栏目。其中"留学生与中国现代化"是该刊的特色栏目，2011 年年底入选教育部高校哲学社会科学名栏工程。此外，"马克思主义与当代中国研究"等栏目也具有一定影响。读者对象为高校教师及从事社会科学研究的科研工作者。

江苏行政学院学报 = The Journal Jiangsu Administration Institute/江苏行政学院 . – 南京：《江苏行政学院学报》编辑部，2001 –

双月刊　　　　　　　　大 16 开

ISSN 1009 – 8860　　　　CN 32 – 1562　　　28 – 278

江苏省南京市水佐岗 49 号（210009）

编辑部电话：025 – 83382247

E-mail：jsxyxb@ 263. net

政治类学术刊物。办刊宗旨：面向改革开放，研究公共管理理论，促进公共管理实践，构建理论探索与应用实践沟通的平台。侧重研究改革开放和社会主义现代化建设过程中与政府公共管理和公务员制度建设有关的政治、经济、法律、社会、文化等理论问题和现实问题，交流行政管理体制改革经验，反映公共管理领域的前沿研究成果，为新形势下政府公共管理研究和公务员培训事业服务。设有马克思主义中国化研究、哲学研究、文化学研究、经济学研究、社会学研究、政治学研究、行政学研究、法学研究等栏目。读者对象为行政管理研究人员、社会科学工作者、大专院校文科师生。

江西社会科学 = Jiangxi Social Sciences/江西省社会科学院 . – 南昌：江西社会科学杂志社，1980 –

月刊　　　　　　　　大 16 开
ISSN 1004 – 518X　　　CN 36 – 1001　　　44 – 25
江西省南昌市洪都北大道 649 号（330077）
编辑部电话：0791 – 8596531
E-mail：jxsheke@163.com

人文社会科学综合性学术刊物。以传承学术、创新理论为宗旨。注重刊发具有理论性、学术性、原创性的最新学术研究成果。主要栏目有：学子语类、叙事学研究、哲学、经济学、法学、政治学、社会学、语言学、艺术学、历史学、文学、地方文化研究、建设与管理对策、新文化大观、新科知识纵览、海外传真等。读者对象为人文社会科学工作者、大专院校师生和部分机关干部、社会人士。有英文目次、中文论文提要。

教学与研究 = Teaching and Research/中国人民大学 . – 北京：《教学与研究》编辑部，1953 –

月刊　　　　　　　　大 16 开
ISSN 0257 – 2826　　　CN 11 – 1454
北京市海淀区中关村大街 59 号中国人民大学科研楼 A 座 11 层（100872）
编辑部电话：010 – 62511680
E-mail：jiaoyuyan@263.net

综合性理论研究刊物。办刊宗旨：为高校马克思主义理论教学和研究服务，同时兼顾相关领域的人文社会科学研究。主要栏目有：马克思主义基本理论研究、

经典著作研读、哲学问题探索、政治经济学前沿、马克思主义中国化研究、国外
马克思主义研究、思想政治教育研究、中国近现代史基本问题研究、当代中国社
会发展研究、当代资本主义研究、世界社会主义理论与实践、当代中国与世界、
西方思潮评介、研究述评、教学难点解析、动态·信息等。其中"当代中国社会
发展研究"栏目入选教育部高校哲学社会科学学报名栏。读者对象为高校、各级
党校、各类成人院校的理论课教师，理论研究和理论宣传工作者，以及有关学科
的大学生、研究生。有英文目次。

教育发展研究 = Research in Education Development/上海市教育科学研究院，上海
市高等教育学会． - 上海：《教育发展研究》编辑部，1980 –
半月刊　　　　　　　　大 16 开
ISSN 1008 – 3855　　　　CN 31 – 1722　　　4 – 591
上海市茶陵北路 21 号（200032）
编辑部电话：021 – 60344596
E-mail：jyfz@263. net

　　教育类综合性学术期刊。前身是《上海高教研究》，1999 年改为现刊名。坚
持从大教育视角关注教育与社会、经济、文化、科技的联系，坚持从中、宏观层
面研究和探讨教育改革与发展的热点和难点问题，坚持前沿与纵深相结合、理论
与实践相结合、学术性和可读性相结合，探讨教育的内在规律和发展趋势。载文
内容涉及教育理论与实践、教育事业与教育经费分析、学校、校长、教师发展、
招生与就业等国内外各级各类教育的改革与发展。常设栏目有：决策参考、视点、
专题、民办教育、教师发展等。不定期栏目有：学校发展、学校管理、课程改革、
论坛、域外、院校研究、经验分享、广角、信息平台等。读者对象为教育行政主
管、教育科研人员、校长、教师、各类培训主管、高校学生等。有英文目次和中
英文摘要。

教育科学 = Education Science/辽宁师范大学． - 大连：教育科学杂志社，1985 –
双月刊　　　　　　　　大 16 开
ISSN 1002 – 8064　　　　CN 21 – 1066　　　8 – 91
辽宁省大连市黄河路 850 号（116029）
编辑部电话：0411 – 84258254
E-mail：jykx915@sohu. com

教育类学术刊物。原刊名为《教育科学研究》，1987 年改为现刊名。办刊宗旨：繁荣教育理论研究，推动教育科学发展，介绍和推广国内外成功的教育经验、实验和理论，弘扬民族教育遗产，为教育改革和发展服务。主要栏目有：教育基本理论研究、课程与教学研究、教育管理研究、教师教育研究、高等教育研究、学前教育研究、职业技术教育研究、比较教育研究等。读者对象为大、中、小学教师，教育管理人员，教育研究人员，师范院校学生等。有英文目次、中文论文提要。

教育理论与实践 = Theory and Practice of Education/山西省教育科学研究院，山西省教育学会 . – 太原：《教育理论与实践》编辑部，1981 –

旬刊　　　　　　　　大 16 开
ISSN 1004 – 633X　　　CN 14 – 1027　　　22 – 31
山西省太原市解放路东头道巷 9 号（030009）
编辑部电话：0351 – 5604672
E-mail：jyll@ chinajournal. net. cn

教育类综合性学术期刊。前身是《山西教育科研通讯》，1985 年改为现刊名。旨在坚持四项基本原则，立足山西，面向全国，进行基础教育理论研究和实践探索，反映教育科研成果，传播教育科学信息，促进教育改革。主要辟有教育基本理论、教育决策与管理、教学论、教师教育、职业成人教育、高等教育、思想政治教育、心理教育、理论探索、课程研究、教学探新、教师发展、管理与评价等栏目。读者对象为教育学研究人员、各级各类学校管理人员、师范院校师生等。有英文目次和中英文文摘。

教育学报 = Journal of Educational Studies/北京师范大学 . – 北京：《教育学报》编辑部，1988 –

双月刊　　　　　　　　大 16 开
ISSN 1673 – 1298　　　CN 11 – 5306　　　82 – 669
北京市西城区新街口外大街 19 号，北京师范大学英东楼 343 房间（100875）
编辑部电话：010 – 58805288
E-mail：jiaoyuxb@ 126. com

教育学理论刊物。原名《学科教育》。以"拥有国际视野，关注本土教育，注重学术规范，提倡原创研究"为办刊原则。该刊不设固定栏目，但根据论文的主题和内容组成若干栏目板块。主要栏目板块有：反映中国教育发展的重要理论和实践问题的调查报告、实验报告，对特定时期国内外教育理论研究的回顾、总结和分析，中国基础教育制度研究，教科书研究，中国学制改革问题研究，新教育图书评论等。读者对象为国内外教育理论研究者、教育行政管理者、教育教学工作者及关注教育理论问题的各界人士。

教育学术月刊 = Education Research Monthly/江西省教育科学研究所，江西省教育学会 . - 南昌：《教育学术月刊》编辑部，1984 –
月刊　　　　　　　　大 16 开
ISSN 1674 – 2311　　　CN 36 – 1301　　　44 – 97
江西省南昌市洪都北大道 96 号 （330046）
编辑部电话：8520954
E-mail：jyxsyk@ 126. com

　　教育学理论刊物。曾用刊名《江西教育科研》，2008 年改用现刊名。遵循"为教育行政决策服务，为教育教学改革实践服务，为繁荣教育科学服务"的办刊方针，研究基础教育领域教育改革与发展的重大理论问题和实践问题，注重反映教育教学改革的成功经验和教育科研的最新成果。栏目设置有：学术争鸣、理论探讨、调查思考、德育天地、课程改革、教育管理、教育调查、高教研究、教学经纬、教育随笔、教育沙龙等。主要读者对象为中小学、幼儿园教师与干部以及教研、科研、教育行政等部门工作人员。有英文目次和中英文提要。

教育研究 = Educational Research/中央教育科学研究所 . - 北京：教育研究杂志社，1979 –
月刊　　　　　　　　大 16 开
ISSN 1002 – 5731　　　CN 11 – 1281　　　2 – 277
北京市朝阳区北三环中路 46 号 （100088）
编辑部电话：010 – 82014985
E-mail：jyyjzz@ 263. net

　　教育学理论刊物。面向全国大中小学，刊登教育科学论文，评介教育科研成果，探讨教育思想与办学方向、教育投资与教育经费、教育管理体制改革、教育教学规律等问题，宣传教改实验成就，开展教育学术讨论，报道学术研究动态，提供国内外教育信息。主要栏目有：专题研究、争鸣、学术动态、热点聚焦、农村教育、民族教育、民办教育、教育基本理论、教师教育、基础教育、国际视野、高等教育、德育、成人教育、职业教育、幼儿教育、校长论坛、课程与教学、教育评价、教育经济与管理、调研报告等。读者对象为教育教学科研人员，大中小学、幼儿园教师，职业技术教育、成人教育工作者，师范院校师生，各级教育行政干部，以及其他社会科学工作者、管理人员等。有英文目次。

教育研究与实验 = Educational Research and Experiment/华中师范大学 . – 武汉：《教育研究与实验》编辑部，1982 –
双月刊　　　　　　　　大 16 开
ISSN 1003 – 160X　　　CN 42 – 1041　　38 – 144
湖北省武汉市桂子山华中师范大学（430079）
编辑部电话：027 – 67868275
E-mail：jysyjy@163. com

　　教育理论期刊。刊登教育科学研究成果，关注有关教育改革、教育理论、素质教育、教学研究、德育美育、校园文化等教育界的热点、焦点、难点问题，刊发主题鲜明、见解新颖、言之有物的研讨文章，同时报道中小学教育实验最新动态。主要栏目有：教师教育研究、教育基本理论研究、教育纵横谈、教育心理研究、课程与教学论研究、德育研究等。主要阅读人群为全国教育行政人员、教育科研人员、师范院校以及中小学校教师。

教育与经济 = Education and Economy/华中师范大学，中国教育经济学会研究会 . –
武汉：《教育与经济》编辑部，1985 –
季刊　　　　　　　　　大 16 开
ISSN 1003 – 4870　　　CN 42 – 1268　　38 – 177
湖北省武汉市华中师范大学教育学院内（430079）
编辑部电话：027 – 67865330
E-mail：jyyjjtg@126. com

　　教育经济学专业学术刊物。刊登有关教育经济学理论、历史和现实问题的研究成果，及时报道国内外教育经济理论与现实问题研究的新成果、新观点、新动态，交流各地学校教育经费和筹措使用的先进经验。除辟有外国教育经济研究、教育经济制度与政策研究、教育经济学知名学者论坛、教育经济学基本理论研究、教育经济史料研究、国家教育经济重大课题研究专栏外，还设有教育经济计量与应用技术研究、教育经济调查报告、教育投入与教育效益研究、教育财政与教育制度研究等栏目。读者对象为教育理论工作者、各级各类教育管理工作者、企事业单位人力资源部门管理人员、高校师生。有英文目次和中文文摘。

解放军外国语学院学报 = Journal of PLA University of Foreign Languages／解放军外国语学院 . – 洛阳：《解放军外国语学院学报》编辑部，1978 –

双月刊　　　　　　　　大 16 开

ISSN 1002 – 722X　　　CN 41 – 1164　　　36 – 212

河南省洛阳市 036 信箱学报编辑部（471003）

编辑部电话：0379 – 64543520

E-mail：jfjwgyxyxb@163. com

　　语言学类综合性学术刊物。办刊宗旨：以尊重科学、理论联系实际、繁荣学术、促进中国外语教学为己任。刊登英、日、俄语及非通用语种的语言、文学、文化和相应的中外对比研究的学术论文。主要栏目有：语言与语言学研究、外语教学研究、翻译研究、外国文学与文化研究、词典研究等。读者对象为外语研究人员、语言学习与应用语言学的研究人员、外语教学人员、学生等。

金融经济学研究 = Journal of Finance and Economics／广东金融学院 . – 广州：《金融经济学研究》编辑部，1986 –

双月刊　　　　　　　　16 开

ISSN 1674 – 1625　　　CN 44 – 1696　　　46 – 119

广东省广州市天河区龙洞（510521）

编辑部电话：020 – 37216137

E-mail：hnjryj@ vip. tom. com

　　金融类专业学术刊物。曾用名《广东金融学院学报》、《华南金融研究》。办刊宗旨：刊载金融经济学学术研究成果，反映金融改革实践经验，搭建学术交流平台，促进金融资源科学配置，为地方和国家经济建设服务。刊物注重金融基础理论研究，并结合中国金融发展的理论和实践问题，反映金融及其相关领域的最新研究成果。无固定栏目设置，发文内容涉及宏观经济政策、证券投资学、货币银行学、国际金融学、财政学、金融市场和金融体系等研究领域的问题。读者对象为金融学研究者、大专院校学生和金融业从业人员。有中英文目次和中英文文摘。

金融论坛 = Finance Forum/中国城市金融学会，城市金融研究所 . – 北京：《金融论坛》编辑部，1996 –

月刊　　　　　　　　　　大 16 开

ISSN 1009 – 9190　　　　CN 11 – 4613　　　80 – 312

北京市西城区太平桥大街 96 号（100032）

编辑部电话：010 – 81013575

E-mail：jrlt@ chinajournal. net. cn

　　金融类学术刊物。曾用刊名《城市金融论坛》，2000 年改为现刊名。办刊宗旨：重点突出商业银行和金融应用理论研究，倡导规范、严谨的研究方法，鼓励学术创新和学术争鸣。坚持追踪金融界的重要事件、重大举措和热点问题，刊登银行、证券、保险、投资等领域既有理论价值又有实践意义的金融研究论文。主要读者对象为银行业、证券业、保险业等金融业从业人员，大专院校、研究机构的经济学、金融学、管理学等学科的教学与科研人员。有英文目次和中文摘要。

金融研究 = Journal of Financial Research/中国金融学会 . – 北京：《金融研究》编辑部，1979 –

月刊　　　　　　　　　　16 开

ISSN 1002 – 7246　　　　CN 11 – 1268

北京市西城区成方街 33 号 2 号楼（100800）

编辑部电话：010 – 66195402

E-mail：pbc1979jryj@ gmail. com

　　金融研究类专业学术期刊。办刊宗旨：倡导理论与实践相结合的学风，及时反映中国经济金融界对中国社会主义现代化建设和金融体制改革方面的研究成果，报道国外金融理论界对重要金融理论问题取得的新成果、新进展。刊载的文章来自于社会各类金融机构和非银行金融机构，既展示国内权威部门、权威人士对货币、信贷等重大宏观经济理论和政策问题的研究成果，也推出从事实际工作的金融从业人员的研究体会与心得，力图全方位地服务于社会主义经济建设，立体反映国内货币信用理论、政策和实务的发展状况。无固定栏目设置。读者对象为金融业务部门、政策研究部门和理论宣传部门的广大干部，高等院校财经专业师生，企业厂矿经理和研究经济金融理论的各界人士等。

近代史研究 = Modern Chinese History Studies/中国社会科学院近代史研究所．- 北京：近代史研究杂志社，1979 -

双月刊　　　　　　　16 开

ISSN 1001 - 6708　　　CN 11 - 1215　　82 - 472

北京市东城区王府井大街东厂胡同 1 号 （100006）

编辑部电话：010 - 65275944

E-mail：jdsyj - jd@ cass. org. cn

中国近代史专业学术理论刊物。主要发表有关中国近代 （1840 ~ 1949 年） 政治、经济、社会、思想文化、军事、外交等领域的论文、专史，以及史学方法论等方面的研究成果，还刊登史学研究动态、读史札记和史学著作评论等。主要栏目有：专题论文、问题讨论、理论探讨、学术综述、书评与文评、书讯、读史札记等。读者对象为史学研究工作者、高校史学专业师生及广大史学爱好者。有英文目录和重要论文英文提要。

经济地理 = Economic Geography/中国地理学会，湖南省经济地理研究所．- 长沙：经济地理杂志社，1981 -

月刊　　　　　　　大 16 开

ISSN 1000 - 8462　　　CN 43 - 1126　　42 - 47

湖南省长沙市青园路 506 号 （410004）

编辑部电话：0731 - 85584716

E-mail：jjdl1981@ 163. com

人文地理专业学术性刊物。以服务于广大地理科研工作者和高等院校地理教学为办刊宗旨。主要刊载中国国土整治、区域规划、农业区划、城乡建设规划以及工业、农业、交通运输业、城市布局方面的研究成果，并介绍国外经济地理学研究动态。主要栏目有：区域经济理论与方法、城市与城市群、产业经济与产业集群、三农、土地与生态、旅游开发与管理等。读者对象为地理工作者、经济学研究人员、大专院校师生及中学地理教师。有英文目次和中英文文摘。

经济管理 = Economic Management Journal/中国社会科学院工业经济研究所．- 北京：经济管理杂志社，1979 -

月刊　　　　　　　大 16 开

ISSN 1002 - 5766　　　CN 11 - 1047　　2 - 839

北京市西城区阜外月坛北小街 2 号 （100836）

编辑部电话：010 – 68019057

E-mail：jjglbjb@ cass. org. cn

　　经济管理类学术理论刊物。以管理学为主要研究对象，致力在工商管理学及其紧密相关的应用经济学等若干专业上体现国内较高水平。内容涵盖经济学、管理学两大学科。主要栏目有：政府经济管理（宏观视角）、产业和区域经济管理（中观视角）、工商管理（微观视角）、管理科学与工程、公共管理、旅游管理、会计与金融、管理科学与工程管理学动态等。读者对象为各层经济管理干部、企业管理人员、经济研究工作者。有英文目次和中文提要。

经济经纬 = Economic Survey/河南财经政法大学 . – 郑州：《经济经纬》编辑部，1984 –

双月刊　　　　　　　　大 16 开

ISSN 1006 – 1096　　　CN 41 – 1421　　　36 – 90

河南省郑州市文化路 80 号 （450002）

编辑部电话：0371 – 63519038

E-mail：jjjw@ huel. edu. cn

　　财经类学术理论刊物。创刊名为《河南财经学院学报》，1994 年改为现刊名。办刊宗旨：刊发经济管理类理论研究成果，探讨经济领域改革发展面临的新情况、新问题，推进学术交流和学科建设，服务经济社会发展。主要栏目有：区域经济、三农研究、国际经济、产业经济、企业管理、宏观经济、财政金融等。读者对象为政府职能部门相关领导、经济理论工作者、企事业管理人员和经济院校师生。

经济科学 = Economic Science/北京大学 . – 北京：《经济科学》编委会，1979 –

双月刊　　　　　　　　16 开

ISSN 1002 – 5839　　　CN 11 – 1564　　　2 – 840

北京市海淀区北京大学经济学院大楼 3 层 （100871）

编辑部电话：010 – 62751488

E-mail：jjkx@ pku. edu. cn

　　综合性经济理论刊物。贯彻党的"双百"方针，繁荣经济理论，促进学术交流，为中国改革开放和社会主义现代化服务为宗旨，站在经济理论的前沿，紧密结合中国经济体制改革和对外开放的实践，研究和探索经济理论的热点问题，尤其是在经济学基础理论、经济思想史、经济史研究等方面，坚持持之以恒、深入探索，及时反映国内外经济学最新研究成果。载文内容包括：经济学、经济管理、国际经济、经济思想史、经济学说史、西方经济学等方面的学术论文和研究报告。读者对象为经济科学工作者、大专院校经济和管理专业师生及经济科学爱好者。有英文目次及中文摘要。

经济理论与经济管理 = Economic Theory and Business Management/中国人民大学 . −北京：《经济理论与经济管理》编辑部，1981 −
月刊　　　　　　　　　大 16 开
ISSN 1000 − 596X　　　CN 11 − 1517　　2 − 286
北京市海淀区中关村大街 59 号　（1000872）
编辑部电话：010 − 62510762
E-mail：etbm@ 263. net

综合性经济理论刊物。关注经济与管理现实，追踪学术前沿，思考焦点问题，发表创新成果，注重学术规范，推进研究深化。注重理论创新和理论与实际的结合，运用最新理论成果分析现实经济问题，从现实经济发展变化中寻找理论的新突破。主要刊发两类文章：一类是具有原创性的纯理论文章，强调理论创新、思想深度和思辨性；另一类是熟练运用经济数量分析技术和实证方法、理论联系实际、具有新的观点和发现的文章。主要栏目有：理论探索、学术前沿、经济热点、公共经济、金融研究、产业经济、区域经济、新农村建设、工商管理、国际经济、动态与综述等。读者对象是高校财经类各专业的教学科研人员和硕士生、博士生，科研院所从事经济和管理研究的专业人员，政府宏观经济管理部门的公务员和政策研究者，企业管理者和研究者，以及关注中国经济问题的海外读者。有英文目次。

经济评论 = Economic Review/武汉大学 . − 武汉：《经济评论》编辑部，1980 −
双月刊　　　　　　　　大 16 开
ISSN 1005 − 3425　　　CN 42 − 1348　　38 − 204
湖北省武汉市武昌珞珈山　（430072）
编辑部电话：027 − 68753012
E-mail：ffb_ 9@ whu. edu. cn

经济类学术理论刊物。立足于中国经济发展实践，瞄准当代经济学理论研究的前沿，致力于推动中国经济学研究的现代化、本土化和规范化。主要刊登经济理论和现实经济问题方面的科研论文、评论、调研报告等。既重视理论经济学的研究，也重视应用经济学、新兴经济学和现实经济问题的研究。设有中国经济研究、经济理论研究、经济理论前沿动态、新书评介等栏目。读者对象为国内外经济研究人员、经济部门管理人员和大专院校师生。有英文目次和中文文摘。

经济社会体制比较 = Comparative Economic and Social Systems/中共中央编译局世界发展战略研究部 . – 北京：《经济社会体制比较》编辑部，1985 –

双月刊　　　　　　　16 开
ISSN 1003 – 3947　　　CN 11 – 1591　　　82 – 732
北京市西城区西斜街 36 号（100032）
编辑部电话：010 – 66509504
E-mail：bijiao2008@126. com

经济与社会比较研究综合性理论刊物。秉承"比较开眼界、比较长知识、比较启智慧、比较出真理"的办刊宗旨。开辟比较经济学、新制度主义、寻租理论、转轨经济学等前沿理论领域的学术研讨空间，有针对性地刊载一些具有原创性的研究成果和一些深度研究中国改革和发展热点、难点问题与政策建议的文章。常设栏目有：文献综述、社会管理、社会保障、公共治理、公共经济、金融市场、公司治理、发展战略、转型研究、收入分配、民主与民生、三农问题、比较论坛等。读者对象为各级领导和各行各业关注经济社会体制变化的的人士。有英文目次和重要论文中英文摘要。

经济体制改革 = Reform of Economic System/四川省社会科学院 . – 成都：经济体制改革杂志社，1983 –

双月刊　　　　　　　大 16 开
ISSN 1006 – 012X　　　CN 51 – 1027　　　62 – 169
四川省成都市一环路西一段 155 号（610072）
编辑部电话：028 – 87016562
E-mail：ytg – zh@ vip. 163. com

综合性经济理论学术刊物。探讨建立社会主义市场经济体制过程中的各种问题，关注改革开放及在建立社会主义市场经济过程中所遇到的各种新、难、急问题，提出解决方案、措施和建议。主要栏目有：专论、政府职能转变、企业改革、企业管理与发展、"三农"问题、财税与金融体制改革、区域经济发展、资本市场、股票与证券市场、国外经验借鉴、争鸣与探索、产业发展研究等。读者对象为理论界研究人员、经济部门管理人员和大专院校师生。

经济问题探索 = Inquiry into Economic Issues/云南省发展和改革委员会 . - 昆明：经济问题探索杂志社，1980 -

月刊　　　　　　　　大 16 开

ISSN 1006 - 2912　　　　CN 53 - 1006　　　64 - 18

云南省昆明市东风东路 106 号（650041）

编辑部电话：0871 - 3113304

　　经济类理论刊物。立足中国现实，探讨经济管理理论，注重经济热点和宏观经济问题的研究，努力为经济建设服务。辟有探索论坛、新视角、区域与城市经济、农业经济研究、金融与保险、研究述评、他山之石、世界经济、综合园地等多个栏目。读者对象为经济工作者和经济理论研究人员、各级经济管理人员及大专院校经济专业师生。

经济学（季刊） = China Economic Quarterly/北京大学出版社 . - 北京：《经济学（季刊)》编辑部，2010 -

季刊　　　　　　　　16 开

ISSN 2095 - 1086　　　　CN 11 - 6010　　　2 - 574

北京市海淀区北京大学中国经济研究中心（100871）

编辑部电话：010 - 62758908

E-mail:ceq@ ccer. pku. edu. cn

　　经济与管理科学类学术期刊。办刊宗旨：为中国经济学家的研究提供一个高水平的发表平台，为中国经济学界的交流提供一个聚焦点，为中国经济科学的发展走向世界铺路搭桥。主要刊载原创性的理论、经验、综述和评论文章。设有栏目：综述、论文、交锋、书评。读者对象为有志于学习现代经济学前沿理论和方法、研究中国本土经济问题的学者和学生。

经济学动态 = Economics Perspectives/中国社会科学院经济研究所 . - 北京：《经济学动态》编辑部，1960 -

月刊　　　　　　　　16 开

ISSN 1002 – 8390　　　　CN 11 – 1057　　　82 – 490
北京市西城区阜外月坛北小街 2 号（100836）
编辑部电话：010 – 68051607
E-mail：jjxdt – jjs@ cass. org. cn

　　综合性经济理论刊物。以学术性、政策性、前瞻性、实用性、信息性、综合性吸引广大读者，为繁荣经济科学和推动中国经济体制改革起积极作用。坚持宣传和研究马克思主义经济理论，关注中国社会经济发展过程中的重大现实经济问题，及时反映国内外经济理论动态和最新观点。主要栏目有：学术争鸣、学术探讨、收入分配问题研究、区域经济研究、理论综述、经济理论与模型方法、经济思想史研究、宏观经济、产业经济、金融问题研究、海外中国经济研究、国外经济学家评介、国外经济理论述评等。读者对象为政府决策部门相关人员、企业管理人士、理论研究与教学人员和经济管理工作者。有英文目次。

经济学家 = Economist/西南财经大学，四川社会科学学术基金会（新知研究院）.
– 成都：经济学家杂志社，1989 –

月刊　　　　　　　　　　大 16 开
ISSN 1003 – 5656　　　　CN 51 – 1312　　　62 – 92
四川省成都市外西光华村 55 号西南财经大学（610074）
编辑部电话：028 – 87352177

　　经济理论刊物。主要反映中国经济学基本理论的最新研究成果，积极参与经济改革与经济发展重大课题的讨论。主要刊登有关中国经济改革开放、经济理论与实践方面的研究文章，重点评介马克思主义经济学基础理论的发展与创新。主要栏目有：资本市场、新观察、文献综述、体制改革、三农问题、面向 21 世纪的中国经济学、理论经纬、发展战略研究、比较与借鉴等。读者对象为经济学研究人员、企业管理人员及经济院校师生。有英文目次。

经济研究 = Economic Research Journal/中国社会科学院经济研究所 . – 北京：《经济研究》编辑部，1955 –

月刊　　　　　　　　　　大 16 开
ISSN 0577 – 9154　　　　CN 11 – 1081　　　2 – 251
北京市西城区月坛北小街 2 号（100836）
编辑部电话：010 – 68034153

E-mail：erj@ cass. org. cn

综合性经济理论刊物。坚持学术性、时代性、创新性和超前性特点，立足中国现实，面向世界经济理论研究前沿，致力于发表研究改革开放、经济发展和体制转型过程中出现的各种经济问题，尤其是重大现实问题的具有原创性意义的高水平理论文章，以推动中国经济和经济学的现代化。载文内容以政治经济学为主，兼及各个经济学科的基本理论问题，反映经济界的最新研究成果，注重理论的权威性、经济信息的新颖性和学术成果的科学性。主要读者对象为经济理论研究人员，各级经济决策者，实际工作部门、政策研究部门和理论宣传部门的干部，各高等院校和财经类中专学校师生，各类企业的负责人和有志于研讨经济理论的各级人士。有英文目次和重要论文中英文提要。

经济与管理评论 = Review of Economy and Management/山东财经大学 . - 济南：《经济与管理评论》编辑部，1984 -
双月刊　　　　　　大 16 开
ISSN 2095 - 3410　　　CN 37 - 1486　　24 - 79
山东省济南市舜耕路 40 号 （250014）
编辑部电话：0531 - 88525257；0531 - 88525258
E-mail：sdjj5257@ 163. com

经济管理类综合性学术理论刊物。曾用名《山东经济》，2012 年改用现刊名。办刊宗旨：坚持党的基本路线，坚持正确的政治方向，全面贯彻"为人民服务、为社会主义服务"的方向和"百花齐放、百家争鸣"的方针，遵循理论联系实际的原则，牢固树立质量意识和品牌意识，发挥"传承创新学术、培养学术队伍、展示科研成果，服务经济社会"的功能。主要刊发国内外经济学、管理学理论与政策研究成果，探讨经济领域改革发展面临的新情况、新问题，增进学术交流和学科建设，服务经济社会发展。栏目设有：区域经济研究、理论经济研究、经济管理研究、财政金融研究、本刊特稿等。

经济与管理研究 = Research on Economics and Management/首都经济贸易大学 . - 北京：《经济与管理研究》编辑部，1980 -
月刊　　　　　　大 16 开
ISSN 1000 - 7636　　　CN 11 - 1384　　2 - 254
北京市朝阳门外红庙首都经济贸易大学内 （100026）

编辑部电话：010 - 65976402/6484

E-mail:jjyglyj80@ 126. com；jjyglyj@ cueb. edu. cn

经济管理类综合性刊物。选题突出应用性、思想性和前沿性，关注经济热点和国计民生，阐述政策热点，跟踪发展前沿，汇集思想创见。重点栏目有：宏观经济、产业经济、金融与保险、公共经济与管理、企业管理、公司治理、劳动经济与人力资源、农村经济。读者对象为经济理论研究人员、经济工作者和经济专业院校师生。有英文目次和中文论文提要。

经济纵横 = Economic Review/吉林省社会科学院（社科联）. - 长春：《经济纵横》编辑部，1985 -

月刊　　　　　　　　大 16 开

ISSN 1007 - 7685　　　　CN 22 - 1054　　　12 - 97

吉林省长春市自由大路 5399 号 （130033）

编辑部电话：0431 - 84637225

E-mail:jjzh1985@ vip. 163. com

经济类专业学术刊物。办刊宗旨：坚持理论联系实际的学风，秉承推动经济理论创新、为改革开放和经济发展提供理论支持。瞄准经济学发展的前沿，跟踪改革开放中的热点和难点问题，组织开展学术探讨和交流。主要栏目有：比较与创新、理论探讨、宏观经济、改革开放论坛、产业经济、区域经济、财贸金融、案例剖析等。读者对象为各级党政干部、企业界人士、大专院校师生。

开发研究 = Research on Development/甘肃省社会科学院. - 兰州：《开发研究》编辑部，1985 -

双月刊　　　　　　　　大 16 开

ISSN 1003 - 4161　　　CN 62 - 1005　　　54 - 48

甘肃省兰州市安宁区健宁路 143 号 （730070）

编辑部电话：0931 - 7763434

E-mail:kfyj@ vip. 163. com

综合经济类刊物。办刊宗旨：坚持学术性、时代性、创新性、实效性特点。立足中国现实，侧重欠发达地区研究，致力于发表研究改革开放、经济发展和体制转型过程中出现的各种经济问题的具有原创性意义的高水平的理论文章，以推动中国尤其是西部经济的现代化和中国经济学的现代化。主要刊载中国区域经济研究理论、西部经济发展方面的文章。主要栏目有：生态与旅游、区域经济、农业经济、开发史、公共经济与公共政策、甘肃专题、改革与发展、产业经济、财政与金融等。读者对象为政府决策部门、经济职能部门、科研院校、企事业单位及关心中国西部开发的热心人士。

开放时代 = Open Times/广州市社会科学院 . – 广州：开放时代杂志社，1982 –
月刊　　　　　　　　　大 16 开
ISSN 1004 – 2938　　　CN 44 – 1034　　　46 – 169
广东省广州市白云区新市街云安路 119 号 （510410）
编辑部电话：020 – 86464940
E-mail：opentimes. cn@ gmail. com

　　人文社会科学综合性学术刊物。原名《广州研究》，1989 年改为现刊名。办刊宗旨：坚持四项基本原则，坚持党的改革开放路线，关注中国的改革开放现实问题，突出两个前沿（理论前沿和实践前沿），坚持"以学术关怀社会"的理念，倡导更加现实、专业的学风。载文内容涉及政治、哲学、文化、历史、法律、经济、社会诸学科。主要栏目有：专题、人文天地、法学与政治、经济社会、传播与网络、批评、阅读等。主要读者对象为哲学社会科学研究人员和大专院校师生等。有英文目次。

抗日战争研究 = The Journal of Studies of China's Resistance War Against Japan/中国社会科学院近代史研究所，中国抗日战争史学会 . – 北京：《抗日战争研究》编辑部，1991 –
季刊　　　　　　　　　16 开
ISSN 1002 – 9575　　　CN 11 – 2890　　　82 – 473
北京市东城区王府井大街东厂胡同 1 号 （100006）
编辑部电话：010 – 65275931
E-mail：krzz – jd@ cass. org. cn

　　中国抗日战争史研究专业理论刊物。以繁荣历史研究，总结历史经验，宣传爱国主义为办刊宗旨，以倡导实事求是、百花齐放、百家争鸣为办刊方针。主要刊登有关抗日战争研究的论文、研究综述、史学考订、译文、资料等。内容涉及抗日战争时期的政治、经济、军事、文化、外交、社会和人物。主要栏目有：专题论文、人物研究、问题讨论、战争遗留问题、中日共同历史研究的再探讨、书评、综述等。读者对象为抗日战争史研究人员，历史工作者，高等院校师生，社会各界关注中国近代史、抗日战争史、中日关系史的人士。有英文目次和中文提要。

考古 = Archaeology/中国社会科学院考古研究所．- 北京：考古杂志社，1955 -

月刊　　　　　　　　　　16 开

ISSN 0453 - 2899　　　　CN 11 - 1208　　　2 - 803

北京市东城区王府井大街 27 号（100710）

编辑部电话：010 - 65253665

考古专业学术性刊物。创刊名为《考古通讯》，1959 年改为现刊名。坚持"百花齐放、百家争鸣"的方针，突出科学性、学术性和资料性，为弘扬中国悠久的历史和文化，推动中国考古事业的发展和促进中国同世界各国的文化学术交流服务。主要刊载考古学研究论文，发表野外考古发掘调查简报、考古资料的综述和书刊评介，亦反映自然科学在考古中的应用成果。主要栏目有：研究与探索、信息与交流、讨论与争鸣、考古与科技、考古前沿、调查与发掘、读书与思考、考古学家·考古学史、本刊专稿等。读者对象为考古、文物、历史工作者，高等院校有关专业的师生，中学历史教师和业余爱好者。有英文目次和英文提要。

考古学报 = Acta Archaeologica Sinica/中国社会科学院考古研究所．- 北京：考古杂志社，1936 -

季刊　　　　　　　　　　16 开

ISSN 0453 - 2902　　　　CN 11 - 1209　　　2 - 116

北京市东城区王府井大街 27 号（100710）

编辑部电话：010 - 65253665

E-mail：kaogu@ cass. org. cn

考古学专业学术性期刊。曾用刊名《田野考古报告》和《中国考古学报》。办刊宗旨：坚持学术公平的原则，提倡百家争鸣，力求客观科学地报道最新的考古发掘与研究成果，领风气之先，推动考古学的发展。主要刊登考古发掘调查报告、考古学理论和考古研究的专题论文、考古学和古代史的论文，科技考古报告和论文，以及有关古代建筑、古人类、古生物鉴定的研究动态。读者对象为从事考古、文物、历史研究的专家和学者，文科大学生，中学历史教师和业余考古爱好者。有英文目录和英文提要。

考古与文物 = Archaeology and Cultural Relics/陕西省考古研究院． - 西安：《考古与文物》编辑部，1980 -

双月刊　　　　　　　大 16 开

ISSN 1000 - 7830　　　CN 61 - 1010　　　52 - 12

陕西省西安市乐游路 3 号（710054）

编辑部电话：029 - 62520229

E-mail：kgyww2000@ 163. com

　　文物考古类专业刊物。办刊宗旨：以历史唯物主义理论为指导，探索华夏文明的起源和演变，研究传统文化的表现形态，展现和积累物质文明的重要资料，丰富和扩大人类对自己过去的认识以及对自身的理解。本着"百花齐放、百家争鸣"的方针，积极开展学术讨论，活跃学术思想，交流研究成果，报道考古与文物工作的最新成就。主要栏目有：研究与探索、考古新发现、古文字研究、文物保护与科技考古等。读者对象为国内外的大学、考古研究机构和公共图书馆的研究人员以及考古学家和汉学家。有英文目次。

科技进步与对策 = Science & Technology Progress and Policy/湖北省科技信息研究院． - 武汉：科技进步与对策杂志社，1984 -

半月刊　　　　　　　大 16 开

ISSN 1001 - 7348　　　CN 42 - 1224　　　38 - 118

湖北省武汉市洪山路 2 号湖北科教大厦 D 座 5 楼（430071）

编辑部电话：027 - 87277066

E-mail：qikan_ kjjb@ foxmail. com

　　科技管理专业学术性期刊。以实施党中央、国务院制定的科教兴国和可持续发展战略，宣传推动科技进步，促进经济体制和经济增长方式的转变为宗旨，以理论与实际相结合，学术性与可操作性相结合和创新求实、适度超前为特色，主要关注科研政策、科技管理与组织、效益评价、科技进步对社会经济生活的影响等方面的理论与研究。辟有科技法制与政策研究、企业创新管理、区域科学发展、产业技术进步、科技管理创新、评价与预见、知识科学与知识工程、科学理性与科学方法、人才与教育、科技进步论坛等栏目。读者对象为各级领导干部、科技管理人员、专家学者和企业家。有英文目次和中文论文提要。

科学管理研究 = Scientific Management Research/内蒙古自治区软科学研究会 . – 呼和浩特：《科学管理研究》编辑部，1981 –
双月刊　　　　　　　大 16 开
ISSN 1004 – 115X　　CN 15 – 1103　　16 – 16
内蒙古自治区呼和浩特市新城区总局街 3 号科技大厦 B 座 305 室（010010）
编辑部电话：0471 – 6920103，6282190
E-mail：18047173609@ 163. com

　　管理学类专业学术刊物。办刊宗旨：面向实践，开拓理论，着重以经济社会大系统为背景探讨中国科技系统的运行机制、发展战略及其方针政策和管理问题；及时追踪国内外最新的科技管理信息；广泛开展科技体制改革、企业及农村技术进步、科技与经济结合以及决策预测理论、科学学、人才学、未来学等方面的综合性研究。主要板块栏目有：区域创新研究、企业创新研究、农业创新研究、科研管理创新、科技金融研究、合作创新研究、国际创新研究、创新人才研究、创新发展研究、产业创新研究等。读者对象为科技工作者、科技管理者、经济工作者、大专院校师生。

科学技术哲学研究 = Studies in Philosophy of Science and Technology/山西大学，山西省自然辩证法研究会 . – 太原：《科学技术哲学研究》编辑部，1984 –
双月刊　　　　　　　大 16 开
ISSN 1674 – 7062　　CN 14 – 1354　　22 – 25
山西省太原市坞城路 92 号（030006）
编辑部电话：0351 – 7011922
E-mail：bianjibu@ sxu. edu. cn

　　哲学类综合性学术刊物。曾用刊名《科学技术与辩证法》。旨在坚持理论联系实际，倡导辩证思维，提倡和促进自然科学工作者和哲学社会科学工作者及管理工作者联盟，积极推进自然辩证法及相关学科的发展，鼓励学术和理论创新，注重应用研究。主要栏目有：学术动态、科学哲学、科学与社会、科技史、技术哲学、会议综述等。读者对象为自然辩证法研究者和哲学社会科学工作者。有英文目次。

科学社会主义 = Scientific Socialism/中国科学社会主义学会 . – 北京：《科学社会主义》编辑部，1984 –

双月刊　　　　　　　大 16 开
ISSN 1000 – 1493　　　CN 11 – 2797　　82 – 841
北京市海淀区大有庄 100 号（100091）
编辑部电话：010 – 62809964
E-mail：sszydx@ sina. com

政治类学术刊物。原名《科学社会主义通讯》，曾先后由中国工运学院、中共中央党校马克思主义研究所等单位承办。其宗旨是以马克思列宁主义为指导，贯彻理论联系实际的方针，宣传、研究科学社会主义理论和实践，探讨建设有中国特色的社会主义理论和实际问题，总结国际共产主义运动正反两方面的历史经验，评介当代中国和世界的各种思潮，为坚持和贯彻党在社会主义初级阶段的基本路线，巩固和加强社会主义思想阵地服务。主要栏目有：科学社会主义学科建设、理论探讨、政治文明与政治建设、精神文明与思想文化建设、社会发展理论与社会建设、经济发展与经济体制改革、社会主义发展史与国外社会主义、当代资本主义等。

科学学研究 = Studies in Science of Science/中国科学学与科技政策研究会 . – 北京：《科学学研究》编辑部，1983 –

月刊　　　　　　　大 16 开
ISSN 1003 – 2053　　　CN 11 – 1805　　82 – 315
北京市海淀区中关村北一条 15 号 8712 信箱《科学学研究》编辑部（100190）
编辑部电话：010 – 62622031
E-mail：kxxyj@ 263. net

专业理论学术期刊。着重反映中国学者在科学技术活动发展规律及其与社会相互影响方面的研究成果和动向。主要发表科学学、科技政策、科技管理和中国科技事业发展中的重大理论和实践问题等方面具有一定理论见解和研究水平的学术论文和实证研究与案例分析的研究成果。设有专稿、科学学理论与方法、科技管理与知识管理、科技发展战略与政策、技术创新与制度创新等栏目。读者对象为科学学研究人员及科技政策、科技管理、图书情报工作者和高等院校师生。有英文目次和中英文文摘。

科学学与科学技术管理 = Science of Science and Management of S. & T. ／中国科学学与科技政策研究会，天津市科学学研究所．－天津：科学学与科学技术管理杂志社，1980 –

月刊　　　　　　　　大 16 开
ISSN 1002 – 0241　　　CN 12 – 1117　　　6 – 42
天津市河东区新开路 138 号科技档案馆（300011）
编辑部电话：022 – 24324829

　　科技管理学术刊物。办刊宗旨：宣传科学精神和科学学理论，促进国内科技政策与科技管理水平的提高，为"科教兴国"战略的确立和实施，率先在理论和实践上做超前研究和探索。主要刊登宣传科学精神和科学学理论、提高科技政策与科技管理水平、中国科技体制改革和经济体制改革中的重大理论与实践问题等方面的文章。主要栏目有：知识管理、人力资源管理、企业管理、科技政策与管理、创新管理等。读者对象为管理决策机构相关人员、研究机构工作者、咨询机构工作者、高校师生等。有英文目次和重要论文中英文提要。

科研管理 = Science Research Management／中国科学院科技政策与管理科学研究所，中国科学学与科技政策研究会，清华大学技术创新研究中心．－北京：《科研管理》编辑部，1980 –

月刊　　　　　　　　大 16 开
ISSN 1000 – 2995　　　CN 11 – 1567　　　2 – 505
北京市海淀区中关村东路 55 号 8712 信箱（100190）
编辑部电话：010 – 62555521
E-mail：kygl@ casipm. ac. cn

　　专业学术性刊物。办刊宗旨是：坚持综合性、科学性、文献性，宣传中国科技体制改革和发展科技事业的方针政策，推动国内外管理工作的交流，增进社会各界在管理工作方面的相互了解，沟通国内与国外的联系，促进国际交流。读者对象为科研管理和科研政策工作者、科学研究人员及高校师生。有英文目次、中英文文摘。

课程·教材·教法 = Curriculum，Teaching Material and Method／人民教育出版社有限公司．－北京：《课程·教材·教法》编辑部，1981 –

月刊　　　　　　　　16 开

ISSN 1000 – 0186　　　　CN 11 – 1278　　　2 – 294
北京市海淀区中关村南大街 17 号院 1 号楼 （100081）
编辑部电话：010 – 58758970

　　教育类专业刊物。其宗旨是推动中小学课程、教材和教法的理论研究，总结和交流改革中小学课程及各科教材教法的经验，探讨教学理论与教学规律。主要栏目有：课程研究、教学理论与方法、学科课程与教材研究、学术动态、中小学各科教材与教学、教师教育课程与教学、研究与借鉴等。读者对象为广大中小学教师、教育科研工作者及师范院校师生。

孔子研究 = Confucius Studies／中国孔子基金会 . – 济南：《孔子研究》编辑部，
1986 –
双月刊　　　　　　　16 开
ISSN 1002 – 2627　　　　CN 37 – 1037　　　24 – 76
山东省济南市舜耕路 46 号 （250002）
编辑部电话：0531 – 82732510，82732675
E-mail：kzyj_ pyh@163. com

　　关于孔子、儒学和传统文化研究的学术刊物。办刊宗旨是：力求推动关于孔子、儒学及中国传统思想文化的研究工作，反映该领域的最新研究成果及学术动态，倡导不同观点、不同流派相互尊重，支持有新突破、新贡献的创造性研究。主要栏目有：易学研究、现代新儒家研究、书评儒学史研究、儒家哲学思想研究、儒道思想研究、中西比较研究、宋明理学研究、孔孟荀思想研究、魏晋玄学研究、商榷与考证、现代新儒家研究、学术动态等。读者对象为哲学、文化学、历史学研究者以及国内外广大儒学爱好者、专业研究人员、高等院校教学人员等。有英文目次。

拉丁美洲研究 = Journal of Latin American Studies／中国社会科学院拉丁美洲研究所 .
– 北京：拉丁美洲研究杂志社，1979 –
双月刊　　　　　　　大 16 开
ISSN 1002 – 6649　　　　CN 11 – 1160　　　82 – 513
北京市 1104 信箱 （100007）
编辑部电话：010 – 64039006
E-mail：jourlas@ cass. org. cn

研究拉美地区重大现实问题和基本情况的刊物。曾用刊名《拉丁美洲丛刊》。办刊宗旨：贴近社会、贴近时代、贴近读者，为促进中国的拉美问题研究事业做贡献。主要刊载有关拉美地区经济、政治、国际关系、文教、科技、民族、宗教、社会思潮等方面的学术论文。设有拉美经济、拉美政治、拉美国际关系、拉美社会问题、中拉关系、热点专论、青年文库等主要栏目，读者对象为从事社会科学和国际问题的研究人员、外事部门和涉外单位工作人员、高校师生等。有英文目次和重要论文中英文提要。

兰州大学学报. 社会科学版 = Journal of Lanzhou University. Social Sciences/兰州大学 . – 兰州：《兰州大学学报》编辑部，1957 –

| 双月刊 | 大 16 开 | |
| ISSN 1000 – 2804 | CN 62 – 1029 | 54 – 32 |

甘肃省兰州市东岗西路兰州大学（730000）
编辑部电话：0931 – 8912706
E-mail：jss@ lzu. edu. cn

人文社会科学综合性学术刊物。办刊宗旨：立足西部，面向全国，本着"求实、求是、求精、求新"的原则展示学术成果、促进知识创新。主要刊登该校师生在社会科学各领域的研究成果与学术论文，注重地方特色。主要栏目有：政府绩效评估、文化研究、专题研究、人类学与民族学、经济理论与实践、高等教育、中国哲学、外国语言、文学、社会学、经济学、中国现当代文学、政治与伦理、史学研究、民族学等。读者对象为大专院校师生和社会科学工作者。有英文目次和中英文文摘。

理论探讨 = Theoretical Investigation/中共黑龙江省委党校 . – 哈尔滨：《理论探讨》编辑部，1984 –

| 双月刊 | 大 16 开 | |
| ISSN 1000 – 8594 | CN 23 – 1013 | 14 – 156 |

黑龙江省哈尔滨市延兴路 49 号（150080）
编辑部电话：0451 – 86358606
E-mail：lltt1984@ 163. com；llttks@ 163. com

政治类学术刊物。办刊宗旨：坚持社会主义初级阶段党的基本路线，贯彻理论联系实际学风，研究和探讨在建设有中国特色社会主义实践中提出的各种理论问题和实际问题，为改革开放和社会主义现代化建设服务。主要栏目有：政治学研究、社会主义理论与实践、哲学研究、经济纵横、党建研究、公共管理研究、争鸣与探讨等。读者对象为各级领导干部、理论研究和宣传工作者、各级党校和高等院校师生。

历史档案 = Historical Archives/中国第一历史档案馆．- 北京：《历史档案》编辑部，1981 –

季刊　　　　　　　　　16 开
ISSN 1001 – 7755　　　CN 11 – 1265　　　2 – 270
北京市故宫西华门内 （100031）
编辑部电话：010 – 63097399
E-mail：lsda2011@ sina. com

历史史料研究与资料性刊物。以公布明清档案为主，适当公布 1949 年以前其他历史时期的档案，注重资料性、学术性和知识性。刊载利用档案、资料撰写的学术论文。主要栏目有：珍档撷英、学术论文、新书简讯、书刊评介、史苑杂谈、读档随笔、档案史料、档房纪事、史苑杂谈、档案介绍等。读者对象为历史研究专业人员、档案馆工作人员、高等院校历史专业师生、史学爱好者。有英文目次。

历史研究 = Historical Research/中国社会科学院．- 北京：《历史研究》编辑部，1954 –

双月刊　　　　　　　　大 16 开
ISSN 0459 – 1909　　　CN 11 – 1213　　　2 – 77
北京市朝阳区光华路 15 号院 1 号楼泰达时代中心 11 – 12 层 （100026）
编辑部电话：010 – 85885414
E-mail：fxb_ zzs@ cass. org. cn

历史学专业学术刊物。办刊宗旨：百家争鸣、实事求是，坚持用马克思主义观点研究中国和世界历史。主要发表中国史学界研究成果，内容涉及中国古代史、近代史、现代史、世界史等方面，刊登史学著作评介，报道史学研究动态。主要栏目有：专题研究、史家与史学、理论与方法、学术书评、讨论与评议、读史札记、书评、海外新书评介等。读者对象为从事历史研究的专家、学者和历史爱好者。有英文目次和中英文提要。

辽宁大学学报. 哲学社会科学版 = Journal of Liaoning University. Philosophy and Social Sciences Edition/辽宁大学 . – 沈阳：《辽宁大学学报》编辑部，1959 –
双月刊   大 16 开
ISSN 1002 – 3291   CN 21 – 1076   8 – 74
辽宁省沈阳市皇姑区崇山路 66 号（110036）
编辑部电话：024 – 86864173
E-mail：lndxxb2012@126. com

　　人文社会科学综合性学术刊物。办刊宗旨是：贯彻"双百"方针，促进学术繁荣；交流社科信息，服务教学科研；尊重专家学者，扶植新生力量，为社会科学事业发展服务。主要刊载学术观点明确与论据充分并具有创新性、探索性的人文社会科学类学术理论文章。辟有本刊特稿、专题研究、马克思主义中国化、中国经济改革与发展、东北全面振兴与现代化、管理理论与创新、法学理论与实践、文化传承与发展、国际经济与政治、文苑随笔等栏目。读者对象为高校师生、中等学校教师、教育管理人员及广大社会科学工作者和社会科学爱好者。

鲁迅研究月刊 = Lu Xun Research Monthly/北京鲁迅博物馆 . – 北京：《鲁迅研究月刊》编辑部，1980 –
月刊   16 开
ISSN 1003 – 0638   CN 11 – 2722
北京市西城区阜内大街宫门口二条十九号（100034）
编辑部电话：010 – 66165647
E-mail：lxyjyk@ vip. sina. com

　　鲁迅研究专业刊物。原名《鲁迅研究动态》，1990 年改用现刊名。刊登有关鲁迅生平、鲁迅作品研究的论文、发表鲁迅研究的有关史料。主要栏目有：作品与思想研究、研究资料、研究述评、同时代人研究、探讨与争鸣、书评序跋、拾遗·补正、青年论坛、域外鲁迅研究、影响研究、比较研究、鲁迅藏书研究、图片等。读者对象为鲁迅研究专业人员、现代文学研究人员、高等院校文学师生、作家及文学爱好者。

旅游科学 = Tourism Science/上海师范大学旅游学院（上海旅游高等专科学校）. – 上海市：《旅游科学》编辑部，1981 –

双月刊　　　　　　　　大 16 开
ISSN 1006 – 575X　　　CN 31 – 1693　　　4 – 654
上海市桂林路 100 号上海师范大学旅游学院 12 号楼 211 室（200234）
编辑部电话：021 – 64322594
E-mail：lykx@ shnu. edu. cn

　　旅游研究专业学术期刊。办刊宗旨为保持严谨的学术内涵和朴实的编辑风格，注重旅游理论与应用研究，力求把握发展脉络，反映业界动态，关注行业焦点，探寻发展趋势。主要栏目有：旅游开发、规划、旅游企业管理、旅游文化、会展、节事旅游、专题、专项旅游等。读者对象主要为大专院校、研究机构、旅游界相关人士。有中英文目次。

旅游学刊 = Tourism Tribune/北京联合大学旅游学院．– 北京：《旅游学刊》编辑部，1986 –
月刊　　　　　　　　　大 16 开
ISSN 1002 – 5006　　　CN 11 – 1120　　　82 – 396
北京市朝阳区北四环东路 99 号（100101）
编辑部电话：010 – 64900163
E-mail：lyxk@ vip. sina. com

　　旅游研究专业学术刊物。原名《旅游论坛》，1987 年改用现刊名。重视研究的新深度和新视角，注重理论与实际的结合，并力图及时反映产业发展的新态势、新思路、新经验、新问题。为推进中国旅游研究和产业发展、加强旅游学界与政府管理部门各界的沟通和交流服务。读者对象为旅游企事业单位、科研部门、旅游院校师生和相关学科与相关行业的研究人员、管理人员、教学人员。有中英文目录、中英文摘要。

伦理学研究 = Studies in Ethics/湖南师范大学．– 长沙：伦理学研究杂志社，2002 –
双月刊　　　　　　　　大 16 开
ISSN 1671 – 9115　　　CN 43 – 1385　　　42 – 201
湖南省长沙麓山南路 36 号《伦理学研究》编辑部（410081）
编辑部电话：0731 – 88872086
E-mail：hn_ llxyj@126. com

伦理学研究专业学术刊物。办刊宗旨为坚持正确的舆论导向，坚持学术性、思想性和实践性的统一，为建设有中国特色的伦理道德体系服务。刊发伦理学研究领域各个研究方向的创新性稿件。主要栏目有：伦理学基础理论、马克思主义伦理思想、政治伦理、经济伦理、科技伦理、道德生活史、生态伦理、食品安全伦理、中国伦理思想、西方伦理思想、女性伦理学、宗教伦理学、医学与生命伦理、道德教育、伦理学教学研究与改革、争鸣与探索、会议综述与书评等。有英文目次及摘要。

马克思主义研究 = Studies on Marxism/中国社会科学院马克思主义研究院，马克思主义研究学部 . - 北京：《马克思主义研究》编辑部，1983 -

月刊　　　　　　　　　16 开
ISSN 1006 - 5199　　　　CN 11 - 3591　　　82 - 686
北京市建国门内大街 5 号 （100732）
编辑部电话：010 - 85196310
E-mail：makesizhuyiyanjiu@ sina. com

马克思主义研究学术理论刊物。以马克思主义的整体理论体系为研究对象，探讨现实重大问题，发表具有理论深度的学术文章。辟有本刊特稿、哲学与文化、名家访谈、学术演讲、思想政治教育、世界社会主义与国际共运、马列主义与中国化、经济学、国外理论与世情、哲学、科学社会主义、中国特色社会主义、国外流派和思潮、世界社会主义、争鸣、动态与信息、书评等主要栏目，并将随着理论宣传和研究的需要不断充实其他新栏目。读者对象为国内外理论工作者、党校和大专院校师生、关心马克思主义和社会主义历史命运的各界人士。有英文目次和中文提要。

马克思主义与现实 = Marxism and Reality/中共中央编译局马克思主义研究部 . - 北京：马克思主义与现实杂志社，1990 -

双月刊　　　　　　　　大 16 开
ISSN 1004 - 5961　　　　CN 11 - 3040　　　82 - 821
北京市西城区西斜街 36 号 （100032）
编辑部电话：010 - 66509502
E-mail：mkszyyxs@ 126. com

马克思主义研究学术理论刊物。选题力求具有理论性、现实性、对策性、前瞻性，刊登关于马克思主义基本理论和中国特色社会主义理论研究的论文和资料，报道马列著作编译的重大变动，同时登载研究和宣传党的方针政策的文章。栏目设置有：专题研究、中国道路的理论与实践、政治与公共事务研究、学术前沿、特别策划、马克思主义基础理论研究、经典著作编译研究、国外马克思主义研究、对话与访谈、本刊特稿、动态、书评等。读者对象为理论宣传工作者、各级党政领导干部等。有英文目次。

毛泽东邓小平理论研究 = Studies on Mao Zedong and Deng Xiaoping Theories/上海市社会科学院，上海市中国特色社会主义理论体系研究中心 . – 上海：《毛泽东邓小平理论研究》编辑部，1980 –

月刊　　　　　　　　　大 16 开

ISSN 1005 – 8273　　　　CN 31 – 1672　　　4 – 522

上海市淮海中路 622 弄 7 号 538 室（200020）

编辑部电话：021 – 64274736

E-mail：mdllyj@ sass. org. cn

　　毛泽东邓小平理论研究理论刊物。办刊宗旨为贯彻落实党的路线、方针、政策，学习、研究、宣传"三个代表"重要思想、邓小平理论、毛泽东思想，致力于探索我国改革开放和现代化建设所取得的成就和经验、中国特色社会主义理论和实践问题，反映社会主义新旧阶段政治、经济、思想、文化等领域中的新情况、新问题及国外有关研究动态。主要辟有中国特色社会主义研究、国情与国史研究、马列主义毛泽东思想研究、世界与中国、思想者之旅等栏目。

美国研究 = American Studies Quarterly/中国社会科学院美国研究所，中华美国学会 . – 北京：《美国研究》编辑部，1987 –

季刊　　　　　　　　　大 32 开

ISSN 1002 – 8986　　　　CN 11 – 1170　　　82 – 982

北京市西城区鼓楼西大街甲 158 号东楼 303、306 室（100720）

编辑部电话：010 – 84083531

E-mail：zhaomei@ cass. org. cn

　　专业学术性期刊。刊登中国学者研究美国社会各个方面的文章，涉及美国政治、经济、外交、军事、科技、文化、历史、艺术，以及思潮等各个领域，有多篇文章在美国政府参资性刊物 FBIS 上译成英文转载。主要栏目有：专题研究、书评·文评、学术动态、笔谈、著述巡礼等。读者对象为美国问题研究人员、外事部门和涉外单位工作人员、大专院校师生和对美国问题感兴趣的各界人士。有英文目次和重要论文英文提要。

美术研究 = Art Research/中央美术学院 . - 北京：《美术研究》编辑部，1957 -
季刊　　　　　　　　大 16 开
ISSN 0461 - 6855　　　CN 11 - 1190　　2 - 172
北京市朝阳区花家地南街 8 号 （100102）
编辑部电话：010 - 64771021

　　美术专业学术性刊物。侧重反映中央美术学院教学与创作成果，研究国内外美术教育、美术创作、美术史论、艺术思潮。近年来更加强了对当代艺术现状、艺术教育改革、当代视觉文化与现代设计艺术的研究，是一本全方位探索美术教育和美术发展规律的专业刊物。栏目设置有：专题研究、艺术管理研究、探索与建树、理论研究、设计艺术、美术史研究、近现代美术、教学研究、古代美术史研究、当代艺术、文化遗产、建筑与设计研究、海外艺坛、书评、创作与评论等。读者对象为美术专业研究人员、美术工作者、美术爱好者及美术院校师生。有英文目次。

民国档案 = Republican Archives/中国第二历史档案馆 . - 南京：民国档案杂志社，1985 -
季刊　　　　　　　　大 16 开
ISSN 1000 - 4491　　　CN 32 - 1012　　28 - 127
江苏省南京市中山东路 309 号 （210016）
编辑部电话：025 - 84665959
E-mail：mgda@ vip. sina. com

　　档案史料方面的学术性、资料性刊物。以成为公布民国档案史料的窗口、荟萃民国史研究成果的园地、沟通档案界与史学界的桥梁为办刊宗旨，专门刊载利用民国档案资料研究民国史的成果，并公布各档案馆、文博部门及个人收藏的民国档案资料。主要栏目有：专稿、研究综述、私家藏档、外文译档、史事考证、史论、民国区域史研究、档案史料、读档随笔、史料辨析、书讯等。读者对象为档案工作者、史学史料工作者和高等院校师生。有英文目次。

民族教育研究 = Journal of Research on Education for Ethic Minorities/中央民族大学．－
北京：《民族教育研究》编辑部，1974 –

双月刊　　　　　　　　　大 16 开
ISSN 1001 – 7178　　　　CN 11 – 2688　　　82 – 895
北京市海淀区中关村南大街 27 号 （100081）
编辑部电话：010 – 68932754
E-mail：mzjyyjqk@ 163. com

　　民族教育研究学术刊物。以坚持"双百"方针，宣传党的民族教育政策，探索民族教育的规律和特点，发展民族教育事业为宗旨。栏目设置有：民族教育理论与政策研究、各级各类民族教育研究、民族教育史、教育人类学、双语教育、民族语文研究、国外民族教育、民族教育与民族经济、民族教育与民族文化、网络教学与研究、教育局长论坛等。读者对象为民族教育工作者和民族地区各级各类学校师生。

民族文学研究 = Studies of Ethnic Literature/中国社会科学院民族文学研究所．－北京：《民族文学研究》编辑部，1983 –

双月刊　　　　　　　　　16 开
ISSN　　　　　　　　　　CN 11 – 1443　　　82 – 334
北京市建国门内大街 5 号 （100732）
编辑部电话：010 – 85195627
E-mail：minzuwenxueyanjiu@ 163. com

　　民族文学研究刊物。办刊宗旨：贯彻党的"双百"方针和民族政策，以严格的学术标准，选择刊发有关中国各少数民族文学研究的专题论文、调查报告和文学资料等。主要栏目有：古代少数民族作家文学研究、现当代少数民族作家作品评论、民族民间文学论坛、理论思索与建设、民族文化与民族文学比较研究、学术著作推介、国外研究之窗、学术动态等。读者对象为少数民族文学专业或业余研究工作者、大专院校文科师生、民族工作者和民族文学爱好者。有英文目次。

民族研究 = Ethno – National Studies/中国社会科学院民族学与人类学研究所．－北京：民族研究杂志社，1958 –

双月刊　　　　　　　　　大 16 开
ISSN 0256 – 1891　　　　CN 11 – 1217　　　2 – 523

北京市海淀区中关村南大街 27 号 （100081）
编辑部电话：010 – 68932934
E-mail：mzyjbjb@ cass. org. cn

民族学类综合性学术刊物。主要刊登涉及民族理论和民族政策、民族经济、民族学、民族教育、民族人口、民族法制、民族宗教、民族语言、民族历史，以及世界民族等各学科的学术成果。设有中国少数民族现状与发展调查专稿、西部开发研究、回顾与展望、跨界民族研究、重点项目、创见与争鸣、研究述评、田野调查与研究、新书评介、学术动态等多个栏目。读者对象为从事民族研究、民族教学和民族工作的人员，以及对民族问题有兴趣的人士、学人。有英文目次和重要论文中英文提要。

民族艺术 = Ethnic Arts Quarterly/广西民族文化艺术研究院 . – 南宁：《民族艺术》编辑部，1985 –
季刊　　　　　　　　16 开
ISSN 1003 – 2568　　　CN 45 – 1052　　　48 – 58
广西南宁市青秀区思贤路 38 号 （530023）
编辑部电话：0771 – 5621053
E-mail：minzuyishu001@ 126. com

专业学术性刊物。办刊宗旨：坚持跨民族、大艺术、多学科的定位，发表有关中国各民族文化艺术研究方面的论文及调查报告，为推动民族民间文化艺术的研究及弘扬民族文化艺术服务。主要栏目有：宗教·艺术、艺术名家、文化研究、艺术考古、艺术与设计、中青年艺术家、艺术·文化、音乐与舞蹈、学界名家、学术访谈、文化研究、神话·图像、非物质文化遗产保护、传说中国、美术研究、巫乐探究等。读者对象为民族学及民族文化艺术研究人员和民族文艺创作者。有英文目次。

民族语文 = Minority Languages of China/中国社会科学院民族学与人类学研究所 . – 北京：民族语文杂志社，1979 –
双月刊　　　　　　　　16 开
ISSN 0257 – 5779　　　CN 11 – 1216　　　2 – 525
北京市海淀区中关村南大街 27 号 （100081）
编辑部电话：010 – 68932381

E-mail:mzywbjb@ cass. org. cn

中国少数民族语言学专业期刊。办刊宗旨：提倡实事求是和学术上的自由讨论，以中国诸语言的事实为主要研究对象，促进中国民族语言学科的发展，为中国社会主义现代化建设服务。内容涉及中国少数民族语言的语音、语法、词汇研究，语言的历史演变与比较研究，新发现语言概况和语言描写研究，语言接触和语言影响研究，语言系属与方言研究，计算语言学与实验语音学研究，古文字与古文献研究，社会语言学与双语教学研究和语文与政策研究诸领域。主要栏目有：民族语文的使用、我国民族语言的描写研究、语言比较和语言系属研究、民族古文字古文献研究、实验语音学及有关交叉学科的研究、民族语言著述评介、民族语文工作动态等。读者对象为从事民族语言研究的科研人员和实际工作者。有英文目次和重要论文中英文提要。

明清小说研究 = The Journal of Ming – Qing Fiction Studies/江苏省社会科学院文学研究所明清小说研究中心 . – 南京：《明清小说研究》编辑部，1985 –

季刊　　　　　　　　大 32 开
ISSN 1004 – 3330　　　CN 32 – 1017　　　28 – 217
江苏省南京市虎踞北路 12 号（210013）
编辑部电话：025 – 83724219
E-mail:mqxsyj984@ sina. com

古代小说研究学术理论刊物。所发论文内容涵盖整个中国古代小说研究的方方面面。主要刊登国内外学者关于明清小说方面的学术论文、研究资料等，兼发表与之相关的各时代、各相邻领域的研究文章。辟有明清小说综论、名著研究、中国古代小说理论研究、话本小说研究、文言小说研究、晚清小说研究等专栏。主要面向本专业领域研究人员、大专院校文科师生、文化和新闻出版领域相关专业人员和中国古代小说爱好者。有英文目次。

南京大学学报. 哲学・人文科学・社会科学 = Journal of Nanjing University. Philosophy, Humanities and Social Sciences/南京大学 . – 南京：《南京大学学报》编辑部，1955 –

双月刊　　　　　　　　16 开
ISSN 1007 – 7278　　　CN 32 – 1084　　　28 – 24
江苏省南京市汉口路 22 号（210093）
编辑部电话：025 – 83592704

E-mail:ndxb@ nju. edu. cn

人文社会科学综合性学术刊物。曾用刊名《南京大学学报.哲学社会科学版》。反映南京大学师生在社会科学各领域的科研成果，刊登哲学、政治学、经济学、法学、社会学、历史学、文学、语言学等方面的学术论文。主要栏目有：中国经济转型与发展研究、社会文化史研究、域外汉籍研究、南京大学珍藏、民国研究、马克思主义与当代思潮、国际经济法学研究、当代社会问题研究、辞赋研究、海德格尔研究、当代人力资源管理研究、当代西方研究、思想史研究、法律文化研究、政治学研究、社会学研究、英美文学研究、名家访谈、明史研究、争鸣论坛等。读者对象为社会科学工作者、大专院校师生。

南京社会科学 = Nanjing Journal of Social Sciences/南京市社会科学界联合会，南京市社会科学院 . – 南京：南京社会科学杂志社，1984 –

月刊　　　　　　　　大 16 开
ISSN 1001 – 8263　　　CN 32 – 1302　　28 – 145
江苏省南京市成贤街 43 号（210018）
编辑部电话：025 – 83611547
E-mail:njshkx@163. com

人文社会科学综合性学术刊物。原名《南京社联学刊》，1990 年更名为现刊名。主要发表人文社会科学各学科的最新研究成果，关注当今社会热点问题的研究。主要栏目有：哲学、经济学、管理学、政治学、行政学、社会学、法学、文化、新闻传播、文学、历史学、教育学、语言学、地方发展论坛。读者对象为社会科学工作者、大专院校师生。

南京师大学报. 社会科学版 = Journal of Nanjing Normal University. Social Science Edition/南京师范大学 . – 南京：《南京师大学报》编辑部，1955 –

双月刊　　　　　　　16 开
ISSN 1001 – 4608　　　CN 32 – 1030　　28 – 26
江苏省南京市宁海路 122 号（210097）
编辑部电话：025 – 83598341
E-mail:wkxb@ njnu. edu. cn

人文社会科学综合性学术刊物。曾用刊名《南京师院学报. 社会科学版》。

1984 年起改为现刊名。坚持基础理论与应用研究并重，为学校的学科建设、科研工作和人才培养服务的办刊方针，关注中国现代化建设的重大理论与实践问题的研究。主要刊登国内外哲学、教育学、心理学、经济学、管理学、法学、社会学、政治学、历史学、文学和语言学等方面的学术论文。栏目设置：语言学研究、社会学研究、行政体制改革研究、刑事法学研究、心理学研究、南京师范大学优势学科巡礼、教育学研究、古代文学研究、法理学研究、当代文学研究、民国史研究等。读者对象为高校师生和社会科学工作者。有英文目次、中英文文摘。

南开管理评论 = Nankai Business Review/南开大学商学院 . – 天津：《南开管理评论》编辑部，1992 –

双月刊　　　　　　　　大 16 开
ISSN 1008 – 3448　　　CN 12 – 1288　　　6 – 130
天津市南开区卫津路 94 号南开大学商学院（300071）
编辑部电话：022 – 23505995

　　管理类学术理论刊物。曾用刊名《国际经贸研究 – 天津对外贸易》，1998 年改为现刊名。以坚持理论联系实际的方针，促进中国企业管理现代化为宗旨，关注有关中国管理实践的热点和难点问题，追踪国际管理理论发展趋势，推动中国管理理论的发展与实践的创新，为国家的经济建设服务。主要栏目有：主题文章、主编寄语、市场营销、组织行为、市场营销、运营管理、绩效管理、技术管理、公司治理、电子商务、人力资源管理、创业管理、财务与会计等。有英文目次和中文提要。

南开经济研究 = Nankai Economic Studies/南开大学经济学院 . – 天津：《南开经济研究》编辑部，1985 –

双月刊　　　　　　　　大 16 开
ISSN 1001 – 4691　　　CN 12 – 1028　　　6 – 88
天津市南开大学经济学院大楼 1013 室（300071）
编辑部电话：022 – 23508250
E-mail：nkes@ nankai. edu. cn

　　综合性经济理论刊物。贯彻理论联系实际和百家争鸣的方针，选登有创见的新思想、新观点和新学派的经济理论等方面的研究成果。文章形式包括经济论文、调查报告、问题讨论、学术介绍、书评、资料摘编和南开大学经济学院考试试题等。读者对象为经济理论研究人员、实际工作者及大专院校财经专业师生。有英文目次。

南开学报. 哲学社会科学版 = Nankai Journal. Philosophy and Social Science Edition/南开大学 . – 天津:《南开大学学报》编辑部，1955 –
双月刊　　　　　　　大 16 开
ISSN 1001 – 4667　　　CN 12 – 1027　　6 – 10
天津市卫津路 94 号（300071）
编辑部电话：022 – 23501681
E-mail：xbd@ nankai. edu. cn

　　人文社会科学综合性学术刊物。办刊宗旨：突出学术理论期刊特色，刊登有理论深度和学术价值的社会科学论文，鼓励创新，支持争鸣，关注现实性问题，力求做到时代性、社会性、科学性、应用性的统一。刊发内容涉及当代西方研究、小说与文化、历史编纂学研究、行政学研究、生态文明、中国经济、国际经济等。栏目设置有：专题、专栏、世界史研究、南开学术名家志、经济研究、法学研究、历史研究、哲学研究、心理学研究、美学研究、日本的政策法规等。读者对象为高等院校文科师生、社会科学工作者。有英文目次和英文摘要。

南亚研究 = South Asian Studies/中国社会科学院亚太与全球战略研究院，中国南亚学会 . – 北京:《南亚研究》编辑部，1979 –
季刊　　　　　　　　大 16 开
ISSN 1002 – 8404　　　CN 11 – 1306　　82 – 980
北京市东城区张自忠路 3 号东院（100007）
编辑部电话：010 – 64036800
E-mail：nyyj@ cass. org. cn

　　南亚问题研究综合性学术刊物。以发表科研成果，促进学术交流，普及南亚知识为己任；以推进中国与南亚文化交流为宗旨。主要刊登南亚地区政治、经济、宗教、哲学、历史、文化、社会等方面的研究性论文、书评和学术信息等，报道和分析南亚地区重大问题和热点问题。栏目设置有：政治安全、中国与南亚外交史、文学历史、学术资料等。读者对象为南亚问题研究者、外事工作者、大专院校师生、宗教界人士等。

农业技术经济 = Journal of Agrotechnical Economics/中国农业技术经济研究会，中国农业科学院农业经济与发展研究所．- 北京：《农业技术经济》编辑部，农业经济问题杂志社，1982 -

月刊　　　　　　　　　16 开
ISSN 1000 - 6370　　　CN 11 - 1883　　82 - 257
北京市海淀区中关村南大街 12 号 （100081）
编辑部电话：010 - 82109791
E-mail：nyjjwt@ mail. caas. net. cn

农业经济研究类学术刊物。突出"技术与经济"、"理论、方法与实证"两个结合的办刊宗旨，力争为科研、教学服务，为经济建设服务，为政府宏观决策服务。刊物重点介绍农业科技政策、科技进步和农业科技发展方向等方面的最新研究成果，以及高效农业、农业常规技术等新技术应用模式。内容包括课题研究报告、理论方法的实际应用、科技政策评述、区域经济发展、技术措施的效益评价和国外农业科技的最近动态等。设有产业政策、技术政策、理论·方法·应用、资源配置、效益评价、产业与区域技术经济等专栏。读者对象为农村政策研究、农村经济管理、农业技术推广、农业资源区划、经济理论研究部门的领导干部和专家学者，高等院校经贸专业、农业经济系、农业推广专业的师生。

农业经济问题 = Issues in Agricultural Economy/中国农业经济学会，中国农业科学院农业经济与发展研究所．- 北京：《农业经济问题》编辑部，1980 -

月刊　　　　　　　　　大 16 开
ISSN 1000 - 6389　　　CN 11 - 1323　　2 - 140
北京市海淀区中关村南大街 12 号 （100081）
编辑部电话：010 - 82108705
E-mail：nyjjwt@ cass. cn

农业经济类专业学术期刊。遵循"创办学术期刊、探索农村改革、面向宏观决策、促进学科发展"的宗旨，洞察农业发展焦点问题、辨析农村改革热点问题、探讨农民奔小康难点问题。刊发涉及中国农村经济与社会发展规律、农村生产关系的完善和农村生产要素的优化配置、农村改革和经济发展的新情况、新问题和新观点，介绍国外农业经济的理论和实践。辟有特稿、资源配置、组织与制度、农村发展、国外农经、专论、热点与难点、城市化与工业化、农民收入与结构调整、农业发展、农村社会、市场与贸易、产业经济、争鸣与探讨、可持续发展、综述、动态、调查报告、国外农业经济等栏目。读者对象为从事经济工作和农村工作的各级行政领导和实际工作者、政策研究人员、科研人员、高校师生等。有英文目次和英文摘要。

农业考古 = Agricultural Archaeology/江西省社会科学院. － 南昌:《农业考古》编辑部，1981 －

双月刊　　　　　　　16 开
ISSN 1006 － 2335　　　CN 36 － 1069
江西省南昌市洪都北大道 649 号（330077）
编辑部电话：0791 － 88595816
E-mail：agarsym@ 126. com

　　考古类学术期刊。办刊宗旨：着重从考古学、民族学和文化的角度研究中国古代农业历史，总结历史经验教训，探索发展规律，为实现农业现代化服务。每年第 1、4 期为综合版（农、林、牧、副、渔）；第 2、5 期为"中国茶文化专号"；第 3、6 期为"三农研究专号"。刊物内容涉及农史研究、农业考古发现与研究、土地问题研究、乡村社会与政治、新农村建设研究、城乡统筹发展研究、农村经济研究、农业信息与现代化研究、农业文明研究、农史动态等。

欧洲研究 = Chinese Journal of European Studies/中国社会科学院欧洲研究所. － 北京:《欧洲研究》编辑部，1983 －

双月刊　　　　　　　16 开
ISSN 1004 － 9789　　　CN 11 － 4899　　　82 － 165
北京市建国门内大街 5 号（100732）
编辑部电话：010 － 65135017
E-mail：cjes@ cass. org. cn

　　国际政治类学术期刊。曾用刊名《西欧研究》。2003 年改为现刊名。以"国际性、欧洲性、时代性、学术性、中国视角"为办刊导向，反映国内外欧洲和国际问题研究领域的主流状况和优秀成果，为相关研究提供信息交流、学术讨论和思想探索平台。文章涉及国际政治经济问题研究、欧洲一体化研究、欧洲国别和地区、中欧关系研究及政治、经济、社会文化和国际关系等领域。栏目设置有：研究述评、欧洲讲坛、欧洲社会政策研究、欧洲文明研究、国际政治经济评论、国别与地区、中国与欧洲、专题研究、书评、学术动态等。读者对象为从事国际政治和欧洲问题的研究人员、政府机构工作人员、驻华使馆工作人员，以及对国际政治和欧洲问题感兴趣的普通读者。有中英文目录、中英文论文提要。

齐鲁学刊 = Qilu Journal/曲阜师范大学 . – 曲阜：《齐鲁学刊》编辑部，1974 –
双月刊　　　　　　　　大 16 开
ISSN 1001 – 022X　　　CN 37 – 1085　　　24 – 014
山东省曲阜师范大学（273165）
编辑部电话：0537 – 4455347
E-mail：qlxk2003@ qfnu. edu. cn

　　人文社会科学综合性学术刊物。曾用刊名《破与立》，1980 年改为现名。办刊宗旨：遵循"立足世界文化名人孔子故乡，突出孔孟儒学齐鲁文化研究，重视社会科学基础理论探讨，坚持'双百'方针，倡导创新求实"的办刊宗旨。除"孔子·儒家·齐鲁文化研究"作为该刊特色栏目外，不设固定栏目，载文内容包括哲学、伦理学、政治学、法学、经济学、管理学、社会学、历史学、文学等社会科学学科的基础研究和应用研究成果。读者对象为大专院校师生和社会科学工作者。有英文目次和中英文文摘。

企业经济 = Enterprise Economy/江西省社会科学院 . – 南昌：《企业经济》编辑部，
1980 –
月刊　　　　　　　　　大 16 开
ISSN 1006 – 5024　　　CN 36 – 1004　　　44 – 7
江西省南昌市洪都北大道 649 号（330077）
编辑部电话：0791 – 8596331
E-mail：qyjj@ qyjj. cn

　　经济类学术期刊。立足于经济基础理论和应用研究两大平台，重点传递热点经济新闻，揭示热点新闻背景，反映国内外经济最新动态，点评未来经济走势，揭示财富奥秘，抒发行家高见，书写企业家风采，研判企业经营得失，钩沉商海史实和引领时尚潮流。强调时事性、理论性、应用性、信息性和可读性。主要栏目设置有：观察思考、经营谋略、管理纵横、财会信息、三农对策、WTO 论坛、资本运作、经营谋略、低碳经济、管理纵横、区域经济、人力资源、中小企业研究等。读者对象为经济管理及经济理论工作者。

青年研究 = Youth Studies/中国社会科学院社会学研究所 . － 北京：《青年研究》编辑部，1978 －

双月刊　　　　　　　　16 开
ISSN 1008 － 1437　　　CN 11 － 3280　　　18 － 170
北京市建国门内大街 5 号（100732）
编辑部电话：010 － 85195565
E-mail：qsn@ cass. org. cn

　　以青年为研究对象的专业学术性期刊。以启迪思想、促进学术交流、发展中国青年社会学为宗旨；主张以规范的经验研究为基础，积淀学术思想，创新学术成果。研究当代青年特点、青年文化、青年心理、青年教育等问题，探讨青年发展与社会变迁之间的互动关系，介绍国外青年研究动态。根据载文所论及的主题设置栏目标题，如社会流动、弱势群体、学生心理、道德研究、劳动就业、消费文化、社会政策、生活方式、社会问题等。读者对象为青年工作者、共青团干部和思想教育工作者。有英文目次和英文摘要。

清华大学教育研究 = Tsinghua Journal of Education/清华大学 . － 北京：《清华大学教育研究》编辑部，1980 －

双月刊　　　　　　　　大 16 开
ISSN 1001 － 4519　　　CN 11 － 1610　　　80 － 104
北京市海淀区清华大学文南楼 403 室（100084）
编辑部电话：010 － 62788995
E-mail：jysbjb@ mail. tsighua. edu. cn

　　综合教育类学术刊物。以理论与实践相结合为办刊宗旨，反映和介绍国内外最新学术成果，跟踪当今国际学术发展潮流。继承和发扬清华大学人文社会科学传统，为中国教育改革与发展服务。主要栏目有：教育思想与理论、教育改革与发展、教育政策、教育评估与测量、教育历史与文化、教育组织与管理、教育经济与财政、教育政策与法律、国际与比较教育、大学生学习与发展、基础教育等。读者对象为国内外教育科学研究人员、教育管理者、大专院校和中小学师生以及一切有志于教育和关注中国教育的人士。

清华大学学报. 哲学社会科学版 = Journal of Tsinghua University. Philosophy and Social Sciences/清华大学 . － 北京：《清华大学学报》编辑部，1986 －

双月刊   大 16 开
ISSN 1000 - 0062   CN 11 - 3596   82 - 724
北京市海淀区清华大学 （100084）
编辑部电话：010 - 62783533
E-mail：skxb@ tsinghua. edu. cn

　　人文社会科学综合性学术刊物。主要反映清华大学文科师生的最新研究成果，内容涉及历史、文学、法律、经济、考古、哲学、图书馆学等领域。主要刊发文史哲方面的研究论文，兼及经济学、法学、社会学等人文社会科学实证性、理论性以及跨文化、跨学科的研究成果。主要栏目有：名师讲堂、海外学者论坛、清华国学院与当代学术、期刊与评价、文献与考辨、讨论与评议等。读者对象为大专院校文科师生、社会科学工作者。

清史研究 = The Qing History Journal/中国人民大学清史研究所 . - 北京：《清史研究》编辑部，1991 -
季刊   大 16 开
ISSN 1002 - 8587   CN 11 - 2765   2 - 749
北京市海淀区中关村大街 59 号 （100872）
编辑部电话：010 - 62511428
E-mail：qinghistory@ 263. net

　　中国清史研究学术刊物。原名《清史研究通讯》。以"学术性、资料性、信息性"为办刊宗旨，以为清史研究人员提供学术交流平台为刊物使命，文章突出学术性、前沿性、文献性等特点，涉及内容包括政治、军事、社会、经济、文化、边疆民族、人物等方面。栏目设置有：学术专论、学术动态、清史纂修、读史札记、书评等。读者对象为清史研究人员、历史工作者。有英文目次和英文摘要。

情报科学 = Information Science/中国科学技术情报学会，吉林大学 . - 长春：情报科学杂志社，1980 -
月刊   大 16 开
ISSN 1007 - 7634   CN 22 - 1264   12 - 174
吉林省长春市人民大街 5988 号 （130022）
编辑部电话：0431 - 85095200
E-mail：infosci@ jlu. edu. cn

情报学专业学术刊物。曾用刊名《国外情报科学》。旨在通过学术交流促进我国情报科学研究的发展，开展情报教学，普及情报知识。登载涉及高校图书馆网络化建设、现代信息业发展、多媒体技术、情报人员结构等方面的论文。主要栏目有：专论、理论研究、业务研究、博士论坛、综述等。读者对象为企事业单位情报工作者和研究人员以及高等院校图书情报专业师生。有中英文目次和内容摘要。

情报理论与实践 = Information Studies：Theory and Application/中国国防科学技术信息学会，中国兵器工业集团第 210 研究所 . - 北京：情报理论与实践杂志社，1964 -
月刊　　　　　　　　　大 16 开
ISSN 1000 - 7490　　　CN 11 - 1762　　82 - 436
北京市海淀区 2413 信箱 10 分箱 （100089）
编辑部电话：010 - 68961793
E-mail：ita@ onet. com. cn

情报学学术刊物。原名《兵工情报工作》，1987 年改为现刊名。自 1996 年起成为中国国防科技信息学会会刊。注意跟踪报道国内外图书馆学、情报学发展现状和趋势，侧重探讨情报学理论方法和热点问题，注重创新，关注理论与实践的结合，发文涉及情报学理论与方法、信息技术与系统、信息分析与研究、信息经济与产业、信息管理与知识管理、信息政策与法律、信息服务实践等各个领域。主要栏目有：论坛、专题、理论与探索、实践研究、信息系统、综述与述评、在国外、书评、简讯等。读者对象为情报学理论研究和实践工作者。

情报学报 = Journal of the China Society for Scientific and Technical Information/中国科学技术情报学会，中国科学技术信息研究所 . - 北京：《情报学报》编辑部，1982 -
月刊　　　　　　　　　大 16 开
ISSN 1000 - 0135　　　CN 11 - 2257　　82 - 153
北京市西城区复兴路 15 号 （100038）
编辑部电话：010 - 68598273
E-mail：qbxb@ istic. ac. cn

情报学专业刊物。贯彻理论研究和应用研究并重的办刊方针，主要发表情报科学和技术的理论研究和实验研究的学术论文、综述评论。内容包括：人类知识信息产生、交流和利用行为的研究；信息资源特征的研究；信息收集、加工、存储、检索、传递与应用中的理论和方法；情报分析与决策支持；信息服务和用户研究；信息工作的组织、管理和政策研究等。栏目设置有：网络研究、信息教育、信息技术、信息检索、数据库、信息处理、信息产业、信息管理、文献计量学等。读者为各行各业从事信息研究、信息技术、信息开发、信息服务、信息系统设计、信息教育和信息管理的各类人员。有英文目次和英文摘要。

情报资料工作 = Information and Documentation Services/中国人民大学 . − 北京：中国人民大学书报资料中心，1980 −

双月刊　　　　　　　　大 16 开

ISSN 1002 − 0314　　　　CN 11 − 1448　　　82 − 22

北京市海淀区中关村大街甲 59 号文化大厦 1301 （100086）

编辑部电话：010 − 62512296

E-mail：qingbaoziliao@263. net

情报学专业刊物，中国社会科学情报学会会刊。以促进中国图书馆学情报学理论体系的发展，展示广大图书情报工作者的学术思想和学术成果为宗旨。遵循理论性、实践性、知识性相结合的办刊思路，坚持理论研究与应用研究相结合的特色。主要栏目有：理论探讨、信息技术、信息资源、信息服务、实践研究。读者对象为高校、党校、社会科学院、图书馆及各类图书情报信息机构的从业人员、高校师生。有英文目次和英文摘要。

求实 = Truth Seeking/中共江西省委党校，江西行政学院 . − 南昌：《求实》编辑部，1959 −

月刊　　　　　　　　大 16 开

ISSN 1007 − 8487　　　　CN 36 − 1003　　　44 − 69

江西省南昌市八一大道 212 号 （330003）

编辑部电话：0791 − 86303124

E-mail：qiushizazhi@163. com

政治类学术刊物。办刊宗旨：坚持实事求是、理论联系实际的学风，力求探索和研究建设有中国特色社会主义理论和实践，在党建问题上有创新思想和独到见解，为改革开放服务，为社会主义"三个文明"建设服务。主要栏目有：马克思主义及其中国化、党的建设与政党理论研究、哲学当代视野、经济理论与实践、改革与发展、民主与法治、社会主义与当代世界、思想政治工作论坛、精神文明建设、三农问题研究、江西崛起策论、红色文化与红色起源等。读者对象为各级领导干部、理论研究和宣传工作者、各级党校和高等院校师生。

求是 = Qiushi/中国共产党中央委员会．－北京：求是杂志社，1988 －
半月刊　　　　　　　　16 开
ISSN 1002 – 4980　　　　CN 11 – 1000　　　2 – 371
北京市东城区北河沿大街甲 83 号（100727）
编辑部电话：010 – 64036977
E-mail：qiushi@ qstheory. com

　　中共中央的重要理论宣传刊物。曾用刊名《红旗》。以"坚持政治家办刊原则，高举旗帜，贴近实际，提高质量，办出特色"为办刊方针，积极宣传马克思主义中国化的最新成果，推进实践基础上的理论创新，推动社会主义核心价值体系建设，回答干部群众关心的重大理论和现实问题，引导党员干部树立正确的世界观、人生观、价值观，提高全党马克思主义水平。主要栏目有：要文要论、社论、评论员文章、高举中国特色社会主义伟大旗帜、党的建设、经济改革与发展、文化视野、观察与思考、红旗论坛、民主与法制、国防与军队建设、探索与争鸣、基层之声、党员信箱、读书、来稿摘编等。读者对象主要为各级党政领导干部、广大思想理论宣传工作者、教育工作者和全体党员。

求是学刊 = Seeking Truth/黑龙江大学．－哈尔滨：《求是学刊》编辑部，1974 －
双月刊　　　　　　　　大 16 开
ISSN 1000 – 7504　　　　CN 23 – 1070　　　14 – 25
黑龙江省哈尔滨市南岗区学府路 74 号（150080）
编辑部电话：0451 – 86608815
E-mail：qiushixuekan@ 163. com

　　人文社会科学综合性学术刊物。原名《黑龙江大学学报. 哲学社会科学版》，1980 年改为现刊名。以"唯实、求是、图新"为办刊宗旨，坚持"开放、创新、超越"的办刊理念，以追求学术高品位和开设主题栏目为主要特色，主要刊发哲学、经济学、法学、文学、史学等研究领域的学术文章。辟有文化哲学研究、儒学与当代中国、当代马克思主义、过程思想研究、东欧新马克思主义研究、学术名家与当代学术史、经济理论与经济问题、苏联俄罗斯法学在中国、社会发展与法律多元、理论法学新动向、美学名家与美学史、当代文学思潮及前沿问题探讨、外国文学研究、欧美问题研究、明清史研究等栏目。其中"文化哲学研究"为该刊特色栏目。读者对象为社会科学工作者、大专院校文科师生等。

求索 = Seeker／湖南省社会科学院 . – 长沙：求索杂志社，1980 –
月刊　　　　　　　　大 16 开
ISSN 1001 – 490X　　　CN 43 – 1008　　42 – 36
湖南省长沙市德雅村 （410003）
编辑部电话：0731 – 84219107
E-mail：hnqszzs@ sina. com

人文社会科学综合性学术刊物。立足人文社会科学理论与实践研究，反映哲学社会科学的最新研究成果。内容涉及经济学、政治学、社会学、哲学、法学、管理学、教育学、文学、历史学等哲学社会科学各学科领域，其科学性、前沿性、文献性、收藏性令人瞩目。读者对象为社会科学工作者、大专院校文科师生、党政理论工作者。

全球教育展望 = Global Education／华东师范大学 . – 上海：《全球教育展望》期刊社，1972 –
月刊　　　　　　　　大 16 开
ISSN 1009 – 9670　　　CN 31 – 1842　　4 – 358
上海市中山北路 3663 号 （200062）
编辑部电话：021 – 62232938
E-mail：globaledu@ kcx. ecnx. edu. cn

教育类专业学术期刊。原名《外国教育资料》，2001 年改为现刊名。刊登有关外国教育理论、制度、流派、方法、变革等方面的研究性论文和综述性文章；抓住全球化时代教育发展的根本问题，努力实现教育国际化与本土化的融合；把握国际教育理论发展的最新趋势，推出堪与国际教育理论界对话的学术成果；反映联合国教科文组织和世界各国的教育发展成就，推动比较教育学的发展。主要栏目有：专家访谈、课程与教学、公民与道德教育、国际与比较教育、儿童教育、教师教育、新书推介等。读者对象为教育科研人员、教员和各级各类教育管理工作者。有英文目次和摘要。

人口学刊 = Population Journal/吉林大学．－长春：《人口学刊》编辑部，1979 –
双月刊　　　　　　　　大 16 开
ISSN 1004 – 129X　　　CN 22 – 1017　　　12 – 57
吉林省长春市前进大街 2699 号 （130012）
编辑部电话：0431 – 85166392
E-mail：rkxk@ jlu. edu. cn

　　人口学专业期刊。侧重对人口问题进行定性与定量相结合的理论分析，介绍与此相关的新的实践经验和方法，关注改革开放给人口研究带来的热点问题和难点问题，强调载文的创新性与探索性。主要栏目有：综合研究、人口理论、人口政策、人口流迁、人口城市化、青年人口、老年人口、少数民族人口、人口统计与分析、人口素质、社会工作保障、劳动与就业、人口与资源环境、人口发展、计划生育理论与实践、留守问题研究、国际人口研究等栏目。读者对象为各级政府部门干部、广大计划生育工作者、人口研究与教学工作者。有英文目次和英文摘要。

人口研究 = Population Research/中国人民大学．－北京：中国人民大学人口与发展研究中心《人口研究》编辑部，1977 –
双月刊　　　　　　　　大 16 开
ISSN 1000 – 6087　　　CN 11 – 1489　　　2 – 250
北京市海淀区中关村大街 59 号 （100872）
编辑部电话：010 – 62511320
E-mail：rkyj@ ruc. edu. cn

　　人口学专业学术刊物。注重理论和实践相结合，为解决中国的现实人口问题，为人口科学发展和计划生育基本国策服务。刊登人口理论、人口政策、人口与社会、人口与经济、人口与资源环境，以及流动人口、贫困人口、就业问题等综合性研究文章。主要栏目有：人口与发展论坛、人口与社会、人口调查与分析、老龄问题研究、社会医学、人口流迁、人口资源环境、学术争鸣、数字人口、人口与计划生育综合改革及其他栏目等。其中"人口与发展论坛"栏目，针对当前人口学研究中的热点问题和学术前沿问题进行讨论，受到了社会广泛关注。读者对象为各级政府部门、学术界、人口科研教学工作者、老龄科学工作者、计划生育干部等。

人口与发展 = Population and Development/北京大学 . – 北京：《人口与发展》编辑部，1979 –

双月刊　　　　　　　　大 16 开

ISSN 1674 – 1668　　　CN 11 – 5646　　　82 – 737

北京市海淀区北京大学人口研究所 （100871）

编辑部电话：010 – 62751975

E-mail：rkyfz@ pku. edu. cn

　　综合性人口学刊物。曾用刊名《市场与人口分析》。坚持理论与实践相结合的办刊方针，力争刊物融学术性、知识性、实用性和可读性为一体。重点刊发人口和发展领域（经济、社会、环境、资源、健康、管理、劳动、教育、老龄、统计、计划生育等）的学术研究论文、研究方法介绍和评述及调查研究报告，以及上述领域的研究综述、会议综述和学术动态，辟有马寅初人口科学论坛、人口与计划生育前沿、人口健康研究、老龄研究、人口与健康、人口与计划生育前沿等专栏。读者对象为人口、老龄、劳动、统计、社会、计划生育等领域的理论和实际工作者。有中英文目录，重点文章有中英文摘要。

人口与经济 = Population & Economics/首都经济贸易大学 . – 北京：《人口与经济》编辑部，1980 –

双月刊　　　　　　　　大 16 开

ISSN 1000 – 4149　　　CN 11 – 1115　　　2 – 252

北京市丰台区张家路口 121 号首都经济贸易大学内 （100070）

编辑部电话：010 – 83951520

E-mail：rkyjj@ 126. com

　　人口学专业刊物。以密切关注中国人口事业的发展，及时反映人口领域及其交叉学科的最新学术成果，传播计划生育工作先进经验为办刊宗旨。主要刊载人口与社会经济、资源、环境与可持续发展、计划生育、人力资源开发与就业、社会保障等领域的最新研究成果。主要栏目有：社会保障研究、人力资源开发与就业、计划生育论坛、世界人口、女性人口、老龄人口、少数民族人口、调查报告等。读者对象为人口学研究人员和人口与计划生育工作者。有英文目次和中英文文摘。

人民音乐 = People's Music/中国音乐家协会 . - 北京：中国音乐家协会杂志社，1950 -

月刊 　　　　　　　大 16 开
ISSN 0477 - 6573 　　　CN 11 - 1655 　　2 - 6
北京市朝阳区德外北沙滩 1 号院 32 号楼 B1203 室 （100083）
编辑部电话：010 - 59759650；010 - 59759651
E-mail：rmyy1950@ 126. com ，rmyy1950@ sina. com

　　音乐艺术类专业期刊。办刊宗旨：坚持以音乐的民族性、时代性、艺术性、可读性和学术性为一体，以贴近大众生活、追求高雅精品、弘扬民族文化、培养青年音乐创作人才为己任。主要刊载国内外乐坛在创作、表演、教育、理论研究方面的最新动态及成果，介绍和评论优秀的中外音乐名家、名作。栏目设置有：封面人物故事、特别策划、专题、人物访谈、音乐资讯、乐评、影评、音乐理论研究、外国音乐研究、民族音乐研究、中外音乐评论、作曲技术理论、音乐知识文化、原创曲目选登、音乐表演与艺术、音乐教育教学等。有英文目次。

人文地理 = Human Geography/中国地理学会，西安外国语大学人文地理研究所 . - 西安：《人文地理》编辑部，1986 -

双月刊 　　　　　　　大 16 开
ISSN 1003 - 2398 　　　CN 61 - 1193 　　36 - 75
陕西省西安市长安南路 437 号 （710061）
编辑部电话：029 - 85319374
E-mail：rwdl@ xisu. edu. cn

　　人文地理学综合性学术刊物。主要发表中国人文地理学中具有先进水平的学术论述和研究成果，反映人文地理学研究的新理论、新观点和新方法。内容涉及政治地理、人文地理、城市地理、旅游地理、经济地理、文化地理、社会地理等。主要栏目有：文化、旅游、城市、经济、政治等。读者对象为从事人文地理及其相关学科研究的科研人员、相关专业的大专院校师生和人文地理爱好者。有英文目次和中英文摘要。

人文杂志 = The Journal of Humanities/陕西省社会科学院 . - 西安：《人文杂志》编辑部，1957 -

月刊 　　　　　　　大 16 开

ISSN 0447 – 662X　　　CN 61 – 1005　　　52 – 11
陕西省西安市含光南路 177 号　(710065)
编辑部电话：029 – 85255981
E-mail：rwzzl77@ 163. vom

人文社会科学综合性学术刊物。办刊宗旨：强调学术性、思想性、原创性，力争把握学术前沿和学术热点，以严肃、厚重、规范、创新的学术风格办刊。侧重刊登文、史、哲、政、经、法学及伦理学、逻辑学、社会学等学科的学术论文和反映相关学科研究的最新进展。主要栏目有：法学理论、价值哲学、社会发展与价值观、哲学原理、传统与现代、理论经济学、宏观管理等。读者对象为大专院校师生、社会科学领域研究人员、党政部门和企事业单位高级管理人员。

日本学刊 = Japanese Studies/中国社会科学院日本研究所，中华日本学会 . – 北京：《日本学刊》编辑部，1985 –
双月刊　　　　　　　大 32 开
ISSN 1002 – 7874　　　CN 11 – 2747　　　18 – 341
北京市东城区张自忠路 3 号东院　(100007)
编辑部电话：64039045
E-mail：rbxk@ cass. org. cn

政治外交类学术期刊。原名《日本问题》，1990 年改为现刊名。办刊宗旨：为中国的社会主义现代化建设与改革开放服务，为促进中日友好关系的发展和繁荣社会科学服务。主要刊载中国学者关于日本政治、经济、外交、社会、文化、历史等领域的研究成果。栏目设置有：专稿、政治、外交、经济、社会文化、历史、探讨与争鸣、比较研究、人物、书评、学术动态等。主要读者对象为研究机构、大专院校、政府机关、企业界人士和其他社会各界人士。

软科学 = Soft Science/四川省科技促进发展研究中心 . – 成都：《软科学》编辑部，1987 –
月刊　　　　　　　大 16 开
ISSN 1001 – 8409　　　CN 51 – 1268　　　62 – 61
四川省成都市人民南路 4 段 11 号 5 楼　(610041)
编辑部电话：028 – 85221835
E-mail：ruankexue@ sina. com

管理学类软科学专业理论刊物。突出刊物的指导性、理论性、超前性，着重反映软科学、科学学、系统科学、政策科学以及管理科学的最新研究成果，为决策的科学化、民主化服务。辟有科技与经济、战略与对策、管理科学、可持续发展、创新研究、区域发展、人力资源管理、企业管理、理论探讨等栏目。读者对象为软科学研究人员、各级各类决策者、管理人员、企业技术负责人和大专院校师生。有英文目次。

山东大学学报.哲学社会科学版 = Journal of Shandong University. Philosophy and Social Sciences/山东大学 . – 济南：《山东大学学报.哲学社会科学版》编辑部，1951 –

双月刊　　　　　　　　大 16 开
ISSN 1001 – 9839　　　CN 37 – 1100　　　24 – 220
山东省济南市山大南路 27 号（250100）
编辑部电话：0531 – 88364645
E-mail：wkxb@ sdu. edu. cn

人文社会科学综合性学术刊物。办刊宗旨：立足哲学社会科学学术前沿，关注学术与应用、理论与实践热点难点问题研究，倡导学术原创和出新，推出学术新人与力作，为繁荣哲学社会科学学术研究，促进物质文明、精神文明、政治文明建设服务。主要栏目有：宗教与哲学、民间法学研究、法学研究、劳动经济研究、管理学研究、史学研究、政治学研究、文学研究、语言学研究等。读者对象主要为社会科学工作者，文科大学教师和研究生、大学生及广大社会科学爱好者。

山东社会科学 = Shandong Social Sciences/山东省社会科学界联合会 . – 济南：山东社会科学杂志社，1987 –

月刊　　　　　　　　　大 16 开
ISSN 1003 – 4145　　　CN 37 – 1053　　　24 – 135
山东省济南市舜耕路 46 号（250002）
编辑部电话：0531 – 82981706

人文社会科学综合性学术刊物。坚持理论联系实际，立足中国，面向世界，为社会主义物质文明、政治文明、精神文明建设服务，为广大哲学社会科学工作者服务的办刊方针，不断提升刊物的学术水平，重视基础理论研究、应用对策研究和具有前瞻性的预测研究，尤其注重对哲学社会科学前沿性与综合性课题的研究和国外新思维、新观念的跟踪研究。辟有马克思主义研究、哲学研究、史学理论研究、散文家与散文创作研究、对外经济贸易研究、经济与管理学研究、法学研究、美学研究、文学研究、政治学研究、文艺学研究、传媒与发展研究、"三农"问题研究等栏目。

山西大学学报. 哲学社会科学版 = Journal of Shanxi University. Philosophy and Social Science Edition/山西大学. – 太原:《山西大学学报》编辑部，1947 –
双月刊　　　　　　　大 16 开
ISSN 1000 – 5935　　　CN 14 – 1071　　　22 – 41
山西省太原市坞城路 92 号 （030006）
编辑部电话：0351 – 7018311
E-mail：xbw1@ sxu. edu. cn

　　人文社会科学综合性学术刊物。坚持以邓小平理论为指导，坚持学术创新、质量第一的原则；坚守"立足区位特色，面向学术前沿，传播先进文化"的办刊理念；把握时代发展的脉搏，紧密追踪学术前沿，高度关注学术热点，重视对于最新研究成果，特别是具有全局性、战略性、前瞻性的重大成果的报道。辟有科学哲学与科技史研究、哲学研究、历史学研究、中国古代文学研究、中国现当代文学研究、语言学研究、新闻传播学研究、教育学研究、经济学研究、法学研究、马克思主义研究、晋文化研究等栏目。读者对象为哲学社会科学工作者、爱好者和高校文科专业师生。

山西师大学报. 社会科学版 = Journal of Shanxi Normal University. Social Science Edition/山西师范大学. – 临汾:《山西师大学报》编辑部，1973 –
双月刊　　　　　　　大 16 开
ISSN 1001 – 5957　　　CN 14 – 1072　　　22 – 5
山西省临汾市贡院街 1 号 （041004）
编辑部电话：0357 – 2051149
E-mail：skxb1973@ 126. com

　　人文社会科学综合性学术刊物。办刊宗旨：坚持理论联系实际，促进学术交流和学术繁荣，为教育教学改革和科研工作服务，并坚持学术第一的用稿原则。主要刊登哲、经、文、史及其他学科的学术论文。栏目设置有：马克思主义研究、哲学研究、文学研究、历史学研究、法律研究、管理学研究、文艺理论研究、史学理论研究、古代史研究、近代文学研究、古代文学研究、教育研究、语言学研究、心理学研究、社会学研究等。读者对象为高校师生和社会科学工作者。

陕西师范大学学报. 哲学社会科学版 = Journal of Shaanxi Normal University. Philosophy and Social Sciences Edition/陕西师范大学. － 西安：《陕西师范大学学报》编辑部，1960 –

双月刊　　　　　　　　大 16 开
ISSN 1672 – 4283　　　CN 61 – 1012　　52 – 58
陕西省西安市长安南路（710062）
编辑部电话：029 – 85303908
E-mail：xuebao@ snnu. edu. cn

人文社会科学综合性学术刊物。以繁荣科学文化，促进学术交流，发现、培养人才为办刊宗旨。关注学术发展前沿，注重理论探索和创新，力求在历史地理、中国古代史、古代文学、西部研究等领域形成自己的特色。栏目设置有：周秦汉唐文化研究、中国古代文学研究、中国古代史研究、学术评论与争鸣、新闻传播学研究、美学研究、经济学研究、教育学研究、海外学术论坛、学术前沿、跨文化、跨学科视阈下的文学理论、心理学研究、历史地理学研究、政治学研究、哲学研究、语言文字学研究、唐史研究等。读者对象为高等师范学校师生及社会科学工作者。有英文目次和中英文文摘。

商业经济与管理 = Journal of Business Economics/浙江工商大学. － 杭州：浙江工商大学杂志社，1981 –

月刊　　　　　　　　大 16 开
ISSN 1000 – 2154　　　CN 33 – 1013　　32 – 49
浙江省杭州市下沙高教园区学正街 18 号（310018）
编辑部电话：0571 – 28877503
E-mail：zzs@ mail. zjgsu. edu. cn

商业经济类刊物。办刊宗旨：研究社会主义市场经济条件下大商业、大市场、大流通理论和实践，及时反映当今流通领域特别是商业改革的理论动态和最新发展。主要栏目有：流通经济、浙商研究、物流管理、企业管理理论与方法、人力资源管理、公司治理与战略管理、国际经济与贸易、统计研究、产业经济研究、区域经济研究、民营经济研究、金融与投资、财务管理与会计、营销管理、旅游管理、经济学前沿等。读者对象为商业经济理论研究人员、商业部门决策人员及大专院校师生。有英文目次和中文摘要。

商业研究 = Commercial Research/哈尔滨商业大学，中国商业经济学会 . – 哈尔滨：商业研究杂志社，1958 –

月刊　　　　　　　　　大 16 开
ISSN 1001 – 148X　　　　CN 23 – 1364　　　14 – 71
黑龙江省哈尔滨市松北区学海街 1 号 （150028）
编辑部电话：0451 – 84866358
E-mail：syyj@ vip. 163. com

经济类专业学术期刊。以反映最新商业经济理论和现代科技与经济相结合为办刊特色，力求理论与实践并举，提高与普及相结合，注重刊登争鸣性、探讨性的文章，报道商业、财经、粮食、物资、服务及经贸领域的学术研究新动态。主要辟有商业经济理论、经营管理、改革探索、财经纵横、市场营销、WTO 话题、国外经济、经商之道和商业漫笔等栏目。读者对象为经济理论工作者、财经院校师生和全国城乡商贸财经企事业单位工作人员。有英文目次和英文摘要。

上海财经大学学报 = Journal of Shanghai University of Finance and Economics/上海财经大学 . – 上海：《上海财经大学学报》编辑部，1999 –

双月刊　　　　　　　　16 开
ISSN 1009 – 0150　　　　CN 31 – 1817　　　4 – 627
上海市武东路 321 号乙 （200434）
编辑部电话：021 – 65904892
E-mail：cdxb@ mail. shufe. edu. cn

财政类学术刊物。办刊宗旨：着重研究和探讨中国改革开放和现代化建设中的重大理论和现实问题。办刊特色：突出体现以财经类为主，经、管、文、法兼容的综合性学术研究的特点；努力打造培育科研新生力量的服务平台，着重对中国改革开放和现代化建设中的重大理论和现实问题进行研究和探讨。主要栏目有：经济学、文史哲、法学、专论、综述等。读者对象为人文社会科学理论工作者、科研单位研究人员、经济部门工作人员、高等院校师生等。有英文目次和中文内容摘要。

上海大学学报. 社会科学版 = Journal of Shanghai University. Social Sciences Edition/上海大学 . – 上海：《上海大学学报. 社会科学版》编辑部，1994 –

双月刊　　　　　　　　大 16 开

ISSN 1007 – 6522　　　CN 31 – 1223　　4 – 536

上海市上大路 99 号 （200444）

编辑部电话：021 – 66135506

　　人文社会科学综合性学术刊物。办刊宗旨：立足上海大学，放眼全国高校和科研单位，关注国内外哲学社会科学最新动态，展示科研成果，推动学术争鸣，不断创新思想，改善研究方法；鼓励作者提出新问题、新理论、新思路、新方法；既重视应用研究，也重视基本理论和重视学术热点。注重探讨学术前沿问题，扶植交叉学科、边缘学科、新兴学科。设有哲学、美学、法学、文学、语言学、历史学、社会学、经济学、管理学、影视理论研究、传播学、教育学等栏目。读者对象为大专院校文科专业师生、社会科学工作者。

上海交通大学学报. 哲学社会科学版 = Journal of Shanghai Jiaotong University. Philosophy and Social Sciences/上海交通大学 . – 上海：《上海交通大学学报》编辑部，1993 –

双月刊　　　　　　　　大 16 开

ISSN 1008 – 7095　　　CN 31 – 1778　　4 – 667

上海市华山路 1954 号 1000 信箱 （200030）

编辑部电话：021 – 62933089

E-mail：skxb93@ sjtu. edu. cn

　　人文社会科学综合性学术刊物。办刊宗旨：重视基础研究，偏重应用研究，为繁荣学术研究，推动学科建设，培养高素质人才服务，力求在"理论性、超前性、实践性"方面办出特色。主要栏目有：当代中国问题研究、政治·法律·社会、科学文化、管理与传播、经济·管理、哲学与科学思维、文学·历史·艺术、高等教育等。读者对象为高校师生及社会科学工作者。有英文目次和中英文文摘。

上海金融 = Shanghai Finance/上海市金融学会 . – 上海：《上海金融》编辑部，1980 –

月刊　　　　　　　　　大 16 开

ISSN 1006 – 1428　　　　CN 31 – 1160
上海市浦东新区陆家嘴东路 181 号 （200120）
编辑部电话：021 – 20897140
E-mail：shjrm@ 126. com

　　金融类专业学术刊物。坚持政策性、理论性与实践性相结合的办刊宗旨，立足金融改革开放前沿，及时反映金融界的改革动向，探索金融理论，服务金融改革，反映金融实践，以探讨理论问题和实践问题为主要办刊特色。主要栏目有：专稿、金融与经济、金融改革、货币政策研究、金融监管、金融市场、国际金融、区域金融观察、金融与科技、金融与法律、金融动态等。读者对象为金融机构广大职工、大专院校经济金融院系师生、经济金融理论研究人员和经济部门工作者。

上海经济研究 = Shanghai Journal of Economics/上海社会科学院经济研究所 . – 上海：《上海经济研究》编辑部，1984 –

月刊　　　　　　　　　大 16 开
ISSN 1005 – 1309　　　　CN 31 – 1163　　　4 – 524
上海市淮海中路 622 弄 7 号 5 楼 （200020）
编辑部电话：021 – 53060606
E-mail：sje@ sass. org. cn

　　经济类专业学术期刊。以开放、前瞻、创新为办刊宗旨，紧扣时代脉搏，以独特视角、新颖观点及前瞻性观点，探讨上海及全国经济发展中的理论问题，为经济理论界、政府机构、实际工作部门及企业界出谋划策，更好地为社会经济发展服务。主要刊载既有时效性又有现实参与性的文章，内容包括中国经济、农业、养老、产业、上海经济、外地经济比较研究、宏观经济、国际经济问题等。读者对象为经济理论研究人员、经济部门实际工作者和经济院校师生。

上海师范大学学报. 哲学社会科学版 = Journal of Shanghai Normal University. Philosophy & Social Sciences Edition/上海师范大学 . – 上海：上海师范大学学报期刊杂志社，1958 –

双月刊　　　　　　　　大 16 开
ISSN 1004 – 8634　　　　CN 31 – 1120　　　4 – 281
上海市桂林路 100 号 （200234）
编辑部电话：021 – 64322304

人文社会科学综合性学术刊物。办刊宗旨：执行党的宣传方针，为学校的教学、科研成果提供发表阵地；鼓励学术研究，强调学术平等，坚持学术自由，倡导学术争鸣，不遗余力地发表优质文稿，为繁荣中国的学术研究贡献力量。主要栏目有：中国美学研究、哲学研究、公共管理研究、心理学研究、经济学研究、法律研究、中国古代文学研究、文化学研究、比较文学与世界文学研究、都市文化与近代社会研究、外语研究、历史研究、跨学科研究、文艺学研究等。读者对象为高校文科专业师生、社会科学工作者及文科院校师生。

上海体育学院学报 = Journal of Shanghai University of Sport/上海体育学院 . - 上海：《上海体育学院学报》编辑部，1959 -

双月刊　　　　　　　大 16 开

ISSN 1000 - 5498　　　CN 31 - 1005　　4 - 793

上海市清源环路 650 号 （200438）

编辑部电话：021 - 51253130

E-mail：stxb@ 263. net

体育类学术期刊。20 世纪 60 ~ 70 年代曾一度停刊，1979 年复刊。注重反映中国体育科学领域最新的、高水平的体育科研成果，帮助读者开阔视野、拓展思路，了解体育教学改革、科学训练、运动技术，以及体育学术研究的动态与信息。主要栏目有：专题论坛、运动人体科学、体育人文社会学、体育教育训练学、民族传统体育学等。读者对象为广大体育科研人员，大中学体育教师、教练员及体育管理工作者。有中英文论文摘要和目次。

上海行政学院学报 = The Journal of Shanghai Administration Institute/上海行政学院 . - 上海：《上海行政学院学报》编辑部，2000 -

双月刊　　　　　　　大 16 开

ISSN 1009 - 3176　　　CN 31 - 1815　　4 - 666

上海市虹漕南路 200 号 （200233）

编辑部电话：021 - 22880425

E-mail：xzxyxb@ mail. sdx. sh. cn

政治类学术刊物。坚持党的基本路线、方针、政策，为培养高素质的中高级国家公务员服务，为中国特色的社会主义公共行政学理论和哲学社会科学的繁荣与发展服务。主要栏目有：马克思主义、哲学人文、政治法律、经济管理、政府公共管理、国际问题研究、历史人物、法律伦理。主要读者对象为国家各级公务员、政策研究人员，党校和行政院校教研人员，高等院校、社会科学研究机构的教研人员，各界理论爱好者。

社会 = Chinese Journal of Sociology／上海大学．－上海：《社会》编辑部，1981 －
双月刊　　　　　　　　　大 32 开
ISSN 1004 － 8804　　　　CN 31 － 1123　　　4 － 364
上海市上大路 99 号 32 信箱 （200444）
编辑部电话：021 － 66135633
E-mail：society1981@163. com

　　社会学专业期刊。以深入反映中国社会经济发展变化、与世界社会学学科的前沿紧密地互动、为推动中国社会学研究的发展做贡献为办刊宗旨；注重发表具有深刻认识和分析、且有一定原创性的理论文章；主要刊登国内外社会学及相关领域最新的研究论文、评论、书评、学术讲演、会议综述、新书推介等。主要栏目有：社会点击、主题报告、社会阅览、社会实证、理论天地、城乡发展、社区建设、社会工作、学科建设、婚恋家庭、海外传真、综合治理、网络世界、新视点、史话通鉴、生涯物语、田野研究、学苑之窗等。有英文目次、中英文摘要。

社会科学 = Journal of Social Sciences／上海社会科学院．－上海：《社会科学》编辑部，1979 －
月刊　　　　　　　　　　大 16 开
ISSN 0257 － 5833　　　　CN 31 － 1112　　　4 － 273
上海市淮海中路 622 弄 7 号 337 室 （200020）
编辑部电话：021 － 53062234
E-mail：shkx@ sass. org. cn

　　人文社会科学综合性学术刊物。办刊宗旨：以"实、新、活、广、深、快"为特色，立足上海，面向国内外，致力于探讨新问题，发表新观点，鼓励学术争鸣，扶植理论新秀，倡导新兴学派。同时开展比较研究，促进中西方文化交流。主要栏目有：社会主义理论、政党政治、经济就业、法律研究、哲学研究、文艺文化研究、历史地理研究以及国家综合配套改革试验专题。主要读者对象为党政机关、国内外各单位专家学者，社会科学研究工作者和大专院校师生及社会科学爱好者。

社会科学辑刊 = Social Science Journal/辽宁省社会科学院 . – 沈阳：《社会科学辑刊》编辑部，1979 –

双月刊　　　　　　　　大 16 开
ISSN 1001 – 6198　　　CN 21 – 1012　　　8 – 105
辽宁省沈阳市皇姑区泰山路 86 号（110031）
编辑部电话：024 – 86120485
E-mail：jikan08@ 163. com

　　人文社会科学综合性学术刊物。办刊宗旨：坚持改革开放的方针，繁荣社会科学事业，活跃学术气氛，为社会科学研究者发表研究成果，为学术界百家争鸣提供园地，推动社会科学的进步与发展。侧重刊载哲学、社会学、经济学、历史学、文学、法学等学科的研究成果。主要栏目有：学术论坛、民国中期社会保障的发展与困境、美学与现代艺术观念、经济理论前沿及热点、生态政治的再审视、辽海书镜、早期中外交往与文明交流、生态危机的文化检讨、美学研究的身体视野、汉学家与文学经典、法社会学问题研究、城市生态构建研究、陪审制度的司法价值等。读者对象为人文社会科学研究人员、大专院校师生、部分机关干部和社会人士。有英文目次和中文文摘。

社会科学家 = Social Scientist/桂林市社会科学界联合会，《社会科学家》编辑委员会 . – 桂林：社会科学家杂志社，1986 –

月刊　　　　　　　　　大 16 开
ISSN 1002 – 3240　　　CN 45 – 1008　　　48 – 48
广西桂林市西山路 6 号（541001）
编辑部电话：0773 – 2898540
E-mail：glkxj@ 163. com；glkxj@ sina. com

　　人文社会科学综合性学术刊物。办刊方针是：保持和弘扬人文理性，提倡学术创新，打破时空地域，扶植新人新作。主要发表人文社会科学领域及新兴学科的重要研究成果；同时，为适应 21 世纪的新要求，刊物还突出报道旅游、经济、管理、政法方面的研究成果，对有一定成就的专家学者、商界赢家、政界要员进行的访谈录，以增强可读性和实用性。主要栏目有：博导新论、法学与法制建设、管理学与企业发展、教育新探索、经济新视野、历史纵横 、旅游

理论与实践、名家语丝、文艺论丛、语言与文化、哲学与当今世界、政治文明
与构建和谐社会等。读者对象为旅游界、商界人士，社会科学界、高等院校的
中青年学人，社科联及其学术团体、各级党校、党政机关的管理者、理论研究
者和其他社会科学爱好者。

社会科学研究 = Social Science Research/四川省社会科学院 . – 成都：社会科学研
究杂志社，1979 –

双月刊   大 16 开
ISSN 1000 – 4769   CN 51 – 1037   62 – 13/C
四川省成都市一环路西一段 155 号 （610071）
编辑部电话：028 – 87013623
E-mail：shyjjcxk@ 126. com

　　人文社会科学综合性学术刊物。办刊宗旨：立足四川，面向全国，走理论联
系实际、学术结合时代之路，以学术性、思想性、综合性为特点，提倡各种不同
学术理论观点的争鸣，大胆探索建设有中国特色社会主义的理论问题和实践问题。
载文内容涉及哲学、经济学、科学社会主义、政治学、社会学、法学、文学、历
史学等学科。主要栏目有：专题研讨、社会科学研究、人文研究、学术观察。读
者对象为广大社会科学工作者、高校文科师生。

社会科学战线 = Social Science Front/吉林省社会科学院 . – 长春：社会科学战线杂
志社，1978 –

月刊   大 16 开
ISSN 0257 – 0246   CN 22 – 1002   12 – 28
吉林省长春市自由大路 5399 号 （130033）
编辑部电话：0431 – 84638362
E-mail：8zxbj@ 163. com

　　人文社会科学综合性学术刊物。办刊宗旨：以推动学术发展和促进社会进步
为目标，坚持正确的办刊方向，追求学术品位，关注时代问题，突出理论深度。
内容涵盖哲学、经济学、历史学、文学、政治学、法学、社会学、教育学、管理
学等学科。特色栏目有：中国改革三十年、新政治经济学、新国学研究、清史纂
修研究、区域历史与文化、满族说部、国外社会科学等。读者对象为高校教师和
社会科学研究机构的专业人员，在校大学生、研究生，机关事业单位的干部群众

以及对人文社会科学有浓厚兴趣的其他社会人士。

社会学研究 = Sociological Studies／中国社会科学院社会学研究所．－北京：《社会学研究》编辑部，1986 －

双月刊　　　　　　　16 开

ISSN 1002 – 5936　　　CN 11 – 1100　　　82 – 499

北京市建国门内大街 5 号（100732）

编辑部电话：010 – 85195564

E-mail：sbjb@ cass. org. cn

　　社会学理论刊物。前身分别是《社会学通讯》（1981～1984 年）和《社会调查与研究》（1985 年）。是集社会学理论、方法论和经验研究为一体的专业读物。以加强社会学的学术建设，提高经验研究与理论研究以及与相关学科之间的对话能力，促进国内外社会学家相互间的学术沟通和交流为宗旨。注重探讨社会发展中各方面的相互关系及其变化规律和重大理论问题，以及社会结构、社会变迁和其他社会问题。刊载内容翔实、科学的社会调查和社会学论文。栏目设置有：论文、研究述评、学术信息、学术动态等。读者对象为社会学理论工作者。有英文目次和英文提要。

社会主义研究 = Socialism Studies／华中师范大学．－武汉：《社会主义研究》编辑部，1978 －

双月刊　　　　　　　大 16 开

ISSN 1001 – 4527　　　CN 42 – 1093　　　38 – 158

湖北省武汉市华中师范大学国际文化交流园区 2 号楼（430079）

编辑部电话：027 – 67866505

E-mail：whtm@ vip. 163. com

　　政治学类专业学术刊物。曾用名《科社研究》，1985 年更改为现刊名。办刊宗旨：努力反映科学社会主义研究动态，介绍新成果和新资料，为科学社会主义教学与科研服务，为建设有中国特色的社会主义服务。重点探讨社会主义现代化建设中的重大理论和现实问题，同时涉及社会主义思想史、国外社会主义、政治学、社会学、经济学、法学等多方面内容。主要栏目有：科学社会主义理论与实践、社会主义思想史、国外社会主义、科学社会主义原理讲座、问题解答、争鸣与探讨、政治社会问题研究、专题探讨等。读者对象为科学社会主义研究人员、政治理论工作者、党政机关工作人员。

深圳大学学报. 人文社会科学版 = Journal of Shenzhen University. Humanities & Social Sciences/深圳大学. – 深圳：《深圳大学学报》编辑部，1984 –

双月刊　　　　　　　　大 16 开
ISSN 1000 – 260X　　　　CN 44 – 1030　　　　46 – 140
广东省深圳市深圳大学办公楼 521 室（518060）
编辑部电话：0755 – 26534976
E-mail：sdxb@ szu. edu. cn

人文社会科学综合性学术刊物。办刊宗旨：坚持正确的舆论导向，鼓励探索人文社会科学研究领域的学术前沿问题，为建设和繁荣有中国特色社会主义文化服务。辟有政治学研究、哲学研究、艺术研究、学术信息、文学·语言学研究、文明对话与文化比较、文化学研究、体育学研究、特区研究、特稿、深大学人、历史学研究、法学研究、当代儒学研究等栏目。读者对象为高校文科专业学生及社会科学工作者。有英文目次和中英文文摘。

沈阳师范大学学报. 社会科学版 = Journal of Shenyang Normal University. Social Science Edition/沈阳师范大学. – 沈阳：《沈阳师范大学学报》编辑部，1977 –

双月刊　　　　　　　　大 16 开
ISSN 1674 – 5450　　　　CN 21 – 1568　　　　8 – 151
辽宁省沈阳市皇姑区黄河北大街 253 号（110034）
编辑部电话：024 – 86592529
E-mail：ssxbskb1977@ 163. com

人文社会科学综合性学术刊物。原名《沈阳师范学院学报. 社会科学版》。办刊宗旨为贯彻党的基本路线，贯彻"双百"方针，坚持"二为"方向，积极反映学校科研和教学成果，为社会主义精神文明和物质文明服务。同时注重对社会主义现代化建设中重大理论问题的研究和讨论，刊登文、史、哲、经、法、教等学科的学术论文。栏目辟有：哲学研究、历史学研究、管理学研究、经济学研究、社会学研究、法学研究、文学研究、语言学研究、教育学研究、心理学研究、图书馆学研究等。读者对象为大、中专院校文科教师和研究生及有关理论工作者。

沈阳体育学院学报 = Journal of Shenyang Sport University/沈阳体育学院 . – 沈阳：
《沈阳体育学院学报》编辑部，1982 –
双月刊　　　　　　　　大 16 开
ISSN 1004 – 0560　　　CN 21 – 1081/G
辽宁省沈阳市苏家屯区金钱松东路 36 号（110102）
编辑部电话：024 – 89166377
E-mail：stxb@ syty. edu. cn，sytyxb@ 163. com

　　体育类学术期刊。其宗旨是以沈阳体育学院的学术研究及成果为支撑，以体育科学的基础理论和应用技术的研究为主，突出反映冬季项目等具有地域特色的学术成就，鼓励对新学科领域的开拓，力求全面和深入地反映学院的教学、科研训练水平，使其成为展示学院学术成果、提升学院学术地位和进行国内外学术交流的重要载体和窗口。主要栏目有：冰雪运动、体育人文社会科学、运动人体科学、运动心理学、体育教学、运动训练、民族传统体育学等。主要读者对象为体育训练、科研、管理工作者和体育院校师生。有中英文目次和摘要。

审计研究 = Auditing Research/中国审计学会 . – 北京： 《审计研究》编辑部，
1984 –
双月刊　　　　　　　　大 16 开
ISSN 1002 – 4239　　　CN 11 – 1024　　　80 – 269
北京市海淀区中关村南大街 4 号（100086）
编辑部电话：010 – 82199816
E-mail：sjyz@ chinajournal. net. cn

　　审计研究学术刊物。以推动中国的审计理论与实务研究为己任，坚持理论联系实际的办刊方针和为审计事业发展服务的办刊宗旨，在积极探索审计理论的同时，大力倡导审计应用理论研究，密切关注审计实践中的重点、难点、热点问题，系统反映、介绍国内外审计理论与实务及相关学科研究的最新成果及发展趋势。该刊既是审计理论研究人员探讨审计理论、进行学术交流的平台，也是审计工作者提高审计理论素养、开拓实务工作和进行理论研究的参考读物。

生态经济 = Ecological Economy/云南教育出版社有限责任公司 . – 昆明：生态经济杂志社，1985 –

月刊　　　　　　　大 16 开
ISSN 1671 – 4407　　　　CN 53 – 1193　　　64 – 54
云南省昆明市环城西路 609 号云南新闻出版大楼 4 楼（650034）
编辑部电话：0871 – 64138386
E-mail：econtp@ 163. net

　　生态经济专业学术刊物。重点报道全球生态领域的重要事件和研究有关人类生存、生态环境、绿色经济等热点问题，为读者提供国内外生态经济研究的最新动态和科研成果，为企业特别是能源企业的可持续发展建言献策。主要栏目有：环球视点、生态警示录、特别关注、前沿论坛、绿色经济、产业观察、生态环境、天地人文、家园故事、绿色设计、生态万象。读者对象为关注生态经济走势的各级领导和专家，开发生态资源、创造生态财富的企业家，关心生态环境、营造生态家园的广大群众。

史林 = Historical Review/上海社会科学院历史研究所 . – 上海：《史林》编辑部，1986 –

双月刊　　　　　　　大 16 开
ISSN 1007 – 1873　　　　CN 31 – 1105
上海市中山西路 1610 号 826 室（200235）
编辑部电话：021 – 64862266 – 28261
E-mail：shilin33@ sass. org. cn

　　历史研究学术性刊物。以推动历史学研究，提高历史专业的学术水平为宗旨。刊登史学研究的最新成果，既重视名家论文，也积极刊载青年才俊佳作。主要栏目有：书评·综述、世界史研究、近代史研究、中国古代史研究、城市史研究、书讯、史学理论与研究等。其中"中国古代史研究"侧重明清江南区域史研究，"城市史研究"侧重上海城市发展史研究。读者对象为史学研究工作者、党政机关工作人员、高等院校师生等。有英文目次和中英文提要。

史学集刊 = Collected Paper of History Studies/吉林大学 . – 长春：《史学集刊》编辑部，1956 –

双月刊　　　　　　　大 16 开

ISSN 0599 – 8095   CN 22 – 1064   12 – 103
吉林省长春市前进大街 2699 号（130012）
编辑部电话：0431 – 85166107
E-mail：sxjk@ jlu. edu. cn

文史类专业学术期刊。秉承"传承学术薪火、弘扬历史文化"的办刊宗旨，坚持"实事求是、探索创新"的办刊理念；坚守中国史与世界史并重，古代史与近现代史并重，基础理论研究与热点问题研究并重，突出跨学科研究、突出新思想探索的办刊方向。主要刊载历史科学类的学术论文。现主要设有中国史研究、世界史研究、长篇专论、史学理论与史学史、外稿特译、跨学科研究、区域史研究、国际关系研究、博士论坛、学术争鸣、国内外著作评介等栏目。读者对象为国内外专业史学工作者、史学业余爱好者。

史学理论研究 = Historiography Quarterly/中国社会科学院世界历史研究所 . – 北京：《史学理论研究》编辑部，1992 –

季刊   16 开
ISSN 1004 – 0013   CN 11 – 2934   82 – 697
北京市东城区王府井大街东厂胡同 1 号（100006）
编辑部电话：010 – 65275931
E-mail：sxlls – sjlss@ cass. org. cn

史学理论学术刊物。其前身是《史学理论》（1987 ~ 1989 年）以提倡学术民主，鼓励不同的学术观点展开争鸣，繁荣和推动历史学的健康发展为办刊宗旨。关注现实问题，努力做到理论与实践、历史与现实的统一。在加强历史学基础理论研究的同时，重视从历史学的角度，对当代社会发展中提出的重大理论问题进行研究。辟有理论沙龙、综述、专访、书评、书讯、海外专稿、学术通信、读书笔记、史坛信息等栏目。读者对象为从事历史研究的专家、学者、大专院校师生和史学爱好者。提要和目录在美国的《历史文摘》和《美国：历史和生活》杂志刊载。有英文目次和重要论文中英文摘要。

史学史研究 = Journal of Historiography/北京师范大学 . – 北京：《史学史研究》编辑部，1961 –

季刊   大 16 开
ISSN 1002 – 5332   CN 11 – 1667

北京市西城区新街口外大街 19 号（100875）

编辑部电话：010 - 62208084

E-mail：shixueshi@ 126. com

　　历史学学术刊物。原名《史学史资料》，1979 年改为现刊名。办刊宗旨：以马克思主义为指针，提倡实事求是的科学精神和严谨扎实的治学态度，努力为推进中国的史学史学科建设与发展做出贡献。主要报道历史理论、历史教育、历史文献学、历史编纂学等方面的最新动态及研究成果。栏目设置有：中国少数民族史学、中国近现代史学、中国古代史学、史学精粹、外国史学、史林偶拾、历史文献学、历史理论等。读者对象为历史工作者、大专院校历史系师生、中学历史教师和史学爱好者等。有英文目次和中英文摘要。

史学月刊 = Journal of Historical Science/河南大学，河南省历史学会 . - 开封：《史学月刊》编辑部，1951 -

月刊　　　　　　　　大 16 开

ISSN 0583 - 0214　　　CN 41 - 1016　　　36 - 6

河南省开封市明伦街河南大学东一斋（475001）

编辑部电话：0378 - 2869623

E-mail：sxyk@ henu. edu. cn

　　史学专业刊物。原名《新史学通讯》。办刊特色：重视理论创新和新的历史研究方式与手段的运用，注意开拓历史研究新视阈。主要刊登研究性评论文章、史学评论理论与方法的研究论文，以及有关城市史、乡村史、环境史、家庭史、性别史、族裔史等方面的研究论文。栏目辟有：史学理论与史学史、读史札记、学术综述、医学社会史、口述史、社会史研究、专题研究等。读者对象为历史工作者、大专院校师生、中学历史教师和史学爱好者等。有英文目次和中英文摘要。

世界汉语教学 = Chinese Teaching in the World/北京语言大学 . - 北京：北京语言大学对外汉语研究中心《世界汉语教学》编辑部，1987 -

季刊　　　　　　　　16 开

ISSN 1002 - 5804　　　CN 11 - 1473　　　82 - 317

北京市海淀区学院路 15 号（100083）

编辑部电话：010 - 82303689

E-mail：sjhyjx@ blcu. edu. cn

　　语言学类专业学术刊物。办刊宗旨：及时反映世界范围内汉语教学领域的最新理论研究成果，交流世界各地的汉语教学实践经验，提供新的信息，促进汉语教学的理论研究，推动教学实践的开展。以发表立意新颖、内容充实的学术论文为主，兼及学术评论与学术动态报道。主要栏目有：汉语研究、汉语教学研究、汉语学习研究、各地教学研究、学术评论等。读者对象为语言学和汉语研究者、汉语教师、语言学专业研究生、汉语文学专业本科生等。所发表论文中除中文论文外，还适当发表英文论文。有英文目次和中文摘要。

世界经济 = The Journal of World Economy/中国世界经济学会，中国社会科学院世界经济与政治研究所．－北京：世界经济杂志社，1978 －
月刊　　　　　　　　大 16 开
ISSN 1002 － 9621　　　CN 11 － 1138　　　82 － 896
北京市建国门内大街 5 号（100732）
编辑部电话：010 － 85195790
E-mail：jwe@ cass. org. cn

　　经济学类学术刊物。以坚持"理论性、战略性、综合性和现实性"为办刊宗旨。侧重世界经济相关领域的理论研究，如世界经济学、国际贸易、国际金融、开放条件下的宏观经济学、国际政治经济学、转轨经济学、发展经济学、中国对外开放、区域和国别经济等。同时刊登研究中国经济体制改革、经济学基础理论、经济思想史、经济史、管理经济学等方面的论文。主要栏目有：宏观经济学、国际经济学、城市经济学、微观经济、公共经济学、教育经济学、能源经济学、健康经济学等。读者对象为各级政府经济管理部门干部、经济理论研究机构人员、大专院校师生等。有英文目次和中文提要。

世界经济研究 = World Economy Study/上海市社会科学院世界经济研究所．－上海：《世界经济研究》编辑部，1985 －
月刊　　　　　　　　大 16 开
ISSN 1007 － 6964　　　CN 31 － 1048　　　4 － 544
上海市淮海中路 622 弄 7 号 472 室（200020）
编辑部电话：021 － 63845104
E-mail：wes@ sass. org. cn

　　经济类专业学术期刊。秉承"学术性、思想性、战略性"的办刊方针，以研究世界经济领域重大问题与现实问题为基本定位。侧重刊登运用世界经济基础理论和规范方法，对中国经济改革和当代世界经济重大现实问题进行深层次理论与战略分析的研究成果，同时刊登介绍世界各国发展经验和发展模式的学术性文章。辟有全球化与国际格局、区域与国别经济、能源利用与环境保护、跨国公司与国际投资、开放战略探索、国际贸易、国际金融、港澳台经济等专栏。读者对象为经济研究人员、大专院校师生、经济工作者、政府有关部门及社会人士。有中英文目次和内容摘要。

世界经济与政治 = World Economics and Politics/中国社会科学院世界经济与政治研究所 . – 北京：《世界经济与政治》编辑部，1979 –
月刊　　　　　　　　大 16 开
ISSN 1006 – 9550　　　CN 11 – 1343　　　82 – 871
北京市建国门内大街 5 号 （100732）
编辑部电话：010 – 85195784
E-mail：sjzbjb@ cass. org. cn

　　世界经济、国际政治类学术期刊。以"理论性、战略性、综合性和现实性"为办刊方针，以国际关系理论研究为主旨。注重理论与实践的结合，国内问题与国际问题的结合；关注国际政治经济学的研究；注重理论创新，紧扣时代热点和学科前沿问题。主要刊登在国际政治领域中具有开创性的科研成果，特别是从多学科、跨学科角度探讨全球整体性的变化与特点以及国际关系一般理论和方法的文章。专栏设有专论、世界政治、国际政治经济学、国际关系理论、战略观察、学术随笔等。读者对象为各级政府经济管理部门干部、经济理论研究机构人员、大专院校师生及关注世界经济问题的各界人士。有英文目次和重要论文的英文提要。

世界经济与政治论坛 = Forum of World Economics & Politics/江苏省社会科学院世界经济研究所 . – 南京：《世界经济与政治论坛》编辑部，1980 –
双月刊　　　　　　　　大 16 开
ISSN 1007 – 1369　　　CN 32 – 1544　　　28 – 254
江苏省南京市虎踞北路 12 号 （210013）
编辑部电话：025 – 83391504
E-mail：fowep@ 126. com

　　世界经济、国际政治类学术期刊。曾用刊名《国外社会科学情况》（1997）。办刊宗旨：以世界经济和国际政治为主，反映世界经济和国际政治领域的最新研究成果，追踪国际热点问题，为正确判断国际经济与政治局势提供理论依据、方法和思路。主要刊登世界经济与政治领域中的重大理论和现实问题的研究成果，特别是有关国际战略问题方面的研究成果。及时刊登对世界重大经济与政治事件、动向和热点问题的追踪研究与评述的文章。读者对象为科研工作者、高校师生等。有英文目次和内容摘要。

世界历史 = World History/中国社会科学院世界历史研究所 . – 北京：《世界历史》编辑部，1978 –
双月刊　　　　　　　　大 16 开
ISSN 1002 – 011X　　　　CN 11 – 1046　　　　82 – 696
北京市东城区王府井大街东厂胡同 1 号 （100006）
编辑部电话：010 – 65275907
E-mail：sjls@ yahoo. com. cn

　　世界史研究专业杂志。主要登载代表本学科国内最高学术水平的专业学术论文，反映本学科国内外最新研究动态，提倡用历史学研究解释和回答当代人类普遍关注的重大现实问题，为中国的现代化事业服务，注重扶植和培养青年学者。辟有中世纪宗教史研究、研究综述、史学理论与方法论、争鸣、书评、学术报道、书讯等栏目。适合高校历史系、国际政治系、世界经济与政治系师生、国际问题研究人员、外事工作人员、中学历史教师以及其他世界历史研究者和爱好者阅读。有英文目次及部分文章的英文提要。

世界民族 = World Ethno-National Studies/中国社会科学院民族学与人类学研究所 . – 北京：世界民族杂志社，1995 –
双月刊　　　　　　　　大 16 开
ISSN 1006 – 8287　　　　CN 11 – 3673　　　　82 – 793
北京市海淀区中关村南大街 27 号 （100081）
编辑部电话：010 – 68932802
E-mail：shjmzbjb@ cass. org. cn

　　民族学与人类学专业学术期刊。以多视角探索人类社会民族过程的自身发展规律及其与社会进程发展规律之间的互动关系，提高人们对民族现象、民族问题及其长期性、复杂性和重要性的科学认识为宗旨。选登具有较高学术价值和借鉴意义的、研究国外民族与民族关系及民族政策的论文。内容主要包括：理论与个案研究、民族学与人类学视野、国际移民论坛、社会与文化广角、思想与著述评介等。有英文目次和中英文提要。

世界哲学 = World Philosophy/中国社会科学院哲学研究所 . –北京：《世界哲学》编辑部，1956 –

双月刊　　　　　　　　大 16 开
ISSN 1671 – 4318　　　CN 11 – 4748　　2 – 202
北京市建国门内大街 5 号 （100732）
编辑部电话：010 – 85195528
E-mail：wpcass@ sohu. com

　　哲学类学术刊物。曾用刊名《哲学译丛》。主要登载关于国外马克思主义哲学、国外各主要哲学流派、思潮、理论和哲学家的研究论文和相关译文，其学科领域涵盖形而上学、认识论、逻辑学、伦理学、美学、政治哲学、宗教哲学、法哲学、科学哲学、哲学史等各哲学分支。所刊内容注重学术性、现实性与文献性。主要栏目有：专文、中世纪哲学、道德与政治哲学、科学技术哲学、语言哲学、美学研究、现象学研究、伦理学研究、认识论研究、哲学教育、哲学访谈、青年哲学家论坛等。读者对象为广大哲学爱好者、从事哲学研究的研究人员、大专院校师生。有英文目录和文摘。

世界宗教研究 = Studies in World Religions/中国社会科学院世界宗教研究所 . –北京：《世界宗教研究》编辑部，1980 –

季刊　　　　　　　　16 开
ISSN 1000 – 4289　　　CN 11 – 1299　　82 – 266
北京市建国门内大街 5 号 （100732）
编辑部电话：010 – 85198393
E-mail：sjzjwh@ sina. com

　　宗教研究专业刊物。办刊宗旨：介绍各种宗教文化知识，评析各种宗教大事和热点，探讨宗教理论教义的发展，服务国家、服务社会、服务人生。发表关于道教、儒教、基督教、伊斯兰教等宗教方面的研究论文，所发论文注重学术性、理论性、科学性。主要栏目有：佛教研究、伊斯兰教研究、基督教研究、马克思主义宗教观、道教与民间信仰研究、中国少数民族宗教研究、宗教理论研究等。读者对象为宗教研究人员、宗教界人士。

首都经济贸易大学学报 = Journal of Capital University of Economics and Business/首都经济贸易大学 . – 北京：首都经济贸易大学杂志总社，《首都经济贸易大学学报》编辑部，1999 –

双月刊　　　　　　　　16 开

ISSN 1008 – 2700　　　CN 11 – 4579　　82 – 952

北京市朝阳区门外红庙首都经济贸易大学内（100026）

编辑部电话：010 – 65976610

E-mail：journal@ cueb. edu. cn

　　以经济管理研究为主的综合性学术期刊。坚持开放性、包容性的办刊理念，立足本校的学科优势，选题突出学术性和创新性，注重前瞻性与现实性相统一，研究方法注重规范分析与实证分析相结合。坚持"三高一大一性"（高质量、高品位、高层次，大篇幅，学术性）的办刊特色。主要栏目有：理论综述、金融保险、宏观经济、金融经济、财政税收、工商管理、劳动经济、区域经济、贸易经济、经济史、理论述评、专题探讨等。读者对象为政府经济部门干部、经贸科研工作者、企业管理人员、大中专师生、人力资源管理者、经贸研究爱好者。有英文目次、中文提要。

首都师范大学学报. 社会科学版 = Journal of Capital Normal University. Social Sciences Edition/首都师范大学 . – 北京：《首都师范大学学报. 社会科学版》编辑部，1973 –

双月刊　　　　　　　　大 16 开

ISSN 1004 – 9142　　　CN 11 – 3188　　2 – 309

北京市海淀区西三环北路 105 号（100037）

编辑部电话：010 – 68902451

E-mail：jcnu@ 263. net

　　人文社会科学综合性学术刊物。曾用名《北京师范学院学报》。办刊宗旨为坚持四项基本原则，坚持理论联系实际，开展学术讨论，推动本校社会科学的教学和研究工作，促进学术交流，发现和培养人才，促进中青年学术骨干的成长。主要栏目有：史学理论研究、中国近现代思想文化史研究、古史考辨、文博考古研究、世界历史研究、公民伦理研究、法学研究、教育研究、学术争鸣、博士论坛、语言文字研究、中国诗学研究、心理研究、专题研究等。读者对象为社会科学工作者、社会科学研究爱好者以及文科院校师生。

数理统计与管理 = Application of Statistics and Management/中国现场统计研究会. –
北京：《数理统计与管理》编辑部，数理统计与管理杂志社，1982 –
双月刊　　　　　　　16 开
ISSN 1002 – 1566　　　CN 11 – 2242　　　82 – 69
北京市海淀区中关村东路 55 号中国科学院应用数学所内（100190）
编辑部电话：010 – 62751863
E-mail：sltj@ amt. ac. cn

　　统计学学术刊物。以推进数理统计与管理方法的研究与应用，更好地为中国社会主义建设事业服务为办刊宗旨，坚持面向基层、面向应用、侧重方法、注重效果的办刊方针，使刊物发挥传递成果信息、交流使用方法、服务生产和研究的重要作用。主要刊登数理统计与管理科学的研究成果，并兼顾介绍统计学科的其他科学方法知识及其应用。设有统计应用研究、方法的探讨与研究、统计学院、经济因素分析数据化管理、股市与投资探讨、生物医学统计等栏目。读者对象主要为与统计和管理有关的实际工作者、科技人员、经济工作者。

数量经济技术经济研究 = The Journal of Quantitative and Technical Economics/中国社会科学院数量经济与技术经济研究所. – 北京：《数量经济技术经济研究》编辑部，1984 –
月刊　　　　　　　16 开
ISSN 1000 – 3984　　　CN 11 – 1087　　　2 – 745
北京市建国门内大街 5 号（100732）
编辑部电话：010 – 85195717
E-mail：bjb – iqte@ cass. org. cn

　　数量经济技术经济专业学术刊物。努力反映中国数量经济学、技术经济学的最新发展方向，推介两个学科的前沿性研究成果。主要针对改革开放中的焦点问题及时反映数量经济和技术经济两个学科的最新研究成果；交流新理论、新方法和新经验。探索国内外该学科的发展趋势和动向，反映其运用于中国经济发展实践的研究成果。常设栏目有：现实经济问题研究、理论与方法研究、应用研究等。

读者对象为经济理论界研究人员、政府决策人士、高等院校师生和企业管理人员。有英文目次和中文提要。

税务研究 = Taxation Research/中国税务杂志社 . – 北京：税务研究杂志社《税务研究》编辑部，1985 –
月刊　　　　　　　　　大 16 开
ISSN 1003 – 448X　　　CN 11 – 1011　　　80 – 292
北京市西城区枣林前街 68 号（100053）
编辑部电话：010 – 63569126
E-mail：swyj@ctax.org.cn

　　财政类学术期刊。作为中国税务学会会刊，以坚持正确的政治方向，及时反映税收研究最高理论水平，注重发挥税收理论研究领域的阵地作用为办刊宗旨。重点刊登当代中国税收理论研究领域品位高、理论性学术性强、质量好、具有权威性的文章，并注意发挥其群众性学术交流园地的作用，推动群众性税收理论研究的发展，发现、培养、扶植税收理论研究的新生力量。主要栏目有：论坛、税制改革、税法理论与实务、调查研究、税收征管、工作探索、外国税收与借鉴、论文摘萃、学术动态等。读者对象为从事财税研究的理论工作者、财经院校师生及税务工作者。有英文目次和中文内容提要。

思想战线 = Thinking/云南大学 . – 昆明：《思想战线》编辑部，1975 –
双月刊　　　　　　　　大 16 开
ISSN 1001 – 778X　　　CN 53 – 1002　　　64 – 3
云南省昆明市翠湖北路 2 号（650091）
编辑部电话：0871 – 5031473
E-mail：sxzx@ynu.edu.cn

　　人文社会科学综合性学术刊物。办刊宗旨：追踪学科前沿，突出边疆民族特色，推动学术创新。注重学科前沿热点及现实理论问题和民族地区研究。除刊登民族学、民族历史学、民族文化学、民族问题研究等方面的文章外，还突出云南省的区位优势，发表有关周边国家研究、政治学、社会学、文艺学、美学、旅游学以及生态文化学、医学人类学、影视文化学等新兴学科、边缘交叉学科的研究论文。主要栏目有：特稿、社会学、人文社会科学发展论坛、文化遗产研究、旅游产业问题、西南研究、学术要览、学术史论、人类学与民族学、文化研究、制度创新论、经济史研究、旅游研究等。

思想政治教育研究 = Ideological and Political Education Research/哈尔滨理工大学 . – 哈尔滨:《思想政治教育研究》编辑部, 1985 –

双月刊　　　　　　　　大 16 开
ISSN 1672 – 9749　　　　CN 23 – 1076　　　14 – 85
黑龙江省哈尔滨市南岗区学府路 52 号 （150080）
编辑部电话: 0451 – 86390039
E-mail: szhjy1985@ 163. com

　　高校思想政治教育类学术期刊，黑龙江省高校思想政治教育研究会会刊。期刊以马列主义、毛泽东思想、邓小平理论、"三个代表"重要思想和科学发展观为指导，以高校思想政治教育工作为主要研究对象，探索思想政治教育的特点和规律，研究新形势下思想政治工作及德育工作的热点、难点问题，指导工作，总结经验，沟通信息，为培养社会主义建设事业的创新型人才服务。栏目设置有：本刊专稿、书记论坛、博导论坛、博士园地、理论探讨、党建工作、思想政治理论课教学、思想政治工作、德育研究、辅导员队伍建设、工作研究、军队院校、心理健康教育等。读者对象为高校师生、政治理论研究人员、科研管理人员等。有英文目次。

四川大学学报. 哲学社会科学版 = Journal of Sichuan University. Philosophy and Social Sciences Edition/四川大学 . – 成都:《四川大学学报. 哲学社会科学版》编辑部, 1955 –

双月刊　　　　　　　　大 16 开
ISSN 1006 – 0766　　　　CN 51 – 1099　　　62 – 6
四川省成都市望江路 29 东风 6 栋 106 室 （610064）
编辑部电话: 028 – 85412440
E-mail: cdxbzhexue@ 163. com

　　人文社会科学综合性学术刊物。曾用刊名《四川联合大学学报. 哲学社会科学版》。办刊宗旨为在突出本校特色的前提下，面向社会、面向西部，在强调刊物的学术性、理论性及独创性的基础上，将科学、严谨与开放、创新有机地结合在一起，努力办出自己的风格和趣味。主要刊载语言文学、史学、哲学、管理学、经济学、政治学、法律、宗教学等学科的科研成果。栏目设置有：法学研究、国际问题研究、哲学研究、宗教文化研究、政治学研究、历史学研究、文艺理论研究、外国文学研究、政府管理研究、经济与管理学研究、博士生论坛、书评等。

四川师范大学学报. 社会科学版 = Journal of Sichuan Normal University. Social Sciences Edition/四川师范大学. – 成都：《四川师范大学学报. 社会科学版》编辑部，1974 –

双月刊　　　　　　　大 16 开
ISSN 1000 – 5315　　　CN 51 – 1063　　62 – 83
四川省成都市锦江区静安路 5 号（610066）
编辑部电话：028 – 84760703
E-mail：wkxb@ vip. sina. com

人文社会科学综合性学术刊物。办刊宗旨：坚持人文社会科学研究的正确方向和严谨求实的优良学风，努力繁荣社会主义科学与文化。以发表高校教学科研人员学术成果为主，兼顾巴蜀历史及中学文科教学的研究。主要刊载哲学、政治学、法学、经济学、文学、语言学、历史学、教育学等学科的学术论文，力求有创见、有新意、有深度。主要栏目有：当代中国研究、教育学、文化学、中国文学、外国文学、汉语新词新语研究、历史学研究、经济与管理、教育学、法学等。读者对象为大专院校师生、中学教师。

苏州大学学报. 哲学社会科学版 = Journal of Suzhou University. Philosophy & Social Sciences Edition/苏州大学. – 南京：《苏州大学学报》编辑部，1906 –

双月刊　　　　　　　大 16 开
ISSN 1001 – 4403　　　CN 32 – 1033　　28 – 50
江苏省苏州市干将东路 200 号（215021）
编辑部电话：0512 – 67258839
E-mail：rwsk@ suda. edu. cn

人文社会科学综合性学术刊物。坚持正确的舆论导向，贯彻"双百"方针，追踪理论前沿和学术热点，刊发有理论深度的学术性文章，既反映学校教学科研工作，也反映国内哲学社会科学研究成果。主要刊登哲学、政治学、文学、史学、语言学、法学、社会学、心理学、经济学、管理学、高等教育等人文社会科学方面的学术论文、研究成果、综述等文章。辟有邓小平理论研究、哲学问题研究、法学问题研究、中国发展现实问题研究、明清近代诗文研究、吴文化研究等栏目。

读者对象为高等院校文科师生和广大哲学社会科学工作者。

台湾研究 = Taiwan Studies/中国社会科学院台湾研究所 . – 北京:《台湾研究》编辑部,2004 –

双月刊   大 16 开
ISSN 1006 – 6683   CN 11 – 1728
北京市海淀区中关村东路 21 号 (100083)
编辑部电话:010 – 82864912
E-mail:twyis@ sina. com. cn

　　台湾研究的综合性学术刊物。办刊宗旨:促进海峡两岸和国内外的学术交流与合作,加深对台湾的了解。主要刊登有关台湾政治、经济、法律、历史、宗教、社会、教育、文学、艺术以及有关两岸关系、祖国统一等问题的学术论文,兼载台湾人物介绍、书刊评价及其他重要研究资料。主要栏目有:政治、两岸经贸、两岸关系、对外关系、文化、文化教育、经济、社会文化、历史等。读者对象为台湾问题研究人员、台湾事务工作者。有英文目次和中文摘要。

太平洋学报 = Pacific Journal/中国太平洋学会 . – 北京:太平洋学报杂志社,1994 –

月刊   16 开
ISSN 1004 – 8049   CN 11 – 3152   82 – 873
北京市海淀区大慧寺 8 号 (100081)
编辑部电话:010 – 68575728
E-mail:taipingyangxuebao@ 163. com

　　以国际问题研究为主的学术刊物。致力于理论创新,实践学术自由和平等。载文以国际关系理论和国际问题为主,内容涉及太平洋区域的国际关系以及本地区各国与地区的经济、政治、文化、艺术、外交、军事、社会和环境等。主要栏目有:综论、政治与法律、国际关系、经济与社会、发展与战略等。读者对象为社会科学工作者、外交机构各级领导和工作人员、国际关系院校师生。有英文目次、中文论文提要。

探索 = Probe/中共重庆市委党校 . – 重庆:探索杂志社,1985 –
双月刊   大 16 开

ISSN 1007 – 5194　　　CN 50 – 1019　　　78 – 84
重庆市渝州路 160 号（400041）
编辑部电话：023 – 68593010
E-mail：tsuo@ cqdx. gov. cn

　　政治类学术刊物。办刊宗旨：侧重研究马克思主义中国化问题、党建问题及中国改革开放和社会主义现代化建设中的新情况、新问题，为党和政府的决策服务、为教学科研服务、为繁荣社会科学服务。同时注重反映与探索重庆建设、改革开放理论与实践重大问题，具有地方特色。常设栏目有：马克思主义中国化研究、党的建设、百家论谈、政治与行政、经济建设、文化建设、社会建设、理论探讨、重庆发展与西部大开发、学术争鸣、哲学研究、新视野等。读者对象为高等院校文科师生和广大哲学社会科学研究工作者。

探索与争鸣 = Exploration and Free Views/上海市社会科学界联合会 . – 上海：探索与争鸣杂志社，1985 –

月刊　　　　　　　　　大 16 开
ISSN 1004 – 2229　　　CN 31 – 1208　　　4 – 496
上海市淮海中路 622 弄 7 号社科联大楼（200020）
编辑部电话：021 – 53060418
E-mail：tsyzm@ sssa. org. cn

　　人文社会科学综合性理论刊物。以"坚持正确方向、提倡自由探索、鼓励学术争鸣、推动理论创新"为办刊主旨，以"重思想性和问题意识"为办刊风格。主要内容包括：政治学、法学、社会学、文学、历史学、哲学、经济学、教育学、新闻学等对社会重大现实和理论问题的研究成果。栏目设置有：学习党的"十八大"精神专稿、本刊特稿、圆桌会议、学术争鸣、专家访谈、时事观察、经济改革、文化视野、教育纵横、际会风云、史海钩沉、青年论坛等。读者对象为人文社会科学工作者、大专院校师生等。

体育科学 = China Sport Science/中国体育科学学会 . – 北京：《体育科学》编辑部，1981 –

月刊　　　　　　　　　大 16 开
ISSN 1000 – 677X　　　CN 11 – 1295　　　2 – 436
北京市东城区体育馆路 11 号（100061）

编辑部电话：010 - 87182588

E-mail：bjb@ ciss. cn

　　体育专业学术性刊物。以满足广大读者的需求，促进体育科学事业的不断发展为办刊宗旨，以密切联系体育运动实践为办刊特色。刊登研究性论文、研究报告、综述与进展、争鸣与探索、学会信息等。主要栏目有：运动训练学、运动医学、体制研究、运动心理学、运动生物力学、体育教育学、体育经济学、群众体育学、体育管理学、体育概论、武术研究、体育仪器与场地研究、国外体育学术译文、体育科技动态等。读者对象为体育科研工作者、体育教育工作者、体育管理工作者、教练员、运动员及体育专业学生。

体育文化导刊 = Sports Culture Guide/国家体育总局体育文化发展中心 . - 北京：《体育文化导刊》编辑部，1983 -

月刊　　　　　　　　大 16 开

ISSN 1671 - 1572　　　CN 11 - 4612　　　82 - 465

北京市东城区天坛东里中区甲 14 号 （100061）

编辑部电话：010 - 67051003

E-mail：tywhdk@ 163. com

　　体育科学学术期刊。主要刊登体育社会科学研究成果。载文理论联系实际，着重研究我国体育发展中的重点、难点、热点问题。研究内容广泛涉及体育管理学、群众体育学、竞技体育学、体育经济学、体育文化学、体育史学、体育教育学、奥林匹克研究、体育信息学、体育新闻学、体育哲学、体育原理、体育伦理学、体育社会学、体育法学、体育发展战略研究、民族传统体育研究、体育美学、体育社会心理学、体育社会科学研究方法等。主要栏目有：改革与发展论坛、文化观察、五环视野、学术百家、体育教育、异域放眼、时空隧道、人物聚焦。

体育学刊 = Journal of Physical Education/华南理工大学，华南师范大学 . - 广州：《体育学刊》编辑部，1994 -

月刊　　　　　　　　大 16 开

ISSN 1006 - 7116　　　CN 44 - 1404

广东省广州市华南师大公体楼 303 号 （510631）

编辑部电话：020 - 85211412

E-mail：tyxk@ scnu. edu. cn

体育专业学术性刊物。办刊宗旨：侧重反映中国体育科学文化进展情况，重点发表中国体育学术前沿研究成果，为体育学术研究提供交流园地，为考察与研究中国体育发展现状和趋势提供依据。设有探索与争鸣、体育社会科学、学校体育、竞赛与训练、民族传统体育、运动人体科学等栏目。读者对象主要是体育科研工作者、体育院校师生、教练员、运动员等。

体育与科学 = Journal of Sports and Science/江苏省体育科学研究所. – 南京：《体育与科学》编辑部，1978 –

双月刊　　　　　　　　大 16 开
ISSN 1004 – 4590　　　CN 32 – 1208　　　28 – 51
江苏省南京市孝陵卫灵谷寺路 8 – 1 号（210014）
编辑部电话：025 – 84755315
E-mail：zhili9@ sina. com

体育科学学术期刊。其前身是《江苏体育科技》，1986 年改用现刊名。办刊宗旨：以体育科学研究和运动训练研究为主体，兼顾基础理论建设、学校体育研究以及奥林匹克文化研究，并重视研究的学术性与普及性，以利于学科建设。所发论文内容涉及体育文化、奥林匹克文化、社会体育学、体育经济学、体育法学、体育课程论、体育方法论、运动竞赛与训练学、新学科介绍等。目前辟有新论坛、"民族体育文化研究"专题、"体育赛事研究"专题、学校体育理论、体育法学研究、体育经济学研究、体质研究、运动竞赛理论与实践等栏目，以及一些特设专题研究。

天津社会科学 = Tianjin Social Sciences/天津社会科学院. – 天津：天津社会科学杂志社，1981 –

双月刊　　　　　　　　大 16 开
ISSN 1002 – 3976　　　CN 12 – 1047　　　6 – 12
天津市南开区迎水道 7 号（300191）
编辑部电话：022 – 23369296
E-mail：tjshkx@ 126. com

人文社会科学综合性学术刊物。办刊宗旨：坚持"双百"方针，理论联系实际，重点探讨改革开放和中国现代化建设的重大理论和实践问题。登载社会科学各个领域的研究文章。栏目设置有：马克思哲学当代阐释、历史哲学研究、学术评论、百年中国文艺研究、当代中国文艺研究、文化研究、史学理论与史学史研究、现代性问题研究、探索与争鸣、诠释学研究、政治发展与政治文明研究、公共政策研究、当代社会思潮研究、理论经济学研究、美学研究、城市经济学研究、中国思想史研究、西方哲学研究、影视文化研究、中国现代化进程研究、城市经济学研究等。读者对象为社会科学工作者、大专院校文科师生。

天津师范大学学报. 社会科学版 = Journal of Tianjin Normal University. Social Sciences Edition/天津师范大学 . – 天津：《天津师范大学学报. 社会科学版》编辑部，1974 –
双月刊　　　　　　　　大 16 开
ISSN 1671 – 1106　　　CN 12 – 1336　　　6 – 8
天津市河西区吴家窑大街 57 号增 1 号 （300074）
编辑部电话：022 – 23541014
E-mail：tjsdxb@ 126. com

　　人文社会科学综合性学术刊物。注重选用反映学科前沿、研究热点和理论联系实际的文章，关注中国社会主义建设中的重大理论与现实问题，为教学科研服务。发表的学术论文涵盖哲学、政治学、经济学、管理学、人口学、法学、文学、历史学、教育学、社会学、文化研究等学科内容。主要栏目有：滨海新区开发开放与综合改革研究、21 世纪中国文学研究。读者对象为大专院校文科师生、社会科学工作者等。有英文目次和中英文文摘。

天津体育学院学报 = Journal of Tianjin University of Sport/天津体育学院 . – 天津：《天津体育学院学报》编辑部，1981 –
双月刊　　　　　　　　大 16 开
ISSN 1005 – 0000　　　CN 12 – 1140　　　6 – 145
天津市河西区卫津南路 51 号 （300381）
编辑部电话：022 – 23012636
E-mail：xb@ tjus. edu. cn

　　体育类学术期刊。曾用刊名《体育教学与科研》。办刊宗旨：在反映本院教学、科研成果的同时，全面报道体育科学领域最新的、前沿的研究成果；开展院内外学术研讨、争鸣活动；传播有理论与实践价值的体育科研信息；架设体育理论与运动实践沟通的桥梁；促进本院教学、科研工作的开展；推动体育的科学化进程。主要栏目有：特邀论坛、专题研究、成果报告、综述与进展、百家论坛、博士（生）论坛、体育科学研究方法、教练员与学者沙龙、研究报道等。

同济大学学报. 社会科学版 = Journal of Tongji University. Social Science Section/同济大学 . – 上海：《同济大学学报. 社会科学版》编辑部，1990 –

双月刊　　　　　　　大 16 开
ISSN 1009 – 3060　　　CN 31 – 1777　　　4 – 637
上海市四平路 1239 号 （200092）
编辑部电话：021 – 65983944
E-mail：wkxuebao@ tongji. edu. cn

　　人文社会科学综合性学术刊物。贯彻"双百"方针，提倡理论联系实际，强调文章的学术性、理论性与创新性。既体现同济学科特色，又面向国内外人文、社会科学研究者。促进文、理、工的相互渗透与结合，发展新兴学科、交叉边缘学科，进一步促进本校教学、科研的提高。辟有德法哲学、德语诗学与文化研究、建筑文化、城市研究、比较思想与比较文化、文学现代性研究、语言学与语言教育、文化产业研究、管理科学研究等栏目。主要读者对象为全国各高教系统的教师、研究生以及社会科学爱好者。

统计研究 = Statistical Research/中国统计学会，国家统计局统计科学研究所 . – 北京：《统计研究》编辑部，1984 –

月刊　　　　　　　大 16 开
ISSN 1002 – 4565　　　CN 11 – 1302　　　82 – 14
北京市西城区月坛南街 75 号 （100826）
编辑部电话：010 – 68783982
E-mail：tjyj@ gj. stats. cn

　　统计学理论刊物。着重反映统计学领域研究的新动向、新思潮和新成果。发文范围主要有：统计基本问题，统计方法的创新和应用，社会、经济、科技领域的实证分析，政府统计体制及统计制度方法的改革，新国民经济核算体系的建立与实施，经济分析与统计分析，应用技术与模型方法设计，抽样技术和其他调查方法的实际应用，统计学科体系的构筑与完善，统计史学研究等。读者对象为科研单位，高等院校，政府部门，企业界从事投入产出研究、教学和应用研究的人员。有英文目次和英文摘要。

统计与信息论坛 = Statistics & Information Forum/西安财经学院，中国统计教育学会高教分会 . – 西安：《统计与信息论坛》编辑部，1986 –
月刊　　　　　　　　　大 16 开
ISSN 1007 – 3116　　　 CN 61 – 1421　　　 52 – 153
陕西省西安市小寨东路 64 号（710061）
编辑部电话：029 – 82348751
E-mail：tjyxxlt@ 126. com

　　统计学类学术期刊。曾用刊名《统计与信息论坛 – 西安统计学院学报》。以"探索理论、关注应用、突出创新、提倡争鸣"为办刊理念，瞄准统计学科发展前沿，注重统计理论、方法与其创新应用相结合，关注经济发展与社会热点。主要栏目有：统计理论与方法、统计应用研究、统计调查与分析、统计信息化、统计教育、统计史研究、观点综述、国际统计动态、争鸣、学术动态、论点摘登等。读者对象为统计理论研究者、高等院校统计学专业的师生、政府统计工作者、企业经营管理者。有英文目次、中英文论文摘要。

投资研究 = Review of Investment Studies/中国建设银行股份有限公司，中国投资学会 . – 北京：《投资研究》编辑部，1982 –
月刊　　　　　　　　　大 16 开
ISSN 1003 – 7624　　　 CN 11 – 1389
北京市西城区金融大街 25 号（100033）
编辑部电话：010 – 67598738
E-mail：ris@ ccb. com

　　金融类理论刊物。曾用刊名《投资经济》。中国投资学会会刊。登载有关投资宏观控制和微观管理的基础理论和应用理论的研究成果，探讨财政投资、银行长期信用投资、企业和证券投资管理的发展问题，介绍国外投资研究的新动向和学术成果，剖析中国股票市场的现状和问题。主要栏目有：编辑部专稿、金融论坛、投资论坛、资本市场、银行管理、产业投资、商业银行、证券投资、西方经济理论、吸引外资、讨论与争鸣等。读者对象为投资、金融、财政、建设等部门的理论研究者、实际工作者及经济类大专院校师生。有英文目次。

图书馆 = Library/湖南省图书馆，湖南省图书馆学会 . – 长沙：《图书馆》编辑部，1973 –

双月刊　　　　　　　　大 16 开

ISSN 1002 – 1558　　　CN 43 – 1031　　42 – 103

湖南省长沙市韶山北路 169 号（410011）

编辑部电话：0731 – 84174148

E-mail：bianjb@ library. hn. cn

　　综合性图书馆专业刊物。原刊名为《图书馆工作参考资料》，1974 年改为《图书馆工作》，1980 年又易名为《湘图通讯》，1983 年开始启用现刊名。以"面向基层、面向社会、面向未来"为宗旨。主要刊登涉及图书馆学、目录学、分类学、情报学、图书馆建设、图书馆业务探讨等领域的学术文章。栏目设置有：新概念·新思潮·新视野论坛、学术论坛、实证研究、综述、书刊评介、专题研究、工作研究等。读者对象为各级各类图书馆、信息机构资料室工作人员和广大读者。有中英文目次和文摘。

图书馆工作与研究 = Library Work and Study/天津市图书馆学会，天津市图书馆，天津市少年儿童图书馆 . – 天津：《图书馆工作与研究》编辑部，1979 –

月刊　　　　　　　　16 开

ISSN 1005 – 6610　　　CN 12 – 1020　　6 – 115

天津市南开区复康路 15 号（300191）

编辑部电话：022 – 23620095

E-mail：TSGG@ chinajournal. net. cn

　　图书馆学、情报学类专业刊物。坚持以知识性与学术性相结合，普及与提高相结合，交流图书情报工作及研究成果，普及图书情报学知识为办刊宗旨。内容涉及图书情报学理论、图书馆事业、图书馆现代化、图书分类编目、数据库建设、藏书、读者工作等多方面。主要栏目有：学术论坛、理论研究、数字网络、科学管理、信息组织·文献研究、实践平台、阅读书评、少图空间、青年科苑等。读者对象为图书情报工作者及相关学科的高校师生。有中英文目次。

图书馆建设 = Library Development/黑龙江省图书馆 . – 哈尔滨：《图书馆建设》编辑部，1978 –

月刊　　　　　　　　大 16 开

ISSN 1004 – 325X　　　　CN 23 – 1331　　　　14 – 162
黑龙江省哈尔滨市南岗区长江路 218 号 （150090）
编辑部电话：0451 – 85990515
E-mail：tsgjsvip@ vip. sina. com

　　图书馆学专业学术期刊。原名《黑龙江图书馆》，1992 年改为现刊名。始终遵循"立足本省、面向全国，理论与实践相结合，普及与提高并重"的办刊宗旨，坚持"以质取稿、严谨务实"的工作作风。注重图书馆学基础理论研究，关注当代中国图书馆事业发展的实践，反映图书馆学界的最新研究成果。主要栏目有：学术论坛、信息资源建设、标引与编目、服务与研究、管理新论、各抒己见、技术导航等。读者对象为全国各地的图书馆学研究人员、从事图书馆工作的馆员及高校图书馆学专业师生。有中英文目次和中英文提要。

图书馆论坛 = Library Tribune/广东省立中山图书馆 . – 广州：《图书馆论坛》编辑部，1981 –
双月刊　　　　　　　大 16 开
ISSN 1002 – 1167　　　　CN 44 – 1306　　　　46 – 127
广东省广州市文明路 213 号 （510110）
编辑部电话：020 – 83360705
E-mail：tsglt@ zslib. com. cn

　　图书馆学、情报学类专业刊物。曾用名《广东图书馆学刊》。发表图书馆学情报学研究成果，交流图书馆工作经验和有关信息。主要栏目有：学者论坛、争鸣·探索、网络化·电子化·自动化、信息资源建设·信息管理、信息组织·信息服务、信息开发·信息利用、图书情报教育·素质教育、信息政策·信息法规、图书馆巡礼、信息服务·信息开发与利用、广东图书馆研究等。读者对象为图书情报工作者及相关学科的院校师生。有英文目次和中英文文摘。

图书馆学研究 = Researches on Library Science/吉林省图书馆 . – 长春：图书馆学研究杂志社，1980 –
半月刊　　　　　　　大 16 开
ISSN 1001 – 0424　　　　CN 22 – 1052　　　　12 – 205
吉林省长春市新民大街 1162 号 （130021）
编辑部电话：0431 – 85642935

E-mail:tsgxyj@ yahoo. com. cn

　　图书馆学情报学专业刊物。坚持理论联系实际的原则，为提高图书馆工作者的理论和业务水平服务。刊文涉及图书馆学、科技情报学、目录学、史料学、版本学、图书馆科学管理、干部培养、图书馆建设与设备、图书馆改革研究。主要栏目有：基础理论研究、数字化与网络、图书馆管理、信息资源建设、信息检索、信息服务、读者工作等。读者对象为图书情报工作者、科研人员及高等院校师生。

图书馆杂志 = Library Journal/上海市图书馆学会，上海市图书馆 . - 上海：《图书馆杂志》编辑部，1982 -
月刊　　　　　　　　　16 开
ISSN 1000 - 4254　　　CN 31 - 1108　　4 - 332
上海市淮海中路 1555 号 （200031）
编辑部电话：021 - 54051567
E-mail:tsgzz@ libnet. sh. cn

　　图书馆学、情报学类专业刊物。本刊坚守理论探索与应用研究并重的宗旨，向图书馆学、情报学专业的教研人员提供最新理论研究信息，为图书馆管理实践提供经验交流的园地，内容涉及图书馆现代化技术、国外图书馆概况、专业活动信息报道等。主要栏目有：理论探索、工作研究、公共图书馆、高校图书馆、新技术应用、海外眺望、专业教育、文史天地、上图讲座经典、悦读时空、信息等。读者对象为图书馆工作者、高校相关专业师生。主要文章有英文目次和内容摘要。

图书情报工作 = Library and Information Service/中国科学院文献情报中心 . - 北京：《图书情报工作》编辑部，1956 -
月刊　　　　　　　　　大 16 开
ISSN 0252 - 3116　　　CN 11 - 1541　　2 - 412
北京市海淀区中关村北四环西路 33 号 （100190）
编辑部电话：010 - 82623933
E-mail:journal@ mail. las. ac. cn

　　图书馆学、情报学类专业刊物。以恪守理论与实践相结合、弘扬学术精神、推动事业发展为办刊宗旨，以面向实践、注重新技术、追求理论精品为刊物特色，刊登图书情报领域的理论研究、文献信息资源建设、图书情报事业和队伍建设及专业教育等方面的论文。主要栏目有：专题、图书馆学理论研究、图书馆工作研究、信息技术、电子政务、评论·论坛、专业图书馆学会园地、情报研究、竞争情报等。读者对象为图书情报部门的研究人员、大专院校图书情报专业的师生。

图书情报知识 = Document，Information & Knowledge/武汉大学．－武汉：《图书情报知识》编辑部，1984 –

双月刊　　　　　　　　大 16 开

ISSN 1003 – 2797　　　CN 42 – 1085　　38 – 108

湖北省武汉市珞珈山武汉大学信息管理学院（430072）

编辑部电话：027 – 68754437

E-mail：tqy12@ whu. edu. cn

　　图书馆学、情报学类专业期刊。坚持"关注公众知识状态，引领学科发展潮流"的办刊宗旨，倡导"以人为本""理论联系实践"的办刊理念。栏目设置五大板块："专题·情报学研究中的哲学思潮"，"专题·网络舆情信息监测"，"图书、文献与交流"，"情报、信息与共享"，"知识、学习与管理"，以及适时推出的包括有"学科前沿"、"专题研究"、"名家专论"、"文华情怀"等栏目的动态板块。读者对象为图书馆、情报及档案机构的工作人员和高校相关专业师生。有中英文目次及文摘。

图书与情报 = Library and Information/甘肃省图书馆，甘肃省科技情报研究所，甘肃省图书馆学会，甘肃省科技情报学会．－兰州：《图书与情报》编辑部，1980 –

双月刊　　　　　　　　大 16 开

ISSN 1003 – 6938　　　CN 62 – 1026　　54 – 76

甘肃省兰州市南滨河东路 488 号（730000）

编辑部电话：0931 – 8270072

E-mail：tsyqb@ 126. com

　　图书馆学、情报学专业刊物。甘肃省图书馆学会会刊。旨在研究和探讨图书情报工作理论，向国内外宣传甘肃图书情报事业，交流工作经验，普及专业知识；提升专业理论水平，提高从业人员素质。栏目设置有：理论园地、图书馆与图书馆事业、信息工作、文化沙龙、实践平台、信息法学、用户服务与研究、珍藏撷英、文献学苑、图苑时空、旧学与新知、交流与探索等。读者对象为图书馆和情报机构工作人员及相关专业大专院校师生。

外国教育研究 = Studies in Foreign Education/东北师范大学 . – 长春：《外国教育研究》编辑部，1974 –

月刊　　　　　　　　大 16 开
ISSN 1006 – 7469　　　CN 22 – 1022　　12 – 102
吉林省长春市人民大街 5268 号（130024）
编辑部电话：0431 – 85098501
E-mail：wgjyyj@ 126. com

　　教育科学类专业学术刊物。办刊宗旨：坚持四项基本原则和改革开放政策，在"洋为中用"原则的指导下，发表有关外国教育理论与实践的研究成果，为中国教育改革与发展服务。载文内容涉及外国教育理论、思潮及流派；外国中小学教育、职业教育、高等教育、教师教育、课程与教学论、学校道德教育、农村教育及教育改革动向等，并以东北亚教育为研究主题。栏目设置有：基础教育、教师教育、课程与教学论、教育管理、外语教育、教育理论、教育改革、高等教育、职业技术教育、公民与道德等。读者对象为高等院校师生及各级各类学校管理人员。有英文目次和中英文文摘。

外国经济与管理 = Foreign Economics & Management/上海财经大学 . – 上海：《外国经济与管理》编辑部，1979 –

月刊　　　　　　　　大 16 开
ISSN 1001 – 4950　　　CN 31 – 1063　　4 – 412
上海市武东路 321 号乙（200434）
编辑部电话：021 – 65904367
E-mail：wjgl@ mail. shufe. edu. cn

　　外国经济管理类刊物。原名《外国经济参考资料》，1984 年改用现刊名。办刊宗旨：介绍和研究国外新的经济理论和先进的管理方法，为中国的经济建设服务。主要研究和阐述中国改革开放和现代化建设的重大理论和实际问题，探索有中国特色的社会主义经济发展规律。内容涉及经济理论与实践、产业经济、财政与税务、金融与保险、财务与会计、区域经济、企业管理、经济学史、经济法学等领域。主要栏目有：理论前沿、创业研究、战略管理、创新研究、人力资源管理、跨国经营、公司财务、营销等。读者对象为经济理论工作者、大专院校师生、企业管理人员等。

外国文学 = Foreign Literature/北京外国语大学 . – 北京：《外国文学》编辑部，
1981 –

双月刊　　　　　　　　16 开
ISSN 1002 – 5529　　　　CN 11 – 1248　　　2 – 450
北京市海淀区西三环北路 19 号外研社邮购部 （100089）
编辑部电话：010 – 88819929
E-mail：wgwx@ bfsu. edu. cn

　　外国文学研究类刊物。介绍国外最新文学戏剧作品和作家信息；登载中外文艺
评论家的理论述评、文坛动向；刊载研究当代最新外国文学理论流派和现象、介绍
和评论当代各国作家的优秀作品，兼及历代名作家作品。刊登小说，也刊有诗歌、
散文、戏剧剧本等。主要栏目有：小说、诗歌、评论、理论、文化研究、书评、访
谈、美术。读者对象为外国文学研究工作者及外国文学爱好者。有英文目次。

外国文学评论 = Foreign Literature Review/中国社会科学院外国文学研究所 . – 北
京：《外国文学评论》编辑部，1987 –

季刊　　　　　　　　　16 开
ISSN 1001 – 6368　　　　CN 11 – 1068　　　82 – 325
北京市建国门内大街 5 号 （100732）
编辑部电话：010 – 85195583
E-mail：wenping@ cass. org. cn

　　外国文学研究类刊物。以反映中国学者在外国文学研究方面最新学术成果为
办刊宗旨。注重发表外国文学研究领域中具有原创性、独特视角和学术创新的科
研成果，在关注经典文学和理论研究推进的基础上，及时刊登对当代具有代表性
的作家、作品及理论批评的个案解读，反映中国的外国文学研究的整体趋势。主
要栏目有：理论研究、当代外国文学、书评动态等。读者对象为外国文学研究工
作者、教育者及外国文学爱好者。有英文目次和中文提要。

外国文学研究 = Foreign Literature Studies/华中师范大学 . – 武汉：外国文学研究杂
志社，1978 –

双月刊　　　　　　　　16 开
ISSN 1003 – 7519　　　　CN 42 – 1060　　　38 – 11

湖北省武汉市华中师范大学文学院（430079）

编辑部电话：027 - 67866042

E-mail：wwyj@ mail. ccnu. edu. cn

外国文学研究类学术刊物。办刊宗旨：反映外国文学理论、思潮及创作的新动向和中国外国文学与比较文学研究的新成果，开拓外国文学和比较文学研究的新领域、新课题。载文内容涉及外国文学与批评理论、当代外国文学流派评论、外国文学研究方法评论、作家作品推介、比较文学研究、中外文学关系、文学翻译理论探讨、外国文学发展态势等。栏目设置有：中外学者访谈、诗歌诗学研究、法国文学研究、英美文学研究、比较文学研究、批评与批评研究、东方文学研究、俄罗斯文学研究、莎士比亚研究等。读者对象为外国文学研究工作者、教育工作者。有英文目次和中英文提要。

外国语（上海外国语大学学报） ＝Journal of Foreign Languages/上海外国语大学 . - 上海：《上海外国语大学学报》编辑部，1978 -

双月刊　　　　　　　16 开

ISSN 1004 - 5139　　　CN 31 - 1038　　4 - 252

上海市虹口区大连西路 558 号（200083）

编辑部电话：021 - 65425300

E-mail：jfl@ shisu. edu. cn

外国语言教学与研究类学术期刊。曾用刊名《外国语（上海外国语学院学报）》。办刊宗旨与特色：反映国内外学术热点和趋势，促进国内外语界科研与教学的发展及其与国际的交流。主要刊载语言学及具体语言研究、翻译研究、外国文学理论研究、语言翻译、外国文学类书籍评介以及国内外语言文学、外语教学学术会议简讯等方面的文章。主要栏目有：语言研究、翻译研究、外语教改与战略研究、外国文学研究、文学研究、书评等。读者对象为翻译工作者、高校师生、外语爱好者。有英文目次和中英文文摘。

外国语文 ＝Foreign Language and Literature/四川外国语大学 . - 重庆：《外国语文》编辑部，1984 -

双月刊　　　　　　　大 16 开

ISSN 1674 - 6414　　　CN 50 - 1197　　78 - 95

重庆市沙坪坝区四川外国语大学（400031）

编辑部电话：023 – 65385313

E-mail：sisujournal@ 126. com

外国语言文化和翻译研究的综合性学术刊物。办刊宗旨：主要反映学院内外学者在外国语言、外国文学、翻译等研究领域的热点，促进学术交流，推动外语教学、科研工作的发展。主要刊载多种外国语言、文学、文化和中外对比研究文章，翻译理论、外语教育教学等方面的学术论文。主要栏目有：外国文学与文本研究、外国语言研究、翻译研究、外语教育与教学论坛。读者对象为外语研究人员、语言学习与应用语言学的研究人员、外语教学人员和学生等。

外交评论 = Foreign Affairs Review/外交学院 . – 北京：《外交评论（外交学院学报）》编辑部，1984 –

双月刊　　　　　　　大 32 开

ISSN 1003 – 3386　　　CN 11 – 5370　　　82 – 795

北京市西城区展览路 24 号 （100037）

编辑部电话：010 – 68323972

E-mail：xuebao@ cfau. edu. cn

外交与国际关系研究专业期刊。原名《外交学院学报》，兼具中国国际关系学会会刊的职能。以"中国外交和国际关系"为特色，以严肃认真的科学态度，遵循理论创新、学术争鸣的原则，聚焦国际、国内热点问题，努力为学术交流提供良好的平台。设有中国外交、国际关系、外交学、国际经济与法律、学术动态等栏目，主要刊登国际关系、中国外交、外交学、世界经济、国际法等学科的科研成果以及外交工作回忆、国外调研报告、有价值的国外著作译文等。

外语教学 = Foreign Language Education/西安外国语大学 . – 西安：《外语教学》编辑部，1979 –

双月刊　　　　　　　大 16 开

ISSN 1000 – 5544　　　CN 61 – 1023　　　52 – 170

陕西省西安市长安南路 437 号 （710061）

编辑部电话：029 – 83714261

E-mail：xuebao@ xisu. net. cn

外国语言教学与研究语类学术刊物。以繁荣学术，促进中国的外语教学与研究为己任，坚持理论与实践、提高与普及相结合的原则，力求学术性和实用性兼备。主要栏目有：语言学、英语诗歌研究、课程研究、中国古典诗歌研究、教育心理学、翻译理论、外国文学研究、外语教学等。读者对象为高校外语教师与翻译工作者、高校外语专业学生等。有英文目次。

外语教学与研究 = Foreign Language Teaching and Research/北京外国语大学 . - 北京：《外语教学与研究》编辑部，1957 –
双月刊　　　　　　　16 开
ISSN 1000 – 0429　　　CN 11 – 1251　　2 – 130
北京市海淀区西三环北路 2 号（100089）
编辑部电话：010 – 88816466
E-mail：bwyys@ bfsu. edu. cn

外国语言教学研究专业刊物。原名《西方语文》。发表语言学研究和外语教学研究论文，包括翻译理论、书刊评介、学术动态、外语教学实践和翻译技巧等。以英语为主，兼顾俄、德、法、日及其他语种。主要栏目有：语言研究、外语教育、外语教育政策、语料库语言学、翻译研究、英语教学论坛、研究动态、综述、书刊评介、计算语言学等。读者对象为高校外语教师与翻译工作者、高校外语专业高年级学生和研究生等。有英文目次和摘要。

外语界 = Foreign Language World/上海外国语大学 . – 上海：《外语界》编辑部，1985 –
双月刊　　　　　　　16 开
ISSN 1004 – 5112　　　CN 31 – 1040　　4 – 438
上海市大连西路 558 号（200083）
编辑部电话：021 – 55393386
E-mail：sinoflt@ gmail. com

外国语言教学与研究专业期刊。曾用刊名《外国语言教学资料报导》。以探讨外语教学理论，反映各级各类外语教学改革和科研成果，交流教学经验为宗旨。刊载有关外语教学、外语研究、语言学等方面的论文。主要栏目有：写作教学、外语教学、外语教师教育与发展、MTI 教育、翻译教学、跨文化教学、语块研究、隐喻研究、口译教学、学术会议综述、书刊评介、信息之窗等。读者对象为外语研究人员、语言研究人员、外语教学工作者。有英文目次和英文提要。

外语学刊 = Foreign Language Research/黑龙江大学 . - 哈尔滨:《外语学刊》编辑部,1978 -

双月刊 　　　　　　　　大 16 开
ISSN 1000 - 0100 　　　 CN 23 - 1071 　　　 14 - 24
黑龙江省哈尔滨市南岗区学府路 74 号 (150080)
编辑部电话: 0451 - 86608322
E-mail:wyxk2004@ 126. com

　　外国语言学研究学术刊物。曾用刊名《黑龙江大学学报(外语版)》。办刊宗旨为以外国语言学为主线开展与其相关各学科的讨论,为促进中国外语教学与语言研究服务。刊发的文稿涵盖普通语言学、俄语语言学、英语语言学、日语语言学 、比较语言学、符号学、词典学、翻译学、文学、文化、教学法和书评。主要栏目有:语言哲学、语言学、翻译研究、文学研究、信息窗、外语教学、文学与文化研究、外语教学研究、专题研究等。读者对象为高等院校教师、外语院系博士研究生、硕士研究生、高年级学生、科研院所语言文字工作者以及其他语言研究工作者。

外语与外语教学 (大连外国语学院学报) = Foreign Languages and Their Teaching/大连外国语学院 . - 大连:《大连外国语学院学报》编辑部,1979 -

月刊 　　　　　　　　　大 16 开
ISSN 1004 - 6038 　　　 CN 21 - 1060 　　　 8 - 22
辽宁省大连市中山区延安路 94 号 (116002)
编辑部电话: 0411 - 82803121 - 6388
E-mail:dwflatt@ 163. com

　　外国语言与文化研究专业刊物,以英语研究为主,兼顾俄、日、德、法等语言的研究。办刊宗旨:追踪学术前沿,关注学术热点,注重学术的原创性,提倡非功利主义的理论研究。主要刊登当代语言学(系统功能语言学、认知语言学、心理语言学、语用学)、语言哲学、翻译理论等方面的学术论文。主要栏目有:外语教育改革探索、语用学研究、外语教学实证研究、教师发展研究、二语习得研究、语篇与话语研究、语言学研究、文学理论与批评研究、外语教育教学研究、口语教学研究、翻译研究、书评与简讯等。读者对象为外语研究人员、翻译人员、外语教学人员。有英文目次和中英文摘要。

文史哲 = Journal of Literature，History and Philosophy/山东大学．－济南：《文史哲》编辑部，1951 –

双月刊　　　　　　　　大 16 开
ISSN 0511 – 4721　　　CN 37 – 1101　　　24 – 4
山东省济南市山大南路 27 号（250100）
编辑部电话：0531 – 88364666
E-mail：wenshizhezazhi@ 163. com

人文社会科学综合性学术刊物。办刊宗旨：严肃严谨、求是求真、繁荣学术、扶植新人，以学术为本位，以创新为生命，不断发掘新的选题，展开新的争鸣。登载哲学、文学、史学等方面的学术论文。主要栏目有：中国社会形态问题、人文前沿、文学与审美、中国哲学研究、当代学术纵览、学林春秋、国情研究、左翼文学问题、动态与综述、审美文化、政治哲学与法哲学研究、中国文论研究、世界文明对话等。读者对象为社会科学工作者、大专院校师生。有英文目次。

文物 = Cultural Relics/文物出版社．－北京：文物出版社，1950 –
月刊　　　　　　　　　16 开
ISSN 0511 – 4772　　　CN 11 – 1532　　　2 – 27
北京市东城区东直门内北小街 2 号楼（100007）
编辑部电话：010 – 84007071
E-mail：wwyk@ wenwu. com

文物与考古专业学术性资料性刊物。曾用刊名《文物参考资料》。重点反映国内文物考古的重大成果，刊载有关文物考古方面的专题研究论文，介绍和研究中国的出土文物和传世文物。主要栏目有：考古新发现、研究与探索、古代建筑、画像石、画像砖、书画艺苑、博士论坛、科技考古等。读者对象为考古、文物、历史研究、博物馆方面的专业人员和工作人员，高等院校文科专业师生。有英文目次。

文学评论 = Literary Review/中国社会科学院文学研究所．－北京：《文学评论》编辑部，1957 –
双月刊　　　　　　　　大 16 开
ISSN 0511 – 4683　　　CN 11 – 1037　　　2 – 26

北京市建国门内大街 5 号 （100732）

编辑部电话：010 – 85195450

E-mail：wxpl – wx@ cass. org. cn

　　文学研究和理论批评学术性刊物。原名《文学研究》，1959 年改名为《文学评论》，"文化大革命"时期停刊，1978 年复刊。发表有关中国文学与中外文论研究方面的论文，促进中国文艺理论体系、学说的建设。通过对古代文学的研究，以及 20 世纪以来各时期文学及理论学说的评价，推动中国当代文艺学及其他文艺理论学派的发展。主要栏目有：国外马克思主义美学与文论研究、文学笔谈、文艺理论、中国古代文学、中国现代文学、海外学人研究、论坛、书评、综述等。读者为作家、文艺理论工作者及高校文科师生。有英文目次和中文提要。

文学遗产 = Literary Heritage/中国社会科学院文学研究所 . – 北京：《文学遗产》编辑部，1953 –

双月刊　　　　　　　大 16 开

ISSN 0257 – 5914　　　CN 11 – 1009　　　18 – 266

北京市建国门内大街 5 号 （100732）

编辑部电话：010 – 85195453

E-mail：wxyc – wx@ cass. org. cn

　　古典文学研究专业刊物。以发表古典文学研究论文为主，同时也报道本专业学术动态，交流学术信息。主要内容包括古典文学理论、各时代作家作品、新世纪十年论坛、学术活动报道、学术广角、学者研究、读者·作者·编者等。读者对象为大学文科师生，各学术研究部门、文化事业单位专业人员，以及广大中国古典文学爱好者。有英文目次。

文艺理论研究 = Theoretical Studies in Literature and Art/中国文艺理论学会，华东师范大学 . – 上海：《文艺理论研究》编辑部，1980 –

双月刊　　　　　　　大 16 开

ISSN 0257 – 0254　　　CN 31 – 1152　　　4 – 323

上海市中山北路 3663 号 （200062）

编辑部电话：021 – 62232881

E-mail：tsla@ vip. 126. com

文艺理论研究专业刊物。办刊宗旨：为全国从事文艺理论教学、研究、评论、编辑出版的人们提供学术园地；为提高教学、深化研究、活跃思想、繁荣创作、建设具有中国民族特色的文艺理论服务。主要刊发当代中青年作家、文艺评论家、教育工作者的学术论文，研究探讨文学创作和文艺理论方面的问题，介绍国内外最新文艺思潮及各学派观点。主要栏目有：专题、古代文论与古代文学的理论研究、访谈、中西文论研究、现当代文论与批评。读者对象为文艺评论家、文学家、艺术家、文艺理论工作者。有英文目次。

文艺理论与批评 = Theory and Criticism of Literature and Art／中国艺术研究院．－北京：《文艺理论与批评》编辑部，1986 –

双月刊　　　　　　　　16 开

ISSN 1002 – 9583　　　CN 11 – 1581　　　82 – 205

北京市朝阳区惠新北里甲 1 号　（100029）

编辑部电话：010 – 64935584

E-mail：wenliping1986@ 126. com

文艺理论类学术刊物。倡导以跨学科的综合的文艺学和社会科学的理论框架来观察、分析和评论当代中国以及世界的文艺现象和思潮；探索中国和第三世界的文论和批评方法；倡导鲜明的问题意识，重视对 20 世纪 80 年代以来的学术思潮进行清理和反思。常设栏目有：理论探讨、青年文艺论坛、左翼文化研究、国外文艺思潮、作家作品、书评、自由谈等。读者对象为专业文艺理论工作者、大专院校师生、作家、艺术家、文艺评论家以及文艺理论爱好者。有英文目次。

文艺研究 = Literature and Art Studies／中国艺术研究院．－北京：《文艺研究》编辑部，1979 –

月刊　　　　　　　　　大 16 开

ISSN 0257 – 5876　　　CN 11 – 1672　　　2 – 25

北京市朝阳区惠新北里甲 1 号　（100029）

编辑部电话：010 – 64934162

E-mail：wyyj@ chinajournal. net. cn

综合性文艺理论刊物。主要发表文艺学、美学、艺术理论方面的论文，研究探讨古今中外文化艺术领域中的重要问题，介绍、研究、评论各个不同历史时期的文艺学派，反映中外文化艺术理论研究状况及发展趋势。论文内容涉及文艺学、文艺规律、艺术学、美学、文学、戏剧、电影、美术、音乐等方面。辟有理论专题、当代批评、艺术现场、访谈与对话、书与批评、视觉·经验、短论·动态等栏目。读者为各文艺团体、大专院校师生、文学艺术研究工作者及文艺爱好者。有英文目次。

文艺争鸣 = Literature and Art Forum/吉林省文学艺术界联合会 . – 长春：《文艺争鸣》编辑部，1986 –
月刊　　　　　　　　16 开
ISSN 1003 – 9538　　　　CN 22 – 1031　　　12 – 99
吉林省长春市自由大路 509 号 （130021）
编辑部电话：0431 – 85643867
E-mail：wyzm80@ 126. com

　　文艺理论和评论专业刊物。旨在贯彻党的"双百"方针，发表文艺界众家之谈，讨论当前文艺创作、文艺思想、文艺研究中的各种问题，推动文艺的建设与发展。现有理论综合版和当代文学版两种版本。理论综合版主要辟有理论、史论、评论、艺术、现象、地方、广角等栏目；当代文学版主要辟有大家争鸣、当代文学建构、文学史论、新世纪文学研究、艺术文化与文学、当代视野、当代百论等栏目。读者对象为文艺理论工作者、作家、艺术家及文艺爱好者。

武汉大学学报. 哲学社会科学版 = Wuhan University Journal. Philosophy and Social Sciences/武汉大学 . – 武汉：《武汉大学学报. 哲学社会科学版》编辑部，1930 –
双月刊　　　　　　　大 16 开
ISSN 1672 – 7320　　　　CN 42 – 1071　　　38 – 7
湖北省武汉市珞珈山武汉大学 （430072）
编辑部电话：027 – 68756717
E-mail：whds@ whu. edu. cn

　　人文社会科学综合性学术刊物。其前身是 1930 年创办的《国立武汉大学社会科学季刊》，新中国成立后曾用刊名《武汉大学学报. 社会科学版》，1994 年改用现刊名。办刊宗旨：在马列主义、毛泽东思想和邓小平理论指导下，繁荣学术事业，开展学术争鸣，促进国内外学术交流。主要刊载武汉大学师生的最新研究成果，范围涉及哲学社会科学各领域研究内容。开设栏目有：政治学·公共管理学、经济学·管理学、法学、社会学等。读者对象为大专院校师生、科研人员等。有英文目次。

武汉体育学院学报 = Journal of Wuhan Institute of Physical Education/武汉体育学院. - 武汉:《武汉体育学院学报》编辑部，1959 -
月刊　　　　　　　　　大 16 开
ISSN 1000 - 520X　　　CN 42 - 1105　　38 - 234
湖北省武汉市洪山区珞喻路 461 号 （430079）
编辑部电话：027 - 87192147
E-mail：WTXB@ chinajournal. net. cn

　　体育类学术期刊。1959 年创刊，是体育领域创办最早的几家学术刊物之一。以注重体育社会科学的基础理论研究，紧密联系中国体育领域的理论与实践问题，及时反映体育科学研究的最新成果为办刊方针。主要栏目有：学者新视野、**体育人文社会学**、全民健身、体育产业与市场开发、运动心理学、运动人体科学、民族传统体育、体育教育学、运动训练学等，其中"体育人文社会学"为该刊特色栏目。读者对象为体育教师、教练员、体育院系研究生、体育科学研究人员等。

西安财经学院学报 = Journal of Xi'an University of Finance and Economics/西安财经学院. - 西安:《西安财经学院学报》编辑部，1988 -
双月刊　　　　　　　　大 16 开
ISSN 1672 - 2817　　　CN 61 - 1411　　52 - 155
陕西省西安市小寨东路 64 号 79 信箱 （710061）
编辑部电话：029 - 82348772
E-mail：xcyxuebao2003@ yahoo. com. cn，xuebao_ xaufe@ 126. com

　　经济类综合性学术期刊。原刊名为《陕西经贸学院学报》。办刊宗旨：密切跟踪并探索经济科学和管理科学的前沿理论及热点问题，特别注重国内著名经济学家的最新研究成果，突出学术性、地方性等特点，注重理论与实践相结合，学术性与应用性相结合，注重发表中青年学者的真知灼见，力求以特色栏目推动"名栏"、"名刊"的建设和发展。栏目设置有：秦文化与经济、西部特色经济、经济理论研究、金融研究、财税与会计、产业经济、区域经济、企业改革与管理、法学论坛、国防经济、贸易经济、旅游经济等。读者对象为科研院所、高等院校从事经济学和管理学研究的专家、教授、博士生、硕士生等相关人员。

西安交通大学学报. 社会科学版 = Journal of Xi'an Jiaotong University. Social Sciences/
西安交通大学. – 西安:《西安交通大学学报. 社会科学版》编辑部, 1997 –
双月刊　　　　　　　　大 16 开
ISSN 1008 – 245X　　　　CN 61 – 1329　　　　52 – 259
陕西省西安市咸宁西路 28 号 （710049）
编辑部电话：029 – 82663982
E-mail：skxb@ xjtu. edu. cn

　　人文社会科学综合性学术刊物。曾用刊名《西安交大教育研究》。注重人文
社会科学的基础理论研究及应用研究，结合社会现实和国家改革发展的理论与实
践问题，反映哲学社会科学研究的重点和热点及交叉学科研究的最新研究成果。
内容包括管理学、经济学、社会学、政治学、法学、哲学、文学与传播学、历史
学、人口学、高等教育学等学科的研究成果。主要栏目有：文化与艺术论坛、性
别平等与社会可持续发展、哲学研究、法学研究、马克思主义理论研究、社会工
程研究、语言学与传播学研究、科技与教育研究、文学研究、文化与艺术研究、
法学研究、社会学研究、经济与管理研究等，其中"经济与管理研究"为该刊特
色栏目。读者对象为社会科学研究人员、高校师生等。

西安体育学院学报 = Journal of Xi'an Physical Education University/西安体育学院. –
西安:《西安体育学院学报》编辑部, 1984 –
双月刊　　　　　　　　大 16 开
ISSN 1001 – 747X　　　　CN 61 – 1198　　　　52 – 270
陕西省西安市含光北路 65 号 （710068）
编辑部电话：
E-mail：fengxian. 999@ 163. com

　　综合性体育科学学术期刊。办刊方针是：坚持为教学、科研、训练服务；坚
持"百花齐放、百家争鸣"、"古为今用、洋为中用"的学术思想，广开言路，博
采众长，使刊物成为学院教学、科研、训练的学术窗口。论文内容主要涉及体育
教学与训练、技术研究、基础理论研究、体育软科学等方面。栏目设置有：新视
野新观点、西部体育论坛、体育教育训练学、体育人文社会学、运动人体科学与
应用心理学、体育法律理论与实践等。读者对象主要为大中专体育教师、教练员、
体育科研工作者以及大中专院校体育爱好者和社会体育工作者。

西北大学学报. 哲学社会科学版 = Journal of Northwest University. Philosophy and So-cial Sciences Edition/西北大学 . – 西安：《西北大学学报》编辑部，1913 –
双月刊　　　　　　　大 16 开
ISSN 1000 – 2731　　CN 61 – 1011　　52 – 9
陕西省西安市太白北路 229 号（710069）
编辑部电话：029 – 88302822
E-mail：jnwu@ nwu. edu. cn

人文社会科学综合性学术刊物。办刊宗旨：立足国内外科学发展前沿，展示西部人文文化风采，兼顾理论探索与应用研究，崇尚学术争鸣和创新求实。主要发表哲学、法学、新闻学、经济学、公共管理学、历史学、文学、语言学等学科基础研究和应用研究方面的学术论文，旨在促进科学与文化发展和交流。栏目设置有：马克思主义理论研究、文艺研究与文学批评、古代文学研究、法学研究、经济研究、公共管理研究、中国思想史、历史研究、文艺理论与中国现当代文学、中国古代文学研究、中外语言学研究、新闻传播与艺术学、学术新视野等。

西北民族研究 = N. W. Journal of Ethnology Studies/西北民族大学 . – 兰州：西北民族研究杂志社，1986 –
季刊　　　　　　　　16 开
ISSN 1001 – 5558　　CN 62 – 1035　　54 – 181
甘肃省兰州市西北新村 1 号（730030）
编辑部电话：0931 – 2938256
E-mail：xbmzyj@ 263. net

民族学类综合性学术刊物。办刊宗旨：发掘、介绍西北各民族文献典籍，发布各少数民族研究最新成果，包括涉及敦煌学、丝绸之路、西夏学、阿尔泰学及蒙古学、藏学、伊斯兰文化研究、人类学、社会学、民间文化 – 民俗学等学术研究领域的论文。设有卷头语、特约稿、新疆研究专题、关注在线、人类学与民族学、学术随笔、学术书评、学术述评、古籍·文献、信息、民间文学·民俗学、历史钩沉等专栏。有英文目次、中文文摘。

西北师大学报. 社会科学版 = Journal of Northwest Normal University. Social Sciences/西北师范大学 . – 兰州：《西北师大学报》编辑部，1942 –
双月刊　　　　　　　大 16 开

ISSN 1001 – 9162　　　CN 62 – 1086　　54 – 15
甘肃省兰州市安宁东路 967 号 （730070）
编辑部电话：0931 – 7971692
E-mail：sdxbs@ nwnu. edu. cn

　　人文社会科学综合性学术刊物。曾用刊名《甘肃师大学报》、《西北师院学报》。以突出刊物的学术性、师范性、地域性特色，弘扬民族文化，促进国际文化交流，为教学和科研服务，为"两个文明"建设服务为宗旨，刊登人文社会科学各学科的学术论文。主要栏目有：特稿、文学、历史学、社会学、教师教育研究、心理学、美学、边疆安全研究、管理学、经济学、民族学、法学、文化研究、文化研究、唐宋文学等。"教育学·心理学"栏目入选教育部名栏建设工程。读者对象为社会科学工作者、大专院校师生。有英文目次和中英文文摘。

西部论坛 = West Forun/重庆工商大学 . – 重庆：《重庆工商大学学报》编辑部，1989 –
双月刊　　　　　　　大 16 开
ISSN 1674 – 8131　　　CN 50 – 1200　　78 – 110
重庆市南岸区学府大道 19 号 （400067）
编辑部电话：023 – 60769479
E-mail：westforumcn@ gamil. com

　　经济管理类学术刊物。原名《重庆商学院学报》，2003 年、2004 年分别改名为《重庆工商大学学报（西部经济论坛)》和《重庆工商大学学报（西部论坛)》。2009 年改用现刊名。办刊宗旨：坚持"立足重庆、服务西部、面向全国"的办刊宗旨，以质量为立刊之本，突出创新性、前瞻性和应用性，促进理论创新。主要栏目有：城乡统筹与农村改革、国情研究、中国改革热点与难点、经济理论与方法、产业经济与区域经济、企业经济与管理、世界经济与国际比较、财政与金融等。读者对象为经济管理科研人员、教师、企业管理人员、公务员以及高校学生等。有英文目次和论文中英文摘要。

西藏研究 = Tibetan Studies/西藏社会科学院 . – 拉萨：《西藏研究》编辑部，1981 –
双月刊　　　　　　　大 16 开
ISSN 1000 – 0003　　　CN 54 – 1006　　68 – 7

西藏自治区拉萨市色拉路 4 号（850000）
编辑部电话：0891 – 6322638
E-mail：xzyj1981@ sina. com

　　藏学研究学术刊物。介绍西藏的社会文化、哲学理念、科学技术，以及西藏的政治时事等，研究西藏历史和现状，涉及经济、政治、宗教等诸多领域。设有经济、历史、宗教、文化、格萨尔、考古、文物、档案、语言、民俗、旅游、藏医、藏学等近 20 个栏目。主要面向从事西藏研究的民族工作者、科研人员及民族院校师生。

西南大学学报. 社会科学版 = Journal of Southwest China Normal University. Social Sciences Edition/西南大学 . – 重庆：西南大学期刊社，1957 –
双月刊　　　　　　　　大 16 开
ISSN 1673 – 9841　　　CN 50 – 1188　　　78 – 20
重庆市北碚区天生路 2 号 （400715）
编辑部电话：023 – 68254225
E-mail：xbbjb@ swu. cn

　　人文社会科学综合性学术刊物。曾用刊名《西南师范大学学报. 哲学社会科学版》、《西南师范大学学报. 人文社会科学版》、《西南大学学报. 人文社会科学版》，因西南师范大学与西南农业大学合并为西南大学而改用现刊名。以繁荣学术、发展科学文化事业、促进社会全面进步为宗旨，致力于探讨社会主义建设和人文社会科学研究中的理论与实践问题，尤其是中国西部地区社会发展和师范教育中的新问题，在教育及教育心理研究、文史哲研究等方面形成了自己的优势和特色。辟有学术视点、教育研究、心理研究、文学研究、历史研究、哲学研究、法学研究、经济与管理研究、马克思主义研究、政治学研究、社会学研究等栏目。读者对象为社会科学研究人员、高校师生等。

西南民族大学学报. 人文社会科学版 = Journal of Southwest University for Nationalities. Humanities and Social Sciences/西南民族大学 . – 成都：《西南民族大学学报》编辑部，1979 –
月刊　　　　　　　　大 16 开
ISSN 1004 – 3926　　　CN 51 – 1671
四川省成都市一环路南四段 16 号 （610041）

编辑部电话：028 – 85522071

E-mail：xnmdxuebao@ 126. com

　　民族学类综合性学术期刊。原名《西南民族学院学报. 哲学社会科学版》。突出民族特色，反映有关中国西南地区各种民族问题的最新研究成果，注重研究民族理论和民族地区经济建设、社会发展实践方面的问题，密切关注学术界的各种热点、难点问题。主要栏目有：民族学·人类学、哲学·宗教、心理学、法学、文化产业、经济·管理、新闻与传播、语言·文学等。读者对象为社会科学工作者、民族理论研究人员、大专院校文科师生。

西亚非洲 = West Asia and Africa/中国社会科学院西亚非洲研究所 . – 北京：《西亚非洲》编辑部，1980 –

月刊　　　　　　　　　16 开

ISSN 1002 – 7122　　　CN 11 – 1150　　　2 – 391

北京市东城区张自忠路 3 号东院 （100007）

编辑部电话：010 – 64039151

E-mail：waaa@ cass. org. cn

　　西亚非洲综合性专业研究刊物。主要刊载研究西亚非洲地区政治、经济、国际关系、历史、宗教和社会问题等方面的学术论文。主要栏目有：热点透视、论坛、非洲民族国家建构、多维度研究、透视中东地缘格局新变化、新国际环境视角下的中非关系、书刊评介、研究动态等。读者对象为外事工作人员、亚非问题研究人员、高校有关专业师生。有英文目次。

西域研究 = The Western Regions Studies/新疆社会科学院 . – 乌鲁木齐：《西域研究》编辑部，1991 –

季刊　　　　　　　　　大 16 开

ISSN 1002 – 4743　　　CN 65 – 1121　　　58 – 80

新疆维吾尔自治区乌鲁木齐市北京南路 246 号 （830011）

编辑部电话：0991 – 3837937

E-mail：xyyjbjb@ 126. com

　　文史类专业学术期刊。办刊宗旨：贯彻"双百"方针，突出地方特色和民族特色，维护祖国统一和民族团结，弘扬祖国优秀文化。主要刊载有关新疆民族史、经济发展史、文化史、宗教史、历史地理、文物考古、文学艺术、语言等人文学科的有较高水平的最新研究成果。主要栏目有：专题论文、考古与文物、宗教研究、历史地理、吐鲁番学研究、文化文学艺术、学术综述、学术争鸣、学术信息等。读者对象是从事民族研究、社会科学研究的工作人员。

戏剧（中央戏剧学院学报） = Drama（The Journal of the Central Academy of Drama）/中央戏剧学院 . - 北京：《戏剧》学报社，1956 -

季刊　　　　　　　　16 开
ISSN 1003 - 0549　　　CN 11 - 1159　　2 - 454
北京市东城区东棉花胡同 39 号（100710）
编辑部电话：010 - 64056580
E-mail：xuebao@ chntheatre. edu. cn

戏剧类理论学术刊物。"文化大革命"期间停刊。1979 年以《戏剧学习》的刊名复刊，1986 年改为现刊名。注重戏剧领域的基础理论研究，并结合中国戏剧的实践与理论问题，反映戏剧理论的最新研究成果。内容包括戏剧文学、戏剧导演、戏剧表演、戏剧舞台美术等学科的研究成果，以及剧本、资料整理、考察报告等。主要栏目有：外国戏剧研究、戏曲研究、表导演艺术研究、舞台美术研究等。读者对象为人文社会科学工作者、戏剧艺术实践和理论工作者、高校学生、戏剧爱好者。有英文目次和中英文内容提要。

厦门大学学报. 哲学社会科学版 = Journal of Xiamen University. Arts & Social Sciences/厦门大学 . - 厦门：《厦门大学学报. 哲学社会科学版》编辑部，1926 -

双月刊　　　　　　　　大 16 开
ISSN 0438 - 0460　　　CN 35 - 1019　　34 - 7
福建省厦门大学学报编辑部（361005）
编辑部电话：0592 - 2182366
E-mail：xdxbs@ xmu. edu. cn

人文社会科学综合性学术刊物。办刊宗旨：反映哲学社会科学的新成果，开展学术交流，促进文科教学和科研，发现和扶植哲学社会科学领域的新秀，促进精神文明建设。发表的论文内容涉及人文社会科学的各个研究领域。主要栏目有：特稿、现代性研究、前沿课题研究与述评、台湾研究、跨文化研究、民族史研究新视野、中国宏观经济分析与预测等。读者对象为人文社会科学工作者、大专院校文科师生。

现代传播（中国传媒大学学报） = Modern Communication/中国传媒大学 . – 北京：《现代传播（中国传媒大学学报）》编辑部，1979 –

双月刊　　　　　　　　大 16 开

ISSN 1007 – 8770　　　 CN 11 – 5363　　 2 – 753

北京市朝阳区定福庄东街 1 号 （100024）

编辑部电话：010 – 65779586

E-mail：journalcuc@163.com

　　以广播电视为中心的传媒学术期刊。刊物密切关注变动着的以广播电视为中心的大众传播事业的新问题、新现象、新观念。从整个社会文化大背景对传播现象进行全方位、综合性的理论研究，并紧紧追踪国内外理论研究的最新动向和学科前沿。现开设有传播文化、城市形象传播、新媒体研究、新闻学与传播学、专题研究·媒介融合背景下的政府新闻发布、专题研究·推动文化大发展大繁荣、繁荣哲学社会科学前沿、传播艺术与艺术传播、传媒观察、媒介经营与管理、传媒教育、随笔札记、学术动态、来稿摘登等栏目。读者主要为广播、电视、报纸、网络等媒体专业人士，高等院校、科研机构的专家学者，以及新闻传播院校的学生。

现代法学 = Modern Law Science/西南政法大学 . – 重庆：《现代法学》编辑部，1979 –

双月刊　　　　　　　　大 16 开

ISSN 1001 – 2397　　　 CN 50 – 1020　　 78 – 15

重庆市两江新区回兴街道宝圣大道 301 号 （400031）

编辑部电话：023 – 67258826

E-mail：xiandaifaxue@126.com

　　法学专业期刊。曾用刊名《西南政法学院学报》、《法学季刊》，1988 年更名为现刊名。办刊特色：立足法学高等院校，面向全国，以大容量的信息载体刊登国内法学研究的最新成果；注重弘扬马克思主义法学，坚持理论联系实际，推出法学研究精品。主要刊登法学理论及实践方面的文章，同时还十分重视刊载针对司法实践中出现的一系列新问题的学术研究成果。栏目设置有：理论思考、部门法研究、国际法与比较法论坛、观点回应、专题研究、评论等。读者对象为法学研究人员、法律工作者、高等院校师生等。

现代国际关系 = Contemporary International Relations/中国现代国际关系研究院 . –
北京:《现代国际关系》编辑部，1981 –
月刊　　　　　　　　大 16 开
ISSN 1000 – 6192　　　CN 11 – 1134　　　82 – 981
北京市海淀区万寿寺甲 2 号 （100081）
编辑部电话: 010 – 88547315
E-mail:cir@ cicir. ac. cn

　　国际关系研究专业学术刊物。办刊宗旨是为广大读者了解认识世界和增长国
际知识服务，为从事国际问题研究的专家学者交流研究成果服务，为党、政、军
决策部门了解国际环境、为涉外工作单位掌握时局和国际信息服务。着重发表有
关当前重大国际形势变化和国际关系重要发展的研究成果，各地区和国家出现的
新问题、新动向，边缘学科和科技领域的新趋势。设有特约评论、大国关系、理
论探索、专题研讨、国际政治与安全、学术动态、中国边海问题与中国对外战略、
美国问题专辑、中外大国关系、中国海外利益研究、国际体系与国际格局、公共
外交研究、对外援助研究、国际组织、外论选登、会议信息和书评等栏目。读者
对象为国际问题研究人员、外事工作者、相关专业高等院校师生及对国际问题有
兴趣的人员。有英文目次和中文提要。

现代日本经济 = Contemporary Economy of Japan/吉林大学，全国日本经济学会 . –
长春:《现代日本经济》编辑部，1982 –
双月刊　　　　　　　　大 16 开
ISSN 1000 – 355X　　　CN 22 – 1065　　　12 – 225
吉林省长春市前进大街 2699 号 （130012）
编辑部电话: 0431 – 85166391
E-mail:xdrbjj@ 163. com

　　专门介绍、研究日本经济问题的学术性刊物。办刊宗旨为以实事求是、理论
联系实际为基本原则，如实地传播日本发展经济、提高技术、改进经营管理的经
验与技术，供中国经济工作者及企事业部门研究与借鉴。主要特点为对日本经济
问题的研究全面、系统，密切联系国内经济领域的实际，针对性强。主要栏目有:
纪念专栏、宏观经济、贸易与投资、财政与金融、节能与环保、产业经济、金融、

农业、对外贸易、环境保护、核电与低碳企业管理、企业管理、社会保障等。主要读者对象为从事日本经济研究的专业人员、财经院校的教师与学生、企事业部门的领导干部。有中英文目次和中文摘要。

现代图书情报技术 = New Technology of Library and Information Service/中国科学院文献情报中心 . – 北京:《现代图书情报技术》编辑部,1985 –
月刊　　　　　　　　大 16 开
ISSN 1003 – 3513　　　CN 11 – 2856　　　82 – 421
北京市海淀区中关村北四环西路 33 号 (100190)
编辑部电话:010 – 82624938
E-mail:jishu@ mail. las. ac. cn

　　图书馆、情报学、信息管理技术类学术刊物。原名《计算机与图书馆》,1985年改为现刊名。以跟踪信息管理技术的研究、应用、交流为主,集图书馆界、情报界各种现代技术的应用和情报信息服务工作导向于一身,面向情报界、图书馆界和档案界,刊载有关图书情报技术工作的经验,促进新技术的研究、应用等方面的学术文章。栏目设置有:数字图书馆、知识组织与知识管理、情报分析与研究、应用实践、动态等。读者对象为从事图书情报研究、工作的人员,大专院校师生。有中英文目次和摘要。

现代外语 = Modern Foreign Languages/广东外语外贸大学 . – 广州:《现代外语》编辑部,1978 –
季刊　　　　　　　　16 开
ISSN 1003 – 6105　　　CN 44 – 1165　　　46 – 70
广东省广州市白云区白云大道北 2 号 (510420)
编辑部电话:020 – 36207235
E-mail:gplal@ gdufs. edu. cn

　　语言学与应用语言学专业学术期刊。以发表具有独到见解的外国语言学与应用语言学原创性研究论文为特色。主要刊登以下领域的理论性、实证性和综述性论文:语言学、二语研究及其应用、外语教学、综述/述评、综述/访谈、书刊评介等。此外,还刊登介绍相关学科最新动态的新书评介。读者对象为外语研究人员、语言学与应用语言学研究人员、外语教学人员。有英文目次。

现代哲学 = Modern Philosophy/广东哲学学会 . – 广州：现代哲学杂志社，1985 –

双月刊　　　　　　　大 16 开

ISSN 1000 – 7660　　　CN 44 – 1071　　　46 – 267

广东广州市新港西路 135 号中山大学文科楼 806 室（510275）

编辑部电话：020 – 84114924

E-mail：xdzx@ mail. sysu. edu. cn

　　哲学类专业学术期刊。坚持文本解读、学术取向、理论创新、联系实际的办刊宗旨，发稿范围覆盖哲学一级学科，特别关注现代哲学发展的动态，注重反映马克思主义哲学研究的最新成果。常设栏目主要有：马克思主义哲学的当代价值、毛泽东与当代中国、唯物史观与当代社会发展、国外马克思主义研究、实践哲学与政治哲学、中国传统思想与现代审视、现象学研究、分析哲学研究、科学哲学研究、美学研究、宗教学研究等。主要读者对象为国内外哲学专家、学者，各大专院校图书馆、相关系科的资料室相关人员，哲学专业工作者和哲学爱好者。有英文目次及摘要。

湘潭大学学报. 哲学社会科学版 = Journal of Xiangtan University. Philosophy and Social Sciences/湘潭大学 . – 湘潭：《湘潭大学学报》编辑部，1977 –

双月刊　　　　　　　大 16 开

ISSN 1001 – 5981　　　CN 43 – 1164　　　42 – 34

湖南省湘潭市湘潭大学（411105）

　　人文社会科学综合性学术刊物。原名《湘潭大学社会科学学报》。办刊宗旨：以反映本校教学、科研成果为主，理论联系实际，反映专业学术研究前沿动态的最新成果，针对理论与现实的主流热点问题进行学术争鸣。辟有毛泽东思想研究、公共管理研究、法学研究、政治学研究、经济学研究、哲学研究、伦理学研究、历史学研究、文化研究、文学研究、语言学研究、教育学研究等栏目。读者对象为社会科学工作者及高校师生。有英文目次和中英文文摘。

消费经济 = Consumer Economics/湘潭大学，湖南商学院，湖南师范大学 . – 长沙：《消费经济》编辑部，1985 –

双月刊　　　　　　　大 16 开

ISSN 1007 – 5682　　　CN 43 – 1022　　　42 – 89

湖南省长沙市麓山路 36 号（湖南师范大学商学院内）（410081）

编辑部电话：0731 - 88644080

E-mail：xfjj1985@ 126. com

　　经济类理论刊物。以研究消费理论，指导生产经营，提供消费信息，引导居民消费为宗旨。以密切关注消费领域的热点、难点、焦点问题，坚持理论性、指导性和知识性为办刊方针。主要栏目有：消费者行为、消费者权益、消费市场、住房消费、旅游消费、文化教育消费、研究动态、消费趋势、消费热点、消费水平、消费需求等。读者对象为从事经济研究、社会学研究的工作人员、企业家、政府官员、高校师生等。有英文目次。

小说评论 = Novel Rivew/陕西省作家协会 . - 西安：《小说评论》编辑部，1985 -

双月刊　　　　　　　　16 开

ISSN 1004 - 2164　　　CN 61 - 1017　　52 - 108

陕西省西安市建国路 83 号 （710001）

编辑部电话：029 - 87428615

E-mail：xspl1985@ 163. com

　　文学评论专业刊物。探讨小说创作理论，刊登有关当代小说评论及作家作品研究的学术论文。主要栏目有：小说理论研究、小说形势分析、文坛纵横、作家手记、小说家档案、现代小说批评、小说讨论会、小说评论小辑、小说专线、小说思潮研究、小说作家作品研究、小说批评研究、小说世界随笔及综述等。读者对象为当代文学研究人员、作家、评论人员、高等院校文学专业师生及文学爱好者。

心理发展与教育 = Psychological Development and Education/北京师范大学 . - 北京：《心理发展与教育》编辑部，1985 -

双月刊　　　　　　　　大 16 开

ISSN 1001 - 4918　　　CN 11 - 1608　　2 - 913

北京市西城区新街口外大街 19 号 （100875）

编辑部电话：010 - 58807700

E-mail：pdae@ bnu. edu. cn

　　儿童心理学、教育心理学专业刊物。刊登国内外专家撰写的发展心理学与教育心理学领域的高质量研究报告与论文。既注重发表理论性的文章，如介绍国内外儿童发展心理学的学科动向、当前进展及最新成果，又注重发表实用性、指导性的文章，如介绍儿童身心发展障碍、心理与行为问题、学习困难、心理咨询和行为矫正方法等。主要栏目有：认知与社会性发展、教与学心理学、心理健康教育、理论与方法等。读者对象为广大教育工作者、心理学工作者及从事心理健康的医学工作者。有英文目次。

心理科学 = Journal of Psychological Science/中国心理学会 . –上海：《心理科学》编辑部，1964 –

双月刊　　　　　　　大 16 开
ISSN 1671 – 6981　　　CN 31 – 1582　　　4 – 317
上海市中山北路 3663 号 （200062）
编辑部电话：021 – 62232236
E-mail：xinlikexue@ vip. 163. com

　　心理科学研究专业刊物。前身为《心理科学通讯》，1988 年改为现刊名。坚持全面反映国内外心理学各个分支的最新研究成果和最新进展，特别是心理学的理论建设、实验研究和应用研究。主要栏目有：基础、实验与工效，发展与教育，社会、人格与管理，统计与测量，临床与咨询，理论与史等。读者对象为心理学研究人员、相关专业教师和学生等。有英文目次。

心理科学进展 = Advances in Psychological Science/中国科学院心理研究所 . –北京：《心理科学进展》编辑委员会，1983 –

月刊　　　　　　　　16 开
ISSN 1671 – 3710　　　CN 11 – 4766　　　2 – 938
北京市朝阳区林萃路 16 号院中国科学院心理研究所 （100101）
编辑部电话：010 – 64850861
E-mail：jinzhan@ psych. ac. cn

　　心理科学研究专业刊物。原名《心理学动态》。2002 年改为现刊名。办刊宗旨为反映心理学各领域的最新研究进展。主要刊登能够反映国内外心理学各领域研究的新进展、新动向、新成果的文献综述和评论以及研究简报。主要栏目有：研究构想、研究方法、研究前沿等。读者对象为心理学教学科研工作者、教育工作者、社会工作者和医学工作者等。有英文目次。

心理学报 = Acta Psychologica Sinica/中国心理学会，中国科学院心理研究所．－北京：《心理学报》编辑委员会，1956 –
月刊　　　　　　　　大 16 开
ISSN 0439 – 755X　　　CN 11 – 1911　　　82 – 12
北京市朝阳区林萃路 16 号院中国科学院心理研究所（100101）
编辑部电话：010 – 64850861
E-mail：xuebao@ psych. ac. cn

　　心理科学学术刊物。主要发表中国心理学家最新、最高水平的心理学科论文，包括心理学各领域（认知与实验心理、发展与教育心理、生理与医学心理、企业管理与社会心理、心理测验、心理学史与基本理论、研究方法等）具有原创性的研究报告、理论综述等。读者对象为从事心理学、生物学、医学、教育学及哲学的科技工作者，大专院校师生及其他有关人员。有英文目次和中英文提要。

新疆社会科学 = Social Sciences in Xinjiang/新疆社会科学院．－乌鲁木齐：新疆社会科学杂志社，1981 –
双月刊　　　　　　　大 16 开
ISSN 1009 – 5330　　　CN 65 – 1211　　　58 – 32
新疆维吾尔自治区乌鲁木齐市北京南路 246 号（830011）
编辑部电话：0991 – 3837937；3662276
E-mail：xjshkx@ 126. com；xjshkx@ sina. com

　　人文社会科学综合性学术刊物。原名《新疆社会经济》，2001 起改为现刊名。办刊宗旨：为繁荣哲学社会科学研究和社会主义物质文明、政治文明、精神文明服务，优先选用选题新颖、观点创新以及挖掘新材料的优秀论文。文章内容涵盖哲学、科学社会主义、政治学、经济理论与实践（以区域经济研究为主）、中亚及西亚、南亚研究、民族与宗教、法学、文化、社会学、历史等学科领域。主要栏目有：政治·哲学、语言·文学、文化、社会、民族与宗教、经济理论与实践、国际问题研究、法学等。读者对象为社会科学工作者、文科院校师生等。

新疆师范大学学报. 哲学社会科学版 = Journal of Xinjiang Normal University. Philosophy and Social Sciences Edition/新疆师范大学．－乌鲁木齐：《新疆师范大学学报》编辑部，1980 –
双月刊　　　　　　　大 16 开

ISSN 1005 – 9245　　　　CN 65 – 1039　　　58 – 84
新疆维吾尔自治区乌鲁木齐市新医路 102 号（830054）
编辑部电话：0991 – 4332658
E-mail：ljjj1357@ sina. com

　　人文社会科学综合性学术刊物。以维、汉两种文字出版，办刊宗旨为努力为国家的改革开放和新疆的经济文化发展服务，注重反映本校教学和科研的最新成果以及反映民族和地域特色的论文，同时也吸收校外高质量的学术论文，将鼓励后学，扶植青年学者，努力体现出地方性、民族性和师范性特色。辟有昆仑名师论坛、中亚研究、文化大繁荣策划、民族问题研究、政治学研究、语言学研究、丝路文化、教育研究等栏目。读者对象为社会科学工作者、文科院校师生等。

新金融 = New Finance/交通银行股份有限公司 . – 上海：《新金融》编辑部，1990 –
月刊　　　　　　　　　大 16 开
ISSN 1006 – 1770　　　　CN 31 – 1560
上海市仙霞路 18 号（200336）
编辑部电话：021 – 32169999
E-mail：xinjr@ bankcomm. com

　　经济金融类学术刊物。以宏观经济研究和商业银行经营管理为特色，突出经济金融的理论前沿研究，紧跟国际金融发展的最新动态，反映国际金融创新与风险控制的最新成果。力求以广阔的视野，全方位、多层次和多角度地服务于中国的金融体制改革和金融事业的发展。特别注重选取国际著名机构和国际著名专家的文章分析国际金融发展势态。栏目设置有：融资研究、金融时评、金融监管、金融创新、宏观经济、产业经济、博士后征文、借鉴与思考、国际金融、商业银行经营管理等。主要读者对象为政府有关部门和金融机构研究人员、管理人员和经济院校师生。

新视野 = Expanding Horizons/中共北京市委党校，北京行政学院 . – 北京：《新视野》编辑部，1984 –
双月刊　　　　　　　　大 16 开
ISSN 1006 – 0138　　　　CN 11 – 3257　　　82 – 544

北京市西城区车公庄大街 6 号（100044）

编辑部电话：010 - 68007097

E-mail：xin_ shiye@ sohu. com

综合性政治理论刊物。关注当代人文社会科学领域的前沿问题，深入分析当前社会普遍关注的焦点、热点问题。栏目设置有：中国社会经济发展战略、执政党建设、政治发展与治理、文化广角、首都科学发展论坛、市场经济纵横、社会主义文化发展与创新、理论与实践、经济决策分析、借鉴与参考、环球经纬、公共管理变革、政府改革与创新、法治文明、国事要闻、当代马克思主义研究、传统文化与现代化等。读者对象为广大理论工作者和实际工作者。

新闻与传播研究 = Journalism and Communication/中国社会科学院新闻与传播研究所 . - 北京：《新闻与传播研究》编辑部，1994 -

双月刊   16 开

ISSN 1005 - 2577   CN 11 - 3320

北京市朝阳门区光华路 15 号院 1 号楼泰达时代中心 10 层 （100026）

编辑部电话：010 - 65980611

E-mail：submit - jc@ 163. com

新闻传播学学术性刊物。前身为《新闻研究资料》。发表国内新闻学和传播学研究的最新成果，刊登新闻传播学方面的资料及研究论文，报道电子、网络等现代化技术手段在新闻传播工作中的应用，介绍国外及港台地区新闻传播事业和新闻传播教育的发展状况。重视学科的理论基础发展，积极开展跨学科研究，与国际学术界保持密切联系。主要栏目有：新闻史、新媒体、马克思主义新闻学、传播学、传播规制、理论探讨、传播政策等。读者对象为新闻、广播、电视工作者及新闻传播学的科研人员。有英文目次和中英文提要。

行政法学研究 = Administrative Law Review/中国政法大学 . - 北京：行政法学研究杂志社，1993 -

季刊   16 开

ISSN 1005 - 0078   CN 11 - 3110   82 - 664

北京市海淀区西土城路 25 号中国政法大学研究生院行政法学研究杂志社 （100088）

编辑部电话：010 - 58908184

E-mail：xzfxyj@ tom. com

　　法学类学术刊物。以推动行政法治建设为宗旨。刊登以研究行政法学为主要内容的法学研究论文。常设栏目有：专论、行政法制比较研究、新书推荐、法律时评、案例评议、综述、译文等，此外还不定期推出一些特别栏目。读者对象为大专院校师生，科研院所研究人员，各级人大法制工作机构、政府法制、监察部门、法院行政审判庭、检察院民事行政检察机构和公安、工商、税务、土地管理、环保等行政执法部门工作人员。有英文目次和中文内容摘要。

学海 = Academia Bimestris/江苏省社会科学院 . – 南京：《学海》编辑部，1990 –
双月刊　　　　　　　　大 16 开
ISSN 1001 – 9790　　　CN 32 – 1308　　28 – 303
江苏省南京市虎踞北路 12 号（210013）
编辑部电话：025 – 83391490
E-mail：xuehai1990@ 126. com

　　人文社会科学综合性学术刊物。1990 年在合并《哲学探讨》、《社会学探索》、《法学论丛》和《江苏史学》等杂志基础上创刊。反映哲学社会科学的最新研究成果，注重基础理论及社会实践问题研究。设有马克思主义与当代中国、主题研讨、专题论文、学术评论和学术书评等栏目。其中"主题研讨"、"学术评论"和"学术书评"栏目为主打栏目。读者对象为人文社会科学研究者、大专院校师生和部分机关干部与社会人士。有论文提要及作者简介和英文目次。

学术交流 = Academic Exchange/黑龙江省社会科学界联合会 . – 哈尔滨：学术交流杂志社，1985 –
月刊　　　　　　　　　大 16 开
ISSN 1000 – 8284　　　CN 23 – 1048　　14 – 166
黑龙江省哈尔滨市南岗区中宣街 20 – 6 号（150001）
编辑部电话：0451 – 82808211
E-mail：XSJL@ chinajournal. net. cn

　　人文社会科学综合性学术刊物。办刊宗旨：面向当代，面向全国，面向世界，为广大哲学社会科学工作者交流科研成果、传递学术信息、综述学术观点等提供理论阵地；以研究和探讨中国改革开放和社会主义现代化建设中的重大理论和现实问题为己任，侧重刊发运用马列主义基本理论研究探讨在世界发展和建设中国特色社会主义的实践中所遇到的新情况、新问题的学术论文。栏目设置有：中国现当代文学研究、中国古代文学研究、社会保障研究、产业经济研究、社会学研究、马克思主义理论研究、伦理学研究、经济学研究、黑龙江发展研究等。读者对象为大专院校文科师生及社会科学工作者。有英文目次。

学术界 = Academics in China/安徽省社会科学界联合会 . – 合肥：学术界杂志社，1986 –

月刊　　　　　　　　　　16 开
ISSN 1002 – 1698　　　　CN 34 – 1004　　　26 – 68
安徽省合肥市潜山路绿地蓝海国际大厦 A – 1801　（230071）
编辑部电话：0551 – 3422973
E-mail：xsjzzs@ 163. com

　　人文社会科学综合性学术刊物。办刊宗旨：坚持以宪法精神和创新理念为指导，努力追求学术创新、学术自由，积极探索和解决中国发展问题，提升人文社会科学的价值、权威和尊严。登载人文社会科学的基础理论研究和应用理论研究的学术论文。长期采用特色栏目方式记录中国学术界具有学术史价值的问题和成果，坚持思想性和学术性并重，内容涉及人文社会科学的各主要学科领域。主要栏目有：学术探索、学科前沿、学术批评、学人论语、学者专论、学术史谭、学界观察、学术论点摘编、学术信息、学界荐书等。读者对象为人文社会科学工作者、大专院校文科师生。有英文目次。

学术论坛 = Academic Forum/广西社会科学院 . – 南宁：学术论坛杂志社，1978 –
月刊　　　　　　　　　　大 16 开
ISSN 1004 – 4434　　　　CN 45 – 1002　　　48 – 35
广西壮族自治区南宁市新竹路 5 号　（530022）
编辑部电话：0771 – 5860201
E-mail：xslt@ 163. com

　　人文社会科学综合性学术刊物。坚持思想性、理论性、学术性和应用性的办刊原则，研究改革开放中的重大理论和实践问题，刊登理论联系实际、学术结合时代、追踪社会思潮和学术热点问题的学术论文和研究报告，及时反映人文社会科学的新理论、新观点和新方法。主要栏目有：哲学研究、政治学研究、公共管理研究、经济学研究、社会学研究、法学研究、文史研究、文学艺术研究、教育学研究等。读者对象为社会科学工作者和高等院校文科师生。有英文目次。

学术研究 = Academic Research/广东省社会科学界联合会 . – 广州：学术研究杂志社，1958 –

月刊　　　　　　　　　大 16 开
ISSN 1000 – 7326　　　CN 44 – 1070　　　46 – 64
广东省广州市黄华路四号之二（510050）
编辑部电话：020 – 83846163

　　人文社会科学综合性学术刊物。办刊宗旨：坚持"方向正、品位高、特色鲜明"和"从高层次切入实际"的办刊方针，适应新世纪、新形势、新任务的要求，着力反映和推进对重大理论和实践问题的研究，推进学科建设和理论创新，刊载国内外学术界的最新研究成果。内容涉及政治学、法学、社会学、哲学、经济学、管理学、历史学、文学、语言学、岭南文化等学科领域。辟有专栏：改革开放研究。读者对象为社会科学工作者和高等院校师生。

学术月刊 = Academic Monthly/上海市社会科学界联合会 . – 上海：学术月刊社，1957 –

月刊　　　　　　　　　大 16 开
ISSN 0439 – 8041　　　CN 31 – 1096　　　4 – 72
上海市淮海中路 622 弄 7 号（乙）（200020）
编辑部电话：021 – 53069080
E-mail：xsyk 021@ 163. com

　　人文社会科学综合性学术刊物。坚持理论联系实际，倡导理论创新，鼓励学术竞争的办刊方针，发表哲学、经济学、文学、历史等基础学科，兼及政治学、社会学、法学、教育学等学科的研究成果。尤其注重发表有关当代现实社会、经济发展问题的理论学术文章。主要栏目有：学界视点、对话与交锋、海外名家新论、哲学关注、经济学前沿、文学艺术论评、史学经纬等。读者对象为社会科学工作者和高等院校文科师生。

学位与研究生教育 = Academic Degrees and Graduate Education/国务院学位委员会 . – 北京：学位与研究生教育杂志社，1984 –

月刊　　　　　　　　　大 16 开
ISSN 1001 – 960X　　　　CN 11 – 1736
北京市海淀区中关村南大街 5 号 （100081）
编辑部电话：010 – 68912292
E-mail：zhouwenhui@ bit. edu. cn

　　高等教育类专业刊物。办刊宗旨为坚持理论联系实际的原则，从中国社会主义建设的实际需要出发，围绕研究生教育和学位工作中迫切需要解决的问题，总结国内外的实践经验，探索有效做法，为建设和发展有中国特色的研究生教育和学位制度服务。辟有栏目：专业学位、专题研究、研究生培养、研究生教学、学术探索、信息窗、人物、比较与借鉴、评估与质量保障、学位、争鸣等。读者对象主要为高等学校和科研机构中从事研究生教育和学位工作的各级管理干部、研究生导师，高等教育科学研究人员和在校研究生。

学习与探索 = Study and Exploration/黑龙江省社会科学院 . – 哈尔滨：学习与探索杂志社，1979 –

双月刊　　　　　　　　大 16 开
ISSN 1002 – 462X　　　　CN 23 – 1049　　　14 – 64
黑龙江省哈尔滨市南岗区联发街 62 号 （150001）
编辑部电话：0451 – 86211635

　　人文社会科学综合性学术刊物。以"学习、探索、开拓、创新"作为刊物的灵魂；以从理论上回答历史进程及社会生活中的热点、难点问题，推动社会的发展进步为目标；以原则性、学术性、探索性、时代性为办刊方针。注重对改革开放和现代化建设的重大理论和实践问题进行深入研究和探讨。刊载论文涵盖政治、经济、法律、哲学、历史、文学等多个学科。主要栏目有：当代哲学问题探索、政治发展研究、法治文明与法律发展、史学理论与史学史研究、经济学理论与思潮新探索、当代文艺理论与思潮新探索等。

亚太经济 = Asia – Pacific Economic Review/福建省社会科学院亚太经济研究所 . – 福州：《亚太经济》编辑部，1984 –

双月刊　　　　　　　　大 16 开

ISSN 1000 – 6052　　　　CN 35 – 1014　　　34 – 22

福建省福州市柳河路 18 号（350001）

编辑部电话：0591 – 83791485

E-mail：ytjjbib@ tom. com

世界经济类学术期刊。办刊宗旨：研究亚太地区经济，着重刊登世界经济形势对亚太经济发展的影响，亚太各国或地区经济发展的经验、教训、前景以及中国改革开放等方面的科研成果，也适当刊载有关世界经济重大问题与热点问题的文章。主要栏目有：中国对外开放、亚太纵横、亚太投资、亚太贸易、亚太金融、港澳台经济、国别经济、比较研究、热点透视等。读者对象为经济理论工作者、经济院校师生、党校教员、党政及外经贸部门官员、大型企业管理人员等。有英文目次和重要论文英文摘要。

研究与发展管理 = R&D Management/复旦大学 . – 上海：《研究与发展管理》编辑部，1989 –

双月刊　　　　　　　　大 16 开

ISSN 1004 – 8308　　　　CN 31 – 1599　　　4 – 670

上海市邯郸路 220 号（200433）

编辑部电话：021 – 65643679

E-mail：rdmana@ fudan. edu. cn

综合性科技管理学术刊物。主要刊登科学研究及其技术发展和应用方面的管理学研究论文。主要栏目有：科技政策与创新体系、高校科技管理、创新与企业发展战略、科技创业管理、高新技术与产业分析、创新项目投融资、新产品开发与营销、新产品开发与供应链、研发组织与人力资源管理、技术转移、无形（知识、智力）资本与知识管理、知识产权、技术预测与评估、国外研究与发展管理等。读者对象为科研部门与企业的广大科技人员、科技管理人员和高校师生等。有英文目录和中英文提要。

艺术百家 = Hundred Schools in Arts/江苏省文化艺术研究院 . – 南京：《艺术百家》编辑部，1985 –

双月刊　　　　　　　　大 16 开

ISSN 1003 – 9104　　　　CN 32 – 1092　　　25 – 360

江苏省南京市中山南路 89 号江苏文化大厦 8 楼（210005）

编辑部电话：025 – 84699052

E-mail：yishubaijia @ 126. com

　　艺术类综合性学术刊物。办刊宗旨为立足江苏本省，面向海内外，大力弘扬民族文化，提倡自由平等交流基础上的文化融合。注重国家重大文化课题，关注当代学术热点，着重刊发有价值、对实践拥有实际指导意义和突出、深厚的思想性的艺术学科综合性学术研究成果。栏目内容设置涵盖艺术学、美术学、设计艺术学、戏剧戏曲学、电影学、广播电视艺术学、舞蹈学，并兼顾哲学、美学、建筑学、考古学、博物馆学、经济学、管理学等学术领域与文化有关之部分。读者对象为从事各类艺术专业的研究人员、从业人员、社会科学工作者、艺术类大专院校师生。

音乐研究 = Music Research/人民音乐出版社 . – 北京：《音乐研究》编辑部，
1958 –

双月刊　　　　　　　16 开

ISSN 0512 – 7939　　　CN 11 – 1665　　2 – 258

北京市朝阳门内大街甲 55 号（100010）

编辑部电话：010 – 58110575

E-mail：yyyj@ rymusic. com. cn

　　音乐艺术理论刊物。致力于中国传统音乐艺术的研究，关注国内外音乐学术的最新发展，探讨音乐艺术理论，反映中国音乐艺术研究的成果，报道学术动态。主要刊载音乐创作、作品与作曲家、音乐史学、民族音乐学、音乐教育学、音乐美学、作曲技术理论、表演艺术理论及音乐科技等方面的研究成果。读者对象为专业音乐工作者、文艺理论工作者及音乐爱好者。有英文目次。

音乐艺术（上海音乐学院学报） = The Art of Music（Shanghai Conservatory of Music）/上海音乐学院 . – 上海：《音乐艺术（上海音乐学院学报）》编辑部，
1979 –

季刊　　　　　　　16 开

ISSN 1000 – 4270　　　CN 31 – 1004　　4 – 398

上海市汾阳路 20 号（200031）

编辑部电话：021 – 64319166

E-mail：musicart2000@ 163. com

音乐理论学术性刊物。以贯彻"双百"方针，提高中国高等音乐教育和音乐艺术各领域的研究水平，繁荣社会主义音乐文化为办刊宗旨。主要发表有关民族音乐研究、音乐教育、乐律学、音乐美学、音乐心理学、作曲理论研究、作家作品研究以及演奏艺术、创作思想方面的文章。辟有思维·观念、历史·传统、分析·研究、读书·评乐、学术·动态等栏目。读者对象为专业音乐工作者、音乐院校师生及音乐爱好者。有英文目次。

语言教学与研究 = Language Teaching and Linguistic Studies/北京语言大学. － 北京：北京语言大学语言研究所《语言教学与研究》编辑部，1979 －

双月刊　　　　　　　16 开
ISSN 0257 － 9448　　　CN 11 － 1472　　　2 － 458
北京市海淀区学院路 15 号（100083）
编辑部电话：010 － 82303573
E-mail：xb@ blcu. edu. cn

汉语教学与汉语研究专业性学术期刊。以开展汉语教学理论和规律研究、汉语与外语对比研究、语言学研究为办刊宗旨。重视发表语言应用研究类论文，侧重刊载关于汉语教学方法、教学经验研究、外国大学汉语教学问题的学术文章，向读者提供有关国内外语言教学与研究的学术信息。对外汉语教学研究是该刊一直坚持的重点和特色。读者对象为语言研究人员、汉语教学人员等。有英文目次。

语言科学 = Linguistic Sciences/江苏师范大学语言研究所. － 徐州：语言科学杂志社，2002 －

双月刊　　　　　　　大 16 开
ISSN 1671 － 9484　　　CN 32 － 1687　　　80 － 114
江苏师范大学语言研究所（221009）
编辑部电话：0516 － 83403513
E-mail：yykx@ vip. 163. com

语言学及应用语言学专业学术刊物。主要刊登语言科学研究领域内有理论意义和应用价值的基础研究、应用基础研究、应用研究的专论，以及基于共时或历时的具体语言事实且有理论深度或独创性见解和在交叉学科、新兴学科领域中有突破性进展的专题研究成果，包括理论语言学、计算语言学、工程语言学（语言信号处理、机器翻译、人工智能等）、神经语言学、心理语言学、认知语言学、社会语言学、数理语言学、声学语言学、比较语言学、人类语言学、语言习得研究、现代汉语研究、汉语史研究、中国境内各民族语言研究、国外语言及国外语言学研究、中外语言学史等。读者对象为语言学研究人员。

语言研究 = Studies in Language and Linguistics/华中科技大学中国语言研究所 . – 武汉：语言研究杂志社，1981 –

季刊　　　　　　　　大 16 开
ISSN 1000 – 1263　　　CN 42 – 1025　　　38 – 399
湖北省武汉市珞瑜路 1037 号（430074）
编辑部电话：027 – 87559504
E-mail：yyyj@ chinajournal. net. cn

　　语言学学术刊物。以中国境内各种语言为研究对象，兼采传统语言学和现代语言学之长，旨在建立具有中国特色的语言学理论和方法论体系，促进中国语言学的发展。载文内容包括：语言学理论方法的探索及新学说的评价，汉语和少数民族语言及方言的描写，亲属语言的历史比较研究，在语言研究中使用自然科学手段的理论和实践，语言的对比研究，用现代语言学理论研究传统的文字学、音韵学、训诂学，当前国内外重要语言学著作述评等。读者对象为从事语言研究的单位和个人，高等院校和科研机构汉语、少数民族语、外语等有关专业的师生及研究人员。

语言与翻译 = Language and Translation/新疆民族语言文字工作委员会 . – 乌鲁木齐：《语言与翻译 . 汉文版》杂志社，1985 –

季刊　　　　　　　　大 16 开
ISSN 1001 – 0823　　　CN 65 – 1015　　　58 – 23
新疆维吾尔自治区乌鲁木齐市新华南路 654 号（830049）
编辑部电话：0991 – 8559426
E-mail：yyfy1985@ sohu. com

　　少数民族语言研究专业刊物。办刊宗旨：宣传党的民族政策和语言文字政策，贯彻"百家争鸣、百花齐放"方针，开展语言和翻译理论研究。主要刊登有关西北地区少数民族语言研究的论文、翻译研究、双语教学研究的学术文章。主要栏目有：政策研究、汉语研究、少数民族语言研究、双语教学与双语学习、对外汉语教学、翻译理论与实践、学术动态、简讯等。读者对象为少数民族语言研究人员、翻译工作者、双语教学人员、大专院校师生。

预测 = Forecasting/合肥工业大学预测与发展研究所． – 合肥：预测杂志社，1982 –
双月刊　　　　　　　　大 16 开
ISSN 1003 – 5192　　　CN 34 – 1013　　26 – 46
安徽省合肥市屯溪路 193 号合肥工业大学 290 信箱 （230009）
编辑部电话：0551 – 2901500
E-mail：forecast@ mail. hf. ah. cn

　　管理学学术刊物。以预测经济、社会、科技发展，报道最新预测技术交流预测方法及研究成果的应用为宗旨。注重研究中国经济和社会发展中提出的实际管理课题，以及以实际课题为背景的有关管理学基础理论、方法和模型。栏目设置有：经济预测、预测与评价理论和方法、企业管理理论与方法、统计论坛、预测天地、调查与分析、各抒己见、专家答疑等。读者对象为管理学和经济学研究人员、高等院校相关专业师生、企事业单位和政府部门的管理人员。

云南大学学报. 社会科学版 = Journal of Yunnan University. Social Sciences Edition/云南大学． – 昆明：《云南大学学报. 社会科学版》编辑部，2002 –
双月刊　　　　　　　　大 16 开
ISSN 1671 – 7511　　　CN 53 – 1176　　64 – 85
云南省昆明市翠湖北路 2 号云南大学文津楼 （650091）
编辑部电话：0871 – 5031238；0871 – 5032099
E-mail：yndxxb2222@ 163. com

　　人文社会科学综合性学术刊物。办刊宗旨为坚持正确的舆论导向，开拓学术视野，弘扬人文和科学精神，为培养优秀学术人才、促进高校学术研究的繁荣、推动云南民族文化大省建设和西部大开发战略的实施做贡献。辟有外国哲学研究、中国哲学研究、政治学研究、伦理学研究、文学研究、社会学研究、法学研究、经济学研究等栏目。读者对象为哲学社会科学研究人员及大专院校师生。

云南民族大学学报. 哲学社会科学版 = Journal of Yunnan University of Nationalities. Social Sciences/云南民族大学． – 昆明：《云南民族大学学报. 哲学社会科学版》编辑部，1983 –
双月刊　　　　　　　　大 16 开

ISSN 1672 – 867X　　　CN 53 – 1191　　　64 – 46
云南省昆明市一二·一大街 134 号 （650031）
编辑部电话：0871 – 5137404
E-mail：ynmdxb@ 163. com

　　民族学类综合性学术期刊。立足民族研究，助推社会发展，关注当代社会中的重大理论与现实问题。以注重学术质量，坚持按质取文，提倡探索争鸣为办刊宗旨。主要刊载民族学、社会学、少数民族哲学、经济、历史、文化、宗教、语言、文学等方面的研究论文及调查报告。内容注重地方和民族特色，强调理论深度，关注学术前沿，面向全国社会科学界。常设民族学·人类学研究、民族政治研究、民族社会学研究、历史学研究、经济学研究、文学与语言学研究等主要栏目。读者对象为社会科学工作者、民族理论研究人员、大专院校文科师生。

云南社会科学 = Social Sciences in Yunnan/云南省社会科学院 . – 昆明：《云南社会科学》编辑部，1981 –
双月刊　　　　　　大 16 开
ISSN 1000 – 8691　　　CN 53 – 1001　　　64 – 27
云南省昆明市环城西路 577 号 （650034）
编辑部电话：0871 – 4154719
E-mail：jingjiandqg@ 126. com

　　人文社会科学综合性学术刊物。坚持以马列主义为指导、为中国的社会主义现代化建设服务、为繁荣社会科学事业服务的办刊宗旨。发表社会科学各学科的学术论文、调研报告、学术综述等新成果。特别突出少数民族的政治、经济、哲学、社会、历史、宗教、文学等方面的研究成果，立足云南，面向全国，注重现实，选用具有真知灼见、持之有故、言之成理、论证周密、讲究辞章、符合语法的学术文章。读者对象为社会科学工作者、大专院校师生。有英文目次。

云南师范大学学报. 哲学社会科学版 = Journal of Yunnan Normal University. Humanities and Social Sciences/云南师范大学 . – 昆明：《云南师范大学学报》编辑部，1958 –
双月刊　　　　　　大 16 开
ISSN 1000 – 5110　　　CN 53 – 1003　　　64 – 12
云南省昆明市一二·一大街 298 号 （650092）
编辑部电话：0871 – 5516038

E-mail：ynnups@ ynnu. edu. cn

　　人文社会科学综合性学术刊物。办刊宗旨：坚持正确的人文社会科学导向，坚持走理论与实际相结合的道路，勇于开拓和创新，努力追踪人文社会科学的新热点和理论前沿。主要刊载哲学、宗教学、美学、历史学、文学、语言文字学、教育学、旅游文化等学科的学术论文及理论文章。常设栏目有：语言国情研究、中国边疆学研究、人地关系研究、社会学研究、西南联大研究、法学·经济学研究、历史学·文学研究、编辑学研究等。读者对象为社会科学工作者和高校文科专业师生。

哲学动态 = Philosophical Trends/中国社会科学院哲学研究所 . －北京：哲学研究杂志社，1978 –

月刊　　　　　　　　　大 16 开
ISSN 1002 – 8862　　　CN 11 – 1141　　　82 – 462
北京市建国门内大街 5 号（100732）
编辑部电话：010 – 85195517
E-mail：zhexuedongtai@ 126. com

　　哲学类动态性、资料性学术刊物。以马克思主义为指导，以提倡大胆探索，开拓创新，贯彻"双百"方针，活跃学术讨论，坚持理论联系实际，推进哲学研究的开展和哲学问题的深入探讨为宗旨，及时提供国内外哲学界信息，反映哲学各学科的新动向、新问题、新成果。栏目设置有：哲学评论、学术活动、外国哲学、思考与探讨、美学、马克思主义哲学、伦理学、科技哲学与逻辑学、国外马克思主义等。读者对象为哲学专业研究人员、理论工作者及大专院校师生。有英文目次。

哲学研究 = Philosophical Researches/中国社会科学院哲学研究所 . －北京：哲学研究杂志社，1955 –

月刊　　　　　　　　　大 16 开
ISSN 1000 – 0216　　　CN 11 – 1140　　　2 – 201
北京市建国门内大街 5 号（100732）
编辑部电话：010 – 85197954
E-mail：zhexueyanjiubjb_ l@ sina. com

学术理论刊物。办刊宗旨：反映哲学领域的研究成果，注重对学术理论和重大现实问题的研究、讨论和争鸣，以现实问题研究带动和促进基础理论研究，促进跨学科研究，巩固和发展哲学与自然科学、人文社会科学的联盟。辟有马克思主义哲学与现实、历史唯物主义研究、中国哲学、外国哲学、科学哲学、逻辑学和书评、动态等栏目。读者对象为哲学专业研究人员、理论工作者及大专院校师生。有英文目次和重要论文中英文提要。

浙江大学学报. 人文社会科学版 = Journal of Zhejiang University. Humanities and Social Sciences/浙江大学 . – 杭州：《浙江大学学报》编辑部，1955 –

双月刊　　　　　　　大 16 开
ISSN 1008 – 942X　　　CN 33 – 1237　　32 – 35
浙江省杭州市天目山路 148 号（310028）
编辑部电话：0571 – 88273210
E-mail：zdxb – w@ zju. edu. cn

　　人文社会科学综合性学术刊物。原名《杭州大学学报. 哲社版》。办刊宗旨：立足本省，面向全国，本着理论与实践相结合的原则，着重探讨浙江省改革实践中的重大理论问题和现实问题；促进学术研究和学术交流，活跃学术气氛，培养社会科学人才，繁荣浙江省社会科学事业。登载文史哲、政经法等基础学科的研究论文，重视前沿性和新兴学科、交叉学科研究。主要栏目有：主题研究、政治学研究、新闻与传播学研究、经济学研究、管理学研究、史学研究、文学研究、新论摘编等。读者对象为社会科学工作者、大专院校文科师生。

浙江社会科学 = Zhejiang Social Sciences/浙江省社会科学界联合会 . – 杭州：《浙江社会科学》编辑部，1985 –

月刊　　　　　　　　大 16 开
ISSN 1004 – 2253　　　CN 33 – 1149　　32 – 102
浙江省杭州市省府大院 2 号楼（310025）
编辑部电话：0571 – 87053204

　　人文社会科学综合性学术刊物。发表国内外人文社会科学工作者优秀研究成果，反映浙江社会科学学术研究动态，注重探讨现实中的一些重大的焦点性的理论问题，力求体现学术性、时代性和探索性的特点。刊物内容涵盖政治学、经济学、社会学、哲学、伦理学、教育学、法学、文化、史学、文学艺术等学科的研究成果。辟有动态与信息、学术前沿、论著评介、江南文化研究、调查与思考等栏目。读者对象为全国社会科学工作者、高等院校文科师生。

浙江师范大学学报. 社会科学版 = Journal of Zhejiang Normal University. Social Sciences/浙江师范大学 . – 金华：浙江师范大学学术期刊社，1960 –

双月刊　　　　　　大 16 开
ISSN 1001 – 5035　　CN 33 – 1011
浙江省金华市浙江师范大学（321004）
编辑部电话：0579 – 82283327
E-mail：xbskb@ zjnu. cn

　　人文社会科学综合性学术刊物。办刊宗旨：提倡人文精神，促进人文社会科学研究，为本校师生的人文社会科学研究成果提供发表园地，同时也适量采用外稿。主要栏目有：江南文化研究、儿童文学与儿童文化研究、传记文学研究、三农问题研究、经济学研究、外国小说研究、文学理论研究、教育论坛、高校管理与思想政治教育、汉语国际传播等。特色栏目是"师大新书架"。读者对象为社会科学理论研究工作者、各大专院校教师等。

浙江学刊 = Zhejiang Academic Journal/浙江省社会科学院 . – 杭州：浙江学刊杂志社，1963 –

双月刊　　　　　　大 16 开
ISSN 1003 – 420X　　CN 33 – 1005　　32 – 22
浙江省杭州市凤起路 620 号省行政中心 11 号楼（310007）
编辑部电话：0571 – 87057581

　　人文社会科学综合性学术刊物。办刊宗旨为坚持正确的政治方向，以传承文明、学术为使命，倡导学术创新，呼唤学术良知，揭示社会真理，追求广阔的时空效应和深远的社会影响；力求准确、深刻地反映时代精神和社会实践的轨迹。登载人文社会科学各学科的最新研究成果。内容有经济研究、社会学研究、哲学研究、政治学研究、宗教文化研究、妇女研究、法学研究、文学研究、历史研究、浙人治学谈等。主要栏目有：主题研讨、浙江研究、社会科学新论、人文问思、浙江历史文化研究等。读者对象为社会科学工作者、大专院校文科师生。

证券市场导报 = Securities Market Herald/深圳证券交易所综合研究所 . – 深圳：深圳证券交易所综合研究所《证券市场导报》编辑部，1991 –

月刊　　　　　　　　大 16 开

ISSN 1005 – 1589　　　CN 44 – 1162　　　46 – 311

广东省深圳市福田区红荔西路上步工业区 10 栋 506 室（518028）

编辑部电话：0755 – 83236093

E-mail：zqscdb@ szse. cn

　　金融专业刊物。以促进中国证券市场的理性、建设性与创造性为办刊宗旨。注重选题的前瞻性，力求紧紧围绕证券市场发展和建设中的重大现象、趋势与问题作深入、系统的研究和探讨。主要栏目有：微观结构、市场动态、每月备忘、证券法律与监管、论文索引、基金研究、证券译苑、数据、理论综合等。定期或不定期地就一些重大的市场热点问题开设专栏进行专题性研究。每期还附有海内外证券市场动态、海内外证券市场数据，以供读者参考。

郑州大学学报. **哲学社会科学版** = Journal of ZhengZhou University. Philosophy and Social Sciences Edition/郑州大学 . – 郑州：《郑州大学学报》编辑部，1960 –

双月刊　　　　　　　　大 16 开

ISSN 1001 – 8204　　　CN 41 – 1027　　　36 – 4

河南省郑州市科学大道 100 号（450001）

编辑部电话：0371 – 67781275

E-mail：zdxbxshj@ 126. com

　　人文社会科学综合性学术刊物。刊登有关政治、经济、哲学、法律、管理、文学、艺术、语言、新闻、历史、图书情报等方面的学术论文。主要栏目有：政治学、哲学、社会学、经济学、法学、新媒体与公民社会参与研究、史学理论与史学史、美学·环境美学、环境史研究、宪政与法制视野中的民国文学、中国古代文学研究、新视角、新方法与史学研究、社会建设等。其中"美学·环境美学"入选教育部"名栏工程"。读者对象为社会科学工作者、大专院校师生。有英文目次。

政法论坛 = Tribune of Political Science and Law/中国政法大学 . – 北京：《政法论坛》编辑部，1979 –

双月刊　　　　　　　　大 16 开

ISSN 1000 – 0208   CN 11 – 5608   82 – 121

北京市海淀区西土城路 25 号（100088）

编辑部电话：010 – 58908281

E-mail：zhengfaluntan@ vip. 163. com

    法学研究学术理论刊物。曾用名《中国政法大学学报》。注重提升中国法学学术品质，强调论文的理论深度和学术含量。主要发表有关中国法制建设、社会治安以及经济建设和改革中的法律问题的阐述，政法工作实践经验的总结研究，政法教育改革问题的研究和教学经验介绍，中国古代法律制度、法制思想和法学历史人物的研究，以及调查报告、典型材料、教材资料、法学书刊评介、国内外法学动态等方面的文章。辟有论文、评论、文选等栏目。读者对象为高等政法院校师生和研究人员，法学、政治学、社会学及其他社会科学工作者，全国的公安、检察、法院、司法行政、民政、律师、公证等部门和单位的广大政法工作者。

政治学研究 = CASS Journal of Political Science/中国社会科学院政治学研究所 . – 北京：《政治学研究》编辑部，1985 –

双月刊   大 16 开

ISSN 1000 – 3355   CN 11 – 1396   82 – 838

北京市朝阳区曙光西里 28 号中冶大厦七层（100028）

编辑部电话：010 – 59868148

E-mail：zzxyj@ cass. org. cn

    政治学专业性学术刊物。办刊宗旨：坚持改革开放方针，坚持理论与实际相结合，推动政治学研究的应用和普及，为建立和发展马克思主义政治学做出贡献。主要反映深入阐述、探讨马克思主义政治学理论，研究中国改革开放和社会主义现代化建设进程中面对的新情况、新矛盾和新问题的学术论文，以及论述中外历代政治思想、政治制度评析、当代世界各国政治学流派最新发展动态的研究成果。读者对象为政治学研究人员、党政机关干部。有英文目次和中文提要。

政治与法律 = Political Science and Law/上海市社会科学院法学研究所 . – 上海：《政治与法律》编辑部，1982 –

月刊   16 开

ISSN 1005 – 9512   CN 31 – 1106   4 – 375

上海市淮海中路 622 弄 7 号（200020）

编辑部电话：021 - 53060606

E-mail：xu19972001@ yahoo. com. cn

　　以法学为主的专业学术理论刊物。恪守"研究政法理论，推动法制建设"的办刊方针，积极推出国内外法学研究的最新成果。侧重刊登理论性和说服力强、观点新颖的论文。栏目设置有：专论、主题研讨、争鸣园地、域外视野、实务研究、经济刑法等。读者对象为政法研究、教学工作和实际工作者。有英文目次。

知识产权 = Intellectual Property/中国知识产权研究会 . - 北京：《知识产权》编辑部，1987 -

月刊　　　　　　　　大 16 开

ISSN 1003 - 0476　　　CN 11 - 2760　　82 - 570

北京市海淀区西土城路 6 号 （100088）

编辑部电话：010 - 58515818

E-mail：cipsip@ sohu. com

　　法学专业学术理论期刊。创刊名为《工业产权》，1991 年改为现刊名。办刊宗旨：注重开展知识产权学术研究与交流，促进知识产权事业的完善与发展。文章涉及知识产权的法律保护、制度管理、体系构建等内容。主要栏目有：专题评述、学术研究、图片新闻、司法探讨、国际知识产权、工作实践、高层论坛、百家争鸣等。读者对象为公司企业的知识产权工作者、司法工作者、高校师生、科研人员、广大代理人、发明人及社会各界人士。有英文目次、中文摘要。

中共党史研究 = Journal of Chinese Communist Party History Studies/中共中央党史研究室 . - 北京：中共党史研究杂志社，1988 -

月刊　　　　　　　　大 16 开

ISSN 1003 - 3815　　　CN 11 - 1675　　82 - 864

北京市海淀区北四环西路 69 号 （100080）

编辑部电话：010 - 83089342

E-mail：zszzs@ vip. sina. com. cn

　　党史研究学术理论刊物。由《党史研究》和《党史通讯》合并而成。主要特色是及时反映党史研究的最新成果；总结党的历史经验，加强和改进党的建设。刊登内容主要涉及党史专题研究、毛泽东思想研究、邓小平理论问题、"三个代表"思想研究、党史人物研究，以及党史文献资料、有关党史人物的重要回忆录和访谈录、问题讨论、史实考证、译文、中外政党比较研究和国内外中共党史研究动态、综述等。主要栏目有：专题研究、中共党史论文论点摘编、研究动态、探索与争鸣、书评、见证历史、国际视角、中共党史资料、史实考证、地方党史研究、党史文化论坛等。读者对象为党政干部、党史研究工作者、大专院校师生。有英文目次。

中共中央党校学报 = Journal of the Party School of the Central Committee of the C. P. C/中共中央党校 . –北京：《中共中央党校学报》编辑部，1997 –

双月刊　　　　　　　　大 16 开
ISSN 1007 – 5801　　　CN 11 – 3847　　　82 – 972
北京市海淀区大有庄 100 号 （100091）
编辑部电话：010 – 62805039；010 – 62806238
E-mail：dxxuebao@ 126. com

政治研究类学术期刊。以马克思列宁主义、毛泽东思想、中国特色社会主义理论体系为指导，围绕党和国家工作大局，以对重大理论和现实问题的研究为主线，思想性和学术性并重，着重反映马克思主义中国化的最新理论成果和人文社会科学领域的最新学术成果，及时报道国内外学术研究的最新动态，为中国共产党的思想理论建设和中国特色社会主义事业服务。重视战略研究，重视围绕问题进行交叉研究。辟有专题研究、哲学、政治学、经济学、法学、社会学、文化研究等栏目。主要读者对象为全国党校、干校的教研人员和学员。

中国比较文学 = Comparative Literature in China/上海外国语大学，中国比较文学学会 . –上海：《中国比较文学》编辑部，1984 –

季刊　　　　　　　　　大 32 开
ISSN 1006 – 6101　　　CN 31 – 1694　　　4 – 560
上海市大连西路 550 号 （200083）
编辑部电话：021 – 35372625
E-mail：shccl203@ yahoo. com. cn

比较文学研究专业学术刊物。关注国内外文学理论、思潮、流派、作家及作品的研究；致力于探讨具有中国特色的比较文学研究；关注中外文学关系研究、翻译研究、跨学科研究及比较文学教学研究；及时反映中外比较学界研究的最新动态和出版信息。主要栏目有：世界文学与比较文学、翻译研究、中外文学关系研究、中国作家与跨文化资源、书评动态、快乐的对话等。读者对象为文学理论研究人员、高等院校中文专业师生。有英文目次。

中国边疆史地研究 = China's Borderland History and Geography Studies/中国社会科学院中国边疆史地研究中心 . – 北京：中国边疆史地研究杂志社，1991 –

季刊　　　　　　　　大 16 开

ISSN 1002 – 6800　　　CN 11 – 2795　　　2 – 787

北京市东城区建国门内大街先晓胡同 10 号 （100005）

编辑部电话：010 – 65274307

E-mail：zgbjsdyj@ yahoo. cn

　　中国边疆研究的综合性学术理论刊物。办刊宗旨：以马列主义、毛泽东思想、邓小平理论为指导，坚持"双百"方针，提倡不同学术观点之间的争鸣，为促进中国边疆地区的稳定和发展、中国边疆研究学科的发展服务。栏目设置有：专题论文、学术动态、民国边疆研究、新书评介、学术动态等。同时，不定期设置边疆理论、历代疆域、边疆民族、边疆开发、边疆外交、边疆政教、治边政策、边疆海岛、边疆人物、边疆考古、边疆历史地理、近代边界变迁等专栏。有英文目次和中文提要。

中国藏学 = China Tibetology/中国藏学研究中心 . – 北京：中国藏学杂志社，1988 –

季刊　　　　　　　　大 16 开

ISSN 1002 – 557X　　　CN 11 – 1725　　　82 – 486

北京市朝阳区北四环东路 131 号 （100101）

编辑部电话：010 – 64937904

E-mail：zgzx@ tibetology. ac. cn

　　藏学研究学术刊物。以发展和繁荣中国藏学研究事业为宗旨，载文以藏族的社会历史文化和藏族地区的现实研究为主要内容，并适当刊登其他文章及反映藏族藏区历史文化、民俗和山川风貌的图片。论文范围包括政治学、经济学、人口学、宗教学、历史学、考古学、人类学、民族学、民俗学、教育学、语言学、文字学、藏药学、民间文学、环境科学、文学艺术等学科，涉及藏学研究的各个学科和众多领域。主要面向藏学研究人员、民族研究工作者、政府部门工作者及相关专业院校师生。

中国出版 = China Publishing Journal/中国新闻出版传媒集团 . - 北京：中国出版杂志社，1978 -
半月刊　　　　　　大 16 开
ISSN 1002 - 4166　　CN 11 - 2807
北京市朝阳区东四环南路 55 号（100122）
编辑部电话：010 - 87622011
E-mail：zgcb@ vip. sina. com

　　新闻出版专业的理论期刊。原名《出版工作》。办刊宗旨：立足于出版业，建构出版理论，活跃学术思想，积累出版文化，探索改革途径，传播业内信息，在出版界充分发挥理论指导作用，提供业界视窗，架设信息桥梁。主要板块栏目有：中国出版论坛、出版要闻、本刊特稿、改革探索、报刊纵横、书业实务、版权之页、数字时代、媒介文化、出版史话、品书录等。

中国地方志 = Chinese Local Records/中国地方志指导小组办公室 . - 北京：《中国地方志》编辑部，1981 -
月刊　　　　　　大 16 开
ISSN 1002 - 672X　　CN 11 - 1395
北京市朝阳区潘家园东里 9 号（1000121）
编辑部电话：010 - 65275971
E-mail：zdfz5026@ vip. sina. com

　　历史类方志学学术刊物。办刊宗旨：批判继承传统方志学和探讨创新方志的理论和方法，开展新方志编纂理论研究及方志学学科建设。主要栏目有：专家谈志、第二轮志书编修、编纂论坛、专业志探讨、专题研究、方志评论、人物访谈、旧志研究、乡土文化、文化交流、鉴赏与收藏、口述历史、年鉴编纂、方志百科、争鸣与商榷等。读者对象为历史研究人员、政府工作人员、大专院校师生等。有英文目录和文摘。

中国地质大学学报. 社会科学版 = Journal of China University of Geosciences. Social Sciences Edition/中国地质大学 . - 武汉：《中国地质大学学报》编辑部，2000 -
双月刊　　　　　　大 16 开

ISSN 1671 – 0169　　　CN 42 – 1627　　38 – 172
湖北省武汉市鲁磨路 388 号（430074）
编辑部电话：027 – 67885186
E-mail：xbsk@ cug. edu. cn

人文社会科学综合性学术刊物。由《现代高教研究》和《人文与管理》两个刊物合刊而成。以求真、务实、创新、服务为办刊宗旨；以"百花齐放、百家争鸣"为根本办刊方针，以"广纳百川、兼容并蓄"为根本办刊理念。辟有资源环境研究、环境伦理、文化研究、新闻与传播、政治与社会、管理与经济、高等教育等栏目。其中"资源环境研究"为教育部"名栏工程"建设栏目，该栏目包含资源环境经济与管理、环境资源法等子栏目。读者对象为从事社会科学研究的工作人员、大专院校师生等。

中国法学 = China Legal Science/中国法学会 . – 北京：中国法学杂志社，1984 –
双月刊　　　　　　大 16 开
ISSN 1003 – 1707　　　CN 11 – 1030　　2 – 544
北京市西城区兵马司胡同 63 号（100034）
编辑部电话：010 – 66127228
E-mail：zgfxtg@ 163. com

法学研究专业刊物。办刊宗旨：坚持正确的政治方向，坚持理论联系实际，坚持刊物的学术性，追求学术创新，严守学术规范，关注重大现实问题，注重刊发最新和最重要的法学学术研究成果，在繁荣和发展中国的法学理论、传承法律文化、促进国内外法学交流方面发挥重要作用。栏目设置有：中国法学纪事、争鸣、学术专论、立法与司法研究、本期聚焦、案例研究、特稿等。读者对象为法学专业研究人员、法律工作者、高等院校法律专业师生。有英文目次和中文摘要。

中国翻译 = Chinese Translators Journal/中国外文局对外传播研究中心，中国翻译协会 . – 北京：《中国翻译》编辑部，1980 –
双月刊　　　　　　大 16 开
ISSN 1000 – 873X　　　CN 11 – 1354　　2 – 471
北京市西城区百万庄大街 24 号（100037）
编辑部电话：010 – 68326681；010 – 68327209
E-mail：ctjtac@ gmail. cn

　　翻译研究专业刊物。原名《翻译通讯》，1986 年改为现刊名。办刊宗旨：反映国内、国际翻译学术界前沿发展水平与走向，开展译学理论研究，交流翻译经验，评介翻译作品，传播译事知识，促进外语教学，介绍新、老翻译工作者，报道国内外译界思潮和动态，繁荣翻译事业。主要栏目有：译学研究、翻译理论与技巧、翻译评论、译著评析、翻译教学、科技翻译、经贸翻译、实用英语翻译、人物介绍、国外翻译界、当代国外翻译理论、翻译创作谈、翻译史话、中外文化交流、国外翻译界动态、词汇翻译选登、读者论坛、争鸣与商榷、翻译自学之友等。读者对象为大专院校外语师生、翻译工作者和翻译爱好者。

中国高教研究 = China Higher Education Research/中国高等教育学会 . – 北京：《中国高教研究》编辑部，1985 –
月刊　　　　　　　　　大 16 开
ISSN 1004 – 3667　　　　CN 11 – 2962　　　82 – 717
北京市海淀区文慧园北路 10 号中教仪楼（100082）
编辑部电话：010 – 59893297
E-mail：gaojiaobianbibu@ 163. com

　　教育学高等教育理论刊物。办刊宗旨：研究与推进中国特色高等教育理论创新，交流并宣传高等教育学术研究成果，关注高等教育改革发展中的重大理论与现实问题，介绍高等教育研究领域的最新研究成果，发表具有一定学术水平的学术论文和调查报告。开辟栏目有：教育与探索、评估与学科建设研究、学位与研究生教育研究、比较教育研究、教师教育研究、院校研究、高等职业教育研究、课程与教学研究等。读者对象为各类高等学校的教师和管理人员，教育行政部门、科研机构、学会、研究会研究人员和管理人员，教育学、高等教育学及相关专业的硕士及博士研究生。

中国工业经济 = China Industrial Economics/中国社会科学院工业经济研究所 . – 北京：中国工业经济杂志社，1984 –
月刊　　　　　　　　　大 16 开
ISSN 1006 – 480X　　　　CN 11 – 3536　　　82 – 143
北京市西城区月坛北小街 2 号院 2 号楼（100836）
编辑部电话：010 – 68032678；010 – 68047499
E-mail：zggyjjbjb@ cass. org. cn；gjbjb@ sina. com

经济专业理论刊物。原名《中国工业经济学报》。研究中国经济改革、发展和管理中出现的热点、难点和前沿问题，预测中国经济发展的动态和走向，探讨经济改革的理论与政策问题，多角度、全方位反映中国产业经济和企业发展的优秀研究成果。主要栏目有：形势与展望、国民经济运行、产业经济、经济体制改革、企业经营与管理、工商管理、书评、案例研究等。读者对象为高等院校、科研机构，以及政府机关、大中企业的相关人员。有英文目次和重要论文英文提要。

中国管理科学 = Chinese Journal of Management Science/中国优选法统筹法与经济数学研究会，中国科学院科技政策与管理科学研究所 . – 北京：《中国管理科学》编辑部，1984 –

双月刊　　　　　　　　　大 16 开
ISSN 1003 – 207X　　　CN 11 – 2835　　　82 – 50
北京市海淀区中关村东路 55 号 （100190）
编辑部电话：010 – 62542629
E-mail：zgglkx@ casipm. ac. cn

管理科学专业学术刊物。原名《优选与管理科学》，1993 年改为现刊名。办刊宗旨：促进中国在管理科学学科领域的理论、方法和应用研究；鼓励跟踪国际上前沿学科与热点问题研究，推动中国管理科学整体研究水平的提高和国内外学术交流；努力扶持中青年优秀人才的成长，更好地为经济建设和学科建设服务。主要刊登有关规划与优化、投资分析与决策、生产与经营管理、供应链管理、项目与风险管理、应急管理、知识管理、管理信息系统等方面具有创新性的学术论文。读者对象为大专院校师生、科研院所管理科学研究工作者、企事业部门管理人员和政府部门管理人员。

中国教育学刊 = Journal of the Chinese Society of Education/中国教育学会 . – 北京：中国教育学刊杂志社，1980 –

月刊　　　　　　　　　　16 开
ISSN 1002 – 4808　　　CN 11 – 2606　　　82 – 410
北京市朝阳区安华西里二区 5 号楼 （100011）
编辑部电话：010 – 64845699

教育学类综合性学术刊物。旨在推动群众性教育科学研究，为教育改革发展，繁荣教育科学和基层教育工作者服务。发表教育基本理论、教育、教学和教育管理等方面的理论和实践研究成果，以及有关教育教学改革的实验研究报告和调查报告，介绍国内外教育教学理论进展和改革趋势的信息，对广大教育工作者和社会各界共同关注的教育热点问题组织专题讨论。栏目设置有：讯息传真、图片、热点问题研究、课程与教学、教育理论研究、教育家办学与教育家成长研究、教育短论、教师发展、现代学校领导与管理、教育奠基中国等。读者对象为中小学教师和行政管理人员、师范院校的师生、各级教育行政部门的干部、教育科研人员和关心教育的社会各界人士。

中国金融 = China Finance/中国金融出版社．－北京：中国金融杂志社，1950 –
半月刊　　　　　　　　大 16 开
ISSN 0578 – 1485　　　CN 11 – 1267　　2 – 496
北京市丰台区益泽路 2 号 （100071）
编辑部电话：010 – 63265580
E-mail：cnfinance@ 263. net. cn

　　金融类专业刊物。办刊宗旨：立足金融，面向经济，面向社会，为中国人民银行的中心工作服务，为金融改革开放服务，为金融系统干部职工服务。以强化全国性金融政策指导类刊物为特点，以"大金融、宽口径、全方位"为宣传视野，以解读、宣传金融方针政策，反馈金融政策执行情况，研究实际金融问题为主要任务。主要栏目有：专题报道、金融监管、金融与经济、货币政策、商业银行、经营管理、金融电子化、专家论坛、国际金融、经济观察、金融视点、央行业务、农村金融、证券市场、保险市场、观察思考、基层声音、金融纪事等。读者对象为金融部门的各级管理人员和从事金融政策的研究人员、金融从业人员、大专院校相关专业师生等。

中国经济史研究 = Researches in Chinese Economic History/中国社会科学院经济研究所．－北京：经济研究杂志社，1986 –
季刊　　　　　　　　大 16 开
ISSN 1002 – 8005　　　CN 11 – 1082　　82 – 749
北京市阜外月坛北小街 2 号 （100836）
编辑部电话：010 – 68035007
E-mail：jjsbjb@ 126. com

　　中国经济史研究专业学术刊物。刊登有关经济史的理论论著，中国古代经济史、中国近代经济史以及中国现代经济史的论著，中外比较经济史研究论著，中国经济史的专题研究资料，中外经济史著作的评介，国内外中国经济史研究动态的报道，并适当刊登中国经济思想史方面的论著等。主要栏目有：专题论文、城镇发展研究、商人研究、中国古代经济史、读史札记、地权研究、学人与学术、青年论坛、论著评介、学术动态、中国经济史研究述评。读者对象为经济学、经济史学、历史学等学科的研究人员，各经济部门的工作者以及大专院校师生。

中国经济问题 = Economic Issues in China/厦门大学经济研究所 . - 厦门：《中国经济问题》编辑部，1959 –
双月刊　　　　　　　　大 16 开
ISSN 1000 – 4181　　　　CN 35 – 1020　　　34 – 3
福建省厦门大学经济研究所（361005）
编辑部电话：0529 – 2181474
E-mail：zgjjwt@ xmu. edu. cn

　　经济理论刊物。办刊宗旨：阐述党和社会主义经济方针、政策，理论联系实际，推动改革开放和社会主义市场经济建设。侧重探讨中国经济建设的理论和实践问题，刊登对重大经济问题的分析以及对未来形势预测的文章。主要栏目有：公有制经济、转轨时期政府职能、资源环境、企业、休闲、产业政策、农村建设等。读者对象为从事经济理论研究的人员、决策部门的领导干部及高等经济院校师生。有英文目次。

中国科技论坛 = Forum on Science and Technology in China/中国科学技术发展战略研究院 . - 北京：中国科技论坛杂志社，1985 –
月刊　　　　　　　　大 16 开
ISSN 1002 – 6711　　　　CN 11 – 1344　　　2 – 878
北京市海淀区玉渊潭南路 8 号 （100038）
编辑部电话：010 – 58884593
E-mail：zgkjlt3814@ casted. org. cn

　　探讨科技政策与社会问题的专业理论期刊。以科技发展战略、政策和管理的学术研究为主要内容，以兼顾政策性、综合性和学术性为办刊特色。旨在探讨中国科技发展战略、政策和管理问题，研究中国现代化建设进程中科技战线出现的新情况、新问题，以及世界科技发展的新趋势；开展有关科技发展规律、科技与经济结合、科技管理与决策、技术分析与评价、科技人才开发与使用、科技引导社会发展以及国际科技关系等多方面理论与实际问题的研究评述，总结交流全国科技工作的经验、方法和体会。主要栏目有：专题笔谈、战略研究、公共政策与管理、管理科学与工程、区域研究、科技管理研究、创新研究、产业研究、企业研究、知识产权研究、人才研究、三农研究、科研管理实践、研究与探讨。读者对象为科技政策研究人员、企业和经营人员、大专院校师生和关注"科教兴国"的广大读者。有英文目次和中文提要。

中国科技期刊研究 = Chinese Journal of Scientific and Technical Periodicals/中国科学院自然科学期刊编辑研究会，中国科学院文献情报中心 . – 北京：《中国科技期刊研究》编辑委员会，1990 –

双月刊　　　　　　　大 16 开
ISSN 1001 – 7143　　　CN 11 – 2684　　　82 – 398
北京市海淀区中关村中国科学院文献情报中心 710 室 （100190）
编辑部电话：010 – 62572403
E-mail：journals@ china. com

　　综合研究科技期刊的刊物。办刊宗旨：团结广大科技工作者和科技期刊编辑出版工作者，开展科技期刊研究，促进期刊事业繁荣，推动科技进步，为社会主义现代化建设服务。栏目设置有：院士论坛、新技术应用与现代化、标准化规范化、出版与发行、知识产权、专论与综述、管理与改革、办刊之道、论坛与笔会、人才培养、科技写作、编辑技艺、装帧与版式设计、刊史与人物等。读者对象为科技期刊编辑、出版、印刷、发行、管理与图书情报工作人员。有英文目次。

中国历史地理论丛 = Journal of Chinese Historical Geography/陕西师范大学 . – 西安：《中国历史地理论丛》编辑部，1987 –

季刊　　　　　　　　大 16 开
ISSN 1001 – 5205　　　CN 61 – 1027
陕西省西安市陕西师范大学校内 （710062）
编辑部电话：029 – 85303934
E-mail：zglsdllc@ snnu. edu. cn

　　历史地理学专业学术刊物。登载有关历史地理学基本理论和方法研究、历史自然地理与历史人文地理研究、地名学研究、方志学研究、古都学研究、历史地理学史研究等方面的文章，以及历史地理学专题资料索引、重要的历史地理考察报告和考古发掘报告等。主要栏目有：历史地理专题研究、环境变迁研究、区域社会经济发展研究、理论探索、学术争鸣、对策研究、学术信息等。读者对象为人文、历史科学研究人员和高等院校历史地理专业师生、政府有关决策部门人员。有英文目次和中英文论文提要。

中国流通经济 = China Business and Market/北京物资学院 . – 北京：中国流通经济杂志社，1987 –

月刊　　　　　　　　　大 16 开
ISSN 1007 – 8266　　　CN 11 – 3664　　　82 – 736
北京市通州区富河大街 1 号（北京 240 信箱）（101149）
编辑部电话：010 – 89534488
E-mail：zhltong5@ 126. com

　　财经类理论刊物。原名《中国物资》。办刊宗旨为坚持以基础理论研究为主，同时注重实际问题和管理经验的研究，突出理论性、实践性、应用性等特点，满足不同层次读者的需求。主要发表流通领域的最新研究成果，关注国内外流通领域的理论动态和发展方向，传播市场信息，交流企业经营管理经验，借鉴国外先进的管理经验和物流科学技术，积极开展国内外流通领域的学术文化交流。主要栏目有：本刊特稿、流通现代化、现代物流、供应链管理、经贸论坛、企业管理、市场分析、营销管理、经济法学、人力资源管理等。读者对象主要为经济理论研究人员、各级政府的决策管理者、工商企业的经营管理者以及大专院校经济管理学科的广大师生。

中国农村观察 = China Rural Survey/中国社会科学院农村发展研究所 . – 北京：中国农村经济杂志社，1985 –

双月刊　　　　　　　　大 16 开
ISSN 1006 – 4583　　　CN 11 – 3586　　　82 – 995
北京市建国门内大街 5 号（100732）
编辑部电话：010 – 85195649
E-mail：ruralsurvey@ cass. org. cn

　　农村经济专业学术刊物。办刊宗旨：探讨中国农村改革与发展中的重大问题，反映该领域研究的前沿成果，突出学术探讨性，力求理论创新。发文不但涉及中国农村经济的各个方面，还广泛涉及农村社会、政治、文化等领域。主要栏目有：农村形势、乡镇企业、农民收入与消费、农村社会问题、农村组织制度、农业技术推广、农业增长方式、农村工业化村民自治、妇女问题、农村金融等。读者对象为经济理论研究人员、大专院校师生及有志于研究农村经济和社会问题的人士。有英文目次和重要论文英文提要。

中国农村经济 = Chinese Rural Economy/中国社会科学院农村发展研究所 . ‐北京：中国农村经济杂志社，1985 ‐
月刊　　　　　　　　大 16 开
ISSN 1002 ‐ 8870　　　CN 11 ‐ 1262　　　2 ‐ 850
北京市建国门内大街 5 号（100732）
编辑部电话：010 ‐ 85195649
E‐mail：ruraleconomy@ cass. org. cn

　　农村经济专业学术理论期刊。办刊宗旨：探索中国农村发展的理论问题，推动农村发展的学术研究；突出政策指导性，力求贴近现实；不但反映中国农村发展的现实，还借鉴国外农村发展的经验；普及中外农村发展的知识，并为各级政府的决策提供理论依据。刊文内容涉及农村改革与发展中迫切需要解决的重大问题、农村经济运行中带有苗头性、倾向性的问题、党和国家重要的农村政策等。主要栏目有：城乡一体化、农民收入、农村城镇化、劳动力转移、可持续发展、农村人力资本、农村组织制度等。主要读者对象为农村经济部门干部、乡镇企事业单位管理人员及社会科学工作者。有英文目次。

中国农史 = Agricultural History of China/中国农业历史学会，中国农业科学院，南京农业大学中国农业遗产研究室，中国农业博物馆 . ‐南京：《中国农史》编辑部，1981 ‐
季刊　　　　　　　　大 16 开
ISSN 1000 ‐ 4459　　　CN 32 ‐ 1061　　　28 ‐ 65
江苏省南京市卫岗南京农业大学内（210095）
编辑部电话：025 ‐ 84396605
E‐mail：zgns@ njau. edu. cn

　　中国农业历史专业学术性刊物。探讨中国农业各个历史时期的农业生产、农业科学技术的发展，整理和发掘中国古农书、农史资料，反映代表中国农史学界最高水平的研究成果。主要栏目有：农业科技史、农业经济史、农村经济史、农村社会史、地区农业史、少数民族农业史、农业文化史、世界农业史、农业文化遗产保护、中外农业文化交流及农史文献整理与研究等，同时也登载有益于农史研究的农业史学新著评论、农业史坛信息、读史札记等。主要读者对象为高校历史系师生、科学技术史研究者、农业历史研究者、农业经济史研究者等。有英文目次和中英文摘要。

中国农业大学学报. 社会科学版 = Journal of China Agricultural University. Social Sciences Edition/中国农业大学 . – 北京：《中国农业大学学报. 社会科学版》编辑部，1999 –

季刊　　　　　　　　大 16 开
ISSN 1009 – 508X　　　CN 11 – 4084
北京海淀区清华东路 17 号（100083）
编辑部电话：010 – 62736933
E-mail：xbfbbjb2012@163.com

　　人文社会科学综合性学术刊物。曾用刊名《中国农业大学社会科学学报》。办刊宗旨：贯彻"双百"方针，繁荣学术研究，反映教学和科研成果，促进校内外和国内外学术交流，关注当代中国农村、农民、农业的发展，立足于人文社会科学的学术探索，在学术上以求实、求新、求深为刊发论文的原则，倡导探索求索，欢迎学术争鸣。刊载能够引起社会科学各领域广泛关注的理论与经验研究文章和有关中国发展与乡村社会的理论研究成果。鼓励发表以观点新颖、时代性强、信息量大、可读性强为主要特色的短篇幅文章，包括随笔、书评等。主要辟有三农论坛、农业经济研究、农业社会调查、农村社会研究等栏目，并滚动性开设经济理论与应用、企业经济、管理科学、法学研究、社会学研究、教育研究乡土与社会、发展与转型、制度与变迁、经济与治理、随笔与书评等栏目。

中国青年研究 = China Youth Study/中国青少年研究中心，中国青少年研究会 . – 北京：中国青年研究杂志社，1989 –

月刊　　　　　　　　大 16 开
ISSN 1002 – 9931　　　CN 11 – 2579　　　82 – 733
北京市海淀区西三环北路 25 号（100089）
编辑部电话：010 – 68722794

E-mail:qnyj@ vip. sina. com

　　青年研究理论刊物。紧紧围绕青少年的成长和发展，及时反映国内有关青少年研究的最新成果和国际研究动态，内容涉及青少年教育、就业、健康、消费、价值观及青少年工作等领域。栏目设置主要分为四个板块，分别是专题特稿版、调查研究版、社会综合版、资讯参考版。主要栏目有：理论探索、青年与共青团工作、青年现象、青年文化、就业创业、大学生研究、青年教育、青年心理、调研数据等。读者对象为人文社会科学工作者、共青团干部、大中专院校师生及青少年社会工作者。有英文目次、中文论文摘要。

中国青年政治学院学报 = Journal of China Youth University for Political Sciences/中国青年政治学院 . – 北京：《中国青年政治学院学报》编辑部，1982 –

双月刊　　　　　　　　16 开
ISSN 1002 – 8919　　　　CN 11 – 2781　　　82 – 663
北京市海淀区西三环北路 25 号 （100089）
编辑部电话：010 – 88567282
E-mail:zqxb@ vip. 163. com

　　政治学类学术理论刊物。创刊名为《团校学报》。以 "学术需要创新、创新需要青年" 为宗旨，以 "弘扬学术精神、突出青年特色" 为重点，以关注社会、聚焦青年问题为己任，不断扩展青年研究的新领域，引导青年健康成长。栏目设置有：青少年研究、思想政治教育、政治理论与政治建设、经济理论与经济建设、法制与法治、新闻与传媒、教育与教学、社会管理与社会工作、文学与文化等。其中 "青少年研究" 栏目被教育部评为 "高校哲学社会科学学报名栏"。读者对象为各级青年工作者及青年研究人员。

中国人口 · 资源与环境 = China Population Resources and Environment/中国可持续发展研究会，山东省可持续发展研究中心，中国 21 世纪议程管理中心，山东师范大学 . – 济南：《中国人口 · 资源与环境》编辑部，1991 –

月刊　　　　　　　　　大 16 开
ISSN 1002 – 2104　　　　CN 37 – 1196　　　24 – 93
山东省济南市文化东路 88 号 （250014）
编辑部电话：0531 – 86182969
E-mail:cpre@ sdnu. edu. cn

以可持续发展为宗旨的政策指导性学术刊物。办刊宗旨：以传播可持续发展新思想、新观点、新方法为己任，及时反映可持续发展理论与实践最新研究成果和决策动态，为建立和发展可持续发展理论体系、促进中国社会经济可持续发展服务。从多视角、多层次、多学科（经济学、管理学、社会学、法学、地理学、环境学、生物学及其他学科）反映中国可持续发展理论和实践、公共政策等方面的研究成果，内容涉及中国可持续发展中的社会经济重大理论和现实问题、最新研究成果和决策动态等。设有海洋经济与流域治理、生态产业研究、三农问题研究、社会·经济·生态、风险管理、人口管理、水资源管理、低碳管理与温室气体减排等栏目。读者对象主要为可持续发展研究方面的专家学者、高等院校师生及政府和企事业单位的管理者。有英文目次和中英文提要。

中国人口科学 = Chinese Journal of Population Science/中国社会科学院人口与劳动经济研究所 . – 北京：中国人口科学杂志社，1987 –

双月刊 　　　　　　　　大 16 开

ISSN 1000 – 7881 　　　CN 11 – 1043 　　　82 – 426

北京市建国门内大街 5 号 （100732）

编辑部电话：010 – 59868196

E-mail：zazhi@ cass. org. cn

人口学理论刊物。反映人口与劳动领域及交叉学科的最新学术研究成果，为国家和政府决策部门提供理论信息和对策建议，重点发表具有较高质量的人口学及相关领域的研究论文、综述、调查报告、书评、学术动态等方面的科研成果。内容包括：人口理论与政策研究、人口统计、人口与经济、人力资本与劳动经济、社会保障研究、人口与社会、国际人口比较、人口与生态环境、少数民族人口及计划生育理论与实践等。主要读者对象为全国各大专院校人口学研究者及社会科学研究工作者、教育者。有部分论文的英文目次与英文摘要。

中国人民大学学报 = Journal of Renmin University of China/中国人民大学 . – 北京：《中国人民大学学报》编辑部，1987 –

双月刊 　　　　　　　　大 16 开

ISSN 1000 – 5420 　　　CN 11 – 1476 　　　82 – 159

北京市海淀区中关村大街 59 号 （100872）

编辑部电话：010 – 62514768

E-mail：rdxb@263. net

人文社会科学综合性学术刊物。办刊宗旨：致力于基础理论与现实问题的研究，并注重从多学科、跨学科的角度开展学术探讨，力求准确反映人文社会科学各领域前沿和热点问题以及最新研究成果。主要栏目有：学术前沿、专题研究、国学研究、哲学研究、经济学研究、社会学研究、科技与社会、法学研究、政治学研究、应用伦理学研究、管理学研究、文学研究、史学研究、学术动态等。读者对象为人文社会科学工作者、大专院校文科师生。有英文目次和摘要。

中国软科学 = China Soft Science／中国软科学研究会 . – 北京：中国软科学杂志社，1986 –

月刊　　　　　　　　大 16 开
ISSN 1002 – 9753　　　CN 11 – 3036　　82 – 451
北京市三里河路 54 号 270 室 （100045）
编辑部电话：010 – 68598270
E-mail：rkx@ istic. ac. cn

科学学专业刊物。以推进决策科学化，及时反映国家宏观经济、科技和社会发展政策、重大理论动向、国内外软科学领域的研究成果和发展动态为宗旨，刊登软科学研究领域的专题成果。主要栏目有：专论、战略与决策、科技政策、科技与经济、科技与社会、科技与管理、区域发展、企业管理、理论·方法与案例、软科学研究成果与动态等。读者对象为经济、科技研究及管理人员、专家学者、高校师生、政府官员、企业家等社会各界人士。有英文目次和英文提要。

中国社会经济史研究 = The Journal of Chinese Social and Economic History／厦门大学历史研究所 . – 厦门：《中国社会经济史研究》编辑部，1982 –

季刊　　　　　　　　大 16 开
ISSN 1000 – 422X　　　CN 35 – 1023
福建省厦门市思明南路 422 号厦门大学 399 信箱 （361005）
编辑部电话：0592 – 2186377
E-mail：xiadaysc@ public. xm. fj. cn

社会经济史专业学术刊物。办刊宗旨：坚持为社会主义现代化服务的方向，刊登剖析中国历史上经济发展状况和经济制度演变的专题科学论文，反映社会经济史学研究的新成果。内容涉及社会发展史、经济发展史、城镇发展史、中国商业资本研究、财政改革、西北边贸、生活消费等。设有专题论文、读史札记、研究综述、书评等栏目。读者对象为国内外中国社会经济史学工作者及相关专业院校师生等。有英文目次。

中国社会科学 = Social Sciences in China/中国社会科学院 . – 北京：《中国社会科学》编辑部，1980 –
月刊　　　　　　　　大 16 开
ISSN 1002 – 4921　　　CN 11 – 1211　　2 – 531
北京市朝阳区光华路 15 号院 1 号楼泰达时代中心 11 – 12 层 （100026）
编辑部电话：010 – 85886569
E-mail：fxb – zzs@ cass. org. cn

　　人文社会科学综合性学术刊物。主要发表中国人文社会科学领域各学科的重要研究成果，注重理论性、学术性。内容涉及马克思主义、哲学、文学、历史、考古、经济、文学艺术、语言学、政治、法律、社会学、民族学、教育学、国际关系、公共管理、媒体以及热点、焦点问题。主要读者对象为广大社会科学工作者、理论工作者、大专院校文科师生。有英文文摘和目录。

中国社会科学院研究生院学报 = Journal of Graduate School of Chinese Academy of Social Sciences/中国社会科学院研究生院 . – 北京：中国社会科学院研究生院学报杂志社，1979 –
双月刊　　　　　　　　大 16 开
ISSN 1000 – 2952　　　CN 11 – 1131　　2 – 865
北京市房山区良乡高教园区中国社会科学院研究生院 （102488）
编辑部电话：010 – 81360321
E-mail：wangjn@ cass. org. cn

　　人文社会科学综合性学术刊物。原名《学习与思考》，1985 年正式更改为现刊名。报道有关中国当代重大理论问题、现实问题的研究成果，发表基础理论研究和弘扬祖国传统文化的学术论文。重点刊登中国社会科学院的博士、硕士研究生导师和博士、硕士研究生的文章，同时也刊发一些受国内外学术界关注和高度评价的力作。内容涵盖马克思主义及哲学研究、国情调研、经济和管理、法律与法学、文学·语言及文化、史学新论、国际问题研究。读者对象为海内外人文社会科学工作者、硕士和博士研究生、政府部门干部。有英文目次和中英文提要。

中国史研究 = Journal of Chinese Historical Studies/中国社会科学院历史研究所 . –
北京:《中国史研究》编辑部, 1979 –
季刊　　　　　　　　　16 开
ISSN 1002 – 7963　　　CN 11 – 1039　　　2 – 532
北京市建国门内大街 5 号（100732）
编辑部电话:010 – 85195836

　　历史学学术刊物。办刊宗旨:深入研究中国历史上的各种问题,坚持历史学的党性与科学性的统一,提倡实事求是、理论联系实际的学风,鼓励和支持创造性的理论探索及不同学派、不同学术观点的自由讨论,以促进历史学的繁荣和发展。以刊载研究中国古代历史的论文为主要内容,涉及中国古代政治、经济、军事、文化、科技及社会生活等方面的问题,具有学术性强、研究领域广泛等特点。主要栏目有:专题研究、学术评论、史学论著评介、新书介绍、读史札记、问题讨论等。读者对象为海内外研究中国古代史的专家、学者、大专院校师生及广大对中国古代史研究有兴趣的史学爱好者。有英文目次。

中国特色社会主义研究 = Studies on the Socialism with Chinese Characteristics/北京市社会科学界联合会, 北京市中国特色社会主义理论体系研究中心, 北京市科学社会主义学会 . – 北京:中国特色社会主义研究杂志社, 1995 –
双月刊　　　　　　　　大 16 开
ISSN 1006 – 6470　　　CN 11 – 3527　　　82 – 819
北京市东城区安定门外西滨河路 19 号（100011）
编辑部电话:010 – 64527191, 64527193
E-mail:tese816@126. com

　　政治学类专业学术刊物。曾用刊名《科学社会主义研究》。办刊宗旨:关注社会现实,关注党和政府的重大决策,关注中国社会改革实践,及时做出权威解读和理论概括;关注当代国内外社会主义理论的研究发展现状,为理论创新、学术发展提供平台。主要栏目有:主题论坛、马克思主义中国化、中国特色社会主义理论、科学发展观、马克思主义理论、政治建设、经济建设、文化建设、社会建设、党的建设、理论资讯等。读者对象为党政领导干部、大专院校师生以及有志于社会科学理论学习与研究的有识之士。

中国特殊教育 = Chinese Journal of Special Education/中央教育科学研究所 . - 北京：中央教科所心理与特殊教育研究部，《中国特殊教育》编辑部，1994 -
月刊　　　　　　　　大 16 开
ISSN 1007 - 3728　　　CN 11 - 3826　　　82 - 187
北京市海淀区北三环中路 46 号 （100088）
编辑部电话：010 - 62003367
E-mail：zgtsjy@ yahoo. com. cn

　　教育类期刊。原名《特殊儿童与师资研究》，1994 年更改为现刊名。办刊宗旨为宣传党的特殊教育方针，探讨国内特殊教育发展规律，对全国特殊教育研究的发展起导向作用，促进与国际特殊教育之间的学术交流。所刊载的文章主要反映中国特殊儿童心理与教育研究、教学领域的最新成果与进展，力求全面反映特殊儿童心理与教育研究各个领域的最新动态。主要栏目设置有：特殊教育理论研究、听力障碍研究、视力障碍研究、智力障碍研究、评估与测量、治疗与康复、孤独症研究、学习障碍研究、超常教育研究、青少年心理发展、心理健康研究、职业教育与高等特殊教育、名校园地等。主要读者对象为特殊教育研究人员，各级各类学校教师和学生。有英文目次。

中国体育科技 = China Sport Science and Technology/国家体育总局体育科学研究所 . - 北京：《中国体育科技》编辑部，1959 -
双月刊　　　　　　　大 16 开
ISSN 1002 - 9826　　　CN 11 - 2284　　　82 - 684
北京市体育馆路 11 号 （100061）
编辑部电话：010 - 87182588
E-mail：zgty@ chinajournal. net. cn； bjb@ ciss. cn

　　体育运动科技刊物。曾用刊名《体育科技资料》，1980 年更名为现刊名。注重反映体育科学与技术的理论与实践方面最新科研成果，内容涉及奥运、全民健身、体育产业及相关领域的研究，刊登有关各种运动项目的专题研究论文和国内外重大比赛专题调研报告，分析报道最新体育科技成果、各运动项目的技术及战术运用，并及时通报国家体育总局有关方针、政策和动态。设有科研成果、调研报告、专题论文、经验总结、问题探讨等栏目。读者对象为体育科研工作者、体育教育工作者、体育管理工作者、教练员、运动员及体育专业学生。有英文目次、中英文摘要。

中国图书馆学报 = Journal of Library Science in China/中国图书馆学会，国家图书馆 . – 北京：《中国图书馆学报》编辑部，1957 –

双月刊　　　　　　　　16 开

ISSN 1001 – 8867　　　CN 11 – 2746　　　2 – 408

北京市中关村南大街 33 号 （100081）

编辑部电话：010 – 88545141

E-mail：tsgxb@ nlc. gov. cn

图书情报学专业期刊。前身为《图书馆学通讯》。以交流图书馆学、情报学的研究发现，推动该领域的知识创新为己任。发表图书馆学、情报学及其密切相关领域任何专题的高层次学术成果。栏目设置有：研究论文、综述评介、探索交流及专题研究等。读者对象为广大图书情报工作者和图书馆学情报学专业师生。有英文目次和中英文提要。

中国土地科学 = China Land Science/中国土地学会，中国土地勘测规划院 . – 北京：《中国土地科学》编辑部，1987 –

月刊　　　　　　　　大 16 开

ISSN 1001 – 8158　　　CN 11 – 2640

北京市西城区冠英园西区 37 号 （100035）

编辑部电话：010 – 66562683

E-mail：bianjibu@ zgtdkx. com

农业经济类综合性学术期刊。办刊宗旨：为全国的土地科技和土地管理事业服务，为土地科学学科建设和当前土地工作实践中遇到的理论问题进行讨论、研究服务。栏目设置有：学科建设、土地规划、土地利用、土地价格、土地整理、土地经济、土地法学、参考与借鉴、学术动态等。读者对象为中国土地管理、房地产开发经营和地价评估部门，以及农林牧渔业生产、工矿交通、城乡建设、环境保护等部门与土地专业相关的科技人员，特别是从事土地调查评价，土地规划、利用、整治、保护和土地信息等专业人员以及高校有关专业的师生。有英文目次与英文摘要。

中国现代文学研究丛刊 = Modern Chinese Literature Studies/中国现代文学馆 . - 北京：中国现代文学研究丛刊杂志社，1979 –

月刊　　　　　　　　16 开

ISSN 1003 – 0263　　　CN 11 – 2589　　　2 – 667

北京市朝阳区文学馆路 45 号 （100029）

编辑部电话：010 – 57311618

E-mail：ckbjb@ wxg. org. cn

　　中国现代文学研究专业刊物。发表对中国现代文学的研究评论文章，包括文学运动、文学思潮、文学流派以及作家与作品的研究分析。注重论文的学术性、科学性以及文学资料的发现、整理和研究。栏目设置有：文学史研究、学人研究、教学研究、诗歌研究、作家与作品、文献史料研究、媒体与传播、当代文学生活状况调查等。读者对象为中国现代文学研究人员、高等院校师生、中等学校语文教师及文学爱好者。有英文目次。

中国心理卫生杂志 = Chinese Mental Health Journal/中国心理卫生协会 . - 北京：《中国心理卫生杂志》编委会，1987 –

月刊　　　　　　　　大 16 开

ISSN 1000 – 6729　　　CN 11 – 1873　　　82 – 316

北京市海淀区花园北路 51 号 2 号楼 506 室 （100191）

编辑部电话：010 – 62010890

E-mail：cmhj@ bjmu. edu. cn

　　神经精神学、心理学类学术期刊。主要报道心理卫生科学领域新进展和新成果，涉及医学、心理学、社会学和教育学等范畴。主要刊登学术论著、研究生论文、调查研究、实验研究、临床报告、专座、综述、译文及国内外学术动态等。设有争鸣、心理治疗与心理咨询、精神卫生政策、心身医学、临床精神病学、社会精神病学、应激与心理健康、社区精神卫生、儿童少年心理卫生、心理卫生评估等栏目。阅读对象为各界从事心理卫生工作的中、高级专业人员。

中国刑事法杂志 = Chinese Criminal Science/最高人民检察院检察理论研究所 . - 北京：《中国刑事法杂志》编辑部，1991 –

月刊　　　　　　　　大 16 开

ISSN 1007 – 9017　　　CN 11 – 3891　　　82 – 815

北京市石景山区鲁谷西路 5 号 （100040）
编辑部电话：010 - 68630197
E-mail：xsfzz@263. net

　　刑事法专业学术期刊。办刊宗旨：坚持以学术为重，以反映刑事法领域的前沿理论和司法实践中的突出问题为己任，突出理论性和实践性的有机结合。注重全面反映中国刑事法领域各个学科理论和实践研究的最新成果，及时提供国外刑事法律研究的重要成果以及立法、司法改革的最新动态。设有专论、刑法理论、诉讼理论、调查报告、犯罪预防、刑事起诉、刑事辩护、邢事审判、刑事执行、刑事证据、刑事技术、案例研究、国外刑事法制、个罪研究、犯罪预防等栏目。读者对象为司法实务工作者、法律专家、司法部门研究人员和高等院校相关专业师生。有英文目次。

中国行政管理 = Chinese Public Administration/中国行政管理学会 . - 北京：中国行政管理杂志社，1985 -
月刊　　　　　　　　大 16 开
ISSN 1006 - 0863　　　CN 11 - 1145　　　82 - 447
北京市西城区西安门大街 22 号 （100017）
编辑部电话：010 - 63099125
E-mail：cpa@ mail. gov. cn

　　政治学类专业学术刊物。办刊宗旨：以学术为品质，繁荣行政管理科学；以应用为追求，推动行政管理实践，构建理论探索与政府发展互动的高智力平台。致力于中国行政管理科学的恢复和发展，关注中国行政管理体制的改革实践，在中国行政管理学术研究方面起到引领性作用。载文兼顾理论与实践，主要栏目有：本刊特稿、机构与编制、行政与法制、绩效管理、应急管理、公共管理、社会管理、军队管理、公共政策、公共经济、人力资源、地方政府、他山之石、电子政务、探索与争鸣、学术论坛等。读者对象为高等院校、政府部门以及企事业单位的各级党政领导干部、国家公务员、大中型企业负责人和高级管理者、各级行政学院教学科研人员和领导干部、相关专业的广大师生等。有英文目次和中英文摘要。

中国音乐 = Chinese Music/中国音乐学院 . - 北京：《中国音乐》编辑部，1981 -
季刊　　　　　　　　大 16 开
ISSN 1002 - 9923　　　CN 11 - 1379　　　2 - 263

北京市朝阳区德外丝竹园（100101）

编辑部电话：010 - 64887378

E-mail：bianjibu7378@163.com

　　民族音乐类学术期刊。以研究中国民族音乐为其特色，注重基础理论研究，反映国内民族音乐研究的最新成果，同时介绍国际音乐教育、民族音乐学等学科的论著。主要发表中国传统音乐研究、音乐教育理论研究、音乐表演艺术研究的文章。主要栏目有：民族音乐研究、音乐传播、音乐教育、中外音乐史、音乐美学、音乐形态学、音乐学学科建设、表演艺术等。读者对象为国内外音乐研究机构人员、音乐艺术院校教师、国内艺术院校师生、部分综合大学师生、专业音乐工作者、各级文化馆及非物质文化保护机构工作人员。有英文目次。

中国音乐学 = Musicology in China/中国艺术研究院音乐研究所 . - 北京：《中国音乐学》编辑部，1985 -

季刊　　　　　　　　　16 开

ISSN 1003 - 0042　　　CN 11 - 1316　　　82 - 185

北京市朝阳区惠新北里甲 1 号 （100029）

编辑部电话：010 - 64933343

E-mail：musicology2003@yahoo.com.cn

　　音乐专业学术刊物。主要发表民族音乐研究、中外音乐研究、中外音乐史、音乐美学、音乐评论、音乐形态学、音乐科技等学科的研究成果，反映国内外音乐学研究动态，对重要学术问题进行讨论。尤为注重对当前有关人民群众音乐生活领域的紧迫问题和中国音乐学研究的历史与现状进行研究与探讨。辟有民族音乐研究、中外音乐研究、中外音乐史、音乐美学、音乐评论、音乐形态学、音乐科技等栏目。读者对象为国内外音乐理论研究工作者及音乐、艺术院校师生。有英文目次。

中国语文 = Studies of the Chinese Language/中国社会科学院语言研究所 . - 北京：中国语文杂志社，1952 -

双月刊　　　　　　　　16 开

ISSN 0578 - 1949　　　CN 11 - 1053　　　2 - 46

北京市建国门内大街 5 号 （100732）

编辑部电话：010 - 85195373

E-mail:zgyw – yys@ cass. org. cn

　　汉语语言学专业学术性刊物。多年来坚持务实与创新相结合的办刊宗旨，主要刊登汉语现状、历史，以及应用、实验的调查和研究，语言理论、语言政策的研究，汉语教学、汉外对比研究，语言学和其他学科交叉课题的研究，汉字现状、历史以及应用的调查和研究的相关论文，语言文字著作的评论文章等。主要读者对象是语言工作者、大专院校中文专业师生、语文爱好者等。有英文目次和重要论文英文提要。

中国哲学史 = History of Chinese Philosophy/中国哲学史学会 . – 北京：《中国哲学史》编辑部，1982 –

季刊　　　　　　　　　大 16 开
ISSN 1005 – 0396　　　CN 11 – 3042　　2 – 394
北京市建国门内大街 5 号 （100732）
编辑部电话：010 – 85195527
E-mail:zhgzhxshyj@ 163. com

　　哲学专业学术期刊。主要刊登国内外中国哲学史研究的最新成果和其他有关哲学与传统文化方面有价值的学术论文，以及学术书评和学术札记等。主要栏目有：国学与马克思主义、传统儒学研究、佛学研究、经学研究、丧祭礼学研究、先秦思想研究、宋明理学研究、近现代学术史研究、遗文钩沉等。读者对象为哲学研究工作者、大专院校哲学专业师生、哲学爱好者等。有英文目次和重要论文英文提要。

中南民族大学学报. 人文社会科学版 = Journal of South – Central University for Nationalities. Humanities and Social Sciences/中南民族大学 . – 武汉：《中南民族大学学报》编辑部，1960 –

双月刊　　　　　　　　大 16 开
ISSN 1672 – 433X　　　CN 42 – 1704　　38 – 97
湖北省武汉市民院路 708 号 （430073）
编辑部电话：027 – 67842094
E-mail:xuebao@ mail. scuec. edu. cn

　　民族学类综合性学术刊物。原名《中南民族学院学报. 人文社会科学版》。发文以民族研究为主，兼顾其他学科，主要刊登有关中国南方民族研究方面的最新成果，具有学术性、知识性、民族性等特点。主要栏目有：民族学人类学论坛、社会学研究、政治学研究、马克思主义研究、法学研究、经济学研究、管理学研究、生态美学研究、文学研究、当代民族文学研究、语言学研究、新闻传播研究、中国思想史研究、文化与翻译研究、教育研究、少数民族外语教育研究、思想政治教育研究等。读者对象为民族研究工作者、高等院校师生。有英文目次和英文提要。

中山大学学报. **社会科学版** = Journal of Sun Yat – Sen University. Social Science Edition/中山大学 . – 广州：《中山大学学报》编辑部，1955 –
双月刊　　　　　　　　　大 16 开
ISSN 1000 – 9639　　　　CN 44 – 1158　　　46 – 14
广东省广州市新港西路 135 号（510275）
编辑部电话：020 – 84112070
E-mail：xuebaosk@ mail. sysu. edu. cn

　　人文社会科学综合性学术刊物。办刊宗旨：以学术质量为标准，反映教学、科研最新成果；繁荣人类科学文化；培养高层次学术理论人才。注重发表人文社会科学基础理论的研究成果，内容包括文学、史学、哲学、人类学、社会学、经济学、政治学、管理学、法学等学科。近年来锐意改革，在原有以学科划分栏目的基础上，建立了栏目主持人制度，开设了"经典与解释"、"近代中国的知识与制度"、"中山大学与现代中国"等特色栏目。读者对象为人文社会科学工作者、大专院校文科师生及部分社会人士。有英文目次和中文提要。

中外法学 = Peking University Law Journal/北京大学 . – 北京：北京大学《中外法学》编辑部，1978 –
双月刊　　　　　　　　　16 开
ISSN 1002 – 4875　　　　CN 11 – 2447　　　2 – 204
北京市海淀区北京大学法学院四合院（100871）
编辑部电话：010 – 62751689
E-mail：zwfx@ pku. edu. cn

　　法学学术性刊物。原名为《国外法学》，1989 年改为现刊名。坚持恪守学术的办刊宗旨与注重学理的办刊方向，实行园地开放、内外平等。在对西方法学思想的研究、介绍和翻译、丰富其法学研究视野的基础上，加强引导法学界对中国问题的研究，尤其是通过组织专题研究，以推动法学思想的发展和推动中国法学的成长。栏目设置有：法学论坛、法治专论、法院春秋、问题与研究、立法研究、新学科、专题讨论、调查研究、笔谈会、中国人看外国法制、外国人看中国法制、欧美之页、东欧之页、日本之页、东南亚之页、法制教育等。读者对象为法律研究人员、法律工作者、司法部门工作人员和高等院校法律专业教师、学生等。有英文目次。

中央财经大学学报 = Journal of Central University of Finance & Economics/中央财经大学. – 北京：《中央财经大学学报》编辑部，1981 –

月刊　　　　　　　　　大 16 开

ISSN 1000 – 1549　　　　CN 11 – 3846　　　82 – 950

北京市海淀区西直门外学院南路 39 号（100081）

编辑部电话：010 – 62288381

E-mail：zycjdxxb@ cufe. edu. cn

　　综合性经济理论刊物。曾用刊名《中央财政金融学院学报》。办刊宗旨：坚持为教学科研服务、为经济改革和经济发展服务，注重刊载国内优秀学者和有关部门领导干部的研究文章，报道财经理论与实践相结合的学术论文，强调基础理论与实践应用相结合的重要意义。主要刊登财政、税收、金融、证券、保险、经济管理、财务、会计、审计等财经理论研究和实践方面的学术论文、课题研究成果、调研报告、会议综述等。长期设有"财政税收"、"金融证券"、"经济管理"、"会计审计"等栏目。读者对象为经济理论工作者、财经院校师生、经济部门的实际工作者和企业管理人员。有英文目次和中文摘要。

中央民族大学学报. 哲学社会科学版 = Journal of Minzu University of China. Philosophy and Social Sciences Edition/中央民族大学. – 北京：中央民族大学期刊社，1974 –

双月刊　　　　　　　　　大 16 开

ISSN 1005 – 8575　　　　CN 11 – 3530　　　2 – 565

北京市海淀区中关村南大街 27 号（100081）

编辑部电话：010 – 68933635

E-mail：zymdxb@ 163. com

　　民族学类综合性学术刊物。办刊方针：坚持"三个面向"和"双百"方针，阐述党的民族政策，开展对少数民族社会形态、政治、经济、历史、哲学、语言、文学艺术、宗教信仰、生活习俗等方面的研究，发表有关少数民族的最新调查报告、学术资料和教学科研成果。主要栏目有：民族理论研究、民族学人类学研究、民族经济研究、民族学与社会学研究、民族历史研究、民族语言文字研究、民族文学与艺术研究、民族文化研究、书评等。读者对象为民族学专业研究人员、高等院校相关学科师生。有英文目录和英文提要。

中央音乐学院学报 = Journal of the Central Conservatory of Music/中央音乐学院．－北京：《中央音乐学院学报》编辑部，1980 –

季刊   16 开

ISSN 1001 – 9871   CN 11 – 1183   82 – 41

北京市西城区鲍家街 43 号 （100031）

编辑部电话：010 – 66417541；66425731

E-mail：xbbjb@ ccom. edu. cn

音乐理论学术性刊物。办刊宗旨：致力于为广大读者推介关于音乐美学、表演艺术、民族音乐、外国音乐、古代音乐、音乐教育、音乐评论、作曲技术与创作理论研究等方面的文章。辟有音乐美学、中国音乐史、民族音乐、作曲理论、音乐心理学、西方音乐史、音乐教学、学术批评、疑义相析、音乐家研究、音乐学讲坛、表演理论、学术报道等栏目。读者对象为音乐院校师生、专业音乐工作者和音乐爱好者。有英文目次和中文内容摘要。

中原文物 = Cultural Relics of Central China/河南省博物院．－郑州：《中原文物》编辑部，1977 –

双月刊   大 16 开

ISSN 1003 – 1731   CN 41 – 1012   36 – 136

河南省郑州市农业路 8 号 （450002）

编辑部电话：0371 – 63511062

E-mail：zywwbm@ 163. com

考古与文物及博物馆专业性学术刊物。前身为《河南文博通讯》 （1977 ~ 1980 年），1981 年改为现刊名。办刊宗旨：立足中原，面向国内外，弘扬民族优秀传统文化，繁荣学术；重点宣传党的文物法令和政策，弘扬祖国灿烂的古代文化，反映河南省和中原地区的文物、博物馆工作动态，考古发掘收获及科研成果。

主要栏目有：本刊特稿、考古发现、考古研究、文物研究、博物精华、文物赏析、文物保护与科技、博物馆论坛、文物与旅游、书刊评介、文博信息。读者对象为文物考古工作者、大专院校师生及文物考古爱好者。有英文目次和中英文摘要。

中州学刊 = Academic Journal of Zhongzhou/河南省社会科学院 . – 郑州：中州学刊杂志社，1979 –

月刊　　　　　　　　大 16 开
ISSN 1003 – 0751　　　CN 41 – 1006　　36 – 118
河南省郑州市文化路 50 号（450002）
编辑部电话：0371 – 63836785
E-mail：zzxk1979@126.com

　　人文社会科学综合性学术刊物。秉持"崇尚科学、追求真理、提倡原创、打造精品"的办刊理念，关注学术研究前沿，聚焦重大理论和现实问题，着力推出人文社会科学精品力作。主要栏目有：哲学研究、当代政治、党建热点、社会现象与社会问题研究、经济理论与实践、农业与农村经济、企业改革与管理、法学研究、伦理与道德、易学道家研究、宋明理学研究、历史研究、先秦文化研究、唐宋文学研究、现当代文学研究、文艺研究、语言・文字、新闻与传播・图书与情报等。读者对象为从事社会科学研究的工作人员、大专院校师生等。有英文目次和中文提要。

重庆大学学报. 社会科学版 = Journal of Chongqing University. Social Science Edition/重庆大学 . – 重庆：重庆大学期刊社，《重庆大学学报. 社会科学版》编辑部，1995 –

双月刊　　　　　　　大 16 开
ISSN 1008 – 5831　　　CN 50 – 1023　　78 – 129
重庆市沙坪坝正街 174 号重庆大学（400044）
编辑部电话：023 – 65102306
E-mail：shekexeb@cqu.edu.cn

　　人文社会科学综合性学术刊物。办刊宗旨：紧紧依靠重庆大学文科办学传统的影响和现有社科研究实力及坚实雄厚的理工学科基础，加强科学与技术相结合，形成并巩固社会科学应用性研究的鲜明办刊特色。主要栏目有：区域开发、经济研究、管理论坛、社科研究与评价、法学研究、政治・哲学・社会、语言・文学研究、教育研究等，其中"区域开发"为该刊特色栏目。读者对象为哲学社会科学研究人员及大专院校文科师生。有英文目次和论文中英文摘要。

重庆理工大学学报. 社会科学版 = Journal of Chongqing University of Technology. Social Science Edition/重庆理工大学 . – 重庆：《重庆理工大学学报. 社会科学版》编辑部，1987 –
月刊　　　　　　　　　大 16 开
ISSN 1674 – 8425　　　CN 50 – 1205
重庆市杨家坪重庆工学院（400050）
编辑部电话：023 – 68667299
E-mail：xb@ cqut. edu. cn

　　人文社会科学综合性学术刊物。曾用名《重庆工学院学报. 社会科学版》。坚守筚路蓝缕、以启山林的信念，为广大专家学者提供一个优质的学术交流平台和成果展示窗口。载文以政治哲学、工商管理、法学、语言文学为主要内容，集学术性、知识性、实用性于一体，理论联系实际。辟有本刊专稿、逻辑学与科学方法论、知识产权与产业发展、西部开发、人文社会科学重点研究基地论坛、劳动经济与人力资源研究、财会研究与开发、经济·管理、法学、社会学、政治·哲学、学术争鸣、语言·文学、教育、编辑、论文选粹、书评等固定栏目。其中"本刊专稿"、"逻辑学与科学方法论、知识产权与产业发展"为重点栏目。读者对象为人文社会科学界研究人员、高校师生等。

重庆邮电大学学报. 社会科学版 = Journal of Chongqing University of Posts and Telecommunications. Social Science Edition/重庆邮电大学 . – 重庆：《重庆邮电大学学报》编辑部，1986 –
双月刊　　　　　　　　大 16 开
ISSN 1673 – 8286　　　CN 50 – 1180　　　78 – 245
重庆市南岸区黄桷垭市重庆邮电大学（400065）
编辑部电话：023 – 62461033
E-mail：wkxb@ cqupt. edu. cn

　　人文社会科学综合性学术刊物。原名《重庆邮电学院学报. 社会科学版》。办刊宗旨：传播马克思主义理论，繁荣社会主义文化，促进社会科学研究，提高学术研究水平，推动学校人文学科专业发展，培养高素质创新型人才。主要栏目有：马克思主义理论与当代社会研究、信息法学、哲学、邮电史研究、文学·艺术、媒体·艺术、网络思想政治教育、管理研究、文化研究、语言学研究、教育与教学研究、书评等。其中"信息法学"、"邮电史研究"为特色栏目。读者对象为高等院校和科研院所的社会科学研究人员、教师和学生。

周易研究 = Studies of Zhouyi/山东大学，中国周易学会. - 济南：《周易研究》编辑部，1988 -

双月刊　　　　　　　　大 16 开

ISSN 1003 - 3882　　　　CN 37 - 1191　　　24 - 087

山东省济南市山大南路 27 号（山东大学中心校区）（250100）

编辑部电话：0531 - 88364829

E-mail：yistudies@ 126. com

易学研究刊物。办刊方针：既注重传统易学问题的研究以及出土易学文献的研究，又倡导易学与现代哲学、易学与管理学、易学与环境保护科学、易学与现代社会问题、易学与自然科学等相结合的多层次、多角度、多学科的交叉综合研究。主要栏目有：帛书与《周易》研究、经传与易学史研究、现当代易学研究、易学与哲学研究、易学与文化研究、易学与道家道教、易学与佛学佛教、易学与自然科学等。有英文目次和论文中英文摘要。

资源科学 = Resources Science/中国科学院地理科学与资源研究所，中国自然资源学会. - 北京：《资源科学》编辑委员会，1977 -

月刊　　　　　　　　大 16 开

ISSN 1007 - 7588　　　　CN 11 - 3868　　　82 - 4

北京市朝阳区大屯路甲 11 号（100101）

编辑部电话：010 - 64889446

E-mail：zykx@ igsnrr. ac. cn

综合性资源科学研究学术期刊。原名《自然资源》，1998 年改为现刊名。刊登资源科学领域具有创新性的论文，报道最新的研究成果，发表相关的学术评论，介绍学科的前沿动态，为建立和发展资源科学理论体系、促进中国资源的可持续利用和资源管理服务。主要板块栏目有：气候资源、水资源、土地资源、能源与矿产资源、旅游资源、资源经济、资源生态、能源与碳排放、资源信息。主要读者对象为从事自然资源、社会资源、资源管理与资源立法等学科领域的科研人员、管理人员和大专院校相关专业的师生。有英文目次。

自然辩证法研究 = Studies in Dialectics of Nature/中国自然辩证法研究会 . – 北京：
《自然辩证法研究》编辑部，1985 –
月刊　　　　　　　　大 16 开
ISSN 1000 – 8934　　　　CN 11 – 1649　　　80 – 519
北京市西城区三里河路 54 号（100045）
编辑部电话：010 – 62442487
E-mail：zrbzhfyj@ sina. com

　　科技哲学学科的专业性、理论性学术刊物。侧重研究自然哲学、科学哲学、
技术哲学、科学方法论等理论问题，探讨当代科学、技术、经济与社会的相互关
系，注重对最新国内外科学技术成果的哲学探索和对自然辩证法学科的基础理论
的研究。主要栏目有：自然哲学、科学哲学、技术哲学与工程哲学、科学技术与
社会、科学技术史（科学思想史）、学科建设和教学研究等，同时通过"论坛"
和"专题研究"聚焦热点问题。读者对象为哲学、理论、管理、科技工作者和从
事自然辩证法研究的教师以及关注该领域的其他研究人员。有英文目次。

自然资源学报 = Journal of National Resources/中国自然资源学会 . – 北京：《自然资
源学报》编辑委员会，1986 –
月刊　　　　　　　　16 开
ISSN 1000 – 3037　　　　CN 11 – 1912　　　82 – 322
北京 9717 信箱（100101）
编辑部电话：010 – 64889711
E-mail：zrzyxb@ igsnrr. ac. cn

　　环境科学类学术期刊。在"百花齐放、百家争鸣"方针指导下，积极开展有
关学科领域内的学术交流和学术讨论，促进自然资源学科研究的繁荣，推动社会
可持续发展。全面反映中国自然资源的数量与质量的评价，资源开发、利用、管
理与保护等领域研究的主要成果，注重对国内外重大理论和现实问题的研究。主
要栏目有：资源利用与管理、资源安全、资源生态、资源评价、资源研究方法、
专题论坛等。读者对象为从事自然资源学科研究的科研人员、决策与管理人员和
高等院校师生。

宗教学研究 = Religious Studies/四川大学道教与宗教文化研究所. – 成都:《宗教学研究》编辑部，1982 –

季刊　　　　　　　　　大 16 开
ISSN 1006 – 1312　　　CN 51 – 1069　　　62 – 174
四川省成都市四川大学文科楼（610064）
编辑部电话：028 – 85412221
E-mail：zjxyjxu@ sohu. com

宗教研究专业学术刊物。办刊宗旨：立足宗教学术前沿，推动有中华民族特色的宗教学学术发展，内容突出中国道教研究特色，涉及宗教学理论、儒教、基督教（天主教）、伊斯兰教、中国民族民间宗教及其他宗教研究。主要栏目有：道教研究、儒教研究、基督教研究、少数民族宗教研究、宗教学理论与其他宗教研究、研究生论坛、书评与信息。读者对象为宗教研究人员、宗教事物工作者、教徒等。

来源期刊简介

北方文物 = Northern Cultural Relics/北方文物杂志社． –哈尔滨：《北方文物》编辑部，1985 –

季刊　　　　　　　　　大 16 开

ISSN 1001 – 0483　　　　CN 23 – 1029　　　14 – 78

黑龙江省哈尔滨市南岗区宣德街 44 号（150008）

编辑部电话：0451 – 82717994

E-mail：beifangwenwu@ sina. com

　　文物、考古类期刊。办刊宗旨：坚持"双百"方针，以刊发研究北方民族的历史和考古的学术成果为己任，兼顾地方史和博物馆学，并报道东北亚国家在民族、考古学方面的最新信息和动态，推进东北亚国家在民族和考古学方面的研究和具有文物特色和地方特色的研究。辟有考古发现及研究、民族史论、地方史志、博物馆学研究、译文等栏目。以文物、考古、博物馆工作者及文物爱好者为读者对象。

北京第二外国语学院学报 = Journal of Beijing International Studies University/北京第二外国语学院． –北京：《北京第二外国语学院学报》编辑部，1979 –

月刊　　　　　　　　　大 16 开

ISSN 1003 – 6539　　　　CN 11 – 2802　　　80 – 630

北京市朝阳区定福庄南里 1 号（100024）

编辑部电话：010 – 65778734

E-mail：ewxuebao@ 126. com（旅游版）；Hexuebao@ 126. com（外语版）

　　语言学类综合性学术刊物。办刊宗旨：贯彻"百花齐放、百家争鸣"和"古为今用、洋为中用"的方针，坚持实事求是、理论与实际相结合的严谨学风，探索外语教育、教学及管理诸方面的规律，活跃教学与科研的学术气氛，为教学与科研服务。载文范围集中于"外语"及"旅游"两个学术领域。单月刊登：旅游产业发展研究、旅游理论研究、企业管理、资源开发与管理、旅游产品与市场开发、旅游文化、政策法规等方面内容；双月刊登：语言学、翻译研究、外国文学、外语教学等方面内容。读者对象为从事旅游、语言研究的研究人员、旅游从业人员、大专院校的教师、学生。

北京工业大学学报. 社会科学版 = Journal of Beijing University of Technology. Social Sciences Edition/北京工业大学． –北京：《北京工业大学学报》编辑部，2001 –

双月刊　　　　　　　　大 16 开

ISSN 1671－0398　　　CN 11－4558　　　80－178
北京市朝阳区平乐园100号（100124）
编辑部电话：010－67392534
E-mail：xuebaosk@bjut.edu.cn

　　人文社会科学综合性学术刊物。以坚持正确舆论导向和"双百"方针，努力追求创新思维与活跃的学术风气，积极扶植学术新秀，倡导科学理念为办刊宗旨，注重体现新世纪人文社会科学研究的特色，体现理、工、文的交叉、渗透与融合。注重学术性与创新性，广纳实践性与对策性的学术成果，提倡学术文采，使学科性与可读性并举，努力为北京及周边区域的经济、社会、文化服务。主要刊发有关社会、政治、经济、文化、教育等方面的学术论文和研究报告。主要栏目有：当代社会研究、经济与管理、哲学与政治、法律、文学与历史、教育理论与实践等。读者对象为高等院校教师、研究生及相关科研院所的研究人员。

北京交通大学学报.社会科学版 = Journal of Beijing Jiaotong University. Social Scieces Edition/北京交通大学 . － 北京：《北京交通大学学报.社会科学版》编辑部，2002 －
季刊　　　　　　大16开
ISSN 1672－8106　　　CN 11－5224
北京市海淀区西直门外上园村3号（100044）
编辑部电话：010－51682711
E-mail：bfxbsk@bjtu.edu.cn

　　人文社会科学综合性学术刊物。原名《北方交通大学学报.社会科学版》。办刊宗旨是以马列主义、毛泽东思想、邓小平理论、"三个代表"重要思想和科学发展观为指导，促进学校社会科学的发展和应用研究，为社会科学的学科建设服务。主要刊登人文社会科学和经济管理科学领域及文、理、工、管结合的交叉学科等方面的学术研究论文和问题讨论等内容。主要栏目有：产业经济研究、物流研究、管理研究、哲学研究、德育研究、法学研究、语言文学研究、教育研究等。其中，"物流研究"是该刊重点建设的特色栏目，2011年年底入选教育部第二批"高校哲学社会科学名栏工程"。读者对象为文科高等院校师生及社会科学研究工作者。

北京联合大学学报. 人文社会科学版 = Journal of Beijing Union University. Humanities And Social Sciences/北京联合大学 . –北京：《北京联合大学学报》编辑部，2003 –
季刊　　　　　　　　大 16 开
ISSN 1672 – 4917　　　CN 11 – 5117
北京市北四环东路 97 号 （100101）
编辑部电话：010 – 64900116
E-mail:ldxbbj1@ buu. com. cn

人文社会科学综合性学术刊物。贯彻理论联系实际和为社会主义建设服务的原则，提倡和鼓励综合学科、交叉学科、边缘学科，特别是应用学科的研究，以开放性、创新性、综合性、应用性为办刊特色。主要刊登有关学科领域中的校内外有较高学术水平或应用价值、有所创新的学术论文或科研报告；国内外学术领域的新动向、新理论、综述、评介；热点、难点问题讨论；学校科研成果及学术活动的报道等。设立的主要栏目有：北京学研究、政治文明建设、文史哲、经济·法制·社会、应用型大学研究、台湾研究、编辑出版研究、奥林匹克文化研究、民族与宗教问题研究、特殊教育研究、专题论坛等，其中"北京学研究"为该刊特色栏目。读者对象为校内外专家、学者、教师及科研工作者等。

北京林业大学学报. 社会科学版 = Journal of Beijing Forestry University. Social Sciences/北京林业大学 . –北京：《北京林业大学学报. 社会科学版编辑部，2002 –
季刊　　　　　　　　大 16 开
ISSN 1671 – 6116　　　CN 11 – 4740　　　80 – 322
北京市海淀区清华东路 35 号 （100083）
编辑部电话：010 – 62337919
E-mail:sheke@ bjfu. edu. cn

人文社会科学综合性学术刊物。贯彻理论与实际相结合的原则，奉行"双百"方针，广泛开展学术交流，促进社会科学的发展和社会主义精神文明建设。主要刊登哲学、政治、经济、法律、历史、文化、高等教育、语言与艺术、新闻与出版、社会主义精神文明建设等方面的学术论文，重点研究林业和生态环境建设中的哲学社会科学问题。栏目设置有：森林史、森林文化、森林与环境法律问题、环境与生态心理学、环境与艺术、生态与旅游、农林经济与政策、农林经济理论与实践、其他社会科学研究等。读者对象为国内外致力于森林与人类关系的研究人员。

编辑学刊 = Editors Monthly/上海市编辑学会，上海世纪出版集团 . – 上海：《编辑学刊》编辑部，1984 –

双月刊　　　　　　　　16 开
ISSN 1007 – 3884　　　CN 31 – 1116　　4 – 752
上海市打浦路 443 号荣科大厦 17 楼（200023）
编辑部电话：021 – 60878368
E-mail：bianjixuekan@ 163. com

　　编辑出版类专业学术性刊物。以探讨编辑理论，宣传编辑经验，表彰编辑人才，提高编辑水平和地位，沟通编者、作者、读者感情，加强彼此了解，以做好编辑出版工作为己任，以贴近时代、贴近生活、贴近读者为办刊宗旨。主要栏目有：开卷有议、深度思考、传播前沿、中外书案、海外一瞥、历史回眸、议犹未尽、点击装帧、刊林采英等。读者对象为新闻从业人员、新闻院系师生、企事业单位宣传干部、通讯员。

财经论丛 = Collected Essays on Finance and Economics/浙江财经学院 . – 杭州：《财经论丛》编辑部，1985 –

双月刊　　　　　　　　大 16 开
ISSN 1004 – 4892　　　CN 33 – 1154　　32 – 27
浙江省杭州市下沙高教园区学源街 18 号（310018）
编辑部电话：0571 – 87557169
E-mail：cjlc@ zufe. edu. cn

　　财经专业学术性刊物。坚持与时俱进、开拓创新的办刊原则，致力于当前经济理论和经济改革的研究，及时反映财经学科的学术前沿性成果，注重新理论，提倡新方法，发现新题材，发表新观点，推广新经验，传播新信息，追求刊物的高层次和高质量。主要辟有产业经济、金融与保险、财政与税务、财务与会计、工商管理等栏目。读者对象为从事企业管理、行业管理、实际经济业务、理论研究与教学、经济决策、政策研究等工作的人员以及高校经济专业师生。

财务与金融 = Accounting and Finance/中南大学 . – 长沙：《财务与金融》编辑部，1986 –

双月刊　　　　　　　　大 16 开

ISSN 1674 – 3059　　　　CN 43 – 1485　　　42 – 159
湖南省长沙市岳麓区中南大学校本部 （410083）
编辑部电话：0731 – 88876110
E-mail：cwyjr@ csu. edu. cn；cwyjrbjb@ 163. com

　　金融类专业学术刊物。曾用名《事业财务》、《事业财会》。以探讨和解决财务与金融领域各种问题为办刊宗旨。主要栏目有：金融论坛、中小企业融资、投资与贸易、财会研究、管理方略、研讨与争鸣等。其中重点栏目"金融论坛"刊登在理论上有较高造诣、在政府金融改革方面有一定前瞻性的论文；"财会研究"则着重解决高等学校、文化、医疗卫生等事业单位在实际工作中遇到的热点、难点问题，并提供理论上的指导。"投资与贸易"、"管理方略"为该刊特色栏目。读者对象为金融工作者、政府工作人员、高校师生等。

长白学刊 = Changbai Journal/中共吉林省委党校 . – 长春：《长白学刊》编辑部，1985 –
双月刊　　　　　　　　大 16 开
ISSN 1003 – 5478　　　　CN 22 – 1009　　　12 – 119
吉林省长春市前进大街 1299 号 （130012）
编辑部电话：0431 – 85885094
E-mail：jlcbxk@ 263. net

　　政治类学术刊物。以学术与宣传并举、理论与实践结合为办刊特色，以侧重研究和探讨在改革开放和建设中国特色社会主义过程中出现的重大理论和实践问题，努力将理论性、科学性、知识性、实践性融为一体为办刊方针。主要栏目有：哲学、政治、公共行政研究、法学、经济、社会发展研究、党建研究、中共党史研究、历史、文化发展研究、学术短论等。读者对象为社会科学工作者、教育工作者、大专院校文科师生。

成都大学学报. 社会科学版 = Journal of Chengdu University. Social Sciences/成都大学 . – 成都：《成都大学学报》编辑部，1981 –
双月刊　　　　　　　　大 16 开
ISSN 1004 – 342X　　　　CN 51 – 1064
四川省成都市外东十陵镇 （610106）
编辑部电话：028 – 84616023

E-mail：cddb@ chinajournal. net. cn

人文社会科学综合性学术刊物。主要刊发以历史文化与地方特色为重点的学术性文章。先后围绕地方经济文化建设开辟了经济管理、巴蜀文史、文艺论丛、语言研究、教育研究、图情管理、口述史等栏目。近年来，本着政治敏感问题不争论和学术研究"百花齐放、百家争鸣"的办刊方针，积极介入西部地方经济文化建设，力求探索面向社会、结合实际、突出特色、言之有物的学术办刊新思路。读者对象为人文社会科学研究人员及大专院校师生。

成都体育学院学报 = Journal of Chengdu Sport University/成都体育学院 . – 成都：《成都体育学院学报》编辑部，1960 –

月刊　　　　　　　　大 16 开

ISSN 1001 – 9154　　　CN 51 – 1097　　　62 – 100

四川省成都市体院路 2 号 （610041）

编辑部电话：028 – 85095371

E-mail：cdtyxb2001@ 263. net

体育类学术期刊。以反映校内教学、科研、训练方面的科研成果为主，全面报道国内外体育运动发展状况。内容包括体育理论、运动技术、专业理论学科、学校体育等，注重体育史、武术和运动医学，同时还介绍体育新学科科研及研究信息。主要栏目有：探索与思考、体育产业专题研究、运动训练与竞赛、民族传统体育、学校体育学等。读者对象是体育科研人员、教练员、大专院校师生。有英文目次。

船山学刊 = CHUAN SHAN Journal/湖南省社会科学界联合会 . – 长沙：船山学刊杂志社，1915 –

季刊　　　　　　　　大 16 开

ISSN 1004 – 7387　　　CN 43 – 1190　　　42 – 222

湖南省长沙市德雅路浏河村巷 37 号 （410003）

编辑部电话：0731 – 84221534

E-mail：csxkhn@ 126. com

哲学研究专业刊物。原名《船山学报》。坚持以弘扬爱国主义思想、维护民族独立、倡导中国传统文化和湖湘文化为办刊宗旨。载文以船山思想研究为核心，以弘扬湖湘文化研究为主体，同时兼容儒、佛、道及中国传统学术文化研究。主要栏目有：船山学研究、湖湘文化研究、传统文化研究、儒道佛思想研究、文学与历史、诸子百家研究、船山著作注释、研究综述等。读者对象为历史、文化、宗教研究人员、大专院校师生。

当代经济管理 = Contemporary Economy & Management/石家庄经济学院 . - 石家庄：《当代经济管理》编辑部，1979 –
月刊　　　　　　　　大 16 开
ISSN 1673 – 0461　　　CN 13 – 1356
河北省石家庄市槐安东路 136 号（050031）
编辑部电话：0311 – 87208094
E-mail：djglbjb@ sjzue. edu. cn

　　经济管理类学术期刊。旨在宣传国家经济方针、政策和法规，传播经济科学、管理科学及相关领域的知识和信息，促进中国经济管理科学和管理水平的提高，为经济建设和改革服务。辟有理论研究、管理科学、资源经济、环境经济、产业经济、区域经济、人力资源、财政与税务、金融与保险、投资与证券、经济与法、会计理论与实务、比较与借鉴等栏目。读者对象为各级政府部门、大中型企业、高等院校、科研院所的相关领导干部、科研人员和高校师生。有英文目次和中英文文摘。

当代经济研究 = Contemporary Economic Research/吉林财经大学 . – 长春：当代经济研究杂志社，1990 –
月刊　　　　　　　　大 16 开
ISSN 1005 – 2674　　　CN 22 – 1232　　　12 – 139
吉林省长春市净月大街 3699 号（130117）
编辑部电话：0431 – 84539199
E-mail：ddjj@ ctu. cc. jl. edu. cn

　　经济类综合性理论刊物。前身是《〈资本论〉与当代经济研究》，1992 年改为现刊名。办刊宗旨：坚持以马克思主义为指导思想，明确先进的文化发展方向，弘扬现代科学精神，为建设有中国特色的社会主义市场经济服务；大力倡导作者运用马克思主义的立场、观点和方法进行科学研究，使刊物成为传播和发展马克思主义经济学稳固的理论阵地。着重发表国内外学者关于《资本论》、政治经济学、经济思想史、西方经济学等领域的最新研究成果，也发表关于当代中国及世界经济等方面的优秀作品。设有《资本论》研究与应用、发展与改革论坛、比较与争鸣、财经纵横、名家思想研究、开放视野、宏观经济研究、农业经济问题、产业经济研究等栏目。读者对象为经济理论工作者、主管经济工作的官员、企业家、经济院校师生等。有英文目次和重要论文英文文摘。

当代青年研究 = Contemporary Youth Research/上海社会科学院青少年研究所 . –上海：《当代青年研究》编辑部，1981 –
月刊　　　　　　　　　大 16 开
ISSN 1006 – 1789　　　CN 31 – 1221　　　4 – 551
上海市淮海中路 622 弄 7 号 （200020）
编辑部电话：021 – 53060606 – 2560
E-mail：qnyj@ sass. org. cn

　　青年研究理论刊物。坚持"研究青年、发现青年、发展青年"的宗旨，反映多种学科领域中青年研究和青年工作的理论和实践的研究成果，注重学术性、实证性、应用性的结合，保持系列性报告、集束性专题的理论研究特色和高质量的学术品位，为繁荣青年研究理论和推动实际工作服务。侧重刊登从社会学、伦理学、文化人类学、教育学等角度对当代青年进行研究的文章，以其学术性、前瞻性面对读者。辟有新兴媒体、全球化与青年、青年观察、新生代农民工、青年就业、青年心理、公民道德、校园文化、教育问题、港澳台青年等栏目。读者对象为青少年研究人员、广大青年工作者、共青团干部等。有英文目次和中文摘要。

德国研究 = Deutschland – Studien/同济大学 . –上海：《德国研究》编辑部，1986 –
季刊　　　　　　　　　16 开
ISSN 1005 – 4871　　　CN 31 – 2032
上海市四平路 1239 号 （200092）
编辑部电话：021 – 65983997
E-mail：dgyj1234@ online. sh. cn

　　德国研究专业刊物。办刊宗旨：研究德国、介绍德国，促进中德两国人民之间的交流与了解，提高中国对德研究的学术水平，为中国的改革开放、经济建设服务。刊载有关研究德国政治、经济、外交、法律、历史、文化、教育、宗教、文学等方面的论文。主要栏目有：政治、军事、经济、法律、文学、视点等。读者对象为德国研究专业人员、外事工作者、高等院校有关专业师生。

地理研究 = Geographical Research/中国科学院地理科学与资源研究所，中国地理学会 . – 北京：《地理研究》编辑委员会，1982 –

月刊　　　　　　　　16 开
ISSN 1000 – 0585　　　CN 11 – 1848　　　2 – 110
北京市安外大屯路甲 11 号 （100101）
编辑部电话：010 – 64889584
E-mail：dlyj@ igsnrr. ac. cn

　　地理学学术理论期刊。以展示、交流中国地理科学研究的成果为办刊宗旨，主要刊载地理学及其分支和交叉学科具有创新意义的高水平论文，以及对地理学应用和发展有指导性的研究报告、专题综述与热点讨论等。辟有地球信息科学、地表过程研究、气候与全球变化、水文与水资源、环境与生态、经济与区域发展、城市与乡村、文化与旅游等栏目。读者对象为地理学及其相关学科的研究人员、大专院校师生。

地理与地理信息科学 = Geography and Geo – information Science/河北省科学院地理科学研究所 . – 石家庄：《地理与地理信息科学》编辑部，1985 –

双月刊　　　　　　　大 16 开
ISSN 1672 – 0504　　　CN 13 – 1330　　　18 – 27
河北省石家庄市西大街 94 号 （050011）
编辑部电话：0311 – 86054904
E-mail：dlxxkx@ vip. 163. com

　　地理类综合性学术期刊。原名《地理学与国土研究》。坚持面向经济建设，面向科研开发，重点反映地理学与地理信息科学的新理论、新技术、新方法、新成果。刊载内容涵盖理论地理学（部门地理学、区域地理学）和地理信息科学两大部分，侧重报道国家自然科学基金项目、国家重点实验室基金项目、国家科技攻关项目和国际合作项目的最新研究成果。主要栏目有：3S 研究与应用、数字国土、环境与生态、区域经济、旅游开发、可持续发展研究、专题研究、地理学进展等。读者对象是从事地理和地理信息工作的研发人员。

东方论坛 = Oriental Forum/青岛大学 . – 青岛：东方论坛杂志社，1988 –
双月刊　　　　　　　大 16 开
ISSN 1005 – 7110　　CN 37 – 1216
山东省青岛市宁夏路 308 号 （266071）
编辑部电话：0532 – 85953730
E-mail：dflt@ qdu. edu. cn

　　人文社会科学综合性学术刊物。原名《青岛大学学报. 社会科学版》，1992 年改用现刊名。该刊注重学术性，创新性，提倡学术自由，鼓励大胆探索；坚持开放性，立足本校，面向国内外学术理论界。在侧重关注人文社会科学各领域基础理论研究的同时，也关注社会实践中的热点问题。侧重发表社会科学各学科的研究论文、调查报告、札记、学术评论等文稿。主要栏目有：东方文化、哲学研究、文学研究、史学研究、经济研究、法学研究、政治学研究、社会学研究、图书评论等。主要读者对象为社会科学教学与研究工作者、高校学生、党政工作人员及其他社会科学爱好者。

东疆学刊 = Dongjiang Journal/延边大学 . – 延吉：延边大学《东疆学刊》编辑部，1984 –
季刊　　　　　　　　大 16 开
ISSN 1002 – 2007　　CN 22 – 5016　　12 – 96
吉林省延吉市公园路 977 号 （133002）
编辑部电话：0433 – 2733633
E-mail：djxkybu@ yahoo. com. cn

　　人文社会科学综合性学术刊物。以"打造精品名栏，突出东北亚特色"为宗旨，关注学术前沿，努力体现"科学、严谨、求实、前沿、厚重"的办刊风格。主要研究东方各国的文学艺术、伦理道德、宗教、哲学、政治、法律制度、企业文化以及其他人文科学。侧重中朝韩日文化比较研究。设有东北亚文化研究、文学研究、经济学研究、语言学研究、法学·社会学研究、教育学研究、艺术研究、东北亚问题研究等主要栏目。读者对象为从事东北亚社会科学及文化教育和世界各国文化教育研究的社会科学工作人员、大专院校师生等。

杜甫研究学刊 = Journal of Du Fu Studies/四川省杜甫学会，成都杜甫草堂博物馆 . – 成都：《杜甫研究学刊》编辑部，1981 –

季刊　　　　　　　　　16 开
ISSN 1003 – 5702　　　CN 51 – 1047
四川省成都市青华路 37 号杜甫草堂博物馆内 （610072）
编辑部电话：028 – 87332291
E-mail：dfxk@ sina. com

　　杜甫研究专业刊物。办刊宗旨：为杜甫研究提供园地，促进中外文化交流，扩大诗圣杜甫及作品在国际上的影响，满足广大杜诗爱好者欣赏、学习杜诗的需要。载文范围涉及杜甫研究、杜甫与中国文化、杜诗研究与评论、杜诗的传播、杜诗对现代新诗的影响、杜诗流传情况考辨、杜诗英译问题等。读者对象为杜甫研究专业人员、古典文学研究人员、诗词爱好者、高等院校文学专业师生。

俄罗斯中亚东欧市场 = Russian Central Asian & East European Market/中国社会科学院俄罗斯东欧中亚研究所 . – 北京：东欧中亚研究杂志社，1981 –
月刊　　　　　　　　　大 16 开
ISSN 1671 – 8453　　　CN 11 – 4810　　　2 – 475
北京市东城区张自忠路 3 号东院 （100007）
编辑部电话：010 – 64039129
E-mail：oysc – oys@ cass. org. cn

　　国际经济类学术刊物。曾用刊名《东欧中亚市场研究》。以促进中国同俄罗斯、东欧和中亚各国的经贸科技合作为宗旨，主要刊登有关俄罗斯、中亚、东欧国家的经济转轨进程、商品市场、涉外法律法规、投资环境、风土人情以及同中国的经贸关系方面的文章，紧紧围绕俄罗斯、中亚、东欧国家经济发展中的前沿问题、热点和难点问题进行研讨。栏目设置有：要文特约、俄罗斯、中亚五国、中东欧、经济合作、欧亚博览、经贸信息等。读者对象为东欧中亚国家研究学者、外事工作者、国际经济问题专家等。有英文目次。

法律适用 = Journal of Law Application/国家法官学院 . – 北京：《法律适用》编辑部，1986 –
月刊　　　　　　　　　大 16 开
ISSN 1004 – 7883　　　CN 11 – 3126
北京市通州区天成桥甲 1 号 （101100）
编辑部电话：010 – 67559099

E-mail:flsy@ vip. sina. com

　　法学理论刊物。曾用名《学习与辅导》。立足于中国的司法实践，紧密结合审判实践中的新型、疑难、特殊问题，着重研究法官在适用法律过程中的法律适用问题，本着探讨争鸣、完善司法的精神，全面展示中国法官和应用法学研究的学术成果，突出法学理论与司法实践相结合的特色。本刊开设大法官论坛、特别策划、法学论坛、法官说法、司法调研、问题探讨、案例分析、司法技能、域外司法等栏目。读者为法官、检查官、律师及政法院校相关专业师生等。

福州大学学报. 哲学社会科学版 = Journal of Fuzhou University. Philosophy and Social Sciences/福州大学 . – 福州：《福州大学学报. 哲学社会科学版》编辑部，1981 –
双月刊　　　　　　　大 16 开
ISSN 1002 – 3321　　　CN 35 – 1048
福建省福州市工业路 523 号 （350002）
编辑部电话：0591 – 87892444
E-mail:zsxb@ fzu. edu. cn

　　人文社会科学综合性学术刊物。坚持人文社会科学的正确导向，遵循理论联系实际，学术结合时代的宗旨，立足本校，面向社会，展示开放型学术刊物的风采。主要栏目有：闽台文化研究、高等研究、语言学研究、经济学、管理学研究、法学研究、政治学研究、文化研究、文学研究、社会学研究、外国语言文学研究、专题研究等。读者对象是从事社会科学研究的工作人员、大专院校师生等。

甘肃理论学刊 = Gansu Theory Research/中共甘肃省委党校 . – 兰州：《甘肃理论学刊》编辑部，1981 –
双月刊　　　　　　　大 16 开
ISSN 1003 – 4307　　　CN 62 – 1002　　　54 – 92
甘肃省兰州市安宁区健康路 6 号 （730030）
编辑部电话：0931 – 7763608
E-mail:glxk@ chinajournal. net. cn

　　政治类学术刊物。办刊宗旨：坚持把社会效益放在首位，紧密结合当前社会实际，营造良好的学术氛围，力求反映理论研究的新观点、新成果，研究和探讨改革开放中的热点、难点问题，鼓励和提倡对当今社会人们普遍关注的重大现实问题进行探索与争鸣。主要栏目有：本刊特稿、政治广角、党的建设、马克思主义研究、行政管理、经济理论与实践、哲学研究、社会学、领导学、探索与争鸣、当代法学、调查报告等。读者对象为理论研究、宣传、教育工作者、各级党政系统和企事业单位干部。

甘肃政法学院学报 = Journal of Gansu Political Science and Law Institute/甘肃政法学院 . – 兰州：《甘肃政法学院学报》编辑部，1985 –

双月刊	大 16 开	
ISSN 1007 – 788X	CN 62 – 1129	54 – 95

甘肃省兰州市安宁西路 6 号（730070）
编辑部电话：0931 – 7601471
E-mail：gszfxyxb@ 163. com，gszfxyxb@ yahoo. com

　　法学研究专业刊物。办刊宗旨是：以法学、公安学研究为主，突出法学特色研究方向，立足学术前沿，积极倡导理论联系实际的学术风气，通过反映法学及其相关学科研究成果，为繁荣学术研究，为社会主义法治建设、经济建设及政法学院的学科建设服务。注重发表具有一定理论水平、学术水平和实践意义的论文，优先刊用具有真知灼见、说理充分、逻辑严密的文章。主要栏目有：学术视点、民间法、民族习惯法、法学论坛、法律与实践、域外法制、陇籍法学家论坛、青年法苑等。读者对象为法学研究人员、政法院校师生等。

高教发展与评估 = Higher Education Development and Evaluation/武汉理工大学，中国交通教育研究会，高教研究分会 . – 武汉：高教发展与评估杂志社，1985 –

双月刊	大 16 开	
ISSN 1672 – 8742	CN 42 – 1731	38 – 92

武汉市和平大道 1178 号（430063）
编辑部电话：027 – 86534382
E-mail：hede2005@ whut. edu. cn

　　教育类学术期刊。曾用刊名《交通高教研究》。以传播优秀高等教育研究成果，探讨国内外教育评估的理论与实践，为发展和繁荣中国高等教育研究事业，逐步建立和完善中国特色高等教育质量评估体系服务为办刊宗旨。注重高等教育研究成果的创新性、学术性和实践性研究。栏目设置有：研究生教育、信息·动态、评估视点、历史与展望、教育与心理、教学理论与实践、发展论坛、德育研究、教师发展

等。读者对象为从事高教的教师、高教管理工作者、大学生（研究生）和教育行政
管理部门的干部以及企事业职教工作人员。有英文目次和中文提要。

高校教育管理 = Journal of Higher Education Management/江苏大学 . – 镇江：《高校
教育管理》编辑部，2007 –
双月刊　　　　　　　大 16 开
ISSN 1673 – 8381　　　CN 32 – 1774
江苏省镇江市梦溪园巷 30 号 （212003）
编辑部电话：0511 – 84446013
E-mail：hybm0511@ 163. com

　　教育类学术期刊。原名《江苏大学学报.高教研究版》。办刊宗旨：注重学术
性、理论性、实用性，以坚持开放办刊、坚持学术质量第一为办刊原则，突出体
现高等教育管理理论研究的办刊特色。主要刊登高等教育管理学科的学术论文。
包括高等教育管理学理论、高等教育管理体制、高等教育法规与政策、高等教育
财政、高等教育领导与能力、高校教学管理、高校学生管理、高校师资管理等有
创新性研究成果的相关内容。读者对象为高校教育工作者、高校行政管理人员、
教育管理学专业教师和研究人员、研究生以及高等教育部门管理工作者。

高校理论战线 = Theoretical Front in Higher Education/教育部高等学校社会科学发展
研究中心 . – 北京：《高校理论战线》编辑部，1988 –
月刊　　　　　　　　大 16 开
ISSN 1002 – 4409　　　CN 11 – 2814　　　82 – 419
北京市海淀区中关村大街 35 号 （100080）
编辑部电话：010 – 62514713
E-mail：gxllzx@ 263. net

　　政治类学术刊物。办刊宗旨：认真贯彻党的基本路线和党的教育方针，紧密
联系当代世界变化和中国特色社会主义理论与实践，开展学术理论研究和宣传，
荟萃高校哲学社会科学研究和教学的最新成果，致力于中国哲学社会科学的繁荣
与发展，致力于为高校教学与科研服务。常设栏目有：中国特色社会主义理论体
系、马克思主义经典著作研读、党建研究、社科学人、哲学与时代、经济理论与
实践、历史与评论、文艺论衡、文化纵论、教育理论与实践、思想政治教育研究、
书记校长论坛、宣传部长论坛、国际论坛、理论热点述评、探索与争鸣、社科动

态等。读者对象为高等学校师生、高教研究人员和行政管理人员。

高校图书馆工作 = Library Work in Colleges and Universities/湖南省高等学校图书情报工作委员会 . – 长沙：高校图书馆工作杂志社，1981 –

双月刊　　　　　　　大 16 开
ISSN 1003 – 7845　　CN 43 – 1032
湖南省长沙市湖南大学图书馆内（410082）
编辑部电话：0731 – 8822267
E-mail：hdgxsggz@ 163. com

　　图书馆工作专业刊物。以"立足湖南、面向全国，着眼高校图书馆与公共图书馆和科研系统图书馆文苑相通"为宗旨，遵循理论与实践相结合的方针，总结交流中国高校图书馆学情报学研究成果，交流学术思想，探索高校图书馆工作规律。主要栏目有特稿、理论·探索、实证·业务、事业·管理、资源·共享、技术·平台、用户·服务、阅读·交流、思辨·感悟、经验·心得等。读者对象为图书情报工作者和图书情报专业大专院校师生等。

古汉语研究 = Research in Ancient Chinese Language/湖南师范大学 . – 长沙：《古汉语研究》编辑部，1988 –

季刊　　　　　　　　16 开
ISSN 1001 – 5442　　CN 43 – 1145　　80 – 460
湖南省长沙市岳麓山湖南师范大学文学院一楼（410081）
编辑部电话：0731 – 8872560
E-mail：ghyyj@ sohu. com. cn

　　语言文字学学术刊物。以促进古汉语研究和教学为办刊宗旨，刊登有关古代汉语的学术研究文章，内容涉及古文字研究、词语研究、古汉语语法研究、修辞研究、训诂学、音韵学研究等领域。辟有词语句读、训诂与工具书、汉字考论、古籍探讨、教学研究、资料动态、书评等栏目。读者对象为古汉语研究人员、古汉语教学人员、语言学研究人员。有英文目次和中英文文摘。

古籍整理研究学刊 = Journal of Ancient Books Collation and Studies/东北师范大学文学院古籍整理研究所 . – 长春：《古籍整理研究学刊》编辑部，1985 –

双月刊　　　　　　　大 16 开

ISSN 1009 – 1017   CN 22 – 1024
吉林省长春市人民大街 5268 号东北师大古籍所 （130024）
编辑部电话：0431 – 85099771
E-mail：gujs@ nenu. edu. cn

古籍整理研究学术性刊物。以反映古籍整理研究成果，交流工作经验，培养古籍整理人才，报道国内外古籍整理研究情况等为办刊宗旨。主要栏目设置：文献研究、出土文献、海外汉籍、古籍版本、目录研究、校点商榷、古籍辑佚、古注辨正、作者考证、语言文字、文学与文化、历史与文化、世纪学人、学术综述等。读者对象为从事考古、文物、文献、历史研究的专家、学者和图书馆、资料室以及有关专业教师、学生、工作人员等。

古今农业 = Ancient and Modern Agriculture/全国农业展览馆 . - 北京：《古今农业》编辑部，1987 –
季刊   16 开
ISSN 1672 – 2787   CN 11 – 4997   80 – 129
北京市朝阳区东三环北路 16 号 （100125）
编辑部电话：010 – 65096052
E-mail：bjb@ zgnybwg. com. cn

农史研究类期刊。中国农业博物馆馆刊。运用辩证唯物主义、历史唯物主义的方法研究中国农业历史和现实问题，包括农业科技、经济、社会等方面，同时刊载博物馆建设方面的研究文章，以搭建一个贯通古今、兼及域外的农业历史与未来的学术平台，服务于中国的农业现代化建设事业。主要栏目有：三农问题论坛、古代农业史研究、农业文化遗产研究、近代史研究等。读者对象为中国农史研究人员、高校相关学科领域师生等。

故宫博物院院刊 = Palace Museum Journal/故宫博物院 . - 北京：《故宫博物院院刊》编辑部，1958 –
双月刊   大 16 开
ISSN 0452 – 7402   CN 11 – 1202   2 – 241
北京市东城区景山前街故宫博物院 （100009）
编辑部电话：010 – 85117377
E-mail：yuankan@ dmp. org. cn

　　文物考古类学术期刊。以深入发掘故宫博物院丰富的文化内涵，努力推进中国宫廷学术研究、明清历史研究、中国古代建筑研究及历代艺术品研究为己任。主要发表有关故宫藏品研究的论文及研究成果，报道考古新发现及学术动态，介绍历代名家的书画作品和各种古玩、玉器、雕刻、瓷器作品及古建筑等。主要设有明清历史、文物研究（包括古书画、古器物、古文字研究、佛教美术等）、古建筑、考古学研究、文保科技、博物馆工作等栏目。读者对象为文物考古工作者、历史研究人员、博物馆工作人员及广大文物爱好者。

管理现代化 = Modernization of Management∕中国管理现代化研究会．－北京：《管理现代化》编辑部，1981 －
双月刊　　　　　　　　大 16 开
ISSN 1003 － 1154　　　　CN 11 － 1403　　　2 － 218
北京市朝阳区安定门外甘水桥甲 1 号太阳宾馆 719 － 721 室（100011）
编辑部电话：010 － 64249510
E-mail：glxdh@ 163. net

　　管理研究类学术刊物。介绍国内外现代化管理的经验和进展，分析经济政策与法规动态，研究国内外宏观经济问题，为中国的管理现代化事业提供服务。主要栏目有宏观管理、企业管理、财政金融、产业经济、区域经济等。适合各级各类经济管理干部、管理人员、各级政府决策机构、研究机构、工业、农业、商业、科技、金融、财贸、交通、旅游、医疗机构及大专院校等关注中国经济管理发展的人士阅读。

管子学刊 = GUAN ZI Journal∕齐文化研究院．－淄博：《管子学刊》编辑部，1987 －
双月刊　　　　　　　　大 16 开
ISSN 1002 － 3828　　　　CN 37 － 1079
山东省淄博市张店区张周路 12 号（255049）
编辑部电话：0533 － 2781654
E-mail：gzxk@ vip. 163. com；gzxk@ chinajournal. net. cn

　　综合研究齐文化及中国传统文化的学术性刊物。办刊宗旨为坚持四项基本原则，贯彻"双百"方针，致力于《管子》及整个齐文化的研究和探讨，批判地继承优秀文化遗产。刊登有关中国古代思想史、齐史研究论文。主要栏目有：管子研究、稷下学研究、齐史研究、齐文化觅踪、古代学术思潮、文化比较研究、民风民俗、传统文化与生态、学术考辨、书评、动态。读者对象为中国哲学史、中国思想史、中国经济思想史、先秦历史专业研究人员。有英文目次。

广东第二师范学院学报 = Journal of Guangdong University of Education/广东第二师范学院 . - 广州：《广东第二师范学院学报》编辑部，1981 -

双月刊　　　　　　大 16 开
ISSN 1007 - 8754　　CN 44 - 1688
广东省广州市新港中路 351 号 （510303）
编辑部电话：020 - 34113278
E-mail：xb@ gdei. edu. cn

　　教育学学术理论刊物。发表各学科基础理论研究文章，尤其重视教育理论和实践、继续教育理论探索的研究成果，具有南方特色和继续教育研究特色。分社会科学和自然科学两种版本，第 1、2、4、6 期为人文社会科学版，第 3、5 期为自然科学版。人文社会科学版栏目主要有：基础教育研究、民办教育研究、教育理论与实践、哲学研究、政治研究、经济研究、文学研究、海外华文文学研究、历史研究、美学与艺术等，其中"基础教育研究"、"民办教育研究"为特色栏目。读者对象是教育行政管理部门工作人员，中小学校长、教师、教研人员和师范院校师生。

广东行政学院学报 = Journal of Guangdong Institute of Public Administration/广东行政学院 . - 广州：《广东行政学院学报》编辑部，1989 -

双月刊　　　　　　大 16 开
ISSN 1008 - 4533　　CN 44 - 1447
广东省广州市建设大马路 3 号 （510050）
编辑部电话：020 - 83122361
E-mail：gdxz@ chinajournal. net. cn

　　政治类学术刊物。原名《行政管理研究》，1993 年改为现刊名。办刊宗旨是：贯彻理论与实际相结合和"百家争鸣"的方针，着力理论研究，突出实践应用，重点反映探索改革开放和中国特色社会主义公共行政的重大理论问题与实践问题的最新研究成果，力求办出行政院校特色和地方特色。辟有公共行政、公务员队伍建设、政治学研究、法制研究、经济与经济管理、社会建设等栏目。适合各级党政干部和企事业单位的干部、管理人员和普通高校、党校、行政干部院校师生阅读。

广西大学学报. 哲学社会科学版 = Journal of Guangxi University. Philosophy and Social Science/广西大学 . – 南宁：《广西大学学报》编辑部，1979 –

双月刊　　　　　　　　大 16 开
ISSN 1001 – 8182　　　CN 45 – 1070
广西壮族自治区南宁市大学东路 100 号广西大学西校园行政办公楼南楼 5 楼
（530004）
编辑部电话：0771 – 3239230
E-mail：nnt86@ gxu. edu. cn

　　人文社会科学综合性学术刊物。坚持"双百"方针和为教学科研服务的办刊宗旨，努力提高学术质量，反映时代精神，兼顾地方特点，增强可读性。主要栏目有：中国 – 东盟研究、经济学、法学、管理学、新闻传播学、教育学、文艺学、语言文字学、政治学、哲学等。其中"中国 – 东盟研究（含经贸、法律、文化方向）"为特色栏目。读者对象是从事社会科学研究的工作人员、大专院校师生等。

广西社会科学 = Guangxi Social Sciences/广西壮族自治区社会科学界联合会 . – 南宁：广西社会科学杂志社，1985 –

月刊　　　　　　　　　大 16 开
ISSN 1004 – 6917　　　CN 45 – 1185　　　48 – 68
广西壮族自治区南宁市思贤路绿塘里 1 号 （530022）
编辑部电话：0771 – 5852864
E-mail：gxshkx@ 163. com

　　人文社会科学综合性学术刊物。曾用名《广西社联通讯 》、《社会科学探索》。坚持"二为"方向和"双百"方针，以为地方社会科学力量开展应用对策研究和基础理论研究提供更好学习宣传阵地为宗旨，致力于为发展繁荣社会科学事业服务、为促进经济社会发展服务。主要栏目有：中共执政理论、广西论坛、文化产业研究等。读者对象为从事社会科学研究的工作人员、大专院校师生等。

广州大学学报. 社会科学版 = Journal of Guangzhou University. Social Science Edition/ 广州大学 . – 广州:《广州大学学报》编辑部,2002 –

月刊　　　　　　　　大 16 开

ISSN 1671 – 394X　　　CN 44 – 1545

广东省广州市大学城外环西路 230 号 A213 信箱 (510006)

编辑部电话:020 – 39366068

E-mail:journal@ gzhu. edu. cn

　　人文社会科学综合性学术刊物。2001 年以《广州大学学报. 综合版》的形式出版了 12 期,2002 年开始启用现刊名。坚持"二为"办刊方向,坚持"百花齐放、百家争鸣"办刊方针,立足广州,面向海内外;既全面反映社会科学各领域的学术成果,又注重学术价值和社会应用价值;既重视基础理论探索,又突出地方特色和应用研究,重点研究沿海地区改革开放前沿问题。辟有广州研究、岭南文化、人权研究、廉政论坛等专栏。其中"廉政论坛"入选教育部第二批哲学社会科学名栏建设工程。读者对象为国内外社会科学研究领域的专家学者和高校师生。

广州体育学院学报 = Journal of Guangzhou Physical Education Institute/广州体育学院 . – 广州:《广州体育学院学报》编辑部,1981 –

双月刊　　　　　　　大 16 开

ISSN 1007 – 323X　　　CN 44 – 1129

广东省广州市广州大道中 1268 号 (510500)

编辑部电话:020 – 38024656

E-mail:bjb5@ 163. com

　　体育科学学术期刊。以反映广州体育学院教学、训练和科研成果为主,同时交流和传播国内外体育科研成果和科技信息,开展并进行学术讨论与争鸣,以广泛的学科涉及面和极强的学术论文实用性促进中国体育科研事业的发展。主要栏目有:体育社会科学、休闲体育、竞技体育、运动人体科学、民族传统体育、学校体育等。读者对象是高、中等学校体育教师、体育学院师生、体育科研工作者、教练员、运动员等。

贵州财经学院学报 = Journal of Guizhou College of Finance and Economics/贵州财经学院 . – 贵阳:《贵州财经学院学报》编辑部,1983 –

双月刊　　　　　　　大 16 开

ISSN 1003 – 6636　　　　CN 52 – 5009　　　66 – 36

贵州省贵阳市鹿冲关路 276 号（550004）

编辑部电话：0851 – 6902525

E-mail：gz. cyxb@ 163. net

　　经济类学术期刊。办刊宗旨是：立足贵州，面向国内外，坚持为中国特别是中西部地区经济发展服务，为财经科学研究和财经教育服务。该刊不仅致力于中国社会主义经济理论和实践热点问题的宏观研究，更注重对中西部地区的贫困和发展问题进行多学科、多角度的深度探讨。主要栏目有：宏观经济、产业经济、金融经济、贫困与发展、工商管理、经济史研究等。读者对象为财经理论研究者、政府财经部门工作人员、高等财经专业院校师生、实业界高级管理和企划人员。

贵州大学学报. 社会科学版 = Journal of Guizhou University. Social Sciences/贵州大学. – 贵阳：《贵州大学学报》编辑部，1942 –

双月刊　　　　　　　　大 16 开

ISSN 1000 – 5099　　　　CN 52 – 5001　　　66 – 34

贵州省贵阳市花溪贵州大学学报编辑部北区（550025）

编辑部电话：0851 – 3621772

E-mail：gdxbs@ 163. com

　　人文社会科学综合性学术刊物。办刊宗旨：立足贵州，面向国内外，登载政治、哲学、经济、法律、文学、历史文化等方面学术论文，全面反映贵州大学师生及国内外学者的人文社会科学学术研究成果，为繁荣及促进社会的学术研究、促进贵州大学的教学和科研发挥积极作用。辟有理论探讨、哲学研究、经济学研究、法学研究、社会学研究、文学研究、古代辞赋研究、人类学研究、贵州民族文化研究等专题研究栏目。读者对象是从事社会科学研究的工作人员、大专院校师生等。

贵州民族大学学报. 哲学社会科学版 = Journal of Guizhou University for Ethnic Minoritie. Philosophy and Social Sciences Edition/贵州民族大学 . – 贵阳：《贵州民族大学学报》编辑部，1981 –

双月刊　　　　　　　　大 16 开

ISSN 1003 – 6644　　　　CN 52 – 1155　　　66 – 44

贵州省贵阳市花溪区（550025）

编辑部电话：0851 – 3610314

E-mail：gzmdxb11@ sina. com

　　民族学类综合性学术期刊。曾用名《贵州民族学院学报》。重视区位优势和学科优势，形成自己鲜明的特色，注重民族研究。主要刊登少数民族哲学研究、经济学研究、法律研究、历史学研究、文化研究、宗教研究、语言研究、文学研究、艺术等方面的研究论文及调查报告。辟有傩文化研究、民族法学研究、布依学研究、夜郎文化研究、侗学研究、水书研究、图书情报学、高等教育研究等栏目。

贵州师范大学学报. 社会科学版 = Journal of Guizhou Normal University. Social Science/贵州师范大学 . – 贵州：《贵州师范大学学报》编辑部，1960 –

双月刊　　　　　　　　大 16 开

ISSN 1001 – 733X　　　CN 52 – 5005　　　66 – 10

贵州省贵阳市宝山北路 116 号 （550001）

编辑部电话：0851 – 6702106，6761863

E-mail：gzsdxb@ sohu. com

　　人文社会科学综合性学术刊物。前身是《贵阳师院学报》，1985 年改为现刊名。注重选用具有较高学术应用价值，含有新观点、新材料、新方法，追踪学术前沿及紧密联系社会现实的文章。设有国家社会科学基金项目专栏、传统知识与知识产权、马克思主义理论研究与学科建设、思想政治教育理论与实践、文艺美学·文学批评、教育课程与教学等特色栏目，以及政治·法律、经济与社会、语言·传播、历史与文化等专业栏目。读者对象是从事社会科学研究的工作人员、大专院校师生等。

贵州师范学院学报 = Journal of Guizhou Normal College/贵州师范学院 . – 贵阳：《贵州师范学院学报》编辑部，1985 –

月刊　　　　　　　　　大 16 开

ISSN 1674 – 7798　　　CN 52 – 1151　　　66 – 49

贵州省贵阳市乌当区高新路 115 号 （550018）

编辑部电话：0851 – 5815817

E-mail：gzjyxyxb@ sina. com. cn

　　以教育问题研究为主的综合性学术刊物。以坚持学术性、师范教育性为宗旨，集高等教育、基础教育、职业教育、成人教育研究为一体，从大教育角度探讨教育思想、教育理论和教育发展。分文科本和理科本，文科本辟有普通高中新课改、教师教育、中学教育教学、教育管理等特色栏目。读者对象为各级教育行政主管部门工作人员和校长、教师、教研人员等。

贵州文史丛刊 = Guizhou Culture and History/贵州省文史研究馆 . – 贵阳：《贵州文史丛刊》编辑部，1980 –
季刊　　　　　　　　大 16 开
ISSN 1000 – 8705　　　CN 52 – 1004　　　66 – 18
贵州省贵阳市中华北路 285 号（550004）
编辑部电话：0851 – 6815315
E-mail：gzwsck@ yahoo. com. cn

　　文史类专业学术期刊。遵循立足贵州，面向全国，坚持"百花齐放、百家争鸣"的方针，力求办出地方特色和时代特点，为社会主义物质和精神文明建设服务。该刊从文学、史学、哲学、宗教、科技、教育、民俗等方面研究中国历史文化，介绍贵州的人文地理、风俗民情，宣传贵州，了解世界。开辟栏目有：知行论坛、文学研究、说图、历史研究、思想文化研究、古籍文献研究、历史辑要、贵州文化研究、贵州历史研究、地方文学研究等。读者对象是民族研究专家、学者和民族工作部门的干部。

国际安全研究 = Journal of International Secuity Studies/国际关系学院 . – 北京：《国际安全研究》编辑部，1983 –
双月刊　　　　　　　　大 16 开
ISSN 2095 – 574X　　　CN 10 – 1132
北京市海淀区坡上村 12 号（100091）
编辑部电话：010 – 62861174
E-mail：ggxb1138@ 126. com

　　政治类学术刊物。曾用刊名《国际关系学院学报》，2013 年改为现刊名。以国际问题研究为主旨，以国际安全研究为特色，以理论、议题、战略为主线，涵盖当代安全理论、战略与政策问题，重视多维度的安全问题，强调共同安全与合作安全，提倡多样性的研究视角和不同的学术观点。主要栏目有：安全战略、安全理论、安全议题等。读者对象为国际关系、国际问题研究人员、外事工作者、相关专业的高等院校师生。

国际商务研究（上海对外贸易学院学报） = International Business Research/上海对外贸易学院 . – 上海：《国际商务研究》编辑部，1980 –

双月刊　　　　　　　　大 16 开
ISSN 1006 – 1894　　　CN 31 – 5007　　　4 – 590
上海市古北路 620 号（200336）
编辑部电话：021 – 52067319
E-mail：gjswyj@ qq. com

　　以国际商务研究为主的综合性学术期刊。原名《外贸教学与研究》，1986 年改为现名。始终以求是、求新、严谨的治学精神，注重科学性、实效性，严格筛选高质量的文章奉献给广大读者。侧重报道国际贸易方面的理论研究成果和最新信息，介绍国际商务知识。主要栏目有：区域经济合作、国际工商管理、国际经济法、国际金融、国际经贸、服务贸易、经贸案例评析等。读者对象为大专院校师生、从事外经贸理论研究与实务工作者、企业管理者和政府管理部门的各界人士。有英文目次和英文摘要。

国家检察官学院学报 = Journal of National Prosecutors College/国家检察官学院 . – 北京：《国家检察官学院学报》编辑部，1993 –

双月刊　　　　　　　　大 16 开
ISSN 1004 – 9428　　　CN 11 – 3194　　　2 – 720
北京市昌平区百沙路 9 号（102206）
编辑部电话：010 – 61731662
E-mail：jcgxb@ vip. sina. com

　　法学研究专业刊物。坚持严谨务实的办刊风格，密切关注中国司法改革和检察事业的发展，着力推介法学前沿理论。主要栏目有：主题研讨、检察专论、法学专论、域外法治、法学讲坛等。读者对象为法学界专家学者，公安、司法系统的各级领导干部、法官、检察官、律师及相关高等院校师生。

国土资源科技管理 = Scientific and Technological Management of Land and Resources/国土资源部科技与国际合作司，成都理工大学 . – 成都：《国土资源科技管理》编

辑部，1984 –

双月刊　　　　　　　　　16 开

ISSN 1009 – 4210　　　CN 51 – 1592　　　62 – 171

四川省成都市二仙桥东三路 1 号（610059）

编辑部电话：010 – 84078996

E-mail：gzg@ cdut. edu. cn

　　经济计划与管理类学术期刊。曾用刊名《地质科技管理》、《地质系统管理研究》。刊载内容包括：国土资源的方针政策与可持续发展战略研究；土地、矿产、海洋、农业、旅游等资源的规划、优化配置；资源开发的生态效益、经济效益以及环境保护；矿产、海洋和水资源的调查与评价；地质灾害与环境保护；国土资源的研究与国际合作；高新技术应用；科技体制与管理体制改革的探索；资源经济学的研究与企业发展策划；信息网络与管理知识；国内外国土资源管理动态与经验交流等。栏目设置有：资源评价、方法技术、资源管理等。读者对象为土地、矿产、海洋、水利、测绘、农业、旅游等部门的各级领导干部、科技管理人员，各大专院校和科研院所的科技工作者。

海交史研究 = Maritime History Studies/中国海外交通史研究会，泉州海外交通史博物馆 . – 泉州：《海交史研究》编辑委员会，1978 –

半年刊　　　　　　　　　16 开

ISSN 1006 – 8384　　　CN 35 – 1066

福建省泉州市东湖街 425 号泉州海外交通史博物馆内（362000）

编辑部电话：059 – 22100554

E-mail：zghjsyjh@ yahoo. com. cn

　　海外交通史研究专业性学术期刊，目前已被日本、美国、英国等欧美、亚洲国家以及港澳台地区的图书馆、学术机构所收藏。办刊宗旨：坚持用辩证唯物主义和历史唯物主义的史学观开展学术研究，着眼于历史，服务于现实，以海外交通史这一特殊的学术领域，团结全国海外交通史学界学者，开展中国古代海交史及相关学科的研究，弘扬中华民族悠久辉煌的海洋文明。刊文内容涵盖航海造船史、港口贸易史、中外关系史、科技文化交流史、外来宗教、海外移民、海交民俗、海交文献等诸多领域。

海南大学学报. 人文社会科学版 = Humanities & Social Sciences Journal of Hainan University/海南大学 . – 海口:《海南大学学报》编辑部,1983 –

双月刊　　　　　　　　大 16 开

ISSN 1004 – 1710　　　CN 46 – 1012　　　84 – 4

海南省海口市人民大道海南大学 (570228)

编辑部电话:0898 – 66279237

E-mail:hdxbbjb@ vip. 126. com

　　人文社会科学综合性学术刊物。办刊宗旨为坚持理论联系实际的原则、坚持"双百"方针和"二为"方向,繁荣学术,促进教学与科研的发展。坚持走专题化、特色化的内涵发展之路。主要栏目有:海南文史研究、启示与理性政治学、哲学、文学、语言学、社会学、法学、经济学等。其中"文学"栏目被评为教育部高校哲学社会科学学报名栏建设第一批入选栏目。读者对象为从事社会科学研究的工作人员、大专院校师生等。

海南师范大学学报. 社会科学版 = Journal of Hainan Normal University. Social Sciences/海南师范大学 . – 海口:《海南师范大学学报》编辑部,1987 –

月刊　　　　　　　　　大 16 开

ISSN 1674 – 5310　　　CN 46 – 1076　　　84 – 2

海南省海口市龙昆南路 99 号 (571158)

编辑部电话:0898 – 65883414

E-mail:hsxbwk@ 163. com

　　人文社会科学综合性学术刊物。曾用名《海南师范专科学校学报》、《海南师范学院学报》。以弘扬人文精神,开展学术研究,立足地方特色,促进学科繁荣为办刊宗旨。以现当代文学研究为主打栏目,注重发表学术性强、质量高的论文。主要栏目有:现代文学专题研究、哲学研究、文艺理论、文学研究、八十年代文学研究、现当代文学讲堂、现代文学史研究、历史研究、政治与法律研究、现代作家作品研究、当代文学研究、新世纪文学研究、语言与文字研究、教育与教学研究、新诗研究、文学新视角、艺术研究、文艺批评与批评家、当代学者研究、海南当代文学等。读者对象为从事社会科学研究的工作人员、大专院校师生等。

汉字文化 = Chinese Character Culture/北京国际汉字研究会．－北京：《汉字文化》编辑部，1989 －

双月刊　　　　　　　　16 开
ISSN 1001 － 0661　　　CN 11 － 2597　　　82 － 381
北京市西站南路 80 号院宝林轩国际大酒店 1 楼（100073）
编辑部电话：010 － 63380647
E-mail：hanziwh@ yahoo. com. cn

　　语言学汉语研究专业刊物。宗旨是宣传汉字汉语的科学性，推动对婴幼儿、小学、文盲、少数民族、外国人的科学的汉字教育，更新普通语言学理论，努力为提高人民的素质、开发人类智慧潜能做出贡献。刊载有关语言文字研究，特别是汉字汉语研究方面的学术性文章。主要栏目有：语言文字大论坛、语言文字学术研究、讨论与争鸣、汉字与历史文化、汉语教学、读书、人物、书评等。读者对象为语言学专业研究人员、汉语教学人员、语言学习爱好者。

和平与发展 = Peace and Development/和平与发展研究中心．－北京：《和平与发展》编辑部，1984 －

双月刊　　　　　　　　16 开
ISSN 1006 － 6241　　　CN 11 － 3641　　　80 － 378
北京市海淀区马甸冠海大厦 9 层（100088）
编辑部电话：010 － 82009436
E-mail：hpyfz@ 263. net

　　国际问题研究综合性学术期刊。以研究当代现实问题为主，把当前国际热点问题和事件作为研究的切入点，透过表象揭示问题的实质并加以综合性分析，从中把握国际形势的走向。主要发表当代国际政治、经济、社会等方面的分析文章和研究成果及信息资料，提供有价值的观点和论述。主要栏目有：亚太、俄罗斯、西欧、美国、专题研讨等。读者对象为国际问题研究方面的专家、学者，有关部门领导干部和大专院校师生。

河北科技大学学报. 社会科学版 = Journal of Hebei University of Science and Technology. Social Sciences/河北科技大学．－石家庄：《河北科技大学学报. 社会科学版》编辑部，2001 －

季刊　　　　　　　　　大 16 开

ISSN 1671 – 1653　　　　CN 13 – 1303
河北省石家庄市裕华东路 70 号（050018）
编辑部电话：0311 – 81668296
E-mail：kdxbskb@ 163. com

　　综合性社会科学研究刊物。办刊宗旨：贯彻"双百"方针，坚持理论联系实际，以科学、求真、创新的精神，开展社会科学研究。始终遵循"质量是刊物生命"的办刊理念，坚持站位学科前沿和研究热点，及时刊登国家及重大课题最新研究成果；立足地方经济社会发展实践，刊登具有时代性、实践性和前瞻性的优秀论文。主要栏目内容涵盖经济、管理、法学、语言文学、历史、哲学、艺术、高等教育研究、教学研究等。读者对象为哲学社会科学研究人员及大专院校文科师生。有英文目录。

河南财经政法大学学报 = Journal of Henan University of Economics and Law/河南财经政法大学 . – 郑州：《河南财经政法大学学报》编辑部，1986 –

双月刊　　　　　　　　大 16 开
ISSN 2095 – 3275　　　　CN 41 – 1420
河南省郑州市文化路 80 号（450002）
编辑部电话：0371 – 63851448
E-mail：hnzfxyxb@ vip. sina. com

　　法学研究专业刊物。原刊名《河南省政法管理干部学院学报》。秉承理论与实践相结合，注重思想性、学术性、理论性的办刊宗旨，及时反映国内外法学领域发展前沿状况，交流学术信息，推出具有创新性的法学研究成果，倾力打造特色品牌。主要栏目有：民法学研究、法学纵横、土地法律问题、刑事诉讼、法学博士生论坛、法修改问题研究。读者对象为法学研究人员、执法人员、政法系统院校师生和政治理论工作者。

河南教育学院学报. 哲学社会科学版 = Journal of Henan Institute of Education. Philosophy and Social Science/河南教育学院 . – 郑州：《河南教育学院学报》编辑部，1982 –

双月刊　　　　　　　　大 16 开
ISSN 1006 – 2920　　　　CN 41 – 1093
河南省郑州市纬五路 21 号（450014）

编辑部电话：0371 – 65682637

E-mail：xbbjb@ vip. 163. com

　　教育类学术期刊。办刊宗旨：以马列主义、毛泽东思想、邓小平理论和"三个代表"重要思想为指导，全面贯彻党的教育方针和"双百"方针，坚持理论联系实际，开展教育科学研究和学科基础理论研究，交流科研成果，推动科研工作的发展。栏目设置有：百年红学、非物质文化遗产、文化与文化产业研究、教师教育、教育学研究、法学研究、哲学研究、文学研究、艺术学研究、体育经纬、教学研究、学前教育、经济与管理研究、人口学研究、当代美育等。适合师范院校，特别是成人师范院校的广大师生及中等学校教师、教育行政干部阅读。

河南图书馆学刊 = The Library Journal of Henan/河南省图书馆学会，河南省图书馆 . – 郑州：《河南图书馆学刊》编辑部，1981 –

双月刊　　　　　　　大 16 开

ISSN 1003 – 1588　　　CN 41 – 1013　　　36 – 237

河南省郑州市嵩山南路 150 号河南省图书馆 6 楼（450052）

编辑部电话：0371 – 67181468

E-mail：hnlibj@ 163. net

　　图书馆学专业刊物。办刊宗旨：贯彻党的"百花齐放、百家争鸣"的方针，促进图书馆学理论研究，交流图书馆工作经验，普及图书馆知识。主要版块栏目有：图书馆管理、改革、发展、图书馆现代化、文献与目录学研究、文献资源建设、读者服务工作、河南图书馆之窗、图书馆员、连续出版物管理与利用、图书馆建筑。主要读者对象为广大图书馆工作者和情报工作者。

黑龙江社会科学 = Heilongjiang Scial Sciences/黑龙江省社会科学院 . – 哈尔滨：黑龙江社会科学杂志社，1980 –

双月刊　　　　　　　大 16 开

ISSN 1007 – 4937　　　CN 23 – 1407　　　14 – 238

黑龙江省哈尔滨市南岗区联发街 62 号（150001）

编辑部电话：0451 – 86217867

E-mail：hljss90@ 163. com

人文社会科学综合性学术刊物。前身为《国外社会科学学术情报》，1990 年改为《龙江社会科学》，1997 年更名为现刊名。坚持为社会科学事业发展服务的办刊宗旨，坚持原则性、学术性、时代性的办刊方针，在重视宏观理论和社会热点问题研究的同时，突出地方特色和应用研究。主要设有社会科学研究、马克思主义研究、邓小平理论研究、哲学研究、经济热点研究、文学评论、北方民族法制建设、国有企业改革、今日东北亚和黑龙江研究等 20 多个栏目。读者对象为社会科学研究人员和大专院校师生等。

湖北民族学院学报. 哲学社会科学版 = Journal of Hubei University for Nationalities. Philosophy and Social Sciences/湖北民族学院 . – 恩施：《湖北民族学院学报》编辑部，1982 –

双月刊　　　　　　　　大 16 开

ISSN 1004 – 941X　　　CN 42 – 1328

湖北省恩施市三孔桥湖北民族学院（445000）

编辑部电话：0718 – 8438535

E-mail：hbmyxbwk@ 126. com

民族学类综合性学术期刊。本着"立足本土、涵泳自然、走向世界"的编辑思想，突出民族文化、民间文化特色。辟有土家族研究、民族社会研究、民族文化与非物质文化遗产保护、民族文化专题研究、民族生态与习惯法研究、文艺学研究、新闻传播与编辑学研究、中国化马克思主义研究、教育与行政管理研究、经济与社会发展研究等栏目。其中民族学研究、民族文化研究、文艺学与传播学研究、马克思主义研究是该刊在保持原有特色栏目的基础上推出的四个重点栏目。读者对象为民族研究工作者、高校师生等。

湖北师范学院学报. 哲学社会科学版 = Journal of Hubei Normal University. Philosophy and Social Sciences/湖北师范学院 . – 黄石：《湖北师范学院学报》编辑部，1981 –

双月刊　　　　　　　　大 16 开

ISSN 1009 – 4733　　　CN 42 – 1606　　　38 – 128

湖北省黄石市沈家营（435002）

编辑部电话：0714 – 6573612

E-mail：hbsx@ chinajournal. net. cn

人文社会科学综合性学术刊物。办刊宗旨为坚持政治质量、学术质量并重，坚持依法办刊、开放办刊，坚持向名刊看齐、打造精品。主要依托该校作者，并广泛接纳海内外学人稿件，及时反映最新学术研究成果，激发理论探讨，培育学术新人，为该校学科建设服务，为繁荣中国哲学社会科学服务。设有哲学研究、政治学研究、经济学研究、社会学研究、教育学研究、中国古代文学研究、中国现当代文学研究、外国文学研究、语言学研究、修辞学研究、新闻学研究、历史学研究、学术评论等栏目。读者对象是从事社会科学研究的工作人员、大专院校师生等。

湖北行政学院学报 = Journal of Hubei Administration Institute/中共湖北省委党校，湖北省行政学院 . – 武汉：《湖北行政学院学报》编辑部，1986 –
双月刊　　　　　　　大 16 开
ISSN 1671 – 7155　　　CN 42 – 1653　　38 – 387
湖北省武汉市汉口万松园路 18 号（430022）
编辑部电话：027 – 59517114
E-mail：dxhzx@126. com

政治类学术刊物。办刊宗旨：坚持关注改革开放和现代化建设中重大的理论问题和实践问题，坚持理论的创新和发展，力求办成具有高学术水准的学术理论刊物。刊登政治学、法学、社会学、经济、历史、管理、文化、行政管理等方面的学术文章。主要栏目有：政治学研究、法学研究、社会学研究、经济研究、国家·社会·公民关系论坛、历史研究、管理研究、国际政治与经济、文化研究、学术综述。读者对象为大专院校师生、社会科学工作者。

华南理工大学学报. 社会科学版 = Journal of South China University of Technology. Social Science Edition/华南理工大学 . – 广州：《华南理工大学学报. 社会科学版》编辑部，1999 –
双月刊　　　　　　　大 16 开
ISSN 1009 – 055X　　　CN 44 – 1443
广东省广州市天河区五山路华南理工大学（510640）
编辑部电话：020 – 87110284
E-mail：stwhliu@ scut. edu. cn

人文社会科学综合性学术刊物。立足广东，面向全国，理论联系实际，积极反映人文、社会科学各领域在改革开放和现代化建设中理论与实践问题上的研究成果。主要刊载人文、社会科学领域，包括政治理论、哲学历史、经济管理、法律、语言文学、文化艺术、高等教育、编辑出版等方面的优秀学术研究论文。主要栏目有：时政热点问题研究、哲学研究、政治学、法学、社会学研究、历史学研究、经济学、管理学研究等。读者对象主要是人文社科工作者、高等院校有关教师、学生、党政干部以及企事业单位的管理干部和有关科研人员。

华侨大学学报. 哲学社会科学版 = Journal of Huaqiao University. Philosophy & Social Sciences/华侨大学 . – 泉州：《华侨大学学报. 哲学社会科学版》编辑部，1983 –
季刊　　　　　　　　大 16 开
ISSN 1006 – 1398　　　CN 35 – 1049
福建省泉州市华侨大学（362021）
编辑部电话：0595 – 22692431
E-mail：hdxbzsb@ hqu. edu. cn

　　人文社会科学综合性学术刊物。以报道该校的教育、科研成就及最新学术成果，促进校际和国际间学术交流为宗旨。主要刊登哲学、政治学、文学研究、法学、艺术学、海峡经济、华侨华人研究等方面的学术论文。辟有哲学研究、政治学研究、文学研究、法学研究、艺术学研究、旅游学研究、经济学研究、华文教育研究、宽容论坛等栏目。读者对象是从事社会科学研究的工作人员、大专院校师生等。

华侨华人历史研究 = Overseas Chinese History Studies/中国华侨华人历史研究所 . – 北京：《华侨华人历史研究》编辑部，1988 –
季刊　　　　　　　　16 开
ISSN 1002 – 5162　　　CN 11 – 1158
北京市东城区北新桥三条甲 1 号（100007）
编辑部电话：010 – 64018846
E-mail：hqhrlsyj2003@ yahoo. com. cn

　　专门研究华侨华人历史和现状的学术性刊物。主要研究华侨、华人的历史和现状，及时反映华侨史研究成果，促进国内外的学术交流。从政治、经济、文化等各个角度对华侨华人问题进行全面的研究和探讨，是华侨史研究者及侨务工作者的有益读物。主要刊登没有发表过的原稿，重视文章的学术性、理论性、文献性和参考性以及研究的新领域、新课题、新视角和新方法。主要设置的栏目有：

专论特稿、分析探讨、史海探源、档案史料、译文园地、书评书介等。

环境保护 = Environmental Protection/中国环境出版社 . – 北京：环境保护杂志社，
1973 –
半月刊　　　　　　　　大 16 开
ISSN 0253 – 9705　　　CN 11 – 1700　　　2 – 605
北京市东城区广渠门内大街 16 号环境大厦（100062）
编辑部电话：010 – 67113764
E-mail：enprmag@ 126. com

　　综合性环保科学刊物。旨在宣传和报道中国环境保护的方针政策、环境法制与管理、污染防治技术、监测和评价、环境标准与认证、环境经济、资源和能源的综合利用、自然生态保护、环境与健康，并介绍国内外环保的新技术、新方法、新设备及新信息和交流各地环保工作经验。主要栏目有：资讯、政策、一线、业务、视野、聚焦、视点、海外等。读者对象为各级政府部门的环境决策者、环境保护行政主管部门干部职工、教育科研机构环境保护研究人员、企业环保管理人员、环保国际组织和民间团体以及社会各界关心环保的人士。有英文目次和中文内容摘要。

吉林师范大学学报. 人文社会科学版 = Jilin Normal University Journal. Humanities & Social Science Edition/吉林师范大学 . – 四平：《吉林师范大学学报》编辑部，
1973 –
双月刊　　　　　　　　大 16 开
ISSN 1007 – 5674　　　CN 22 – 1366
吉林省四平市铁西区海丰大街 1301 号（136000）
编辑部电话：0434 – 3292015
E-mail：jlnu2015@ 163. com

　　人文社会科学综合性学术刊物。原名《松辽学刊》，2003 年改为现刊名。刊物坚持原则性与科学性统一的原则，提倡理论联系实际、实事求是的优良学风，以其师范性、地方性、服务性强为特点，为繁荣学术研究和社会主义科学文化事业服务。侧重发表有关师范教育、教育心理研究、教育方面的新成果，不定期开辟"中学校长论坛"、"吉林作家作品研究"专栏。常设栏目有：纪念专题、专题讨论、政治学研究、经济学研究、哲学研究、文学研究、语言学研究、美学研究、东北史研究、图书馆学研究、教育学研究、心理学研究、教材教法研究、争鸣园地等。读者对象主要是社会科学研究人员和高校师生。

吉首大学学报. 社会科学版 = Journal of Jishou University. Social Sciences Edition/吉首大学 . – 吉首:《吉首大学学报》编辑部, 1980 –

双月刊　　　　　　　大 16 开
ISSN 1007 – 4074　　　CN 43 – 1069
湖南省吉首市吉首大学西校区（416000）
编辑部电话：0743 – 8563684
E-mail:jsdxxb@ qq. com

人文社会科学综合性学术刊物。主要反映该校以及湘、鄂、渝、黔在社会科学领域的最新研究成果，同时面向全国，优先刊载具有创新性、思想性和学术探讨价值或能为经济建设与社会发展提供理论咨询、创造舆论环境的研究论文，突出区域人文特色与个性。主要栏目有：德性伦理研究、历史学研究、管理研究、经济学研究、政治学研究、法学研究、教育研究、民族学与人类学研究、信息·情报研究等。读者对象是从事社会科学研究的工作人员、大专院校师生等。

技术经济与管理研究 = Technoeconomics & Management Research/山西省人民政府发展研究中心 . – 太原：技术经济与管理研究杂志社, 1980 –

双月刊　　　　　　　大 16 开
ISSN 1004 – 292x　　　CN 14 – 1055　　　22 – 56
山西省太原市水西关街 26 号（030002）
编辑部电话：0351 – 2021450
E-mail:jxjg@ vip. sina. com

面向生产和科研的学术性、普及性刊物。坚持以学术为主，对外开放，理论与实践相结合的办刊宗旨，介绍国内、国外技术经济与管理方面的研究成果与发展方向，交流产业结构、宏观、微观方面的学术研究和工作经验，注重融入世界、融入全球经济一体化理念，提供学术咨询和工作指导等。主要栏目有：技术经济、技术创新、企业管理、金融工程、宏观经济、区域经济等。读者对象为各级政府经济管理部门、经济理论研究单位、大中型企业、大中专院校师生等。

继续教育 = Continuing Education/解放军总装备部继续教育中心 . – 北京：《继续教育》编辑部，1987 –

月刊　　　　　　　大 16 开

ISSN 1006 – 9720　　　CN 11 – 3315　　82 – 682

北京市 6304 信箱 （102206）

编辑部电话：010 – 66366871

E-mail:jizhx_ bjb@ sina. com

　　教育学研究刊物。曾用刊名《继续工程教育》。以"把握继续教育时代脉搏，引导继续教育发展潮流，发布继续教育权威言论，剖析继续教育热点问题，传播继续教育前沿理论，探讨继续教育创新模式，交流继续教育成功经验，追踪继续教育动态信息"为宗旨。主要栏目有：特别策划、探索与实践、政策导航、他山之石 、理论纵横、科技与教育、军事人才培养、观察思考、本刊特稿、21 世纪继续教育论坛等。读者对象为继续教育理论工作者、管理工作者、广大专业技术人员和其他教育工作者。

建筑经济 = Construction Economy/中国建筑学会，中国建筑设计研究院，亚太建设科技信息研究院 . – 北京：《建筑经济》编辑部，1980 –

月刊　　　　　　　大 16 开

ISSN 1002 – 851X　　　CN 11 – 1326　　2 – 219

北京市西城区德胜门外大街 36 号 （100120）

编辑部电话：010 – 57368841，57368842

　　经济类综合性学术刊物。曾用名《建筑经济研究》。办刊宗旨：遵循理论与实践相结合的方针，注重刊物的政策性、权威性、指导性和前瞻性；刊载建筑经济理论研究成果，探讨建筑企业的经营管理，报道建筑领域相关市场主体执业实践和发展经验，为建筑行业的改革和发展服务。主要栏目板块有：行业发展论坛、房地产经济、企业经营管理、研究探索、项目管理、建筑节能等。主要读者对象为各级政府及建筑业、房地产业的主管部门和建筑施工、房地产企业、勘察设计单位、科研院所、大专院校以及从事工程造价管理、建设监理、招标投标、工程咨询等部门的管理人员。

江汉大学学报. 社会科学版 = Journal of Jianghan University. Social Science Editon/江汉大学 . – 武汉：《江汉大学学报》编辑部，1983 –

双月刊   大 16 开
ISSN 1006 – 639X   CN 42 – 1059
湖北省武汉市经济技术开发区（430056）
编辑部电话：027 – 84225016
E-mail：jdskxb@ jhun. edu. cn

人文社会科学综合性学术刊物。坚持贯彻"双百"方针，注重理论联系实际，关注重大现实问题，探索学术发展方向，服务地方经济社会发展。以刊载政治学、经济学、法学、管理学等社会科学类论文为主，强调文章的综合性、学术性，注重报道社会科学研究各领域的新成果、新动向。主要栏目有：政治学、教育学、经济学、武汉学研究、法学等。其中"武汉学研究"是该刊特色栏目。读者对象是从事社会科学研究的工作人员、大专院校师生等。

江汉学术 = Journal of Jianghan University. Humanities Science Editon/江汉大学 . – 武汉：《江汉大学学报》编辑部，1982 –

双月刊   大 16 开
ISSN 1006 – 6152   CN 42 – 1843
湖北省武汉市经济技术开发区（430056）
编辑部电话：027 – 84225016
E-mail：jdskxb@ jhun. edu. cn

人文社会科学综合性学术刊物。原名《江汉大学学报. 人文科学版》，2013 年起改用现刊名。以交流学术成果、发展学术事业、尊重学术名家、扶植学术新人为宗旨。发文内容涉及文学、史学、哲学、政治学、经济学、法学、教育学、社会学、管理学等。主要栏目有：现当代诗学研究、马克思主义中国化研究、哲学研究、文艺研究、语言研究、历史研究、新闻传播研究等。其中"现当代诗学研究"为特色栏目，2011 年年底入选教育部第二批哲学社会科学名栏工程。读者对象是从事社会科学研究的工作人员、大专院校师生等。

江苏大学学报. 社会科学版 = Journal of Jiangsu University. Social Science Edition/江苏大学 . – 镇江：《江苏大学学报. 社会科学版》编辑部，1999 –

双月刊   大 16 开
ISSN 1671 – 6604   CN 32 – 1655   28 – 181
江苏省镇江市梦溪园巷 30 号（212003）

编辑部电话：0511 – 84446186

E-mail：skxb@ ujs. edu. cn

人文社会科学综合性学术刊物。原名《江苏理工大学学报. 社会科学版》，2002 年起改为现刊名。办刊宗旨：坚持社会主义办刊方向，努力为学校的教学、科研和学科建设服务，为繁荣中国的科学文化事业服务。主要刊登政治学、哲学、社会学、经济学、管理学、法学、语言文学、历史学等学科的学术研究成果，辟有生态批评与生态美学研究、辽金元文学文化研究、中国当代史研究、赛珍珠专题研究、词汇语义学论坛、应对气候变化与低碳发展等专栏。读者对象为科学研究工作者、大专院校文科师生。有英文目次和中英文文摘。

江苏教育学院学报. 社会科学版 = Journal of Jiangsu Institute of Education. Social Science Edition／江苏教育学院 . – 南京：《江苏教育学院学报》编辑部，1985 –

双月刊　　　　　大 16 开

ISSN 1671 – 1696　　　CN 32 – 1082

江苏省南京市北京西路 77 号 （210013）

编辑部电话：025 – 83758260

E-mail：xb3730821@ jsie. edu. cn

以教育问题研究为主的综合性学术刊物。秉承"百花齐放，鼓励百家争鸣，扶持学术新人"的办刊方针，坚持质量立刊、特色强刊的办刊理念，重点展示该学院教学及科研成果，并反映江苏地区中学教育研究的成果，总结、展示、交流学院内和中学的最新研究成果。主要栏目有：当代教师核心价值观研究、素质教育论坛、教师教育研究、高教研究、经法研究、经政研究、法律研究、文化研究、教育史研究、政史研究、中国文学研究、外国文学研究、音乐教育研究、美术研究、德育研究等。读者对象是从事社会科学研究的工作人员、大专院校师生等。

江苏警官学院学报 = Journal of Jiangsu Police Officer College／江苏警官学院 . – 南京：《江苏警官学院学报》编辑部，1986 –

双月刊　　　　　大 16 开

ISSN 1672 – 1020　　　CN 32 – 1704

江苏省南京市安德门 128 号 （210012）

编辑部电话：025 – 52419650

E-mail：yinjin@ jspi. edu. cn

法学研究专业刊物。注重学术质量，倡导学术规范，围绕警事和相关法学，从多种理论角度研究分析有关法、法律、法制、法治、治安、警事、公安等方面的社会问题或学术问题。设有刑事法研究、宪法行政研究、民商法研究、政治理论研究、法史研究、社会治安研究、犯罪学研究、警事学研究、侦察学研究、公安工作研究、警事科技探索、警事教育研究等栏目。读者对象为法学及相关学科研究人员，公安、检察、法院等部门政法工作者。

江西财经大学学报 = Journal of Jiangxi University of Finance and Economics/江西财经大学 . - 南昌：《江西财经大学学报》编辑部，1999 -

双月刊　　　　　　　大 16 开

ISSN 1008 - 2972　　　CN 36 - 1224　　44 - 107

江西省南昌市双港东大街 168 号 （330013）

编辑部电话：0791 - 83816904

E-mail：cfe@ jxufe. edu. cn

以探讨财政问题为主的学术刊物。以"立足理论前沿，传播科研成果，繁荣学术研究，服务学科建设"为办刊宗旨，强调学术质量为首要用稿标准，突出理论深度和创新意识；坚持在理论经济学、应用经济学、管理科学、经济文化等方面突出学科优势；注重在马克思主义理论、法学、新闻传播、经济史等领域的探讨；注重突出自己的办刊特色和推动新学科（新基地）建设，提携学术新人。栏目设置有：赣鄱经济、理论经济、保险与保障、应用经济、"三农"研究、文史哲、法学研究、高教研究等。读者对象为经济理论研究者和实际工作者、经济院校师生等。

江西教育学院学报 = Journal of Jiangxi Institute of Education/江西教育学院 . - 南昌：《江西教育学院学报》编辑部，1980 -

双月刊　　　　　　　大 16 开

ISSN 1005 - 3638　　　CN 36 - 1031　　44 - 63

江西省南昌市瑞香路 889 号 （330032）

编辑部电话：0791 - 83812093

E-mail：xuebao12345@ vip. sina. com

教育学学术理论刊物。坚持"双百"方针和"二为"方向，主要刊登与成人高等师范教育所设各学科相关的学术性论文，以及中学教育教学研究成果，注重创新，以学术性、师范性、综合性为主要特色，以推动科研，扩大交流，繁荣学术，促进教育质量的提高。主要栏目有：语言文字学研究、政治、经济、哲学、历史研究、教育教学研究等。读者对象为各级教育行政主管部门工作人员和校长、教师、教研人员等。

江西师范大学学报. 哲学社会科学版 = Journal of Jiangxi Normal University. Philosophy and Social Sciences Edition/江西师范大学 . – 南昌：江西师范大学学报杂志社，1957 –

双月刊　　　　　　　　大 16 开
ISSN 1000 – 579X　　　CN 36 – 1025　　　44 – 24
江西省南昌市北京西路 437 号（330027）
编辑部电话：0791 – 88506185
E-mail：xb8506185@126. com

　　人文社会科学综合性学术刊物。强调学术品味，注重对当代重大实践和理论问题的探讨，突出理论研究的思想性、前瞻性、地域性、示范性、创新性、可读性，尤其重视人文社会科学的基础理论和新兴学科的研究。主要刊登哲学、政治学、法学、文学、语言学、史学、教育学、心理学等学科的学术论文。主要栏目有：伦理学、法律探讨、当代中国政治、文学接受与传播、苏区振兴研究、史学新证、社会学研究、教育理论与实践等。读者对象是从事社会科学研究的工作人员、大专院校师生等。

江西图书馆学刊 = The Journal of the Library Science in Jiangxi/江西省图书馆学会，江西省图书馆 . – 南昌：《江西图书馆学刊》编辑部，1971 –

双月刊　　　　　　　　大 16 开
ISSN 1003 – 725X　　　CN 36 – 1150　　　44 – 106
江西省南昌市洪都北大道 198 号（330046）
编辑部电话：0791 – 88527535
E-mail：jxts@ chinajournal. net. cn

　　图书馆学专业期刊。曾用刊名《新世纪图书》、《赣图通讯》。以贯彻党的"百花齐放、百家争鸣"方针，促进图书馆学理论研究，交流图书馆工作经验，普及图书馆知识，深化图书馆学、情报学、目录学、信息学等学科的理论研究，加速图书馆工作现代化及图书馆网络化建设为办刊宗旨。刊文内容涵盖图书馆学理论研究、图书馆工作经验交流、图书馆知识普及、文献采编、资源建设、事业建设、期刊管理、读者工作、信息服务、参考咨询等。适合广大图书情报工作者和高校图书情报专业学生阅读。

教育评论 = Education Review/福建省教育科学研究所，福建省教育学会 . – 福州：教育评论杂志社，1985 –

双月刊　　　　　　　大 16 开
ISSN 1004 – 1109　　　CN 35 – 1015　　34 – 52
福建省福州市五四路 217 号 （350003）
编辑部电话：0591 – 87272726
E-mail：JYPL87272726@126. com

教育学理论刊物。以鼓励学术探讨和学术争鸣为宗旨，通过发表优秀科研成果，促进教育理论与实践的研究，推动教育事业的健康发展。侧重报道国内外教育科研新成果和教育改革的新动态。主要栏目有：中文教育交流、中国教育史、中外教育史、学生论坛、外国教育、台湾文化与教育、少数民族教育、教师研究、学生研究、德育研究、学科研究等。读者对象为教育科学研究人员、各级各类教育管理工作者、师范院校师生等。

金融理论与实践 = Financial Theory and Practice/中国人民银行郑州中心支行，河南省金融学会 . – 郑州：《金融理论与实践》编辑部，1979 –

月刊　　　　　　　　大 16 开
ISSN 1003 – 4625　　　CN 41 – 1078　　36 – 160
河南省郑州市郑东新区商务外环 21 号 （450040）
编辑部电话：0371 – 69089212
E-mail：JRLS@ chinajournal. net. cn

金融研究类专业学术期刊。原名为《河南金融研究》，1985 年更改为现名。办刊宗旨是：探索发展金融理论，服务金融改革实践，拓展金融业务领域，反映金融运行信息，展示金融科研成果，培养金融科研人才；立足金融，面向社会，融各类金融理论与实务为一体。栏目设置有：金融与法、证券市场、保险研究、信托园地、金融讲坛、理论探索、金融改革工作论坛等。读者对象为金融理论工作者、证券从业人员、经济院校师生等。

金融与经济 = Finance and Economy/江西省金融学会．－南昌：《金融与经济》编辑部，1980 –

月刊　　　　　　　　大 16 开
ISSN 1006 – 169X　　　CN 36 – 1005　　　44 – 67
江西省南昌市铁街 25 号（330008）
编辑部电话：0791 – 86613977
E-mail：JRYJJ@ sina. com

　　金融研究类专业学术期刊。坚持"立足金融，面向经济，面向企业，面向基层"的办刊宗旨，致力于及时准确地宣传党和国家各个时期的方针政策，普及和宣传经济金融知识，探索金融经济理论，交流金融科研成果，报道国际金融动态。设有金融论坛、经济纵横、经营管理、金融市场、保险市场、金融实务、调查与思考等栏目。读者对象为金融系统工作者及高等院校相关专业师生。

晋图学刊 = Shanxi Library Journal/山西省高等学校图书情报工作委员会，山西省图书馆．－太原：《晋图学刊》编辑部，1985 –

双月刊　　　　　　　大 16 开
ISSN 1004 – 1680　　　CN 14 – 1022
山西省太原市坞城路 92 号山西大学图书馆（030006）
编辑部电话：0351 – 7011655
E-mail：jtxk@ sxu. edu. cn

　　图书馆学研究专业期刊。以新方法、新观点、新材料为主题，坚持以"探研学术、指导实践、交流经验、培养新人"为办刊宗旨。主要刊发图书馆学、目录学、情报学、图书馆现代化建设方面的研究文章。侧重探讨图书、资料、情报工作中提出的各种理论、方法、技术等问题。主要版块栏目有：文献信息数字化、理论研究、实践研究、综述与评介等。

晋阳学刊 = Academic Journal of Jinyang/山西省社会科学院．－太原：《晋阳学刊》编辑部，1980 –

双月刊　　　　　　　大 16 开
ISSN 1000 – 2987　　　CN 14 – 1057　　　22 – 48
山西省太原市并州南路 116 号（030006）
编辑部电话：0351 – 5691856

E-mail：jyxk369@ sina. com

　　人文社会科学综合性学术刊物。以发表人文学科，特别是文史哲方面的研究成果为主，兼及社会科学其他学科。办刊宗旨：坚持四项基本原则，提倡理论联系实际，注重新兴学科和新的研究成果，包括现代外国学术成就。主要栏目有：当代学术回顾与思考、晋文化研讨、公共管理与政治学研究、社会调查与研究、经济学研究、中国哲学研究、中国传统教育哲学研究、古代制度史研究、秦汉史研究、文学研究、学术札记等。读者对象为国内外人文社会科学研究机构、高校、图书馆等有关科研人员及社会科学专业或业余工作者。

经济问题 = On of Economic Research/山西省社会科学院 . - 太原：经济问题杂志社，1979 -

月刊　　　　　　　　　　大 16 开

ISSN 1004 -972X　　　CN 14 -1058　　　22 -60

山西省太原市并州南路 116 号　（030006）

编辑部电话：0351 -5691859

E-mail：jjwts@ 163. com

　　经济类理论刊物。办刊宗旨是：坚持理论联系实际，理论为现实服务的方针，以立足山西，面向全国，为中国四化建设服务为目的，反映中国经济改革和经济建设中的热点问题，并从理论和实践中探索解决问题的方法。栏目设置有：理论探索、改革与发展、企业经济、农业经济、金融与保险、财政与税务、财务与会计、区域经济等。读者对象为经济理论研究者、实际经济部门工作者、大专院校经济系师生、企业领导干部、各级党政领导干部及爱好经济理论研究的各界人士。

经济研究参考 = Review of Economic Research/经济科学出版社 . - 北京：经济研究参考杂志社，1979 -

半周刊　　　　　　　　　大 16 开

ISSN 2095 -3151　　　CN 11 -3007　　　82 -994

北京市海淀区阜成路甲 28 号新知大厦 16 层　（100142）

编辑部电话：010 -88191607

E-mail：erre1607@ sina. com

　　经济类学术刊物。以坚持站在经济发展、体制改革和对外开放的最前沿为办刊宗旨，密切跟踪经济热点问题和焦点问题，及时反映经济社会的发展状况和深层次问题；努力联系权威部门的专家学者及官员，及时报道经济领域的主流观点和前沿理论；以专辑形式全面、深入地反映国家高层决策部门关心的重大经济问题；适时刊登反映国民经济和社会发展未来趋势的预测性文章。主要栏目有：经济学、宏观经济、产业经济、农业与农村经济、财政与税收、金融、经济体制改革、管理等。读者对象为各级政府经济管理部门、经济理论研究单位、大中专院校、大中型企业、各类公司和财会金融机构、关注经济动态的各界人士。

军队政工理论研究 = Theoritical Studies on PLA Political Work/中国人民解放军南京政治学院上海分院 . – 上海：《军队政工理论研究》编辑部，2000 –

双月刊　　　　　　　大 16 开
ISSN 1009 – 346X　　　　CN 31 – 1720
上海市四平路 2575 号（200433）
编辑部电话：021 – 51256146；0531 – 56146
E-mail：jdzgllyj@163. com

军队思想政治理论与工作研究刊物。融思想性、政治性、理论性、针对性、导向性、学术性于一体，从理论与实践的结合上回答和解决部队官兵普遍关注的实际问题和思想认识问题，为新时期加强军队思想政治建设服务。载文内容涉及：军队党的建设、军队思想政治建设、军队人才队伍建设、作战训练政治工作、军事文化建设、机关政治工作、基层政治工作、部队党风廉政建设、国际军事安全与合作、论点集粹等。读者对象为军内外的政治工作者、各级领导干部、高等院校政治理论教学人员、研究人员。

军事历史研究 = Military Historical Research/南京政治学院上海分院 . – 上海：《军事历史研究》编辑部，1986 –

季刊　　　　　　　　大 16 开
ISSN 1009 – 3451　　　　CN 81 – 1064
上海市四平路 2575 号（200433）
编辑部电话：021 – 81810143
E-mail：jshlshuj@163. com

军事史学术研究刊物。办刊宗旨：坚持为国防和军队建设服务，为军事史学教学和研究服务，为军事斗争准备服务，为弘扬军事历史文化服务。载文内容涉及广泛，从古代到现代、从中国到外国、从理论到实践、从战略到战术、从军事文化到军事人物。军事史研究涵盖古今中外战争史、国防和军队建设史、军事思想史、军事文化史和军事外交史等。读者对象为军史研究人员、军队指战员和军事院校师生。

科学·经济·社会 = Science Economy Sciety/兰州大学，甘肃省科学技术协会 . - 兰州:《科学·经济·社会》编辑部，1983 -

季刊   大 16 开

ISSN 1006 - 2815   CN 62 - 1020   54 - 59

甘肃省兰州大学一分部 0031 信箱 （730000）

编辑部电话：0931 - 8913749

E-mail:ses@ lzu. edu. cn

人文社会科学综合性学术刊物。以研究和探索科学、经济与社会的协调发展为宗旨，以社会主义现代化建设中重大的理论问题和现实问题为中心，不断提高刊物的学术水平，力求在内容和形式上积极创新，为西部乃至其他边远落后地区的开发和现代化建设做贡献。辟有欠发达地区开发研究、传统文化与现代化、经济论坛、社会纵横、科学与哲学、法律视野、新闻与传播、文化艺术等栏目。读者对象为广大社会科学工作者和社会科学爱好者。

科学与社会 = Science and Society/中国科学院科技政策与管理科学研究所 . - 北京:《科学与社会》编辑部，1981 -

季刊   大 16 开

ISSN   CN 10 - 1009   82 - 318

北京市海淀区中关村北一条 15 号 （100190）

编辑部电话：010 - 62542630

E-mail:kxysh@ casipm. ac. cn

专业学术性期刊。曾用刊名《科学对社会的影响》。办刊宗旨：立足科学和技术的最新进展，立足于资源、环境的国家可持续发展，宣传科学对社会的影响，评价中国和世界科技的发展及其影响，致立于提倡中国科技界的文化品味，当今科学与文化的交融，包括对科技名人、科学事件的评介。主要栏目有：论坛、STS 研究、科学技术的社会研究、书评等。其中，"论坛"版块为中国科技界和其他领域的专家学者自由讨论科学和社会问题的园区。读者对象为关注科技对社会影响的理论工作者和实践工作者、高校师生等。

兰州商学院学报 = Journal of Lanzhou Commercial College/兰州商学院 . – 兰州:《兰州商学院学报》编辑部，1985 –

双月刊　　　　　　　　大 16 开

ISSN 1004 – 5465　　　CN 62 – 1101

甘肃省兰州市毅家滩 418 号（730020）

编辑部电话：0931 – 4677016

E-mail：Lsxb2008@ 126. com，Xuebao@ lzcc. edu. cn

　　经济类学术期刊。办刊宗旨：坚持理论联系实际，理论为现实服务的方针；密切跟踪并探索经济科学的前沿理论及热点问题。注重融理论性、学术性、政策性、资料性于一体的办刊风格。辟有专论、区域经济、国民经济管理、能源经济、金融与投资、财务与会议、企业管理、公司治理、国际经济贸易、"三农"问题、经济法等栏目。读者对象为经济理论研究人员和实践工作者、经济院校师生等。

乐府新声（沈阳音乐学院学报） = The Academic Periodical of Shenyang Conservatory of Music/沈阳音乐学院 . – 沈阳:《乐府新声》编辑部，1983 –

季刊　　　　　　　　大 16 开

ISSN 1001 – 5736　　　CN 21 – 1080　　　8 – 153

辽宁省沈阳市和平区三好街 61 号（110004）

E-mail：sywxz93@ hotmail. com

　　声乐教育研究的专业性刊物。遵循"百花齐放、百家争鸣"，"洋为中用、古为今用"、"推陈出新"的方针，以提高为主，兼顾普及，反映音乐教育的现状、问题和成果，紧密地为教学、科研服务。坚持音乐研究与音乐教育并重，融学术性、知识性和信息性为一体的办刊特色。以音乐理论、音乐研究为主体栏目，辟有作曲理论、音乐论著翻译、音乐美学、创作技术理论、表演艺术研究、音乐评论、音乐教育、民族民间音乐研究、中外音乐史、音乐科技、名人传记、争鸣园地等栏目。读者对象为声乐专业研究人员、文艺理论工作者、声乐专业工作人员、声乐院校师生。

理论导刊 = Journal of Socialist Theory Guide/中共陕西省委党校 . – 西安:《理论导刊》编辑部，1979 –

月刊　　　　　　　　大 16 开

ISSN 1002 – 7408　　　　CN 61 – 1002　　　52 – 179

陕西省西安市小寨西路 119 号 （710061）

编辑部电话：029 – 85378162

E-mail：lldk@ sohu. com

　　政治类学术刊物。办刊宗旨：关注改革实践，透视时代热点，立足学术前沿，反映最新成果。常设栏目有：马克思主义中国化的理论与实践、改革研究、政治与社会、农业·农村·农民、探讨与争鸣、西部大开发论坛、世界经济与政治、党史党建、科技与教育、民主与法制、精神文明建设、文史纵横等。读者对象主要是社会科学理论工作者、各级党政机关、企事业单位领导干部，高校师生及思想政治工作者。

理论学刊 = Theory Journal/中共山东省委党校 . – 济南：《理论学刊》编辑部，1984 –

月刊　　　　　　　　大 16 开

ISSN 1002 – 3909　　　　CN 37 – 1059　　　24 – 122

山东省济南市旅游路 3888 号 （250103）

编辑部电话：0531 – 87088383

E-mail：zhanyuan@ sddx. gov. cn

　　政治类学术刊物。办刊宗旨：坚持党的基本路线，坚持"百花齐放、百家争鸣"的办刊方针，倡导严谨、扎实、求实、求真、创新的学风，以促进社会科学研究事业的繁荣发展为己任，积极为建设有中国特色的社会主义服务。辟有马克思主义理论与实践、党史·党建、经济学、哲学·社会、政治·法律、历史·文化、文学·美学等栏目。读者对象为党校及各级党政机关和企事业单位的党政干部、大专院校师生、理论工作者等。

理论与改革 = Theory and Reform/中共四川省委党校 . – 成都：理论与改革杂志社，1988 –

双月刊　　　　　　　　大 16 开

ISSN 1006 – 7426　　　　CN 51 – 1036　　　62 – 84

四川省成都市光华村街 43 号 （610072）

编辑部电话：028 – 87351101

E-mail：tarchina163@ 163. com

政治类学术刊物。侧重研究和宣传马克思主义理论，反映和探讨改革开放中的新情况、新问题、新经验，力求运用马克思列宁主义、毛泽东思想的立场、观点、方法研究和回答建设有中国特色社会主义实践中的现实问题。主要栏目有：专访、理论探讨、党的建设、改革与发展、经济论坛、领导与管理、文化与精神文明建设、思想政治工作、民主与法制、西部大开发研究、学术综述与动态等。读者对象为各级党政干部、企事业干部、宣传理论工作者、社会科学工作者和各级党校及大专院校师生。

理论与现代化 = Theory and Modernization／天津市社会科学界联合会 . – 天津：《理论与现代化》编辑部，1989 –

双月刊　　　　　　　　大 16 开
ISSN 1003 – 1502　　　　CN 12 – 1166
天津市和平区成都道 52 号（300051）
编辑部电话：022 – 23398649
E-mail：TJSKL66@ sina. com

政治类学术刊物。以马列主义、毛泽东思想、邓小平思想和"三个代表"重要思想为指导，积极探讨建设中国特色社会主义政治、经济、文化进程中的理论与实践问题，改革开放的战略问题，坚持"百花齐放、百家争鸣"的方针，繁荣和发展社会科学学术研究，为党和政府决策服务，为社会主义物质文明、政治文明和精神文明建设服务。关注执政党建设、思想道德建设、文化产业发展、政治文明建设、经济转轨中的机遇与挑战等中国现代化进程中的具有战略性现实问题的研究。主要栏目有：学习"十八大"精神、政治学研究、现代化研究、经济学研究、哲学研究、文化研究、马克思主义研究、历史学研究、社会学研究、法学研究、管理学、新媒体研究、综述、书评等。

理论月刊 = Theory Monthly／湖北省社会科学界联合会 . – 武汉：《理论月刊》编辑部，1983 –

月刊　　　　　　　　大 16 开
ISSN 1004 – 0544　　　　CN 42 – 1286　　　38 – 176
湖北省武汉市武昌紫阳东路 45 号（430070）
编辑部电话：027 – 87813665
E-mail：LLYK1@ sina. com

人文社会科学综合性学术刊物。坚持马克思主义同中国社会主义现代化建设相结合，坚持理论与实际、工作指导与理论研究相结合，立足湖北，面向全国，放眼世界，积极研究和宣传邓小平理论，大胆探索改革开放和社会主义现代化建设中出现的新情况、新问题，求真务实，融现实性与理论性于一体。主要栏目有：马克思主义研究、学术论坛、理论与实践、探索与争鸣、企业改革与发展、社会主义新农村建设、热点分析、全球视野、思想政治工作研究等。读者对象为广大社会科学工作者和社会科学爱好者。

历史教学 = History Teaching/历史教学社 . - 天津：历史教学社，1951 -
半月刊　　　　　　　　大 16 开
ISSN 0457 - 6241　　　CN 12 - 1010　　6 - 4
天津市和平区西康路 35 号 （300051）
编辑部电话：022 - 23332330
E-mail：xsb07@ 126. com

历史教育专业刊物。该刊高校版为高等院校历史教学服务，刊发具有原创性的专题学术论文，以及反映高校历史教学改革的文章。专题研究主要栏目有：特约专稿、史学理论、中国史研究、世界史研究、党史研究等。教学研究主要栏目有：高校教材研究、综合大学和师范院校教学研究、教育改革经验、教学思想理论等。其他还有读史札记、考证、学术动态、史学评论等。读者对象为高等院校文科师生及社科类科研机构的科研人员。

历史教学问题 = History Teaching and Research/华东师范大学 . - 上海：历史教学问题杂志社，1957 -
双月刊　　　　　　　　大 16 开
ISSN 1006 - 5636　　　CN 31 - 1016　　4 - 326
上海市中山北路 3663 号 （200062）
编辑部电话：021 - 62232334
E-mail：LSJX@ chinajournal. net. cn，LSJX@ history. ecnu. edu. cn

历史教育教学类专业刊物。办刊宗旨：高扬"双百"精神，会通中外古今，团结学界挚友，为推进史学革新，繁荣史学事业服务；为深化历史教学改革，提高历史教学质量服务；为普及群众性历史教育，增强全民历史意识服务；为继承、光大民族文化遗产，加强精神文明建设服务。栏目设置有史学论坛、史家访谈、研究生课程讲坛、中外史学交流讲座、疑案探析、学术回眸、序与跋、青年史苑。主要面向广大历史教学和历史研究工作者、广大历史学爱好者。

辽宁师范大学学报. 社会科学版 = Journal of Liaoning Normal University. Social Sciences Edition/辽宁师范大学. – 大连:《辽宁师范大学学报》编辑部, 1978 –

双月刊　　　　　　　　大 16 开

ISSN 1000 – 1751　　　CN 21 – 1077　　　8 – 118

辽宁省大连市黄河路 850 号（116029）

编辑部电话: 0411 – 82158277

E-mail: lsxbwk@ lnnu. edu. cn

人文社会科学综合性学术刊物。原名《辽宁师院学报》, 1983 年改为现名。办刊宗旨: 贯彻"双百"方针, 倡导实事求是, 崇尚科学, 牢牢把握正确的办刊方向和正确的舆论导向, 积极为社会主义物质文明、政治文明和精神文明建设服务, 为学校的教学和科学研究服务。发文注重基础理论与应用理论研究。主要栏目有: 哲学与马克思主义、法学理论研究、经济理论与实践、心理学理论与实证研究、教育改革与发展、语言文学研究、艺术理论研究、历史文化研究等。读者对象主要是社会科学研究人员、高校师生、中等学校教师和教育管理人员。

林业经济问题 = Issues of Forestry Economics/中国林业经济学会, 福建农林大学. – 福州:《林业经济问题》编辑部, 1981 –

双月刊　　　　　　　　大 16 开

ISSN 1005 – 9709　　　CN 35 – 1060

福建省福州市金山福建农林大学 7060 信箱（350002）

编辑部电话: 0591 – 83789446

E-mail: lyjjwt@ 163. com

经济类学术刊物。办刊宗旨: 坚持理论与实践相结合的方针, 积极投身林业经济改革; 促进林业经济学发展, 提高林业经济理论研究水平; 结合实践问题和热点问题, 推出最新研究成果; 紧扣林业经济改革步伐, 为林业经济建设、林业体制改革提供理论依据。主要版块栏目侧重报道国内外林业经济学领域重大的理论问题、实践问题和热点问题, 特别是林业经济改革过程中遇到的理论问题、实践工作中提出的新问题、南方集体林区林业经济发展过程中存在的经济问题的最新研究成果。读者对象为各级政府、部门、企事业单位的行政领导干部和行政管理工作者、农林大中专院校广大师生等。

岭南学刊 = Lingnan Journal/中共广东省委党校 . – 广州：岭南学刊杂志社，1978 –
双月刊　　　　　　　大 16 开
ISSN 1003 – 7462　　　CN 44 – 1005
广东省广州市建设大马路 3 号（510050）
编辑部电话：020 – 83122361
E-mail：LLXB@ chinajournal. net. cn

　　政治类学术刊物。办刊宗旨是：贯彻理论与实际相结合和百家争鸣的方针，着力反映探索建设有中国特色社会主义过程中提出的重大理论问题和实际问题，反映广东改革开放实践的经验和学术成果，并发表哲学社会科学各学科理论的最新研究成果。主要栏目有：邓小平理论研究、"三个代表"重要思想研究、科学发展观研究、社会主义市场经济研究、农业·农村·农民问题、增创广东发展新优势、政治文明建设、精神文明建设、哲学、经济学、政治学、行政学、法学、党史、党的建设等。读者对象为社科理论界、宣传界、党校系统的相关人员。

满族研究 = Manchu Minority Research/辽宁省民族宗教问题研究中心 . – 沈阳：《满族研究》编辑部，1985 –
季刊　　　　　　　　16 开
ISSN 1006 – 365X　　　CN 21 – 1028
辽宁省沈阳市皇姑区崇山东路 6 号（110033）
编辑部电话：024 – 86613882
E-mail：Lnmz1985@ sina. com

　　民族研究类综合性学术刊物。办刊宗旨为弘扬满族文化，挖掘满族历史，宣传党的民族政策，突出地区性和民族性。论文以研究满族文化为主，包括政治、经济、科技、教育、历史、语言、文学、艺术、风俗、宗教等方面，同时也对民族理论、民族政策、民族工作进行研究。主要栏目有：民族理论与民族工作、民族历史研究、满族及文艺、海外满学研究、满文档案文献、民俗研究、满族文学研究等。读者对象为从事民族研究和民族工作以及对民族问题有兴趣的人士、民族高等院校师生等。

毛泽东思想研究 = Mao Zedong Thought Study/四川省社会科学院，四川省社会科学界联合会，中共四川省委党史研究室 . － 成都：毛泽东思想研究杂志社，1983 －

双月刊　　　　　　　16 开

ISSN 1001 － 8999　　　　CN 51 － 1033　　　62 － 168

四川省成都市青羊区一环路西一段 155 号（610072）

编辑部电话：028 － 87014462

E-mail：bjb@ mzdsxyj. com

　　研究和宣传毛泽东思想的学术理论刊物。办刊宗旨：从理论、历史和现实的结合上研究和宣传毛泽东思想。特色栏目有：中国特色社会主义理论体系研究、从各个领域研究毛泽东思想、原著研究、老一辈无产阶级革命家研究、马克思主义中国化研究、弘扬长征精神与长征路线申遗研究、邓小平理论研究、科学发展观研究、党史党建研究、当代思想政治研究、历史钩沉、学术动态等。读者对象为党政机关、科研单位、大专院校、党校、军事院校、企业的教学科研人员、政工宣传员、理论爱好者。有英文目次和中英文摘要。

民俗研究 = Folklore Studies/山东大学 . － 济南：《民俗研究》编辑部，1985 －

季刊　　　　　　　　16 开

ISSN 1002 － 4360　　　　CN 37 － 1178　　　24 － 095

山东省济南市山大南路 27 号（250100）

编辑部电话：

E-mail：msyjbjb@ 126. com

　　民俗研究类学术期刊。旨在开展民俗学学术理论研究，重视民俗资料的搜集整理，继承和发扬优秀的民族传统文化，全面介绍中国民俗和民俗学研究的最新成果。刊发的各类文章注重学术质量，提倡学术创新。常设学术前沿、民俗史论、民间文学、田野报告、学术评论等栏目，并不定期开设各种专题栏目。读者对象主要是民俗学的专业研究人员和民俗学爱好者。

内蒙古财经学院学报 = Journal of Inner Mongolia Finance and Economics College/内蒙古财经学院 . － 呼和浩特：《内蒙古财经学院学报》编辑部，1980 －

双月刊　　　　　　　16 开

ISSN 1004 － 5295　　　　CN 15 － 1056

内蒙古自治区呼和浩特市海拉尔大街 47 号（010051）

编辑部电话：0471 - 3677446

E-mail：xbbjb@ 126. com

　　财政类学术期刊。办刊宗旨：紧密结合内蒙古的地区特点、经济特点和民族特点，探索内蒙古经济建设和民族地区经济发展的特殊规律，为内蒙古地区的经济建设提供智力支持；通过反映校内外在经济和管理学科领域的科学研究成果，促进其在实践领域的推介、实验和推广应用。主要栏目有：经济学研究、生态经济论坛、东北亚经济、财务与会计、税务研究、贸易经济、公共管理、内蒙古发展论坛等。读者对象为财经理论工作者、经济部门的实际工作者、企业管理人员、大专院校相关专业师生。

内蒙古大学学报. 哲学社会科学版 = Journal of Inner Mongolia University. Philosophy and Social Sciences/内蒙古大学 . - 呼和浩特：《内蒙古大学学报》编辑部，1959 -

双月刊　　　　　　　　大 16 开

ISSN 1000 - 5218　　　CN 15 - 1051　　　16 - 66

内蒙古自治区呼和浩特市赛罕区大学西路 235 号 （010021）

编辑部电话：0471 - 4992252

E-mail：ndxbrwsk@ imu. edu. cn

　　人文社会科学综合性学术刊物。以立足内蒙古，面向全国，交流研究成果，服务教学科研为办刊方针，及时反映哲学、语言、文学、史学、经济、政治、法律、社会学、文化艺术等学科的研究成果，注重发表蒙古史、地方史、蒙古语言文学方面的论文。常设栏目有：蒙古学研究、哲学研究、历史学研究、法学研究、文学研究、经济学研究、政治与公共管理研究、历史与旅游文化研究、语言学研究、新闻学研究等。其中主打传统栏目 "蒙古学研究" 入选首批教育部高校哲学社会科学学报名栏。主要读者对象为大专院校文科专业师生、民族工作者和社会科学工作者。

内蒙古民族大学学报. 社会科学版 = Journal of Inner Mongolia University for Nationalities. Social Sciences/内蒙古民族大学 . - 通辽：《内蒙古民族大学学报》编辑部，1975 -

双月刊　　　　　　　　大 16 开

ISSN 1671 - 0215　　　CN 15 - 1217　　　16 - 122

内蒙古自治区通辽市霍林河大街西 536 号 （028043）

编辑部电话：0475 - 8314149

E-mail:nmdxb4210@163.com

民族学类综合性学术期刊。以繁荣人文社会科学，促进学术交流，发现和培养人才，为"两个文明"建设服务为办刊宗旨。登载哲学、语言、文学、历史、教育、政治、经济、民族文化等方面的研究成果。主要栏目有：民族学研究、民族教育研究、文学研究、世界史研究、历史研究、教育学研究、新闻学研究等。读者对象为民族工作者、社会科学工作者、大专院校文科专业师生。

内蒙古社会科学 = Inner Mongolia Social Sciences/内蒙古自治区社会科学院． – 呼和浩特：《内蒙古社会科学》编辑部，1980 –

双月刊　　　　　　大 16 开

ISSN 1003 - 5281　　　CN 15 - 1011　　　16 - 1

内蒙古自治区呼和浩特市大学东街 129 号 （010010）

编辑部电话：0471 - 4932123，0471 - 4912276

E-mail:nmgshhkx@163.com

人文社会科学综合性学术刊物。坚持为社会科学事业和"两个文明"建设服务的办刊宗旨。坚持实事求是、开拓创新的优良学风，坚持突出民族特色和地方特色，关注社会科学新学科研究，以民族学，尤其以蒙古学为重心，以北方少数民族文化研究为中心，发表哲学社会科学，特别是蒙古学和有关社会主义现代化建设的最新研究成果。主要栏目有：专论、民族、历史、政治学、法学、哲学·科学、文学·语言、经济·管理、文化、教育、西部论坛、编辑出版学等。读者对象为社会科学研究人员和大专院校师生等。

内蒙古师范大学学报. 哲学社会科学（汉文）版 = Journal of Inner Mongolia Normal University. Philosophy and Social Sciences Edition/内蒙古师范大学． – 呼和浩特：《内蒙古师范大学学报》编辑部，1958 –

双月刊　　　　　　大 16 开

ISSN 1001 - 7623　　　CN 15 - 1047　　　16 - 53

内蒙古自治区呼和浩特市赛罕区昭乌达路 295 号 （010022）

编辑部电话：0471 - 4393035

E-mail:nmgxbzsb@126.com

　　人文社会科学综合性学术刊物。刊登蒙古学、哲学、政治学、经济学、法学、心理学、语言文学、历史学、文化艺术以及地理、体育交叉科学等方面的学术论文。主要栏目有：蒙古学、民族与区域经济研究、哲学、世明国际学术工作站、政治与法律、中国北部边疆史地研究、语言文学、经济学、心理学、土地利用、教育与艺术、法律学等。读者对象为大专院校文科专业师生、民族工作者和社会科学工作者。

南昌大学学报. 人文社会科学版 = Journal of Nanchang University. Humanities and Social Sciences/南昌大学 . – 南昌：南昌大学期刊社，1963 –

双月刊　　　　　　　大 16 开

ISSN 1006 – 0448　　　CN 36 – 1195　　　44 – 18

江西省南昌市南京东路 235 号 （330047）

编辑部电话：0791 – 88305914

E-mail：NCDS@ Chinajournal. net. cn

　　人文社会科学综合性学术刊物。原名《江西大学学报. 哲学社会科学版》。1993 年更为现名。主要刊载哲学、法学、经济学、文学、史学等社会科学科研成果。注重刊发具有新颖性、探索性、争鸣性的学术论文，优先发表观点有见地、选题填补空白或进行观点商榷的学术论文。辟有政治与社会、道德与人生、哲学与时代、经济与管理、"三农"问题研究、旅游资源与管理、人力资源管理与社会保障、法学与法治、历史与文化、中国革命与建设、诗学纵横、文艺思潮与创作评论、新闻与传播、语言与文字、外语与翻译、艺术与设计、教育与科学等栏目。主要读者对象为国内外大中专院校师生、图书馆和科研院所工作人员等。

南都学坛 = Academic Forum of Nandu/南阳师范学院 . – 南阳：《南都学坛》编辑部，1981 –

双月刊　　　　　　　大 16 开

ISSN 1002 – 6320　　　CN 41 – 1157

河南省南阳市卧龙路 1638 号 （473061）

编辑部电话：0377 – 63513756

E-mail：nysyndxt@ 163. com

　　人文社会科学综合性学术刊物。坚持以刊发文史哲学科最新研究成果和发现、培养人才为办刊宗旨，以立足南阳、面向全国、突出地方特色为办刊方针。主要刊载哲学、政治学、文学、历史学方面的学术论文。辟有汉代文化研究、历史学研究、文学研究、法学研究、政治学研究、经济与管理、学术札记等栏目。读者对象为高校师生、广大社会科学工作者和社会科学爱好者。

南方人口 = South China Population/中山大学人口研究所 . - 广州：《南方人口》编辑部，1986 -

双月刊　　　　　　　　　大 16 开
ISSN 1004 - 1613　　　　CN 44 - 1114　　　46 - 323
广东省广州市新港西路 135 号中山大学校内 （510275）
编辑部电话：020 - 84036605
E-mail：southpopulation@ 163. com

　　综合性人口学刊物。办刊宗旨：立足广东，面向全国，走向世界，坚定不移地宣传党的人口政策，推动人口科学的发展，为探索具有中国特色的计划生育道路服务。载文坚持学术性和质量为上的原则，注重理论与实践结合，集学术性、知识性、实用性和可读性为一体。栏目设有：人口与计划生育、人口流动、人口与经济、人口与社会、老年人口、研究生人口论坛等。读者对象为人口学研究人员和各级计划生育工作者。

南方文物 = Cultural Relics in Southern China/江西省文物考古研究所 . - 南昌：《南方文物》编辑部，1962 -

季刊　　　　　　　　　16 开
ISSN 1004 - 6275　　　　CN 36 - 1170
江西省南昌市新洲路 2 号 （330008）
编辑部电话：0791 - 86594676
E-mail：nanfangww@ 126. com

　　考古类学术研究期刊。旨在开展民俗学学术理论研究，重视民俗资料的搜集整理，继承和发扬优秀的民族传统文化。立足南方，面向东南亚，主要刊登中国南方地区考古调查、发掘报告及文物博物事业研究论文，交流南方及东南亚地区文博工作信息。主要版块栏目有：特别关注、文博讲坛、经典重读、学术前沿、民族考古、遗产保护、文物鉴赏等。读者对象为广大专业工作者及文物考古收藏爱好者。

南华大学学报. 社会科学版 = Journal of University of South China（Social Science Edition）/南华大学. − 衡阳：《南华大学学报. 社会科学版》编辑部，1999 −

双月刊　　　　　　　大 16 开
ISSN 1673 − 0755　　　CN 43 − 1357
湖南省衡阳市常胜西路 28 号（421001）
编辑部电话：0734 − 8160521
E-mail：nhds@ chinajournal. net. cn

　　综合性学术理论期刊。曾用刊名《衡阳医学院学报. 社会科学版》，2001 年改用现刊名。坚持"百家争鸣、百花齐放"，"求真务实，崇尚科学，严谨办刊，服务社会"的办刊方针，大力倡导学术自由、追求科学真理。主要栏目有：核工业经济与管理、衡岳论坛、政治学·哲学研究、经济学研究、管理科学研究、语言文学研究、法学·历史学研究、教育学·心理学研究和信息学·传播学研究。有英文目次、中英文摘要。

南京财经大学学报 = Journal of Nanjing University of Finance and Economics/南京财经大学. − 南京：《南京财经大学学报》编辑部，1983 −

双月刊　　　　　　　大 16 开
ISSN 1672 − 6049　　　CN 32 − 1719
江苏省南京市铁路北街 128 号（210003）
编辑部电话：025 − 83495963
E-mail：xuebao@ njue. edu. cn

　　经济研究类综合性学术刊物。曾用刊名《南京经济学院学报》。办刊宗旨：坚持党的基本路线和四项基本原则，坚持突出学科优势，在展示科研成果的同时，及时捕捉经济热点，组织专家笔谈，强化为区域经济建设和社会发展服务；促进科研成果转化为现实生产力；传承知识文明，繁荣学术文化。主要栏目设置有：宏观探微、产业经济、金融财税、财务会计、工商管理、法学研究等。读者对象为社会科学理论和实践工作者、经贸部门从业人员和大专院校师生等。

南京政治学院学报 = Journal of PLA Nanjing Institute of Politics/中国人民解放军南京政治学院. − 南京：《南京政治学院学报》编辑部，1979 −

双月刊　　　　　　　大 16 开
ISSN 1001 − 9774　　　CN 32 − 1002

江苏省南京市中山北路 305 号（210003）

编辑部电话：0501 – 815466；025 – 80815466

E-mail：njzyxb@ 163. com

　　政治类学术刊物。办刊宗旨是为军事院校的教学、科研服务，为军队的建设服务。着重研究中国特色社会主义理论和部队革命化、现代化、正规化建设中的重大问题。主要栏目有：马克思主义与当代、哲学与社会、经济与政治、国际关系、历史与文化、政治工作研究。读者对象为军事院校、大专院校政治理论课教师及军内外政治理论工作者。

南通大学学报. 社会科学版 = Journal of Nantong University. Social Sciences Edition/南通大学 . – 南通：《南通大学学报. 社会科学版》编辑部，1985 –

双月刊　　　　　　　　大 16 开

ISSN 1673 – 2359　　　CN 32 – 1754

江苏省南通市啬园路 9 号（226019）

编辑部电话：0513 – 85012866

E-mail：xbzsb@ ntu. edu. cn

　　人文社会科学综合性学术刊物。创刊时名为《南通师专学报. 社会科学版》，后更名为《南通师范学院学报. 哲学社会科学版》，2005 年改用现刊名。辟有哲学研究、长三角发展论坛、政治学·法学研究、社会学研究、历史研究、文学研究、语言学研究、教育学研究、艺术研究、江海人物专论、经济与管理、新闻与传播等栏目，其中"长三角发展论坛"、"江海人物专论"为特色栏目。读者对象为高校师生以及广大社会科学工作者和社会科学爱好者。

南亚研究季刊 = South Asian Studies Quarterly/四川大学南亚研究所 . – 成都：《南亚研究季刊》编辑部，1985 –

季刊　　　　　　　　　16 开

ISSN 1004 – 1508　　　CN 51 – 1023

四川省成都市望江路 29 号四川大学南亚研究所（610064）

编辑部电话：028 – 85417102

E-mail：nystougao@ 163. com

　　南亚研究综合性学术刊物。办刊宗旨：加强南亚学术研究，为中国四个现代化建设服务。主要刊载印度、巴基斯坦、孟加拉国、斯里兰卡、尼泊尔、不丹、马尔代夫等南亚地区国家政治、经济、对外关系、科技教育和社会文化方面的学术论文，也适当刊载有关世界经济、国际政治、国际关系等方面重大问题和热点问题的学术论文。主要栏目有：外交与安全、经济与发展、中国与南亚、社会文化等。读者对象为国际问题研究的理论工作者，从事经济管理、行政管理、国家安全、对外关系等实际工作的政府工作人员和大专院校涉外专业的师生。

南阳师范学院学报 = Journal of Nanyang Normal University/南阳师范学院 . – 南阳：《南阳师范学院学报》编辑部，2002 –

月刊　　　　　　　　　　大 16 开

ISSN 1671 – 6132　　　　CN 41 – 1327　　　36 – 265

河南省南阳市卧龙路 1638 号 （473061）

编辑部电话：0377 – 63523103

E-mail：nysyxb@ x263. net

　　文理合一的学术刊物。以突出师范性、学术性、特色性、为教学科研服务为宗旨。主要刊发马克思主义研究、经济研究、法学研究、思想文化研究、历史研究、汉语言文字研究、民俗学研究、艺术研究、教育研究、中国诗学、冯学研究、词学研究、简帛研究、学术史研究等方面的最新学术成果。读者对象为高校文科专业师生、社会科学工作者和爱好者。

宁波大学学报. 人文科学版 = Journal of Ningbo University. Liberal Arts Edition/宁波大学 . – 宁波：《宁波大学学报》编辑部，1988 –

双月刊　　　　　　　　　大 16 开

ISSN 1001 – 5124　　　　CN 33 – 1133　　　51 – 24

浙江省宁波市江北区风华路 818 号 （315211）

编辑部电话：0574 – 87600508

E-mail：xbrwb@ nbu. edu. cn

　　人文社会科学综合性学术刊物。立足浙东，面向海内外，努力把刊物办成具有鲜明地方特色的学术刊物。以刊登文、史、哲、经、法等学科的研究论文为主，并适当刊登学术综述文章及书评。主要栏目有：哲学研究、文学研究、文化学研究、语言学研究、历史学研究、经济与管理学研究、新闻学与传播学研究、法学研究、心理学研究、政治学研究、学科新书架等。同时辟有浙东文化、经济文化一体化、争鸣、宁波改革开放等专栏。读者对象为社会科学研究人员、高校师生、中等学校教师和教育管理人员。

宁夏大学学报. 人文社会科学版 = Journal of Ningxia University. Humanities and Social Sciences Edition/宁夏大学 . – 银川：宁夏大学学术期刊中心，1979 –

双月刊　　　　　　　　大 16 开
ISSN 1001 – 5744　　　　CN 64 – 1005　　　74 – 6
宁夏回族自治区银川市西夏区文萃北街 217 号（750021）
编辑部电话：0951 – 2061793
E-mail：machb@ nxu. edu. cn

　　人文社会科学综合性学术刊物。坚持立足本地，瞻顾全国，注重学术性、先锋性、开放性的办刊方向。努力反映中国当前人文社会科学研究的前沿水准与最新成果，体现时代特点、民族特色与地方特色。及时刊载法律、经济、历史、文学等各学科中的具有创造性的研究成果。辟有哲学研究、汉语研究、民族研究、语言文字研究、西夏研究、文学评论、历史研究、法制论坛、经济管理、文化谈片、教育探索等栏目。读者对象为社会科学工作者和高校文科专业师生。

宁夏社会科学 = Social Sciences in Ningxia/宁夏社会科学院 . – 银川：宁夏社会科学院学术期刊中心，1982 –

双月刊　　　　　　　　大 16 开
ISSN 1002 – 0292　　　　CN 64 – 1001　　　74 – 12
宁夏回族自治区银川市西夏区朔方路新风巷 8 号（750021）
编辑部电话：0591 – 2074593
E-mail：lxsk@ chinajournal. net. cn

　　人文社会科学综合性学术刊物。办刊宗旨：积极反映关于社会主义现代化建设中迫切需要解决的重大理论问题和实践问题的最新研究成果，既突出应用研究又重视基础理论研究，突出刊物的地方特色和民族特色。主要栏目有：政治·法律、经济·社会、民族·宗教、西夏·历史、哲学·文化、文学·教育、法律·公共管理等。读者对象为社会科学工作者、大专院校师生及民族工作者。有英文目次和英文文摘。

农业现代化研究 = Research of Agricultural Modernization/中国科学院农业研究委员会，中国科学院亚热带农业生态研究所 . – 长沙：《农业现代化研究》编辑部，科学出版社，1980 –

双月刊　　　　　　　　大 16 开

ISSN 1000 – 0275　　　　CN 43 – 1132　　　42 – 46

湖南省长沙市马坡岭中科院长沙农业现代化所（410125）

编辑部电话：0731 – 84615231

E-mail：nyxdhyj@ isa. ac. cn

　　农业研究综合性学术期刊。办刊宗旨是探索和研究具有中国特色的农业现代化理论、战略、方针、道路以及中国农业现代化进程中科学技术、经济、生态、社会各方面协调发展的问题，促进国内外学术交流与合作，促进中国农业持续发展，为农业现代化建设服务。主要刊登农业发展战略和农业基础科学及其交叉学科的基础理论研究和应用研究方面的学术论文、科研报告、研究简报和文献综述等。内容包括农业发展战略、农业可持续发展、生态农业、农村生态环境保护、区域开发、农业经济、农业产业化、农业系统工程、农业机械化、高新技术应用、资源利用与保护、国外农业等。

攀登 = New Heights/中共青海省委党校，青海省行政学院，青海省社会主义学院 . – 西宁：《攀登》编辑部，1982 –

双月刊　　　　　　　　大 16 开

ISSN 1001 – 5647　　　　CN 63 – 1015

青海省西宁市黄河路 2 号（810001）

编辑部电话：0971 – 4396466

E-mail：pandeng234@ sina. com

　　政治类学术刊物。立足青海，面向全国，坚持理论与实践相结合，努力探讨中国改革开放和社会主义现代化建设事业中的各种现实问题，为建设有中国特色的社会主义服务。主要栏目有：政治、哲学论丛、党的建设、经济研究、争鸣、西部大开发论坛、理论视野、调研报告、青海经济社会发展、社会主义文化建设、公共管理、法学经纬、文学教育学、社会广角、新闻图书馆学等。同时，根据不同时期宣传重点对有关栏目进行适时调整，也是该刊的特点之一。

蒲松龄研究 = Study on Pu Songling Quarterly/蒲松龄纪念馆 . – 淄博:《蒲松龄研究》编辑部，1986 –

季刊　　　　　　　　大 32 开

ISSN 1002 – 3712　　　CN 37 – 1080　　　24 – 159

山东省淄博市淄川区蒲松龄纪念馆（255120）

编辑部电话：0533 – 5821643

E-mail:abey@ chinajournal. net. cn

　　文学类学术理论期刊。旨在推动蒲松龄研究的开展，反映国内外蒲学研究动态及其研究成果，沟通国内外蒲学研究的信息，以及团结国内外蒲学研究者、爱好者，积极开展学术活动，促进蒲学研究事业的发展，为"三个文明"建设做出贡献。主要栏目有：蒲松龄生平思想研究、《聊斋志异》研究、聊斋诗词研究、聊斋戏曲研究、聊斋戏曲影视评论、《醒世姻缘传》研究、国外聊斋遗韵、中国文言小说研究和书评等。读者对象为广大中外聊斋学专家学者及爱好者。

青海民族大学学报. 社会科学版 = Journal of Qinghai Nationalities University. Social Sciences/青海民族大学 . – 西宁:《青海民族大学学报》编辑部，1975 –

季刊　　　　　　　　大 16 开

ISSN 1674 – 9227　　　CN 63 – 1071

青海省西宁市八一中路 3 号（810007）

编辑部电话：0971 – 8804652

E-mail:qhmyxb@ 163. com

　　民族学类综合性学术期刊。曾用《青海民族学院学报. 社会科学版》。贯彻"百花齐放、百家争鸣"的方针，突出文化人类学与民族学特色，注重对青藏高原民族的研究，反映哲学社会科学各领域的最新研究成果。设有藏学研究、土族研究、伊斯兰文化研究、高原民族文化研究、青海地方史和民族史研究等栏目。读者对象为社会科学工作者、民族工作者、研究人员和民族院校师生。

青海民族研究 = Nationalities Research in Qinghai/青海民族大学民族学与社会学学院，青海民族大学民族研究所 . – 西宁:《青海民族研究》编辑部，1989 –

季刊　　　　　　　　大 16 开

ISSN 1005 – 5681　　　CN 63 – 1016

青海省西宁市八一中路 3 号（810007）

编辑部电话：0971 – 8804399

E-mail：qhmzyjbjb@ 163. com

　　民族研究类综合性学术期刊。注重基础性研究和地方特色，关注学术界的热点、难点问题和前沿理论，多角度展现青藏高原民族问题研究的最新成果。刊登有关民族学、人类学、宗教学、历史学、藏学等方面的研究论文和调查报告，特别注重对青藏高原诸世代居住民族历史和现状的研究。主要栏目有：人类学研究、民族学研究、民族历史研究、藏学研究、宗教学研究、民族文化研究、民族艺术研究、经济学研究、教育学研究。读者对象为从事民族研究和民族工作以及对民族问题有兴趣的人士、民族院校师生。

青海社会科学 = Qinghai Social Sciences/青海省社会科学院 . – 西宁：《青海社会科学》编辑部，1980 –

双月刊　　　　　　　　　大 16 开

ISSN 1001 – 2338　　　　CN 63 – 1001　　　56 – 18

青海省西宁市上滨河路 1 号 （810000）

编辑部电话：0971 – 8455791

E-mail：qhshkx@ 163. com

　　人文社会科学综合性学术刊物。办刊宗旨：遵循解放思想、实事求是、与时俱进的思想路线，坚持理论联系实际的原则，既重视基础理论、历史问题、全国性问题，更重视应用问题、现实问题、青海问题的研究，突出区域特色和民族特色。刊发论文涉及经济、政治、哲学、经济、青海研究、民主法制、民族宗教、社会文化、文学艺术、民俗与神话等方面。读者对象为社会科学工作者和爱好者。

青海师范大学学报. 哲学社会科学版 = Journal of Qinghai Normal University. Philosophy and Social Sciences Edition/青海师范大学 . – 西宁：《青海师范大学学报》编辑部，1960 –

双月刊　　　　　　　　　大 16 开

ISSN 1000 – 5102　　　　CN 63 – 1005　　　56 – 17

青海省西宁市五四西路 38 号 （810008）

编辑部电话：0971 – 6307647

E-mail：xuebao@ qhnu. edu. cn

　　人文社会科学综合性学术刊物。主要反映青海师范大学和全国各地的专家、学者的科研和教学成果，刊登哲学、政治、经济、历史、文学、艺术、教育和心理等学科的学术论文，尤为注重选载反映民族地区特色的研究成果，为教学科研和西部地区经济开发提供最新学术信息。主要栏目有：经济研究、哲学研究、法学研究、文化哲学、青藏高原文化、文学艺术、语言学研究、艺术学、教育心理、新闻出版、图书档案等。另辟有反映青海地域文化特色和地方经济发展等方面研究成果的专栏。读者对象为社会科学工作者和高校文科专业师生。

青年探索 = Youth Exploration/广州市穗港澳青少年研究所 . – 广州：广州市青年探索杂志社，1983 –

双月刊　　　　　　　　大 16 开

ISSN 1004 – 3780　　　CN 44 – 1022　　　46 – 162

广东省广州市天河区五山路 33 号青年探索杂志社（510635）

编辑部电话：020 – 87535276

E-mail：qntansuo@ 126. com

　　社会学类学术刊物。坚持学术理论研究和探讨青年社会实际问题的办刊宗旨和风格，打造观察青年、研究青年、反映青年问题的平台。设有港澳台青年研究、青年工作与政策研究、青年成长与发展研究、青年现象与问题研究、外国青年研究等栏目。读者对象主要是企事业单位、各级团组织、大中专院校的青年人及青年问题研究者。

青少年犯罪问题 = Issues on Juvenile Crimes and Delinquency/华东政法大学 . – 上海：青少年犯罪问题杂志社，1982 –

双月刊　　　　　　　　大 16 开

ISSN 1006 – 1509　　　CN 31 – 1193　　　4 – 678

上海市万航渡路 1575 号（200042）

编辑部电话：021 – 62071931

E-mail：fzwt@ chinajournal. net. cn

　　社会学类学术刊物。致力于及时反映国内外有关青少年犯罪、少年司法、青少年权益保护方面出现的新理论、新动向、新观点、新经验和新问题；努力深化和繁荣青少年犯罪学和青少年法学理论研究；从多学科角度研究探讨青少年犯罪问题，推动中国青少年法制建设。主要栏目有：海外犯罪学家、犯罪研究、理论研究、预测、预防、犯罪人研究、罪犯矫治、少年司法、社会治安综合治理、青少年保护、校园内外、心理诊治、案例分析、禁毒专题、域外借鉴、家庭审视等。读者对象为从事青少年犯罪学研究的专家学者、各级政法机关、各类学校和各事业单位、大中专院校学生，以及关心青少年犯罪和青少年保护问题的社会各界人士。

清华法学 = Tsinghua Law Journal/清华大学 . – 北京：《清华法学》编辑部，2007 –
双月刊　　　　　　　　　大 16 开
ISSN 1673 – 9280　　　　CN 11 – 5594　　　80 – 624
清华大学明理楼 523 室 （100084）
编辑部电话：010 – 62795936
E-mail：qhfx2007@ sina. com

　　法学研究专业刊物。刊物秉承清华大学"自强不息"、"厚德载物"的校训，以严谨、求实、自律为办刊宗旨，鼓励对于法学的原创性研究，尤其注重对于法律的法理探索和比较研究。载文重点反映中国法学研究的学科前沿问题，重视在法学内部各学科乃至整个法学学科中有关重大主题或具有重大价值和产生重大影响的研究，推崇精品之作，提倡研究方法与学术规范的国际化，努力推动中国法学研究形成"新主流"。主要栏目设有：专论、刑法学问题辑要、法律时评、外国法治研究、比较研究等。读者对象为大专院校法律系师生、科研工作者、立法者、司法者、律师以及法学研究爱好者。有英文目次和中文摘要。

情报杂志 = Journal of Intelligence/陕西省科学技术信息研究所 . – 西安：《情报杂志》编辑部，1982 –
月刊　　　　　　　　　　大 16 开
ISSN 1002 – 1965　　　　CN 61 – 1167　　　52 – 117
陕西省西安市雁塔路南段 99 号 （710054）
编辑部电话：029 – 85529749
E-mail：qbzz@ 263. net

　　情报科学理论研究学术刊物。办刊宗旨：坚持情报实践与情报理论并重，以独到、新颖和别具个性为特色，以培养新作者和服务于读者为天然职责，以内容丰富和形式多样为办刊风格，以服务于高校、科研院所等从事图书情报工作的科研工作者和信息爱好者为最终目的。辟有信息资源、信息服务、知识管理、信息技术、科技管理、评价研究和情报研究等栏目。读者对象为图书、情报、资料工作者。

人类学学报 = Acta Anthropologica Sinica/中国科学院古脊椎动物与古人类研究所 .
- 北京:《人类学学报》编辑委员会,1982 -
季刊　　　　　　　　　　16 开
ISSN 1000 - 3193　　　CN 11 - 1963　　　2 - 384
北京市西直门外大街 142 号 643 信箱 (100044)
编辑部电话: 010 - 88369241
E-mail:acta@ ivpp. ac. cn

　　人类学考古研究学术期刊。主要发表人类学、旧石器考古学和其他相关学科的学术论文、原始研究报告、发掘报告、综述文章以及简报、书刊评介和信息与动态等。主要设置"研究论文"和"消息与动态"两大栏目。内容包括:人类和灵长类的形态、生理、生态以及起源和进化的研究;有关古人类和旧石器考古遗址的发掘报告;古人类的生活环境和病理学的研究;旧石器时代人类文化、技术与行为的研究;生物人类学研究;应用人类学研究;与人类学研究有关的新技术和新方法的应用及其成果。读者对象为国内外研究机构、高等院校和博物馆等部门的专业人员。

日本问题研究 = Japanese Research/河北大学 . - 保定:河北大学期刊社,1964 -
季刊　　　　　　　　　　大 16 开
ISSN 1004 - 2458　　　CN 13 - 1025
河北省保定市五四东路 180 号 (071002)
编辑部电话: 0312 - 5977038
E-mail:rbwtyj@ 126. com

　　政治学类学术刊物。办刊宗旨:本着"百花齐放、百家争鸣"的方针,注重"洋为中用",尽量结合中国的实际需要研究日本,为改革开放做贡献。以报道国内研究日本问题的论文为主,主要刊载中国学者关于日本政治、经济、外交、社会、文化、历史等领域的研究成果。除报道中国学者的研究成果外,也少量刊登国外研究日本问题的重要论文和译文。栏目设置有:本期头条、教育评论、经济研究、学人论坛、文学评论、法学研究、史学纵横、管理研究、政法视野、特别推荐等。

日本研究 = Japan Studies/辽宁大学日本研究所. – 沈阳：日本研究杂志社，1972 –

季刊　　　　　　　　　　大 16 开

ISSN 1003 – 4048　　　　CN 21 – 1027

辽宁省沈阳市皇姑区崇山中路 66 号 （110036）

编辑部电话：024 – 62202254

E-mail:japanstudies1972@ 126. com

　　政治学类学术期刊。办刊宗旨：始终坚持为人民服务和为社会建设服务的办刊方向，紧紧围绕中国社会主义现代化建设的中心主题，突出学术性和现实并举的办刊特点；同时借鉴日本成功的经验，总结日本挫败的教训，为中国现代化建设服务。主要栏目有：名家专论、日本学者论坛、经济研究、政治与历史研究、中日关系研究、文学与文化研究、法律研究等。主要读者对象为学术界、科研界的科研人员和大专院校的学生。

山东师范大学学报. **人文社会科学版** = Journal of Shandong Normal University. Humanities and Social Sciences/山东师范大学. – 济南：《山东师范大学学报》编辑部，1956 –

双月刊　　　　　　　　　大 16 开

ISSN 1001 – 5973　　　　CN 37 – 1066

山东省济南市历下区文化东路 88 号 （250014）

编辑部电话：0531 – 86180064

E-mail:shanshixuebao@ 126. com

　　人文社会科学综合性学术刊物。办刊宗旨是坚持正确的舆论导向，注重学术质量，刊发能代表学科水平、反映学科研究前沿和研究热点，在学科研究中起到促进作用的文章。主要刊登文学、语言学、史学、教育及心理学、哲学、政治学等方面的论文，促进校内外学术交流。辟有文学研究、历史学研究、政治学研究、文化研究、哲学研究、法学研究、教育学·心理学研究、行政学研究、文艺学研究、中国当代文学等栏目。读者对象为社会科学研究工作者和高等学校师生。

山东体育学院学报 = Journal of Shandong Institute of Physical Education and Sports/山东体育学院. – 济南：《山东体育学院学报》编辑部，1985 –

双月刊　　　　　　　　　大 16 开

ISSN 1006 – 2076　　　　CN 37 – 1013　　　44 – 991

山东省济南市世纪大道 10600 号 （250102）

编辑部电话：0531 - 89655062

E-mail：xb@ sdpei. edu. cn

综合性体育科学学术期刊。以交流体育学术成果，促进体育教学、训练与科研工作，发展与繁荣体育科学为宗旨。载文侧重反映体育教学、训练与科研成果，刊发包括基础理论、运动技术及其相关学科、学校体育、教学研究与改革等方面的学术论文、研究成果。设有体育社会科学、体育生物科学、竞技前哨、运动技术·训练与比赛、学校体育等栏目。主要面向体育院系师生、体育科研人员、教练员及各级体育教师、体育管理人员等。

山东图书馆学刊 = The Library Journal of Shandong/山东省图书馆，山东省图书馆学会 . - 济南：《山东图书馆学刊》编辑部，1981 -

双月刊　　　　　　大 16 开

ISSN 1002 - 5197　　　CN 37 - 1467　　24 - 156

山东省济南市历城区二环东路 2912 号山东省图书馆 1058 室 （250100）

编辑部电话：0531 - 85590726

E-mail：sdlibjk@ vip. 163. com

图书馆学专业期刊。原名《山东图书馆季刊》。办刊宗旨是报道图书馆界的工作情况和学术活动，开展图书馆学的理论研究，交流工作经验，普及业务知识，以提高图书馆工作者的理论水平和业务技能，推动全省图书馆事业的建设与发展。载文内容涉及图书馆学、情报学、文献学的研究成果以及图书馆工作经验等。辟有学术论坛、学术与传承、工作方法研究、东方阅读书院、国外采风、图书馆现代技术、册府说苑、读者工作、信息组织、期刊管理与利用、特种文献工作、继续教育、图书馆现代技术等栏目。

山西财经大学学报 = Journal of Shanxi Finance and Economics University/山西财经大学 . - 太原：《山西财经大学学报》编辑部，1979 -

月刊　　　　　　大 16 开

ISSN 1007 - 9556　　　CN 14 - 1221　　22 - 9

山西省太原市坞城路 696 号 （030006）

编辑部电话：0351 - 7666806

E-mail：sxcdxb@ 263. net

经济类综合性学术期刊。坚持"百家争鸣、百花齐放"的办刊方针，立足山西，面向全国，及时反映经济理论研究的最新成果，捕捉经济理论研究的最新动态。主要版块栏目有：理论经济、西部开发论坛、宏观管理、工商管理、金融·投资、会计·审计·统计、产业经济、财务与会计、法律等。读者对象为财经院校师生，经济理论研究人员及商业、财政、银行、工商管理部门的干部和职工。

汕头大学学报. 人文社会科学版 = Journal of Shantou University. Humanities & Social Sciences Edition/汕头大学 . – 汕头：《汕头大学学报》编辑部，1985 –

双月刊   大 16 开

ISSN 1001 – 4225   CN 44 – 1058   46 – 16

广东省汕头市大学路 243 号（515063）

编辑部电话：0754 – 82903255

E-mail：lib@ stu. edu. cn

人文社会科学综合性学术刊物。办刊宗旨：反映汕头大学人文社会科学方面的研究和教学成果，也适量发表校外较高质量的稿件，开展校内外乃至国内外的人文社会科学学术交流，推动科研和教学的发展，为本校教学和科研的发展服务，为中国的社会主义精神文明服务。除文学·语言学、经济学·管理学、教育学·编辑学等栏目外，还设置了学术批评与争鸣、学术热点与前沿、海外华人研究、泛韩江文化研究等特色栏目。读者对象为大专院校师生、社会科学工作者和社会科学研究爱好者。

商丘师范学院学报 = Journal of Shangqiu Normal University/商丘师范学院 . – 商丘：《商丘师范学院学报》编辑部，1985 –

月刊   大 16 开

ISSN 1672 – 3600   CN 41 – 1303

河南省商丘市平原路 55 号（476000）

编辑部电话：0370 – 2586864

E-mail：sqsysk@ 126. com

文理合一的学术刊物。办刊宗旨：宣传科学的世界观和方法论，坚持求真、求新，以质取文，鼓励不同学术观点的论争，理论联系实际，为四化建设服务。社会科学方面主要发表哲学、文学、历史、经济、政治、法学等方面的理论研究文章。主要栏目有：哲学研究、商宋文化研究、文学研究、历史学研究、国际问题研究、政治学研究、经济学研究、法学研究、教育学研究、语言与艺术研究等。读者对象为师范大专院校师生、教育工作者、社会科学工作者。

上海翻译 = Shanghai Journal of Translators/上海市科技翻译学会 . – 上海：《上海翻译》编辑部，1986 –
季刊　　　　　　　　大 16 开
ISSN 1672 – 9358　　　CN 31 – 1937　　4 – 580
上海市延长路 149 号上海大学 33 信箱 （200072）
编辑部电话：021 – 28316080
E-mail：SHKF@ chinajournal. net. cn

　　翻译研究专业刊物。办刊宗旨：探讨翻译理论，传播译事知识；总结翻译经验，切磋方法技巧；侧重应用翻译；把握学术方向，推动翻译事业。主要刊登有关翻译学理论研究论文，翻译经验介绍方面的学术文章。主要栏目有：翻译理论、应用翻译、研究方法、学术争鸣、口译、文化与翻译、翻译教学、术语研究、词语译述、翻译史、翻译技术等。读者对象为翻译工作者，语言、外语研究人员，高校外语专业师生。

社会科学管理与评论 = Management and Review of Social Sciences/中国社会科学院科研局 . – 北京：《社会科学管理与评论》编辑部，1999 –
季刊　　　　　　　　16 开
ISSN 1674 – 0718　　　CN 11 – 3968　　80 – 180
北京市建国门内大街 5 号 （100732）
编辑部电话：010 – 85195079
E-mail：bjb – kyj@ cass. org. cn

　　社会科学管理理论刊物。以探索社会科学发展规律与开展学术评论为宗旨，主要刊登探索社会科学发展规律的论述，对科研管理实践经验的总结，对学术发展状况、学术著作以及已发表文章的评论，对国外社会科学前沿问题与管理经验的介绍等方面的文章。主要栏目有：本刊特稿、管理论坛、学术论坛、学术述评、读书品书、学科建设、院所建设、海外社科等。主要面向地方社科院、各大高校等科研院所的广大科研人员及科研管理人员。

社会科学论坛 = Tribune of Social Sciences/河北省社会科学界联合会. – 石家庄：社会科学论坛杂志社，1999 –

月刊   16 开
ISSN 1008 – 2026   CN 13 – 1229   18 – 80
河北省石家庄市裕华西路 67 号 （050051）
编辑部电话：0311 – 83035752
E-mail：shkxlt@ heinfo. net

　　人文社会科学综合性学术刊物。遵循"追踪学术前沿、推进学术规范、彰显学人道德、弘扬人文关怀"的办刊方针，以学术研究和学术评论为重点，以关注学术界重大问题、参与推进学术建设为目标。主要栏目有：学术论衡、学科新探、学术评论、学界人物、学人随笔、学者论坛、学术资讯、学界观察、书林评介、哲学·人文、政法·社会、经济·管理、文化·教育、文学·历史、读书·随笔。读者对象为大专院校师生和硕士以上的文科学生。

社科纵横 = Social Sciences Review/甘肃省社会科学界联合会. – 兰州：《社科纵横》编辑部，1989 –

月刊   大 16 开
ISSN 1007 – 9106   CN 62 – 1110
甘肃省兰州市皋兰路 20 号兴中大厦 1502 室 （730000）
编辑部电话：0931 – 8726025
E-mail：skzh2008@ 126. com

　　人文社会科学综合性学术刊物。办刊宗旨：坚持追踪时代大潮，面向社会实践，坚持理论联系实际，深入开展有中国特色社会主义理论和"三个代表"重要思想研究，为改革开放和四化建设服务。主要刊载政治经济学、管理学、法学、文学艺术、哲学、史学、文化传媒、语言学、教育学等学术文章。主要栏目有：理论探索与创新、经济管理与改革发展、西部大开发与甘肃经济发展、社会主义新农村建设、哲学与史学、法学与社会学探讨、文学与语言、社会学研究、教育与教学改革、图书馆学研究等。读者对象主要为社会科学工作者、大专院校师生。

生产力研究 = Productivity Research/中国生产力学会，山西省生产力学会. – 太原：生产力研究杂志社，1986 –

半月刊   16 开

ISSN 1004 – 2768　　　CN 14 – 1145　　22 – 102
山西省太原市水西关街 26 号（030002）
编辑部电话：0351 – 4063743

　　经济学学术刊物。中国生产力学会会刊。推崇严谨的学术风格和规范的学术期刊办刊模式。主要刊登研究经济理论、经济改革、发展重大问题方面的论文和学术动态的综述性文章。及时、权威地反映全国生产力经济理论与实践研究的最新动态和最新成果。主要栏目有：特稿、经济论坛、三农问题、产业论坛、企业管理、决策者、经济与教育、法制与经济、金融问题、会计与审计、咨询机构、学术动态综述等。读者对象为经济理论研究人员、经济管理人员及经济管理院校师生等。

石家庄经济学院学报 = Journal of Shijiazhuang University of Economics／石家庄经济学院 . – 石家庄：《石家庄经济学院学报》编辑部，1978 –

双月刊　　　　　　　　大 16 开
ISSN 1007 – 6875　　　CN 13 – 1217
河北省石家庄市槐安东路 136 号（050031）
编辑部电话：0311 – 87208093
E-mail：xbbjb@ sjzue. edu. cn

　　经济科学、管理科学的综合性学术刊物。贯彻为人民服务、为社会主义服务和"百花齐放、百家争鸣"的方针，侧重反映经济学科、管理学科等的教学科研成果，积极开展国内外学术交流，鼓励创新、开拓精神，从而促进教学科研不断发展，更好地为提高民族素质、促进经济发展和社会进步服务。主要刊登反映经济学、管理学等学科的科研成果及论文。主要栏目有：经济理论、环渤海经济、资源经济与环境经济、区域经济与城市经济、公共管理、企业管理、法学前沿、文史哲、高等教育等。主要读者对象为全国经济、财政、金融和企事业单位的领导干部、管理人员、专业科研人员以及大专院校师生。

世界华文文学论坛 = Forum for Chinese Literature of the World／江苏省社会科学院 . – 南京：《世界华文文学论坛》编辑部，1982 –

季刊　　　　　　　　16 开
ISSN 1008 – 0163　　　CN 32 – 1478　　28 – 261
江苏省南京市虎踞北路 12 号（210013）

编辑部电话：025 – 83724219

E-mail：sjhwwxlt@ periodicals. net. cn

世界华人文学研究专业刊物。办刊宗旨：起到促进海内外文化学术交流的纽带作用，成为展示世界华文文学最新研究成果的重要园地。主要刊载对世界范围内华人文学的评论和研究文章。主要栏目有：文学台独批判、台湾文学探讨、美华文学新论、新移民文学探讨、五彩论坛、武侠天地、名作解读、网络文学管窥、灯下品书等。读者对象为文学专业研究人员、文艺理论工作者、文学爱好者、高等院校中文专业师生。

税务与经济 = Taxation and Economy/吉林财经大学 . – 长春：《税务与经济》编辑部，1979 –

双月刊　　　　　　大 16 开

ISSN 1004 – 9339　　　CN 22 – 1210　　　12 – 58

吉林省长春市净月大街 3699 号 （130117）

编辑部电话：0431 – 84539187

E-mail：swyjjzz@ 163. com， swyjjtg@ 126. com

财经类学术理论刊物。其前身为《吉林财贸学院学报》，1992 年改为现刊名。办刊宗旨：促进学术发展，为社会主义经济建设服务。站在学术理论发展的最前沿，注重理论与实际相结合；坚持广阔的研究视角，独特的办刊风格，以及鲜明的栏目特色，为相关读者了解国内税收与经济理论研究和税收与经济学术动态提供重要窗口。主要发表财税类学术论文，重点探讨社会主义经济建设中的税收及经济理论问题。栏目设置有：经济纵横、税务研究、吉林经济、振兴东北、学科建设、书评等。读者对象为经济理论工作者和实际工作者、财经院校师生、经济部门管理人员和政府经济部门官员。

四川理工学院学报. 社会科学版 = Journal of Sichuan University of Science & Engineering (Social Sciences Edition) /四川理工学院 . – 自贡：《四川理工学院学报. 社会科学版》编辑部，1986 –

双月刊　　　　　　大 16 开

ISSN 1672 – 8580　　　CN 51 – 1676

四川省自贡市自流井区汇兴路学苑街 180 号 （643000）

编辑部电话：0813 – 5505932

E-mail：xbew@ 163. com

人文社会科学综合性学术刊物。曾用刊名《自贡师专学报》、《自贡师范高等专科学校学报》、《四川理工学院学报. 人文社科版》。该刊以科学理论为指导，以学术水平为标准，关注理论研究前沿，坚持服务于理论与实践、服务于哲学社会科学、服务于教学与科研，走特色发展之路。特色栏目有：社会发展与社会保障、中国盐文化研究、中国酒文化研究、教育发展与创新、编辑学与期刊学研究；其他栏目有：法学、政治与法律、翻译研究、政治与法律研究、经济与管理等。读者对象为人文社会科学工作者、大专院校文科师生及部分社会人士。有英文目次。

四川图书馆学报 = Journal of the Library Science Society of Sichuan/四川省图书馆学会 . – 成都：《四川图书馆学报》编辑部，1979 –
双月刊　　　　　　　　大 16 开
ISSN 1003 – 7136　　　CN 51 – 1073　　62 – 244
四川省成都市总府路 6 号四川省图书馆内（610016）
编辑部电话：028 – 86659544
E-mail：sclibxb@ 126. com

图书馆学情报学专业刊物。办刊宗旨：贯彻"双百"方针，发展社会主义图书情报事业，推动图书情报学、目录学、版本学、文献学等方面的学术研究，以及应用现代信息技术以提高图书馆服务档次，促进图书馆工作在"两个文明"建设中发挥积极作用。主要栏目有：探索与交流、理论与事业研究、现代技术、资源建设、读者工作、参考咨询、服务研究、院校图书馆、基层图书馆、文献研究和图情史苑等。读者对象为各类型图书馆、有关信息机构、广大图书馆学研究者及图书馆工作者。

四川文物 = Sichuan Cultural Relics/四川省文物局 . – 成都：《四川文物》编辑部，1984 –
双月刊　　　　　　　　大 16 开
ISSN 1003 – 6962　　　CN 51 – 1040　　62 – 143
四川省成都市人民南路 4 段 5 号（610041）
编辑部电话：028 – 85231150
E-mail：scwenwu@ 163. com

　　文物考古专业期刊。坚持学术性、知识性、资料性兼顾的办刊宗旨，积极宣传党的文物法和文物相关政策，交流信息和研究成果，传播文物知识，提高读者对文物的鉴赏水平，热忱为广大读者服务。主要栏目有：调查与发掘、探索与研究、线性文化遗产研究、古建研究与保护、科技考古、文博译林等。适合于专业工作者及文物考古收藏爱好者阅读。

台湾研究集刊 = Taiwan Research Journal/厦门大学台湾研究院．-厦门：《台湾研究集刊》编辑部，1983 -
双月刊　　　　　　　　大 16 开
ISSN 1002 - 1590　　　CN 35 - 1022
福建省厦门市厦门大学（361005）
编辑部电话：0592 - 2184721
E-mail：twrq@ xmu. edu. cn

　　台湾问题研究学术刊物。全国最早创办的专门研究台湾问题的期刊，在台湾研究领域有重要影响。办刊宗旨是贯彻党的对台方针和政策，发表研究台湾问题的学术成果，加强海内外学术交流，促进海峡两岸相互了解，为祖国统一事业服务。集中刊载有关台湾政治、经济、法律、历史、文学、宗教、社会、教育以及两岸关系等方面的研究论文、书刊评介、学术综述等，充分反映有关台湾问题的研究成果和发展状况，是涉台研究及相关工作人员的重要参考资料。

唐都学刊 = Tang Du Journal/西安文理学院．- 西安：《西安文理学院学报》编辑部，1985 -
双月刊　　　　　　　　大 16 开
ISSN 1001 - 0300　　　CN 61 - 1056
陕西省西安市太白南路 168 号（710065）
编辑部电话：029 - 88241039
E-mail：tdxk. xawl@ 163. com

　　人文社会科学综合性学术刊物。主要刊载具有领先水平的科研成果和具有开创性论点的学术论文，以促进学术交流，发现人才，为“两个文明”建设服务为办刊宗旨。载文内容涉及哲学、政治学、文学、历史学等领域，尤以周秦汉唐古都文化研究和陕西作家作品研究为特色。常设“汉唐研究”、“关学研究”专栏，并以古都西安为纵横研究的基准与核心点，尽量突出西安自古迄今的人文特色，辐射整个学术领域中各相关学科。读者对象为高等院校文科师生及海内外人文社会科学工作者。

天府新论 = Tian Fu New Idea/四川省社会科学界联合会 . – 成都：《天府新论》编辑部，1985 –

双月刊　　　　　　　　大 16 开

ISSN 1004 – 0633　　　CN 51 – 1035　　　62 – 248

四川省成都市大石西路科联街 19 号 （610071）

编辑部电话：028 – 82973512

E-mail：tianfuxinlun@ 163. com

　　人文社会科学综合性学术刊物。坚持"二为"方向，贯彻"双百"方针，鼓励创新之见，以繁荣和发展社会科学为宗旨。刊文内容形式多样，以学术性、创新性、探索性、综合性为其特色。既有涉及国内外经济、政治、法律、社会学、哲学、文化、文学、历史、科教等社会科学研究的论文，也有书刊评论、观点综述等文章。主要辟有政治研究、经济理论研究、经济体制改革探索、中外经济史、农业经济研究、四川经济研究、哲学研究、中国哲学史、科学社会主义、中国古代文学研究、现当代文学研究、历史研究、社会学研究等栏目。

天津大学学报. 社会科学版 = Journal of Tianjin University. Social Sciences/天津大学 . – 天津：《天津大学学报》编辑部，1999 –

双月刊　　　　　　　　大 16 开

ISSN 1008 – 4339　　　CN 12 – 1290　　　6 – 127

天津市南开区天津大学 （300072）

编辑部电话：022 – 27403448

E-mail：tdsk@ tju. edu. cn

　　人文社会科学综合性学术刊物。坚持立足本校、面向全国，努力为教育教学和科学研究服务，为国家经济建设和社会发展服务，为社会科学事业发展服务的办刊宗旨。主要栏目有：现代企业管理、应用经济与金融研究、科技与哲学、政治与历史、建筑与文化、中国民俗文化研究、法学、社会学、政治与历史和语言与文学等。读者对象为人文社会科学研究人员、高等院校文科师生。

天津商业大学学报 = Journal of Tianjin University of Commerce/天津商业大学 . - 天津:《天津商业大学学报》编辑部，1981 -

双月刊　　　　　　　　大 16 开
ISSN 1674 - 2362　　　　CN 12 - 1401　　　6 - 26
天津市津霸公路东口天津商业大学学报编辑部（法政楼 114 房间）（300134）
编辑部电话：022 - 26667507
E-mail：xb@ tjcu. edu. cn

　　文理合一的财经类（含文、理、工）综合性学术理论刊物。原名《天津商学院学报》。以关注学术性、前瞻性、实用性、创新性、权威性，注重理论探索，发现学术新人为办刊宗旨。人文社会科学领域主要发表有关现代商学与商业、产业政策与规则、产业发展、第三产业、区域经济、国际贸易、经济理论研究、财经论坛、流通论坛、企业经营与管理、商业 IT、电子商务、财政金融评论、品牌与市场策略、资本运营企业论坛、成本管理、财务管理、成本核算、税收改革、投资项目管理、商业视角、投资分析、人力资源、物流平台、经济与法等方面的研究成果。读者对象为各大专院校、科研单位、企事业单位科研人员等。

天津行政学院学报 = Journal of Tianjin Administration Institute/天津行政学院 . - 天津:《天津行政学院学报》编辑部，1999 -

双月刊　　　　　　　　大 16 开
ISSN 1008 - 7168　　　　CN 12 - 1284　　　6 - 131
天津市南开区育梁道 4 号 （300191）
编辑部电话：022 - 23679005
E-mail：tjxzxb@ 126. com

　　政治类学术刊物。以服务于政府行为的咨询与决策，服务于教学与科研为宗旨，重点研讨公共管理、国家公务员制度的理论与实践，改革开放中的重点、难点、热点问题。主要栏目设置有：中国特色社会主义理论、党的建设、哲学、政治理论、国际政治、中国政治、公共行政、环渤海区域发展、经济学、法学。主要读者对象为国家各级公务员、政策研究人员，党校和行政院校教研人员，高等院校、社会科学研究机构的教研人员，各界理论爱好者。

图书馆界 = Library World/广西图书馆学会，广西壮族自治区图书馆 . - 南宁:《图书馆界》编辑部，1980 -

双月刊　　　　　　　　大 16 开
ISSN 1005 – 6041　　　CN 45 – 1042
广西壮族自治区南宁市民族大道 61 号（530022）
编辑部电话：0771 – 5868138
E-mail：tsgjbjb@ 163. com

　　图书馆学情报学专业刊物。办刊宗旨：遵循"百花齐放、百家争鸣"的方针政策，反映图书馆界的理论和工作研究成果，活跃图书馆界的理论和工作研究、经验交流，为图书情报事业培养人才，促进图书馆事业的发展，为广大图书馆工作者搭建交流学术成果、传递工作信息的平台。载文侧重探讨图书馆理论、图书馆实际工作研究以及业界动态等。主要栏目有：理论探索、科研项目、古籍研究、综述论坛、工作研讨等。读者对象为图书馆理论研究者及图书馆工作人员。

图书馆理论与实践 = Library Theory and Practice/宁夏回族自治区图书馆学会，宁夏回族自治区图书馆 . – 银川：《图书馆理论与实践》编辑部，1979 –
月刊　　　　　　　　　大 16 开
ISSN 1005 – 8214　　　CN 64 – 1004　　　74 – 17
宁夏回族自治区银川市金凤区人民广场东街 8 号（750011）
编辑部电话：0951 – 5085019
E-mail：LSGL@ chinajournal. net. cn

　　图书馆学情报学专业刊物。曾用名《宁夏图书馆通讯》。坚持理论与实践并重的原则，以繁荣图书馆学研究，开发图书情报资源，培养新型图书馆为己任。长期关注理论前沿，时时追踪行业热点。鼓励学术争鸣，扶持新人新作。主要版块栏目有：当代图书馆人、综合评述、学术探讨·工作研究、西部大开发与图书馆、信息学·文献学、地方文献研究、编译文献、基层图书馆、经验交流和博览等。以广大图书情报工作者和图书馆学情报学专业师生为主要读者对象。

图书馆学刊 = Journal of Library Science/辽宁省图书馆学会，辽宁省图书馆 . – 沈阳：《图书馆学刊》编辑部，1979 –
月刊　　　　　　　　　大 16 开
ISSN 1002 – 1884　　　CN 21 – 1033　　　8 – 250
辽宁省沈阳市东陵区万柳塘路 111 号（110015）
编辑部电话：024 – 24822482

E-mail：tsgxk2012@ 163. com

　　图书馆学情报学专业刊物。注重图书馆学理论与实践的紧密结合，融学术性、知识性和实用性于一体，立足辽宁，面向基层，服务全国，很好地适应各级各类图书情报工作者实践、学习的需要。主要刊载图书馆学、目录学、情报学、文献学的学术论文和基础知识，交流各类型图书馆的工作经验。栏目设置有：学术论坛、管理纵横、信息组织、服务经纬、数字网络、文献考略、研究综述、基层图书馆、国外图书馆、图书馆史志等。主要读者对象是广大图书馆工作者和情报工作者。

外国问题研究 = Journal of Foreign Studies/东北师范大学 . – 长春：《外国问题研究》编辑部，1964 –

季刊　　　　　　　　　　16 开
ISSN 1674 – 6201　　　　CN 22 – 1398　　　12 – 398
吉林省长春市人民大街 5268 号 （130024）
编辑部电话：0431 – 85098761
E-mail：rbxlt@ nenu. edu. cn

　　综合性政治理论刊物。曾用刊名《日本学论坛》。主要发表关于世界各国，特别是日本、东北亚各国和地区的政治、经济、军事、哲学、历史、文学、文化、社会、教育和国际关系等方面的论文、思潮评介、考察报告、科研情报资料等，旨在为有关研究工作者提供一个学术交流的园地，同时加强同国外的学术交流。读者对象为外国问题科研工作者、教员及有关领导干部、机关和外贸工作人员。

外语研究 = Foreign Languages Research/中国人民解放军国际关系学院 . – 南京：《外语研究》编辑部，1984 –

双月刊　　　　　　　　　　大 16 开
ISSN 1005 – 7242　　　　CN 32 – 1001　　　28 – 279
江苏省南京市解放军国际关系学院《外语研究》编辑部 （210039）
编辑部电话：025 – 80838413
E-mail：waiyuyanjiu@ 163. com

　　外语研究专业刊物。办刊宗旨是：开展外语理论研究，交流翻译和外语教学研究方面的成果，评介外国语言文学理论，报道国内外外语研究和教学的动态，介绍外语名家，繁荣外语教育事业。刊载语言学、翻译、外语教学等方面的学术文章。主要栏目有：专栏、多模态话语分析、现代语言学研究、外语教学研究、翻译学研究、外国文学研究、书评等。读者对象为外语研究、语言研究专业人员、外语教学人员、运用外语从业人员和高校外语专业师生。

未来与发展 = Future and Development/中国未来研究会 . – 北京：《未来与发展》编辑部，1980 –

月刊	16 开
ISSN 1003 – 0166	CN 11 – 1627　　2 – 199

北京市海淀区学院南路 86 号 （100081）

编辑部电话：010 – 62103296

E-mail：weilai3296@ sina. com

　　未来学研究刊物。探讨和研究未来学与未来研究的理论和方法；介绍国内外未来研究学的成果，研究科技、经济、社会各领域的未来发展趋势；探讨中国四个现代化建设事业中遇到的未来问题，以及针对这些问题的科学预测研究和现实问题的对策研究；报道各行各业、各部门、各学科的新动向、新设想和未来发展趋势；反映最新的未来预测和发展战略研究成果及社会关注的热点问题，帮助人们及时了解国内外改革经验和新的管理方法及国内外技术、经济、贸易发展走势。主要栏目有：专家论坛、知识中国、教育与人才、发展研究、新农村建设、财经分析、热点透视、科学与技术、环球瞭望、未来预测。读者对象为人文社会科学研究人员、企事业单位的研究人员、大专院校相关专业师生等。

渭南师范学院学报 = Journal of Weinan Normal University/渭南师范学院 . – 渭南：《渭南师范学院学报》编辑部，1986 –

月刊	大 16 开
ISSN 1009 – 5128	CN 61 – 1372

陕西省渭南市渭南师范学院新校区 （714000）

编辑部电话：0913 – 2136915

E-mail：wnsyxb@ 126. com； wnsfxyxb@ 126. com

　　教育事业综合性学术刊物。曾用刊名《渭南师专学报》。办刊宗旨：始终坚持"激励教学风范、活跃学术氛围、服务基础教育、弘扬地方文史"的办刊思想，努力反映学院的教学、科研成果，促进院内外学术交流，为社会主义物质文明、精神文明和政治文明建设服务。主要栏目有：司马迁与《史记》研究、地方经济建设、地方文化、区域经济与特色产业、秦地文化研究、马克思主义与现实研究、青少年犯罪与心理健康研究、历史研究、语言研究、文学研究等。读者对象为教育工作者、从事社会科学研究的工作人员及大专院校师生等。有英文目录。

文化学刊 = Culture Journal/辽宁社会科学院 . - 沈阳：《文化学刊》编辑部，2006 -
双月刊　　　　　　　大 32 开
ISSN 1673 - 7725　　　CN 21 - 1545　　8 - 231
辽宁省沈阳市皇姑区泰山路 86 号 （110031）
编辑部电话：024 - 86113692
E-mail：whxkzz@ 126. com

　　文化研究类学术理论刊物。以继承弘扬传统优秀文化，探索导引现代先进文化，构建和谐人文社会为办刊主旨，以"创新、求是、争鸣、前沿"为办刊理念，以瞩目学术前沿创新、关注重大理论问题为办刊方略。常设栏目有：特稿、文化专题、社会文化史、民俗语言学、先进文化论坛、大学文化论坛、地域文化论坛、非物质文化遗产发掘保护、学术前沿与创新、学人·学林·百科探源与名物考据等，此外还辟有法律文化、市井文化、草根文化、文化哲学、著名学说流派及其代表人物等。该刊是唯一辟有文化副刊的人文社会科学学术期刊。读者对象为社会科学研究人员、高校师生、文化工作者等。有英文目次和中文摘要。

文史杂志 = Journal of Literature and History/四川省人民政府文史研究馆，四川省人民政府参事室 . - 成都：《文史杂志》编辑部，1985 -
双月刊　　　　　　　大 16 开
ISSN 1003 - 6903　　　CN 51 - 1050　　62 - 48
四川省成都市署袜中街 42 号 （610016）
编辑部电话：028 - 86729462
E-mail：wszzlmc@ 163. com

　　文史研究类综合性学术刊物。以弘扬中华民族优秀文化和传播世界文化精华为宗旨，面向具有中等文化程度以上的广大读者，以知识性为主，兼融学术性、思想性和趣味性。主要栏目有：史坛纵论、文化透视、人物春秋、艺术长廊、文苑漫步、论语说文、巴蜀文化、西部开发、文史杂谈、文史信息等。读者对象为人文社会科学研究人员及大专院校师生等。

文物春秋 = Stories of Relics/河北省文物局 . – 石家庄：文物春秋杂志社，1989 –
双月刊　　　　　　　16 开
ISSN 1003 – 6555　　　CN 13 – 1121
河北省石家庄市建华南大街 82 号（050031）
编辑部电话：0311 – 85367298
E-mail：wwcq@ chinajournal. net. cn；wwcqzzs@ 163. com

　　文物考古学专业性学术期刊。办刊宗旨：以辩证唯物主义和历史唯物主义为指导，及时反映河北省文物、考古、博物馆工作的新发现、新成果，推动和活跃河北省文博科学研究工作；立足河北，面向全国，扩大与国内外文物考古界的学术交流，为促进河北省文物事业的发展和提高专业队伍的素质做出贡献。主要版块栏目有：研究与探索、文博论坛、考古、博物馆介绍、古代建筑、文博简讯等。读者对象为文物、考古、博物馆工作者及文物爱好者。

文物世界 = World of Antiquity/山西省文物局 . – 太原：文物世界杂志社，1987 –
双月刊　　　　　　　大 16 开
ISSN 1009 – 1092　　　CN 14 – 1255　　　22 – 165
山西省太原市文庙巷 33 号（030001）
编辑部电话：0351 – 2021472
E-mail：wwsjzzs2008@ 163. com

　　文物考古类专业性学术期刊。办刊宗旨：弘扬传统文化，坚持大文物意识和全方位视觉，致力于学术性、知识性、可读性及艺术性的完美结合，兼顾学术性与通俗性；立足山西，面向全国，开展学术研究，发布文博信息，弘扬民族文化，传承人类文明，为繁荣和发展中国文物事业服务。主要栏目有：学术论坛、大视野、精品鉴赏、文物科保、文物鉴定、博物馆长廊等。读者对象为文物、考古、博物馆工作者及文物爱好者。

文献 = The Documentation/国家图书馆 . – 北京：《文献》杂志编辑部，1979 –
季刊　　　　　　　　大 32 开
ISSN 1000 – 0437　　　CN 11 – 1588　　　28 – 210
北京市海淀区中关村南大街 33 号（100081）

编辑部电话：010 - 88545591

E-mail：wenxian@ nlc. gov. cn

文献学研究专业性学术期刊。刊物内容以披露国家图书馆的丰富馆藏与其他公私家典藏的、国内新发现的、具有重要价值的各种古、近代文献资料及其研究成果为主。着重发表古典文学、史学、古文献学及训诂学、校勘学、目录学、版本学、辨伪学、辑佚学等研究论文，包括海外汉学研究方面的文章。主要栏目有：版本学研究、藏书与刻书、信函整理、敦煌吐鲁番文献研究、甲骨金石、批校题跋、题跋整理、文史新论、读书札记、中外文化交流。读者对象为文献学、版本学工作者，从事社会科学研究的工作人员及大专院校师生等。

文艺评论 = Literature and Art Criticism/黑龙江省文学艺术界联合会 . - 哈尔滨：《文艺评论》编辑部，1984 -

月刊　　　　　　　　16 开

ISSN 1003 - 5672　　　CN 23 - 1059　　　14 - 117

黑龙江省哈尔滨市香坊区文府街 6 - 1 号 （150040）

编辑部电话：0451 - 86037119

E-mail：wenyipinglun@ 163. com

文艺研究专业性学术刊物。办刊宗旨：以马克思主义文艺观为指导，坚持"双百"方针，追踪和研究当前的文艺创作和文艺理论研究的态势，研究黑龙江省文艺创作和理论研究的成就和不足，推动文艺创作和理论建设的健康发展。主要栏目有：理论前沿、思潮过眼、文艺沙龙、阐释与评说、世说新语、艺海风云、艺术研究、美术家、艺术广角、美术作品等。读者对象为文艺理论研究人员、艺术工作者和艺术院校专业师生。

武汉大学学报. 人文科学版 = Wuhan University Journal. Humanity Sciences/武汉大学 . - 武汉：《武汉大学人文社会科学学报》编辑部，1930 -

双月刊　　　　　　　　大 16 开

ISSN 1671 - 881X　　　CN 42 - 1662　　　38 - 340

湖北省武汉市珞珈山武汉大学 （430072）

编辑部电话：027 - 68754972

人文社会科学综合性学术刊物。以马克思主义、毛泽东思想、邓小平理论为指导，贯彻"双百"方针，大力宣传党的四项基本原则和改革开放的方针政策，繁荣学术事业，开展学术争鸣，促进国内外学术交流为办刊宗旨。主要刊登中外语言文学、历史学、哲学、新闻传播学、编辑学等学科的学术论文。辟有哲学、历史学、新闻传播学、教育学等固定栏目。读者对象为社会科学工作者及大专院校文科专业师生。

武汉理工大学学报. 社会科学版 = Journal of Wuhan University of Technology. Social Science Edition/武汉理工大学 . – 武汉：《武汉理工大学学报. 社会科学版》编辑部，1988 –

双月刊　　　　　　　　大 16 开
ISSN 1671 – 6477　　　CN 42 – 1660　　　38 – 74
湖北省武汉市武昌区和平大道 1178 号 50 号信箱（430063）
编辑部电话：027 – 86553823
E-mail：whxbsk@ 163. com

人文社会科学综合性学术刊物。办刊宗旨：弘扬优良学风，坚持学术至上，理论创新，展示人文社会科学最新成果，提供人文社会科学理论研究的最新信息，面向全国高等院校、科研院所及社会各界人文社会科学工作者办刊。刊登经济学、管理学、法学、党史党建、社会学、政治学、教育学、心理学、哲学、历史、文学、语言、文化、环境与工程艺术等人文与社会科学类的学科及其相关学科、边缘学科、交叉学科的新理论、新观点和新成果。特色栏目有：安全文化研究、科技文化与社会现代化、政治心理与政治发展、一家之言等。读者对象为从事人文社会科学的工作人员及大专院校师生等。

西安外国语大学学报 = Journal of Xi'an International Studies University/西安外国语大学 . – 西安：《西安外国语大学学报》编辑部，1993 –

季刊　　　　　　　　　大 16 开
ISSN 1673 – 9876　　　CN 61 – 1457　　　52 – 181
陕西省西安市长安南路 437 号（710061）
编辑部电话：029 – 85309400
E-mail：xuebao@ xisu. edu. cn

语言学类综合性学术刊物。原刊名《西安外国语学院学报》。办刊宗旨：以外语研究为主，兼顾人文社会科学问题探讨，坚持学报的高品位和学术性。主要栏目有：语言哲学研究、中外对比研究、语言学与语言研究、翻译理论与实践、外国文学评论、外语教学与研究等。读者对象为外语研究人员、翻译人员、外语教学人员和大专院校师生。

西安文理学院学报. 社会科学版 = Journal of Xi'an University of Art and Science. Social Sciences Edition/西安文理学院 . – 西安：《西安文理学院学报》编辑部，2005 –

双月刊　　　　　　　大 16 开
ISSN 1008 – 777X　　　CN 61 – 1440
陕西省西安市太白南路 168 号 （710065）
编辑部电话：029 – 88258532，029 – 88222403
E-mail：wlxbsk@ 126. com

　　人文社会科学综合性学术刊物。坚持繁荣科学文化，促进学术交流，发现和培养人才，为两个文明建设服务；坚持以学术为先导，以基础教育、继续教育为主体，以新思维、新视角为突破口作为办刊宗旨，为高等院校教师、社会科学研究者提供发表学术论文的平台。主要特色栏目有：西部继续教育研究、教育学研究、政法理论研究、历史地理研究、文学研究等。读者对象为高等院校、科研院所的社会科学研究人员、教师和学生。

西北民族大学学报. 哲学社会科学版 = Journal of Northwest University for Nationalities. Philosophy and Social Science/西北民族大学 . – 兰州：《西北民族大学学报》编辑部，1986 –

双月刊　　　　　　　大 16 开
ISSN 1001 – 5140　　　CN 62 – 1185
甘肃省兰州市西北新村 1 号 （730030）
E-mail：xbmz0931@ sina. com；xbmz@ xbmu. edu. cn

　　民族学类综合性学术期刊。办刊宗旨：以西北、民族为立足点，保持西北与西北少数民族的浓厚特色，开展民族学、宗教学以及西北各少数民族的经济、历史、语言、文学、艺术、教育为主要内容的学术讨论，为本校的教学与科研服务，为西北地区的两个文明建设服务。侧重刊载民族地区的历史、法律、经济、文化、文学、语言、宗教等领域的论文，特别关注少数民族地区的发展建设。主要栏目有：历史研究、民族理论·宗教、法律研究、经济研究、民俗·文化、语言·文字等。读者对象为民族工作者、民族学研究人员和民族院校师生。

西北农林科技大学学报. 社会科学版 = Journal of Northwest A&F University. Social Science Edition/西北农林科技大学 . – 杨凌：《西北农林科技大学学报. 社会科学版》编辑部，2001 –

双月刊　　　　　　　　大 16 开
ISSN 1009 – 9107　　　　CN 61 – 1376　　　52 – 254
陕西省杨凌西北农林科技大学北校区 34 信箱 （712100）
编辑部电话：029 – 87092606

农业经济类学术刊物。以邓小平理论、"三个代表"重要思想及科学发展观为指导，立足于国内外农业科学发展前沿，重点展示农业经济最新研究成果，坚持理论与实践结合，倡导学术争鸣和求实创新，为国家农业科学的繁荣和发展服务。主要栏目有：政治·哲学·法学、"三农"问题研究、农业经济与管理、农村社会学研究、语言·文学等，其中"三农"问题研究为该刊特色栏目。读者对象为高等院校师生、哲学社会科学研究工作者、教育界和管理界人士、金融和企业界人士等。有英文目次和中英文摘要。

西北人口 = Northwest Population Journal/甘肃省人口和计划生育委员会，兰州大学，甘肃省统计局，甘肃省人口学会 . – 兰州：兰州大学西北人口研究所《西北人口》编辑部，1980 –

双月刊　　　　　　　　大 16 开
ISSN 1007 – 0672　　　　CN 62 – 1019　　　54 – 68
甘肃省兰州市天水南路 222 号 （730000）
编辑部电话：0931 – 8912629
E-mail：xbrk@ lzu. edu. cn

人口理论学术期刊。坚持解放思想、百家争鸣、理论联系实际的方针，以发表新观点，发掘新课题，提供新知识，提倡有创见地探讨中国当前人口与社会经济可持续发展的热点问题为宗旨，力求反映改革开放过程中出现的新情况、新问题，以期对中国的人口控制具有真正具体的指导作用。主要栏目有：人口理论、人口与经济、流动人口、社会保障、民族人口、人口与社会、西北人口、历史人口、人口教育、计划生育、世界人口、人力资源、贫困研究等。读者对象为各级党政领导干部、人口研究工作者和基层计划生育工作者。

西伯利亚研究 = Siberian Studies/黑龙江省社会科学院 . – 哈尔滨：《西伯利亚研究》编辑部，1974 –

双月刊　　　　　　　　大 16 开

ISSN 1008 – 0961　　　CN 23 – 1051　　14 – 274

黑龙江省哈尔滨市道里区友谊路 501 号 （150018）

编辑部电话：0451 – 86497732

E-mail：XBLJ@ chinajournal. net. cn

　　西伯利亚研究专门刊物。办刊宗旨：站在俄罗斯问题研究前沿，努力反映最新基础研究和应用研究成果，鼓励创新，倡导争鸣，重视新人新作，促进国内外学术交流。主要栏目有：俄罗斯政治、经济、外交、历史、文化与教育、社会民族、人物、苏联研究、中俄关系、中俄经贸合作、学术报道等。读者对象为国际问题、俄罗斯问题研究人员，外事、外贸工作人员，高校国际政治、国际关系、国际贸易、世界经济、外交、俄语专业师生以及其他俄罗斯研究爱好者。

西藏民族学院学报. 哲学社会科学版 = Journal of Tibet Nationalities Institute. Philosophy and Social Sciences Edition/西藏民族学院 . – 咸阳：《西藏民族学院学报》编辑部，1980 –

双月刊　　　　　　　　大 16 开

ISSN 1003 – 8388　　　CN 54 – 5008

陕西省咸阳市西藏民族学院 （712082）

编辑部电话：029 – 33755470

E-mail：xzmyxb@ 163. com

　　民族学类综合性学术期刊。办刊宗旨是：积极宣传党的路线方针政策，传播文化知识和科学技术，弘扬民族优秀文化；依靠西藏民族学院院内外专家学者的支持，促进该院科研工作与教学改革的发展。刊物主要为教学、科研服务，突出藏学研究特色。刊登有关西藏藏族历史、藏族文学、民族学、宗教学等方面的研究论文。栏目设置有：藏学研究、藏文原典译著、藏区田野调查、国外藏学论著译介等。面向从事西藏研究的民族工作者、科研人员及民族院校师生。

西华师范大学学报. 哲学社会科学版 = Journal of China West Normal University. Philosophy & Social Sciences/西华师范大学 . – 南充：《西华师范大学学报》编辑部，1979 –

双月刊　　　　　　　　大 16 开

ISSN 1672 – 9684　　　　CN 51 – 1674　　　62 – 133
四川省南充市师大路 1 号（637009）
编辑部电话：0817 – 2568651
E-mail：xbwb@ cwnu. edu. cn

人文社会科学综合性学术刊物。坚持人文社会科学的正确导向，注重反映社科学术研究的最新成果，积极追踪社会学术热点和理论前沿，所刊论文具有科学性、创新性和实践性。主要刊载哲学、政治学、法学、经济学、文学、语言学、历史学、教育学等学科的学术论文。辟有地方历史文献与文化、历史学、政治与法律、语言文学、文学研究、教育学、艺术、出版等栏目。读者对象是从事社会科学研究的工作人员、大专院校师生和教育工作者等。

现代财经 = Modern Finance and Economics/天津财经大学 . – 天津：《现代财经》编辑部，1981 –

月刊　　　　　　　　　大 16 开
ISSN 1005 – 1007　　　CN 12 – 1387　　　6 – 143
天津市河西区珠江道 25 号（300222）
编辑部电话：022 – 88186194
E-mail：tjxdcj@ 126. com

财经类综合性学术刊物，原名《天津财经大学学报》。以登载介绍中国社会主义现代化建设中财经问题的理论探讨及应用研究方面的文章为主，同时也登载部分有关国外财经研究和经济史、经济思想史方面的文章，以反映财经专业的科研成果，促进学术交流，为财经教学和科研服务，为财经业务工作服务。主要栏目有：财政论坛、金融研究、经济问题研究、管理理论与实践、经贸研究、产业经济研究等。读者对象为经济理论研究工作者、经济管理部门领导干部、企业家、经济院校师生等。

现代城市研究 = Modern Urban Research/南京城市科学研究会 . – 南京：《现代城市研究》编辑部，1986 –

月刊　　　　　　　　　大 16 开
ISSN 1009 – 6000　　　CN 32 – 1612　　　28 – 275
江苏省南京市华侨路 37 号 29 楼（210029）
编辑部电话：025 – 84784510

E-mail：urbnrech@ 163. com

以城市为研究对象的综合性学术期刊。追求学术性、前沿性和前瞻性，注重理论联系实际，反映学术界和实际部门的新动态，刊载有创见的现代城市研究成果、述评、实例分析、文摘等，并注重长期与境外研究机构进行交流。设有规划与设计、历史保护与更新、土地与房地产、城市发展战略、生态与环境等多个栏目。读者对象为城市建设和城市管理部门的研究人员、技术人员、政府部门的管理人员、大专院校相关专业的师生，以及对城市规划、建设感兴趣的人员。

现代情报 = Modern Information／中国科技情报学会，吉林省科技信息研究所．- 长春：现代情报杂志社，1980 -

月刊　　　　　　　　大 16 开

ISSN 1008 - 0821　　　　CN 22 - 1182　　　12 - 124

吉林省长春市人民大街 4966 号 （130021）

编辑部电话：0431 - 85647990

E-mail：xdqb257@ vip. 163. com

情报学理论刊物。办刊宗旨：广泛宣传普及情报学知识和情报工作在经济建设和科学技术发展中的作用、价值与意义，增强全民族情报意识、情报观念；以学术性、知识性、实践性为特色，报道国内外情报学、图书馆学理论和实践研究的成果，为推动情报学、图书馆学事业的发展，为中国的信息化战略服务。主要栏目有：理论探索、信息资源开发与利用、信息咨询服务、信息技术与网络、图书馆管理与资源建设、信息计量学研究与应用、企业情报工作、业务研究、研究生园地、综述与述评等。读者对象为社会各界专家、学者及广大图书情报工作者。

心理学探新 = Psychological Exploration／江西师范大学．- 南昌：《心理学探新》编辑部，1980 -

双月刊　　　　　　　　大 16 开

ISSN 1003 - 5184　　　　CN 36 - 1228　　　44 - 108

江西省南昌市北京西路 437 号 （330027）

编辑部电话：0791 - 88120281

E-mail：tanxin0791@ sina. com

心理科学研究专业刊物。办刊宗旨为坚持理论和实践并重的原则，开展各应用领域的探索、创新和开发，推动中国心理学的繁荣和发展。刊登探讨心理科学各个方面研究成果的学术论文、调查报告。主要刊载儿童青少年心理学、教育心理学、心理学研究方法、文化取向心理学、应用研究等领域的学术论文。主要栏目有：理论心理学、推理与决策心理学、应用心理学、认知与学校心理学、人格与社会心理学等。读者对象为心理学专业研究人员、教育学科研人员、相关专业教师和学生等。

新疆大学学报. 哲学人文社会科学版 = Journal of Xinjiang University. Philosophy, Humanities & Social Sciences/新疆大学. - 乌鲁木齐：《新疆大学学报》编辑部，1973 -

双月刊　　　　　　大 16 开
ISSN 1000 - 2820　　　CN 65 - 1034　　58 - 12
新疆维吾尔自治区乌鲁木齐市胜利路 14 号（830046）
编辑部电话：0991 - 8585177
E-mail：xuebao@xju.edu.cn

　　人文社会科学综合性学术刊物。坚持为社会主义服务的政治方向，强调学术性、思想性和创新性，特别注重立足新疆，面向全国，既充分体现新疆大学和新疆的区域特色，又致力于促进学术的交流和繁荣。辟有经济学研究、公共管理研究、法学研究、西域史研究、民族学研究、中亚研究、文艺理论与美学研究、文学研究、文化研究、语言学研究等栏目。读者对象主要是社会科学工作者，文科大学教师和研究生、大学生以及广大社会科学的爱好者。

新世纪图书馆 = New Century Library/江苏省图书馆学会，南京图书馆. - 南京：《新世纪图书馆》编辑部，1980 -

月刊　　　　　　　大 16 开
ISSN 1672 - 514X　　　CN 32 - 1691　　28 - 214
江苏省南京市中山东路 189 号（210018）
编辑部电话：025 - 84356047
E-mail：jstsgxb@163.net

　　图书馆学情报学专业理论期刊。原名《江苏图书馆学报》，2003 年起改用现刊名。以立足江苏，面向全国，放眼世界，坚持弘扬学术、锐意改革、不断创新的方针，坚持繁荣学术研究，推进图书馆事业发展，发现培养专业人才为办刊宗旨。辟有学术论坛、业务研究、专题研究、网络天地、图书馆事业、基础图书馆、国外图林等栏目。读者对象为图书情报工作者、科研人员及高等院校师生。

新闻大学 = Journalism Quarterly/复旦大学 . – 上海:《新闻大学》编辑部,1981 –
双月刊　　　　　　　大 16 开
ISSN 1006 – 1460　　　CN 31 – 1157
上海市邯郸路 440 号复旦大学新闻学院内 (200433)
编辑部电话: 021 – 65643630
E-mail:xwdx@ fudan. edu. cn

　　新闻专业学术性刊物。以探讨新闻学理论、繁荣新闻学研究、交流新闻实践经验、普及新闻知识、培养新闻人才为宗旨。辟有新闻业务、新闻理论、新闻教育、媒介与文化研究、媒介经营管理、新媒体、经验交流、广播电视、公关与广告、传播学等栏目。面向新闻专业大专院校师生、新闻工作者和新闻爱好者。有英文目次。

信阳师范学院学报. 哲学社会科学版 = Journal of Xinyang Normal University. Philosophy and Social Sciences Edition/信阳师范学院 . – 信阳:《信阳师范学院学报》编辑部,1981 –
双月刊　　　　　　　大 16 开
ISSN 1003 – 0964　　　CN 41 – 1030　　　36 – 71
河南省信阳市 (464000)
编辑部电话: 0376 – 6393518
E-mail:xyxb2006@ 163. com

　　人文社会科学综合性学术刊物。办刊宗旨为坚持"百花齐放、百家争鸣"的方针,促进文化交流,繁荣学术研究,提高刊物质量,服务教学科研。辟有哲学研究、心理学研究、法学研究、社会学研究、政治学研究、思想政治教育研究、经济研究、信息与文化、语言学研究、文学研究、中国史研究、教育研究等栏目。读者对象为科学研究工作者和爱好者以及大专院校师生。

行政论坛 = Administrative Tribune/黑龙江省行政学院 . – 哈尔滨:《行政论坛》编辑部,1994 –
双月刊　　　　　　　大 16 开

ISSN 1005 – 460X　　　CN 23 – 1360　　14 – 258

黑龙江省哈尔滨市清滨路 74 号 （150080）

编辑部电话：0451 – 85951705

E-mail：xzlt160@ sina. com

政治类学术刊物。曾用名《管理与教学》。办刊宗旨：探索行政管理理论，研究行政管理规律，反映最新学术信息，纵论科学管理话题，为国家公务员培训和政府工作实际服务。坚持理论性和实践性的统一，关注公共管理科学和政府工作实际中的热点和难点问题，精选有关方面的具有学术价值和创新之处的科研成果。辟有政治学研究、行政学理论、行政改革、公共政策、行政与法、发展论坛、领导科学、公务员研究等栏目。读者对象为社会科学工作者、教育工作者、高校师生等。

行政与法 = Public Administration & Law/吉林省行政学院 . – 长春：《行政与法》编辑部，1984 –

月刊　　　　　　　　　大 16 开

ISSN 1007 – 8207　　　CN 22 – 1235　　12 – 154

吉林省长春市前进大街 1299 号 （130012）

编辑部电话：0451 – 85885485

政治类学术刊物。曾用名《政法丛刊》。以"坚持正确导向，追踪社会热点，探讨行政科学理论，关注法学研究"为办刊理念，把"为政府中心工作服务，为读者提供权威法律信息，为提高政府工作人员依法行政的技能和水平"作为办刊宗旨。探讨行政科学理论，关注法学研究，研究和探索行政管理与法律工作中的相关问题，讲究知识性、可读性，旨在提高政府工作人员依法行政的管理水平和技能，为党和政府的中心工作服务，为广大教师及科研人员提供展示科研成果的阵地。主要栏目有：公共管理理论、政府创新、政府与法制、社会管理、探索与争鸣、法学论坛、行政法研究等。读者对象为各党政机关工作人员、教育工作者、高校师生等。

学术探索 = Academic Exploration/云南省社会科学界联合会 . – 昆明：学术探索杂志社，1961 –

月刊　　　　　　　　　大 16 开

ISSN 1006 – 723X　　　CN 53 – 1148　　64 – 57

云南省昆明市二环西路 397 号（650106）

编辑部电话：0871 - 68317526

E-mail：xstsyn@ 163. com

人文社会科学综合性学术刊物。原名《云南学术探索》，1998 年改为现刊名。办刊宗旨：立足有云南特色的社科研究，反映全国学术研究重要成果，探索国内外前瞻性学科领域，评价当代重要社会科学著作，融知识性与学术理论性于一体，突出民族地方历史文化特色。主要栏目有：邓小平理论研究、党建理论研究、科学社会主义研究、经济学研究、政治学研究、文化研究、教育学研究、省情研究、哲学研究、法律研究、民族学研究、图书评价等。读者对象主要为社会科学工作者和高校师生。

烟台大学学报. 哲学社会科学版 = Journal of Yantai University. Philosophy and Social Sciences Edition/烟台大学 . – 烟台：《烟台大学学报》编辑部，1988 –

季刊 　　　　　　　　大 16 开

ISSN 1002 - 3194 　　　　CN 37 - 1104

山东省烟台市烟台大学（264005）

编辑部电话：0535 - 6902703

E-mail：WKXB@ ytu. edu. cn

人文社会科学综合性学术刊物。坚持"面向全国、面向世界"、"高水平、高质量"、"求新求实"的办刊原则，坚持人文社会科学的正确导向，注重涵括对学科领域研究有新见解、新方法和具有开拓性的论文，涉及哲学、政治、经济、法学、语言、文学、历史、文化、民族、社会学、心理学、逻辑学、管理学等社会学科及其他交叉学科。辟有哲学研究、侵权责任法研究、法学研究、文学研究、经济管理研究、民族关系研究、史学研究、语言学研究、经济与管理等栏目。读者对象为社会科学工作者和高校文科专业师生。

延安大学学报. 社会科学版 = Journal of Yanan University. Social Sciences Edition/延安大学 . – 延安：《延安大学学报》编辑部，1979 –

双月刊 　　　　　　　　大 16 开

ISSN 1004 - 9975 　　　　CN 61 - 1015 　　　52 - 70

陕西省延安市杨家岭（716000）

编辑部电话：0911 - 2332076

E-mail：YZXB@ chinajournal. net. cn

　　人文社会科学综合性学术刊物。以立足革命圣地延安为宗旨，以"红色延安"的独特历史文化和延安大学的学科优势为办刊特色，为有志于延安学研究的同仁搭建平台。主要刊登政、经、文、史、哲、教等方面的学术论文。常设栏目有：延安学研究、陕北历史文化研究、哲学研究、政治学研究、经济学研究、文学艺术研究、历史学研究、语言文化研究、教育学研究、传播与情报研究等。其中"延安学研究"、"陕北历史文化研究"为该刊特色栏目。读者对象为社会科学各学科理论研究工作者、各大专院校教师等。

延边大学学报. 社会科学版 = Journal of Yanbian University. Social Sciences Edition/延边大学 . – 延吉：《延边大学学报. 社会科学版》编辑部，1958 –

双月刊　　　　　　　　大 16 开

ISSN 1009 – 3311　　　　CN 22 – 1025　　　12 – 12

吉林省延吉市公园路 977 号 （133002）

编辑部电话：0433 – 2732197，2732238

E-mail：shekexb@ ybu. edu. cn

　　人文社会科学综合性学术刊物。办刊宗旨：坚持社会效益第一的原则，努力传播社会主义先进文化，努力形成自己的品牌与特色，连续、集中、全面地反映高校教学科研成果，开展国内外学术交流，促进学科建设和学术人才的成长。辟有马克思主义中国化、哲学研究、学术争鸣与综述、东北亚问题研究、朝鲜·韩国研究、政治与公共管理学研究、民族教育文化研究、语言学研究、经济管理、法学、历史等栏目。读者对象为社会科学工作者及大专院校文科专业师生。

扬州大学学报. 人文社会科学版 = Journal of Yangzhou University. Humanities and Social Sciences Edition/扬州大学 . – 扬州：《扬州大学学报》编辑部，1997 –

双月刊　　　　　　　　大 16 开

ISSN 1007 – 7030　　　　CN 32 – 1465　　　28 – 47

江苏省扬州市大学南路 88 号 （225009）

编辑部电话：0514 – 87991380

E-mail：xuebaorw@ yzu. edu. cn

　　人文社会科学综合性学术刊物。坚持"高起点、高质量、高品位"的办刊理念，注重选题，努力反映人文社会科学最新研究成果；注重现实，积极为区域经济建设服务；体现特色，弘扬历史文化名城优势。坚持学术性，强化理论性；坚持时代性，强化功能性；坚持现实性，强化特色性，致力于实现学报的精品化。主要栏目有：马克思主义哲学、经济学、法学、政治学、社会学、语言学、文学、艺术学、历史学等，并开辟了邓小平理论研究、苏中地区经济社会发展研究和扬州文化研究等特色专栏。读者对象为社会科学研究人员和大专院校师生等。

殷都学刊 = Yindu Journal/安阳师范学院 . – 安阳：《殷都学刊》编辑部，1980 –
季刊　　　　　　　大 16 开
ISSN 1001 – 0238　　　CN 41 – 1032
河南省安阳市黄河大道东段 （455000）
编辑部电话：0372 – 2900111
E-mail：ydxk@ aynu. edu. cn

人文社会科学综合性学术刊物。原名《安阳师专学报》，1984 年启用现刊名。刊物紧紧抓住地处殷商故地、甲骨文发源地这一得天独厚的优势，开辟了"殷商文化研究"专栏，刊发了大量甲骨学、殷商史、商代考古等研究领域的学术文章，不少甲骨学、殷商文化名家也在该刊上发表论文。刊物已被中国香港、台湾地区以及韩国、日本、美国等大学图书馆、教授书房、书店所收藏。主要栏目有：殷商文化研究、易学研究、传统文化研究、甲骨学研究、历史研究、殷商史研究、文学研究、夏商周考古、语言研究、元代文化研究等。其中"殷商文化研究"栏目特色鲜明，2012 年入选教育部第二批哲学社会科学名栏建设工程。读者对象为社会科学研究人员和大专院校师生等。

应用心理学 = Chinese Journal of Applied Psychology/浙江省心理学会，浙江大学 .
– 杭州：《应用心理学》编辑部，1980 –
季刊　　　　　　　大 16 开
ISSN 1006 – 6020　　　CN 33 – 1012
浙江省杭州市天目山路 148 号浙江大学西溪校区 （310028）
编辑部电话：0571 – 88273352
E-mail：appliedpsy@ css. zju. edu. cn

应用心理学研究专业刊物。原名《外国心理学》，1985 年开始改为现刊名。办刊宗旨：以一流的文章，反映中国心理学的研究、应用水平。发表中国心理学最新最高水平的心理学科技论文。主要辟有研究报告与论文、研究方法、应用心理、问题讨论和学术动态等栏目。读者对象为从事心理学、工程、生物学、医学、教育学及哲学的科技工作者、大专院校师生及其他有关人员。

语文研究 = Linguistic Research/山西省社会科学院 . – 太原：《语文研究》编辑部，1980 –

季刊　　　　　　　　　大 16 开
ISSN 1000 – 2979　　　　CN 14 – 1059　　22 – 7
山西省太原市并州南路 116 号山西省社会科学院语言研究所 （030006）
编辑部电话：0351 – 5691862
E-mail：ywyjbjb@ 126. com

　　语言研究专业刊物。办刊宗旨：贯彻执行国家语言文字工作的方针政策，为繁荣发展中国的语言科学、为 "四化" 建设做出贡献。主要刊登语言学、语义学、声韵学等语言学理论及汉语语音、词汇、语法研究、词汇、文字、语文教学、修辞等方面的研究成果，兼及对山西方言、晋语区方言的研究。读者对象为语言研究专业人员、高等院校相关专业师生及语文教学人员。

语言文字应用 = Applied Linguistics/国家教育部语言文字应用研究所 . – 北京：《语言文字应用》编辑部，1992 –

季刊　　　　　　　　　16 开
ISSN 1003 – 5397　　　　CN 11 – 2888　　82 – 576
北京市东城区朝内南小街 51 号 （100010）
编辑部电话：010 – 65130351
E-mail：yywzyy@ 126. com

　　汉语语言文字学学术性刊物。以宣传国家语言文字工作的方针政策，研究语言文字的规范化、标准化，开展对语言文字的信息处理，发表语言文字应用研究学术成果，努力促进语言文字应用学科的发展为宗旨。主要栏目有：中文信息处理研究、语用研究、语言测试研究、应用语言学、社会语言学、媒体语言学、词汇应用研究、语言规范研究等。读者对象为语言文字研究与教学工作者、各级语委的工作人员及文秘工作者。有英文目次和摘要。

阅江学刊 = Yuejiang Academic Journal/南京信息工程大学 . – 南京：《阅江学刊》编辑部，2009 –

双月刊　　　　　　　大 16 开
ISSN 1674 – 7089　　　CN 32 – 1802　　28 – 406
江苏省南京市宁六路 219 号（210044）
编辑部电话：025 – 58731054
E-mail：yjxk@ nuist. edu. cn

　　人文社会科学综合性学术刊物。坚持"高起点、高质量、高品位"的办刊目标，以全球视野和多学科视角，聚焦哲学社会科学学术前沿动态，重点反映哲学、社会学、政治学、管理学、经济学、教育学、文学、历史学等人文社会科学领域"观点新、信息新、角度新、资料新、方法新"的理论成果。主要栏目有：本刊特稿、闽江论坛、专题研究、探索与争鸣、气象与人类社会、教育评论、六朝今论、语言文学艺术研究、审美文化研究、新闻与出版、制造业研究等。读者主要为国内外的人文社会科学工作者、研究人员以及高等院校人文社科教师、研究生等。

云梦学刊 = Journal of Yunmeng/湖南理工学院 . – 岳阳：《云梦学刊》编辑部，1980 –

双月刊　　　　　　　大 16 开
ISSN 1006 – 6365　　　CN 43 – 1240　　42 – 136
湖南省岳阳市学院路湖南理工学院（414006）
编辑部电话：0730 – 8640910
E-mail：ymxk0730@ 163. com

　　人文社会科学综合性学术刊物。办刊宗旨：始终把握正确的政治方向，注重刊物的学术水平和社会影响，发文强调时代性、学术性和探索性。主要刊载人文社会科学学术论文，面向大中专院校、学术研究机构、图书馆、文化部门的读者。主要版块栏目有：屈原研究、哲学政治经济研究、历史文化研究、美学文学艺术研究、教育学研究、英语教学与研究、新闻出版研究、书评等。特色栏目有"当代学术史研究"和"屈原研究"。读者对象为人文社会科学工作者及大专院校师生。

云南财经大学学报 = Journal of Yunnan University of Finance and Economics/云南财经大学 . – 昆明：《云南财经大学学报》编辑部，1985 –

双月刊	大 16 开

ISSN 1674 – 4543   CN 53 – 1209   64 – 78

云南省昆明市龙泉路 237 号（650221）

编辑部电话：0871 – 65192375

E-mail：yncdxb@126.com

    财经类学术理论期刊。刊物立足云南，面向全国，关注当代社会经济生活中的重大理论问题和现实问题，重视文章的原创性和指导性。旨在促进该校教学与科研的发展，为振兴云南经济服务。内容以经济学科为主，重点刊载具有较高理论水平和学术价值的财经类学术论文、述评。辟有本刊特稿、专家论坛、理论与实践、金融视野、财务与会计、国际贸易、区域经济、农村经济等栏目。读者对象为经济理论研究人员与实践工作者、财经部门的领导者与管理人员和高校相关专业师生。

云南行政学院学报 = The Journal of Yunnan Administration College/云南行政学院 . – 昆明：《云南行政学院学报》编辑部，1999 –

双月刊	大 16 开

ISSN 1671 – 0681   CN 53 – 1134   64 – 73

云南省昆明市西山区杨家村云南行政学院（650111）

编辑部电话：0871 – 68426263

E-mail：ynxzxyxb@163.com

    政治类学术刊物。国内较早兴办的行政学院学报。宗旨是关注和研究国内政治学、行政学前沿问题。其学术特色建构体现为：立足于中国西南多元少数民族政治和行政历史资源，注重民族政治与行政问题研究、面对南亚次大陆地区和东南亚地区进行地缘政治与经济的国际战略研究、侧重探询中国西部地域性政治和行政问题。辟有民族政治与行政、政治学研究、公共行政、行政与法、国际战略研究、西部开发、社会·人文、经济问题、基层组织建设、公务员制度建设等栏目。读者对象为行政管理研究人员、社会科学工作者和大专院校文科师生。

浙江工商大学学报 = Journal of Zhejiang Gongshang University/浙江工商大学 . – 杭州：《浙江工商大学学报》编辑部，1987 –

月刊	大 16 开

ISSN 1009 – 1505　　　　CN 33 – 1337
浙江省杭州市下沙高教园区学正街 18 号（310018）
编辑部电话：0571 – 28877504
E-mail：xuebao@ mail. zjgsu. edu. cn

　　人文社会科学综合性学术刊物。曾用刊名《浙江省政法管理干部学院学报》、《杭州商学院学报》。学报坚持以质量、特色求生存，以社会效益求发展的办刊思路。栏目设置有：本期特稿、政治哲学历史、经济与管理、法学、语言文学艺术、高等教育研究、管理学研究、专题、书评等。读者对象为社会科学工作者、高校文科师生等。有英文目次和摘要。

浙江树人大学学报 = Journal of Zhejiang Shuren University/浙江树人大学 . – 杭州：《浙江树人大学学报》编辑部，2001 –
双月刊　　　　　　　　大 16 开
ISSN 1671 – 2714　　　CN 33 – 1261　　　32 – 120
浙江省杭州市舟山东路 19 号（310015）
编辑部电话：0571 – 88297179
E-mail：zsdxb@ vip. sina. com

　　人文社会科学综合性学术刊物。刊物遵循党的教育方针，根据民办高等学校的性质和任务，交流学术研究成果和教育教学改革经验，提高师资水平和教学质量。学报以"民办高等教育"栏目（入选教育部狄文平哲学社会科学名栏建设工程）为重点，以"服务经济"、"民营经济"栏目为特色，同时开设区域经济、管理经济、语言与文化、社会工作、茶文化、艺术与设计、教育改革与教学管理、思政与法律等栏目。读者为国内外社会科学研究领域的专家学者和高校师生。

政法论丛 = Journal of Political Science and Law/山东政法学院 . – 济南：《政法论丛》编辑部，1985 –
双月刊　　　　　　　　大 16 开
ISSN 1002 – 6274　　　CN 37 – 1016　　　46 – 111
山东省济南市解放东路 63 号（250014）
编辑部电话：0531 – 88599868
E-mail：sdzflc@ 163. com

法学理论刊物。提倡学术民主，繁荣法学研究，为教学、科研和司法实践服务，为民主和法制建设服务是其办刊宗旨。刊文内容以法学基础理论为龙头，以理论联系实际、着重解决政法实践中的新矛盾、新问题的应用理论文章为主体，兼顾其他社会科学文章。主要辟有法学理论、司法实践、新法评释、综合治理、庭辩艺术、案例分析、法律文书、教学研究、国外法学等栏目。读者对象为政法院校师生，政法界理论工作者、实际工作者和法律爱好者。

中共福建省委党校学报 = Journal of Fujian Party School/中共福建省委党校 . - 福州：《中共福建省委党校学报》编辑部，1978 -
月刊 　　　　　　　　大 16 开
ISSN 1008 - 4088 　　　　CN 35 - 1198
福建省福州市柳河路 61 号（350001）
编辑部电话：0591 - 83799092
E-mail:3799092@ fjdx. gov. cn

政治类学术刊物。曾用名《理论学习月刊》，1998 年更为现名。坚持以马克思列宁主义、毛泽东思想和邓小平理论为指导，倡导实事求是、理论联系实际的学风，贯彻"百家争鸣"的方针，注重发表哲学社会科学基础理论研究、应用理论研究以及新兴边缘交叉学科和跨学科综合研究的最新成果。开设的重点栏目有：马克思主义与当代、政治与公共行政、经济与社会、调查与研究、文史论苑等。读者对象是理论工作者和各级党政干部。

中共杭州市委党校学报 = Journal of the Party School of CPC Hangzhou/中共杭州市委党校，杭州行政学院 . - 杭州：《中共杭州市委党校学报》编辑部，2000 -
双月刊 　　　　　　　　大 16 开
ISSN 　　　　　　　　　CN 33 - 1243
浙江省杭州市西湖区科海路 288 号（310024）
编辑部电话：0571 - 87326198

政治类综合性学术期刊。以马克思列宁主义、毛泽东思想、邓小平理论、"三个代表"重要思想和科学发展观为指导，以紧密结合改革实践，发表高质量的研究成果，鼓励和提倡对现实问题和理论问题进行大胆探索和争鸣为办刊宗旨，坚持解放思想、实事求是的思想路线和"百花齐放、百家争鸣"的方针，立足于实践，深层次地研究改革开放和社会主义现代化建设进程中的政治、经济、社会、文化等方面的理论和现实问题。主要栏目有：本刊特稿、政党建设、哲学研究、研究综述、社会学研究、科学发展观、经济研究、公共行政、钱塘视野、城乡一体化等。读者对象为党政工作者、社会科学工作者、高校师生、机关干部及社会人士。有英文目次和中文摘要。

中共宁波市委党校学报 = Journal of The Party School of CPC Ningbo Municipal Committee/中共宁波市委党校，宁波市行政学院，宁波市社会主义学院 . – 宁波：《中共宁波市委党校学报》编辑部，1979 –

双月刊　　　　　　　　大 16 开
ISSN 1008 – 4479　　　CN 33 – 1228
浙江省宁波市甬水桥路 281 号 （315012）
编辑部电话：0574 – 87082030，87082077
E-mail：zglb@ chinajournal. net. cn

　　政治类学术刊物。曾用名《学习与研究》、《宁波党校》、《宁波党政论坛》，1998 年起改用现刊名。坚持"面向全国学界、服务本校科研、珍爱专家真知、更喜后俊创见"的办刊理念，突出对中国特色社会主义理论体系和对宁波社会、经济、文化发展以及对党的建设理论的研究，推介理论研究的新成果和探求宁波发展新思路。设有马克思主义在当代、政治学、社会学、公共行政、哲学研究、经济问题研究、党的建设、宁波发展论坛、妇女与社会、浙东学术与中国哲学、宁波文史等栏目。其中"马克思主义在当代"、"政治学"、"社会学"、"公共行政"是重点栏目，"浙东学术与中国哲学"是特色栏目。读者对象为国内党校（行政学院）、高校、社科院的专家学者及科研教研机构、宁波市各级党政领导干部和领导机关相关人员。

中共山西省委党校学报 = Academic Journal of Shanxi Provincial Committee Party School of C. P. C/中共山西省委党校，山西行政学院 . – 太原：《中共山西省委党校学报》编辑部，1978 –

双月刊　　　　　　　　大 16 开
ISSN 1009 – 1203　　　CN 14 – 1237
山西省太原市学府街 96 号 （030006）
编辑部电话：0351 – 7985580
E-mail：swds@ chinajournal. net. cn

　　政治类学术刊物。曾用名《教学参考》。坚持以马克思列宁主义、毛泽东思想、邓小平理论及"三个代表"重要思想为指导，深入贯彻落实科学发展观，以理论旗帜鲜明、思想观点严谨、学术见解新颖为特点，宣传党的基本路线、方针、政策，为各级领导决策服务，为党校教学、科研服务，促进党校教育事业的发展。辟有转型跨越发展论坛、科学社会主义、党史党建、经济与社会发展、行政与法、观察与思考及教学与研究栏目。读者对象为国内党校（行政学院）、高校、社科院的专家学者及科研教研机构、山西省各级党政领导干部和领导机关相关人士。

中共天津市委党校学报 = Journal of the Party School of Tianjin Committee of the CPC/中共天津市委党校 . – 天津：《中共天津市委党校学报》编辑部，1999 –

双月刊　　　　　　　大 16 开

ISSN 1008 – 410X　　　CN 12 – 1285　　　6 – 272

天津市南开区育梁道 4 号　（300191）

编辑部电话：022 – 23679027

E-mail：tjdxxb@ sina. com

　　政治类学术刊物。坚持立足天津，面向全国，成为交流与探索学术思想的园地的办刊原则。重点刊登马克思主义基础理论研究的最新研究成果，反映改革开放和现代化建设与实践问题的前沿性学术论文，探讨当代国际经济、政治、科技和社会思潮的优秀文稿，具有实用价值和决策参考价值的调研报告，首次披露的历史文献资料，以及有关天津改革开放特色的文章。主要栏目有：马克思主义研究、马克思主义哲学与现代化、社会主义理论与实践、社会主义民主政治建设、经济体制改革与经济建设、新时期党的建设、公共行政与管理、文化研究。读者对象为全国高等学校、科研及科教人员，各级党政机关、企事业单位的广大专家学者、工程技术人员、硕士博士研究生、管理人员等。

中共云南省委党校学报 = Journal of CPC Yunnan Provincial Committee School/中共云南省委党校 . – 昆明：《中共云南省委党校学报》编辑部，2000 –

双月刊　　　　　　　大 16 开

ISSN 1671 – 2994　　　CN 53 – 1159

云南省昆明市西山区杨家村 52 号　（650111）

编辑部电话：0871 – 68426271

E-mail:yndxxb2002@ sina. com

政治类学术刊物。本着立足云南,面向全国和"百花齐放、百家争鸣"的方针,着重反映有关建设有中国特色社会主义基本理论与现实问题研究的新成果,同时,不断开展各种社会科学重要问题的学术探讨,力图把有较高学术价值的成果奉献给读者。辟有马克思主义研究、毛泽东思想研究、中国特色社会主义理论体系研究、党的建设研究、经济问题研究、云南发展研究、社会问题研究、法学研究、党校教育研究、政治问题研究等栏目。其中"中国特色社会主义理论体系研究"、"党的建设研究"、"经济问题研究"、"云南发展研究"和"政治问题研究"是重点栏目。该刊主要面向全国学术理论界、党校系统、高等院校、社会科学研究院所、军事院校的哲学社会科学工作者,党政部门的研究人员及其他有理论兴趣的人士。

中共浙江省委党校学报 = Journal of Zhejiang Provincial Party School/中共浙江省委党校,浙江行政学院 . – 杭州:《中共浙江省委党校学报》编辑部,1985 –
双月刊　　　　　　　大 16 开
ISSN 1007 – 9092　　　CN 33 – 1010　　　32 – 90
浙江省杭州市文一西路 1000 号 (311121)
编辑部电话:0571 – 89085064
E-mail:zjdxxb@ 126. com

政治类学术刊物。办刊宗旨:以马列主义、毛泽东思想、邓小平理论为指导,关注改革发展前沿问题和重大理论与现实问题,为各级领导决策服务,为党校教学、科研服务,促进党校教育事业的发展。辟有专论、改革热点聚焦、公共行政研究、社会学研究、浙江现象与浙江经验、国家社科基金成果选登、哲学研究、政治学与行政学研究、经济学研究等栏目。读者对象为党校系统科研人员、社会科学工作者以及大专院校文科师生。

中国版权 = China Copyright/中国版权保护中心 . – 北京:中国版权保护中心中国版权杂志社,1991 –
双月刊　　　　　　　大 16 开
ISSN 1671 – 4717　　　CN 11 – 4780　　　80 – 309
北京市东城区安定门东大街 28 号雍和大厦西楼 3 层 (100007)
编辑部电话: 010 – 68003904

E-mail：cncpr@ 126. com

　　版权研究学术刊物。原刊名《著作权》。办刊宗旨：从版权角度向社会公众和大众传媒传递版权信息，宣传版权法律知识，推动版权学术研究和理论探索，交流版权工作经验，服务和促进版权产业发展。主要栏目有：本刊特稿、热点话题、人物访谈、立法建议、案例分析、理论探索、环球瞭望、产业报告等。读者对象为党政机关工作人员、法律工作者、研究人员、大专院校师生等。

中国典籍与文化 = Chinese Classics & Culture/全国高等院校古籍整理研究工作委员会 . – 北京：《中国典籍与文化》编辑部，1992 –

季刊　　　　　　　　　大 16 开

ISSN 1004 – 3241　　　　CN 11 – 2992　　　28 – 210

北京市北京大学哲学楼 328 号 （100871）

编辑部电话：010 – 62751189

E-mail：ccc@ pku. edu. cn

　　历史类专业性学术刊物。注重对重要研究课题的进展状况、学术前沿信息和国内研究成果的客观评述。以六个基本版块展示其学术成果：文化论坛版块，运用专论、散论、杂文等形式，从传统文化视角关注现实文化热点，进行理论阐述；文史新探版块，刊载有深度、有创见的考据性短文；文献天地版块，着眼珍稀文献的探幽抉微、传统文献的新意发掘；文化广角版块，透过具体细微的古代文化事象多角度审视传统文化；学界纪事版块，刊载相关学人的师友交往，学术活动，治学心得；域外汉学版块，借鉴海外汉学研究的经验和成果，开阔研究视野。读者对象为社会科学工作者、中华传统文化研究人员、大专院校师生等。

中国发展 = China Development/中国致公党中央委员会 . – 北京：中国发展杂志社，2001 –

季刊　　　　　　　　　大 16 开

ISSN 1671 – 2404　　　　CN 11 – 4683

北京市西城区德胜门东滨河路 11 号 （100120）

编辑部电话：010 – 51550921

E-mail：zgfz@ 263. net. cn

　　中国经济发展问题研究的学术期刊。办刊宗旨：坚持科学发展观，致力于报道以人为本，全面、协调、可持续发展的研究成果与实践；坚持抓好"发展"这个第一要务，关注中国经济与社科发展的热点问题；着力围绕调整经济结构和转变增长方式、加强资源节约和环境保护、推动改革和自主创新、促进社会发展和解决民生问题等主题，为推动经济社会发展切实转入科学发展的轨道，实现国民经济又好又快的发展贡献力量。栏目设有：可持续发展、经济与金融、农业与乡村、区域与城市、视点与建言等。读者对象为国家公务员、大专院校学者和科研单位专家及企业界人士。

中国广播电视学刊 = China Radio & TV Academic Journal/中国广播电视协会 . – 北京：《中国广播电视学刊》编辑部，1987 –
月刊　　　　　　　　大 16 开
ISSN 1002 – 8552　　　CN 11 – 1746
北京市复兴门外大街 2 号 （100866）
编辑部电话：010 – 86093458
E-mail：gdxk3458@ 163. com

　　新闻与传播类专业理论期刊。以反映中国广播电视领域的理论研究成果，开展业务研究，探讨广播电视业的改革和发展问题，介绍高新技术在广播电视领域中的运用情况为办刊宗旨。辟有广电观察、局台长论坛、专论、个案研究、讨论与思考、新媒体·新理念、电视剧研究、媒介素养、专题讲座、地方台论坛、交流之窗、业界动态、信息·数字、媒体扫描·观点等栏目。读者对象为广播电视工作者、研究人员和广播电视专业、新闻专业的师生。

中国国家博物馆馆刊 = Journal of National Museum of China/中国国家博物馆 . – 北京：《中国国家博物馆馆刊》编辑部，1979 –
月刊　　　　　　　　大 16 开
ISSN 2095 – 1639　　　CN 10 – 1005
北京市东长安街 16 号中国国家博物馆 （100006）
编辑部电话：010 – 65119503
E-mail：guankan@ chnmuseum. cn

　　考古学专业资料性、学术性期刊。原名《中国历史博物馆馆刊》。办刊宗旨：坚持"百家争鸣"的科学精神，提倡严谨求实的治学风气；注重反映国内外中国古代史、考古、文物、博物馆研究的最新成果；促进国内外文博、考古、史学界的学术研究、学术交流及友好往来。刊登关于中国古代史、近代史、古代中外关系及中国民族学、考古学、博物馆学、文物等方面的研究论文和资料，介绍文物鉴定方法以及馆藏品。主要栏目有：古代史与文物研究、近代史与文物研究、馆藏文物研究、艺术史研究、考古学研究、藏品研究与欣赏、展览评论与资讯、博物馆学、文物科技等。读者对象为文博、考古单位的研究人员及高校相关专业师生。

中国监狱学刊 = China Prison Journal／中央司法警官学院． – 保定：《中国监狱学刊》编辑部，1986 –

双月刊　　　　　　　　大 16 开
ISSN　　　　　　　　　CN 13 – 1201
河北省保定市七一中路 103 号（071000）
编辑部电话：0312 – 5910081
E-mail：jianyuxuekan@ vip. sina. com

　　监狱学专业理论期刊。原名《劳改劳教理论研究》，1995 年更改为现刊名。以监狱专业学术理论研究为主，以监狱学基础理论和监狱改革发展实践中的重大现实课题为重点，为监狱工作实践、监狱学研究和监狱警官教育培训提供服务。主要栏目有：新世纪中国监狱发展战略、监狱学理论的创新与拓展、基础理论、刑事法律研究、犯罪学理论研究、刑事执行改革与立法、监狱长论坛、管理改造、教育改造、心理矫治、罪犯劳动与监狱生产经营、警官队伍建设、监狱科研、中国监狱史、外国监狱制度与学说、社区矫正研究等。读者对象为公、检、法、司各级干部，社会学研究人员及政法院校师生。

中国井冈山干部学院学报 = Journal of China Executive Leadership Academy Jinggangshan／中国井冈山干部学院． – 井冈山：《中国井冈山干部学院学报》编辑部，2005 –

双月　　　　　　　　　大 16 开
ISSN 1674 – 0599　　　CN 36 – 1295
江西省井冈山市茨坪红军路（343600）
编辑部电话：0796 – 6568690
E-mail：zjyxb01@ 163. com

　　综合性政治理论刊物。以弘扬革命传统、探索执政规律、关注社会实践、追踪理论前沿为特色，以提高领导干部素质和能力为中心，以刊载理论研究文章和对策性报告为主，为研究和宣传中国特色社会主义理论、中共党史党建和井冈山精神搭建学术平台，为领导干部成长与发展服务，为干部教育培训创新服务。栏目设置有：中国特色社会主义理论体系研究、中共党史研究、学员论坛、领导学研究、井冈山革命根据地与中央苏区研究、国情研究、高端论坛、干部教育培训研究、党建研究等。读者对象为党政领导干部、高校师生、学术工作者。有英文目次和摘要。

中国科技翻译 = Chinese Science & Technology Translators Journal/中国科学院科技翻译工作者协会 . – 北京：《中国科技翻译》编辑部，1988 –

季刊　　　　　　　　　16 开
ISSN 1002 – 0489　　　CN 11 – 2771　　　82 – 586
北京市西城区三里河路 52 号 （100864）
编辑部电话：010 – 68597754
E-mail：jyzhang@ cashq. ac. cn

翻译研究专业刊物。办刊宗旨：为探索科技翻译理论与技巧，注重和服务于科技翻译的学科建设，总结传播科技翻译经验，介绍国内外译事活动，提高中国科技翻译人员的业务水平。刊登有关翻译学理论研究论文、科技翻译经验介绍方面的交流文章。主要栏目有：科技翻译研究、口译、网络翻译、经贸翻译、翻译教学、译海论坛、图书评介、译史钩沉、人才培养等。读者对象为翻译工作者，语言、外语研究人员，外语专业高校师生。

中国科技史杂志 = The Chinese Journal for the History of Science and Technology/中国科学技术史学会，中国科学院自然科学史研究所 . – 北京：《中国科技史杂志》编辑部，1980 –

季刊　　　　　　　　　16 开
ISSN 1673 – 1441　　　CN 11 – 5254　　　82 – 323
北京市海淀区中关村东路 55 号 （100190）
编辑部电话：010 – 64041249
E-mail：shiliao@ 263. net

科学史、技术史史料学术期刊。原名《中国科技史料》。主要刊载中国各历史时期科技发展的第一手史料，特别是近代珍贵的科技文献的实录、科学家自传、回忆录和访谈录等；中国科技史综述；著名科学家、发明家、经验教训、创业史片断、主要著述、有意义的趣闻轶事等；某一学科或某一重要科技创立和发展过程；重要科技社团和科研机构的沿革；科技教育组织、科技人才的培养与科学技术交流，先进技术的引进、改进和创新，科学思想的传播和吸收等；科技书刊出版史；中国科技史资料的考证等。栏目设置有：专栏、研究、资料、口述科技史等。读者对象为从事中国科技研究的专业人员、史学工作者、大专院校的师生和广大科技爱好者。

中国劳动关系学院学报 = Journal of China Institute of Industrial Relations／中国劳动关系学院．－北京：《中国劳动关系学院学报》编辑部，1987 –

双月刊　　　　　　　　大 16 开

ISSN 1673 – 2375　　　CN 11 – 5360

北京市海淀区增光路 45 号 （100048）

编辑部电话：010 – 88561986

E-mail：xb@ ciir. edu. cn

　　工会工作研究专业刊物。原名《工会理论与实践》。坚持社会主义办刊方向，遵循党的"双百"方针和理论联系实际的原则，为建设中国特色社会主义现代化事业服务，为探索社会主义市场经济条件下的工会工作服务。主要栏目有：劳动关系研究、劳动法研究、工会工作研究、劳动就业研究、民主管理研究、职工文体研究、产业工会工作研究、农民工文体研究、大视野、他山之石等。读者对象为全国工会院校师生、工会工作者以及与工运理论和实践有关的党政干部、教学与科研人员。

中国钱币 = China Numismatics／中国钱币博物馆，中国钱币学会．－北京：《中国钱币》编辑部，1983 –

季刊　　　　　　　　　16 开

ISSN 1001 – 8638　　　CN 11 – 1266　　　82 – 31

北京市西城区西交民巷 17 号 （100031）

编辑部电话：010 – 66053042

E-mail：zhongqian2009@ sina. com

　　钱币学类专业学术刊物。坚持在刊物中反映中国钱币研究的新成果、新发现，在继承发扬钱币学传统研究的基础上，努力开拓新的领域，加强钱币研究的科学性，并在内容安排上考虑钱币知识的普及、宣传工作，提高一般读者的品味和水平，以推进中国钱币学、货币史的研究，为海内外钱币研究者、爱好者提供交流学术成果和信息、传播钱币知识的园地。载文内容注重学术性、资料性、知识性，以中国钱币为主，涉及古今中外钱币学和货币史等方面。栏目设有：钱币学论坛、货币史研究、钱币精华、出土与发现、银行与纸币、人民币、革命根据地货币、外国钱币、钱币专题讲座等。读者对象为海内外钱币研究者和爱好者。

中国人力资源开发 = Human Resource Development of China／中国人力资源开发研究会 . – 北京：中国人力资源开发杂志社，1987 –

半月刊　　　　　　　　大 16 开
ISSN 1004 – 4124　　　CN 11 – 2822　　　82 – 846
北京市西城区百万庄子区 38 号 （100037）
编辑部电话：010 – 88363163
E-mail：tg@ hrdchina. org

　　人力资源研究专业理论刊物。按照与时俱进的要求，从宏观、中观和微观等不同层面介绍人力资源开发与管理的最新理论研究成果，阐述人力资本、薪酬激励、绩效考核、人才培育、组织文化等方面的新理念、新方法与新发现。载文注重理论性、时效性和可操作性。主要栏目有：本期特稿、理论研究、政策分析、本期专题、案例研究、开发技术、劳动关系、企业论坛、社会调查、资讯广场等。读者对象为劳动经济与人力资源领域研究人员、政府机构人力资源管理人员、企业人力资源经理人、大专院校文科师生。

中国人民公安大学学报. 社会科学版 = Journal of Chinese People's Public Security University（Social Sciences Edition）／中国人民公安大学 . – 北京：《中国人民公安大学学报》编辑部，1985 –

双月刊　　　　　　　　16 开
ISSN 1672 – 2140　　　CN 11 – 4976　　　82 – 399
北京市西城区木樨地南里 （100038）
编辑部电话：010 – 83903269
E-mail：gadx@ chinajournal. net. cn

　　研究警察科学的综合性理论刊物。原名《公安大学学报》、《中国人民公安大学学报》。坚持以马列主义、毛泽东思想、邓小平理论为办刊指导思想；始终坚持为警察教育、科研和警务建设服务的办刊宗旨。推崇理论联系实际的办刊精神，倡导"百花齐放、百家争鸣"的学术风尚，以传播最新警察科研成果、繁荣发展警察科学研究为己任。主要刊登公安学、法学、犯罪学、语言文学等方面的论文。主要栏目有：治安研究、侦查研究、公安管理、犯罪研究、法学研究、刑诉法修改专论等。读者对象为公安干警及公安、政法系统院校师生和政治理论研究人员，公安、政法系统工作人员。

中国史研究动态 = Trends of Recent Researches on the History of China/中国社会科学院历史研究所 . – 北京：《中国史研究动态》编辑部，1979 –
双月刊　　　　　　　16 开
ISSN 1002 – 7971　　　CN 11 – 1040　　2 – 533
北京市建国门内大街 5 号（100732）
编辑部电话：010 – 85195838
E-mail：lssdongtai@ 163. com

　　历史专业学术性刊物。以发表本学科专业研究的综述性文章为主，包括中国古代史研究各分支学科的年度综述、专题综述、海外汉学研究状况介绍、每年学术会议介绍、名家名作介绍、书评、书讯等，为国内从事中国古代史研究的学者提供了很好的信息交流平台，为大陆学人了解海外相关学科的研究情况起到了桥梁作用，同时也成为海外学者了解中国大陆地区古代史研究状况的重要渠道。主要栏目有：学术动态、专论、海外汉学、会议、书评与书讯等，其中"海外汉学"为特色栏目。读者对象为从事中国古代史研究的学者和历史爱好者。

中国统计 = China Statistics/中国统计出版社 . – 北京：中国统计杂志社，1953 –
月刊　　　　　　　　大 16 开
ISSN 1002 – 4557　　　CN 11 – 2448　　2 – 841
北京市西城区月坛南街 57 号（100826）
编辑部电话：010 – 63376876，63376882，63376931
E-mail：cbsqk2@ gj. stats. cn

　　统计学专业刊物。创刊名为《统计工作通讯》，后几经更名，一度停刊、复刊，多次改版扩版。办刊宗旨：宣传党和国家有关统计工作的重要方针、政策，探讨统计理论问题，反映当代中国经济和社会生活中的重点和热点问题。注重追踪中国统计实践，宣传中国统计发展，反映统计人员心声，展示中国统计风貌，关注全球统计的时移事易，推动中国统计与时俱进。主要栏目有：特稿、统计方略、统计人、热点坊、来自基层、专栏、统计科普、见解、随笔园、最新数据等。读者对象为从事统计工作的人员、统计教学人员、科研人员等。

中国卫生经济 = Chinese Health Economics/中国卫生经济学会，卫生部卫生发展研究中心 . – 哈尔滨：《中国卫生经济》编辑部，1982 –

月刊　　　　　　　　大 16 开

ISSN 1003 – 0743　　　CN 23 – 1042　　14 – 97

黑龙江省哈尔滨市香坊区香顺街 41 号 （150036）

编辑部电话：0451 – 87253040

E-mail：che1982@ vip. 163. com

　　经济学类专业学术期刊。原刊名《卫生经济》。办刊宗旨：研究社会主义卫生经济学理论，探索卫生经济客观规律，普及和提高卫生经济学知识，交流卫生经济管理和实践经验，理论联系实际，积极为卫生改革和发展服务，为各阶层卫生经济工作者提供业务指导和工作实践总结提供交流平台。栏目设置：转载、卫生筹资、医疗保障、政策研究、合作医疗、农村卫生服务、社区卫生服务、卫生服务调查、健康投资效益、疾病经济负担、药物经济、医院经济运营、管理与评价、财务管理、成本核算、会计与审计、借鉴等。读者对象为医药卫生行政部门及相关行政部门领导干部，医药卫生事业单位管理者，高等院校、科研机构的相关教学与研究人员，基层卫生经济工作者。

中国文化研究 = Chinese Culture Research/北京语言大学 . – 北京：《中国文化研究》编辑部，1993 –

季刊　　　　　　　　16 开

ISSN 1005 – 3247　　　CN 11 – 3306　　82 – 639

北京市海淀区学院路 15 号 （100083）

编辑部电话：010 – 82303701

E-mail：zgwhyj@ 163. com

　　文化研究学术理论期刊。反映中国传统文化及文化史研究方面的学术成果，追求学术上的开拓与创新，重视传统文化的介绍与传播。辟有学术争鸣、学人研究、学术考辨、思想史研究、史学研究、歌诗研究、满族文学研究、文化漫谈、汉学研究、中国文化论坛、百年文化思潮、哲学研究、名家序跋、当代学人、文化名人研究、文化与艺术等栏目。读者对象为从事人文科学、文化教学与研究的专家、学者、教师、大学生及汉学家。有英文目次。

中国文学研究 = Research of Chinese Literature/湖南师范大学 . – 长沙：《中国文学研究》编辑部，1985 –

季刊　　　　　　　　大 16 开

ISSN 1003 – 7535　　　CN 43 – 1084　　　42 – 154

湖南省长沙市湖南师范大学文学院（410081）

编辑部电话：0731 – 8872051

E-mail：zgwxyj@163.com

　　文学研究专业刊物。办刊宗旨：坚持四项基本原则，贯彻"双百"方针，提倡理论联系实际，为一切勇于探索文学理论研究工作者创造一块学术自由争鸣的园地。刊载有关中国古代、近现代、当代文学研究的论文、资料、考证等。主要栏目有：理论纵横、麓山书评、理论研究、华语文学、古代文论、当代评论、比较文学、文学批评、海外汉学等。读者对象为文学研究人员、文学爱好者、高等院校文学专业师生。

中国韵文学刊 = Journal of China Verse Studies/中国韵文学会，湘潭大学 . – 湘潭：《中国韵文学刊》编辑部，1987 –

季刊　　　　　　　　大 16 开

ISSN 1006 – 2491　　　CN 43 – 1014　　　42 – 293

湖南省湘潭大学（411105）

编辑部电话：0731 – 58292497

E-mail：yunwenxuekan@163.com

　　语言学类韵文研究专业刊物。办刊宗旨：以繁荣中华学术、弘扬中华文化为宗旨，探讨中国韵文的特点和发展演变的规律，研究诗赋词曲等中国韵文的作家与作品，并酌登少量现代和当代的韵文创作，促进时代学术繁荣，弘扬华夏精神。刊载有关诗词研究、文学、艺术理论方面的学术文章。主要栏目有：耆旧遗音、专题考辨、中国诗体词体起源发生研究、现代旧体诗词研究、夏承焘研究、曲学专题、会议综述、书评、时代新声、词学专题、赋学专题、诗学专题等。读者对象为韵文研究工作者、诗词爱好者和文科院校师生。有英文目次。

中国资产评估 = Appraisal Journal of China/中国资产评估协会 . - 北京：《中国资产评估》编辑部，1996 -

月刊　　　　　　　　　大 16 开
ISSN 1007 - 0265　　　CN 11 - 3768
北京市海淀区阜成路甲 28 号新知大厦 17 层 （100142）
编辑部电话：010 - 88191781
E-mail：edit@ cas. org. cn

　　资产评估领域专业刊物。办刊宗旨：宣传党和国家关于资产评估行业的各项方针、政策和管理措施，开展资产评估理论与方法的研讨，提高评估工作者的执业技能和道德修养，促进中国资产评估事业发展。主要栏目有：工作研究、准则品读、专题报道、理论探讨、企业价值评估、无形资产评估、国际交流、新闻眼、行业建设、高端论坛、评估之音等。读者对象为评估业界内外的专家、从业者、对评估业有兴趣的人士。有英文目录。

中华女子学院学报 = Journal of China Women's University/中华女子学院 . - 北京：《中华女子学院学报》编辑部，1989 -

双月刊　　　　　　　　大 16 开
ISSN 1007 - 3698　　　CN 11 - 3809　　　82 - 252
北京市朝阳区育慧东路 1 号 （100101）
编辑部电话：010 - 84659045
E-mail：znxy@ chinajournal. net. cn

　　妇女理论研究刊物。曾用名《中国妇女管理干部学院学报》，1995 年 8 月随学校更名而改为现刊名。以坚持"双百"方针，立足学院科研和妇女教育，关注妇女研究最新理论动态，反映并刊登研究妇女问题的研究成果，突出女性特色为办刊宗旨。以质量求生存，以特色求发展，及时刊发妇女研究领域最新的科研成果。主要栏目有：本刊特稿、妇女理论研究、妇女教育、女性与法律、女性与社会、国外妇女研究论坛、女性文学研究、妇女史等。读者对象为全国妇联各级领导干部、女性学和妇女问题研究人员及广大妇女。有英文目录。

中华文化论坛 = Forum on Chinese Culture/四川省社会科学院 . - 成都：《中华文化论坛》编辑部，1994 -

季刊　　　　　　　　　大 16 开

ISSN 1008 – 0139　　　CN 51 – 1504　　　62 – 52
四川省成都市一环路西一段 155 号科研楼 A605 室（610071）
编辑部电话：028 – 87022598
E-mail：zhwhlt@126. com

　　文化研究学术理论刊物。坚持以马列主义、毛泽东思想、邓小平理论和"三个代表"重要思想为指导，以弘扬中华优秀文化，光大民族传统美德，繁荣社会科学研究，促进社会文明进步为办刊宗旨。主要栏目有：传统文化、民族文化、国学研究、巴蜀文化、文化软实力、文化竞争力、文化创意产业、非物质文化遗产、文化创新、中西文化比较等。读者对象为广大文、史、哲学爱好者。

中南财经政法大学学报 = Journal of Zhongnan University of Economics and Law/中南财经政法大学 . – 武汉：《中南财经政法大学学报》编辑部，1958 –
双月刊　　　　　　　大 16 开
ISSN 1003 – 5230　　　CN 42 – 1663　　　38 – 25
湖北省武汉市东湖高新技术开发区南湖大道 182 号（430073）
编辑部电话：027 – 88386132
E-mail：cdxbbjb@126. com

　　财政类学术理论刊物。曾用名《中南财经大学学报》。以积极研究改革开放的新情况，深入探索社会主义市场经济的新进展，真实反映现实经济生活中的重大理论和实践问题为办刊宗旨。着重发表经济理论、应用经济研究的新成果，反映财经科学、人文科学研究的新发展、新观点的学术论文。栏目设置有：理论广角、双月经济观察、税收研究、审计·会计、财务会计、企业管理、财政·金融、产业经济、农业经济等。读者对象为经济学科和相关学科的研究人员、经济工作者、财经院校师生等。

重庆工商大学学报. 社会科学版 = Journal of Chongqing Technology and Business University. Social Sciences Edition/重庆工商大学 . – 重庆：《重庆工商大学学报. 社会科学版》编辑部，1983 –
双月刊　　　　　　　大 16 开
ISSN 1672 – 0598　　　CN 50 – 1154　　　78 – 113
重庆市南岸区学府大道 19 号（400067）
编辑部电话：023 – 62769249

E-mail:xb@ ctbu. edu. cn

　　人文社会科学综合性学术刊物。原名《渝州大学学报. 社会科学版》。2003 年改为现刊名。办刊宗旨:以邓小平理论和"三个代表"重要思想为指导,深入贯彻落实科学发展观,坚持"二为"方向和"双百"方针,立足重庆,服务西部,面向全国,为全国广大学者、经济工作者提供学习、交流的阵地,弘扬马列主义、毛泽东思想和邓小平理论,发展社会主义经济理论。主要栏目有:中国特色社会主义理论研究、经济理论与实践、管理论丛、经济思想史研究、社会学研究、社会发展研究、法学研究、长江传媒论坛、文学与文化研究、语言学研究、社会工作研究、历史研究、哲学与美学研究、教育研究等。读者对象是从事社会科学研究的工作人员。

重庆社会科学 = Chongqing Social Sciences/重庆社会科学院 . – 重庆:《重庆社会科学》编辑部,1983 –
月刊　　　　　　　　大 16 开
ISSN 1673 – 0186　　　CN 50 – 1168　　　78 – 143
重庆市江北区桥北村 270 号 (400020)
编辑部电话: 023 – 86856490
E-mail:cqsk2008@ vip. 163. com

　　人文社会科学综合性学术期刊。以"全国视野、重庆个性"为办刊理念,重点研究社会科学领域中的前沿问题、难点问题、热点问题。载文内容注重新颖性、原创性,突出新理论、新视角、新架构、新观点等特点。设有中国特色社会主义理论、统筹城乡、西部经济、社会与人口、法治论坛、新闻传播、三峡库区发展、重庆历史文化、探索与争鸣、学术时空等栏目。读者对象为社会科学研究人员、高校师生等。有英文目次。

重庆师范大学学报. 哲学社会科学版 = Journal of Chongqing Normal University. Edition of Social Sciences/重庆师范大学 . – 重庆:《重庆师范大学学报》编辑部,1980 –
双月刊　　　　　　　大 16 开
ISSN 1673 – 0429　　　CN 50 – 1164　　　78 – 17
重庆市沙坪坝区重庆师范大学 (400047)
编辑部电话: 023 – 65362785
E-mail:csdzs@ cqnu. edu. cn

　　人文社会科学综合性学术刊物。原名《重庆师范学院学报》，2003 年改为现刊名。主要反映学校学术研究成果，以促进学校教育和学术研究水平的提高，选稿注重学术观点的创新、研究领域的拓展、研究方法的更新以及对重大政治经济问题的深入研究。着力打造的栏目有：中国思想史、抗战文史、现当代文学、古典文学、历史学、三峡文化、教育学、经济学与法学等。读者对象为从事社会科学研究的相关人员及大专院校师生等。

自然辩证法通讯 = Journal of Dialectics of Nature/中国科学院大学 . – 北京：中国科学院自然辩证法通讯杂志社，1956 –
双月刊　　　　　　　　大 16 开
ISSN 1000 – 0763　　　CN 11 – 1518　　2 – 281
北京市 4588 信箱 （100049）
编辑部电话：010 – 88256007
E-mail：wangdm@ ucas. ac. cn

　　自然辩证法研究专业刊物。办刊宗旨：坚持"百花开放、百家争鸣"的办刊方针，以探讨理论问题和实践问题为办刊特色，载文要求内容翔实，观点新颖。栏目设有：科学技术哲学、科学技术史、科学技术社会学、科学技术文化学、人物评传以及学人论坛、学问人生、学术评论、科学前沿、问题探讨、教学与研究、学术信息、读者作者编者等。并经常围绕学术界关注的热点问题和时新论题开辟学术专论和学术讨论专栏，注重向读者传递国内外最新研究成果及学术信息。读者对象是科学家、工程师、科研管理人员、高技术行业企业家、大专院校师生以及对自然辩证法和相关学科感兴趣的人文科学科研人员和业余爱好者等。有英文目次。

自然科学史研究 = Studies in the History of Natural Sciences/中国科学院自然科学史研究所，中国科学技术史学会 . – 北京：《自然科学史研究》编委会，1958 –
季刊　　　　　　　　16 开
ISSN 1000 – 0224　　　CN 11 – 1810　　2 – 564
北京市海淀区中关村东路 55 号中国科学院自然科学史研究所 （100190）
编辑部电话：010 – 57552523
E-mail：studyhns@ 263. net

　　哲学类专业研究学术刊物。前身是《科学史集刊》。办刊宗旨：致力于学术创新，坚持学术自由和平等的方向，积极反映海内外科技史研究的最新成果，促进学术交流。发文内容主要涉及科学史、技术史和医学史领域，发表科学技术史领域的综合性研究、科技史理论，各学科史的论文、研究讨论、评论、书评和学术信息等。主要栏目有：论文、研究讨论、书评、学术信息、新书简介、新书架。读者对象为从事自然科学史研究的专家学者、高等院校自然科学专业的师生和关注自然科学发展和进程的各界人士。

附　　录

说明：（1）以下各"影响因子排序表"按"2011年影响因子"数值大小降序排列，"总转摘量排序表"按"2007～2011年总转摘量"数值大小降序排列排序；（2）刊名后的"★"号表示该刊已入选2013年版核心期刊。

附表1　综合性学报2011年影响因子排序表

序号	刊　　名	2011影响因子	总转摘量	加权转摘量	基金论文数	基金论文比	主办单位
1	中国人民大学学报★	0.6914	429	82.18	245	0.3701	中国人民大学
2	清华大学学报.哲学社会科学版★	0.5685	403	91.59	148	0.2937	清华大学
3	华中师范大学学报.人文社会科学版★	0.5632	348	92.40	416	0.6313	华中师范大学
4	重庆邮电大学学报.社会科学版★	0.5556	46	8.23	257	0.2849	重庆邮电大学
5	上海交通大学学报.哲学社会科学版★	0.5476	257	43.65	785	0.7302	上海交通大学
6	南京大学学报.哲学·人文科学·社会科学版★	0.5435	352	82.82	201	0.4249	南京大学
7	浙江大学学报.人文社会科学版★	0.5338	346	74.71	418	0.6276	浙江大学
8	上海大学学报.社会科学版★	0.5282	198	38.77	173	0.3216	上海大学
9	上海师范大学学报.哲学社会科学版★	0.5274	282	68.96	222	0.4213	上海师范大学
10	复旦学报.社会科学版★	0.4623	341	71.09	224	0.4418	复旦大学
11	北京大学学报.哲学社会科学版★	0.4351	449	87.49	113	0.1782	北京大学
12	中国农业大学学报.社会科学版★	0.4227	57	5.83	144	0.3019	中国农业大学
13	北京师范大学学报.社会科学版★	0.4170	415	91.11	242	0.4151	北京师范大学
14	东北师大学报.哲学社会科学版★	0.4049	129	26.39	780	0.6056	东北师范大学
15	吉林大学社会科学学报★	0.4015	301	69.17	416	0.6209	吉林大学
16	中山大学学报.社会科学版★	0.3727	336	64.12	322	0.4770	中山大学
17	文史哲★	0.3589	373	79.82	159	0.2804	山东大学
18	云南师范大学学报.哲学社会科学版★	0.3466	187	46.78	285	0.3958	云南师范大学
19	西北师大学报.社会科学版★	0.3234	172	33.71	387	0.5174	西北师范大学
20	西安交通大学学报.社会科学版★	0.3173	126	33.24	250	0.4845	西安交通大学
21	厦门大学学报.哲学社会科学版★	0.3081	244	59.93	247	0.4778	厦门大学
22	山东大学学报.哲学社会科学版★	0.3021	143	27.63	249	0.3379	山东大学
23	华中科技大学学报.社会科学版★	0.2705	109	14.58	215	0.3176	华中科技大学
24	湖南师范大学社会科学学报★	0.2674	272	69.08	444	0.4639	湖南师范大学
25	河北大学学报.哲学社会科学版★	0.2670	100	15.36	326	0.3671	河北大学
26	新疆师范大学学报.哲学社会科学版★	0.2655	61	14.21	200	0.3984	新疆师范大学

（续附表 1）

序号	刊　名	2011影响因子	总转摘量	加权转摘量	基金论文数	基金论文比	主办单位
27	思想战线★	0.2488	164	42.37	366	0.3742	云南大学
28	南京师大学报.社会科学版★	0.2458	216	43.50	278	0.3752	南京师范大学
29	重庆大学学报.社会科学版★	0.2349	101	18.60	509	0.6261	重庆大学
30	兰州大学学报.社会科学版★	0.2336	84	13.90	380	0.4841	兰州大学
31	华东师范大学学报.哲学社会科学版★	0.2318	191	41.70	256	0.4399	华东师范大学
32	湘潭大学学报.哲学社会科学版★	0.2308	123	22.51	456	0.4592	湘潭大学
33	南开学报.哲学社会科学版★	0.2297	288	60.81	234	0.4270	南开大学
34	中国地质大学学报.社会科学版★	0.2247	122	22.22	355	0.5599	中国地质大学
35	江西师范大学学报.哲学社会科学版	0.2235	53	8.39	298	0.3548	江西师范大学
36	浙江师范大学学报.社会科学版★	0.2194	113	28.66	215	0.2970	浙江师范大学
37	重庆理工大学学报.社会科学版★	0.2108	52	6.99	686	0.2722	重庆理工大学
38	东南大学学报.哲学社会科学版★	0.2096	98	22.32	285	0.3942	东南大学
39	南通大学学报.社会科学版	0.2090	99	21.25	333	0.4703	南通大学
40	西北大学学报.哲学社会科学版★	0.2074	121	21.03	808	0.6790	西北大学
41	安徽大学学报.哲学社会科学版★	0.2068	113	20.71	319	0.3914	安徽大学
42	陕西师范大学学报.哲学社会科学版★	0.2022	247	65.09	356	0.5770	陕西师范大学
43	四川大学学报.哲学社会科学版★	0.1992	150	30.75	243	0.3894	四川大学
44	北京工业大学学报.社会科学版	0.1957	37	6.13	159	0.3412	北京工业大学
45	华南师范大学学报.社会科学版★	0.1944	115	21.71	304	0.3427	华南师范大学
46	西南大学学报.社会科学版★	0.1911	183	39.15	516	0.4307	西南大学
47	四川师范大学学报.社会科学版★	0.1893	90	17.16	271	0.3728	四川师范大学
48	广西师范大学学报.哲学社会科学版★	0.1889	60	6.63	408	0.4493	广西师范大学
49	北京交通大学学报.社会科学版	0.1889	52	8.35	272	0.6182	北京交通大学
50	湖南大学学报.社会科学版★	0.1840	116	19.22	374	0.4202	湖南大学
51	中国社会科学院研究生院学报★	0.1825	143	31.86	133	0.1752	中国社会科学院研究生院
52	重庆工商大学学报.社会科学版	0.1798	29	5.28	285	0.2994	重庆工商大学
53	齐鲁学刊★	0.1785	108	20.91	250	0.2518	曲阜师范大学
54	福建师范大学学报.哲学社会科学版★	0.1781	84	15.99	323	0.3827	福建师范大学
55	南昌大学学报.人文社会科学版	0.1753	50	10.71	541	0.5543	南昌大学
56	暨南学报.哲学社会科学版★	0.1735	77	11.42	373	0.4634	暨南大学

序号	刊　　名	2011影响因子	总转摘量	加权转摘量	基金论文数	基金论文比	主办单位
57	河南大学学报.社会科学版★	0.1731	251	58.61	288	0.3384	河南大学
58	东疆学刊	0.1718	57	17.12	143	0.3479	延边大学
59	天津师范大学学报.社会科学版★	0.1711	181	52.06	313	0.6521	天津师范大学
60	江苏师范大学学报.哲学社会科学版★	0.1702	151	38.52	260	0.3194	江苏师范大学
61	河南师范大学学报.哲学社会科学版★	0.1699	167	26.86	552	0.2650	河南师范大学
62	湖南科技大学学报.社会科学版★	0.1686	127	25.57	467	0.5620	湖南科技大学
63	河北科技大学学报.社会科学版	0.1676	11	1.70	74	0.1655	河北科技大学
64	同济大学学报.社会科学版★	0.1634	137	21.70	174	0.3372	同济大学
65	四川理工学院学报.社会科学版	0.1600	19	3.83	162	0.1640	四川理工学院
66	海南大学学报.人文社会科学版	0.1587	37	5.83	274	0.4108	海南大学
67	山西大学学报.哲学社会科学版★	0.1571	84	14.28	308	0.3684	山西大学
68	深圳大学学报.人文社会科学版★	0.1562	222	47.38	252	0.2910	深圳大学
69	内蒙古大学学报.哲学社会科学版	0.1553	53	11.08	197	0.2673	内蒙古大学
70	天津大学学报.社会科学版	0.1510	32	3.90	248	0.3968	天津大学
71	首都师范大学学报.社会科学版★	0.1495	157	26.95	203	0.2678	首都师范大学
72	东北大学学报.社会科学版★	0.1449	55	9.34	201	0.3800	东北大学
73	吉首大学学报.社会科学版	0.1444	81	18.58	504	0.4456	吉首大学
74	求是学刊★	0.1389	250	61.52	292	0.4067	黑龙江大学
75	北京联合大学学报.人文社会科学版	0.1337	60	10.31	22	0.0445	北京联合大学
76	郑州大学学报.哲学社会科学版★	0.1327	243	48.64	318	0.2424	郑州大学
77	云南大学学报.社会科学版★	0.1278	95	19.73	90	0.2679	云南大学
78	湖北大学学报.哲学社会科学版★	0.1275	123	21.97	213	0.2689	湖北大学
79	阅江学刊	0.1272	50	9.61	144	0.3978	南京信息工程大学
80	江汉大学学报.社会科学版	0.1268	25	2.78	132	0.2245	江汉大学
81	广西大学学报.哲学社会科学版	0.1257	26	2.65	342	0.3817	广西大学
82	北方论丛★	0.1247	161	44.90	356	0.3269	哈尔滨师范大学
83	武汉大学学报.哲学社会科学版★	0.1203	128	23.02	360	0.4500	武汉大学
84	安徽师范大学学报.人文社会科学版★	0.1176	73	11.32	387	0.5820	安徽师范大学
85	南阳师范学院学报	0.1129	76	15.65	492	0.4457	南阳师范学院
86	华侨大学学报.哲学社会科学版	0.1111	22	2.86	151	0.4005	华侨大学

（续附表 1）

序号	刊　名	2011影响因子	总转摘量	加权转摘量	基金论文数	基金论文比	主办单位
87	河北师范大学学报.哲学社会科学版★	0.1096	74	14.79	304	0.3319	河北师范大学
88	延边大学学报.社会科学版	0.1073	42	9.44	208	0.2687	延边大学
89	江苏大学学报.社会科学版	0.1068	68	13.19	223	0.4168	江苏大学
90	辽宁大学学报.哲学社会科学版★	0.1064	70	13.05	348	0.3888	辽宁大学
91	苏州大学学报.哲学社会科学版★	0.1031	127	30.90	370	0.3568	苏州大学
92	山东师范大学学报.人文社会科学版	0.1013	62	8.78	271	0.2927	山东师范大学
93	扬州大学学报.人文社会科学版	0.1011	41	6.56	265	0.3852	扬州大学
94	杭州师范大学学报.社会科学版★	0.0992	84	14.90	180	0.2773	杭州师范大学
95	福州大学学报.哲学社会科学版	0.0980	27	4.10	229	0.3641	福州大学
96	宁波大学学报.人文科学版	0.0946	65	13.22	317	0.4038	宁波大学
97	哈尔滨工业大学学报.社会科学版★	0.0934	26	4.32	277	0.3748	哈尔滨工业大学
98	内蒙古师范大学学报.哲学社会科学（汉文）版	0.0871	31	4.14	266	0.3033	内蒙古师范大学
99	华南理工大学学报.社会科学版	0.0811	31	3.38	205	0.4418	华南理工大学
100	西华师范大学学报.哲学社会科学版	0.0803	10	1.60	252	0.3668	西华师范大学
101	贵州师范大学学报.社会科学版	0.0781	41	6.23	328	0.3981	贵州师范大学
102	烟台大学学报.哲学社会科学版	0.0774	76	16.03	104	0.2694	烟台大学
103	浙江树人大学学报	0.0772	21	2.83	79	0.1162	浙江树人大学
104	山西师大学报.社会科学版★	0.0771	114	27.02	342	0.3005	山西师范大学
105	科学·经济·社会	0.0756	21	2.10	372	0.5479	兰州大学，甘肃省科学技术协会
106	信阳师范学院学报.哲学社会科学版	0.0751	55	17.46	346	0.3283	信阳师范学院
107	宁夏大学学报.人文社会科学版	0.0705	39	8.83	417	0.3323	宁夏大学
108	辽宁师范大学学报.社会科学版	0.0687	26	4.88	375	0.3511	辽宁师范大学
109	新疆大学学报.哲学人文社会科学版	0.0681	19	2.38	336	0.3310	新疆大学
110	北京林业大学学报.社会科学版	0.0664	7	0.70	213	0.3866	北京林业大学
111	唐都学刊	0.0651	32	4.52	239	0.2738	西安文理学院
112	吉林师范大学学报.人文社会科学版	0.0650	13	1.50	434	0.3872	吉林师范大学
113	南都学坛	0.0649	151	41.99	200	0.1932	南阳师范学院
114	武汉大学学报.人文科学版	0.0647	138	30.46	216	0.3068	武汉大学
115	云梦学刊	0.0642	102	17.89	304	0.2478	湖南理工学院

（续附表1）

序号	刊　　　名	2011影响因子	总转摘量	加权转摘量	基金论文数	基金论文比	主办单位
116	汕头大学学报.人文社会科学版	0.0585	34	6.20	113	0.2152	汕头大学
117	贵州大学学报.社会科学版	0.0549	22	3.32	242	0.2958	贵州大学
118	重庆师范大学学报.哲学社会科学版	0.0534	28	3.74	208	0.3220	重庆师范大学
119	沈阳师范大学学报.社会科学版★	0.0502	36	5.54	431	0.2623	沈阳师范大学
120	湖北师范学院学报.哲学社会科学版	0.0494	15	2.59	238	0.1842	湖北师范学院
121	东方论坛	0.0469	34	6.20	155	0.2230	青岛大学
122	青海师范大学学报.哲学社会科学版	0.0461	7	0.70	146	0.1293	青海师范大学
123	成都大学学报.社会科学版	0.0395	11	1.58	107	0.0998	成都大学
124	西安文理学院学报.社会科学版	0.0343	3	0.58	167	0.1815	西安文理学院
125	武汉理工大学学报.社会科学版	0.0339	81	11.30	401	0.4387	武汉理工大学
126	南华大学学报.社会科学版	0.0336	12	1.40	151	0.1525	南华大学
127	殷都学刊	0.0335	20	4.16	112	0.1798	安阳师范学院
128	海南师范大学学报.社会科学版	0.0275	63	10.38	212	0.1945	海南师范大学
129	延安大学学报.社会科学版	0.0227	27	3.91	220	0.2523	延安大学
130	商丘师范学院学报	0.0224	15	1.98	628	0.2886	商丘师范学院
131	江汉学术	0.0104	58	11.44	120	0.1742	江汉大学

附表2　综合性学报2007～2011年总转摘量排序表

序号	刊　　　名	总转摘量	加权转摘量	2011影响因子	基金论文数	基金论文比	主办单位
1	北京大学学报.哲学社会科学版★	449	87.49	0.4351	113	0.1782	北京大学
2	中国人民大学学报★	429	82.18	0.6914	245	0.3701	中国人民大学
3	北京师范大学学报.社会科学版★	415	91.11	0.4170	242	0.4151	北京师范大学
4	清华大学学报.哲学社会科学版★	403	91.59	0.5685	148	0.2937	清华大学
5	文史哲★	373	79.82	0.3589	159	0.2804	山东大学
6	南京大学学报.哲学·人文科学·社会科学版★	352	82.82	0.5435	201	0.4249	南京大学
7	华中师范大学学报.人文社会科学版★	348	92.40	0.5632	416	0.6313	华中师范大学
8	浙江大学学报.人文社会科学版★	346	74.71	0.5338	418	0.6276	浙江大学
9	复旦学报.社会科学版★	341	71.09	0.4623	224	0.4418	复旦大学

（续附表 2）

序号	刊　　　名	总转摘量	加权转摘量	2011影响因子	基金论文数	基金论文比	主办单位
10	中山大学学报.社会科学版★	336	64.12	0.3727	322	0.4770	中山大学
11	吉林大学社会科学学报★	301	69.17	0.4015	416	0.6209	吉林大学
12	南开学报.哲学社会科学版★	288	60.81	0.2297	234	0.4270	南开大学
13	上海师范大学学报.哲学社会科学版★	282	68.96	0.5274	222	0.4213	上海师范大学
14	湖南师范大学社会科学学报★	272	69.08	0.2674	444	0.4639	湖南师范大学
15	上海交通大学学报.哲学社会科学版★	257	43.65	0.5476	785	0.7302	上海交通大学
16	河南大学学报.社会科学版★	251	58.61	0.1731	288	0.3384	河南大学
17	求是学刊★	250	61.52	0.1389	292	0.4067	黑龙江大学
18	陕西师范大学学报.哲学社会科学版★	247	65.09	0.2022	356	0.5770	陕西师范大学
19	厦门大学学报.哲学社会科学版★	244	59.93	0.3081	247	0.4778	厦门大学
20	郑州大学学报.哲学社会科学版★	243	48.64	0.1327	318	0.2424	郑州大学
21	深圳大学学报.人文社会科学版★	222	47.38	0.1562	252	0.2910	深圳大学
22	南京师大学报.社会科学版★	216	43.50	0.2458	278	0.3752	南京师范大学
23	上海大学学报.社会科学版★	198	38.77	0.5282	173	0.3216	上海大学
24	华东师范大学学报.哲学社会科学版★	191	41.70	0.2318	256	0.4399	华东师范大学
25	云南师范大学学报.哲学社会科学版★	187	46.78	0.3466	285	0.3958	云南师范大学
26	西南大学学报.社会科学版★	183	39.15	0.1911	516	0.4307	西南大学
27	天津师范大学学报.社会科学版★	181	52.06	0.1711	313	0.6521	天津师范大学
28	西北师大学报.社会科学版★	172	33.71	0.3234	387	0.5174	西北师范大学
29	河南师范大学学报.哲学社会科学版★	167	26.86	0.1699	552	0.2650	河南师范大学
30	思想战线★	164	42.37	0.2488	366	0.3742	云南大学
31	北方论丛★	161	44.90	0.1247	356	0.3269	哈尔滨师范大学
32	首都师范大学学报.社会科学版★	157	26.95	0.1495	203	0.2678	首都师范大学
33	南都学坛	151	41.99	0.0649	200	0.1932	南阳师范学院
34	江苏师范大学学报.哲学社会科学版★	151	38.52	0.1702	260	0.3194	江苏师范大学
35	四川大学学报.哲学社会科学版★	150	30.75	0.1992	243	0.3894	四川大学
36	中国社会科学院研究生院学报★	143	31.86	0.1825	133	0.1752	中国社会科学院研究生院
37	山东大学学报.哲学社会科学版★	143	27.63	0.3021	249	0.3379	山东大学
38	武汉大学学报.人文科学版	138	30.46	0.0647	216	0.3068	武汉大学
39	同济大学学报.社会科学版★	137	21.70	0.1634	174	0.3372	同济大学

序号	刊　　名	总转摘量	加权转摘量	2011影响因子	基金论文数	基金论文比	主办单位
40	东北师大学报.哲学社会科学版★	129	26.39	0.4049	780	0.6056	东北师范大学
41	武汉大学学报.哲学社会科学版★	128	23.02	0.1203	360	0.4500	武汉大学
42	苏州大学学报.哲学社会科学版★	127	30.90	0.1031	370	0.3568	苏州大学
43	湖南科技大学学报.社会科学版★	127	25.57	0.1686	467	0.5620	湖南科技大学
44	西安交通大学学报.社会科学版★	126	33.24	0.3173	250	0.4845	西安交通大学
45	湘潭大学学报.哲学社会科学版★	123	22.51	0.2308	456	0.4592	湘潭大学
46	湖北大学学报.哲学社会科学版★	123	21.97	0.1275	213	0.2689	湖北大学
47	中国地质大学学报.社会科学版★	122	22.22	0.2247	355	0.5599	中国地质大学
48	西北大学学报.哲学社会科学版★	121	21.03	0.2074	808	0.6790	西北大学
49	湖南大学学报.社会科学版★	116	19.22	0.1840	374	0.4202	湖南大学
50	华南师范大学学报.社会科学版★	115	21.71	0.1944	304	0.3427	华南师范大学
51	山西师大学报.社会科学版★	114	27.02	0.0771	342	0.3005	山西师范大学
52	浙江师范大学学报.社会科学版★	113	28.66	0.2194	215	0.2970	浙江师范大学
53	安徽大学学报.哲学社会科学版★	113	20.71	0.2068	319	0.3914	安徽大学
54	华中科技大学学报.社会科学版★	109	14.58	0.2705	215	0.3176	华中科技大学
55	齐鲁学刊★	108	20.91	0.1785	250	0.2518	曲阜师范大学
56	云梦学刊	102	17.89	0.0642	304	0.2478	湖南理工学院
57	重庆大学学报.社会科学版★	101	18.60	0.2349	509	0.6261	重庆大学
58	河北大学学报.哲学社会科学版★	100	15.36	0.2670	326	0.3671	河北大学
59	南通大学学报.社会科学版	99	21.25	0.2090	333	0.4703	南通大学
60	东南大学学报.哲学社会科学版★	98	22.32	0.2096	285	0.3942	东南大学
61	云南大学学报.社会科学版★	95	19.73	0.1278	90	0.2679	云南大学
62	四川师范大学学报.社会科学版★	90	17.16	0.1893	271	0.3728	四川师范大学
63	福建师范大学学报.哲学社会科学版★	84	15.99	0.1781	323	0.3827	福建师范大学
64	杭州师范大学学报.社会科学版★	84	14.90	0.0992	180	0.2773	杭州师范大学
65	山西大学学报.哲学社会科学版★	84	14.28	0.1571	308	0.3684	山西大学
66	兰州大学学报.社会科学版★	84	13.90	0.2336	380	0.4841	兰州大学
67	吉首大学学报.社会科学版	81	18.58	0.1444	504	0.4456	吉首大学
68	武汉理工大学学报.社会科学版	81	11.30	0.0339	401	0.4387	武汉理工大学
69	暨南学报.哲学社会科学版★	77	11.42	0.1735	373	0.4634	暨南大学
70	烟台大学学报.哲学社会科学版	76	16.03	0.0774	104	0.2694	烟台大学

（续附表 2）

序号	刊　　名	总转摘量	加权转摘量	2011影响因子	基金论文数	基金论文比	主办单位
71	南阳师范学院学报	76	15.65	0.1129	492	0.4457	南阳师范学院
72	河北师范大学学报.哲学社会科学版★	74	14.79	0.1096	304	0.3319	河北师范大学
73	安徽师范大学学报.人文社会科学版★	73	11.32	0.1176	387	0.5820	安徽师范大学
74	辽宁大学学报.哲学社会科学版★	70	13.05	0.1064	348	0.3888	辽宁大学
75	江苏大学学报.社会科学版	68	13.19	0.1068	223	0.4168	江苏大学
76	宁波大学学报.人文科学版	65	13.22	0.0946	317	0.4038	宁波大学
77	海南师范大学学报.社会科学版	63	10.38	0.0275	212	0.1945	海南师范大学
78	山东师范大学学报.人文社会科学版	62	8.78	0.1013	271	0.2927	山东师范大学
79	新疆师范大学学报.哲学社会科学版★	61	14.21	0.2655	200	0.3984	新疆师范大学
80	北京联合大学学报.人文社会科学版	60	10.31	0.1337	22	0.0445	北京联合大学
81	广西师范大学学报.哲学社会科学版★	60	6.63	0.1889	408	0.4493	广西师范大学
82	江汉学术	58	11.44	0.0104	120	0.1742	江汉大学
83	东疆学刊	57	17.12	0.1718	143	0.3479	延边大学
84	中国农业大学学报.社会科学版★	57	5.83	0.4227	144	0.3019	中国农业大学
85	信阳师范学院学报.哲学社会科学版	55	17.46	0.0751	346	0.3283	信阳师范学院
86	东北大学学报.社会科学版★	55	9.34	0.1449	201	0.3800	东北大学
87	内蒙古大学学报.哲学社会科学版	53	11.08	0.1553	197	0.2673	内蒙古大学
88	江西师范大学学报.哲学社会科学版	53	8.39	0.2235	298	0.3548	江西师范大学
89	北京交通大学学报.社会科学版	52	8.35	0.1889	272	0.6182	北京交通大学
90	重庆理工大学学报.社会科学版★	52	6.99	0.2108	686	0.2722	重庆理工大学
91	南昌大学学报.人文社会科学版	50	10.71	0.1753	541	0.5543	南昌大学
92	阅江学刊	50	9.61	0.1272	144	0.3978	南京信息工程大学
93	重庆邮电大学学报.社会科学版★	46	8.23	0.5556	257	0.2849	重庆邮电大学
94	延边大学学报.社会科学版	42	9.44	0.1073	208	0.2687	延边大学
95	扬州大学学报.人文社会科学版	41	6.56	0.1011	265	0.3852	扬州大学
96	贵州师范大学学报.社会科学版	41	6.23	0.0781	328	0.3981	贵州师范大学
97	宁夏大学学报.人文社会科学版	39	8.83	0.0705	417	0.3323	宁夏大学
98	北京工业大学学报.社会科学版	37	6.13	0.1957	159	0.3412	北京工业大学
99	海南大学学报.人文社会科学版	37	5.83	0.1587	274	0.4108	海南大学
100	沈阳师范大学学报.社会科学版★	36	5.54	0.0502	431	0.2623	沈阳师范大学
101	东方论坛	34	6.20	0.0469	155	0.2230	青岛大学

（续附表2）

序号	刊　　　名	总转摘量	加权转摘量	2011影响因子	基金论文数	基金论文比	主办单位
102	汕头大学学报.人文社会科学版	34	6.20	0.0585	113	0.2152	汕头大学
103	唐都学刊	32	4.52	0.0651	239	0.2738	西安文理学院
104	天津大学学报.社会科学版	32	3.90	0.1510	248	0.3968	天津大学
105	内蒙古师范大学学报.哲学社会科学（汉文）版	31	4.14	0.0871	266	0.3033	内蒙古师范大学
106	华南理工大学学报.社会科学版	31	3.38	0.0811	205	0.4418	华南理工大学
107	重庆工商大学学报.社会科学版	29	5.28	0.1798	285	0.2994	重庆工商大学
108	重庆师范大学学报.哲学社会科学版	28	3.74	0.0534	208	0.3220	重庆师范大学
109	福州大学学报.哲学社会科学版	27	4.10	0.0980	229	0.3641	福州大学
110	延安大学学报.社会科学版	27	3.91	0.0227	220	0.2523	延安大学
111	辽宁师范大学学报.社会科学版	26	4.88	0.0687	375	0.3511	辽宁师范大学
112	哈尔滨工业大学学报.社会科学版★	26	4.32	0.0934	277	0.3748	哈尔滨工业大学
113	广西大学学报.哲学社会科学版	26	2.65	0.1257	342	0.3817	广西大学
114	江汉大学学报.社会科学版	25	2.78	0.1268	132	0.2245	江汉大学
115	贵州大学学报.社会科学版	22	3.32	0.0549	242	0.2958	贵州大学
116	华侨大学学报.哲学社会科学版	22	2.86	0.1111	151	0.4005	华侨大学
117	浙江树人大学学报	21	2.83	0.0772	79	0.1162	浙江树人大学
118	科学·经济·社会	21	2.10	0.0756	372	0.5479	兰州大学，甘肃省科学技术协会
119	殷都学刊	20	4.16	0.0335	112	0.1798	安阳师范学院
120	四川理工学院学报.社会科学版	19	3.83	0.1600	162	0.1640	四川理工学院
121	新疆大学学报.哲学人文社会科学版	19	2.38	0.0681	336	0.3310	新疆大学
122	湖北师范学院学报.哲学社会科学版	15	2.59	0.0494	238	0.1842	湖北师范学院
123	商丘师范学院学报	15	1.98	0.0224	628	0.2886	商丘师范学院
124	吉林师范大学学报.人文社会科学版	13	1.50	0.0650	434	0.3872	吉林师范大学
125	南华大学学报.社会科学版	12	1.40	0.0336	151	0.1525	南华大学
126	河北科技大学学报.社会科学版	11	1.70	0.1676	74	0.1655	河北科技大学
127	成都大学学报.社会科学版	11	1.58	0.0395	107	0.0998	成都大学
128	西华师范大学学报.哲学社会科学版	10	1.60	0.0803	252	0.3668	西华师范大学
129	北京林业大学学报.社会科学版	7	0.70	0.0664	213	0.3866	北京林业大学
130	青海师范大学学报.哲学社会科学版	7	0.70	0.0461	146	0.1293	青海师范大学
131	西安文理学院学报.社会科学版	3	0.58	0.0343	167	0.1815	西安文理学院

附表3 师范院校学报2011年影响因子排序表

序号	全 部 刊 名	2011影响因子	总转摘量	加 权转摘量	基 金论文数	基 金论文比	主 办 单 位
1	华中师范大学学报.人文社会科学版★	0.5632	348	92.4	416	0.6313	华中师范大学
2	上海师范大学学报.哲学社会科学版★	0.5274	282	68.96	222	0.4213	上海师范大学
3	旅游科学★	0.4493	50	5.56	76	0.2171	上海师范大学旅游学院（上海旅游高等专科学校）
4	心理发展与教育★	0.4286	87	8.75	337	0.7694	北京师范大学
5	语言科学★	0.4245	56	7.94	102	0.2991	江苏师范大学语言研究所
6	北京师范大学学报.社会科学版★	0.4170	415	91.11	242	0.4151	北京师范大学
7	东北师大学报.哲学社会科学版★	0.4049	129	26.39	780	0.6056	东北师范大学
8	云南师范大学学报.哲学社会科学版★	0.3466	187	46.78	285	0.3958	云南师范大学
9	中国历史地理论丛★	0.3333	48	6.22	151	0.4454	陕西师范大学
10	西北大学报.社会科学版★	0.3234	172	33.71	387	0.5174	西北师范大学
11	社会主义研究★	0.2849	133	19.5	491	0.4920	华中师范大学
12	教育与经济★	0.2797	35	4.54	157	0.5268	华中师范大学,中国教育经济学会研究会
13	湖南师范大学社会科学学报★	0.2674	272	69.08	444	0.4639	湖南师范大学
14	新疆师范大学学报.哲学社会科学版★	0.2655	61	14.21	200	0.3984	新疆师范大学
15	南京师大学报.社会科学版★	0.2458	216	43.5	278	0.3752	南京师范大学
16	华东师范大学学报.哲学社会科学版★	0.2318	191	41.7	256	0.4399	华东师范大学
17	俄罗斯研究★	0.2302	42	4.76	106	0.3498	华东师范大学
18	教育学报★	0.2290	120	15.61	202	0.4165	北京师范大学
19	江西师范大学学报.哲学社会科学版	0.2235	53	8.39	298	0.3548	江西师范大学
20	浙江师范大学学报.社会科学版★	0.2194	113	28.66	215	0.2970	浙江师范大学
21	教育研究与实验★	0.2186	83	9.43	209	0.3878	华中师范大学
22	陕西师范大学学报.哲学社会科学版★	0.2022	247	65.09	356	0.5770	陕西师范大学
23	外国教育研究★	0.1995	108	11.88	421	0.3902	东北师范大学
24	华南师范大学学报.社会科学版★	0.1944	115	21.71	304	0.3427	华南师范大学
25	心理学探新	0.1928	37	3.8	233	0.4775	江西师范大学
26	比较教育研究★	0.1928	153	18.91	435	0.3534	北京师范大学

序号	全部刊名	2011影响因子	总转摘量	加权转摘量	基金论文数	基金论文比	主办单位
27	四川师范大学学报.社会科学版★	0.1893	90	17.16	271	0.3728	四川师范大学
28	广西师范大学学报.哲学社会科学版★	0.1889	60	6.63	408	0.4493	广西师范大学
29	全球教育展望★	0.1848	165	17.9	363	0.3377	华东师范大学
30	齐鲁学刊★	0.1785	108	20.91	250	0.2518	曲阜师范大学
31	福建师范大学学报.哲学社会科学版★	0.1781	84	15.99	323	0.3827	福建师范大学
32	天津师范大学学报.社会科学版★	0.1711	181	52.06	313	0.6521	天津师范大学
33	江苏师范大学学报.哲学社会科学版★	0.1702	151	38.52	260	0.3194	江苏师范大学
34	河南师范大学学报.哲学社会科学版★	0.1699	167	26.86	552	0.2650	河南师范大学
35	首都师范大学学报.社会科学版★	0.1495	157	26.95	203	0.2678	首都师范大学
36	教育科学★	0.1404	67	8.1	270	0.4631	辽宁师范大学
37	北方论丛★	0.1247	161	44.9	356	0.3269	哈尔滨师范大学
38	外国文学研究★	0.1190	87	10.73	224	0.3064	华中师范大学
39	安徽师范大学学报.人文社会科学版★	0.1176	73	11.32	387	0.5820	安徽师范大学
40	伦理学研究★	0.1169	128	19.76	264	0.3616	湖南师范大学
41	古汉语研究	0.1159	33	4.7	109	0.3070	湖南师范大学
42	史学史研究★	0.1159	95	11.62	76	0.2043	北京师范大学
43	河北师范大学学报.哲学社会科学版★	0.1096	74	14.79	304	0.3319	河北师范大学
44	山东师范大学学报.人文社会科学版	0.1013	62	8.78	271	0.2927	山东师范大学
45	杭州师范大学学报.社会科学版★	0.0992	84	14.9	180	0.2773	杭州师范大学
46	古籍整理研究学刊	0.0920	21	2.1	142	0.2195	东北师范大学文学院古籍整理研究所
47	内蒙古师范大学学报.哲学社会科学（汉文）版	0.0871	31	4.14	266	0.3033	内蒙古师范大学
48	西华师范大学学报.哲学社会科学版	0.0803	10	1.6	252	0.3668	西华师范大学
49	贵州师范大学学报.社会科学版	0.0781	41	6.23	328	0.3981	贵州师范大学
50	山西师大学报.社会科学版★	0.0771	114	27.02	342	0.3005	山西师范大学
51	信阳师范学院学报.哲学社会科学版	0.0751	55	17.46	346	0.3283	信阳师范学院
52	辽宁师范大学学报.社会科学版	0.0687	26	4.88	375	0.3511	辽宁师范大学
53	吉林师范大学学报.人文社会科学版	0.0650	13	1.5	434	0.3872	吉林师范大学
54	历史教学问题	0.0592	61	6.38	138	0.1813	华东师范大学
55	沈阳师范大学学报.社会科学版★	0.0502	36	5.54	431	0.2623	沈阳师范大学

(续附表 3)

序号	全部刊名	2011 影响因子	总转摘量	加权转摘量	基金论文数	基金论文比	主办单位
56	湖北师范学院学报.哲学社会科学版	0.0494	15	2.59	238	0.1842	湖北师范学院
57	中国文学研究	0.0492	32	3.96	142	0.2301	湖南师范大学
58	青海师范大学学报.哲学社会科学版	0.0461	7	0.7	146	0.1293	青海师范大学
59	外国问题研究	0.0370	24	2.4	74	0.2229	东北师范大学
60	殷都学刊	0.0335	20	4.16	112	0.1798	安阳师范学院
61	俄罗斯文艺★	0.0282	25	3.1	106	0.2928	北京师范大学
62	广东第二师范学院学报	0.0280	12	1.15	185	0.2820	广东第二师范学院
63	海南师范大学学报.社会科学版	0.0275	63	10.38	212	0.1945	海南师范大学
64	商丘师范学院学报	0.0224	15	1.98	628	0.2886	商丘师范学院
65	贵州师范学院学报	0.0181	8	0.8	288	0.2291	贵州师范学院

附表 4　师范院校学报 2007～2011 年总转摘量排序表

序号	全部刊名	总转摘量	加权转摘量	2011 影响因子	基金论文数	基金论文比	主办单位
1	北京师范大学学报.社会科学版★	415	91.11	0.4170	242	0.4151	北京师范大学
2	华中师范大学学报.人文社会科学版★	348	92.4	0.5632	416	0.6313	华中师范大学
3	上海师范大学学报.哲学社会科学版★	282	68.96	0.5274	222	0.4213	上海师范大学
4	湖南师范大学社会科学学报★	272	69.08	0.2674	444	0.4639	湖南师范大学
5	陕西师范大学学报.哲学社会科学版★	247	65.09	0.2022	356	0.5770	陕西师范大学
6	南京师大学报.社会科学版★	216	43.5	0.2458	278	0.3752	南京师范大学
7	华东师范大学学报.哲学社会科学版★	191	41.7	0.2318	256	0.4399	华东师范大学
8	云南师范大学学报.哲学社会科学版★	187	46.78	0.3466	285	0.3958	云南师范大学
9	天津师范大学学报.社会科学版★	181	52.06	0.1711	313	0.6521	天津师范大学
10	西北师大学报.社会科学版★	172	33.71	0.3234	387	0.5174	西北师范大学
11	河南师范大学学报.哲学社会科学版★	167	26.86	0.1699	552	0.2650	河南师范大学
12	全球教育展望★	165	17.9	0.1848	363	0.3377	华东师范大学
13	北方论丛★	161	44.9	0.1247	356	0.3269	哈尔滨师范大学
14	首都师范大学学报.社会科学版★	157	26.95	0.1495	203	0.2678	首都师范大学

（续附表 4）

序号	全 部 刊 名	总转摘量	加 权转摘量	2011 影响因子	基金论文数	基金论文比	主 办 单 位
15	比较教育研究★	153	18.91	0.1928	435	0.3534	北京师范大学
16	江苏师范大学学报.哲学社会科学版★	151	38.52	0.1702	260	0.3194	江苏师范大学
17	社会主义研究★	133	19.5	0.2849	491	0.4920	华中师范大学
18	东北师大学报.哲学社会科学版★	129	26.39	0.4049	780	0.6056	东北师范大学
19	伦理学研究★	128	19.76	0.1169	264	0.3616	湖南师范大学
20	教育学报★	120	15.61	0.2290	202	0.4165	北京师范大学
21	华南师范大学学报.社会科学版★	115	21.71	0.1944	304	0.3427	华南师范大学
22	山西师大学报.社会科学版★	114	27.02	0.0771	342	0.3005	山西师范大学
23	浙江师范大学学报.社会科学版★	113	28.66	0.2194	215	0.2970	浙江师范大学
24	外国教育研究★	108	11.88	0.1995	421	0.3902	东北师范大学
25	齐鲁学刊★	108	20.91	0.1785	250	0.2518	曲阜师范大学
26	史学史研究★	95	11.62	0.1159	76	0.2043	北京师范大学
27	四川师范大学学报.社会科学版★	90	17.16	0.1893	271	0.3728	四川师范大学
28	心理发展与教育★	87	8.75	0.4286	337	0.7694	北京师范大学
29	外国文学研究★	87	10.73	0.1190	224	0.3064	华中师范大学
30	福建师范大学学报.哲学社会科学版★	84	15.99	0.1781	323	0.3827	福建师范大学
31	杭州师范大学学报.社会科学版★	84	14.9	0.0992	180	0.2773	杭州师范大学
32	教育研究与实验★	83	9.43	0.2186	209	0.3878	华中师范大学
33	河北师范大学学报.哲学社会科学版★	74	14.79	0.1096	304	0.3319	河北师范大学
34	安徽师范大学学报.人文社会科学版★	73	11.32	0.1176	387	0.5820	安徽师范大学
35	教育科学★	67	8.1	0.1404	270	0.4631	辽宁师范大学
36	海南师范大学学报.社会科学版	63	10.38	0.0275	212	0.1945	海南师范大学
37	山东师范大学学报.人文社会科学版	62	8.78	0.1013	271	0.2927	山东师范大学
38	新疆师范大学学报.哲学社会科学版★	61	14.21	0.2655	200	0.3984	新疆师范大学
39	历史教学问题	61	6.38	0.0592	138	0.1813	华东师范大学
40	广西师范大学学报.哲学社会科学版★	60	6.63	0.1889	408	0.4493	广西师范大学
41	语言科学★	56	7.94	0.4245	102	0.2991	江苏师范大学语言研究所
42	信阳师范学院学报.哲学社会科学版	55	17.46	0.0751	346	0.3283	信阳师范学院
43	江西师范大学学报.哲学社会科学版	53	8.39	0.2235	298	0.3548	江西师范大学

（续附表 4）

序号	全 部 刊 名	总转摘量	加 权转摘量	2011影响因子	基 金论文数	基 金论文比	主 办 单 位
44	旅游科学★	50	5.56	0.4493	76	0.2171	上海师范大学旅游学院（上海旅游高等专科学校）
45	中国历史地理论丛★	48	6.22	0.3333	151	0.4454	陕西师范大学
46	俄罗斯研究★	42	4.76	0.2302	106	0.3498	华东师范大学
47	贵州师范大学学报.社会科学版	41	6.23	0.0781	328	0.3981	贵州师范大学
48	心理学探新	37	3.8	0.1928	233	0.4775	江西师范大学
49	沈阳师范大学学报.社会科学版★	36	5.54	0.0502	431	0.2623	沈阳师范大学
50	教育与经济★	35	4.54	0.2797	157	0.5268	华中师范大学，中国教育经济学会研究会
51	古汉语研究	33	4.7	0.1159	109	0.3070	湖南师范大学
52	中国文学研究	32	3.96	0.0492	142	0.2301	湖南师范大学
53	内蒙古师范大学学报.哲学社会科学（汉文）版	31	4.14	0.0871	266	0.3033	内蒙古师范大学
54	辽宁师范大学学报.社会科学版	26	4.88	0.0687	375	0.3511	辽宁师范大学
55	俄罗斯文艺★	25	3.1	0.0282	106	0.2928	北京师范大学
56	外国问题研究	24	2.4	0.0370	74	0.2229	东北师范大学
57	古籍整理研究学刊	21	2.1	0.0920	142	0.2195	东北师范大学文学院古籍整理研究所
58	殷都学刊	20	4.16	0.0335	112	0.1798	安阳师范学院
59	湖北师范学院学报.哲学社会科学版	15	2.59	0.0494	238	0.1842	湖北师范学院
60	商丘师范学院学报	15	1.98	0.0224	628	0.2886	商丘师范学院
61	吉林师范大学学报.人文社会科学版	13	1.5	0.0650	434	0.3872	吉林师范大学
62	广东第二师范学院学报	12	1.15	0.0280	185	0.2820	广东第二师范学院
63	西华师范大学学报.哲学社会科学版	10	1.6	0.0803	252	0.3668	西华师范大学
64	贵州师范学院学报	8	0.8	0.0181	288	0.2291	贵州师范学院
65	青海师范大学学报.哲学社会科学版	7	0.7	0.0461	146	0.1293	青海师范大学

附表 5　研究机构学刊 2011 年影响因子排序表

序号	全 部 刊 名	2011 影响 因子	总转 摘量	加 权 转摘量	基 金 论文数	基 金 论文比	主 办 单 位
1	经济研究★	5.4206	272	68.84	510	0.6197	中国社会科学院经济研究所
2	中国社会科学★	3.0934	478	90.51	188	0.3925	中国社会科学院
3	社会学研究★	2.4615	158	35.24	150	0.4348	中国社会科学院社会学研究所
4	数量经济技术经济研究★	1.8000	56	7.65	473	0.5898	中国社会科学院数量经济与技术经济研究所
5	中国工业经济★	1.5348	317	53.85	631	0.6713	中国社会科学院工业经济研究所
6	管理世界★	1.4355	335	50.05	790	0.5263	国务院发展研究中心
7	中国农村经济★	1.1966	120	14.78	363	0.6302	中国社会科学院农村发展研究所
8	中国人口科学★	1.1184	140	27.55	119	0.3343	中国社会科学院人口与劳动经济研究所
9	法学研究★	1.0359	53	16.41	143	0.3004	中国社会科学院法学研究所
10	地理研究	0.9410	53	5.25	867	0.9414	中国科学院地理科学与资源研究所，中国地理学会
11	国际经济评论★	0.9253	116	27.24	52	0.1158	中国社会科学院世界经济与政治研究所
12	财贸经济★	0.8833	292	38.8	667	0.5362	中国社会科学院财经战略研究院
13	中国农村观察★	0.8707	57	7.66	174	0.6304	中国社会科学院农村发展研究所
14	世界经济与政治★	0.8626	276	46.01	145	0.2571	中国社会科学院世界经济与政治研究所
15	教育研究★	0.8369	427	73.63	445	0.3749	中央教育科学研究所
16	开放时代★	0.7489	139	22.47	107	0.2215	广州市社会科学院
17	科研管理★	0.7444	356	15.35	728	0.8198	中国科学院科技政策与管理科学研究所，中国科学学与科技政策研究会，清华大学技术创新研究中心
18	图书情报工作★	0.7162	370	28.85	1463	0.4451	中国科学院文献情报中心
19	中国翻译★	0.7114	12	1.4	108	0.1915	中国外文局对外传播研究中心，中国翻译协会
20	政治学研究★	0.7029	139	20.11	150	0.3432	中国社会科学院政治学研究所
21	中国语文★	0.6978	71	7.99	128	0.3469	中国社会科学院语言研究所
22	民族研究★	0.6536	99	12.2	119	0.3059	中国社会科学院民族学与人类学研究所

（续附表5）

序号	全部刊名	2011影响因子	总转摘量	加权转摘量	基金论文数	基金论文比	主办单位
23	现代图书情报技术★	0.6455	195	14.05	443	0.4347	中国科学院文献情报中心
24	世界经济研究★	0.6418	118	14.33	360	0.4265	上海市社会科学院世界经济研究所
25	当代亚太★	0.6417	96	12.42	58	0.1737	中国社会科学院亚太与全球战略研究院，中国亚洲太平洋学会
26	资源科学★	0.6207	51	5.9	1324	0.9317	中国科学院地理科学与资源研究所，中国自然资源学会
27	青年研究★	0.6161	67	10.56	68	0.2048	中国社会科学院社会学研究所
28	历史研究★	0.6013	279	40.27	120	0.3069	中国社会科学院
29	心理科学进展★	0.5787	128	14.79	631	0.6822	中国科学院心理研究所
30	情报杂志	0.5566	132	8.95	1748	0.6201	陕西省科学技术信息研究所
31	经济社会体制比较★	0.5345	200	32.86	304	0.3658	中共中央编译局世界发展战略研究部
32	新闻与传播研究★	0.5304	55	9.49	126	0.3290	中国社会科学院新闻与传播研究所
33	近代史研究★	0.5076	178	25.71	66	0.2050	中国社会科学院近代史研究所
34	宏观经济研究★	0.4936	117	13.46	245	0.3043	国家发展和改革委员会宏观经济研究院
35	中国经济史研究★	0.4840	87	11.08	74	0.1555	中国社会科学院经济研究所
36	经济学动态★	0.4783	384	56.72	508	0.2979	中国社会科学院经济研究所
37	社会科学★	0.4741	461	71.61	504	0.3698	上海社会科学院
38	哲学研究★	0.4724	600	87.11	381	0.3351	中国社会科学院哲学研究所
39	考古★	0.4722	13	1.35	161	0.2865	中国社会科学院考古研究所
40	马克思主义研究★	0.4640	343	48.33	381	0.3002	中国社会科学院马克思主义研究院，马克思主义研究学部
41	上海经济研究★	0.4609	93	12.21	312	0.3366	上海社会科学院经济研究所
42	中国体育科技★	0.4563	18	1.75	326	0.4015	国家体育总局体育科学研究所
43	改革★	0.4473	275	40.93	281	0.1996	重庆社会科学院
44	政治与法律★	0.4412	243	34.59	334	0.2744	上海市社会科学院法学研究所
45	考古学报★	0.4211	7	0.98	40	0.4167	中国社会科学院考古研究所
46	体育与科学★	0.4152	35	3.2	204	0.2772	江苏省体育科学研究所
47	中国史研究★	0.3889	107	15.83	70	0.2236	中国社会科学院历史研究所
48	方言★	0.3882	20	2	75	0.3304	中国社会科学院语言研究所

（续附表 5）

序号	全部刊名	2011影响因子	总转摘量	加权转摘量	基金论文数	基金论文比	主办单位
49	农业现代化研究	0.3824	3	0.45	767	0.8419	中国科学院农业研究委员会，中国科学院亚热带农业生态研究所
50	技术经济与管理研究	0.3760	15	1.5	612	0.4325	山西省人民政府发展研究中心
51	中国特殊教育★	0.3700	5	0.78	477	0.4425	中央教育科学研究所
52	城市问题★	0.3693	49	5.78	703	0.6003	北京市社会科学院
53	现代国际关系★	0.3669	197	25.74	116	0.1474	中国现代国际关系研究院
54	中国科技论坛★	0.3554	132	22.7	1197	0.6751	中国科学技术发展战略研究院
55	江海学刊★	0.3505	527	98.72	324	0.2852	江苏省社会科学院
56	欧洲研究★	0.3468	101	15.92	75	0.2287	中国社会科学院欧洲研究所
57	环球法律评论★	0.3389	121	17.56	115	0.2681	中国社会科学院法学研究所
58	世界经济与政治论坛★	0.3333	102	13.24	151	0.2807	江苏省社会科学院世界经济研究所
59	当代语言学★	0.3299	48	6.25	88	0.4018	中国社会科学院语言研究所
60	北京社会科学★	0.3234	53	8.23	130	0.2476	北京市社会科学院
61	马克思主义与现实★	0.3230	231	36.04	283	0.2476	中共中央编译局马克思主义研究部
62	软科学★	0.3222	75	8.5	1276	0.7641	四川省科技促进发展研究中心
63	日本学刊★	0.3219	88	11.84	29	0.0786	中国社会科学院日本研究所，中华日本学会
64	中国刑事法杂志★	0.3190	86	11.5	168	0.1949	最高人民检察院检察理论研究所
65	教育发展研究★	0.3184	326	42.66	587	0.2672	上海市教育科学研究院，上海市高等教育学会
66	国际问题研究★	0.3137	90	11.99	19	0.0528	中国国际问题研究所
67	学海★	0.3113	249	39.36	391	0.3682	江苏省社会科学院
68	经济管理★	0.3065	254	30.43	882	0.5428	中国社会科学院工业经济研究所
69	社会科学研究★	0.3059	353	62.42	361	0.3402	四川省社会科学院
70	地域研究与开发★	0.2982	22	2.2	615	0.6965	河南省科学院地理研究所
71	当代世界与社会主义★	0.2967	254	36.19	388	0.3313	中共中央编译局马克思主义研究部，中国国际共运史学会
72	贵州社会科学★	0.2880	187	37.52	494	0.2955	贵州省社会科学院
73	美国研究★	0.2871	53	8.96	47	0.1934	中国社会科学院美国研究所，中华美国学会
74	经济体制改革★	0.2854	78	8.65	504	0.4176	四川省社会科学院

（续附表5）

序号	全部刊名	2011影响因子	总转摘量	加权转摘量	基金论文数	基金论文比	主办单位
75	经济纵横★	0.2834	117	18.17	850	0.3631	吉林省社会科学院（社科联）
76	语言文字应用	0.2825	42	4.81	136	0.3155	国家教育部语言文字应用研究所
77	学习与探索★	0.2752	355	71.15	732	0.4133	黑龙江省社会科学院
78	西亚非洲★	0.2733	86	10.69	177	0.2287	中国社会科学院西亚非洲研究所
79	亚太经济★	0.2733	36	4.36	320	0.3907	福建省社会科学院亚太经济研究所
80	国外理论动态★	0.2716	186	27.29	93	0.0890	中共中央编译局
81	科技进步与对策★	0.2701	119	18.7	2600	0.6274	湖北省科技信息研究院
82	天津社会科学★	0.2675	287	50.85	263	0.3308	天津社会科学院
83	妇女研究论丛★	0.2620	71	10.93	120	0.2510	全国妇联妇女研究所，中国妇女研究会
84	云南社会科学★	0.2506	147	31.38	380	0.3831	云南省社会科学院
85	毛泽东邓小平理论研究★	0.2465	186	22.97	256	0.2896	上海市社会科学院，上海市中国特色社会主义理论体系研究中心
86	广西民族研究★	0.2441	40	4.68	223	0.3591	广西壮族自治区民族研究中心
87	文学评论★	0.2419	360	65.57	157	0.1514	中国社会科学院文学研究所
88	南亚研究★	0.2417	32	4.04	58	0.2522	中国社会科学院亚太与全球战略研究院，中国南亚学会
89	中国青年研究★	0.2391	93	10.36	413	0.2653	中国青少年研究中心，中国青少年研究会
90	中国藏学★	0.2315	62	5.14	66	0.1395	中国藏学研究中心
91	语文研究	0.2268	36	6.19	103	0.4153	山西省社会科学院
92	人文杂志★	0.2254	252	43.49	282	0.3102	陕西省社会科学院
93	甘肃社会科学★	0.2252	233	41.94	679	0.3412	甘肃省社会科学院
94	江西社会科学★	0.2231	328	59.55	1010	0.3471	江西省社会科学院
95	文学遗产★	0.2226	172	27.77	99	0.1746	中国社会科学院文学研究所
96	地理与地理信息科学	0.2208	20	2	623	0.8028	河北省科学院地理科学研究所
97	俄罗斯中亚东欧研究★	0.2132	60	2.0139	91	0.2018	中国社会科学院俄罗斯东欧中亚研究所
98	红楼梦学刊★	0.2088	17	2.78	55	0.0802	中国艺术研究院
99	中国边疆史地研究★	0.2063	71	9.47	63	0.2032	中国社会科学院中国边疆史地研究中心
100	社会科学管理与评论	0.2051	45	5.66	25	0.0896	中国社会科学院科研局

（续附表5）

序号	全部刊名	2011影响因子	总转摘量	加权转摘量	基金论文数	基金论文比	主办单位
101	世界民族★	0.2038	56	7.12	93	0.2460	中国社会科学院民族学与人类学研究所
102	经济问题	0.2020	106	11.18	775	0.3703	山西省社会科学院
103	史学理论研究★	0.2014	106	18.93	42	0.1120	中国社会科学院世界历史研究所
104	国际经济合作★	0.2008	44	5.48	184	0.1487	商务部国际贸易经济合作研究院
105	中共党史研究★	0.2005	168	24.86	149	0.1784	中共中央党史研究室
106	青年探索	0.2000	43	4.3	176	0.2712	广州市穗港澳青少年研究所
107	安徽史学★	0.1991	121	16.23	164	0.2862	安徽省社会科学院
108	世界哲学★	0.1932	144	17.35	44	0.0995	中国社会科学院哲学研究所
109	世界历史★	0.1918	153	22.94	116	0.2024	中国社会科学院世界历史研究所
110	当代中国史研究★	0.1901	143	20.75	70	0.1118	中国社会科学院当代中国研究所
111	哲学动态★	0.1900	367	53.45	321	0.2879	中国社会科学院哲学研究所
112	出版发行研究★	0.1880	171	23.75	148	0.1017	中国新闻出版研究院
113	文艺研究★	0.1871	464	65.82	261	0.1673	中国艺术研究院
114	外国文学评论★	0.1863	107	13.68	85	0.2152	中国社会科学院外国文学研究所
115	国外社会科学★	0.1848	130	20.33	182	0.2642	中国社会科学院信息情报研究院
116	求索★	0.1827	145	26.04	1763	0.3470	湖南省社会科学院
117	江汉论坛★	0.1821	314	57.87	420	0.2281	湖北省社会科学院
118	江汉考古★	0.1818	2	0.2	113	0.3542	湖北省文物考古研究所
119	中州学刊★	0.1814	316	56.3	595	0.3019	河南省社会科学院
120	党的文献★	0.1806	66	10.63	1	0.0018	中共中央文献研究室，中央档案馆
121	民族文学研究★	0.1802	25	3.31	159	0.2594	中国社会科学院民族文学研究所
122	地方财政研究★	0.1795	182	12.34	88	0.0862	辽宁省财政科学研究所，东北财经大学财税学院
123	高校理论战线	0.1794	125	14.44	76	0.0881	教育部高等学校社会科学发展研究中心
124	江淮论坛★	0.1793	82	12.16	375	0.3687	安徽省社会科学院
125	考古与文物★	0.1770	14	1.4	100	0.2033	陕西省考古研究院
126	广东社会科学★	0.1766	268	50.42	311	0.3309	广东省社会科学院
127	抗日战争研究★	0.1750	62	8.48	53	0.1934	中国社会科学院近代史研究所，中国抗日战争史学会

（续附表 5）

序号	全 部 刊 名	2011影响因子	总转摘量	加权转摘量	基金论文数	基金论文比	主 办 单 位
128	浙江学刊★	0.1718	268	51.05	359	0.3349	浙江省社会科学院
129	西藏研究★	0.1676	34	2.3	120	0.3038	西藏社会科学院
130	黑龙江民族丛刊★	0.1652	69	7.98	379	0.3399	黑龙江省民族研究所
131	拉丁美洲研究★	0.1634	48	5.76	29	0.0732	中国社会科学院拉丁美洲研究所
132	敦煌研究★	0.1624	21	2.94	222	0.3782	敦煌研究院
133	史林★	0.1622	194	24.62	149	0.2431	上海社会科学院历史研究所
134	台湾研究★	0.1606	35	3.73	33	0.0930	中国社会科学院台湾研究所
135	河北学刊★	0.1603	572	106.63	510	0.2867	河北省社会科学院
136	华侨华人历史研究	0.1591	10	0.9	39	0.1884	中国华侨华人历史研究所
137	人类学学报	0.1579	1	0.38	190	0.8333	中国科学院古脊椎动物与古人类研究所
138	当代电影★	0.1575	140	15	153	0.0947	中国电影艺术研究中心，中国传媒大学
139	和平与发展	0.1572	40	3.95	19	0.0537	和平与发展研究中心
140	民族语文★	0.1565	42	4.2	85	0.2796	中国社会科学院民族学与人类学研究所
141	社会科学战线★	0.1559	511	96.69	959	0.3228	吉林省社会科学院
142	社会科学辑刊★	0.1553	190	35.22	555	0.3551	辽宁省社会科学院
143	文艺理论与批评★	0.1551	56	7.53	138	0.1723	中国艺术研究院
144	学术论坛★	0.1482	154	19.15	1013	0.3662	广西社会科学院
145	东岳论丛★	0.1471	227	42.61	562	0.2898	山东省社会科学院
146	华夏考古★	0.1460	5	0.5	113	0.3353	河南省文物考古研究所，河南省文物考古学会
147	贵州民族研究★	0.1425	26	2.6	347	0.3519	贵州省民族研究院
148	艺术百家★	0.1379	104	12.6	731	0.4032	江苏省文化艺术研究院
149	民族艺术★	0.1350	23	3.06	131	0.3403	广西民族文化艺术研究院
150	内蒙古社会科学	0.1307	42	5.13	395	0.3982	内蒙古自治区社会科学院
151	开发研究★	0.1296	68	3.9	502	0.4251	甘肃省社会科学院
152	晋阳学刊	0.1241	76	9.49	207	0.2681	山西省社会科学院
153	西域研究★	0.1241	24	2.68	75	0.2072	新疆社会科学院
154	宁夏社会科学	0.1229	49	7.35	398	0.3207	宁夏社会科学院
155	青海社会科学	0.1081	44	6.5	338	0.2288	青海省社会科学院

序号	全 部 刊 名	2011影响因子	总转摘量	加权转摘量	基金论文数	基金论文比	主 办 单 位
156	教育学术月刊★	0.1053	144	15.35	363	0.1610	江西省教育科学研究所，江西省教育学会
157	俄罗斯中亚东欧市场	0.1030	25	2.5	112	0.2025	中国社会科学院俄罗斯东欧中亚研究所
158	中国音乐学★	0.0983	15	1.5	57	0.1310	中国艺术研究院音乐研究所
159	福建论坛．人文社会科学版★	0.0946	235	40.26	545	0.2805	福建省社会科学院
160	企业经济★	0.0932	62	6.58	1073	0.3117	江西省社会科学院
161	新疆社会科学★	0.0906	31	4.18	248	0.3159	新疆社会科学院
162	农业考古★	0.0902	7	1.3	468	0.1887	江西省社会科学院
163	管子学刊	0.0901	13	1.65	62	0.1095	齐文化研究院
164	当代青年研究	0.0881	73	7.73	110	0.1204	上海社会科学院青少年研究所
165	南方文物	0.0877	14	1.4	55	0.1046	江西省文物考古研究所
166	世界宗教研究★	0.0873	67	8.07	124	0.2271	中国社会科学院世界宗教研究所
167	黑龙江社会科学	0.0798	88	14.34	451	0.3106	黑龙江省社会科学院
168	西伯利亚研究	0.0698	11	1.58	137	0.2018	黑龙江省社会科学院
169	毛泽东思想研究	0.0693	63	6.2	254	0.2367	四川省社会科学院，四川省社会科学界联合会，中共四川省委党史研究室
170	自然科学史研究	0.0685	36	4.36	83	0.4109	中国科学院自然科学史研究所，中国科学技术史学会
171	中华文化论坛	0.0642	22	3.1	166	0.2271	四川省社会科学院
172	教育评论	0.0577	30	3.25	516	0.3364	福建省教育科学研究所，福建省教育学会
173	教育理论与实践★	0.0547	195	21.13	986	0.2599	山西省教育科学研究院，山西省教育学会
174	满族研究	0.0510	22	2.6	64	0.1391	辽宁省民族宗教问题研究中心
175	回族研究★	0.0483	31	3.2	51	0.1151	宁夏社会科学院
176	中国史研究动态	0.0449	34	3.4	2	0.0046	中国社会科学院历史研究所
177	贵州文史丛刊	0.0350	3	0.3	39	0.0796	贵州省文史研究馆
178	明清小说研究★	0.0296	28	3.48	92	0.1710	江苏省社会科学院文学研究所明清小说研究中心
179	世界华文文学论坛	0.0135	1	0.1	30	0.0792	江苏省社会科学院

附表6　研究机构学刊2007～2011 年总转摘量排序表

序号	全部刊名	总转摘量	加权转摘量	2011影响因子	基金论文数	基金论文比	主办单位
1	哲学研究★	600	87.11	0.4724	381	0.3351	中国社会科学院哲学研究所
2	河北学刊★	572	106.63	0.1603	510	0.2867	河北省社会科学院
3	江海学刊★	527	98.72	0.3505	324	0.2852	江苏省社会科学院
4	社会科学战线★	511	96.69	0.1559	959	0.3228	吉林省社会科学院
5	中国社会科学★	478	90.51	3.0934	188	0.3925	中国社会科学院
6	文艺研究★	464	65.82	0.1871	261	0.1673	中国艺术研究院
7	社会科学★	461	71.61	0.4741	504	0.3698	上海社会科学院
8	教育研究★	427	73.63	0.8369	445	0.3749	中央教育科学研究所
9	经济学动态★	384	56.72	0.4783	508	0.2979	中国社会科学院经济研究所
10	图书情报工作★	370	28.85	0.7162	1463	0.4451	中国科学院文献情报中心
11	哲学动态★	367	53.45	0.1900	321	0.2879	中国社会科学院哲学研究所
12	文学评论★	360	65.57	0.2419	157	0.1514	中国社会科学院文学研究所
13	科研管理★	356	15.35	0.7444	728	0.8198	中国科学院科技政策与管理科学研究所，中国科学学与科技政策研究会，清华大学技术创新研究中心
14	学习与探索★	355	71.15	0.2752	732	0.4133	黑龙江省社会科学院
15	社会科学研究★	353	62.42	0.3059	361	0.3402	四川省社会科学院
16	马克思主义研究★	343	48.33	0.4640	381	0.3002	中国社会科学院马克思主义研究院，马克思主义研究学部
17	管理世界★	335	50.05	1.4355	790	0.5263	国务院发展研究中心
18	江西社会科学★	328	59.55	0.2231	1010	0.3471	江西省社会科学院
19	教育发展研究★	326	42.66	0.3184	587	0.2672	上海市教育科学研究院，上海市高等教育学会
20	中国工业经济★	317	53.85	1.5348	631	0.6713	中国社会科学院工业经济研究所
21	中州学刊★	316	56.3	0.1814	595	0.3019	河南省社会科学院
22	江汉论坛★	314	57.87	0.1821	420	0.2281	湖北省社会科学院
23	财贸经济★	292	38.8	0.8833	667	0.5362	中国社会科学院财经战略研究院
24	天津社会科学★	287	50.85	0.2675	263	0.3308	天津社会科学院
25	历史研究★	279	40.27	0.6013	120	0.3069	中国社会科学院

序号	全 部 刊 名	总转摘量	加 权转摘量	2011影响因子	基 金论文数	基 金论文比	主 办 单 位
26	世界经济与政治★	276	46.01	0.8626	145	0.2571	中国社会科学院世界经济与政治研究所
27	改革★	275	40.93	0.4473	281	0.1996	重庆社会科学院
28	经济研究★	272	68.84	5.4206	510	0.6197	中国社会科学院经济研究所
29	广东社会科学★	268	50.42	0.1766	311	0.3309	广东省社会科学院
30	浙江学刊★	268	51.05	0.1718	359	0.3349	浙江省社会科学院
31	经济管理★	254	30.43	0.3065	882	0.5428	中国社会科学院工业经济研究所
32	当代世界与社会主义★	254	36.19	0.2967	388	0.3313	中共中央编译局马克思主义研究部，中国国际共运史学会
33	人文杂志★	252	43.49	0.2254	282	0.3102	陕西省社会科学院
34	学海★	249	39.36	0.3113	391	0.3682	江苏省社会科学院
35	政治与法律★	243	34.59	0.4412	334	0.2744	上海市社会科学院法学研究所
36	福建论坛．人文社会科学版★	235	40.26	0.0946	545	0.2805	福建省社会科学院
37	甘肃社会科学★	233	41.94	0.2252	679	0.3412	甘肃省社会科学院
38	马克思主义与现实★	231	36.04	0.3230	283	0.2476	中共中央编译局马克思主义研究部
39	东岳论丛★	227	42.61	0.1471	562	0.2898	山东省社会科学院
40	经济社会体制比较★	200	32.86	0.5345	304	0.3658	中共中央编译局世界发展战略研究部
41	现代国际关系★	197	25.74	0.3669	116	0.1474	中国现代国际关系研究院
42	现代图书情报技术★	195	14.05	0.6455	443	0.4347	中国科学院文献情报中心
43	教育理论与实践★	195	21.13	0.0547	986	0.2599	山西省教育科学研究院，山西省教育学会
44	史林★	194	24.62	0.1622	149	0.2431	上海社会科学院历史研究所
45	社会科学辑刊★	190	35.22	0.1553	555	0.3551	辽宁省社会科学院
46	贵州社会科学★	187	37.52	0.2880	494	0.2955	贵州省社会科学院
47	国外理论动态★	186	27.29	0.2716	93	0.0890	中共中央编译局
48	毛泽东邓小平理论研究★	186	22.97	0.2465	256	0.2896	上海市社会科学院，上海市中国特色社会主义理论体系研究中心
49	地方财政研究★	182	12.34	0.1795	88	0.0862	辽宁省财政科学研究所，东北财经大学财税学院
50	近代史研究★	178	25.71	0.5076	66	0.2050	中国社会科学院近代史研究所

（续附表6）

序号	全部刊名	总转摘量	加权转摘量	2011影响因子	基金论文数	基金论文比	主办单位
51	文学遗产★	172	27.77	0.2226	99	0.1746	中国社会科学院文学研究所
52	出版发行研究★	171	23.75	0.1880	148	0.1017	中国新闻出版研究院
53	中共党史研究★	168	24.86	0.2005	149	0.1784	中共中央党史研究室
54	社会学研究★	158	35.24	2.4615	150	0.4348	中国社会科学院社会学研究所
55	学术论坛★	154	19.15	0.1482	1013	0.3662	广西社会科学院
56	世界历史★	153	22.94	0.1918	116	0.2024	中国社会科学院世界历史研究所
57	云南社会科学★	147	31.38	0.2506	380	0.3831	云南省社会科学院
58	求索★	145	26.04	0.1827	1763	0.3470	湖南省社会科学院
59	世界哲学★	144	17.35	0.1932	44	0.0995	中国社会科学院哲学研究所
60	教育学术月刊★	144	15.35	0.1053	363	0.1610	江西省教育科学研究所，江西省教育学会
61	当代中国史研究★	143	20.75	0.1901	70	0.1118	中国社会科学院当代中国研究所
62	中国人口科学★	140	27.55	1.1184	119	0.3343	中国社会科学院人口与劳动经济研究所
63	当代电影★	140	15	0.1575	153	0.0947	中国电影艺术研究中心，中国传媒大学
64	开放时代★	139	22.47	0.7489	107	0.2215	广州市社会科学院
65	政治学研究★	139	20.11	0.7029	150	0.3432	中国社会科学院政治学研究所
66	情报杂志	132	8.95	0.5566	1748	0.6201	陕西省科学技术信息研究所
67	中国科技论坛★	132	22.7	0.3554	1197	0.6751	中国科学技术发展战略研究院
68	国外社会科学★	130	20.33	0.1848	182	0.2642	中国社会科学院信息情报研究院
69	心理科学进展★	128	14.79	0.5787	631	0.6822	中国科学院心理研究所
70	高校理论战线	125	14.44	0.1794	76	0.0881	教育部高等学校社会科学发展研究中心
71	环球法律评论★	121	17.56	0.3389	115	0.2681	中国社会科学院法学研究所
72	安徽史学★	121	16.23	0.1991	164	0.2862	安徽省社会科学院
73	中国农村经济★	120	14.78	1.1966	363	0.6302	中国社会科学院农村发展研究所
74	科技进步与对策★	119	18.7	0.2701	2600	0.6274	湖北省科技信息研究院
75	世界经济研究★	118	14.33	0.6418	360	0.4265	上海市社会科学院世界经济研究所
76	宏观经济研究★	117	13.46	0.4936	245	0.3043	国家发展和改革委员会宏观经济研究院
77	经济纵横★	117	18.17	0.2834	850	0.3631	吉林省社会科学院（社科联）

（续附表6）

序号	全部刊名	总转摘量	加权转摘量	2011影响因子	基金论文数	基金论文比	主办单位
78	国际经济评论★	116	27.24	0.9253	52	0.1158	中国社会科学院世界经济与政治研究所
79	中国史研究★	107	15.83	0.3889	70	0.2236	中国社会科学院历史研究所
80	外国文学评论★	107	13.68	0.1863	85	0.2152	中国社会科学院外国文学研究所
81	经济问题	106	11.18	0.2020	775	0.3703	山西省社会科学院
82	史学理论研究★	106	18.93	0.2014	42	0.1120	中国社会科学院世界历史研究所
83	艺术百家★	104	12.6	0.1379	731	0.4032	江苏省文化艺术研究院
84	世界经济与政治论坛★	102	13.24	0.3333	151	0.2807	江苏省社会科学院世界经济研究所
85	欧洲研究★	101	15.92	0.3468	75	0.2287	中国社会科学院欧洲研究所
86	民族研究★	99	12.2	0.6536	119	0.3059	中国社会科学院民族学与人类学研究所
87	当代亚太★	96	12.42	0.6417	58	0.1737	中国社会科学院亚太与全球战略研究院，中国亚洲太平洋学会
88	上海经济研究★	93	12.21	0.4609	312	0.3366	上海社会科学院经济研究所
89	中国青年研究★	93	10.36	0.2391	413	0.2653	中国青少年研究中心，中国青少年研究会
90	国际问题研究★	90	11.99	0.3137	19	0.0528	中国国际问题研究所
91	日本学刊★	88	11.84	0.3219	29	0.0786	中国社会科学院日本研究所，中华日本学会
92	黑龙江社会科学	88	14.34	0.0798	451	0.3106	黑龙江省社会科学院
93	中国经济史研究★	87	11.08	0.4840	74	0.1555	中国社会科学院经济研究所
94	中国刑事法杂志★	86	11.5	0.3190	168	0.1949	最高人民检察院检察理论研究所
95	西亚非洲★	86	10.69	0.2733	177	0.2287	中国社会科学院西亚非洲研究所
96	江淮论坛★	82	12.16	0.1793	375	0.3687	安徽省社会科学院
97	经济体制改革★	78	8.65	0.2854	504	0.4176	四川省社会科学院
98	晋阳学刊	76	9.49	0.1241	207	0.2681	山西省社会科学院
99	软科学★	75	8.5	0.3222	1276	0.7641	四川省科技促进发展研究中心
100	当代青年研究	73	7.73	0.0881	110	0.1204	上海社会科学院青少年研究所
101	中国语文★	71	7.99	0.6978	128	0.3469	中国社会科学院语言研究所
102	妇女研究论丛★	71	10.93	0.2620	120	0.2510	全国妇联妇女研究所，中国妇女研究会
103	中国边疆史地研究★	71	9.47	0.2063	63	0.2032	中国社会科学院中国边疆史地研究中心

（续附表6）

序号	全部刊名	总转摘量	加权转摘量	2011影响因子	基金论文数	基金论文比	主办单位
104	黑龙江民族丛刊★	69	7.98	0.1652	379	0.3399	黑龙江省民族研究所
105	开发研究★	68	3.9	0.1296	502	0.4251	甘肃省社会科学院
106	青年研究★	67	10.56	0.6161	68	0.2048	中国社会科学院社会学研究所
107	世界宗教研究★	67	8.07	0.0873	124	0.2271	中国社会科学院世界宗教研究所
108	党的文献★	66	10.63	0.1806	1	0.0018	中共中央文献研究室，中央档案馆
109	毛泽东思想研究	63	6.2	0.0693	254	0.2367	四川省社会科学院，四川省社会科学界联合会，中共四川省委党史研究室
110	中国藏学★	62	5.14	0.2315	66	0.1395	中国藏学研究中心
111	抗日战争研究★	62	8.48	0.1750	53	0.1934	中国社会科学院近代史研究所，中国抗日战争史学会
112	企业经济★	62	6.58	0.0932	1073	0.3117	江西省社会科学院
113	俄罗斯中亚东欧研究★	60	2.0139	0.2132	91	0.2018	中国社会科学院俄罗斯东欧中亚研究所
114	中国农村观察★	57	7.66	0.8707	174	0.6304	中国社会科学院农村发展研究所
115	数量经济技术经济研究★	56	7.65	1.8000	473	0.5898	中国社会科学院数量经济与技术经济研究所
116	世界民族★	56	7.12	0.2038	93	0.2460	中国社会科学院民族学与人类学研究所
117	文艺理论与批评★	56	7.53	0.1551	138	0.1723	中国艺术研究院
118	新闻与传播研究★	55	9.49	0.5304	126	0.3290	中国社会科学院新闻与传播研究所
119	法学研究★	53	16.41	1.0359	143	0.3004	中国社会科学院法学研究所
120	地理研究	53	5.25	0.9410	867	0.9414	中国科学院地理科学与资源研究所，中国地理学会
121	北京社会科学★	53	8.23	0.3234	130	0.2476	北京市社会科学院
122	美国研究★	53	8.96	0.2871	47	0.1934	中国社会科学院美国研究所，中华美国学会
123	资源科学★	51	5.9	0.6207	1324	0.9317	中国科学院地理科学与资源研究所，中国自然资源学会
124	城市问题★	49	5.78	0.3693	703	0.6003	北京市社会科学院
125	宁夏社会科学	49	7.35	0.1229	398	0.3207	宁夏社会科学院
126	当代语言学★	48	6.25	0.3299	88	0.4018	中国社会科学院语言研究所

（续附表6）

序号	全部刊名	总转摘量	加权转摘量	2011影响因子	基金论文数	基金论文比	主办单位
127	拉丁美洲研究★	48	5.76	0.1634	29	0.0732	中国社会科学院拉丁美洲研究所
128	社会科学管理与评论	45	5.66	0.2051	25	0.0896	中国社会科学院科研局
129	国际经济合作★	44	5.48	0.2008	184	0.1487	商务部国际贸易经济合作研究院
130	青海社会科学	44	6.5	0.1081	338	0.2288	青海省社会科学院
131	青年探索	43	4.3	0.2000	176	0.2712	广州市穗港澳青少年研究所
132	语言文字应用	42	4.81	0.2825	136	0.3155	国家教育部语言文字应用研究所
133	民族语文★	42	4.2	0.1565	85	0.2796	中国社会科学院民族学与人类学研究所
134	内蒙古社会科学	42	5.13	0.1307	395	0.3982	内蒙古自治区社会科学院
135	广西民族研究★	40	4.68	0.2441	223	0.3591	广西壮族自治区民族研究中心
136	和平与发展	40	3.95	0.1572	19	0.0537	和平与发展研究中心
137	亚太经济★	36	4.36	0.2733	320	0.3907	福建省社会科学院亚太经济研究所
138	语文研究	36	6.19	0.2268	103	0.4153	山西省社会科学院
139	自然科学史研究	36	4.36	0.0685	83	0.4109	中国科学院自然科学史研究所，中国科学技术史学会
140	体育与科学★	35	3.2	0.4152	204	0.2772	江苏省体育科学研究所
141	台湾研究★	35	3.73	0.1606	33	0.0930	中国社会科学院台湾研究所
142	西藏研究★	34	2.3	0.1676	120	0.3038	西藏社会科学院
143	中国史研究动态	34	3.4	0.0449	2	0.0046	中国社会科学院历史研究所
144	南亚研究★	32	4.04	0.2417	58	0.2522	中国社会科学院亚太与全球战略研究院，中国南亚学会
145	新疆社会科学★	31	4.18	0.0906	248	0.3159	新疆社会科学院
146	回族研究★	31	3.2	0.0483	51	0.1151	宁夏社会科学院
147	教育评论	30	3.25	0.0577	516	0.3364	福建省教育科学研究所，福建省教育学会
148	明清小说研究★	28	3.48	0.0296	92	0.1710	江苏省社会科学院文学研究所明清小说研究中心
149	贵州民族研究★	26	2.6	0.1425	347	0.3519	贵州省民族研究院
150	民族文学研究★	25	3.31	0.1802	159	0.2594	中国社会科学院民族文学研究所
151	俄罗斯中亚东欧市场	25	2.5	0.1030	112	0.2025	中国社会科学院俄罗斯东欧中亚研究所
152	西域研究★	24	2.68	0.1241	75	0.2072	新疆社会科学院

（续附表6）

序号	全 部 刊 名	总转摘量	加 权转摘量	2011影响因子	基 金论文数	基 金论文比	主 办 单 位
153	民族艺术★	23	3.06	0.1350	131	0.3403	广西民族文化艺术研究院
154	地域研究与开发★	22	2.2	0.2982	615	0.6965	河南省科学院地理研究所
155	中华文化论坛	22	3.1	0.0642	166	0.2271	四川省社会科学院
156	满族研究	22	2.6	0.0510	64	0.1391	辽宁省民族宗教问题研究中心
157	敦煌研究★	21	2.94	0.1624	222	0.3782	敦煌研究院
158	方言★	20	2	0.3882	75	0.3304	中国社会科学院语言研究所
159	地理与地理信息科学	20	2	0.2208	623	0.8028	河北省科学院地理科学研究所
160	中国体育科技★	18	1.75	0.4563	326	0.4015	国家体育总局体育科学研究所
161	红楼梦学刊★	17	2.78	0.2088	55	0.0802	中国艺术研究院
162	技术经济与管理研究	15	1.5	0.3760	612	0.4325	山西省人民政府发展研究中心
163	中国音乐学★	15	1.5	0.0983	57	0.1310	中国艺术研究院音乐研究所
164	考古与文物★	14	1.4	0.1770	100	0.2033	陕西省考古研究院
165	南方文物	14	1.4	0.0877	55	0.1046	江西省文物考古研究所
166	考古★	13	1.35	0.4722	161	0.2865	中国社会科学院考古研究所
167	管子学刊	13	1.65	0.0901	62	0.1095	齐文化研究院
168	中国翻译★	12	1.4	0.7114	108	0.1915	中国外文局对外传播研究中心，中国翻译协会
169	西伯利亚研究	11	1.58	0.0698	137	0.2018	黑龙江省社会科学院
170	华侨华人历史研究	10	0.9	0.1591	39	0.1884	中国华侨华人历史研究所
171	考古学报★	7	0.98	0.4211	40	0.4167	中国社会科学院考古研究所
172	农业考古★	7	1.3	0.0902	468	0.1887	江西省社会科学院
173	中国特殊教育★	5	0.78	0.3700	477	0.4425	中央教育科学研究所
174	华夏考古★	5	0.5	0.1460	113	0.3353	河南省文物考古研究所，河南省文物考古学会
175	农业现代化研究	3	0.45	0.3824	767	0.8419	中国科学院农业研究委员会，中国科学院亚热带农业生态研究所
176	贵州文史丛刊	3	0.3	0.0350	39	0.0796	贵州省文史研究馆
177	江汉考古★	2	0.2	0.1818	113	0.3542	湖北省文物考古研究所
178	人类学学报	1	0.38	0.1579	190	0.8333	中国科学院古脊椎动物与古人类研究所
179	世界华文文学论坛	1	0.1	0.0135	30	0.0792	江苏省社会科学院

附表7　党校学报2011年影响因子排序表

序号	全部刊名	2011影响因子	总转摘量	加权转摘量	基金论文数	基金论文比	主办单位
1	探索★	0.3142	131	14.34	401	0.3295	中共重庆市委党校
2	中共中央党校学报★	0.3112	141	25.77	114	0.1624	中共中央党校
3	理论探讨★	0.2369	157	26.89	559	0.4310	中共黑龙江省委党校
4	中共浙江省委党校学报	0.2065	87	11.92	177	0.2850	中共浙江省委党校,浙江行政学院
5	求实★	0.1891	56	7	542	0.3601	中共江西省委党校,江西行政学院
6	理论与改革	0.1868	85	9.65	462	0.3543	中共四川省委党校
7	岭南学刊	0.1497	73	10.56	204	0.2323	中共广东省委党校
8	长白学刊	0.1435	78	11.71	335	0.2846	中共吉林省委党校
9	新视野★	0.1390	159	23.35	210	0.2346	中共北京市委党校,北京行政学院
10	中共天津市委党校学报	0.1277	81	11.93	74	0.1591	中共天津市委党校
11	理论导刊	0.1204	42	4.95	825	0.3436	中共陕西省委党校
12	中共福建省委党校学报	0.1197	68	7.88	292	0.2454	中共福建省委党校
13	理论学刊	0.1001	181	25.56	427	0.2312	中共山东省委党校
14	中共宁波市委党校学报	0.0964	66	8.48	58	0.0817	中共宁波市委党校,宁波市行政学院,宁波市社会主义学院
15	湖北行政学院学报	0.0928	32	4.48	133	0.2247	中共湖北省委党校,湖北省行政学院
16	甘肃理论学刊	0.0732	42	5.96	218	0.2300	中共甘肃省委党校
17	中共杭州市委党校学报	0.0722	22	2.88	46	0.0850	中共杭州市委党校,杭州行政学院
18	中共山西省委党校学报	0.0635	14	2.08	167	0.1275	中共山西省委党校,山西行政学院
19	攀登	0.0581	23	2.5	97	0.0846	中共青海省委党校,青海省行政学院,青海省社会主义学院
20	中共云南省委党校学报	0.0286	39	4.25	154	0.1081	中共云南省委党校

附表 8　党校学报 2007～2011 年总转摘量排序表

序号	全部刊名	总转摘量	加权转摘量	2011 影响因子	基金论文数	基金论文比	主办单位
1	理论学刊	181	25.56	0.1001	427	0.2312	中共山东省委党校
2	新视野★	159	23.35	0.1390	210	0.2346	中共北京市委党校，北京行政学院
3	理论探讨★	157	26.89	0.2369	559	0.4310	中共黑龙江省委党校
4	中共中央党校学报★	141	25.77	0.3112	114	0.1624	中共中央党校
5	探索★	131	14.34	0.3142	401	0.3295	中共重庆市委党校
6	中共浙江省委党校学报	87	11.92	0.2065	177	0.2850	中共浙江省委党校，浙江行政学院
7	理论与改革	85	9.65	0.1868	462	0.3543	中共四川省委党校
8	中共天津市委党校学报	81	11.93	0.1277	74	0.1591	中共天津市委党校
9	长白学刊	78	11.71	0.1435	335	0.2846	中共吉林省委党校
10	岭南学刊	73	10.56	0.1497	204	0.2323	中共广东省委党校
11	中共福建省委党校学报	68	7.88	0.1197	292	0.2454	中共福建省委党校
12	中共宁波市委党校学报	66	8.48	0.0964	58	0.0817	中共宁波市委党校，宁波市行政学院，宁波市社会主义学院
13	求实★	56	7	0.1891	542	0.3601	中共江西省委党校，江西行政学院
14	理论导刊	42	4.95	0.1204	825	0.3436	中共陕西省委党校
15	甘肃理论学刊	42	5.96	0.0732	218	0.2300	中共甘肃省委党校
16	中共云南省委党校学报	39	4.25	0.0286	154	0.1081	中共云南省委党校
17	湖北行政学院学报	32	4.48	0.0928	133	0.2247	中共湖北省委党校，湖北省行政学院
18	攀登	23	2.5	0.0581	97	0.0846	中共青海省委党校，青海省行政学院，青海省社会主义学院
19	中共杭州市委党校学报	22	2.88	0.0722	46	0.0850	中共杭州市委党校，杭州行政学院
20	中共山西省委党校学报	14	2.08	0.0635	167	0.1275	中共山西省委党校，山西行政学院

附表 9　各省（直辖市、自治区）学术期刊
影响因子与转摘量排序表

说明：以下各省市名称按音序排列

安　徽

1. 影响因子排序表

序号	刊　名	2011影响因子	总转摘量	加权文摘量	基金论文数	基金论文比	学科分类	主办单位
1	预测★	0.2744	46	4.6	326	0.7818	管理学	合肥工业大学预测与发展研究所
2	安徽大学学报.哲学社会科学版★	0.2068	113	20.71	319	0.3914	综合性人文社会科学	安徽大学
3	安徽史学★	0.1991	121	16.23	164	0.2862	历史学	安徽省社会科学院
4	江淮论坛★	0.1793	82	12.16	375	0.3687	综合性人文社会科学	安徽省社会科学院
5	学术界★	0.1292	169	29.62	474	0.2806	综合性人文社会科学	安徽省社会科学界联合会
6	安徽师范大学学报.人文社会科学版★	0.1176	73	11.32	387	0.5820	综合性人文社会科学	安徽师范大学

2. 转摘量排序表

序号	刊　名	总转摘量	加权文摘量	2011影响因子	基金论文数	基金论文比	学科分类	主办单位
1	学术界★	169	29.62	0.1292	474	0.2806	综合性人文社会科学	安徽省社会科学界联合会
2	安徽史学★	121	16.23	0.1991	164	0.2862	历史学	安徽省社会科学院
3	安徽大学学报.哲学社会科学版★	113	20.71	0.2068	319	0.3914	综合性人文社会科学	安徽大学
4	江淮论坛★	82	12.16	0.1793	375	0.3687	综合性人文社会科学	安徽省社会科学院
5	安徽师范大学学报.人文社会科学版★	73	11.32	0.1176	387	0.5820	综合性人文社会科学	安徽师范大学
6	预测★	46	4.6	0.2744	326	0.7818	管理学	合肥工业大学预测与发展研究所

北 京

1. 影响因子排序表

序号	刊 名	2011影响因子	总转摘量	加权文摘量	基金论文数	基金论文比	学科分类	主办单位
1	经济研究★	5.4206	368	68.84	510	0.6197	经济学理论	中国社会科学院经济研究所
2	中国社会科学★	3.0934	478	90.51	188	0.3925	综合性人文社会科学	中国社会科学院
3	社会学研究★	2.4615	158	35.24	150	0.4348	社会学	中国社会科学院社会学研究所
4	中国图书馆学报★	2.3209	295	22.1	251	0.4648	图书馆学与情报学	中国图书馆学会，国家图书馆
5	中国法学★	2.0625	95	22.05	104	0.2321	法学	中国法学会
6	数量经济技术经济研究★	1.8000	56	7.65	473	0.5898	经济计划与管理	中国社会科学院数量经济与技术经济研究所
7	世界经济★	1.7670	151	25.45	346	0.6553	世界各国经济	中国世界经济学会，中国社会科学院世界经济与政治研究所
8	金融研究★	1.7354	77	9.74	472	0.5239	金融	中国金融学会
9	大学图书馆学报★	1.5428	118	8.3	136	0.2009	图书馆学与情报学	北京大学，国家教育部高等学校图书情报工作指导委员会
10	中国工业经济★	1.5348	317	53.85	631	0.6713	中国经济	中国社会科学院工业经济研究所
11	经济学（季刊）★	1.4936	6	1.77			经济学理论	北京大学出版社
12	管理世界★	1.4355	335	50.05	790	0.5263	经济计划与管理	国务院发展研究中心
13	人口研究★	1.3008	106	15.79	121	0.3735	人口学	中国人民大学
14	中外法学★	1.2521	121	19.97	90	0.2980	法学	北京大学
15	会计研究★	1.2074	77	7.66	409	0.5257	财政	中国会计学会
16	中国农村经济★	1.1966	120	14.78	363	0.6302	农业经济	中国社会科学院农村发展研究所
17	中国人口科学★	1.1184	140	27.55	119	0.3343	人口学	中国社会科学院人口与劳动经济研究所
18	法学研究★	1.0359	53	16.41	143	0.3004	法学	中国社会科学院法学研究所
19	中国软科学★	0.9733	207	28.71	839	0.6575	管理学	中国软科学研究会

（续表）

序号	刊 名	2011影响因子	总转摘量	加权文摘量	基金论文数	基金论文比	学科分类	主办单位
20	国家图书馆学刊★	0.9496	61	4.15	88	0.2262	图书馆学与情报学	国家图书馆
21	地理研究	0.9410	53	5.25	867	0.9414	人文地理学	中国科学院地理科学与资源研究所，中国地理学会
22	审计研究★	0.9297	108	3.92	185	0.3799	经济计划与管理	中国审计学会
23	国际经济评论★	0.9253	116	27.24	52	0.1158	世界各国经济	中国社会科学院世界经济与政治研究所
24	法学家★	0.9010	188	26.61	167	0.2956	法学	中国人民大学
25	经济科学★	0.8923	55	7.38	117	0.3600	经济学理论	北京大学
26	国际金融研究★	0.8838	128	12.78	223	0.3338	金融	中国国际金融学会
27	财贸经济★	0.8833	292	38.8	667	0.5362	财政	中国社会科学院财经战略研究院
28	中国农村观察★	0.8707	57	7.66	174	0.6304	农业经济	中国社会科学院农村发展研究所
29	世界经济与政治★	0.8626	276	46.01	145	0.2571	国际政治	中国社会科学院世界经济与政治研究所
30	外语教学与研究★	0.8387	27	4.2	189	0.4749	语言学	北京外国语大学
31	教育研究★	0.8369	427	73.63	445	0.3749	教育学	中央教育科学研究所
32	统计研究★	0.8325	63	6.83	509	0.4577	统计学	中国统计学会，国家统计局统计科学研究所
33	情报学报★	0.8185	765	25.57	522	0.7170	图书馆学与情报学	中国科学技术情报学会，中国科学技术信息研究所
34	编辑学报★	0.7973	175	5.1	163	0.1441	新闻学与传播学	中国科学技术期刊编辑学会
35	经济理论与经济管理★	0.7649	178	22.87	408	0.5368	经济学理论	中国人民大学
36	科学学研究★	0.7596	146	21.26	919	0.7514	管理学	中国科学学与科技政策研究会
37	农业经济问题★	0.7534	133	15.31	627	0.5345	农业经济	中国农业经济学会，中国农业科学院农业经济与发展研究所
38	政法论坛★	0.7500	266	46.42	165	0.2792	法学	中国政法大学

（续表）

序号	刊　名	2011影响因子	总转摘量	加权文摘量	基金论文数	基金论文比	学科分类	主办单位
39	科研管理★	0.7444	356	15.35	728	0.8198	管理学	中国科学院科技政策与管理科学研究所，中国科学学与科技政策研究会，清华大学技术创新研究中心
40	中国土地科学★	0.7440	486	10	428	0.5815	农业经济	中国土地学会，中国土地勘测规划院
41	国际贸易问题★	0.7433	121	12.85	848	0.7504	贸易经济	对外经济贸易大学
42	情报资料工作★	0.7352	839	80.4	255	0.3282	图书馆学与情报学	中国人民大学
43	心理学报★	0.7238	83	9.72	529	0.8202	心理学	中国心理学会，中国科学院心理研究所
44	图书情报工作★	0.7162	370	28.85	1463	0.4451	图书馆学与情报学	中国科学院文献情报中心
45	中国翻译★	0.7114	12	1.4	108	0.1915	语言学	中国外文局对外传播研究中心，中国翻译协会
46	国际商务（对外经济贸易大学学报）★	0.7059	27	2.55	250	0.5330	贸易经济	对外经济贸易大学
47	政治学研究★	0.7029	139	20.11	150	0.3432	中国政治	中国社会科学院政治学研究所
48	中国语文★	0.6978	71	7.99	128	0.3469	语言学	中国社会科学院语言研究所
49	中国人民大学学报★	0.6914	429	82.18	245	0.3701	综合性人文社会科学	中国人民大学
50	旅游学刊★	0.6767	107	12.13	445	0.3846	人文地理学	北京联合大学旅游学院
51	体育科学★	0.6752	72	7.45	500	0.6053	体育学	中国体育科学学会
52	农业技术经济★	0.6631	60	6.2	414	0.6124	农业经济	中国农业技术经济学会，中国农业科学院农业经济与发展研究所
53	民族研究★	0.6536	99	12.2	119	0.3059	民族学	中国社会科学院民族学与人类学研究所
54	现代图书情报技术★	0.6455	195	14.05	443	0.4347	图书馆学与情报学	中国科学院文献情报中心

（续表）

序号	刊　名	2011 影响因子	总转摘量	加权文摘量	基金论文数	基金论文比	学科分类	主办单位
55	当代亚太★	0.6417	96	12.42	58	0.1737	国际政治	中国社会科学院亚太与全球战略研究院，中国亚洲太平洋学会
56	资源科学★	0.6207	51	5.9	1324	0.9317	环境科学	中国科学院地理科学与资源研究所，中国自然资源学会
57	青年研究★	0.6161	67	10.56	68	0.2048	社会学	中国社会科学院社会学研究所
58	情报理论与实践★	0.6122	199	15.65	954	0.6049	图书馆学与情报学	中国国防科学技术信息学会，中国兵器工业集团第210研究所
59	中国科技期刊研究★	0.6116	40	4.4	310	0.2052	新闻学与传播学	中国科学院自然科学期刊编辑研究会，中国科学院文献情报中心
60	文物★	0.6028	8	0.8	57	0.0971	考古学	文物出版社
61	历史研究★	0.6013	279	40.27	120	0.3069	历史学	中国社会科学院
62	心理科学进展★	0.5787	128	14.79	631	0.6822	心理学	中国科学院心理研究所
63	世界汉语教学★	0.5686	60	6.43	91	0.3514	语言学	北京语言大学
64	清华大学学报.哲学社会科学版★	0.5685	403	91.59	148	0.2937	综合性人文社会科学	清华大学
65	知识产权★	0.5519	29	3.25	182	0.3138	法学	中国知识产权研究会
66	外交评论★	0.5435	147	19.81	103	0.2336	国际政治	外交学院
67	经济社会体制比较★	0.5345	200	32.86	304	0.3658	世界各国经济	中共中央编译局世界发展战略研究部
68	新闻与传播研究★	0.5304	55	9.49	126	0.3290	新闻学与传播学	中国社会科学院新闻与传播研究所
69	近代史研究★	0.5076	178	25.71	66	0.2050	历史学	中国社会科学院近代史研究所
70	北京大学教育评论★	0.5000	151	29.53	92	0.3007	教育学	北京大学
71	宏观经济研究★	0.4936	117	13.46	245	0.3043	经济计划与管理	国家发展和改革委员会宏观经济研究院
72	中国经济史研究★	0.4840	87	11.08	74	0.1555	中国经济	中国社会科学院经济研究所
73	自然资源学报★	0.4833	158	4.84	851	0.9562	环境科学	中国自然资源学会

（续表）

序号	刊　名	2011影响因子	总转摘量	加权文摘量	基金论文数	基金论文比	学科分类	主办单位
74	经济学动态★	0.4783	384	56.72	508	0.2979	经济学理论	中国社会科学院经济研究所
75	哲学研究★	0.4724	600	87.11	381	0.3351	哲学	中国社会科学院哲学研究所
76	考古★	0.4722	13	1.35	161	0.2865	考古学	中国社会科学院考古研究所
77	马克思主义研究★	0.4640	343	48.33	381	0.3002	马克思主义	中国社会科学院马克思主义研究院，马克思主义研究学部
78	中国体育科技★	0.4563	18	1.75	326	0.4015	体育学	国家体育总局体育科学研究所
79	城市发展研究★	0.4540	55	8.03	597	0.4603	人文地理学	中国城市科学研究会
80	比较法研究★	0.4395	126	19.48	102	0.2519	法学	中国政法大学比较法研究所
81	北京大学学报.哲学社会科学版★	0.4351	449	87.49	113	0.1782	综合性人文社会科学	北京大学
82	心理发展与教育★	0.4286	87	8.75	337	0.7694	心理学	北京师范大学
83	中国管理科学★	0.4249	49	6.34	673	0.8844	管理学	中国优选法统筹法与经济数学研究会，中国科学院科技政策与管理科学研究所
84	中国农业大学学报.社会科学版★	0.4227	57	5.83	144	0.3019	综合性人文社会科学	中国农业大学
85	考古学报★	0.4211	7	0.98	40	0.4167	考古学	中国社会科学院考古研究所
86	北京师范大学学报.社会科学版★	0.4170	415	91.11	242	0.4151	综合性人文社会科学	北京师范大学
87	财政研究★	0.4106	90	8.91	370	0.2745	财政	中国财政学会
88	清华大学教育研究★	0.4091	129	17.76	201	0.3675	教育学	清华大学
89	城市规划★	0.4062	24	2.68	247	0.2508	人文地理学	中国城市规划学会
90	中国行政管理★	0.4008	205	29.85	613	0.3332	中国政治	中国行政管理学会
91	中国史研究★	0.3889	107	15.83	70	0.2236	历史学	中国社会科学院历史研究所
92	方言★	0.3882	20	2	75	0.3304	语言学	中国社会科学院语言研究所
93	税务研究★	0.3830	127	10.8	265	0.1575	财政	中国税务杂志社

（续表）

序号	刊　名	2011影响因子	总转摘量	加权文摘量	基金论文数	基金论文比	学科分类	主办单位
94	中国特殊教育★	0.3700	5	0.78	477	0.4425	教育学	中央教育科学研究所
95	城市问题★	0.3693	49	5.78	703	0.6003	人文地理学	北京市社会科学院
96	现代国际关系★	0.3669	197	25.74	116	0.1474	国际政治	中国现代国际关系研究院
97	人口与发展★	0.3562	40	5.11	171	0.3276	人口学	北京大学
98	中国科技论坛★	0.3554	132	22.7	1197	0.6751	管理学	中国科学技术发展战略研究院
99	人口与经济★	0.3500	46	4.35	215	0.4379	人口学	首都经济贸易大学
100	求是★	0.3493	255	47.21	1	0.0004	中国政治	中国共产党中央委员会
101	欧洲研究★	0.3468	101	15.92	75	0.2287	国际政治	中国社会科学院欧洲研究所
102	保险研究★	0.3462	95	9.4	257	0.2056	金融	中国保险学会
103	档案学研究★	0.3457	145	8.71	114	0.1939	档案学	中国档案学会
104	教学与研究★	0.3421	354	47.18	290	0.3333	马克思主义	中国人民大学
105	环球法律评论★	0.3389	121	17.56	115	0.2681	法学	中国社会科学院法学研究所
106	当代语言学★	0.3299	48	6.25	88	0.4018	语言学	中国社会科学院语言研究所
107	中央音乐学院学报★	0.3259	19	2.1	42	0.1180	艺术学	中央音乐学院
108	北京社会科学★	0.3234	53	8.23	130	0.2476	综合性人文社会科学	北京市社会科学院
109	马克思主义与现实★	0.3230	231	36.04	283	0.2476	马克思主义	中共中央编译局马克思主义研究部
110	国家检察官学院学报	0.3222	83	11.68	86	0.1299	法学	国家检察官学院
111	日本学刊★	0.3219	88	11.84	29	0.0786	国际政治	中国社会科学院日本研究所，中华日本学会
112	中国刑事法杂志★	0.3190	86	11.5	168	0.1949	法学	最高人民检察院检察理论研究所
113	国家行政学院学报★	0.3176	136	23.16	208	0.2533	中国政治	国家行政学院
114	国际问题研究★	0.3137	90	11.99	19	0.0528	国际政治	中国国际问题研究所
115	中共中央党校学报★	0.3112	141	25.77	114	0.1624	中国政治	中共中央党校
116	学位与研究生教育★	0.3089	559	15.1	291	0.2960	教育学	国务院学位委员会

（续表）

序号	刊　名	2011影响因子	总转摘量	加权文摘量	基金论文数	基金论文比	学科分类	主办单位
117	经济管理★	0.3065	254	30.43	882	0.5428	经济计划与管理	中国社会科学院工业经济研究所
118	法律适用	0.3053	116	14.98	74	0.0534	法学	国家法官学院
119	数理统计与管理★	0.3039	48	4.72	443	0.6011	统计学	中国现场统计研究会
120	中央财经大学学报★	0.3037	150	17.12	390	0.3611	财政	中央财经大学
121	中国科技翻译	0.3015	0		94	0.2765	语言学	中国科学院科技翻译工作者协会
122	当代世界与社会主义★	0.2967	254	36.19	388	0.3313	国际政治	中共中央编译局马克思主义研究部，中国国际共运史学会
123	中华女子学院学报	0.2959	55	6.03	173	0.2380	社会学	中华女子学院
124	经济与管理研究★	0.2898	122	18.16	505	0.4737	经济计划与管理	首都经济贸易大学
125	中国流通经济★	0.2898	113	14.16	458	0.3655	贸易经济	北京物资学院
126	行政法学研究★	0.2892	65	10.54	68	0.1643	法学	中国政法大学
127	美国研究★	0.2871	53	8.96	47	0.1934	国际政治	中国社会科学院美国研究所，中华美国学会
128	国际论坛★	0.2857	74	8.77	111	0.2754	国际政治	北京外国语大学
129	法学杂志★	0.2854	115	19.52	524	0.2823	法学	北京市法学会
130	语言文字应用	0.2825	42	4.81	136	0.3155	语言学	国家教育部语言文字应用研究所
131	金融论坛★	0.2808	89	8.11	140	0.1900	金融	中国城市金融学会，城市金融研究所
132	国际新闻界★	0.2786	128	18.35	328	0.2618	新闻学与传播学	中国人民大学
133	档案学通讯★	0.2762	108	8.7	221	0.2676	档案学	中国人民大学
134	西亚非洲★	0.2733	86	10.69	177	0.2287	国际政治	中国社会科学院西亚非洲研究所
135	国外理论动态★	0.2716	186	27.29	93	0.0890	国际政治	中共中央编译局
136	中国高教研究★	0.2712	109	15.78	690	0.3686	教育学	中国高等教育学会
137	中国心理卫生杂志★	0.2692	102	4.26	574	0.4893	心理学	中国心理卫生协会
138	语言教学与研究★	0.2688	42	5.39	177	0.4381	语言学	北京语言大学
139	北京体育大学学报★	0.2684	55	5.65	1053	0.4077	体育学	北京体育大学

（续表）

序号	刊　名	2011影响因子	总转摘量	加权文摘量	基金论文数	基金论文比	学科分类	主办单位
140	妇女研究论丛★	0.2620	71	10.93	120	0.2510	社会学	全国妇联妇女研究所，中国妇女研究会
141	北京工商大学学报.社会科学版★	0.2537	97	13.92	336	0.5022	贸易经济	北京工商大学
142	太平洋学报★	0.2473	83	10.82	206	0.2914	国际政治	中国太平洋学会
143	清史研究★	0.2419	108	14.08	59	0.2021	历史学	中国人民大学清史研究所
144	文学评论★	0.2419	360	65.57	157	0.1514	文学	中国社会科学院文学研究所
145	南亚研究★	0.2417	32	4.04	58	0.2522	国际政治	中国社会科学院亚太与全球战略研究院，中国南亚学会
146	中国青年研究★	0.2391	93	10.36	413	0.2653	中国政治	中国青少年研究中心，中国青少年研究会
147	中国藏学★	0.2315	62	5.14	66	0.1395	民族学	中国藏学研究中心
148	音乐研究★	0.2299	22	2.6	52	0.1221	艺术学	人民音乐出版社
149	教育学报★	0.2290	120	15.61	202	0.4165	教育学	北京师范大学
150	现代传播（中国传媒大学学报）★	0.2283	132	22.48	434	0.2010	新闻学与传播学	中国传媒大学
151	中国科技史杂志	0.2268	19	1.62	85	0.3386	历史学	中国科学技术史学会，中国科学院自然科学史研究所
152	北京行政学院学报★	0.2264	168	26.51	214	0.2900	中国政治	北京行政学院
153	中国特色社会主义研究★	0.2261	119	14.75	125	0.1891	中国政治	北京市社会科学界联合会，北京市中国特色社会主义理论体系研究中心，北京市科学社会主义学会
154	文学遗产★	0.2226	172	27.77	99	0.1746	文学	中国社会科学院文学研究所
155	中国现代文学研究丛刊★	0.2167	147	20.84	115	0.1497	文学	中国现代文学馆
156	自然辩证法研究★	0.2164	227	38.88	509	0.3710	哲学	中国自然辩证法研究会

（续表）

序号	刊　名	2011影响因子	总转摘量	加权文摘量	基金论文数	基金论文比	学科分类	主办单位
157	国际政治研究★	0.2143	88	14.21	45	0.1510	国际政治	北京大学
158	俄罗斯中亚东欧研究★	0.2132	60	2.0139	91	0.2018	国际政治	中国社会科学院俄罗斯东欧中亚研究所
159	课程·教材·教法★	0.2094	355	38.7	340	0.3041	教育学	人民教育出版社有限公司
160	红楼梦学刊★	0.2088	17	2.78	55	0.0802	文学	中国艺术研究院
161	国家教育行政学院学报★	0.2086	81	11.13	214	0.1846	教育学	国家教育行政学院
162	体育文化导刊★	0.2078	40	4.75	651	0.2643	体育学	国家体育总局体育文化发展中心
163	中国边疆史地研究★	0.2063	71	9.47	63	0.2032	历史学	中国社会科学院中国边疆史地研究中心
164	鲁迅研究月刊★	0.2063	63	7.1	47	0.0606	文学	北京鲁迅博物馆
165	社会科学管理与评论	0.2051	45	5.66	25	0.0896	管理学	中国社会科学院科研局
166	世界民族★	0.2038	56	7.12	93	0.2460	民族学	中国社会科学院民族学与人类学研究所
167	史学理论研究★	0.2014	106	18.93	42	0.1120	历史学	中国社会科学院世界历史研究所
168	国际经济合作★	0.2008	44	5.48	184	0.1487	贸易经济	商务部国际贸易经济合作研究院
169	中共党史研究★	0.2005	168	24.86	149	0.1784	中国政治	中共中央党史研究室
170	电影艺术★	0.1967	109	11.7	55	0.0712	艺术学	中国电影家协会
171	北京工业大学学报.社会科学版	0.1957	37	6.13	159	0.3412	综合性人文社会科学	北京工业大学
172	科学社会主义★	0.1947	143	18.01	256	0.2121	中国政治	中国科学社会主义学会
173	中国金融★	0.1938	180	20.35	38	0.0092	金融	中国金融出版社
174	世界哲学★	0.1932	144	17.35	44	0.0995	哲学	中国社会科学院哲学研究所
175	比较教育研究★	0.1928	153	18.91	435	0.3534	教育学	北京师范大学
176	世界历史★	0.1918	153	22.94	116	0.2024	历史学	中国社会科学院世界历史研究所
177	当代中国史研究★	0.1901	143	20.75	70	0.1118	历史学	中国社会科学院当代中国研究所

（续表）

序号	刊　名	2011影响因子	总转摘量	加权文摘量	基金论文数	基金论文比	学科分类	主办单位
178	哲学动态★	0.1900	367	53.45	321	0.2879	哲学	中国社会科学院哲学研究所
179	北京交通大学学报.社会科学版	0.1889	52	8.35	272	0.6182	综合性人文社会科学	北京交通大学
180	出版发行研究★	0.1880	171	23.75	148	0.1017	新闻学与传播学	中国新闻出版研究院
181	文艺研究★	0.1871	464	65.82	261	0.1673	文学	中国艺术研究院
182	外国文学评论★	0.1863	107	13.68	85	0.2152	文学	中国社会科学院外国文学研究所
183	国外社会科学★	0.1848	130	20.33	182	0.2642	综合性人文社会科学	中国社会科学院信息情报研究院
184	中国社会科学院研究生院学报★	0.1825	143	31.86	133	0.1752	综合性人文社会科学	中国社会科学院研究生院
185	民族教育研究★	0.1815	26	2.75	333	0.4500	教育学	中央民族大学
186	党的文献★	0.1806	66	10.63	1	0.0018	中国政治	中共中央文献研究室，中央档案馆
187	民族文学研究★	0.1802	25	3.31	159	0.2594	文学	中国社会科学院民族文学研究所
188	首都经济贸易大学学报★	0.1800	61	7.03	226	0.3537	贸易经济	首都经济贸易大学
189	高校理论战线	0.1794	125	14.44	76	0.0881	中国政治	教育部高等学校社会科学发展研究中心
190	中国哲学史★	0.1756	102	12.21	56	0.1739	哲学	中国哲学史学会
191	自然辩证法通讯	0.1754	103	12.65	204	0.3328	哲学	中国科学院大学
192	抗日战争研究★	0.1750	62	8.48	53	0.1934	历史学	中国社会科学院近代史研究所，中国抗日战争史学会
193	中国出版★	0.1725	131	17.85	197	0.1029	新闻学与传播学	中国新闻出版传媒集团
194	拉丁美洲研究★	0.1634	48	5.76	29	0.0732	国际政治	中国社会科学院拉丁美洲研究所
195	外国文学★	0.1626	87	9.43	114	0.2163	文学	北京外国语大学
196	台湾研究★	0.1606	35	3.73	33	0.0930	中国政治	中国社会科学院台湾研究所
197	华侨华人历史研究	0.1591	10	0.9	39	0.1884	历史学	中国华侨华人历史研究所

（续表）

序号	刊　名	2011影响因子	总转摘量	加权文摘量	基金论文数	基金论文比	学科分类	主　办　单　位
198	人类学学报	0.1579	1	0.38	190	0.8333	民族学	中国科学院古脊椎动物与古人类研究所
199	古今农业	0.1579	10	1.2	62	0.2131	农业经济	全国农业展览馆
200	当代电影★	0.1575	140	15	153	0.0947	艺术学	中国电影艺术研究中心，中国传媒大学
201	和平与发展	0.1572	40	3.95	19	0.0537	国际政治	和平与发展研究中心
202	民族语文★	0.1565	42	4.2	85	0.2796	语言学	中国社会科学院民族学与人类学研究所
203	文艺理论与批评★	0.1551	56	7.53	138	0.1723	文学	中国艺术研究院
204	首都师范大学学报.社会科学版★	0.1495	157	26.95	203	0.2678	综合性人文社会科学	首都师范大学
205	中国劳动关系学院学报	0.1465	77	8.78	175	0.1989	中国政治	中国劳动关系学院
206	经济研究参考	0.1445	148	16.73	321	0.0735	经济学理论	经济科学出版社
207	中国教育学刊★	0.1395	191	23.08	287	0.1978	教育学	中国教育学会
208	新视野★	0.1390	159	23.35	210	0.2346	中国政治	中共北京市委党校，北京行政学院
209	中国钱币	0.1364	0		4	0.0115	金融	中国钱币博物馆，中国钱币学会
210	中国人民公安大学学报.社会科学版	0.1349	34	4.78	218	0.3053	法学	中国人民公安大学
211	北京联合大学学报.人文社会科学版	0.1337	60	10.31	22	0.0445	综合性人文社会科学	北京联合大学
212	中国国家博物馆馆刊	0.1316	0		44	0.0936	考古学	中国国家博物馆
213	北京第二外国语学院学报	0.1309	46	4.6	298	0.3777	语言学	北京第二外国语学院
214	中央民族大学学报.哲学社会科学版★	0.1281	67	9.63	283	0.3909	民族学	中央民族大学
215	故宫博物院院刊	0.1221	25	3.23	49	0.1541	考古学	故宫博物院
216	史学史研究★	0.1159	95	11.62	76	0.2043	历史学	北京师范大学
217	文献	0.1152	12	1.4	70	0.1282	历史学	国家图书馆
218	中国发展	0.1146	15	1.7	99	0.2020	中国经济	中国致公党中央委员会
219	历史档案★	0.1088	29	3.05	34	0.0932	历史学	中国第一历史档案馆

（续表）

序号	刊　名	2011影响因子	总转摘量	加权文摘量	基金论文数	基金论文比	学科分类	主办单位
220	建筑经济	0.1088	1	0.1	531	0.2870	中国经济	中国建筑学会，中国建筑设计研究院，亚太建设科技信息研究院
221	俄罗斯中亚东欧市场	0.1030	25	2.5	112	0.2025	世界各国经济	中国社会科学院俄罗斯东欧中亚研究所
222	中国人力资源开发	0.1006	103	11.1	282	0.1724	管理学	中国人力资源开发研究会
223	中国音乐学★	0.0983	15	1.5	57	0.1310	艺术学	中国艺术研究院音乐研究所
224	未来与发展	0.0961	47	7.46	551	0.4252	管理学	中国未来研究会
225	中国音乐★	0.0907	12	1.2	133	0.1270	艺术学	中国音乐学院
226	国外文学★	0.0882	56	6	101	0.2945	文学	北京大学
227	世界宗教研究★	0.0873	67	8.07	124	0.2271	宗教学	中国社会科学院世界宗教研究所
228	中国文化研究	0.0810	64	9.74	112	0.2133	文化学	北京语言大学
229	中国地方志★	0.0789	7	1.08			历史学	中国地方志指导小组办公室
230	中国广播电视学刊	0.0712	16	2.4	82	0.0313	新闻学与传播学	中国广播电视协会
231	管理现代化	0.0705	25	2.58	330	0.5565	管理学	中国管理现代化研究会
232	中国青年政治学院学报★	0.0687	173	28.3	214	0.2515	中国政治	中国青年政治学院
233	自然科学史研究	0.0685	36	4.36	83	0.4109	哲学	中国科学院自然科学史研究所，中国科学技术史学会
234	北京电影学院学报★	0.0682	50	5.05	39	0.0765	艺术学	北京电影学院
235	北京林业大学学报.社会科学版	0.0664	7	0.7	213	0.3866	综合性人文社会科学	北京林业大学
236	国际安全研究	0.0664	37	3.85	47	0.0841	国际政治	国际关系学院
237	中国版权	0.0664	17	1.7	12	0.0229	法学	中国版权保护中心
238	汉字文化	0.0598	0		93	0.1283	语言学	北京国际汉字研究会
239	继续教育	0.0587	39	4.3	66	0.0516	教育学	解放军总装备部继续教育中心

（续表）

序号	刊　名	2011 影响因子	总转摘量	加权文摘量	基金论文数	基金论文比	学科分类	主办单位
240	中国典籍与文化	0.0564	23	2.55	74	0.1529	历史学	全国高院校古籍整理研究工作委员会
241	美术研究★	0.0562	19	2.1	41	0.0909	艺术学	中央美术学院
242	投资研究★	0.0543	38	3.3	98	0.1382	金融	中国建设银行股份有限公司，中国投资学会
243	环境保护	0.0541	61	7.85	365	0.1100	环境科学	中国环境出版社
244	人民音乐★	0.0517	17	1.9	87	0.0532	艺术学	中国音乐家协会
245	中国史研究动态	0.0449	34	3.4	2	0.0046	历史学	中国社会科学院历史研究所
246	戏剧（中央戏剧学院学报）★	0.0431	17	2.56	58	0.2117	艺术学	中央戏剧学院
247	中国资产评估	0.0410	0		1	0.0015	经济计划与管理	中国资产评估协会
248	中国统计	0.0343	7	0.7	13	0.0072	统计学	中国统计出版社
249	俄罗斯文艺★	0.0282	25	3.1	106	0.2928	文学	北京师范大学

2. 转摘量排序表

序号	刊　名	总转摘量	加权文摘量	2011 影响因子	基金论文数	基金论文比	学科分类	主办单位
1	情报资料工作★	839	80.4	0.7352	255	0.3282	图书馆学与情报学	中国人民大学
2	情报学报★	765	25.57	0.8185	522	0.717	图书馆学与情报学	中国科学技术情报学会，中国科学技术信息研究所
3	哲学研究★	600	87.11	0.4724	381	0.3351	哲学	中国社会科学院哲学研究所
4	学位与研究生教育★	559	15.1	0.3089	291	0.296	教育学	国务院学位委员会
5	中国土地科学★	486	10	0.744	428	0.5815	农业经济	中国土地学会，中国土地勘测规划院
6	中国社会科学★	478	90.51	3.0934	188	0.3925	综合性人文社会科学	中国社会科学院
7	文艺研究★	464	65.82	0.1871	261	0.1673	文学	中国艺术研究院

（续表）

序号	刊　名	总转摘量	加权文摘量	2011影响因子	基金论文数	基金论文比	学科分类	主办单位
8	北京大学学报.哲学社会科学版★	449	87.49	0.4351	113	0.1782	综合性人文社会科学	北京大学
9	中国人民大学学报★	429	82.18	0.6914	245	0.3701	综合性人文社会科学	中国人民大学
10	教育研究★	427	73.63	0.8369	445	0.3749	教育学	中央教育科学研究所
11	北京师范大学学报.社会科学版★	415	91.11	0.417	242	0.4151	综合性人文社会科学	北京师范大学
12	清华大学学报.哲学社会科学版★	403	91.59	0.5685	148	0.2937	综合性人文社会科学	清华大学
13	经济学动态★	384	56.72	0.4783	508	0.2979	经济学理论	中国社会科学院经济研究所
14	图书情报工作★	370	28.85	0.7162	1463	0.4451	图书馆学与情报学	中国科学院文献情报中心
15	经济研究★	368	68.84	5.4206	510	0.6197	经济学理论	中国社会科学院经济研究所
16	哲学动态★	367	53.45	0.19	321	0.2879	哲学	中国社会科学院哲学研究所
17	文学评论★	360	65.57	0.2419	157	0.1514	文学	中国社会科学院文学研究所
18	科研管理★	356	15.35	0.7444	728	0.8198	管理学	中国科学院科技政策与管理科学研究所，中国科学学与科技政策研究会，清华大学技术创新研究中心
19	课程·教材·教法★	355	38.7	0.2094	340	0.3041	教育学	人民教育出版社有限公司
20	教学与研究★	354	47.18	0.3421	290	0.3333	马克思主义	中国人民大学
21	马克思主义研究★	343	48.33	0.464	381	0.3002	马克思主义	中国社会科学院马克思主义研究院，马克思主义研究学部
22	管理世界★	335	50.05	1.4355	790	0.5263	经济计划与管理	国务院发展研究中心
23	中国工业经济★	317	53.85	1.5348	631	0.6713	中国经济	中国社会科学院工业经济研究所

（续表）

序号	刊　名	总转摘量	加权文摘量	2011影响因子	基金论文数	基金论文比	学科分类	主办单位
24	中国图书馆学报★	295	22.1	2.3209	251	0.4648	图书馆学与情报学	中国图书馆学会，国家图书馆
25	财贸经济★	292	38.8	0.8833	667	0.5362	财政	中国社会科学院财经战略研究院
26	历史研究★	279	40.27	0.6013	120	0.3069	历史学	中国社会科学院
27	世界经济与政治★	276	46.01	0.8626	145	0.2571	国际政治	中国社会科学院世界经济与政治研究所
28	政法论坛★	266	46.42	0.75	165	0.2792	法学	中国政法大学
29	求是★	255	47.21	0.3493	1	0.0004	中国政治	中国共产党中央委员会
30	经济管理★	254	30.43	0.3065	882	0.5428	经济计划与管理	中国社会科学院工业经济研究所
31	当代世界与社会主义★	254	36.19	0.2967	388	0.3313	国际政治	中共中央编译局马克思主义研究部，中国国际共运史学会
32	马克思主义与现实★	231	36.04	0.323	283	0.2476	马克思主义	中共中央编译局马克思主义研究部
33	自然辩证法研究★	227	38.88	0.2164	509	0.371	哲学	中国自然辩证法研究会
34	中国软科学★	207	28.71	0.9733	839	0.6575	管理学	中国软科学研究会
35	中国行政管理★	205	29.85	0.4008	613	0.3332	中国政治	中国行政管理学会
36	经济社会体制比较★	200	32.86	0.5345	304	0.3658	世界各国经济	中共中央编译局世界发展战略研究部
37	情报理论与实践★	199	15.65	0.6122	954	0.6049	图书馆学与情报学	中国国防科学技术信息学会，中国兵器工业集团第210研究所
38	现代国际关系★	197	25.74	0.3669	116	0.1474	国际政治	中国现代国际关系研究院
39	现代图书情报技术★	195	14.05	0.6455	443	0.4347	图书馆学与情报学	中国科学院文献情报中心
40	中国教育学刊★	191	23.08	0.1395	287	0.1978	教育学	中国教育学会
41	法学家★	188	26.61	0.901	167	0.2956	法学	中国人民大学
42	国外理论动态★	186	27.29	0.2716	93	0.089	国际政治	中共中央编译局

（续表）

序号	刊　名	总转摘量	加权文摘量	2011影响因子	基金论文数	基金论文比	学科分类	主办单位
43	中国金融★	180	20.35	0.1938	38	0.0092	金融	中国金融出版社
44	经济理论与经济管理★	178	22.87	0.7649	408	0.5368	经济学理论	中国人民大学
45	近代史研究★	178	25.71	0.5076	66	0.205	历史学	中国社会科学院近代史研究所
46	编辑学报★	175	5.1	0.7973	163	0.1441	新闻学与传播学	中国科学技术期刊编辑学会
47	中国青年政治学院学报★	173	28.3	0.0687	214	0.2515	中国政治	中国青年政治学院
48	文学遗产★	172	27.77	0.2226	99	0.1746	文学	中国社会科学院文学研究所
49	出版发行研究★	171	23.75	0.188	148	0.1017	新闻学与传播学	中国新闻出版研究院
50	北京行政学院学报★	168	26.51	0.2264	214	0.29	中国政治	北京行政学院
51	中共党史研究★	168	24.86	0.2005	149	0.1784	中国政治	中共中央党史研究室
52	新视野★	159	23.35	0.139	210	0.2346	中国政治	中共北京市委党校,北京行政学院
53	社会学研究★	158	35.24	2.4615	150	0.4348	社会学	中国社会科学院社会学研究所
54	自然资源学报★	158	4.84	0.4833	851	0.9562	环境科学	中国自然资源学会
55	首都师范大学学报.社会科学版★	157	26.95	0.1495	203	0.2678	综合性人文社会科学	首都师范大学
56	比较教育研究★	153	18.91	0.1928	435	0.3534	教育学	北京师范大学
57	世界历史★	153	22.94	0.1918	116	0.2024	历史学	中国社会科学院世界历史研究所
58	世界经济★	151	25.45	1.767	346	0.6553	世界各国经济	中国世界经济学会,中国社会科学院世界经济与政治研究所
59	北京大学教育评论★	151	29.53	0.5	92	0.3007	教育学	北京大学
60	中央财经大学学报★	150	17.12	0.3037	390	0.3611	财政	中央财经大学
61	经济研究参考	148	16.73	0.1445	321	0.0735	经济学理论	经济科学出版社
62	外交评论★	147	19.81	0.5435	103	0.2336	国际政治	外交学院

（续表）

序号	刊　名	总转摘量	加权文摘量	2011影响因子	基金论文数	基金论文比	学科分类	主办单位
63	中国现代文学研究丛刊★	147	20.84	0.2167	115	0.1497	文学	中国现代文学馆
64	科学学研究★	146	21.26	0.7596	919	0.7514	管理学	中国科学学与科技政策研究会
65	档案学研究★	145	8.71	0.3457	114	0.1939	档案学	中国档案学会
66	世界哲学★	144	17.35	0.1932	44	0.0995	哲学	中国社会科学院哲学研究所
67	科学社会主义★	143	18.01	0.1947	256	0.2121	中国政治	中国科学社会主义学会
68	当代中国史研究★	143	20.75	0.1901	70	0.1118	历史学	中国社会科学院当代中国研究所
69	中国社会科学院研究生院学报★	143	31.86	0.1825	133	0.1752	综合性人文社会科学	中国社会科学院研究生院
70	中共中央党校学报★	141	25.77	0.3112	114	0.1624	中国政治	中共中央党校
71	中国人口科学★	140	27.55	1.1184	119	0.3343	人口学	中国社会科学院人口与劳动经济研究所
72	当代电影★	140	15	0.1575	153	0.0947	艺术学	中国电影艺术研究中心，中国传媒大学
73	政治学研究★	139	20.11	0.7029	150	0.3432	中国政治	中国社会科学院政治学研究所
74	国家行政学院学报★	136	23.16	0.3176	208	0.2533	中国政治	国家行政学院
75	农业经济问题★	133	15.31	0.7534	627	0.5345	农业经济	中国农业经济学会，中国农业科学院农业经济与发展研究所
76	中国科技论坛★	132	22.7	0.3554	1197	0.6751	管理学	中国科学技术发展战略研究院
77	现代传播（中国传媒大学学报）★	132	22.48	0.2283	434	0.201	新闻学与传播学	中国传媒大学
78	中国出版★	131	17.85	0.1725	197	0.1029	新闻学与传播学	中国新闻出版传媒集团
79	国外社会科学★	130	20.33	0.1848	182	0.2642	综合性人文社会科学	中国社会科学院信息情报研究院
80	清华大学教育研究★	129	17.76	0.4091	201	0.3675	教育学	清华大学
81	国际金融研究★	128	12.78	0.8838	223	0.3338	金融	中国国际金融学会

（续表）

序号	刊　名	总转摘量	加权文摘量	2011影响因子	基金论文数	基金论文比	学科分类	主办单位
82	心理科学进展★	128	14.79	0.5787	631	0.6822	心理学	中国科学院心理研究所
83	国际新闻界★	128	18.35	0.2786	328	0.2618	新闻学与传播学	中国人民大学
84	税务研究★	127	10.8	0.383	265	0.1575	财政	中国税务杂志社
85	比较法研究★	126	19.48	0.4395	102	0.2519	法学	中国政法大学比较法研究所
86	高校理论战线	125	14.44	0.1794	76	0.0881	中国政治	教育部高等学校社会科学发展研究中心
87	经济与管理研究★	122	18.16	0.2898	505	0.4737	经济计划与管理	首都经济贸易大学
88	中外法学★	121	19.97	1.2521	90	0.298	法学	北京大学
89	国际贸易问题★	121	12.85	0.7433	848	0.7504	贸易经济	对外经济贸易大学
90	环球法律评论★	121	17.56	0.3389	115	0.2681	法学	中国社会科学院法学研究所
91	中国农村经济★	120	14.78	1.1966	363	0.6302	农业经济	中国社会科学院农村发展研究所
92	教育学报★	120	15.61	0.229	202	0.4165	教育学	北京师范大学
93	中国特色社会主义研究★	119	14.75	0.2261	125	0.1891	中国政治	北京市社会科学界联合会，北京市中国特色社会主义理论体系研究中心，北京市科学社会主义学会
94	大学图书馆学报★	118	8.3	1.5428	136	0.2009	图书馆学与情报学	北京大学，国家教育部高等学校图书情报工作指导委员会
95	宏观经济研究★	117	13.46	0.4936	245	0.3043	经济计划与管理	国家发展和改革委员会宏观经济研究院
96	国际经济评论★	116	27.24	0.9253	52	0.1158	世界各国经济	中国社会科学院世界经济与政治研究所
97	法律适用	116	14.98	0.3053	74	0.0534	法学	国家法官学院

（续表）

序号	刊　名	总转摘量	加权文摘量	2011影响因子	基金论文数	基金论文比	学科分类	主办单位
98	法学杂志★	115	19.52	0.2854	524	0.2823	法学	北京市法学会
99	中国流通经济★	113	14.16	0.2898	458	0.3655	贸易经济	北京物资学院
100	中国高教研究★	109	15.78	0.2712	690	0.3686	教育学	中国高等教育学会
101	电影艺术★	109	11.7	0.1967	55	0.0712	艺术学	中国电影家协会
102	审计研究★	108	3.92	0.9297	185	0.3799	经济计划与管理	中国审计学会
103	档案学通讯★	108	8.7	0.2762	221	0.2676	档案学	中国人民大学
104	清史研究★	108	14.08	0.2419	59	0.2021	历史学	中国人民大学清史研究所
105	旅游学刊★	107	12.13	0.6767	445	0.3846	人文地理学	北京联合大学旅游学院
106	中国史研究★	107	15.83	0.3889	70	0.2236	历史学	中国社会科学院历史研究所
107	外国文学评论★	107	13.68	0.1863	85	0.2152	文学	中国社会科学院外国文学研究所
108	人口研究★	106	15.79	1.3008	121	0.3735	人口学	中国人民大学
109	史学理论研究★	106	18.93	0.2014	42	0.112	历史学	中国社会科学院世界历史研究所
110	自然辩证法通讯	103	12.65	0.1754	204	0.3328	哲学	中国科学院大学
111	中国人力资源开发	103	11.1	0.1006	282	0.1724	管理学	中国人力资源开发研究会
112	中国心理卫生杂志★	102	4.26	0.2692	574	0.4893	心理学	中国心理卫生协会
113	中国哲学史★	102	12.21	0.1756	56	0.1739	哲学	中国哲学史学会
114	欧洲研究★	101	15.92	0.3468	75	0.2287	国际政治	中国社会科学院欧洲研究所
115	民族研究★	99	12.2	0.6536	119	0.3059	民族学	中国社会科学院民族学与人类学研究所
116	北京工商大学学报.社会科学版★	97	13.92	0.2537	336	0.5022	贸易经济	北京工商大学
117	当代亚太★	96	12.42	0.6417	58	0.1737	国际政治	中国社会科学院亚太与全球战略研究院,中国亚洲太平洋学会
118	中国法学★	95	22.05	2.0625	104	0.2321	法学	中国法学会

（续表）

序号	刊　名	总转摘量	加权文摘量	2011影响因子	基金论文数	基金论文比	学科分类	主办单位
119	保险研究★	95	9.4	0.3462	257	0.2056	金融	中国保险学会
120	史学史研究★	95	11.62	0.1159	76	0.2043	历史学	北京师范大学
121	中国青年研究★	93	10.36	0.2391	413	0.2653	中国政治	中国青少年研究中心，中国青少年研究会
122	财政研究★	90	8.91	0.4106	370	0.2745	财政	中国财政学会
123	国际问题研究★	90	11.99	0.3137	19	0.0528	国际政治	中国国际问题研究所
124	金融论坛★	89	8.11	0.2808	140	0.19	金融	中国城市金融学会，城市金融研究所
125	日本学刊★	88	11.84	0.3219	29	0.0786	国际政治	中国社会科学院日本研究所，中华日本学会
126	国际政治研究★	88	14.21	0.2143	45	0.151	国际政治	北京大学
127	中国经济史研究★	87	11.08	0.484	74	0.1555	中国经济	中国社会科学院经济研究所
128	心理发展与教育★	87	8.75	0.4286	337	0.7694	心理学	北京师范大学
129	外国文学★	87	9.43	0.1626	114	0.2163	文学	北京外国语大学
130	中国刑事法杂志★	86	11.5	0.319	168	0.1949	法学	最高人民检察院检察理论研究所
131	西亚非洲★	86	10.69	0.2733	177	0.2287	国际政治	中国社会科学院西亚非洲研究所
132	心理学报★	83	9.72	0.7238	529	0.8202	心理学	中国心理学会，中国科学院心理研究所
133	国家检察官学院学报	83	11.68	0.3222	86	0.1299	法学	国家检察官学院
134	太平洋学报★	83	10.82	0.2473	206	0.2914	国际政治	中国太平洋学会
135	国家教育行政学院学报★	81	11.13	0.2086	214	0.1846	教育学	国家教育行政学院
136	金融研究★	77	9.74	1.7354	472	0.5239	金融	中国金融学会
137	会计研究★	77	7.66	1.2074	409	0.5257	财政	中国会计学会
138	中国劳动关系学院学报	77	8.78	0.1465	175	0.1989	中国政治	中国劳动关系学院
139	国际论坛★	74	8.77	0.2857	111	0.2754	国际政治	北京外国语大学
140	体育科学★	72	7.45	0.6752	500	0.6053	体育学	中国体育科学学会

（续表）

序号	刊　名	总转摘量	加权文摘量	2011影响因子	基金论文数	基金论文比	学科分类	主办单位
141	中国语文★	71	7.99	0.6978	128	0.3469	语言学	中国社会科学院语言研究所
142	妇女研究论丛★	71	10.93	0.262	120	0.251	社会学	全国妇联妇女研究所，中国妇女研究会
143	中国边疆史地研究★	71	9.47	0.2063	63	0.2032	历史学	中国社会科学院中国边疆史地研究中心
144	青年研究★	67	10.56	0.6161	68	0.2048	社会学	中国社会科学院社会学研究所
145	中央民族大学学报.哲学社会科学版★	67	9.63	0.1281	283	0.3909	民族学	中央民族大学
146	世界宗教研究★	67	8.07	0.0873	124	0.2271	宗教学	中国社会科学院世界宗教研究所
147	党的文献★	66	10.63	0.1806	1	0.0018	中国政治	中共中央文献研究室，中央档案馆
148	行政法学研究★	65	10.54	0.2892	68	0.1643	法学	中国政法大学
149	中国文化研究	64	9.74	0.081	112	0.2133	文化学	北京语言大学
150	统计研究★	63	6.83	0.8325	509	0.4577	统计学	中国统计学会，国家统计局统计科学研究所
151	鲁迅研究月刊★	63	7.1	0.2063	47	0.0606	文学	北京鲁迅博物馆
152	中国藏学★	62	5.14	0.2315	66	0.1395	民族学	中国藏学研究中心
153	抗日战争研究★	62	8.48	0.175	53	0.1934	历史学	中国社会科学院近代史研究所，中国抗日战争史学会
154	国家图书馆学刊★	61	4.15	0.9496	88	0.2262	图书馆学与情报学	国家图书馆
155	首都经济贸易大学学报★	61	7.03	0.18	226	0.3537	贸易经济	首都经济贸易大学
156	环境保护	61	7.85	0.0541	365	0.11	环境科学	中国环境出版社
157	农业技术经济★	60	6.2	0.6631	414	0.6124	农业经济	中国农业技术经济学会，中国农业科学院农业经济与发展研究所
158	世界汉语教学★	60	6.43	0.5686	91	0.3514	语言学	北京语言大学
159	俄罗斯中亚东欧研究★	60	2.0139	0.2132	91	0.2018	国际政治	中国社会科学院俄罗斯东欧中亚研究所

（续表）

序号	刊　名	总转摘量	加权文摘量	2011影响因子	基金论文数	基金论文比	学科分类	主办单位
160	北京联合大学学报.人文社会科学版	60	10.31	0.1337	22	0.0445	综合性人文社会科学	北京联合大学
161	中国农村观察★	57	7.66	0.8707	174	0.6304	农业经济	中国社会科学院农村发展研究所
162	中国农业大学学报.社会科学版★	57	5.83	0.4227	144	0.3019	综合性人文社会科学	中国农业大学
163	数量经济技术经济研究★	56	7.65	1.8	473	0.5898	经济计划与管理	中国社会科学院数量经济与技术经济研究所
164	世界民族★	56	7.12	0.2038	93	0.246	民族学	中国社会科学院民族学与人类学研究所
165	文艺理论与批评★	56	7.53	0.1551	138	0.1723	文学	中国艺术研究院
166	国外文学★	56	6	0.0882	101	0.2945	文学	北京大学
167	经济科学★	55	7.38	0.8923	117	0.36	经济学理论	北京大学
168	新闻与传播研究★	55	9.49	0.5304	126	0.329	新闻学与传播学	中国社会科学院新闻与传播研究所
169	城市发展研究★	55	8.03	0.454	597	0.4603	人文地理学	中国城市科学研究会
170	中华女子学院学报	55	6.03	0.2959	173	0.238	社会学	中华女子学院
171	北京体育大学学报★	55	5.65	0.2684	1053	0.4077	体育学	北京体育大学
172	法学研究★	53	16.41	1.0359	143	0.3004	法学	中国社会科学院法学研究所
173	地理研究	53	5.25	0.941	867	0.9414	人文地理学	中国科学院地理科学与资源研究所，中国地理学会
174	北京社会科学★	53	8.23	0.3234	130	0.2476	综合性人文社会科学	北京市社会科学院
175	美国研究★	53	8.96	0.2871	47	0.1934	国际政治	中国社会科学院美国研究所，中华美国学会
176	北京交通大学学报.社会科学版	52	8.35	0.1889	272	0.6182	综合性人文社会科学	北京交通大学

（续表）

序号	刊　名	总转摘量	加权文摘量	2011影响因子	基金论文数	基金论文比	学科分类	主办单位
177	资源科学★	51	5.9	0.6207	1324	0.9317	环境科学	中国科学院地理科学与资源研究所，中国自然资源学会
178	北京电影学院学报★	50	5.05	0.0682	39	0.0765	艺术学	北京电影学院
179	中国管理科学★	49	6.34	0.4249	673	0.8844	管理学	中国优选法统筹法与经济数学研究会，中国科学院科技政策与管理科学研究所
180	城市问题★	49	5.78	0.3693	703	0.6003	人文地理学	北京市社会科学院
181	当代语言学★	48	6.25	0.3299	88	0.4018	语言学	中国社会科学院语言研究所
182	数理统计与管理★	48	4.72	0.3039	443	0.6011	统计学	中国现场统计研究会
183	拉丁美洲研究★	48	5.76	0.1634	29	0.0732	国际政治	中国社会科学院拉丁美洲研究所
184	未来与发展	47	7.46	0.0961	551	0.4252	管理学	中国未来研究会
185	人口与经济★	46	4.35	0.35	215	0.4379	人口学	首都经济贸易大学
186	北京第二外国语学院学报	46	4.6	0.1309	298	0.3777	语言学	北京第二外国语学院
187	社会科学管理与评论	45	5.66	0.2051	25	0.0896	管理学	中国社会科学院科研局
188	国际经济合作★	44	5.48	0.2008	184	0.1487	贸易经济	商务部国际贸易经济合作研究院
189	语言文字应用	42	4.81	0.2825	136	0.3155	语言学	国家教育部语言文字应用研究所
190	语言教学与研究★	42	5.39	0.2688	177	0.4381	语言学	北京语言大学
191	民族语文★	42	4.2	0.1565	85	0.2796	语言学	中国社会科学院民族学与人类学研究所
192	中国科技期刊研究★	40	4.4	0.6116	310	0.2052	新闻学与传播学	中国科学院自然科学期刊编辑研究会，中国科学院文献情报中心
193	人口与发展★	40	5.11	0.3562	171	0.3276	人口学	北京大学

（续表）

序号	刊　　名	总转摘量	加权文摘量	2011影响因子	基金论文数	基金论文比	学科分类	主办单位
194	体育文化导刊★	40	4.75	0.2078	651	0.2643	体育学	国家体育总局体育文化发展中心
195	和平与发展	40	3.95	0.1572	19	0.0537	国际政治	和平与发展研究中心
196	继续教育	39	4.3	0.0587	66	0.0516	教育学	解放军总装备部继续教育中心
197	投资研究★	38	3.3	0.0543	98	0.1382	金融	中国建设银行股份有限公司，中国投资学会
198	北京工业大学学报.社会科学版	37	6.13	0.1957	159	0.3412	综合性人文社会科学	北京工业大学
199	国际安全研究	37	3.85	0.0664	47	0.0841	国际政治	国际关系学院
200	自然科学史研究	36	4.36	0.0685	83	0.4109	哲学	中国科学院自然科学史研究所，中国科学技术史学会
201	台湾研究★	35	3.73	0.1606	33	0.093	中国政治	中国社会科学院台湾研究所
202	中国人民公安大学学报.社会科学版	34	4.78	0.1349	218	0.3053	法学	中国人民公安大学
203	中国史研究动态	34	3.4	0.0449	2	0.0046	历史学	中国社会科学院历史研究所
204	南亚研究★	32	4.04	0.2417	58	0.2522	国际政治	中国社会科学院亚太与全球战略研究院，中国南亚学会
205	知识产权★	29	3.25	0.5519	182	0.3138	法学	中国知识产权研究会
206	历史档案★	29	3.05	0.1088	34	0.0932	历史学	中国第一历史档案馆
207	外语教学与研究★	27	4.2	0.8387	189	0.4749	语言学	北京外国语大学
208	国际商务（对外经济贸易大学学报）★	27	2.55	0.7059	250	0.533	贸易经济	对外经济贸易大学
209	民族教育研究★	26	2.75	0.1815	333	0.45	教育学	中央民族大学
210	民族文学研究★	25	3.31	0.1802	159	0.2594	文学	中国社会科学院民族文学研究所
211	故宫博物院院刊	25	3.23	0.1221	49	0.1541	考古学	故宫博物院

（续表）

序号	刊　　名	总转摘量	加权文摘量	2011影响因子	基金论文数	基金论文比	学科分类	主办单位
212	俄罗斯中亚东欧市场	25	2.5	0.103	112	0.2025	世界各国经济	中国社会科学院俄罗斯东欧中亚研究所
213	管理现代化	25	2.58	0.0705	330	0.5565	管理学	中国管理现代化研究会
214	俄罗斯文艺★	25	3.1	0.0282	106	0.2928	文学	北京师范大学
215	城市规划★	24	2.68	0.4062	247	0.2508	人文地理学	中国城市规划学会
216	中国典籍与文化	23	2.55	0.0564	74	0.1529	历史学	全国高院校古籍整理研究工作委员会
217	音乐研究★	22	2.6	0.2299	52	0.1221	艺术学	人民音乐出版社
218	方言★	20	2	0.3882	75	0.3304	语言学	中国社会科学院语言研究所
219	中央音乐学院学报★	19	2.1	0.3259	42	0.118	艺术学	中央音乐学院
220	中国科技史杂志	19	1.62	0.2268	85	0.3386	历史学	中国科学技术史学会，中国科学院自然科学史研究所
221	美术研究★	19	2.1	0.0562	41	0.0909	艺术学	中央美术学院
222	中国体育科技★	18	1.75	0.4563	326	0.4015	体育学	国家体育总局体育科学研究所
223	红楼梦学刊★	17	2.78	0.2088	55	0.0802	文学	中国艺术研究院
224	中国版权	17	1.7	0.0664	12	0.0229	法学	中国版权保护中心
225	人民音乐★	17	1.9	0.0517	87	0.0532	艺术学	中国音乐家协会
226	戏剧（中央戏剧学院学报）★	17	2.56	0.0431	58	0.2117	艺术学	中央戏剧学院
227	中国广播电视学刊	16	2.4	0.0712	82	0.0313	新闻学与传播学	中国广播电视协会
228	中国发展	15	1.7	0.1146	99	0.202	中国经济	中国致公党中央委员会
229	中国音乐学★	15	1.5	0.0983	57	0.131	艺术学	中国艺术研究院音乐研究所
230	考古★	13	1.35	0.4722	161	0.2865	考古学	中国社会科学院考古研究所
231	中国翻译★	12	1.4	0.7114	108	0.1915	语言学	中国外文局对外传播研究中心，中国翻译协会

（续表）

序号	刊　　名	总转摘量	加　权文摘量	2011影响因子	基　金论文数	基　金论文比	学科分类	主　办　单　位
232	文献	12	1.4	0.1152	70	0.1282	历史学	国家图书馆
233	中国音乐★	12	1.2	0.0907	133	0.127	艺术学	中国音乐学院
234	华侨华人历史研究	10	0.9	0.1591	39	0.1884	历史学	中国华侨华人历史研究所
235	古今农业	10	1.2	0.1579	62	0.2131	农业经济	全国农业展览馆
236	文物★	8	0.8	0.6028	57	0.0971	考古学	文物出版社
237	考古学报★	7	0.98	0.4211	40	0.4167	考古学	中国社会科学院考古研究所
238	中国地方志★	7	1.08	0.0789	—	—	历史学	中国地方志指导小组办公室
239	北京林业大学学报.社会科学版	7	0.7	0.0664	213	0.3866	综合性人文社会科学	北京林业大学
240	中国统计	7	0.7	0.0343	13	0.0072	统计学	中国统计出版社
241	经济学（季刊）★	6	1.77	1.4936			经济学理论	北京大学出版社
242	中国特殊教育★	5	0.78	0.37	477	0.4425	教育学	中央教育科学研究所
243	人类学学报	1	0.38	0.1579	190	0.8333	民族学	中国科学院古脊椎动物与古人类研究所
244	建筑经济	1	0.1	0.1088	531	0.287	中国经济	中国建筑学会，中国建筑设计研究院，亚太建设科技信息研究院
245	中国科技翻译	0	—	0.3015	94	0.2765	语言学	中国科学院科技翻译工作者协会
246	中国钱币	0	—	0.1364	4	0.0115	金融	中国钱币博物馆，中国钱币学会
247	中国国家博物馆馆刊	0	—	0.1316	44	0.0936	考古学	中国国家博物馆
248	汉字文化	0	—	0.0598	93	0.1283	语言学	北京国际汉字研究会
249	中国资产评估	0	—	0.041	1	0.0015	经济计划与管理	中国资产评估协会

福　　建

1. 影响因子排序表

序号	刊　　名	2011影响因子	总转摘量	加权文摘量	基金论文数	基金论文比	学科分类	主办单位
1	台湾研究集刊	0.3394	36	4.77	120	0.4317	中国政治	厦门大学台湾研究院
2	厦门大学学报. 哲学社会科学版★	0.3081	244	59.93	247	0.4778	综合性人文社会科学	厦门大学
3	中国社会经济史研究★	0.2881	37	4	49	0.1684	中国经济	厦门大学历史研究所
4	亚太经济★	0.2733	36	4.36	320	0.3907	世界各国经济	福建省社会科学院亚太经济研究所
5	东南学术★	0.2261	156	23.8	282	0.3847	综合性人文社会科学	福建省社会科学界联合会
6	中国经济问题★	0.2128	67	9.26	156	0.4239	中国经济	厦门大学经济研究所
7	福建师范大学学报. 哲学社会科学版★	0.1781	84	15.99	323	0.3827	综合性人文社会科学	福建师范大学
8	林业经济问题	0.1410	3	0.3	331	0.5517	农业经济	中国林业经济学会，福建农林大学
9	中共福建省委党校学报	0.1197	68	7.88	292	0.2454	中国政治	中共福建省委党校
10	华侨大学学报. 哲学社会科学版	0.1111	22	2.86	151	0.4005	综合性人文社会科学	华侨大学
11	福州大学学报. 哲学社会科学版	0.0980	27	4.1	229	0.3641	综合性人文社会科学	福州大学
12	福建论坛. 人文社会科学版★	0.0946	235	40.26	545	0.2805	综合性人文社会科学	福建省社会科学院
13	教育评论	0.0577	30	3.25	516	0.3364	教育学	福建省教育科学研究所，福建省教育学会

2. 转摘量排序表

序号	刊　　名	总转摘量	加权文摘量	2011影响因子	基金论文数	基金论文比	学科分类	主办单位
1	厦门大学学报. 哲学社会科学版★	244	59.93	0.3081	247	0.4778	综合性人文社会科学	厦门大学
2	福建论坛. 人文社会科学版★	235	40.26	0.0946	545	0.2805	综合性人文社会科学	福建省社会科学院
3	东南学术★	156	23.8	0.2261	282	0.3847	综合性人文社会科学	福建省社会科学界联合会

（续表）

序号	刊　名	总转摘量	加权文摘量	2011影响因子	基金论文数	基金论文比	学科分类	主办单位
4	福建师范大学学报.哲学社会科学版★	84	15.99	0.1781	323	0.3827	综合性人文社会科学	福建师范大学
5	中共福建省委党校学报	68	7.88	0.1197	292	0.2454	中国政治	中共福建省委党校
6	中国经济问题★	67	9.26	0.2128	156	0.4239	中国经济	厦门大学经济研究所
7	中国社会经济史研究★	37	4	0.2881	49	0.1684	中国经济	厦门大学历史研究所
8	台湾研究集刊	36	4.77	0.3394	120	0.4317	中国政治	厦门大学台湾研究院
9	亚太经济★	36	4.36	0.2733	320	0.3907	世界各国经济	福建省社会科学院亚太经济研究所
10	教育评论	30	3.25	0.0577	516	0.3364	教育学	福建省教育科学研究所，福建省教育学会
11	福州大学学报.哲学社会科学版	27	4.1	0.0980	229	0.3641	综合性人文社会科学	福州大学
12	华侨大学学报.哲学社会科学版	22	2.86	0.1111	151	0.4005	综合性人文社会科学	华侨大学
13	林业经济问题	3	0.3	0.1410	331	0.5517	农业经济	中国林业经济学会，福建农林大学

甘　肃

1. 影响因子排序表

序号	刊　名	2011影响因子	总转摘量	加权文摘量	基金论文数	基金论文比	学科分类	主办单位
1	图书与情报★	0.8057	134	10.6	274	0.2595	图书馆学与情报学	甘肃省图书馆，甘肃省科技情报研究所，甘肃省图书馆学会，甘肃省科技情报学会
2	西北师大学报.社会科学版★	0.3234	172	33.71	387	0.5174	综合性人文社会科学	西北师范大学
3	兰州大学学报.社会科学版★	0.2336	84	13.9	380	0.4841	综合性人文社会科学	兰州大学

（续表）

序号	刊 名	总转摘量	加权文摘量	2011影响因子	基金论文数	基金论文比	学科分类	主办单位
4	西北人口	0.2267	20	2	388	0.4755	人口学	甘肃省人口和计划生育委员会，兰州大学，甘肃省统计局，甘肃省人口学会
5	甘肃社会科学★	0.2252	233	41.94	679	0.3412	综合性人文社会科学	甘肃省社会科学院
6	甘肃政法学院学报	0.1844	129	21.4	214	0.2940	法学	甘肃政法学院
7	西北民族研究★	0.1667	31	3.76	131	0.2408	民族学	西北民族大学
8	敦煌研究★	0.1624	21	2.94	222	0.3782	考古学	敦煌研究院
9	敦煌学辑刊★	0.1563	10	1	109	0.2732	考古学	兰州大学
10	开发研究★	0.1296	68	3.9	502	0.4251	中国经济	甘肃省社会科学院
11	兰州商学院学报	0.1063	23	2.3	241	0.3719	贸易经济	兰州商学院
12	西北民族大学学报.哲学社会科学版	0.0900	35	3	247	0.3023	民族学	西北民族大学
13	科学·经济·社会	0.0756	21	2.1	372	0.5479	综合性人文社会科学	兰州大学，甘肃省科学技术协会
14	甘肃理论学刊	0.0732	42	5.96	218	0.2300	中国政治	中共甘肃省委党校
15	社科纵横	0.0571	25	2.58	816	0.2014	综合性人文社会科学	甘肃省社会科学界联合会

2. 转摘量排序表

序号	刊 名	总转摘量	加权文摘量	2011影响因子	基金论文数	基金论文比	学科分类	主办单位
1	甘肃社会科学★	233	41.94	0.2252	679	0.3412	综合性人文社会科学	甘肃省社会科学院
2	西北师大学报.社会科学版★	172	33.71	0.3234	387	0.5174	综合性人文社会科学	西北师范大学
3	图书与情报★	134	10.6	0.8057	274	0.2595	图书馆学与情报学	甘肃省图书馆，甘肃省科技情报研究所，甘肃省图书馆学会，甘肃省科技情报学会
4	甘肃政法学院学报	129	21.4	0.1844	214	0.2940	法学	甘肃政法学院

（续表）

序号	刊　名	总转摘量	加权文摘量	2011影响因子	基金论文数	基金论文比	学科分类	主办单位
5	兰州大学学报.社会科学版★	84	13.9	0.2336	380	0.4841	综合性人文社会科学	兰州大学
6	开发研究★	68	3.9	0.1296	502	0.4251	中国经济	甘肃省社会科学院
7	甘肃理论学刊	42	5.96	0.0732	218	0.2300	中国政治	中共甘肃省委党校
8	西北民族大学学报.哲学社会科学版	35	3	0.0900	247	0.3023	民族学	西北民族大学
9	西北民族研究★	31	3.76	0.1667	131	0.2408	民族学	西北民族大学
10	社科纵横	25	2.58	0.0571	816	0.2014	综合性人文社会科学	甘肃省社会科学界联合会
11	兰州商学院学报	23	2.3	0.1063	241	0.3719	贸易经济	兰州商学院
12	敦煌研究★	21	2.94	0.1624	222	0.3782	考古学	敦煌研究院
13	科学·经济·社会	21	2.1	0.0756	372	0.5479	综合性人文社会科学	兰州大学,甘肃省科学技术协会
14	西北人口	20	2	0.2267	388	0.4755	人口学	甘肃省人口和计划生育委员会,兰州大学,甘肃省统计局,甘肃省人口学会
15	敦煌学辑刊★	10	1	0.1563	109	0.2732	考古学	兰州大学

广　东

1. 影响因子排序表

序号	刊　名	2011影响因子	总转摘量	加权文摘量	基金论文数	基金论文比	学科分类	主办单位
1	开放时代★	0.7489	139	22.47	107	0.2215	综合性人文社会科学	广州市社会科学院
2	图书馆论坛★	0.6787	76	5.75	360	0.2133	图书馆学与情报学	广东省立中山图书馆
3	现代外语★	0.6019	18	1.8	136	0.5018	语言学	广东外语外贸大学
4	南方人口	0.5889	5	0.5	90	0.4186	人口学	中山大学人口研究所
5	金融经济学研究★	0.4286	57	9.38	166	0.4171	金融	广东金融学院
6	体育学刊★	0.3881	31	3.35	559	0.3754	体育学	华南理工大学,华南师范大学

（续表）

序号	刊　　名	2011影响因子	总转摘量	加权文摘量	基金论文数	基金论文比	学科分类	主办单位
7	中山大学学报. 社会科学版★	0.3727	336	64.12	322	0.4770	综合性人文社会科学	中山大学
8	广东商学院学报★	0.3385	95	20.7	183	0.3660	贸易经济	广东商学院
9	证券市场导报★	0.3276	85	8.7	242	0.3333	金融	深圳证券交易所综合研究所
10	学术研究★	0.3133	492	83.93	556	0.3704	综合性人文社会科学	广东省社会科学界联合会
11	国际经贸探索★	0.2464	70	9.16	546	0.6198	贸易经济	广东外语外贸大学
12	广州体育学院学报	0.2169	14	1.35	272	0.2900	体育学	广州体育学院
13	东南亚研究★	0.2123	35	4.01	124	0.2702	国际政治	暨南大学东南亚研究所
14	广东行政学院学报	0.2042	37	4.18	169	0.2775	中国政治	广东行政学院
15	青年探索	0.2000	43	4.3	176	0.2712	社会学	广州市穗港澳青少年研究所
16	华南师范大学学报. 社会科学版★	0.1944	115	21.71	304	0.3427	综合性人文社会科学	华南师范大学
17	广东社会科学★	0.1766	268	50.42	311	0.3309	综合性人文社会科学	广东省社会科学院
18	暨南学报. 哲学社会科学版★	0.1735	77	11.42	373	0.4634	综合性人文社会科学	暨南大学
19	深圳大学学报. 人文社会科学版★	0.1562	222	47.38	252	0.2910	综合性人文社会科学	深圳大学
20	岭南学刊	0.1497	73	10.56	204	0.2323	中国政治	中共广东省委党校
21	现代哲学★	0.1408	156	21.2	159	0.2880	哲学	广东哲学学会
22	华南理工大学学报. 社会科学版	0.0811	31	3.38	205	0.4418	综合性人文社会科学	华南理工大学
23	汕头大学学报. 人文社会科学版	0.0585	34	6.2	113	0.2152	综合性人文社会科学	汕头大学
24	广东第二师范学院学报	0.0280	12	1.15	185	0.2820	教育学	广东第二师范学院

2. 转摘量排序表

序号	刊　名	总转摘量	加权文摘量	2011影响因子	基金论文数	基金论文比	学科分类	主办单位
1	学术研究★	492	83.93	0.3133	556	0.3704	综合性人文社会科学	广东省社会科学界联合会
2	中山大学学报.社会科学版★	336	64.12	0.3727	322	0.4770	综合性人文社会科学	中山大学
3	广东社会科学★	268	50.42	0.1766	311	0.3309	综合性人文社会科学	广东省社会科学院
4	深圳大学学报.人文社会科学版★	222	47.38	0.1562	252	0.2910	综合性人文社会科学	深圳大学
5	现代哲学★	156	21.2	0.1408	159	0.2880	哲学	广东哲学学会
6	开放时代★	139	22.47	0.7489	107	0.2215	综合性人文社会科学	广州市社会科学院
7	华南师范大学学报.社会科学版★	115	21.71	0.1944	304	0.3427	综合性人文社会科学	华南师范大学
8	广东商学院学报★	95	20.7	0.3385	183	0.3660	贸易经济	广东商学院
9	证券市场导报★	85	8.7	0.3276	242	0.3333	金融	深圳证券交易所综合研究所
10	暨南学报.哲学社会科学版★	77	11.42	0.1735	373	0.4634	综合性人文社会科学	暨南大学
11	图书馆论坛★	76	5.75	0.6787	360	0.2133	图书馆学与情报学	广东省立中山图书馆
12	岭南学刊	73	10.56	0.1497	204	0.2323	中国政治	中共广东省委党校
13	国际经贸探索★	70	9.16	0.2464	546	0.6198	贸易经济	广东外语外贸大学
14	金融经济学研究★	57	9.38	0.4286	166	0.4171	金融	广东金融学院
15	青年探索	43	4.3	0.2000	176	0.2712	社会学	广州市穗港澳青少年研究所
16	广东行政学院学报	37	4.18	0.2042	169	0.2775	中国政治	广东行政学院
17	东南亚研究★	35	4.01	0.2123	124	0.2702	国际政治	暨南大学东南亚研究所
18	汕头大学学报.人文社会科学版	34	6.2	0.0585	113	0.2152	综合性人文社会科学	汕头大学
19	体育学刊★	31	3.35	0.3881	559	0.3754	体育学	华南理工大学,华南师范大学
20	华南理工大学学报.社会科学版	31	3.38	0.0811	205	0.4418	综合性人文社会科学	华南理工大学
21	现代外语★	18	1.8	0.6019	136	0.5018	语言学	广东外语外贸大学

（续表）

序号	刊　　名	总转摘量	加权文摘量	2011影响因子	基金论文数	基金论文比	学科分类	主办单位
22	广州体育学院学报	14	1.35	0.2169	272	0.2900	体育学	广州体育学院
23	广东第二师范学院学报	12	1.15	0.0280	185	0.2820	教育学	广东第二师范学院
24	南方人口	5	0.5	0.5889	90	0.4186	人口学	中山大学人口研究所

广　　西

1. 影响因子排序表

序号	刊　　名	2011影响因子	总转摘量	加权文摘量	基金论文数	基金论文比	学科分类	主办单位
1	广西民族研究★	0.2441	40	4.68	223	0.3591	民族学	广西壮族自治区民族研究中心
2	广西民族大学学报.哲学社会科学版★	0.1917	73	14.11	329	0.3016	民族学	广西民族大学
3	广西师范大学学报.哲学社会科学版★	0.1889	60	6.63	408	0.4493	综合性人文社会科学	广西师范大学
4	改革与战略★	0.1556	68	7.08	1152	0.3830	中国经济	广西壮族自治区社会科学界联合会
5	学术论坛★	0.1482	154	19.15	1013	0.3662	综合性人文社会科学	广西社会科学院
6	图书馆界	0.1420	2	0.15	116	0.1593	图书馆学与情报学	广西图书馆学会，广西壮族自治区图书馆
7	民族艺术★	0.1350	23	3.06	131	0.3403	艺术学	广西民族文化艺术研究院
8	社会科学家★	0.1262	69	8.39	955	0.4108	综合性人文社会科学	桂林市社会科学界联合会，《社会科学家》编辑委员会
9	广西大学学报.哲学社会科学版	0.1257	26	2.65	342	0.3817	综合性人文社会科学	广西大学
10	广西社会科学	0.0877	54	7.15	964	0.3961	综合性人文社会科学	广西壮族自治区社会科学界联合会

2. 转摘量排序表

序号	刊　名	总转摘量	加权文摘量	2011影响因子	基金论文数	基金论文比	学科分类	主办单位
1	学术论坛★	154	19.15	0.1482	1013	0.3662	综合性人文社会科学	广西社会科学院
2	广西民族大学学报.哲学社会科学版★	73	14.11	0.1917	329	0.3016	民族学	广西民族大学
3	社会科学家★	69	8.39	0.1262	955	0.4108	综合性人文社会科学	桂林市社会科学界联合会,《社会科学家》编辑委员会
4	改革与战略★	68	7.08	0.1556	1152	0.3830	中国经济	广西壮族自治区社会科学界联合会
5	广西师范大学学报.哲学社会科学版★	60	6.63	0.1889	408	0.4493	综合性人文社会科学	广西师范大学
6	广西社会科学	54	7.15	0.0877	964	0.3961	综合性人文社会科学	广西壮族自治区社会科学界联合会
7	广西民族研究★	40	4.68	0.2441	223	0.3591	民族学	广西壮族自治区民族研究中心
8	广西大学学报.哲学社会科学版	26	2.65	0.1257	342	0.3817	综合性人文社会科学	广西大学
9	民族艺术★	23	3.06	0.1350	131	0.3403	艺术学	广西民族文化艺术研究院
10	图书馆界	2	0.15	0.1420	116	0.1593	图书馆学与情报学	广西图书馆学会,广西壮族自治区图书馆

贵　州

1. 影响因子排序表

序号	刊　名	2011影响因子	总转摘量	加权文摘量	基金论文数	基金论文比	学科分类	主办单位
1	贵州财经学院学报	0.2887	93	19.03	229	0.3670	财政	贵州财经学院
2	贵州社会科学★	0.2880	187	37.52	494	0.2955	综合性人文社会科学	贵州省社会科学院
3	贵州民族研究★	0.1425	26	2.6	347	0.3519	民族学	贵州省民族研究院
4	贵州师范大学学报.社会科学版	0.0781	41	6.23	328	0.3981	综合性人文社会科学	贵州师范大学
5	贵州大学学报.社会科学版	0.0549	22	3.32	242	0.2958	综合性人文社会科学	贵州大学

（续表）

序号	刊　名	2011影响因子	总转摘量	加权文摘量	基金论文数	基金论文比	学科分类	主办单位
6	贵州民族大学学报.哲学社会科学版	0.0433	13	1.5	289	0.1834	民族学	贵州民族大学
7	贵州文史丛刊	0.0350	3	0.3	39	0.0796	历史学	贵州省文史研究馆
8	贵州师范学院学报	0.0181	8	0.8	288	0.2291	教育学	贵州师范学院

2. 转摘量排序表

序号	刊　名	总转摘量	加权文摘量	2011影响因子	基金论文数	基金论文比	学科分类	主办单位
1	贵州社会科学★	187	37.52	0.2880	494	0.2955	综合性人文社会科学	贵州省社会科学院
2	贵州财经学院学报	93	19.03	0.2887	229	0.3670	财政	贵州财经学院
3	贵州师范大学学报.社会科学版	41	6.23	0.0781	328	0.3981	综合性人文社会科学	贵州师范大学
4	贵州民族研究★	26	2.6	0.1425	347	0.3519	民族学	贵州省民族研究院
5	贵州大学学报.社会科学版	22	3.32	0.0549	242	0.2958	综合性人文社会科学	贵州大学
6	贵州民族大学学报.哲学社会科学版	13	1.5	0.0433	289	0.1834	民族学	贵州民族大学
7	贵州师范学院学报	8	0.8	0.0181	288	0.2291	教育学	贵州师范学院
8	贵州文史丛刊	3	0.3	0.0350	39	0.0796	历史学	贵州省文史研究馆

海　南

1. 影响因子排序表

序号	刊　名	2011影响因子	总转摘量	加权文摘量	基金论文数	基金论文比	学科分类	主办单位
1	海南大学学报.人文社会科学版	0.1587	37	5.83	274	0.4108	综合性人文社会科学	海南大学
2	海南师范大学学报.社会科学版	0.0275	63	10.38	212	0.1945	综合性人文社会科学	海南师范大学

2. 转摘量排序表

序号	刊　名	总转摘量	加权文摘量	2011影响因子	基金论文数	基金论文比	学科分类	主办单位
1	海南师范大学学报.社会科学版	63	10.38	0.0275	212	0.1945	综合性人文社会科学	海南师范大学
2	海南大学学报.人文社会科学版	37	5.83	0.1587	274	0.4108	综合性人文社会科学	海南大学

河　北

1. 影响因子排序表

序号	刊　名	2011影响因子	总转摘量	加权文摘量	基金论文数	基金论文比	学科分类	主办单位
1	河北法学★	0.3329	149	25.45	704	0.3393	法学	河北政法职业学院,河北省法学会
2	河北经贸大学学报★	0.2772	34	4.66	212	0.4327	经济计划与管理	河北经贸大学
3	河北大学学报.哲学社会科学版★	0.2670	100	15.36	326	0.3671	综合性人文社会科学	河北大学
4	地理与地理信息科学	0.2208	20	2	623	0.8028	人文地理学	河北省科学院地理科学研究所
5	河北科技大学学报.社会科学版	0.1676	11	1.7	74	0.1655	综合性人文社会科学	河北科技大学
6	河北学刊★	0.1603	572	106.63	510	0.2867	综合性人文社会科学	河北省社会科学院
7	日本问题研究	0.1556	11	1.1	66	0.2705	国际政治	河北大学
8	河北师范大学学报.哲学社会科学版★	0.1096	74	14.79	304	0.3319	综合性人文社会科学	河北师范大学
9	社会科学论坛	0.0947	69	9.96	373	0.1297	综合性人文社会科学	河北省社会科学界联合会
10	文物春秋	0.0611	1	0.1	31	0.0658	考古学	河北省文物局
11	石家庄经济学院学报	0.0449	28	3	345	0.3520	经济学理论	石家庄经济学院
12	中国监狱学刊	0.0335	25	3.39	39	0.0374	法学	中央司法警官学院

2. 转摘量排序表

序号	刊　名	总转摘量	加权文摘量	2011影响因子	基金论文数	基金论文比	学科分类	主办单位
1	河北学刊★	572	106.63	0.1603	510	0.2867	综合性人文社会科学	河北省社会科学院
2	河北法学★	149	25.45	0.3329	704	0.3393	法学	河北政法职业学院,河北省法学会
3	河北大学学报.哲学社会科学版★	100	15.36	0.2670	326	0.3671	综合性人文社会科学	河北大学
4	河北师范大学学报.哲学社会科学版★	74	14.79	0.1096	304	0.3319	综合性人文社会科学	河北师范大学
5	社会科学论坛	69	9.96	0.0947	373	0.1297	综合性人文社会科学	河北省社会科学界联合会
6	河北经贸大学学报★	34	4.66	0.2772	212	0.4327	经济计划与管理	河北经贸大学
7	石家庄经济学院学报	28	3	0.0449	345	0.3520	经济学理论	石家庄经济学院
8	中国监狱学刊	25	3.39	0.0335	39	0.0374	法学	中央司法警官学院
9	地理与地理信息科学	20	2	0.2208	623	0.8028	人文地理学	河北省科学院地理科学研究所
10	河北科技大学学报.社会科学版	11	1.7	0.1676	74	0.1655	综合性人文社会科学	河北科技大学
11	日本问题研究	11	1.1	0.1556	66	0.2705	国际政治	河北大学
12	文物春秋	1	0.1	0.0611	31	0.0658	考古学	河北省文物局

<h2 style="text-align:center">河　　南</h2>

1. 影响因子排序表

序号	刊　名	2011影响因子	总转摘量	加权文摘量	基金论文数	基金论文比	学科分类	主办单位
1	地域研究与开发★	0.2982	22	2.2	615	0.6965	人文地理学	河南省科学院地理研究所
2	解放军外国语学院学报★	0.2852	40	5.55	275	0.3929	语言学	解放军外国语学院
3	经济经纬★	0.2638	67	11.07	509	0.4377	经济学理论	河南财经政法大学
4	河南社会科学★	0.2312	221	44	449	0.2575	综合性人文社会科学	河南省社会科学界联合会
5	史学月刊★	0.2302	342	49.78	255	0.2327	历史学	河南大学,河南省历史学会

（续表）

序号	刊　名	2011影响因子	总转摘量	加权文摘量	基金论文数	基金论文比	学科分类	主办单位
6	中州学刊★	0.1814	316	56.3	595	0.3019	综合性人文社会科学	河南省社会科学院
7	河南大学学报.社会科学版★	0.1731	251	58.61	288	0.3384	综合性人文社会科学	河南大学
8	河南师范大学学报.哲学社会科学版★	0.1699	167	26.86	552	0.2650	综合性人文社会科学	河南师范大学
9	河南图书馆学刊	0.1512	5	0.4	101	0.0640	图书馆学与情报学	河南省图书馆学会，河南省图书馆
10	华夏考古★	0.1460	5	0.5	113	0.3353	考古学	河南省文物考古研究所，河南省文物考古学会
11	金融理论与实践	0.1391	95	9.2	367	0.2144	金融	中国人民银行郑州中心支行，河南省金融学会
12	郑州大学学报.哲学社会科学版★	0.1327	243	48.64	318	0.2424	综合性人文社会科学	郑州大学
13	中原文物★	0.1166	14	2.08	71	0.1254	考古学	河南省博物院
14	南阳师范学院学报	0.1129	76	15.65	492	0.4457	综合性人文社会科学	南阳师范学院
15	河南财经政法大学学报	0.0885	110	17.45	241	0.2745	法学	河南财经政法大学
16	信阳师范学院学报.哲学社会科学版	0.0751	55	17.46	346	0.3283	综合性人文社会科学	信阳师范学院
17	南都学坛	0.0649	151	41.99	200	0.1932	综合性人文社会科学	南阳师范学院
18	河南教育学院学报.哲学社会科学版	0.0548	14	2.29	171	0.1607	教育学	河南教育学院
19	殷都学刊	0.0335	20	4.16	112	0.1798	综合性人文社会科学	安阳师范学院
20	商丘师范学院学报	0.0224	15	1.98	628	0.2886	综合性人文社会科学	商丘师范学院

2. 转摘量排序表

序号	刊　名	总转摘量	加权文摘量	2011影响因子	基金论文数	基金论文比	学科分类	主办单位
1	史学月刊★	342	49.78	0.2302	255	0.2327	历史学	河南大学，河南省历史学会
2	中州学刊★	316	56.3	0.1814	595	0.3019	综合性人文社会科学	河南省社会科学院
3	河南大学学报.社会科学版★	251	58.61	0.1731	288	0.3384	综合性人文社会科学	河南大学
4	郑州大学学报.哲学社会科学版★	243	48.64	0.1327	318	0.2424	综合性人文社会科学	郑州大学
5	河南社会科学★	221	44	0.2312	449	0.2575	综合性人文社会科学	河南省社会科学界联合会
6	河南师范大学学报.哲学社会科学版★	167	26.86	0.1699	552	0.2650	综合性人文社会科学	河南师范大学
7	南都学坛	151	41.99	0.0649	200	0.1932	综合性人文社会科学	南阳师范学院
8	河南财经政法大学学报	110	17.45	0.0885	241	0.2745	法学	河南财经政法大学
9	金融理论与实践	95	9.2	0.1391	367	0.2144	金融	中国人民银行郑州中心支行，河南省金融学会
10	南阳师范学院学报	76	15.65	0.1129	492	0.4457	综合性人文社会科学	南阳师范学院
11	经济经纬★	67	11.07	0.2638	509	0.4377	经济学理论	河南财经政法大学
12	信阳师范学院学报.哲学社会科学版	55	17.46	0.0751	346	0.3283	综合性人文社会科学	信阳师范学院
13	解放军外国语学院学报★	40	5.55	0.2852	275	0.3929	语言学	解放军外国语学院
14	地域研究与开发★	22	2.2	0.2982	615	0.6965	人文地理学	河南省科学院地理研究所
15	殷都学刊	20	4.16	0.0335	112	0.1798	综合性人文社会科学	安阳师范学院
16	商丘师范学院学报	15	1.98	0.0224	628	0.2886	综合性人文社会科学	商丘师范学院
17	中原文物★	14	2.08	0.1166	71	0.1254	考古学	河南省博物院
18	河南教育学院学报.哲学社会科学版	14	2.29	0.0548	171	0.1607	教育学	河南教育学院

（续表）

序号	刊　名	总转摘量	加权文摘量	2011影响因子	基金论文数	基金论文比	学科分类	主办单位
19	河南图书馆学刊	5	0.4	0.1512	101	0.0640	图书馆学与情报学	河南省图书馆学会，河南省图书馆
20	华夏考古 ★	5	0.5	0.1460	113	0.3353	考古学	河南省文物考古研究所，河南省文物考古学会

黑　龙　江

1. 影响因子排序表

序号	刊　名	2011影响因子	总转摘量	加权文摘量	基金论文数	基金论文比	学科分类	主办单位
1	图书馆建设 ★	0.7905	165	12.45	311	0.1774	图书馆学与情报学	黑龙江省图书馆
2	外语学刊 ★	0.4221	25	6.7	478	0.4761	语言学	黑龙江大学
3	学习与探索 ★	0.2752	355	71.15	732	0.4133	综合性人文社会科学	黑龙江省社会科学院
4	中国卫生经济	0.2493	21	1.78	634	0.3524	中国经济	中国卫生经济学会，卫生部卫生发展研究中心
5	理论探讨 ★	0.2369	157	26.89	559	0.4310	中国政治	中共黑龙江省委党校
6	行政论坛	0.1821	89	16.65	188	0.2697	中国政治	黑龙江省行政学院
7	黑龙江民族丛刊 ★	0.1652	69	7.98	379	0.3399	民族学	黑龙江省民族研究所
8	商业研究 ★	0.1600	89	9.51	2254	0.6987	贸易经济	哈尔滨商业大学，中国商业经济学会
9	北方文物	0.1420	5	0.5	53	0.1280	考古学	北方文物杂志社
10	求是学刊 ★	0.1389	250	61.52	292	0.4067	综合性人文社会科学	黑龙江大学
11	北方论丛 ★	0.1247	161	44.9	356	0.3269	综合性人文社会科学	哈尔滨师范大学
12	学术交流 ★	0.1170	223	43.38	1168	0.3756	综合性人文社会科学	黑龙江省社会科学界联合会
13	哈尔滨工业大学学报.社会科学版 ★	0.0934	26	4.32	277	0.3748	综合性人文社会科学	哈尔滨工业大学
14	黑龙江社会科学	0.0798	88	14.34	451	0.3106	综合性人文社会科学	黑龙江省社会科学院

（续表）

序号	刊　名	2011 影响因子	总转摘量	加权文摘量	基金论文数	基金论文比	学科分类	主办单位
15	西伯利亚研究	0.0698	11	1.58	137	0.2018	国际政治	黑龙江省社会科学院
16	文艺评论	0.0571	26	3.4	132	0.1495	文学	黑龙江省文学艺术界联合会
17	思想政治教育研究★	—	56	5.8	—	—	教育学	哈尔滨理工大学

2. 转摘量排序表

序号	刊　名	总转摘量	加权文摘量	2011 影响因子	基金论文数	基金论文比	学科分类	主办单位
1	学习与探索★	355	71.15	0.2752	732	0.4133	综合性人文社会科学	黑龙江省社会科学院
2	求是学刊★	250	61.52	0.1389	292	0.4067	综合性人文社会科学	黑龙江大学
3	学术交流★	223	43.38	0.1170	1168	0.3756	综合性人文社会科学	黑龙江省社会科学界联合会
4	图书馆建设★	165	12.45	0.7905	311	0.1774	图书馆学与情报学	黑龙江省图书馆
5	北方论丛★	161	44.9	0.1247	356	0.3269	综合性人文社会科学	哈尔滨师范大学
6	理论探讨★	157	26.89	0.2369	559	0.4310	中国政治	中共黑龙江省委党校
7	行政论坛	89	16.65	0.1821	188	0.2697	中国政治	黑龙江省行政学院
8	商业研究★	89	9.51	0.1600	2254	0.6987	贸易经济	哈尔滨商业大学,中国商业经济学会
9	黑龙江社会科学	88	14.34	0.0798	451	0.3106	综合性人文社会科学	黑龙江省社会科学院
10	黑龙江民族丛刊★	69	7.98	0.1652	379	0.3399	民族学	黑龙江省民族研究所
11	思想政治教育研究★	56	5.8	—	—	—	教育学	哈尔滨理工大学
12	哈尔滨工业大学学报.社会科学版★	26	4.32	0.0934	277	0.3748	综合性人文社会科学	哈尔滨工业大学
13	文艺评论	26	3.4	0.0571	132	0.1495	文学	黑龙江省文学艺术界联合会
14	外语学刊★	25	6.7	0.4221	478	0.4761	语言学	黑龙江大学

（续表）

序号	刊　名	总转摘量	加权文摘量	2011影响因子	基金论文数	基金论文比	学科分类	主办单位
15	中国卫生经济	21	1.78	0.2493	634	0.3524	中国经济	中国卫生经济学会，卫生部卫生发展研究中心
16	西伯利亚研究	11	1.58	0.0698	137	0.2018	国际政治	黑龙江省社会科学院
17	北方文物	5	0.5	0.1420	53	0.1280	考古学	北方文物杂志社

湖　北

1. 影响因子排序表

序号	刊　名	2011影响因子	总转摘量	加权文摘量	基金论文数	基金论文比	学科分类	主办单位
1	图书情报知识★	0.9295	170	13.7	237	0.3613	图书馆学与情报学	武汉大学
2	法商研究★	0.7665	251	44.59	286	0.4856	法学	中南财经政法大学
3	经济评论★	0.6598	94	12.69	301	0.4609	经济学理论	武汉大学
4	长江流域资源与环境★	0.5872	16	1.6	732	0.7914	环境科学	中国科学院资源环境科学与技术局，中国科学院武汉文献情报中心
5	管理学报★	0.5639	121	14.71	488	0.4334	管理学	华中科技大学
6	华中师范大学学报.人文社会科学版★	0.5632	348	92.4	416	0.6313	综合性人文社会科学	华中师范大学
7	高等教育研究★	0.4761	230	38.52	419	0.3469	教育学	华中科技大学，中国高等教育学研究会
8	法学评论★	0.3917	148	23.18	207	0.3239	法学	武汉大学
9	中南财经政法大学学报	0.3836	121	19.87	353	0.4849	财政	中南财经政法大学
10	高等工程教育研究★	0.3281	56	9.53	315	0.3728	教育学	华中科技大学，中国工程院教育委员会，中国高等工程教育研究会，全国重点理工大学教学改革协作组
11	武汉体育学院学报★	0.3210	61	6.25	883	0.7075	体育学	武汉体育学院
12	社会主义研究★	0.2849	133	19.5	491	0.4920	中国政治	华中师范大学

（续表）

序号	刊　名	2011影响因子	总转摘量	加权文摘量	基金论文数	基金论文比	学科分类	主办单位
13	教育与经济★	0.2797	35	4.54	157	0.5268	教育学	华中师范大学，中国教育经济学会研究会
14	华中科技大学学报.社会科学版★	0.2705	109	14.58	215	0.3176	综合性人文社会科学	华中科技大学
15	科技进步与对策★	0.2701	119	18.7	2600	0.6274	管理学	湖北省科技信息研究院
16	语言研究★	0.2360	27	3.03	181	0.4436	语言学	华中科技大学中国语言研究所
17	中国地质大学学报.社会科学版★	0.2247	122	22.22	355	0.5599	综合性人文社会科学	中国地质大学
18	教育研究与实验★	0.2186	83	9.43	209	0.3878	教育学	华中师范大学
19	江汉论坛★	0.1821	314	57.87	420	0.2281	综合性人文社会科学	湖北省社会科学院
20	江汉考古★	0.1818	2	0.2	113	0.3542	考古学	湖北省文物考古研究所
21	中南民族大学学报.人文社会科学版★	0.1812	99	16.86	490	0.4253	民族学	中南民族大学
22	黄钟（中国·武汉音乐学院学报）★	0.1281	11	1.5	71	0.1317	艺术学	中国·武汉音乐学院
23	湖北大学学报.哲学社会科学版★	0.1275	123	21.97	213	0.2689	综合性人文社会科学	湖北大学
24	江汉大学学报.社会科学版	0.1268	25	2.78	132	0.2245	综合性人文社会科学	江汉大学
25	武汉大学学报.哲学社会科学版★	0.1203	128	23.02	360	0.4500	综合性人文社会科学	武汉大学
26	外国文学研究★	0.1190	87	10.73	224	0.3064	文学	华中师范大学
27	湖北社会科学★	0.1074	149	22.97	1049	0.3205	综合性人文社会科学	湖北省社会科学界联合会，湖北省社会科学院
28	湖北民族学院学报.哲学社会科学版	0.1029	23	3.26	394	0.3836	民族学	湖北民族学院
29	高教发展与评估	0.0957	37	7.7	102	0.1802	教育学	武汉理工大学，中国交通教育研究会，高教研究分会
30	湖北行政学院学报	0.0928	32	4.48	133	0.2247	中国政治	中共湖北省委党校，湖北省行政学院

（续表）

序号	刊　名	2011影响因子	总转摘量	加权文摘量	基金论文数	基金论文比	学科分类	主办单位
31	理论月刊	0.0750	82	10.73	838	0.2634	综合性人文社会科学	湖北省社会科学界联合会
32	武汉大学学报.人文科学版	0.0647	138	30.46	216	0.3068	综合性人文社会科学	武汉大学
33	湖北师范学院学报.哲学社会科学版	0.0494	15	2.59	238	0.1842	综合性人文社会科学	湖北师范学院
34	武汉理工大学学报.社会科学版	0.0339	81	11.3	401	0.4387	综合性人文社会科学	武汉理工大学
35	江汉学术	0.0104	58	11.44	120	0.1742	综合性人文社会科学	江汉大学

2. 转摘量排序表

序号	刊　名	总转摘量	加权文摘量	2011影响因子	基金论文数	基金论文比	学科分类	主办单位
1	华中师范大学学报.人文社会科学版★	348	92.4	0.5632	416	0.6313	综合性人文社会科学	华中师范大学
2	江汉论坛★	314	57.87	0.1821	420	0.2281	综合性人文社会科学	湖北省社会科学院
3	法商研究★	251	44.59	0.7665	286	0.4856	法学	中南财经政法大学
4	高等教育研究★	230	38.52	0.4761	419	0.3469	教育学	华中科技大学,中国高等教育学研究会
5	图书情报知识★	170	13.7	0.9295	237	0.3613	图书馆学与情报学	武汉大学
6	湖北社会科学★	149	22.97	0.1074	1049	0.3205	综合性人文社会科学	湖北省社会科学界联合会,湖北省社会科学院
7	法学评论★	148	23.18	0.3917	207	0.3239	法学	武汉大学
8	武汉大学学报.人文科学版	138	30.46	0.0647	216	0.3068	综合性人文社会科学	武汉大学
9	社会主义研究★	133	19.5	0.2849	491	0.4920	中国政治	华中师范大学
10	武汉大学学报.哲学社会科学版★	128	23.02	0.1203	360	0.4500	综合性人文社会科学	武汉大学
11	湖北大学学报.哲学社会科学版★	123	21.97	0.1275	213	0.2689	综合性人文社会科学	湖北大学

（续表）

序号	刊　名	总转摘量	加权文摘量	2011影响因子	基金论文数	基金论文比	学科分类	主办单位
12	中国地质大学学报.社会科学版★	122	22.22	0.2247	355	0.5599	综合性人文社会科学	中国地质大学
13	管理学报★	121	14.71	0.5639	488	0.4334	管理学	华中科技大学
14	中南财经政法大学学报	121	19.87	0.3836	353	0.4849	财政	中南财经政法大学
15	科技进步与对策★	119	18.7	0.2701	2600	0.6274	管理学	湖北省科技信息研究院
16	华中科技大学学报.社会科学版★	109	14.58	0.2705	215	0.3176	综合性人文社会科学	华中科技大学
17	中南民族大学学报.人文社会科学版★	99	16.86	0.1812	490	0.4253	民族学	中南民族大学
18	经济评论★	94	12.69	0.6598	301	0.4609	经济学理论	武汉大学
19	外国文学研究★	87	10.73	0.1190	224	0.3064	文学	华中师范大学
20	教育研究与实验★	83	9.43	0.2186	209	0.3878	教育学	华中师范大学
21	理论月刊	82	10.73	0.0750	838	0.2634	综合性人文社会科学	湖北省社会科学界联合会
22	武汉理工大学学报.社会科学版	81	11.3	0.0339	401	0.4387	综合性人文社会科学	武汉理工大学
23	武汉体育学院学报★	61	6.25	0.3210	883	0.7075	体育学	武汉体育学院
24	江汉学术	58	11.44	0.0104	120	0.1742	综合性人文社会科学	江汉大学
25	高等工程教育研究★	56	9.53	0.3281	315	0.3728	教育学	华中科技大学,中国工程院教育委员会,中国高等工程教育研究会,全国重点理工大学教学改革协作组
26	高教发展与评估	37	7.7	0.0957	102	0.1802	教育学	武汉理工大学,中国交通教育研究会,高教研究分会
27	教育与经济★	35	4.54	0.2797	157	0.5268	教育学	华中师范大学,中国教育经济学会研究会
28	湖北行政学院学报	32	4.48	0.0928	133	0.2247	中国政治	中共湖北省委党校,湖北省行政学院

（续表）

序号	刊　名	总转摘量	加权文摘量	2011影响因子	基金论文数	基金论文比	学科分类	主办单位
29	语言研究★	27	3.03	0.2360	181	0.4436	语言学	华中科技大学中国语言研究所
30	江汉大学学报.社会科学版	25	2.78	0.1268	132	0.2245	综合性人文社会科学	江汉大学
31	湖北民族学院学报.哲学社会科学版	23	3.26	0.1029	394	0.3836	民族学	湖北民族学院
32	长江流域资源与环境★	16	1.6	0.5872	732	0.7914	环境科学	中国科学院资源环境科学与技术局,中国科学院武汉文献情报中心
33	湖北师范学院学报.哲学社会科学版	15	2.59	0.0494	238	0.1842	综合性人文社会科学	湖北师范学院
34	黄钟（中国·武汉音乐学院学报）★	11	1.5	0.1281	71	0.1317	艺术学	中国·武汉音乐学院
35	江汉考古★	2	0.2	0.1818	113	0.3542	考古学	湖北省文物考古研究所

湖　南

1. 影响因子排序表

序号	刊　名	2011影响因子	总转摘量	加权文摘量	基金论文数	基金论文比	学科分类	主办单位
1	经济地理★	0.7721	351	12.62	1204	0.7577	人文地理学	中国地理学会,湖南省经济地理研究所
2	图书馆★	0.5285	96	6.75	261	0.1756	图书馆学与情报学	湖南省图书馆,湖南省图书馆学会
3	农业现代化研究	0.3824	3	0.45	767	0.8419	农业经济	中国科学院农业研究委员会,中国科学院亚热带农业生态研究所
4	财经理论与实践★	0.3770	87	15.44	473	0.6191	财政	湖南大学
5	高校图书馆工作	0.3757	15	1.1	140	0.1570	图书馆学与情报学	湖南省高等学校图书情报工作委员会
6	消费经济★	0.3158	19	2.43	328	0.4316	经济计划与管理	湘潭大学,湖南商学院,湖南师范大学

（续表）

序号	刊　　名	2011 影响因子	总转摘量	加权文摘量	基金论文数	基金论文比	学科分类	主办单位
7	湖南师范大学社会科学学报★	0.2674	272	69.08	444	0.4639	综合性人文社会科学	湖南师范大学
8	湘潭大学学报.哲学社会科学版★	0.2308	123	22.51	456	0.4592	综合性人文社会科学	湘潭大学
9	湖南大学学报.社会科学版★	0.1840	116	19.22	374	0.4202	综合性人文社会科学	湖南大学
10	求索★	0.1827	145	26.04	1763	0.3470	综合性人文社会科学	湖南省社会科学院
11	湖南科技大学学报.社会科学版★	0.1686	127	25.57	467	0.5620	综合性人文社会科学	湖南科技大学
12	吉首大学学报.社会科学版	0.1444	81	18.58	504	0.4456	综合性人文社会科学	吉首大学
13	湖南社会科学★	0.1270	102	18.1	551	0.3113	综合性人文社会科学	湖南省社会科学界联合会
14	伦理学研究★	0.1169	128	19.76	264	0.3616	哲学	湖南师范大学
15	古汉语研究	0.1159	33	4.7	109	0.3070	语言学	湖南师范大学
16	财务与金融	0.1157	13	0.98	94	0.1391	金融	中南大学
17	云梦学刊	0.0642	102	17.89	304	0.2478	综合性人文社会科学	湖南理工学院
18	中国韵文学刊	0.0633	29	3.41	72	0.1823	语言学	中国韵文学会，湘潭大学
19	中国文学研究	0.0492	32	3.96	142	0.2301	文学	湖南师范大学
20	南华大学学报.社会科学版	0.0336	12	1.4	151	0.1525	综合性人文社会科学	南华大学
21	船山学刊	0.0282	11	1.63	251	0.2162	哲学	湖南省社会科学界联合会

2. 转摘量排序表

序号	刊　　名	总转摘量	加权文摘量	2011 影响因子	基金论文数	基金论文比	学科分类	主办单位
1	经济地理★	351	12.62	0.7721	1204	0.7577	人文地理学	中国地理学会，湖南省经济地理研究所

（续表）

序号	刊　名	总转摘量	加权文摘量	2011影响因子	基金论文数	基金论文比	学科分类	主办单位
2	湖南师范大学社会科学学报★	272	69.08	0.2674	444	0.4639	综合性人文社会科学	湖南师范大学
3	求索★	145	26.04	0.1827	1763	0.3470	综合性人文社会科学	湖南省社会科学院
4	伦理学研究★	128	19.76	0.1169	264	0.3616	哲学	湖南师范大学
5	湖南科技大学学报.社会科学版★	127	25.57	0.1686	467	0.5620	综合性人文社会科学	湖南科技大学
6	湘潭大学学报.哲学社会科学版★	123	22.51	0.2308	456	0.4592	综合性人文社会科学	湘潭大学
7	湖南大学学报.社会科学版★	116	19.22	0.1840	374	0.4202	综合性人文社会科学	湖南大学
8	湖南社会科学★	102	18.1	0.1270	551	0.3113	综合性人文社会科学	湖南省社会科学界联合会
9	云梦学刊	102	17.89	0.0642	304	0.2478	综合性人文社会科学	湖南理工学院
10	图书馆★	96	6.75	0.5285	261	0.1756	图书馆学与情报学	湖南省图书馆,湖南省图书馆学会
11	财经理论与实践★	87	15.44	0.3770	473	0.6191	财政	湖南大学
12	吉首大学学报.社会科学版	81	18.58	0.1444	504	0.4456	综合性人文社会科学	吉首大学
13	古汉语研究	33	4.7	0.1159	109	0.3070	语言学	湖南师范大学
14	中国文学研究	32	3.96	0.0492	142	0.2301	文学	湖南师范大学
15	中国韵文学刊	29	3.41	0.0633	72	0.1823	语言学	中国韵文学会,湘潭大学
16	消费经济★	19	2.43	0.3158	328	0.4316	经济计划与管理	湘潭大学,湖南商学院,湖南师范大学
17	高校图书馆工作	15	1.1	0.3757	140	0.1570	图书馆学与情报学	湖南省高等学校图书情报工作委员会
18	财务与金融	13	0.98	0.1157	94	0.1391	金融	中南大学
19	南华大学学报.社会科学版	12	1.4	0.0336	151	0.1525	综合性人文社会科学	南华大学
20	船山学刊	11	1.63	0.0282	251	0.2162	哲学	湖南省社会科学界联合会
21	农业现代化研究	3	0.45	0.3824	767	0.8419	农业经济	中国科学院农业研究委员会,中国科学院亚热带农业生态研究所

吉　林

1. 影响因子排序表

序号	刊　名	2011 影响因子	总转摘量	加权文摘量	基金论文数	基金论文比	学科分类	主办单位
1	人口学刊★	0.9609	65	14.69	269	0.7775	人口学	吉林大学
2	现代日本经济★	0.8952	49	7.42	239	0.7092	世界各国经济	吉林大学，全国日本经济学会
3	东北亚论坛★	0.7653	85	20.26	468	0.8111	国际政治	吉林大学
4	图书馆学研究★	0.5787	66	5.3	583	0.2650	图书馆学与情报学	吉林省图书馆
5	情报科学★	0.5110	204	14.55	819	0.4054	图书馆学与情报学	中国科学技术情报学会，吉林大学
6	东北师大学报.哲学社会科学版★	0.4049	129	26.39	780	0.6056	综合性人文社会科学	东北师范大学
7	法制与社会发展★	0.4021	134	23.9	196	0.4327	法学	吉林大学
8	吉林大学社会科学学报★	0.4015	301	69.17	416	0.6209	综合性人文社会科学	吉林大学
9	当代法学★	0.3843	108	17.79	249	0.3739	法学	吉林大学
10	当代经济研究	0.3613	130	17.01	320	0.3433	经济学理论	吉林财经大学
11	汉语学习★	0.2989	35	4.11	185	0.4031	语言学	延边大学
12	税务与经济	0.2896	76	15.04	229	0.3408	财政	吉林财经大学
13	现代情报	0.2852	58	4.65	991	0.2642	图书馆学与情报学	中国科技情报学会，吉林省科技信息研究所
14	经济纵横★	0.2834	117	18.17	850	0.3631	经济学理论	吉林省社会科学院（社科联）
15	文艺争鸣★	0.2207	75	20.9	513	0.1758	文学	吉林省文学艺术界联合会
16	史学集刊★	0.2121	156	26.93	159	0.3278	历史学	吉林大学
17	外国教育研究★	0.1995	108	11.88	421	0.3902	教育学	东北师范大学
18	东疆学刊	0.1718	57	17.12	143	0.3479	综合性人文社会科学	延边大学
19	社会科学战线★	0.1559	511	96.69	959	0.3228	综合性人文社会科学	吉林省社会科学院
20	长白学刊	0.1435	78	11.71	335	0.2846	中国政治	中共吉林省委党校
21	延边大学学报.社会科学版	0.1073	42	9.44	208	0.2687	综合性人文社会科学	延边大学

（续表）

序号	刊　名	2011影响因子	总转摘量	加权文摘量	基金论文数	基金论文比	学科分类	主办单位
22	古籍整理研究学刊	0.0920	21	2.1	142	0.2195	历史学	东北师范大学文学院古籍整理研究所
23	吉林师范大学学报.人文社会科学版	0.0650	13	1.5	434	0.3872	综合性人文社会科学	吉林师范大学
24	行政与法	0.0647	37	6.65	591	0.2650	中国政治	吉林省行政学院
25	外国问题研究	0.0370	24	2.4	74	0.2229	国际政治	东北师范大学

2. 转摘量排序表

序号	刊　名	总转摘量	加权文摘量	2011影响因子	基金论文数	基金论文比	学科分类	主办单位
1	社会科学战线★	511	96.69	0.1559	959	0.3228	综合性人文社会科学	吉林省社会科学院
2	吉林大学社会科学学报★	301	69.17	0.4015	416	0.6209	综合性人文社会科学	吉林大学
3	情报科学★	204	14.55	0.5110	819	0.4054	图书馆学与情报学	中国科学技术情报学会，吉林大学
4	史学集刊★	156	26.93	0.2121	159	0.3278	历史学	吉林大学
5	法制与社会发展★	134	23.9	0.4021	196	0.4327	法学	吉林大学
6	当代经济研究	130	17.01	0.3613	320	0.3433	经济学理论	吉林财经大学
7	东北师大学报.哲学社会科学版★	129	26.39	0.4049	780	0.6056	综合性人文社会科学	东北师范大学
8	经济纵横★	117	18.17	0.2834	850	0.3631	经济学理论	吉林省社会科学院（社科联）
9	当代法学★	108	17.79	0.3843	249	0.3739	法学	吉林大学
10	外国教育研究★	108	11.88	0.1995	421	0.3902	教育学	东北师范大学
11	东北亚论坛★	85	20.26	0.7653	468	0.8111	国际政治	吉林大学
12	长白学刊	78	11.71	0.1435	335	0.2846	中国政治	中共吉林省委党校
13	税务与经济	76	15.04	0.2896	229	0.3408	财政	吉林财经大学
14	文艺争鸣★	75	20.9	0.2207	513	0.1758	文学	吉林省文学艺术界联合会
15	图书馆学研究★	66	5.3	0.5787	583	0.2650	图书馆学与情报学	吉林省图书馆
16	人口学刊★	65	14.69	0.9609	269	0.7775	人口学	吉林大学

（续表）

序号	刊　名	总转摘量	加权文摘量	2011影响因子	基金论文数	基金论文比	学科分类	主办单位
17	现代情报	58	4.65	0.2852	991	0.2642	图书馆学与情报学	中国科技情报学会,吉林省科技信息研究所
18	东疆学刊	57	17.12	0.1718	143	0.3479	综合性人文社会科学	延边大学
19	现代日本经济★	49	7.42	0.8952	239	0.7092	世界各国经济	吉林大学,全国日本经济学会
20	延边大学学报.社会科学版	42	9.44	0.1073	208	0.2687	综合性人文社会科学	延边大学
21	行政与法	37	6.65	0.0647	591	0.2650	中国政治	吉林省行政学院
22	汉语学习★	35	4.11	0.2989	185	0.4031	语言学	延边大学
23	外国问题研究	24	2.4	0.0370	74	0.2229	国际政治	东北师范大学
24	古籍整理研究学刊	21	2.1	0.0920	142	0.2195	历史学	东北师范大学文学院古籍整理研究所
25	吉林师范大学学报.人文社会科学版	13	1.5	0.0650	434	0.3872	综合性人文社会科学	吉林师范大学

江　苏

1. 影响因子排序表

序号	刊　名	2011影响因子	总转摘量	加权文摘量	基金论文数	基金论文比	学科分类	主办单位
1	南京大学学报.哲学·人文科学·社会科学版★	0.5435	352	82.82	201	0.4249	综合性人文社会科学	南京大学
2	语言科学★	0.4245	56	7.94	102	0.2991	语言学	江苏师范大学语言研究所
3	体育与科学★	0.4152	35	3.2	204	0.2772	体育学	江苏省体育科学研究所
4	中国农史★	0.3889	35	3.83	137	0.4228	历史学	中国农业历史学会,中国农业科学院,南京农业大学中国农业遗产研究室,中国农业博物馆
5	江海学刊★	0.3505	527	98.72	324	0.2852	综合性人文社会科学	江苏省社会科学院

（续表）

序号	刊　　名	2011影响因子	总转摘量	加权文摘量	基金论文数	基金论文比	学科分类	主办单位
6	新世纪图书馆	0.3419	24	1.9	171	0.1491	图书馆学与情报学	江苏省图书馆学会，南京图书馆
7	世界经济与政治论坛★	0.3333	102	13.24	151	0.2807	世界各国经济	江苏省社会科学院世界经济研究所
8	江苏行政学院学报★	0.3156	182	28.68	210	0.3216	中国政治	江苏行政学院
9	学海★	0.3113	249	39.36	391	0.3682	综合性人文社会科学	江苏省社会科学院
10	江苏社会科学★	0.3112	339	59.54	504	0.4022	综合性人文社会科学	江苏社会科学杂志社
11	现代城市研究	0.2636	19	1.9	303	0.3709	人文地理学	南京城市科学研究会
12	外语研究	0.2578	0		251	0.4016	语言学	中国人民解放军国际关系学院
13	南京社会科学★	0.2574	322	46.49	433	0.3069	综合性人文社会科学	南京市社会科学界联合会，南京市社会科学院
14	南京师大学报.社会科学版★	0.2458	216	43.5	278	0.3752	综合性人文社会科学	南京师范大学
15	东南大学学报.哲学社会科学版★	0.2096	98	22.32	285	0.3942	综合性人文社会科学	东南大学
16	南通大学学报.社会科学版	0.2090	99	21.25	333	0.4703	综合性人文社会科学	南通大学
17	江苏高教★	0.1883	69	8.5	549	0.3194	教育学	江苏教育报刊总社
18	江苏师范大学学报.哲学社会科学版★	0.1702	151	38.52	260	0.3194	综合性人文社会科学	江苏师范大学
19	东南文化★	0.1423	16	2.13	86	0.1528	考古学	南京博物院
20	艺术百家★	0.1379	104	12.6	731	0.4032	艺术学	江苏省文化艺术研究院
21	民国档案★	0.1371	41	4.43	64	0.1963	历史学	中国第二历史档案馆
22	阅江学刊	0.1272	50	9.61	144	0.3978	综合性人文社会科学	南京信息工程大学
23	江苏大学学报.社会科学版	0.1068	68	13.19	223	0.4168	综合性人文社会科学	江苏大学
24	苏州大学学报.哲学社会科学版★	0.1031	127	30.9	370	0.3568	综合性人文社会科学	苏州大学
25	高校教育管理	0.1017	26	4.52	215	0.3707	教育学	江苏大学

（续表）

序号	刊　名	2011影响因子	总转摘量	加权文摘量	基金论文数	基金论文比	学科分类	主办单位
26	扬州大学学报. 人文社会科学版	0.1011	41	6.56	265	0.3852	综合性人文社会科学	扬州大学
27	南京财经大学学报	0.0667	28	2.7	276	0.3898	财政	南京财经大学
28	南京政治学院学报	0.0593	120	27.78	99	0.1021	中国政治	中国人民解放军南京政治学院
29	明清小说研究★	0.0296	28	3.48	92	0.1710	文学	江苏省社会科学院文学研究所明清小说研究中心
30	江苏警官学院学报	0.0285	14	1.96	153	0.1342	法学	江苏警官学院
31	江苏教育学院学报. 社会科学版	0.0143	17	1.7	100	0.0835	教育学	江苏教育学院
32	世界华文文学论坛	0.0135	1	0.1	30	0.0792	文学	江苏省社会科学院

2. 转摘量排序表

序号	刊　名	总转摘量	加权文摘量	2011影响因子	基金论文数	基金论文比	学科分类	主办单位
1	江海学刊★	527	98.72	0.3505	324	0.2852	综合性人文社会科学	江苏省社会科学院
2	南京大学学报. 哲学·人文科学·社会科学版★	352	82.82	0.5435	201	0.4249	综合性人文社会科学	南京大学
3	江苏社会科学★	339	59.54	0.3112	504	0.4022	综合性人文社会科学	江苏社会科学杂志社
4	南京社会科学★	322	46.49	0.2574	433	0.3069	综合性人文社会科学	南京市社会科学界联合会, 南京市社会科学院
5	学海★	249	39.36	0.3113	391	0.3682	综合性人文社会科学	江苏省社会科学院
6	南京师大学报. 社会科学版★	216	43.5	0.2458	278	0.3752	综合性人文社会科学	南京师范大学
7	江苏行政学院学报★	182	28.68	0.3156	210	0.3216	中国政治	江苏行政学院
8	江苏师范大学学报. 哲学社会科学版★	151	38.52	0.1702	260	0.3194	综合性人文社会科学	江苏师范大学
9	苏州大学学报. 哲学社会科学版★	127	30.9	0.1031	370	0.3568	综合性人文社会科学	苏州大学

（续表）

序号	刊　名	总转摘量	加权文摘量	2011影响因子	基金论文数	基金论文比	学科分类	主办单位
10	南京政治学院学报	120	27.78	0.0593	99	0.1021	中国政治	中国人民解放军南京政治学院
11	艺术百家★	104	12.6	0.1379	731	0.4032	艺术学	江苏省文化艺术研究院
12	世界经济与政治论坛★	102	13.24	0.3333	151	0.2807	世界各国经济	江苏省社会科学院世界经济研究所
13	南通大学学报.社会科学版	99	21.25	0.2090	333	0.4703	综合性人文社会科学	南通大学
14	东南大学学报.哲学社会科学版★	98	22.32	0.2096	285	0.3942	综合性人文社会科学	东南大学
15	江苏高教★	69	8.5	0.1883	549	0.3194	教育学	江苏教育报刊总社
16	江苏大学学报.社会科学版	68	13.19	0.1068	223	0.4168	综合性人文社会科学	江苏大学
17	语言科学★	56	7.94	0.4245	102	0.2991	语言学	江苏师范大学语言研究所
18	阅江学刊	50	9.61	0.1272	144	0.3978	综合性人文社会科学	南京信息工程大学
19	民国档案★	41	4.43	0.1371	64	0.1963	历史学	中国第二历史档案馆
20	扬州大学学报.人文社会科学版	41	6.56	0.1011	265	0.3852	综合性人文社会科学	扬州大学
21	体育与科学★	35	3.2	0.4152	204	0.2772	体育学	江苏省体育科学研究所
22	中国农史★	35	3.83	0.3889	137	0.4228	历史学	中国农业历史学会,中国农业科学院,南京农业大学中国农业遗产研究室,中国农业博物馆
23	南京财经大学学报	28	2.7	0.0667	276	0.3898	财政	南京财经大学
24	明清小说研究★	28	3.48	0.0296	92	0.1710	文学	江苏省社会科学院文学研究所明清小说研究中心
25	高校教育管理	26	4.52	0.1017	215	0.3707	教育学	江苏大学
26	新世纪图书馆	24	1.9	0.3419	171	0.1491	图书馆学与情报学	江苏省图书馆学会,南京图书馆
27	现代城市研究	19	1.9	0.2636	303	0.3709	人文地理学	南京城市科学研究会

（续表）

序号	刊　　名	总转摘量	加权文摘量	2011影响因子	基金论文数	基金论文比	学科分类	主　办　单　位
28	江苏教育学院学报.社会科学版	17	1.7	0.0143	100	0.0835	教育学	江苏教育学院
29	东南文化★	16	2.13	0.1423	86	0.1528	考古学	南京博物院
30	江苏警官学院学报	14	1.96	0.0285	153	0.1342	法学	江苏警官学院
31	世界华文文学论坛	1	0.1	0.0135	30	0.0792	文学	江苏省社会科学院
32	外语研究	0	—	0.2578	251	0.4016	语言学	中国人民解放军国际关系学院

江　西

1. 影响因子排序表

序号	刊　　名	2011影响因子	总转摘量	加权文摘量	基金论文数	基金论文比	学科分类	主　办　单　位
1	当代财经★	0.6577	253	34.41	615	0.5129	财政	江西财经大学
2	江西财经大学学报	0.5245	71	15.46	254	0.3763	财政	江西财经大学
3	江西图书馆学刊	0.3023	7	0.5	161	0.1449	图书馆学与情报学	江西省图书馆学会,江西省图书馆
4	江西师范大学学报.哲学社会科学版	0.2235	53	8.39	298	0.3548	综合性人文社会科学	江西师范大学
5	江西社会科学★	0.2231	328	59.55	1010	0.3471	综合性人文社会科学	江西省社会科学院
6	心理学探新	0.1928	37	3.8	233	0.4775	心理学	江西师范大学
7	求实★	0.1891	56	7	542	0.3601	中国政治	中共江西省委党校,江西行政学院
8	南昌大学学报.人文社会科学版	0.1753	50	10.71	541	0.5543	综合性人文社会科学	南昌大学
9	金融与经济	0.1358	80	8	194	0.1099	金融	江西省金融学会
10	教育学术月刊★	0.1053	144	15.35	363	0.1610	教育学	江西省教育科学研究所,江西省教育学会
11	企业经济★	0.0932	62	6.58	1073	0.3117	中国经济	江西省社会科学院
12	农业考古★	0.0902	7	1.3	468	0.1887	考古学	江西省社会科学院
13	南方文物	0.0877	14	1.4	55	0.1046	考古学	江西省文物考古研究所
14	中国井冈山干部学院学报	0.0596	65	11.78	78	0.1054	中国政治	中国井冈山干部学院
15	江西教育学院学报	0.0238	7	0.7	283	0.2288	教育学	江西教育学院

2. 转摘量排序表

序号	刊　名	总转摘量	加权文摘量	2011影响因子	基金论文数	基金论文比	学科分类	主办单位
1	江西社会科学★	328	59.55	0.2231	1010	0.3471	综合性人文社会科学	江西省社会科学院
2	当代财经★	253	34.41	0.6577	615	0.5129	财政	江西财经大学
3	教育学术月刊★	144	15.35	0.1053	363	0.1610	教育学	江西省教育科学研究所，江西省教育学会
4	金融与经济	80	8	0.1358	194	0.1099	金融	江西省金融学会
5	江西财经大学学报	71	15.46	0.5245	254	0.3763	财政	江西财经大学
6	中国井冈山干部学院学报	65	11.78	0.0596	78	0.1054	中国政治	中国井冈山干部学院
7	企业经济★	62	6.58	0.0932	1073	0.3117	中国经济	江西省社会科学院
8	求实★	56	7	0.1891	542	0.3601	中国政治	中共江西省委党校，江西行政学院
9	江西师范大学学报.哲学社会科学版	53	8.39	0.2235	298	0.3548	综合性人文社会科学	江西师范大学
10	南昌大学学报.人文社会科学版	50	10.71	0.1753	541	0.5543	综合性人文社会科学	南昌大学
11	心理学探新	37	3.8	0.1928	233	0.4775	心理学	江西师范大学
12	南方文物	14	1.4	0.0877	55	0.1046	考古学	江西省文物考古研究所
13	江西图书馆学刊	7	0.5	0.3023	161	0.1449	图书馆学与情报学	江西省图书馆学会，江西省图书馆
14	农业考古★	7	1.3	0.0902	468	0.1887	考古学	江西省社会科学院
15	江西教育学院学报	7	0.7	0.0238	283	0.2288	教育学	江西教育学院

辽　宁

1. 影响因子排序表

序号	刊　名	2011影响因子	总转摘量	加权文摘量	基金论文数	基金论文比	学科分类	主办单位
1	财经问题研究★	0.3848	158	22.8	620	0.5206	财政	东北财经大学
2	图书馆学刊	0.2832	12	0.95	372	0.1615	图书馆学与情报学	辽宁省图书馆学会，辽宁省图书馆

（续表）

序号	刊　名	2011影响因子	总转摘量	加权文摘量	基金论文数	基金论文比	学科分类	主办单位
3	外语与外语教学（大连外国语学院学报）★	0.2421	11	1.1	360	0.4322	语言学	大连外国语学院
4	沈阳体育学院学报★	0.2245	14	1.63	317	0.2737	体育学	沈阳体育学院
5	当代作家评论★	0.2053	124	18.45	62	0.0874	文学	辽宁省作家协会
6	地方财政研究★	0.1795	182	12.34	88	0.0862	财政	辽宁省财政科学研究所，东北财经大学财税学院
7	社会科学辑刊★	0.1553	190	35.22	555	0.3551	综合性人文社会科学	辽宁省社会科学院
8	东北大学学报.社会科学版★	0.1449	55	9.34	201	0.3800	综合性人文社会科学	东北大学
9	教育科学★	0.1404	67	8.1	270	0.4631	教育学	辽宁师范大学
10	辽宁大学学报.哲学社会科学版★	0.1064	70	13.05	348	0.3888	综合性人文社会科学	辽宁大学
11	日本研究	0.0847	26	2.6	102	0.2361	国际政治	辽宁大学日本研究所
12	辽宁师范大学学报.社会科学版	0.0687	26	4.88	375	0.3511	综合性人文社会科学	辽宁师范大学
13	满族研究	0.0510	22	2.6	64	0.1391	民族学	辽宁省民族宗教问题研究中心
14	沈阳师范大学学报.社会科学版★	0.0502	36	5.54	431	0.2623	综合性人文社会科学	沈阳师范大学
15	乐府新声（沈阳音乐学院学报）	0.0452	3	0.4	84	0.0948	艺术学	沈阳音乐学院

2. 转摘量排序表

序号	刊　名	总转摘量	加权文摘量	2011影响因子	基金论文数	基金论文比	学科分类	主办单位
1	社会科学辑刊★	190	35.22	0.1553	555	0.3551	综合性人文社会科学	辽宁省社会科学院
2	地方财政研究★	182	12.34	0.1795	88	0.0862	财政	辽宁省财政科学研究所，东北财经大学财税学院
3	财经问题研究★	158	22.8	0.3848	620	0.5206	财政	东北财经大学

（续表）

序号	刊　名	总转摘量	加权文摘量	2011影响因子	基金论文数	基金论文比	学科分类	主办单位
4	当代作家评论★	124	18.45	0.2053	62	0.0874	文学	辽宁省作家协会
5	辽宁大学学报.哲学社会科学版★	70	13.05	0.1064	348	0.3888	综合性人文社会科学	辽宁大学
6	教育科学★	67	8.1	0.1404	270	0.4631	教育学	辽宁师范大学
7	东北大学学报.社会科学版★	55	9.34	0.1449	201	0.3800	综合性人文社会科学	东北大学
8	沈阳师范大学学报.社会科学版★	36	5.54	0.0502	431	0.2623	综合性人文社会科学	沈阳师范大学
9	日本研究	26	2.6	0.0847	102	0.2361	国际政治	辽宁大学日本研究所
10	辽宁师范大学学报.社会科学版	26	4.88	0.0687	375	0.3511	综合性人文社会科学	辽宁师范大学
11	满族研究	22	2.6	0.0510	64	0.1391	民族学	辽宁省民族宗教问题研究中心
12	沈阳体育学院学报★	14	1.63	0.2245	317	0.2737	体育学	沈阳体育学院
13	图书馆学刊	12	0.95	0.2832	372	0.1615	图书馆学与情报学	辽宁省图书馆学会,辽宁省图书馆
14	外语与外语教学（大连外国语学院学报）★	11	1.1	0.2421	360	0.4322	语言学	大连外国语学院
15	乐府新声（沈阳音乐学院学报）	3	0.4	0.0452	84	0.0948	艺术学	沈阳音乐学院

内　蒙　古

1. 影响因子排序表

序号	刊　名	2011影响因子	总转摘量	加权文摘量	基金论文数	基金论文比	学科分类	主办单位
1	科学管理研究★	0.3374	37	6.13	474	0.5537	管理学	内蒙古自治区软科学研究会
2	内蒙古大学学报.哲学社会科学版	0.1553	53	11.08	197	0.2673	综合性人文社会科学	内蒙古大学
3	内蒙古社会科学	0.1307	42	5.13	395	0.3982	综合性人文社会科学	内蒙古自治区社会科学院

（续表）

序号	刊　名	2011影响因子	总转摘量	加权文摘量	基金论文数	基金论文比	学科分类	主办单位
4	内蒙古师范大学学报.哲学社会科学（汉文）版	0.0871	31	4.14	266	0.3033	综合性人文社会科学	内蒙古师范大学
5	内蒙古财经学院学报	0.0854	11	1.1	210	0.2889	财政	内蒙古财经学院
6	内蒙古民族大学学报.社会科学版	0.0414	16	1.55	144	0.1399	民族学	内蒙古民族大学

2. 转摘量排序表

序号	刊　名	总转摘量	加权文摘量	2011影响因子	基金论文数	基金论文比	学科分类	主办单位
1	内蒙古大学学报.哲学社会科学版	53	11.08	0.1553	197	0.2673	综合性人文社会科学	内蒙古大学
2	内蒙古社会科学	42	5.13	0.1307	395	0.3982	综合性人文社会科学	内蒙古自治区社会科学院
3	科学管理研究★	37	6.13	0.3374	474	0.5537	管理学	内蒙古自治区软科学研究会
4	内蒙古师范大学学报.哲学社会科学（汉文）版	31	4.14	0.0871	266	0.3033	综合性人文社会科学	内蒙古师范大学
5	内蒙古民族大学学报.社会科学版	16	1.55	0.0414	144	0.1399	民族学	内蒙古民族大学
6	内蒙古财经学院学报	11	1.1	0.0854	210	0.2889	财政	内蒙古财经学院

宁　夏

1. 影响因子排序表

序号	刊　名	2011影响因子	总转摘量	加权文摘量	基金论文数	基金论文比	学科分类	主办单位
1	图书馆理论与实践	0.4589	190	11.8	425	0.2338	图书馆学与情报学	宁夏回族自治区图书馆学会，宁夏回族自治区图书馆
2	宁夏社会科学	0.1229	49	7.35	398	0.3207	综合性人文社会科学	宁夏社会科学院
3	宁夏大学学报.人文社会科学版	0.0705	39	8.83	417	0.3323	综合性人文社会科学	宁夏大学
4	回族研究★	0.0483	31	3.2	51	0.1151	民族学	宁夏社会科学院

2. 转摘量排序表

序号	刊　名	总转摘量	加权文摘量	2011影响因子	基金论文数	基金论文比	学科分类	主办单位
1	图书馆理论与实践	190	11.8	0.4589	425	0.2338	图书馆学与情报学	宁夏回族自治区图书馆学会，宁夏回族自治区图书馆
2	宁夏社会科学	49	7.35	0.1229	398	0.3207	综合性人文社会科学	宁夏社会科学院
3	宁夏大学学报.人文社会科学版	39	8.83	0.0705	417	0.3323	综合性人文社会科学	宁夏大学
4	回族研究★	31	3.2	0.0483	51	0.1151	民族学	宁夏社会科学院

青　海

1. 影响因子排序表

序号	刊　名	2011影响因子	总转摘量	加权文摘量	基金论文数	基金论文比	学科分类	主办单位
1	青海民族研究	0.1429	20	2.28	199	0.2966	民族学	青海民族大学民族学与社会学学院，青海民族大学民族研究所
2	青海社会科学	0.1081	44	6.5	338	0.2288	综合性人文社会科学	青海省社会科学院
3	攀登	0.0581	23	2.5	97	0.0846	中国政治	中共青海省委党校，青海省行政学院，青海省社会主义学院
4	青海师范大学学报.哲学社会科学版	0.0461	7	0.7	146	0.1293	综合性人文社会科学	青海师范大学
5	青海民族大学学报.社会科学版	0.0183	16	2.16	150	0.2086	民族学	青海民族大学

2. 转摘量排序表

序号	刊　名	总转摘量	加权文摘量	2011影响因子	基金论文数	基金论文比	学科分类	主办单位
1	青海社会科学	44	6.5	0.1081	338	0.2288	综合性人文社会科学	青海省社会科学院

（续表）

序号	刊　名	总转摘量	加权文摘量	2011 影响因子	基金论文数	基金论文比	学科分类	主办单位
2	攀登	23	2.5	0.0581	97	0.0846	中国政治	中共青海省委党校，青海省行政学院，青海省社会主义学院
3	青海民族研究	20	2.28	0.1429	199	0.2966	民族学	青海民族大学民族学与社会学学院，青海民族大学民族研究所
4	青海民族大学学报.社会科学版	16	2.16	0.0183	150	0.2086	民族学	青海民族大学
5	青海师范大学学报.哲学社会科学版	7	0.7	0.0461	146	0.1293	综合性人文社会科学	青海师范大学

山　　东

1. 影响因子排序表

序号	刊　名	2011 影响因子	总转摘量	加权文摘量	基金论文数	基金论文比	学科分类	主办单位
1	中国人口·资源与环境★	0.8848	89	10.22	998	0.7695	环境科学	中国可持续发展研究会，山东省可持续发展研究中心，中国 21 世纪议程管理中心，山东师范大学
2	法学论坛★	0.4667	92	14.02	252	0.3679	法学	山东省法学会
3	文史哲★	0.3589	373	79.82	159	0.2804	综合性人文社会科学	山东大学
4	政法论丛	0.3544	38	4.92	178	0.3450	法学	山东政法学院
5	山东大学学报.哲学社会科学版★	0.3021	143	27.63	249	0.3379	综合性人文社会科学	山东大学
6	山东图书馆学刊	0.2339	24	2.25	84	0.1012	图书馆学与情报学	山东省图书馆，山东省图书馆学会
7	民俗研究	0.2222	43	6.4	86	0.1950	历史学	山东大学
8	当代世界社会主义问题★	0.1939	49	7.06	82	0.3814	国际政治	山东大学当代社会主义研究所
9	山东体育学院学报	0.1851	35	3.83	483	0.3450	体育学	山东体育学院

（续表）

序号	刊　名	2011影响因子	总转摘量	加权文摘量	基金论文数	基金论文比	学科分类	主办单位
10	齐鲁学刊★	0.1785	108	20.91	250	0.2518	综合性人文社会科学	曲阜师范大学
11	山东社会科学★	0.1608	291	50.87	616	0.2643	综合性人文社会科学	山东省社会科学界联合会
12	东岳论丛★	0.1471	227	42.61	562	0.2898	综合性人文社会科学	山东省社会科学院
13	经济与管理评论★	0.1293	31	6.49	169	0.1897	中国经济	山东财经大学
14	周易研究★	0.1071	80	10.59	94	0.2227	哲学	山东大学，中国周易学会
15	山东师范大学学报.人文社会科学版	0.1013	62	8.78	271	0.2927	综合性人文社会科学	山东师范大学
16	理论学刊	0.1001	181	25.56	427	0.2312	中国政治	中共山东省委党校
17	管子学刊	0.0901	13	1.65	62	0.1095	哲学	齐文化研究院
18	孔子研究★	0.0846	59	8.22	76	0.1538	哲学	中国孔子基金会
19	烟台大学学报.哲学社会科学版	0.0774	76	16.03	104	0.2694	综合性人文社会科学	烟台大学
20	蒲松龄研究	0.0588	2	0.2	20	0.0557	文学	蒲松龄纪念馆
21	东方论坛	0.0469	34	6.2	155	0.2230	综合性人文社会科学	青岛大学

2. 转摘量排序表

序号	刊　名	总转摘量	加权文摘量	2011影响因子	基金论文数	基金论文比	学科分类	主办单位
1	文史哲★	373	79.82	0.3589	159	0.2804	综合性人文社会科学	山东大学
2	山东社会科学★	291	50.87	0.1608	616	0.2643	综合性人文社会科学	山东省社会科学界联合会
3	东岳论丛★	227	42.61	0.1471	562	0.2898	综合性人文社会科学	山东省社会科学院
4	理论学刊	181	25.56	0.1001	427	0.2312	中国政治	中共山东省委党校
5	山东大学学报.哲学社会科学版★	143	27.63	0.3021	249	0.3379	综合性人文社会科学	山东大学
6	齐鲁学刊★	108	20.91	0.1785	250	0.2518	综合性人文社会科学	曲阜师范大学

（续表）

序号	刊　名	总转摘量	加权文摘量	2011影响因子	基金论文数	基金论文比	学科分类	主办单位
7	法学论坛★	92	14.02	0.4667	252	0.3679	法学	山东省法学会
8	中国人口·资源与环境★	89	10.22	0.8848	998	0.7695	环境科学	中国可持续发展研究会，山东省可持续发展研究中心，中国 21 世纪议程管理中心，山东师范大学
9	周易研究★	80	10.59	0.1071	94	0.2227	哲学	山东大学，中国周易学会
10	烟台大学学报.哲学社会科学版	76	16.03	0.0774	104	0.2694	综合性人文社会科学	烟台大学
11	山东师范大学学报.人文社会科学版	62	8.78	0.1013	271	0.2927	综合性人文社会科学	山东师范大学
12	孔子研究★	59	8.22	0.0846	76	0.1538	哲学	中国孔子基金会
13	当代世界社会主义问题★	49	7.06	0.1939	82	0.3814	国际政治	山东大学当代社会主义研究所
14	民俗研究	43	6.4	0.2222	86	0.1950	历史学	山东大学
15	政法论丛	38	4.92	0.3544	178	0.3450	法学	山东政法学院
16	山东体育学院学报	35	3.83	0.1851	483	0.3450	体育学	山东体育学院
17	东方论坛	34	6.2	0.0469	155	0.2230	综合性人文社会科学	青岛大学
18	经济与管理评论★	31	6.49	0.1293	169	0.1897	中国经济	山东财经大学
19	山东图书馆学刊	24	2.25	0.2339	84	0.1012	图书馆学与情报学	山东省图书馆，山东省图书馆学会
20	管子学刊	13	1.65	0.0901	62	0.1095	哲学	齐文化研究院
21	蒲松龄研究	2	0.2	0.0588	20	0.0557	文学	蒲松龄纪念馆

山　西

1. 影响因子排序表

序号	刊　名	2011影响因子	总转摘量	加权文摘量	基金论文数	基金论文比	学科分类	主办单位
1	山西财经大学学报	0.4610	97	11.39	667	0.6310	财政	山西财经大学
2	技术经济与管理研究	0.3760	15	1.5	612	0.4325	管理学	山西省人民政府发展研究中心

（续表）

序号	刊　名	2011影响因子	总转摘量	加 权文摘量	基 金论文数	基 金论文比	学科分类	主 办 单 位
3	语文研究	0.2268	36	6.19	103	0.4153	语言学	山西省社会科学院
4	编辑之友★	0.2211	93	13.62	204	0.1301	新闻学与传播学	山西出版集团
5	经济问题	0.2020	106	11.18	775	0.3703	经济学理论	山西省社会科学院
6	晋图学刊	0.1831	2	0.15	81	0.1116	图书馆学与情报学	山西省高等学校图书情报工作委员会，山西省图书馆
7	山西大学学报.哲学社会科学版★	0.1571	84	14.28	308	0.3684	综合性人文社会科学	山西大学
8	晋阳学刊	0.1241	76	9.49	207	0.2681	综合性人文社会科学	山西省社会科学院
9	科学技术哲学研究★	0.1229	125	18.54	299	0.4724	哲学	山西大学，山西省自然辩证法研究会
10	生产力研究	0.0862	58	4.96	1573	0.2288	经济学理论	中国生产力学会，山西省生产力学会
11	山西师大学报.社会科学版★	0.0771	114	27.02	342	0.3005	综合性人文社会科学	山西师范大学
12	中共山西省委党校学报	0.0635	14	2.08	167	0.1275	中国政治	中共山西省委党校，山西行政学院
13	教育理论与实践★	0.0547	195	21.13	986	0.2599	教育学	山西省教育科学研究院，山西省教育学会
14	文物世界	0.0127	1	0.1	22	0.0361	考古学	山西省文物局

2. 转摘量排序表

序号	刊　名	总转摘量	加 权文摘量	2011影响因子	基 金论文数	基 金论文比	学科分类	主 办 单 位
1	教育理论与实践★	195	21.13	0.0547	986	0.2599	教育学	山西省教育科学研究院，山西省教育学会
2	科学技术哲学研究★	125	18.54	0.1229	299	0.4724	哲学	山西大学，山西省自然辩证法研究会
3	山西师大学报.社会科学版★	114	27.02	0.0771	342	0.3005	综合性人文社会科学	山西师范大学
4	经济问题	106	11.18	0.2020	775	0.3703	经济学理论	山西省社会科学院

（续表）

序号	刊　名	总转摘量	加权文摘量	2011影响因子	基金论文数	基金论文比	学科分类	主办单位
5	山西财经大学学报	97	11.39	0.4610	667	0.6310	财政	山西财经大学
6	编辑之友★	93	13.62	0.2211	204	0.1301	新闻学与传播学	山西出版集团
7	山西大学学报.哲学社会科学版★	84	14.28	0.1571	308	0.3684	综合性人文社会科学	山西大学
8	晋阳学刊	76	9.49	0.1241	207	0.2681	综合性人文社会科学	山西省社会科学院
9	生产力研究	58	4.96	0.0862	1573	0.2288	经济学理论	中国生产力学会，山西省生产力学会
10	语文研究	36	6.19	0.2268	103	0.4153	语言学	山西省社会科学院
11	技术经济与管理研究	15	1.5	0.3760	612	0.4325	管理学	山西省人民政府发展研究中心
12	中共山西省委党校学报	14	2.08	0.0635	167	0.1275	中国政治	中共山西省委党校，山西行政学院
13	晋图学刊	2	0.15	0.1831	81	0.1116	图书馆学与情报学	山西省高等学校图书情报工作委员会，山西省图书馆
14	文物世界	1	0.1	0.0127	22	0.0361	考古学	山西省文物局

陕　西

1. 影响因子排序表

序号	刊　名	2011影响因子	总转摘量	加权文摘量	基金论文数	基金论文比	学科分类	主办单位
1	法律科学（西北政法大学学报）★	0.6027	176	29.87	241	0.4177	法学	西北政法大学
2	当代经济科学★	0.5765	66	10.47	275	0.5467	经济学理论	西安交通大学
3	外语教学★	0.5690	13	2.9	345	0.4880	语言学	西安外国语大学
4	人文地理★	0.5585	70	6.95	635	0.7614	人文地理学	中国地理学会，西安外国语大学人文地理研究所
5	情报杂志	0.5566	132	8.95	1748	0.6201	图书馆学与情报学	陕西省科学技术信息研究所
6	西安体育学院学报★	0.3797	32	3.6	442	0.4773	体育学	西安体育学院
7	中国历史地理论丛★	0.3333	48	6.22	151	0.4454	人文地理学	陕西师范大学

（续表）

序号	刊　名	2011影响因子	总转摘量	加权文摘量	基金论文数	基金论文比	学科分类	主办单位
8	西安外国语大学学报	0.3273	6	0.85	194	0.3667	语言学	西安外国语大学
9	西安交通大学学报.社会科学版★	0.3173	126	33.24	250	0.4845	综合性人文社会科学	西安交通大学
10	西安财经学院学报★	0.2268	47	10.75	236	0.3185	财政	西安财经学院
11	人文杂志★	0.2254	252	43.49	282	0.3102	综合性人文社会科学	陕西省社会科学院
12	西北大学学报.哲学社会科学版★	0.2074	121	21.03	808	0.6790	综合性人文社会科学	西北大学
13	陕西师范大学学报.哲学社会科学版★	0.2022	247	65.09	356	0.5770	综合性人文社会科学	陕西师范大学
14	统计与信息论坛★	0.1987	64	12.12	559	0.5438	统计学	西安财经学院，中国统计教育学会高教分会
15	考古与文物★	0.1770	14	1.4	100	0.2033	考古学	陕西省考古研究院
16	理论导刊	0.1204	42	4.95	825	0.3436	中国政治	中共陕西省委党校
17	渭南师范学院学报	0.0785	6	0.6	249	0.2518	教育学	渭南师范学院
18	唐都学刊	0.0651	32	4.52	239	0.2738	综合性人文社会科学	西安文理学院
19	小说评论★	0.0580	47	6.74	44	0.0473	文学	陕西省作家协会
20	西藏民族学院学报.哲学社会科学版	0.0476	32	2.73	164	0.2055	民族学	西藏民族学院
21	西安文理学院学报.社会科学版	0.0343	3	0.58	167	0.1815	综合性人文社会科学	西安文理学院
22	延安大学学报.社会科学版	0.0227	27	3.91	220	0.2523	综合性人文社会科学	延安大学

2. 转摘量排序表

序号	刊　名	总转摘量	加权文摘量	2011影响因子	基金论文数	基金论文比	学科分类	主办单位
1	人文杂志★	252	43.49	0.2254	282	0.3102	综合性人文社会科学	陕西省社会科学院
2	陕西师范大学学报.哲学社会科学版★	247	65.09	0.2022	356	0.5770	综合性人文社会科学	陕西师范大学

（续表）

序号	刊　名	总转摘量	加权文摘量	2011影响因子	基金论文数	基金论文比	学科分类	主办单位
3	法律科学（西北政法大学学报）★	176	29.87	0.6027	241	0.4177	法学	西北政法大学
4	情报杂志	132	8.95	0.5566	1748	0.6201	图书馆学与情报学	陕西省科学技术信息研究所
5	西安交通大学学报.社会科学版★	126	33.24	0.3173	250	0.4845	综合性人文社会科学	西安交通大学
6	西北大学学报.哲学社会科学版★	121	21.03	0.2074	808	0.6790	综合性人文社会科学	西北大学
7	人文地理★	70	6.95	0.5585	635	0.7614	人文地理学	中国地理学会，西安外国语大学人文地理研究所
8	当代经济科学★	66	10.47	0.5765	275	0.5467	经济学理论	西安交通大学
9	统计与信息论坛★	64	12.12	0.1987	559	0.5438	统计学	西安财经学院，中国统计教育学会高教分会
10	中国历史地理论丛★	48	6.22	0.3333	151	0.4454	人文地理学	陕西师范大学
11	西安财经学院学报★	47	10.75	0.2268	236	0.3185	财政	西安财经学院
12	小说评论★	47	6.74	0.0580	44	0.0473	文学	陕西省作家协会
13	理论导刊	42	4.95	0.1204	825	0.3436	中国政治	中共陕西省委党校
14	西安体育学院学报★	32	3.6	0.3797	442	0.4773	体育学	西安体育学院
15	唐都学刊	32	4.52	0.0651	239	0.2738	综合性人文社会科学	西安文理学院
16	西藏民族学院学报.哲学社会科学版	32	2.73	0.0476	164	0.2055	民族学	西藏民族学院
17	延安大学学报.社会科学版	27	3.91	0.0227	220	0.2523	综合性人文社会科学	延安大学
18	考古与文物★	14	1.4	0.1770	100	0.2033	考古学	陕西省考古研究院
19	外语教学★	13	2.9	0.5690	345	0.4880	语言学	西安外国语大学
20	西安外国语大学学报	6	0.85	0.3273	194	0.3667	语言学	西安外国语大学
21	渭南师范学院学报	6	0.6	0.0785	249	0.2518	教育学	渭南师范学院
22	西安文理学院学报.社会科学版	3	0.58	0.0343	167	0.1815	综合性人文社会科学	西安文理学院

上　海

1. 影响因子排序表

序号	刊　名	2011影响因子	总转摘量	加权文摘量	基金论文数	基金论文比	学科分类	主办单位
1	社会★	0.9493	132	32.48	68	0.1971	社会学	上海大学
2	财经研究★	0.9073	146	27.64	487	0.6493	财政	上海财经大学
3	图书馆杂志★	0.7466	190	14.5	211	0.1521	图书馆学与情报学	上海市图书馆学会，上海市图书馆
4	法学★	0.6734	303	47.09	319	0.2793	法学	华东政法大学
5	外语界★	0.6585	5	0.5	169	0.4173	语言学	上海外国语大学
6	世界经济研究★	0.6418	118	14.33	360	0.4265	世界各国经济	上海市社会科学院世界经济研究所
7	外国语（上海外国语大学学报）★	0.6042	59	10.43	162	0.4629	语言学	上海外国语大学
8	外国经济与管理★	0.5813	140	18.32	363	0.7090	世界各国经济	上海财经大学
9	城市规划学刊★	0.5750	10	1	183	0.3567	人文地理学	同济大学
10	上海财经大学学报★	0.5667	85	17.7	159	0.4195	财政	上海财经大学
11	研究与发展管理★	0.5544	31	2.86	354	0.6460	管理学	复旦大学
12	上海交通大学学报.哲学社会科学版★	0.5476	257	43.65	785	0.7302	综合性人文社会科学	上海交通大学
13	上海体育学院学报★	0.5431	34	3.4	496	0.7643	体育学	上海体育学院
14	上海大学学报.社会科学版★	0.5282	198	38.77	173	0.3216	综合性人文社会科学	上海大学
15	上海师范大学学报.哲学社会科学版★	0.5274	282	68.96	222	0.4213	综合性人文社会科学	上海师范大学
16	学术月刊★	0.4979	848	141.43	385	0.2968	综合性人文社会科学	上海市社会科学界联合会
17	社会科学★	0.4741	461	71.61	504	0.3698	综合性人文社会科学	上海社会科学院
18	复旦学报.社会科学版★	0.4623	341	71.09	224	0.4418	综合性人文社会科学	复旦大学
19	上海经济研究★	0.4609	93	12.21	312	0.3366	中国经济	上海社会科学院经济研究所
20	旅游科学★	0.4493	50	5.56	76	0.2171	人文地理学	上海师范大学旅游学院（上海旅游高等专科学校）
21	政治与法律★	0.4412	243	34.59	334	0.2744	法学	上海市社会科学院法学研究所

（续表）

序号	刊　名	2011影响因子	总转摘量	加权文摘量	基金论文数	基金论文比	学科分类	主办单位
22	上海翻译	0.3484	0	—	105	0.2720	语言学	上海市科技翻译学会
23	教育发展研究★	0.3184	326	42.66	587	0.2672	教育学	上海市教育科学研究院, 上海市高等教育学会
24	华东政法大学学报★	0.3147	131	22.2	189	0.3103	法学	华东政法大学
25	探索与争鸣★	0.2860	287	44.35	227	0.1536	综合性人文社会科学	上海市社会科学界联合会
26	国际观察★	0.2636	95	13.36	100	0.3096	国际政治	上海外国语大学
27	上海行政学院学报★	0.2597	94	19.57	114	0.2953	中国政治	上海行政学院
28	毛泽东邓小平理论研究★	0.2465	186	22.97	256	0.2896	马克思主义	上海市社会科学院, 上海市中国特色社会主义理论体系研究中心
29	新闻大学	0.2450	38	3.8	126	0.2625	新闻学与传播学	复旦大学
30	华东师范大学学报.哲学社会科学版★	0.2318	191	41.7	256	0.4399	综合性人文社会科学	华东师范大学
31	德国研究	0.2317	30	3	72	0.3103	国际政治	同济大学
32	俄罗斯研究★	0.2302	42	4.76	106	0.3498	国际政治	华东师范大学
33	心理科学★	0.2265	87	8.95	1245	0.6570	心理学	中国心理学会
34	国际商务研究（上海对外贸易学院学报）	0.2109	13	1.3	127	0.3479	贸易经济	上海对外贸易学院
35	中国比较文学★	0.1953	45	6.62	38	0.1230	文学	上海外国语大学, 中国比较文学学会
36	全球教育展望★	0.1848	165	17.9	363	0.3377	教育学	华东师范大学
37	当代修辞学★	0.1813	14	1.73	97	0.1960	语言学	复旦大学
38	新金融★	0.1812	71	7.1	59	0.0720	金融	交通银行股份有限公司
39	编辑学刊	0.1756	27	3.1	15	0.0295	新闻学与传播学	上海市编辑学会, 上海世纪出版集团
40	音乐艺术（上海音乐学院学报）★	0.1716	12	1.48	57	0.1792	艺术学	上海音乐学院
41	文艺理论研究★	0.1703	113	16.68	223	0.3506	文学	中国文艺理论学会, 华东师范大学

（续表）

序号	刊　名	2011影响因子	总转摘量	加权文摘量	基金论文数	基金论文比	学科分类	主办单位
42	同济大学学报. 社会科学版★	0.1634	137	21.7	174	0.3372	综合性人文社会科学	同济大学
43	史林★	0.1622	194	24.62	149	0.2431	历史学	上海社会科学院历史研究所
44	青少年犯罪问题	0.1307	45	6.58	125	0.2418	社会学	华东政法大学
45	辞书研究★	0.0963	5	0.5	101	0.1407	语言学	上海世纪出版股份公司辞书出版社
46	当代青年研究	0.0881	73	7.73	110	0.1204	社会学	上海社会科学院青少年研究所
47	军事历史研究	0.0751	6	0.55	40	0.0729	历史学	南京政治学院上海分院
48	历史教学问题	0.0592	61	6.38	138	0.1813	教育学	华东师范大学
49	军队政工理论研究	0.0051	14	1.4	21	0.0145	中国政治	中国人民解放军南京政治学院上海分院
50	上海金融★	—	62	6.48	—	—	金融	上海市金融学会

2. 转摘量排序表

序号	刊　名	总转摘量	加权文摘量	2011影响因子	基金论文数	基金论文比	学科分类	主办单位
1	学术月刊★	848	141.43	0.4979	385	0.2968	综合性人文社会科学	上海市社会科学界联合会
2	社会科学★	461	71.61	0.4741	504	0.3698	综合性人文社会科学	上海社会科学院
3	复旦学报. 社会科学版★	341	71.09	0.4623	224	0.4418	综合性人文社会科学	复旦大学
4	教育发展研究★	326	42.66	0.3184	587	0.2672	教育学	上海市教育科学研究院, 上海市高等教育学会
5	法学★	303	47.09	0.6734	319	0.2793	法学	华东政法大学
6	探索与争鸣★	287	44.35	0.2860	227	0.1536	综合性人文社会科学	上海市社会科学界联合会
7	上海师范大学学报. 哲学社会科学版★	282	68.96	0.5274	222	0.4213	综合性人文社会科学	上海师范大学
8	上海交通大学学报. 哲学社会科学版★	257	43.65	0.5476	785	0.7302	综合性人文社会科学	上海交通大学

（续表）

序号	刊　名	总转摘量	加权文摘量	2011影响因子	基金论文数	基金论文比	学科分类	主办单位
9	政治与法律★	243	34.59	0.4412	334	0.2744	法学	上海市社会科学院法学研究所
10	上海大学学报.社会科学版★	198	38.77	0.5282	173	0.3216	综合性人文社会科学	上海大学
11	史林★	194	24.62	0.1622	149	0.2431	历史学	上海社会科学院历史研究所
12	华东师范大学学报.哲学社会科学版★	191	41.7	0.2318	256	0.4399	综合性人文社会科学	华东师范大学
13	图书馆杂志★	190	14.5	0.7466	211	0.1521	图书馆学与情报学	上海市图书馆学会,上海市图书馆
14	毛泽东邓小平理论研究★	186	22.97	0.2465	256	0.2896	马克思主义	上海市社会科学院,上海市中国特色社会主义理论体系研究中心
15	全球教育展望★	165	17.9	0.1848	363	0.3377	教育学	华东师范大学
16	财经研究★	146	27.64	0.9073	487	0.6493	财政	上海财经大学
17	外国经济与管理★	140	18.32	0.5813	363	0.7090	世界各国经济	上海财经大学
18	同济大学学报.社会科学版★	137	21.7	0.1634	174	0.3372	综合性人文社会科学	同济大学
19	社会★	132	32.48	0.9493	68	0.1971	社会学	上海大学
20	华东政法大学学报★	131	22.2	0.3147	189	0.3103	法学	华东政法大学
21	世界经济研究★	118	14.33	0.6418	360	0.4265	世界各国经济	上海市社会科学院世界经济研究所
22	文艺理论研究★	113	16.68	0.1703	223	0.3506	文学	中国文艺理论学会,华东师范大学
23	国际观察★	95	13.36	0.2636	100	0.3096	国际政治	上海外国语大学
24	上海行政学院学报★	94	19.57	0.2597	114	0.2953	中国政治	上海行政学院
25	上海经济研究★	93	12.21	0.4609	312	0.3366	中国经济	上海社会科学院经济研究所
26	心理科学★	87	8.95	0.2265	1245	0.6570	心理学	中国心理学会
27	上海财经大学学报★	85	17.7	0.5667	159	0.4195	财政	上海财经大学
28	当代青年研究	73	7.73	0.0881	110	0.1204	社会学	上海社会科学院青少年研究所
29	新金融★	71	7.1	0.1812	59	0.0720	金融	交通银行股份有限公司

（续表）

序号	刊　名	总转摘量	加权文摘量	2011影响因子	基金论文数	基金论文比	学科分类	主办单位
30	上海金融★	62	6.48	—	—	—	金融	上海市金融学会
31	历史教学问题	61	6.38	0.0592	138	0.1813	教育学	华东师范大学
32	外国语（上海外国语大学学报）★	59	10.43	0.6042	162	0.4629	语言学	上海外国语大学
33	旅游科学★	50	5.56	0.4493	76	0.2171	人文地理学	上海师范大学旅游学院（上海旅游高等专科学校）
34	中国比较文学★	45	6.62	0.1953	38	0.1230	文学	上海外国语大学，中国比较文学学会
35	青少年犯罪问题	45	6.58	0.1307	125	0.2418	社会学	华东政法大学
36	俄罗斯研究★	42	4.76	0.2302	106	0.3498	国际政治	华东师范大学
37	新闻大学	38	3.8	0.2450	126	0.2625	新闻学与传播学	复旦大学
38	上海体育学院学报★	34	3.4	0.5431	496	0.7643	体育学	上海体育学院
39	研究与发展管理★	31	2.86	0.5544	354	0.6460	管理学	复旦大学
40	德国研究	30	3	0.2317	72	0.3103	国际政治	同济大学
41	编辑学刊	27	3.1	0.1756	15	0.0295	新闻学与传播学	上海市编辑学会，上海世纪出版集团
42	当代修辞学★	14	1.73	0.1813	97	0.1960	语言学	复旦大学
43	军队政工理论研究	14	1.4	0.0051	21	0.0145	中国政治	中国人民解放军南京政治学院上海分院
44	国际商务研究（上海对外贸易学院学报）	13	1.3	0.2109	127	0.3479	贸易经济	上海对外贸易学院
45	音乐艺术（上海音乐学院学报）★	12	1.48	0.1716	57	0.1792	艺术学	上海音乐学院
46	城市规划学刊★	10	1	0.5750	183	0.3567	人文地理学	同济大学
47	军事历史研究	6	0.55	0.0751	40	0.0729	历史学	南京政治学院上海分院
48	外语界★	5	0.5	0.6585	169	0.4173	语言学	上海外国语大学
49	辞书研究★	5	0.5	0.0963	101	0.1407	语言学	上海世纪出版股份公司辞书出版社
50	上海翻译	0	—	0.3484	105	0.2720	语言学	上海市科技翻译学会

四　　川

1. 影响因子排序表

序号	刊　名	2011影响因子	总转摘量	加权文摘量	基金论文数	基金论文比	学科分类	主办单位
1	经济学家★	0.9112	154	23.97	382	0.5040	经济学理论	西南财经大学，四川社会科学学术基金会（新知研究院）
2	财经科学★	0.4697	197	24.69	399	0.4118	财政	西南财经大学
3	软科学★	0.3222	75	8.5	1276	0.7641	管理学	四川省科技促进发展研究中心
4	四川图书馆学报	0.3206	14	0.95	107	0.1542	图书馆学与情报学	四川省图书馆学会
5	社会科学研究★	0.3059	353	62.42	361	0.3402	综合性人文社会科学	四川省社会科学院
6	经济体制改革★	0.2854	78	8.65	504	0.4176	经济计划与管理	四川省社会科学院
7	四川大学学报.哲学社会科学版★	0.1992	150	30.75	243	0.3894	综合性人文社会科学	四川大学
8	成都体育学院学报	0.1946	35	3.5	434	0.3113	体育学	成都体育学院
9	四川师范大学学报.社会科学版★	0.1893	90	17.16	271	0.3728	综合性人文社会科学	四川师范大学
10	理论与改革	0.1868	85	9.65	462	0.3543	中国政治	中共四川省委党校
11	西南民族大学学报.人文社会科学版★	0.1844	191	28.83	1238	0.3752	民族学	西南民族大学
12	四川理工学院学报.社会科学版	0.1600	19	3.83	162	0.1640	综合性人文社会科学	四川理工学院
13	天府新论	0.1487	85	14.45	356	0.3343	综合性人文社会科学	四川省社会科学界联合会
14	南亚研究季刊	0.1333	20	2	140	0.3933	国际政治	四川大学南亚研究所
15	当代文坛★	0.0882	77	11.32	281	0.2102	文学	四川省作家协会
16	西华师范大学学报.哲学社会科学版	0.0803	10	1.6	252	0.3668	综合性人文社会科学	西华师范大学
17	毛泽东思想研究	0.0693	63	6.2	254	0.2367	马克思主义	四川省社会科学院，四川省社会科学界联合会，中共四川省委党史研究室
18	中华文化论坛	0.0642	22	3.1	166	0.2271	文化学	四川省社会科学院
19	宗教学研究★	0.0625	31	2.95	231	0.2824	宗教学	四川大学道教与宗教文化研究所

（续表）

序号	刊　名	2011影响因子	总转摘量	加权文摘量	基金论文数	基金论文比	学科分类	主　办　单　位
20	成都大学学报.社会科学版	0.0395	11	1.58	107	0.0998	综合性人文社会科学	成都大学
21	四川文物	0.0366	4	0.4	34	0.0731	考古学	四川省文物局
22	杜甫研究学刊	0.0174	1	0.1	32	0.1155	文学	四川省杜甫学会,成都杜甫草堂博物馆
23	国土资源科技管理	0.0098	4	0.4	302	0.3770	经济计划与管理	国土资源部科技与国际合作司,成都理工大学

2. 转摘量排序表

序号	刊　名	总转摘量	加权文摘量	2011影响因子	基金论文数	基金论文比	学科分类	主　办　单　位
1	社会科学研究★	353	62.42	0.3059	361	0.3402	综合性人文社会科学	四川省社会科学院
2	财经科学★	197	24.69	0.4697	399	0.4118	财政	西南财经大学
3	西南民族大学学报.人文社会科学版★	191	28.83	0.1844	1238	0.3752	民族学	西南民族大学
4	经济学家★	154	23.97	0.9112	382	0.5040	经济学理论	西南财经大学,四川社会科学学术基金会（新知研究院）
5	四川大学学报.哲学社会科学版★	150	30.75	0.1992	243	0.3894	综合性人文社会科学	四川大学
6	四川师范大学学报.社会科学版★	90	17.16	0.1893	271	0.3728	综合性人文社会科学	四川师范大学
7	理论与改革	85	9.65	0.1868	462	0.3543	中国政治	中共四川省委党校
8	天府新论	85	14.45	0.1487	356	0.3343	综合性人文社会科学	四川省社会科学界联合会
9	经济体制改革★	78	8.65	0.2854	504	0.4176	经济计划与管理	四川省社会科学院
10	当代文坛★	77	11.32	0.0882	281	0.2102	文学	四川省作家协会
11	软科学★	75	8.5	0.3222	1276	0.7641	管理学	四川省科技促进发展研究中心
12	毛泽东思想研究	63	6.2	0.0693	254	0.2367	马克思主义	四川省社会科学院,四川省社会科学界联合会,中共四川省委党史研究室

（续表）

序号	刊　名	总转摘量	加权文摘量	2011影响因子	基金论文数	基金论文比	学科分类	主办单位
13	成都体育学院学报	35	3.5	0.1946	434	0.3113	体育学	成都体育学院
14	宗教学研究★	31	2.95	0.0625	231	0.2824	宗教学	四川大学道教与宗教文化研究所
15	中华文化论坛	22	3.1	0.0642	166	0.2271	文化学	四川省社会科学院
16	南亚研究季刊	20	2	0.1333	140	0.3933	国际政治	四川大学南亚研究所
17	四川理工学院学报.社会科学版	19	3.83	0.1600	162	0.1640	综合性人文社会科学	四川理工学院
18	四川图书馆学报	14	0.95	0.3206	107	0.1542	图书馆学与情报学	四川省图书馆学会
19	成都大学学报.社会科学版	11	1.58	0.0395	107	0.0998	综合性人文社会科学	成都大学
20	西华师范大学学报.哲学社会科学版	10	1.6	0.0803	252	0.3668	综合性人文社会科学	西华师范大学
21	四川文物	4	0.4	0.0366	34	0.0731	考古学	四川省文物局
22	国土资源科技管理	4	0.4	0.0098	302	0.3770	经济计划与管理	国土资源部科技与国际合作司，成都理工大学
23	杜甫研究学刊	1	0.1	0.0174	32	0.1155	文学	四川省杜甫学会，成都杜甫草堂博物馆

天　津

1. 影响因子排序表

序号	刊　名	2011影响因子	总转摘量	加权文摘量	基金论文数	基金论文比	学科分类	主办单位
1	南开管理评论★	1.0091	95	13.08	387	0.7771	经济计划与管理	南开大学商学院
2	南开经济研究★	0.8189	35	3.95	184	0.5768	经济学理论	南开大学经济学院
3	天津体育学院学报★	0.7762	32	3.2	365	0.5098	体育学	天津体育学院
4	图书馆工作与研究★	0.6714	77	4.95	344	0.1908	图书馆学与情报学	天津市图书馆学会，天津市图书馆，天津市少年儿童图书馆

（续表）

序号	刊　名	2011影响因子	总转摘量	加权文摘量	基金论文数	基金论文比	学科分类	主办单位
5	管理科学学报★	0.6651	139	6.58	447	0.9312	管理学	国家自然科学基金委员会管理科学部
6	科学学与科学技术管理★	0.4718	196	24	1553	0.7521	管理学	中国科学学与科技政策研究会，天津市科学学研究所
7	天津社会科学★	0.2675	287	50.85	263	0.3308	综合性人文社会科学	天津社会科学院
8	南开学报．哲学社会科学版★	0.2297	288	60.81	234	0.4270	综合性人文社会科学	南开大学
9	天津行政学院学报	0.1954	42	5	186	0.4316	中国政治	天津行政学院
10	道德与文明★	0.1884	150	18.91	307	0.3642	哲学	中国伦理学会，天津社会科学院
11	现代财经	0.1827	120	15.54	424	0.3890	财政	天津财经大学
12	天津师范大学学报．社会科学版★	0.1711	181	52.06	313	0.6521	综合性人文社会科学	天津师范大学
13	天津大学学报．社会科学版	0.1510	32	3.9	248	0.3968	综合性人文社会科学	天津大学
14	理论与现代化	0.1329	44	5.54	197	0.2763	中国政治	天津市社会科学界联合会
15	中共天津市委党校学报	0.1277	81	11.93	74	0.1591	中国政治	中共天津市委党校
16	历史教学	0.1076	46	6.24	237	0.1936	教育学	历史教学社
17	天津商业大学学报	0.0872	49	10.78	197	0.4447	贸易经济	天津商业大学

2. 转摘量排序表

序号	刊　名	总转摘量	加权文摘量	2011影响因子	基金论文数	基金论文比	学科分类	主办单位
1	南开学报．哲学社会科学版★	288	60.81	0.2297	234	0.4270	综合性人文社会科学	南开大学
2	天津社会科学★	287	50.85	0.2675	263	0.3308	综合性人文社会科学	天津社会科学院
3	科学学与科学技术管理★	196	24	0.4718	1553	0.7521	管理学	中国科学学与科技政策研究会，天津市科学学研究所

（续表）

序号	刊　名	总转摘量	加权文摘量	2011影响因子	基金论文数	基金论文比	学科分类	主办单位
4	天津师范大学学报.社会科学版★	181	52.06	0.1711	313	0.6521	综合性人文社会科学	天津师范大学
5	道德与文明★	150	18.91	0.1884	307	0.3642	哲学	中国伦理学会，天津社会科学院
6	管理科学学报★	139	6.58	0.6651	447	0.9312	管理学	国家自然科学基金委员会管理科学部
7	现代财经	120	15.54	0.1827	424	0.3890	财政	天津财经大学
8	南开管理评论★	95	13.08	1.0091	387	0.7771	经济计划与管理	南开大学商学院
9	中共天津市委党校学报	81	11.93	0.1277	74	0.1591	中国政治	中共天津市委党校
10	图书馆工作与研究★	77	4.95	0.6714	344	0.1908	图书馆学与情报学	天津市图书馆学会，天津市图书馆，天津市少年儿童图书馆
11	天津商业大学学报	49	10.78	0.0872	197	0.4447	贸易经济	天津商业大学
12	历史教学	46	6.24	0.1076	237	0.1936	教育学	历史教学社
13	理论与现代化	44	5.54	0.1329	197	0.2763	中国政治	天津市社会科学界联合会
14	天津行政学院学报	42	5	0.1954	186	0.4316	中国政治	天津行政学院
15	南开经济研究★	35	3.95	0.8189	184	0.5768	经济学理论	南开大学经济学院
16	天津体育学院学报★	32	3.2	0.7762	365	0.5098	体育学	天津体育学院
17	天津大学学报.社会科学版	32	3.9	0.1510	248	0.3968	综合性人文社会科学	天津大学

西　藏

1. 影响因子排序表

序号	刊　名	2011影响因子	总转摘量	加权文摘量	基金论文数	基金论文比	学科分类	主办单位
1	西藏研究★	0.1676	34	2.3	120	0.3038	民族学	西藏社会科学院

2. 转摘量排序表

序号	刊　名	总转摘量	加权文摘量	2011影响因子	基金论文数	基金论文比	学科分类	主办单位
1	西藏研究★	34	2.3	0.1676	120	0.3038	民族学	西藏社会科学院

新　　疆

1. 影响因子排序表

序号	刊　名	2011影响因子	总转摘量	加权文摘量	基金论文数	基金论文比	学科分类	主办单位
1	新疆师范大学学报.哲学社会科学版★	0.2655	61	14.21	200	0.3984	综合性人文社会科学	新疆师范大学
2	西域研究★	0.1241	24	2.68	75	0.2072	历史学	新疆社会科学院
3	新疆社会科学★	0.0906	31	4.18	248	0.3159	综合性人文社会科学	新疆社会科学院
4	新疆大学学报.哲学人文社会科学版	0.0681	19	2.38	336	0.3310	综合性人文社会科学	新疆大学
5	语言与翻译★	0.0544	10	1.05	53	0.1417	语言学	新疆民族语言文字工作委员会

2. 转摘量排序表

序号	刊　名	总转摘量	加权文摘量	2011影响因子	基金论文数	基金论文比	学科分类	主办单位
1	新疆师范大学学报.哲学社会科学版★	61	14.21	0.2655	200	0.3984	综合性人文社会科学	新疆师范大学
2	新疆社会科学★	31	4.18	0.0906	248	0.3159	综合性人文社会科学	新疆社会科学院
3	西域研究★	24	2.68	0.1241	75	0.2072	历史学	新疆社会科学院
4	新疆大学学报.哲学人文社会科学版	19	2.38	0.0681	336	0.3310	综合性人文社会科学	新疆大学
5	语言与翻译★	10	1.05	0.0544	53	0.1417	语言学	新疆民族语言文字工作委员会

云 南

1. 影响因子排序表

序号	刊　名	2011影响因子	总转摘量	加权文摘量	基金论文数	基金论文比	学科分类	主办单位
1	云南师范大学学报.哲学社会科学版★	0.3466	187	46.78	285	0.3958	综合性人文社会科学	云南师范大学
2	经济问题探索★	0.3156	135	12.51	1241	0.5533	经济学理论	云南省发展和改革委员会
3	云南社会科学★	0.2506	147	31.38	380	0.3831	综合性人文社会科学	云南省社会科学院
4	思想战线★	0.2488	164	42.37	366	0.3742	综合性人文社会科学	云南大学
5	学术探索	0.2065	75	10.91	235	0.2930	综合性人文社会科学	云南省社会科学界联合会
6	生态经济★	0.1976	62	6.6	1607	0.6349	农业经济	云南教育出版社有限责任公司
7	云南财经大学学报	0.1925	63	7.9	237	0.2887	财政	云南财经大学
8	云南民族大学学报.哲学社会科学版★	0.1637	84	16.82	253	0.2495	民族学	云南民族大学
9	云南大学学报.社会科学版★	0.1278	95	19.73	90	0.2679	综合性人文社会科学	云南大学
10	云南行政学院学报	0.1252	44	5	335	0.2480	中国政治	云南行政学院
11	中共云南省委党校学报	0.0286	39	4.25	154	0.1081	中国政治	中共云南省委党校

2. 转摘量排序表

序号	刊　名	总转摘量	加权文摘量	2011影响因子	基金论文数	基金论文比	学科分类	主办单位
1	云南师范大学学报.哲学社会科学版★	187	46.78	0.3466	285	0.3958	综合性人文社会科学	云南师范大学
2	思想战线★	164	42.37	0.2488	366	0.3742	综合性人文社会科学	云南大学
3	云南社会科学★	147	31.38	0.2506	380	0.3831	综合性人文社会科学	云南省社会科学院
4	经济问题探索★	135	12.51	0.3156	1241	0.5533	经济学理论	云南省发展和改革委员会
5	云南大学学报.社会科学版★	95	19.73	0.1278	90	0.2679	综合性人文社会科学	云南大学

（续表）

序号	刊　名	总转摘量	加权文摘量	2011影响因子	基金论文数	基金论文比	学科分类	主办单位
6	云南民族大学学报.哲学社会科学版★	84	16.82	0.1637	253	0.2495	民族学	云南民族大学
7	学术探索	75	10.91	0.2065	235	0.2930	综合性人文社会科学	云南省社会科学界联合会
8	云南财经大学学报	63	7.9	0.1925	237	0.2887	财政	云南财经大学
9	生态经济★	62	6.6	0.1976	1607	0.6349	农业经济	云南教育出版社有限责任公司
10	云南行政学院学报	44	5	0.1252	335	0.2480	中国政治	云南行政学院
11	中共云南省委党校学报	39	4.25	0.0286	154	0.1081	中国政治	中共云南省委党校

浙　江

1. 影响因子排序表

序号	刊　名	2011影响因子	总转摘量	加权文摘量	基金论文数	基金论文比	学科分类	主办单位
1	浙江大学学报.人文社会科学版★	0.5338	346	74.71	418	0.6276	综合性人文社会科学	浙江大学
2	管理工程学报★	0.3957	9	0.9	532	0.8581	管理学	浙江大学
3	财经论丛	0.3906	83	15.96	252	0.5196	财政	浙江财经学院
4	商业经济与管理★	0.3698	151	17.94	549	0.7186	贸易经济	浙江工商大学
5	浙江社会科学★	0.3166	303	57.49	446	0.3476	综合性人文社会科学	浙江省社会科学界联合会
6	浙江师范大学学报.社会科学版★	0.2194	113	28.66	215	0.2970	综合性人文社会科学	浙江师范大学
7	中共浙江省委党校学报	0.2065	87	11.92	177	0.2850	中国政治	中共浙江省委党校,浙江行政学院
8	浙江学刊★	0.1718	268	51.05	359	0.3349	综合性人文社会科学	浙江省社会科学院
9	应用心理学	0.1604	22	2.2	185	0.6777	心理学	浙江省心理学会,浙江大学
10	杭州师范大学学报.社会科学版★	0.0992	84	14.9	180	0.2773	综合性人文社会科学	杭州师范大学
11	中共宁波市委党校学报	0.0964	66	8.48	58	0.0817	中国政治	中共宁波市委党校,宁波市行政学院,宁波市社会主义学院

（续表）

序号	刊　　名	2011影响因子	总转摘量	加权文摘量	基金论文数	基金论文比	学科分类	主办单位
12	宁波大学学报.人文科学版	0.0946	65	13.22	317	0.4038	综合性人文社会科学	宁波大学
13	浙江树人大学学报	0.0772	21	2.83	79	0.1162	综合性人文社会科学	浙江树人大学
14	中共杭州市委党校学报	0.0722	22	2.88	46	0.0850	中国政治	中共杭州市委党校,杭州行政学院

2. 转摘量排序表

序号	刊　　名	总转摘量	加权文摘量	2011影响因子	基金论文数	基金论文比	学科分类	主办单位
1	浙江大学学报.人文社会科学版★	346	74.71	0.5338	418	0.6276	综合性人文社会科学	浙江大学
2	浙江社会科学★	303	57.49	0.3166	446	0.3476	综合性人文社会科学	浙江省社会科学界联合会
3	浙江学刊★	268	51.05	0.1718	359	0.3349	综合性人文社会科学	浙江省社会科学院
4	商业经济与管理★	151	17.94	0.3698	549	0.7186	贸易经济	浙江工商大学
5	浙江师范大学学报.社会科学版★	113	28.66	0.2194	215	0.2970	综合性人文社会科学	浙江师范大学
6	中共浙江省委党校学报	87	11.92	0.2065	177	0.2850	中国政治	中共浙江省委党校,浙江行政学院
7	杭州师范大学学报.社会科学版★	84	14.9	0.0992	180	0.2773	综合性人文社会科学	杭州师范大学
8	财经论丛	83	15.96	0.3906	252	0.5196	财政	浙江财经学院
9	中共宁波市委党校学报	66	8.48	0.0964	58	0.0817	中国政治	中共宁波市委党校,宁波市行政学院,宁波市社会主义学院
10	宁波大学学报.人文科学版	65	13.22	0.0946	317	0.4038	综合性人文社会科学	宁波大学
11	应用心理学	22	2.2	0.1604	185	0.6777	心理学	浙江省心理学会,浙江大学
12	中共杭州市委党校学报	22	2.88	0.0722	46	0.0850	中国政治	中共杭州市委党校,杭州行政学院
13	浙江树人大学学报	21	2.83	0.0772	79	0.1162	综合性人文社会科学	浙江树人大学
14	管理工程学报★	9	0.9	0.3957	532	0.8581	管理学	浙江大学

重　庆

1. 影响因子排序表

序号	刊　名	2011影响因子	总转摘量	加权文摘量	基金论文数	基金论文比	学科分类	主办单位
1	现代法学★	0.6667	171	28.68	240	0.3774	法学	西南政法大学
2	重庆邮电大学学报.社会科学版★	0.5556	46	8.23	257	0.2849	综合性人文社会科学	重庆邮电大学
3	改革★	0.4473	275	40.93	281	0.1996	中国经济	重庆社会科学院
4	探索★	0.3142	131	14.34	401	0.3295	中国政治	中共重庆市委党校
5	重庆大学学报.社会科学版★	0.2349	101	18.6	509	0.6261	综合性人文社会科学	重庆大学
6	重庆理工大学学报.社会科学版★	0.2108	52	6.99	686	0.2722	综合性人文社会科学	重庆理工大学
7	外国语文★	0.2090	14	1.68	267	0.2997	语言学	四川外国语大学
8	西南大学学报.社会科学版★	0.1911	183	39.15	516	0.4307	综合性人文社会科学	西南大学
9	重庆工商大学学报.社会科学版	0.1798	29	5.28	285	0.2994	综合性人文社会科学	重庆工商大学
10	西部论坛★	0.1759	33	6.66	251	0.4373	中国经济	重庆工商大学
11	重庆师范大学学报.哲学社会科学版	0.0534	28	3.74	208	0.3220	综合性人文社会科学	重庆师范大学

2. 转摘量排序表

序号	刊　名	总转摘量	加权文摘量	2011影响因子	基金论文数	基金论文比	学科分类	主办单位
1	改革★	275	40.93	0.4473	281	0.1996	中国经济	重庆社会科学院
2	西南大学学报.社会科学版★	183	39.15	0.1911	516	0.4307	综合性人文社会科学	西南大学
3	现代法学★	171	28.68	0.6667	240	0.3774	法学	西南政法大学
4	探索★	131	14.34	0.3142	401	0.3295	中国政治	中共重庆市委党校
5	重庆大学学报.社会科学版★	101	18.6	0.2349	509	0.6261	综合性人文社会科学	重庆大学
6	重庆理工大学学报.社会科学版★	52	6.99	0.2108	686	0.2722	综合性人文社会科学	重庆理工大学

（续表）

序号	刊　　名	总转摘量	加权文摘量	2011影响因子	基金论文数	基金论文比	学科分类	主办单位
7	重庆邮电大学学报.社会科学版★	46	8.23	0.5556	257	0.2849	综合性人文社会科学	重庆邮电大学
8	西部论坛★	33	6.66	0.1759	251	0.4373	中国经济	重庆工商大学
9	重庆工商大学学报.社会科学版	29	5.28	0.1798	285	0.2994	综合性人文社会科学	重庆工商大学
10	重庆师范大学学报.哲学社会科学版	28	3.74	0.0534	208	0.3220	综合性人文社会科学	重庆师范大学
11	外国语文★	14	1.68	0.2090	267	0.2997	语言学	四川外国语大学

附表10　中国人文社会科学核心期刊（2008年版）一览表

一　马克思主义、哲学、心理学、宗教

马克思主义学科专业核心期刊

序号	刊　名	主　办　单　位
1	马克思主义研究	中国社会科学院马克思列宁主义毛泽东思想研究所
2	毛泽东思想研究	四川省社会科学院
3	马克思主义与现实	中共中央编译局当代马克思主义研究所

哲学专业核心期刊

序号	刊　名	主　办　单　位
1	哲学研究	中国社会科学院哲学研究所
2	哲学动态	中国社会科学院哲学研究所
3	中国哲学史	中国哲学史学会
4	自然辩证法研究	中国自然辩证法研究会
5	道德与文明	中国伦理学会，天津市社会科学院
6	现代哲学	广东省哲学学会
7	自然辩证法通讯	中国科学院研究生院
8	周易研究	山东大学，中国周易学会
9	伦理学研究	湖南师范大学
10	孔子研究	中国孔子基金会

心理学专业核心期刊

序号	刊　名	主　办　单　位
1	心理学报	中国心理学会，中国科学院心理研究所
2	心理科学	中国心理学会
3	心理发展与教育	北京师范大学
4	心理科学进展	中国科学院心理研究所
5	中国心理卫生杂志	中国心理卫生协会

宗教学专业核心期刊

序号	刊　名	主　办　单　位
1	世界宗教研究	中国社会科学院世界宗教研究所
2	宗教学研究	四川大学道教与宗教文化研究所

二 语言、文学、艺术

语言学专业核心期刊

序号	刊　名	主　办　单　位
1	中国语文	中国社会科学院语言研究所
2	外语教学与研究	北京外国语大学
3	中国翻译	中国翻译协会
4	外国语（上海外国语大学学报）	上海外国语大学
5	现代外语	广东外语外贸大学
6	方言	中国社会科学院语言研究所
7	外语界	上海外国语大学
8	当代语言学	中国社会科学院语言研究所
9	世界汉语教学	北京语言大学
10	语言教学与研究	北京语言大学
11	语言文字应用	教育部语言文字应用研究所
12	外语与外语教学	大连外国语学院
13	外语教学	西安外国语学院
14	语言研究	华中科技大学中国语言研究所
15	民族语文	中国社会科学院民族学与人类学研究所
16	汉语学习	延边大学
17	外语学刊	黑龙江大学
18	语言科学	江苏徐州师范大学《语言科学》杂志社
19	古汉语研究	湖南师范大学

文学专业核心期刊

序号	刊　名	主　办　单　位
1	文学评论	中国社会科学院文学研究所
2	外国文学评论	中国社会科学院外国文学研究所
3	文学遗产	中国社会科学院文学研究所
4	当代作家评论	辽宁省作家协会
5	文艺理论研究	中国文艺理论学会，华东师范大学中文系
6	中国现代文学研究丛刊	中国现代文学馆
7	文艺研究	中国艺术研究院
8	外国文学研究	华中师范大学

（续表）

序号	刊　　名	主　办　单　位
9	文艺争鸣	吉林省文学艺术界联合会
10	红楼梦学刊	中国艺术研究院
11	中国比较文学	上海外国语大学，中国比较文学学会
12	鲁迅研究月刊	鲁迅博物馆
13	外国文学	北京外国语大学
14	小说评论	陕西省作家协会
15	民族文学研究	中国社会科学院民族文学研究所
16	文艺理论与批评	中国艺术研究院
17	明清小说研究	江苏省社会科学院文学研究所明清小说研究中心
18	国外文学	北京大学

艺术学专业核心期刊

序号	刊　　名	主　办　单　位
1	音乐研究	人民音乐出版社
2	中央音乐学院学报	中央音乐学院
3	中国音乐	中国音乐学院
4	人民音乐	中国音乐家协会
5	电影艺术	中国电影家协会
6	中国音乐学	中国艺术研究院音乐研究所
7	音乐艺术（上海音乐学院学报）	上海音乐学院
8	当代电影	中国电影艺术研究中心，中国传媒大学
9	黄钟（武汉音乐学院学报）	武汉音乐学院
10	美术研究	中央美术学院
11	北京电影学院学报	北京电影学院
12	戏剧（中央戏剧学院学报）	中央戏剧学院
13	民族艺术	广西民族文化艺术研究院

三　历史、考古、人文地理

历史学专业核心期刊

序号	刊　　名	主　办　单　位
1	历史研究	中国社会科学院
2	近代史研究	中国社会科学院近代史研究所

（续表）

序号	刊　名	主　办　单　位
3	中国史研究	中国社会科学院历史研究所
4	史学月刊	河南大学，河南省历史学会
5	世界历史	中国社会科学院世界历史研究所
6	清史研究	中国人民大学清史研究所
7	史学理论研究	中国社会科学院世界历史研究所、近代史研究所、历史研究所
8	抗日战争研究	中国抗日战争史学会
9	史林	上海市社会科学院历史研究所
10	中国农史	中国农业历史学会，南京农业大学
11	史学史研究	北京师范大学史学研究所
12	民国档案	中国第二历史档案馆
13	历史档案	中国第一历史档案馆
14	安徽史学	安徽省社会科学院
15	中国边疆史地研究	中国社会科学院中国边疆史地研究中心

考古学专业核心期刊

序号	刊　名	主　办　单　位
1	考古	中国社会科学院考古研究所
2	文物	文物出版社
3	考古学报	中国社会科学院考古研究所
4	考古与文物	陕西省考古研究院
5	华夏考古	河南省文物考古研究所，河南省文物考古学会
6	中原文物	河南博物院
7	敦煌研究	敦煌研究院

人文地理学专业核心期刊

序号	刊　名	主　办　单　位
1	人文地理	中国地理学会，西安外国语大学
2	经济地理	中国地理学会，湖南省经济地理研究所
3	城市规划	中国城市规划学会
4	城市规划学刊	同济大学
5	中国历史地理论丛	陕西师范大学
6	旅游学刊	北京联合大学旅游学院
7	城市问题	北京市社会科学院
8	地域研究与开发	河南省科学院地理所，河南省发展计划委员会地理所

四　政治、法律

政治学专业核心期刊

序号	刊　名	主　办　单　位
1	世界经济与政治	中国社会科学院世界经济与政治研究所
2	政治学研究	中国社会科学院政治学研究所
3	现代国际关系	中国现代国际关系研究院
4	国际问题研究	中国国际问题研究所
5	欧洲研究	中国社会科学院欧洲研究所
6	美国研究	中国社会科学院美国研究所，中华美国学会
7	国家行政学院学报	国家行政学院
8	俄罗斯中亚东欧研究	中国社会科学院俄罗斯东欧中亚研究所
9	当代亚太	中国亚洲太平洋学会，中国社会科学院亚洲太平洋研究所
10	当代世界与社会主义	中共中央编译局世界社会主义研究所，中国国际共运史学会
11	理论前沿	中共中央党校邓小平理论和"三个代表"重要思想研究中心
12	国际论坛	北京外国语大学
13	国际观察	上海外国语大学
14	求是	中国共产党中央委员会
15	国际政治研究	北京大学
16	拉丁美洲研究	中国社会科学院拉丁美洲研究所
17	日本学刊	中国社会科学院日本研究所，中华日本学会
18	教学与研究	中国人民大学
19	新视野	中共北京市委党校，北京行政学院
20	中共中央党校学报	中共中央党校
21	太平洋学报	中国太平洋学会，汕头大学法学院
22	东南亚研究	暨南大学东南亚研究所
23	中共党史研究	中共中央党史研究室
24	北京行政学院学报	北京行政学院
25	西亚非洲	中国社会科学院西亚非洲研究所
26	社会主义研究	华中师范大学
27	台湾研究	中国社会科学院台湾研究所
28	党的文献	中共中央文献研究室、中央档案馆

法学专业核心期刊

序号	刊　名	主　办　单　位
1	法学研究	中国社会科学院法学研究所
2	中国法学	中国法学会
3	中外法学	北京大学法学院
4	法学	华东政法大学
5	法商研究	中南财经政法大学
6	政法论坛	中国政法大学
7	法律科学（西北政法大学学报）	西北政法大学
8	法学评论	武汉大学
9	现代法学	西南政法大学
10	法制与社会发展	吉林大学
11	比较法研究	中国政法大学比较法研究所
12	法学家	中国人民大学
13	环球法律评论	中国社会科学院法学研究所
14	行政法学研究	中国政法大学
15	知识产权	中国知识产权研究会
16	政治与法律	上海市社会科学院法学研究所
17	法学论坛	山东省法学会
18	法学杂志	北京市法学会
19	中国刑事法杂志	中国检察理论研究所，最高人民检察院检察理论研究所

五　经　济

经济学理论专业核心期刊

序号	刊　名	主　办　单　位
1	经济研究	中国社会科学院经济研究所
2	经济学动态	中国社会科学院经济研究所
3	经济社会体制比较	中共中央编译局当代马克思主义研究所
4	经济评论	武汉大学经济学院
5	经济学家	西南财经大学
6	当代经济研究	中国资本论研究会，长春税务学院
7	经济科学	北京大学经济学院
8	南开经济研究	南开大学经济学院
9	数量经济技术经济研究	中国社会科学院数量经济与技术经济研究所
10	当代经济科学	西安交通大学

世界各国经济（含各国经济史、经济地理）专业核心期刊

序号	刊　名	主　办　单　位
1	世界经济	中国世界经济学会、中国社会科学院世界经济与政治研究所
2	国际经济评论	中国社会科学院世界经济与政治研究所
3	世界经济研究	上海社会科学院世界经济研究所
4	现代日本经济	吉林大学，全国日本经济学会
5	世界经济与政治论坛	江苏省社会科学院世界经济研究所
6	国际经济合作	商务部国际贸易经济合作研究院
7	外国经济与管理	上海财经大学
8	亚太经济	福建省社会科学院亚太经济研究所

中国经济专业核心期刊

序号	刊　名	主　办　单　位
1	中国工业经济	中国社会科学院工业经济研究所
2	中国经济史研究	中国社会科学院经济研究所
3	改革	重庆市社会科学院
4	宏观经济研究	国家发展和改革委员会宏观经济研究院
5	上海经济研究	上海市社会科学院经济研究所
6	中国经济问题	厦门大学经济研究所
7	经济体制改革	四川省社会科学院
8	中国社会经济史研究	厦门大学历史研究所
9	经济纵横	吉林省社会科学院（社科联）
10	开发研究	甘肃省社会科学院
11	重庆工商大学学报（西部论坛）	重庆工商大学

经济计划与管理专业核心期刊

序号	刊　名	主　办　单　位
1	管理世界	国务院发展研究中心
2	南开管理评论	南开大学商学院
3	经济理论与经济管理	中国人民大学
4	经济管理	中国社会科学院工业经济研究所
5	经济与管理研究	首都经济贸易大学，中国工业经济学会

农业经济专业核心期刊

序号	刊　名	主　办　单　位
1	中国农村经济	中国社会科学院农村发展研究所
2	农业经济问题	中国农业经济学会，中国农业科学院农业经济与发展研究所
3	中国农村观察	中国社会科学院农村发展研究所
4	中国土地科学	中国土地学会

贸易经济专业核心期刊

序号	刊　名	主　办　单　位
1	国际贸易问题	对外经济贸易大学
2	财贸经济	中国社会科学院财贸经济研究所
3	商业经济与管理	浙江工商大学
4	国际经贸探索	广东外语外贸大学
5	商业研究	哈尔滨商业大学
6	国际商务研究（上海对外贸易学院学报）	上海对外贸易大学
7	消费经济	湘潭大学，湖南商学院，湖南师范大学
8	首都经济贸易大学学报	首都经济贸易大学
9	广东商学院学报	广东商学院
10	北京工商大学学报.社会科学版	北京工商大学
11	俄罗斯中亚东欧市场	中国社会科学院俄罗斯东欧中亚研究所

财政金融专业核心期刊

序号	刊　名	主　办　单　位
1	金融研究	中国人民银行，中国金融学会
2	国际金融研究	中国国际金融学会
3	会计研究	中国会计学会
4	财经研究	上海财经大学
5	金融论坛	城市金融研究所，中国城市金融学会
6	财政研究	中国财政学会
7	税务研究	中国税务学会，中国税务杂志社
8	财经问题研究	东北财经大学
9	证券市场导报	深圳证券交易所
10	当代财经	江西财经大学
11	保险研究	中国保险学会，中国人民保险公司保险研究所

（续表）

序号	刊　　名	主　办　单　位
12	中央财经大学学报	中央财经大学
13	财经理论与实践	湖南大学
14	投资研究	中国建设银行股份有限公司，中国投资学会
15	财经科学	西南财经大学
16	广东金融学院学报	广东金融学院
17	新金融	交通银行
18	中国金融	中国金融出版社
19	上海财经大学学报	上海财经大学

六　社会学、人口学、民族学

社会学专业核心期刊

序号	刊　　名	主　办　单　位
1	社会学研究	中国社会科学院社会学研究所
2	青年研究	中国社会科学院社会学研究所
3	妇女研究论丛	全国妇联妇女研究所，中国妇女研究会
4	当代青年研究	上海社会科学院青少年研究所
5	中国青年研究	中国青少年研究中心

人口学专业核心期刊

序号	刊　　名	主　办　单　位
1	人口研究	中国人民大学
2	中国人口科学	中国社会科学院人口与劳动经济研究所
3	人口与经济	首都经济贸易大学
4	人口学刊	吉林大学
5	人口与发展	北京大学

民族学专业核心期刊

序号	刊　　名	主　办　单　位
1	民族研究	中国社会科学院民族学与人类学研究所
2	广西民族研究	广西壮族自治区民族研究所
3	广西民族学院学报.哲学社会科学版	广西民族学院

（续表）

序号	刊　名	主　办　单　位
4	西北民族研究	西北民族大学
5	世界民族	中国社会科学院民族学与人类学研究所
6	中央民族大学学报.哲学社会科学版	中央民族大学
7	中南民族大学学报.人文社会科学版	中南民族大学
8	回族研究	宁夏社会科学院
9	贵州民族研究	贵州省民族研究所

七　管理学、统计学

管理学（含科学学、人才学）专业核心期刊

序号	刊　名	主　办　单　位
1	科学学研究	中国科学学与科技政策研究会，中国科学院科技政策与管理科学研究所，清华大学科学技术与社会研究中心
2	科研管理	中国科学院科技政策与管理科学研究所，中国科学学与科技政策研究会，清华大学技术创新研究中心
3	中国软科学	中国软科学研究会
4	中国管理科学	中国优选法统筹法与经济数学研究会，中国科学院科技政策与管理科学研究所
5	科学学与科学技术管理	中国科学学与科技政策研究会，中国管理科学研究院，天津市科学学研究所
6	管理科学学报	国家自然科学基金委员会管理科学部
7	研究与发展管理	复旦大学
8	中国行政管理	中国行政管理学会
9	中国科技论坛	中国科学技术发展战略研究院
10	科学管理研究	内蒙古自治区软科学研究会
11	科学技术与辩证法	山西省自然辩证法研究会
12	科技进步与对策	中国管理科学学会，湖北省科技信息研究院
13	管理工程学报	浙江大学
14	中国人力资源开发	中国人力资源开发研究会
15	科学对社会的影响	中国科学院科技政策与管理科学研究所
16	软科学	四川省科学技术厅，四川省科技促进发展研究中心

统计学专业核心期刊

序号	刊　名	主　办　单　位
1	统计研究	中国统计学会，国家统计局统计科学研究所
2	统计与信息论坛	西安财经学院，中国统计教育学会高教分会
3	数理统计与管理	中国现场统计研究会

八　图书馆、情报与文献学

图书馆、情报与文献学专业核心期刊

序号	刊　名	主　办　单　位
1	中国图书馆学报	中国图书馆学会，国家图书馆
2	图书情报工作	中国科学院文献情报中心
3	情报学报	中国科学技术情报学会，中国科学技术信息研究所
4	大学图书馆学报	北京大学，国家教育部高等学校图书情报工作指导委员会
5	图书馆论坛	广东省立中山图书馆
6	图书馆	湖南图书馆
7	图书馆杂志	上海市图书馆学会，上海图书馆
8	情报资料工作	中国人民大学
9	图书情报知识	武汉大学
10	图书馆建设	黑龙江省图书馆
11	现代图书情报技术	中国科学院文献情报中心
12	情报科学	吉林大学
13	图书馆工作与研究	天津市图书馆学会，天津图书馆，天津市少年儿童图书馆
14	情报理论与实践	中国国防科学技术信息学会，中国兵器工业集团第 210 研究所
15	档案学通讯	中国人民大学
16	档案学研究	中国档案学会

九　新闻与传播、教育、体育

新闻学与传播学专业核心期刊

序号	刊　名	主　办　单　位
1	编辑学报	中国科学技术期刊编辑学会
2	中国科技期刊研究	中国科学院自然科学期刊编辑研究会
3	新闻与传播研究	中国社会科学院新闻研究所
4	国际新闻界	中国人民大学新闻学院
5	现代传播（中国传媒大学学报）	中国传媒大学
6	新闻大学	复旦大学

教育学专业核心期刊

序号	刊　名	主　办　单　位
1	教育研究	中央教育科学研究所
2	高等教育研究	华中科技大学,中国高等教育学研究会
3	北京大学教育评论	北京大学
4	比较教育研究	北京师范大学
5	教育发展研究	上海市教育科学研究院,上海市高等教育学会
6	学位与研究生教育	国务院学位委员会
7	课程・教材・教法	人民教育出版社
8	中国特殊教育	中央教育科学研究所
9	全球教育展望	华东师范大学
10	清华大学教育研究	清华大学
11	教育理论与实践	山西省教育科学研究院,山西省教育学会
12	教育与经济	华中师范大学,中国教育经济学会研究会
13	教育研究与实验	华中师范大学
14	外国教育研究	东北师范大学
15	江苏高教	江苏省教育委员会
16	中国教育学刊	中国教育学会
17	教育科学	辽宁师范大学

体育学专业核心期刊

序号	刊　名	主　办　单　位
1	体育科学	中国体育科学学会
2	体育与科学	江苏省体育科学研究所
3	中国体育科技	国家体育总局体育科学研究所
4	北京体育大学学报	北京体育大学
5	体育学刊	华南理工大学,华南师范大学
6	成都体育学院学报	成都体育学院
7	上海体育学院学报	上海体育学院
8	武汉体育学院学报	武汉体育学院
9	天津体育学院学报	天津体育学院
10	沈阳体育学院学报	沈阳体育学院

十　环　境　科　学

环境科学专业核心期刊

序号	刊　名	主　办　单　位
1	中国人口·资源与环境	中国可持续发展研究会，山东省可持续发展研究中心，中国21世纪议程管理中心，山东师范大学
2	环境保护	国家环境保护总局
3	资源科学	中国科学院自然资源综合考察委员会

十一　综合性人文社会科学

综合性人文社会科学核心期刊

序号	刊　名	主　办　单　位
1	中国社会科学	中国社会科学院
2	中国人民大学学报	中国人民大学
3	北京大学学报.哲学社会科学版	北京大学
4	学术月刊	上海市社会科学界联合会
5	学术研究	广东省社会科学界联合会
6	北京师范大学学报.社会科学版	北京师范大学
7	复旦学报.社会科学版	复旦大学
8	江海学刊	江苏省社会科学院
9	社会科学战线	吉林省社会科学院
10	文史哲	山东大学
11	国外社会科学	中国社会科学院文献信息中心
12	江苏社会科学	江苏省哲学社会科学界联合会
13	社会科学	上海市社会科学院
14	南京大学学报.哲学·人文科学·社会科学	南京大学
15	浙江社会科学	浙江省社会科学界联合会
16	吉林大学社会科学学报	吉林大学
17	河北学刊	河北省社会科学院
18	社会科学研究	四川省社会科学院
19	浙江学刊	浙江省社会科学院
20	厦门大学学报.哲学社会科学版	厦门大学
21	天津社会科学	天津市社会科学院
22	浙江大学学报.人文社会科学版	浙江大学

（续表）

序号	刊　　名	主　办　单　位
23	中山大学学报.社会科学版	中山大学
24	南开学报.哲学社会科学版	南开大学
25	华中师范大学学报.人文社会科学版	华中师范大学
26	江汉论坛	湖北省社会科学院
27	求是学刊	黑龙江大学
28	学术界	安徽省社会科学界联合会
29	清华大学学报.哲学社会科学版	清华大学
30	人文杂志	陕西省社会科学院
31	武汉大学学报.哲学社会科学版	武汉大学
32	求索	湖南省社会科学院
33	陕西师范大学学报.哲学社会科学版	陕西师范大学
34	南京社会科学	南京市社会科学界联合会，南京市社会科学院，中共南京市委党校
35	思想战线	云南大学
36	华东师范大学学报.哲学社会科学版	华东师范大学
37	社会科学辑刊	辽宁省社会科学院
38	中州学刊	河南省社会科学院
39	江西社会科学	江西省社会科学院
40	南京师大学报.社会科学版	南京师范大学
41	四川大学学报.哲学社会科学版	四川大学
42	上海交通大学学报.哲学社会科学版	上海交通大学
43	学习与探索	黑龙江省社会科学院
44	西南大学学报.社会科学版	西南大学
45	广东社会科学	广东省社会科学院
46	东北师大学报.哲学社会科学版	东北师范大学
47	开放时代	广州市社会科学院
48	学海	江苏省社会科学院
49	福建论坛.人文社会科学版	福建省社会科学院
50	甘肃社会科学	甘肃省社会科学院
51	郑州大学学报.哲学社会科学版	郑州大学
52	学术交流	黑龙江省社会科学界联合会
53	湖南师范大学社会科学学报	湖南师范大学
54	东岳论丛	山东省社会科学院

（续表）

序号	刊　名	主　办　单　位
55	中国社会科学院研究生院学报	中国社会科学院研究生院
56	西北师大学报.社会科学版	西北师范大学
57	华中科技大学学报.社会科学版	华中科技大学
58	探索与争鸣	上海市社会科学界联合会
59	河南社会科学	河南省社会科学界联合会
60	东南学术	福建省社会科学界联合会
61	河南师范大学学报.哲学社会科学版	河南师范大学
62	河南大学学报.社会科学版	河南大学
63	齐鲁学刊	曲阜师范大学
64	学术论坛	广西社会科学院
65	西北大学学报.哲学社会科学版	西北大学
66	湘潭大学学报.哲学社会科学版	湘潭大学
67	江苏大学学报.社会科学版	江苏大学
68	安徽大学学报.哲学社会科学版	安徽大学
69	宁夏社会科学	宁夏社会科学院
70	西安交通大学学报.社会科学版	西安交通大学
71	河北师范大学学报.哲学社会科学版	河北师范大学
72	湖南社会科学	湖南省社会科学界联合会
73	云南社会科学	云南省社会科学院
74	重庆大学学报.社会科学版	重庆大学
75	深圳大学学报.人文社会科学版	深圳大学
76	天津师范大学学报.社会科学版	天津师范大学
77	暨南学报.哲学社会科学版	暨南大学
78	湖北社会科学	湖北省社会科学联合会，湖北省社会科学院
79	兰州大学学报.社会科学版	兰州大学
80	湖北大学学报.哲学社会科学版	湖北大学
81	新疆社会科学	新疆社会科学院

刊 名 索 引

安徽大学学报.哲学社会
　科学版　　　　　　　29　421
安徽师范大学学报.人文
　社会科学版　　　　　30　421
安徽史学　　　　　　　　8　422
保险研究　　　　　　　18　422
北方论丛　　　　　　　29　422
北方文物　　　　　　　　　651
北京大学教育评论　　　23　423
北京大学学报.哲学社会科学版　　423
北京第二外国语学院学报　　651
北京电影学院学报　　　　7　424
北京工商大学学报.社会科学版　　424
北京工业大学学报.社会科学版　　651
北京交通大学学报.社会科学版　　652
北京联合大学学报.人文社会
　科学版　　　　　　　　　653
北京林业大学学报.社会科学版　　653
北京社会科学　　　　　29　425
北京师范大学学报.社会
　科学版　　　　　　　26　425
北京体育大学学报　　　24　426
北京行政学院学报　　　10　426
比较法研究　　　　　　13　427
比较教育研究　　　　　23　427

编辑学报　　　　　　　22　428
编辑学刊　　　　　　187　654
编辑之友　　　　　　　23　428
财经科学　　　　　　　17　429
财经理论与实践　　　　17　429
财经论丛　　　　　　128　654
财经问题研究　　　　　17　430
财经研究　　　　　　　17　430
财贸经济　　　　　　　17　431
财务与金融　　　　　　　　654
财政研究　　　　　　　17　431
长白学刊　　　　　　　　　655
长江流域资源与环境　　25　432
成都大学学报.社会科学版　　655
成都体育学院学报　　　　　656
城市发展研究　　　　　　9　432
城市规划　　　　　　　10　433
城市规划学刊　　　　　　9　433
城市问题　　　　　　　　9　434
出版发行研究　　　　　23　434
船山学刊　　　　　　　　　656
辞书研究　　　　　　　　5　435
大学图书馆学报　　　　21　435
当代财经　　　　　　　17　436
当代电影　　　　　　　　7　436

当代法学	13	437	东南亚研究	12	447
当代经济管理		657	东岳论丛	28	448
当代经济科学	14	437	杜甫研究学刊		660
当代经济研究		657	敦煌学辑刊	9	448
当代青年研究		658	敦煌研究	9	449
当代世界社会主义问题	12	437	俄罗斯文艺	6	449
当代世界与社会主义	11	438	俄罗斯研究	12	449
当代文坛	6	438	俄罗斯中亚东欧市场		661
当代修辞学	5	439	俄罗斯中亚东欧研究	12	450
当代亚太	11	439	法律科学(西北政法大学学报)	12	450
当代语言学	5	440	法律适用		661
当代中国史研究	8	440	法商研究	12	451
当代作家评论	6	441	法学	12	451
党的文献	11	441	法学家	13	452
档案学通讯	22	442	法学论坛	13	452
档案学研究	22	442	法学评论	13	452
道德与文明	3	443	法学研究	12	453
德国研究		658	法学杂志	13	453
地方财政研究	17	443	法制与社会发展	13	454
地理研究		658	方言	5	454
地理与地理信息科学		659	福建论坛.人文社会科学版	30	455
地域研究与开发	9	443	福建师范大学学报.哲学社会		
电影艺术	7	444	科学版	29	455
东北大学学报.社会科学版	30	444	福州大学学报.哲学社会科学版		662
东北师大学报.哲学社会			妇女研究论丛	18	456
科学版	28	445	复旦学报.社会科学版	26	456
东北亚论坛	11	445	改革	15	457
东方论坛		660	改革与战略	15	457
东疆学刊		660	甘肃理论学刊		662
东南大学学报.哲学社会			甘肃社会科学	27	457
科学版	29	446	甘肃政法学院学报		663
东南文化	9	446	高等工程教育研究	24	458
东南学术	28	447	高等教育研究	23	459

高教发展与评估		663
高校教育管理		664
高校理论战线		664
高校图书馆工作		665
古汉语研究		665
古籍整理研究学刊		665
古今农业		666
故宫博物院院刊		666
管理工程学报	20	459
管理科学学报	20	460
管理世界	15	460
管理现代化		667
管理学报	20	461
管子学刊		667
广东第二师范学院学报		668
广东商学院学报	16	461
广东社会科学	28	462
广东行政学院学报		668
广西大学学报. 哲学社会科学版		669
广西民族大学学报. 哲学社会科学版	19	462
广西民族研究	19	463
广西社会科学		669
广西师范大学学报. 哲学社会科学版	30	463
广州大学学报. 社会科学版		670
广州体育学院学报		670
贵州财经学院学报		670
贵州大学学报. 社会科学版		671
贵州民族大学学报. 哲学社会科学版		671
贵州民族研究	19	464
贵州社会科学	28	464

贵州师范大学学报. 社会科学版		672
贵州师范学院学报		672
贵州文史丛刊		673
国际安全研究		673
国际观察	11	465
国际金融研究	18	465
国际经济合作	17	465
国际经济评论	14	466
国际经贸探索	16	466
国际论坛	11	467
国际贸易问题	16	467
国际商务（对外经济贸易大学学报）	16	468
国际商务研究（上海对外贸易学院学报）		674
国际问题研究	11	468
国际新闻界	23	468
国际政治研究	11	469
国家检察官学院学报		674
国家教育行政学院学报	24	469
国家图书馆学刊	22	470
国家行政学院学报	10	470
国土资源科技管理		674
国外理论动态	12	471
国外社会科学	27	471
国外文学	6	472
哈尔滨工业大学学报. 社会科学版	30	472
海交史研究		675
海南大学学报. 人文社会科学版		676
海南师范大学学报. 社会科学版		676
汉语学习	5	472
汉字文化		677

杭州师范大学学报.社会科学版	30	473
和平与发展		677
河北大学学报.哲学社会科学版	29	474
河北法学	13	474
河北经贸大学学报	16	474
河北科技大学学报.社会科学版		677
河北师范大学学报.哲学社会科学版	30	475
河北学刊	27	475
河南财经政法大学学报		678
河南大学学报.社会科学版	27	476
河南教育学院学报.哲学社会科学版		678
河南社会科学	28	476
河南师范大学学报.哲学社会科学版	29	477
河南图书馆学刊		679
黑龙江民族丛刊	19	477
黑龙江社会科学		679
红楼梦学刊	6	478
宏观经济研究	15	478
湖北大学学报.哲学社会科学版	29	479
湖北民族学院学报.哲学社会科学版		680
湖北社会科学	30	479
湖北师范学院学报.哲学社会科学版		680
湖北行政学院学报		681
湖南大学学报.社会科学版	29	480
湖南科技大学学报.社会科学版	30	480
湖南社会科学	30	480
湖南师范大学社会科学学报	27	481
华东师范大学学报.哲学社会科学版	27	481
华东政法大学学报	13	482
华南理工大学学报.社会科学版		681
华南师范大学学报.社会科学版	29	482
华侨大学学报.哲学社会科学版		682
华侨华人历史研究		682
华夏考古	9	483
华中科技大学学报.社会科学版	29	483
华中师范大学学报.人文社会科学版	26	484
环境保护		682
环球法律评论	13	484
黄钟(中国·武汉音乐学院学报)	7	485
回族研究	19	485
会计研究	17	486
吉林大学社会科学学报	26	486
吉林师范大学学报.人文社会科学版		683
吉首大学学报.社会科学版		683
技术经济与管理研究		684
继续教育		685
暨南学报.哲学社会科学版	30	487
建筑经济		685
江海学刊	26	487
江汉大学学报.社会科学版		685
江汉考古	9	487
江汉论坛	27	488
江汉学术		686
江淮论坛	30	489

江苏大学学报.社会科学版		686
江苏高教	23	489
江苏教育学院学报.社会科学版		687
江苏警官学院学报		687
江苏社会科学	26	489
江苏师范大学学报.哲学社会科学版	29	490
江苏行政学院学报	10	490
江西财经大学学报		688
江西教育学院学报		688
江西社会科学	27	491
江西师范大学学报.哲学社会科学版		689
江西图书馆学刊		689
教学与研究	3	491
教育发展研究	23	492
教育科学	24	492
教育理论与实践	24	493
教育评论		690
教育学报	24	493
教育学术月刊	24	494
教育研究	23	494
教育研究与实验	24	495
教育与经济	23	495
解放军外国语学院学报	5	496
金融经济学研究	18	496
金融理论与实践		690
金融论坛	18	496
金融研究	17	497
金融与经济		690
近代史研究	8	497
晋图学刊		691
晋阳学刊		691
经济地理	9	498
经济管理	15	498
经济经纬	14	499
经济科学	14	499
经济理论与经济管理	14	500
经济评论	14	500
经济社会体制比较	14	501
经济体制改革	16	501
经济问题		692
经济问题探索	14	501
经济学（季刊）	14	502
经济学动态	13	502
经济学家	14	503
经济研究	13	503
经济研究参考		692
经济与管理评论	15	504
经济与管理研究	15	504
经济纵横	14	505
军队政工理论研究		693
军事历史研究		693
开发研究	15	505
开放时代	26	506
抗日战争研究	8	506
考古	9	507
考古学报	9	507
考古与文物	9	508
科技进步与对策	20	508
科学·经济·社会		694
科学管理研究	20	509
科学技术哲学研究	4	509
科学社会主义	10	510
科学学研究	20	510
科学学与科学技术管理	20	511

科学与社会		694
科研管理	20	511
课程·教材·教法	23	511
孔子研究	4	512
拉丁美洲研究	12	512
兰州大学学报.社会科学版	29	513
兰州商学院学报		694
乐府新声(沈阳音乐学院学报)		695
理论导刊		695
理论探讨	10	513
理论学刊		696
理论与改革		696
理论与现代化		697
理论月刊		697
历史档案	8	514
历史教学		698
历史教学问题		698
历史研究	7	514
辽宁大学学报.哲学社会科学版	30	514
辽宁师范大学学报.社会科学版		699
林业经济问题		699
岭南学刊		700
鲁迅研究月刊	6	515
旅游科学	9	515
旅游学刊	9	516
伦理学研究	4	516
马克思主义研究	3	517
马克思主义与现实	3	517
满族研究		700
毛泽东邓小平理论研究	3	518
毛泽东思想研究		701
美国研究	12	518
美术研究	7	518
民国档案	8	519
民俗研究		701
民族教育研究	24	520
民族文学研究	6	520
民族研究	19	520
民族艺术	7	521
民族语文	5	521
明清小说研究	6	522
南昌大学学报.人文社会科学版		704
南都学坛		704
南方人口		705
南方文物		705
南华大学学报.社会科学版		705
南京财经大学学报		706
南京大学学报.哲学·人文科学·社会科学	26	522
南京社会科学	27	523
南京师大学报.社会科学版	27	523
南京政治学院学报		706
南开管理评论	15	524
南开经济研究	14	524
南开学报.哲学社会科学版	26	525
南通大学学报.社会科学版		707
南亚研究	12	525
南亚研究季刊		707
南阳师范学院学报		708
内蒙古财经学院学报		701
内蒙古大学学报.哲学社会科学版		702
内蒙古民族大学学报.社会科学版		702
内蒙古社会科学		703
内蒙古师范大学学报.哲学社会科学(汉文)版		703
宁波大学学报.人文科学版		708

宁夏大学学报. 人文社会科学版		708
宁夏社会科学		709
农业技术经济	16	526
农业经济问题	16	526
农业考古	9	527
农业现代化研究		709
欧洲研究	11	527
攀登		710
蒲松龄研究		711
齐鲁学刊	29	528
企业经济	15	528
青海民族大学学报. 社会科学版		711
青海民族研究		711
青海社会科学		712
青海师范大学学报. 哲学社会科学版		712
青年探索		713
青年研究	18	528
青少年犯罪问题		713
清华大学教育研究	23	529
清华大学学报. 哲学社会科学版	26	529
清华法学		714
清史研究	8	530
情报科学	22	530
情报理论与实践	22	531
情报学报	21	531
情报杂志		714
情报资料工作	21	532
求实	11	532
求是	10	533
求是学刊	27	533
求索	27	534
全球教育展望	23	534
人口学刊	19	534
人口研究	18	535
人口与发展	19	535
人口与经济	19	536
人类学学报		715
人民音乐	7	536
人文地理	9	537
人文杂志	27	537
日本问题研究		715
日本学刊	12	538
日本研究		716
软科学	20	538
山东大学学报. 哲学社会科学版	28	539
山东社会科学	28	539
山东师范大学学报. 人文社会科学版		716
山东体育学院学报		716
山东图书馆学刊		717
山西财经大学学报		717
山西大学学报. 哲学社会科学版	30	540
山西师大学报. 社会科学版	30	540
陕西师范大学学报. 哲学社会科学版	26	541
汕头大学学报. 人文社会科学版		718
商丘师范学院学报		718
商业经济与管理	16	541
商业研究	16	542
上海财经大学学报	17	542
上海大学学报. 社会科学版	27	542
上海翻译		719
上海交通大学学报. 哲学社会科学版	28	543
上海金融	18	543
上海经济研究	15	544

上海师范大学学报.哲学社会科学版	26	544
上海体育学院学报	24	545
上海行政学院学报	10	545
社会	18	546
社会科学	26	546
社会科学管理与评论		719
社会科学辑刊	28	546
社会科学家	29	547
社会科学论坛		720
社会科学研究	26	548
社会科学战线	26	548
社会学研究	18	548
社会主义研究	10	549
社科纵横		720
深圳大学学报.人文社会科学版	28	549
沈阳师范大学学报.社会科学版	30	550
沈阳体育学院学报	25	551
审计研究	15	551
生产力研究		720
生态经济	16	552
石家庄经济学院学报		721
史林	8	552
史学集刊	8	552
史学理论研究	8	553
史学史研究	8	553
史学月刊	8	554
世界汉语教学	5	554
世界华文文学论坛		721
世界经济	14	555
世界经济研究	14	555
世界经济与政治	11	556
世界经济与政治论坛	14	556
世界历史	8	557
世界民族	19	557
世界哲学	3	558
世界宗教研究	4	558
首都经济贸易大学学报	17	559
首都师范大学学报.社会科学版	29	559
数理统计与管理	21	560
数量经济技术经济研究	15	560
税务研究	17	561
税务与经济		722
思想战线	27	561
思想政治教育研究	24	561
四川大学学报.哲学社会科学版	28	562
四川理工学院学报.社会科学版		722
四川师范大学学报.社会科学版	29	562
四川图书馆学报		723
四川文物		723
苏州大学学报.哲学社会科学版	29	563
台湾研究	11	563
台湾研究集刊		724
太平洋学报	12	564
探索	10	564
探索与争鸣	28	565
唐都学刊		724
体育科学	24	565
体育文化导刊	24	566
体育学刊	24	566
体育与科学	24	567
天府新论		724
天津大学学报.社会科学版		725
天津商业大学学报		726
天津社会科学	27	567
天津师范大学学报.社会科学版	27	567

天津体育学院学报	24	568
天津行政学院学报		726
同济大学学报. 社会科学版	29	569
统计研究	21	569
统计与信息论坛	21	570
投资研究	18	570
图书馆	22	571
图书馆工作与研究	22	571
图书馆建设	21	571
图书馆界		726
图书馆理论与实践		727
图书馆论坛	21	572
图书馆学刊		727
图书馆学研究	22	572
图书馆杂志	21	573
图书情报工作	21	573
图书情报知识	21	574
图书与情报	22	574
外国教育研究	23	574
外国经济与管理	14	575
外国文学	6	575
外国文学评论	6	576
外国文学研究	6	576
外国问题研究		728
外国语（上海外国语大学学报）	5	577
外国语文	5	577
外交评论	11	578
外语教学	5	578
外语教学与研究	5	579
外语界	5	579
外语学刊	5	579
外语研究		728
外语与外语教学（大连外国语		

学院学报）	5	580
未来与发展		729
渭南师范学院学报		729
文化学刊		730
文史杂志		730
文史哲	26	580
文物	8	581
文物春秋		731
文物世界		731
文献		731
文学评论	6	581
文学遗产	6	582
文艺理论研究	6	582
文艺理论与批评	6	583
文艺评论		732
文艺研究	6	583
文艺争鸣	6	584
武汉大学学报. 人文科学版		732
武汉大学学报. 哲学社会科学版	30	584
武汉理工大学学报. 社会科学版		733
武汉体育学院学报	24	584
西安财经学院学报	17	585
西安交通大学学报. 社会科学版	27	585
西安体育学院学报	24	586
西安外国语大学学报		733
西安文理学院学报. 社会科学版		734
西北大学学报. 哲学社会科学版	29	586
西北民族大学学报. 哲学社会科学版		734
西北民族研究	19	587
西北农林科技大学学报. 社会科学版		734
西北人口		735
西北师大学报. 社会科学版	28	587

西伯利亚研究 735
西部论坛 15 588
西藏民族学院学报. 哲学社会
　科学版 736
西藏研究 19 588
西华师范大学学报. 哲学社会
　科学版 736
西南大学学报. 社会科学版 28 589
西南民族大学学报. 人文社会
　科学版 19 589
西亚非洲 11 590
西域研究 8 590
戏剧(中央戏剧学院学报) 7 590
厦门大学学报. 哲学社会科学版 26 591
现代财经 737
现代城市研究 737
现代传播(中国传媒大学学报) 23 591
现代法学 12 592
现代国际关系 11 592
现代情报 738
现代日本经济 14 593
现代图书情报技术 22 593
现代外语 5 594
现代哲学 3 594
湘潭大学学报. 哲学社会科学版 29 595
消费经济 16 595
小说评论 6 596
心理发展与教育 4 596
心理科学 4 597
心理科学进展 4 597
心理学报 4 598
心理学探新 738
新疆大学学报. 哲学人文社会

科学版 739
新疆社会科学 30 598
新疆师范大学学报. 哲学社会
　科学版 30 598
新金融 18 599
新世纪图书馆 739
新视野 11 599
新闻大学 740
新闻与传播研究 23 600
信阳师范学院学报. 哲学社会
　科学版 740
行政法学研究 13 600
行政论坛 740
行政与法 741
学海 28 601
学术交流 28 601
学术界 28 602
学术论坛 28 602
学术探索 741
学术研究 26 603
学术月刊 26 603
学位与研究生教育 23 604
学习与探索 27 604
亚太经济 14 604
烟台大学学报. 哲学社会科学版 742
延安大学学报. 社会科学版 742
延边大学学报. 社会科学版 743
研究与发展管理 20 605
扬州大学学报. 人文社会科学版 743
艺术百家 7 605
音乐研究 7 606
音乐艺术(上海音乐学院学报) 7 606
殷都学刊 744

应用心理学		744
语文研究		745
语言教学与研究	5	607
语言科学	5	607
语言文字应用		745
语言研究	5	608
语言与翻译	5	608
预测	20	608
阅江学刊		746
云梦学刊		746
云南财经大学学报		747
云南大学学报.社会科学版	28	609
云南民族大学学报.哲学社会科学版	19	609
云南社会科学	28	610
云南师范大学学报.哲学社会科学版	27	610
云南行政学院学报		747
哲学动态	3	611
哲学研究	3	611
浙江大学学报.人文社会科学版	27	612
浙江工商大学学报		747
浙江社会科学	26	612
浙江师范大学学报.社会科学版	29	612
浙江树人大学学报		748
浙江学刊	27	613
证券市场导报	18	614
郑州大学学报.哲学社会科学版	28	614
政法论丛		748
政法论坛	12	614
政治学研究	10	615
政治与法律	13	615
知识产权	13	616

中共党史研究	10	616
中共福建省委党校学报		749
中共杭州市委党校学报		749
中共宁波市委党校学报		750
中共山西省委党校学报		750
中共天津市委党校学报		751
中共云南省委党校学报		751
中共浙江省委党校学报		752
中共中央党校学报	10	617
中国版权		752
中国比较文学	6	617
中国边疆史地研究	8	618
中国藏学	19	618
中国出版	23	619
中国地方志	8	619
中国地质大学学报.社会科学版	29	619
中国典籍与文化		753
中国发展		753
中国法学	12	620
中国翻译	5	620
中国高教研究	23	621
中国工业经济	15	621
中国管理科学	20	622
中国广播电视学刊		754
中国国家博物馆馆刊		754
中国监狱学刊		755
中国教育学刊	24	622
中国金融	18	623
中国经济史研究	15	623
中国经济问题	15	624
中国井冈山干部学院学报		755
中国科技翻译		756

中国科技论坛	20	624
中国科技期刊研究	22	625
中国科技史杂志		756
中国劳动关系学院学报		757
中国历史地理论丛	9	625
中国流通经济	17	626
中国农村观察	16	626
中国农村经济	16	627
中国农史	8	627
中国农业大学学报. 社会科学版	28	628
中国钱币		757
中国青年研究	11	628
中国青年政治学院学报	11	629
中国人口·资源与环境	25	629
中国人口科学	19	630
中国人力资源开发		758
中国人民大学学报	26	630
中国人民公安大学学报. 社会科学版		758
中国软科学	20	631
中国社会经济史研究	15	631
中国社会科学	25	632
中国社会科学院研究生院学报	28	632
中国史研究	8	632
中国史研究动态		759
中国特色社会主义研究	10	633
中国特殊教育	23	633
中国体育科技	24	634
中国统计		759
中国图书馆学报	21	634
中国土地科学	16	635
中国卫生经济		759
中国文化研究		760
中国文学研究		760
中国现代文学研究丛刊	6	636
中国心理卫生杂志	4	636
中国刑事法杂志	13	636
中国行政管理	10	637
中国音乐	7	637
中国音乐学	7	638
中国语文	4	638
中国韵文学刊		761
中国哲学史	3	639
中国资产评估		762
中华女子学院学报		762
中华文化论坛		762
中南财经政法大学学报		763
中南民族大学学报. 人文社会科学版	19	639
中山大学学报. 社会科学版	26	640
中外法学	12	640
中央财经大学学报	17	641
中央民族大学学报. 哲学社会科学版	19	641
中央音乐学院学报	7	642
中原文物	9	642
中州学刊	27	643
重庆大学学报. 社会科学版	28	643
重庆工商大学学报. 社会科学版		763
重庆理工大学学报. 社会科学版	30	644
重庆社会科学		764
重庆师范大学学报. 哲学社会科学版		764
重庆邮电大学学报. 社会科学版	29	644

周易研究	3	645
资源科学	25	645
自然辩证法通讯		765
自然辩证法研究	3	645
自然科学史研究		765
自然资源学报	25	646
宗教学研究	4	647

图书在版编目（CIP）数据

中国人文社会科学核心期刊要览：2013年版/姜晓辉主编.
— 北京：社会科学文献出版社，2014.1
ISBN 978 - 7 - 5097 - 5457 - 3

Ⅰ.①中… Ⅱ.①姜… Ⅲ.①社会科学 - 核心期刊 -
期刊目录 - 中国 - 2013 Ⅳ.①Z88：C55

中国版本图书馆 CIP 数据核字（2013）第 303369 号

中国人文社会科学核心期刊要览（2013 年版）

主　　编/姜晓辉
副 主 编/郝若扬　任全娥　王力力　尹国其

出 版 人/谢寿光
出 版 者/社会科学文献出版社
地　　址/北京市西城区北三环中路甲 29 号院 3 号楼华龙大厦
邮政编码/100029

责任部门/全球与地区问题出版中心（010）59367004　　责任编辑/仇　扬
电子信箱/bianyibu@ ssap. cn　　　　　　　　　　　　责任校对/史晶晶　张　羡
项目统筹/祝得彬　　　　　　　　　　　　　　　　　　责任印制/岳　阳
经　　销/社会科学文献出版社市场营销中心（010）59367081　59367089
读者服务/读者服务中心（010）59367028

印　　装/三河市东方印刷有限公司
开　　本/787mm×1092mm　1/16　　　　　　　　　印　　张/59.25
版　　次/2014 年 1 月第 1 版　　　　　　　　　　　字　　数/1115 千字
印　　次/2014 年 1 月第 1 次印刷
书　　号/ISBN 978 - 7 - 5097 - 5457 - 3
定　　价/380.00 元